핵심투자론

14판

Scott B. Smart · Chad J. Zutter 저
변진호 위정범 이관영 역

Pearson

도서출판 시대가치

역자 서문

최근 전 세계를 위협한 Covid-19 팬더믹은 이전과는 확연히 다른 새로운 경제환경의 변화를 가져오고 있다. 비대면 "Big Tech"의 성장과 전통적인 산업의 위기로 양극화된 시대에서 개인의 자산 투자는 이제 선택이 아닌 필수로 바뀌고 있다. 과거의 전반적인 경제성장의 추세 속에서 기업이나 개인의 투자는 나쁘지 않은 수익을 어렵지 않게 얻을 수 있었다. 그러나 이제는 이런 편안한 세상을 기대하기는 어려울 것 같다. 대신 급등한 자산가격, 늘어난 평균 수명과 노후준비 등은 개인의 효율적인 자산관리를 강조하면서, 모든 사람이 투자에 관해 심각하게 고민하도록 만들고 있다.

오늘날 금융업은 고소득과 전문성을 상징하면서 젊은이들이 선망하는 직업이 되었고, 많은 인재가 앞다투어 투자의 세계에 진출하고 있다. 앞으로도 투자업무는 빠르게 진화하는 첨단직종으로 남을 것이고, 결국 투자론은 이 분야로 진출하려는 학생들이 반드시 통과해야 할 관문으로 남을 것이다.

그러나 투자는 그 실행만큼이나 배우는 일이 쉽지 않다(솔직히, 역자들은 가르치는 일도 마찬가지로 어렵다고 고백해야 할 것 같다). 이런 상황에서 학생 또는 일반인이 투자론에 관한 기본적 이해를 비교적 쉽게 얻을 수 있는 학습교재는 꼭 필요한 책이다. 본서는 수학적 수단을 적게 이용하면서 일상용어로써 투자론의 기본적 내용을 설명하고, 투자업무의 실무적 측면과 상품의 배경까지 알려주는 매우 유용한 책이다. 핵심투자론의 의미는 내용이 요약되었다는 뜻이라기보다 핵심적인 개념을 탄탄하게 알려준다는 것이다.

역자들은 재무관리의 기본지식을 가진 독자는 대학원생, 학부생, 일반인 구별 없이 누구나 이 책을 통해 어렵지 않게 투자에 다가갈 수 있을 것으로 기대한다. 또한 투자론의 고급과정을 학습하는 이들도 이 책을 병행하여 사용하면 큰 도움을 받을 수 있을 것이다.

역자들은 항상 지원과 응원을 아끼지 않은 이경림, 이상영, 민병임 님께 깊은 사랑과 고마움을 전하고, 또한 이 책을 발간하는 데 애써주신 시대가치의 김광범 대표님과 편집부 직원분들께 감사드린다. 앞으로 더 좋은 책으로 다듬어 나갈 수 있도록, 많은 독자의 관심과 지적 그리고 제안을 기다린다.

변진호, 위정범, 이관영

2021년 2월

저자 서문

이번 판의 새로운 점

모든 이전 판과 마찬가지로 우리는 투자 분야에서 최신 정보를 유지하고 학생과 교수의 요구를 진정으로 충족시킬 교재를 만들어 나가는 것을 목표로 한다.

자료를 더 최신 상태로 만들고 학생들에게 더 필요한 내용을 담기 위해 모든 장의 변경 사항들을 고안하였다. 적절한 위치에 여러 가지 새로운 주제가 추가되었으며 새로운 특징들을 14판의 각 장에 선보였다.

- 일부 장의 그림에 대한 새로운 GeoGebra 애니메이션을 통해 학생들은 주요 모델 입력을 조작하여 개념을 설명하고 학습을 강화할 수 있다.
- 장 후반부 여러 연습문제가 자동으로 채점되는 Excel 프로젝트로 MyLab Finance에서 강사에게 제공된다. 현장 테스트를 거쳐 검증된 기술을 사용하는 자동 채점 Excel 프로젝트를 통해 강사는 스프레드시트를 수동으로 채점하지 않고도 Microsoft Excel 콘텐츠를 강의에 원활하게 통합할 수 있다. 학생들은 Excel에서 중요한 재무기법을 연습하여 주요 개념을 익히고 프로그램에 능숙해지도록 학습할 수 있다.
- 장 전체에 나타나는 Excel 스크린샷의 강사 버전은 MyLab Finance에서 사용할 수 있다. 강사 자료 영역에서 사용할 수 있는 강사의 Excel 파일은 스프레드시트 모델에 대한 전체 액세스 권한을 제공한다.
- 수정되고 교체된 장 서문 및 후반부 연습문제는 본문 내용이 실무적으로 적용되는 사례를 학생들이 볼 수 있도록 도와준다.
- 새로운 저자 비디오는 각 장의 주요 아이디어를 소개하고 주요 개념의 적용과 장 간의 연결을 강조한다.
- 사례, 표, 그림, 장 후반부 연습문제에서 사용된 확장된 실제 자료는 본문을 보다 실용적이고 실무적으로 보이게 하고 학생들이 배운 기법을 개인적으로나 직장에서 활용할 수 있다는 점을 이해하게 도와준다.
- 이전 판보다 보완되거나 이번 판에 새로 추가된 '투자자 현실' 상자는 실제 세계에서의 깊고 폭넓은 투자의 개념을 제공하고 그 중요성을 강조한다.
- 장 후반부 연습문제의 상당 부분은 금리, 주가, 개정 당시의 시장 상황을 더 잘 반영하는 기타 내용을 활용하여 수정되었다.

투자 프로그램의 기초

"훌륭한 기업이라도 가격이 적절하지 않다면 좋은 투자가 아니다." 이 지혜로운 말은 바로, 의심할 여지없이 역사상 가장 위대한 투자자 중 한 사람인, Warren Buffett에게서 나왔다. Buffett의 말은 이 교재의 본질을 매우 훌륭하게 요약한다. 즉, 주식을 매입할 때뿐만 아니라 채권, 뮤추얼펀드, 또는 다른 종류의 투자를 할 때 정보에 입각한 사려 깊은 투자결정을 할 수 있도록 학생들을 도와주는 것이다.

교육 및 학습 문제 해결

사실 투자는 간단해 보일 수 있으나 그렇지 않다. 오늘날의 격동적인 금융시장 속에서 투자자들은 개인 자금의 투자방법을 결정할 때 많은 어려움에 직면한다. 2008년 금융시장 붕괴 이후 10년이 넘도록 투자자들은 붕괴 이전보다 더 위험에 대해 주의를 기울이고 있다. 이 책은 학생들이 투자에 내재된 위험을 이해하고 건전한 투자전략을 형성하는 데 도움이 되는 근본적인 질문에 답하는 데 필요한 수단을 제공하도록 구성되었다. 예를 들어, 학생들은 자신에게 가장 좋은 투자가 무엇인지 알고 싶어 한다. 개별 증권, 뮤추얼펀드, 또는 상장지수펀드를 매입해야 하는가? 위험에 대해 어떻게 판단해야 하는가? 투자에 대한 전문적인 도움이 필요한가? 그 비용은 어떠한가? 분명 투자자들은 현명한 결정을 내리기 위해 이와 같은 질문에 대한 답변이 필요하다.

투자의 용어, 개념, 전략은 많은 사람들에게 생소하다. 정보에 입각한 투자자가 되려면 학생들은 먼저 투자의 여러 측면에 정통해야 한다. 이러한 기반을 바탕으로 매우 역동적인 투자환경에서 현명한 결정을 내리는 방법을 배울 수 있다. 이 14번째 핵심투자론(*Fundamentals of Investing*)은 개인투자자가 정보에 입각한 결정을 내리고 투자목표를 달성하는 데 필요한 정보와 지침을 제공한다.

이 교재는 대학교와 전문대학교, 전문자격증 프로그램, 평생교육과정 등에서 제공되는 투자론 기초과정의 교수와 학생의 요구에 부응한다. 개별 증권과 포트폴리오 모두에 초점을 맞춘 핵심투자론에서는 다양한 유형의 투자에 대한 위험과 수익을 고려한 후 투자목표를 개발하고, 구현하며 모니터링하는 방법을 설명한다. 대화형 문체와 충분한 사례는 학생들에게 자료를 안내하고 중요한 점을 제시한다.

핵심투자론의 특징

학자 및 투자전문가로부터 수집한 정보와 독자의 피드백을 이용하여, 제14판은 오늘날의 투자환경의 현실을 반영한다. 동시에, 다음 특성들은 성공적인 강의와 학습을 위한 구조적 틀을 제공한다.

개인투자자에 대한 명확한 집중 핵심투자론은 항상 개인투자자에게 집중해 왔다. 이 시각은 학생들이 성공적인 투자 프로그램을 개발하고 구현하며 모니터링하는 데 필요한 정보를 제공한다. 또한 학생들에게 기본 개념, 도구, 기법에 대한 탄탄한 기반을 제공한다. 기관투자자와 자금 관리자가 사용하는 발전된 개념, 도구, 기법을 제시하는 이러한 기반 위에서 다음 단계의 강의를 개발할 수 있다.

포괄적이고 유연한 조직 이 교재는 다양한 투자시장, 정보, 거래를 포함한 전반적인 투자환경을 먼저 설명함으로써 탄탄한 학습기반을 제공한다. 다음으로 투자자가 필요로 하는 개념적 도구, 즉 수익 및 위험 개념과 포트폴리오 관리에 대한 기본 접근 방식을 제시한다. 그런 다음 가장 대중적인 투자 유형(보통주, 채권, 뮤추얼펀드)을 살펴본다. 투자에 관한 일련의 장들에 이어 독자 스스로 포트폴리오를 구성하고 관리하는 방법을 다루는 장이 제시된다. 이 교재의 마지막 부분은 더 많은 전문지식이 필요한 파생증권(옵션과 선물)에 중점을 둔다. 교재의 처음 두 부분은 강의의 초기에 다루어지는 것이 가장 좋지만, 특정 투자 유형은 강사는 어떤 순서로 다루어져도 무방하다. 이 교재의 포괄적이고 유연한 특성을 통해 강사는 자신의 교과구조와 교육목표에 맞게 강의 순서를 구성할 수 있다.

우리는 의사결정의 관점에 따라 각 장을 구성했으며, 우리가 제시하는 다양한 투자와 전략의 장단점을 적시하려고 유의했다. 이 정보를 통해 개인투자자는 자신의 목표와 가장 적합한 투자행위를 선택할 수 있다. 또한 학생들이 고려하는 각 투자행위 의사결정의 의미와 결과를 배우는 방식으로 다양한 투자와 전략을 제시했다.

시의적절한 주제 시사 문제, 규정 변화, 기타 요인이 금융시장과 투자를 지속적으로 재편하고 있다. 이 교재의 거의 모든 주제는 투자환경의 변화를 고려한다. 예를 들어, 투자 또는 전략의 세금 결과를 강조하는 여러 장에는 2017년 12월 감세 및 일자리법(Tax Cuts and Jobs Act in 2017)의 일부분으로 미국에서 통과된 최근 세금 변동 사항이 포함되어 있다. 제2장에서는 증권거래가 최근 몇 년 동안 어떻게 변했으며 Spotify 직접 상장 IPO를 투자은행의 전통적인 인수사업에 대한 잠재적 위협으로 강조한다.

또한 제3장은 암호화폐 투자의 위험에 대한 증권거래위원회(Securities and Exchange Commission: SEC)의 조언을 공유한다. 제5장은 상관관계가 포트폴리오의 성과에 미치는 영향을 설명하기 위해 실제 회사에 대한 자료를 사용하여 상관관계 개념에 대한 확장된 내용을 제공한다. 이 내용들은 교재 전체에 포함된 새로운 콘텐츠의 몇 가지 사례일 뿐이다.

또한 14판은 학생들에게 전문 투자자문사가 공급하는 짧은 비디오 클립에 대한 액세스를 제공한다. 각 장의 내용에 신중하게 반영된 이 클립에서 학생들은 개인투자자의 자문가로 일한 경험을 통해 배운 교훈을 공유하는 전문가를 만날 수 있다.

세계화 투자의 세계를 변화시키는 하나의 주제는 증권시장 세계화의 진전이다. 결과적으로, 핵심투자론은 투자의 국제적 측면을 지속적으로 강조한다. 우리는 앞부분에서 국제 시장의 증가하는 중요성, 해외증권투자(직접 또는 간접), 해외투자 성과와 위험을 살펴본다. 뒷부분의 장들에서, 각각의 특정한 유형의 투자수단을 다루면서, 우리는 인기 있는 해외투자 기회와 전략을 기술한다. 이런 국제적인 주제의 통합은 학생들로 하여금 투자 포트폴리오를 계획하고, 구성하며, 그리고 관리할 때, 국제적 관점 유지의 중요성을 이해하도록 도와준다.

포괄적이고 통합된 학습체계 각 장은 번호가 매겨진 아이콘으로 표시된 6개의 **학습목표** 체계로 시작한다. 이러한 목표는 배워야 할 가장 중요한 개념과 기술을 기반으로 한다. 학습목표 아이콘은 다음을 포함하여 장 구조의 주요 지점에 연결된다.

- 큰 글자 제목(절제목)
- 토론문제
- 연습문제
- 사례문제

간략하고 단순한 구조는 학생들에게 명확한 로드맵을 제공한다. 즉, 학생들은 무엇을 학습해야 하는지, 어디서 찾을 수 있는지, 내용의 숙지 여부를 장의 끝부분에서 확인할 수 있다.

오프닝 스토리(opening story)는 실제 회사나 실제 사건과 연관된 투자 상황에 중점을 두는 콘텐츠의 무대를 설정하며, 이는 차례로 장 주제와 연결된다. 학생들은 도입부의 사례와 투자 세계의 관련성을 알 수 있다.

많은 경우, 장 후반부의 연습문제는 학생들을 장 도입부로 되돌리고, 도입부의 자료를 사용하여 계산하거나 결론을 도출하도록 요구한다.

투자자 오류 박스는 대다수 장의 여백에 위치하고 행태재무학 문헌으로부터 나온 투자 교훈을 강조한다.

각 장은 약간의 **투자자 현실**을 담고 있다. 이 부분은 흥미로운 통계를 제공하거나 특별한 투자경험을 인용하는 짧은 기사를 포함한다. 이런 현실은 학습 중인 개념에 약간의 변형을 제공하고, 실제 세계의 일면을 보여준다. 투자자 현실은 투자로서의 예술품, 미국 정부의 신용등급 하락, 회계부정을 탐지하기 위한 재무제표의 활용, 그리고 100년 만기 채권 같은 특수한 증권의 발행 같은 주제에 초점을 맞춘 내용을 포함한다.

금융시장의 실패 상자(대부분 윤리에 중점을 둔 투자 세계의 실제 시나리오에 대한 짧은 토론 상자)는 일부 장과 교재의 웹사이트에 표시된다. 이 상자의 대부분에는 수업 토론을 위한 비판적 사고 질문이 포함되어 있으며 강사 매뉴얼에 지침과 답변이 제공된다.

주요 수식은 텍스트 전체에 파란색으로 표시되어 독자가 가장 중요한 수학적 관계를 식별하는 데 도움이 된다.

Excel 스크린샷 많은 장에서 본문의 사례를 해결하도록 설계된 Excel 모델을 전체적으로 보여주는 스크린샷을 제공한다.

계산기 키 입력 본문의 적절한 위치에서 입력 및 기능을 보여주는 재무계산기 그래픽과 함께 재무계산기 사용에 대한 부분을 찾을 수 있다.

개념 리뷰의 문제는 각 장의 각 절 말미에 위치한다. 이 복습문제들은 학생들이 장의 다음 절로 넘어가기 전에 해당 절의 이해수준을 점검할 수 있도록 한다. 이들 문제의 해답은 앞 내용의 복습을 통해 알 수 있다.

토론문제는 학습목표에 적합화되어 있으며, 학생들이 장에 제시된 주요 개념을 통합하고, 조사하며, 분석하도록 돕는다. 많은 질문은 학생들이 얻은 투자정보에 해당 장의 도구와 기법을 적용한 다음 특정 투자전략 또는 수단과 관련하여 추천을 하도록 한다. 이러한 프로젝트 유형의 질문은 장에 있는 개념 리뷰 질문보다 훨씬 광범위하다. 토론문제에 대한 답변은 강사 자료센터의 강사 매뉴얼에서 강사에게 제공된다.

확대 개정된 연습문제 세트는 추가적인 검토 및 과제 기회를 제공하고 학습목표의 핵심이다. 강사 자료센터의 강사 매뉴얼에서 강사를 위한 답변/해설이 제공된다.

학습목표에 중점을 둔 두 가지 **사례문제**는 학생들이 더 높은 수준의 비판적 사고능력을 사용하도록 장려한다. 장에 제시된 기법을 적용하고 대안을 평가하며 투자자가 특정 문제를 해결할 수 있는 방법을 조언한다. 다시 말하지만 학습목표는 학생에게 사례문제가 중점을 두는 장의 주제를 보여준다.

CFA 시험 문제는 2010년 Level One 과정 및 *CFA Candidate Study Notes, Level 1, Volume 4*로부터 발췌되었으며, 교재의 제2부에서 시작하며, 각 부의 말미에 주어진다. 일부 초기 장의 자료 특성으로 인해 1부와 2부에 대한 CFA 질문이 결합되어 2부 말미에 제시된다. 이러한 질문은 학생들에게 CFA Level I 시험에 필요한 것과 비교하여 투자지식을 점검할 수 있는 기회를 제공한다.

취업능력 개발

급변하는 취업 시장에서 성공하기 위해 학생들은 자신의 직업 선택과 직업 기회를 추구할 수 있도록 준비하는 기술을 개발하는 방법을 알아야 한다. 이 교재에서는 다양한 방법으로 이러한 기술을 개발하는 데 중점을 둔다.

Excel 모델링 기술 – 각 장은 학생들에게 Excel 모델을 작성하여 투자 문제를 해결할 수 있는 기회를 제공한다. 대부분의 장에서 사례를 해결하도록 설계된 모델을 자세하게 보여주는 Excel 스크린샷을 제공한다.

윤리적 추론 기술 – 각 장에 나오는 유명한 금융시장의 실패 상자는 투자 전문가에 의한 비윤리적 행동의 잠재적 결과뿐만 아니라 투자 맥락에서 발생하는 윤리적 문제를 강조하는 경우가 많다. 이 상자는 학생들이 투자 경력을 쌓거나 자신의 돈을 투자할 때 직면할 수 있는 윤리적 유혹을 인식하는 데 도움이 된다.

비판적 사고능력 – 거의 모든 중요한 투자결정에는 비판적 사고가 포함된다. 최적의 결정을 내리는 것은 투자에 내재된 위험과 수익의 상쇄관계와 같은 대안 결정의 균형을 맞추는 것을 의미하기 때문이다. 이러한 장단점을 평가하려면 먼저 이를 정량화하는 방법을 배워야 한다. 이 교재의 거의 모든 장은 다양한 투자의 양적 편익과 비용에 관해 설명하며, 이 내용을 학습한 학생들은 고객과 자신을 대신하여 더 나은 투자결정을 내릴 수 있는 강력한 위치에 있을 것이다.

자료분석 기술 − 투자는 전부 자료와 관련된다. 분석가는 특정 투자 문제와 관련된 자료를 식별해야 하며 좋은 투자결정으로 이어지는 방법으로 해당 자료를 처리하는 방법을 알아야 한다. 본문의 사례와 장 후반부의 연습문제는 학생들이 관련 있는 자료와 관련 없는 자료를 구분하고 투자자가 취해야 할 조치에 대하여 명확하게 추천할 때 활용할 수 있는 자료를 사용하게 한다.

차 례

Brief Contents

Part 01 투자를 위한 준비

01 투자 환경 3
02 증권시장과 거래 49
03 투자정보와 증권 거래 105

Part 02 중요한 개념적 도구

04 수익과 위험 161
4A 화폐의 시간가치 205
05 현대 포트폴리오 개념 225

Part 03 보통주에 투자하기

06 보통주 285
07 보통주 분석 331
08 주식의 가치평가 387
09 시장효율성과 행태재무 437

Part 04 채권에 투자하기

10 채 권 497
11 채권의 가치평가 555

Part 05 포트폴리오 관리

12 뮤추얼펀드와 상장지수펀드 615
13 포트폴리오 관리 671

Part 06 파생증권

14 옵션: 풋옵션과 콜옵션 723
15 선물시장과 선물계약 777

Part 01 투자를 위한 준비

Chapter 01 투자 환경 / 3

투자와 투자과정 4
- 투자의 속성 / 4
- 투자과정의 구조 / 8

투자의 종류 11
- 단기 투자 / 11
- 보통주 / 12
- 고정소득증권 / 13
- 뮤추얼펀드 / 14
- 상장지수펀드 / 16
- 헤지펀드 / 17
- 파생증권 / 18
- 기타 대중적 투자 / 19

투자계획의 수립 20
- 자산운용지침 작성 / 20
- 개인소득세의 고려 / 22
- 생애주기에 걸친 투자 / 27
- 투자와 경기변동 / 28

단기투자를 통한 유동성 수요의 충족 31
- 단기 투자의 역할 / 32
- 일반적 단기 투자 / 34
- 투자 적합성 / 35

금융업계의 진로 37
- 진로(경력)를 위한 기술 개발 / 41

토론문제 / 43 연습문제 / 43

사례문제 1.1 | 창업자금 조달 / 46

사례문제 1.2 | Susan Bowen의 투자계획 준비 / 46

Chapter 02 증권시장과 거래 / 49

증권시장 50
- 증권시장의 종류 / 50
- 브로커 시장과 딜러 시장 / 59
- 전자거래 및 고빈도거래 / 67
- 일반적 시장 상황: 강세 또는 약세 / 70

증권시장의 세계화 71
- 국제시장의 중요성 증가 / 72
- 국제적 투자 성과 / 73
- 해외증권에 투자하는 방법 / 73
- 국제적 투자의 위험 / 74

증권시장의 거래시간과 규제 76
- 증권시장의 거래시간 / 76
- 증권시장의 규제 / 77

증권거래의 기본 종류 80
- 매입 보유 / 8
- 증거금 거래 / 81
- 공매도 / 89

토론문제 / 94 연습문제 / 95
사례문제 2.1| Darren의 번민: 무엇을 살 것인가? / 101
사례문제 2.2| Ravi Dumar의 공격적인 증거금 계좌 / 102

Chapter 03 투자정보와 증권 거래 / 105

투자 조사와 계획 106
투자 조사의 시작 / 106 인터넷 거래에 대한 주의사항 / 110
투자정보의 종류와 출처 111
정보 유형 / 113 정보의 출처 / 113
시장 평균과 지수의 이해 124
주식시장 평균과 지수 / 125 채권시장 지표 / 130
증권의 거래 131
주식 브로커의 역할 / 132 주문의 기본적 종류 / 137
온라인 거래 / 140 거래비용 / 142
투자자 보호: SIPC와 중재 / 143
투자자문사와 투자클럽 145
투자자문사의 이용 / 145 투자클럽 / 148
토론문제 / 150 연습문제 / 151
사례문제 3.1| Emily의 재운 / 156
사례문제 3.2| Donald와 Laurie의 브로커 및 자문사 선택 / 156

Part 02 중요한 개념적 도구

Chapter 04 수익과 위험 / 161

수익의 개념 162
수익의 요소 / 162 왜 수익률이 중요한가 / 164
수익의 수준 / 166 역사적 수익률 / 167
화폐의 시간가치와 수익 / 167
수익률의 측정 171
실질수익률, 무위험수익률, 요구수익률 / 171
보유기간수익률 / 174 내부수익률 / 176 증가율의 계산 / 179
위험: 동전의 다른 면 181

위험의 원천 / 182
단일 자산의 위험 / 185
위험의 평가 / 190
결정과정의 단계들: 수익과 위험의 결합 / 192

토론문제 / 194
연습문제 / 195
사례문제 4.1| Coates의 결정 / 201
사례문제 4.2| 위험-수익의 상반관계: Molly O'Rourke의 주식매입 결정 / 202
장 도입부 문제 / 204

부록4A 화폐의 시간가치 / 205

이자: 저축자의 기본적 수익 ········ 205
단리 / 205
복리 / 206

시간가치 계산에 사용되는 계산 도구 ········ 208
재무계산기 / 208
컴퓨터와 스프레드시트 / 209

미래가치: 복리의 확장 ········ 209

연금의 미래가치 ········ 212

현재가치: 미래가치의 확장 ········ 213

수익흐름의 현재가치 ········ 215
혼합 흐름의 현재가치 / 216
연금의 현재가치 / 217

연습문제 / 219

Chapter 05 현대 포트폴리오 개념 / 225

포트폴리오 계획의 원리 ········ 226
포트폴리오 목표 / 226
포트폴리오 수익률과 표준편차 / 226
상관관계와 분산투자 / 230
국제 분산투자 / 239

자본자산가격결정모형 ········ 241
위험의 요소 / 242
베타: 분산불가능 위험의 척도 / 243
CAPM: 베타를 이용한 수익률 추정 / 246

전통적 및 현대 포트폴리오 관리 ········ 250
전통적 접근법 / 250
현대 포트폴리오 이론 / 252
전통적 접근법과 MPT의 조화 / 258

토론문제 / 260
연습문제 / 262
사례문제 5.1| 전통적 그리고 현대 포트폴리오 이론: 무엇이 옳은가? / 274

사례문제 5.2| Susan Lussier의 상속 포트폴리오: 그녀의 필요를 충족하는가? / 276
장 도입부 문제 / 278
CFA 시험 문제 / 280

Part 03 보통주에 투자하기

Chapter 06 보통주 / 285

주식이 제공하는 것 ········ 286
보통주의 매력 / 286
주식가격 움직임의 전망 / 286
부동산 버블의 붕괴와 시장 붕괴 / 289
주식 소유의 장단점 / 289
보통주의 기본적 특성 ········ 292
주식회사의 증권으로서의 보통주 / 292
주식의 매수와 매도 / 297
보통주의 가치 / 299
보통주의 배당금 ········ 301
배당 결정 / 302
배당의 종류 / 304
배당재투자 플랜 / 306
보통주의 종류와 이용 ········ 308
주식의 종류 / 308
해외주식에 투자하기 / 313
대안적 투자전략 / 318
토론문제 / 322
연습문제 / 323
사례문제 6.1| Sara의 투기 / 328
사례문제 6.2| 배당금의 여지가 있는가에 대한 Wally의 의문 / 329

Chapter 07 보통주 분석 / 331

증권분석 ········ 332
증권분석의 원칙 / 332
효율적시장에서 누가 증권분석이 필요할까? / 334
경제분석 ········ 336
경제분석과 경기순환 / 336
핵심적인 경제 요인 / 337
경제전망의 도출 / 340
산업분석 ········ 343
주요 문제 / 343
산업전망의 도출 / 345
기본적 분석 ········ 347

개념 / 347 재무제표 / 348
재무비율 / 353 숫자의 해석 / 368

토론문제 / 374 연습문제 / 375

사례문제 7.1| 어떤 재무비율은 실제로 안목을 높이는 데 도움을 준다 / 382

사례문제 7.2| Anna의 자동차 주식 투자 / 384

장 도입부 문제 / 385

Chapter 08 주식의 가치평가 / 387

가치평가: 성과에 대한 기준 찾기 ········ 388

기업의 가치평가와 기업의 미래 / 388 Universal의 재무성과 예측 개발 / 396
가치평가 과정 / 399

주식 가치평가모형 ········ 401

배당평가모형 / 402 기타 주식의 가치평가 방법 / 413
기타 주가-상대가치 방법 / 419

토론문제 / 423 연습문제 / 424

사례문제 8.1| Chris는 새로운 재산을 투자할 방법을 찾고 있다 / 433

사례문제 8.2| 고성장 주식의 분석 / 434

장 도입부 문제 / 435

Chapter 09 시장효율성과 행태재무 / 437

효율적시장 ········ 438

효율적시장 가설 / 441 시장 이례현상 / 448
가능한 설명들 / 452

행태재무: 효율적시장 가설에 대한 도전 ········ 454

투자자 행동과 증권가격 / 454 행태재무의 증권분석을 위한 시사점 / 464

기술적 분석 ········ 466

시장을 측정하는 도구 / 466 거래규칙과 측정 도구 / 471
차트분석 / 475

토론문제 / 481 연습문제 / 482

사례문제 9.1| Brett는 주식의 기술적 지표들을 분석한다 / 487

사례문제 9.2| Deb의 시장 지표 / 489

CFA 시험 문제 / 491

Part 04 채권에 투자하기

Chapter 10 채 권 / 497

왜 채권투자인가? ………… 498

채권가격, 수익률, 이자율의 간략한 역사 / 499

위험 노출 / 505

채권의 기초적 특성 ………… 507

채권 이자와 원금 / 507
만기일 / 508
채권가격 변동의 원리 / 509
채권가격의 표시 / 511
콜 조항: 매수자 주의사항 / 511
감채기금 / 512
담보 부채와 무담보 부채 / 513
채권 등급 평가 / 514

채권이 거래되는 시장 ………… 518

주요 시장 부문 / 519
특수한 채권 / 528
채권시장에 대한 글로벌 관점 / 533

전환증권 ………… 536

투자수단으로서의 전환증권 / 536
가치의 원천 / 539
전환증권의 가치 측정 / 540

토론문제 / 545
연습문제 / 546

사례문제 10.1| Max와 Veronica의 채권투자 프로그램 만들기 / 550

사례문제 10.2| 채권 등급 맞추기 / 552

장 도입부 문제 / 553

Chapter 11 채권의 가치평가 / 555

시장이자율의 행태 ………… 556

시장이자율 주시하기 / 557
무엇이 이자율을 움직이는가? / 558
이자율 기간구조와 수익률곡선 / 560

채권의 가격결정 ………… 567

기본적인 채권가격결정모형 / 567
연간 복리계산 / 568
반기 복리계산 / 571
경과이자 / 573

이자율과 수익률의 측정 ………… 574

경상수익률 / 574
만기수익률 / 575
수의상환수익률 / 579
기대수익률 / 581
채권의 평가 / 583

듀레이션과 면역화 ······ 584
듀레이션의 개념 / 585
듀레이션의 측정 / 585
채권의 듀레이션과 가격 변동성 / 589
유효 듀레이션 / 591
채권 듀레이션의 활용 / 592

채권 투자전략 ······ 594
소극적 전략 / 595
예상 시장이자율에 따라 거래하기 / 596
채권 스왑 / 597

토론문제 / 599
연습문제 / 600
사례문제 11.1| Dave와 Marlene Carter 부부의 채권 투자 결정 / 607
사례문제 11.2| Grace의 포트폴리오 면역화 / 608
CFA 시험 문제 / 610

Part 05 포트폴리오 관리

Chapter 12 뮤추얼펀드와 상장지수펀드 / 615

뮤추얼펀드의 개념 ······ 616
뮤추얼펀드 개관 / 617
상장지수펀드 / 626
중요한 고려사항 / 630
다른 종류의 투자회사 / 633

펀드의 종류 및 서비스 ······ 636
뮤추얼펀드의 종류 / 636
투자자 서비스 / 644

뮤추얼펀드 투자 ······ 648
뮤추얼펀드의 용도 / 648
선택 과정 / 649
폐쇄형 펀드에 투자하기 / 652
성과 측정 / 655

토론문제 / 662
연습문제 / 663
사례문제 12.1| Mark Thomas 목사는 뮤추얼펀드를 고려한다 / 667
사례문제 12.2| Giacomo와 Chiara는 마침내 휴가를 떠나다 / 668
장 도입부 문제 / 668

Chapter 13 포트폴리오 관리 / 671

자산배분체계를 이용한 포트폴리오 구성 ······ 672
투자자의 특성과 목표 / 672
포트폴리오의 목표와 정책 / 673
자산배분체계의 개발 / 673

개별 투자성과의 평가 ········· 678
자료의 획득 / 678 투자성과의 지표 / 679
투자성과의 측정 / 680 성과의 투자목표에 대한 비교 / 683

포트폴리오의 성과 평가 ········· 685
포트폴리오 수익률의 측정 / 686 수익률의 전체 시장 척도에 대한 비교 / 690
포트폴리오 수정 / 693

거래 시점의 선택 ········· 695
포뮬러 플랜 / 695 지정가 및 역지정가(손절) 주문의 이용 / 700
유동성 보존 / 701 투자의 매도시점 선택 / 702

토론문제 / 704 연습문제 / 707
사례문제 13.1| Stalchecks의 포트폴리오 성과 평가 / 712
사례문제 13.2| 포뮬러 플랜의 평가: Charles Spurge의 접근법 / 714
CFA 시험 문제 / 717

Part 06 파생증권

Chapter 14 옵션: 풋옵션과 콜옵션 / 723

풋옵션과 콜옵션 ········· 724
풋옵션과 콜옵션의 기본 특성 / 725 옵션시장 / 729
주식 옵션 / 730

옵션의 가격결정과 거래 ········· 734
풋옵션과 콜옵션의 이익 잠재력 / 735 내재가치 / 737
옵션가격에 영향을 주는 요인 / 743 거래전략 / 748

주가지수와 기타 종류의 옵션 ········· 759
주가지수 옵션의 계약조항 / 759 투자의 활용 / 763
다른 종류의 옵션 / 764

토론문제 / 768 연습문제 / 769
사례문제 14.1| Francisco 부부의 투자 옵션 / 774
사례문제 14.2| Ibrahim의 딜레마 / 775
장 도입부 문제 / 776

Chapter 15 선물시장과 선물계약 / 777

선물시장 ······ 778

시장구조 / 778
선물시장에서의 거래 / 781

상 품 ······ 784

기본적 특성 / 784
상품거래 / 789

금융선물 ······ 793

금융선물시장 / 794
거래기법 / 798
금융선물과 개인투자자 / 803
선물 옵션 / 804

토론문제 / 807
연습문제 / 808

사례문제 15.1| T.J.의 신속한 투자: 이자율 선물 / 811

사례문제 15.2| Pernelli 부부의 주가지수 선물을 이용한 헤지 시도 / 812

CFA 시험 문제 / 815

용어 해설 / 819

PART 01 투자를 위한 준비

01 투자 환경

02 증권시장과 거래

03 투자정보와 증권 거래

CHAPTER 01

투자 환경

학습목표

이 장을 학습하면 다음을 수행할 수 있다.

LG1 투자의 의미를 이해하고 어떤 투자를 다른 투자들로부터 구별하는 속성들을 열거한다.

LG2 투자과정과 투자자의 종류를 기술한다.

LG3 투자의 주요 종류들을 논의한다.

LG4 투자정책의 목적과 내용을 기술하고, 기초적인 세금 문제를 검토하며, 생애주기에 걸친 투자를 논의한다.

LG5 가장 일반적인 단기 투자의 종류를 기술한다.

LG6 금융 전문성을 가진 사람들이 가질 수 있는 주요 직업들과 이들 각각에서 투자의 역할을 논의한다.

당신은 돈을 벌기 위해 열심히 일했다. 이제는 당신의 돈이 당신을 위해 일하도록 만들 때이다. 투자 세계에 온 것을 환영한다. 전 세계에 걸쳐 선택할 수 있는 투자는 말 그대로 수천 가지이다. 얼마나 투자하고, 언제 투자해야 하며, 어떤 투자가 당신에게 적당할까? 대답은 각 투자자의 지식과 재무상태에 의존한다.

오늘날 금융뉴스는 넘치고 금융정보를 찾는 일은 대단히 쉽다. CNBC, Bloomberg Television, Fox Business Network와 같은 TV 네트워크와 *The Wall Street Journal* 및 *The Financial Times*와 같은 우수한 인쇄물을 포함한 전통적인 미디어 매체는 개인투자자에게 금융 관련 조언을 제공한다. 그러나 많은 사람들이 다른 모든 정보를 합친 것보다도 인터넷에서 투자정보를 얻는다. 인터넷은 막대한 양의 정보를 쉽게 사용할 수 있게 하고, 투자자가 마우스 클릭만으로 증권을 거래할 수 있게 하며, 한때 전문 투자자에게만 제공되었던 수단들을 무료 혹은 저렴한 비용으로 접근할 수 있게 한다. 이 모든 것이 보다 평등한 경쟁의 장을 조성하는 데 도움이 되지만 동시에 이러한 수단에 대한 접근이 용이해지면 경험이 없는 투자자의 위험을 증가시킬 수 있다.

경험이 많은 투자자이든 초보 투자자이든 동일한 투자 펀더멘털이 적용된다. 투자의 가장 기본적인 원리(투자할 때마다 염두에 두어야 할 것 중 하나)는 투자의 위험과 수익 사이에 상충관계가 있다는 것이다. 대부분의 사람들은 자신의 투자가 가능한 가장 높은 수익성이 있기를 원하지만 가장 큰 수익 잠재력을 가진 투자는 가장 높은 위험과 연관되는 경향은 거의 피할 수 없다. 이 교재에서 위험과 수익 사이의 연관성에 대한 예를 확인할 수 있을 것이다. 먼저 "투자란 무엇인가?"라는 질문에 답변을 제시한다.

투자와 투자과정

LG1 LG2

NOTE 각 장의 시작 부분에 제시된 학습목표는 이 아이콘을 사용하여 본문의 설명에서 표시된다.

당신은 아마도 이미 투자자일 것이다. 만약 저축계좌에 돈을 갖고 있으면, 이미 당신 명의로 적어도 하나의 투자를 하고 있는 것이다. **투자**(investment)는 양(positive)의 소득이나 가치상승을 창출할 기대를 가지고 자금을 배치한 모든 자산이다. 다양한 투자의 모음을 **포트폴리오**(portfolio)라고 한다.

투자로 인한 보상 또는 **수익**은 두 가지 기본적 형태, 즉 소득과 가치상승으로 발생한다. 저축계좌에 투자된 자금은 정기적 이자지급 형태로 소득을 제공한다. 보통주도 (배당 형태로) 소득을 제공하나, 투자자들은 종종 가격상승을 기대하기 때문에 주식을 산다. 즉, 보통주는 소득과 **가치상승**의 가능성을 모두 제공한다. 1900년 이후 미국에서는 저축계좌의 연평균 수익률이 4%를 약간 넘었다. 보통주의 연평균 수익률은 약 11.5%이다. 당연히 주요 시장하락기(예를 들어, 2008년의 경우처럼)에 거의 모든 투자의 수익은 이런 장기적인 역사적 평균보다 낮게 하락한다.

무이자요구불계좌에 예치된 현금은 투자인가? 그 대답은 정의의 두 조건을 충족하지 않기 때문에 '그렇지 않다'이다. 즉, 추가 소득을 제공하지 않고 가치도 상승하지 않는다. 실제로 시간이 지나면 인플레이션은 무이자요구불계좌 내 화폐의 구매력을 잠식한다.

NOTE "투자자 현실(Investor Facts)"은 관심을 끌거나 재미있는 짧은 정보를 제공한다.

투자의 속성

투자자 현실

자산으로서의 예술 예술은 좋은 투자인가? 그림과 기타 예술품은 드물게 거래되기 때문에 (즉, 비유동성) 예술의 투자 성과를 측정하는 것은 어렵다. 정교한 통계 방법을 사용하여 한 연구는 예술에 대한 연평균 수익률(1961년부터 2013년까지)을 6%가 조금 넘는 수준으로 예측했다. 이 수치는 부동산 및 미국 정부발행 증권 투자로 얻은 수익보다 높지만 상품, 회사채 및 보통주가 제공하는 수익보다 낮다.

(출처: "Does It Pay to Invest In Art? A Selection-Corrected Returns Perspective," *Review of Financial Studies*, 2016)

당신이 투자할 때, 투자대상 기관 — 기업 또는 정부기관 — 은 자금사용의 대가로 미래 이익에 대한 기대를 제공한다. 기관들은 당신의 돈을 끌어쓰기 위해 경쟁한다. 당신은 미래에 더 많은 돈, 즉 더 많은 재화와 서비스를 소비할 수 있는 능력을 갖는 것에 대한 대가로 그 돈을 오늘 상품과 서비스를 소비하는 데 사용할 기회를 포기한다. 소매상들이 상이한 특성의 다양한 제품을 제공함으로써 고객의 돈을 얻기 위해 경쟁하는 것처럼, 기관들은 상이한 속성의 다양한 투자를 제공함으로써 투자자들로부터 자금을 조달하려 경쟁한다. 그 결과 실질적으로 무위험인 은행의 저축계좌(최근 몇 년 동안 0%를 겨우 넘는 이자를 제공)부터 단기간에 급등하거나 급락할 수 있는 기업의 고위험 보통주까지, 모든 종류의 투자가 가능하다. 당신이 선택하는 투자는 당신의 자원, 목표, 위험을 수용하려는 의지에 따라 달라진다. 이런 이유로 한 종류의 투자를 다른 것으로부터 구별하는 많은 속성들이 제시될 수 있다.

> **투자자 현실**
>
> **현명한 사람들의 주식 보유** 주식시장 참여율은 직간접적으로 주식에 투자하는 가구의 비율을 의미한다. 스웨덴의 투자자를 대상으로 한 연구에 따르면 1년 동안 학교교육을 추가로 받은 경우 개인의 주식시장 참여율이 2% 증가하고 주식에 투자한 부의 비중이 10% 증가했다. 또 다른 연구에서는 핀란드의 투자자를 조사한 결과 IQ와 주식시장 참여 사이에 현저한 연관성을 발견했다. IQ 점수가 높은 사람들은 IQ 점수가 낮은 사람들보다 주식에 투자할 가능성이 훨씬 더 높았다. 더욱 주목할 만한 것은 이 연구에 사용된 IQ 측정값은 군 복무의 일환으로 19세 또는 20세 때 핀란드 남성에게 주어진 테스트 결과였다. 그 어린 나이에 측정된 IQ 점수는 이 남성들이 훨씬 나중에 주식에 투자할 것인지에 대한 매우 강력한 예측 요인이었다.
>
> (출처: "Learning to Take Risks? The Effect of Education on Risk Taking in Financial Markets," *Review of Finance*, 2018; "IQ and Stock Market Participation," *Journal of Finance*, 2011)

증권 또는 실물자산 **증권**(securities)은 기업, 정부, 또는 기타 기관에 의해 발행되고 발행기관의 자원에 대한 재무적 청구권을 나타내는 투자이다. 가장 일반적인 종류의 증권은 주식과 채권이지만, 스톡옵션 같은 더 특이한 종류의 증권도 존재한다. 증권에 투자할 때 얻을 수 있는 한 가지 이점은 **유동성**(liquidity)이 높다는 것이다. 즉, 상당한 거래비용이나 증권가격에 부정적인 영향을 발생시키지 않으면서 증권을 매도하여 신속하게 현금으로 전환할 수 있다. 예를 들어, 대기업이 발행한 주식은 유동성이 높은 경향이 있으며, 투자자들은 전 세계 시장에서 매일 수십억 주를 거래한다. 이 책은 일차적으로 가장 기본적인 유형의 증권에 초점을 맞춘다.

한편 **실물자산**은 부동산 또는 유형 개인자산에 대한 투자로 이루어진다. **부동산**은 토지, 건물, 그리고 영구적으로 토지에 고정된 자산을 말한다. **유형 개인자산**은 금, 예술품, 골동품, 기타 수집품 같은 항목들을 포함한다. 대부분의 경우, 실물자산은 증권처럼 쉽게 매매되지 않는다. 건물이나 그림을 팔려는 투자자는 구매자를 찾기 위해 부동산 중개인이나 경매인을 고용해야 할 것이고, 자산을 매각하는 데 몇 주 또는 몇 개월이 걸릴 수 있다.

직접 또는 간접 **직접투자**는 투자자가 증권 또는 실물자산의 청구권을 직접 취득하는 것이다. 만약 당신이 Apple 같은 회사의 보통주를 매수하면 이는 직접투자를 한 것이며, 이제 당신은 그 회사의 부분적 소유자이다. **간접투자**는 전문적 투자자에 의해 관리되는 증권 또는 실물자산의 집합에 대한 투자이다. 예를 들어, 당신은 Vanguard 또는 Fidelity 같은 뮤추얼펀드 회사에 돈을 보낼 때, 이 뮤추얼펀드들에 의해 소유된 자산에 간접투자하는 것이다.

미국에서는 여러 해 동안 보통주의 직접소유가 감소해 왔다. 예를 들어, 가계부문은 1945년에 미국 상장 주식의 90% 이상을 (직접) 소유했다. 시간이 지난 후, 이 비율은 현재 약 30.5% 수준으로 하락했다(상대적으로 미국 가계부문의 64%가 주택을 소유하고 있다). 동일한 추세가 세계의 대다수 대형시장에서 발생했다. 예를 들어, 영국에서 가계의 주식 직접소유는 지난 반세기 동안 약 66%에서 14%로 하락했다. 〈그림 1.1〉과 같이, 오늘날 가계는 세계의 대다수 주요 주식시장에서 발행주식의

그림 1.1

가계의 주식 직접소유

그림은 국가별로 가계가 직접 소유한 보통주의 비율을 보여주고 있다. 대부분의 국가에서, 가계는 상장주식 가치의 1/4 미만을 소유하고 있다. (출처: "Government Policy and Ownership of Equity Securities," *Journal of Financial Economics*, 2014, Vol.111, Issue 1, pp.70-85)

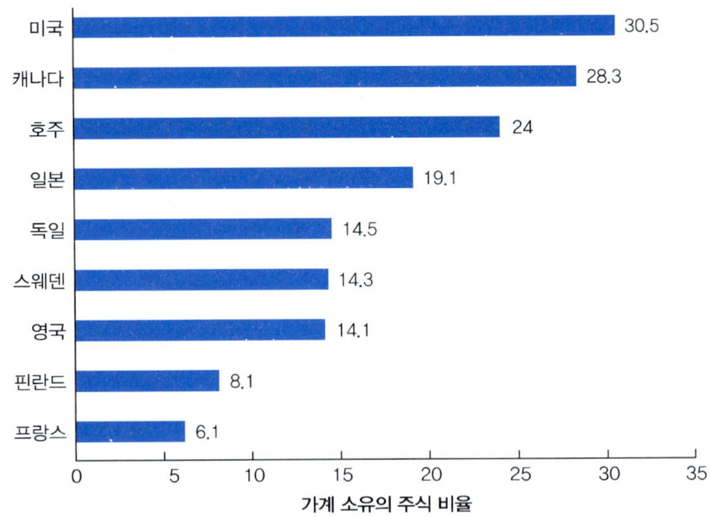

1/4 미만을 직접소유하고 있다.

가계의 주식 직접소유 감소와 병행하여 간접소유는 증가했다. 뮤추얼펀드(주식 및 기타 투자를 간접적으로 소유하는 수단 중 하나)를 소유한 미국 가구의 비율은 1980년 약 5%에서 2017년 거의 55%로 증가했다. 개인은 뮤추얼펀드 외에 많은 다른 유형의 금융기관을 통해 주식을 간접적으로 소유한다. 1945년 연기금펀드, 헤지펀드, 뮤추얼펀드와 같은 기관투자자들은 미국에서 발행된 주식의 2% 미만을 보유하고 있었지만 오늘날 기관투자자의 직접소유는 70%에 가까워지고 있다.

조세정책은 개인의 주식 직접소유의 감소와 관련하여 뮤추얼펀드와 연기금펀드 같은 기관의 직접소유 증가를 설명하는 데 도움을 준다. 1978년부터 국세규정(Internal Revenue Code)의 401(k) 조항은 근로자가 은퇴저축플랜 등에서 이연급여로 수취하기로 선택한 소득의 세금을 내지 않을 수 있도록 허용한다. 그 이후 대다수 대기업은, 근로자들이 401(k)에 납입하는 소득에 대해 일단 세금을 내지 않을 수 있는, 소위 401(k) 플랜을 채택했다. 근로자들은 은퇴기간 중에 자금을 인출할 때 소득세를 납부한다. 일반적으로 뮤추얼펀드 회사들은 이러한 401(k) 플랜을 관리한다. 따라서 이 플랜들에 의해 보유된 주식은 근로자들의 간접소유 그리고 뮤추얼펀드 회사의 직접소유를 의미한다.

이 추세의 중요한 요소는 주식을 거래하는 개인들이 빈번하게 전문적 투자자를 상대한다는 것이다. 즉, 전문 투자자는 개인이 사려는 주식을 팔고 개인이 팔려는 주식을 사는 경우가 많다. 예를 들어, 2018년에 세계에서 가장 큰 투자관리회사 중 하나인 Fidelity는 다양한 뮤추얼펀드, 신탁, 기타 계정에 거의 $2.5조의 자산을 보유했고 약 40,000명을 고용하고 있었다. 이들 중 많은 사람은 높은 수준의 투자훈련을 받고 그들이 거래하는 회사에 관해 엄청난 양의 정보를 가지고 있었다. 오늘날 기관투자자가 시장의 지배적 비중을 차지하는 환경에서, 개인들로서는 거래상대방의 강점을 고려하는 것이 현명할 것이다.

부채, 주식, 또는 파생증권 대다수 투자는 부채, 주식, 파생상품의 세 가지 넓은 범주 가운데 하나에 속한다. **부채**(debt)는 단순히 채무자로 하여금 정기적 이자지급을 하고 미래 어느 날에 대출 전액을 상환하게 만드는 대출이다. 회사 또는 정부가 돈을 빌려야 할 때, 그들은 **채권**(bonds)이라는 증권을 발행한다. 당신이 채권을 매입하면, 이는 발행자에게 돈을 빌려주는 것이다. 발행자는 당신에게 특정 시점에 이자를 지급하고 종료시점에 원래 대출을 상환하는 데 합의한다.

주식(equity)은 기업 또는 재산의 지속적인 소유권을 의미한다. 주식 투자는 증권 또는 특정 재산의 권리증서의 보유에 의해 이루어진다. 주식 증권의 가장 일반적 종류는 **보통주**이다.

파생증권(derivative securities)의 가치는 기초 증권 또는 자산의 가치로부터 파생된다. 주식 **옵션**(option)은 하나의 예이다. 주식 옵션은 어떤 회사의 주식을 정해진 기간 안에 정해진 가격으로 매입(또는 매도)할 수 있는 권리를 부여하는 투자이다. 이 옵션의 가치는 기초 주식의 시장가격에 따라 달라진다.

저위험 또는 고위험 투자 투자는 또한 위험에 기초하여 구별된다. **위험**(risk)은 특정 투자가 창출하는 수익을 둘러싼 불확실성을 반영한다. 아주 단순하게 생각하면, 투자에 연계된 수익이 더 불확실할수록 위험은 더 크다. 투자자가 위험을 관리하기 위해 사용하는 가장 중요한 전략 중 하나는 **다각화**이며, 이는 단순히 투자 포트폴리오에 다양한 유형의 자산을 보유하는 것을 의미한다.

평생 동안 투자하면서, 낮은 위험부터 높은 위험에 이르는 무수한 투자에 직면할 것이다. 예를 들어, 주식 수익은 채권 수익보다 훨씬 더 넓은 범위에서 변동하고 예측하기 어렵기 때문에, 주식은 일반적으로 채권보다 위험한 것으로 간주된다. 그러나 재무적으로 건전한 기업의 주식보다 더 위험한 고위험 채권을 발견하는 것도 어렵지 않다.

일반적으로 투자자들은 위험과 수익의 상반관계에 직면한다. 즉, 투자자들은 더 높은 수익을 달성하려면 일반적으로 더 큰 위험을 감수해야 한다. **저위험 투자**는 비교적 예측 가능하지만 상대적으로 낮은 수익을 제공한다. **고위험 투자**는 평균적으로 훨씬 더 높은 수익을 제공하나, 훨씬 더 큰 손실 가능성도 갖고 있다.

단기 또는 장기 투자 투자의 수명은 짧거나 길 수 있다. **단기 투자**는 전형적으로 1년 이내에 만기가 도래한다. **장기 투자**는 더 긴 만기 또는 보통주처럼 만기가 없는 것들이다.

국내 또는 해외 30년 전까지 만해도 미국 시민들은 거의 모두 미국에 기반을 둔 기업과 정부의 부채, 주식, 파생증권과 같은 순수 국내 자산에만 투자했다. 다른 많은 국가의 투자자들도 마찬가지였다. 과거에는 대부분의 사람들이 자국에 있는 법인이 발행한 증권에 대부분의 돈을 투자했다. 오늘날의 투자자는 통상적으로, 순수한 국내 투자보다 더 매력적인 수익을 제공할 수 있는 (직접 및 간접) **해외투자**도 고려한다. 해외투자가 제공하는 수익이 국내 증권에서 제공되는 수익보다 높지 않더라도 투자자는 더 다양한 포트폴리오를 구축하여 위험에 대한 노출을 제한하는 데 도움이 되기 때문에 여전히 해외투자를 선택할 수 있다. 외국 기업에 관한 정보는 쉽게 구할 수 있고, 해외투자는 이제 비교적 용이하다.

투자과정의 구조

투자과정은 여유자금을 보유한 **공급자**와 자금을 필요로 하는 **수요자**를 연결한다. 가계, 정부 및 기업은 투자 프로세스의 핵심 참여자이며 이러한 참여자 각각은 특정 시간에 자금의 공급자 또는 수요자 역할을 할 수 있다. 그러나 몇 가지 일반적인 경향이 있다. 소득보다 적게 지출하는 가구는 저축하고 그 잉여자금을 투자하여 수익을 올리고 싶어한다. 따라서 가구는 일반적으로 자금의 **순공급자**이다. 반면에 정부는 종종 세수보다 더 많이 지출하므로 추가 자금을 조달하기 위해 채권 및 기타 채무 증권을 발행한다. 정부는 일반적으로 자금의 **순수요자**이다. 기업은 또한 대부분의 경우 자금의 **순수요자**이다. 그들은 새로운 투자 및 기타 활동에 자금을 조달하기 위해 부채 또는 지분 증권을 발행한다.

자금의 공급자와 수요자는 일반적으로 금융기관 또는 금융시장을 통해 연결된다. **금융기관**은 정부, 기업, 그리고 개인들로부터 저축을 모아서, 대출 그리고 미국 정부에 의해 발행된 단기채권 같은 증권에 투자하는 은행, 뮤추얼펀드, 보험회사 같은 조직이다. **금융시장**은 자금의 공급자와 수요자가 전형적으로 증권중개회사와 딜러 같은 중개기관의 도움을 받아 금융자산을 거래하는 시장이다. 주식, 채권, 상품, 외환을 포함한 모든 종류의 투자는 금융시장에서 거래된다.

미국의 지배적 금융시장은 **증권시장**이다. 이는 주식시장, 채권시장, 옵션시장을 포함한다. 비슷한 시장들이 전 세계의 대다수 주요 국가에 존재한다. 이 시장들에서 거래되는 증권들의 가격은, 다른 종류의 시장에서 다른 가격들이 결정되는 것과 마찬가지로, 공급자와 수요자의 상호작용에 의해 결정된다. 예를 들어, 만약 투자자들이 사고자 하는 Facebook 주식의 수가 투자자들이 팔고자 하는 주식 수보다 많으면, Facebook 주식가격은 오를 것이다. 회사에 관한 새 정보가 이용가능하면, 공급(팔려는 투자자들)과 수요(사려는 투자자들)의 변화는 새로운 시장가격을 형성할 것이다. 금융시장은 매수자와 매도자를 연결하는 과정을 단순화함으로써, 투자자들이 엄청난 거래비용 없이 신속하게 서로 거래할 수 있도록 만든다. 금융시장은 또한 시장참가자들이 쉽게 감시할 수 있는 증권의 시장가격을 형성함으로써 가치 있는 기능을 제공한다. 예를 들어, 새로운 제품을 출시한 기업은 투자자들이 새 제품을 보고 주가를 올리는지 또는 내리는지 관찰함으로써, 시장에서 제품이 어떻게 받아들여지는지에 대하여 조기에 알 수 있다.

〈그림 1.2〉는 투자과정의 도표이다. 자금의 공급자는 금융중개기관, 금융시장, 직접거래를 통해 자원을 수요자들에게 이전할 수 있음에 유의하라. 점선과 같이, 금융기관들은 자금의 공급자 또는 수요자로서 금융시장에 참여할 수 있다. 경제가 성장

그림 1.2

투자과정

금융기관은 금융시장에 참여하고 공급자와 수요자 간에 자금을 흐름을 연결한다. 화살표는 공급자에서 수요자에게만 표시되지만, 일부 거래(예: 채권 또는 학자금 대출)의 경우 수요자가 공급자(대출업체)로부터 빌린 원금은 결국 반환된다.

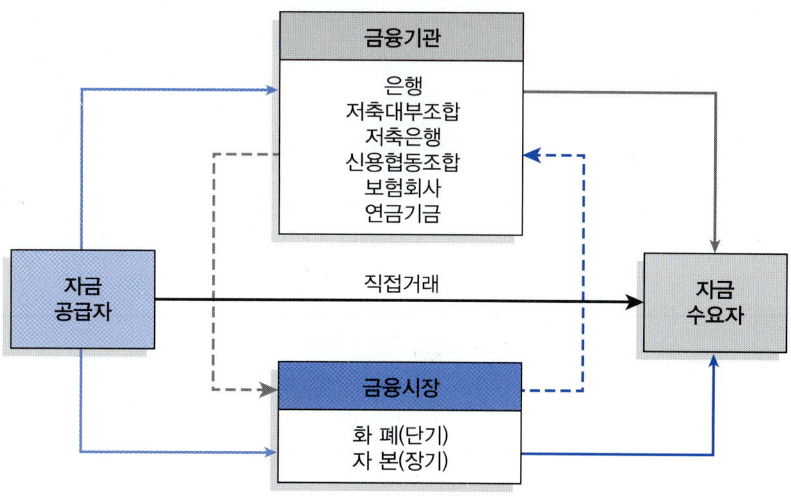

하고 번영하기 위해서는 매력적인 투자 기회를 가진 사람들에게 자금이 유입되어야 한다. 만약 개인들이 갑자기 잉여자금을 금융기관이나 시장에 투입하여 운용하는 대신 보유하면, 자금을 필요로 하는 기관들은 자금획득에 어려움을 겪을 것이다. 결국 정부지출, 사업확장, 소비자 구매는 감소하고, 경제활동은 침체할 것이다.

가계가 투자할 잉여자금이 있는 경우, 직접 투자 결정을 내릴지 아니면 그 책임의 일부 또는 전부를 전문가에게 위임할지 결정해야 한다. 이것은 금융시장에서 두 가지 유형의 투자자 사이에 중요한 차이로 이어진다. **개인투자자**는 재무적 목표를 달성하기 위해 자신의 자금을 관리한다. 투자 결정을 내릴 시간이나 전문 지식이 부족한 개인은 다른 사람의 돈을 관리하여 생계를 유지하는 투자 전문가인 **기관투자자**를 고용하는 경우가 많다. 이 전문가들은 개인은 물론 기업과 정부를 위해 많은 양의 증권을 거래한다. 기관투자자에는 은행, 생명보험회사, 뮤추얼펀드, 연기금펀드, 헤지펀드가 포함된다.

개인투자자와 기관투자자 모두 자금 투자 방법을 결정할 때 유사한 기본 원리를 적용한다. 그러나 기관투자자는 일반적으로 대부분의 개인투자자보다 더 많은 금액을 관리하고 더 정교한 분석기술을 가지고 있다. **이 책에 제시된 정보는 주로 당신, 즉 개인투자자를 대상으로 한다.** 이 내용을 숙지하는 것은 기관투자자가 되기를 원하는 경우 필요한 전문성을 개발하기 위한 첫 번째 단계일 뿐이다.

개념 리뷰

해답은 www.pearson.com/mylab/finance에서 찾을 수 있음.

NOTE 각 섹션 마지막에 있는 개념 리뷰 질문을 활용하여 방금 읽은 내용에 대한 이해도를 테스트할 것을 권장한다.

1.1 투자를 정의하고, 개인이 투자하는 이유를 설명하라.

1.2 다음의 투자 종류들을 구별하고 각각의 예를 제시하라. (a) 증권과 실물자산 투자; (b) 직접 및 간접 투자; (c) 부채, 주식, 파생증권; (d) 단기와 장기 투자.

1.3 투자 위험과 수익 사이의 관계는 무엇인가?

1.4 위험을 정의하고, 어떻게 위험이 투자를 구별하는 데 사용되는지 설명하라.

1.5 해외투자는 무엇인가? 개인투자자에게는 어떤 역할을 하는가?

1.6 투자과정의 전반적 구조를 기술하라. 금융기관과 금융시장의 역할을 설명하라.

1.7 자금의 순공급자 또는 순수요자로서 (a) 정부, (b) 기업, (c) 개인의 역할을 구분하라.

1.8 개인투자자와 기관투자자를 구별하라.

투자의 종류

LG3 개인투자자는 다양한 투자를 할 수 있다. 지금까지 본 것처럼 투자는 위험, 만기, 다양한 특성들에 의해 구별된다. 상이한 투자들의 특성과 이 투자들을 매매하기 위해 사용될 수 있는 전략을 기술하는 데 이 책의 상당 부분을 할애할 것이다. 〈표 1.1〉은 우리가 학습할 중요한 종류의 투자에 관한 기본적 정보 일부를 요약한다.

단기 투자

단기 투자는 1년 이하의 존속기간을 갖고 있으며, 일반적으로 (반드시는 아니지만) 거의 위험이 없거나 무위험이다. 사람들은 유휴자금을 장기 투자에 투입하기 전 일시적 "저장수단"으로 이런 투자를 매입한다. 단기 투자는 또한 주식 또는 채권 같은 더 위험한 장기 자산에 자금을 묶어두는 것을 좋아하지 않는 보수적 투자자들에게 인기 있다.

〈표 1.1〉 투자의 주요 종류

종류	개요	예	이 책의 관련 내용
단기	기간 1년 미만의 저축상품. 유휴자금의 보존과 유동성 제공을 위해 이용됨.	예금계좌, 미국 국채(T-bill), 양도성예금증서(CD), 기업어음(CP), 화폐시장 뮤추얼펀드	제1장
보통주	회사의 소유권을 나타내는 지분 투자		제6–9장
고정소득증권	고정된 정기적 현금지급을 창출하는 투자	채권, 전환증권 우선주	제10, 11장 웹 제16장
뮤추얼펀드	다수의 투자자로부터 자금을 모집하여 분산된 증권 포트폴리오에 투자하는 회사	대형주 펀드, 성장주 펀드	제12장
상장지수펀드	거래소에 상장되어 거래가 가능한 투자 펀드. 일반적으로 인덱스펀드	주식 인덱스펀드, 채권 인덱스펀드	제12장
헤지펀드	기초 증권 모음에 대한 대체 투자로 상당한 자산을 보유한 기관투자자와 개인투자자와 같이 정교한 투자자에게 가능한 투자	지분 매입 매도, 펀드의 펀드	제12장
파생증권	부채나 지분이 아니며, 자신의 가치가 파생된 기초 자산의 특성을 드러내도록 구조화된 증권	옵션 선물	제14장 제15장
기타 대중적인 투자	투자자에 의해 광범위하게 사용되는 다양한 투자들	세금우대 투자 부동산 유형자산	웹 제17장 웹 제18장 웹 제18장

단기 투자는 투자자가 가치상실이 거의 없이 신속하게 현금으로 전환할 수 있기 때문에 **유동성**도 제공한다. 유동성은 투자자에게 중요하다. 비상사태 또는 기타 계획되지 않은 사건으로 인해 투자를 매각하여 현금을 확보해야 하는 시기를 알 수 없기 때문이다. 이때 투자를 빨리 매도하는 것이 중요하다. 물론 할인하여 매각하려는 투자자는 거의 모든 자산을 현금으로 신속하게 전환할 수 있지만 유동적인 투자는 그럴 필요가 없다. 유동성이 높은 투자는 투자자들이 투자를 급매(fire sale) 가격에 팔지 않고도 필요한 경우 신속하게 현금을 얻을 수 있다는 마음의 평화를 준다.

보통주

보통주(common stock)는 기업의 소유권을 나타내는 지분 투자이다. 보통주 1주는 기업의 부분적 소유권을 나타낸다. 예를 들어, 2018년 초에 Amazon의 발행 주식수는 4억 8,400만 주를 넘었다. Amazon 주식 100주를 구입했다면 소유 지분은 0.000021%에 불과하지만 해당 회사의 일부 소유자가 된다! 보통주 소유자는 일반적으로 주주총회에서 투표할 권리가 있지만 대부분의 개인투자자에게는 의결권이 그들이 원하는 수익보다 덜 중요하다.

보통주 투자의 수익은 배당과 자본이득이라는 두 원천으로부터 나온다. **배당**(dividends)은 기업이 주주에게 지급하는 돈이다. 기업은 반드시 주주에게 배당을 지급해야 하는 것은 아니며, 작은 규모 또는 급속히 성장하는 기업의 대다수는 배당을 지급하지 않는다. 기업이 성장해서 현금을 축적하면, Hawaiian Airlines가 2017년에 그랬던 것처럼, 배당을 지급하기 시작하곤 한다. 배당을 지급하는 기업은 일반적으로 분기별로 지급한다.

자본이득(capital gains)은 주식가격이 투자자의 초기 매입가격보다 높을 때 발생한다. 자본이득은 **실현** 또는 **미실현**된 금액일 수 있다. 만약 당신이 매수가격보다 높게 주식을 매도하면, 자본이득을 실현한 것이다. 만약 매도 대신 계속 보유하면, 미실현 자본이득을 얻는 것이다.

사례

McDonald's 보통주의 수익률

2017년 주식시장이 개장된 첫날인 1월 3일에 McDonald's 보통주 1주를 $119.62에 매입했다고 가정해 보자. 2017년에 현금 배당금으로 $3.83를 받았다. 연말에 주식을 $172.12에 매도했다. 배당금으로 $3.83를 얻었고 $52.50 자본이득($172.12 매도가격−$119.62 매입가격)을 실현하여 총수익금은 $56.33이다. 백분율 기준으로 2017년 McDonald's 주식수익률은

$56.33 ÷ $119.62 = 0.471 또는 47.1%로 계산된다. 주식을 팔지 않고 계속 보유했다면 동일한 수익을 얻었을 것이다. 그러나 자본이득은 미실현되었을 것이다.

앞에서 언급된 것처럼, 1900년 이후 보통주의 연평균 수익률은 11.5%를 약간 상회한다. 따라서 2017년 McDonald's의 실적은 좋았다. 패스트푸드 생산업체로서 McDonald's의 주가는 일반적으로 경제가 성장하고 있고 (2017년과 같이) 소비자가 집에서 먹는 것보다 식당에서 음식 값을 지불할 의향이 있을 때 더 좋은 성과를 나타낸다.

고정소득증권

고정소득증권(fixed-income securities)은 금액 기준으로 고정되거나 미리 정해진 공식에 의해 결정되는 정기적 현금 지급을 제공하는 투자이다(예를 들어, 만약 시장 이자율이 전체적으로 상승하면, 공식에 따라 현금 지급이 증가할 수 있다). 어떤 상품은 보장된 수익을 약속하며, 이는 증권발행자(즉, 차입자)가 투자자에 대한 지급 약속을 반드시 이행하거나 아니면 소송을 당할 위험에 처한다는 것을 의미한다. 다른 고정소득증권은 계약상 의무가 없으나, 정기적 지급을 이행할 것으로 기대된다. 고정소득증권은 비교적 예측가능한 현금흐름 때문에, 투자자들이 높은 수익률에 "고정"하려 하는 고금리 시기와 투자자들이 보통주 같은 더 위험한 증권에 투자하기 꺼리는 경제적 불확실성의 시기에 높은 인기를 얻는 경향이 있다. 가장 일반적인 고정소득증권은 채권, 전환증권, 우선주이다.

채권 채권(bonds)은 기업이나 정부에 의해 발행되는 장기 부채증권이다. 채권소유자는 정기적 이자 지급과 (전형적으로 발행일로부터 10년 내지 30년인) 만기에 채권의 **액면금액** 혹은 **원금**(증서의 최초 가치)을 수취하는 계약상 권리를 갖는다.

만약 당신이 반기 분할로 6%의 이자를 지급하는 $1,000 채권을 매입하면, 매 6개월마다 $30(=$1,000×6%×1/2년)를 받을 것이다. 만기에는 채권의 액면금액 $1,000를 받을 것이다. 채권은 유동성 측면에서 매우 다양하므로 만기 전에 매도하기가 쉬울 수도 있고 쉽지 않을 수도 있다.

1900년 이후 장기 국채의 연평균 수익률은 약 5.3%이다. 회사채는 미국 정부의 완전한 신의와 신용에 의해 뒷받침되지 않기 때문에 더 위험하고, 따라서 국채보다 다소 높은 수익률을 제공하는 경향이 있다.

전환증권 **전환증권**(convertible security)은 고정소득 투자의 특별한 종류이다. 투자자는 정해진 수의 보통주로 전환할 수 있다는 특징을 갖고 있다. 전환사채는 채권의 고정소득 편익(이자)을 제공하면서 보통주의 가격상승(자본이득) 잠재성도 제공한다.

우선주 보통주처럼, **우선주**(preferred stock)는 회사의 소유권을 나타내며 만기는 없다. 그러나 보통주와 달리, 우선주는 고정 배당금(달러 혹은 백분율 기준)이 있으나 종종 의결권은 없다. 기업은 일반적으로, 보통주에 대한 배당을 지급하기 전에, 우선주에 대한 배당을 지급해야 한다. 더욱이, 만약 기업이 재무적 어려움을 겪어서 우선주 배당을 중단했으면, 일반적으로 보통주 배당을 지급하기 전에 모든 미지급된 배당지급을 지급해야 한다. 투자자는 일반적으로 배당금 수취를 위해 우선주를 매수하지만, 우선주도 자본이득을 제공할 수 있다.

뮤추얼펀드

뮤추얼펀드(mutual fund)는 많은 다양한 투자자들에 의해 납입된 자금으로 매입되고 고객을 위해 투자회사에 의해 관리되는 주식, 채권, 기타 자산의 포트폴리오이다. 뮤추얼펀드 외에도 투자회사는 상장지수펀드(ETF)와 같은 유사한 투자상품을 운영한다. 뮤추얼펀드나 ETF 투자자는 펀드의 증권집합의 이익에 대한 소유권을 갖는다. 대부분의 개인투자자는 주식을 보유한 뮤추얼펀드를 매입함으로써 간접적으로 주식을 소유한다. 뮤추얼펀드에 돈을 보낼 때, 투자자는 (펀드가 투자하는 회사의 주식 대신) 펀드의 주식을 사는 것이다. 그리고 뮤추얼펀드 주식의 가격은 펀드가 보유하는 자산의 가치를 반영한다. 뮤추얼펀드는 투자자들로 하여금 대규모 자금의 투자 없이 잘 분산된 포트폴리오를 만들 수 있게 한다. 결국, 500개 회사의 주식을 개인적으로 사는 것보다 500개 종목의 주식을 보유한 펀드 주식을 사는 것이 싸다. 지난 30년 동안 뮤추얼펀드 산업은 크게 성장했다. 주식 뮤추얼펀드(즉, 주로 또는 전적으로 주식에 투자하는 펀드)의 수는 1980년 이후 4배 이상 증가했다.

> **투자자 현실**
>
> **상호적이라는 느낌!** 2017년, 미국의 투자회사가 관리하는 16,818개 뮤추얼펀드는 거의 $22조의 투자자산을 보유했다. 뮤추얼펀드와 ETF는 미국 전체 주식의 31%를 소유했고, 가계 금융자산의 24%를 관리했다.
>
> (출처: 2018 Investment Company Fact Book, downloaded from http://www.icifactbook.org/, accessed May 9, 2018)

대부분의 뮤추얼펀드 매니저는 펀드에 대한 특정 증권을 선택할 때 두 가지 광범위한 접근방식 중 하나를 따른다. **적극적으로 관리되는 펀드**(actively managed fund)

에서 관리자는 저평가되어 미래에 특히 성과가 좋을 것으로 예상되는 증권을 구별하고 구매하려고 한다. 또는 매니저는 성과가 나쁠 것 같은 고평가된 증권을 구별하고 투자에서 배제한다. 적극적으로 관리되는 펀드의 목표는 일종의 벤치마크보다 더 높은 수익을 올리는 것이다. 주식에 투자하는 뮤추얼펀드의 경우 일반적인 목표는 Standard & Poor's 500 주가지수(S&P 500)와 같은 시장지수의 수익률보다 높은 수익을 얻는 것이다. **수동적으로 관리되는 펀드**(passively managed fund)에서 매니저는 저평가 또는 고평가된 증권을 구별하려고 시도하지 않는다. 대신 그들은 다양한 주식 포트폴리오를 매입하고 시장지수의 수익률을 모방하거나 일치시키려고 한다. 이러한 펀드는 시장지수의 수익에 가까운 수익을 제공하기 때문에 **인덱스펀드**(index fund)라고 한다. 인덱스펀드는 10년 넘게 성장해 왔으며, 이는 투자자들로부터 새로운 달러를 유치하고 있다. 투자자들이 수동적으로 관리되는 펀드에 투자하기 위해 해당 펀드에서 달러를 인출함에 따라 적극적으로 관리되는 펀드는 축소되고 있음을 의미한다.

그들이 제공하는 서비스에 대한 대가로 뮤추얼펀드(또는 오히려 뮤추얼펀드를 운영하는 투자회사)는 투자자들에게 수수료를 부과하고, 이러한 수수료 중 일부는 **비용비율**(expense ratio)로 알려진 수치로 합산된다. 비용비율은 펀드에 투자된 자산의 비율을 기준으로 투자자에게 부과되는 수수료이다. 매일 발생하며 투자자가 뮤추얼펀드 주식을 구매할 때 지불하는 주요 비용 중 하나이다. 예를 들어, 개인투자자가 비용비율이 1%인 뮤추얼펀드에 $10,000를 투자한 경우 펀드는 개인의 돈을 관리하기 위해 연간 $100를 청구한다.

비용비율은 일반적으로 위험한 증권에 투자하는 펀드의 경우 더 높다. 예를 들어, 2017년 주식에 투자하는 뮤추얼펀드의 평균 비용비율은 0.59%였으며, 이는 투자자가 투자한 $10,000당 $59에 해당하는 비용을 지불한다는 것을 의미한다. 채권에 투자하는 펀드의 경우 평균 비용비율은 0.48%였다. **화폐시장 뮤추얼펀드**(money market mutual funds; 머니 펀드라고도 함)는 단기 투자에만 투자하는 뮤추얼펀드이다. 2017년 화폐시장 뮤추얼펀드의 평균 비용비율은 0.25%에 불과했다.

비용비율은 또한 적극적으로 관리되는 자금의 경우 더 높은 경향이 있다. 능동적으로 관리되는 자금은 운영비용이 더 많이 들기 때문에 놀라운 일이 아니다. 2017년 주가지수 펀드의 평균 비용비율은 0.09%로 능동적으로 운용되는 주식 펀드 평균 비용비율(0.78%)의 9분의 1에 불과했다. 수년 동안 비용비율은 감소해 왔으며, 이는 부분적으로 수동적으로 관리되는 펀드의 인기 증가에 따른 추세이다. 주식 뮤추얼펀드의 평균 비용비율은 2007년 0.86%에서 2017년 0.59%로 지난 10년 동안 27bp

(또는 1/4% 약간 넘음) 하락했다. 비용비율 하락은 뮤추얼펀드 투자자에게는 희소식이다. 그럼에도 불구하고 펀드마다 비용비율이 크게 다르기 때문에 투자자는 펀드를 선택하기 전에 비용에 세심한 주의를 기울여야 한다.

비용비율 외에도 일부 펀드는 **부가료**(load)라고 하는 수수료를 부과한다. 투자자가 처음에 펀드의 주식을 구매할 때 부가료가 선불로 부과될 수 있으며, 이 경우 **판매수수료**(sales load)라고 한다. 또는 투자자가 주식을 판매할 때 펀드는 **상환수수료**(redemption fee) 또는 **후취수수료**(back-end load)로 알려진 수수료를 부과할 수 있다. 일반적으로 투자자가 펀드에 돈을 오랫동안 보관하면 상환수수료는 완전히 줄어들거나 면제된다.

상장지수펀드

상장지수펀드(exchange-traded funds: ETF)는 뮤추얼펀드와 마찬가지로 증권 포트폴리오를 보유하고 투자자는 ETF의 주식을 매입한다. ETF와 뮤추얼펀드는 매우 유사하다. 이를 통해 투자자는 낮은 초기 투자로 잘 다각화된 포트폴리오를 형성할 수 있으며 ETF가 부과하는 수수료는 일반적으로 상당히 낮다. 그러나 이 두 인기 있는 투자 사이에는 몇 가지 중요한 차이가 있다. 주요 차이점은 ETF는 거래소에서 거래된다는 것이다. 따라서 투자자들은 정규 개장시간 중의 어떤 시간에도, 현재 시장가격에서 ETF 주식을 사고팔 수 있다. 뮤추얼펀드 주식은 거래소에서 거래되지 않는다. 투자자가 투자회사로부터 펀드 주식을 매입(또는 매도)할 때, 거래는 폐장 후 펀드의 종가 기준으로 이루어진다. 뮤추얼펀드의 종가는 폐장 시 보유 주식의 가격을 모두 합계하고 펀드의 발행주식 수로 나눔으로써 계산된다. 만약 당일 주가가 급격하게 등락하면, ETF 투자자는 가격이 고점에 도달하기 전에 매입하거나 저점 전에 매도함으로써 이를 이용할 수 있다. 대조적으로, 뮤추얼펀드의 투자자들은 펀드 주식의 매매가격을 알기 위해 폐장까지 기다려야 한다.

다른 중요한 차이는 투자자가 주식을 매매할 때 지급된 돈이 어떻게 되는가와 관련된 사항이다. 투자자가 뮤추얼펀드의 주식을 매입하면 펀드는 더 많은 자금을 보유하게 되고 따라서 펀드 매니저는 이 자금을 이용하여 더 많은 증권을 매입할 것이다. 비슷하게 만약 당신이 펀드 주식을 팔면, 펀드 매니저는 당신이 환매할 때 지급될 현금을 마련하기 위해 보유 증권의 일부를 매도해야 한다. 만약 많은 투자자들이 동시에 주식을 팔려고 하면, **급매**(fire sale) — 펀드 매니저는 펀드 자산을 현금으로 신속하게 전환하기 위해 더 낮은 가격을 받아들여야 함 — 를 초래할 수 있다. 대조적으로 ETF 주식은 고정된 증권 포트폴리오에 대한 고정된 수의 지분을 나타낸다. 투자자가 ETF 주식을 매입할 때, 투자자는 단지 주식을 팔려는 다른 투자자들로부터 인수하는 것이다. ETF를 관리하는 회사에 대한 순 현금유입이나 현금유출은 없으며, 따라서 투자자의 거래에 대응하여 추가로 증권을 매매할 필요는 없다.

1993년에 시작된 최초의 ETF는 Standard & Poor's 500 주가지수를 추적하도록 설계된 광범위한 주식 펀드였다. 그 이후로 ETF의 수와 투자금액은 폭발적으로 증가했다. 2007년부터 2017년까지 ETF의 수는 200% 증가했으며 해당 펀드에 투자된 자산은 연간 평균 19% 성장했다. 그럼에도 불구하고 오늘날에는 ETF보다 뮤추얼펀드에 약 5.5배 더 많은 돈이 투자되고 있다.

헤지펀드

뮤추얼펀드처럼 **헤지펀드**(hedge funds)는 많은 투자자들로부터 자금을 모으고 이 자금을 증권에 투자하는 투자 펀드이다. 헤지펀드는 일반적으로 뮤추얼펀드보다 소수의 투자자 그룹에게 개방된다. 예를 들어, 뮤추얼펀드의 최소 투자액은 수백 달러일 수 있으나, 헤지펀드에 참여하는 데 필요한 최소 투자액은 수십만 달러에 달한다. 높은 최소 투자에도 불구하고 헤지펀드는 2018년에 약 $3.5조의 자산을 관리하면서 최근 몇 년간 그 중요성이 커졌다.

헤지펀드는 일반적으로 뮤추얼펀드보다 훨씬 더 높은 수수료를 부과한다. 전통적으로 헤지펀드 수수료는 "2 및 20" 규칙("two and twenty" rule)을 따른다. 이는 투자자가 투자한 자산의 2%에 펀드가 달성할 수 있는 모든 이익의 20%를 더한 것을 연간 수수료를 지불한다는 의미이다. 수수료의 첫 번째 구성 요소는 관리수수료이며 펀드의 성과와 무관하다. 두 번째 구성 요소는 인센티브 수수료이다. 투자자는 헤지펀드가 특정 연도에 마이너스 수익을 올릴 경우 인센티브 수수료를 지불하지 않으며, 인센티브 수수료에 "최고 수위 표시(high-water mark)" 기능이 있는 것이 일반적이다. 최고 수위 표시는 헤지펀드가 이전 최고 가치를 넘어설 때까지 인센티브 수수료를 지불하지 않는다는 것이다. 예를 들어, 헤지펀드가 1년에 6%를 잃고 다음 해에 10%를 벌면 2년차의 전체 10% 수익에 대해서는 인센티브 수수료가 지급되지 않는다. 대신 수수료는 이전 최고점을 넘어서서 펀드 가치가 증가하는 경우에만 적용된다. 펀드는 새로운 인센티브 수수료가 적용되기 전에 이전에 잃어버린 6%를 회복해야 한다.

헤지펀드는 뮤추얼펀드만큼 엄격하게 규제되지 않으며 더 위험하고 유동성이 적은 증권에 투자하는 경향이 있다. 바로 "헤지펀드"라는 이름은 이러한 펀드가 자신이 감수하는 위험을 제한하거나 헤지하려고 시도하고 일부 헤지펀드는 그 목표를 염두에 두고 운영된다는 것을 암시한다. 그러나 다른 펀드는 매우 위험한 투자전략을 채택한다. 그럼에도 불구하고 헤지펀드 산업은 극적인 성장을 경험했다.

파생증권

이름처럼 **파생증권**(derivative securities)의 가치는 기초 증권 또는 기초 자산으로부터 도출된다. 많은 파생상품들의 가치가 기초 자산의 가격 변화보다 확대되도록 만들어져 있기 때문에, 이들은 가장 위험한 금융자산에 속한다. 예를 들어, 석유 가격이 배럴당 $1 등락할 때, 원유 선물계약(미래에 특정 가격으로 석유를 거래하기로 하는 두 거래상대방 사이의 계약)의 가치는 같은 방향으로 변동하며, 그 크기는 $1가 아닌 $1,000이다. 투자자들은 기초 자산의 미래 변동에 대해 투기하는 목적으로 파생증권을 매매할 수 있지만 기업은 직면한 위험을 헤지하기 위해 파생증권을 매매할 수 있다. 예를 들어, 시리얼 회사는 밀 가격의 상승 가능성에 대한 일종의 헤지로서 밀 선물계약을 매입할 수 있다.

옵션 **옵션**(options)은 투자자에게 주어진 기간 동안 특정 가격에 다른 증권을 사거나 팔 기회를 제공하는 증권이다. 기초 자산은 일반적으로 보통주와 같은 또 다른 증권이다. 투자자는 보통주의 가격 변동에 투기하기 위해 주식 옵션을 거래할 수 있다. 그러나 주식 옵션 매수자는 수익을 보장받지 못하며, 만약 옵션을 행사할 정도로 유리한 상황이 실현되지 않으면 전체 투자금액을 잃을 수도 있다. 일반적인 두 가지 옵션 종류는 **콜**(calls)과 **풋**(puts)이다. 콜옵션(call options)은 정해진 가격에 기초 자산을 살 수 있는 권리를 부여하고, 풋옵션(put options)은 정해진 가격에 기초 자산을 팔 수 있는 권리를 부여한다.

선물 **선물**(futures)은 미래 특정일에 합의된 가격으로 선물계약의 매도자로 하여금 자산을 인도하게 하고 매수자로 하여금 자산을 인수하게 하는 법적 구속력이 있는 계약이다. **선물**의 기초 자산은 콩, 돼지 뱃살, 백금, 석유와 같은 상품일 수도 있고, 외화, 미국 국채, 주가지수와 같은 금융상품일 수도 있다. 상품 및 금융 선물의 거래는 일반적으로 매우 전문적이고 고위험을 수반한다.

기타 대중적 투자

미국 연방 개인소득세율은 최고 37%(이 수치는 앞으로 더 상승할 것으로 예상됨)이기 때문에, 많은 투자자들은 **세금우대 투자**를 찾는다. 이는 투자자가 납부해야 할 세금을 낮춤으로써 더 높은 세후 수익을 제공하는 투자이다. 예를 들어, 주 및 지방정부에 의해 발행된 채권인 지방채는 연방 소득세가 면제된 이자를 지급한다. 투자자는 이 투자에서 이자에 대해 세금을 내지 않아도 되기 때문에, 과세되는 이자소득을 지급하는 비슷한 채권보다 낮은 이자율을 받아들일 수 있다.

부동산은 주택, 나대지, 다양한 형태의 수익 재산(창고, 사무실과 아파트 빌딩, 콘도 등)과 같은 자산으로 구성된다. 부동산 투자의 매력은 임대료, 소득공제, 자본이득 형태의 잠재적 수익이다.

유형자산은 부동산 이외의 실물형태를 가진 투자 자산이다. 이는 금과 기타 귀금속, 보석, 그리고 동전, 우표, 예술품, 골동품 같은 수집품을 포함한다. 사람들은 가격상승을 기대하여 이런 자산을 매입한다.

개념 리뷰

해답은 www.pearson.com/mylab/finance에서 찾을 수 있음.

1.9 단기 투자는 무엇인가? 이들은 어떻게 유동성을 제공하는가?

1.10 보통주는 무엇이며, 그 잠재적 수익의 두 가지 원천은 무엇인가?

1.11 다음 투자들을 간략히 정의하고 구별하라. 고정소득을 창출하는 것은 무엇인가? 파생증권은 무엇인가? 전문적 투자관리를 제공하는 것은 무엇인가?

a. 채권
b. 전환증권
c. 우선주
d. 뮤추얼펀드
e. 헤지펀드
f. 옵션
g. 선물

투자계획의 수립

LG4 투자는 엄격하게 직관적으로 수행되거나 특정 목표를 달성하기 위해 신중하게 개발된 계획을 기반으로 수행될 수 있다. 실증적 증거는 계획된 접근을 지지한다. 신중한 투자계획의 개발은 자금 관리에 대한 체계적인 접근방식을 따르도록 권장한다. 이러한 규율은 시장 변동 중에 목표에 집중하게 함으로써 많은 일반적인 실수를 방지하는 데 도움이 된다. 좋은 투자계획은 달성하려는 목표를 상기시키는 것이며, 평생 동안 투자 결정을 안내하는 일종의 전략적 로드맵을 제공한다. 투자계획은 자산운용지침으로 시작하는 것이 좋다.

자산운용지침 작성

대기업은 일반적으로 기업의 은퇴자금을 투자할 방법에 대하여 설명하는 자산운용지침(investment policy statement: IPS)을 가지고 있다. 이것은 금융자문가가 고객을 위해 작성한다. 우리의 견해는 IPS가 당신과 같은 개인투자자에게 똑같이 중요하다는 것이다. 그러한 지침서를 작성하면 투자계획의 모든 측면에 대해 신중하게 생각해야 하는데, 특히 초보 투자자에게 유용한 훈련이다. 배우자나 파트너가 있는 경우, IPS는 두 사람이 저축할 돈과 그 돈이 어떻게 투자될 것인지에 대한 불일치를 사전에 해결하도록 도울 수 있다. 중년기에 IPS는 장기적인 재무 목표에 대한 진행 상황을 평가하는 데 도움이 된다. 다음에서 잘 만들어진 IPS의 주요 요소에 대해 설명한다.

현재 상황의 요약 IPS의 시작 부분에 소유하고 있는 자산을 나열한다. 매달 저축하고 투자할 수 있는 금액에 대한 목표를 설정한다. 투자하려는 자금이 어디에서 나올지 기술한다. 소득과 현재 지출 습관을 감안할 때 투자할 잉여자금이 있을 것이라고 예상하는 것이 합리적인가? 현재 적용되는 세율은 얼마이며 앞으로 어떻게 바뀔 것으로 예상하는가? 포트폴리오의 초기 자산 배분에 대한 몇 가지 광범위한 지침을 설정한다. 펀드의 몇 퍼센트를 주식, 채권 및 기타 투자에 투자하기를 원하는가? 단기(수개월) 및 장기(수년) 기간 동안 감내할 수 있는 손실액이 얼마인지 스스로에게 물어보고 손실이 발생했을 때 행동계획을 명확히 한다. 계획에 따라 투자의 일부를 매각하거나 단순히 보유하거나 매달 새로운 투자를 계속하겠는가? 투자기간을 정의

한다. 1년, 10년 또는 직장생활이 끝날 때 투자하는 자금을 사용해야 하는가? 전문투자자문가의 도움을 받을 계획이라면 그 사람을 선택하는 데 사용할 프로세스를 설명한다. 이미 자문가를 선택한 경우 IPS에 그 사람의 연락처 정보를 나열하고 자문가와 설명서에 대해 논의한다. 문서에 자문가의 서명을 받을 수도 있다.

투자 목표의 지정 현재 상황을 설명했으면 투자 목표를 작성한다. 투자 목표는 투자를 통해 달성하고자 하는 재무적 목적이다. 주택에 대한 계약금을 지불하기에 충분한 돈을 축적하는 것과 같은 특정 저축 목표를 달성하려고 하는가? 아니면 자녀를 대학에 보내기에 충분한 돈을 저축하거나 자신의 은퇴를 위한 충분한 수입을 제공하는 것과 같은 미래의 목표가 있는가? 투자 목표가 이자 또는 배당금의 형태로 더 많은 현금흐름을 창출하는 것인가, 아니면 소득세를 절감하려고 하는가? 이러한 각 목표를 달성하려면 다른 전략이 필요할 수 있다. 각 목표에 대해 해당 목표를 달성하기 위해 저축하고 투자해야 하는 기간과 목표 달성을 위해 매년 투자해야 하는 돈을 결정한다.

명확한 투자 철학 IPS의 이 부분에서는 투자 철학, 투자하고자 하는 투자 유형에 대한 견해, 거래를 통해 포트폴리오를 조정하려는 빈도, 기타 포트폴리오 구성에 영향을 미칠 중요한 문제를 설명하고 싶을 것이다. 아마도 투자 철학의 가장 중요한 측면은 위험 감수(risk tolerance)이다. 당신의 투자 철학은 당신의 포트폴리오 가치의 변동성에 대하여 수용할 수 있는 정도를 나타내야 한다. 예를 들어, 포트폴리오는 1년에 20% 이상의 손실 가능성을 최소화하도록 설계되어야 한다고 말할 수 있다. 당신의 정책은 다각화가 귀하에게 얼마나 중요한지 그리고 소유할 계획인 투자 유형의 수를 나타내야 한다. 당신의 철학은 당신이 매입하지 않으려는 투자를 명시할 것이다. 윤리적인 이유로 특정 산업에 투자하지 않기로 선택하거나 주식 및 채권과 같은 일반 자산 투자만이 포트폴리오의 일부여야 한다고 선언할 것이다(파생상품이나 특이한 투자는 금지). 금융자문가와 함께 하는 경우에는 거래를 통해 포트폴리오를 변경하는 빈도를 지정하거나 거래비용 또는 (뮤추얼펀드 및 ETF의 경우) 지불할 용의가 있는 관리수수료에 대한 지침을 제공할 수 있다. IPS의 이 부분에서는 다양한 유형의 투자로부터 기대하는 수익에 대한 가정을 명확히 할 수 있다.

투자 선택 지침의 설정 보유할 것으로 예상되는 각 투자 유형 또는 자산 클래스(예: 주식, 채권, 뮤추얼펀드)에 대해 해당 자산 클래스의 특정 투자가 선택되는 방법에 대한 지침을 설정한다. 예를 들어, 뮤추얼펀드를 보유할 계획이라면 능동적 또는 수동적으로 관리되는 펀드에 투자하겠는가? 선택과정에서 펀드의 실적(예: 과거 실적 또는 펀드 매니저의 경험과 교육)에 어느 정도 비중을 두겠는가, 그리고 펀드에 투자하는 데 드는 비용비율과 기타 비용에 얼마나 많은 비중을 두겠는가? 주식에 직접 투자할 계획이라면 대규모의 잘 알려진 회사에 집중하겠는가, 아니면 신흥 하이테크 회사에 더 관심이 있는가? 당신이 매입하려는 주식이 배당금을 지급하는지 여부가 당신에게 중요한가? 매입할 채권을 결정할 때 채권 발행자의 신용도 또는 채권의 만기나 이자율과 같은 채권의 다른 특징에 더 중점을 둘 것인가?

NOTE "투자자 오류(Watch Your Behavior)" 박스는 행동주의 금융분야의 연구에서 수집한 투자자의 일반적인 오류에 대한 통찰력을 제공한다.

투자 선택 및 모니터링에 대한 책임 할당 IPS의 이 부분에서는 스스로 투자 선택을 할 것인지 혹은 자문가의 도움을 받을 것인지를 나타낸다. 마찬가지로 투자 모니터링 계획을 세운다. 투자 실적을 분기별, 반기별 또는 연도별로 평가할 계획인가?

투자가 기대치를 충족하는지 판단하기 위해 어떤 기준을 사용하겠는가? 위험한 투자에는 실적이 저조한 기간이 있기 때문에 IPS는 포트폴리오를 변경하기 전에 얼마 동안 낮은 실적을 수용할 수 있는지에 대한 지침을 제공해야 한다. 마찬가지로 1~2년 동안 특히 실적이 좋은 투자는 필연적으로 포트폴리오 전체에서 차지하는 비중이 증가할 것이다. 당신의 IPS는 단순히 포트폴리오의 균형을 재조정하기 위해 더 나은 성과의 투자를 매도할 수 있는 조건을 설명할 수 있다.

투자자 오류

너무 면밀하지는 않게 투자에 주의하라

연구자들은 투자자 행동의 흥미로운 측면을 발견했다. 포트폴리오를 자주 모니터링(감시)하지 않는 개인은 위험한 자산에 더 많이 투자하는 경향이 있다. 정의에 따르면, 위험한 자산은 장기간에 걸쳐 안전한 자산보다 더 높은 수익을 얻는 경향이 있음에도 불구하고 위험 투자는 종종 낮거나 심지어 음(−)의 수익을 나타낼 것이다. 투자자가 자신의 포트폴리오를 자주 확인하면 위험한 투자가 저조한 기간을 관찰하는 것에 불편함을 느끼므로 위험을 줄이게 된다. 한 연구에 따르면 이스라엘의 새로운 법률에 의해 은퇴기금이 12개월 미만의 기간 수익을 표시하지 못하도록 금지되었을 때 투자자는 더 많은 돈을 더 위험한 자산에 투자했다. 장기적으로 위험을 거의 감수하지 않으면 수익이 매우 낮아지므로 투자를 너무 면밀히 관찰하는 것이 좋은 일이라는 것은 분명하지 않다.

(출처: "The Display of Information and Household Investment Behavior," Finance and Economics Discussion Series 2017-043, Board of Governors of the Federal Reserve System에서 발췌)

개인소득세의 고려

세법 지식은 세금을 절감하고 투자의 세후 소득을 늘리는 데 도움을 줄 수 있다. 세법은 복잡하고 빈번히 개정되기 때문에, 우리는 핵심 개념과 그것들이 어떻게 투자 거래에 적용되는지를 살펴본다.

기초적 세금 원천 투자계획을 세울 때 고려되어야 할 두 가지 중요한 세금 종류는 연방정부, 그리고 주 및 지방 정부에 의해 부과되는 세금들이다. 연방 소득세는 개인세의 주요 형태이다. 2017년 감세 및 일자리법(Tax Cuts and Jobs Act of 2017, TCJA) 이후 연방세율은 10%에서 37%까지이지만, 의회가 이러한 감세를 연장하는 조치를 취하지 않는 한 2026년에 세율이 다시 상승할 것이다.

주 및 지방 세금은 지역에 따라 다르다. 캘리포니아의 최고 소득자들은 13.3%의 세율에 직면해 있으며 다른 8개 주는 고소득 가구에 대해 8%에서 9.9% 범위의 세율을 부과하고 있다. 일부 도시, 특히 동부해안의 대도시의 지방 소득세는 전형적으로 1% 내지 4%의 범위에 있다. 소득세 외에도, 주 및 지방 정부는 수입원으로서 판매세와 재산세에 크게 의존한다.

연방, 주, 지방 차원의 소득세는 투자자가 증권투자로부터 얻는 수익에 큰 영향을 준다. 재산세는 부동산과 다른 형태의 자산투자에 큰 영향을 줄 수 있다.

소득의 종류 개인의 소득은 세 개의 기본 범주로 분류된다:

1. **적극적 소득**은 임금과 봉급부터 보너스, 팁, 연금소득에 이르기까지 모든 수입을 포함한다. 적극적 소득은 근로소득 및 대다수 다른 형태의 비투자 소득으로 이루어진다.
2. **포트폴리오 소득**은 다양한 종류의 투자로부터 발생하는 수입을 포함한다. 이 범주는 저축계좌, 주식, 채권, 뮤추얼펀드, 옵션과 선물 등 대다수(모두는 아님) 종류의 투자 수입을 포함한다. 대체로, 포트폴리오 소득은 이자, 배당, 자본이득(투자의 매각이익)으로 구성된다.
3. **소극적 소득**은 주로 부동산, 유한회사, 다른 형태의 세금우대 투자의 소득으로 이루어진 특별한 범주의 소득이다.

일반소득 적극적, 포트폴리오, 또는 소극적 소득으로 분류되더라도 일반소득은 연방 차원에서 7가지 세율(10%, 12%, 22%, 24%, 32%, 35%, 37%) 가운데 하나로 과세된다. 개인별 소득세를 납부하는 납세자의 세율 구조, 그리고 배우자와 함께 결합

〈표 1.2〉 개인별 및 결합 소득의 연방소득세율과 구간 (납부기한 2019년 4월 15일)

세율	과세소득	
	개인별 소득	결합 소득
10%	$0 ~ $9,525	$0 ~ $19,050
12%	$9,526 ~ $38,700	$19,051 ~ $77,400
22%	$38,701 ~ $82,500	$77,401 ~ $165,000
24%	$82,501 ~ $157,500	$165,001 ~ $315,000
32%	$157,501 ~ $200,000	$315,001 ~ $400,000
35%	$200,001 ~ $500,000	$400,001 ~ $600,000
37%	$500,000 이상	$600,000 이상

소득세를 납부하는 납세자의 세율 구조가 별도로 존재한다. 〈표 1.2〉는 이 범주들의 2018년도 세율과 소득 구간을 보여준다. 세율은 **누진적**이다. 즉, 소득은 구간별 누진율 — 납세자 소득의 첫 부분은 하나의 세율, 다음 부분은 더 높은 세율 등등 — 에 의해 과세된다. 누진세 구조에서 투자자의 한계 세율(최종 소득 $1에 과세되는 세율)은 총 과세소득에 대한 총 세금 비율인 평균 세율과 다를 수 있다. 다음의 사례는 어떻게 일반소득이 과세되는지 보여준다.

사 례

소득세, 평균 세율, 한계 세율

Ellis 자매인 Joni와 Cara를 고려해 보자. 둘 다 독신이다. Joni의 과세대상 소득은 $50,000이고, Cara의 과세소득은 $100,000이다. 〈표 1.2〉의 세율과 소득 구간을 이용하여 다음과 같이 세금을 계산할 수 있다:

Joni:

0.10 × $9,525 + 0.12 × ($38,700 − $9,525) + 0.22 × ($50,000 − $38,700)
= $952.50 + $3,501 + $2,486 = $6,939.50

Cara:

0.10 × $9,525 + 0.12 × ($38,700 − $9,525) + 0.22 × ($82,500 − $38,700)
+ 0.24 × ($100,000 − $82,500) = $952.50 + $3,501 + $9,636 + $4,200
= $18,289.50

Joni는 소득의 약 13.9%를 세금으로 내고($6,939.50 ÷ $50,000), Cara의 세금은 소득의 약 18.3%이다($18,289.50 ÷ $100,000). 연방 소득세 구조의 누진적 성격은 Cara가 소득의 더 높은 비율을 세금으로 납부함을 의미한다 — Cara의 과세소득은 Joni의 두 배이나, 소득세는 약 2.6배이다. Cara의 소득이 Joni의 소득보다 높기 때문에 한계 세율이 더 높다. Cara의 마지막 $1는 24%의 세율로 과세되는 반면 Joni의 마지막 $1의 세율은 22%에 불과하다. 이러한 계산을 자동화하기 위해 아래와 같은 스프레드시트 모델을 구축할 수 있으므로 소득 수준에 관계없이 개별 납세자에 대한 세금청구서를 계산할 수 있다.

MyLab

	A	B	C	D	E	F	G
1	TAX RATES, INCOME BRACKETS, AND INCOME TAX FOR INDIVIDUAL RETURNS (2018)						
2							
3		Individual Returns					
4	Tax Rates (% of income)	Taxable Income			Base Tax	+	(Marginal rate × amount over base bracket)
5	10%	$0	to	$9,525	$0.00	+	(10% × amount over $0)
6	12%	$9,526	to	$38,700	$952.50	+	(12% × amount over $9,525)
7	22%	$38,701	to	$82,500	$4,453.50	+	(22% × amount over $38,700)
8	24%	$82,501	to	$157,000	$14,089.50	+	(24% × amount over $82,500)

9	32%	$157,001	to	$200,000	$32,089.50	+	(32% × amount over $157,000)
10	35%	$200,001	to	$500,000	$45,689.50	+	(35% × amount over $200,000)
11	37%		Over	$500,000	$150,689.50	+	(37% × amount over $500,000)
12							
13				Joni's Income	$50,000		
14				Joni's Income Tax	$6,939.50		
15							
16				Cara's Income	$100,000		
17				Cara's Income Tax	$18,289.50		

자본이득과 손실 자본자산(capital asset)은 납세자의 개인적 이해, 즐거움, 또는 투자를 위해 소유되고 사용되는 자산이다. 가장 일반적인 종류는 증권과 주택을 포함한 부동산이다. **자본이득(capital gain)**은 자본자산의 매각 수입이 최초 매수가격을 초과하는 금액을 의미한다. 현 세법에 따르면 투자 보유기간과 납세자의 소득에 따라 양도소득에 여러 세율이 적용된다. 12개월 이상 보유한 자산의 경우, 세법은 자본이득을 장기로 분류하고 저소득 납세자의 경우 0%에서 고소득 납세자의 경우 23.8%의 세율로 세금을 부과한다. 12개월 미만 보유 자산의 경우, 법은 자본이득을 단기로 분류하고 〈표 1.2〉의 일반소득세율에 따라 세금을 부과한다. 〈표 1.3〉은 결합 신고서를 제출하는 미혼 납세자와 기혼 납세자의 장기 자본이득에 적용되는 2018년 세율 구간과 세율을 보여준다. 소득이 $200,000 이상인 독신 납세자(또는 소득이 $250,000 이상인 기혼 납세자)의 경우 투자소득에 대한 추가 3.8% 세금이 적용되어 장기 자본이득에 대한 최고 세율이 23.8%가 된다.

〈표 1.3〉 개인별 및 결합 장기 자본이득의 연방소득세율과 구간(납부기한 2019년 4월 15일)

	과세소득	
세율	개인별 소득	결합 소득
0%	$0 ~ $38,600	$0 ~ $77,200
15%	$38,601 ~ $425,800	$77,201 ~ $479,000
20%	$425,800 이상	$479,000 이상

사 례

자본이득과 세금 총액

다른 과세소득 $75,000를 가진 독신인 James McFail은 주식 500주를 주당 $12에 팔았다고 가정하자. 그는 이 주식을 주당 $10에 매입했다. 이 거래의 총 자본이득은 $1,000[500주×($12/주당−$10/주당)]이다. James의 과세소득은 총 $76,000이고, 그는 22% 세율 구간에 있다(〈표 1.2〉 참고).

만약 $1,000의 자본이득이 12개월 이상 보유된 자산으로부터 발생하면, 자본이득은 최고 15%로 과세될 것이다. 그의 세금 총액은 다음과 같이 계산될 것이다:

- 일반소득($75,000)
  0.10 × $9,525 + 0.12 × ($38,700 − $9,525)
  + 0.22 × ($75,000 − $38,700) = $952.50 + $3,501 + $7,986 = $12,439.50
- 자본이득($1,000)
  0.15 × $1,000 = $150
- 세금 총액
  $12,439.50 + $150 = $12,589.50

James의 세금 총액은 $12,589.50일 것이다. 만약 그의 다른 과세소득이 $38,600 미만이었으면, 자본이득은 과세되지 않았을 것이다. 만약 James가 자산을 12개월 미만 보유했으면 $1,000의 자본이득은 일반소득으로 과세되었을 것이며, 따라서 James의 경우 22%의 세율로 과세된다.

자본이득은 실제로 실현될 때까지 과세되지 않기 때문에 매력적이다. 예를 들어, 투자자가 과세연도 말에 주당 $50에 매입했고 현재 주당 $60의 시장가격인 주식을 소유하고 있다면 주당 $10의 "서류상 이득"을 갖고 있다. 이 **서류상(미실현) 이득**은 당신이 아직 주식을 소유하기 때문에 과세되지 않는다. **오직 실현된 이득만 과세된**다. 만약 당신이 과세연도 중에 주당 $60에 주식을 매도하면, 주당 $10의 실현된 — 따라서 과세대상 — 이득을 갖게 된다.

자본손실(capital loss)은 자본자산이 최초 매입가격보다 낮게 매각될 때 발생한다. 이익과 마찬가지로 자본손실은 실현되거나 실현되지 않을 수 있지만 실현된 손실만 세금에 영향을 미친다. 세금 계산 전에 모든 이득과 손실은 상계되어야 한다. 납세자는 매년 일반소득에 대해 $3,000의 **순손실**(net loss)을 적용할 수 있다. 현재 연도에 적용될 수 없는 손실은 일정 조건에 의해 미래로 이연되어 미래 소득을 상쇄하는 데 사용될 수 있다.

> **투자자 오류**
>
> **세금과 손실의 축소** 몇몇 연구자들은 투자자들이 미래의 "손실 만회"를 바라기 때문에, 가치가 하락한 주식의 매도를 기피한다는 것을 발견했다. 가격이 하락한 주식을 팔지 않고 보유하는 것은, 세금 규정이 이런 주식을 팔 유인을 제공하기 때문에 잘못인 경우가 많다. 투자자는 (일정 금액까지의) 투자손실을 다른 형태의 소득에 대해 공제하고, 따라서 세액을 낮출 수 있다.

투자와 세금 세법에 의해 만들어진 기회는 투자과정에서 **세금 계획**(tax planning)을 중요하게 만든다. 세금 계획은 현재 및 예상 수입을 살펴보고, 세금 수준을 지연하고 최소화하는 전략을 개발하는 것을 포함한다. 세금 계획은, 장기적으로 수용가능한 수준의 위험에서, 최대 세후 수익을 달성하도록 투자활동을 이끌어야 한다.

예를 들어, 자본이득이 실제로 실현될 때까지 과세되지 않는다는 사실은 당신으로 하여금 세금 납부를 지연하고 납부 시점을 통제할 수 있도록 허용한다. 그러나 최대 자본이득을 얻을 가능성이 있는 투자는 일반적으로 유의한 경상소득을 제공하는 투자보다 높은 위험을 갖고 있다. 따라서 단지 세금만을 고려하여 투자를 선택하면 안 된다. 대신 세금 혜택, 투자수익, 위험의 균형을 유지해야 한다. 중요한 것은 세후 수익 및 관련 위험(risk)이다.

세금우대 은퇴저축 플랜 연방 정부는 사람들의 은퇴 대비 저축을 권장하도록 고안된 특별한 세금 유인을 제공하는 많은 플랜을 만들었다. 고용주에 의해 지원되는 플랜은 이익 공유 플랜, 저축 플랜, 401(k) 플랜을 포함한다. 이 플랜들은 피고용인들로 하여금 그들이 일하는 기간에 저축하고 투자하는 펀드에 대한 세금 납부를 은퇴 후 자금인출 때까지 지연할 수 있도록 허용한다. 자영업자 개인은 Keogh 플랜과 SEP-IRA 같은 자신의 세금우대 은퇴 프로그램을 만들 수 있다. 다른 세금우대 저축 플랜은 고용주와 직접 연계되지 않는다. 거의 모든 사람이, 더 일반적으로 개인 은퇴계좌로 불리는 개인적 은퇴계획(IRA)을 만들 수 있다. 그러나 고액 소득자의 플랜의 세금 혜택은 법에 의해 제한된다. 전통적인 IRA에서 플랜의 기여금 및 이 기여금으로부터 창출된 투자수입은 참여자가 은퇴 후 자금을 인출할 때까지 과세되지 않는다. Roth IRA에서 기여금은 초기에 과세되나, 이후의 투자수입과 인출은 비과세된다. 대다수 사람들에게 이 플랜들은 은퇴 대비 자금을 축적하고 세금을 낮추는 매력적인 방법을 제공한다.

생애주기에 걸친 투자

투자자는 인생의 상이한 단계를 지나면서, 다른 투자철학을 따르는 경향이 있다. 일반적으로 말하면, 대다수 투자자는 젊을 때 공격적이다가 나이를 먹으면 보수적인 경향이 있다. 전형적으로 투자자는 다음 투자단계들을 거친다.

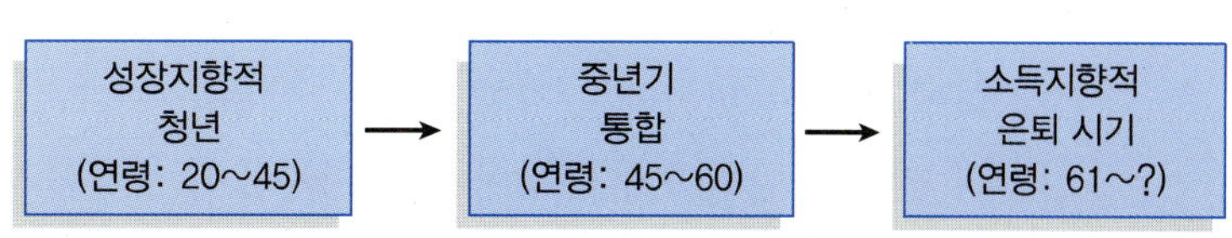

대다수 20대와 30대의 젊은 투자자는 경상소득보다 자본이득을 강조하는 성장지향적 투자를 선호한다. 젊은 투자자는 투자기간이 길기 때문에 더 많은 위험을 감수할 수 있으며 포트폴리오가 큰 손실을 입을 경우 저축 목표를 조정할 시간이 더 많다. 이러한 이유로 젊은 투자자의 포트폴리오는 주로 보통주, 특히 빠르게 성장하는 산업의 소규모 회사와 기업에 큰 비중을 둔다.

투자자가 중년으로 접어들면, 교육비와 은퇴저축 같은 가족적 수요와 책임이 더 중요해진다. 전체 포트폴리오는 종종 덜 위험한 상태로 변화한다. 성장과 소득의 균형을 제공하는 주식 — 우량등급 채권, 우선주, 전환증권, 뮤추얼펀드 — 은 모두 이 단계에서 널리 이용된다.

마지막으로, 투자자가 은퇴연령에 근접할 때, 자본 보전과 경상소득이 주요 관심사가 된다. 안전하고 높은 수준의 소득을 최고로 간주한다. 투자자는 포트폴리오의 성장을 덜 강조한다. 대신 그들은 포트폴리오가 비교적 작은 위험 노출을 가지면서 정기적 소득흐름을 창출하도록 구성한다. 투자 포트폴리오는 이제 **매우 보수적**이 된다. 이는 저위험 배당주와 뮤추얼펀드, 고수익 국채, 양질의 회사채, 은행의 양도성 예금증서(CD), 기타 단기 투자로 구성된다. 이 단계에서 투자자는 평생의 저축과 투자에 대한 보상을 거두게 된다.

투자와 경기변동

보통주와 다른 주식연계증권(전환증권, 주식 뮤추얼펀드, 주식 옵션, 그리고 주가지수 선물)은 경제 상황에 매우 민감하다. **경기변동**은 미국 경제를 특징짓는 반복적인 일련의 성장과 침체, 호황과 불황을 의미한다. 경기변동은 국내총생산(GDP), 산업생산, 개인 가처분소득, 실업률 등을 포함한 다양한 경제변수의 현재 상태를 반영한다.

강한 경제는 확장적 경기변동에 반영된다. 주식은 경기변동의 선행지표인 경향이 있다. 이는 사업이 번영하고 이익이 증가하는 시기에 앞서서 주가가 상승하는 경향이 있음을 의미한다. 성장지향적이고 투기적 주식은 강한 시장에서 특히 좋은 성과를 낸다. 저위험 배당지향적 주식은 덜 좋은 성과를 낸다. 반대로, 주식 가치는 빈번하게 경제활동이 침체하는 시기보다 수개월 전에 하락한다. 주식이 경기변동의 변화에 앞서서 변동하는 경향을 갖는 이유는 주가는 회사의 미래 번영에 관한 투자자의 믿음을 반영하기 때문이다. 투자자들이 경제환경이 악화될 것으로 믿을 때, 주가는 이런 불리한 경제상황이 실현되기 이전에 하락한다. 당연하게, 투자자들이 경제

〈표 1.4〉 경기침체 이전부터 이후까지의 주식시장 성과

	패널 A 월 평균 수익률(%)		
	경기침체 이전 6개월	경기침체 기간	경기침체 이후 12개월
	−0.26	0.37	1.75
이전의 경기침체 날짜	패널 B 총수익률(%)		
1926년 10월 ~ 1927년 11월	18.01	33.41	41.66
1929년 8월 ~ 1933년 3월	9.27	−76.29	96.77
1937년 5월 ~ 1938년 6월	−0.03	−25.08	100.30
1945년 2월 ~ 1945년 10월	9.95	22.80	−4.85
1948년 11월 ~ 1949년 10월	5.32	5.06	28.45
1953년 7월 ~ 1954년 5월	−5.27	26.73	36.31
1957년 8월 ~ 1958년 4월	9.31	−6.58	39.73
1960년 4월 ~ 1961년 2월	−0.54	19.42	13.08
1969년 12월 ~ 1970년 11월	−8.46	−7.51	12.95
1973년 11월 ~ 1975년 3월	4.49	−20.23	28.52
1980년 1월 ~ 1980년 7월	9.75	16.18	15.65
1981년 7월 ~ 1982년 11월	1.15	12.67	25.74
1990년 7월 ~ 1991년 3월	1.84	7.09	13.72
2001년 3월 ~ 2001년 11월	−20.60	−6.92	−14.89
2007년 12월 ~ 2009년 6월	−2.04	−34.46	16.45

성과가 개선될 것으로 믿을 때, 동일한 일이 반대로 발생한다. 주가는 미래의 강한 경제적 성과의 예상 속에서 상승한다.

〈표 1.4〉의 패널 A는 이러한 패턴을 확인시켜 준다. 이 표는 1926년부터 2018년까지의 기간을 포함하는 지난 15건의 경기침체 기간에 주식시장의 월 평균 수익률이 경기침체 기간(0.37%)보다 경기침체로 이어지는 6개월 동안(월 −0.26%) 더 낮았음을 보여준다. 이 표는 또한 평균적으로 주식시장이 경기침체가 끝난 후 첫 12개월 동안(월 1.75%) 성과를 매우 잘 내고 있음을 보여준다.

채권과 다른 형태의 고정소득증권(채권 펀드와 우선주)도 이자율 변동에 매우 민감하기 때문에 경기변동에 민감하다. 실제로, 이자율은 채권가격의 행태와 투자자 수익을 결정하는 데 가장 중요한 변수이다. 이자율과 채권가격은 반대 방향으로 움직인다(제10장과 제11장에서 설명된다). 따라서 상승하는 이자율은 이미 투자자의 포트폴리오에 보유된 채권에 불리하다. 당연하게, 높은 이자율은 신규 채권의 매력을 높이며, 이는 채권들이 투자자의 관심을 끄는 높은 수익을 제공하기 때문이다.

만약 당신이 수정 구슬로 미래를 예측할 수 있다면, 우리의 충고는 경제가 불황의 막바지에 접근할 때마다 고위험 투자를 하고, 호경기의 막바지 근처에서 이 투자들을 처분하고 더 안전한 자산을 매수하는 것이다. 물론, 누구도 수정 구슬을 갖고 있지 않다. 그리고 경제예측 전문가와 투자 전문가들도 경제와 금융시장의 전환을 예측하는 데에서 특별히 우월한 기록을 갖고 있지 않다. 〈표 1.4〉의 패널 B는 경기침체가 언제 시작되고 끝날 것인지 알고 있더라도 경기침체를 중심으로 주식시장을 드나들면 얻을 수 있는 수익에 대해 여전히 높은 불확실성이 있음을 보여준다. 예를 들어, 가장 최근의 경기침체 기간(2007~2009년) 동안 주식은 가치의 34.46%를 잃었으므로 그 사건에 대해 완벽한 예지력을 갖고 그 기간 동안 주식시장을 피하는 것이 성과를 거두었을 것이다. 그러나 지난 15건의 경기침체 중 8건에서 주식시장이 가치를 얻었다! 다시 말해서 경기침체가 언제 시작되고 끝날지 알더라도 주식에 계속 투자하는 것이 현명한 것인지 아니면 투자를 중단하는 것이 현명한 것인지 알 수 없다.

NOTE "금융시장의 실패(Famous Failures in Finance)" 박스는 때때로 투자분야에서 발생하는 중요한 문제를 강조한다. 이러한 문제는 아래의 박스에서와 같이 윤리적인 실수를 다루거나 시장에서 발생하는 다양한 실패를 포함할 수도 있다.

아마도 투자와 경기변동에 관해 우리가 할 수 있는 최선의 조언은 다음과 같을 것이다. 경제생활의 불가피한 (예측불가능한) 부분으로 보이는 상승과 하락에 과잉

금융시장의 실패 비윤리적 행위의 대가

근래에 신문 경제면의 머릿기사는 저명한 사업가들의 대규모 금융사기 혐의로 채워졌었다. 이 혐의들은 투자업계에 충격을 주고, 대기업들의 대형 파산을 초래했다. 세간의 주목을 받는 기소와 법원의 유죄선고가 곧 뒤따랐다. 금융사기로 기소 또는 유죄판결을 받은 업계 지도자들은 Bernie Madoff, 인도 Satyam Computer Services의 Ramalinga Raju, American International Group(AIG)의 Hank Greenberg, Freddie Mac의 David Glenn이다.

많은 경우에, CEO 사기행위의 일반적 수단은 기업의 회계를 이용하여 대규모의 가공 이익을 보고하는 것이다. 사기가 드러났을 때, 재앙에 가까운 주가 폭락이 뒤따랐다. 한 가지 예를 들자면, 2008년 파산 이전에 투자은행 회사인 Lehman Brothers는 Repo 105라는 거래에 반복적으로 참여했다. 이 거래에서 분기별 재무보고서를 발행하기 직전에 Lehman Brothers는 다른 법인으로부터 단기(일반적으로 7~10일)로 차입하였다. 그러나 Lehman의 대차대조표에는 대출이 자산 매각으로 기록되었다. Lehman이 공개적으로 발표한 재무제표에서 이 거래는 Lehman Brothers가 실제보다 현금이 많고 부채가 적은 것으로 나타났다. 이러한 종류의 기업 사기를 방지하기 위해 고안된 사베인스-옥슬리 법(Sarbanes-Oxley Act)이 통과된 지 16년이 넘도록 투자자들은 기업 사기가 너무 늦기 전에 예측하거나 적발하기 어려운 심각한 위험이라는 것을 깨달았다.

비판적 사고 문제 ›› 왜 Lehman이 Repo 105 거래에 참여했다고 생각하는가?

반응하지 말라. 시장이 이미 저점으로부터 상승한 후 위험자산에 투자하고 시장이 하락하기 시작한 후에 주식을 처분하는 투자자는, 많은 경기변동을 거치는 동안 일관된 투자전략을 사용하는 투자자보다 낮은 성과를 얻을 것이다.

개념 리뷰

해답은 www.pearson.com/mylab/finance에서 찾을 수 있음.

1.12 투자 프로그램을 개발하고 실행하기 전, 투자자는 무엇을 만들어야 하는가? 투자정책설명서의 요소를 간략하게 설명하라.

1.13 다음 개념들을 정의하고 구별하라. 각각 연방소득세와 어떻게 관련되어 있는지 설명하라.

a. 적극적 소득
b. 포트폴리오 및 소극적 소득
c. 자본이득
d. 자본손실
e. 세금 계획
f. 세금우대 은퇴 투자

1.14 투자자의 생애주기의 각 단계에서 전형적으로 채택되는 상이한 투자철학들을 기술하라.

a. 청년기(20–45세)
b. 중년기(46–60세)
c. 은퇴기간(61세 이상)

1.15 주가와 경기변동의 관계에 대해 논의하라.

단기투자를 통한 유동성 수요의 충족

LG5 유동성(liquidity)은 투자를 신속하고 가치상실 없이 현금으로 전환하는 능력이다. 요구불예금계좌는 매우 유동적이다. 주식과 채권은 구매자를 찾기 위해 가격을 할인할 필요 없이 신속하게 팔린다는 보장이 없고 이 증권들의 매각은 일반적으로 다양한 거래비용을 수반하기 때문에 덜 유동적이다. 부동산은 더 비유동적이고, 당신이 매우 낮은 가격을 수용할 용의를 갖고 있더라도 매각에 몇 주 또는 몇 개월이 소요될 수 있다. 질병과 실업 같은 인생의 예상치 못한 사건은 때로 개인으로 하여금 일상적 비용을 충당하기 위해 저축을 인출하도록 만들며, 따라서 적절한 유동성 공급을 위한 계획은 투자계획의 중요한 부분이다.

단기 투자의 역할

단기 투자는 대다수 저축과 투자 프로그램의 중요한 부분을 차지한다. 이는 소득을 창출하며, 다만 이 소득은 이자율이 0에 가까운 시기에는 매우 낮을 수 있다. 그러나 주요 기능은 긴급상황에 대비한 적립금을 제공하거나 단순히 어떤 특정 목적을 위한 자금을 축적하는 것이다. 원론적으로, 재무계획가는 종종 당신의 3개월 내지 6개월분 세후 봉급만큼 현금을 비축하도록 제안한다. 전형적으로 이런 종류의 긴급자금은 안전하고, 유동적이며, 단기 투자에 투자될 것이다.

일부 개인들은 단순히 많은 종류의 장기 투자에 내재된 위험을 감수하기 싫어서 단기 투자를 선택한다. 물론 이 저위험 투자들이 주식과 채권보다 높은 성과를 내는 기간도 존재한다. 단기 투자를 보유하려는 유인과는 무관하게, 당신은 위험과 수익을 기준으로 그들을 평가해야 한다. 이는 장기 투자와 마찬가지이다.

금융시장의 실패

대량인출사태

대공황 기간 동안 개인들은 은행이 생존할 수 있는 능력에 대해 두려워하게 되었고 이로 인해 많은 대량인출사태가 발생했다. 이 중 하나는 Frank Capra의 고전 영화 It's A Wonderful Life에서 두드러지게 나타났다. 대량인출사태는 많은 은행 예금자가 동시에 계좌에서 돈을 인출하려고 시도하는 것이다. 은행은 예금의 극히 일부만 금고에 현금으로 보유하고 있기 때문에 대량인출사태로 인해 은행은 현금이 빨리 소진되어 결과적으로 도산할 수 있다. 실제로 1930년대에 수천 개의 은행이 이러한 이유로 도산했다. 대량인출사태를 방지하기 위해 미국 정부는 1933년 은행법(Banking Act)을 통해 예금보험 프로그램을 만들어 은행 도산 시 각 예금자의 돈(최대 2,500달러)을 반환할 것을 보장했다. 이로 인해 대량인출사태 및 은행 도산이 감소했다. 1929년부터 1933년까지 9,000개가 넘는 은행이 도산한 것에 비해 1934년에는 9개 은행만이 도산했다.

불과 10년 전 금융위기 동안 예금자들은 미국뿐만 아니라 다른 많은 국가에서도 은행 및 기타 금융기관의 안전에 의문을 제기하기 시작했다. 예금자를 안심시키고 전통적인 대량인출사태를 방지하기 위해 여러 국가에서 예금보험 프로그램의 한도를 높였다.

2008년에 연방예금보험공사(FDIC)는 보험예금금액을 $100,000에서 $250,000로 상향 조정하였다. 그리스, 폴란드, 스웨덴, 덴마크 및 영국은 모두 보험예금에 대한 한도를 높였다. 그리스와 아일랜드에서는 한도를 완전히 폐지하여 정부가 보험에 가입한 금융기관의 고객 예금 100%를 보장하도록 했다. 도드-프랭크 금융개혁 및 소비자보호법(Dodd-Frank Wall Street Reform and Consumer Protection Act)의 일환으로 FDIC는 2010년 모든 FDIC 보험기관에서 무이자 계정에 대해 무제한 보험을 일시적으로 제공한다고 발표했다. 오늘날 예금보험 한도는 각 은행의 예금자당 $250,000이다.

단기 투자의 이자 단기 투자는 두 방법 가운데 하나를 통해 이자를 얻는다. 저축계좌 같은 일부 투자는 **약정된 이자율**을 지급한다. 이 경우 쉽게 이자율을 알 수 있다 — 이는 계좌의 약정 이자율이다.

또는 일부 단기 투자는 **할인**에 의해 이자를 창출한다. 이는 당신이 상환가치(또는 액면가)보다 낮은 가격에서 증권을 사고, 자산의 취득가격과 만기의 수취금액의 차이가 투자의 이자임을 의미한다. 예를 들어, 미국 단기 국채(T-bills)는 할인되어 발행된다.

위험 특성 단기 투자는 일반적으로 크게 위험하지 않다. 주요 위험은 **인플레이션 위험**(inflation risk), 즉 투자수익률이 인플레이션율보다 낮으면 발생할 수 있는 구매력의 잠재적 손실로부터 초래된다. 투자자의 저축계좌 이자율은 일반적으로 2010년 이후에 0.5% 미만이었고 같은 기간 동안 미국의 연평균 인플레이션율은 1.7%였다. 일반적으로, 단기 투자는 인플레이션율보다 약간 높은 수익률을 제공한다. 그러나 미국 연방준비은행은 지난 경기침체 이후로 단기 이자율을 역사상 최저 수준으로 유지하는 조치를 취했다.

부도(미지급)위험(risk of default)은 단기 투자에서 거의 존재하지 않는다. 그 이유는 대다수 단기 투자의 발행자는 미국 재무부, 대형 은행, 그리고 대기업 같은 매우 평판이 높은 기관이기 때문이다. 또한 정부기관이 상업은행, 저축대부조합, 그리고 신용협동조합의 예금을 계좌당 $250,000까지 보장한다. 마지막으로 단기 투자의 가치는 이자율 변동에 의해 크게 변하지 않기 때문에, 자본손실에 대한 노출도 낮다.

단기 투자의 장점과 단점 앞서 언급한 것처럼, 단기 투자의 주요 장점은 높은 유동성과 낮은 위험이다. 대부분은 지역 금융기관에서 이용될 수 있고, 최소한의 수고에 의해 현금으로 전환될 수 있다. 마지막으로 대다수 단기 투자의 수익은 인플레이션과 시장이자율에 따라 변하기 때문에, 이자율이 상승할 때 투자자는 쉽게 더 높은 수익을 얻을 수 있다. 단점으로, 이자율이 하락할 때 수익률도 역시 하락한다. 아마도 단기 투자의 최대 단점은 상대적으로 낮은 수익일 것이다. 이 증권들은 일반적으로 매우 낮은 위험을 갖기 때문에, 단기 투자의 수익은 평균적으로 장기 투자의 수익보다 낮을 것으로 예상된다.

일반적 단기 투자

개인투자자는 다양한 단기 투자를 이용할 수 있다. 일부는 투자자가 자금을 예치하고, 비교적 낮은 이자를 받으며, 원하면 편리하게 인출할 수 있는 예금 종류의 계좌이다. 〈표 1.5〉의 파트 A는 대중적인 예금 종류의 계좌를 요약한다. 단기 투자의 다른 집단은 연방정부에 의해 발행된 증권이다. 이런 상품들의 기본적 특성은 〈표 1.5〉의 파트 B에 요약되어 있다. 단기 투자의 마지막 집단은 전형적으로 금융기관 또는 기업에 의해 발행된 비정부 증권을 포함한다. 〈표 1.5〉의 파트 C에는 이 투자들이 정리되어 있다.

〈표 1.5〉 일반적 단기 투자

파트 A. 예금 종류 계좌

계좌 종류	적요	최소 잔고	이자율	연방예금보험
통장저축계좌	은행의 저축계좌.* 주로 편리성 목적, 또는 투자자가 다른 단기 투자 매입에 충분한 자금이 없을 경우	일반적으로 없음.	0.25%~4%, 경제상황에 의존	예금당 $250,000 이내
NOW(양도성 지급지시 증서) 계좌	잔고에 대해 이자를 지급하는 은행 요구불예금 계좌	법정 최소액 없으나, 빈번하게 $500 내지 $1,000	통장예금과 동일 또는 근접	예금당 $250,000 이내
화폐시장 예금계좌 (MMDA)	수표발행 한도를 가진 은행 예금계좌	법정 최소액 없으나, 빈번하게 $2,500	전형적으로 통장저축 이자율을 약간 초과	예금당 $250,000 이내
자산관리계좌	은행, 중개회사, 뮤추얼펀드, 또는 보험회사의 요구불예금, 투자, 그리고 차입을 결합한 예금계좌. 자동적으로 초과 잔고를 단기 투자에 "투입"하고 부족액을 충당하기 위해 차입	전형적으로 $5,000부터 $20,000	MMDA와 비슷	은행 예금당 $250,000 이내. 다른 기관에서는 상이할 수 있음.

파트 B. 연방정부 증권

증권	발행기관	적요	최초 만기	위험과 수익
I 국채(I bonds)	미국 재무부	미국 재무부에 의해 발행된 최하 $25에 표시된 저축채권; 인플레이션율과 연동된 이자율 수익; 이자는 주 및 지방세 면제	30년, 그러나 1년 후 상환가능	최저, 거의 무위험

단기 국채 (Treasury bills)	미국 재무부	주별 경매 발행; 할인 판매; 강한 유통시장; 지방 및 주 소득세 면제	1년 이하	최저, 거의 무위험

파트 C. 비정부 증권

증권	발행기관	적요	최초 만기	위험과 수익
양도성예금증서(CD)	상업은행	상업은행의 현금 예금	1개월 이상	미국 국채보다 높고 기업어음과 비슷
기업어음	우량 신용등급 회사	무담보 증권; 거액	3~270일	미국 국채보다 높고 CD와 비슷
은행인수어음	은행	과잉인출에 대해 보호된 계좌의 선수표와 유사; 은행에 의해 보증된, 고객 계좌에서 인출되는 일람후 정기불 예금; 은행 "인수어음"은 거래 자체를 거래가능 상품화함.	30~180일	CD 및 기업어음과 거의 비슷, 그러나 미국 국채보다 높음.
화폐시장 뮤추얼펀드 (화폐시장 펀드)	전문적 포트폴리오 관리회사	시장성 증권의 전문적으로 관리된 포트폴리오; 즉각적 유동성 제공	없음 – 투자자의 의사에 의존	다양하나, 일반적으로 미국 국채보다 높고 CD 및 기업어음과 비슷

* 은행은 상업은행, 저축대부조합(S&L), 저축은행, 그리고 신용협동조합을 지칭.

투자 적합성

개인투자자는 저축과 투자를 위해 단기 투자를 이용한다. 저축 동기가 지배적인 경우, 투자자는 이러한 자산을 사용하여 필요할 때 쉽게 사용할 수 있도록 원하는 수준의 저축을 유지하고, 본질적으로 **안전과 보안**을 제공한다. 이런 목적 하에서, 투자수익은 안전성, 유동성, 그리고 편리성보다 덜 중요하다. 통장 저축과 NOW(negotiable order of withdrawal) 계좌는 투자자의 단기 저축 수요를 충족하는 단기 투자의 예이다.

투자자가 **투자 목적**으로 단기 증권을 사용할 때, 이 상품들이 제공하는 수익은 종종 유동성만큼 중요하다. 대다수 투자자들은 예상되지 않았던 투자기회에 대응하려는 이유 외 다른 이유가 없다면, 포트폴리오의 적어도 일부를 단기의 고-유동성 증권으로 보유할 것이다. 실제로, 어떤 투자자는 포트폴리오의 전부 또는 대부분을 이런 증권에 배분한다.

투자자는 또한 장기적 관점에서 돈의 투자처를 결정하기 전에, 자금을 일시적으로 "주차"하기 위해 단기 증권을 사용할 수 있다. 예를 들어, 만약 당신이 방금 어떤

〈표 1.6〉 단기 투자 수단의 점수표

투자의 종류	이용가능성	안전성	유동성	2018년의 전형적 이자율(%)
NOW 계좌	A−	A+	A+	0.20%
통장저축계좌	A+	A+	A	0.40%
화폐시장 뮤추얼펀드(화폐시장 펀드)	B	A/A+	B+	1.75%
화폐시장 예금계좌(MMDA)	B	A+	A	1.25%
자산관리계좌	B−	A	A+	0.50%
미국 단기 국채(1년)	B−	A++	A−	2.10%
은행인수어음(90일)	B−	A	B	1.75%
기업어음(90일)	B−	A−	B−	2.00%
양도성예금증서(1년, 거액 단위)	B	A±	B	2.04%
I 채권	A+	A++	C−	2.50%

주식을 팔았으나 적당한 장기 투자 대안을 갖고 있지 않으면, 장기적 용도를 발견할 때까지 그 수입을 화폐시장 펀드에 예치할 수 있다. 또는 만약 당신이 이자율이 급격히 상승할 것으로 예상하면, 장기 채권을 팔고 그 수입을 단기 국채를 사는 데 사용할 수 있다. 더 높은 수익을 제공하는 증권 ― 화폐시장 예금계좌(MMDA), CD, 기업어음, 은행인수어음, 화폐시장 펀드 ― 은 일반적으로, 대형 중개회사의 자산관리계좌처럼, 이런 보관 기능에 더 적합하다.

어떤 증권이 특정 상황에 가장 적합한지 결정하기 위해, 당신은 이용가능성, 안전성, 유동성, 그리고 수익률 같은 특성들을 고려해야 한다. 논의된 모든 투자가 기본적 유동성 수요를 충족하나, 그 정도는 다양하다. NOW 계좌는 의문의 여지없이 가장 유동적이다. 당신은 원하는 만큼 많은 수표를 금액에 상관없이 발행할 수 있다. 한편 예금증서는 조기상환이 벌칙적 이자율을 수반하므로 덜 유동적이다. 〈표 1.6〉은 〈표 1.5〉에 기술된 단기 투자의 핵심 특성을 요약한다. 각 특성에 대해 부여된 문자 등급은 투자의 해당 영역의 우수성의 추정치를 반영한다. 예를 들어, 화폐시장 뮤추얼펀드(화폐시장 펀드)는, 인출은 일반적으로 최소 $250 내지 $500 이상에서 가능하기 때문에, 유동성에서 B+에 불과하다. NOW 계좌는 어떤 금액의 인출도 가능하기 때문에, 이 영역에서 약간 더 우수하다. 단기 투자의 이자율은 낮은 경향이 있다. 〈표 1.6〉에 수록된 투자 가운데 NOW와 통장예금계좌의 이자율은 전형적으로 가장 낮고, I 채권의 이자율이 가장 높다. 2018년에는 이러한 모든 상품의 이자율이 역사적 기준에 비해 낮았다. 예를 들어, 1년짜리 대규모 CD는 투자자에게 2%의 수익을 제공했다. 그러나 투자가 이용가능성, 안전성, 유동성에서 더 낮은 점수를 받으면 일반적으로 더 높은 이자율을 제공한다는 점에 유의해야 한다.

개념 리뷰

해답은 www.pearson.com/mylab/finance에서 찾을 수 있음.

1.16 자산을 유동적으로 만드는 것은 무엇인가? 왜 유동자산을 보유하는가? IBM 주식 100주는 유동적 투자로 간주될 수 있는가? 설명하라.

1.17 단기 투자의 특성을 구매력과 부도위험을 기준으로 설명하라.

1.18 다음 예금계좌들의 핵심 특성과 차이를 간단히 기술하라.

a. 통장저축계좌
b. NOW 계좌
c. 화폐시장 예금계좌
d. 자산관리계좌

1.19 다음 단기 투자들을 정의, 비교, 대비하라.

a. I 채권
b. 미국 단기 국채
c. 양도성예금증서
d. 기업어음
e. 은행인수어음
f. 화폐시장 뮤추얼펀드(화폐시장 펀드)

금융업계의 진로

LG6 직책과 무관하게, 금융업은 투자환경의 이해를 요구한다. 이 책에 제시된 원칙들은 많은 금융업의 유망한 직업 경로를 추구하는 데 필수적인 투자의 기초 지식을 제공할 것이다. 만약 당신이 금융 관련 직업에 잘 준비되어 있고 열정을 갖고 있으면, 다양한 취업기회를 발견할 것이다. 투자 분야에서 경력을 쌓고자 하는 많은 사람들은 Certified Financial Planner(CFP®) 또는 Chartered Financial Analyst(CFA)의 두 가지 전문 자격증 중 하나를 취득한다. 이러한 자격 증명의 요구사항과 초점이 다소 다르지만 경력을 발전시키는 데 도움이 될 수 있다.

CFP® 프로그램은 주로 고객과 직접 협력하여 투자계획을 개발하고 실행하려는 사람들을 위해 설계되었다. CFP® 자격증을 취득하려면 재무 또는 관련 분야 학사

학위와 6시간 동안 치러지는 CFP® 인증시험의 합격 점수(2018년에 64%의 합격률을 기록)가 필요하다. 이 시험은 고객관계 설정 및 정의, 고객의 현재 재정상태 분석, 투자 권장사항 개발, 커뮤니케이션, 실행(implementing) 및 모니터링을 포함하여 자문가-고객 관계의 측면에 중점을 둔다. 시험에 합격하는 것 외에도 CFP®를 취득하려면 재무 계획에 대한 3년의 전문적인 업무 경험과 CFP® 이사회에서 제정한 윤리강령을 준수하겠다는 약속이 필요하다. CFP® 자격 증명을 가진 사람들은 일반적으로 자신의 업무에서 또는 더 큰 팀의 일원이 되어 금융자문가로 일한다.

CFA 프로그램의 초점은 월스트리트의 재무분석가와 같이 기관투자자로 일하고자 하는 사람들에게 더 적합하다. CFA는 일련의 힘든 6시간짜리 시험(레벨 1, 레벨 2 및 레벨 3)을 3회 통과해야 하며, 각 시험에는 일반적으로 수백 시간의 학습이 필요하다. 일반적으로 이러한 시험의 합격률은 50% 이하이다. CFA 시험 문제의 예는 이 책의 여러 곳과 MyLab Finance에 있다. 예비 CFA는 시험에 등록하기 위해 모든 분야에서 학사 학위가 필요하다. 또한 4년간의 유자격 투자업무 경험이 있어야 하며 CFA Institute의 윤리 및 직업 행동 강령을 준수해야 한다. CFA의 가장 일반적인 직업은 포트폴리오 관리자이지만 자격증을 가진 사람들은 컨설턴트, 기업 내부의 재무분석가, 거래자, 위험 관리자 등으로도 일한다.

이러한 전문 자격이 있든 없든 투자에 대해 잘 훈련된 사람들에게 많은 직업 기회가 열려 있다. 투자 중심의 직업 기회를 가진 산업 중 일부는 상업은행, 기업금융, 재무계획, 보험, 투자은행 및 투자관리이다.

상업은행 상업은행은 개인과 기업에게 비슷한 은행 서비스를 제공한다. 은행부문에서 현저한 합병들에도 불구하고, 더 많은 사람들이 다른 금융서비스 산업보다 은행에서 근무한다.

상업은행이 제공하는 방대한 서비스 때문에, 상업은행에는 매우 다양한 금융 관련 직업 기회가 존재하며, 상당수는 투자 관련 교육을 필요로 한다. 상업은행은 부동산대출, 부동산대출 인수, 기업대출, 자산관리, 리스, 소비자금융, 무역신용, 포트폴리오 관리 등과 관련된 일자리를 제공한다.

기업금융 기업은 투자 전문 지식을 가진 사람들에게 여러 가지 유망한 직업 기회를 제공한다. 특히, 기업들은 현금과 단기 투자의 관리, 장기자금의 조달과 관리, 투자의 평가와 수행, 그리고 투자자 및 금융업계와 연계를 담당하는 금융전문가를 필요로 한다.

기업의 최고 재무 직위는 최고재무책임자(CFO)이다. CFO의 주요 책무는 기업의 자본조달과 자본투자의 관리이다. CFO의 많은 직무가 투자자와의 소통에 연계되기 때문에, CFO에게 투자의 원칙은 중요하다. CFO는 투자자들이 어떻게 기업을 전망하고 발행 증권을 평가하는지 이해해야 한다. CFO의 직무(대부분의 기타 기업재무 직무)는 일반적으로 성공적인 사업 결정을 통해 기업가치를 높이는 장기목표에 집중한다. 다른 금융 관련 직무보다, 기업금융 직무는 기업의 다양한 기능 영역(예를 들어, 영업, 마케팅, 회계)과 어떻게 이들이 기업재무 목표에 기여하는지에 관한 폭넓은 이해를 요구한다.

투자자 오류

잘못된 조언 금융자문업계의 비평가들은 이해상충이 자문가로 하여금 고객에게 더 많은 지침을 제공하도록 한다고 주장해 왔다. 예를 들면, 비용이 적은 인덱스펀드보다 비용이 높은 적극적으로 관리되는 뮤추얼펀드에 투자하도록 설득한다는 것이다. 새로운 연구에 의하면 이러한 자문가들은 자신의 돈을 투자할 때도 비용이 높은 펀드에 투자하고, 분산은 적게 하며, 수익을 추구하면서 자신의 조언을 따른다고 한다. 이 연구는 재무설계사와 증권 중개인이 금전적 인센티브를 가지고 있을 뿐만 아니라 자신의 잘못된 조언을 믿기 때문에 고객을 오도한다고 결론지었다.

(출처: Linnainmaa, Juhani T., Brian T. Melzer, and Alessandro Previtero, The Misguided Beliefs of Financial Advisors, Journal of Finance, forthcoming에서 발췌)

재무설계 재무설계사는 고객의 장단기 목표를 달성하는 방법에 대해 상담한다. 개인재무설계사는 교육, 은퇴, 투자, 보험, 세금, 부동산 계획에 관련된 금융적 조언을 제공한다. 사업가는 현금흐름 관리, 투자계획, 위험 관리와 보험계획, 세금계획, 사업승계 계획 같은 문제에 관한 상담을 요청할 수도 있다.

목표를 설정하고, 위험을 평가하며, 전략계획을 개발하는 능력은 재무설계사에게 필수적이다. 예를 들어, 만약 고객이 장래에 자녀를 대학에 보내기를 원하면, 어떤 저축 또는 투자계획이 고객의 목표에 가장 적합하겠는가? 재무설계사는 ING 같은 대형 금융서비스 회사, 소규모 기업, 또는 자영업으로 일할 수 있다.

보험 보험업은 개인과 기업 고객을 서비스하는 수조 달러의 산업이다. 보험에는 두 가지 주요한 금융 직무가 있다. 첫 번째는 개인 또는 기업에 불리한 사건(예를 들어, 질병, 사망, 화재, 자연재해에 기인한 재산 손해)이 발생할 때 현금을 지급하는 상품을 제공하는 업무, 그리고 두 번째는 고객이 보험에 가입하여 지불한 보험료를 투자하는 것이다. 개인과 기업은 재앙적 손실로부터 자신을 보호하거나 어떤 소득을 보장받기 위해 보험상품을 매입한다. 보험업자는 제공 서비스의 대가로 보험료와 수수료를 징수하고, 고객이 청구할 때 재무적 의무를 이행하기 위한 현금을 확보하기 위해 이 자금을 자산에 투자한다. 보험업은 막대한 관리자산을 갖고 있고, 따라서 고도로 훈련된 투자 전문가를 요구한다.

투자은행 투자은행은 기업 및 정부가 주식과 채권 같은 증권을 발행할 때 조력하고, 시장을 조성하여 기관 및 소액 투자자들의 증권거래를 돕는다. 사내 증권분석가들은 주식과 고정소득증권에 관한 연구자료를 제공한다. 투자은행은 또한 고액의 순자산을 보유한 개인, 기업, 기관, 정부를 위해 금융적 조언을 제공하고 금융자산을 관리한다. 투자은행은 나아가서 수리적 분석 또는 프로그램 거래와 인수합병 상담을 고객에게 제공한다.

투자은행 업계는 2008년 금융위기 중에 극적으로 변화했다. 많은 투자은행들이 미국 부동산 가치에 연계된 증권에 대규모 투자했고, 주택 가격이 하락하기 시작했을 때, 은행의 투자손실은 누적되기 시작했다. 몇몇 유명한 투자은행이 파산하거나 다른 은행에 인수되었다. 그 이후 산업은 어느 정도 회복했으나, 오늘날 투자은행에서 근무하는 전문가들은 10년 전보다 적다.

투자관리 명칭이 시사하듯이, 투자관리는 바로 고객을 위한 자산관리이다. 투자 매니저의 역할은 재무분석, 자산선택, 증권(예를 들어, 주식 또는 채권) 선택, 그리고 투자의 실행과 감시라는 요소들을 포함한다. 대부분 투자관리는 펀드를 구성하는 투자자 집단을 위해 수행된다. 관리되는 펀드의 몇 가지 일반적 예는 은행신탁펀드, 연기금펀드, 뮤추얼펀드, 상장지수펀드, 헤지펀드이다.

투자 매니저는 특정 유형의 증권 포트폴리오 관리를 전문으로 한다. 일부 투자 매니저는 모기지 담보증권, 회사채, 지방 채권, 대행 증권 및 자산 담보증권을 포함한 고정소득증권을 매입하고 보유한다. 기타 주식은 소형주, 대형주, 신흥 시장주 등 주식에 중점을 둔다. 일부 관리자는 국내 증권에만 투자하고 다른 관리자는 전 세계 시장에서 증권을 구매한다. 이 장의 앞부분에서 언급했듯이 소극적으로 관리되는 펀드(즉, 저평가된 증권을 구별하여 투자하려고 시도하지 않는 펀드)는 최소 10년 동안 적극적으로 관리되는 펀드를 희생하면서 시장점유율을 얻고 있다.

〈표 1.7〉에는 상업은행, 기업금융, 투자은행 및 투자관리 분야의 다양한 직업에 대한 평균 급여와 필요한 경력이 나열되어 있다. 이러한 직업 중 상당수가 투자에 초점을 맞추고 있지만 모두가 그런 것은 아니다. 이 평균 주변에는 상당한 변동이 있음을 명심해야 한다. 대기업과 생활비가 높은 지역의 기업은 더 많은 연봉을 지불하는 경향이 있다. 신입 직위의 경우 개인의 급여는 지원자의 학부 전공, 학점 평균, 과외 활동 또는 단순히 면접을 처리하는 방법에 따라 표에 보고된 평균보다 높거나 낮을 수 있다. 〈표 1.7〉에 보고된 급여에는 특정 산업(예: 투자은행)에서 상당히 많을 수 있는 보너스도 포함되어 있지 않다. 보너스는 많은 경험이 필요한 직업에서 총 급여의 큰 부분을 차지하는 경향이 있다. 그럼에도 불구하고 이 표는 금융 분야의 취업 기회가 매우 매력적이라는 생각을 전달한다.

〈표 1.7〉 다양한 재무 직종의 평균 연봉(2018)

직업명	연봉	경력연수
상업은행		
상업은행 신용분석가	$ 47,392	0
상업은행 선임 신용분석가	$ 92,616	7
대출 담당자	$ 86,801	8
선임 대출 담당자	$160,611	12
기업금융		
재무분석가	$ 55,693	0
선임 재무분석가	$100,312	7
경리	$125,222	7
투자	$163,324	10
회계 담당자	$195,014	7
최고재무책임자	$361,258	15
투자은행		
사원	$ 77,000	0
대리(과장)	$130,000	3
팀장	$834,000	18
투자관리		
증권분석가	$114,663	2
투자전문가	$100,406	2
포트폴리오 매니저	$109,495	5
투자운용 매니저	$133,464	7

출처: Salary.com 자료; data for investment banking from https://news.efinancialcareers.com/uk-en/185046/much-earn-now-investment-banker-30s

진로(경력)를 위한 기술 개발

투자에 대한 기본 지식은 선택한 진로에 관계없이 거의 모든 사람에게 유용하다. 모든 분야의 전문가들은 저축할 금액, 투자할 자산 유형 또는 적극적 또는 소극적 전략에 따라 투자할지 여부와 같은 자신의 돈으로 투자 결정을 내려야 한다. 다행히도 좋은 투자 결정을 내리는 데 필요한 기술은 일반적으로 비즈니스 결정에 적용할 수 있으므로 투자분야(또는 금융 직종)에서 일하지 않더라도 취업에 도움이 될 수 있다. 아래에서는 이 책을 읽으면서 개발할 수 있는 기술을 강조한다.

비판적 사고 기업에서 일하는 많은 사람들에게 일상적인 결정이 기업의 주가를 어떻게 상승 및 하락시키는지 분명하지 않다. 주가는 회사의 성공을 나타내는 하나의 척도이므로 주식의 가치를 결정할 때 투자자가 생각하는 것과 동일한 요소가 주식을 발행한 회사를 운영하는 관리자에게 중요하다. 이 책에서 좋은 투자 결정이 위험과 수익의 균형을 맞추고 있으며 대부분의 사업 결정에도 적용된다는 점을 강조한다. 제안된 행동방침에 대한 비판적 평가에는 해당 행동의 위험과 잠재적인 보상에 대한 분석이 필요하다. 이 책의 거의 모든 장은 투자 결정과 관련된 위험이나 보상(또는 둘 다)에 대해 비판적인 판단을 내리는 방법에 대한 지침을 제공한다. 이러한 장을 학습함으로써 더 나은 결정을 내리는 기준을 적용하는 방법을 배우게 된다. 재무 모형을 도출하는 주요 가정과 관계에 대하여 배우게 된다. 따라서 업무가 이러한 모형의 구축과 상관이 없더라도 회사의 재무분석가가 주요 의사결정에 대하여 재무적 정당성을 제공하는 데 사용하는 자료와 분석을 제공함으로써 도움이 될 수 있다. 재무 원칙에 대한 이해는 재무분석의 문제점을 규명하는 데도 도움이 될 것이다. 이러한 문제점을 수정하지 않는다면 차선의 결정을 내리게 될 수도 있다.

소통 및 협업 오늘날 대부분의 대기업에서 직원은 다기능 팀에서 일한다. 마케팅이나 공급망 또는 일반 관리에서 일하는 것이 목표라면 재무부서의 동료와 함께 일하는 것이 일상의 일부가 될 것이다. 따라서 재무부서의 사람들이 생각하는 방식과 그들이 효과적으로 설득력 있게 소통하기 위해 사용하는 어휘에 대해 이해해야 한다. 기본적인 재무능력을 개발하면 팀의 재무분석가가 더 큰 조직에 팀 작업의 가치를 입증하는 데 필요로 하는 정보를 수집하고 구성하는 데 도움이 된다.

재무 컴퓨팅 기술 복잡한 재무 모형을 구축하기 위해 Excel 또는 기타 컴퓨터 프로그램을 사용하는 것에 대한 심층적인 논의는 이 책의 범위를 벗어나지만 재무 모델링에서 널리 사용되는 Excel 도구 중 일부를 소개한다. 당신의 업무에 Excel에서 모형을 구축하는 것이 포함되지 않더라도, 당신 회사의 재무분석가는 정기적으로 그들의 분석을 해당 형식으로 제시하고, 그러한 분석에 반응하고 기여할 수 있는 당신의 능력은 최소한 해당 모형의 기본 사항에 대한 이해가 있어야 가능할 것이다. 재무는 종종 기업 자금의 문지기 역할을 하므로 재무부서의 지원을 받는 것은 업무를 효과적으로 수행하는 데 필요한 자원을 정리하는 데 중요한 단계일 수 있다. Excel의 재무 모델링 기본 사항에 능숙하면 이러한 지원을 더 쉽게 얻을 수 있다.

개념 리뷰

해답은 www.pearson.com/mylab/finance에서 찾을 수 있음.

1.20 기업재무 분야에서 일하는 고위 관리자에게 왜 투자원칙의 이해가 중요한가?

1.21 왜 보험회사는 투자에 관해 잘 훈련된 근로자를 필요로 하는가?

토론문제

LG4

NOTE 각 장 마지막의 토론문제는 해당 장에서 제시된 정보를 분석하고 종합하도록 요구한다. 이 문제들은 다른 문제들처럼 학습목표에 초점을 맞춘다.

Q1.1 당신은 35세이고, 두 자녀를 가진 기혼자이며, 아파트를 임차하고 있고, 연간 소득이 $100,000이다. 다음 질문을 이용하여 이러한 사실들에 적합한 대략적 투자계획을 준비하라.

a. 당신의 핵심적 투자목표는 무엇인가?

b. 개인 세금은 투자계획에 어떤 영향을 줄 것인가? 이 효과를 평가하기 위해 현재 세율을 이용하라.

c. 당신의 생애주기 단계는 수용할 수 있는 리스크(위험)의 종류에 어떤 영향을 주는가?

LG5

Q1.2 단기 투자는 당신의 포트폴리오에서 어떤 역할을 하는가? 왜 그런가? 다음 단기 투자 표를 완성하라. 온라인에서 현재 수익률을 찾고, 당신의 투자 포트폴리오에 어떤 것을 포함시킬지 설명하라.

투자의 종류	최소 잔고	이자율	연방 예금보험	자금인출 방법 및 용이성
a. 통장저축계좌	없음		있음	직접 또는 현금지급기; 매우 용이
b. NOW 계좌				무제한 수표 발행 가능
c. 화폐시장 예금계좌(MMDA)				
d. 자산관리계좌				
e. 시리즈 1 저축채권	거의 없음			
f. 미국 단기 국채				
g. 양도성예금증서(CD)				
h. 기업어음				
I. 은행인수어음				
j. 화폐시장 뮤추얼펀드(화폐시장 펀드)				

연습문제

LG4

NOTE 각 장 마지막의 문제는 해당 장에서 학습된 도구와 기법을 이용하여, 계산을 수행하는 기회를 제공한다.

P1.1 40세의 기계공 Peter Muller는 65세에 은퇴할 계획이며 독일 정부와 그의 고용주인 Volkswagen이 제공하는 은퇴 프로그램을 보완하기 위해 향후 25년 동안 €50만을 적립하려고 한다. 그는 약 25%의 단기 증권, 50%의 보통주, 25%의 채권이 포함된 저위험 포트폴리오에 투자함으로써 연평균 약 8%의 수익을 올릴 것으로 예상한다.

Peter가 현재 보유하고 있는 €44,300는 연간 수익률 8%로 성장할 경우 65세 생일까지 약 €150,000까지 증가할 것이다. (€150,000의 수치는 화폐의 시간가치 기법, 4장 부록을 사용하여 찾을 수 있다.) Peter는 은퇴 저축 목표를 달성하기 위해 매년 얼마나 많은 돈을 저축해야 하는지 결정하기 위해 금융자문가와 상의한다. 자문가는 그가 매년 약 €20.95를 저축하면 65세까지 €1,000를 적립할 수 있다고 말한다. 매년 이 금액의 5배인 €104.75를 저축하면 Peter는 65세까지 약 €5,000를 적립할 수 있다.

a. Peter는 목표인 €500,000를 달성하기 위해 이 기간 동안 얼마나 추가로 저축해야 하는가?

b. Peter는 (a)에서 계산된 금액을 모으기 위해, 다음 25년 동안 연간 얼마를 저축해야 하는가?

MyLab LG5 **P1.2** 2018년, Smiths와 Joneses 가족은 모두 부부합산 세금신고를 제출했다. 2018년 12월 31일에 종료된 과세연도에서 Smiths 가족의 과세소득은 $130,000, Joneses 가족의 과세소득은 $65,000이다.

a. 〈표 1.2〉의 부부합산 세금신고를 제출하는 기혼 부부의 연방세율을 이용하여, Smiths와 Joneses 가족의 세금을 계산하라.

b. Smiths 가족 과세소득의 Joneses 가족 과세소득에 대한 비율, 그리고 Smiths 가족 세금의 Joneses 가족 세금에 대한 비율을 계산하고 비교하라. 이는 연방소득세 구조에 관해 어떤 시사점을 제공하는가?

LG6 **P1.3** Greg와 Natalie Wang은 모두 50대이고, $100,000의 투자자금을 보유하며, 10년 후 은퇴를 계획한다. 그들은 두 가지 투자를 고려한다. 첫째는 공공서비스회사의 보통주이며, 이는 주당 $50이고 매년 주당 $1의 배당(2%의 배당수익률)을 지급한다. 이 배당금들은 장기 자본이득에 적용되는 동일한 세율로 과세될 것임에 유의하라. Wang 가족은 이 주식의 가치 상승을 기대하지 않는다. 고려되는 다른 투자는 현재 $1,000에 판매되고, 2.5%의 연 이자율 또는 투자금액 $1,000당 $25의 이자를 지급하는 신용등급이 높은 회사채이다. 10년 후 이 채권들은 기준금액 또는 투자금액 $1,000당 $1,000로 상환될 것이다. Wang 가족은 투자소득을 저축하나 재투자하지는 않는다고(무이자 은행 계좌에 현금을 예치한다고) 가정하라. 그러나 그들은 투자소득에 대해 세금을 납부해야 한다. 그들은 만약 주식을 매입하면, 10년 후에 매도할 것이다. 만약 채권을 매입하면, 그들은 10년 후 투자금액을 회수한다. Wang 가족은 33% 세율구간에 속한다.

a. Wang 가족은 얼마나 많은 주식을 살 수 있는가?

b. 그들은 만약 주식을 매입하면, 세후 배당소득으로 매년 얼마를 받는가?

c. 만약 그들이 주식을 매입하고 모든 일이 계획대로 진행되면, 최초 $100,000로부터 얻을 총액은 얼마인가?

d. 만약 그들이 채권을 매입하면, 매년 세후 이자로서 얼마를 받을 것인가?

e. 만약 그들이 채권을 매입하고 모든 일이 계획대로 진행되면, 최초 $100,000로부터 얻을 수 있는 총액은 얼마인가?

f. 당신의 계산에 기초하고 다른 위험요인들을 무시하면, 그들은 주식 또는 채권 가운데 무엇을 사야 하는가?

LG4 **P1.4** Alex Del Piero는 La Sapienza University의 교수이다. 최대 €15,000의 급여에 대한 과세소득은 23%이며, 이자, 배당금(실질적이지 않은 참여) 및 자본이득(실현 또는 미실현)에는 26% 세율이 적용된다. 세금은 보편적 소득 기준으로 계산되지 않는다. 2019년에 그는 다음과 같은 과세소득을 가졌다.

1. €13,000의 봉급과 임금(일반소득)
2. €1,000의 이자소득
3. €500의 배당소득
4. 1년 전에 매입한 주식의 매각으로 자본이익 €200
5. 계속 보유하고 있는 주식으로부터 자본이익 €300

위의 자료를 활용하여 다음의 문제에 답하라.

a. 위의 1번 항목에 대하여, Alex가 납부해야 하는 소득세는 얼마인가?

b. 위의 2번 항목에 대하여, Alex가 납부해야 하는 소득세는 얼마인가?

c. 위의 3번 항목에 대하여, Alex가 납부해야 하는 소득세는 얼마인가?

d. 위의 4번과 5번 항목에 대하여, Alex가 납부해야 하는 소득세는 얼마인가?

P1.5 스위스 취리히에 사는 Wolfgang과 Martha는 수년간 데이트를 해왔고 지금은 결혼을 생각하고 있다. 재무에 밝은 부부로서 그들은 공동 신고가 세금에 미치는 영향에 대하여 생각해 보려고 한다.

a. Wolfgang과 Martha가 각각 연간 CHf50,000를 번다고 가정한다(따라서 이들의 총 수입은 CHf100,000). 다음에서 제공되는 개인 소득세율을 사용하라.
http://taxsummaries.pwc.com/ID/Switzerland-Individual-Taxes-on-personalincome.
미혼인 경우 지불할 총 직접 연방세 및 취리히 주세를 계산하고, 이를 다음 경우에 지불할 세금과 비교하라. 그들은 결혼했고 공동 신고서를 제출했다.

b. 이제 Wolfgang과 Martha가 모두 CHf25,000을 벌고 있다고 가정한다(따라서 이들의 합산 소득은 CHf50,000). (a)에서 했던 것과 동일한 계산을 수행하라.

c. (a)와 (b)에서 어떤 차이점이 있는가? 이러한 차이점의 원인은 무엇인가?

MyLab

P1.6 〈표 1.2〉에 표시된 개별 세율표를 사용하여 다음을 수행하라.

a. 다음의 파트너십 세전소득 수준에 대하여 세금, 세후 소득, 평균 세율을 계산하라. $10,000; $80,000; $300,000; $500,000; $1백만; $1.5백만; $2백만.

b. 세전소득 수준(*x*축에서 측정)에 대한 평균 세율(*y*축에서 측정)을 점으로 표시하라. 이러한 변수 간의 관계에 대해 어떤 일반화를 할 수 있는가?

사례문제 1.1 |창업자금 조달

LG1 LG2 LG3

NOTE 각 장의 마지막에 두 개의 사례문제가 있다. 당신은 해당 장에서 학습한 내용을 가상의 투자상황에 적용해야 한다.

당신은 졸업 후 회사를 시작할 계획이다. 대학에 재학하는 동안 새로운 기술을 개발하고 논문을 작성하기 위하여 연구를 수행했다. 졸업 준비하면서 이미 상세한 사업계획을 세웠다. 또한 여러 잠재적 이해관계자 및 고객과 이야기를 나누었으며 이미 몇 개의 프로토타입도 디자인했다. 졸업할 때까지 프로토타입을 판매할 수 있고 이미 더 나은 프로토타입을 기다리고 있는 고객집단도 있다. 이제 중소기업이 성공할 수 있도록 필요한 생산시설에 투자할 때라고 결정했다. 그러나 필요한 투자를 수행하려면 기관 및/또는 개인의 자금이 필요하다. 비즈니스 계획을 자세히 검토하고 잠재적 투자자를 설득하기 위해 강력한 사례를 제시하려면 다음 질문에 대한 답변이 필요하다.

≫질 문

a. 실무자의 관점에서 투자과정의 구조에 대한 전체적인 그림은 무엇인가?

b. 신생 기업으로서 어떤 유형의 투자가 적절한가? 이유와 현실적인 설명을 제시하라.

c. 투자를 찾을 때 창립자의 관점에서 특히 중요한 것은 무엇인가?

사례문제 1.2 |Susan Bowen의 투자계획 준비|

LG4 LG5

이제 55세가 된 Susan Bowen은 지난 20년 동안 Xcon Corporation의 사무보조역으로 근무하였다. 그녀는 건강하고, 독신이며, 성장한 두 자녀를 두고 있다. 몇 달 전 그녀의 남편이 사망했고, 그는 단지 집과 생명보험금 $150,000를 남겼다. 그녀가 병원 및 장례 비용을 지불한 후, 생명보험금 가운데 $120,000가 남았다. 생명보험금 외에도, Susan은 저축계좌에 지난 10년 동안 모은 $75,000를 갖고 있다. 10년 안에 은퇴할 것을 예상하여, Susan은 은퇴 후 편안한 생활을 위해 한정된 자원을 투자하려고 한다.

Susan은 미신을 상당히 믿는다. 그녀는 많은 심령술사와 상담하고 집안내력을 연구한 후, 80세 이상 살 수 없을 것으로 확신하게 되었다. 그녀는 장기적 재무목표를 달성할 수 있으면, 62세 또는 65세에 은퇴할 계획이다.

많은 유식한 — 당연히 심령술사를 포함 — 사람들과 상의한 후, Susan은 은퇴기 동안 편안히 살기 위해 매년 $85,000의 세전소득이 필요하다고 추정한다. 이 금액은, 만약 62세에 은퇴하면 18년 동안 매년 필요하고, 만약 65세에 은퇴하면 15년 동안 매년 필요하다. 재무계획의 일부로서, Susan은 은퇴 시 집을 팔고 아파트를 임차하려고 한다. 그녀는 만약 62세에 집을 팔면 $225,000의 순수입, 만약 65세에 집을 팔면 $255,000의 순수입을 얻을 것으로 추정한다. Susan은 재정적 피부양자가 없고, 상속자들에게 이렇다 할 재산을 남기려 하지 않는다.

만약 Susan이 62세에 은퇴하면, 사회보장 및 고용주 지원 연기금 프로그램으로부터 매월 $2,600(매년 $31,200)를 받을 것이다; 만약 65세까지 기다려서 은퇴하면, 총 은퇴소득은 매월 $3,200(매년 $38,400)일 것이다. Susan은 은퇴할 때 80세 생일까지 지속되는 연간 수입을 제공할 연금을 구입하기 위해 저축한 금액을 모두 지출하기로 이미 결정했다. 만약 Susan이 62세에 은퇴하고 이때 연금을 매입하면, 연금에 투자되는 매 $1,000당 이후 18년 동안 연간 $79를 받을 것이다. 만약 65세까지 은퇴를 기다리면, 연금에 투자되는 매 $1,000당 15년 동안 연간 $89.94를 받을 것이다.

Susan은 현재 이용가능한 모든 자금을 은퇴 시까지 매년 3%의 복리 이자를 지급하는 저축계좌에 투자할 계획이다. 그녀는 지금부터 은퇴까지 저축 또는 투자를 위한 추가적 자금은 기대하지 않는다. Susan이 오늘 투자하는 매 $1는 62세에 $1.23, 65세에 $1.34로 증가할 것이다.

≫질 문

a. Susan이 현재 이용가능한 자금을 저축계좌에 투자한다고 가정하자. Susan이 (1) 62세 또는 (2) 65세에 은퇴 시, 집을 판 후 받을 은퇴자금을 계산하라.

b. (a)의 결과를 이용하여, (1) 62세 또는 (2) 65세에 매입된 연금으로부터 Susan에게 지급될 연간 소득 수준을 계산하라.

c. 앞 문항의 결과를 이용하여, Susan이 (1) 62세 또는 (2) 65세에 은퇴하면 받을 총 연간 은퇴소득을 계산하라.

d. 당신의 결과로부터, Susan이 (1) 62세 또는 (2) 65세에 은퇴함으로써 장기적 재무목표를 달성할 수 있다고 생각하는가? 설명하라.

e. 저축계좌와 연금을 이용한 Susan의 투자계획을 평가하라. 그녀의 계획의 위험과 수익 특성에 대해 견해를 말해 보라. Susan에게 어떤 권고를 할 수 있는가? 구체적으로 기술하라.

CHAPTER

02

증권시장과 거래

학습목표

이 장을 학습하면 다음을 수행할 수 있다.

LG1 증권시장의 기본적 종류들을 인식하고 특성들을 기술한다.

LG2 기업공개(IPO) 과정을 설명한다.

LG3 증권 거래가 2차 시장에서 어떻게 이루어지는지와 그 과정에서 시장조성자가 담당하는 역할을 설명한다.

LG4 증권시장 세계화의 핵심적 측면들을 검토하고, 세계시장의 중요성을 논의한다.

LG5 증권시장의 거래시간과 규정을 논의한다.

LG6 매수 보유, 증거금 거래, 공매도에 대하여 설명한다.

월스트리트(Wall Street)는 17세기 초에 다져진 미국 금융시장의 세계적 발전의 토대였다. 월스트리트는 원래 1625년에 형성된 뉴암스테르담으로 불리던 네덜란드 식민 정착지의 북쪽 경계였다. 이는 1664년 영국 지배를 받게 된 후 뉴욕시가 되었다. 우리가 오늘날 알고 있는 미국 금융시장은 18세기 말에, 주식 브로커와 투기자들이 거래를 위해 버튼우드 나무 아래 월스트리트에 비공식적으로 모이면서 형성되기 시작했다. 1792년에 24명의 주식 브로커가 버튼우드 협약(Buttonwood Agreement)에 서명함으로써, 커미션 기반으로 증권을 거래하기로 합의했다. 따라서 이는 최초의 조직화된 미국 증권시장이었다. 1817년에 Buttonwood 기구는 뉴욕 주식거래소(New York Stock & Exchange Board)로 개명하였고, 나중에 간단히 "The Big Board"로 알려졌다.

200년을 뛰어 넘어 오늘날의 주식 및 기타 금융 증권 거래는 원래의 뉴욕 증권거래소(NYSE)와 거의 비슷하다. 전문 투자자가 거래를 원할 때 다양한 방식으로 거래할 수 있다. 증권거래소를 우회하는 전자증권거래시스템(ECN), 기관이 익명으로 거래할 수 있는 다크 풀(dark pools), NYSE를 포함한 여러 거래소 등을 이용하는 방식으로 거래할 수 있다. 다른 많은 기관들이 거래 활동을 유치하기 위해 경쟁하고 있기 때문에 NYSE는 예전보다 훨씬 적은 총 거래량을 차지한다. 실제로 NYSE 자체는 더 이상 독립적인 기업이 아니라 전 세계에 약 24개의 거래소와 교환시장을 소유하고 운영하는 회사인 Intercontinental Exchange Inc.(ICE)의 자회사이다. 최근 2018년 4월, ICE는 미국에서 마지막으로 독립된 지역 증권거래소인 시카고 증권거래소를 인수하겠다고 발표하면서 이전에 독립적인 거래 장소를 통합하는 추세를 이어가고 있다.

(출처: "History of the New York Stock Exchange", https://www.loc.gov/rr/business/hottopic/stock_market.html, 2018년 5월 26일 접속, "NYSE Parent to Buy Chicago Stock Exchange," https://www.wsj.com/articles/nyse-parent-to-buy-chicago-stock-exchange-1522932983, 2018년 5월 26일 접속)

증권시장

LG1 LG2 LG3

증권시장(securities markets)은 증권의 공급자와 수요자로 하여금 금융거래를 할 수 있도록 하는 시장이다. 이들의 목적은 이런 거래가 신속하게 공정한 가격에서 이루어지도록 만드는 것이다. 이 절에서 우리는 다양한 종류의 증권시장과 그것들의 일반적 특성을 살펴볼 것이다.

증권시장의 종류

일반적으로 증권시장은 넓게 **화폐시장**(money markets) 및 **자본시장**(money markets)으로 분류된다. 화폐시장은 **단기** 부채증권(만기 1년 이하)이 거래되는 시장이다. 투자자들은 단기 차입과 대여를 위해 화폐시장을 이용한다. 또한 투자자들은 주식과 채권 같은 **장기** 증권(만기 1년 이상)을 매매하기 위해 자본시장을 이용한다. 이 책에서 우리는 대부분의 관심을 자본시장에 기울인다. 투자자들은 주식, 채권, 뮤추얼펀드, 상장지수펀드, 옵션과 선물을 포함한 다양한 금융증권을 거래할 수 있다. 자본시장은, 증권이 발행기관에 의해 최초로 투자자에게 판매되는지(1차시장, 발행시장) 또는 투자자들 사이에 재판매되는지(2차시장, 유통시장)에 의해, **발행** 또는 **유통** 시장으로 분류된다.

회사 증권의 공개적 매매를 위해 개방하기 전, 발행기관은 **증권거래위원회**(Securities and Exchange Commission: SEC)에 등록하고 승인받아야 한다. 이 연방규제기관은 잠재적 투자자들에게 제공되는 정보의 적정성과 정확성을 확인해야 한다. 또한 SEC는 증권시장을 규제한다.

발행시장 증권의 **신규발행** 물량이 투자자에게 판매되는 시장은 **발행시장**(primary market)이다. 발행시장에서 주식 또는 부채 증권의 발행기관은 판매대금을 수취한다. 발행시장에서 증권을 판매하는 데 있어서, 기업은 세 가지 중에서 선택한다. (1) 기업이 일반 투자자에게 증권을 판매하는 **공개모집**(public offering); (2) 기업이 기존 주주들에게 비례적으로 주식을 판매하는 **구주 배정**(rights offering)(각 발행 주식은 동일한 비율의 신주를 배정 받음); 또는 (3) 기업이 SEC 등록 없이 보험회사, 투자관리 펀드, 연기금 펀드 같은 민간 투자자 집단을 선정하여 직접 증권을 판매하는 **사모**(private placement)를 할 수 있다.

〈표 2.1〉 미국 연간 IPO 자료(1999–2017년)

연도	IPO 건수	평균 상장일 수익률	총 조달금액 (십억)	총 할인비용 (십억)
1999	477	71.1%	$65.0	$37.1
2000	381	56.3%	$64.9	$29.8
2001	79	14.2%	$34.2	$ 3.0
2002	66	9.1%	$22.0	$ 1.1
2003	63	11.7%	$ 9.5	$ 1.0
2004	173	12.3%	$31.2	$ 3.9
2005	159	10.3%	$28.2	$ 2.6
2006	157	12.1%	$30.5	$ 4.0
2007	159	14.0%	$35.7	$ 5.0
2008	21	6.4%	$22.8	$ 5.7
2009	41	9.8%	$13.2	$ 1.5
2010	91	9.4%	$29.8	$ 1.8
2011	81	13.3%	$27.0	$ 3.2
2012	93	17.9%	$31.1	$ 2.8
2013	157	21.1%	$38.8	$ 8.6
2014	206	15.5%	$42.2	$ 5.4
2015	115	18.7%	$21.7	$ 4.1
2016	74	14.6%	$12.1	$ 1.8
2017	108	12.9%	$24.5	$ 3.7

출처: "Initial Public Offerings: Updated Statistics," https://site.warrington.ufl.edu/ritter/files/2018/01/IPOs2017Statistics_January17_2018.pdf, Table 1, accessed April 23, 2018.

발행시장에서 가장 중요한 거래는 회사 주식을 최초의 대중적으로 판매하고 회사를 공개적 지위에 올려놓는 **기업공개**(initial public offering: IPO)이다. 〈표 2.1〉은 많은 경제학자들이 1930년대의 대공황 이후 최악의 경기침체로 간주하는 기간 "대불황"의 첫해인 2008년에 미국의 주요 시장에서 처음으로 21개의 기업만이 주식을 대중에게 판매했음을 보여준다. 이 수치는 기술주 강세장의 마지막 해인 1999년 IPO 수의 5% 미만이다. 2009년 대불황으로부터의 회복이 시작되었을 때, 연간 IPO 수도 반등하기 시작하여 전년도에 비해 거의 두 배나 많은 IPO가 진행되었다. 다음 10년 동안 경제가 계속 확장됨에 따라 IPO 건수도 2014년에 206개로 정점을 찍었다. 최근 몇 년 동안 IPO 건수는 금융위기 이후 기업공개 건수가 위기 이전의 10년에 비해 매년 절반 정도여서 역사적 기준보다 낮은 수준을 유지했다.

발행시장은 또한 기존 상장기업이 추가 주식을 판매할 수 있는 **유상증자**(seasoned equity offerings: SEO)를 제공한다. 유상증자(SEOs)도 2008년에 최저점에 도달했으며 78개 기업만이 주식을 대중에게 판매했다. 그러나 SEO 시장은 경기침체 이후 빠르게 반등했고 이후 SEO의 건수는 경기침체 이전과 거의 동일해졌다. 평균적으로 약 150개의 회사가 매년 SEO를 수행한다. 증권 발행 과정에 대해 알아보기 위해 일반적인 공모 과정을 살펴보겠다.

공개모집: IPO 과정 대다수 기업공개 회사들은 성장을 위해 자본을 필요로 하는 소규모의 급성장하는 회사이다. 예를 들어, 클라우드 기반 스토리지 회사인 Dropbox는 2018년 3월 22일에 상장되었을 때 $756백만을 조달했다. 그러나 모든 IPO가 일반적인 창업기업에게 맞는 것은 아니다. 대기업은 사업 단위를 별도의 공기업으로 분할하기로 결정할 수 있다. 힐튼은 2017년 1월 공공소유 사업(timeshare business)인 힐튼 그랜드 베케이션즈(Hilton Grand Vacations)를 그런 방법으로 분사했다.

회사가 공개를 결정할 때, 먼저 사적으로 발행된 주식을 소유한 현재 주주들의 승인을 얻어야 한다. 다음으로 회사의 감사인과 법률가들은 회사의 모든 재무적 공시문서의 적법성을 인증해야 한다. 이제 회사는 주식을 **인수**할 투자은행을 찾는다. 이 은행은 주간사 인수기관이고, 회사 주식의 마케팅과 IPO 주식의 판매를 지원하는 책임을 맡는다. 주간사 인수기관은 종종 다른 투자은행들을 끌어들여 주식의 인수와 마케팅을 돕도록 맡긴다. 우리는 다음 절에서 투자은행의 역할을 논의한다.

인수기관은 또한 회사가 등록서류를 SEC에 제출하는 일을 돕는다. 이 서류의 일부는 **투자설명서**(prospectus)이다. 이는 발행되는 증권의 핵심 내용, 발행기관의 경영, 발행기관의 재무상태를 기술한 공시문서이다. 다른 관련 정보 중에서 투자설명서는 잠재적 투자자에게 발행자의 비즈니스 및 산업과 관련된 위험요소 목록(예: 성장 기회 또는 시장점유율 경쟁)을 제공한다. 등록명세서를 포함한 공시 서류는 www.sec.gov에서 자유롭게 확인할 수 있다. 일단 회사가 SEC에 투자설명서를 제출하면 **침묵기간**이 시작되고, 기업은 이 기간 동안 투자자들과 소통하는 데 있어서 다양한 제약을 받는다. 회사가 등록서류의 SEC 승인을 기다리는 동안, 예비 투자자들은 **예비 투자설명서**를 받을 수 있다. 2018년 Dropbox의 주식 공모를 설명하는 예비투자설명서의 표지는 〈그림 2.1〉과 같다.

이 예비 버전은 앞표지에 붉은 색으로 인쇄된 알림이 제안의 잠정적 성격을 나타내기 때문에 레드 헤링(red herring)이라고 한다. 침묵기간의 목적은 모든 잠재적 투자자가 회사에 대한 동일한 정보(예비 투자설명서에 제시된 정보)에 접근할 수 있지만 불공정한 이점을 제공할 수 있는 공개되지 않은 자료에는 접근하지 못하도록 하는 것이다. SEC가 회사의 투자설명서가 유효하다고 선언하면 침묵기간이 종료된다.

그림 2.1

주식 발행의 예비 투자설명서 표지

Dropbox Inc.의 2018년 주식 발행과 관련된 정보는 예비 투자설명서 표지에 나와 있다. 주식 수, 공모가격 범위, 최종 공모가격, 인수자 할인 및 조달금액과 같은 몇 가지 핵심 요소가 아직 확정되지 않은 경우가 많고 제안이 SEC에 의해 아직 승인되지 않았기 때문에 예비이다. 페이지 상단의 면책 조항은 일반적으로 붉은 색으로 인쇄되어 예비 투자설명서를 종종 레드 헤링(red herring)이라고 부른다. SEC가 승인한 최종 투자설명서는 완전한 정보를 제공한다.

(출처: Dropbox Inc., "Form S-1 egistration Statement," 2018년 2월 23일, p.36)

The information in this preliminary prospectus is not complete and may be changed. These securities may not be sold until the registration statement filed with the Securities and Exchange Commission is effective. This preliminary prospectus is not an offer to sell nor does it seek an offer to buy these securities in any jurisdiction where the offer or sale is not permitted.

Subject To Completion. Dated February 23, 2018.

이 부분이 붉은 색으로 인쇄됨(역자주)

Shares

Dropbox

Class A Common Stock

This is an initial public offering of shares of Class A common stock of Dropbox, Inc.

Dropbox, Inc. is offering to sell shares of Class A common stock in this offering. The selling stockholders identified in this prospectus are offering to sell an additional shares of Class A common stock. We will not receive any of the proceeds from the sale of the shares being sold by the selling stockholders.

We have three classes of authorized common stock, Class A common stock, Class B common stock, and Class C common stock. The rights of the holders of Class A common stock, Class B common stock, and Class C common stock are identical, except with respect to voting and conversion. Each share of Class A common stock is entitled to one vote per share. Each share of Class B common stock is entitled to ten votes per share and is convertible at any time into one share of Class A common stock. Shares of Class C common stock have no voting rights, except as otherwise required by law, and will convert automatically into Class A common stock, on a share-for-share basis, upon the conversion of all outstanding shares of Class B common stock into shares of Class A common stock. Following this offering, outstanding shares of Class B common stock will represent approximately % of the voting power of our outstanding capital stock.

Prior to this offering, there has been no public market for the Class A common stock. It is currently estimated that the initial public offering price per share will be between $ and $. We have applied to list the Class A common stock on the Nasdaq Global Select Market under the symbol "DBX".

We will be treated as an "emerging growth company," as defined in the Jumpstart Our Business Startups Act of 2012, for certain purposes until we complete this offering. As such, in this registration statement we have taken advantage of certain reduced disclosure obligations that apply to emerging growth companies regarding selected financial data and executive compensation arrangements.

See "Risk Factors" beginning on page 15 to read about factors you should consider before buying shares of our Class A common stock.

Neither the Securities and Exchange Commission nor any other regulatory body has approved or disapproved of these securities or passed upon the accuracy or adequacy of this prospectus. Any representation to the contrary is a criminal offense.

	Per share	Total
Initial public offering price	$	$
Underwriting discount(1)	$	$
Proceeds, before expenses, to Dropbox, Inc.	$	$
Proceeds, before expenses, to Selling Stockholders	$	$

(1) See the section titled "Underwriting (Conflicts of Interest)" for a description of the compensation payable to the underwriters.

To the extent that the underwriters sell more than shares of Class A common stock, the underwriters have the option to purchase up to an additional shares from Dropbox, Inc. and the selling stockholders at the initial public offering price less the underwriting discount.

The underwriters expect to deliver the shares against payment in New York, New York, on or about , 2018.

Goldman Sachs & Co. LLC J.P. Morgan Deutsche Bank Securities Allen & Company LLC BofA Merrill Lynch
RBC Capital Markets Jefferies Macquarie Capital
Canaccord Genuity JMP Securities KeyBanc Capital Markets Piper Jaffray

Prospectus dated , 2018

등록기간과 IPO 날짜 이전에, 투자은행들과 회사의 간부들은 잠재적 투자자 — 일반적으로 기관투자자 — 에 대한 일련의 발표회로 구성된 **투자설명회(road show)**를 국내외에서 개최함으로써 주식 매각을 마케팅한다. 투자자들에게 신규발행 증권에 관한 정보를 제공하는 것 외에도, 투자설명회는 투자은행들의 증권수요 측정과 예상 공모가격 범위 결정을 돕는다. 〈그림 2.1〉의 중간을 보면, 초기 가격 범위를 설정하기 전에 예비 투자설명서에 가격 범위가 입력될 두 개의 빈자리가 있음을 알 수 있다. 일단 발행시장에서 판매되는 최종 공모가격을 포함한 모든 발행조건이 결정되면, SEC는 IPO 실행 이전에 공모에 대한 **최종 투자설명서**를 승인해야 한다.

〈표 2.1〉은 지난 16년 동안 IPO 시장의 몇 가지 흥미로운 특징을 보여준다. 첫째, 표는 연도별 IPO 건수를 보여준다. 앞서 언급했듯이 IPO 건수는 경제 상황의 변화와 주식시장의 등락에 따라 극적으로 움직인다. 일반적으로 경제가 강하고 주가가 상승하면 더 많은 기업이 상장된다. 둘째, 이 표는 연도별 IPO의 첫날 평균 수익률을 보여준다. IPO 첫날 수익률[종종 IPO **저가발행**(IPO underpricing)이라고도 함]은 최종 투자설명서의 명시된 IPO 공모가격과 첫 거래일의 주식 종가와의 차이를 백분율로 나타낸 것이다.

$$\text{IPO 저가발행} = (\text{시장가격} - \text{공모가격}) \div \text{공모가격} \qquad (2.1)$$

예를 들어, Dropbox IPO의 세부사항이 확정되고 최종 투자설명서가 제공되었을 때, 주식은 발행시장의 투자자들에게 주당 $21에 판매되었다. 첫 거래일의 장 마감 시에 주가는 $28.50로 상승하여 하루 동안의 수익률이 36% 정도였다.

사 례

Arlo Technologies IPO 저가발행

2018년 8월 3일에, 가정용 Wi-Fi 보안 카메라 제조업체인 Arlo Technologies가 IPO를 수행하였다. 공모가격은 보통주 1주당 $16였다. 유통시장에서 하루 동안 거래를 한 후, 주식의 종가는 $22.10였다. 그러므로 첫 상장일의 수익률(즉, 저가발행)은 다음과 같다.

$$(\$22.10 - \$16) \div \$16 = 38.1\%$$

〈표 2.1〉에서 볼 수 있듯이 모든 IPO의 평균 첫 상장일 수익률은 1999년부터 2017년까지 매년 양수이며 그 범위는 2008년 6.4%에서 1999년 71.1%까지이다. 〈표 2.1〉은 평균 첫 상장일 수익이 IPO 건수와 밀접한 관련이 있음을 나타낸다. 평균 첫 상장일 수익률은 많은 기업이 상장을 선택한 해(1999년)에 더 높고, IPO를 수행하는 기업이 거의 없는 해(2008년)에 더 낮다.

IPO 주식은 일반적으로 거래를 시작하자마자 상승하기 때문에 IPO는 평균적으로 **저가발행**되었다고 말한다. IPO 주식은 시장이 견딜 수 있는 가격보다 낮은 가격으로 투자자에게 판매되면 저가발행된다. Dropbox의 공모에서 투자자들은 주당 $28.50를 지불할 의향이 있는 것 같았지만(유통시장에서 거래가 시작된 이후의 주식 가치를 기준으로 함) 주가는 발행시장에서 $21에 최초로 공모되었다. 그러면 Dropbox 주식이 $7.50 정도 저가발행되었다고 말할 수 있다.

Dropbox는 IPO를 통해 2,680만 주를 주당 $21에 일반인에게 판매했기 때문에 공모로 인한 총 조달금액은 $562.8백만($21 × 2,680만 주)이었다.

$$\text{총 조달금액} = \text{IPO 공모가격} \times \text{IPO 매각주식 수} \quad (2.2)$$

IPO에서 판매된 모든 주식으로 인해 조달된 합계를 나타내는 **총 조달금액**(gross proceeds)은 〈표 2.1〉에서 강조된 IPO 시장의 세 번째 특징이다. IPO의 총 조달금액은 2003년 $9.5십억에서 1999년 $65십억에 이르는 범위에 나타나 있다. 〈표 2.1〉의 마지막 열에는 "테이블에 남겨진 돈(money left on the table)"이 나열되어 있다. '테이블에 남겨진 돈'은 주식이 (대부분의 IPO처럼) 저가발행된 경우, 기업이 상장할 때 부담하는 비용을 나타낸다. 예를 들어, Dropbox는 판매된 주식 2,680만 주에 주당 $7.50의 가격 차이를 곱한 값인 $201백만만큼 공모 금액을 낮췄다. IPO 시장에서 저가발행과 동시에 총 할인금액이 정점에 도달했다는 것은 놀라운 일이 아니다. 1999년에 상장된 477개 기업은 저가발행을 통해 $37.1십억을 할인하였다. 그해 IPO의 총 조달금액(즉, IPO 주식을 취득하기 위해 발행시장에서 투자자가 지불한 총 금액)이 $65십억이라는 점을 감안할 때, 기업이 기업공개를 통해 조달한 금액의 절반 이상을 테이블에 남긴 것 같다. 다르게 말하면 1999년에 주식이 전혀 저가발행되지 않았다면 기업은 57%의 차이인 $65십억이 아니라 $102.1십억을 조달했을 것이다.

발행자가 주식을 저가발행하여 남겨둔 돈은 해당 주식을 공모가격으로 구매하는 투자자에게 직접적인 혜택을 준다. 그러나 IPO에 대한 투자는 특히 공모가격으로 주식을 취득할 수 없는 개인투자자에게는 위험한 사업이다. 이러한 주식의 대부분은 기관투자자 및 중개회사의 우수 고객에게 전달된다. 뉴스 기사에서 주기적으로 첫 상장일의 막대한 이익이 보도되지만 IPO 주식이 반드시 좋은 장기 투자는 아니다. IPO 기업은 IPO 이후 적어도 처음 3년 동안 실적이 저조한 경향이 있다.

여전히 필요하지만 유상증자 발행에 대한 등록 및 승인 과정은 공모되는 추가 주식에 대한 공개시장이 이미 존재하기 때문에 일반적으로 훨씬 덜 부담이 된다. SEO에 대한 공모가격은 일반적으로 시장에서 거래되는 기존 주식의 현재 주식시장가격보다 약간 낮게 설정된다. 과정을 더욱 간소화하기 위해 많은 기업이 **일괄 등록**(shelf registration)이라는 프로세스를 활용한다. 일괄 등록을 통해 기업은 SEC에 주식을 사전 등록하고 사전 승인할 수 있다. 그런 다음 기업은 일반적으로 2년 이하로 사전 승인된 기간 동안 재량에 따라 주식을 발행할 수 있다. IPO를 통해 상장되는 회사의 경우와 마찬가지로 SEO를 수행하는 회사는 신주발행을 하지 않은 유사한 회사보다 차후 3년 동안 더 낮은 수익을 얻는 경향이 있다.

공개모집: 투자은행의 역할 대다수 공개모집은 투자은행의 도움을 받아 이루어진다. **투자은행**은 회사의 신규 증권 발행과 주요 금융거래에 관해 자문하는 전문 금융 중개기관이다. 투자은행의 주요 활동은 **인수**(underwriting)이다. 이 과정은 발행 기업으로부터 합의된 가격에 의해 증권을 매입하고 대중에게 재판매하는 위험을 부담하는 일을 포함한다. 투자은행은 또한 발행기관에게 증권의 가격결정 및 기타 중요한 측면에 관한 조언을 제공한다.

대규모 증권 발행의 경우, 주간사 또는 선도 투자은행은 **인수단**(underwriting syndicate)을 구성하는 파트너로 다른 은행들을 참여시킨다. 인수단은 발행기관으로부터 모든 증권을 매입하고 대중에게 신규 증권을 재판매하는 데 관련된 금융위험을 공유한다. 주간사 투자은행과 인수단 구성기관들은, 일반적으로 그들 자신과 많은

그림 2.2 대규모 증권 발행의 판매과정

발행기업에 의해 고용된 주간사 투자은행은 인수단을 조직할 수 있다. 인수단은 발행회사로부터 일반 판매가격보다 낮은 합의된 가격으로 전체 발행물량을 매입한다. 인수단의 투자은행은 이제 발행증권을 대중에게 일반 판매가격으로 재판매하는 위험을 부담한다. 투자은행의 이윤은 발행기관에게 보장한 가격과 일반 판매가격의 차액이다. 주간사 투자은행과 다른 인수단 회원은 투자자들에게 증권을 팔고 수수료를 받기 위해 판매단을 결성한다.

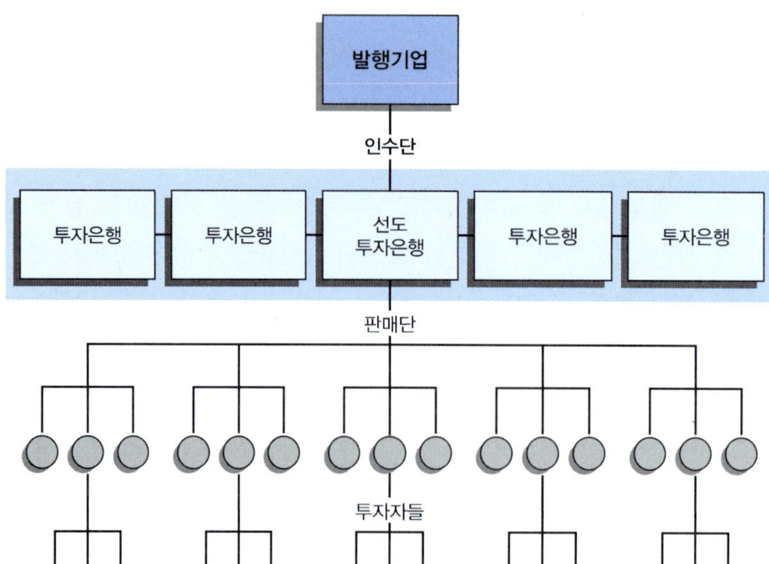

중개회사로 이루어진, **판매단**(selling group)을 결성한다. 판매단의 각 회원은 발행증권의 정해진 부분을 판매할 책임이 있고, 판매 증권에 대해 수수료를 받는다. 대규모 증권 발행의 판매과정은 〈그림 2.2〉에 묘사되어 있다.

이 과정에 참여한 참가자 간의 관계는 〈그림 2.1〉에 표시된 Dropbox 예비 투자설명서의 표지에서도 확인할 수 있다. 다양한 참여 기업의 순서는 공모에서 그들의 역할을 나타낸다. 순서, 배치된 행 및 때로는 서체로 나머지 인수단 은행과 주간사 인수기관을 구별한다. Dropbox 공모의 경우 Goldman Sachs와 J.P. Morgan이 공동 주간사 투자은행으로 활동했으며 각각 가장 많은 1,062만 주와 972만 주를 매입해야 했기 때문에 첫 번째와 두 번째로 기록되었다. 인수단의 다른 구성원은 각 은행이 인수한 주식 비율에 따라 뒤에 기록된다. Dropbox의 경우 Deutsche Bank와 Allen & Company가 각각 350만 주를 매입해야 하므로 세 번째와 네 번째로 나타났다.

인수 및 판매에 대한 보상은 일반적으로 증권의 판매가격에 대한 할인의 형태로 제공된다. 예를 들어, Dropbox IPO에서 주간사 인수기관 역할을 담당하는 투자은행은 투자자가 최종적으로 $21에 구매한 주식에 대해 약 $20.07를 Dropbox에 지불했다. 발행자에게 주당 $20.07를 보장한 후, 주간사 인수기관은 주당 $20.23에 주식을 인수단 구성원에게 판매할 수 있다. 추가된 주당 16센트는 주간사 인수기관의 관리수수료를 나타낸다. 다음으로 인수단 구성원은 판매단의 구성원에게 주식을 53센트 추가하여 주당 $20.76에 판매한다. 그 53센트 차이는 주당 이익인 인수기관의 할인을 나타낸다. 마지막으로, 판매단의 구성원은 투자자에게 주당 $21에 주식을 판매할 때 주당 24센트의 판매이익을 얻는다. Dropbox에 지불한 주당 가격($20.07)과 투자자가 지불한 주당 가격($21) 사이의 $0.93 차이는 **총 스프레드**(gross spread)이며, 여기에는 주간사 인수기관의 관리수수료($0.16), 인수단 인수기관의 할인($0.53), 판매단의 판매이익($0.24)이 포함된다.

대부분의 기업이 전통적인 IPO 과정을 통해 기업공개를 하지만 창업기업이나 소규모 회사가 전통적인 IPO의 높은 비용을 지불하지 않기로 결정하고 직접 상장 과정을 통해 기업공개를 하는 것은 드문 일이 아니다.

공개모집: 직접 상장 과정 2018년 4월 3일 음악 스트리밍 서비스 기업인 Spotify는 기존 IPO가 아닌 **직접 상장**(direct listing)을 실행하여 상장되었다. 직접 상장에서 회사는 신주를 발행하거나 자본을 조달하지 않는다. 투자설명회가 없으며 발행자는 주식을 인수자에게 양도하여 일반 투자자에게 판매하지 않는다. 대신, 회사는 기존 주식의 일부(일반적으로 회사 설립자, 회사의 개인투자자 또는 회사 직원이 소유하

고 있으며 보유 지분 중 일부를 청산하고자 할 수 있음)를 직접 주식거래소로 이전한다. 상장 당시 Spotify는 약 $1.8십억의 현금을 보유하고 있었기 때문에 즉시 자본이 필요하지 않았다. Spotify의 경우 뉴욕 증권거래소(NYSE)에 직접 상장되었다. 주식을 다른 가격으로 사고팔겠다는 대중의 수요에 대한 정보를 수집한 후 거래소는 초기 가격을 설정하고 대중에게 거래를 시작한다.

직접 상장을 통해 발행회사는 투자은행 수수료에서 수백만 달러를 절약할 수 있으며, IPO 이전에 투자한 투자자가 보유 지분의 일부를 청산하고 회사가 직원 보상 패키지에 지분을 더 쉽게 추가할 수 있다. 직접 상장에는 몇 가지 단점이 있는데 이것이 대기업에서는 직접 상장이 상대적으로 드물게 발생하는 이유이다.

첫째, 직접 상장에는 회사의 사업을 잠재적 투자자에게 설명하거나 주식에 대한 투자자의 관심을 측정하기 위한 투자설명회가 없다. 즉, 직접 상장을 하는 회사는 주식을 상장하기 전에 이미 대중에게 잘 알려져 있어야 한다(Spotify처럼). 또한 초기 거래가격이 어디에 설정되어야 하고, 또 설정될 것인지에 대한 불확실성이 더 크다는 것을 의미할 수도 있다. 직접 상장의 또 다른 단점은 회사가 새로운 자본을 조달하지 않기 때문에 부분적으로 자금을 조달하기 위해 공개되는 회사는 이 상장 방법을 선택하지 않는다는 것이다. 이러한 단점에도 불구하고 Spotify의 직접 상장은 대체로 성공으로 간주되었다. 첫날 약 3천만 주가 거래되었고 주가는 거래 첫 달에 7.6% 상승하며 좋은 성과를 거두었다. 현금이 풍부한 다른 비상장기업이 직접 상장을 선택하여 투자은행 산업의 이익을 감소시킬 수 있는지 여부는 아직 알려지지 않았다.

유통시장 **유통시장**(secondary market) 또는 **사후시장**(aftermarket)은 증권이 발행된 후에 거래되는 시장이다. 발행시장과 달리, 유통시장 거래는 증권의 발행회사를 포함하지 않는다. 대신, 유통시장은 투자자로 하여금 자신의 보유증권을 다른 투자자에게 매도할 수 있도록 허용한다. 유통시장 거래에서 돈은 발행시장에서처럼 투자자에게서 발행자에게 흐르지 않고 오히려 한 투자자(구매자)에게서 다른 투자자(판매자)에게로 흐른다.

성공적인 유통시장은 투자과정의 일부인 중요한 기능을 수행한다. 첫째, 유통시장은 증권의 지속적인 가격 책정 환경을 제공하여 언제든 최상의 정보를 바탕으로 가격이 증권의 진정한 가치를 반영하도록 한다. 유통시장의 가격이 이용가능한 정보를 신속하고 완전하게 반영한다면, 우리는 시장이 **효율적**이라고 말한다. 효율적인 시장은 자원이 최상의 용도로 흐르도록 도와주기 때문에 경제에 중요하다.

유통시장의 두 번째 중요한 기능은 유동성을 제공하는 것이다. 유동성은 높은 거래비용을 발생시키지 않고, 증권가격이 시장가치에서 벗어나게 하지 않으면서, 증권을 신속하게 거래할 수 있는 능력을 의미한다. 유통시장이 투자자에게 좋은 유동성을 제공하는 데 성공하는 정도는 시장마다 다르며 특정 시장 내에서 증권마다 다르다.

유통시장의 주요 부분 중 하나는 SEC에 등록된 시장인 다양한 **전국적 증권거래소**로 구성되며, 여기에서 **상장 증권**의 매수자와 매도자가 함께 거래한다. 증권거래법(Exchange Act) 6(a)조항에 따라 SEC에 등록된 전국적 증권거래소는 21개가 있다. 소규모 비상장 증권 거래를 포함하는 **장외시장**[over-the-counter(OTC) market]은 유통시장의 다른 주요 부문을 나타낸다.

브로커 시장과 딜러 시장

역사적으로 유통시장은 증권의 거래방법에 기초하여 브로커 시장과 딜러 시장의 두 영역으로 구분된다. 이 시장들을 더 자세히 보기 전에, 두 시장 사이의 가장 큰 차이는 거래를 실행하는 방법을 다루는 기술적 관점임을 이해하는 것이 중요하다. 대부분의 **브로커 시장**(broker markets)은, 실제로 거래를 체결하는 과정에서 특정 수량의 증권을 명시된 가격으로 사거나 팔 것을 제안함으로써 "시장을 만드는" 증권 딜러인 **시장조성자**(market makers)는, 필요한 유동성을 제공하기 위한 일반 주문이 있을 때에는 먼저 브로커 역할을 해야 하고, 필요한 유동성을 제공하기 위한 일반 주문이 없을 때에는 두 번째로 딜러 역할을 해야 한다는 의미에서 브로커/딜러 시장이다. 시장조성자가 브로커 역할을 할 때 거래의 양측인 구매자와 판매자가 모여서, 판매자는 자신의 증권을 구매자에게 직접 판매한다.

대조적으로, 대부분의 **딜러 시장**(dealer markets)은, 거래를 체결하는 과정에서 시장조성자가 유동성을 제공하는 것이 적합할 때마다 딜러 역할을 먼저 수행할 수 있고, 유동성을 제공하는 것이 적합하지 않을 때마다 브로커 역할을 할 수 있다는 점에서 기술적으로 딜러/브로커 시장이다. 딜러 시장의 시장조성자가 거래하고 싶지 않은 주문을 받으면 체결을 위해 다른 시장조성자에게 주문을 전달할 수 있다. 예를 들어, 시장조성자는 주문을 브로커 시장으로 전달할 수 있다. 기본적으로, 두 건의 개별적 거래가 실행된다. 즉, 매도자는 증권(예를 들어, Intel Corp.)을 딜러에게 팔고 매수자는 다른 또는 동일 딜러로부터 증권을 산다. 따라서 딜러 시장의 거래의 한편에는 언제나 딜러(시장조성자)가 존재한다.

거래자를 위한 유통시장의 바람직한 특징은 유동성이다. 유동성은 증권가격에 영향을 주지 않고 신속하게 증권을 매수하거나 매도할 수 있는 능력을 말한다. 증권이 유동성 없는 시장에서 거래되는 경우 해당 증권을 신속하게 매도하거나 매수하는 것이 어려울 수 있으며 거래를 촉진하기 위해 투자자의 가격 할인이 필요할 수 있다. 브로커와 딜러 시장의 주요 차이점은 다른 거래자가 유동성을 제공하는지 딜러가 해당 기능을 수행하는지 여부이다. 브로커 시장에서는 투자자의 주문이 유동성을 제공하고 딜러 시장에서는 딜러가 유동성을 제공한다.

일반적인 유통시장 거래에서는 투자자가 중개 서비스에 주문을 제출해야 하며, 이를 위해 중개회사는 중개료(commission)라고 하는 수수료를 투자자에게 부과한다. 가장 간단한 유형의 거래는 **시장가주문**(market order)인데, 이는 각각 우세한 매수호가 또는 매도호가로 유가증권을 매도하거나 매수하는 주문이다. **매수호가**(bid price)는 시장의 구매자가 증권에 대해 기꺼이 지불할 의사가 있는 최고 가격이고, **매도호가**(ask price)는 시장의 판매자가 증권에 대해 기꺼이 수락하려는 최저 가격이다. 사실상 투자자는 증권을 구매할 때 매도호가를 지불하고 판매할 때 매수호가를 받는다. 이러한 개념을 이해하기 위해 예를 들어 설명하면 도움이 될 것이다.

브로커에게 Facebook 보통주 100주를 매수하기 위해 시장가주문을 제출하도록 지시한다고 가정해 보자. 주문할 때 Facebook의 매도호가는 $138.79이고 매수호가는 $138.71이다. 매도호가는 잠재적인 구매자에게 Facebook을 판매하기 위해 시장에서 제공되는 최저 가격이다. Facebook 주식을 구매하려고 하고 가능한 가장 낮은 가격으로 구매하기를 원하기 때문에 $138.79와 브로커가 청구하는 수수료를 지불해야 한다. 그러나 이미 Facebook 주식을 소유하고 있고 이를 팔고 싶다면 시장에서 가장 좋은 매수 제안인 매수호가를 찾을 것이다. 이 경우 브로커가 부과하는 수수료를 $138.71에서 차감하고 주식을 판매할 수 있다.

매수호가와 매도호가의 차이는 **매수/매도 스프레드**이다.

$$\text{매수/매도 스프레드} = \text{매도호가} - \text{매수호가} \tag{2.3}$$

매수/매도 스프레드는 투자자가 시장조성자 또는 증권 딜러를 통해 거래할 때 지불할 수 있는 일종의 거래비용이다. 중개료가 주문을 제출하는 브로커의 수입이 되는 것과 마찬가지로 매수/매도 스프레드는 시장조성자에게 수입이 된다. 투자자가 브로커를 통해 주문을 제출하면 중개 서비스는 거래를 실행하기 위해 보통 전자적으로 주문을 시장조성자에게 보낸다. 시장조성자가 주문을 체결하는 방법은 거래가 이루어지는 유통시장이 브로커 시장인지 딜러 시장인지에 따라 다르다.

사 례

디즈니(Disney) 매수/매도 스프레드

2018년 8월 30일 동부 시간 11시 30분경 Walt Disney 보통주는 매수호가 $111.85와 매도호가 $112.13에 거래되고 있었다. 따라서 매수/매도 스프레드는 다음과 같다.

매수/매도 스프레드 = $112.13 − $111.85 = $0.28

브로커 시장에서 거래가 발생하면 시장조성자는 매수인의 주문과 매도인의 주문을 함께 가져와 매수/매도 스프레드의 중간 지점에서 거래를 체결한다. 즉, 당사자 A는 증권을 구매자인 당사자 B에게 직접 판매한다. 이러한 종류의 시장은 많은 투자자가 사고 싶어 하고 많은 투자자가 팔고 싶어 한다면 유동성이 높을 것이다. 이 경우 시장조성자는 브로커 역할을 하여 매수/매도 스프레드 수집을 중단한다. 즉, 각 거래자의 유일한 거래비용은 중개료이다. 반대로 딜러 시장에서 거래가 발생하면 구매자와 판매자의 주문이 직접 결합되지 않는다. 대신, 시장조성자는 자신의 증권 재고를 사용하여 받은 매수/매도 시장가주문을 체결한다. 앞서 언급했듯이, 당사자 A는 딜러에게 매수호가에 증권(예: IBM 주식)을 매도하고, 당사자 B는 다른 또는 동일한 딜러로부터 매도호가에 증권(IBM 주식)을 매수한다.

Merck & Co. 주식의 현재 매수호가가 $63.25이고 매도호가가 $63.45라고 가정한다. 당신은 온라인 주식 거래에 대해 $6.95의 중개료를 부과하는 E*TRADE 중개회사에 계좌가 있다고 가정한다. Merck의 현재 매수/매도 스프레드는 얼마인가? 수식 (2.3)을 사용하면 Merck의 매수/매도 스프레드가 $0.20(=63.45−63.25)임을 알 수 있다. E*TRADE 계좌를 통해 시장가주문을 제출하여 Merck 주식 100주를 구입한 경우 총 거래비용은 얼마인가? 거래 체결을 위해 브로커 시장으로 전송되고 시장조성자가 다른 투자자의 Merck에 대한 100주 매도주문과 당신의 주문을 매치(대응)시킨다고 가정한다. 이 경우 주문은 매수/매도 스프레드의 중간 지점($63.35)에서 체결되므로 중개수수료 또는 총 거래비용 $6.95만 지불하게 된다. 이제 E*TRADE 계좌를 통해 시장가주문을 제출하여 Merck 주식 100주를 구입하고 거래를 실행하기 위해 딜러 시장으로 전달하면 총 거래비용은 얼마인가?

$$
\begin{aligned}
\text{총 거래비용} &= (\text{주식 수} \times \text{매수/매도 스프레드의 } 1/2) + \text{중개수수료} \\
&= (100 \times 1/2 \times \$0.20) + \$6.95 = \$16.95
\end{aligned}
$$

중개회사가 주문을 전달하는 시장에 따라 총 거래비용은 브로커 시장에서 $6.95

이거나 딜러 시장에서 $16.95가 된다.

유통시장에서 거래되는 주식은 매수호가와 매도호가가 있기 때문에 "주식의 시가는 얼마인가?"라는 질문에 답하기 어려울 수 있다. 앞의 예에서 Merck의 시장가치는 $63.45인가 아니면 $63.25인가? 매우 일반적인 관례는 매수/매도 스프레드의 중간 지점을 주식의 시장가치로 참조하는 것이다. 이 경우 Merck의 시장가치는 $63.35[=($63.45+$63.25)/2], 즉 매수호가와 매도호가의 중간이라고 말할 수 있다.

유통시장이 계속 진화함에 따라 브로커와 딜러 시장의 차이는 점점 사라진다. 실제로 21세기가 시작된 이래로 오늘날 존재하는 대부분의 거래소가 전자 브로커-딜러 시장으로 기능하는 지점까지 거래 시장과 각각의 거래 기술이 전례 없이 통합되었다.

브로커 시장 대부분의 브로커 시장(broker markets)은 거래자가 증권을 사고팔 수 있는 중앙집중식 시장을 제공하는 조직화된 전국 또는 지역 증권거래소로 구성된다. 조직화된 거래소에 상장된 증권은 일반적으로 할당된 증권에 대해 공정하고 질서 있는 시장을 만들 책임이 있는 시장조성자인 독립적인 거래소 회원사 또는 면허를 받은 딜러에게 할당된다. 시장조성자는 시장 개장, 시장 마감 및 거래 불균형 또는 불안정한 기간 동안 수동식 및 전자식 수단을 모두 활용하여 가격 발견을 촉진함으로써 할당된 증권에 대한 지속적인 가격과 유동성을 보장한다. 요즘 대부분의 거래가 전자적으로 제출, 전달, 체결되지만 조직화된 거래소의 시장조성자는 여전히 거래소를 통한 주문 흐름을 제어한다.

만약 당신이 대다수 사람들과 같으면, 주식시장을 생각할 때, 가장 먼저 떠오르는 것은 전국적 증권거래소인 뉴욕 증권거래소(NYSE)일 것이다. 대부분의 브로커 시장과 마찬가지로 NYSE는 브로커-딜러 시장이다. 즉, 주문을 실행할 때 시장조성자가 먼저 브로커 역할을 하고 매수/매도 스프레드의 중간 지점에서 일반 주문들을 체결시키려고 시도하여 주문의 양쪽을 모두에게 매수/매도 스프레드의 절반을 절약해 주고, 일반 거래자에게 유동성을 제공하기 위해 자체 증권 재고를 사용해야 할 때 딜러 역할을 한다.

다른 브로커-딜러 시장은 NYSE American(공식적으로 American Stock Exchange), 또 다른 전국 증권거래소, 몇 개의 지역 거래소가 포함된다. 지역 거래소는 실제로 전국 증권거래소이지만 뉴욕시 외부에 있다. 각 거래소에 상장된 증권의 수는 일반적으로 100~500개 기업이다. 그룹으로서 그들은 조직화된 거래소에서 거래되는 주식의 작은 부분을 처리한다. 이들 중 가장 잘 알려진 것은 Chicago Stock Exchange,

NYSE Arca(공식적으로는 Pacific Stock Exchange), Nasdaq PHLX(공식적으로는 Philadelphia Stock Exchange), Nasdaq BX(공식적으로는 Boston Stock Exchange), NYSE National(공식적으로는 Cincinnati Stock Exchange)이다. 이 거래소들은 소규모 지역 증권 또는 대형 동시상장 증권을 거래한다. 대부분은 NYSE를 모델로 했지만 회원자격 및 상장요건이 훨씬 더 관대하다.

뉴욕증권거래소 "the Big Board"로 알려진 NYSE는 실제로 세계에서 가장 큰 주식 거래소로 미국 주식시장에서 총 달러 거래량 기준으로 모든 거래의 25% 이상을 거래하고 있다. 2018년 기준으로, 총 시장가치가 $28.8조를 초과하는 2,800개 이상의 기업들이 NYSE에 상장되어 있다. NYSE가 2006년에 영리를 목적으로 하는 상장기업이 되기 전에 개인이나 기업은 거래소의 회원이 되기 위해 거래소의 1,366개의 "좌석" 중 하나를 소유하거나 임대해야 했다. 좌석이라는 단어는 1870년대까지 회원들이 거래를 하면서 의자에 앉았다는 사실에서 비롯되었다. 2005년 12월 30일, 상장회사가 되기를 기대하면서 NYSE는 회원에게 자리 제공하는 것을 중단했다. 이제 NYSE Euronext 거래소 그룹의 일부인 NYSE는 거래소에서 직접 거래할 수 있는 1년 거래면허를 판매한다. 2018년 현재 1년 거래면허 비용은 처음 두 면허에 대해 면허당 $50,000이고, 회원 조직이 보유한 추가 면허당 $15,000이다. 투자은행과 중개회사가 거래면허 보유자의 대부분이고 일반적으로 각각 하나 이상의 거래면허를 보유한다.

Merrill Lynch 같은 기업은 거래면허를 보유하는 담당자를 지정한다. 이런 지정된 개인만이 거래소 객장에서 거래할 수 있다. 객장 중개인(floor broker)의 두 주요 종류는 커미션 중개인과 독립 중개인이다. **커미션 중개인**(commission broker)은 소속 회사 고객들의 주문을 처리한다. **독립 중개인**(independent broker)은 단독으로 활동하면서, 전형적으로 소형 중개회사 또는 자체 주문을 미처 처리하지 못하는 대기업을 위해 수수료를 받고 주문을 처리한다.

> **투자자 현실**
>
> **Apple on Top** 기업의 시가 총액은 주당 가격에 발행주식 수를 곱한 값이며 기업 규모의 척도이다. 2018년 8월 2일, Apple Inc.은 시가 총액이 1조 달러를 넘는 역사상 최초의 회사가 되었다. 그 이정표에 도달한 것은 혼자가 아니었다. Amazon.com Inc.은 불과 한 달 뒤인 9월 4일에 1조 달러에 도달했다.

거래 활동 NYSE의 객장은 축구장 크기 정도의 공간이다. 한때 거래 활동의 중심지였으며 어떤 면에서는 여전히 몇 년 전과 똑같아 보인다. NYSE 객장에는 거래 포스트가 있고 특정 주식들이 각 포스트에서 거래된다. 주변의 전자장비는 브로커 사무실의 매매 주문을 거래소 객장으로 전송하고 회원이 주문을 체결한 후 다시 되돌려 보낸다. 거래소 객장의 모든 거래는 특정 증권이 거래되는 포스트에서 이루어지는 경매과정을 통해 이루어진다. 주어진 증권을 매수하려는 회원은 증권을 매도하려는 회원과 공개적으로 거래를 협상한다. 하나 혹은 다수 주식의 거래를 전문으로 하는 거래소 회원인 **지정 시장조성자**(designated market maker: DMM)의 역할은 경매과정을 관리하는 것이다. DMM은 할당받은 증권의 연속적이고, 공정하며, 질서 있는 시장을 제공하기 위해 (특정 가격에) 매수 또는 매도한다. NYSE 거래소 객장에서 여전히 거래활동이 발생함에도 불구하고, 그곳에서 발생하는 거래는 거래량의 극히 일부를 차지한다. 대부분의 거래는 이제 전자 네트워크를 통해 발생한다.

역사적으로 NYSE는 NYSE 상장 증권만 NYSE 객장에서 거래할 수 있도록 허용했지만, 2017년 NYSE는 역사적인 거래 현장에서 모든 미국 주식 및 상장지수펀드의 거래를 허용할 계획을 발표했다. NYSE 거래량의 대부분은 NYSE Arca의 거래 매칭 엔진인 NYSE Pillar를 통해 전자적으로 처리되지만 NYSE는 객장 거래를 계속할 계획이다. NYSE 웹사이트에서 "인간의 판단과 책임을 대신할 수 있는 것은 없다. 우리의 강점, 질서정연한 개장 및 폐장, 낮은 변동성, 풍부한 유동성 및 가격 개선을 보장하는 데 도움이 되는 것은 바로 이러한 인간관계이다"라고 주장하고 있다.

상장 정책 주식거래소에 상장하려면, 국내 기업은 신청서를 제출하고 최저 상장요건을 충족해야 한다. 어떤 기업은 **동시상장**(dual listings), 즉 하나 이상의 거래소에 상장한다. 상장요건은 시간이 지남에 따라 발전했으며 NYSE가 경쟁 압력을 받으면서 많은 상장 표준을 완화했다. NYSE에 상장하려는 회사는 한때 세전 수입이 수백만 달러에 달해야 했다. 오늘날의 NYSE는 재무기준 테스트 중 하나를 충족하고 모든 분산 기준을 충족하는 미국 기업의 상장을 허용한다. 재무기준 요건은 수익 테스트 또는 글로벌 시가 총액 테스트를 기반으로 충족된다. 수익 테스트에 의하면 상장회사가 지난 3년 동안 매년 양의 수익이 있어야 하고, 지난 3년의 수익 총계가 $10백만 이상이어야 하며, 최근 2년 동안 수익이 매년 $2백만 이상이어야 한다. 글로벌 시가 총액 테스트에 의하면 최소 $2억의 글로벌 시가 총액(즉, 주당가격×발행주식수)이 필요하다. 분산 기준에 따르면 상장기업은 최소 400명의 100주 이상 소유한 주주, 110만 주의 공개 주식, $4의 주가, $40백만의 공개 주식의 시장가치를 보유해야 한다.

옵션거래소 옵션(options)은 보유자로 하여금 정해진 시기에 특정 가격으로 다른 증권을 사거나 팔 수 있도록 만든다. 대표적인 옵션거래소는 시카고옵션거래소(Chicago

Board Options Exchange: CBOE)이다. 옵션은 또한 NYSE, Nasdaq BX, NYSE Arca, Nasdaq PHLX 거래소, 그리고 국제증권거래소(International Securities Exchange: ISE)에서 거래된다. 일반적으로, 정해진 증권을 사거나 파는 옵션은 여러 거래소에 상장된다.

선물거래소 선물(futures)은 합의된 가격으로 미래 특정일에 특정 상품 또는 금융상품의 인도를 보장하는 계약이다. 선물거래 사업의 대표적인 주자는 지정계약시장으로 알려진 4개의 거래소(CME, CBOT, NYMEX, COMEX)로 구성된 회사인 CME Group이다. 일부 선물거래소는 광범위한 상품을 취급하기보다는 특정 상품 및 금융상품에 특화되어 있다.

딜러 시장 딜러 시장의 핵심 특징 가운데 하나는 중앙집중화된 거래 객장이 없다는 것이다. 대신 많은 수의 대중통신 네트워크를 통해 연결된 시장조성자들로 이루어져 있다. 실제로 각 시장조성자는 공시된 매수/매도 호가에 매수 또는 매도 제안을 함으로써 하나 이상의 증권의 시장을 조성하는 증권딜러이다. 투자자는 증권을 **살 때** 매도호가를 지불하고, **팔 때** 매수호가를 수취한다. 가장 잘 알려진 두 가지 딜러 시장은 증권 거래를 실행하는 데 사용되는 전자거래 플랫폼인 Nasdaq 시장과 투자자가 소규모의 비상장 증권을 거래하는 장외시장(OTC)이다. 이들은 미국 시장에서 거래되는 주식의 약 25%를 차지하며, Nasdaq 시장이 이 거래들의 압도적 다수를 차지한다. 이 밖에 모든 신규발행 증권 — 대형 투자자에 의해 보유된 기발행 증권의 대량 공개판매인 IPO와 **2차 분배** — 은 투자은행을 위해 일하는 증권 딜러에 의해 일반 투자자에게 판매되기 때문에, 발행시장 또한 딜러 시장이다.

나스닥 가장 큰 딜러 시장은 일반적으로 나스닥(Nasdaq)으로 불리는 National Association of Securities Dealers Automated Quotation System에 상장되고 거래되는 많은 종목의 주식들로 이루어진다. 1971년에 설립된 Nasdaq은 OTC 시장에서 기원했으나, 오늘날 더 이상 OTC 시장의 일부가 아닌 완전히 다른 존재이다. 실제로 2006년에 나스닥은 SEC에 의해 공식적으로 전국적 증권거래소로 인정되어, NYSE와 거의 동일한 위상과 명성을 얻었다.

나스닥에서 거래되려면, 모든 주식은 적어도 두 명의 시장조성자를 가져야 한다. 그러나 Amazon과 같은 비교적 크고 활발히 거래되는 주식은 더 많은 시장조성자를 갖고 있다. 이 딜러들은 모든 매수/매도 호가를 전산으로 공시하므로, 투자자들이 시장가주문을 제출하면 가장 유리한 가격에 즉시 체결된다.

나스닥의 상장기준은 나스닥 산하 시장에 따라 다르다. Nasdaq Global Select Market에서 거래되는 1,413종목의 주식은 세계에서 가장 높은 상장기준을 충족한다. 2006년에 설립된 Global Select Market은 나스닥 주식 가운데 가장 대규모이면서 "최고의 블루" — 즉, 최고 품질 — 를 거래한다. 2012년에 페이스북은 NYSE 대신 Nasdaq Global Select에 상장하기로 선택하여, 선도적 기술 회사에 의해 선호되는 상장 거래소로서 나스닥의 입지를 더욱 공고히 했다.

Nasdaq Global Market에서 거래되는 819종목의 주식의 경우, 상장요건 또한 상당히 포괄적이다. 이 두 시장에 포함된 주식들은 모두 널리 호가가 전달되고, 활발하게 거래되며, 일반적으로 전국적인 관심을 받는다. 실제로 Nasdaq Global Select Market에서 거래되는 유명한 주식들과 Nasdaq Global Market에서 거래되는 어느 정도 유명한 주식들은 NYSE에서 거래되는 주식만큼 상당한 전국적인 관심을 받으며 유동성을 유지한다. 이 결과 NYSE가 대기업(예를 들어, ExxonMobil, GE, Citigroup, Walmart, Pfizer, IBM, Procter & Gamble, Coca-Cola, Home Depot, UPS)을 상장기업 목록에 포함하고 있는 것처럼, 나스닥도 그렇다. 이 상장기업 목록에는 Amazon, Microsoft, Intel, Crisco Systems, eBay, Google, Facebook, Apple, Starbucks가 포함된다. 독자들은 착각하면 안 된다 — 나스닥은 상장을 위해 NYSE와 정면으로 경쟁한다. 2017년 시가 총액 총계 $217.8십억의 11개 기업이 NYSE로부터 나스닥으로 상장을 이전했다. 나스닥으로 이전한 유명 회사는 PepsiCo, Principal Financial Group, Workday 등이다. Nasdaq Capital Market은 이런 저런 이유로 Nasdaq Global Market에 적합하지 않은 717종목의 주식이 상장된 다른 나스닥 시장이다. 2018년 초 기준으로, 총 48개 국가의 약 2,949개 회사가 나스닥에 상장되어 있다.

장외시장(OTC Market) 딜러 시장의 다른 부분은 장외(OTC) 시장의 증권들로 이루어져 있다. 이런 나스닥 밖의 증권들은 나스닥 상장요건을 충족할 수 없거나 원하지 않는 대다수 작은 회사들을 포함한다. 이들은 OTC Bulletin Board(OTCBB) 또는 OTC Market Group에서 거래된다. OTCBB는 소규모 회사의 주식을 거래하는 시장조성자들을 연결하는 전산 호가 시스템이다. OTCBB는 3,700종목 이상의 증권을 처리하고, 230명 이상의 참여 시장조성자를 포함하며, 거래 증권의 실시간 호가, 가격, 거래량 정보를 전산으로 전달한다. Bulletin Board는 Financial Industry Regulatory Authority(FINRA)에 의해 규제되며, 이는 시장에서 거래되는 모든 회사들은 감사받은 재무제표를 제출하고 연방 증권법을 준수하도록 요구한다.

OTC 시장은, 회사들이 SEC에 등록할 필요조차 없는, 시장의 규제되지 않은 영역이다. 이 시장은 세 등급으로 구분된다. 가장 큰 OTC Pink는, 영업에 관해 거의 정보를 제공하지 않는, 많은 소규모 그리고 종종 의문시되는 회사들로 붐빈다. OTC QB 등급의 증권은 SEC, 은행, 보험사에 보고서를 제출해야 하고 현재 공시하는 기업이어야 한다. 최고 등급인 OTC QX는 가장 작으나, 감사 받은 재무제표와 다른 필요 정보를 제공하기로 선택한 기업들을 위한 것이다. 만약 증권이 프로모션 활동 중이거나 발행기관에 관한 적절한 현재 정보가 공개적으로 이용가능하지 않으면, OTC 시장은 이 증권을 "Caveat Emptor"(매수자 주의)로 분류한다. 프로모션 활동은 발행기관 또는 제3자에 의해 발송된 스팸 이메일 또는 허락받지 않은 팩스나 소식 전달을 포함할 수 있다.

전자거래 및 고빈도거래

지난 20년 동안 브로커와 딜러 시장의 구분이 모호해졌다. 일상적인 거래의 대부분은 종종 사람의 개입 없이 전자주문 전송, 매칭(matching), 체결, 보고를 통해 이루어진다. 전자거래 플랫폼은 정교한 알고리즘을 사용하여 매수와 매도 주문을 매우 빠르게(소위 고빈도거래라고 함) 하여 훨씬 더 큰 수익을 추구한다. 대부분의 경우 전자거래로의 전환이 증가함에 따라 오늘날에는 종종 "다크 풀(dark pools)"로 알려진 개인 거래 장소에서 "탈 거래소(off exchange)" 거래량이 증가하고 있다. 유통시장 거래의 약 1/3이 이러한 거래소 외부에서 발생한다.

ECN Electronic communications networks(ECNs)는 증권의 매수 및 매도 주문을 일치시키거나 교차시켜 주문을 전자적으로 실행하는 자동화된 컴퓨터 기반 거래 시스템이다. 개별 거래자들이 서로 직접 거래할 수 있도록 함으로써 ECN은 딜러 기능과 매수/매도 스프레드의 지불을 제거한다. ECN은 여러 시장 참여자로부터의 가장 유리한 매수/매도 호가를 보여주고 매수/매도 스프레드의 중간 지점에서 주문을 자동으로 매치하여 체결한다. 즉각적인 매치가 없으면 브로커처럼 행동하는 ECN은 거래소 또는 시장조성자에게 자신의 이름으로 주문을 게시한다. 다른 거래자가 게시된 가격으로 거래를 하려는 경우 거래가 체결된다. ECN은 거래량이 많고 활발하게 거래되는 증권에 가장 효과적이며 이 장의 후반부에서 설명하는 시간외 거래에서 핵심적인 역할을 한다.

ECN은 SEC에 의해 대체거래 시스템으로 분류되며 브로커-딜러로 등록해야 한다.

NYSE Arca 및 BATS Global Markets는 거래를 처리하는 많은 ECN 중 두 가지이다. 거래소와 마찬가지로 ECN은 많은 통합을 거쳤다. 예를 들어, 2002년 Island는 Instinet과 합병되었고, 2005년 Instinet은 Nasdaq에 인수되었다. NYSE Arca는 NYSE가 Archipelago Exchange를 인수하고 이름을 변경한 2006년에 탄생했다. BATS Global Markets는 2014년에 BATS와 Direct Edge의 통합으로 완성되었다.

ECN은 일반적으로 주문이 교차되어 딜러에게 지불할 매수/매도 스프레드를 제거하기 때문에 고객의 비용을 절약한다. 거래를 할 때 고객은 주당 또는 주문 규모에 따라 상대적으로 적은 거래 수수료만 지불한다. 이러한 이유로 자금관리자와 연기금이나 뮤추얼펀드와 같은 투자기관은 ECN을 선호한다. 또한 대부분의 ECN에서 마이크로 초 단위로 측정되는 매우 빠른 실행 시간 때문에 많은 사람들이 ECN을 사용한다. 많은 적극적인 거래자에게는 주문의 전송, 체결, 보고되는 데 걸리는 시간인 **대기**(latency)는 수익에 큰 영향을 미칠 수 있다. 마지막으로 자주 인용되는 ECN의 이점은 익명성이다. 많은 거래자들은 특히 대규모, 전략적 또는 독점적 거래를 할 때 익명으로 거래하는 것을 선호한다.

고빈도거래(HFT) **고빈도거래**(high-frequency trading: HFT)는 컴퓨터 및 전자 주문 실행에 의존하는 초고속 알고리즘 거래이다. 빈도가 높은 거래자는 고도로 정교한 컴퓨터 기반 거래 전략을 사용하여 시장을 분석하고 시장 상황에 따라 주문을 실행하며, 일반적으로 몇 초 또는 몇 분의 1초 내에 포지션을 드나든다. 거래자는 HFT 알고리즘을 사용하여 대량의 주식 거래로 인한 가격 영향을 최소화하기 위해 대량 매수/매도 주문을 여러 개의 작은 주문으로 나눈다. 이러한 알고리즘을 사용하면 거래 회사가 주식가격 변동에 대해 투기할 수도 있다. 오늘날의 첨단 금융시장은 HFT 회사가 1초에 100,000개 이상의 거래를 체결할 수 있게 했으며, 더 많은 거래는 더 많은 수익을 의미할 수 있으므로 HFT가 미국과 유럽 전체 주식 거래의 약 50%를 차지한다는 것은 놀라운 일이 아니다.

상당히 많은 HFT 전략이 있으며, 그 중 일부는 입법자와 규제 당국이 그 적절성에 의문을 갖게 했다. 예를 들어, 플래시 거래(flash trading)는 논란의 여지가 있다. HFT 회사는 정보가 대중에게 공개되기 몇 분의 1초 전에 거래소로부터 매수/매도 주문에 대한 정보의 "플래시"를 받아 보류중인 주문보다 먼저 거래하는 데 사용할 수 있는 정보 이점을 제공하기 때문이다. 비평가들은 이것이 다가오는 거래에 대한 정보와 증권가격에 대한 예상되는 영향에 기반한 투자전략인 **선행매매**(front running)로 해석될 수 있다고 주장한다. 고객의 거래정보를 사용하는 브로커나 자산관리자에게는 선행매매는 불법이다. 탐지(pinging)는 뮤추얼펀드 또는 연기금과 같은 기관거래자가 종종 제출하는 대규모 거래를 이용하려는 또 다른 의심스러운 HFT 전략이다. 대규모 거래는 종종 거래에 의한 시장 영향을 줄이고 궁극적으로 주식에 대해 전체적으로 더 낮은 가격을 지불하기 위해 많은 소규모 거래로 나뉜다. **탐지(pinging)**는 HFT 회사가 소량의 주식에 대한 일련의 경쟁적 매수/매도 주문을 내고 소규모 주문이 체결되기를 기다리면서 대량 주문의 일부인 소규모 거래를 감지하거나 "탐지"하려고 할 때 발생한다. 핑(ping)이 시작되면(즉, HFT의 소액 주문이 체결됨) HFT는 선행매매와 같은 약탈적인 거래 활동에 참여하여, 대형 거래자보다 먼저 사용 가능한 유동성을 소비한 다음 대형 거래자에게 더 불리한 가격으로 유동성을 제공할 수 있다. 이 모든 것이 HFT의 이익을 보장한다.

1990년대까지 미국에서 증권거래는 대부분 $1/8 가격단위의 변동으로 이루어졌다. 즉, 가능한 가장 낮은 매수/매도 스프레드는 $0.125이고 단일 주식을 매수하거나 매도할 수 있는 가장 낮은 딜러 이익은 $0.0625 또는 스프레드의 절반이다. 1990년대 초 SEC는 수년 동안 자리 잡은 분수 가격책정 시스템(fractional pricing system)이 인위적으로 큰 스프레드를 유발하고 경쟁력 있는 가격책정을 방해하여 시장조성자에게 과도한 이익을 초래할 것이라는 우려를 표명했다. 이러한 우려에 대응하기 위해 American Stock Exchange는 1992년에 선별된 주식에 대하여 $1/16 가격단위의 변동을 적용하기 시작했고 1997년에 모든 주식에 적용했다. NYSE와 Nasdaq도 1997년에 $1/16 가격단위를 사용하기 시작하는 규칙을 제정했고, SEC는 거래소가 **십진법**, 즉 증권을 십진수(즉, 페니 또는 $0.01 가격단위)로 호가 및 거래하는 규칙을 도입할 것을 장려했다. 2000년 9월 SEC는 거래소가 십진수 가격책정을 단계적으로 시작하고 2001년 4월까지 완전한 구현을 달성하도록 강제하였다. 십진법이 완전히 구현된 후 대부분의 유동성이 높은 주식의 매수/매도 스프레드는 빠르게 1페니로 좁혀졌지만 SEC가 규정 NMS Rule 612를 채택하여 공식적으로 가격이 $1 이상인 모든 주식에 대해 최소 가격 인상액을 1페니로 설정한 것은 2005년이 되어서이다.

종종 증권가격의 십진법 적용 때문에 HFT가 발생했다고 한다. 왜냐하면 십진법 적용으로 인해 (이론상) $0.01의 낮은 매수/매도 스프레드가 발생하여 그 어느 때보다 시장조성자들의 이익이 체결된 거래량의 함수로 발생하기 때문이다. 십진법이 HFT의 촉매제가 되었을 수 있지만 전자거래, 시장 통합, 컴퓨터의 지속적인 혁신이 HFT를 가능하게 했다. 전 세계 금융시장의 금융 데이터의 실시간 공급은 HFT의 생명선이므로 마이크로 초의 이점이 중요하다. 이러한 이유로 HTF 회사는 컴퓨터를 데이터 소스에 최대한 가깝게 배치하기 위해 경쟁하며, 이는 거래에 유리한 것으로 입증되었다. 공동입지(Co-location)는 HFT 회사가 소유한 컴퓨터를 거래소의 컴퓨터 서버와 동일한 위치에 배치하는 것을 의미하며, 따라서 HFT 회사는 나머지 투자자보다 1초보다 더 짧은 시간만큼 시장 데이터를 먼저 제공받는다.

일반적 시장 상황: 강세 또는 약세

증권시장의 상황은 일반적으로, 증권가격이 상승 또는 하락하는지에 따라, "강세" 또는 "약세"로 분류된다. 변화하는 시장상황은 일반적으로 투자자의 태도, 경제활동의 변화, 그리고 경제활동을 활성화 또는 진정시키려는 정부 정책으로부터 비롯된다. **강세 시장**(bull markets)은 일반적으로 물가 상승, 투자자의 낙관적 태도, 경제 회복, 그리고 정부의 부양책과 연관되어 있다. **약세 시장**(bear markets)은 일반적으로 물가 하락, 투자자의 비관적 태도, 경제 둔화, 그리고 정부의 억제책과 연계되어 있다. 사실, 약세장의 가장 일반적인 정의는 주가가 최소 20% 하락하는 것이다. 2003년 초는, 2007년 10월에 급격히 약세로 전환하기 전 최고 수준이었던, 전반적 강세 시장 주기의 시작으로 기록되었다. 그 뒤를 이은 약세 시장은 최악의 약세 시장이었고 2009년 3월에 저점을 기록했다. 그 이후 긴 강세 시장이 이어졌다. 2008년에 거의 −37%의 수익률을 기록한 이후 Standard and Poor's 500 주가지수는 2009년부터 2017년까지 (그리고 2018년 첫 8개월까지) 매년 양(+)의 수익을 얻었다.

> **투자자 현실**
>
> **강세장과 함께 달리기** 2018년 8월, 미국 주식시장은 역사상 가장 오래 지속되는 강세장에 도달했다. 주가는 지난 약세장 종료 이후 115개월 동안 상승(20% 이상 하락하지 않음)했다. 그러나 한 가지 측정치로는 가장 최근의 강세장은 역대 최고가 아니었다. 2009년 3월부터 2018년 8월까지 미국 주식은 324% 상승했으나, 이는 1990년 10월부터 2000년 3월까지 주가가 418% 상승한 강세장에 의해 가려진다.

일반적으로 투자자들은 강세 시장에서 더 높은(또는 양의) 보통주 투자수익을 경험한다. 그러나 어떤 증권은 약세 시장에서 강세이거나, 강세 시장에서 약세이다. 시장상황은 예측하기 어렵고, 약세장의 바닥(bottom)이나 강세장의 정상(top)을 확인하는 것은 불가능하며 수개월이 지난 후에 비로소 인식된다.

개념 리뷰

해답은 www.pearson.com/mylab/finance에서 찾을 수 있음.

2.1 다음 각 항에서 용어들을 구별하라.

a. 화폐시장과 자본시장
b. 발행시장과 유통시장
c. 브로커 시장과 딜러 시장

2.2 IPO 과정과 공모 증권의 인수에서 투자은행의 역할을 간단히 기술하라. 공개모집, 구주배정, 사모의 용어들을 구별하라.

2.3 왼쪽 열의 각 항목에 대해, 가장 적절한 항목을 오른쪽 열에서 선택하라.

a. 투자설명서	1. 비상장 증권의 거래
b. 인수(underwriting)	2. 기업으로부터 증권을 매입하여 투자자에게 재판매
c. NYSE	3. 주식이 거래소에서 거래되기 전에 기업이 충족해야 하는 조건
d. Nasdaq BX	4. 지역 주식거래소
e. 상장요건	5. 증권 공모의 주요 측면 설명
f. OTC	6. 세계 최대 증권거래소

2.4 어떻게 딜러 시장이 작동하는지 설명하라. 반드시 시장조성자, 매수 및 매도 호가, 나스닥 시장, 그리고 OTC 시장을 언급하라. 딜러 시장이 기업공개(IPO)와 유통 분배에서 하는 역할은 무엇인가?

2.5 ECN은 무엇인가?

2.6 강세 시장과 약세 시장을 구별하라.

증권시장의 세계화

LG 4 오늘날 투자자, 증권의 발행기관, 그리고 증권회사들은 본국의 시장을 넘어 최고의 수익, 최저 비용, 그리고 최선의 국제업무 기회를 찾고 있다. 대다수 투자자들의 기본 목표는 가장 낮은 위험으로 가장 높은 수익을 얻는 것이다. 이 결과는 **분산투자**(diversification) — 포트폴리오에 많은 상이한 증권들을 포함함으로써 수익을 높이고 위험을 낮춤 — 를 통해 얻어진다. 투자자는 (1) 더 넓은 범위의 산업과 증권, (2) 더 많은 시장에서 거래되는 증권 그리고 (3) 다른 통화들로 표시된 증권을 보유함으로써, 분산투자의 잠재력을 크게 높일 수 있다. 그리고 만약 투자자가 국내와 해외 증권을 혼합하여 투자하면, 분산투자는 더 강화된다. 투자자의 본국 시장이 더 작고 덜 분산되어 있을수록 건전한 국제 분산투자의 잠재적 혜택은 더 크다. 그러나 미국과 다른 고도로 발전된 시장들의 투자자들도 세계적 분산투자로부터 혜택을 받을 수 있다.

간단히 말해서, 증권시장의 세계화는 투자자들로 하여금 전 세계에 걸쳐 급격히 확장하는 경제로부터 이윤기회를 추구할 수 있도록 허용한다. 여기에서 우리는 국제 시장, 국제투자의 성과, 해외증권에 투자하는 방법, 그리고 국제적 투자위험의 확대되는 중요성을 고려한다.

국제시장의 중요성 증가

증권거래소는 이제 세계적으로 100개국 이상에서 작동한다. 크고(도쿄 주식거래소) 작은(남태평양 주식거래소) 거래소들이 일본, 영국, 캐나다, 그리고 독일 같은 주요 선진국뿐 아니라 브라질, 칠레, 인도, 한국, 말레이시아, 멕시코, 폴란드, 러시아, 그리고 태국 같은 신흥경제에 존재한다. 세계적으로 4대(거래금액 기준) 증권시장은 NYSE, 나스닥, 런던 주식거래소, 도쿄 주식거래소이다. 다른 주요 외국 거래소는 상하이 주식거래소, 오사카 증권거래소, 토론토 주식거래소, 몬트리올 거래소, 호주 증권거래소, 홍콩 거래소 및 결제소, 스위스 거래소, 타이완 주식거래소가 있다.

유럽통화연합(European Monetary Union: EMU)의 경제적 통합은, 국가 간 주식거래의 효율적 과정을 원하는 금융기관들의 압력과 함께, 유럽의 증권시장 환경을 변화시키고 있다. 다수의 소규모 국가 거래소들 대신, 국가들은 결합하여 국가 간 시장을 만들고 범 유럽의 주식거래 시장에서 더 효과적으로 경쟁하려 한다. 파리, 암스테르담, 브뤼셀, 그리고 리스본 거래소와 런던의 파생상품거래소는 합병하여 Euronext를 만들었고, 스칸디나비아 시장들은 Norex를 만들었다. 2006년 중반에, Euronext와 NYSE Group — NYSE의 모회사 — 은 대등합병으로 사업을 통합하는 협약에 조인했다. 예를 들어, 도쿄와 호주와 같은 일부 주식거래소들은 협력 협약을 결성하고 있다. 다른 거래소들은 24시간 운영되는 전산 주문체결 시스템을 통해, 선정된 국제적 대기업의 주식을 거래하는 세계적 시장연합 형성을 논의하고 있다. 나스닥은 일본, 홍콩, 캐나다, 호주와의 결합 벤처를 통해, 라틴 아메리카와 중동으로 확대할 것을 계획하고 있다. 합병 및 협력관계의 증가는 세계적인 주식시장을 향한 전진을 의미한다.

채권시장도 세계화되었고, 어느 때보다 많은 투자자들이 정기적으로 외국 시장에서 정부와 기업의 고정소득증권을 매입한다. 미국이 국제 국채시장을 주도하고 그 다음으로 일본, 독일, 영국이 뒤따른다.

국제적 투자 성과

> **투자자 현실**
>
> **미국 시장점유율** 미국 주식시장은 시장점유율 측면에서 세계를 선도하고 있고, 세계 주식시장에서 기업 시장가치의 거의 39%를 차지하고 있다.
>
> (출처: World Federation of Stock Exchanges, http://www.world-exchanges.org/statistics/annual)

해외투자의 동기는 고수익의 유혹이다. 실제로, 1980년 이후 단 한 번 미국이 주가지수 상승률 기준으로 세계 주요 주식시장 중에서 1위를 차지했다. 예를 들어, 2017년 미국 주식은 두 자릿수 수익률을 얻었지만 34개국의 수익률은 더 높았다. 물론 일부 해외 증권시장은 미국 시장보다 위험할 수 있다. 한 해 동안 높은 수익을 얻은 시장은 다음 해에는 그다지 좋지 않을 수 있으며 환율 변동은 추가적인 위험을 초래한다.

투자자는 해당 거래소의 실적을 보여주는 시장지수를 따라 미국과 해외 거래소에서의 성과를 비교할 수 있다. 예를 들어, Dow Jones 평균과 Standard & Poor의 지수는 미국 시장에서 널리 사용되는 지표이며 수십 개의 다양한 주식시장에 대한 지수를 사용할 수 있다.

해외증권에 투자하는 방법

투자자들은 간접적으로 또는 직접 외국 증권을 거래할 수 있다. **간접**투자의 한 형태는 상당한 해외사업을 영위하는 미국 기반 다국적 회사의 주식을 매입하는 것이다. Accenture, Facebook, Google, IBM, Intel, McDonald's, Dow Chemical, Coca-Cola, Nike와 같은 많은 미국 기반 다국적 기업은 해외 영업으로부터 50% 이상의 수입을 얻는다. 이런 기업의 주식에 투자함으로써, 투자자는 어느 정도 국제적 분산투자를 달성할 수 있다. 주로 외국 증권에 투자하는 뮤추얼펀드 또는 상장지수펀드의 주식 매입은 간접투자의 다른 방법이다. 투자자들은 주식 중개회사를 통해 이런 간접적인 외국 증권 투자거래를 할 수 있다.

외국 회사에 **직접**투자하기 위해, 투자자들은 세 가지 선택을 할 수 있다. 그들은 외국 거래소에서 증권을 매입하거나, 미국 거래소에서 거래되는 외국 회사의 증권을 매입하거나, 또는 미국 시장의 주식예탁증서(American Depositary Share: ADS)를 살 수 있다.

첫째 방법인 외국 거래소의 증권 매입은 외국 증권이 미국 달러로 거래되지 않고 따라서 투자자는 통화 등락에 직면하기 때문에, 추가적 위험을 수반한다. 이 접근법은 경험 없는 투자자를 위한 것이 아니다. 투자자는 또한 다른 나라들의 상이한 증권거래소 규정, 거래과정, 회계기준, 그리고 세법에 당면한다. 직접 거래는 대규모 국제영업을 수행하는 월스트리트의 주요 회사의 중개인 또는 외국 증권 거래를 담당하는 특별 부서를 가진 JP Morgan Chase와 Citibank 같은 주요 은행을 통해 가장 잘 처리된다. 또는 투자자들은 외국의 브로커-딜러와 거래할 수 있다.

직접투자의 두 번째 형태는 미국의 조직화된 거래소 또는 장외 거래소에서 외국 회사의 증권을 사는 것이다. 미국 거래소에서 거래되는 외국 증권의 거래는 거래소에서 거래되는 국내 증권과 같은 방법으로 처리된다. 이 증권들은 대규모의 유명한 외국 회사들에 의해 발행된다. Barrick Gold Corporation(캐나다), General Steel Holdings(중국), Cosan Ltd.(브라질), Paragon Shipping(그리스), Manchester United(영국), Tyco International(스위스)과 같은 회사의 주식들은 미국 거래소에서 직접 거래된다. 또한 외국 정부나 회사에 의해 발행되고 미국 증권시장에서 거래되는 달러 표시 부채증권인 **양키 채권**(Yankee bond)은 브로커 및 딜러 시장에서 모두 거래된다.

마지막으로, 외국 주식은 또한 **미국예탁증서**(American depositary receipts: ADRs) 형태로 거래된다. 이 증권들은 미국 투자자들로 하여금 외국 회사의 주식을 보유하고 미국 거래소에서 거래할 수 있도록 허용하기 위해 만들어졌다. 이들은 외국 회사의 본국 은행에 예치된 주식의 미국 달러 표시 예탁증서인 **미국예탁주식**(American depositary shares: ADSs)에 의해 담보된다. 오늘날 100개국 이상의 3,700종목 이상의 ADR이 미국 거래소에서 거래된다. 약 1/4은 활발하게 거래되고 있다. 여기에는 Daimler, Fujitsu, LG Electronics, Mitsubishi, Nestle, Royal Dutch Shell과 같은 회사들이 포함된다.

국제적 투자의 위험

해외투자는 단점도 갖고 있다. 증권 거래의 일반적 위험에 추가하여, 투자자는 특정 외국의 사업위험을 고려해야 한다. 무역정책, 노동법, 그리고 조세의 변화는 해당 국가 기업의 영업환경에 영향을 줄 수 있다. 정부 자체가 불안정할 수도 있다. 물론 이러한 위험은 미국 이외의 시장에만 국한되지 않는다.

일반적으로 미국 증권시장은 고도로 규제되고 신뢰성 있는 것으로 간주된다. 한편, 외국 시장은 운영과 규제 모두에서 미국에 비해 상당히 뒤질 수 있다. 또한 어떤 나라는 외국인 투자에 다양한 규제를 부과한다. 사우디아라비아와 중국은 최근에야 외국 투자자들에게 주식시장을 개방했으며 그 이후에도 제한된 범위에서만 주식시장을 열었다. 멕시코는 2계층 시장을 가지고 있으며 특정 증권은 외국인에게 제한된다. 일부 국가는 외국인이 자금을 인출하기 어렵게 만들고, 많은 국가에서 배당금에 세금을 부과한다. 예를 들어, 스위스의 외국인에게 지급되는 배당에 대한 세금은 약

35%이다. 이외의 다른 어려움은 비유동적 시장 그리고 보고 요건의 미비에 기인한 신뢰성 있는 투자정보 획득이 어렵다는 점이다.

또한 회계기준은 국가마다 다르지만 국가 간의 차이는 예전만큼 크지 않다. IFRS (International Financial Reporting Standards)는 100개 이상의 국가에서 채택되었지만 두 국가 모두 기업이 IFRS를 준수하도록 요구하더라도 다른 국가의 기업이 작성한 재무제표를 비교하는 것은 여전히 어렵다. 물론 GAAP(Generally Accepted Accounting Principles)을 준수해야 하는 두 개의 다른 미국 회사가 작성한 재무제표를 비교하는 것도 쉽지 않다.

다른 문제는 국제투자가 외국 통화로 표시된 증권 투자를 포함한다는 사실에서 비롯된다. 거래 이익과 손실은 증권의 가격 변화뿐 아니라 통화가치의 등락에 의해서도 영향을 받는다. 한 통화의 다른 통화를 기준으로 하는 가격은 **환율**(currency exchange rate)이다. 세계 주요 통화의 가치는 매일 상호 간에 등락하고, 이 가격 변동들은 외국 증권의 투자수익률에 상당한 양 또는 음의 영향을 미칠 수 있다. 예를 들어, 2018년 1월 2일, 유럽통화연합 유로(€)와 미국 달러(US$)의 환율은 다음과 같이 표시되었다.

US$ = €0.8300 € = US$1.2048

이는 미국의 $1는 €0.8300의 가치가 있고, 또는 같은 의미로서, €1는 미국의 $1.2048에 해당함을 의미한다. 당일 만약 당신이 Euronext 암스테르담에서 주당 €86.20에 거래되는 Heineken 주식 100주를 샀다면, 그 비용은 $10,385.38였을 것이다(100×86.20×1.2048).

4개월 후, 유로의 가치는 달러에 비해 하락했다. 2018년 5월 2일, 유로/미국달러 환율은 0.8357이었으며, 이는 2018년의 첫 4개월 동안 유로는 달러에 비해 **평가절하**(따라서 달러는 유로에 비해 **평가절상**) 했음을 의미한다. 5월 2일, $1를 매입하는 데 더 많은 유로(1월의 €0.8300 대비 €0.8357)가 소요되었으며, 따라서 €1는 달러 기준으로 더 적은 가치(1월의 $1.2048 대비 $1.1966)를 가졌다. 만약 유럽통화연합 유로가 **평가절상**(그리고 달러는 유로 대비 **평가절하**) 되었으면, €1는 달러 기준으로 더 많은 가치를 가졌을 것이다.

환율위험은 두 나라의 통화 사이의 환율의 변동에 의해 초래되는 위험이다. 예를 들어, 2018년 5월 2일, 당신이 Euronext 암스테르담에서 주당 €86.94에 거래되는 Heineken 주식 100주를 매도했다고 가정한다. 매각 수입은 $10,403.24였을 것이다(86.94×100×1.1966).

이 예에서는 승패의 결과가 있다. Heineken 주가는 0.86% 상승했지만(€86.20에서 €86.94로) 유로 가치는 0.68% 하락했다(1.2048에서 1.1966로 하락). Heineken에 대한 투자로 돈을 벌었지만 Heineken 주식을 구입하려면 유로도 구입해야 했다. 유로화가 1월부터 5월까지 하락했기 때문에 외환거래 부분에서는 손실을 입었다. 순이익상으로는 1월에 $10,385.38를 투자하고 5월에 $10,403.24를 받았기 때문에 0.17%의 작은 이익을 실현했다. 다시 말해, Heineken 주식의 가치 상승은 당신이 경험한 통화 손실을 상쇄하는 것 이상이므로, 간신히 그렇더라도, 전체 수익은 양(+)이었다. 유로화의 하락이 더 크다면 Heineken 주식의 가치 상승을 휩쓸어 전체적으로 음(−)의 수익률을 초래할 수 있었다. 마찬가지로 유로화가 절상되었다면 Heineken 주식의 수익을 확대했을 것이다. 해외증권을 구매하는 미국 투자자는 달러 대비 외국 통화의 가치가 해외증권 거래 수익에 큰 영향을 미칠 수 있음을 알아야 한다.

개념 리뷰

해답은 www.pearson.com/mylab/finance에서 찾을 수 있음.

2.7 증권시장의 세계화가 오늘날 중요한 주제인 이유는 무엇인가? 최근 국제투자의 성과는 어떠한가?

2.8 어떻게 간접 또는 직접적으로 해외증권 투자를 할 수 있는지 기술하라.

2.9 국제적 투자의 위험, 특히 환율위험을 기술하라.

증권시장의 거래시간과 규제

LG5 국내 및 해외 증권시장의 구조를 이해하는 것은 건전한 투자 프로그램을 개발하는 데 중요한 토대이다. 이제 시장의 거래시간과 미국 증권시장의 규제를 살펴보자.

증권시장의 거래시간

미국의 조직화된 증권시장의 정규 거래시간은 동부 시간으로 오전 9:30부터 오후 4:00이다. 그러나 거래는 이 시간들만으로 제한되지 않는다. 대다수 증권거래소들과 ECN은 정규 거래시간 전후에 확장된 거래시간을 제공한다. 시간외 시장의 대부분은 주문이 일치될 수 있을 때에만 체결되는 **시장교차거래**(crossing markets)이다. 즉,

> **투자자 오류**
>
> **뉴스에 대한 과잉반응** 최근의 연구는 상장지수펀드(ETF)의 가격이 정규 거래시간에 급격히 변동할 때, 이 변동은 빈번하게 역전된다는 것을 발견했다. 이는 최초 변동은 뉴스에 대한 투자자의 과잉반응에 의해 초래됨을 시사한다. 시간외 거래 동안 동일한 패턴은 명백하지 않으며, 이는 정규 거래시간 후에 사고파는 거래자들은 과잉반응 경향이 더 적음을 시사한다.

매수와 매도 주문은 동일한 반대의 매도와 매수 주문과 희망가격에서 일치될 수 있는 경우에만 체결된다. 투자자가 주식 매수 주문을 제출했지만 일치하는 매도 주문이 게시되지 않은 경우 매수 주문이 체결되지 않는다. 예상할 수 있듯이 연장된 거래시간 동안 시장의 유동성은 정규시간의 유동성보다 낮다. 반면, 연장된 시간을 통해 거래자는 공식 오후 4:00 시장 마감 이후에 받은 정보에 반응할 수 있다. 연장된 시간을 통해 미국 증권시장은 미국 시장이 닫힐 때 투자자가 거래를 실행할 수 있는 외국 증권시장과 보다 효과적으로 경쟁할 수 있다. ECN은 2003년까지 개인투자자에게 제한이 없었지만 이제 개인과 기관 모두 오전 9:30에서 오후 4:00까지의 정규시간 이외의 시간에만 주식을 거래할 수 있다. 예를 들어, 나스닥은 자체적으로 연장된 전자거래 시간을 운영하는데 오전 4:00부터 오전 9:30 및 오후 4:00부터 오후 8:00까지이다.

이는 미국 증권시장들로 하여금 미국 시장이 닫혀 있을 때 투자자들이 거래를 실행할 수 있는 외국 증권시장들에 대해 더 효과적으로 경쟁하도록 허용한다.

증권시장의 규제

미국의 증권법은 투자자와 금융시장 참가자들을 보호한다. 많은 주 및 연방 법은 투자자들이 적절하고 정확한 정보의 공시를 받을 수 있게 한다. 이런 법들은 또한 증권시장 참가자들의 활동을 규제한다. 주 경계 안에서 증권판매를 통제하는 주법은 일반적으로 투자자들이 단지 “블루 스카이(blue sky)”를 사지 않도록 방지하려는 목적을 갖고 있기 때문에, blue sky law로 불린다. 이 법들은 전형적으로 증권발행 및 주 안에서 사업하는 증권 판매자의 규제과정을 규정한다. 대다수 주들은 관련된 주 법규를 시행하는 책임을 가진 주 증권위원회 같은 규제기관을 갖고 있다. 〈표 2.2〉는 연방정부에 의해 제정된 가장 중요한 증권법들을 요약한다(연대순으로 수록).

이 연방 증권법들의 목적은 투자자 보호이다. 이 법들의 대부분은 어떤 시장 참가자가 타인에게 손실을 입힌 부당행위가 드러났을 때 이에 대한 대응으로 입법되었다. 최근 수십 년 동안 의회는 회사의 재무적 부정에 관한 대중의 우려를 반영하여 두 개의 주요 법률을 통과시켰다. 2002년 사베인스–옥슬리 법(Sarbanes-Oxley Act)은 회계 및 기타 정보누출에 관련된 기업사기를 방지하는 데 주력한다. **도드–프랭크 월스트리트 개혁 및 소비자보호법**(Dodd-Frank Wall Street Reform and Consumer

〈표 2.2〉 주요 연방 증권법

법률	개요
증권법, 1933년	신규 증권 발행에 관한 정보의 완전한 공시를 확보하기 위해 입법. 신규 증권의 발행자로 하여금 증권거래위원회(SEC)에 신규 증권에 관한 정보를 포함하는 등록서류를 제출하도록 요구. 통상 약 20일을 소요하는 SEC의 등록서류 승인까지, 회사는 증권을 판매할 수 없음. SEC에 의한 등록서류 승인은 서류에 제시된 내용이 기업의 진정한 상태를 반영하는 것으로 보임을 의미함.
증권거래법, 1934년	공식적으로 SEC를 연방 증권법을 시행하는 책임을 가진 기관으로 규정. 이 법은 SEC에게 조직화된 거래소와 OTC 시장; 이들의 회원, 중개인, 그리고 딜러; 그리고 이 시장들에서 거래되는 증권을 규제하는 권한을 부여. 각 참가자는 SEC에 보고서를 제출해야 하고, 정기적으로 갱신해야 함. 1934년의 법은 수차례 개정되었음.
Maloney법, 1938년	1934년의 증권거래법의 수정, 증권업계를 자율규제할 거래협회의 설립을 규정. National Association of Securities Dealers(NASD)라는 단 하나의 거래협회만 설립됨. NASD 회원은 대중을 상대로 영업하는 전국의 거의 모든 증권회사들을 포함함. SEC 감독 하에서 활동하는 NASD는 증권거래와 윤리적 행위의 표준적 과정을 설정하고, 이 과정의 준수를 감독하고 시행하며, 그리고 업계의 대변인으로서 봉사함. 오늘날 NASD의 회원이 아닌 모든 증권회사는 SEC의 직접 감독에 동의해야 함.
투자회사법, 1940년	투자회사 관련 규정과 규제를 정하고, 공식적으로 SEC로 하여금 그들의 관행과 과정을 규제하도록 승인함. 투자회사로 하여금 SEC에 등록하고, 일정 공시요건을 충족하도록 요구함. 투자회사는 주식을 판매함으로써 자금을 조달하고, 수입금을 증권매입에 사용함. 투자회사의 지배적 종류는 뮤추얼펀드임. 1970년의 수정법은 투자회사가 투자자문회사에게 과도한 수수료를 지급하는 것과 회사 주식의 매입자에게 과도한 수수료를 징수하는 것을 금지함.
투자자문회사법, 1940년	증권투자에 관한 자문을 위해 투자자에 의해 고용된 사람인 투자자문사로 하여금 자신의 배경, 이해상충, 그리고 그들이 권고한 모든 투자에 관한 모든 관련 정보를 공시하도록 요구함. 투자자문사는 SEC에 등록하고 정기적 보고서를 제출해야 함. 1960년의 수정법은 투자자문사의 기록에 대한 검사를 허용하고 법 조항을 위반하는 투자자문회사의 등록을 취소하도록 SEC의 권한을 확대함.
수정 증권법, 1975년	SEC와 증권업계로 하여금 경쟁적인 전국적 증권거래 시스템을 만들도록 요구함. 첫째, SEC는 고정 수수료 기준을 철폐하고, 따라서 협상된 수수료를 가능하게 함. 둘째, 9개 시장을 연결하고 4,000종목 이상의 해당 증권을 거래하는 전산화 통신 네트워크인 시장 간 거래시스템(ITS)을 설립함. 이는 네트워크가 주어진 증권에 대한 더 좋은 가격을 보여주는 경우, 시장 간 거래를 가능하게 함.
내부자 거래 및 사기법, 1988년	미공개 정보를 이용한 증권거래에서 이익을 얻는 내부자 거래에 대한 벌칙을 규정. 내부자는 미공개 정보를 입수한 모든 사람이며, 이는 전형적으로 회사 임원, 간부, 주요 주주, 은행원, 투자은행원, 회계사, 그리고 변호사를 포함함. SEC는 회사 내부자로 하여금 회사 주식에 대한 모든 거래를 상세하게 기술한 월간 보고서를 제출하도록 요구함. 최근의 법은 내부자 거래에 대한 벌칙을 현저히 높이고, SEC에 불법 내부자 거래 활동을 조사하고 기소할 수 있는 더 강한 권한을 부여했음.
공정공시 규정, 2000년	기업이 동시에 모든 투자자에게 중요한 정보를 공개하도록 요구
사베인스-옥슬리 법(Sarbanes-Oxley Act), 2002년	회사의 사기, 특히 회계 부정에 대해 투자자들을 보호하기 위해 입법화. 회계업계를 감시하는 감독위원회를 설립하고, 규제와 통제를 강화하며, 기업 사기를 저지른 간부에 대한 벌칙을 강화하고, 회계공시 요건과 재무담당자의 윤리지침을 강화하며, 기업 이사회 구조 및 인사 지침을 설정하고, 분석가의 이해상충에 관한 지침을 설정하며, 그리고 SEC의 권한과 감사자 및 조사관 예산을 확대함. 이 법은 또한 회사 간부에 의한 주식 매각의 경우 즉각 공시를 의무화함.
Dodd-Frank 월스트리트 개혁 및 소비자보호법, 2010년	2007-2008년 금융위기 이후 통과. 그 목표는 책임과 투명성을 개선하여 미국의 금융 안정을 증진함. 소비자 금융 보호국 및 기타 새로운 기관 설립

Protection Act)은 2007–2008년 금융위기의 여파로 통과되었다. 금융 시스템의 책임성과 투명성을 개선하여 미국 경제의 금융 안정성을 개선하고자 했다. 이 법안은 새로운 금융 규제기관을 설립하고 일부 기존 기관을 병합하거나 폐지했다. 이 법들은 모두 대중의 사업 **윤리** — 행위규범 또는 도덕적 판단 — 의식을 높였다. 정부와 금융업계는 시장 참여자들이 법과 규제를 지키도록 만드는 윤리기준을 계속적으로 개발하고 강화하고 있다. 법 집행 또는 유인 제공을 통해, 시장 참가자들이 윤리기준을 지키도록 만드는 일은 현재진행 중인 과제이다.

주 및 연방 규정의 적용을 받는 것 외에도 미국의 증권시장은 포괄적인 자체 규제의 적용을 받는다. **자율규제기관**(self-regulatory organization: SRO)은 자체 규제 또는 산업 또는 직업의 규제를 담당하는 비정부 조직이다. 1934년 증권거래법의 6조는 등록된 증권거래소가 회원, 상장 증권 및 시장 참여자에게 적용되는 규제 체제를 거래규칙의 형태로 채택하도록 요구한다. 역사적으로 가장 두드러진 증권산업 SRO는 미국 증권딜러협회(NASD)였다. NASD는 1934년 증권거래법에 대한 1938년 Maloney법 개정에 따라 미국 의회와 SEC가 협조를 받아 증권업계에 의해 제정되었다. NASD의 임무는 증권산업의 원칙과 관행을 표준화하고, 상업적 명예의 표준을 증진하며, 투자자 보호를 위해 공정하고 공평한 거래 원칙을 발전시키고, 공정한 업무규칙을 채택하고 시행하며, 연방 및 주 증권법 회원의 준수를 촉진한다.

2007년 NASD는 NYSE 규제위원회와 합병되어 FINRA(Financial Industry Regulatory Authority)를 구성했다. 이전 조직과 마찬가지로 FINRA는 미국의 모든 주식시장 운영을 감독하고 브로커-딜러 산업이 공정하고 정직하게 운영되도록 미국 의회에서 승인한 SRO이다. FINRA의 사명은 규칙을 작성 및 시행하고, 기업의 규정 준수 여부를 검토하고, 시장 투명성을 촉진하고, 투자자를 교육함으로써 투자자를 보호하는 것이다. 2017년 FINRA는 등록된 브로커 및 회사에 대해 1,369개의 징계 조치를 내리고 $64.9백만의 벌금을 부과했다. 또한 피해를 입은 투자자에게 $66.8백만의 배상을 명령하고 850건 이상의 사기 및 내부자 거래 사건을 SEC 및 기타 기관에 소송 또는 기소를 의뢰했다.

개념 리뷰

해답은 www.pearson.com/mylab/finance에서 찾을 수 있음.

2.10 시간외 거래는 전형적으로 어떻게 처리되는가? 시간외 거래의 전망은 어떤가?

2.11 다음 연방 증권법의 핵심 사항을 간단히 기술하라.

a. 증권법, 1933년

b. 투자회사법, 1940년
c. 투자자문회사법, 1940년
d. 내부자 거래 및 사기법, 1988년
e. 공정공시 규정, 2000년
f. 사베인스-옥슬리 법, 2002년
g. 도드-프랭크 월스트리트 개혁 및 소비자보호법, 2010년

증권거래의 기본 종류

LG6 투자자는 다양한 기본적 종류의 증권거래를 할 수 있다. 정부기관에 의해 규정된 요건을 충족하는 사람들과 중개회사는 각 종류의 거래를 할 수 있다. 투자자들은 투자목적을 달성하기 위해 다양한 종류의 거래를 여러 방법으로 할 수 있으나, 우리는 여기에서 각 거래의 가장 인기 있는 용도만을 기술한다. 이들은 매입 보유, 증거금 거래, 공매도이다.

매입 보유

매입 보유(long purchase)는 투자자가 증권을 매입하고, 미래에 가치가 상승하면 매도하여 이윤을 얻으려는 거래이다. 목표는 **싸게 사고 비싸게 팔기**이다. 매입 보유는 가장 일반적 종류의 거래이다. 투자자들은 일반적으로 그들의 계획 보유기간 동안 증권가격이 상승할 것으로 기대하기 때문에, 수익은 소유기간 중 배당 또는 이자, 그리고 매입가격과 매도가격의 차이(자본 이득 또는 손실)로부터 발생한다. 물론 거래비용은 이 수익을 낮춘다.

배당과 거래비용을 무시하고, 단순한 예로써 매입 보유를 설명할 수 있다. Varner Industries를 연구한 후, 당신은 현재 주당 $10에 팔리는 보통주의 가치가 다음 수년 동안 상승할 것으로 확신한다. 당신은 주문을 제출하여 Varner 100주를 주당 $20에 매입한다. 만약 주가가 예를 들어 주당 $40로 상승하면, 당신은 매입 보유로부터 이익을 얻는다. 만약 주가가 주당 $20 이하로 하락하면, 거래 손실을 경험할 것이다. 명백하게, 매입 보유의 주요 동기 요인은 증권가격 상승에 대한 기대이다.

증거금 거래

증권 매입은 반드시 현금으로 하지 않아도 된다. 투자자들은 대신 중개회사로부터 자금을 차입하여 사용할 수 있다. 이 행위는 **증거금 거래**(margin trading)로 불린다. 이는 하나의 근본적 이유 때문에 이용된다 — 수익 확대. 이상하게 들릴 수 있으나, **증거금**이라는 용어는 투자의 자본금(백분율로 표시), 또는 차입되지 않은 금액을 뜻한다. 예를 들어, 만약 투자자가 75% 증거금을 사용하면, 투자 포지션의 75%는 그 사람의 자체 자금 그리고 잔액(25%)은 차입자금으로 조달된다.

연방준비제도이사회("Fed")는 투자자의 자체 자본이어야 하는 최소 자본금을 특정함으로써 **증거금 요건**을 설정했다. 주식의 증거금 요건은 한때 50%이었다. 증거금 비율을 높이거나 낮춤으로써, Fed는 증권시장의 활동을 둔화 또는 활성화한다. 중개인은 증거금 매입을 승인해야 한다. 중개회사는 이제 매수자에게 필요한 자금을 대여하고, 매입 증권을 담보로 보관한다. 증거금 매수자는 차입금에 대해 정해진 이자율을 지급해야 한다는 것을 인식해야 한다.

증거금을 사용함으로써, 당신은 엄격한 현금결제보다 더 많은 증권을 매수하고 따라서 이익을 확대할 수 있다. 그러나 증거금 사용은 동시에 상당한 위험을 수반한다. 증거금 거래는 단지 수익을 확대할 수 있을 뿐 창출하지는 않는다. 가장 큰 위험의 하나는 증권이 기대대로 성과를 내지 않는 것이다. 만약 증권의 수익이 음수이면, 증거금 거래는 손실을 확대한다. 언제나 증거금이 사용된 증권이 궁극적 수익 원천이기 때문에, 올바른 증권선택이 이 거래전략에서 핵심이다. 다음 절에서, 어떻게 증거금 거래가 수익과 손실을 확대할 수 있는지 살펴본다.

증거금 거래의 핵심 투자자들은 대다수 종류의 증권에서 증거금 거래를 이용할 수 있다. 예를 들어, 보통주 및 우선주, 대다수 종류의 채권, 옵션, 신주인수권, 선물을 사는 데 자주 이용한다. 증거금 대출의 이자는 소득세 목적으로 공제되지 않기 때문에, 일반적으로 면세 지방채에는 사용되지 않는다. 또한 미리 정해진 기준을 충족하는 특정 해외 주식과 채권에 대해 증거금 이용이 가능하다. 증거금 거래가 가능한 해외 주식은 FTSE Global Index가 인정하는 국가(대략 50개 국가가 있음)에 위치한 거래소에서 거래되어야 하며, 주식을 발행하는 회사의 시가총액은 최소 $500백만이어야 한다. 이러한 주식에는 전자 호가시스템을 통해 미국 중개인이 지속적으로 사용할 수 있는 일별 가격 시세(호가)가 있어야 하며 일일 평균 거래량이 100,000주 또는 $500,000이어야 한다.

확대된 이익과 손실 기본적으로 투자자의 자본 사용으로서, 증거금 거래의 개념은 **재무 레버리지** — 투자수익을 확대하기 위한 부채 사용 — 를 이용하는 것이다.

운영 방법은 다음과 같다: 당신이 투자금 $5,000를 갖고 있고 주당 $50에 100주 매입을 고려한다고 가정하자. 만약 증거금을 이용하지 않으면, 정확히 주식 100주를 살 수 있다(중개수수료 무시). 예를 들어, 만약 거래에서 50%의 증거금을 이용하면, 동일한 $5,000 포지션을 단지 $2,500의 자체 자금으로 취득할 수 있다. 이는 당신으로 하여금 다른 투자에 $2,500를 이용하거나 동일 주식 100주를 더 증거금 매수할 수 있도록 만든다. 어느 경우에도, 당신은 증거금 거래를 통해 주가상승으로부터 더 많은 이익을 얻을 것이다.

〈표 2.3〉은 증거금 거래의 개념을 예시한다. 증거금 미사용(100% 자본) 거래와 함께, 다양한 수준의 증거금을 이용한 동일한 거래를 보여준다. 단순하게 하기 위해 여기서 투자자는 빌린 자금에 대해 이자를 지불하지 않는다고 가정한다. 하지만 실제로는 투자자가 이자를 지불하므로 〈표 2.3〉 전체에서 수익은 낮아질 것이다. 증거금 비율은 투자금 가운데 투자자 자본을 뜻한다. 투자에 증거금이 사용되지 않고 주

MyLab

〈표 2.3〉 증거금 거래의 증권 수익에 대한 효과

	증거금 미사용 (자본 100%)	증거금 사용		
		80%	65%	50%
주당 $50의 매입 주식 수	100	100	100	100
투자비용	$5,000	$5,000	$5,000	$5,000
차감: 차입금	$ 0	$1,000	$1,750	$2,500
투자의 자본	$5,000	$4,000	$3,250	$2,500
A. 주당 가격이 $80로 $30 상승하는 경우, 투자자의 포지션				
주식 가치	$8,000	$8,000	$8,000	$8,000
차감: 투자비용	$5,000	$5,000	$5,000	$5,000
자본이득	$3,000	$3,000	$3,000	$3,000
투자자의 자본수익률(자본이득/투자자본)	60%	75%	92%	120%
B. 주당 가격이 $20로 $30 하락하는 경우, 투자자의 포지션				
주식 가치	$2,000	$2,000	$2,000	$2,000
차감: 투자비용	$5,000	$5,000	$5,000	$5,000
자본손실*	−$3,000	−$3,000	−$3,000	−$3,000
투자자의 자본수익률(자본손실/투자자본)*	−60%	−75%	−92%	−120%

* 자본손실과 투자자 수익률은 모두 음수이며, 괄호로 표시됨.

가가 주당 $30 상승할 때, 투자자는 60%의 매우 높은 수익률을 누린다(〈표 2.3〉 파트 A 참고). 그러나 증거금이 사용되면, 어떻게 수익률이 상승하는지 관찰해 보자. 예를 들어, 80% 증거금을 사용하여 100주를 매수하는 투자자를 생각해 보자. 즉, $5,000의 주식 매입비용을 지불하기 위해 투자자는 자신의 돈의 80%($4,000)를 사용하고 나머지는 20%($1,000)를 빌려 지불한다. 이제 주가가 주당 $50에서 $80로 상승한다고 가정한다. 주식은 $8,000의 가치가 있으므로 투자자는 $3,000의 자본이득을 얻는다.

투자자의 초기 투자액 $4,000 대비 이익은 75%의 수익률을 나타낸다. 즉, 증거금은 기초 주식이 60%만 증가했을 때 투자자가 75%의 수익을 올릴 수 있도록 한다. 이러한 의미에서 증거금은 투자자의 수익률을 확대한다. 〈표 2.3〉의 파트 A에서 수익률은 투자자본금에 따라 60%에서 120% 사이로 나타난다. 투자자가 더 많이 빌릴수록 수익률이 높아진다. 이는 투자자가 거래자금을 조달하는 방법에 관계없이 달러 이익이 동일($3,000)하기 때문에 발생한다. 분명히 투자에 대한 투자자의 자본이 감소함에 따라 (증거금이 적을수록) 수익률은 증가한다.

이 예에서 투자자가 돈을 빌리지 않고 주식을 사는 이유를 물어볼 수 있다. 대답은 증거금 거래는 손실도 확대한다는 것이다. 〈표 2.3〉의 파트 B를 보자. 투자자가 80% 증거금을 사용하여 주식 100주를 주당 $50에 매수했지만 주가가 $20로 떨어졌다고 가정한다. 이 경우 투자자는 $3,000의 자본손실을 경험한다. 초기 $4,000 투자 대비 투자자는 −75%의 수익률을 얻었지만 주가 하락은 60%에 불과했다.

표로부터 증거금 거래의 세 가지 측면이 명백하게 나타난다:

- 주가의 변동은 주식의 매입방법에 의해 영향을 받지 않는다.
- 투자자의 포지션에서 자본금이 적을수록, 증권가격이 상승할 때 투자자는 더 **높은 수익률**을 누린다.
- 증권가격이 하락할 때, **손실 또한** (동일한 비율로) **확대된다**(〈표 2.3〉의 파트 B 참고).

〈표 2.3〉에는 MyLab 아이콘이 있다. 이 책 전체에서 이 아이콘이 있는 표는 스프레드시트가 http://www.pearson.com/mylab/finance에서 사용가능함을 나타낸다. 금융과 투자는 물론 사업의 모든 기능 영역에서 전산화된 스프레드시트의 사용이 널리 확산되고 있다. 콘텐츠가 어떻게 구성되거나 계산되었는지 보여주기 위해 책 전반에 걸쳐 때때로 스프레드시트를 사용한다. 각 장의 마지막에 있는 많은 문제에는 MyLab에 Excel 템플릿이 있어 스프레드시트로 연습할 수 있고 투자 문제를 해결하

는 데 필요한 논리를 명확하게 설정하는 능력을 개발할 수 있다.

사 례

Zuckerberg의 비용이 된 Facebook 손실

2018년 7월 26일 Facebook은 예상보다 낮은 매출과 일일 활성 사용자 수의 실망스러운 성장을 발표했다. 주가는 단 하루 만에 $217.50에서 $176.26로 19% 급락하여 회사의 총 시장가치 중 $119십억 이상을 소진하고 창립자 마크 저커버그(Mark Zuckerberg)의 개인 재산을 거의 $16십억만큼 감소시켰다. 한 투자자가 7월 25일에 50% 증거금을 사용하여 주식 100주를 구입했다고 가정해 보자. 100주의 비용은 $21,750였다. 투자자는 그 절반($10,875)을 자기자본에 넣고 같은 금액의 증거금 대출을 받았다. 하루 후, 그 주식은 $17,626의 가치가 되었고 투자자는 $6,751(17,626−10,875)의 자본만 남았다. 따라서 투자자의 1일 수익률은 (6,751−10,875) ÷ 10,875=−37.9%였다!

증거금 거래의 장점과 단점 확대된 수익은 증거금 거래의 주요 장점이다. 확대된 수익의 크기는 증권의 가격행태와 사용된 증거금에 의해 결정된다. 증거금 거래의 다른 일반적인 혜택은, 투자자가 제한된 자본을 많은 수의 투자에 분산할 수 있기 때문에 증권 보유를 더 분산할 수 있도록 만드는 것이다.

증거금 거래의 주요 단점은 당연하게, 증권가격이 하락하는 경우 확대되는 손실이다. 다른 단점은 증거금 대출 자체의 비용이다. **증거금 대출**은 차입 자금이 증거금 거래에서 이용되는 공식적 수단이다. 모든 증거금 대출은, 시장의 실세 이자율과 차입 자금의 크기에 의존하는, 발표된 이자율로 실행된다. 이 이자율은 일반적으로 **우대 금리** — 신용도 높은 기업 차입자에게 적용되는 이자율 — 보다 1% 내지 3% 높다. 대형 계좌의 경우, 증거금 이자율은 우대 금리일 수도 있다. 투자자가 지불하는 대출비용은 매일 증가하며, 따라서 이익 수준이 감소한다(손실이 증가한다).

증거금 거래의 실행 증거금 거래를 실행하려면, 투자자는 최소 $2,000의 자본 또는 매입 가격의 100% 가운데 작은 금액을 현금 또는 증권으로 예치하여 **증거금 계정**을 개설해야 한다. 중개인은 대출의 담보로서 증거금에 기초하여 매입된 모든 증권을 보관한다.

연방준비제도에 의해 정해진 증거금 요건은 증거금 거래의 최소 자본액을 정한다. 투자자들은 모든 증거금 거래를 정확히 최소 증거금으로 실행할 필요는 없다 — 원하는 경우, 그들은 최소액보다 많은 증거금을 사용할 수 있다. 더욱이 중개회사와 주요 거래소는 자체의 증거금 요건을 정하는 경우가 있으며, 이는 연방준비제도의 요건보다 엄격하다. 중개회사는 또한 더 높은 증거금을 요구하는 매우 변동성 높은

〈표 2.4〉 다양한 종류의 증권의 개시증거금 요건

증권	최소 개시증거금(자본) 요건
상장 보통 및 우선 주	50%
Nasdaq OMX 주식	50%
전환채권	50%
회사채	30%
미국 정부 국채	시장가치의 10% 또는 원금의 6%
미국 정부 산하기관	시장가치의 10% 또는 원금의 6%
옵션	옵션 프리미엄 + 기초 자산(주식)의 시장가치의 20%
선물	계약 가치의 5~10%

주식의 자체 목록을 갖고 있을 수 있다. 기본적으로, 두 종류의 증거금, 즉 개시증거금과 유지증거금에는 요건이 존재한다.

개시증거금　매입 시 투자자에 의해 제공되어야 하는 자본의 최소금액이 **개시증거금**(initial margin)이다. 이는 과잉거래와 과도한 투기를 방지한다. 일반적으로 증거금 거래를 논할 때, 이것이 투자자들이 일컫는 증거금 요건이다. 증거금에 의해 거래될 수 있는 모든 증권은 특정 개시 요건을 갖고 있으며, 이는 규제기관의 판단에 의해 언제든지 바뀔 수 있다. 〈표 2.4〉는 다양한 종류의 증권의 개시증거금 요건을 보여준다. 미국 정부 증권 같은 더 안정적 증권은 일반적으로 훨씬 더 낮은 증거금 요건을 갖고 있으며, 따라서 수익을 확대할 더 큰 기회를 갖고 있다. Nasdaq OMX에서 거래되는 주식은 상장 증권처럼 증거금 거래가 될 수 있다.

계정의 증거금이 현재 개시증거금 이상이면, 투자자는 자신이 원하는 방법으로 계정을 사용할 수 있다. 그러나 만약 투자자 보유액이 하락하면, 계정의 증거금 또한 감소할 것이다. 이 경우 투자자는, 자본이 개시증거금 요건보다 작음을 의미하는, **제한된 계정**으로 불리는 계정을 보유한다. 이는 투자자가 추가적 현금 또는 자본을 예치해야 함을 뜻하는 것은 아니다. 그러나 계정이 제한되어 있으면 투자자는 추가적 증거금 매수를 할 수 없고, 증권이 매각되면 증거금을 개시 수준으로 회복시켜야 한다.

유지증거금　투자자가 항상 증거금 계정에 유지해야 하는 증거금(자본)의 절대적 최소금액이 **유지증거금**(maintenance margin)이다. 불충분한 금액의 유지증거금이 존재할 때 언제나 투자자는 **증거금 납부요구**(margin call)를 받을 것이다. 이 요구는 투자자에게 자본을 유지증거금 이상으로 높이도록 짧은 기간을 허용한다. 만약 이행되지 않으면, 브로커는 투자자의 증거금 보유고를 매각하여 계정의 자본을 이 기준까지 높일 수 있다.

증거금 투자자는, 만약 시장이 변동적이면, 충격을 받을 수 있다. 나스닥 주식시장이 2000년 4월 초 하루에 14% 하락했을 때, 중개회사들은 평소보다 훨씬 더 많은 증거금 납부요구를 통보했다. 투자자들은 증거금 납부요구를 이행하기 위해 급히 주식을 매각하면서 빈번하게 손실을 입었고, 며칠 후 시장이 회복하는 것을 지켜볼 수밖에 없었다.

유지증거금은 중개회사와 투자자 양측을 보호한다. 중개인은 과도한 투자자 손실을 흡수해야 하는 상황을 피하고 투자자는 완전 손실을 피한다. 주식증권의 유지증거금률은 현재 25%이다. 이는 거의 변하지 않으나, 중개인과 고객의 추가적 보호를 위해 중개회사에 의해 종종 약간 더 높게 설정된다. 국채 같은 일반적 부채증권의 경우, 중개회사에 의해 자체적으로 정해진 것 외에 공식적 유지증거금은 없다.

기본적 증거금 공식 증거금은 항상 투자자의 담보로 간주되는 자본의 상대금액 기준으로 측정된다. 모든 종류의 매입 보유에서, 단순한 공식이 주어진 시점의 거래의 증거금액 결정을 위해 사용될 수 있다. 기본적으로, 공식에는 두 가지 정보만 필요하다. (1) 증거금 거래되는 증권의 현재 시장가치 그리고 (2) 증거금 대출에서 차입된 자금인 **신용잔고**이다. 이 정보가 주어지면, 수식 (2.4)에 따라 증거금이 계산될 수 있다.

$$\text{증거금} = \frac{\text{증권 가치} - \text{신용잔고}}{\text{증권 가치} } \qquad (2.4)$$

$$= \frac{V - D}{V} \qquad (2.4a)$$

다음 예시를 살펴보자. 개시증거금이 70%일 때, 당신은 주당 $40에 100주를 매입하기 원한다고 가정하라. 거래의 70%는 자본으로 조달되어야 하기 때문에, 당신은 잔액(30%)을 증거금 대출로 조달할 수 있다. 따라서 당신은 (0.3×$4,000) 또는 $1,200를 차입할 것이다. 당연하게, 이 금액은 **신용잔고**이다. 주식 매입을 위해 필요한 나머지 $2,800는 거래에서 당신의 자본금을 나타낸다. 다시 말해, 자본은 증거금 공식의 분자($V-D$)에 의해 표시된다.

증권 가치가 변하면 증거금은 어떻게 되는가? 만약 시간이 지나서 증권가격이 $65로 변동하면, 증거금은 이제 다음과 같다.

$$\text{증거금} = \frac{V-D}{V} = \frac{\$6{,}500-\$1{,}200}{\$6{,}500} = 0.815 = 81.5\%$$

이 투자 포지션의 증거금(자본)은 70%로부터 81.5%로 상승했음에 유의하라. **증권가격이 상승할 때, 증거금 또한 증가한다.**

반면, **증권가격이 하락할 때, 증거금 또한 감소한다.** 만약 우리의 예에서 증권가격이 주당 $30로 하락하면, 새로운 증거금은 단지 60%[($3,000−1,200) ÷ $3,000]이다. 이 경우 증거금 수준이 70%의 개시증거금 미만으로 하락하기 때문에, 우리는 **제한된 계정**을 다루게 된다.

마지막으로, 우리의 논의가 주로 개별 거래를 기준으로 전개되었으나, 동일한 증거금 공식이 증거금 계정들에 적용된다. 유일한 차이는 **전체** 계정에 해당하는 수치 — 계정의 모든 증권의 가치와 증거금 대출의 총액 — 를 다룬다는 것이다.

투자자본의 수익 증거금 거래의 수익을 평가할 때, 당신은 자금의 일부만을 투입한 사실을 고려해야 한다. 따라서 당신이 제공한 일부 자금에서 얻은 **수익률**에 관심을 가져야 한다. 배당 또는 이자로 수취한 현금소득과 증거금 대출의 이자를 사용하여, 우리는 수식 (2.5)를 적용함으로써 증거금 거래에서 투자자본의 수익률을 결정할 수 있다.

$$\text{증거금 거래의 투자자본 수익률} = \frac{\text{총 현금소득 수취액} - \text{증거금 대출 이자 총지급액} + \text{매도 증권의 시장가치} - \text{매입 증권의 시장가치}}{\text{매입 시 자본금}} \quad (2.5)$$

증거금 거래의 기대 또는 실제 수익률 계산을 위해, 이 수식이 사용될 수 있다. 예를 들어, 당신은 주가가 6개월 이내에 $75로 오를 것으로 예상하기 때문에, 주당 $50에 100주를 매입하기 원한다고 가정하라. 주식은 연간 배당으로 주당 $2를 지급하고, 6개월의 보유기간 동안 당신은 그 금액의 절반 또는 주당 $1를 받을 것이다. 당신은

50%의 증거금으로 그 주식을 매입하고, 증거금 대출에 10%의 이자를 지급할 것이다. 따라서 당신은 6개월 안에 $7,500로 상승할 것으로 예상하는 $5,000 상당의 주식을 사기 위해 $2,500의 자본을 투입할 것이다. $2,500의 증거금 대출을 6개월 동안 10%의 이자로 빌리기 때문에, 당신은 총 이자비용으로 $125($2,500×0.10×6 ÷ 12)를 지급한다. 우리는 이 정보를 수식 (2.5)에 대입하여, 이 증거금 거래의 기대 투자자본 수익률을 계산할 수 있다:

$$\text{증거금 거래의 투자자본 수익률} = \frac{\$100 - \$125 + \$7{,}500 - \$5{,}000}{\$2{,}500} = \frac{\$2{,}475}{\$2{,}500} = 0.99 = 99\%$$

99%의 수치는 6개월의 보유기간 동안 얻는 수익률을 나타냄을 기억하라. 만약 이 수익률을 다른 투자기회에 대해 비교하려면, 2(1년 중 6개월 기간의 횟수)를 곱함으로써 거래의 연율화된 수익률을 계산할 수 있다. 이는 198%(99×2=198)의 연간 수익률이 될 것이다.

증거금 거래의 이용 투자자는 주로 두 용도 가운데 하나로 증거금 거래를 사용한다. 우리가 본 것처럼, 하나의 용도는 거래 수익의 확대이다. 다른 주요 증거금 전술은 확대된 수익을 극대화하는 개념인 **피라미드 구조**이다. 피라미드 구조는 추가적인 증권 인수자금의 일부 또는 전부 조달을 위해 증거금 계정의 서류상 이익을 사용한다. 이는 투자자로 하여금 개시증거금 수준 미만의 증거금에서 이런 거래를 할 수 있도록 만들며, 때로는 개시증거금보다 현저히 낮을 수 있다. 실제로 이 기법에 의해, 전혀 신규 현금 없이 증권을 매입하는 것도 가능하다. 대신, 이는 증거금 대출에 의해 완전히 조달될 수 있다. 이유는 계정의 서류상 이익은 **초과 증거금** — 필요액보다 많은 계정 내 자본 — 을 초래하기 때문이다. 예를 들어, 만약 증거금 계정이 $60,000 상당의 증권을 보유하고 $20,000의 신용잔고를 갖고 있으면, 증거금 수준은 66%[($60,000−$20,000) ÷ $60,000]이다. 만약 현재 증거금 요건이 단지 50%이면, 이 계정은 상당한 금액의 초과증거금을 보유할 것이다.

피라미드 구조의 원리는 계정의 초과증거금을 이용하여 추가 증권을 매입하는 것이다. 유일한 제약 — 그리고 피라미드 구조의 핵심 — 은 추가 증권이 매입될 때 당신의 증거금 계정은 현재 개시증거금 요건 수준 이상이어야 한다는 것이다. 개별 거래가 아닌 계정이 최소 기준을 충족해야 함을 기억하라. 만약 계정이 초과증거금을 보유하면, 당신은 이를 이용하여 증권을 보유할 수 있다. 증거금 계정에 추가적인 서류상 이익이 있고, 매입 시 증거금 수준이 개시증거금 요건을 초과하면, 피라미드 구조는 지속될 수 있다. 이 전술은 다소 복잡하나, 특히 투자자 계정의 필요 신규 자본을 최소화하기 때문에 이익을 낼 수 있다.

일반적으로 증거금 거래는 단순하나 동시에 위험하다. 위험은 주로 증거금에 기초하여 거래된 증권의 가격 하락 가능성에 연계되어 있다. 가격 하락은 제한된 계정을 초래할 수 있다. 만약 가격이 하락하여 실제 증거금이 유지증거금 미만으로 감소하면, 뒤이은 증거금 납부요구가 거의 즉시 당신으로 하여금 계정에 추가 자본을 예치하도록 만들 것이다. 또한 (가격 하락으로부터 초래된) 손실은 〈표 2.3〉의 파트 B에 제시된 것과 비슷한 형태로 확대된다. 명백하게, 증거금 납부요구의 가능성과 손실의 확대는 증거금 거래를 증거금 미사용 거래보다 위험하게 만든다. 증거금은 운용을 완전히 이해하고 단점을 숙지한 투자자만 이용해야 한다.

공매도

대부분의 경우, 투자자는 가격 상승을 희망하며 주식을 매입한다. 만약 당신이 특정 증권의 가격 하락을 예상하면 무엇을 할 것인가? 공매도를 이용하면 증권가격의 하락으로부터 이익을 얻을 수 있다. 거의 모든 종류의 증권은 "매도"될 수 있다 ― 보통주 및 우선주, 모든 종류의 채권, 전환증권, 상장 뮤추얼펀드, 옵션 그리고 신주인수권. 그러나 실제로 대다수 투자자의 공매도 행위는 거의 보통주와 옵션으로 제한된다. (그러나 투자자들은 이미 소유하고 있는 증권에 대하여 세금을 유예할 목적으로 공매도하는 것은 금지된다. 이러한 전략을 shorting-against-the-box라고 한다.)

공매도의 기본 **공매도**(short selling)는 일반적으로 차입된 증권의 판매행위로 정의된다. 특이하게 들릴 수 있으나, 빌린 증권을 파는 것은 (대다수 경우) 합법적이고 상당히 보편적이다. 공매도는 투자자가 브로커(중개인)로부터 증권을 차입하고 시장에서 이 증권들을 팔 때 시작된다. 나중에 증권의 가격이 하락할 때, 공매도자는 증권을 다시 사서 대여자에게 반환한다. 공매도자는 증거금 거래와 비슷한 규정에 따라, 브로커에게 개시 자본을 예치해야 한다. 예치금과 차입 주식의 판매대금은, 심지어 가격이 상승하는 경우에도, 공매도된 주식을 나중에 다시 살 수 있는 충분한 자금이 이용가능함을 브로커에게 담보한다. 공매도는 증거금 거래처럼 투자자로 하여금 브로커를 통해 거래하도록 요구한다.

MyLab

〈표 2.5〉 공매도의 구조

제1단계: 공매도 개시	
차입 주식 100주를 주당 $50에 매도:	
투자자의 판매수입	$5,000
제2단계: 공매도 종료	
나중에 주식 100주를 주당 $30에 매입, 주식 대여한 브로커에게 반환:	
투자자의 비용	−$3,000
순이익	$2,000

가격 하락 시 이익 증권가격의 하락 시 돈을 버는 것이 바로 공매도이다. 다른 투자세계의 동료들처럼, 공매도자는 싸게 사서 비싸게 팔아서 돈을 벌려고 한다. 유일한 차이는 투자과정을 뒤집는 것이다. **그들은 거래를 매도로 시작하고 매수로 종료한다.**

〈표 2.5〉는 공매도의 작동 방법과 이 거래로부터 투자자가 이익을 얻는 방법을 보여준다(단순화를 위해 거래비용을 무시한다). 거래는 초기의 주당 $50의 100주 매도(제1단계)와 뒤이은 주당 $30의 100주 매수(제2단계)의 결과로서, $2,000의 순이익으로 종결된다. 공매도에서 발생하는 이익 또는 손실 금액은 공매도자가 주식을 다시 살 수 있는 가격에 달려 있다. 공매도자는 주식의 판매수입이 재매입비용보다 높을 때 이익을 얻는다.

누가 주식을 대여하는가? 브로커를 통해 공매도자는 중개회사 또는 다른 투자자로부터 증권을 확보한다. (브로커는 차입 증권의 주요 원천이다.) 고객 서비스로서, 브로커는 자신의 포트폴리오 또는 **일반** 계좌의 보유 증권을 대여한다. 중개회사가 일반 계좌의 증권을 대여할 때, 이는 공매도자에게 다른 투자자의 증권을 대여하는 것임을 알아야 한다. 개별 투자자는 전형적으로 주식의 차입에 대해 브로커에게 수수료를 지급하지 않는다. 대신 투자자는 브로커에게 예치한 자금의 이자를 받지 않는다.

증거금 요건과 공매도 공매도를 위해 투자자는 브로커에게 공매도 수입에 적용되는 (현재 50%인) 개시증거금 요건과 동일한 예치금을 납부해야 한다. 또한 브로커는 공매도 수입을 보관한다.

예시를 위해 개시증거금 요건이 50%이고 공매도의 유지증거금이 30%일 때, 당신이 Smart, Inc.의 100주를 주당 $50에 공매도한다고 가정하라. 〈표 2.6〉 A열의 제

〈표 2.6〉 공매도의 증거금 포지션

MyLab

행	항목	A 개시 공매도 가격(달러)	B 이후의 주식가격 (달러)	C
1	주당 가격	$ 50	$ 30	$ 70
2	개시 공매도 수입 [(1) × 100주]	$5,000		
3	개시 증거금 예치액 [0.50 × (2)]	$2,500		
4	중개인에 대한 총 예치금 [(2) + (3)]	$7,500	$7,500	$7,500
5	현재의 주식 재매입비용 [(1) × 100주]	$5,000	$3,000	$7,000
6	자본 계정 [(4) − (5)]	$2,500	$4,500	$ 500
7	실제 증거금 [(6) ÷ (5)]	50%	150%	7.14%
8	유지증거금 포지션 [(7) 〉 30%?]	OK	OK	증거금 납부요구*

* 투자자는 (a) 총예치금을, 100주의 현재 가치와 $2,100(0.30×$7,000)의 유지증거금 예치액의 합계인, $9,100($7,500+$1,600)로 만들기 위해 중개인에게 추가로 적어도 $1,600를 예치하거나 또는 (b) 주식 100주를 재매입하여 중개인에게 반환해야 한다.

1행부터 제4행의 값들은 당신의 브로커가 이 거래에서 총 $7,500의 예치금을 보유할 것임을 나타낸다. B와 C열에서, Smart의 추후 주가 변화에 무관하게, 당신의 브로커 예치금은 $7,500로 유지된다(제4행).

주어진 주식가격(제5행)에 공매도 주식의 재매입비용을 차감함으로써, 당신은 현재(A열)와 두 개의 미래 주가(B와 C열)에서 계정 내 자본(제6행)을 알 수 있다. 주당 $50의 개시 공매도 가격에서, 당신의 자본은 $2,500(A열)임을 알 수 있다. 만약 주가가 이후에 $30로 하락하면, 당신의 자본은 $4,500(B열)로 증가한다. 만약 주가가 이후에 $70로 상승하면, 당신의 자본은 $500(C열)로 감소한다. 이 계정 자본 가치를 주식의 해당 재매입비용(제5행)으로 나누면, 각 주가에서 실제 증거금(제7행)을 계산할 수 있다. 현재의 $50 가격에서 실제 증거금은 50%, $30의 주가에서 150%, 그리고 $70의 주가에서 7.14%임을 알 수 있다.

제8행에 나타난 것처럼, 주어진 30%의 유지증거금 요건에서, 당신의 증거금은 현재의 $50 가격(A열) 또는 더 낮은 가격(B열)에서 문제없다. 그러나 $70의 가격에서, 7.14%의 실제 증거금은 30%의 유지증거금에 못 미치며, 따라서 증거금 납부요구가 이루어진다. 이 경우(또는 공매도의 실제 증거금이 유지증거금 미만으로 하락할 때마다) 당신은 중개인에게 추가 자금을 납부하거나 주식을 재매입하여 매도 포지션을 종료함으로써 증거금 납부요구에 대응해야 한다.

만약 주가가 $70로 상승했을 때 당신이 매도 포지션을 유지하고 싶으면, 중개인에

금융시장의 실패

공매도자가 *60 Minutes*에 제공한 아이디어

2015년 3월 1일 TV 뉴스 프로그램인 *60 Minutes*는 가정용 바닥재 소매업체인 Lumber Liquidators가 캘리포니아에서 규정하고 있는 법적 제한보다 최대 20배 더 높은 농도로 포름알데히드가 함유된 중국산 바닥재를 판매하고 있다는 주장을 보도하였다. 이야기가 방영된 다음날 Lumber Liquidators 주식은 25% 하락했다. *60 Minutes*의 제작진들은 Lumber Liquidators를 조사할 아이디어를 어디서 얻었는가? 헤지펀드 Kase Capital의 매니저인 Whitney Tilson은 자신의 조사를 수행하고 Lumber Liquidators가 실제로 규제 기준을 충족하지 않는 바닥재 제품을 판매하고 있다고 결론을 내리고 *60 Minutes*에 접근했다. *60 Minutes*에 대한 아이디어를 제공하기 전에 Tilson은 Lumber Liquidators의 44,676주를 공매도했다. *60 Minutes* 프로그램이 방영된 지 며칠 만에 Tilson은 $1.4백만의 공매도 수익을 올렸다.

게 추가로 $1,600를 예치해야 한다. 이 자금은 총 예치금을 $9,100($7,500+$1,600) — 매도 주식의 가치 $7,000와 30%의 유지증거금 $2,100(0.30×$7,000)의 합 — 로 높인다. 매도 포지션을 종료하기 위한 주식 재매입은 $7,000의 비용을 소요하고, 따라서 당신 계정의 자본은 $500가 된다. 명백하게 증거금 요건은 공매도 거래, 그리고 매도 주식의 가격 상승이 브로커 예치금에 주는 영향을 복잡하게 만든다.

장점과 단점 당연하게, 공매도의 주요 장점은 가격 하락으로부터 이익을 얻을 가능성이다. 많은 공매도 거래의 핵심 단점은 투자자는 고위험 노출과 함께 제한된 수익 기회를 갖는다는 것이다. 증권가격은 단지 그 만큼(0 또는 0 가까이) 하락할 수 있으나, 실제로 이 증권가격이 얼마나 상승할 수 있는지에 대한 제한이 없다. (공매도자는 가격 하락을 기대하고 있다. 증권가격이 상승할 때 공매도자는 손실을 입는다.) 예를 들어, 〈표 2.5〉에서 해당 주식은 $50 이상 하락할 수 없지만 그 가격이 얼마나 오를지 누가 알겠는가?

덜 심각한 단점은 공매도자는 배당(또는 이자)을 받지 않는다는 것이다. 실제로, 공매도자는 매도 증권의 대여자에게 거래기간 동안의 배당(또는 이자)를 빚지고 있다. 즉, 만약 공매도 거래 중에 배당이 지급되면, 공매도자는 주식 대여자에게 동일 금액을 지급해야 한다. (이 지급의 기술적 과정은 공매도자의 브로커에 의해 자동적으로 처리된다.)

공매도의 이용 투자자는 증권가격의 하락을 예상할 때, 주로 투기적 이익을 추구하기 위해 공매도를 한다. 공매도자는 시장을 거스르면서 투기하기 때문에, 이 접근법은 상당한 크기의 위험에 노출된다. 실제 과정은 〈표 2.5〉의 예시처럼 작동한다. 만약 당신이 주당 $50에 주식을 팔 수 있었고 나중에 주당 $30에 매입하면, $2,000(배당과 중개수수료 무시)의 이익을 얻음에 주목하라. 그러나 만약 시장이 당신에게 불리하게 변동하면, $5,000의 투자금 전부 또는 대부분을 잃을 수 있다.

개념 리뷰

해답은 www.pearson.com/mylab/finance에서 찾을 수 있음.

2.12 매입 보유는 무엇인가? 이런 매수는 어떤 기대에 기초하는가? 증거금 거래는 무엇이고, 왜 투자자는 때로 매입 보유의 일부로서 이를 이용하는가?

2.13 증거금 거래는 어떻게 이익과 손실을 확대하는가? 증거금 거래의 핵심 장점과 단점은 무엇인가?

2.14 증거금 거래에 관련된 과정과 규제를 논의하라. 반드시 제한된 계정, 유지증거금, 증거금 납부요구를 설명하라. 신용잔고 용어를 정의하고, 증거금 거래의 일반적 용도를 기술하라.

2.15 공매도의 주요 동기는 무엇인가? 기본적 공매도 과정을 기술하라. 왜 공매도자는 개시 증거금을 예치해야 하는가?

2.16 증거금 요건은 공매도 과정에서 무슨 역할을 하는가? 공매도 거래에 대한 증거금 납부요구가 있으려면 무슨 일이 발생해야 하는가? 이 납부요구를 해결하는 두 가지 행위는 무엇인가?

2.17 공매도의 핵심적 장점과 단점을 기술하라. 공매도는 투기적 이익을 위해 어떻게 사용되는가?

토론문제

LG2 **Q2.1** 1999년부터 2017년까지, 평균적 IPO는 거래 첫날 18.4% 상승했다. 1999년에 117건의 가격은 첫날 두 배로 상승했다. IPO의 첫날 엄청난 수익에 기여할 수 있는 요인은 무엇인가? 현재의 IPO 시스템에 대한 일부 비판자들은 인수기관들이 의식적으로 증권을 과소평가(저가발행)한다고 주장한다. 왜 그들이 이런 행동을 할 수 있겠는가? 왜 발행회사가 더 낮은 IPO 가격을 수용할 수 있는가? 기관투자자들은 IPO 가격결정에 어떤 영향을 주는가?

LG1 LG3 **Q2.2** Cisco Systems, Intel, Microsoft 같은 일부 대형 유명 회사들이 뉴욕 증권거래소 같은 조직화된 (그들이 쉽게 상장요건을 충족할 수 있는) 거래소 대신 Nasdaq OMX 시장 상장을 선호하는 이유는 무엇인가? 조직화된 증권거래소 상장의 장점과 단점을 논의하라.

LG1 LG2 LG4 **Q2.3** 세계 금융시장의 현재 구조와 당신의 NYSE와 Nasdaq OMX 시장에 관한 지식에 기초하여, 세계 주요 회사의 모든 증권들이 거래될 수 있는 단일 글로벌 시장(거래소)의 핵심 특성, 기능, 문제점을 논의하라. 이 시장의 발전가능성을 논의하라.

LG5 **Q2.4** 긴 거래시간에 대한 비판자들은 연장된 거래시간은 주식시장을 카지노로 바꾸고 장기투자보다 단기투자 이익에 더 집중하는 현상을 초래한다고 믿는다. 당신은 동의하는가? 동의 또는 동의하지 않는 이유는 무엇인가? 당일의 시장활동을 돌이켜 보는 "숨돌릴 시간"이 필요한가? 왜 비교적 작은 중개회사와 ECN이 NYSE와 나스닥보다 더 강하게 거래시간 연장을 주장하는가?

LG6 **Q2.5** 보수적 또는 공격적 투자자들이, 투자 프로그램의 일부로서, 다음 각 종류의 거래를 어떻게 이용할 수 있는지 기술하라. 이 두 종류의 투자자들을 각자의 선호를 기준으로 대비하라.

a. 매입 보유

b. 증거금 거래

c. 공매도

연습문제

LG2 **P2.1** 2018년 3월 15일 인도 서부 벵갈에서 마이크로 뱅킹 및 일반 뱅킹 서비스에 주력하는 상업은행인 Bandhan Bank Ltd.는 보통주로 기업공개(IPO)를 실시했다. 발행시장에서 회사의 주가는 주당 375(인도 루피)로 책정되었지만 봄베이 증권거래소(BSE)에서 거래된 지 하루 만에 주가는 476.85로 마감되었다. 이 회사는 주식 1억 1,900만 주를 판매했다.

a. Bandhan Bank의 주식은 IPO에서 어느 정도(루피 및 백분율 기준)로 저가발행되었는가?

b. Bandhan Bank는 얼마나 많은 현금(투자 은행 수수료를 공제하기 전)을 조달했는가? 주가가 저가발행되지 않았다면 얼마나 더 조달할 수 있었는가?

MyLab LG2 **P2.2** 2017년 4월 13일 Yext Inc.는 NYSE에서 IPO를 완료했다. Yext는 주식 10,500,000주를 주당 $11의 가격에 매각했다. Yext의 유통시장 거래 첫날 종가는 $13.41이다.

a. Yext의 IPO에 대한 총 조달금액을 계산하라.

b. Yext의 IPO 저가발행을 계산하라.

c. Yext의 IPO를 위해 할인된 금액을 계산하라.

MyLab LG2 **P2.3** Netshoes라는 브라질 회사가 2017년 4월 12일에 IPO를 완료하고 NYSE에 상장되었다. Netshoes는 주식 8,250,000주를 IPO 공모가격 $18에 발행시장 투자자에게 판매했다. 그러나 유통시장 투자자들은 Netshoes의 주식에 대해 주당 $16.10만 지불했다.

a. Netshoes의 IPO에 대한 총 조달금액을 계산하라.

b. Netshoes의 IPO 저가발행을 계산하라.

c. Netshoes의 IPO 저가발행을 설명하라.

d. Netshoes의 IPO를 위해 할인된 금액은 얼마인가?

MyLab LG2 **P2.4** MuleSoft, Inc.는 자본화 및 재정적 유연성을 높이고, Class A 보통주에 대한 공개시장을 만들며, 기업과 주주를 위한 공개 주식시장에 대한 접근을 가능하게 할 목적으로 2017년 3월 17일에 IPO를 수행했다. MuleSoft는 주당 $17의 IPO 공모가격에 1,300만 주를 판매했다.

인수 할인은 주당 $1.19였다. MuleSoft는 운영자본, 운영비용 및 자본지출과 같은 일반적인 기업 목적을 위해 회사에 제공되는 순 조달금액을 사용하고, 보완적인 사업, 제품, 서비스, 또는 기술을 획득할 수 있다. MuleSoft의 종가는 NYSE에서 거래 첫날 이후 $24.75였으며 125,991,577주가 발행되었다. MuleSoft의 IPO 분석을 수행하기 위한 스프레드시트를 만들고 다음을 수행하라.

a. MuleSoft의 IPO에 대한 총 조달금액을 계산하라.
b. MuleSoft의 IPO에 대한 인수자 할인 비율을 계산하라.
c. MuleSoft의 IPO에 대한 인수 수수료 금액을 계산하라.
d. MuleSoft의 IPO에 대한 순 조달금액을 계산하라.
e. MuleSoft의 IPO 저가발행 비율을 계산하라.
f. 유통시장에서 거래 첫날 이후 MuleSoft의 시가총액을 계산하라.

LG3 **P2.5** Emma는 Hargreaves Lansdown 중개회사 계좌를 통해 Barclays PLC의 100주를 구매하려고 한다. Hargreaves Lansdown은 온라인 거래에 대해 £7 수수료를 부과한다. Emma는 자신의 계정에 로그인하여 Barclays의 실시간 시세를 확인하고 (매수호가 166.08, 매도호가 166.14 확인) 주문을 제출한다.

a. Barclays PLC 주식에 대한 현재 매수/매도 스프레드는 얼마인가?
b. Hargreaves Lansdown이 매수 주문을 Barclays가 상장된 런던 주식거래소로 전달하는 경우 잠재적인 최소 거래비용은 얼마인가?
c. 대신 Hargreaves Lansdown이 매수 주문을 케이먼제도 주식거래소로 전달한다면 잠재적인 최대 거래비용은 얼마인가?
d. 매수/매도 스프레드를 기반으로 거래가 어떻게 체결되는지에 관계없이 거래의 시장가치는 얼마인가?

X MyLab LG3 **P2.6** 12월 말에 당신은 세금 목적으로 NYSE에 상장된 Twitter 주식의 손실 포지션을 매각하기로 결정하였다. 실현된 손실을 사용하여 자본이득과 상쇄하여 현재 연도의 세금을 최소화하려고 한다. 그러나 여전히 Twitter가 좋은 장기 투자라고 믿고 있으므로 다음 해 2월에 당신의 포지션을 되찾기를 원한다. 이 작업을 수행하기 위해 당신은 Charles Schwab의 중개 계정 매니저에게 전화하여 즉시 1,200주의 Twitter를 매각한 다음 2월 초에 다시 사도록 요청한다. Charles Schwab은 온라인 주식 거래에 대해 $4.95의 중개료를 부과하고 브로커 지원 거래의 경우 추가로 $25의 서비스 수수료가 부과되어 총 수수료는 $29.95이다.

a. 12월에 Twitter 주식 1,200주를 매도하기 위한 총 거래비용이 $59.95라고 가정한다. 거래가 체결된 시점에 Twitter의 매수/매도 스프레드는 얼마인가?
b. Twitter가 NYSE에 상장되어 있다는 점을 감안할 때 12월 총 거래비용이 합리적인가? 왜 그런지 또는 왜 그렇지 않은지 설명하라.
c. 2월 명세서가 우편으로 도착하면 Twitter 1,200주를 매수하기 위한 총 거래비용이 $47.95임을 알 수 있다. 거래가 체결될 당시 Twitter의 매수/매도 스프레드는

얼마인가?

d. 주식 매도 및 매수에 대한 총 왕복 거래비용은 얼마이며 총 비용을 줄이기 위해 다르게 무엇을 할 수 있었는가?

LG4 **P2.7** 유로와 미국 달러 사이의 현재 환율은 0.925884이다. 이것은 $1가 €0.925884를 살 수 있음을 의미한다. €1,000에 몇 달러를 받을 수 있는가?

LG4 **P2.8** 미국의 한 투자자가 €10,000 가치가 있는 유럽 회사의 주식을 일부 소유하고 있으며 이를 매각하려고 한다. 유로/미국 달러 환율은 현재 0.925884이며 이는 $1가 €0.925884를 산다는 것을 의미한다. 투자자는 미국 달러를 얼마나 받게 되는가?

LG4 **P2.9** 다음 각 경우에서, 외국 주식 1주의 유로(€) 가격을 계산하라.

a. 환율이 1.16€/£일 때 55파운드(£)로 책정된 영국 주식(즉, £1당 €1.2의 가치)

b. 환율이 1.1236CHf/€일 때 95스위스프랑(CHf)에 가격이 책정된 스위스 주식

c. 환율이 125.42¥/€일 때 1,100엔(¥)으로 책정된 일본 주식

LG4 **P2.10** 시드니에 사는 Banjo는 정확히 1년 전 환율이 1.6A$/€였을 때 프랑크푸르트 거래소에서 거래된 독일 주식인 Deutsche Bank의 주식 50주를 매입했다. 현재 주식은 주당 €7에 거래되고 있으며 환율은 1.55A$/€이다.

a. €가 연중 A$에 비해 하락했거나 상승했는가? 설명하라.

b. Banjo는 Deutsche Bank의 주식 50주를 매입할 때 A$로 얼마를 지불했는가?

c. Banjo는 오늘 자신의 Deutsche Bank 주식을 A$로 얼마에 팔았는가?

d. 중개수수료와 세금을 무시하고 Banjo가 오늘 주식을 팔면 A$로 얼마나 많은 이익(또는 손실)을 얻을 수 있는가?

LG4 **P2.11** Manuel은 £1,400(파운드 스털링)에 거래될 때 영국 제약회사인 GlaxoSmithKline의 주식 100주를 매입했으며 영국 파운드와 유로 사이의 환율은 파운드당 €1.3이었다. 몇 달 후 Manuel은 GlaxoSmithKline의 주식을 £1,535에 매각하여 수익금을 파운드당 €1.2의 환율로 유로화로 전환했다. Manuel은 주식을 매입하기 위해 얼마나 많은 돈(유로화)을 썼고, 주식을 팔았을 때 얼마를 받았는가?

LG5 **P2.12** Saina는 유로화가 일본 엔화에 비해 가치가 상승할 것이라고 믿는다. 그녀는 동일한 위험 및 수익 특성을 가진 두 가지 투자를 고려하고 있다. 하나는 일본 엔화 주식 거래이고 다른 하나는 스페인 유로 주식 거래이다. Saina는 일본 주식을 매입해야 하는가?

LG6 **P2.13** 당신의 회사 주식이 현재 주당 \$50에 판매되고 있다고 가정해 보자. 다음 각 상황(중개수수료 무시)에 대해 100주가 거래된다면 실현될 손익을 계산하라.

a. 차입한 주식을 주당 \$60로 재매입한다.

b. 매수 포지션을 취하고 주식을 주당 \$65에 매도한다.

c. 차입한 주식을 주당 \$35에 공매도하고 환매한다.

d. 매수 포지션을 취하고 주식을 주당 \$50에 매도한다.

LG6 **P2.14** Wolfgang은 Volkswagen 주식 250주를 주당 €37.5에 매입하여 45%의 마진을 기록했다.

a. 포지션의 가치는 얼마인가?

b. 증거금 거래를 하기 위해 투자자는 얼마의 자기자본을 제공해야 하는가?

c. 이 거래에서 신용잔액은 얼마인가?

LG6 **P2.15** Francesco는 Italgas 주식 1,000주를 주당 €3.5에 매입하여 75%의 증거금을 기록한다.

a. 이 거래에서 신용잔액은 얼마인가?

b. 이 증거금 거래를 위해 Francesco는 얼마의 자본금을 제공해야 하는가?

c. 주가가 주당 €5.5로 상승하면 투자자의 새로운 증거금 포지션은 얼마인가?

LG6 **P2.16** 투자자가 주식 100주를 주당 \$35에 매수하여 75% 증거금을 올린다고 가정한다.

a. 이 거래에서 신용잔액은 얼마인가?

b. 이 증거금 거래를 위해 투자자는 얼마나 많은 자본금을 제공해야 하는가?

c. 주가가 주당 \$55로 상승하면 투자자의 새로운 증거금 포지션은 얼마인가?

LG6 **P2.17** Barbara Simmons는 자신이 할 수 있는 한 적은 돈을 사용하여 주당 \$187에 Home Depot 주식 100주를 매입했다. 그녀의 브로커는 55%의 개시증거금 요건과 45%의 유지증거금 요건을 가지고 있다. Home Depot 주식가격이 주당 \$142로 떨어지면 Barbara는 어떻게 해야 하는가?

LG6 **P2.18** Amy Jenkins는 50%의 개시증거금을 사용하여 주당 \$70에 주식 100주를 매입했다. 유지증거금이 30%인 경우 Amy가 증거금 납부요구를 받기 전에 주가가 얼마나 떨어져야 하는가? (증거금 계좌에 다른 증권이 없다고 가정한다.)

LG6 **P2.19** 한 투자자가 70%의 증거금을 사용하여 주당 \$65에 판매되는 주식 300주를 매입한다. 주식은 주당 \$2의 연간 배당금을 지급한다. 연간 이자비용이 4%로 증거금 대출을 받을 수 있다. 주식가격이 6개월 이내에 $84까지 상승할 경우 투자자가 실현할 투자자본 수익률을 계산하라. 이 거래의 연간 수익률은 얼마인가?

LG6 P2.20 Sara Sanders는 50%의 최소 개시증거금 요구사항을 사용하여 주당 $190에 Apple 주식 50주를 매입했다. 그녀는 정확히 6개월 동안 주식을 보유하고 그 기간 말에 중개비용 없이 주식을 팔았다. 6개월 보유기간 동안 주식은 현금 배당금으로 주당 $1.46를 지불했다. Sara는 증거금 대출에 대해 연 4.8%의 이자를 청구 받았다. 최소 유지증거금은 25%였다.

a. 거래의 초기 가치, 신용잔액 및 Sara의 거래에 대한 자기자본 포지션을 계산하라.

b. 다음 주가 각각에 대해 실제 증거금 비율을 계산하고 Sara의 증거금 계정에 초과자본이 있는지, 제한되는지 또는 증거금 납부요구 대상인지 여부를 나타내라.

   1. $175
   2. $207
   3. $122

c. 6개월 보유기간 동안 (1) 받은 배당금과 (2) 증거금 대출에 대해 지불한 이자의 달러 금액을 계산하라.

d. 6개월 보유기간이 끝날 때 다음 각 판매가격을 사용하여 Sara의 Apple 주식 거래에 대한 연간 수익률을 계산하라.

   1. $185
   2. $195
   3. $207

LG6 P2.21 증거금 60%로 주식 100주를 주당 $35에 매수한 투자자라고 가정한다. 주식은 현재 주당 $50에 거래되고 있으며 개시증거금 요건은 50%로 낮아졌다. 이제 주식 300주를 더 매수하려고 한다. 이 거래에 투자해야 할 최소 자본금액은 얼마인가?

LG6 P2.22 투자자가 주식 100주를 주당 $50에 공매도한다. 개시증거금은 60%이다. 이 거래를 완료하려면 계좌에 얼마의 자본이 필요한가?

LG6 P2.23 투자자가 주식 250주를 주당 $43에 공매도한다. 개시증거금은 60%이다. 거래비용을 무시하고 이 거래가 투자자가 수행한 유일한 거래이고 투자자가 필요한 금액만 예치한 경우 이 거래 후 투자자의 계좌에 얼마가 남게 되는가?

LG6 P2.24 어떤 투자자가 주식 75주를 주당 $69에 공매도한다. 개시증거금은 60%이고, 유지증거금은 40%이다. 주식가격은 주당 $57로 하락한다. 증거금은 얼마이며, 증거금 납부요구는 있을 것인가?

LG6 **P2.25** 어떤 투자자가 주식 75주를 주당 $69에 공매도한다. 개시증거금은 60%이고, 유지증거금은 40%이다. 주식가격은 주당 $82로 상승한다. 증거금은 얼마이며, 증거금 납부요구는 있을 것인가?

LG6 **P2.26** 다음 각 공매도 거래에서 주당 이익 또는 손실을 계산하라.

거래	공매도 주당가격	공매도 종료를 위한 주당 매입가격
A	$93	$78
B	$13	$27
C	$98	$75
D	$62	$44
E	$129	$134

LG6 **P2.27** 당신은 투자자이며 예상되는 기술의 실패에 반응하여 가까운 장래에 창업기업 주식가격이 하락할 것으로 예상한다. 결과적으로 이 회사의 200주를 $17.50에 매도한다. 4개월 후에 다음 주당 가격으로 주식을 다시 구입하면 이 거래에서 얼마나 벌거나 잃을 것인가?

a. $14.75

b. $15.13

c. $21.25

d. $17.00

MyLab LG6 **P2.28** 당신은 브로커와 증거금 계좌를 개설하고 증거금 대출을 확보하기로 결정했다. 개시증거금 요건은 70%이고 유지증거금은 30%이다. 당신은 지난 1년 동안 주식의 가격 변동을 따라 왔고 현재 그 주식이 저평가되어 있으며 가까운 장래에 가격이 상승할 것이라고 믿는다. 현재 주당 $25의 가격으로 3개의 라운드 로트(즉, 300주)를 구매하기로 결정했다.

다음 시장 거래를 모델링하고 분석하기 위해 http://www.pearson.com/mylab/finance에서 볼 수 있는 〈표 2.3〉의 스프레드시트와 유사한 스프레드시트를 작성하라.

a. 증거금 거래를 사용하지 않은 경우 주식에 대한 투자가치를 계산하라. 즉, 100% 현금 자산으로 구매자금을 조달하려면 얼마나 투자해야 하는가?

b. 개시증거금 요건에 따라 증거금 계좌를 개설할 때 신용잔액과 투자 현금 자본을 계산하라.

c. 증거금을 사용하고 주식가격이 주당 $15에서 $40까지 상승하면 획득한 자본이

득과 투자자 자본수익률을 계산하라.

d. 항목 (c)를 기준으로 한 현재 증거금 비율은 얼마인가?

e. 증거금을 사용하고 주식가격이 주당 $15에서 $10까지 떨어지면 자본손실과 투자자 자본수익률을 계산하라.

f. 항목 (e)를 기준으로 한 새로운 증거금 비율은 얼마이며, 투자자인 당신에게 어떤 의미가 있는가?

사례문제 2.1 | Darren의 번민: 무엇을 살 것인가?

LG 6

Darren Simmons는 40세의 재무분석가이고, 스스로를 현명한 투자자로 생각한다. 그는 지난 5년 동안 투자 포트폴리오를 현저하게 늘렸다. 그는 투자에 대해 상당히 보수적이었으나, 이제 자신의 투자지식에 관해 더 자신을 갖고 있고, 더 높은 수익률을 가져올 수 있는 새로운 영역으로 진출하려고 한다. 그는 $20,000 내지 $25,000의 투자금을 갖고 있다.

Darren은 기술주의 활황시장에 이끌려서 기술주 IPO 주식의 매입에 관심을 갖고, 무선 인터넷 접속을 위한 고성능 컴퓨터 칩을 제조하는 NewestHighTech.com을 전망 좋은 회사로 선택했다. 설립 후 1년이 지난 이 회사는, 초기 자금조달 시 그리고 그 칩이 주요 휴대전화 제조업체에 의해 받아들여졌을 때, 다소 호의적으로 보도되었다.

Darren은 또한 현재 주당 $54에 거래되는 Casinos International의 보통주 400주에 투자를 고려하고 있다. 주요 상업은행의 경제분석가인 친구와 논의 후, Darren은 장기적 강세 시장은 냉각될 것이고 경제활동은 침체할 것으로 믿고 있다. Darren은 주식중개인의 도움을 받아 Casinos International의 현재 재무상태를 연구하였고, 회사의 미래 성공은 인근 하천의 선상 카지노 개설 신청을 심리 중인 법원의 결정에 달려 있다는 것을 알았다. 만약 허가를 얻으면, 이 기업의 주식은 경제상황에 무관하게 급속한 가치상승을 경험할 가능성이 있다. 반대로 만약 허가 획득에 실패하면, 주가 하락 때문에 공매도의 좋은 후보가 될 것이다.

Darren은 다음 대안들이 자신에게 이용가능하다고 느꼈다:

- 대안 1: NewestHighTech.com의 기업공개 시 $20,000 투자
- 대안 2: 지금 Casinos International을 주당 $54에 매입하고, 주의 깊게 회사를 관찰
- 대안 3: Casinos의 상황이 어려워질 것으로 예상하여 주당 $54에 공매도
- 대안 4: 카지노 허가가 어떻게 처리되는지 기다리고, Casinos International 주식의 매입 또는 공매도 여부를 결정

≫질 문

a. 각 대안을 평가하라. 제시된 제한된 정보에 기초하여, 최선으로 생각되는 대안을 추천하라.

b. 만약 Casinos International의 주가가 $60로 상승하면, 대안 2와 3에서 어떤 일이 발생하는가? 이 결과들의 장점과 단점을 평가하라.

c. 만약 주가가 $45로 하락하면, 대안 2와 3 하에서 어떤 일이 발생하는가? 이 결과들의 장점과 단점을 평가하라.

사례문제 2.2 | Ravi Dumar의 공격적인 증거금 계좌

LG6 Ravi Dumar는 주식중개인이다. Ravi는 시장에서 돈을 버는 유일한 방법은 증거금거래와 같은 공격적 투자 태도를 따르는 것이라고 굳게 믿는다. 실제로 Ravi는 몇 년 동안 스스로 상당한 증거금 계좌를 만들었다. 그는 현재 증거금 계좌에 $75,000 상당의 주식을 보유하나, 계좌 신용잔액은 $30,000에 불과하다. 최근에 Ravi는 광범위한 분석에 기초하여, 곧 상승할 것으로 보이는 주식을 발견했다. 이 주식은 Running Shoes(RS)이며, 현재 주당 $20에 거래된다. Ravi는 1년 안에 적어도 $50로 급등할 것으로 느끼고 있다. RS는 배당을 지급하지 않고, 현재 개시증거금 요건은 50%이며, 그리고 증거금 대출은 현재 10%의 연 이자율을 소요한다. Ravi는 RS에 관해 확신하기 때문에, 이 주식 1,000주를 매수하기 위해 증거금 계좌를 이용하여 피라미드 쌓기를 하고자 한다.

≫질 문

a. 투자상황에 적용된 피라미드 구조의 개념을 논의하라.

b. Ravi의 계좌의 현재 증거금 포지션(백분율 단위)은 얼마인가?

c. Ravi는 증거금 계좌를 통해 RS 100주를 매입한다(이는 $20,000 상당의 거래임에 유의하라).

1. 만약 Ravi가 일반적인 개시증거금(50%)을 따르고 주식을 사기 위해 자산의 돈 $10,000를 사용하면, RS 거래 이후 계좌의 증거금 포지션은 얼마인가?
2. 만약 그가 단지 $2,500의 자기자본을 사용하고 잔액($17,500)을 위해 증거금 대출을 받으면, 어떻게 되는가?
3. 일반적 개시증거금 요건이 50%일 때, 주식이 단지 12.5%의 증거금으로 매입될 수 있다는 사실을 당신은 어떻게 설명하겠는가?

d. Ravi는 $2,500의 최저 현금투자와 함께 RS 주식 1,000주를 주당 $20에 사고, 이 주식의 가격은 1년 후 주당 $40로 상승한다고 가정하라.

1. 이 거래의 투자자본 수익률은 얼마인가?

2. 만약 Ravi가 증거금 없이 — 즉, 전액을 자신의 자금으로 사용 — 주식을 매입하면, 수익률은 얼마인가?

e. Ravi의 피라미드 구조 아이디어에 관해 당신은 어떻게 생각하는가? 이 전략의 위험과 보상은 무엇인가?

CHAPTER

03 투자정보와 증권 거래

학습목표

이 장을 학습하면 다음을 수행할 수 있다.

LG1 온라인 투자의 성장과 투자 도구로서 인터넷의 장점과 단점을 논의한다.

LG2 투자정보의 주요 종류와 출처를 인식한다.

LG3 일반적으로 언급되는 주식과 채권 시장의 평균과 지수의 핵심 특성을 설명한다.

LG4 제공되는 서비스, 주식 브로커의 선정, 계좌 개설, 거래의 기본 사항을 포함하여 주식 브로커의 역할을 검토한다.

LG5 주문의 기본 종류, 온라인 거래, 거래비용, 투자자 보호의 법적 측면을 기술한다.

LG6 투자자문사와 투자 클럽의 역할을 논의한다.

주식시장에서 주식을 매각하는 기업이 하이테크 부문에 속하는 경우, 보통주 기업공개(IPO)보다 더 많은 기대를 불러일으키는 이벤트는 거의 없다. 확실히 투자자들은 라스베이거스에 본사를 둔 데이터 센터 Switch Inc.의 2017년 10월 IPO를 엄청난 열의로 맞이했다. 주식 공모 전 몇 주 동안 투자자들은 회사의 예비 투자설명서를 통해 주식이 $14~16 범위에서 공모될 것이라는 사실을 알게 되었다. 대부분의 논평가들은 회사 주식에 대한 강력한 수요를 예상했고, Switch가 IPO 며칠 전에 자사 주가를 이전에 발표한 범위를 벗어난 $17에 공모가격을 발표했을 때 이러한 기대를 확인하는 것처럼 보였다. 이러한 징후로 인해 많은 전문가들은 Switch가 유통시장에서 거래가 가능해지면 주가가 급등할 것이라고 예측했다. 일부 투자자들은 Switch IPO가, 인터넷 관련 회사의 IPO가 빈번하게 거래 첫날 100% 이상 상승했던 1990년대 말 "닷컴 버블"의 거래와 유사한지 궁금해 했다.

Switch 주식의 예상된 급등으로 일부 전문가들은 투자자들에게 주식을 사기 위해 시장가주문을 제출하지 말라고 경고했다. 투자자가 시장가주문을 제출하면 해당 주문은 가능한 한 빨리 유리한 시장가격으로 체결된다. 따라서 거래를 시작한 첫날 Switch 주식을 매수하기 위해 시장가주문을 제출한 투자자는 주가가 공모가격인 $17보다 훨씬 높은 가격으로 거래되기 시작하면 매우 높은 가격을 지불할 위험이 있었다. 대신 일부 자문가는 투자자가 지정가주문을 사용하여 Switch 주식을 매수하도록 권장했다. 투자자가 지정가주문을 제출하면, 이 주문은 투자자가 특정 가격 이하에서 주식을 매입할 것임을 밝힌다. 만약 시장가격이 지정가주문에서 특정된 가격보다 높으면, 거래는 이루어지지 않는다. 이렇게 지정가주문은 투자자가 예상보다 높은 가격을 지불하는 것으로부터 보호한다.

Switch 주식이 거래를 시작한 날, 그날의 첫 거래는 $21.70에서 이루어졌고 주가는 발행시장 공모가격인 $17보다 46% 높은 $24.90로 가파르게 상승했다. 그러나 오후까지 주가가 하락하여 $20.84로 마감했다. 따라서 그날 아침에 주식을 사기 위해 시장가주문을 이용한 투자자들은 하루 동안 아마도 상당한 손실을 겪었을 것이다. 지정가주문을 이용한 투자자들은 주문에 지정된 가격에 따라서 더 나은 가격을 지불했을 수 있다.

이 장에서는 투자 결정을 안내할 수 있는 다양한 정보 출처에 대해 배우고, 다양한 주식매매 방법이 투자수익에 어떤 영향을 미칠 수 있는지 알아본다.

(출처: CNBC Tech, "Switch Shares Jump in First Day of Trading," https://www.cnbc.com/2017/10/06/switchswch-opening-day-trading.html 기준, 2018년 5월 29일 접속)

투자 조사와 계획

LG1 얼마 전까지 투자자는 증권을 매매하거나 상이한 투자 옵션에 관해 조사할 때, 종합 서비스 주식 브로커에게 전화했다. 이 브로커들은 고객의 주문을 처리하는 데 (오늘날의 기준에서 보면) 비교적 높은 수수료를 부과했지만, 개인투자자가 얻기에는 매우 비싸거나 불가능한 많은 정보에 접할 수 있었다. 고객이 지불한 수수료는 브로커들에게 거래처리뿐 아니라 정보와 조사의 이용에 대해서도 보상한 것이다.

오늘날 인터넷은 투자환경에서 중요한 힘이다. 이는 극히 저비용의 거래실행 수단을 제공하고, 과거에는 전문가들로 제한되었던 도구를 사용할 수 있도록 만든다. 이 도구들을 이용하여, 당신은 많은 정보를 찾고 처리하며 다양한 종류의 증권을 거래한다. 이 정보는 실시간 주식가격부터 투자분석을 위한 증권분석 조사보고서까지 포함한다. 온라인 투자의 시간과 비용 절감은 막대하다. 종이 뭉치를 뒤지는 대신, 당신은 신속하게 방대한 데이터베이스를 분류하여 적절한 투자를 결정하고, 투자를 실행하는 증권거래를 하며, 그리고 투자의 진행을 감시할 수 있다. 이 모든 것이 컴퓨터를 떠나지 않고도 가능하다. 이 절에서는 투자 조사를 수행하기 위한 광범위한 옵션을 소개한다.

투자 조사의 시작

대단히 높은 가치에도 불구하고, 이용가능한 방대한 양의 투자정보는 위압적일 수 있다. 좋은 소식은 이번 장이 당신이 정보의 미로를 헤쳐나가고 더 정보에 해박한 투자자가 되도록 도움이 될 수 있다는 것이다. 교육 사이트는 좋은 출발점이다. 이 사이트들에서 소개되는 기본 개념을 익힘으로써, 당신은 투자의사결정 능력을 향상시키기 위해 필요한 정보의 유형을 인식하는 데 더 잘 준비될 것이다.

투자교육 사이트 인터넷은 초보 투자자 교육을 위한 많은 기사, 교재, 온라인 강의를 제공한다. 경험 많은 투자자도 투자지식을 늘릴 수 있는 사이트를 발견할 수 있다. 여기에 투자의 기본을 보여주는 몇 개의 좋은 사이트가 있다.

- Wise Bread는 예산을 세우고 고수하는 것과 같은 검소한 생활에 대한 팁과 함께 투자하기 전에 해야 할 첫 번째 일(돈 절약)에 대한 조언을 제공한다. 자신이 버는 것보다 적은 비용으로 살면서 투자자금을 모으라는 조언을 따르는 사람들을 위해 사이트는 투자를 시작하는 방법과 다양한 투자 옵션을 비교하는 방법에 대한 기사를 제공한다.
- Khan Academy는 전 헤지펀드 매니저인 Salman Kahn에 의해 설립되었다. 사이트는 상당히 광범위한 주제에 대한 무료 학습을 제공하기 위해 만들어졌다. 이 사이트는 주식 및 채권에서 파생증권에 이르기까지 금융 주제에 대한 비디오 강의를 제공한다.
- The Motley Fool은 투자의 기초, 뮤추얼펀드, 투자, 브로커, 투자전략에 관한 섹션과 활발한 토론 게시판도 있다.
- Investopedia는 기본 및 고급 투자 주제에 대한 학습자료, 투자용어 사전, 기타 유용한 투자지원을 제공한다.
- CNN Money Essentials은 뮤추얼펀드, 자산배분, 은퇴를 위한 저축과 같은 투자 주제에 대한 짧은 자습서를 제공한다.

다른 좋은 교육자료에는 Money, Kiplinger's Personal Finance, Barron's, Forbes와 같은 유명한 금융잡지가 있다.

투자 도구 투자의 기초에 익숙해지면, 당신은 재무계획 개발과 투자목표 설정을 시작하고, 목적에 부합하는 증권을 찾으며, 포트폴리오를 구성할 수 있다. 한때 전문적 투자자문가만 사용하던 도구들의 대다수는 이제 온라인에서 무료이다. 일반 금융 사이트와 대형 중개회사의 사이트에서 재무계산기와 워크시트, 검색 및 도표 도구, 주식 호가와 포트폴리오 추적 프로그램을 찾을 수 있다. 당신은 다가오는 이익 발표를 알려주고 어떤 주식이 미리 정해진 가격 목표에 도달하면 경보를 보내는 개인 달력도 만들 수 있다.

계획 온라인 계산기와 워크시트는 재무 계획과 투자의 문제에 대한 답을 찾는데 도움이 된다. 이를 이용하여, 당신은 첫 번째 집에 대한 계약금, 자녀들의 대학교육, 또는 65세의 안락한 은퇴 같은 특정 목적을 위해 매월 얼마를 저축할지 결정할 수 있다. 예를 들어, 중개회사 Fidelity는 대학계획, 은퇴계획, 조사도구와 같이 많은 계

그림 3.1

도구 및 투자계산기

www.calculator.net과 같은 사이트에는 대출 제안 평가, 퇴직을 위한 저축 및 건전한 투자 결정과 같은 특정 개인 금융 문제를 해결하는 데 사용할 수 있는 많은 도구와 계산기가 있다.

Financial Calculators

The following is a complete list of our financial calculators.

Mortgage and Real Estate

Mortgage Calculator
Real Estate Calculator
Amortization Calculator
Mortgage Payoff Calculator
Refinance Calculator
House Affordability Calculator
Rent Calculator
Debt-to-Income Ratio Calculator
Rental Property Calculator
APR Calculator
FHA Loan Calculator
VA Mortgage Calculator
Down Payment Calculator
Rent vs. Buy Calculator

Auto

Auto Loan Calculator
Cash Back or Low Interest Calculator
Auto Lease Calculator

Investment

Interest Calculator
Investment Calculator
Finance Calculator
Savings Calculator
Compound Interest Calculator
Interest Rate Calculator
CD Calculator
Average Return Calculator
ROI Calculator
Payback Period Calculator
Present Value Calculator

Retirement

Retirement Calculator
Pension Calculator
Social Security Calculator
Annuity Calculator
Annuity Payout Calculator
401K Calculator
Roth IRA Calculator
IRA Calculator

Tax and Salary

Take-Home-Paycheck Calculator
Income Tax Calculator
Salary Calculator
Marriage Tax Calculator
Estate Tax Calculator

Other

Loan Calculator
Payment Calculator
Currency Calculator
Personal Loan Calculator
Inflation Calculator
Lease Calculator
Budget Calculator
Credit Card Calculator
Credit Cards Payoff Calculator
Debt Payoff Calculator
Debt Consolidation Calculator
Repayment Calculator
Student Loan Calculator
College Cost Calculator
Sales Tax Calculator

획도구를 보유하고 있다. 가장 좋은 재무계산기 사이트의 하나는 Financial Industry Regulatory Authority(FINRA)이다. 이는 투자자가 뮤추얼펀드의 평가, 대학 비용, 은퇴를 위한 저축액 계산, 대출의 월 상환액 계산 같은 과제를 수행할 수 있는 많은 도구를 제공한다. 〈그림 3.1〉은 calculator.net의 웹사이트에서 사용할 수 있는 유사한 도구 모음을 보여준다. 이 사이트는 또한 은퇴를 위해 얼마를 저축해야 하는지 계산하고, 다양한 대출 제안을 평가하며, 좋은 투자 결정을 내리는 것과 같은 개인적인 금융 문제에 대한 계산기도 제공한다.

검색 검색(screening) 도구를 사용하여 원하는 특성을 가진 주식, 채권, 뮤추얼펀드를 찾기 위해 거대한 데이터베이스를 신속하게 정렬할 수 있다. 주식의 경우, 당신은 주가수익비율, 시장가치, 배당수익률, 수입성장률, 부채-자기자본 비율, 그리고 많은 다른 특성들에 기초하여 주식을 선택할 수 있다. 채권의 경우, 채권 발행 기업이 속한 산업, 채권의 만기일이나 수익률에 기초하여 검색 기준을 만들 수 있다. 뮤추얼펀드의 경우, 최소 요구투자액, 특정 산업 및 지리적 영역, 투자자가 내야 하는 수수료에 기초하여 펀드를 식별할 수 있다. 예를 들어, 어떤 도구는 주식 또는 펀드의 종류, 성과기준, 비용 모수, 또는 다른 특성을 구체화하도록 요구하고, 그 다음에 투자기준을 충족하는 증권의 목록을 제공한다. 각 검색 도구는 상이한 정렬 방법을 사용한다. 만약 필요하면, 어느 것이 투자목표에 가장 적합한지 결정하기 위해 개별 주식, 채권, 또는 뮤추얼펀드에 관해 추가 분석을 할 수 있다.

Zacks Investment Research는 웹사이트에서 최고의 무료 도구를 제공한다. 〈그림 3.2〉는 Zacks "Stock Screener"의 첫 페이지에 나와 있는 주식의 특성에 기초한 정렬 방법을 보여준다. 예를 들어, "Market Cap" 범주를 사용하여 $100십억 이상의 시가총액(주당 가격과 발행주식 수의 곱)을 가진 회사를 선택하고, "Div. Yield%" 범주를 사용하여 어떤 수치(예를 들어, 1%)보다 큰 배당수익률을 가진 기업들만 포함함

그림 3.2

Zacks Stock Screener

주식의 시가총액, 주가수익비율, 배당수익률 같은 광범위한 특성에 기초한 주식의 검색.
Zacks의 주식 검색 도구는 당신이 원하는 특성을 충족하는 주식의 목록을 제공한다.
(출처: Zacks, www.zacks.com)

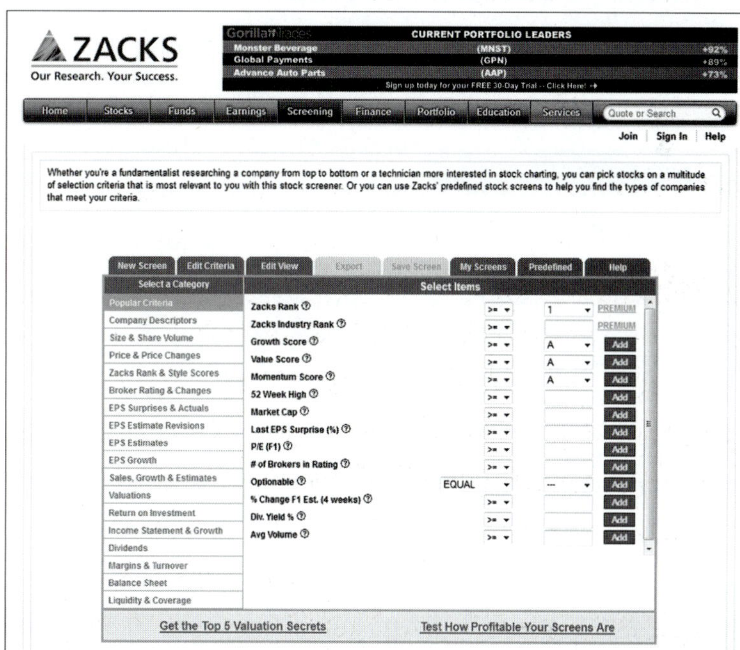

으로써, 매우 큰 배당지급 회사들만을 식별할 수 있다. Yahoo! Finance와 Morningstar는 주식, 뮤추얼펀드, 채권의 검색도구를 제공한다.

도표화 도표화는 1일부터 10년 또는 그 이상의 특정 기간 동안 증권의 성과를 나타내는 기법이다. 도표를 작성함으로써, 당신은 어떤 기간이든지 한 회사의 가격성과를 다른 회사, 산업, 섹터 또는 시장지수에 대해 비교할 수 있다. 좋은 사이트로는 Yahoo! Finance, Barchart.com, BigCharts, StockCharts가 있다.

주식 호가와 포트폴리오 추적 거의 모든 투자 관련 웹사이트는 주식 호가와 포트폴리오 추적 도구를 포함한다. 단순히 주식 기호만 입력하면, 실시간 또는 몇 분 지연된 가격을 알 수 있다. 일단 포트폴리오 추적 프로그램에서 주식 포트폴리오를 만들면, 당신이 확인할 때마다 추적 프로그램은 자동적으로 포트폴리오 가치를 갱신하며 여러 사이트에서 복수의 포트폴리오를 설정할 수도 있다. 주식과 포트폴리오 추적 프로그램의 특성, 품질, 용이성은 다양하므로, 필요를 충족하는 대상을 찾기 위해 여러 프로그램을 확인해야 한다. Yahoo! Finance, SmartMoney, Wikinvest, Morningstar는 쉽게 설정하고 사용자 지정이 가능한 포트폴리오 추적 프로그램을 갖고 있다.

인터넷 거래에 대한 주의사항

투자도구로서 인터넷의 힘은 매력적이다. 경험이 많은 투자자와 증권매매 경험이 전혀 없는 초보자 모두 쉽게 온라인 계정을 만들 수 있다. 그러나 투자는 위험을 수반함을 언제나 기억해야 한다. 인터넷 거래는 실제 브로커처럼 정보를 제공하고 주문에 대하여 재고하도록 권유하는 안전망이 없으므로 투자자는 주의를 기울여야 한다. 마우스 클릭으로 진행되는 투자의 용이성은 경험 없는 투자자로 하여금 너무 자주 거래하도록 유혹하고, 따라서 거래비용을 증가시킬 수 있다. 많은 돈을 번 다른 사람들의 일화에 이끌려, 많은 초보 투자자들이 투자의 위험과 보상을 모두 이해하기 전에 뛰어들어 때로는 비참한 결과를 낳는다.

투자의 위험을 이해해야 한다는 것을 명심해야 한다. 어떤 증권이 매수하면 좋다는 다른 사람의 말을 그냥 받아들이지 말아야 한다. 회의적으로 생각해야 한다. 투자가 너무 좋게 들리면 사실일 수 없다. 매수하기 전에 이 책을 통해 앞으로 학습하면서 개발할 기술을 사용하여 자신의 분석을 수행해야 한다. 거래의 속도와 용이성 때문에 온라인 거래의

투자자 현실

너무 많은 좋은 투자들 최근의 연구는 1990년대 중반 전화 거래로부터 온라인 거래로 전환한 한 집단의 개인투자자들의 투자성과를 살펴보았다. 전화 거래에서, 이 투자자들은 평균을 훨씬 넘는 수익을 올리면서 매우 좋은 성과를 냈다. 그러나 온라인 거래로 전환한 후, 이들은 더 빈번하게 더 공격적으로 거래했고 그 과정에서 더 많은 거래비용을 지출했다. 결국, 이들의 온라인 전환 후 수익률은 연간 약 5% 하락했다.

(출처: "Online Investors: Do the Slow Die First?" *Review of Financial Studies*, Vol.15, Issue 2, pp.455-487에서 발췌)

현실에 눈이 멀면 안 된다. 더 빈번한 거래는 더 높은 총 거래비용을 의미한다. 자주 거래하면 비용을 회수하는 데 더 오래 걸린다. 연구에 따르면 거래를 자주 할수록 시장을 상회하는 것이 더 어려워진다. 또한 1년 미만의 단기 거래의 이익에 대해서는 낮은 자본이득 세율이 아닌 더 높은 일반소득세율로 세금을 납부하게 된다. 투자자는 읽은 모든 것을 믿지 말아야 한다. 주식의 전망을 선전하는 자료로 가득 찬 화면에 감명을 받거나 토론 게시판에서 읽거나 투자 관련 TV 쇼에서 보는 그럴듯한 권유에 따라 행동하면 안 된다. "이 투자를 추천하는 사람에 대해 나는 무엇을 알고 있는가?"라고 자문해 보라. 마지막으로, 증거금을 빌려 주식 보유를 늘리는 데 주의하라. 2장에서 언급했듯이, 오히려 손실을 확대할 수도 있다.

개념 리뷰

해답은 www.pearson.com/mylab/finance에서 찾을 수 있음.

3.1 인터넷이 개인투자자에게 주는 영향을 논의하고, 제공하는 자원의 종류들을 요약하라.

3.2 중요한 네 가지 종류의 온라인 투자 도구를 밝혀라. 당신이 더 좋은 투자자가 되는 데 있어서 이들의 도움은 무엇인가?

3.3 인터넷을 이용하여 투자를 선택하고 관리하는 것의 장점과 단점은 무엇인가?

투자정보의 종류와 출처

LG2 제1장에서 학습한 것처럼, 성공적 투자자가 되려면 투자계획 개발과 유동성 수요 충족으로부터 시작해야 한다. 다음 단계는 투자계획을 구현하는 데 적합한 투자를 찾는 것이다. 인터넷 또는 인쇄된 자료의 사용과 관계없이, 당신은 다양한 종류의 투자정보를 살펴보고 가능한 투자들의 위험과 수익을 예상해야 한다.

투자정보는 기술적이거나 분석적일 수 있다. **기술적 정보**(descriptive information)는 경제, 금융시장, 산업, 회사, 특정 투자의 과거 행태의 실제 자료를 제시한다. **분석적 정보**(analytical information)는 현재 자료에 기초하여 가능한 투자에 관한 예측과 조언을 제시한다. 〈그림 3.3〉의 Yahoo! Finance 페이지는 McDonald's에 대한 기술적 및 분석적 정보를 제공한다. 이 그림은 McDonald's가 (2018년 5월 31일 현재) 시가총액 $129.1십억, 매출액 $21.59십억, 보통주 주주에게 귀속되는 순이익 $5.45십억을 보유한 매우 큰 회사임을 강조한다. 이 페이지는 투자자가 McDonald's의 실적과 주식

그림 3.3 기술적 정보를 포함하는 보고서

Yahoo! Finance의 2018년 5월 31일의 McDonald's Corporation 보고서는 회사의 재무제표 및 주식의 가격성과에 관한 기술적 정보를 포함한다.

McDonald's Corporation (MCD) ☆ Add to watchlist

NYSE - NYSE Delayed Price. Currency in USD

Quote Lookup

166.41 +3.10 (+1.90%)

At close: 4:01PM EDT

Buy Sell

Summary Chart Conversations **Statistics** Historical Data Profile Financials Analysis Options Holders Sustainability

Currency in USD

Get live quotes and news on new tabs

Valuation Measures

Market Cap (intraday) [5]	129.1B
Enterprise Value [3]	157.62B
Trailing P/E	24.41
Forward P/E [1]	20.32
PEG Ratio (5 yr expected) [1]	2.52
Price/Sales (ttm)	5.98
Price/Book (mrq)	N/A
Enterprise Value/Revenue [3]	7.30
Enterprise Value/EBITDA [6]	15.95

Financial Highlights

Fiscal Year	
Fiscal Year Ends	Dec 31, 2017
Most Recent Quarter (mrq)	Jun 30, 2018
Profitability	
Profit Margin	25.26%
Operating Margin (ttm)	39.16%
Management Effectiveness	
Return on Assets (ttm)	16.14%
Return on Equity (ttm)	N/A
Income Statement	
Revenue (ttm)	21.59B
Revenue Per Share (ttm)	27.24
Quarterly Revenue Growth (yoy)	-11.50%
Gross Profit (ttm)	10.62B
EBITDA	9.88B
Net Income Avi to Common (ttm)	5.45B
Diluted EPS (ttm)	6.82
Quarterly Earnings Growth (yoy)	7.30%
Balance Sheet	
Total Cash (mrq)	1.62B
Total Cash Per Share (mrq)	2.09
Total Debt (mrq)	31B
Total Debt/Equity (mrq)	N/A
Current Ratio (mrq)	1.47
Book Value Per Share (mrq)	-7.54
Cash Flow Statement	
Operating Cash Flow (ttm)	5.78B
Levered Free Cash Flow (ttm)	4.95B

Trading Information

Stock Price History	
Beta	0.63
52-Week Change [3]	6.01%
S&P500 52-Week Change [3]	16.45%
52 Week High [3]	178.70
52 Week Low [3]	146.84
50-Day Moving Average [3]	161.36
200-Day Moving Average [3]	160.81
Share Statistics	
Avg Vol (3 month) [3]	3.4M
Avg Vol (10 day) [3]	4.79M
Shares Outstanding [5]	775.8M
Float	775.4M
% Held by Insiders [1]	0.09%
% Held by Institutions [1]	68.62%
Shares Short (Aug 31, 2018) [4]	6.51M
Short Ratio (Aug 31, 2018) [4]	2.16
Short % of Float (Aug 31, 2018) [4]	0.83%
Short % of Shares Outstanding (Aug 31, 2018) [4]	0.84%
Shares Short (prior month Jul 31, 2018) [4]	6.61M
Dividends & Splits	
Forward Annual Dividend Rate [4]	4.64
Forward Annual Dividend Yield [4]	2.81%
Trailing Annual Dividend Rate [3]	3.97
Trailing Annual Dividend Yield [3]	2.43%
5 Year Average Dividend Yield [4]	2.96
Payout Ratio [4]	58.21%
Dividend Date [3]	Dec 17, 2018
Ex-Dividend Date [4]	Aug 31, 2018
Last Split Factor (new per old) [2]	2/1
Last Split Date [3]	Mar 8, 1999

See Statistics Help for definitions of terms used.

Abbreviation Guide:

mrq = Most Recent Quarter
ttm = Trailing Twelve Months
yoy = Year Over Year
lfy = Last Fiscal Year
fye = Fiscal Year Ending

Foot Notes

[1] Data provided by Thomson Reuters.
[2] Data provided by EDGAR Online.
[3] Data derived from multiple sources or calculated by Yahoo Finance.
[4] Data provided by Morningstar, Inc.
[5] Shares outstanding is taken from the most recently filed quarterly or annual report and Market Cap is calculated using shares outstanding.
[6] EBITDA is calculated by Capital IQ using methodology that may differ from that used by a company in its reporting.

Yahoo Small Business

Data Disclaimer Help Suggestions
Privacy (Updated) About Our Ads Terms (Updated)

Yahoo Finance
An Oath brand

(출처: Yahoo! Inc. 제공)

의 위험성을 평가하는 데 사용하는 다른 측정 항목도 다수 제공하고 있다. 이러한 측정치의 대부분은 뒷 장에서 자세히 설명한다.

온라인 및 기타 형태의 투자정보에 대한 훌륭한 무료 자료출처가 많이 있다. 그러나 최고의 투자정보 자료 중 일부는 정보에 대한 비용을 부과한다. 오늘날 무료 정보가 그 어느 때보다 널리 사용 가능하지만 관련 투자정보를 자동으로 수집하고 처리하여 시간과 비용을 절약하는 서비스에 대해 지불하는 것이 여전히 합리적일 수 있다. 그러나 먼저 정보의 가치를 고려해야 한다. 수익을 $200까지 증가시키는 정보에 대해 $400를 지불하는 것은 경제적으로 건전하지 않다. 투자 포트폴리오가 클수록 유료 정보는 많은 투자에 적용되기 때문에 정보 구매가 더 정당화될 수 있다.

정보 유형

이 절에서는 투자환경과 관련된 5가지 유형의 정보를 중점적으로 다룬다. 그 중 일부는 역사적 정보이고 일부는 미래지향적인 정보이다.

- **경제 및 시사 정보**에는 국내 및 글로벌 경제, 정치 및 사회 동향과 관련된 자료가 포함된다. 이러한 정보는 결정에 영향을 주는 환경을 평가하기 위한 기초를 제공한다.
- **산업 및 기업 정보**에는 특정 산업 및 회사에 대한 자료가 포함된다. 투자자는 이러한 정보를 사용하여 특정 산업 또는 특정 회사에 대한 전망을 평가한다. 사업지향적이기 때문에 주식, 채권, 옵션 투자와 가장 관련이 있다.
- **대체 투자에 대한 정보**는 부동산, 사모펀드, 상품 등 증권 관련 자료로 구성되어 있다.
- **가격 정보**에는 유가증권가격 시세가 포함된다. 과거 가격 정보는 종종 현재 가격 시세와 함께 제공된다.
- **개인 투자전략에 대한 정보**에는 투자전략에 대한 권고사항이나 특정 매수 또는 매도 권고사항이 포함된다. 일반적으로 이 정보는 설명보다는 방향 제시나 분석적인 경향이 있다.

정보의 출처

이 절의 논의는 경제 및 시사, 산업 및 기업, 가격에 대해 가장 접근하기 쉬운 정보 출처에 중점을 둔다. 금융정보 산업은 거대하므로 여기에서는 사용 가능한 출처의 개요만 제공한다.

경제 및 시사의 정보 현재의 경제적, 정치적, 사업적 사건들을 알고 있는 투자자들은 더 좋은 투자 결정을 하는 경향이 있다. 경제적 및 현재 사건 정보의 대중적 출처는 금융 잡지, 일반 신문, 기관지, 비즈니스 정기간행물, 정부 간행물, 특별 구독 서비스를 포함한다. 이들은 인쇄물과 온라인 버전으로 이용가능하고 대다수는 검색도 가능하다.

금융 잡지 *Wall Street Journal*은 가장 잘 알려진 금융뉴스의 출처일 것이다. 월요일부터 토요일까지 매일 미국, 유럽, 아시아 판으로 발간되는 이 저널은 또한 온라인으로도 제공된다. 수천 개 투자 증권의 일간 호가를 제공하는 것 외에도, 이 저널은 세계, 국가, 지역, 기업 뉴스를 보도하고, 개인의 금융문제를 다루는 기사도 제공한다. 온라인 버전에는 도표 작성 도구, 회사 개요와 재무제표, 분석가 평가, Dow Jones 기사 자료집과 같은 내용도 포함한다.

두 번째 신뢰할 만한 금융뉴스의 출처는 주간으로 발행되는 *Barron's*이다. *Barron's*는 일반적으로 개인투자자에게 흥미로운 다양한 주제에 관한 장문의 기사를 제공한다. 아마도 *Barron's*의 가장 인기 있는 칼럼은 "Up & Down Wall Street"이다. 이 칼럼은 주식시장과 기업에 영향을 주는 주요 사건들을 비평적이면서도 유머러스하게 평가하고 있다. *Barron's*는 또한 다양한 투자 증권의 현재 호가와 요약 통계도 제공한다.

*Investor's Business Daily*는 세 번째 전국적인 비즈니스 신문이며, 월요일부터 금요일까지 발간된다. 이는 *Wall Street Journal*과 비슷하나, 더 상세한 가격과 시장 자료를 포함한다. 이 웹사이트에서 무료로 제공하는 내용은 한계가 있다. 금융뉴스의 다른 출처는 미국, 영국, 유럽, 아시아 판을 발간하는 *Financial Times*이다.

기관 소식지 연방준비제도에 속한 여러 은행의 월간 경제지는 유용한 경제정보를 제공한다. Dow Jones, Bloomberg Financial Services, Associated Press(AP), United Press International(UPI) 같은 유선 서비스들은 그들을 구독하는 중개회사, 다른 금융기관, 그리고 웹사이트들에게 경제 및 사업 뉴스를 제공한다. Bloomberg는 자체의 종합 사이트를 갖고 있다. 금융뉴스에 특화된 웹사이트는 CNN Business와 Market-Watch이다.

비즈니스 정기간행물 비즈니스 정기간행물들은 다양한 범위를 다룬다. 일부는 일반적인 비즈니스와 경제 기사를 제시하고, 다른 일부는 증권시장 및 관련 주제를 다루며, 다른 일부는 특정 산업만에 집중한다. 주제 사안과 관련 없이, 대다수 비즈니스 정기간행물들은 기술적 정보를 제시하고, 일부는 분석적 정보도 포함한다. 추천은 거의 하지 않는다. *Bloomberg Businessweek*, *Forbes*, *Fortune*, *The Economist* 같은 정기간행물은 더 많은 심층 기사를 제공한다. 이 잡지들은 또한 투자와 개인금융 관련 기사도 다룬다.

정부 간행물 많은 정부기관들이 투자자에게 유용한 경제 자료와 보고서를 발간한다. 미국의 정부 인쇄국에서 찾을 수 있는 연간 *Economic Report of the President*는 경제의 현재 및 예상 상황에 관한 광범위한 개관을 제공한다. 이 문서는 경제 정책과 상황을 검토하고 요약하며, 경제의 중요한 측면의 자료를 포함한다.

연방준비제도 이사회에 의해 월간으로 발행되는 *Federal Reserve Bulletin*과 12개 지역 연방준비은행 각각에 의해 발간되는 정기보고서는 경제 및 사업활동의 다양한 영역에 관한 논문과 자료를 제공한다. 모든 종류의 다운로드 가능한 과거 경제 자료에 대한 가장 포괄적인 출처는 St. Louis의 Federal Reserve Bank에서 관리하는 FRED(Federal Reserve Economic Data) 사이트일 것이다.

상무부의 유용한 간행물은 *Survey of Current Business*이다. 이는 월간으로 발행되며, 경제와 사업 상황에 관련된 지표와 자료를 포함한다. 모든 제조기업을 산업과 자산규모에 의해 구분하여 재무제표 정보를 제공하는 좋은 출처는 미국 인구조사국에서 발행하는 *Quarterly Financial Report*이다.

특별 구독 서비스 사업과 경제 상황에 관한 추가적 통찰력을 원하는 투자자들은 두 개의 특별 서비스를 구독할 수 있다. 이 보고서들은 사업과 경제 예측을 포함하고, 새로운 정부 정책, 노동조합 계획과 전술, 조세, 물가, 임금 등을 알려준다. 대중적인 서비스로는 풍부한 경제 정보와 분석을 제공하는 주간 간행물인 *Kiplinger Letter*가 있다.

산업과 회사 정보 투자자의 특별한 관심사는 특정 산업과 회사에 관한 정보이다. 많은 인쇄 및 온라인 상업 잡지들이 한 산업의 동향을 심도 있게 다룬다. *Chemical Week*, *American Banker*, *Computerworld*, *Industry Week*, *Oil and Gas Journal*, 그리고 *Public Utilities Fortnightly* 같은 상업 간행물들은 중점 산업과 회사에 관한 정보를 제공한다. 예를 들어, RedHerring.com, CIO.com, FastCompany.com은 당신으로

〈표 3.1〉 산업과 회사 정보를 위한 온라인 출처

웹사이트	적요	비용
D&B Hoovers Online (http://www.hoovers.com)	공적 및 사적 회사의 보고서 및 뉴스와 함께, 43,000개의 세계 최고 기업에 관한 심도 있는 보도	서비스 수준에 따라 변동
CNET (http://news.cnet.com)	첨단기술 뉴스, 분석과 새 소식의 가장 좋은 사이트의 하나. 훌륭한 검색 능력과 링크 보유	무료
Yahoo! Finance (http://finance.yahoo.com)	웹에서 수집된 회사 정보 제공; 주식 호가, 뉴스, 투자 아이디어, 조사, 재무분석가 등급, 내부자 거래 등	무료
Market Watch (http://www.marketwatch.com)	다양한 유선 서비스의 최근 뉴스. 시장 또는 산업별로 검색 가능. 이익 발표와 회사 뉴스에 유익	무료

하여금 첨단기술 세계에 보조를 맞출 수 있도록 도와주는 웹사이트들이다. 투자자는 투자할 산업을 선택한 후, 종종 특정 회사를 분석하려 할 것이다. 이미 강조한 많은 비즈니스 정기간행물과 웹사이트에는 특정 산업 및 개별 기업의 활동에 대한 기사가 실려 있다. 또한 회사 웹사이트는 일반적으로 투자자 정보, 연차 보고서, 제출 문서, 재무자료, 보도자료 등 회사에 관한 풍부한 정보를 제공한다. 〈표 3.1〉은 산업과 회사 정보를 강조하는 몇 가지 무료 구독 자료를 제시한다.

공정공시 규정 2000년 8월, SEC는 Regulation FD로 알려진 **공정공시 규정**(fair disclosure rule)을 제정했다. 이는 기업의 고위 간부가 이익 발표와 합병 및 신제품 뉴스 같은 중요한 정보를 투자전문가와 대중에게 동시에 보도자료나 SEC 보고를 통해 공시할 것을 요구한다. 만약 특정 정보가 보도자료를 요구하는지 확실하지 않으면, 회사는 전문적 주식분석가와의 접촉으로 제한할 수 있다. 그러나 Regulation FD는 언론이나 Moody's Investors Service와 Standard & Poor's 같은 증권평가회사와의 소통에 적용되지 않는다. 다시 말해, 기업들은 대중에게 보도자료를 통해 동시에 공시하지 않고, 언론의 구성원들에게 정보를 공시할 수 있다. 이 법은 언론은 분석가가 할 수 있는 것처럼 정보에 기초하여 거래하지 않고, 회사로부터 얻은 정보를 공개할 의무를 갖는다는 견해를 취하고 있다. 규정의 위반은 금지명령이나 벌금에 처해질 수 있으나, 사기로 간주되지 않는다.

그림 3.4 Procter & Gamble의 2018년 주주 보고서 페이지

Procter & Gamble의 연차 보고서에서 발췌한 내용은 투자자에게 지난 1년 동안 회사의 운영에 대한 몇 가지 주요 정보를 신속하게 알려준다. (출처: Procter & Gamble 연차 보고서, http://www.pginvestor.com/Cache/1001242072.PDF?O=PDF&T=&Y=&D=&FID=1001242072&iid=4004124, 2018년 11월 8일 접속)

FINANCIAL HIGHLIGHTS (UNAUDITED)
Amounts in billions, except per share amounts

	2018	2017	2016	2015	2014
Net Sales	**$66.8**	$65.1	$65.3	$70.7	$74.4
Operating Income	**$13.7**	$14.0	$13.4	$11.0	$13.9
Net Earnings Attributable to P&G	**$9.8**	$15.3	$10.5	$7.0	$11.6
Net Earnings Margin from Continuing Operations	**14.8%**	15.7%	15.4%	11.7%	14.3%
Diluted Net Earnings per Common Share from Continuing Operations[1]	**$3.67**	$3.69	$3.49	$2.84	$3.63
Diluted Net Earnings per Common Share[1]	**$3.67**	$5.59	$3.69	$2.44	$4.01
Operating Cash Flow	**$14.9**	$12.8	$15.4	$14.6	$14.0
Dividends per Common Share	**$2.79**	$2.70	$2.66	$2.59	$2.45

2018 NET SALES BY BUSINESS SEGMENT[2] | **2018 NET SALES BY GEOGRAPHIC REGION** | **2018 NET SALES BY MARKET MATURITY**

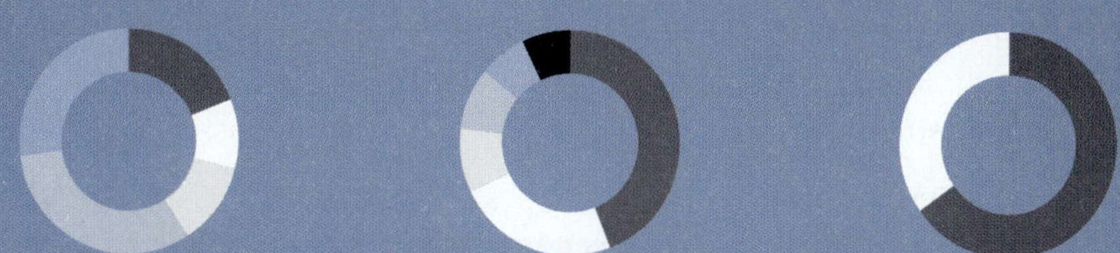

2018 Net Sales by Business Segment[2]	
Beauty	19%
Grooming	10%
Health Care	12%
Fabric & Home Care	32%
Baby, Feminine & Family Care	27%

2018 Net Sales by Geographic Region	
North America[3]	44%
Europe	24%
Asia Pacific	9%
Greater China	9%
Latin America	7%
India, Middle East & Africa (IMEA)	7%

2018 Net Sales by Market Maturity	
Developed Markets	65%
Developing Markets	35%

주주 보고서 불과 몇 년 전만해도 대부분의 상장기업은 지난 1년 동안의 성과를 돋보이도록(또는 실패를 설명) 하기 위해 잡지와 같은 화려한 **주주 보고서**(stockholders' report), 또는 **연차 보고서**(annual report)를 작성했다. 이러한 보고서는 일반적으로 회사의 최고경영자(CEO)가 주주에게 보내는 편지로 시작하고, 〈그림 3.4〉에 표시된 Procter & Gamble의 2018년 연례 보고서에서 가져온 페이지와 같이 재무성과의 추세를 강조하는 몇 가지 도표와 표로 이어진다. 이러한 보고서를 찾을 수 있는 가장 좋은 곳은 회사 웹사이트의 투자자관계(IR) 페이지이지만, 연차 보고서를 원하는 투자자는 회사가 매년 SEC에 제출해야 하는 멋지게 꾸며진 형식의 버전만

찾을 수 있을 것이다. 화려한 연차 보고서가 예전만큼 흔하지는 않지만 최소한 사용 가능한 보고서는 무료이다. 만약 회사마다 별도로 연차 보고서를 찾는 게 번거로우면, 인터넷에서 가장 완전한 연차 보고서 목록을 갖고 있다고 자랑하는 AnnualReports.com을 고려할 수 있다.

회사가 제출하는 보고서 중에 가장 면밀하게 조사되는 보고서는 상장기업이 SEC에 매년 제출해야 하는 10-K **양식**(Form 10-K) 서류이다. 주요 거래소에서 거래되는 모든 회사가 제출한 보고서를 보유하고 있는 SEC/EDGAR(Electronic Data Gathering and Analysis Retrieval) 덕분에, 10-K와 다른 SEC 제출서류를 찾는 것은 이제 단순한 작업이다. SEC의 EDGAR 웹사이트에서 무료로 읽을 수 있다.

비교자료의 출처 일반적으로 산업과 기업규모에 의해 분류된 비교자료의 출처는 회사의 재무상태를 분석하는 좋은 도구이다. 이 출처들은 Dun & Bradstreet의 *Key Business Ratios*, RMA의 *Annual Statement Studies*, *Almanac of Business & Industrial Financial Ratios*를 포함한다. 이 출처들은 전형적으로 공공 도서관과 대학 도서관에서 이용가능하며, 회사의 재무상태를 평가하기 위한 유용한 준거를 제공한다.

구독 서비스 다양한 구독 서비스는 특정 산업과 회사에 관한 자료를 제공한다. 일반적으로, 구독자는 서비스의 정보를 사용하기 위해 기본료를 지불하고, 또한 심도를 높이거나 범위를 확대하기 위해 우대 서비스를 구입할 수 있다. 주요 구독 서비스는 기술적 및 분석적 정보를 제공하나, 일반적으로 권유는 하지 않는다. 대다수 투자자들은 이 서비스를 구독하는 대신, 주식 브로커나 대형 공공 또는 대학 도서관을 통해 이용한다. 대다수 서비스의 웹사이트는 일부 무료 정보를 제공하고, 나머지에 대해서 요금을 부과한다.

대표적인 구독 서비스는 Standard & Poor's, Bloomberg, Mergent, Value Line에 의해 제공되는 것들이다. **Standard & Poor's Corporation(S&P)**은 많은 상이한 재무 보고서와 서비스를 제공한다. *Bloomberg Businessweek*는 기관투자자를 위한 Bloomberg 상품의 보완재로 개인투자자를 위한 훌륭한 자원을 제공한다. **Mergent**는 또한 주식과 채권 분석, 기업 조사, 8개 산업의 유명한 참고 매뉴얼, 기타 많은 상품들을 포함한 다양한 자료를 발간한다. **Value Line Investment Survey**는 개인투자자에 의해 이용되는 가장 대중적인 구독 서비스의 하나이다. 이는 대다수 도서관에서 이용 가능하고, 자료, 도표, 포트폴리오 추적, 기술적 지표를 포함한 추가적 서비스는 온라인으로 제공한다.

> **투자자 현실**
>
> **분석가의 주식 추천은 편향되지 않았는가** 최근 연구에서 IPO와 관련하여 받은 주식 추천을 조사했다. 이러한 추천 중 76%는 놀랍게도 강력 매수 또는 매수였다. 매도 추천은 매우 드물다. 즉, IPO 주식에 대한 모든 추천의 4%에 불과하다. 이러한 통계는 IPO 주식이 저가 발행(저평가)되어 투자자가 이를 사야 하거나 분석가의 추천이 긍정적인 쪽으로 치우쳐 있음을 시사한다. 적어도 하나의 증거가 후자의 해석을 지지한다. 새로운 주식 공모의 성과에 대한 연구에 따르면 IPO에 대한 투자수익은 다른 유사한 회사에 대한 투자수익과 유사하거나 못 미치는 것으로 조사되었다.
>
> (출처: "Analyst coverage and IPO management Forecasts," *Journal of Corporate Finance*, Vol.29, August 2016, pp.263-277에서 발췌)

중개회사 보고서 중개회사는 종종 다양한 구독 서비스의 보고서와 자체의 증권분석가의 조사보고서를 고객에게 제공한다. 이들은 또한 고객에게 신규 증권 발행의 투자설명서와 **백오피스 조사보고서**(back-office research reports)를 제공한다. 2장(〈그림 2.1〉 참고)에서 언급했듯이, **투자설명서**는 증권, 발행기관, 경영 및 재무 상태의 핵심 영역을 상세하게 기술하는 서류이다. 백오피스 조사보고서는 증권시장, 특정 산업, 특정 증권의 전망에 관한 중개회사의 분석과 조언을 포함한다. 일반적으로, 중개회사는 조사인력에 의해 "강력 매수", "매수", "보유", "축소", "매도"로 분류된 증권들의 목록을 발간한다. 중개회사의 조사보고서는 요청 시 기존 및 잠재적 고객에게 무료로 제공된다.

증권분석가의 보고서는 이제 중개회사 웹사이트 또는 많은 중개회사의 조사를 통합한 웹사이트에서 이용가능하다. 주요 조사 사이트인 Reuters.com에서 대부분의 중개회사와 조사기관의 기업 및 산업 보고서가 이용가능하다. 투자자들은 Zacks Investment Research를 사용하여, 널리 추종되는 주식에 대한 분석가 보고서를 찾아 구매하고, 중개회사에 의해 발간된 수정 이익과 추천을 포함한 보고서 초록을 무료로 읽을 수 있다.

투자 소식지 **투자 소식지**(investment letters)는 구독자에게 증권투자의 전문가에 의한 분석, 결론, 추천을 제공하는 소식지이다. 대부분의 소식지는 특정 주식을 추천하거나 전체 주식시장의 방향을 예측하지만 채권, 통화, 상품, 부동산 및 뮤추얼 펀드를 다루는 소식지도 있다. 또 다른 사람들은 기업 내부자들의 거래를 모방하는 것과 같은 특정 전략을 따라 추천을 한다. 일반적인 소식지의 가격은 연간 \$600~700이고 독자가 수천 명에 불과하지만 일부는 수백만 명의 구독자를 보유하고 있다. 비교적 대중적인 투자 소식지는 *Motley Fool Stock Advisor*, *The Prudent Speculator*, *Bob Brinker's Marketimer*가 있다. *The Hulbert Financial Digest*는 소유자인 MarketWatch/Dow Jones가 폐간한 2016년까지 투자 소식지들의 성과를 감시했다. 그 이후로 Hulbert Ratings LLC는 투자 소식지 산업을 지속적으로 분석하여 북미에서 약 \$3.5십억의 연간 수익을 창출하고 있다.

가격 정보 다양한 종류의 증권에 관한 가격 정보는 현재의 가격자료와 최근의 가격행태를 포함하는 **호가**(quotations) **정보**에 포함되어 있다. 웹은 활발하게 거래되는 증권들의 가격 시세를 쉽게 찾도록 만든다. **금융포털**은 실시간 시세, 주식 및 뮤추

〈표 3.2〉 일부 유명 회사의 기호

회사	기호	회사	기호
Alphabet	GOOG	Johnson & Johnson	JNJ
Amazon.com, Inc.	AMZN	McDonald's Corporation	MCD
Apple	AAPL	Microsoft	MSFT
AT&T	T	Netflix	NFLX
Bank of America	BAC	Nike	NKE
Costco Wholesale	COST	Nordstrom	JWN
Cisco Systems	CSCO	Oracle	ORCL
The Coca-Cola Company	KO	PepsiCo, Inc.	PEP
Estee Lauder Companies	EL	Ralph Lauren	RL
ExxonMobil	XOM	Southwest Airlines	LUV
Facebook	FB	Starbucks	SBUX
FedEx	FDX	Target	TGT
Hewlett-Packard	HPQ	United Parcel Service	UPS
Intel	INTC	Walmart Stores	WMT
Int'l. Business Machines	IBM	Walt Disney	DIS

얼펀드 검색, 포트폴리오 추적, 뉴스, 조사 및 때때로 거래 기능과 같은 다양한 투자 기능을 기타 개인 금융기능과 함께 제공하는 슈퍼사이트이다. 이 사이트들의 대다수는 사용자로 하여금 티커(ticker) 기호(종목 코드)를 입력함으로써 주식을 찾도록 만든다. 〈표 3.2〉는 일부 유명한 회사의 티커 기호를 나타낸다.

일부 금융포털은 종합적 투자 콘텐츠를 다른 서비스와 함께 다루는 Yahoo! Finance와 Google Finance 같은 일반 사이트이거나 또는 투자지향적 사이트이다. 사이트들의 장점과 특징이 매우 다양하기 때문에, 당신은 필요에 가장 적합한 것을 찾기 위해 여러 사이트를 확인해야 한다. 어떤 포털은 당신을 잡아두기 위해 첫 페이지가 당신이 원하는 자료를 포함하도록 만드는 맞춤 옵션을 제공한다. 당신의 투자를 관리할 수 있는 하나의 사이트를 찾으면 좋으나, 하나의 포털에서 당신이 원하는 최선을 찾지 못할 수 있다. 당신의 필요를 충족하는 사이트를 찾기 위해 몇몇 사이트를 탐색할 수 있다. 〈표 3.3〉에 여러 인기 있는 금융포털의 특징이 요약되어 있다.

기타 온라인 투자정보 출처 많은 투자자는 주식에 대한 정보 외에도 채권, 뮤추얼펀드 또는 국제 투자와 같은 투자에 대한 정보를 원한다. 일부 투자자는 또한 투자

〈표 3.3〉 대중적인 투자 웹사이트

다음 웹사이트들은 투자정보를 제공하는 수천 개 사이트들의 일부이다. 별도로 언급되지 않으면, 모두 무료이다.

웹사이트	적요
CNN Business	국내외 시장을 다룸. 시장 데이터에 대한 액세스를 제공하고 실리콘밸리에 중점을 둠.
Motley Fool	교육적 내용, 연구, 뉴스, 메시지 게시판을 가진 종합적이고 재미있는 사이트. 모형 포트폴리오는 다양한 투자전략을 다룸. 무료이나, Stock Advisor 월간 소식지 같은 유료 고급 서비스를 제공
Yahoo! Finance	단순한 도안, 풍부한 내용; 쉽고 신속하게 정보 검색. 금융뉴스, 호가, 포트폴리오 추적 프로그램, 요금 납부, 개인별 홈페이지, 그리고 다른 주요 사이트의 디렉토리 포함
MarketWatch	뉴스보다는 투자 자료와 수치에 더 중점을 둔 사이트인 MarketWatch는 거래일 내내 업데이트되는 시세 및 차트를 제공
Investing in Bonds	증권업 및 금융시장 협회에 의해 개발. 초보 투자자에 적합. 채권 교육, 연구 보고서, 과거 자료, 다른 사이트의 링크. 검색 가능한 데이터베이스
Treasury Direct	미국 재무부에 의해 운영. 미국 저축채권과 국채에 관한 정보. Treasury Direct 프로그램을 통해 온라인으로 국채 매입 가능
Morningstar	뮤추얼펀드의 등급을 포함한 프로파일. 검색 도구, 포트폴리오 분석과 관리. 펀드 매니저 인터뷰, e-메일 소식지. 교육 섹션. 고급 검색 및 분석 도구는 유료
Mutual Fund Investor's Center	Mutual Fund Education Alliance의 비영리, 쉽게 사용되는 사이트이며, 투자자 교육, 검색 기능, 그리고 펀드 프로파일에 대한 링크, 은퇴자금 계산기, 자산 배분, 그리고 대학교육 계획 기능
MAXfunds	최선의 펀드를 찾기 위한 몇몇 척도와 관찰값을 제공하고, 펀드를 선택하기 위한 과거 성과 외의 투자자 도구를 제공. 다른 어떤 온 또는 오프 라인 발간물보다 많은 펀드를 다룸. 고급 자문서비스인 MAXadvisor Powerful Portfolios는 유료

관련 토론 포럼에서 시간을 보낸다. 다행히 웹은 호기심 많은 투자자에게 이러한 주제에 대해 많은 것을 제공할 수 있다.

채권 사이트 많은 일반적 투자 사이트가 채권과 뮤추얼펀드 정보를 포함하나, 이런 투자에 특화된 사이트를 방문할 수도 있다. 개인은 일반적으로 주식 거래처럼 채권을 거래하지 않기 때문에, 개인을 위한 채권에 집중하는 사이트는 더 적다. 일부 중개회사는 고객으로 하여금, 종전에는 투자전문가로 한정되었던, 채권 정보를 이용하도록 허용하기 시작했다. 〈표 3.3〉에 수록된 사이트들에 추가하여, 채권과 이자율의 다른 좋은 사이트들은 Bloomberg와 *Wall Street Journal*을 포함한다.

주요 채권 신용평가기관 — Moody's, Standard & Poor's, Fitch — 의 사이트는 등급평가 목록, 최근의 등급 변화, 등급 결정 방법에 관한 정보를 제공한다.

뮤추얼펀드 사이트 미국에는 거래소에서 거래되는 주식보다 주식에 투자하는 뮤추얼펀드가 더 많다는 사실을 알고 있는가? 수천 개의 뮤추얼펀드 중에서, 어떻게 투자목표에 가장 부합하는 것을 찾을까? 인터넷은 특정 펀드회사에 연계되지 않고 검색도구와 워크시트를 갖춘 많은 사이트를 제공함으로써, 이 작업을 훨씬 더 쉽게 만든다. 모든 주요 뮤추얼펀드 집단(family)은 자체의 사이트를 갖고 있다. 일부는 방문자들이 펀드 매니저의 인터뷰를 듣거나 담화에 참여하도록 허용한다. Fidelity는 교육 기사, 펀드 선택 도구, 펀드 프로파일 등을 갖춘 가장 종합적인 사이트의 하나를 갖고 있다.

국제 사이트 해외 시장에 대한 투자는 예전보다 훨씬 쉬우며 이미 언급한 많은 웹사이트에서 미국 이외의 시장에 대한 서비스를 제공한다. 예를 들어, Vanguard 및 Fidelity와 같은 대규모 뮤추얼펀드 집단은 특정 국가의 투자 옵션에 특화된 펀드와 여러 국가 시장에 걸쳐 다각화된 펀드를 포함하여 국제 투자에 전념하는 다양한 상품을 제공한다. Yahoo! Finance, MarketWatch 및 기타 금융 사이트는 전 세계 주가지수 실적에 대한 자료와 특정 해외 주식 관련 수치를 제공한다. 글로벌 비즈니스 뉴스의 경우 *Financial Times*가 높은 점수를 받았다.

> **투자자 현실**
>
> **소셜미디어와 주식수익률** 웹의 많은 금융 사이트에서와 마찬가지로 SeekingAlpha 독자는 해당 사이트에 게시된 기사 하단에 댓글을 게시할 수 있다. 이러한 의견을 연구한 결과 토론의 분위기가 미래의 주식수익률을 예측할 수 있는 좋은 지표임을 발견했다. 특히 특정 주식에 대한 의견이 매우 부정적이었을 때 그 주식은 이후 3개월 동안 전체 시장보다 낮은 성과를 거두었다.
>
> (출처: "Wisdom of Crowds : The Value of Stock Opinions Transmitted Through Social Media," *Review of Financial Studies*, Vol. 27, Issue 5, pp.1367-1403에서 발췌)

투자 토론 포럼 투자자들은 선호하는 주식과 투자전략에 관해 대다수 주요 금융 웹사이트의 온라인 토론 포럼, 메시지 게시판, 채팅룸에서 의견을 교환할 수 있다. 그러나 여기에서 핵심 단어는 의견임을 기억하라. 당신은 정보를 게시하는 사람의 자질에 관해 별로 알지 못한다. Motley Fool의 토론 게시판은 가장 대중적인 것인데, Fool의 직원들이 토론을 감시한다. Yahoo! Finance의 메시지 게시판도 상당히 활동적이다. Raging Bull은 뉴스와 다른 링크들과 함께 토론 그룹들을 포함한다. 기술주 투자자들은 첨단기술 게시판이 최고라고 알려진 포털 사이트인 Silicon Investor에 모여든다.

신용사기 방지 오늘날 모든 투자자가 쉽게 정보를 이용할 수 있다는 현실은 사기꾼들이 거짓 뉴스를 퍼뜨리고 정보를 조작하기 쉽게 만들었다. 누구든지 온라인에서 전문가처럼 행세하면서 실질적 내용은 없는 주식 관련 정보를 올릴 수 있다. 앞서 언급했듯이, 당신은 메시지 게시판에 주식을 광고하거나 선전하는 사람의 신원을 모를 수 있다. 어떤 주식을 비판하는 사람은 불만을 품은 전직 직원이거나 공매도자일 수도 있다. 예를 들어, 샌디에이고에 있는 Avanir Pharmaceuticals에서 축출된 전 최고경영자는 주식 메시지 게시판에 부정적 의견을 올려서, 회사의 주가에 악영향을 미쳤다. 회사는 소송을 제기해서 회사에 관한 부정적 언급을 영원히 올리지 못하도록 하는 명령을 얻어냈다.

빠르게 변화하는 온라인 환경에서는 두 종류의 사기가 빈번하게 발생한다. "pump-and-dump"와 "get-rich-quick" 사기이다. Pump–and–dump 사기에서, 가해자는 선택된 주식을 매입하고 대중에게 거짓 또는 과장 광고한다. 허위 선전은 주가를 높이는 경향이 있고, 이 시점에 사기꾼은 부풀려진 가격으로 주식을 팔아 치운다. Get–rich–quick 사기에서, 사기꾼은 가치 없는 투자를 순진한 매수자에게 판다.

잘 알려진 pump-and-dump 사기의 하나는 인터넷을 이용한 주식 광고의 용이성을 잘 보여준다. 2011년 12월, SEC는 영화 *Rudy*에 영감을 준 사람인 Daniel Ruettiger를 그의 회사 Rudy Nutrition과 관련된 pump-and-dump 사기로 기소했다. Ruettiger의 회사는 Gatorade와 경쟁하기 위해 개발된 "Rudy"로 불리는 스포츠 음료를 광고했다. SEC는 Ruettiger가 그의 스포츠 음료가 시음 테스트에서 Gatorade와 Powerade를 2 대 1로 이겼다고 주장하는 부당 e-메일을 보냈다고 주장했다. SEC는 또한 Ruettiger가 인위적으로 회사의 주가를 높이기 위해 투자자들에게 미등록 증권을 매도함으로써 조작적 거래를 했다고 주장했다.

최근에는 암호화폐, 특히 비트코인(Bitcoin)만큼 많이 거래되지 않는 암호화폐 시장에서 만연한 pump-and-dump 사기에 대한 보고가 있었다. 암호화폐 시장을 규제하지 않는 Commodity Futures Trading Commission(CFTC)은 최근 투자자들이 암호화폐 사기꾼의 희생양이 되지 않도록 하기 위해 다음과 같은 조언을 발표했다.[1)]

- 특히 해당 팁이 소셜미디어를 통해 제공된 경우 단일 팁을 기반으로 디지털 코인이나 토큰을 구매하지 마십시오.
- 암호화폐에 투자하여 빠르게 부자가 될 수 있다는 생각을 홍보하는 광고나 웹사이트에 대하여 의심하십시오.
- 투자는 보장되지 않습니다. 누군가 투자에 위험이 없다고 말하면 투자하지 마십시오.

이 조언은 암호화폐뿐만 아니라 모든 투자에 적용된다.

---

1) "Customer Advisory: Beware Virtual Currency Pump-and-Dump Schemes." CFTC, https://www.cftc.gov/sites/default/files/idc/groups/public/%40customerprotection/documents/file/customeradvisory_pumpdump0218.pdf, 2018년 6월 3일 접속.

개념 리뷰

해답은 www.pearson.com/mylab/finance에서 찾을 수 있음.

3.4 기술적 정보와 분석적 정보를 구별하라. 투자 정보 또는 권고의 취득이 경제적으로 정당화될 수 있는지 어떻게 논리적으로 평가할 것인가?

3.5 금융뉴스를 추적하려면 어떤 대중적인 금융 및 사업 관련 정기간행물을 사용할 것인가? 일반 뉴스? 사업 뉴스? 당신은 인쇄물 또는 온라인 중에서 어디에서 뉴스를 얻고 싶은가, 그리고 그 이유는 무엇인가?

3.6 다음 자원들이 제공하는 정보의 종류를 간단히 기술하라.
a. 주주 보고서
b. 비교자료 출처
c. Standard & Poor's Corporation
d. Mergent
e. Value Line Investment Survey

3.7 다음 각 종류의 정보를 어떻게 입수할 것인가, 그리고 그 내용은 투자 결정을 어떻게 도와줄 것인가?
a. 투자설명서
b. 백오피스 조사보고서
c. 투자 소식지
d. 가격 호가(시세)

3.8 인터넷 발간에 특히 적합한 몇 가지 종류의 정보를 간단히 기술하라. 온라인과 인쇄 버전의 차이는 무엇인가, 그리고 언제 당신은 각각을 사용할 것인가?

시장 평균과 지수의 이해

LG3 우리가 논의한 투자정보는 투자자로 하여금 언제 경제가 상승 또는 하락하고 어떻게 개별 투자가 성과를 내는지 이해하도록 도와준다. 이 정보와 다른 정보를 사용하여 미래의 투자성과에 대한 기대치를 공식으로 일반화할 수 있다. 또한 전체 주식시장과 다른 금융시장이 어떻게 행동하고 있는지 아는 것도 중요하다.

증권시장의 행태를 평가하는 널리 사용되는 방법은 시장의 평균과 지수를 연구하는 것이다. 이 척도들은, 미래의 시장 행태를 예측하기 위해, 편리하게 (1) 전체적 시장상황을 측정; (2) 당신의 포트폴리오 성과를 대규모, 분산된 (시장) 포트폴리오에 비교; 그리고 (3) 시장의 주기, 추세, 그리고 행태를 연구하도록 만든다. 주식가격 호가처럼 시장지수는 많은 웹사이트에서 추적되고 있다.

주식시장 평균과 지수

주식시장의 평균과 지수는 시간 경과 따른 주가의 일반적 행태를 측정한다. 사람들이 시장행태를 논의할 때, **평균**과 **지수**의 용어는 호환적으로 사용되나, 양자는 다른 종류의 척도이다. **평균**(average)은 주어진 시점에서 대표적 주식 집단의 산술적 평균 가격 행태를 반영한다. **지수**(index)는 대표적 주식 집단의 과거 특정 시점의 기준 값에 비교된 현재 가격 행태를 측정한다.

평균과 지수는 시장의 일반적 분위기를 측정하는 편리한 수단을 제공한다. 투자자들은 또한 시장의 상대적 강세나 약세를 평가하기 위해, 상이한 시점들의 척도를 비교할 수 있다. 주요 평균과 지수의 현재와 최근의 값들은 금융 웹사이트, 금융뉴스, 대다수 지역 신문, 그리고 많은 라디오 및 TV 뉴스 프로그램에서 매일 인용된다.

다우존스 평균 S&P 다우존스 지수는 네 개의 상이한 주식 평균과 다양한 주가지수를 산출한다. 이 가운데 가장 잘 알려진 것은 **다우존스 산업평균**(Dow Jones Industrial Average: DJIA)이다. 이 평균은 대다수가 긴 역사를 가진 대규모의 저명한 회사들이 발행한 30종목의 주식으로 이루어진다. DJIA는 미국 경제의 광범위한 표본을 대변하고, 기술, 운송, 은행, 에너지, 보건, 소비재 및 기타 여러 분야의 주식을 포함한다. DJIA는 **가격가중** 지수이며, 이는 높은 가격의 주식은 지수에서 낮은 가격의 주식보다 더 큰 가중치를 가짐을 의미한다.

때때로 회사 자체의 행동으로 인해 Dow Jones가 회사를 DJIA에 추가하도록 유도할 수 있다. 2015년에 Dow는 Apple을 선호하여 AT&T를 평균에서 제외하였다. 이러한 변화는 부분적으로 Apple의 엄청난 성장을 반영했다. 2015년까지 Apple은 시가총액으로 측정한 미국 최대 기업이었다. 그러나 Apple의 지수 편입은 2014년에 주식을 7 대 1로 분할하는 회사의 결정에도 영향을 받았다. 분할 후 Apple의 주가는 분할 이전의 주가, 대략 $600의 약 7분의 1이었다. Dow는 가격가중 지수이기 때문에 가격이 $600에 달하는 주식은 지수에 불균형적인 영향을 미치므로 지수에는 주가가 매우 높은 회사가 거의 포함되지 않는다. 다른 경우, DJIA 구성의 변화는 합병 또는 파산 또는 장기간의 저조한 실적으로 촉발된다. 예를 들어, Dow Jones가 2018년 Walgreens를 선호하여 지수에서 GE를 제외했을 때와 같이 말이다. 새로운 주식이 Dow에 추가되면 계속 작동할 수 있도록 평균은 바로 직전 과거와 일치시키는 방식으로 조정된다.

DJIA의 지수는 DJIA에 있는 30개 주식의 종가를 다음 수식으로 대체하여 영업일마다 계산된다.

$$DJIA = \frac{\text{주식 1의 종가} + \text{주식 2의 종가} + \cdots + \text{주식 30의 종가}}{\text{DJIA 제수(divisor)}} \quad (3.1)$$

DJIA의 값은 Dow에 포함된 30개 주식의 종가의 단순한 합계를 "제수(divisor)"로 나눈 값이다. 제수의 목적은 주식분할, 지수 구성의 변경, 또는 기타 사건들에 대해 조정하여 이러한 요소가 지수 가치에 영향을 미치지 않도록 지수의 역사적 연속성을 유지하는 것이다. 제수를 사용하면 DJIA를 사용하여 30개 주식의 성과를 시간이 지남에 따라 일관되게 추적할 수 있다. 2018년 6월 1일, DJIA 제수는 0.14523396877348, 그리고 다우 30개 주식의 종가의 합은 3,577.87이었다. 수식 (3.1)을 이용하여 30개 회사의 종가의 합을 DJIA 제수로 나누면 당일의 DJIA 종가 24,635.21을 얻을 수 있다.

DJIA는 30개 주식의 가격의 합으로부터 계산되기 때문에, 더 높은 가격을 가진 주식은 더 낮은 가격을 가진 주식보다 지수에 더 많이 영향을 주는 경향이 있다. 예를 들어, $50짜리 주식의 5%의 가격변화(즉, $2.50)는 지수에 대해 $100짜리 주식의 5% 변화(즉, $5.00) 또는 $600짜리 주식의 5% 변화(즉, $30.00)보다 덜 영향을 준다. 많은 전문가들은 Dow가 가격에 가중치를 두기 때문에 전체 주식시장의 방향에 대한 특히 좋은 지표가 아니라고 주장한다. DJIA는 이런 문제와 다른 비판들에도 불구하고, 가장 널리 인용되는 주식시장 지표이다.

DJIA의 실제 값은 과거의 값과 비교될 때에만 의미를 갖는다. 예를 들어, 2018년 6월 1일의 DJIA는 24,635.21로 종료했다. 이 값은 전일의 종가 24,415.84에 비교될 때에만 의미가 있다(약 0.90% 변동). 많은 사람들은 DJIA 1 "포인트"가 평균 주식가격의 $1에 해당하는 것으로 오해한다. 실제로, 1포인트는 현재 평균 주식 가치에서 약 0.50센트(즉, $0.005)로 환산되나, 이 수치는 시간이 지나면서 변한다.

이 밖에도 널리 인용되는 세 가지의 Dow Jones 평균은 운송, 공공서비스, 종합이다. **다우존스 운송 평균**(Dow Jones Transportation Average)은 철도, 항공, 운송주선, 그리고 혼합운송회사를 포함하는 20개 주식에 기초한다. **다우존스 공공서비스 평균**(Dow Jones Utility Average)은 15개의 공공서비스 주식을 이용하여 계산된다. **다우존스 종합 평균**(Dow Jones Composite Average)은 30개 제조업, 20개 운송업, 15개 공공서비스로 구성된다. DJIA처럼 다른 Dow Jones 평균 각각은 시간에 걸친 평균의 연속성을 위해 제수로 나누어진다. 운송, 공공서비스, 65개 주식의 종합은 DJIA

와 함께 자주 인용된다.

Dow Jones는 또한 모든 주식의 성과를 추적하는 U.S. Total Stock Market Index를 포함하여 많은 지수를 발표한다. Dow Jones는 또한 기업규모(예를 들어, 대형주, 중형주, 소형주) 또는 산업에 기초한 다양한 섹터의 지수를 발표한다. Dow Jones 지수 상품은 미국 시장에 제한되지 않는다. 이 회사는 세계 주식시장, 선진국 및 신흥 시장, 그리고 아시아, 유럽, 아메리카, 중동, 아프리카의 지역 시장을 추적하는 지수들을 제공한다.

Standard & Poor's 지수 다른 주요한 금융자료 발행사인 Standard & Poor's Corporation은 6개의 주요 주가지수를 발표한다. 자주 인용되는 S&P 지수는 다음과 같이 지수에 포함된 각 주식의 시가총액을 기반으로 산출되는 **S&P 500 지수**(**S&P 500 Index**)이다.

$$\text{S\&P 500 지수} = \frac{\text{주식 1의 종가기준 시가총액} + \text{주식 2의 종가기준 시가총액} + \cdots + \text{주식 500의 종가기준 시가총액}}{\text{제수(divisor)}} \quad (3.2)$$

투자자 현실

S&P 500에 "올인"하지 않은 Facebook Standard & Poor's는 일부 주식이 공개적으로 거래되지 않는 경우 회사의 모든 주식을 S&P 500 지수의 일부로 간주하지 않는다. 예를 들어 Facebook에는 공개적으로 거래되지 않고 마크 저커버그 및 기타 내부자가 보유한 차등의결권이 있는 주식 종류(Class B)가 있다. 이러한 주식은 S&P 500 지수 계산에 포함되지 않으므로 지수에서 Facebook의 가중치는 실제 시가총액보다 적다. 또한 Standard & Poor's는 2017년 7월 S&P 500 지수에 여러 주식 등급을 가진 회사를 더 이상 추가하지 않을 것이라고 발표했다. Facebook과 같이 이미 지수에 여러 주식 등급을 가진 회사는 그대로 유지된다.

제수(divisor)는 두 가지 기능을 수행하는 수치이다. 첫째, 이는 지수의 값을 더 사용하기 쉽게 만드는 규모조정 인수이다. 규모조정 인수는 지수에 포함된 주식의 현재 시장가치를 기준연도(S&P 500의 경우, 기준연도는 1941–1943년) 값에 대해 상대적으로 측정함으로써 작동한다. 예를 들어, S&P 500 지수의 모든 주식의 시가총액 합계는 수조 달러이다. 수조 단위의 지수는 결코 바람직하지 않으므로, 제수는 지수의 값을 더 다루기 쉬운 값으로 낮춘다(예를 들어, S&P 500 지수는 2018년 6월 1일에 2,734.62였다). 제수의 둘째 기능은 S&P 500 지수의 구성 변화를 고려하여 지수를 조정하는 것이다. 예를 들어, 지수의 한 회사가 합병이나 파산 때문에 제외되고, 다른 회사가 대신 추가될 때이다. 이 경우 단지 지수의 회사 목록이 변경되었다는 이유로, 지수 값은 "점프"하면 안 된다. 마찬가지로, 신주 발행 또는 자사주 매입 같은 어떤 회사의 사건은 지수의 기업의 시가총액을 변화시킬 수 있다. 제수는 이런 사건만으로 S&P 500 지수의 변동이 초래되지 않도록 계산된다.

S&P 500 지수는 분명히 다우 평균보다 많은 주식을 포함하고 있으며, 이들은 모두 지수에 포함된 회사들의 주가 대신 시가총액에 기반한다. 따라서 많은 투자자들은 S&P 지수가 다우 평균보다 광범위하고 일반적인 시장상황을 대표하는 척도를 제공한다고 생각한다. 이 지수들에 일부 기술적인 계산문제가 있으나, 나중에 소개되는 중요한 개념인 "시장수익률"을 측정하는 기초로서 널리 사용된다.

Standard & Poor's에 의해 발표되는 널리 사용되는 일부 주가지수들은 다음과 같다:

- S&P 500 지수는 500개의 대기업으로 구성된다(그러나 반드시 가장 큰 500개 기업은 아니다). S&P 100 지수는 100개의 대기업으로 구성되며, 각 주식은 투자자들이 거래할 수 있는 주식옵션을 갖고 있어야 한다.
- S&P 400 중형주 지수는 400개의 중간 규모 기업으로 구성되며, 미국 주식시장의 약 7%를 차지한다.
- S&P 600 소형주 지수는 600개의 소규모 기업으로 구성되며, 미국 주식시장의 약 3%를 차지한다.
- S&P 전체 시장지수는 NYSE(NYSE Arca와 NYSE MKT 포함)와 나스닥(NASDAQ Global Select Market, NASDAQ Global Market, NASDAQ Capital Market 포함)에 상장된 모든 주식으로 구성된다.

다우존스 평균과 S&P 지수는 시간경과와 함께 비슷하게 변동하는 경향이 있으나, 지수의 구성방법의 차이 때문에, 그들의 하루하루의 크기나 방향(상승 또는 하락)은 현저하게 다를 수 있다. <그림 3.5>는 2016년 6월 1일부터 2018년 6월 1일까지 DJIA와 S&P 500의 성과를 보여준다. 이 기간 동안 두 지수는 상승추세를 따랐으며,

그림 3.5
DJIA 평균과 S&P 500 지수 비교, 2016년 6월 1일부터 2018년 6월 1일까지

이 기간 동안 DJIA가 약 38%, S&P 500이 약 30% 상승하면서 상승 추세를 따랐다.
(출처: Yahoo! Finance 스크린 샷, www.finance.yahoo.com)

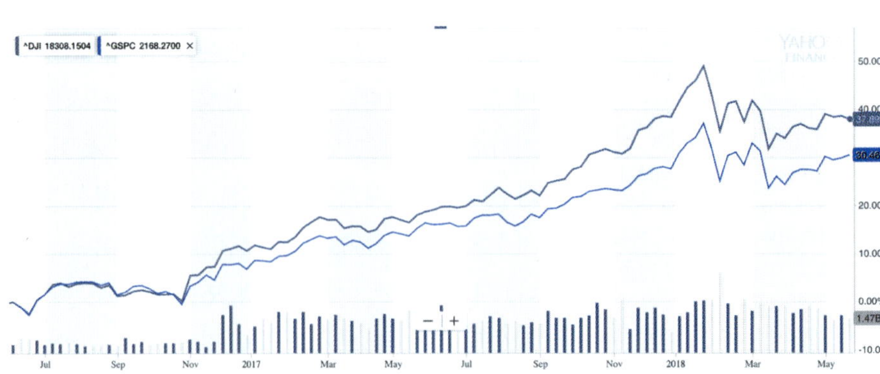

DJIA는 약 38% 상승했고 S&P 500은 약 30% 상승했다. 이 그림은 두 지수는 완전하게 상호 동조현상을 보이지 않지만, 동일한 전체적 추세를 자주 경험한다는 것을 강조한다.

NYSE, NYSE MKT, 나스닥 지수 세 가지의 지수가 뉴욕 증권거래소(NYSE), NYSE MKT 거래소, 나스닥(Nasdaq)의 하루 결과를 측정한다. 각 지수는 해당 거래소에 상장된 주식의 변동을 반영한다.

NYSE **종합지수**는 "Big Board"에 상장된 약 1,900종목 정도의 주식을 포함한다. 종합지수 외에도, NYSE는 금융 및 다른 하위집단의 지수도 발표한다. NYSE 종합지수의 변동은 일반적으로 DJIA와 S&P 500 지수의 변동과 유사하다. NYSE MKT **종합지수**는 NYSE MKT 거래소에서 거래되는 모든 주식의 가격을 반영한다.

나스닥 주식시장지수는 나스닥 주식시장 활동을 반영한다. 가장 종합적인 나스닥 지수는 **종합지수**이며, 이는 나스닥 주식시장에서 거래되는 3,000종목 이상의 주식을 사용하여 계산된다. 이 지수는 부동산투자신탁(REITs)과 미국 주식예탁증서(ADRs) 같은 다른 종류의 증권을 포함한다. 또한 나스닥에 상장된 가장 큰 100개의 국내 및 국제적 비금융 기업을 포함하는 **나스닥 100**이 중요하다. 다른 일반적으로 참조되는 두 개의 나스닥 지수는 **바이오기술**(biotech)과 **컴퓨터 지수**(computer index)이다. 나스닥 지수는 다른 주요 지수와 함께 동시에 같은 방향으로 움직이는 경향이 있으나, 나스닥 지수의 변동은 빈번하게 다른 주요 지수보다 더 가파른 경우가 많다. 나스닥에 상장된 회사들은 DJIA와 S&P 500 같은 지수에 포함된 회사보다 규모가 작고 더 위험한 산업에서 운영되는 경향이 있다.

Value Line 지수 Value Line은 포함된 각 주식의 가격을 등가중치 평균함으로써 산출되는 다양한 주가지수를 발표한다. 이는 주가의 백분율 변동만을 고려함으로써 이루어진다. 이 접근법은 지수에 포함된 각 주식의 시장가격 또는 시가총액 변동이 그 주식의 상대적 중요성에 영향을 미치지 않도록 한다. Value Line **종합지수**는 NYSE, NYSE MKT, OTC 시장에서 거래되는 Value Line Investment Survey의 약 1,700개 주식을 포함한다. 종합지수와 함께 Value Line은 다른 특화된 지수들을 발표한다.

기타 평균과 지수 많은 다른 지수들이 존재한다. 연기금 자문회사인 Frank Russell Company는 세 가지 주요 지수를 발표한다. Russell 1000은 1,000개의 가장 큰 회사를 포함하고, 가장 널리 참조되는 Russell 2000은 2,000개의 중소 규모 회사들을 포함하며, Russell 3000은 Russell 1000과 Russell 2000에 포함된 3,000개 기업 모두를 포함한다.

또한 *Wall Street Journal*은 많은 세계적 및 외국 주식시장지수를 발표한다. 아메리카, 유럽, 아프리카, 아시아 및 태평양 지역 국가들의 다우존스 지수들이 여기에 포함된다. 주요 국가들에 관한 약 35개의 외국 주식시장지수 또한 발표되며, 이는 World Index와 Europe/Australia/Far East(MSCI EAFE) Index를 포함한다. 순수한 국내 평균과 지수처럼, 이러한 국제 평균과 지수는 해당 시장에 상장되고 거래되는 주식의 일반적 가격행태를 측정한다. 시장 평균과 지수의 시간 및 시장 간의 비교는 빈번하게 전 세계의 해외 시장의 추세 및 상대적 강점을 평가하는 데 유용하다.

채권시장 지표

주식시장보다 채권시장을 추적하는 지표가 적다. 부분적으로 이것은 많은 채권이 주식만큼 활발하게 거래되지 않기 때문이다. 그럼에도 불구하고 채권시장 성과와 관련된 몇 가지 유용한 척도를 찾는 것은 어렵지 않다. 채권시장에서 일어나는 일을 평가하는 가장 좋은 방법은 채권지수로 측정한 채권수익률과 채권가격을 조사하는 것이다.

채권수익률 **채권수익률**(bond yield)은 투자자가 채권을 매입해서 만기까지 보유하는 경우 얻을 수익률이다. 채권수익률은 연 수익률로 보고되고, 채권 투자자가 받는 이자뿐 아니라 채권의 매입일부터 상환일까지 가치 상승 또는 하락도 반영한다. 채권이 제공하는 수익률은 채권의 위험, 만기일, 경제의 일반적인 금리 수준 등 여러 요인에 따라 달라진다. 2008–2009년 불황 이후 미국의 채권수익률은 역사적으로 낮았다. 예를 들어, 30년 만기 미국 국채수익률은 2016년 7월 2.17%라는 사상 최저치를 기록했다.

일반적으로 채권수익률은 종류, 질, 만기 기간이 유사한 채권 그룹에 대해 표시된다. 예를 들어, *Barron's*는 10종목의 고등급 회사채, 10종목의 중간등급 회사채, 그리고 고등급 지수의 중간등급 지수에 대한 비율인 신뢰지수에 대한 다우존스 채권 평균 수익률을 발표한다. 또한 *Wall Street Journal*처럼, 이는 국채와 지방채를 포함한 많은 다른 채권 지수와 수익률들을 발표한다. 비슷한 채권수익률 자료가 S&P, Moody's, 연방준비제도에서 이용이 가능하다. 주식시장 평균과 지수처럼, 채권수익률 자료는 특히 장기간에 걸쳐 관찰될 때 유용하다.

채권지수 다양한 채권지수(bond indexes)가 존재한다. **다우존스 회사채지수**(Dow Jones Corporate Bond Index)는 96개 채권—48개 제조업, 36개 금융업, 12개 공공서비스 채권—을 포함한다. 이는 채권 **종가**의 단순한 수학적 평균을 반영한다. 지수에 대한 다우존스의 명시된 목표는 미국 유수의 기업이 발행한 투자등급 채권의 총수익률을 기준으로 시장 성과를 나타내고 대부분의 회사채 지수와 관련된 가격 및 유동성 문제를 최소화하는 것이다. 이 지수는 매일 *Wall Street Journal*에 게재되고, 주간으로 *Barron's*에 요약된다.

개념 리뷰

해답은 www.pearson.com/mylab/finance에서 찾을 수 있음.

3.9 주식시장 평균과 지수의 기본 개념과 용도를 기술하라. 평균 또는 지수의 행태가 어떻게 일반적 시장상황을 강세 또는 약세로 분류하는 데 사용될 수 있는지 설명하라.

3.10 (a) Dow Jones & Company와 (b) Standard & Poor's Corporation에 의해 제공되는 주요 평균 또는 지수를 각각 나열하라. 각 평균 또는 지수를 계산하는 데 사용되는 증권의 수와 종류를 표시하라.

3.11 다음 각 지수의 구성과 일반적 장점을 간단히 기술하라.
a. NYSE 종합지수
b. NYSE MKT 종합지수
c. 나스닥 주식시장지수
d. Value Line 종합지수

3.12 다음 각각의 채권시장 행태의 평가와의 관련성을 논의하라.
a. 채권수익률
b. 채권지수

증권의 거래

LG4 LG5

당신은 매력적인 증권투자를 선택하는 데 도움을 주는 정보를 어디에서 찾아야 하는지 알았으므로, 어떻게 증권투자를 하는지 이해해야 한다. 당신이 스스로 공부하는 온라인 투자 프로그램을 시작하든지 또는 전통적인 주식 브로커를 이용하든지, 먼저 중개 서비스를 통해 계좌를 개설해야 한다.

이 절에서 주식 브로커의 역할과 이 역할이 최근 어떻게 바뀌었는지 살펴본다. 또한 당신이 제출할 수 있는 기본적인 주문 종류, 정규 및 온라인 증권거래에 필요한 과정, 투자거래의 비용, 그리고 투자자 보호에 대해 설명한다.

주식 브로커의 역할

주식 브로커(stockbrokers) — 계정관리인, 투자관리인, 그리고 재무상담사라고도 함 — 는 증권의 매수자와 매도자 사이에서 중개자 역할을 한다. 그들은 일반적으로 이 증권거래들을 수행하기 위한 수수료를 부과한다. 주식 브로커는 SEC와 그들이 주문을 제출하는 증권거래소에서 면허를 받고, 두 기관의 윤리지침을 준수해야 한다.

브로커 시장의 주문체결 과정은 딜러 시장과 다를 수 있으나, 주식 거래는 주로 동일한 방식으로 시작한다. 투자자는 주식 브로커에게 매수 혹은 매도 주문을 제출한다. 브로커는 증권거래소의 회원권을 보유한 중개회사를 위해 일하고, 증권거래소의 회원은 회사의 여러 판매부서의 브로커들이 전달한 주문을 체결한다. 예를 들어, 가장 큰 미국 중개회사의 하나인 Bank of America의 Merrill Lynch는 전국의 대다수 주요 도시의 부서들로부터 Merrill Lynch의 본사로 주문을 보낸 다음, 다시 NYSE와 같은 거래소 객장으로 상장증권의 주문을 전달하면, 여기에서 Merrill Lynch의 거래소 회원들이 주문을 체결한다. 주문체결의 확인은 주문을 제출한 브로커에게 돌아가고, 이는 고객에게 전달된다. 이 과정은 고도의 통신 네트워크와 인터넷 거래를 사용하면 몇 초가 소요될 수 있다. 거래는 거래소가 아닌 전산소통네트워크(ECN)에 의해 실행될 수 있다.

나스닥 같은 시장의 증권거래에서, 중개회사는 일반적으로 **시장조성자**에게 주문을 전달한다. 일반적으로 딜러들 사이에 중개주문을 체결할 기회를 얻기 위한 상당한 경쟁이 존재하기 때문에, 이 거래들은 신속하게 체결된다. 시장조성자가 주문체결로부터 얻는 수입은 그들이 거래하는 증권의 재고를 유지하는 비용을 충당한다.

중개 서비스 주식 브로커의 주요 활동은 고객의 매수와 매도 주문을 가장 유리한 가격에서 체결될 수 있는 시장으로 전달하는 것이다. 브로커가 고객의 주문을 체결하는 속도는 중개회사가 일반적으로 안전을 위해 고객의 증권문서를 보유함으로써 향상된다. 이 방법으로 회사에 의해 보관된 증권은 **스트리트 네임**(street name)(주로 증권업자의 명의)으로 보유된다고 일컬어진다. 중개회사는 (고객 명의 대신) 자신의 명의로 증권을 발행하고 고객을 위해 수탁보유하기 때문에, 회사는 고객의 서명 없이 매도 시점에 증권을 이전할 수 있다. 대다수 투자자들이 증권문서의 처리와 보관에 따르는 부담을 원하지 않기 때문에, 증권업자의 명의는 실제로 증권을 매입하는 일반적 방법이다. 이런 경우 중개회사는 고객의 거래에 관한 세부사항을 기록하고, 일련의 장부기록 항목을 통해 투자자의 투자를 추적한다. 브로커에 의해 수취된 배당과 통보는 증권을 소유한 고객에게 전달된다.

주문 전달과 증권문서 보관에 추가하여, 주식 브로커는 고객에게 다양한 서비스를 제공한다. 예를 들어, 중개회사는 일반적으로 투자에 관한 무료 정보를 제공한다. 통상적으로 회사는 경제, 시장, 산업, 그리고 회사 행태에 관한 정기적 보고서를 발행하고 어떤 증권의 매수, 매도, 또는 보유 의견을 제시하는 조사 인력을 보유한다. 당신은 또한 월간 거래를 기술하고, 수수료와 이자 비용, 배당과 수취 이자, 현재 보유증권의 상세한 목록을 보여주는 명세서를 받는다.

오늘날 대다수 중개회사는 고객 계좌에 남은 잉여현금을 화폐시장 뮤추얼펀드에 투자하여, 고객이 이 잔고에 대해 적당한 이자를 받을 수 있도록 한다. 이런 조치는 투자자로 하여금 일시적 유휴자금에 대해 최대의 수익을 얻도록 돕는다.

중개회사의 종류 몇 년 전까지만 해도 종합 서비스, 프리미엄 할인, 일반 할인으로 분류되는 상이한 세 종류의 중개회사가 존재했다. 이 범주 사이의 경계는 더 이상 명확하지 않다. 대다수 중개회사는, 심지어 가장 전통적인 경우에도, 온라인 서비스를 제공한다. 그리고 많은 할인 중개회사가 한때 종합 서비스 중개회사만 이용가능했던 고객을 위한 조사보고서 같은 서비스를 제공한다.

전통적 중개회사 또는 **종합 서비스 중개회사**는 고객의 거래 주문을 처리하는 것 외에도 투자자들에게 투자 조언과 정보의 제공, 차명의 증권 보유, 온라인 중개 서비스 제공, 증거금 대출 연장 등 전 범위의 중개 서비스를 제공한다.

단지 거래만을 원하고 다른 서비스를 이용하는 데 관심 없는 투자자들은 프리미엄 할인 또는 일반 할인 중개회사를 고려해야 한다.

프리미엄 할인 중개회사는 주로 고객을 위한 거래를 수행하는 데 집중한다. 그들은 낮은 수수료를 부과하고 제한된 무료 조사정보와 투자 조언을 제공한다. 투자자는 거래를 개시하기 위해 중개회사 사무실을 방문하고, 수신자 부담 전화를 이용하며, 또는 중개회사의 웹사이트를 이용한다. 중개회사는 직접 또는 전화, e-메일, 일반 우편으로 거래를 확인한다. 최초의 할인 중개회사였던 Charles Schwab 같은 프리미엄 할인 중개회사는 이제 종합 서비스 중개회사가 제공하던 많은 동일한 서비스를 제공한다. 다른 프리미엄 할인 중개회사도 유사하다.

〈그림 3.4〉 주요 종합 서비스, 프리미엄 할인, 일반 할인 중개회사

종합 서비스 중개회사	프리미엄 할인 중개회사	일반 할인 중개회사
• Morgan Stanley	• Bank of America	• Firstrade
• Merrill Lynch	• Charles Schwab	• Ally Invest
• UBS Financial Services	• E*TRADE	• Robinhood
• Wells Fargo	• Fidelity.com	• Interactive Brokers
	• TD Ameritrade	
	• WellsTrade	

일반 할인 중개회사는 온라인 중개회사 또는 **전자적 중개회사**로도 불리며, 전형적으로 투자자들이 상업적 서비스, 인터넷, 또는 전화를 통해 전산시스템으로 온라인 거래를 실행할 수 있는 초특가 할인 중개회사이다. 투자자는 일반 할인 중개회사의 웹사이트에 접속하여 계좌를 개설하고, 수수료 체계를 살펴보며, 또는 이용가능한 거래 서비스와 과정의 예시를 볼 수 있다. 온라인 거래의 확인은 단지 몇 초를 소요하고, 대다수 거래는 1분 이내에 이루어진다. 대다수 일반 할인 중개회사는 주로 온라인으로 영업하나, 웹사이트에 문제가 발생하거나 고객이 컴퓨터를 이용할 수 없는 경우 전화 및 대인 서비스로 대체한다. 온라인 투자자의 급증에 대응하여, 대다수 중개회사는 이제 온라인 거래를 제공한다. 이 회사들은 일반적으로 브로커의 대인 서비스가 요구될 때, 더 높은 수수료를 부과한다.

프리미엄 할인 및 일반 할인 중개회사의 영업규모 급증은 그들의 성공을 보여준다. 오늘날 많은 종합 서비스 중개회사, 은행, 그리고 저축기관들은 주식, 채권, 뮤추얼펀드, 그리고 다른 투자증권을 매입하려 하는 고객과 예금자들에게 할인 및 온라인 중개 서비스를 제공한다. 일부 주요 종합 서비스, 프리미엄 할인, 그리고 일반 할인 중개회사들이 〈표 3.4〉에 수록되어 있다.

주식 중개회사의 선택 만약 당신이 종합 서비스 또는 프리미엄 할인 주식 브로커의 도움을 받아서 투자활동을 시작하기로 결정하면, 당신의 투자목표를 가장 잘 이해한다고 믿어지는 사람을 선택하라. 투자에 대한 성향이 당신과 비슷한 브로커를 선택하는 것이 탄탄한 업무관계를 형성하는 가장 좋은 방법이다. 당신의 브로커는 또한 당신의 목표와 위험에 대한 태도에 부합하는 투자 가능성을 알려주어야 한다.

또한 당신은 최저 비용으로 최선의 서비스를 받기 위해, 브로커가 속한 회사에서 이용할 수 있는 서비스의 비용과 종류를 고려해야 한다. 프리미엄 할인 중개 서비스는 주로(primarily) 거래이고, 일반 할인 중개 서비스는 전적으로(purely) 거래이다.

조언 또는 조사 지원을 위한 브로커와의 접촉은 일반적으로 더 높은 가격을 지불해야 한다. 이용가능한 조언의 양이 세 종류의 브로커 사이의 유일한 주요 차이이기 때문에, 투자자들은 종합 서비스 브로커에게 지불하는 추가 수수료를 조언의 가치에 대해 비교해야 한다.

친구 또는 사업 동료의 조언은 주식 브로커를 찾기 시작하는 좋은 방법이다. 그러나 개인적으로 주식 브로커를 아는 것은 중요하지 않으며 자주 권장하지도 않는다. 온라인 중개회사 시대인 요즘에는 당신은 브로커를 전혀 대면하지 않을 수 있다. 순수한 사업관계는 개인적 관계가 투자목표의 달성을 방해할 수 있는 가능성을 배제한다.

브로커의 주요 관심사는 중개료가 아니어야 한다. 책임 있는 브로커는 **과당매매**(churning)를 하지 않는다. 즉, 고객 계좌의 과도한 거래는 중개료를 증가시킨다. 비록 증명하기 어렵지만 과당매매는 SEC 및 거래소 규정에 따라 불법이며 비윤리적이다.

계좌의 개설 계좌를 개설하기 위해, 당신과 중개회사 사이에 법적 관계를 형성하는 다양한 양식을 기재할 것이다. 주식 브로커는 당신의 투자목표를 평가하기 위해 당신의 재무상태에 관해 합리적 수준에서 이해해야 한다 — 그리고 당신이 매입하는 증권대금을 지불할 능력이 있음도. 당신은 또한 브로커에게 증권의 이전과 보관에 관해 지시한다. 거래를 위해 자금을 차입하려는 고객은 증거금 계정을 개설해야 한다(아래에 기술). 만약 당신이 수탁인, 수임인, 실행인, 또는 회사이면, 중개회사는 추가 서류를 요구할 것이다.

투자자들은 하나 이상의 주식 브로커 계정을 가질 수 있다. 많은 투자자들은 다양한 집단의 브로커가 제공하는 혜택과 의견을 얻고 매수와 매도 거래의 전체적 비용을 절감하기 위해, 상이한 종류의 회사에서 계좌를 만든다.

다음으로, 당신의 필요에 가장 적합한 종류의 계좌를 선택해야 한다. 몇 가지 대중적인 종류들을 간단히 살펴보자.

개인 또는 공동 중개 계좌는 개인 또는 공동일 수 있다. 공동 계좌는 부부 또는 부모자식 사이에 가장 일반적이다. 미성년자(18세 미만)의 계좌는 부모 또는 보호자가 모든 거래에 참여해야 하는 **수탁계좌**(custodial account)이다. 계좌의 형태에 무관하게 계좌 보유자의 성명과 계좌번호가 식별을 위해 사용된다.

금융시장의 실패

Paul에게 지불하기 위해 주주를 강탈

2018년 3월 연방 배심원은 샌디에이고의 주식 브로커인 Paul Rampoldi가 Ardea Biosciences의 이사로부터 얻은 AstraZeneca의 곧 있을 (미공개된) 기업인수에 대한 정보를 사용했기 때문에 내부자 거래로 유죄 판결을 내렸다. Rampoldi는 인수가 발표되면 거의 $85,000의 수익을 올릴 수 있는 거래를 했다. Rampoldi는 개인 이익을 위해 인수에 대한 뉴스를 공개하지 않고 주주를 보호해야 할 의무가 있는 정보제공자와 이익을 공유했다.
(출처: "Stockbroker Convicted of Insider Trading: Co-Defendant Pleads Guilty," *The San Diego Union Tribune*, http://www.sandiegouniontribune.com/news/courts/sd-me-insider-trading-20180312-story.html, 2018년 6월 7일 접속)

비판적 사고 문제 》 Paul Rampoldi가 내부자 거래를 통해 불법적인 이익을 얻었다면 누가 손실을 입었는가? 불법 내부자 거래로 누가 피해를 입었는가?

현금 또는 증거금 더 일반적인 종류인 **현금 계좌**(cash account)는 고객이 현금 거래만 할 수 있는 계좌이다. 고객은 현금 거래를 전화 또는 온라인으로 개시할 수 있고, 중개회사에 송금하는 데 3영업일을 허용받는다. 회사도 마찬가지로 고객의 현금 계좌에 증권의 판매대금을 예치하기 위해 3영업일의 여유를 갖는다.

증거금 계좌(margin account)는 중개회사가 신용 높은 고객에게 차입권한을 부여하는 계좌이다. 회사에 증권을 담보로 맡김으로써, 고객은 증권 매입가격의 정해진 일부를 차입할 수 있다. 중개회사는 당연하게 차입금에 대해 정해진 이자율을 고객에게 부과한다.

랩(wrap) **랩계좌**(wrap account, **관리계좌**라고도 함)는 대규모 포트폴리오(일반적으로 $100,000 이상)를 가진 중개 고객으로 하여금 편리하게 증권선택 결정을 회사 내부 또는 독립적인 전문 자금관리자에게 위임할 수 있도록 허용한다. 일정 요율의 연 수수료를 대가로, 중개회사는 투자자가 자금관리자를 선택하고, 관리자 수수료를 지급하며, 그리고 자금관리자가 거래를 체결하는 것을 돕는다. 초기에 투자자, 브로커, 그리고/또는 관리자는 위험과 투자목표에 대한 고객의 성향에 대해 논의한다.

랩계좌는 편리함을 넘어 여러 가지 이유 때문에 매력적이다. 연 수수료는 대부분의 경우 모든 거래의 수수료를 충당하며, 브로커가 계좌의 과당매매를 할 가능성을 거의 제거한다. 또한 브로커는 관리자의 성과를 감시하고, 투자자에게 상세한 보고서를 통상 분기별로 제공한다.

단주 및 일반 거래 투자자는 단주(odd lot) 또는 일반(round lot) 거래로 주식을 매입할 수 있다. **단주거래**는 주식 100주 미만으로 구성된다. **일반거래**는 100주 단위이다. 예를 들어, 만약 주식 25주를 매입하면 당신은 단주거래를 할 것이고, 만약 200주를 매입하면 일반거래를 할 것이다. 225주의 거래는 1건의 단주거래와 2건의 일반거래의 결합일 것이다.

단주거래는 한때 중개회사의 추가적 과정 또는 스페셜리스트의 도움을 요구했으나, 이제 전산화된 거래시스템이 단주거래를 훨씬 더 쉽게 만든다. 따라서 단주거래는 일반적으로 과거처럼 더 높은 수수료를 유발하지 않는다. 일부 주식은 가격이 너무 높기 때문에(예: 2018년 10월 Berkshire Hathaway 주식은 주당 $300,000 이상으로 거래됨) 이러한 주식에서 단주거래하는 것이 예외라기보다는 일반적이다. 투자프로그램의 초기 단계에 있는 소규모 투자자는 일반거래로 매수할 자금이 부족한 경우가 많기 때문에, 주로 단주거래를 이용한다.

주문의 기본적 종류

투자자들은 증권거래를 위해 다양한 종류의 주문을 이용할 수 있다. 제출되는 종류는 일반적으로 투자자의 목표와 기대에 의존한다. 주문의 세 가지 기본 종류는 **시장가 주문**, **지정가 주문**, 그리고 **역지정가 주문**이다.

시장가 주문 투자자가 주문을 제출하는 시점에서 가장 유리한 가격에 주식을 사거나 팔려는 주문은 **시장가 주문**(market order)이다. 시장가 주문은 일반적으로 객장에 도달하거나 시장조성자에 의해 접수되는 즉시 실행되기 때문에, 이는 일반적으로 주문을 체결하는 가장 빠른 방법이다. 시장가 주문이 실행되는 속도 때문에, 증권의 매수자 또는 매도자는 주문이 거래되는 가격이 주문이 제출되는 시점의 현재 시장 가격에 매우 근접할 것이라고 믿을 수 있다.

지정가 주문 **지정가 주문**(limit order)은 특정 가격 이하에서 매수(지정가 매수 주문) 또는 특정 가격 이상에서 매도(지정가 매도 주문)하려는 주문이다. 투자자가 지정가 주문을 제출할 때, 브로커는 해당 증권을 거래하는 시장조성자에게 전달한다. 시장조성자는 장부에 지정가 주문의 주식 수와 가격을 기재하고 특정 지정가(또는 더 유리한 가격)가 존재하면 즉시 주문을 체결한다. 시장조성자는 우선 모든 다른 선순위 주문 — 먼저 전달된 비슷한 주문, 더 높은 특정 가격의 매수 주문, 더 낮은 특정 가격의 매도 주문 — 을 체결한다. 투자자들은 다음 중 하나의 형태로 지정가 주문을 제출할 수 있다:

- 즉시 집행 주문(fill-or-kill order: FOK), 이는 즉시 체결되지 않으면 취소됨.
- 당일 유효 주문(day order: DO), 이는 체결되지 않으면 폐장 시에 자동적으로 취소됨.
- 취소시까지 유효(good-'til-canceled: GTC) 주문은, 만약 체결, 취소, 또는 갱신되지 않으면 일반적으로 30~90일 동안 유효함.

사 례
지정가 주문

당신은 현재 $30.50에 거래되는 주식 100주를 $30에 지정가 매수 주문을 제출한다고 가정하라. 일단 시장조성자가 먼저 도착한 모든 비슷한 주문을 처리하고, 주식의 시장가격이 $30 또는 미만으로 하락하면, 당신의 주문이 체결된다. 물론, 주가가 $30로 하락하기 전에, 당신의 주문이 취소될 수 있다(만약 GTC 주문이 아니면).

지정가 주문은 매우 효과적일 수 있으나, 거래가 체결되지 않을 수도 있다. 예를 들어, 만약 당신은 $30 이하에서 매입하기 원하고, 당신이 기다리는 동안 현재 가격 $30.50로부터 $42로 변동하면, 주당 $11.50의 이익을 얻을 기회를 놓치게 된다. 만약 당신이 가능한 가장 유리한 가격($30.50)에서 매수하는 **시장가 주문**을 제출했으면, $11.50의 이익을 얻었을 것이다. 주식 매도를 위한 지정가 주문은 또한 주가가 최저 매도가격에 근접하나 도달하지 않다가 현저하게 하락할 때 불리하다. 일반적으로, 지정가 주문은 주가가 크게 변동할 때, 주문이 실행될 가능성이 더 높으므로 가장 효과적이다.

역지정가 주문 투자자가 **역지정가 주문**(stop-loss order 또는 stop order)을 제출하면, 시장가격이 특정 수준 이하가 되면, 브로커는 시장조성자에게 주식을 팔겠다고 말한다. 역지정가 주문은 주식에 대한 **유예된 주문**이다. 즉, 이들은 주식이 특정 가격에 도달하면 그때 활성화된다. 역지정가 주문은 시장조성자의 장부에 제출되고 주식이 역지정가에 도달하면 활성화된다. 지정가 주문처럼, 역지정가 주문은 전형적으로 당일 유효 또는 GTC 주문이다. 역지정가 주문은, 활성화되면, 가장 유리한 가격에서 증권을 매도하는 **시장가 주문**이 된다. 따라서 매도가 이루어지는 실제 가격은 제한 가격보다 훨씬 낮을 수 있다. 투자자는 주가의 급격한 하락의 부정적 영향으로부터 자신을 보호하기 위해 이 주문을 이용한다.

사 례

역지정가 주문

당신이 현재 주당 $35에 거래되는 Ballard Industries의 100주를 소유하고 있다고 가정하라. 당신은 주가가 언제든지 급락할 수 있다고 믿고, $30에 매도하는 역지정가 주문을 제출한다. 만약 주가가 실제로 $30로 하락하면, 시장조성자는 그 시점에 가능한 최유리 가격에서 100주를 매도할 것이다. 만약 당신이 역지정가 주문이 제출되었을 때 시장가격이 $28로 하락하면, 당신은 주당 $30 미만을 받을 것이다. 당연하게, 만약 시장가격이 주당 $30 이상에서 유지되면, 역지정가 주문은 활성화되지 않기 때문에, 당신이 주문의 결과로서 손실을 입는 일은 없다. 빈번하게, 주식가격이 상승하면, 투자자들은 제한 가격 수준을 높인다. 이런 행위는 가격이 상승할 때 더 높은 이익을 확보하는 데 도움을 준다.

투자자들은 또한 주식을 **매입**하기 위해 역지정가 주문을 제출할 수 있다. 그러나 매수 주문은 매도 주문보다 훨씬 드물다. 예를 들어, 현재 주당 $70에 거래되는 MJ Enterprises의 가격이 $75(제한 가격)로 상승하면, 당신은 100주를 매입하는 역지정가 주문을 제출할 수 있다. 이 주문은 일반적으로 (제2장에서 논의된) 공매도의 손실을 제한하거나 가격이 상승하기 시작한 주식을 매입하기 위해 사용된다.

역지정가 주문이 시장가 주문이 될 때 시장이 불리하게 변동할 위험을 피하기 위해, 단순한 역지정가 주문(stop order) 대신 **가격 역지정 주문**(stop-limit order)을 제출할 수 있다. 이는 일단 가격이 지정된 제한 가격에 도달하면, 정해진 또는 더 유리한 가격에서 주식을 사거나 팔려는 주문이다. 예를 들어, Ballard Industries의 예에서, 만약 가격 역지정 주문이 사용되면, Ballard의 시장가격이 $30로 하락할 때, 브로커는 주당 $30 이상에서 당신의 100주를 매도하는 지정가 주문을 입력할 것이다. 따라서 주식가격이 계속 하락하지 않는 한 당신은 주식에 대해 주당 $30 미만을 받을 위험이 없다. 이 경우, 모든 지정가 주문처럼, 당신은 시장의 타이밍을 완전히 놓쳐서 $30보다 훨씬 못한 주식을 보유하게 될 수 있다. 손실제한 매도 주문이 ($30에서) 활성화되어도, 만약 가격이 계속 하락하면, 가격 역지정 주문에서 주식은 팔리지 않을 수 있다.

온라인 거래

온라인 영업의 경쟁은 이미 복잡한 경기장에 더 많은 선수들이 입장하면서 나날이 심화하고 있다. 중개회사들은 고객들에게 온라인 거래를 권유하고, 무료 거래를 포함한 다양한 유인을 제공한다! 그러나 낮은 비용이 중개회사를 선택하는 유일한 이유는 아니다. 여느 금융적 결정처럼, 당신의 필요를 고려하여 가장 부합하는 회사를 찾아야 한다. 어떤 투자자는 Bank of America 같은 종합 서비스 중개회사 또는 Charles Schwab이나 TD Ameritrade 같은 프리미엄 할인 중개회사로부터 적시의 정보, 조사, 그리고 신속하고 믿을 수 있는 거래를 원할 수 있다. 다른 적극적 거래자는 조사보다 비용과 빠른 거래에 집중하여 일반 할인 중개회사와 계약할 수 있다. 온라인 거래의 실행을 위한 일반 할인 중개회사의 선택에서 사이트 이용의 용이성은 주요 요인이다. 일부 온라인 중개회사는 또한 채권과 뮤추얼펀드의 온라인 거래를 제공한다.

일중거래 일부 투자자들은 온라인 주식 거래에 이끌려서 일중거래자가 된다. 장기적 전망을 가진 매입－보유 투자자의 정반대인 **일중거래자**(day-trader)는 하루 종일 신속하게 주식을 사고판다. 그들은 짧은 보유기간 — 때로 몇초 또는 몇분 — 동안 주식가격이 계속 오르고, 따라서 신속한 이익을 얻을 수 있기를 바란다. 일부는 또한 작은 가격 하락을 기대하여 공매도를 한다. 진정한 일중거래자는 매일 급격하게 변하는 극단적 가격위험이 대규모 손실을 초래할 수 있다고 믿기 때문에, 주식을 밤새 보유하지 않는다. 여기에서 "일중거래자" 용어가 비롯되었다.

일중거래는 불법 또는 비윤리적이지 않으나, 매우 위험하다. 일반적으로 일중거래자들의 잠재적 이익을 확대하기 위한 증거금 매수는 위험을 가중시킨다. 그러나 제2장에서 본 것처럼, 증거금 거래는 대규모 손실의 위험을 높인다.

인터넷이 대중으로 하여금 투자정보와 거래를 이용할 수 있도록 만들기 때문에, 일중거래의 대중성이 상승했다. 일중거래의 매도 고점이 빨리 돈 버는 쉬운 방법처럼 보이지만, 그 반대가 더 일반적이다. 일중거래자는 전형적으로 거래를 시작할 때 큰 금전적 손실을 부담한다. 또한 중개수수료, 훈련, 그리고 컴퓨터 장비의 비용이 높다. 그들은 수수료 충당만으로도 매년 큰 거래이익을 필요로 한다. 일부는 이익을 전혀 내지 못하기도 한다.

기술 및 서비스 문제 온라인 투자자 수가 증가하면서, 중개회사와 고객들을 괴롭히는 문제도 늘어났다. 지난 몇 년 동안 대다수 중개회사는 서비스 오류의 빈도를 낮추기 위해 시스템을 개선했다. 그러나 잠재적 문제는 중개 사이트 수준을 넘어선다. 일단 투자자가 회사의 웹사이트에 주문을 제출하면, 몇몇 다른 거래상대방들을 거쳐 실행된다. 대다수 온라인 브로커들은 자체의 거래부서를 갖고 있지 않고, 뉴욕증권거래소 또는 나스닥 주식시장에서 주문을 실행하는 협약을 다른 거래회사와 맺고 있다. 이 과정의 어떤 지점에서의 지연은 거래를 확인하는 데 문제를 초래할 수 있다. 거래가 완결되지 않은 것으로 생각하는 투자자들은 주문을 다시 제출할 수 있다. 나중에 이들은 동일한 주식을 두 번 샀음을 발견한다. 즉각적 거래 실행과 확인을 받지 못한 온라인 투자자들은, 온라인 접속이 안 되거나 계좌의 다른 문제를 해결하기 위해 전화를 이용하며, 이들은 종종 오랫동안 대기해야 한다.

성공적인 온라인 거래의 요령 성공적인 온라인 투자자는 주문 제출 전 추가적 주의를 기울인다. 일부 보편적 문제를 피하는 몇 가지 요령이 있다:

- 거래 전에 주문 제출 방법을 알고 주문을 확인하기. 이 간단한 단계는 추후의 문제를 방지하는 데 도움을 준다.
- 매수를 원하는 증권의 주식 기호 확인하기. 매우 다른 두 회사가 비슷한 기호를 갖고 있을 수 있다. 일부 투자자는 주문 제출 전 이를 확인하지 않았기 때문에 잘못된 주식을 산다.
- 지정가 주문 이용하기. 컴퓨터 스크린에 보이는 가격은 당신의 거래가격이 아닐 수 있다. 지정가 주문으로, 급격히 변동하는 시장에서 손실을 방지하라. 지정가 주문은 더 많은 비용을 소요하나, 수천 달러를 절약할 수 있다. 예를 들어, 인기 있는 IPO 주식을 사는 데 열중한 고객들이 시장가 주문을 제출했다. $19의 판매가격에 주식을 매입하는 대신, 일부는 그들의 주문이 첫 거래일에 무려 $90에 체결된 것을 알고 충격받았다. 가격 급등을 인지한 투자자들은 주문을 취소하려 했으나, 브로커에게 전달할 수 없었다. 이 때문에 일부 브로커들은 첫 거래일의 온라인 IPO 매수의 경우 지정가 주문만 받는다.
- 확인과 재확인을 당부하는 온라인 미리알림을 무시하지 않기. 매입 금액에 숫자 한 자를 더 쓰는 오류를 범하기 쉽다.
- 휩쓸리지 않기. 자신의 계좌에서 과당매매하기 쉽다. 실제로, 새로운 온라인 투자자들은 온라인을 시작하기 전보다 약 2배의 거래를 한다. 충동거래를 방지하기 위해 전략을 세우고 준수하라.

투자자 오류

이름에 무엇이 있는가? 티커 기호에 대한 혼란은 투자자가 당황스럽고 비용이 많이 드는 실수를 유발할 수 있다. 한 연구에 따르면 MCI Communications(이니셜 MCI로 널리 알려져 있지만 티커 기호 MCIC로 거래됨)라는 회사의 주식을 사고자 의도한 투자자가 Massmutual Corporate Investors의 주식을 실수로 구입한 것으로 나타났다. 이 오류의 원인은 Massmutual의 티커 기호가 MCI이기 때문이다.

최근에 FINRA는 트위터(Twitter)와의 혼동을 피하기 위해 이전에 TWTRQ였던 Tweeter Home Entertainment Group의 티커 기호를 변경했다. 트위터가 IPO에 상장할 계획을 발표한 직후 TWTRQ 거래가 치솟고 가격이 1,400% 상승했다.

(출처: "Massively Confused Investors Making Conspicuously Ignorant Choices(MCI-MCIC)," *Journal of Finance*, Vol.56, Issue 5, pp.1911-1927에서 발췌)

- **두 곳의 중개회사에 계좌 개설하기.** 이는 온라인 브로커의 컴퓨터 시스템이 작동하지 않을 때, 당신을 보호한다. 또한 한 브로커가 대량의 거래 때문에 접속되지 않을 때, 대안을 제공한다.
- **정확성을 위해 주문을 재확인하기.** 반드시 각 거래는 당신의 지시에 의해 완결되도록 하라. 오타 또는 잘못된 주식 기호를 사용하기 매우 쉽기 때문에, 올바른 수의 주식이 매수 또는 매도되고 가격과 수수료가 호가와 같은지 확인하는 화면을 검토하라. 당신의 계좌에 "미승인" 거래가 있는지 점검하라.

거래비용

브로커 또는 시장조성자를 통한 거래는 투자자가 매도를 원하는 증권을 사려는 사람(또는 역방향의 거래)을 찾으려고 직접 협상하는 것보다 현저히 더 쉽다. 브로커의 거래 실행에 대한 보상으로 투자자는 거래비용을 지불하며, 이는 일반적으로 증권의 매수와 매도 모두에 부과된다. 거래비용이 수익에 영향을 주기 때문에, 당신은 투자결정 시 거래비용의 구조와 크기를 알아야 한다.

1975년 **수정 증권법** 통과 후, 브로커들은 제한 없이 자율적으로 수수료를 부과하도록 허용되었다. 대다수 회사들은 개인투자자들에 의해 가장 빈번하게 사용되는 소액거래에 적용되는 **고정 수수료**(fixed commission)를 만들었다. 대규모 기관거래에서 고객과 브로커는 양자가 합의하는 **협의 수수료**(negotiated commission)를 적용할 수 있다. 협의 수수료는 전형적으로 거액 계좌를 유지하고 많은 거래를 하는 개인투자자에게도 제공될 수 있다. 수수료 구조는 증권 종류와 브로커 종류에 따라 다르다. 다음 장들에서, 우리는 다양한 종류의 증권들의 기본적 수수료 구조를 기술할 것이다.

중개회사들이 주식 거래에 대해 수수료를 부과하는 방법 때문에, 가격의 정확한 비교는 어렵다. 전통적 브로커는 일반적으로 거래 시 주식 수와 주가에 기초하여 수수료를 부과한다. 인터넷 브로커는 일반적으로 1,000주까지 일정 요율을 적용하고 더 크거나 복잡한 주문에 대해 추가 수수료를 부과한다. 그러나 많은 전통적 중개회사들은 브로커의 도움을 받는 거래의 수수료를 낮추고, (랩계좌에 대해) 계좌 내 자산가치의 일정 비율로 정해진 (랩계좌에 대해) 고정 연 요율을 설정했다. 만약 당신이 대단히 활발한 거래자가 아니면, 거래 건별로 수수료를 지불하는 것이 유리할 수 있다.

프리미엄 할인 및 일반 할인 중개회사는 동일한 거래에 대해 종합 서비스 중개회사보다 현저히 낮은 수수료를 부과한다. 그러나 일부 할인 중개회사들은 소규모 주문을 피하기 위해 최저 수수료를 부과한다. 할인 중개회사로부터 발생하는 비용절감은 상당할 수 있다. 거래의 규모와 종류에 따라, 고급 및 일반 할인 중개회사는 전형적으로 종합 서비스 중개회사에 의해 부과되는 수수료의 30% 내지 80%를 절감할 수 있다.

투자자 보호: SIPC와 중재

대다수 투자거래가 안전하게 이루어지나, 만약 일이 순조롭게 진행되지 않으면, 당신이 어떤 보호를 받을 수 있는지 알아야 한다. 고객으로서 당신은 브로커에 의해 보관되는 증권 또는 현금의 손실로부터 보호된다. 비영리 회원제 기관인 **증권투자자보호공사**(Securities Investor Protection Corporation: SIPC)는 1970년 **증권투자자보호법**에 의해, 중개회사의 재무적 실패의 영향으로부터 고객 계좌를 보호하도록 승인되었다. SIPC는 현재 각 고객의 계좌를 최대 $500,000까지 보장하며 현금청구는 고객당 $250,000로 제한된다. SIPC 보험은 투자자로 하여금 증권의 가액을 회복할 수 있도록 보장하지 않음을 유의하라. 이는 증권 자체의 반환을 보장한다. 일부 중개회사는 또한 특정 고객 계좌에 $500,000를 초과하는 금액을 보장한다. 확실히, 중개회사들 사이의 이용가능한 서비스의 다양성과 질을 고려하면, 이는 당신이 회사 또는 개인 브로커를 선택할 때 고려해야 할 추가적 서비스일 수 있다.

SIPC는 당신의 중개회사가 파산하는 경우 보호를 제공한다. 그러나 만약 당신의 브로커가 잘못된 조언을 하고 결국 당신이 투자에서 큰 손실을 입으면, 어떻게 되는가? 또는 브로커가 당신의 계좌에서 과당매매를 하면 어떤가? 어느 경우에든, SIPC는 도움을 주지 않는다. 이는 잘못된 투자나 과당매매로부터 당신을 보호하려는 것이 아니다. 대신, 만약 당신이 브로커와 다툼이 있으면, 먼저 당신이 거래하는 지점의 관리자와 상황을 논의해야 한다. 만약 이 일이 아무 도움을 주지 않으면, 회사의 법률준수 담당자와 거주하는 주의 증권규제기관을 접촉하라.

만약 만족스럽지 않으면, 다툼을 해소하기 위해 소송(법정에서의 법률적 방법)을 제기할 수 있다. 소송을 피할 수 있는 대안적 분쟁해결 과정은 조정과 중재이다. **조정**(mediation)은 당신과 브로커가, 당신들 사이의 문제를 해결할 수 있도록 협상을 도와주는, 전문적 조정자의 도움을 받기로 합의하는 비공식적, 자발적 접근법이다. 조정자는 당신과 브로커에게 해결방안을 강제하지 않는다. Financial Industry Regulatory Authority(FINRA)와 증권 관련 기관은 조정이 투자자와 브로커의 비용과 시간을 절약할 수 있기 때문에, 투자자에게 분쟁의 중재보다 조정을 권고한다.

만약 조정이 시도되지 않거나 실패하면, 당신과 브로커가 양 측의 주장을 중재위원회에 제시하는 공식적인 과정인 **중재**(arbitration)로 가는 수밖에 없다. 위원회는 이제 사안을 결정한다. 많은 중개회사들은 **강제 중재**에 의해 분쟁을 해결하도록 당신에게 요구한다; 이 경우 당신은 소송을 제기할 수 없다. 당신은 중재위원회의 결정을 받아들여야 하고, 대부분의 경우 사안의 해결을 위해 법정으로 갈 수 없다. 계좌 개설 전, 중개계약이 강제 중재 조항을 포함하는지 확인하라.

조정과 중재 과정은 전형적으로 소송보다 적은 비용을 소요하고 더 빨리 종료된다. 최근의 입법은 많은 투자자에게 증권업계의 위원회 또는 미국중재협회(American Arbitration Association: AAA)에 의해 지원되는 단체 같은 독립적 중재위원회 가운데 하나를 선택할 권리를 부여한다. 또한 위원회 가운데 한 명의 중재자만 증권업계 관련자일 수 있다. 웹사이트에서 FINRA는 2017년 등록된 브로커 및 중개회사에 대해 1,008건의 징계조치를 취했고, 벌금 $73백만을 부과했으며, 피해를 입은 투자자에게 $66백만의 배상을 명령했다고 보고했다.

아마도 조정, 중재, 또는 소송을 피하는 최선은 세심하게 브로커를 선택하고, 브로커의 조언에 포함된 재무적 위험을 이해하며, 브로커의 조언을 철저하게 평가하고, 그리고 지속적으로 브로커의 권고 또는 실행하는 거래의 규모를 감시하는 것이다. 물론, 처음에 브로커를 잘 선택하는 것이 추후에 잘못된 선택의 재무적, 감정적 비용을 부담하는 것보다 훨씬 더 경제적이다.

만약 온라인 거래에 문제가 있으면, 즉시 브로커에게 서면 — e-메일이 아님 — 으로 불만을 제출해야 한다. 날짜, 시간, 그리고 거래 금액을 명시하고, 모든 관련 서류를 첨부한다. 사본을 FINRA(www.finra.org)와 주의 증권규제기관에 제출한다. 만약 브로커와 문제를 해결할 수 없으면, 조정, 다음에는 중재, 그리고 마지막 수단으로 소송을 시도할 수 있다.

개념 리뷰

해답은 www.pearson.com/mylab/finance에서 찾을 수 있음.

3.13 중개회사에 의해 제공되는 서비스의 종류를 기술하고, 적합한 주식 브로커를 찾는 기준에 대하여 논의하라.

3.14 다음 중개 계좌의 종류들을 간단히 구별하라.
a. 개인 또는 공동
b. 수탁
c. 현금
d. 증거금
e. 랩

3.15 시장가 주문, 지정가 주문, 역지정가 주문을 구별하라. 지정가 주문 대신 역지정가 주문을 사용하는 이유는 무엇인가?

3.16 종합 서비스, 프리미엄 할인, 일반 할인 중개회사의 관련 서비스와 비용들을 구별하라. 반드시 온라인 거래에 대해 논의하라.

3.17 일중거래는 무엇이고, 왜 위험한가? 어떻게 온라인 거래자의 문제를 피할 수 있는가?

3.18 거래 주식 수에 기초하여, 브로커가 전형적으로 거래실행의 수수료를 부과하는 두 가지 방법은 무엇인가? 온라인 거래 수수료는 브로커의 개입 정도에 따라 어떻게 구성되는가?

3.19 증권투자자보호공사(SIPC)는 증권 투자자에게 어떤 보호를 제공하는가? 투자자와 브로커 사이의 분쟁을 해결하기 위해, 조정과 중재 과정은 어떻게 이용되는가?

투자자문사와 투자클럽

LG6 많은 투자자들은 재무정보를 분석하여 스스로 결정할 시간이나 전문성이 없다고 느낀다. 대신 그들은 일반적으로, 수수료를 지불하면서, 투자 조언을 제공하는 개인 또는 기업인 **투자자문사**(investment advisor)를 찾는다. 일부 소규모 투자자들은 **투자클럽**(investment club)에 가입한다. 여기에서 우리는 투자자문사의 이용을 논의하고, 투자클럽의 핵심적 측면을 간단히 다룬다.

투자자문사의 이용

투자자문사에 의해 제공되는 "상품"은 광범위한 일반적 조언부터 상세하고 특별한 분석과 권고까지 다양하다. 가장 일반적인 형태의 자문은 자문사에 의해 발간되는 소식지이다. 이 소식지들은 경제, 시사 문제, 시장 행태, 특정 증권을 다룬다. 투자자문사들은 또한 철저하게 개인화된 투자 평가, 추천, 관리 서비스를 제공한다.

투자자문사의 규제 1940년 투자자문사법은 투자자문사들로 하여금 그들의 배경, 이해상충 등에 관한 정보를 완전히 공시하도록 만든다. 이 법은 전문적 자문사로 하여금 SEC에 등록하고 정기적 보고서를 제출하도록 요구한다. 1960년의 수정 법은 SEC로 하여금 투자자문사의 기록을 검사하고 법 조항을 위반한 회사들의 등록을 취소할 수 있도록 허용한다. 그러나 주요 업무활동에 추가하여, 투자 조언을 제공하는 재무설계사, 주식 브로커, 은행원, 변호사, 그리고 회계사들은 이 법에 의해 규제되지 않는다. 많은 주들도 투자자문사로 하여금 등록 및 주법에 의해 규정된 지침을 준수하도록 요구하는 비슷한 법을 제정했다.

전문 투자자문사의 활동을 규제하는 연방 및 주 법은 투자자문사의 실력을 보장하지 않음을 유의해야 한다. 대신, 이것들은 사기적이고 비윤리적인 영업으로부터 투자자를 보호하려 한다. 현재 어떤 법이나 규제기관도 업무영역으로의 진입을 통제하지 않음을 알아야 한다. 따라서 투자자문사들은 매우 지식이 풍부한 전문가부터 완전히 무능한 아마추어까지 다양하게 분포한다. 전문적 자격증을 소지한 투자자문사들은 투자과정에 직접 또는 관련된 광범위한 학술 과목들을 이수했기 때문에, 통상적으로 선호되는 사람들이다.

이런 자격증은 CFA(Chartered Financial Analyst), CIMA(Certified Investment Management Analyst), CIC(Chartered Investment Counselor), CFP® (Certified Financial Planner™), ChFC(Chartered Financial Consultant), CLU(Chartered Life Underwriter), 그리고 CPA(Certified Public Accountant)를 포함한다.

> **투자자 현실**
>
> **말을 물로 이끌 수는 있지만 마시게 할 수는 없다.** 흥미로운 실험에서 독일의 대형 증권사가 편향되지 않은 (즉, 증권사의 금전적 인센티브와 관련이 없는) 금융 조언을 무상으로 제공한다는 제안을 무작위로 선택된 고객 8,000명 이상에게 하였다. 회사의 고객 중 5%만이 제안을 수락했으며 평균적으로 제안을 수락하지 않은 고객보다 더 부유했다. 다시 말해, 금융 조언이 가장 필요한 투자자들은 그것을 받아들일 가능성이 가장 낮은 것으로 보인다.
>
> (출처: "Is Unbiased Financial Advice to Retail Investors Sufficient? Answers from a Large Field Study," *Review of Financial Studies*, Vol.25, Issue 4, pp.975-1032에서 발췌)

로보 어드바이저 최근에 투자자는 인간 자문사가 아닌 컴퓨터 알고리즘에 의해 생성된 투자조언을 받을 수 있게 되었다. 로보 어드바이저(Robo-Advisors)는 기본적으로 현재 재무상태, 재무목표 및 위험 선호도에 대한 설문조사를 통해 고객으로부터 자료를 수집한 다음 해당 입력을 기반으로 자동화된 투자 권유 사항을 생성하는 컴퓨터 프로그램이다. 일부 로보 어드바이저는 고객의 돈을 자동으로 투자하는 추가 단계를 밟을 수 있다. 로보 어드바이스 산업에서 가장 큰 기업 다수는 전통적인 금융 서비스 산업의 대기업이기도 하다. Vanguard, Schwab 및 E*TRADE가 좋은 예이다. 현재 로보 어드바이스 접근방식에 따라 투자된 금액은 $200십억이 넘는다.

로보 어드바이저는 잠재적으로 여러 가지 방법으로 투자자에게 혜택을 줄 수 있다. 그들은 투자자가 감정보다는 양적 요인을 기반으로 편향되지 않은 결정을 내릴 수 있도록 도와준다. 예를 들어, 투자자가 나이가 듦에 따라 포트폴리오를 덜 위험한 투자로 전환함으로써, 시간이 지남에 따라 투자자의 포트폴리오를 재조정하는 자동화된 접근방식을 제공할 수 있다. 로보 어드바이저는 또한 매우 비용 효율적일 가능성이 있어 매년 투자자의 수익에 몇 퍼센트 포인트를 추가할 수 있다.

로보 어드바이저 사용에는 잠재적인 단점이 있다. 첫째, 그들이 제공하는 자문은 자문을 생성하는 데 사용된 알고리즘 수준만큼만 우수한다. 2016년 FINRA는 디지털 투자자문에 대한 보고서를 발표하였는데, 서로 다른 로보 어드바이저가 고객 위험 선호도를 평가하고 현재 포트폴리오가 이러한 선호도에 부합하는지 또는 조정이 필요한지 평가하는 데 매우 다른 접근방식을 취했다고 언급했다. 개인에게 투자자문을 제공하는 신기술의 잠재적 문제를 인식한 SEC는 2017년에 로보 어드바이저에 초점을 맞춘 두 개의 문서를 발행했다. 첫 번째는 투자자에게 주의 사항을 제공하여 로보 어드바이저를 이해하기 위해 취하는 단계가 인간 투자 전문가를 이해하고 선택하는 단계와 상당 부분 동일하게 진행되도록 상기시켜 준다. 두 번째 문서는 로보 어드바이저 회사에게 전하는 경고로서, 로보 어드바이저가 인간 자문사처럼 1940년 투자자문사법을 준수해야 함을 상기시키고, 로보 어드바이저가 본질적으로 규정준수에 추가적인 혼란을 야기한다는 점을 강조하였다. 예를 들어, 로보 어드바이스 회사는 고객이 회사의 알고리즘의 작동방식과 한계 사항을 이해하도록 해야 한다.

투자자문의 비용과 용도 전문적 투자자문의 연간 비용은 일반적으로 관리금액의 0.25% 내지 3%이다. 대규모 포트폴리오의 경우, 수수료는 일반적으로 0.25%부터 0.75%의 범위에 있다. 소규모 포트폴리오의 경우, 관리자금의 2%부터 3% 범위의 연간 수수료가 드물지 않다. 이 수수료들은 일반적으로 고객 자금의 전체 관리비용을 충당한다. 구독 서비스의 일부가 아닌 정기적 투자자문의 비용은 고정요율 체계에 기초하거나 상담시간당 비용으로 제시된다. 온라인 자문사는 훨씬 덜 비싸다. 이들은 무료이거나 연간 수수료를 부과한다.

당신이 전통적 투자자문 서비스를 선택하든 또는 온라인 서비스를 이용하기로 결정하든 질적 차이는 존재한다. 더 비싼 서비스가 반드시 더 좋은 조언을 제공하지 않는다. 서비스 구매 전 투자자문사의 과거 기록과 일반적 평판을 주의 깊게 살펴보는 것이 최선이다. 투자자문사는 좋은 성과기록을 갖고 있어야 할 뿐 아니라, 당신의 개인적 목표에도 적합해야 한다.

투자자문사의 자문은 어떤가? 불행히도 증거는 혼재되어 있다. 일부 연구에 따르면 투자자문사는 비용 효율적인 인덱스펀드보다 값 비싸고 적극적으로 관리되는 뮤추얼펀드로 고객을 유도하는 경향이 있다. 자문사들은 고객이 너무 자주 거래하도록 권고하여 거래비용을 높이고 수익을 낮출 수 있다. 다른 한편으로, 금융자문사는 더 넓은 주식시장 참여를 장려하는 것 같다. 고객이 위험을 인식하는 한, 주식을 구매하는 투자자는 시간이 지남에 따라 더 많은 부를 축적해야 하기 때문에 더 많은 주식시장 참여가 좋은 것일 수 있다. 주식수익률은 장기적으로 더 안전한 투자수익률을 초과한다.

투자클럽

투자 자문과 전문성을 얻는 다른 방법은 투자클럽에 가입하는 것이다. 이 경로는 투자자문사의 비용을 부담하고 싶지 않은 중간 정도의 능력을 가진 사람들에게 특히 유용하다. **투자클럽**(investment club)은 한 집단의 투자자(파트너)들을 특수한 조직구조, 업무과정, 그리고 목적에 의해 결합한 법적 합명회사이다. 대다수 클럽의 목표는 그룹의 투자목표에 부합하는 투자를 함으로써 좋은 장기수익을 얻는 것이다.

비슷한 목표를 가진 개인들은 일반적으로 투자클럽을 결성하여, 공동으로 소유되고 관리되는 포트폴리오에 지식과 자금을 결합한다. 어떤 구성원은 특정 투자전략에 관한 자료를 수집하고 분석하는 책임을 맡는다. 정기적 모임에서 구성원들은 그들의 발견을 구성원들의 논의와 추가적 분석을 위해 제시한다. 일단 논의되면, 그룹은 제안된 전략을 따를지 여부를 결정한다. 대다수 클럽은 구성원들로 하여금 클럽의 자금에 예정된 분담금 납부를 요구함으로써, 정기적으로 투자가능 자금의 규모를 확대한다. 대다수 클럽들이 주식과 채권 투자에 집중하나, 일부는 옵션 또는 선물 같은 전문화된 투자에 집중한다. 투자클럽 가입은 초보 투자자가 (바라건대) 자신의 자금에 대해 좋은 수익을 얻으면서 포트폴리오 구성과 투자 관리의 핵심 사안을 배울 수 있는 훌륭한 방법을 제공한다.

당신이 예상하는 것처럼, 투자클럽은 온라인 투자 추세에도 참여했다. 인터넷에 발맞춤으로써, 투자클럽은 지리적 한계로부터 벗어났다. 이제 전 세계의 한 번도 만난 적 없는 투자자들이 클럽을 결성하고, 마치 직접 대면하는 것처럼 쉽게 투자전략과 주식선택을 논의할 수 있다. 모임 시간과 장소는 더 이상 문제되지 않는다. 어떤 클럽은 친구들로 구성되고, 다른 클럽은 비슷한 투자철학을 공유하고 온라인에서 만난 모르는 사람들로 이루어진다. 온라인 클럽은 e-메일로 업무를 하거나 사적 웹사이트를 만든다. 비영리조직인 BetterInvesting.org의 구성원들은 교육 자료, 투자 도구, 그리고 다른 투자 관련 사항들을 이용할 수 있다. 이 조직에는 200,000명 이상의 개인 및 클럽 투자자와 16,000개 이상의 투자클럽이 있다. 이 조직은 다양하고 유용한 자료를 발간하고 지역적 및 전국적 모임을 지원한다.

개념 리뷰

해답은 www.pearson.com/mylab/finance에서 찾을 수 있음.

3.20 전문 투자자문사가 수행하는 서비스, 그들을 규제하는 방법, 온라인 투자자문사, 투자자문 비용에 대하여 기술하라.

3.21 투자클럽은 소규모 투자자에게 어떤 혜택을 제공하는가? 당신은 일반 또는 온라인 클럽 가운데 어디에 가입하기를 원하는가? 이유는 무엇인가?

토론문제

LG2 **Q3.1** Thomas Weisel은 자신의 이름을 딴 증권회사의 CEO이며, 개인투자자들은 이미 지나치게 많은 정보를 갖고 있다고 믿는다. 그는 "많은 사람들이 본질을 벗어난 자료에 기초한 지나치게 많은 거래 때문에 돈을 잃는다"고 말한다. 다른 산업 전문가는 같은 이유로 SEC의 공정공시법(Regulation FD)에 반대한다. 증권업협회의 상담실장은 이 규정은 정보의 흐름을 북돋기보다 제한한다는 우려를 표현했다. 다른 증권 전문가들은 개인투자자들은 지금 주어지는 많은 정보를 해석할 진정한 능력을 갖고 있지 않다고 주장한다. 당신이 이 의견에 동의 또는 반대하는 이유를 설명하라.

LG2 **Q3.2** 온라인 서점으로부터 시작하여, Amazon은 다른 소매업으로 확장했다. 관련 출처로부터 적합한 정보를 수집하여, Amazon에 대한 투자를 염두에 두고 다음을 평가하라.

a. 지난 12개월의 경제상황 및 주요 시사문제
b. 소매산업의 상황과 성장(과거와 미래)에 관한 정보 및 Amazon 경쟁기업들의 구체적 정보
c. Amazon에 관한 중개회사 보고서 및 분석가 추천
d. Nasdaq National Market에서 거래되는 Amazon의 과거 및 최근의 배당과 가격 행태
e. Amazon 투자의 추천가능성에 관한 조언

LG2 LG6 **Q3.3** 투자자에게 중요한 금융정보의 다양한 범주들을 기술하라. 각 범주의 몇몇 우수한 정보 출처들을 기술하라. 투자자가 입수된 정보의 진위를 판단하기 위해 물어야 할 중요한 질문들은 무엇인가?

LG3 **Q3.4** 최근의 주식과 채권 시장 상황을 평가하기 위해, 지난 6개월의 관련 시장 평균 및 지수를 수집하고 평가하라. 각 시장의 상황을 기술하라. 최근의 역사적 자료와 함께 관련된 경제와 현안 자료를 사용하여 단기 시장상황을 예측하라. 시장상황에 관한 평가에 기초하여, 당신은 주식, 채권, 또는 전혀 투자하지 않도록 권고하겠는가? 당신 권고의 기초적 이유를 설명하라?

LG4 **Q3.5** 주식 브로커를 물색할 때, 당신이 사용해야 하는 질문과 이슈 목록을 준비하라. 당신의 투자목표와 성향을 고려하여, 이상적인 브로커와 이상적인 중개회사를 기술

하라. 프리미엄 할인 또는 일반 할인 중개회사 대신 종합 서비스 중개회사 이용의 장점과 단점을 논의하라. 만약 온라인 거래를 계획하고 있다면, 어떤 추가적 질문을 할 것인가?

LG4 **Q3.6** 〈표 3.4〉에 수록된 두 개의 일반 할인 중개회사 또는 당신이 아는 다른 중개회사의 사이트를 찾아서 방문하라. 사이트를 검색한 후 사용의 용이성, 정보의 질, 투자도구의 이용가능성, 신뢰성, 기타 서비스, 그리고 당신에게 중요한 다른 기준들에 관해서 비교하라. 당신의 발견을 요약하고, 만약 계좌를 개설하면 어느 회사를 선택할지 그리고 그 이유를 설명하라.

LG5 **Q3.7** 보수적 또는 공격적 투자자가 투자 프로그램의 일부로서 다음 종류의 주문들을 사용할 수 있을지 기술하라. 이 두 종류의 투자자들을 선호에 기초하여 비교하라.

a. 시장가

b. 지정가

c. 역지정가

LG5 **Q3.8** 온라인 거래의 기술이 어떻게, 특히 개인투자자의 경우, 투자전략을 변화시켰는지 기술하라. 온라인 거래의 일반적 장점과 단점, 그리고 특히 일중거래의 장점과 단점은 무엇이라고 생각하는가?

LG6 **Q3.9** 전통적인 투자자문사로부터 받는 금융자문과 새로운 로보 어드바이저로부터 받는 금융자문을 구별하라. 당신은 개인적으로 무엇을 선호하며, 그 이유는 무엇인가? 유료 투자자문사의 대안으로 투자클럽 가입은 어떤가?

연습문제

LG3 **P3.1** Ashley Morgan은, 만약 $90를 소요하는 자료를 이용하여 15시간의 조사를 하면, $20,000의 투자의 기대수익률을 7%로부터 10%로 높일 가능성이 있다고 추정한다. Ashley는 조사에 투입하는 시간당 적어도 $25를 벌어야 한다고 느낀다.

a. Ashley의 조사비용을 계산하라.

b. 연구의 결과로서, Ashley의 수익(금액 기준)은 얼마나 증가하는가?

c. 순전히 경제적인 입장에서, Ashley는 제시된 조사를 수행해야 할까?

MyLab LG3 **P3.2** Mini-Dow Average(MDA)는 5개 주식의 종가를 더하고 그 합계를 제수로 나누어 계산한다고 상상하라. MDA 계산에 사용된 제수는 현재 0.775이다. MDA의 5개 주식 각각의 오늘 종가와 정확히 1년 전 종가는 아래 표에 주어져 있고, 그때의 제수는 0.815이다.

a. 각 주식의 백분율 변화를 계산하라. 이를 바탕으로 시장이 강세 또는 약세라고 생각하는가?

b. 오늘과 1년 전의 MDA를 계산하고 MDA의 백분율 변화를 계산하라. 이를 바탕으로 시장이 강세 또는 약세처럼 보이는가?

c. 위의 항목 (a)와 (b)에 대한 답을 비교하라. 전체 시장의 방향에 대해 동일한 결론에 도달했는가? 항목 (b)에서 도달한 결론에서 제수는 어떤 역할을 했는가?

주식	현재	1년 전
Ace Computers	$64	$65
Coburn Motor Company	$39	$34
National Soap & Cosmetics	$89	$95
Ronto Foods	$69	$72
Wings Aircraft	$86	$88

MyLab LG3 **P3.3** 시간에 따른 주식시장의 성과를 측정하기 위해 자신만의 주가지수를 만들고 싶다고 가정해 보라. DJIA를 계산하는데 사용된 것과 유사한 방법론을 사용하기로 결정했다(수식 (3.1) 참조). 당신의 지수에는 다양한 산업에서 엄선된 10개의 주식이 포함된다. 2017년 6월 1일과 2018년 6월 1일의 각 주식가격은 아래와 같다. 단순화를 위해, 한 해 동안 지수의 제수(두 날짜 모두 13.5)를 조정해야 하는 주식분할이나 기타 이벤트가 발생하지 않았다고 가정한다.

주식	2018년 6월 1일 가격	2017년 6월 1일 가격
Alphabet	$1,119.50	$966.95
Apple	$190.24	$153.18
Advance Auto Parts	$128.34	$137.10
Berkshire Hathaway	$289,200	$247,610
Campbell's Soup	$33.28	$57.96
Comcast	$31.26	$41.66
Dish	$29.08	$65.21
Goodyear	$24.44	$34.55
Molson Coors	$61.61	$96.59
Southwest Airlines	$50.96	$60.30

a. 이 12개월 동안 각 회사의 주가 변동률을 계산하라. 오로지 이러한 계산에만 기초하여 이번 기간 동안 전체 주식시장이 상승했거나 하락했다고 추측할 수 있는가?

b. 이제 수식 (3.1)을 사용하여 각 날짜의 주가지수를 계산하고 해당 기간 동안 지수의 백분율 변화를 계산하라. 지수가 시장의 상승이나 하락을 나타내는가?

c. 항목 (a)와 (b)의 결과가 서로 일치하는가? 그렇지 않다면 왜 아닌가? 이것은 다우(Dow)와 같은 방식으로 계산된 지수에서 주식을 선택(또는 주식 제외)하는 방법에 대해 무엇을 말하는가?

LG 3 **P3.4** 회사가 주식분할을 할 때 미리 정해진 비율에 따라 신주를 구주와 교환한다. 예를 들어, 2019년 2월 Ajinomoto Co.는 분할 후 각 주주가 분할 이전에 소유한 각 주식에 대해 두 개의 새로운 주식을 받도록 2 대 1 주식분할을 실시했다. 주식분할은 발행 주식의 수를 증가시키지만 회사의 가치에 대해서는 아무것도 변경하지 않는다. Ajinomoto의 경우 2 대 1 분할 전의 가격은 1,700엔이었고 분할 후 852엔이 되어 약 50% 하락했다.

a. Nikkei 225의 일부인 회사가 2 대 1 주식분할에 참여하고 분할 직후 주가가 50% 하락하지만 회사의 총 가치는 변경되지 않는다고 가정한다. 개념적으로 이 분할은 Nikkei 225에 어떤 영향을 미치는가?

b. 분할이 발생하면 나머지는 모두 일정하게 유지된다. 수식 (3.1)의 분자는 어떻게 되는가?

c. 분할이 발생하면 나머지는 모두 일정하게 유지된다. 수식 (3.1)의 제수는 어떻게 되는가?

d. TOPIX 지수에 속한 회사가 2 대 1 주식분할을 수행하면 위의 세 가지 질문에 대한 답변이 어떻게 바뀌는가?

LG 5 **P3.5** Allen Moriarty는 NYSE에서 주당 $100의 가격으로 거래되는 Apple, Inc.의 보통주를 매입했다. Allen은 Apple 주식가격이 하루 동안에 떨어질 것을 두려워하며 손실을 7%로 제한할 수 있는 주문을 설정하려고 한다. Allen은 어떤 종류의 주문을 설정해야 하는가? 그가 선택할 가격은 얼마인가? 하루가 끝날 때까지만 거래하기를 원하는 경우 가장 좋은 주문 형태는 무엇인가?

LG 5 **P3.6** Michael Strauss는 일중거래자이며 매일 영업일이 끝날 때 계정을 닫는다. 그는 현재 주당 $57에 팔리고 있는 Starbucks 100주를 $55에 매수하기 위해 지정가 주문을 내렸다. 다음 상황에서 Michael에게 발생할 수 있는 최상의 결과는 무엇이며 그 이유는 무엇인가?

a. 주가는 정오에 주당 $53로 하락한 다음 하루가 끝나면 $59로 상승한다.

b. 주가는 주당 $56로 떨어지고 하루가 끝날 때까지 이 가격을 유지한다.

c. 주가는 정오에 주당 $61로 오르다가 하루가 끝나면 $54로 떨어진다.

LG5 **P3.7** 현재 주당 $38에 판매중인 주식을 $35에 매도하기 위해 역지정가 주문(stop-loss order)을 했다면 주가가 주당 $33로 급격히 하락할 경우 80주에 대해 발생할 최소 손실은 얼마인가? 설명하라. $35에 판매하기 위해 가격 역지정 주문(stop-limit order)을 했는데 주가가 $33로 떨어졌다면 어떠한가?

LG5 **P3.8** 주식 200주를 주당 $60에 공매도한다. 이 거래에 대한 손실을 $1,400 이하로 제한하고 싶다. 어떤 주문을 해야 하는가?

LG5 **P3.9** 현재 $65에 거래되고 있는 주식을 조사하고 있으며 투자하고 싶다. 당신은 유리한 소문 때문에 그 주식의 가격이 앞으로 몇 달 동안 상승할 것이고, 그 소문이 거짓이라는 것을 투자자들이 알게 된 후에 하락할 것이라고 믿는다. 당신은 100주를 매수하기 위해 시장가 주문을 했고 동시에 GTC 지정가 주문을 해서 $100에 매도했다. 마지막으로, 초기 투자로부터 2주 동안 활성화될 $90의 가격으로 주식에 대한 GTC 역지정가 주문을 하였다. 몇 주 후에 기대가 실현된다. 주식가격이 크게 상승하여 $96에 도달한다. 며칠 후 주식이 떨어지기 시작하여 월말에 $77에 도달한다. 전략에 따라 어떤 일이 발생하는지 설명하라. 현재 포지션은 어떠한가?

LG5 **P3.10** 2019년 4월 5일, 스포츠웨어 제조업체인 Adidas AG의 주식은 프랑크푸르트 증권거래소에서 €227.55에 마감되었다. 그날 밤 회사는 기대 이상의 수익 결과를 발표했고 다음날 아침 주식 거래는 €235에서 시작하여 €250로 급상승했다가 하루를 마감하기 전에 €240였다.

a. 4월 5일 하루가 끝날 무렵, 투자자가 €227에 Adidas 주식 100주를 매수하기 위해 지정가 주문을 했다고 가정한다. 다음날 투자자의 계좌는 어떻게 되었는가?

b. 한 투자자가 4월 5일 저녁 금융뉴스 프로그램에서 Adidas의 좋은 수익에 대해 들었다고 가정한다. 그날 종가 €227.55에서 Adidas가 좋은 매수라고 생각한 투자자는 거래소가 끝난 후 Adidas 주식 50주를 매수하라는 시장가 주문을 제출했고, 주문은 다음날에 유효하다. 결과는 어떠한가?

c. 이미 Adidas 주식 300주를 소유한 또 다른 투자자도 4월 5일 저녁 소식을 들었다. 이 투자자는 다음날 Adidas 주가가 상승할 것으로 예상했기 때문에 300주를 €240에 매도하기 위해 지정가 주문을 제출했다. 결과는 어떠한가?

d. Adidas를 거래하는 일중거래자는 4월 6일 오전 10시 30분에 1,000주를 매수하라는 시장가 주문을 냈는데, 이때 Adidas는 €237에 거래되었다. 거래자는 가격이 €250로 상승하는 것을 지켜본 후 오전의 이익을 보호하기 위해 €245에 매도하는 가격 역지정 주문을 제출했다. 결과는 어떻게 되었는가?

P3.11 50% 증거금 계좌에 $5,000가 있다. 매수하고 싶은 주식을 팔로우하고 있다. 주가는 $52이다. 주가가 $50로 떨어지면 구매하기로 결정한다. 당신은 $50에 300주를 매수하기 위해 지정가 주문을 제출한다. 주가는 $50로 떨어진다. 결과는 어떻게 되는가?

MyLab

P3.12 Peter Tanaka는 주식 포트폴리오를 시작하는 데 관심이 있다. 그는 많은 재무 기자들이 다우존스 산업평균 지수가 전체 주식시장의 지표라고 말하는 것을 들었다. 다양한 온라인 투자 사이트를 방문하여 Peter는 DIJA의 변동성을 추적할 수 있다. Peter는 자신의 포트폴리오의 가격 성과를 측정할 평균 또는 지수를 개발하려고 한다. 그는 Dow와 다소 유사한 가격가중 지수를 만들기로 결정했다. 여기서 지수는 포트폴리오에 있는 주식가격의 단순한 산술 평균과 같다(즉, 이 지수의 "제수"는 각 주식의 주식 수가 아니라 포트폴리오의 주식 종목 수). 그는 다음 10가지 주식을 기반으로 지수를 만들고자 한다. 다음의 자료로 지수를 산출하고 분석하는 스프레드시트를 작성하라.

	가격		
	2018.6.1	2016.6.1	2010.6.1
Intel	$ 57.08	$ 31.66	$ 21.18
3M	$199.59	$168.69	$ 78.07
AFLAC	$ 45.40	$ 69.41	$ 43.13
Merck	$ 60.56	$ 56.33	$ 33.53
Target	$ 72.80	$ 68.41	$ 53.91
Chevron	$123.85	$101.13	$ 72.29
Church & Dwight	$ 47.32	$ 98.94	$ 65.96
Tiffany	$132.43	$ 62.33	$ 44.69
Disney	$ 99.36	$ 98.52	$ 33.33
Caterpillar	$153.52	$ 72.27	$101.13

a. 2010년 6월 1일부터 2016년 6월 1일까지, 그리고 2016년 6월 1일부터 2018년 6월 1일까지 각 주식의 가격변동률을 계산하라. 계산 결과를 통해 시장의 일반적인 방향에 대해 무엇을 알 수 있는가?

b. 각 날짜에 Peter의 주가지수(즉, 이 10개 주식의 평균 가격)를 계산하고, 2010년 6월 1일부터 2016년 6월 1일까지, 그리고 2016년 6월 1일부터 2018년 6월 1일까지의 주가지수 변동률을 계산하라.

c. Peter의 지수에 대하여 비평하라. 왜 더 광범위한 주식시장의 성과를 정확하게 포착하지 못할 수 있는가?

d. 2016년 6월 1일부터 2018년 6월 1일까지 다우존스 산업평균은 약 38% 상승했

고 S&P 500 지수는 약 30% 상승했다. 이 수치를 같은 기간 동안 Peter의 주가 지수 변화율과 비교하라. Peter의 지수가 DJIA 및 S&P 500과 비교하여 시장의 성과에 대해 매우 다른 신호를 제공할 수 있는 몇 가지 이유를 나열하라. **힌트**: Peter의 목록에 있는 두 종목이 2016년과 2018년 사이에 주식분할을 수행했다. 두 종목이 무엇인지 추측할 수 있는가? 질적으로 이것이 Peter의 지수에 어떤 영향을 미치는가?

사례문제 3.1 | Emily의 재운

LG2 LG4 LG6

Emily Richards는 최근 대학을 졸업했으며 2개월 후에 새로운 경력을 시작할 것이다. 그녀는 최근에 할아버지가 $300,000 상당의 주식과 채권을 상속했다는 사실을 알게 되었다. Emily는 새로 발견한 재산을 소비하는 대신, 투자한 돈이 증가하여 일찍 은퇴할 수 있기를 바라며 투자한 돈을 남겨두기로 결정했다. Emily는 이 계획을 고려하여 현재 포트폴리오에 있는 증권에 대해 잘 알고 있어야 한다고 생각했다. 그녀는 포트폴리오를 직접 관리하려면 증권시장과 경제 전반을 잘 알고 있어야 했다. 그녀는 또한 포트폴리오의 각 증권을 팔로우하며 대체 가능한 대안 증권을 지속적으로 평가해야 한다는 것을 깨달았다. 다행히도 그녀는 새 직장을 시작하기 전에 약간의 여유시간을 가졌다.

≫질문

a. Emily가 개별 기업과 증권은 물론 광범위한 경제 동향에 대해 배우는 데 사용할 수 있는 온라인 정보 출처 하나와 인쇄판 또는 TV 출처 하나를 추천하라.

b. Emily는 자신의 포트폴리오를 조정하려는 경우 돈을 관리하고 증권을 매매하는 데 도움이 되는 일종의 자문이 필요할 수 있다고 생각한다. Emily가 연락할 수 있는 몇 가지 유형의 투자 전문가를 나열하고 각각의 장단점을 설명하라.

사례문제 3.2 | Donald와 Laurie의 브로커 및 자문사 선택

LG4 LG5 LG6

Donald Belson과 Laurie Hall은 대형 소프트웨어 회사에서 일하는 친구들이다. 그들은 지금 다니는 회사의 상대적 안정성을 포기하고, 신속한 인터넷 접속을 위한 새로운 광섬유 기술을 다루는 설립 2년차 회사인 Hamelin Pipers에 합류하기로 결정했다. Donald는 신제품개발담당 부사장, Laurie는 재무담당자가 될 것이다. 그들은 새로운 직장의 잠재력에 관해 흥분하고 있지만, 전직에 따르는 재무적 결과를 고려해야 할 필요를 인식하고 있다. 즉각적 관심은 그들의 401(k) 은퇴 프로그램이다. 현재의 회사를 떠나면, 그들 각자는 약

$75,000의 목돈을 정산금으로 받고, 스스로 관리하는 세금 이연 은퇴계좌로 옮겨야 한다. 이들은 이 자금의 투자 옵션을 논의하기 위해 점심때 만났다.

Donald는 30세의 미혼이고, 컴퓨터과학 학사 학위를 갖고 있다. 그는 자신을 약간의 위험선호자로 간주하며, 기술 전문성을 이용하여 소프트웨어와 인터넷 회사에 투자함으로써 주식시장에도 참가한다. Laurie의 학부 학위는 영문학이며, 재무금융 전공 M.B.A.를 취득했다. 그녀는 32세의 기혼이며, 이제 곧 가정을 꾸리고 싶어 한다. 그녀의 남편은 개업 내과의사이다.

Donald는 컴퓨터에 능숙하고, 자신의 인터넷 연구에 기초하여 주식을 선택하기 좋아한다. Laurie의 재무금융 배경은 투자의 기본에 관한 탄탄한 이해를 제공하지만, 그녀는 비교적 보수적이며 따라서 대형 우량주와 뮤추얼펀드에만 투자한다. 점심 대화에서 나온 주제 가운데 주식 브로커와 금융자문사가 있었다. Donald는 제한된 기간 동안 수수료 없는 거래를 제공하고 저비용의 온라인 거래 서비스를 제공하는 단순한 일반 할인 중개회사에 관심을 갖고 있다. Laurie도 비용에 관심을 갖고 있으나, 다른 서비스를 위해 더 많이 지불하거나 더 자주 스스로 거래대상을 찾아야 한다면 그런 저비용은 착시(deceptive)일 수 있다고 Donald에게 경고한다. 그녀는 또한 Donald가 지나치게 기술 섹터에 집중한다고 생각하고, 포트폴리오 균형을 위해 금융자문을 받을 것을 권한다. 그들은 많은 중개회사와 투자자문사들을 조사하고, 다시 만나 결과를 비교하기로 했다.

≫질 문

a. 종합 서비스, 프리미엄 할인, 일반 할인 주식중개회사 중에서 두 개 이상의 회사를 조사하고, 서비스와 비용을 비교하라. 어떤 중개회사가 Donald의 필요에 가장 적합한가? 그 이유는 무엇인가? 어떤 중개회사가 Laurie의 필요에 가장 적합한가? 그 이유는 무엇인가? 브로커 후보를 면담할 때 물어야 할 핵심 질문들은 무엇인가?

b. 특정 브로커를 선택하기 전, Donald와 Laurie가 고려해야 할 요인들은 무엇인가? 종합 서비스 브로커의 개별적 관심을 받는 것의 장점과 단점을 할인 브로커 서비스에 비교하라.

c. Donald 또는 Laurie가, 거래를 도와주면서 개인적 관심에 초점을 맞추는, 브로커를 선택하는 것이 좋다고 생각하는가?

d. Donald는 일중거래에 관한 기사를 읽었고 시도하고 싶다고 Laurie에게 말했다. 당신은 Donald에게 이 전략의 위험과 보상에 관해 어떤 조언을 할 것인가?

e. Donald와 Laurie가 적절한 포트폴리오를 만들도록 돕기 위해, 전통적 및 온라인 투자자문의 간단한 개요를 준비하라. 당신은 Donald에게 어떤 종류의 자문사를 추천할 것인가? Laurie에게는? 당신의 이유를 설명하라.

PART 02

중요한 개념적 도구

04 수익과 위험

04A 화폐의 시간가치

05 현대 포트폴리오 개념

CHAPTER

04 수익과 위험

학습목표

이 장을 학습하면 다음을 수행할 수 있다.

LG1 수익의 개념 및 요소, 수익 수준에 영향을 주는 요인, 그리고 역사적 수익률을 검토한다.

LG2 수익을 측정하고 만족스러운 투자를 정의하는 데 있어서 화폐의 시간가치 개념의 역할을 논의한다.

LG3 실질수익률, 무위험수익률, 그리고 요구수익률 및 보유기간수익률의 계산과 적용을 논의한다.

LG4 수익률의 개념과 계산 그리고 성장률의 계산 방법을 설명한다.

LG5 잠재적 투자에 영향을 줄 수 있는 위험의 핵심 원천을 논의한다.

LG6 단일 자산의 위험, 위험의 평가, 그리고 수익률과 위험을 결합하는 단계들을 이해한다.

“텔레비전은 역사상 그 어느 때보다 낫다. 제작이 복잡하기 때문에 Netflix 및 기타 케이블 채널로 많은 이야기가 전달되고 있다.”

— 레오나르도 디카프리오

1997년 우편주문 DVD 대여 회사로 시작한 Netflix는 미디어 강국으로 성장했다. 2018년까지 구독자 수는 1억 명을 넘어섰고, DVD를 담은 유비쿼터스 빨간 봉투로 알려진 것처럼 *Orange Is the New Black*, *Stranger Things*, *The Crown*과 같은 독창적인 콘텐츠를 개발한 것으로도 유명했다. Oscars, Golden Globes, Emmys, Grammys 등 엔터테인먼트 업계는 새로운 콘텐츠 제작에 있어 Netflix의 놀라운 성과를 인정하며 찬사를 보냈다.

투자자들도 Netflix에게 박수를 보내고 있다. 2008년부터 2017년까지 Netflix 보통주는 연평균 77%의 상승률로 상승하여 같은 기간 주요 주식시장지수의 5배 이상을 기록했다. 이러한 성과를 살펴보면 2008년 1월 Netflix 주식에 $1,000를 투자한 경우 2018년 5월에 거의 $87,000의 가치가 있다는 것이다. 그러나 모든 평가가 빛나는 것은 아니다. 전문 주식분석가들은 Netflix가 새로운 프로그램에 막대한 투자를 했기 때문에 Netflix가 받는 것보다 더 많은 현금을 정기적으로 지출하고 있다고 지적했다. 이러한 상황은 어떠한 회사도 영속할 수 없는 것이다. 또한 회사의 전략과 장기적 재무성과는 구독자 기반의 확대에 크게 좌우되었다. 이 사실은 2011년에 회사가 DVD 배송과 스트리밍 구독 서비스 묶음을 개별 판매하려는 불운한 시도를 했을 때 입증되었다. 그로 인해 800,000명의 가입자가 한 분기 동안 서비스를 해지하였고 Netflix 주식 가치는 그해에 60%를 손실하였다.

개별 주식과 전체 주식시장의 호황 및 불황주기는 위험과 수익 사이의 거의 뗄 수 없는 연결고리에 대한 훌륭한 예이다. Netflix가 최근에 그러했던 것처럼 일부 투자는 몇 년 연속으로 높은 수익을 제공할 수 있지만, Netflix 투자자가 2011년에 배운 것처럼 높은 수익은 높은 위험과 관련되는 경향이 있다. 이 장과 다음 장에서는 위험과 수익의 관련성을 계량화하는 수단에 대하여 논의한다.

(출처: “Leonardo DiCaprio on Fighting a Bear in ‘The Revenant’ 및 Film vs. TV”에서 발췌. Yahoo! Entertainment, https://www.yahoo.com/entertainment/leonardo-dicaprio-on-fighting-a-1281529422913590.html, 2018년 5월 21일 접속)

수익의 개념

LG1 LG2 사람들은 어떤 자산의 기대수익에 의해 투자유인을 갖게 된다. 수익은 투자 이익, 즉 투자에 대한 보상의 수준이다. 당신은 2%의 연 이자율 지급을 보장하는 저축계좌에 $1,000를 보유하고 있고, 당신의 사업동료가 그 돈을 빌려줄 것을 요청한다고 가정하라. 만약 당신이 그녀에게 1년 동안 돈을 빌려주면, 그녀는 1년 후에 상환하고, 수익률은 이자에 의해 결정될 것이다. 만약 당신이 무이자로 빌려주면, 당신의 수익은 0일 것이다. 만약 2%의 이자율을 부과하면, 수익은 $20(0.02×$1,000)일 것이다. 당신은 이미 $1,000에 대해 안전한 2%의 이자를 받고 있기 때문에, 동등한 수익을 얻으려면, 동료에게 최소 2%의 이자를 부과해야 한다.

일부 투자는 수익을 보장하지만 대부분은 그렇지 않다. 연방정부가 보장하는 은행 예금에 대한 수익은 거의 확실하다. 사업 동료에게 대출을 통해 얻은 수익은 확실하지 않을 수 있다. 기대수익의 규모와 확실성은 적절한 투자를 선택하는 데 중요한 요소이다.

> **투자자 현실**
>
> **부리토 본드(Burrito Bonds)는 삼키기 쉽다** 2014년 여름, 런던에 본사를 둔 레스토랑 체인 Chilango는 연간 8%의 현금이자 지급과 부리토에 대한 무료 바우처를 약속하는 채권을 투자자에게 판매했다. 이러한 부리토는 의심할 여지없이 Chilango의 투자자에게 어느 정도 가치가 있지만 투자수익을 계산할 때 투자로 인한 현금 지불에만 중점을 두고 무료 부리토와 같은 현물 지급을 무시한다.
>
> (출처: "Will Chilango's £2m Success Herald an Affordable Mini Bond Revolution?"에서 발췌, http://www.forbes.com/sites/trevorclawson/2014/08/28/will-chilangos-2m-success-heraldan-affordable-mini-bond-revolution/, 2015년 4월 23일 접속)

수익의 요소

투자의 수익은 두 가지 원천으로부터 발생할 수 있다. 한 가지 원천은 배당과 이자 같은 정기적 지급이다. 다른 수익 원천은 투자자산 가격의 변화이다. 이 두 가지 수익 원천은 각각 **경상소득(current income)**과 **자본이득(capital gains)**[또는 **자본손실(capital losses)**]으로 불린다.

소득 소득은 주식이나 뮤추얼펀드의 배당 또는 채권의 이자 형태일 수 있다. 우리의 목적상, 투자의 **소득(income)**은 일반적으로 투자 보유의 결과로서 투자자들이 정기적으로 수취하는 현금이다.

〈표 4.1〉은 두 개의 보통주인 Target과 Discover Financial Services의 2017년 성과 자료를 보여준다. 두 주식은 거의 정확히 같은 가격(Target의 경우 $72.75, Discover의 경우 $72.73)으로 거래를 시작했다. 한 해 동안 Target 주식은 투자자에게 배당금으로 $2.44를 지급한 반면 Discover 주식은 배당금으로 $1.30를 지급했다. 배당금 지급만으로는 Target이 2017년에 더 나은 투자로 보일 수 있다.

〈표 4.1〉 두 투자의 프로파일, 2017년

	투자	
	Target	Discover
시작 가격(2017년 1월 3일)	$72.75	$72.73
수취 현금		
제1분기	$ 0.60	$ 0.30
제2분기	$ 0.60	$ 0.30
제3분기	$ 0.62	$ 0.35
제4분기	$ 0.62	$ 0.35
총소득(연간)	$ 2.44	$ 1.30
종료 가격(2017년 12월 29일)	$65.25	$76.92

자본이득(또는 자본손실) 수익의 두 번째 차원은 투자자산의 시장가치 변화에 초점을 맞춘다. 가치가 올라가면 투자자는 자본이득을 얻는다. 투자가치가 떨어지면 자본손실이 발생한다.

〈표 4.1〉에서 자본이득 또는 자본손실을 계산할 수 있다. Target 주식은 2017년 $7.50의 자본손실을 경험했다(즉, 종료 가격 $65.25－시작 가격 $72.75). 반면에 Discover는 $76.92의 종료 가격이 연초의 시작 가격 $72.73보다 $4.19 더 높았기 때문에 $4.19의 자본이득을 얻었다.

자본이득(또는 손실)을 소득과 합하면 총수익을 계산할 수 있다. 〈표 4.2〉는 1년 동안 Target 및 Discover에 대한 총수익을 보여준다. Target은 Discover의 총수익 $5.49에 비하여 －$5.06의 총수익을 얻었다.

일반적으로, 수익의 금액보다 **수익의 백분율**이 더 널리 사용된다. 백분율은 다른 규모와 종류의 투자들을 직접 비교할 수 있도록 만든다. Target은 －6.96%의 수익률을 얻었다. 즉, －$5.06를 $72.75로 나눈 값이다. Discover는 7.55%의 수익률을 냈다(즉, $5.49 ÷ $72.73). 이 시점에서 Discover가 2017년에 더 나은 성과를 보인 것은 분명하다. 그러나 투자자는 앞으로 어떤 투자를 선호해야 하는가? 대답은 투자자가

〈표 4.2〉 두 투자의 총수익

	투자	
수익	Target	Discover
소득	$2.44	$1.30
자본 이득(손실)	−$7.50	$4.19
총수익	−$5.06	$5.49

> **투자자 오류**
>
> **광고보다 적은 수익률** 1990년대 중반에 Beardstown Ladies로 알려진 투자 클럽은 10년 이상 전체 주식시장보다 높은 수익을 올렸다고 주장했기 때문에 명성을 얻었다. 그 여성들은 투자자문이 가득한 베스트셀러 책을 썼지만 그 책 어디에도 투자수익을 계산하는 방법에 대해 논의하지 않았다. 나중에 회계감사에 따르면 Beardstown 여성들은 새로운 자본투자를 수익의 일부로 포함하여 수익을 과장했다. 최근에 온라인 P2P 대출사이트인 Prosper는 수만 명의 투자자에게 보고한 수익을 과장하는 유사한 실수를 저질렀다. 수익을 올바르게 계산하는 방법을 아는 것은 투자 실적을 평가하는 첫 번째 단계이다.
>
> [출처: (1) "Where Are They Now: The Beardstown Ladies"에서 발췌. http://www.wsj.com/articles/SB114596682916135186, 2016년 6월 29일에 접속. (2) "Prosper Admits It Miscalculated Investors' Annual Returns,"에서 발췌. https://www.ft.com/content/91d9bc96-30f0-11e7-9555-23ef563ecf9a, 2018년 5월 24일에 접속]

시간이 지남에 따라 각 주식이 생산할 것으로 기대하는 수익률뿐만 아니라 수익률이 얼마나 위험한지에 달려 있다.

왜 수익률이 중요한가

자산의 수익률은 투자자의 부가 축적되는 속도를 나타내기 때문에, 투자결정의 핵심 변수이다. 자연스럽게 대다수 사람들은 더 많은 부를 선호하기 때문에, 만약 다른 조건들이 동일하면 고수익률 투자가 저수익률 투자보다 선호된다. 그러나 우리는 이미 대다수 투자의 수익률은 불확실하다고 밝힌 바 있다. 그러면 투자자들은 저수익률을 낼 것 같은 자산으로부터 어떻게 고수익률을 제공하는 자산을 구별할 수 있는가? 이런 종류의 평가를 하는 방법의 하나는 여러 종류의 투자들이 과거에 기록했던 수익률을 살펴보는 것이다.

역사적 성과 대다수 사람들은 미래 성과는 과거 성과에 의해 보장되지 않는다고 인식한다. 그러나 과거 자료는 빈번하게 미래 예상을 위한 의미 있는 기초를 제공한다. 미래를 예측할 때, 투자 세계의 일반적 관행은 역사적 기록을 주의 깊게 살펴보는 것이다.

〈표 4.3〉에 제시된 ExxonMobil Corporation의 자료를 살펴보자. ExxonMobil은 2008년부터 2017년까지 매년 배당을 지급했다. ExxonMobil의 주가는 10년 동안 크게 변동했다. 주식은 10년 중 5년 동안 자본이득을 얻었으며 이는 당연히 5년 동안은 자본손실을 입었다는 것을 의미한다.

이 자료들의 두 가지 측면이 중요하다. 첫째, 이 투자에 의해 지난 10년 동안 창출된 **총수익률 평균 수준**을 측정할 수 있다. 이 기간 동안 ExxonMobil 주주의 총수익률 평균(제6열)은 평균 2.5%이며, 이는 같은 기간 동안에 대다수 다른 주식들을 훨씬 능가한다. 둘째, ExxonMobil의 수익률은 1년 단위로 현저한 변동성을 갖고 있다. 이 기업의 최고의 해는, 투자자들이 21.2%의 총수익률을 얻은 2016년이었다. 그러나 ExxonMobil의 최악의 해였던 2015년, 주주들은 13.5%의 손실을 입었다.

기대수익률 당연히 최종 분석에서 투자결정을 할 때 중요한 것은 미래이다. 따라서 **기대수익률**(expected return)은 필수적 성과 척도이다. 투자가 미래에 벌어들일 것이라고 생각되는 금액이 지불용의를 결정한다.

MyLab

〈표 4.3〉 EXXONMOBIL CORP.(XOM)의 역사적 투자 자료

	시장가치(가격)				총수익률	
	(1)	(2)	(3)	(4) (3)－(2)	(5)	(6)
연도	배당소득	연초	연말	자본이득	(1)＋(4)	(5)÷(2)
2008	$1.55	$93.51	$81.64	－$11.87	－$10.32	－11.0%
2009	$1.66	$81.64	$69.15	－$12.49	－$10.83	－13.3%
2010	$1.74	$69.15	$74.55	$ 5.40	$ 7.14	10.3%
2011	$1.85	$74.55	$86.00	$11.45	$13.30	17.8%
2012	$2.18	$86.00	$88.71	$ 2.71	$ 4.89	5.7%
2013	$2.46	$88.71	$99.75	$11.04	$13.50	15.2%
2014	$2.70	$99.75	$92.83	－$ 6.92	－$ 4.22	－4.2%
2015	$2.88	$92.83	$77.46	－$15.37	－$12.49	－13.5%
2016	$2.98	$77.46	$90.89	$13.43	$16.41	21.2%
2017	$3.06	$90.89	$85.03	－$ 5.86	－$ 2.80	－3.1%
평균	$2.31			－$ 0.85	$ 1.46	2.5%

출처: Yahoo! Finance로부터 입수된 배당과 연말 종가

설명을 위해 다시 〈표 4.3〉의 자료로 돌아가자. 단순한 투자자는 ExxonMobil의 기대수익을 과거 10년의 평균 수익률과 같은 2.5%로 추정할 수 있다. 이는 반드시 나쁜 출발점은 아니나, “ExxonMobil의 과거 수익률에 기여한 요인은 무엇이며 미래에도 동일한 요인들이 작용할 가능성이 있는가?”라는 의문을 갖는 것이 현명하다. 최근 ExxonMobil의 상대적으로 저조한 실적의 핵심은 원유가격이 두 차례 가파르고 지속적으로 하락했다는 것이다. 2008년에 원유는 때때로 배럴당 $140 이상에 거래되었지만 가격은 연말까지 배럴당 $31를 바닥으로 떨어질 때까지 꾸준히 하락했다. 유가는 2009년과 2010년에 다시 상승했지만 이전의 $140 최고점에 근접하지는 못했다. 그 후 2014년 여름부터 2016년 초까지 유가가 다시 급락하여 $100가 조금 넘는 수준에서 $28로 떨어졌다. ExxonMobil의 주요 산출물 가격의 이러한 큰 변동은 지난 10년을 어려운 시기로 만들었다. 이는 〈표 4.3〉에 표시된 과거 수익률이 회사의 평균보다 더 나쁜 기간을 나타낼 수 있음을 시사한다. 유가가 무기한 하락하지 않고 오히려 안정될 것이라고 믿는 투자자는 상대적으로 안정적인 유가 기간 동안의 과거 실적을 살펴봄으로써 ExxonMobil의 기대수익률을 추정할 수 있다.

금융시장의 실패

디플레이션 공포를 투자자들은 걱정한다

대부분의 선진국에서 상품과 서비스의 가격은 시간이 지남에 따라 상승하는 경향이 있으며 이는 인플레이션으로 알려진 경제현상이다. 물론 소비자 가전과 같은 일부 상품의 가격은 시간이 지날수록 하락하는 경향이 있지만, 해가 지나면서 1955년부터 2007년까지 미국과 대부분의 유럽에서 전체 가격수준이 지속적으로 상승했다. 2008년 경기침체가 심화되면서 미국과 유럽의 소비자물가가 하락하기 시작했다. 이 뉴스는 일부 투자자들 사이에서 1929년 11월부터 1933년 3월까지 −27%의 가격하락을 가져온 것과 같은 불황으로 경기침체가 악화될 수 있다는 두려움을 갖게 만들었다. 이러한 두려움은 전 세계의 가격이 다시 상승하기 시작하면서 실현되지 않았다(단, 일본은 예외이다). 일본의 경우 가격은 2009년부터 2013년까지 거의 중단 없이 하락했으며 잠시 유예 후 2017년에 가격이 다시 하락했다.

비판적 사고 문제〉〉 해마다 고정된 금액을 지불하는 투자를 소유하고 있다고 가정하라. 인플레이션(가격 상승) 또는 디플레이션(가격 하락)이 이러한 유형의 투자가치에 어떤 영향을 미칠 것이라고 생각하는가?

수익의 수준

투자의 달성 또는 기대수익의 수준은 다양한 요인에 의존한다. 핵심 요인은 내적 특성과 외적 영향이다.

내적 특성 투자의 어떤 특성은 수익에 영향을 준다. 회사에 의해 발행된 증권의 경우, 중요한 특성은 투자의 종류(예를 들어, 주식 또는 채권), 기업 경영의 수준, 그리고 기업이 부채 또는 자본으로 영업자금을 조달하는지를 포함한다. 예를 들어, 투자자들은 안정적으로 운영되고 완전히 자기자본에 의해 조달된 대규모 플라스틱 제조기업의 보통주에 대해, 불안정한 경영과 주로 부채에 의해 조달된 소규모 의류 제조기업의 보통주와는 다른 수익을 기대할 수 있다. 다음 장들에서 볼 것처럼, 내적 특성과 수익에 대한 영향을 평가하는 것은 잠재적 투자를 분석하는 데 중요한 단계이다.

외적 영향 연방준비제도의 조치, 기근, 전쟁, 가격 통제, 그리고 정치적 사건 같은 외적 영향도 투자의 수익에 영향을 줄 수 있다. 이들 중 어느 것도 증권의 발행자에 의해 통제되지 않으며, 투자들은 이 영향들에 대해 달리 반응한다. 예를 들어, 만약 투자자들이 유가상승을 예상하면, ExxonMobil 주식의 기대수익을 높이고 휘발유 대량소비 자동차에 특화된 제조업체 주식의 기대수익을 낮출 수 있다. 비슷하게, 다양한 국가들의 경제는 다른 방식으로 외부 영향에 반응한다.

다른 극단적 영향은 일반적 가격 수준의 변화이며, 이는 상승(**인플레이션**) 또는 하락(**디플레이션**)이다. 인플레이션(또는 디플레이션)이 투자수익에 미치는 영향은 복잡하지만 부분적으로는 투자자가 인플레이션율을 올바르게 예측하는지 여부에 달려 있다. 일반적으로 투자자가 인플레이션이 발생할 것으로 예상하면 더 높은 수익을 요구할 것이다. 예를 들어, 역사를 되돌아보면 인플레이션이 더 높았던 시기에 일반적으로 채권금리가 더 높았다. 그러나 투자자가 방심하거나 인플레이션율이 예상보다 높거나 낮으면 이에 대응하여 투자수익률이 상승하거나 하락할 수 있다. 예상치 못한 인플레이션 변화에 투자수익이 반응하는 방식은 투자 유형에 따라 다르며, 정책 입안자들이 인플레이션 변화에 어떻게 반응할지에 대한 투자자의 믿음에 의하여 영향을 받을 수 있다. 예를 들어, 인플레이션이 예기치 않게 상승하면 투자자는 연방준비은행이 인플레이션을 다시 낮추기 위해 경제성장을 늦추는 조치를 취할 것으로 예상할 수 있다. 이 경우 인플레이션이 가속화되더라도 일부 투자수익은 하락할 수 있다.

역사적 수익률

수익률은 시점과 투자 종류에 따라 다르다. 장기간의 역사적 수익률의 평균을 통해, 다양한 종류의 투자수익률들의 차이를 관찰할 수 있다. 〈표 4.4〉는 1900년부터 2017년까지 118년 동안, 19개 국가의 여러 주요 자산 종류(주식, 장기 국채, 단기 국채)의 연평균 수익률을 보여준다. 100년 이상의 자료로부터 명백한 패턴이 나타난다. 주식, 장기 국채, 단기 국채의 실현된 연평균 수익률들 사이에 현저한 차이가 있음을 볼 수 있다. 모든 19개 국가에서 주식은 장기 국채보다 높은 수익률을 내고, 장기 국채는 다시 단기 국채보다 높은 수익률을 낸다. 이 장의 뒷부분에서, 우리는 이 투자들의 수익률 차이를 위험의 차이에 연계하는 방법을 볼 것이다.

우리는 이제 화폐의 시간가치라는 원리가 투자수익을 결정하는 데 있어서 역할에 주의를 기울인다.

화폐의 시간가치와 수익

화폐의 시간가치라는 용어는 현금을 일찍 받는 것이 일반적으로 늦게 받는 것보다 좋다는 사실을 의미한다. 예를 들어, 두 투자 A와 B를 고려하자. 투자 A는 내년에 \$100, 그 다음 해에 \$100를 지급할 것이다. 투자 B는 2년 후에 \$200를 지급한다. 어

〈표 4.4〉 주요 자산 종류의 역사적 수익률(1900–2017년)

	연평균 수익률			
	주식	장기 국채	단기 국채	인플레이션
호주	12.2%	6.1%	4.5%	3.8%
벨기에	10.2%	5.9%	4.7%	6.0%
캐나다	10.2%	5.6%	4.5%	3.1%
덴마크	11.4%	7.5%	5.9%	3.9%
핀란드	16.4%	7.4%	6.5%	8.6%
프랑스	13.0%	7.4%	4.7%	7.4%
독일	13.4%	5.3%	3.4%	5.3%
아일랜드	11.0%	6.5%	4.8%	4.3%
이탈리아	14.2%	7.3%	4.3%	10.3%
일본	14.5%	6.7%	4.7%	9.8%
네덜란드	10.3%	4.9%	3.4%	2.9%
뉴질랜드	11.8%	6.2%	5.4%	3.7%
노르웨이	11.0%	5.9%	4.8%	3.9%
남아프리카	14.7%	7.3%	6.1%	5.2%
스페인	11.5%	8.0%	5.9%	5.7%
스웨덴	11.5%	6.6%	5.2%	3.5%
스위스	8.4%	4.7%	2.9%	2.3%
영국	11.2%	6.2%	4.8%	3.9%
미국	11.5%	5.3%	3.8%	3.0%
전 세계	9.6%	5.3%	3.8%	3.0%

출처: *Credit Suisse Global Investment Returns Yearbook 2018.*

떤 투자도 전혀 위험을 갖고 있지 않다고, 즉 이 현금 지급들은 확실하다고 가정하라. 명백하게 두 투자는 2년 동안 $200를 지급하나, 투자 A는 첫해의 $100를 재투자해서 둘째 해에 더 많은 이자를 벌 수 있기 때문에 선호된다. 투자 A가 투자 B보다 더 빨리 현금을 지불하기 때문에 투자 A가 얼마나 더 가치가 있는지 정량화하려면 약간의 수학이 필요하다. 구체적으로, 투자 A와 투자 B가 지불한 금액의 현재가치를 계산해야 한다. **현재가치**(present value)는 투자가 시간이 지남에 따라 지불하는 현금을 오늘의 달러가치로 나타낸 것이다. 투자의 현금 지불의 현재가치를 계산하려면 유사한 대체 투자로 얻을 수 있는 이자율이 반영된 **할인율**(discount rate)이 필요하다.

사전에 탑재된 재무 규칙 및 기능을 통해, 계산기와 스프레드시트는 투자를 분석하기 위해 화폐의 시간가치 기법을 적용하는 데 필요한 계산을 단순화한다. 다양한 재무 계산을 위한 계산기 키 입력을 보여주기 위해 정의된 키가 있는 키패드를 아래에 제시하였다. 또한 중간중간 간단한 Excel 모델의 스크린 샷을 제공하여 해당 환경에서 재무 기능이 작동하는 방식을 보여줄 것이다.

- N — 기간 수
- I — 기간당 이자율
- PV — 현재가치
- PMT — 지급 금액(연금에만 사용)
- FV — 미래가치
- CPT — 모든 값이 입력된 후, 재무계산을 시작하는 데 사용되는 계산명령 키

화폐의 시간가치 기법은 주어진 비용 하에서 투자수익이 만족스러운지 결정하는 데 사용될 수 있다. 이 시점에서 위험을 무시하면, **만족스러운 투자**는 편익의 (적절한 할인율에 의해 할인된) 현재가치가 비용과 같거나 초과하는 것이다. 투자수익의 현재가치를 비용과 비교하면 다음 세 가지 결과가 가능하다.

1. 편익의 현재가치가 비용과 같으면 다른 유사한 투자에서 얻을 수 있는 수익(즉, 할인율과 동일한 수익률)과 동일한 수익을 제공하므로 투자가 만족스러운 것이다.
2. 편익의 현재가치가 비용을 초과하는 경우 투자는 다른 유사한 투자에서 얻을 수 있는 것보다 더 큰 수익(즉, 할인율보다 큰 수익률)을 제공하기 때문에 만족스러운 것이다.
3. 편익의 현재가치가 비용보다 작으면 다른 유사한 투자에서 얻을 수 있는 수익보다 적은 수익(즉, 할인율보다 낮은 수익률)을 제공하기 때문에 투자가 만족스럽지 않다.

편익의 현재가치가 비용과 같거나 초과하는 투자(상황 1 및 2)만 선호한다. 이러한 경우 수익률은 할인율보다 크거나 같을 것이다.

〈표 4.5〉의 정보는 현재가치를 투자 의사결정에 적용하는 예를 보여준다. [**참고:** 재무계산기 또는 Excel 스프레드시트를 사용하여 (2)열의 대수적 표현을 (3)열의 숫자 값으로 변환할 수 있다.] 이 투자는 향후 7년 동안 일련의 수익을 지급하는데, 다른 유사한 투자는 8%의 수익률을 제공한다고 가정하면 이것이 투자의 현금흐름의 현재가치를 계산하는 데 사용되는 할인율이다. 지급이 상이한 시점에 발생하기 때문에, 각 지급의 현재가치를 계산하여 각 지급의 가치를 오늘의 달러로 결정한다. 이 투자가 7년 동안 제공하는 편익(즉, 소득)의 현재가치는 $1,175.85이다. 오늘 투자비용이 $1,175.85 이하이면 투자가 허용되며 투자자는 최소 8%의 수익률을 얻게

MyLab

〈표 4.5〉 투자에 적용된 현재가치

연말	(1) 소득	(2) 8%에서의 현재가치 계산	(3) 8%에서의 현재가치
1	$ 90	$\$90/(1.08)^1$	$83.33
2	$100	$\$100/(1.08)^2$	$85.73
3	$110	$\$110/(1.08)^3$	$87.32
4	$120	$\$120/(1.08)^4$	$88.20
5	$100	$\$100/(1.08)^5$	$68.06
6	$100	$\$100/(1.08)^6$	$63.02
7	$1,200	$\$1{,}200/(1.08)^7$	$700.19
총 현재가치			$1,175.85

된다. 비용이 현재가치 $1,175.85를 초과한 경우는 수익률이 8% 미만이므로 투자가 허용되지 않는다. 이 경우 비용과 동일하거나 초과하는 편익의 현재가치를 가진 대체 투자를 찾는 것이 좋다.

편의를 위해 부록 4A에서는 핵심적 시간가치 기법에 대하여 간략하게 검토한다. 이 중요한 재무 개념을 충분히 이해하고 있는지 확인하기 위해 계속하여 학습하기 전에 반드시 복습하라.

개념 리뷰

해답은 www.pearson.com/mylab/finance에서 찾을 수 있음.

4.1 투자수익의 의미를 설명하라. 수익의 두 요소, 즉 소득과 자본이득(또는 손실)을 구별하라.

4.2 역사적 성과 자료가 투자의 기대수익 추정에서 하는 역할은 무엇인가? 투자수익에 영향을 주는 핵심 요인인 내적 특성과 외적 영향들을 논의하라.

4.3 만족스러운 투자란 무엇인가? 언제 편익의 현재가치가 투자의 비용을 초과하는가, 그리고 투자자의 수익률은 할인율에 비교하여 어떠한가?

수익률의 측정

LG3 LG4 지금까지 우리는 수익의 개념을 두 요소(소득과 자본이득)와 수익 수준에 영향을 주는 핵심 요인(내적 특성과 외적 영향)들을 기준으로 논의했다. 수익률에 영향을 미치는 가장 중요한 두 가지 요소는 인플레이션과 위험이다. 다음 절에서는 인플레이션과 위험이 수익에 미치는 영향을 보여준다. 그런 다음 화폐의 시간가치 기법을 사용하여 투자수익률을 측정하는 다른 방법을 검토한다.

실질수익률, 무위험수익률, 요구수익률

인플레이션과 수익률 〈표 4.4〉를 다시 살펴보자. 이는 1900년과 2017년 사이에 미국에서 단기 국채의 연평균 수익률은 3.8%였음을 보여준다. 이 표는 또한 연평균 인플레이션율은 약 3.0%였음을 보여준다. 투자자들이 인플레이션율을 상회하는 수익률을 원하기 때문에, 단기 국채수익률이 인플레이션율을 초과하는 것은 전혀 우연이 아니다. 인플레이션은 화폐의 구매력을 잠식한다. 예를 들어, 만약 대다수 재화와 서비스의 물가가 1년에 3% 상승하면, $1는 연말에 연초보다 3% 적은 재화와 서비스를 구매할 수 있다. 따라서 만약 투자자들이 시간 경과와 함께 구매력을 높이려면, 인플레이션율을 초과하는 수익률을 내야 한다.

투자의 **명목수익률**(nominal rate of return)은 경상 금액으로 표시된 투자의 수익률이다. 예를 들어, 만약 당신이 3%의 이자율 지급을 약속하는 투자에 $50를 투입하면, 연말에 $51.50(초기 $50와 $1.50 수익)를 가질 것이다. 명목수익률은 3%이나 이는 인플레이션의 효과를 고려하지 않기 때문에, 이는 반드시 당신이 연말에 재정적으로 더 윤택함을 의미하지 않는다.

추가하여 연초에 식료품 1봉지는 $50의 비용을 소요한다고 가정하고, 연중에는 식료품 가격이 3% 상승한다고 가정한다. 이는 연말에 식료품 1봉지는 $51.50임을 의미한다. 다시 말해, 연초에 당신은 $50를 식료품 1봉지를 사거나 3%의 수익을 약속하는 투자에 투입할 수 있다. 만약 당신이 식료품 대신 투자에 자금을 지출했으면, 1년 후에 여전히 1봉지의 식료품을 사는 데 충분한 $51.50를 갖고 있을 것이다. 다시 말해, 당신의 구매력은 연중에 전혀 상승하지 않았다. 투자의 **실질수익률**(real rate of return)은 투자가 제공하는 구매력 상승을 측정한다. 우리의 계속되는 예에서, 명목수익률은 3%이나 실질수익률은 0%이다. 금액 기준으로, $50를 투자함으로써,

당신의 부는 $51.50로 3% 증가했다. 그러나 당신은 단지 투자 전에 살 수 있었던 것과 같은 양의 재화만을 구매할 수 있기 때문에, 구매력 기준으로는 전혀 더 부유해지지 않았다. 수학적으로, 실질수익률은 명목수익률에서 인플레이션율을 차감한 값과 근사하게 같다.

사 례

명목수익률과 실질수익률

당신이 현재 $50를 갖고 있고, 이 돈을 투자할지 또는 소비할지 결정하려 한다고 가정한다. 만약 10%의 명목수익률을 얻을 수 있으면, 돈은 1년 후에 $55로 늘어날 것이다. 만약 소비하면, 당신은 좋아하는 커피숍에서 각 $2.50의 라떼 20잔을 사서 카페인 욕구를 충족할 계획이다. 당신은 돈을 저축해서 투자하기로 결정하고, 따라서 1년 후 $55를 갖는다. 불행히, 이 기간 동안 인플레이션이 라떼 가격을 $2.50로부터 $2.62로 4.8% 상승시켰다. 새로운 가격에서, 당신은 단지 약 21잔의 라떼를 살 수 있다(즉, 21×$2.62=$55.02). 이 추가적 라떼는 당신의 구매력이 5% 증가했음을 나타낸다(즉, 21은 20보다 5% 많다). 따라서 투자 전보다 5% 더 살 수 있기 때문에, 당신 투자의 실질수익률은 5%이다. 실질수익률은 투자의 명목수익률(10%)과 인플레이션율(4.8%) 사이의 차이와 근사하게 같다:

$$\text{실질수익률} = 5\%$$
$$\text{실질수익률} \approx \text{명목수익률} - \text{인플레이션율} = 10\% - 4.8\% = 5.2\%$$

위험과 수익률 투자자들은 일반적으로 **위험회피적**이다. 이는 그들은 위험을 싫어하고, 보상을 기대할 때에만 위험을 수용함을 의미한다. 어떤 특정 투자의 위험이 클수록, 투자자가 투자로부터 요구하는 수익률도 크다. 투자의 위험을 완전히 보상하는 수익률은 **요구수익률**(required return)로 불린다. 요구수익률은 일종의 예측임에 유의하라. 만약 투자자가 요구수익률과 같거나 더 큰 수익률을 예상하면, 투자를 매입할 것이다. 그러나 투자의 실제 수익률은 투자자의 요구수익률과는 상당히 다를 수 있다.

투자 j의 요구수익률은 3개의 기본적 요소로 구성된다. 수식 (4.1)과 같이 실질수익률, 기대인플레이션 프리미엄, 그리고 위험 프리미엄이다.

$$\text{투자 } j\text{의 요구수익률} = \text{실질수익률} + \text{기대인플레이션 프리미엄} + \text{투자 } j\text{의 위험 프리미엄} \quad (4.1)$$

$$r_j = r^* + IP + RP_j \quad (4.1a)$$

기대인플레이션 프리미엄은 투자기간 동안 기대되는 인플레이션율을 나타낸다. 미국의 역사적 평균 인플레이션율은 3.0%에 가까우나, 투자자의 기대는 여러 이유로 역사적 법칙으로부터 벗어날 수 있다. 예를 들어, 인플레이션율은 종종 경기 호황기보다 경기침체 직후에 더 낮다. 수식 (4.1)의 첫 두 항을 합계하면, **무위험수익률**(risk-free rate)을 얻는다. 이는 미국의 단기 국채 같은 무위험투자에서 얻을 수 있는 수익률이다. 이 수익률의 공식은 수식 (4.2)에 나타나 있다.

$$\text{무위험수익률} = \text{실질수익률} + \text{기대인플레이션 프리미엄} \quad (4.2)$$

$$r_f = r^* + IP \quad (4.2a)$$

요구수익률은 무위험수익률에 특정 증권과 발행기관 특성에 의존하는 **위험 프리미엄**(risk premium)을 더함으로써 계산할 수 있다. **증권 특성**은 투자의 종류(주식, 채권 등), 만기(2년, 5년, 영구 등), 그리고 특성(의결권/무의결권, 수의상환/수의상환 불가능 등)이다. **발행기관 특성**은 산업, 그리고 발행기관의 사업부문이나 재무상태 같은 기업 요인이다. 증권과 발행기관 요인들은 결합적으로 투자의 전체적 위험에 기여하고, 투자자로 하여금 무위험수익률을 초과하는 위험 프리미엄을 요구하도록 만든다.

수식 (4.2a)의 무위험수익률 r_f를 수식 (4.1a)의 등호 오른쪽의 첫 2개 항($r^* + IP$)에 대입하면, 수식 (4.3)을 얻는다.

$$\text{투자 j의 요구수익률} = \text{무위험수익률} + \text{투자 j의 위험 프리미엄} \quad (4.3)$$

$$r_j = r_f + RP_j \quad (4.3a)$$

예를 들어, 무위험수익률이 2%일 때, 만약 Nike 보통주의 요구수익률이 7%이면, 투자자들은 보통주(증권)와 Nike(발행기관)에 관련된 위험에 대한 보상으로 5%의 위험 프리미엄을 요구한다. 또한 만약 투자자들이 1%의 인플레이션을 예측하면, Nike의 실질 요구수익률은 6%이다. 나중에 5장에서, 우리는 위험 프리미엄과 요구수익률의 관계를 더 고찰할 것이다.

다음으로, 우리는 수익률 척도의 세부사항들을 고려한다. 주로 단기투자에 사용되는 것과 장기투자에 사용되는 두 가지의 수익률 척도를 살펴본다.

> **투자자 현실**
>
> **중앙은행이 실질이자율을 0 이하로 인하**
> 많은 투자자들은 미국 정부가 발행한 단기 국채(T-bills)가 거의 위험이 없다고 생각한다. 2015년에 1년 만기 단기 국채 수익률은 약 0.25%(25bp)를 기록했다. 미국의 금리는 경제를 부양하려는 연방준비은행의 지속적인 시도로 인해 비정상적으로 낮은 수준이었다. 투자자가 1% 인플레이션을 예상했다면 단기 국채의 실질수익률이 약 -0.75%로 0% 미만임을 의미한다. 유럽과 일본의 중앙은행은 더 나아가 일부 국채의 명목금리를 0% 이하로 끌어내렸다. 2016년까지 전 세계적으로 명목이자율이 음(−)인 정부부채가 12조 달러를 넘었다.
>
> (출처: "Negative Interest Rates: The Black Hole of the Financial System"에서 발췌, http://www.zerohedge.com/news/2015-04-26/negative-interest-rates-black-hole-financial-system, 2015년 4월 27일에 접속)

보유기간수익률

우리는 이미 투자가 제공하는 수익을 측정할 때 투자가 제공하는 소득과 발생하는 투자가치의 변화를 포착해야 한다는 것을 보았다. **보유기간수익률** 측정은 소득과 자본이득을 모두 반영하므로 다양한 유형의 투자에 대한 수익을 비교하는 데 유용한 방법이다.

보유기간은 투자의 수익을 측정하려는 기간이다. 수익을 비교할 때, 동일한 길이의 보유기간을 사용해야 한다. 예를 들어, 주식의 6개월 수익률을 채권의 1년 수익률에 비교하는 것은 잘못된 투자결정을 초래할 수 있다. 이 문제를 피하기 위해, 보유기간을 정의해야 한다. 보유기간을 연 단위를 기준으로 사용하는 것이 일반적 관행이다.

수익 요소의 이해 이 장의 앞에서, 우리는 투자수익의 2개 요소를 인식했다 — 소득과 자본이득(또는 손실). 투자기간 동안 투자자가 얻은 소득은 **실현 수익**이다. 한편 자본 이득과 손실은 투자자가 투자시간 종료 시에 자산을 매각할 때 비로소 실현된다. 매각 때까지 자본이득 또는 손실은 단지 **서류상 수익**(미실현 수익)이다.

예를 들어, 시장가치가 1년 동안 $50로부터 $70로 상승한 투자의 자본이득은 $20이다. 자본이득의 실현을 위해, 당신은 당해 연도 말에 $70에 투자를 팔 것이다. 동일한 자산을 매입했으나 3년 더 보유하려는 투자자도 첫해에 $20의 자본이득을 경험할 것이다. 그러나 그는 이득을 실현하여 $20의 이익을 현금으로 회수하지 않을 것이다. 그렇지만, 자본이득은 실현되지 않더라도 총수익 계산에 포함되어야 한다.

수익에 관해 알아야 할 두 번째 요점은 소득과 자본이득 요소는 모두 음수일 수 있다는 것이다. 때로 투자는 음의 소득을 낼 수 있다. 즉, 당신은 어떤 의무를 이행하기 위해 현금을 지불해야 할 수 있다. (이 상황은 정기적 유지비용을 소요하는 다양한 종류의 유형자산 투자에서 발생할 가능성이 가장 높다.) 자본손실은 어떤 투자에서도 발생할 수 있다. 주식, 채권, 뮤추얼펀드, 옵션, 선물, 부동산, 금은 모두 가치하락을 경험할 수 있다.

보유기간수익률의 계산 **보유기간수익률**(holding period return: HPR)은 특정 기간(보유기간) 동안 투자를 보유할 때 발생하는 총수익률이다. 분석가들은 전형적으로 1년 이하의 보유기간을 사용한다. (이유는 나중에 설명된다.) 이는 보유기간 동안 발생한 소득과 자본이득(또는 손실)의 합을 기초 투자가치(시장가치)로 나눈 값을 나타낸다. HPR의 수식은 다음과 같다.

$$\text{보유기간수익률} = \frac{\text{기간 중 소득} + \text{기간 중 자본이득(또는 손실)}}{\text{기초 투자가치}} \tag{4.4}$$

$$\text{HPR} = \frac{\text{Inc} + CG}{V_0} \tag{4.4a}$$

여기에서 다음 관계가 성립한다.

$$\text{기간 중 자본이득(또는 손실)} = \text{기말 투자가치} - \text{기초 투자가치} \tag{4.5}$$

$$CG = V_n - V_0 \tag{4.5a}$$

HPR 수식은 실현된 총수익률 또는 기대되는 총수익률을 측정하는 편리한 방법을 제공한다. 예를 들어, 〈표 4.6〉은 4개 투자의 작년의 핵심 재무변수를 요약한다. 투자기간 동안 소득과 자본 이득 또는 손실의 총액은 각각 (1)행과 (3)행에 나타나 있다. 이 해의 총수익은 (4)행과 같이 두 수익원천의 합계로 계산된다. 총수익 가치[(4)행]를 연초 투자가치[(2)행]로 나눔으로써, (5)행의 보유기간수익률을 계산한다. 1년의 보유기간 동안, 보통주가 가장 높은 HPR(12.25%)을 얻었다. 저축계좌는 가장 낮다(6%).

이 계산이 보여주는 것처럼, HPR 계산을 위해 기초와 기말의 투자가치 그리고 기간 중 소득을 알아야 한다. 만약 〈표 4.6〉의 (1)행과 (3)행의 경상소득과 자본이득(또는 손실) 가치가 1년 대신 6개월 기간에 대해 계산되더라도, (5)행에 계산된 HPR 값은 동일할 것임에 유의하라.

투자의 보유기간수익률은 음수 또는 양수일 수 있다. 수식 (4.4)에 의해, 역사적 자료 또는 예측 자료를 사용하여 HPR을 계산할 수 있다.

투자결정에서 HPR의 이용 보유기간수익률은 투자결정을 위해 사용하기 용이하다. 이는 투자의 초기비용 대비 투자수익률(소득과 자본이득 요소를 모두 포함)을 측정한다. 이 과정에서, 투자자의 요구금액을 기준으로 하면 크게 다를 수 있는, 투자성과의 비교를 더 용이하게 만든다.

〈표 4.6〉 네 가지 투자의 핵심 재무변수

MyLab

	투자			
	저축계좌	보통주	채권	부동산
수취 현금				
제1분기	$15	$10	$0	$0
제2분기	$15	$10	$70	$0
제3분기	$15	$10	$0	$0
제4분기	$15	$15	$70	$0
(1) 총 경상소득	$60	$45	$140	$0
투자가치				
연말	$1,000	$2,200	$970	$3,300
(2) 연초	−$1,000	−$2,000	−$1,000	−$3,000
(3) 자본 이득(손실)	$0	$200	−$30	$300
(4) 총수익 [(1)+(3)]	$60	$245	$110	$300
(5) 보유기간수익률 [(4)÷(2)]	6.00%	12.25%	11.00%	10.00%

만약 〈표 4.6〉 (4)행의 각 투자의 계산된 총수익만을 살펴보면, 부동산 투자가 최고의 총수익을 갖고 있기 때문에 최선으로 보인다. 그러나 부동산 투자는 가장 큰 투자금액($3,000)을 소요한다. 보유기간수익률은 총수익을 투자금액으로 나눔으로써 **상대적 비교**를 제공한다. HPR들을 비교함으로써[(5)행], 우리는 투자된 금액 1원당 최고 수익을 내는 투자 대안인 12.25%의 HPR을 가진 보통주를 발견한다. 투자금액 1원당 수익은 투자의 효율성을 반영하기 때문에, HPR은 특히 1년 이하의 보유기간에서 투자수익을 평가하고 비교하는 논리적 방법을 제공한다.

내부수익률

보유기간이 1년 이상인 투자의 경우, 만족스러운 투자를 정의하는 대안적 방법 중 하나는 연간 수익률이다. HPR의 대안이 필요하다. 그 이유는 HPR은 화폐의 시간가치를 완전하게 고려할 수 없기 때문이다. 대신 1년 이상 보유된 투자에서 얻은 연간 수익률을 구하기 위해, **내부수익률**(internal rate of return: IRR)로 불리는 현재가치에 기반한 측정방법을 사용한다. 투자의 내부수익률은 투자의 비용과, 투자자에게 제공되는 편익의 현재가치를 일치시키는 할인율이다.

일단 내부수익률을 이해하면, 당신은 투자가 수용가능한지 여부를 결정할 수 있다. 만약 투자의 내부수익률이 요구수익률과 같거나 크면, 투자는 수용가능하다. 요구수익률 미만의 내부수익률을 가진 투자는 수용불가능하다.

단일 미래 현금흐름을 제공하는 투자의 수익률의 계산은 상대적으로 쉽다. 일련의 현금흐름을 제공하는 투자의 수익률은 일반적으로 더 복잡한 계산을 포함한다. 휴대용 재무계산기 또는 Excel 스프레드시트는 이 계산을 단순화한다.

단일 현금흐름의 내부수익률 미국의 저축채권, 배당을 지급하지 않는 주식, 무이표채 같은 일부 투자는 정기적 소득을 제공하지 않는다. 투자자들은 이 투자들을 매입하기 위해 초기에 목돈을 지불한다. PV(현재가치를 나타냄)는 투자 구매에 필요한 초기 일시불 비용을, FV(미래가치를 나타냄)는 투자자가 받을 미래 현금흐름을, N은 투자자가 미래 현금흐름을 받기 위해 기다려야 하는 연수를 나타낸다고 할 경우, 수식 (4.6)은 투자의 IRR(내부수익률)을 계산하는 방법을 보여준다.

$$IRR = (FV \div PV)^{(1 \div N)} - 1 \tag{4.6}$$

이러한 투자에 대한 IRR을 계산하기 위해 수식 (4.6)을 사용할 때, 재무계산기 또는 Excel 스프레드시트를 사용하면 쉽게 계산할 수 있다.

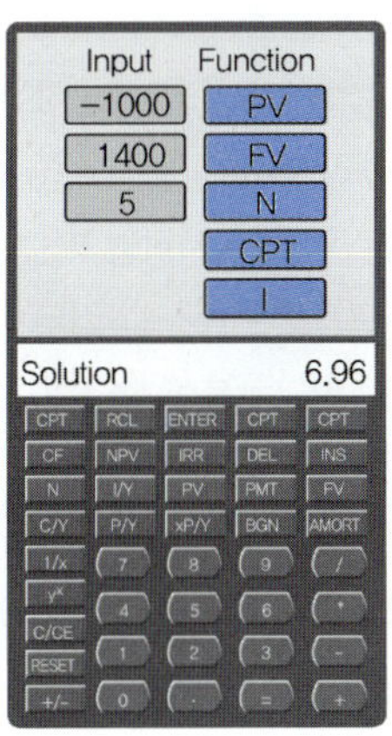

계산기 이용 현재 비용이 $1,000이고 5년 내에 $1,400를 지급하는 투자에 대한 IRR을 찾고 싶다고 가정한다. 재무계산기에서 이 투자에 대한 IRR을 계산하려면 투자비용을 현재가치 PV로, 투자수익을 미래가치 FV로 처리한다. (참고: 대부분의 계산기에서는 미지의 IRR을 계산하기 위해 PV 또는 FV를 음수로 입력해야 한다. 일반적으로 PV는 초기 투자비용을 나타내기 때문에 음수 값으로 입력된다.) 계산기 스크린샷에 표시된 입력을 사용하여 IRR이 6.96%임을 확인할 수 있다.

스프레드시트 이용 Excel은 화폐의 시간가치를 쉽게 계산할 수 있는 재무기능을 제공한다. 그 중 하나가 투자 IRR을 계산하는 데 사용할 수 있는 RATE 함수이다. rate 함수의 구문(syntax)은 RATE(nper, pmt, pv, fv, type, guess)이다. 괄호 안의 용어는 다음과 같이 정의된다. Nper는 첫 번째 지급과 마지막 지급 사이의 기간 또는 이에 상응하는 투자기간이다. Pmt는 정기적으로 현금을 지불하는 투자를 의미하므로 수명이 끝날 때 한 번만 지불하는 투자에 대해 해당 값을 0으로 설정할 수 있다. PV는 투자의 현재가치 또는 초기 비용을, FV는 투자가 지불하는 미래 현금흐름을 나타낸다. 여기에는 type이나 guess가 적용되지 않으므로 두 값을 모두 0으로 설정하거나 생략할 수도 있다. 다음 Excel 스프레드시트에 표시된 대로 단일 현금흐름에 대한 IRR을 계산할 수 있다.

	A	B
1	단일 현금흐름의 내부수익률	
2	투자	현금흐름
3	비용(현재가치)	−$1,000
4	수익(미래가치)	$1,400
5	연도 수	5
6	IRR	6.96%

B6 셀(cell)의 입력은 =Rate(B5,0,B3,B4,0)이다.
투자비용은 현금유출로 간주되기 때문에, B3의 $1,000 앞에 음수 부호가 있다.

일련의 소득흐름의 내부수익률 소득지향적 주식 및 채권 같은 투자는 전형적으로 일련의 소득을 투자자에게 제공한다. 정기적으로 소득을 지급하는 투자의 내부수익률(IRR)은 투자현금흐름의 현재가치를 현재 가격에 일치시키는 할인율이다.

사 례
내부수익률 계산

〈표 4.5〉에 제시된 투자를 다시 한번 고려한다. 이 표는 주어진 8%의 할인율에서 투자의 현금흐름의 현재가치는 $1,175.85임을 보여준다. 만약 투자의 시장가격 또한 (현재가치와 같은) $1,175.85이면, 이 할인율에서 현재가치와 시장가격이 같기 때문에 내부수익률은 8%이다. 이 투자의 가격이 $1,100로 하락한다고 가정한다. 이 가격에서 투자는 얼마의 수익률을 제공하는가? 〈표 4.7〉은 답을 찾기 위한 시도로 시행착오 접근법을 사용한다. 만약 투자의 현금흐름을 9%에서 할인하면, 이 현금흐름들의 현재가치는 $1,117.75이다. 이는 투자의 시장가격을 넘으므로, 수익률은 9%보다 크다. 〈표 4.7〉은 10%의 할인율에서 현금흐름의 현재가치는 $1,063.40임을 보이므로, 투자의 수익률은 10%보다 낮다. 따라서 투자의 현금흐름이 $1,100와 같도록 만드는 정확한 할인율을 계속 찾아야 한다. 재무계산기 또는 Excel 스프레드시트를 사용하여, 이 작업을 수행할 수 있다.

〈표 4.7〉 투자에 적용된 현재가치

연말	(1) 소득	(2) 9%에서 현재가치 계산	(3) 9%에서 현재가치	(4) 10%에서 현재가치 계산	(5) 10%에서 현재가치
1	$ 90	$\$90/(1+0.09)^1$	$ 82.57	$\$90/(1+0.1)^1$	$ 81.82
2	$ 100	$\$100/(1+0.09)^2$	$ 84.17	$\$100/(1+0.1)^2$	$ 82.64
3	$ 110	$\$110/(1+0.09)^3$	$ 84.94	$\$110/(1+0.1)^3$	$ 82.64
4	$ 120	$\$120/(1+0.09)^4$	$ 85.01	$\$120/(1+0.1)^4$	$ 81.96

5	\$ 100	$\$100/(1+0.09)^5$	\$ 64.99	$\$100/(1+0.1)^5$	\$ 62.09
6	\$ 100	$\$100/(1+0.09)^6$	\$ 59.63	$\$100/(1+0.1)^6$	\$ 56.45
7	\$1,200	$\$1,200/(1+0.09)^7$	\$ 656.44	$\$1,200/(1+0.1)^7$	\$ 615.79
총 현재가치			\$1,117.75		\$1,063.40

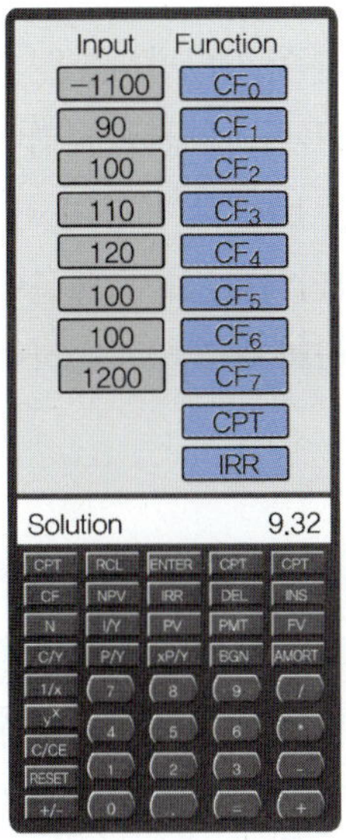

계산기 이용 재무계산기를 이용한 투자수익률 계산은 전형적으로 세 단계를 포함한다. (1) 투자비용의 입력(전형적으로 시점 0의 **현금유출**로 불림). (2) 매 기간의 기대 현금흐름 입력(전형적으로 x 연도의 **현금유입**으로 불림). (3) 내부수익률(IRR) 계산.

스프레드시트 이용 일련의 소득을 제공하는 투자의 IRR을 계산하기 위해 Excel의 IRR 기능을 사용할 수 있다. 이 기능을 사용하려면 아래와 같이 스프레드시트에 투자비용과 그에 따른 현금흐름을 입력하면 된다. 그런 다음 IRR 기능을 입력하고 투자의 현금흐름이 포함된 셀을 선택하여 포함한다.

	A	B
1	**일련의 현금흐름 내부수익률**	
2	연도	현금흐름
3	0	−\$1,100
4	1	\$90
5	2	\$100
6	3	\$110
7	4	\$120
8	5	\$100
9	6	\$100
10	7	\$1,200
11	IRR	9.32%

B11항의 입력은 =IRR(B3:B10)이다.
투자비용은 현금유출로 간주되기 때문에, B3의 \$1,100 앞에 음수 부호가 있다.

증가율의 계산

복리 연간 수익률을 계산하는 데 추가하여, **증가율** 계산이 종종 필요하다. 이는 주가 또는 배당금액 같은, 어떤 재무적 수치의 복리 연간 **변화율**이다. 여기에서 재무계산기 또는 Excel 스프레드시트를 이용하여 증가율을 추정하는 단순한 기법을 예시한다.

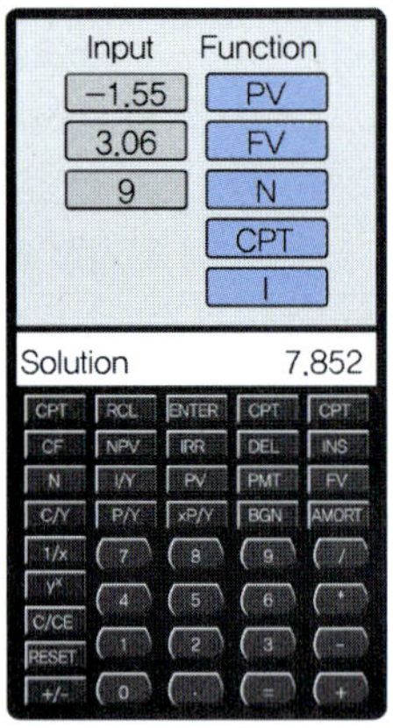

계산기 이용 당신은 2008년부터 2017년까지 ExxonMobil Corp.의 배당이 증가한 비율을 계산하고 싶어 한다고 가정하라. Exxon의 배당은 〈표 4.3〉에 제시되어 있다. 이 표는 10년의 배당 지급을 제시하고, 따라서 배당은 2008년 값에서부터 2017년까지 9년 동안 증가했다.

재무계산기를 사용하여 〈표 4.3〉에 제시된 ExxonMobil의 배당의 증가율을 계산하기 위해, 당신은 최초(2008년) 값을 현재가치인 PV, 그리고 최종(2017년) 값을 미래가치인 FV로 간주한다. (참고: 대다수 계산기는 미지의 증가율을 계산하기 위해, PV 또는 FV를 음수로 입력하도록 요구한다.) 앞에서 본 것처럼 10년의 배당이 〈표 4.3〉에 있으나, 최초 연도(2008년)는 기초 연도(연도 0)로 정의되어야 하기 때문에, 증가 연수는 단지 9년이다(N=9). 계산기 스크린 샷에 표시된 입력자료를 사용하여, 증가율을 7.85%로 계산한다.

스프레드시트 이용 증가율 계산은 초기 비용과 후속 현금 지급이 있는 투자에 대한 IRR 계산과 수학적으로 동일하므로 이전과 아래에 표시된 대로 Excel의 RATE 함수를 사용하여 증가율을 계산할 수 있다. 계산기와 같이 스프레드시트 수식은 단순히, 2008년의 첫 배당 지급부터 2017년의 마지막 배당 지급까지, 연간 변화율을 계산한다. (연간 증가율 계산을 위해, 단지 첫째와 마지막 배당 그리고 그 사이의 9년만 필요함에 유의하라.)

	A	B
1	배당 흐름의 증가율	
2	연도	배당
3	2008	$1.55
4	2009	$1.66
5	2010	$1.74
6	2011	$1.85
7	2012	$2.18
8	2013	$2.46
9	2014	$2.70
10	2015	$2.88
11	2016	$2.98
12	2017	$3.06
13	연 증가율	7.85%

B13항의 입력은 =RATE((A12−A3),0,−B3,B12,0)이다. 입력된 (A12−A3) 표현은 증가한 연도 수를 계산한다. 2008년의 배당은 현금유출로 간주되기 때문에, RATE 공식의 B3 앞의 음수 부호가 필요하다.

개념 리뷰

해답은 www.pearson.com/mylab/finance에서 찾을 수 있음.

4.4 다음 용어들을 정의하고, 무위험수익률과 주어진 투자의 요구수익률을 계산하는 데 어떻게 사용되는지 설명하라.

a. 실질수익률

b. 기대인플레이션 프리미엄

c. 주어진 투자의 위험 프리미엄

4.5 보유기간은 무엇이고, 대안적 투자들을 비교할 때 동일한 길이의 보유기간 사용이 권장되는 이유는 무엇인가? 보유기간수익률을 정의하고, 전형적으로 어떤 길이의 보유기간에 대해 사용되는지 설명하라.

4.6 내부수익률(IRR)을 정의하라. 투자의 수익률을 측정하기 위해, HPR보다 IRR을 사용하는 것이 더 적합한 것은 언제인가?

4.7 만족스러운 투자를 찾기 위해, 어떻게 현재가치(편익 대 비용) 또는 수익률 척도가 사용될 수 있는지 설명하라. 다음의 주어진 자료에서, 투자들 가운데 수용가능한 것이 있으면 지적하라. 당신의 답을 설명하라.

	투자		
	A	B	C
비용	$200	$160	$500
요구수익률	7%	10%	9%
소득의 현재가치	—	$150	—
수익률(IRR)	8%	—	8%

위험: 동전의 다른 면

LG5 LG6

지금까지 이 장의 주요 관심사는 수익이었다. 그러나 위험을 고려하지 않으면서 수익을 생각할 수는 없다. 제1장의 정의를 약간 확대하면, **위험**은 투자가 창출할 실제 수익을 둘러싼 불확실성이다.

투자와 연계된 위험은 기대수익률에 직접 관련되어 있다. 일반적으로, 투자의 위험이 클수록 투자자를 유인하는 데 필요한 기대수익률도 더 높다. 더 위험한 투자는 더 높은 수익률을 제공해야 한다. 만약 그렇지 않으면, 투자자가 자신의 자본을 위험에 노출시킬 유인이 있겠는가?

위험과 수익률의 관계는 **위험-수익률 상반관계**(risk-return tradeoff)로 불린다. 일반적으로 투자자들은 수용 용의가 있는 위험 수준의 대가로서, 가능한 가장 높은 수익률을 얻으려고 한다. 이 개념을 소개하기 위해 먼저 위험의 주요 원인을 조사한다. 그런 다음 위험 측정 및 평가를 고려한다. 단일 자산의 위험, 잠재적 투자에 연계된 위험의 평가, 그리고 의사결정 과정에서 수익률과 위험이 결합되는 단계이다.

위험의 원천

투자에 관련된 위험은 많은 상이한 원천으로부터 비롯될 수 있다. 신중한 투자자는 어떻게 주요 위험 원천들이 잠재적 투자에 영향을 줄 수 있는지 고려한다. 상이한 위험의 결합된 효과는 투자자의 **위험 프리미엄**에 반영된다. 이 장의 앞부분에서 논의되고 수식 (4.3)에서 본 것처럼, 무위험수익률에 위험 프리미엄을 더함으로써 투자의 요구수익률을 계산할 수 있다. 넓은 의미에서 이 프리미엄은 증권과 발행기관의 특성에 기인하는 위험 원천으로부터 비롯한다.

사업위험 일반적으로 **사업위험**(business risk)은 투자의 이익 그리고 투자자에 대한 수익(이자, 원금, 배당) 지급 능력에 관련된 불확실성의 정도이다. 예를 들어, 만약 기업의 이익이 채무를 이행하기에 부족하면, 사업주는 수익을 받지 못할 수 있다. 한편, 법적으로 부채에 부여된 우선적 지위 때문에, 채권자는 일부(반드시 전액이 아닐 수 있음) 채권 금액을 받을 가능성이 있다.

투자에 관련된 사업위험은 기업의 산업에도 연계된다. 예를 들어, 공공 서비스 기업 보통주의 사업위험은 고급패션 의류업체 또는 신생 인터넷 기업의 주식의 위험과는 다르다. 일반적으로 경영, 비용, 입지의 차이는 다양한 위험 수준을 유발할 수 있으나, 유사한 유형의 기업에 대한 투자는 유사한 사업위험을 갖는다.

재무위험 많은 기업들이 투자자들에게 보통주를 발행하고 돈을 빌려 자금을 조달한다. 기업은 차입할 때 미래의 이자와 원금 상환을 약속하며, 이 지급들은 일반적으로 기업의 이윤에 연계되지 않고 기업과 대여자 사이의 계약에 의해 고정된다. 따라서 사업환경이 양호하고 이윤이 높을 때, 대여자에 대한 지급은 이윤에 따라 증가하지 않으면서 주주들의 몫을 높이므로, 주주들은 부채사용으로부터 이득을 얻는다. 만약 다른 조건들이 동일하면, 사업환경이 양호할 때에만, 부채를 사용하는 기업은 부채 미사용 기업에 비해 주주들에게 더 높은 이익을 제공한다. 사업환경이 불리할 때, 기업들은 이윤이 없더라도 부채를 상환해야 한다. 이 경우 부채는 주주들이 감내해야 할 손실을 확대하므로, 부채 사용 기업은 부채 미사용 기업에 비해 더 큰 손실을 경험한다. 만약 부채 사용 기업이 (부채 미사용 기업에 비해) 유리한 시기에는 더 높은 이윤, 그리고 어려운 시기에는 더 급격한 손실을 경험하면, 부채는 사업위험을 확대한다고 할 수 있다. 모든 산업의 기업들이 사업위험으로 불리는 상승과 하락에 노출되나, 부채 사용 기업은 더 많은 위험을 부담한다. 이 때문에 부채는 **레버리지**(leverage)로도 불린다. 기업의 차입에 기인하는 확대된 불확실성은 **재무위험**(financial risk)으로 분류된다. 기업의 자금조달을 위해 더 많은 부채가 사용되면, 재무위험은 증가한다.

구매력위험 예상되지 않은 물가의 변화가 투자수익에 부정적으로 영향을 줄 가능성이 **구매력위험**(purchasing power risk)이다. 특히 이 위험은 예상되지 않은 물가 상승(인플레이션)이 구매력($1로 살 수 있는 재화와 서비스)을 감소시킬 가능성이다.

일반적으로, 물가와 동행하는 가치를 가진 투자는 낮은 구매력위험을 갖고 있고 물가상승기에 가장 수익성이 높다. 고정된 수익을 제공하는 투자는 높은 구매력위험을 갖고 있고, 저 인플레이션 또는 물가하락기에 가장 수익성이 높다. 예를 들어, 부동산 투자수익은 일반적 가격 수준과 동행하는 경향이 있는 반면에 예금 계좌 또는 채권의 수익은 단기적으로는 그렇지 않다.

> **투자자 현실**
>
> **Tips 투자** 대다수 채권은 발행 이후 고정 이자를 지급한다. 이들은 구매력위험에 가장 취약한 투자에 속한다. 미국 재무부는 이런 성격을 가진 다양한 채권을 판매하나, 또한 TIPS(Treasury Inflation-Protected Securities)로 알려진 범주의 채권도 판매한다. Tips의 지급이자는 물가 상승 시 자동적으로 상승하므로, 이 채권을 보유한 투자자는 투자의 구매력이 보호된다는 것을 알고 있다.

이자율위험 증권들은 특히 이자율에 의해 영향을 받는다. 이는 특히 고정된 정기적 수익을 매입자에게 제공하는 증권의 경우에 그렇다. **이자율위험**(interest rate risk)은 이자율 변화가 증권 가치에 부정적 영향을 줄 가능성이다. 이자율 변화는 자금의 공급과 수요의 전체적 관계의 변화로부터 비롯한다.

이자율이 변화하면, 많은 증권의 가격이 등락한다. 고정소득증권(채권과 우선주)의 가격은 전형적으로 이자율 상승 시에 하락한다. 이자율이 상승하면 새로운 증권이 시장에 공급되고, 이 증권들은 새로운 더 높은 이자율을 지급한다. 이미 발행된 증권들은 과거의 더 낮은 시장이자율을 반영한 이자를 지급하므로, 더 높은 이자율의 시장에서 잘 팔리지 않는다. 투자자들은 그것들을 매도하며, 따라서 가격은 하락한다. 이자율이 하락할 때, 반대 현상이 발생한다. 현재의 시장이자율을 상회하는 현금을 지급하는 기 발행 증권은 더욱 매력적이 되고, 따라서 가격이 상승한다.

둘째, 이자율위험의 더 미묘한 측면은 소득의 재투자에 관련되어 있다. 앞에서 언급된 것처럼 투자로부터 얻은 소득에 대해서도 애초의 수익률을 벌 수 있을 때에만, 당신은 최초 수익률과 같은 완전복리 수익률을 달성할 수 있다. 즉, 이자율이 상승하면 채권가격이 하락하여 채권수익률이 하락하지만 새로운 높은 이자율로 재투자된 소득은 그 효과를 부분적으로 상쇄한다. 이 상쇄 효과는 더 높은 이자를 지급하는 채권의 경우 더 크며 무이표채권에는 전혀 없다.

이자율위험의 마지막 고려사항은 미국 단기 국채와 양도성예금증서 같은 단기증권 투자에 관련된다. 단기증권의 만기에, 투자자들이 더 낮은 수익률의 새로운 단기증권에 수입금을 투자해야 할 때 위험에 당면한다. 처음부터 장기 투자를 하면, 단기 이자율의 하락 위험에 노출되는 대신, 당신은 몇 년 동안 수익률을 고정할 수 있다. 명백하게, 단기증권 투자는 이자율 하락 시 부정적 영향을 받는다. (한편, 이자율 상승은 이런 전략에 긍정적 영향을 준다.) 이자율 하락 가능성은 따라서 단기증권 투자전략의 이자율위험이다.

대다수 투자는 이자율위험에 노출된다. 이자율 변동은 고정소득증권에 가장 직접적으로 영향을 주나, 또한 보통주와 뮤추얼펀드 같은 장기 투자에도 영향을 준다. 일반적으로, 이자율이 더 높으면 투자의 가치는 하락하며, 그 역도 성립한다.

유동성위험 신속하게 합리적 가격으로 투자를 매도(또는 유동화)할 수 없는 위험은 **유동성위험**(liquidity risk)으로 불린다. 일반적으로, 현저하게 가격을 낮추면 투자는 매각될 수 있다. 그러나 유동적 투자는 가격에 부정적 영향을 주지 않으면서도 신속하게 매각될 수 있는 투자이다. 예를 들어, 최근 $1,000에 매입된 증권이 만약 $800 같은 크게 할인된 가격에서만 신속하게 팔리면, 매우 유동적인 것으로 간주되지 않는다.

투자의 유동성은 중요한 고려사항이다. 일반적으로, 작은 거래량의 시장에서 거래되는 투자는 광범위한 시장에서 거래되는 것들보다 덜 유동적인 경향이 있다. 뉴욕증권거래소에 상장된 주요 회사의 주식과 채권 같은 자산들은 일반적으로 매우 유동적이다. 예술품과 골동품 가구 같은 다른 자산들은 상대적으로 비유동적이다.

세금위험 의회가 세법을 불리하게 개정할 가능성은 **세금위험**(tax risk)으로 알려져 있다. 이 변화가 특정 투자의 세후 수익과 시장가치를 낮출 가능성이 높을수록 세금위험은 더 크다. 세법의 불리한 변화는 면세 폐지, 공제 제한, 세율 인상을 포함한다. 예를 들어, 투자소득에 대한 새로운 세금이 오바마케어로 알려진 건강보험개혁법(Affordable Care Act)의 일부로 2013년 1월 1일에 발효되었다. 이 세금은 특정 고소득 납세자가 순 투자소득에 대해 3.8%의 추가 세금을 지불하도록 요구한다.

사건위험 **사건위험**(event risk)은 회사의 재무상태에 갑작스럽고 현저한 영향을 주는 일이 발생할 때 생긴다. 사건위험은 사업위험과 재무위험을 넘어선다. 이는 반드시 회사 또는 시장이 불리함을 의미하지 않는다. 대신, 이는 투자의 기본적 가치에 현저하고 통상 즉각적인 영향을 주는 예상되지 않은 사건을 포함한다. 사건위험의 한 예는 2018년 3월 Tesla Model X와 관련된 치명적인 사고이다. 사고 당시 관련 차량이 오토파일럿(Autopilot) 모드로 작동했기 때문에 이 사고는 주목할 만했다. 이 공개로 인해 Tesla의 주가는 하루 만에 5% 하락하여 회사의 총 시장가치에서 거의 $2.5십억이 소진되었다.

사건위험은 여러 형태를 띠고, 모든 종류의 투자에 영향을 줄 수 있다. 다행히 대다수의 경우 그 영향은 제한적인 경향이 있다.

시장위험 **시장위험**(market risk)은 하나의 회사 또는 하나의 투자가 아닌 광범위한 시장에 영향을 미치는 요인으로 인해 투자수익이 감소할 위험이다. 예를 들면, 정치, 거시경제, 사회적 사건, 투자자의 위험 선호도 변화가 있다. 시장위험은 실제로 구매력위험, 이자율위험, 세금위험을 포함하여 많은 상이한 위험들을 내포한다.

시장요인의 투자수익에 대한 영향은 일률적이지 않다. 수익 변화의 정도와 방향은 투자마다 다르다. 예를 들어, 일본 상품의 수입을 제한하는 쿼터를 부과하는 법은 일본 회사와 직접적으로 경쟁하는 국내 회사의 가치(따라서 수익)를 현저하게 높일 수 있다. 기본적으로, 시장위험은 이런 광범위한 시장 효과에 대한 주식의 민감도에 반영된다. 다시 말해 만약 주식이 전체적 시장 변동 시 급격하게 등락하면, 이 주식은 높은 수준의 시장위험을 갖는다.

단일 자산의 위험

대다수 사람들은 때로 어떤 예정된 일련의 행위들이 얼마나 위험한 것인지 스스로에게 묻는다. 이런 경우, 대답은 일반적으로 주관적 판단이다. 금융 분야에서는 투자 간의 비교를 개선하고 의사결정을 향상시키기 때문에 위험을 정량화하려고 한다.

단일 자산과 자산들의 포트폴리오 모두에서 위험을 측정하는 통계적 개념을 사용할 수 있다. 첫째, 단일 자산의 위험에만 초점을 맞추고, 어떻게 표준편차의 개념이 투자의 위험에 관해 통찰력을 제공할 수 있는지 살펴보자.

표준편차: 위험의 절대적 척도 자산 위험의 가장 보편적 단일 지표는 **표준편차** s이다. 이는 자산의 평균 또는 기대수익률을 중심으로 하는 수익률의 산포도(가변성)를 측정한다. 공식은 다음과 같다.

$$\text{표준편차} = \sqrt{\frac{\sum_{t=1}^{n}(\text{결과 } t\text{의 수익률} - \text{평균 또는 기대수익률})^2}{\text{결과에서 경우의 수의 합} - 1}} \quad (4.7)$$

$$s = \sqrt{\frac{\sum_{t=1}^{n}\left(r_t - \bar{r}\right)^2}{n-1}} \quad (4.7a)$$

〈표 4.8〉에 기술된 두 개의 경쟁적 투자, 즉 Target Corporation(TGT)과 American Eagle Outfitters(AEO)의 주식을 살펴보자. 2008년부터 2017년까지, Target은 7.24%의 평균 수익률을 보였으나, American Eagle Outfitters는 9.6%의 현저히 우월한 평균 수익률을 달성했다. 매년의 수익률을 보면, American Eagle Outfitters의 수익률(−53.5%부터 86.5%까지)은 Target의 수익률(−30.0%부터 42.5%까지)보다 훨씬 더 넓은 범위에 걸쳐 등락했음을 알 수 있다.

〈표 4.8〉 TARGET과 AMERICAN EAGLE OUTFITTERS의 역사적 연 수익률

MyLab

	연수익률*(r_t)	
연도(t)	Target	American Eagle Outfitters
2008	−30.0%	−53.6%
2009	42.5%	86.5%
2010	26.3%	−8.4%
2011	−13.0%	8.0%
2012	18.2%	47.5%
2013	9.5%	−28.1%
2014	23.8%	0.3%
2015	−1.5%	15.3%
2016	2.7%	1.1%
2017	−6.3%	27.2%
평균($\bar{r}$)	7.2%	9.6%

* 연 수익률은 연말 종가에 기초하여 계산된다.
출처: 연말 종가는 Yahoo! Finance에서 수집되고, 배당과 주식분할에 대해 조정된다.

〈표 4.9〉 TARGET과 AMERICAN EAGLE OUTFITTERS의 수익률 표준편차의 계산

MyLab

	Target			
연도(t)	(1) 수익률 r_t	(2) 평균 수익률 $[\bar{r}]$	(3) $r_t-\bar{r}$	(4) $(r_t-\bar{r})^2$
2008	−30.0%	7.2%	−37.2%	1,385.4%^{2}
2009	42.5%	7.2%	35.2%	1,242.2%^{2}
2010	26.3%	7.2%	19.1%	365.1%^{2}
2011	−13.0%	7.2%	−20.2%	408.0%^{2}
2012	18.2%	7.2%	11.0%	119.9%^{2}
2013	9.5%	7.2%	2.3%	5.2%^{2}
2014	23.8%	7.2%	16.6%	275.9%^{2}
2015	−1.5%	7.2%	−8.7%	76.0%^{2}
2016	2.7%	7.2%	−4.5%	20.7%^{2}
2017	−6.3%	7.2%	−13.5%	182.4%^{2}
			합계	4,080.7%^{2}
		분산 %^{2}	$S^2{}_{TGT}$ =	453.4%^{2}
		표준편차 %	S_{TGT} =	21.3%

$$S_{TGT}=\sqrt{\frac{\sum_{t=1}^{10}(r_t-\bar{r})^2}{n-1}}=\sqrt{\frac{4{,}080.7\%^2}{10-1}}=\sqrt{453.4\%^2}=21.3\%$$

	American Eagle Outfitters			
연도(t)	(1) 수익률 r_t	(2) 평균 수익률 $[\bar{r}]$	(3) $r_t-\bar{r}$	(4) $(r_t-\bar{r})^2$
2008	−53.6%	9.6%	−63.2%	3,988.3%^{2}
2009	86.5%	9.6%	76.9%	5,911.4%^{2}
2010	−8.4%	9.6%	−18.0%	323.4%^{2}
2011	8.0%	9.6%	−1.6%	2.5%^{2}
2012	47.5%	9.6%	37.9%	1,437.1%^{2}
2013	−28.1%	9.6%	−37.6%	1,417.1%^{2}
2014	0.3%	9.6%	−9.3%	86.3%^{2}
2015	15.3%	9.6%	5.7%	32.4%^{2}
2016	1.1%	9.6%	−8.5%	72.0%^{2}
2017	27.2%	9.6%	17.6%	311.3%^{2}
			합계	13,581.8%^{2}
		분산 %^{2}	$S^2{}_{AEO}$ =	1,509.1%^{2}
		표준편차 %	S_{AEO} =	38.8%

$$S_{AEO}=\sqrt{\frac{\sum_{t=1}^{10}(r_t-\bar{r})^2}{n-1}}=\sqrt{\frac{13{,}581.8\%^2}{10-1}}=\sqrt{1{,}509.1\%^2}=38.8\%$$

표준편차는 투자위험을 비교하는 정량적 수단을 제공한다. 〈표 4.9〉는 Target과 American Eagle Outfitters의 표준편차 계산을 나타내고 있다. (참고: (4)열의 값은 (3)열의 값의 제곱과 같지 않은 것처럼 보일 수 있지만 이는 단순히 반올림 때문이다. 정확한 계산은 사용 가능한 Excel 파일을 참조하라.) 예상대로, Target 수익률의 표준편차 21.3%는 American Eagle Outfitters의 표준편차 38.8%보다 훨씬 낮음을 알 수 있다. American Eagle Outfitters 주식의 수익률이 매우 넓은 범위에서 등락한다는 사실은 더 큰 표준편차에 반영되어 있고, American Eagle Outfitters가 Target보다 더 변동적인 투자임을 나타낸다. 당연하게, 이 수치들은 역사적 자료에 기반한다. 이 두 투자의 위험이 미래에도 동일하게 유지된다는 보장은 없다.

〈표 4.10〉 선택된 자산집단의 역사적 수익률과 표준편차(1900–2017년)

	주식		장기 국채		단기 국채	
	연평균 수익률	수익률의 표준편차	연평균 수익률	수익률의 표준편차	연평균 수익률	수익률의 표준편차
호주	12.2%	17.3%	6.1%	11.4%	4.5%	3.9%
벨기에	10.2%	24.2%	5.9%	10.0%	4.7%	3.1%
캐나다	10.2%	16.9%	5.6%	8.8%	4.5%	3.6%
덴마크	11.4%	21.9%	7.5%	10.5%	5.9%	3.6%
핀란드	16.4%	30.8%	7.4%	6.2%	6.5%	3.4%
프랑스	13.0%	24.7%	7.4%	8.8%	4.7%	3.5%
독일	13.4%	33.1%	5.3%	13.5%	3.4%	9.4%
아일랜드	11.0%	23.0%	6.5%	12.9%	4.8%	4.1%
이탈리아	14.2%	32.9%	7.3%	10.1%	4.3%	3.3%
일본	14.5%	28.9%	6.7%	14.0%	4.7%	2.6%
네덜란드	10.3%	22.6%	4.9%	8.2%	3.4%	2.4%
뉴질랜드	11.8%	20.2%	6.2%	8.2%	5.4%	4.2%
노르웨이	11.0%	27.6%	5.9%	8.8%	4.8%	3.5%
남아프리카	14.7%	22.7%	7.3%	9.6%	6.1%	5.5%
스페인	11.5%	22.5%	8.0%	11.1%	5.9%	4.1%
스웨덴	11.5%	21.5%	6.6%	9.7%	5.2%	3.3%
스위스	8.4%	18.7%	4.7%	6.0%	2.9%	1.9%
영국	11.2%	21.2%	6.2%	11.9%	4.8%	3.8%
미국	11.5%	19.7%	5.3%	9.0%	3.8%	2.9%
전 세계	9.6%	17.0%	5.3%	9.4%	3.8%	2.9%

출처: Elroy Dimson, Paul Marsh, and Mike Staunton, *Credit Suisse Global Investment Returns Sourcebook 2018*.

그림 4.1 전 세계의 수익률-위험 상반관계

이 그림은 19개 국가 각각에서 위험과 수익률 간에 상반관계가 있음을 보여준다. 각 국가에서 주식은 가장 변동성이 큰 투자이며 평균적으로 가장 높은 수익률을 제공한다. 단기 국채는 변동성이 가장 적고 평균 수익률이 가장 낮다.

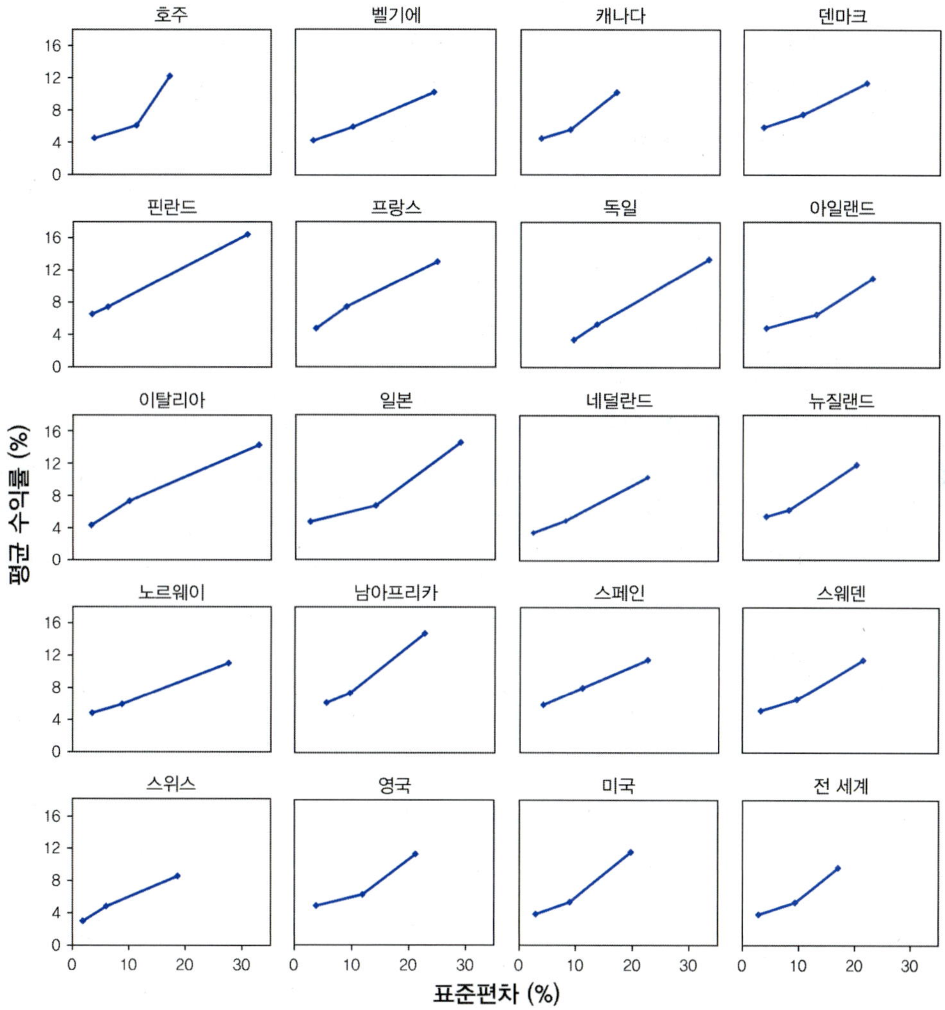

역사적 수익과 위험 우리는 이제 〈표 4.4〉의 역사적(1900~2017년) 투자수익률의 자료를 평가하는 위험의 척도로서 표준편차를 사용할 수 있다. 〈표 4.10〉은 각 투자에 연계된 평균 수익률과 표준편차를 보여준다. 각 국가 안에서, 다양한 종류 투자의 평균 수익률과 표준편차 사이에 밀접한 관계가 존재한다. 주식은 장기채권보다 높은 수익률을 얻고, 장기채권은 단기채권보다 높은 수익률을 얻는다. 비슷하게 주식수익률은 장기채권수익률보다 변동적이고, 단기채권수익률은 가장 작은 변동성(즉, 가장 낮은 표준편차)을 보인다. 국가에 상관없이, 일반적 패턴은 명백하다 — 더 높은 평균 수익률을 가진 투자는 더 높은 표준편차를 갖는다.

〈그림 4.1〉은 〈표 4.10〉에 나열된 19개 국가에서 이 세 가지 유형의 투자에 대한 평균 수익률과 표준편차 간의 관계를 보여준다. 그림에서 볼 때 전 세계적으로 더 높은 평균 수익률을 제공하는 투자는 더 변동성이 높은 수익을 창출하므로 위험과 수익률 사이에 양의 상관관계가 존재함을 확인할 수 있다. 이 관계는 시장 참여자가 더 큰 위험에 대한 보상으로 더 높은 수익률을 요구한다는 사실을 반영한다.

위험의 평가

투자위험을 정량화하는 기법은 매우 유용하다. 그러나 만약 위험에 관한 자신의 감정을 모르면, 이들은 별 가치 없을 것이다. 개인투자자들은 전형적으로 이 문제의 대답을 추구한다. "기대수익률을 얻기 위해, 추정된 크기의 위험을 수용할 가치가 있는가?" "같은 수준의 위험에서 더 높은 수익률을 얻거나, 더 낮은 위험을 수용하면서 같은 수익률을 얻을 수 있는가?" 대안적 투자들의 일반적인 위험-수익률 특성과 수용가능한 수준의 위험에 관한 질문을 살펴봄으로써, 위험의 평가방법을 발견할 수 있을 것이다.

대안적 투자들의 위험-수익률 특성 중요한 종류의 투자의 위험-수익률 특성에 관한 매우 대략적인 일반화가 〈그림 4.2〉에 나타나 있다. 물론 각 범주 안에서, 특정 투자는 위험과 수익률 기준에서 극적으로 다를 수 있다. 예를 들어, 어떤 보통주는

그림 4.2

위험에 대한 선호

위험무차별 투자자는 위험 증가의 대가로 수익률 변화를 요구하지 않는다. 위험회피 투자자는 위험 증가에 대해 수익률 상승을 요구한다. 위험선호 투자자는 더 많은 위험을 위해 약간의 수익률을 포기한다. 대다수 투자자들은 위험회피적이다.

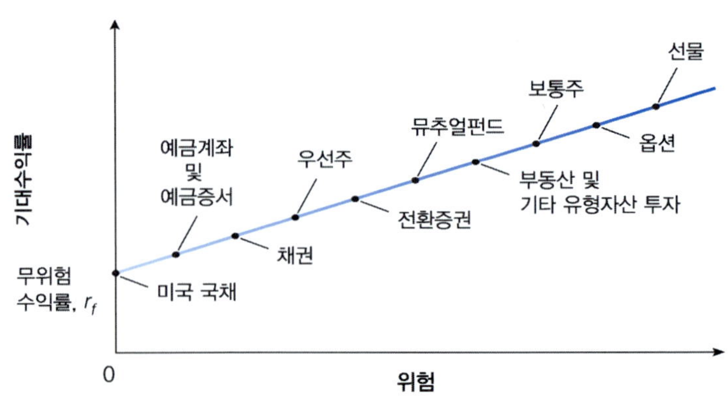

그림 4.3

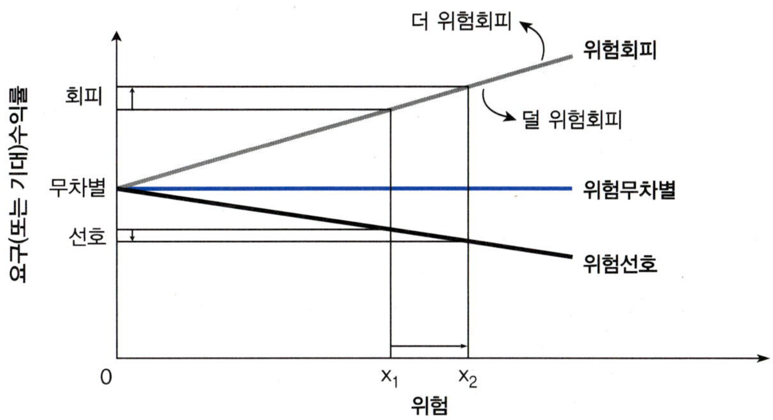

저수익률과 저위험을 제시하고, 다른 것들은 고수익률과 고위험을 제시한다. 다시 말해, 일단 적합한 종류의 투자를 선택한 후, 당신은 어떤 특정 증권을 인수할지 결정해야 한다.

수용가능한 수준의 위험 개인마다 수용할 용의가 있는 위험 크기와 이 위험을 수용하는 대가로 요구하는 수익률은 다르다. 일반적으로 말하면, 위험에 대한 선호가 근본적으로 다른 세 개의 상이한 범주의 투자자들을 〈그림 4.3〉과 같이 정의함으로써, 우리는 투자자의 위험에 대한 태도를 논의할 수 있다. 이 그림은 상이한 선호를 가진 투자자들에서, 어떻게 투자의 요구수익률이 위험에 연계되는지 보여준다. 세 범주는 위험무차별, 위험회피, 위험선호 투자자들이다.

- **위험무차별**(또는 위험중립) 투자자들의 경우, 요구수익률은 위험의 변화에 따라 달라지지 않는다. 예를 들어 〈그림 4.3〉에서 파란 수평선은 투자의 위험이 x_1으로부터 x_2로 증가하더라도, 위험무차별 투자자는 동일한 수익률을 수용할 것임을 나타낸다.
- **위험회피** 투자자의 경우, 요구수익률은 위험에 따라 상승한다. 이들은 위험을 싫어하기 때문에, 더 높은 위험을 수용하는 보상으로 더 높은 기대수익률을 요구한다. 〈그림 4.3〉에서 위험회피 투자자의 선호는 우상향 회색선으로 묘사된다.
- **위험선호** 투자자의 경우, 요구수익률은 위험 증가에 따라 감소한다. 이 투자자들은 단순히 위험을 감수하는 스릴을 즐기며, 따라서 더 많은 위험을 위해 약

간의 수익률을 포기할 용의를 갖고 있다. 이는 〈그림 4.3〉의 우하향 검정선에 의해 묘사된다.

우리는 이미 전 세계의 상이한 투자들의 위험과 수익률의 역사적 자료를 보았다. 그리고 자료는 더 위험한 투자는 더 높은 수익률을 지불하는 경향이 있음을 보인다. 이는 단순히 대다수 투자자들은 위험회피적이고, 따라서 더 위험한 투자는 투자자를 끌기 위해 더 높은 수익률을 지급해야 하는 사실을 반영한다.

투자자로 하여금 더 위험한 투자를 매입하도록 확신시키려면, 얼마의 추가적 수익률이 요구되는가? 이 문제의 답은 투자자의 위험회피 정도에 따라 사람마다 다르다. 매우 위험회피적인 투자자는 추가적 위험의 수용에 대해 많은 보상을 요구하며, 이 경우에 〈그림 4.3〉의 회색선은 매우 가파를 것임을 의미한다. 덜 위험회피적인 사람은 위험 수용을 위해 큰 보상을 요구하지 않고, 따라서 이런 사람의 경우에 회색선은 더 평평할 것이다(그러나 여전히 우상향함).

결정과정의 단계들: 수익과 위험의 결합

투자자 현실

쌍둥이 사이의 위험 회피 왜 어떤 사람들은 다른 사람들보다 위험을 더 회피할까? 위험회피를 결정하는 것은 자연(예: 유전학), 양육(예: 가족 배경) 또는 경제적 요인인가? 최근 연구는 스웨덴 쌍둥이 그룹에 초점을 맞추어 위험회피에 영향을 미치는 경제적 요인을 분리하려고 시도했다. 쌍둥이는 유전학과 가족 배경이 동일하기 때문에 (함께 자란다고 가정할 때), 쌍둥이 사이의 위험회피의 차이는 주로 경제적 요인 때문이다. 이 연구는 소득이 높고 부가 많은 개인은 위험회피가 낮다는 것을 발견했다. 변동이 심한 소득과 부채가 많은 개인은 더 많은 위험회피를 나타냈다.

(출처: "Twin Picks: Disentangling the Determinants of Risk-Taking in Household Portfolios," *Journal of Finance*, Vol.69, Issue 2, pp.867-906에서 발췌)

대안적 투자들 사이에서 결정할 때, 수익과 위험을 결합하는 다음 단계들을 거쳐야 한다.

- 역사적 또는 예상 수익률 자료를 이용하여, 주어진 보유기간의 기대수익률을 추정하라. 투자의 기대수익률의 추정치는 반드시 화폐의 시간가치를 고려해야 한다.
- 역사적 또는 예상 수익률 자료를 이용하여 투자에 연계된 위험을 평가하라. 주관적 판단, 투자수익률의 표준편차 계산, 또는 (다른 곳에서 논의할) 더 정교한 방법을 사용하여 투자의 위험을 평가할 수 있다.
- 기대수익률이 주어진 수용 위험에서 합리적임을 확인하기 위해, 각 투자 옵션의 위험-수익 특성을 평가하라. 만약 더 낮은 수준의 위험을 가진 다른 투자가 같거나 더 큰 기대수익률을 제공하면, 이 투자는 수용 불가능하다.
- 당신이 수용할 용의가 있는 위험 수준에 비해 가장 높은 수익률을 제공하는 투자를 선택하라. 수용가능한 수준의 위험에 대해 가장 높은 기대수익률을 얻으면, 당신은 "좋은 투자"를 하는 것이다.

아마도 이 과정의 가장 어려운 단계는 위험의 평가일 것이다. 수익과 위험의 고려 외에, 세금과 유동성 같은 다른 요인들도 투자결정에 영향을 준다. 다음 장들에서, 이러한 다른 요인들의 평가에 관해 학습할 것이다.

개념 리뷰

해답은 www.pearson.com/mylab/finance에서 찾을 수 있음.

4.8 위험을 정의하라. 위험-수익률 상반관계의 의미를 설명하라. 위험이 증가하면 요구수익률은 어떻게 되는가? 설명하라.

4.9 다음 위험 원천들을 정의하고 간단히 기술하라.
a. 사업위험
b. 재무위험
c. 구매력위험
d. 이자율위험
e. 유동성위험
f. 세금위험
g. 사건위험
h. 시장위험

4.10 위험 또는 변동성의 척도로서 표준편차를 간단히 기술하라.

4.11 세 가지 기본적 위험선호도, 즉 위험무차별, 위험회피, 위험선호를 구별하라. 이런 위험에 대한 태도들 가운데 대다수 투자자들을 가장 잘 묘사하는 것은 무엇인가?

4.12 투자결정 과정에 포함되는 단계들을 서술하라. 수용가능한 투자를 결정하기 위해, 어떻게 수익과 위험이 함께 평가될 수 있는지 반드시 언급하라.

토론문제

LG1 Q4.1 이집트 거래소(EGX)에 적어도 5년 이상 상장된 공개적으로 거래되는 기업을 선택하라. 당신이 선택한 자료 출처로부터, 이 회사의 과거 5년 동안의 연간 현금배당 지급액을 찾아라. 또한 5년의 매년 직전 연도의 연말 주식 종가를 찾아라.

a. 지난 5년의 매 연말 수익률을 계산하라.

b. 투자에서 얻어진 수익률을 *y*축, 수익의 발생 연도를 *x*축에 표시하는 그래프를 만들어라.

c. 항목 (b)의 그래프에 기초하여, 올해의 수익률을 추정하고 당신의 답을 설명하라.

LG2 Q4.2 다음 표와 같이 향후 4년 동안 현금 지급의 흐름을 제공하는 두 개의 투자가 있다.

투자	연도1	연도2	연도3	연도4
1	$100	$200	$300	$400
2	$250	$250	$250	$250

a. 각 투자에 의해 향후 4년 동안 지급되는 현금 총액은 얼마인가?

b. 화폐의 시간가치 관점에서, 이 투자들 가운데 무엇이 매력적인가?

c. 투자자가 투자 1을 선호할 이유가 있는가?

LG4 Q4.3 일부 분석가들은 미국에서 지난 몇 년 동안 0%에 가까웠던 실질이자율이 곧 음수가 될 수 있다고 주장한다. 어떻게 실질이자율이 음수가 될 수 있는지 설명하라. 기대인플레이션과 단기 국채의 현재 수익률 자료를 사용하여 이 예측을 평가하라.

LG3 LG6 Q4.4 NYSE 상장 주식 3개를 선택하고, 그런 다음 6주 동안 배당 지급과 매주의 종가를 기록하라.

a. 6주 기간의 말에, 주별로 각 주식의 주간 HPR을 계산하라.

b. 각 주식에 대해, 항목 (a)에서 계산된 6주의 주간 HPR을 평균하고 비교하라.

c. 항목 (b)에서 계산한 평균들을 이용하여, 각 주식별로 6개 HPR의 표준편차를 계산하라. 주식들의 상대적인 위험 및 수익 행태를 논의하라. 가장 높은 위험을 가진 주식이 가장 큰 수익률을 얻는가?

연습문제

LG1 **P4.1** 만약 1년 전에 $70에 매입한 주식이 $4.35의 연간 현금배당을 지급하고 방금 $78.50에 팔렸으면, 투자자는 얼마의 수익을 얻는가? 투자자는 자본이득을 얻었는가? 설명하라.

LG1 **P4.2** 투자자가 $1,000에 채권을 매입한다. 채권은 매 6개월마다 $40의 이자를 지급한다. 2년 후에 투자자는 채권을 $980에 매도한다. 투자자의 소득 그리고/또는 손실의 종류를 기술하라.

LG1 **P4.3** 2019년 초에 Volkswagen AG의 주식을 €136.26에 구입했다고 가정한다. 1년 후 주식은 €156.62의 가치가 있었고 2019년에 €12.5의 배당금을 지급했다. 다음을 계산하라.

a. 소득

b. 자본이득(또는 손실)

c. 총수익

(1) 금액(유로)

(2) 초기투자에 대한 백분율

LG1 **P4.4** 당신이 채권을 $870에 매입했다고 가정한다. 이 채권은 매 6개월마다 $25의 이자를 지급한다. 당신은 18개월 후 $950에 이 채권을 매도한다. 다음을 계산하라.

a. 소득

b. 자본이득(또는 손실)

c. 총수익의 금액(달러)과 초기투자에 대한 백분율

MyLab LG1 **P4.5** 다음 표에 주어진 투자에 대하여 기간 동안 얻은 수익률을 계산하라.

투자	기간의 현금흐름	기초 가치	기말 가치
A	−$ 800	$ 1,100	$ 100
B	$15,000	$120,000	$118,000
C	$ 7,000	$ 45,000	$ 48,000
D	$ 80	$ 600	$ 500
E	$ 1,500	$ 12,500	$ 12,400

MyLab LG2 **P4.6** 아래는 최근 몇 년간 Netflix 보통주의 첫째 날과 마지막 날의 가격이다.

연도	첫째 날	마지막 날
2017	$124.96	$191.96
2016	$109.00	$123.80
2015	$ 49.15	$114.38
2014	$ 52.40	$ 48.80

Netflix는 이 기간 동안 배당금을 지급하지 않았다. 투자자가 매년 얻을 수 있는 수익을 계산하라. 이러한 연간 수익률의 평균은 얼마인가? 다음으로 2014년 1월 1일부터 2017년 마지막 날까지 Netflix 주식의 연간 평균 성장률을 계산하라. 이 두 답변을 비교하라.

LG3 **P4.7** 3%의 실질이자율, 1.5%의 기대인플레이션 프리미엄, 그리고 투자 A와 B의 각각 5%와 6.5%의 위험 프리미엄 하에서 다음을 계산하라:

a. 무위험수익률 r_f

b. 투자 A와 B의 요구수익률

LG3 **P4.8** 무위험수익률은 4.8%, 기대인플레이션은 3.2%이다. 만약 인플레이션 기대가 변화하여 미래 기대인플레이션이 4.5%로 상승하면, 새로운 무위험수익률은 얼마인가?

MyLab LG3 **P4.9** Tyra는 자신이 가장 좋아하는 상점인 Dollar Barrel에서 쇼핑하는 것을 좋아한다. 이곳에서 정확히 $1로 책정된 수백 개의 품목을 찾을 수 있다. Tyra는 지출할 $200를 가지고 있으며 Dollar Barrel에서 쇼핑을 할 계획이지만 그녀의 돈을 투자할 생각도 갖고 있다.

a. 기대인플레이션율이 1%(내년에는 Dollar Barrel의 모든 가격이 $1.01가 될 것임)이고 Tyra가 투자한 돈으로 5%를 벌 수 있다고 가정한다. Tyra가 돈을 투자하면 대략 얼마의 실제 이자율을 얻을 수 있는가? 그녀는 오늘 Dollar Barrel에서 몇 개의 품목을 살 수 있으며, 그녀가 돈을 투자하고 나중에 쇼핑을 한다면 지금부터 1년 후에 몇 개의 품목을 살 수 있는가? Tyra가 쇼핑하기 위해 1년을 기다리면 구매력이 증가하는 비율은 얼마인가? Tyra의 투자에 대한 근사한 실질이자율에 대한 답을 비교하라.

b. 이제 기대인플레이션율이 10%이고 Tyra가 1년 동안 투자한 돈으로 20%를 벌 수 있다고 가정한다. Tyra가 벌 수 있는 대략적인 실질 이자율은 얼마인가? Tyra가 돈을 투자하면 내년에 Dollar Barrel에서 구입할 수 있는 품목의 수를 계산하라. 쇼핑하기 위하여 1년을 기다리면 구매력이 증가하는 비율은 얼마인가?

Tyra의 실질수익률과 연관하여 답하라.

X MyLab LG1 **P4.10** 다음 두 가지 투자 대안에 대한 1년 보유기간수익률을 계산하라. 이들이 같은 위험을 갖고 있다고 가정하면, 어느 투자를 선호할 것인가? 설명하라.

	투자	
	X	Y
수취 현금		
제1분기	$1.20	$2.00
제2분기	$0.20	$2.00
제3분기	$0.40	$2.00
제4분기	$3.80	$2.00
투자가치		
연초	$30.00	$56.00
연말	$35.00	$56.00

LG3 **P4.11** 당신은 두 투자 대안을 고려한다. 첫째는 주당 $0.25의 배당을 지급하고 주당 $20에 거래되는 주식이다. 당신은 이 주식을 6개월 후에 $24에 팔 예정이다. 둘째는 주당 $0.50의 배당을 지급하고 주당 $27에 거래되는 주식이다. 당신은 이 주식을 1년 후에 $31에 팔 예정이다. 어느 주식이 더 높은 연간 보유기간수익률을 제공할 것인가?

LG3 **P4.12** Rudolf는 기준가 €1,000당 €50의 연 이자를 지급하는 독일 국채의 매입을 고려하고 있다. 이 채권은 1년 후 만기가 도래하고, 이때 당신은 기준가와 이자지급을 받을 것이다. 만약 당신이 이 채권을 €950에 매입하면, 보유기간수익률은 얼마인가?

LG4 **P4.13** Lachlan은 정확히 10년 안에 NZ9,000달러를 반환할 것을 약속하는 투자에 오늘 NZ4,000달러를 투자할 예정이다.

a. 현재가치 기법을 사용하여 이 투자의 내부수익률을 추정하라.

b. 만약 Lachlan이 최소 9%의 최소수익률을 요구한다면, 이 투자를 권할 것인가?

LG4 **P4.14** Josef Samir는 이집트 거래소(EGX)의 투자자이다. 그는 시멘트 회사에 E5,000파운드(이집트 파운드)를 투자하고 향후 4년 동안 E65, 75, 76, 76파운드의 배당금을 받는다. 4년 만에 그는 주식을 E8,000파운드에 매각한다. 이 투자의 수익률은 얼마인가?

LG4 **P4.15** 지역 사업가가 벤처사업에 $10,000를 투자해달라고 당신에게 요청한다. 당신의 추정에 기초하면, 당신은 3년 동안 전혀 수입을 얻지 못하고, 4년 말에 $4,900를 받으며, 5년 말에 $14,500를 받을 것이다. 만약 당신의 추정치가 옳으면, 이 투자의 내부수익률은 얼마인가?

MyLab LG4 **P4.16** 당신은 5개의 다른 투자를 평가하고 있는데, 모두 현금의 선불 지출을 포함한다. 각 투자는 향후 당신에게 단일 현금지급을 제공할 것이다. 각 투자에 대한 자세한 내용은 다음과 같다. 각 투자의 IRR을 계산하라. 가장 가까운 기준점(즉, 3.76%와 같이 1%의 가장 가까운 1/100)에 대한 답을 기재하라.

투자	초기 투자	미래가치	연말
A	$ 1,000	$ 1,796	12
B	$10,000	$13,629	9
C	$ 400	$ 1,420	18
D	$ 3,000	$ 3,630	2
E	$ 5,500	$ 8,467	11

LG4 **P4.17** Rania Farouk는 $2,000의 초기 지출을 요구하고 8년 후 $6,000의 수익을 약속하는 투자에서 12%의 수익률을 얻어야 한다.

a. 이 투자의 내부수익률을 추정하라.

b. 항목 (a)의 답에 기초하면, Rania는 제안된 투자를 채택해야 하는가?

MyLab LG4 **P4.18** 재무계산기 또는 엑셀 스프레드시트를 이용하여 다음 각 투자의 내부수익률을 추정하라.

	투자	
	A	B
초기 투자	$8,500	$9,500
연말	소득	
1	$2,500	$2,000
2	$2,500	$2,500
3	$2,500	$3,000
4	$2,500	$3,500
5	$2,500	$4,000

LG4 **P4.19** Yasser Ben Rashid는 다음 투자의 위험에 대한 적절한 보상으로 12%의 최소 수익률을 얻어야 한다.

초기 투자	$16,000
연말	소득
1	$7,000
2	$4,000
3	$6,000
4	$3,000
5	$3,100

a. 이 투자의 내부수익률을 추정하라.

b. 항목 (a)의 답에 기초하면, Yasser는 제안된 투자를 채택해야 하는가?

MyLab LG4 **P4.20** 어떤 투자가 다음 소득흐름을 창출한다고 가정하라. 이 투자는 2020년 초에 $2,000에 매입가능하고, 2026년 말에 $2,200에 매도가 가능하다. 이 투자의 수익률을 추정하라. 만약 최소 5%의 수익률이 요구되면, 당신은 이 투자를 권하겠는가? 설명하라.

연도	소득흐름
2020	$140
2021	$120
2022	$100
2023	$ 80
2024	$ 60
2025	$ 40
2026	$ 20

LG4 **P4.21** 다음 표는 2008년과 2018년에 3개 회사가 지급한 주당 배당금이다. 각 회사에 대해 이번 10년 동안 복리 연간 배당성장률을 추정하라.

연도	Volkswagen AG	BMW AG	Peugeot S.A.
2008	€1.86	€1.06	€1.1
2018	€3.96	€4.00	€0.53

LG4 **P4.22** 어떤 회사는 2009년에 주당 $1.50의 배당을 지급했고, 2016년에 $2.75를 지급할 것이라고 방금 발표했다. 배당의 복리 연간 성장률을 추정하라.

LG4 **P4.23** 2008년 Volkswagen AG는 총매출이 €113.81십억을 기록했다. 10년 후 €236십억의 수익을 올렸다. 2008년부터 2018년까지 매출의 복리 연간 성장률은 얼마인가?

MyLab LG4 **P4.24** 두 가지 투자 A와 B의 2016년부터 2020년까지 역사적 수익률이 아래 표에 요약되어 있다. 이 자료를 사용하여, 다음 문제에 답하라.

	A	B
연도	수익률	
2016	19%	8%
2017	1%	10%
2018	10%	12%
2019	26%	14%
2020	4%	16%
평균	12%	12%

a. 수익률 자료에 기초하여, 어떤 투자가 가장 위험한가? 그 이유는?

b. 각 투자의 수익률 표준편차를 계산하라.

c. 항목 (b)의 계산에 기초하여, 어떤 투자가 더 위험한가? 이 결론을 항목 (a)의 답과 비교하라.

MyLab **P4.25** 그녀의 투자분석 수업에서 Laura는 위험-수익 상반관계에 기반하여 여러 증권을 평가하는 과제를 받았다. 조사할 특정 증권은 International Business Machines, Helmerich & Payne, Inc., S&P 500 지수이다. 주식에 대한 각 종목 기호는 IBM과 HP이다. 그녀는 문제의 증권에 대해 다음 자료를 찾는다.

연도	2012	2013	2014	2015	2016	2017
IBM 가격	\$191.55	\$187.57	\$160.44	\$137.62	\$165.99	\$153.42
IBM 배당금	\$3.30	\$3.70	\$4.25	\$5.00	\$5.50	\$5.90
HP 가격	\$56.01	\$84.08	\$67.42	\$53.55	\$77.40	\$64.64
HP 배당금	\$0.28	\$1.30	\$2.63	\$2.75	\$2.78	\$2.80
S&P 가치	1426.19	1848.36	2058.90	2043.94	2238.83	2673.61

주: S&P 500 지수의 가치는 배당금을 포함한다.

파트 1

a. Laura가 3개의 유가증권에서 찾은 자료를 사용하고 스프레드시트를 만들어 매년 보유기간수익률과 5년 동안의 평균 수익률을 계산하라. 특히 HPR은 5개의 특정 1년 기간(즉, 2012～2013, 2013～2014, 2014～2015, 2015～2016, 2016～2017)을 기준으로 한다. 다음 공식을 사용하라.

$$\text{HPR} = [\text{Inc} + (V_n - V_0)] / V_0$$

여기서

Inc＝기간 동안 소득, V_n＝종료 투자가치, V_0＝초기 투자가치

파트 2

위험-수익 상반관계를 평가하기 위해 http://www.pearson.com/mylab/finance에서 볼 수 있는 〈표 4.9〉의 스프레드시트와 유사한 스프레드시트를 작성하라.

b. IBM, HP, S&P 500 지수에 대한 수익률의 표준편차를 계산하라.

c. IBM과 HP와 관련된 산업은 무엇인가?

d. 항목 (c)의 답변과 평균 수익률 및 표준편차에 대한 결과를 바탕으로 Laura는 IBM 또는 HP 투자에 대해 어떤 결론을 내릴 수 있는가?

사례문제 4.1 | Coates의 결정

LG2 LG4

2020년 1월 1일, Xavier 고등학교의 23세 수학교사인 Dave Coates는 $1,100의 세금환급을 받았다. Dave는 당장의 생활비로 이 돈이 필요하지 않았기 때문에, 장기투자를 하기로 결정했다. $1,100를 초과하지 않는 많은 대안적 투자들을 조사한 후, Dave는 그의 필요에 가장 적합한 두 가지를 골랐다.

각 투자는 $1,050를 소요하고, 10년 동안 소득을 제공할 것으로 예상되었다. 첫 번째 투자는 $50를 연도마다 총 10회 지급하고 10년 말에 $1,000의 추가지급을 약속하는 채권이다. Dave는 채권이 약속한 소득흐름이 상대적으로 안전하다고 생각하며 다른 안전한 투자가 제공하는 수익을 기반으로 4%가 채권에 대한 적절한 할인율이라고 믿는다. 다른 투자는 지역 사업에 대한 작은 소유지분이다. 이 사업체의 소유주에 따르면, 그의 $1,050 투자에 대한 대가로 Dave는 향후 10년 동안 오르내릴 일련의 현금지급을 받게 될 것이다(다음 페이지의 표 참조). Dave는 이 사업에 투자하는 것이 채권을 사는 것보다 위험하다고 판단하기 때문에 채권에 대해 요구하는 수익에 비해 4%의 위험 프리미엄을 받아야 한다고 생각한다. 어느 투자에도 환급금을 모두 투자할 수 없으므로 Dave는 보유하고 있는 나머지 $50를 은행계좌에 투자하여 매년 복리 3%의 이자를 받을 계획이다.

투자결정 과정에서, Dave는 이 투자들의 기대수익률 자료의 다음에 제시된 문제들에 답하기 위해 당신의 도움을 요청했다.

연말	예상 현금지급	
	채권	사업
2020	$ 50	$ 0
2021	$ 50	$150
2022	$ 50	$150
2023	$ 50	$150
2024	$ 50	$200
2025	$ 50	$250
2026	$ 50	$200
2027	$ 50	$150
2028	$ 50	$100
2029	$1,050	$ 50

≫질 문

a. 두 투자가 똑같이 위험하고 4% 할인율을 사용한다고 가정하여 각 투자의 현금흐름의 현재가치를 계산하고 Dave가 어떤 투자를 선택해야 하는지에 대한 분석결과를 설명하라.
b. 기업의 지분을 사는 것이 채권을 사는 것보다 더 위험하다는 것을 인식하여, 사업 투자에 대한 할인율은 채권 할인율에 4%의 위험 프리미엄을 추가하고 두 가지 대안을 재평가하라. Dave에 대한 조언이 항목 (a)와 비교하여 변경되는가?
c. 항목 (a)와 (b)의 결과에서 채권의 IRR이 4% 이상인지 또는 미만인지, 그리고 사업 투자의 경우 8% 이상인지 이하인지 설명하라.
d. 각 투자에 대한 IRR을 계산하고 항목 (c)의 답변에 비추어 찾은 내용에 대해 설명하라.
e. Dave가 어떤 투자를 해야 하는지 또는 어느 쪽도 하지 말아야 하는지 설명하라.
f. 은행계좌에 투자한 Dave의 $50는 2029년까지 얼마나 증가하는가?

사례문제 4.2 | 위험-수익의 상반관계: Molly O'Rourke의 주식매입 결정

지난 10년 동안 Molly O'Rourke는 보통주의 분산된 포트폴리오를 천천히 만들어 왔다. 현재 그녀의 포트폴리오는 20개의 상이한 보통주를 포함하고, $82,500의 총 시장가치를 갖고 있다.

Molly는 현재 Harry's Pottery Inc. 또는 Ron's Rodents Corp.이라는 두 가지 보통주 가운데 하나의 50주를 추가할 것을 고려하고 있다. 각 증권의 수익과 위험을 평가하기 위해, 그녀는 두 주식의 지난 10년(2010~2019년) 동안 배당소득과 주가 자료를 수집했다. 이 증권들의 전망에 관해 조사한 결과, Molly는 각각은 미래에도 과거와 평균적으로 동일한 행태를 보일 것으로 예상한다. 따라서 그녀는 각 주식의 지난 10년의 평균 HPR을 계산함으로써 기대수익률을 추정할 수 있다고 믿는다. Molly에 의해 수집된 역사적 배당 소득과 주가 자료는 다음 표에 주어져 있다.

	Harry's Pottery			Ron's Rodents		
		주식가격			주식가격	
	배당			배당		
연도	소득	연초	연말	소득	연초	연말
2010	$1.00	$20.00	$22.00	$1.50	$20.00	$20.00
2011	$1.50	$22.00	$21.00	$1.60	$20.00	$20.00
2012	$1.40	$21.00	$24.00	$1.70	$20.00	$21.00
2013	$1.70	$24.00	$22.00	$1.80	$21.00	$21.00
2014	$1.90	$22.00	$23.00	$1.90	$21.00	$22.00
2015	$1.60	$23.00	$26.00	$2.00	$22.00	$23.00
2016	$1.70	$26.00	$25.00	$2.10	$23.00	$23.00
2017	$2.00	$25.00	$24.00	$2.20	$23.00	$24.00
2018	$2.10	$24.00	$27.00	$2.30	$24.00	$25.00
2019	$2.20	$27.00	$30.00	$2.40	$25.00	$25.00

≫질 문

a. 각 주식의 지난 10년 동안의 HPR을 계산하라. Molly에 의해 채택된 접근법을 사용하여, 각 주식의 기대수익률을 계산하라.

b. 항목 (a)에서 계산된 HPR과 기대수익률을 사용하여, 각 주식의 지난 10년간 표준편차를 계산하라.

c. 당신의 답을 이용하여, 두 주식과 관련된 수익과 위험을 평가하고 논의하라. 어느 주식이 더 좋은가? 설명하라.

d. 그녀의 현재 포트폴리오를 무시하면, Molly가 어떤 주식을 매수해야 한다고 조언을 하겠는가?

장 도입부 문제

아래 표는 Netflix 보통주에 의해 생성된 연간 수익률을 보여준다. 연평균 수익률과 표준편차를 계산하라. 이를 〈표 4.9〉에 표시된 Target Corporation 및 American Eagle Outfitters, Inc.의 평균 수익률 및 표준편차와 비교하라. 평균 수익률과 표준편차 측면에서 이번 10년 동안이 두 보통주와 비교했을 때 Netflix는 투자로서 어떠했는가?

연도	% 변화
2008	12.5%
2009	86.6%
2010	216.5%
2011	−60.4%
2012	31.7%
2013	286.7%
2014	−6.9%
2015	132.7%
2016	13.6%
2017	53.6%

부록4A 화폐의 시간가치

25세에 당신이 5%의 연 이자를 지급하는 저축계좌에 매년 $1,000를 예금하기 시작한다고 상상하라. 40년 후 65세에, 당신은 합계 $40,000(40년×연 $1,000)의 예금을 갖게 된다. 인출은 없다고 가정하면, 당신 계좌의 잔고는 얼마일 것으로 생각하는가—$50,000, $75,000, $100,000? 답은 이 가운데에 없다. $40,000는 거의 $121,000로 늘어날 것이다. 왜? 화폐의 시간가치는 40년 동안 예금이 이자를 벌고, 이자는 다시 이자를 벌도록 만들기 때문이다. **화폐의 시간가치**는 이자를 벌 기회가 존재하면, 돈의 가치는 수취 시기에 의해 영향을 받음을 뜻한다.

이자: 저축자의 기본적 수익

은행의 저축계좌는 가장 기본적 형태의 투자이다. 저축자는 유휴자금을 계좌에 예치하는 대가로서 이자를 받는다. **이자**는 대여자의 자금을 사용하는 대가로 차입자에 의해 지급되는 "임차료(rent)"로 간주될 수 있다. 투자가치(최초 예금)는 단지 수취 이자에 의해서만 변할 것이기 때문에, 저축자는 자본이득이나 자본손실을 경험하지 않는다. 저축자에게 주어진 기간의 수취 이자는 해당 기간의 소득이다.

단리

이자를 지급하는 투자(CD와 채권 등)에서 지급되는 소득은 빈번하게 **단리**(simple interest)에 의해 계산된다. 즉, 오로지 최초 투자금액에 대해서만 매 투자기간마다 이자 지급이 이루어진다. 예를 들어, 만약 당신이 6%의 단리 이자율을 지급하는 계좌에 최초의 $100를 예금하면, 계좌에 자금을 예치하는 동안 매년 $6의 이자를 얻을 것이다. 1년 후 당신의 계좌 잔고는 $106, 2년 후에는 $112, 이런 형태로 증가할 것이다. 이자는 단지 최초 예금에 대해서만 지급되기 때문에, 계좌의 가치는 매년 $6씩 증가한다.

복리

복리(compound interest)는 최초 예금뿐만 아니라 축적된 이자에 대해서도, 매 기간 지급되는 이자이다. 이는 전형적으로 저축기관에서 사용되는 방법이다. 이자가 복리로 지급될 때 투자의 수익률은 상승하고, 이자의 복리빈도가 늘수록 더 상승한다. 다시 한번 6%를 버는 계좌에 매년 $100를 투자한다고 가정하고, 그러나 이번에는 매년 1회 이자가 복리지급된다고 가정하라. 1년 후 단리의 경우와 마찬가지로 당신의 계좌 잔고는 $106이다. 그러나 둘째 해에 당신은 이자로 $6.36(0.06×$106)를 얻고, 계좌 잔고는 $112.36로 증가한다. 모든 자금이 계좌에 유지되면, 이자 지급은 해마다 증가한다.

사례

연 복리이자

2019년 1월 1일, 당신은 5%의 이자를 지급하고 매년 복리계산되는 계좌에 $1,000를 예금한다고 가정하라. 당신은 2020년 초에 $300를 인출하지만, 2021년 초에 $1,000를 추가로 투자할 계획이다. 2021년 말의 계좌 잔고는 얼마일 것인가?

〈표 4A.1〉의 자료는 이 문제의 해답을 제공한다. 2019년 중에 당신은 이자로 $50를 번다. $1,000의 최초 예금에 대한 2019년의 이자 $50는 2020년의 이자가 지급되는 초기(최초) 잔고의 일부가 되며, 비슷한 일이 계속된다. 3년 후 2021년 말에, 당신 계좌의 잔고는 $1,876.88이다.

〈표 4A.1〉 저축계좌의 잔고 자료(연간 복리 이자 5%)

MyLab

날짜	(1) 예치 (인출)	(2) 초기 계좌 잔고	(3) 0.05×(2) 연간 이자	(4) (2)+(3) 말기 계좌 잔고
2019.1.1	$1,000	$1,000.00	$50.00	$1,050.00
2020.1.1	−$300	$750.00	$37.50	$787.50
2021.1.1	$1,000	$1,787.50	$89.38	$1,876.88

지금까지 우리의 예에서, 이자는 연간 단 1회 복리계산되었다. 실제로 많은 투자의 이자는 이보다 더 빈번하게 복리계산된다. 일반적으로, 제시된 이자율 하에서 이자가 더 빈번하게 복리계산될수록, **진정한 이자율**은 더 높다. 진정한 이자율은 복리효과를 고려한 후, 돈이 시간경과에 따라 증식하는 비율이다. 대조적으로, **기술된 이자율**(stated rate of interest)은 단순히 매 기간의 이자수입을 계산하는 데 사용되는 비율이다.

사례

연 2회(반기) 복리이자

다시 2019년 1월 1일, 당신은 5%의 이자를 지급하는 계좌에 $1,000를 투자한다. 앞에서와 같이, 당신은 1년 후 $300를 인출하고, 2년 후 추가로 $1,000를 예금할 계획이다. 그러나 이 경우 이자는 연간 2회에 걸쳐(즉, 반기마다) 지급되고 복리계산된다. 이것이 당신의 계좌에 돈이 축적되는 비율을 바꾸는가?

관련 계산은 〈표 4A.2〉에 나타나 있다. 각 6개월의 이자는 각 기간의 초기(최초) 잔고에 기술된 이자율인 5%의 절반을 곱함으로써 계산된다(〈표 4A.2〉의 (3)열 참고). 더 빈번한 복리계산은 더 큰 수익을 제공한다는 것을 알 수 있다. 5% 연간 복리 계좌의 2021년 말 잔고와 5% 반기 복리 계좌의 2021년 말 잔고를 비교하라. 반기 복리는 더 높은 잔고를 제공한다($1,876.88 대비 $1,879.19). 명백하게, 반기 복리의 경우 실질적으로 연간 복리보다 더 높은 이자율을 얻는다. 다시 말해, 진정한 이자율은 기술된 이자율인 5%보다 크다.

〈표 4A.2〉 저축계좌의 잔고 자료(연 이자 5%, 반기별 복리)

MyLab

날짜	(1) 예치 (인출)	(2) 초기 계좌 잔고	(3) 0.05×1/2×(2) 6개월 이자	(4) (2)+(3) 말기 계좌 잔고
2019.1.1	$1,000	$1,000.00	$25.00	$1,025.00
2019.7.1		$1,025.00	$25.63	$1,050.63
2020.1.1	−$300	$750.63	$18.77	$769.40
2020.7.1		$769.40	$19.24	$788.64
2021.1.1	$1,000	$1,788.64	$44.72	$1,833.36
2021.7.1		$1,833.36	$45.83	$1,879.19

〈표 4A.3〉 다양한 복리 빈도의 진정한 이자율(5%의 기술된 이자율)

MyLab

복리 빈도	진정한 이자율	복리 빈도	진정한 이자율
연간	5.000%	월	5.120%
반기	5.063%	주	5.125%
분기	5.094%	연속	5.127%

〈표 4A.3〉은 5%의 기술된 이자율에 연계된, 다양한 복리 빈도에 따른 진정한 이자율을 보여준다.

연속복리(continuous compounding)는 가능한 가장 작은 기간에 대해 복리 이자를 계산한다. 이는 주어진 기술된 이자율에서 달성가능한 최대의 진정한 이자율을 제공한다. 〈표 4A.3〉은 더 빈번하게 이자가 복리계산되면 진정한 이자율은 더 높음을 보여준다. 복리 빈도의 차이가 수익에 미치는 영향 때문에, 당신은 예금 전에 다양한 대안들에 연계된 진정한 이자율을 평가해야 한다.

시간가치 계산에 사용되는 계산 도구

대다수의 경우 적절한 투자분석은 화폐의 시간가치를 고려하는 계산을 요구하며, 이 계산의 수작업은 매우 지루할 수 있다. 당신은 이 계산의 기초 개념과 수학을 이해해야 하나, 시간가치의 적용 기법은 단순화될 수 있다. 계산 도구로서 재무계산기와 스프레드시트의 사용을 예시한다.

재무계산기

일반적으로 재무계산기는 많은 프로그램된 재무 공식을 포함한다. 이 책에서는 다양한 재무계산의 키 입력을 보여준다. 일차적으로, 〈그림 4A.1〉에 제시되고 정의된 키들에 집중한다. 우리는 전형적으로 왼쪽 열의 5개 키 가운데 4개 키와 계산(CPT) 키를 사용한다. 키들의 하나는 계산되는 미지수를 나타낸다. (때로는 모든 키가 사용되고, 하나는 미지수를 나타낸다.) 일부 더 정교한 계산기의 키 입력은 메뉴에 의해 이루어진다—당신이 적합한 공식을 선택한 후, 계산기는 각 수치를 입력하도록 요구한다; 이런 계산기에서 해답을 얻기 위한 계산 키는 필요하지 않다. 그러나 기본적인 시간가치 함수를 가진 모든 계산기는 수작업 계산 대신 사용될 수 있다. 다른 재무계산기의 키 입력은 그들의 첨부된 참고 가이드에 설명되어 있다.

일단 기본적 개념을 이해하면, 당신은 계산기를 사용하여 일상적 재무계산을 단순화할 수 있다. 약간의 연습으로, 당신은 재무계산의 속도와 정확성을 높일 수 있다. 내용의 개념적 이해가 목적임을 기억하라. 계산기의 도움으로 문제를 해결하는

그림 4A.1

계산기 입력 키

전형적인 재무계산기의 중요한 입력 키

N	N —	기간 수
I	I —	기간별 이자율
PV	PV —	현재가치
PMT	PMT —	지급금액 (연금의 경우에만 사용)
FV	FV —	미래가치
CPT	CPT —	모든 값이 입력되면 재무계산기를 실행시키는 계산 키

능력은 반드시 이런 능력을 반영하지 않으므로, 단순히 답만 구하려 하지 말라. 당신이 개념도 이해한다는 것을 확인할 때까지 내용을 숙지하라.

컴퓨터와 스프레드시트

> **투자자 현실**
>
> **시간은 당신의 편이다** 은퇴를 위한 저축은 아무리 일찍 시작해도 지나치지 않다. 만약 다음 8년 동안 10%의 이자를 얻는 계좌에 매년 2,000달러를 예금하고 그대로 유지하면, 40년 후에 당신이 예금한 16,000달러는 480,000달러 이상으로 증식할 것이다. 투자할 때, 시간은 당신의 최대 동반자이다.

스프레드시트를 사용하는 능력은 현대 투자자의 주요 능력이 되었다. 재무계산기처럼 컴퓨터와 스프레드시트는 시간가치 계산을 단순화하는 내장된 공식을 갖고 있다. 우리는 책에서 시간가치 계산의 입력 항목을 보여주는 많은 스프레드시트 풀이를 제공한다. 각 변수의 값은 스프레드시트의 항에 입력되고, 계산은 개별 항들을 연계하는 수식을 사용함으로써 프로그램 된다. 만약 변수의 값이 바뀌면, 해는 자동적으로 변화한다. 이 책의 스프레드시트 풀이에서, 스프레드시트의 하단에 계산을 실행하는 수식을 보여준다.

우리는 이제 미래가치에서 시작하여, 핵심적인 시간가치 개념을 다룬다.

미래가치: 복리의 확장

미래가치(future value)는 현재의 예금이 복리 이자를 지급하는 계좌에 일정 기간 예치되었을 때, 증식하여 도달한 금액이다. 실제로 일부 투자의 미래가치를 계산하는 과정은 분석에서 복리의 역할이 중요하기 때문에 **복리**(compounding)라고 한다. 8%(소수로는 0.08)의 연간 복리 이자를 얻는 $1,000의 예금을 고려하라. 다음 계산은 이 예금의 1년 후 미래가치를 보여준다.

$$\text{연말의 미래가치} = \$1{,}000 \times (1 + 0.08) = \$1{,}080$$

만약 돈이 1년 더 예치되면, $1,080의 계좌 잔고에 대해 8%의 이자가 지급될 것이다. 따라서 둘째 연도의 말에, 계좌에 $1,166.40가 있을 것이다. 이 금액은 $1,080의 연초 잔고와 $1,080의 8% 이자($86.40)의 합을 나타낸다. 둘째 연도 말의 미래가치는 다음과 같이 계산된다.

$$\text{둘째 연도 말의 미래가치} = \$1{,}080 \times (1 + 0.08) = \$1{,}166.40$$

$1,000의 n번째 연도 말의 미래가치를 계산하려면, 위에 예시된 과정을 n회 반복한다. 미래가치는 수리적으로 또는 재무계산기나 스프레드시트를 이용함으로써 계산된다. 수리적으로 PV를 초기 예금(즉, 현재가치), r은 이자율, n은 초기 예금이 투자된 연수를 나타내면 다음과 같이 미래가치 FV를 계산할 수 있다.

$$FV = PV(1+r)^n \tag{4A.1}$$

이 수식을 $1,000가 8% 이자지급 계좌에 예치한 앞의 예에 적용하면

$$\text{FV} = \$1{,}000(1.08)^2 = \$1{,}166.40$$

수식 (4A.1)을 학습하면 이자율 r이 더 높고 돈이 투자되는 기간 n이 더 길면 미래가치가 더 크다는 것을 알 수 있다. 〈그림 4A.2〉는 $1 투자의 미래가치가 다른 이자율과 다른 시간 범위에서 어떻게 증가하는지 보여줌으로써 이러한 관계를 보여준다. 이자율이 높고 기간이 길수록 이자율이 0%인 특별한 경우를 제외하고는 미래가치가 커진다.

실제로 대부분의 사람들은 재무계산기 또는 스프레드시트를 사용하여 이러한 종류의 문제를 해결하므로 아래 도구를 사용하여 미래가치를 계산하는 방법을 설명한다.

그림 4A.2

미래가치 관계

$1가 다양한 이자율과 기간에 걸쳐 복리계산된 미래가치

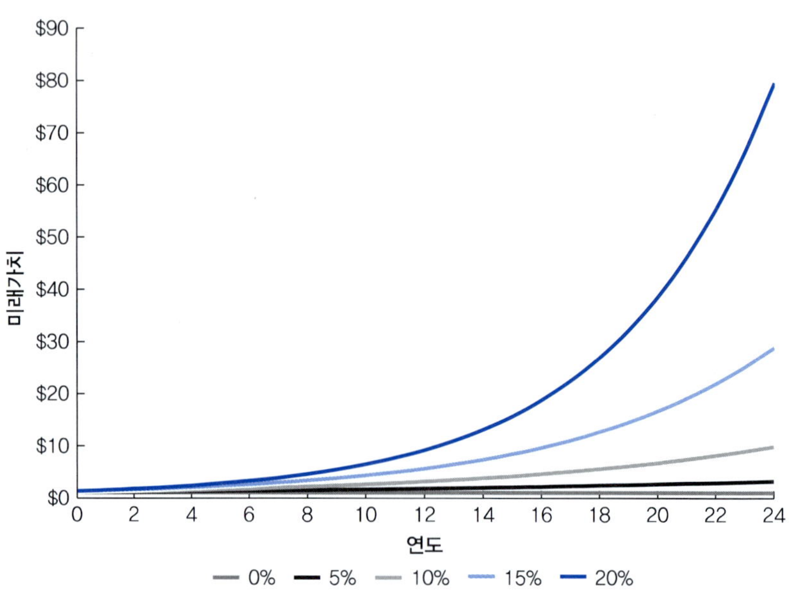

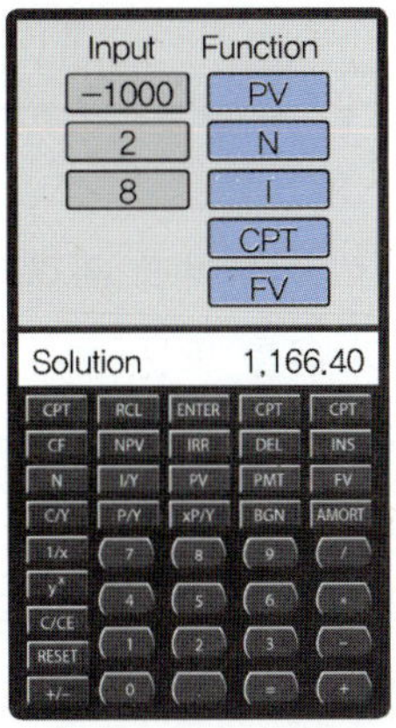

계산기 이용 직접 미래가치를 계산하기 위해 재무계산기를 사용할 수 있다.[1] 먼저 −1,000을 입력하고 PV를 누르고, 다음에 2를 입력하고 N을 누르고, 다음으로 8을 입력하고 I를 누른다.[2] 마지막으로 미래가치를 계산하기 위해, CPT 그리고 FV를 누른다. 그림의 예시처럼 $1,166.40의 미래가치가 계산기 액정에 나타나야 한다.

스프레드시트 이용 단일 금액의 미래가치는 Excel 스프레드시트에서도 계산될 수 있다. 이 함수의 구문은 fv(rate, nper, pmt, pv, type)이다. 여기서 rate는 기간당 이자율을 나타내고, nper는 돈이 투자된 기간 수를 나타낸다. pmt라는 용어는 수명이 끝날 때 한 번만 지불하는 것이 아니라 시간이 지남에 따라 현금흐름을 지불하는 투자를 분석할 때 사용되므로 여기서는 0으로 설정한다. 변수 pv는 현재가치 또는 초기 투자를 나타낸다. 마지막으로, type은 단일 현금흐름을 지불하는 투자에는 적용되지 않으므로 여기서도 0으로 설정한다. 다음의 Excel 스프레드시트는 8% 이자율로 2년 동안 투자된 $1,000의 미래가치를 계산하는 방법을 보여준다.

	A	B
1	단일 금액의 미래가치	
2	현재가치	−$1,000
3	연 이자율	8.0%
4	연도 수	2
5	미래가치	$1,166.40

B5 셀의 입력은 =FV(B3,B4,0,B2,0)이다.
투자비용은 현금유출로 간주되기 때문에,
B2 셀의 $1,000 앞에 음수 부호가 있다.

---

[1] 많은 계산기는 사용자가 연간 지불 횟수를 설정할 수 있게 되어 있다. 이러한 계산기의 대부분은 월별 결제(연간 12회 결제)로 미리 설정되어 있다. 우리는 주로 연간 지불(1년에 한 번 지불)로 작업하기 때문에 계산기가 연간 지불로 설정되어 있는지 확인하는 것이 중요한다. 대부분의 계산기는 모든 지불이 기간이 끝날 때 발생한다는 것을 인식하도록 미리 설정되어 있지만 계산기가 END 모드로 올바르게 설정되어 있는지 확인하는 것이 중요한다. 이러한 값을 설정하는 방법은 계산기와 함께 제공되는 안내서를 참고하라. 현재 계산에 이전 데이터를 포함하지 않으려면 값을 입력하고 각 계산을 수행하기 전에 항상 계산기의 모든 저장된 입력 값을 삭제해야 한다.

[2] 알려진 값을 임의의 순서로 계산기에 입력할 수 있다. 계산기는 음수 부호로 유입과 유출을 구분한다. 예를 들어, 방금 설명한 문제에서 −1,000 현재가치(PV)는 음수로 입력되었기 때문에 투자 현금유출 또는 비용으로 간주된다. 따라서 계산된 미래가치(FV) 1,166.40은 투자현금 유입의 결과 또는 보상을 나타내는 양수 값이다. $1,000의 현재가치를 양수(예: 1,000)로 입력하면 계산기는 $1,166.40의 미래가치를 음수(예: −1,166.40)로 표시한다. 간단히 말해서 현재가치와 미래가치 현금흐름은 반대의 신호를 가질 것이다.

연금의 미래가치

연금(annuity)은 같은 시간 간격으로 발생하는 동일한 금액으로 이루어진 일련의 현금흐름이다. 현금흐름은 미래 수익을 얻기 위해 투자된 자금의 **유출** 또는 투자로부터 얻어진 수익의 **유입**일 수 있다. 다음 8년 동안 매 연말에 \$1,000를 투자하는 것은 연금의 한 예이다.

투자자들은 빈번하게 연금의 미래가치를 계산하는 데 관심을 갖는다. **정상연금**(ordinary annuity)으로 불리는 전형적인 연금은 매 기간의 말에 현금흐름이 발생하는 연금이다. 정상연금의 미래가치는 재무계산기 또는 Excel 스프레드시트를 사용함으로써 신속하게 계산될 수 있다.

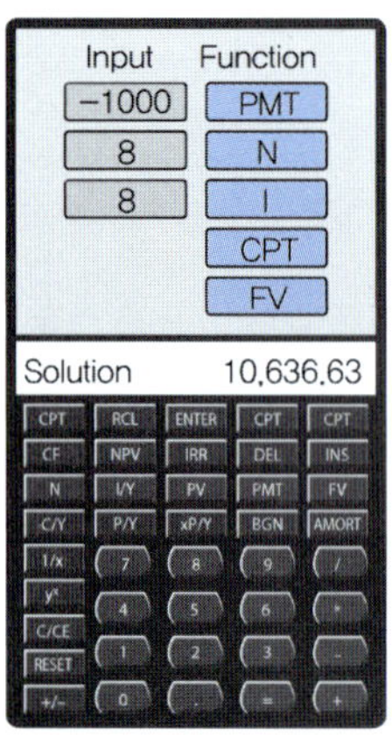

계산기 이용 연금의 미래가치를 계산하기 위해 재무계산기를 사용할 때, 우리는 PMT 키를 이용하여 연금의 현금흐름을 입력한다. PMT 키 사용은 계산기에게 연금의 현금흐름은 N회(투입 연수)의 PMT 금액으로 이루어진 일련의 연말 예금임을 알려준다.

왼쪽의 계산기 입력 자료를 이용하여, 우리는 8%의 연 이자율을 버는 \$1,000의 8년 정상연금의 미래가치는 \$10,636.63임을 알 수 있다(\$1,000의 연금 현금흐름은 현금유출이라는 것을 나타내기 위해 음수로 입력됨에 유의하라).

스프레드시트 이용 우리는 또한 아래 Excel 스프레드시트에서 정상연금의 미래가치를 계산할 수 있다. Excel의 FV 기능을 사용하여 연금의 미래가치를 찾을 수 있다. 이 과정은 FV 함수에서 pmt라는 용어가 0으로 설정되지 않고 오히려 연간 연금 지불과 동일하다는 점을 제외하고는 이미 다루었던 것과 동일한다. 또한 초기 투자가 아닌 일련의 동일한 크기의 현금흐름의 FV를 계산하기 때문에 FV에서 pv 변수는 0으로 설정된다. 다음의 스프레드시트는 Excel을 사용하여 이 연금의 미래가치를 찾는 방법을 보여준다.

MyLab

	A	B
1	정상연금의 미래가치	
2	연간 연금 금액	−\$1,000
3	연 이자율	8.0%
4	연도 수	8
5	미래가치	\$10,636.63

B5 셀의 입력은 =FV(B3,B4,B2,0,0)이다.
연금 현금흐름은 현금유출이기 때문에,
B2 셀의 $1,000 앞에 음수 부호가 있다.

현재가치: 미래가치의 확장

현재가치는 미래가치의 역이다. 이미 살펴본 바와 같이 미래가치 계산은 현재 투자한 금액을 기준으로 시간이 지남에 따라 누적될 금액을 결정한다. 반면 **현재가치**(present value)는 미래에 투자가 제공할 수 있는 현금흐름 또는 일련의 현금흐름의 오늘의 가치를 결정한다. 현재가치 계산은 투자자가 나중에 현금 지불을 약속하는 투자에 대해 오늘 얼마를 지불할 의사가 있는지 결정하는 데 도움이 된다.

일시불의 현재가치를 계산하는 것은 다음 질문에 대답하는 것과 같다. 투자자가 지금부터 n년 후 특정 미래가치를 축적하려면 투자가 r%의 이자를 받는다고 가정하여 투자자가 오늘 얼마의 돈을 저축해야 하는가? 현재가치를 계산할 때 적용되는 이자율은 일반적으로 **할인율**(또는 **기회비용**)로 불린다. 할인율을 설명하는 또 다른 방법은 투자자가 요구하는 수익 또는 기회비용, 투자자가 유사한 특성(즉, 유사한 위험)을 가진 대체 투자에서 얻을 수 있는 수익률로 나타내는 것이다.

당신이 지금부터 1년 후에 $1,080를 지급받는 투자제안을 받았다고 상상하라. 만약 당신이 비슷한 종류의 투자에서 8%를 벌 수 있으면, 이 투자에 대해 지불할 용의가 있는 최대 금액은 얼마인가? 다시 말해, 8%의 할인율을 사용하여, 당신이 지금부터 1년 후에 받을 $1,080의 현재가치는 얼마인가? 현재가치를 PV라고 하면, 이 상황을 다음과 같이 대수적으로 표현할 수 있다.

$$\text{PV} \times (1 + 0.08) = \$1{,}080$$

수식을 PV에 대해 풀면, 다음과 같다.

$$\text{PV} = \$1{,}080 \div (1 + 0.08) = \$1{,}000$$

따라서 8%에서 할인된, 지금부터 1년 후에 받을 $1,080의 현재가치는 $1,000이다. 다시 말해, 8%의 이자를 지급하는 계좌에 오늘 예금된 $1,000는 1년 후에 $1,080가 될 것이다. 할인율이 이 계산에서 중요한 역할을 하기 때문에 일부 미래 현금흐름의 현재가치를 계산하는 과정을 설명하기 위해 **할인**이라는 용어를 사용한다.

이 장의 앞부분에서 $1,080가 8%로 1년 동안 투자된 $1,000의 미래가치라고 말했다. 이제 우리는 $1,080가 1년 후에 지불되고 할인율이 8%인 경우 $1,000는 $1,080의 현재가치라고 말한다. 미래가치와 현재가치가 어떻게 같은 동전의 양면이 되는지를 주목하라. $1,000로 시작하여 1년 후의 미래가치가 $1,080라고 계산하든, 아니면 1년 후에 $1,080의 미래 지불액으로 시작하여 그 지불액의 현재가치가 $1,000라고 계산하든, 우리는 똑같은 말을 하고 있다. 오늘의 $1,000는 이자율이 8%인 경우 1년 후 $1,080와 같다. 현재가치와 미래가치는 같은 금액의 가치를 서로 다른 시간에 설명하는 방법일 뿐이다.

수식 (4A.1)을 재정렬하여 미래가치가 아닌 현재가치로 풀면, 이자율이 r%일 때 미래의 n년 후에 지불되는 일시불 현금(FV)의 현재가치(PV)를 다음과 같이 수리적으로 표현할 수 있다.

$$PV = FV \div (1 + r)^n \tag{4A.2}$$

수식 (4A.2)는 이자율이 더 높거나 지불이 더 먼 미래에 발생할 때 (즉, n이 더 클 때) 일부 미래 지불의 현재가치가 낮아질 것임을 의미한다. 〈그림 4A.3〉은 미래의 다른 시간에 지불하고 다른 요율로 할인된 $1의 현재가치를 그래프로 보여준다. 할

그림 4A.3

현재가치 관계

$1가 다양한 이자율과 기간에 걸쳐 할인된 현재가치

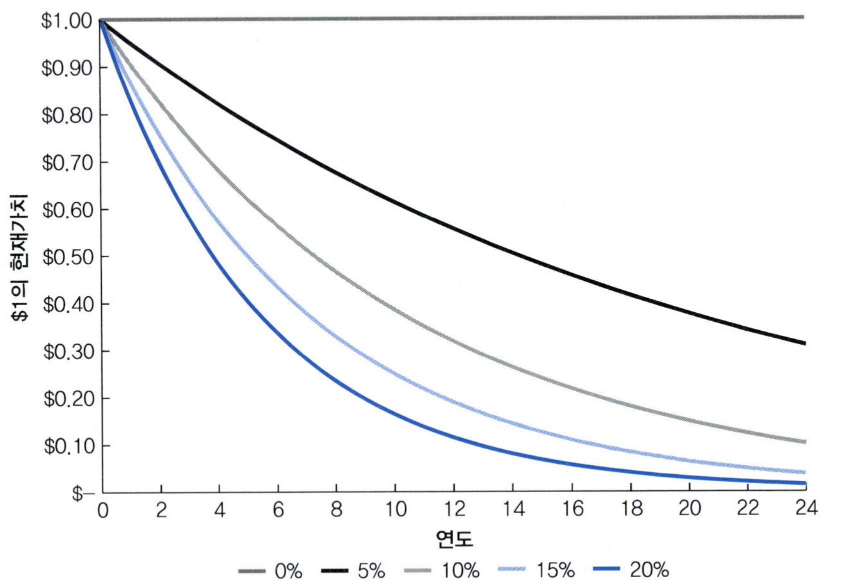

인율이 높고 $1 지불을 기다려야 하는 시간이 길수록 현재가치가 낮아진다.

수식 (4A.2)를 사용하여 현재가치를 대수적으로 계산하는 대신 실제로 대부분의 투자자는 계산기 또는 스프레드시트를 사용하여 계산과정을 처리한다.

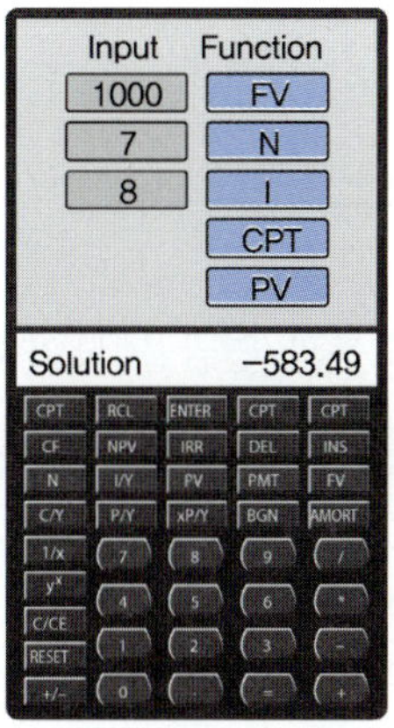

계산기 이용 7년 후 $1,000를 받는다고 가정해 보자. 적절한 할인율이 8%인 경우, 그림의 재무계산기 입력을 사용하여 이 미래 지불의 현재가치는 $583.49임을 알 수 있다.

스프레드시트 이용 Excel의 현재가치(PV) 기능을 사용하는 것은 이미 논의한 미래가치 기능을 사용하는 것과 매우 유사하다. 현재가치 기능의 구문은 pv(rate, nper, pmt, fv, type)이다. 이 기능의 인수는 미래가치 기능에서와 동일한 해석을 갖는다. rate는 할인율, nper는 시간선, fv는 현재가치를 계산하려는 미래의 지불이다. pmt 및 type 기능은 미래 일시불 지급의 현재가치와 관련된 문제에는 적용되지 않으므로 0으로 설정한다. 다음 스프레드시트는 현재가치 기능을 사용하여 7년 후에 지불된 $1,000가 현재 $583.49의 가치가 있는지 확인하는 방법을 보여준다.

MyLab

	A	B
1	단일 금액의 현재가치	
2	미래가치	$1,000
3	연 이자율	8.0%
4	연도 수	7
5	현재가치	−$583.49

B5 셀의 입력은 =PV(B3,B4,0,B2,0)이다.
B5 셀의 $583.49 앞의 음수 부호는
이 값이 현금유출 또는 투자비용임을 나타낸다.

수익흐름의 현재가치

앞의 문단에서 미래 어떤 시기에 받을 단일 금액의 현재가치를 계산하는 기법을 예시했다. 투자의 수익은 단일 일시불 대신 여러 번의 미래 시점에 받을 수 있기 때문에, 일련의 수익의 현재가치를 계산할 수 있어야 한다.

일련의 수익은 단일 금액 수익의 조합으로 간주될 수 있다. **혼합 흐름**은 특별한 패턴이 없는 일련의 지불이다(매 기간 균등하게 지불하는 연금과 다름). 〈표 4A.4〉

〈표 4A.4〉 혼합 및 연금 수익의 흐름

연말	수익 혼합 흐름	수익 연금
2020	$30	$50
2021	$40	$50
2022	$50	$50
2023	$60	$50
2024	$70	$50

는 2020년부터 2024년까지 5회의 연말 현금을 지불하는 혼합 흐름과 연금을 보여준다. 이러한 현금흐름(2020년 초에 측정) 각각의 현재가치를 찾으려면, 각 지불의 현재가치를 계산하고 각 지불의 현재가치를 합산해야 한다.

혼합 흐름의 현재가치

〈표 4A.5〉는 8%의 할인율을 사용하여, 흐름에 포함된 각 현금흐름의 현재가치를 보여준다. 일단 모든 개별 현재가치를 계산하고 합산하면, 모든 미래 현금흐름의 순현재가치(NPV)는 $193.51임을 알 수 있다. 재무계산기 또는 Excel 스프레드시트를 이용함으로써, 우리는 혼합 흐름의 현재가치 계산을 단순화할 수 있다.

계산기 이용 앞에서 설명한 것처럼 재무계산기를 사용하여 개별 현금흐름의 현재가치를 찾을 수 있다. 그런 다음 개별 현재가치를 합산하여 혼합 흐름의 현재가치를 얻는다. 그러나 대부분의 재무계산기에는 모든 현금흐름을 입력하고 할인율을 지정한 다음 계산기의 NPV 기능을 사용하여 전체 수익 흐름의 순현재가치를 직접 계산할 수 있는 기능이 있다. 그림에 표시된 계산기 입력을 사용하여 혼합 현금흐름의

〈표 4A.5〉 혼합 흐름의 현재가치 계산

연도	연말	(1) 소득	(2) 8%에서의 현재가치 계산	(3) 8%에서의 현재가치
2020	1	$30	$\$30/(1+0.08)^1$	$ 27.78
2021	2	$40	$\$40/(1+0.08)^2$	$ 34.29
2022	3	$50	$\$50/(1+0.08)^3$	$ 39.69
2023	4	$60	$\$60/(1+0.08)^4$	$ 44.10
2024	5	$70	$\$70/(1+0.08)^5$	$ 47.64
현재가치 합계				$193.51

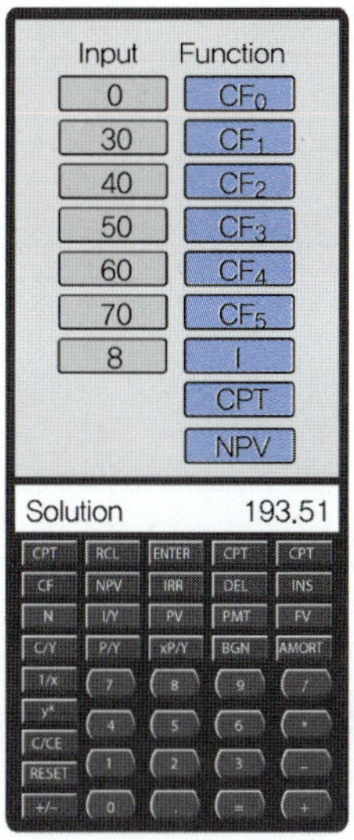

일시금 현재가치가 $193.51임을 알 수 있다.

스프레드시트 이용 수익의 혼합 흐름의 현재가치는 다음의 Excel 스프레드시트와 같이 계산될 수 있다. 여기서는 Excel의 순현재가치(NPV) 기능을 사용한다. 이 기능의 구문은 npv(rate, value1, value2, …)이다. 여기서 rate는 할인율이고 value1, value2 등은 할인될 미래 현금흐름이다. Excel의 NPV기능은 현금흐름의 첫 번째 지불이 향후 1년 후, 그 이후 연간 간격으로 발생한다고 가정한다.

MyLab

	A	B
1	혼합 흐름의 현재가치	
2	연도	현금흐름
3	1	$30
4	2	$40
5	3	$50
6	4	$60
7	5	$70
8	연 할인율	8.0%
9	현재가치	$193.51
B9 셀의 입력은 =NPV(B8,B3:B7)이다.		

연금의 현재가치

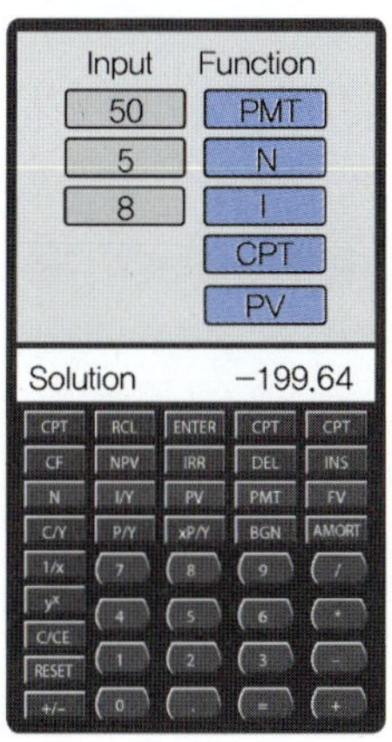

혼합 흐름의 현재가치 계산과 같은 방법으로, 연금의 현재가치를 계산할 수 있다. 즉, 각 현재가치들을 계산하고 합산하면 된다. 그러나 재무계산기와 Excel 스프레드시트는 모든 연금 현금흐름들을 동시에 처리하는 기능이 내장되어 있다.

계산기 이용 그림의 계산기 입력을 사용하여, 할인율이 8%일 때, $50의 5년 정상연금의 현재가치는 $199.64임을 계산할 수 있다. 계산기 결과의 마이너스 기호는 $50의 현금유입과 대비되는 현금유출을 나타낸다.

스프레드시트 이용 연금의 현재가치는 다음의 Excel 스프레드시트와 같이 계산될 수도 있다. 여기서는 이전에 보았던 PV기능을 사용한다. 단, 이번에는 pmt 인수를 $50로 설정하고 fv 인수를 0으로 설정했다. 미래의 일시불이 아닌 연금의 현재가치를 계산하기 때문이다.

MyLab

	A	B
1	정상연금의 현재가치	
2	연간 연금 지급액	$50
3	연 이자율	8.0%
4	연도 수	5
5	현재가치	–$199.64

B5 셀의 입력은 =PV(B3,B4,B2,0,0)이다.
현금흐름 결과인 $199.64의 음수 부호는
이 값이 현금유출 또는 투자비용임을 나타낸다.

개념 리뷰

해답은 www.pearson.com/mylab/finance에서 찾을 수 있음.

4.A1 화폐의 시간가치는 무엇인가? 투자자가 양의 수익을 얻을 수 있어야 하는 이유를 설명하라.

4.A2 다음 용어들을 정의하고, 논의하며, 비교하라.

a. 이자

b. 단리

c. 복리

d. 진정한 이자율(또는 수익률)

4.A3 이자가 연간복리보다 더 빈번하게 복리계산될 때, 진정한 이자율은 어떻게 되는가? 어떤 조건 하에서, 기술된 이자율과 진정한 이자율이 동일한가? 연속복리는 무엇인가?

4.A4 미래가치와 현재가치의 개념을 기술하고, 비교하며, 그리고 대조하라. 현재가치 계산에서 할인율의 역할을 설명하라.

4.A5 연금은 무엇인가? 어떻게 연금의 미래가치 계산은 단순화될 수 있는가? 연금의 현재가치는 어떠한가?

4.A6 수익의 혼합 흐름은 무엇인가? 이런 흐름의 현재가치를 계산하는 데 사용되는 과정을 기술하라.

연습문제

P4A.1 다음 표는 저축계좌에서 발생한 일련의 거래를 보여준다. 계좌는 6%의 단리를 지불하고 계좌 소유자는 지불되는 이자를 즉시 인출한다. (a) 매년 말의 계정 잔고와 (b) 매년 버는 이자를 보여주는 새 테이블을 작성하라. 이 계좌에서 투자자가 벌어들이는 진정한 이자율은 얼마인가?

일자	예금(인출)	일자	예금(인출)
2020.1.1	$5,000	2022.1.1	$2,000
2021.1.1	−$4,000	2023.1.1	$3,000

P4A.2 재무계산기 또는 스프레드시트를 사용하여, 다음을 계산하라.

a. 8년 동안 7%의 연 이자율을 지급하는 계좌에 있는 $223 예금의 미래가치

b. 6%의 연 이자율을 지급하는 계좌에 8년 동안 연말에 $300씩 예금되는 연금의 8년 말의 미래가치

P4A.3 다음 각 초기 금액에 대해, 만약 이자가 주어진 투자기간 동안 특정 이자율로 매년 복리계산되면, 투자기간 말의 미래가치를 계산하라.

투자	투자금액	수익률	투자기간(년)
A	$ 200	5%	20
B	$ 4,500	8%	7
C	$10,000	9%	10
D	$25,000	10%	12
E	$37,000	11%	5
F	$40,000	12%	9

P4A.4 재무계산기 또는 스프레드시트를 사용하여, 10%의 기술된 연 이자율을 지급하고 월별로 복리계산되는 계좌에, 오늘 투자된 $15,000의 4년 후 미래가치를 계산하라.

P4A.5 당신은 보험회사인 Vienna Insurance Group AG에서 근무한다. 상사가 5가지의 연금을 제공한다. 다음 표를 사용하여 각 연금의 미래가치를 계산하라.

예금	연간 예금액	이자율	예금기간(년)
A	€ 4,000	12%	30
B	€ 500	6%	6
C	€12,000	10%	8
D	€ 2,500	10%	8
E	€ 1,000	8%	5

P4A.6 Deutsche Bank는 새로운 예치 상품을 출시한다. 당신이 계좌에 €1,000를 입금하면 향후 5년 동안 각 연말에 1%의 이자를 지불받게 된다. €1,000를 예치했다고 가정한다면 5년 후 당신의 계좌에 잔고는 얼마인가?

P4A.7 다음에 설명된 투자로 7%를 벌 수 있다고 가정한다. 각 투자는 6년 후에 얼마가 되겠는가?

a. 오늘 목돈 $5,000를 투자

b. 다음 6년 동안 매 연말에 $2,000를 투자

c. 오늘 목돈 $3,000, 그리고 다음 6년 동안 매 연말에 $1,000를 투자

d. 1, 3, 5년 후에 각각 $900를 투자

MyLab

P4A.8 다음 표에는 일시불 지불, 지불시기 및 5가지 투자와 관련된 할인율이 나열되어 있다. 각 투자의 현재가치를 계산하십시오.

투자	미래 합계금액	할인율	지불되는 연도 말(년)
A	$ 7,000	12%	4
B	$ 28,000	8%	20
C	$ 10,000	14%	12
D	$150,000	11%	6
E	$ 45,000	20%	8

P4A.9 플로리다주 저축채권은 매입 후 5년인 만기에 $1,000로 전환된다. 만기 전에 다른 현금을 지불하지 않고 연간 복리계산되는 1%의 이자율을 지급하는 미국 저축채권과 동일한 세율로 과세된다고 가정할 때, 플로리다주 저축채권은 얼마에 판매되어야 하는가?

P4A.10 문제 4A.9를 참조하여, 만약 미국 저축채권이 연간 복리계산되는 1.5%의 이자율을 지급하면, 주 채권은 얼마에 판매되어야 하는가? 당신의 답을 앞 문제의 답에 비교하라.

P4A.11 Alessandro가 다른 유사한 투자로 매년 3%의 수익을 올릴 수 있다면 지금부터 10년 후 €10,000를 일시불 지불하는 투자에 대하여 얼마를 지불할 의사가 있겠는가?

P4A.12 Gregory는 Westpac Bank에서 근무한다. 3% 할인율을 가정하여 다음 각 소득 흐름의 현재가치를 계산하라.

A		B		C	
연말	소득	연말	소득	연말	소득
1	A$3,200	1	A$10,000	1 – 5	A$2,000/yr
2	A$4,000	2 – 5	A$5,000/yr	6 – 10	A$6,000/yr
3	A$5,000	6	A$7,000		
4	A$6,000				
5	A$8,000				

P4A.13 다음 표에 주어진 소득 흐름을 고려하라.

a. 1% 할인율을 사용하여 각 소득 흐름의 현재가치를 계산하고, 8% 할인율을 사용하여 이러한 계산을 반복하라.

b. 할인되지 않은 총소득은 각 경우에 $10,000라는 사실을 감안하여, 계산된 현재가치들을 비교하고 이를 논의하라.

	소득 흐름	
연말	A	B
1	$ 4,000	$ 1,000
2	$ 3,000	$ 2,000
3	$ 2,000	$ 3,000
4	$ 1,000	$ 4,000
합계	$10,000	$10,000

P4A.14 아래 각 투자에서 주어진 할인율을 사용하여 주어진 기간 동안 연말에 발생하는 연간 수익의 현재가치를 계산하라.

투자	연간 수익	할인율	기간(년)
A	$ 1,200	7%	3
B	$ 5,500	3%	15
C	$ 700	9%	9
D	$14,000	5%	7
E	$ 2,200	10%	5

P4A.15 축하합니다! 당신은 복권에 당첨되었습니다! 다음 10년 동안 매 연말에 $2백만을 받거나, 또는 오늘 $10백만을 받겠습니까? (10%의 할인율을 가정하라.)

P4A.16 다음을 계산하라.

a. 11%의 할인율을 사용하여, 지금부터 4년 후 받을 $500의 현재가치

b. 9%의 할인율을 사용하고 현재가 2020년 초라고 가정할 경우, 다음 연말 소득

흐름의 현재가치

연도 말	소득 흐름 A	소득 흐름 B
2020	$80	$140
2021	$80	$120
2022	$80	$100
2023	$80	$ 80
2024	$80	$ 60
2025	$80	$ 40
2026	$80	$ 20

MyLab

P4A.17 Terri Allessandro는 다음 투자 중 어느 것이든 선택할 수 있다. 각 투자의 매입가격, 미래가치의 목돈 금액, 수취연도가 아래에 주어져 있다. Terri는 현재 고려 중인 투자와 비슷한 투자에서 10%의 수익률을 얻을 수 있다. 각 투자를 평가하여 만족스러운지 결정하고, Terri에게 투자를 추천하라.

투자	매입가격	미래가치	수취 연도
A	$18,000	$30,000	5
B	$ 600	$ 3,000	20
C	$ 3,500	$10,000	10
D	$ 1,000	$15,000	40

P4A.18 Alessandro Birindelli는 귀하가 근무하는 자문회사의 중요한 고객이다. 다음 자료를 사용하여 Alessandro에 투자를 추천하라. 각 투자를 평가하기 위해 필요한 수익률(할인율)을 17%로 계산한다.

	투자(€)	
	A	B
매입가격	€13,000	€8,500
연말	소득흐름	
1	€2,500	€4,000
2	€3,500	€3,500
3	€4,500	€3,000
4	€5,000	€1,000
5	€5,500	€ 500

P4A.19 Nabil Stafanous는 그의 건설회사를 위해 트럭을 구입했다. 트럭 비용은 $25,000였다. 그는 비용의 80%를 빌려 연 8%의 이자율로 3년에 걸쳐 분기별로 균등하게 상환한다. 은행에 대한 Nabil의 분기별 상환액을 계산하라.

P4A.20 문제 4A.19를 참고하여, Nabil이 10회 상환금을 지불했다고 가정하라. 대출금의 잔액(현재가치)은 얼마인가?

P4A.21 다음 표의 정보를 사용하여 다음 질문에 답하라.

연도	현금흐름
0	¥0
1	¥100,000
2	¥120,000
3	¥130,000
4	¥150,000
5	¥200,000

a. 1% 할인율을 사용하여 혼합 현금흐름의 현재가치를 결정하라.

b. 항목 (a)의 답변과 동일한 일시불을 지금 가지고 있다고 가정하라. 그가 이 금액을 5년 동안 투자하고 매년 1%의 수익을 올렸다면 5년 후에 얼마를 얻겠는가?

c. 1% 할인율을 사용하여 혼합 흐름의 5년 후 미래가치를 결정하라. 여기에서 당신의 답변을 항목 (b)의 답변과 비교하라.

d. 투자에서 기껏해야 1%를 벌 수 있다고 가정할 때, 이 흐름을 구매한다면 얼마를 지불할 의향이 있는가?

CHAPTER

05

현대 포트폴리오 개념

학습목표

이 장을 학습하면 다음을 수행할 수 있다.

LG1 포트폴리오의 목표와 포트폴리오 수익률 및 표준편차를 계산하는 과정을 이해한다.

LG2 상관관계와 분산투자의 개념 그리고 국제 분산투자의 핵심 측면을 논의한다.

LG3 위험의 요소와 위험 측정을 위한 베타의 이용을 기술한다.

LG4 자본자산가격결정모형(CAPM)을 개념적, 수학적, 그리고 그래프로 설명한다.

LG5 포트폴리오 관리의 전통적 및 현대적 접근법을 검토한다.

LG6 포트폴리오 베타, 위험-수익의 상반관계, 포트폴리오 관리에 대한 두 가지 접근법의 통합을 기술한다.

Zacks Equity Research의 2016년 7월 보고서에 따르면 Dow Jones Industrial Average 및 Standard & Poor's 500과 같은 주요 미국 주가지수는 최근 사상 최고치를 기록했으며 주식에서 더 강력한 성과를 예측했다. 보고서는 시장이 계속 상승한다면 투자자들은 더 빨리 상승할 주식을 사야 한다고 주장했다. 특히 이 기사는 투자자들이 베타가 높은 주식, 즉 일반적인 주식시장보다 더 급격히 움직이는 경향이 있는 주식을 찾도록 제안했다. 그러한 회사 중 하나는 버스, 건설 및 농업장비, 심지어 군용차량의 내부 캐빈의 일부인 품목을 설계하고 제조하는 Commercial Vehicle Group (CVGI)이다. 다양한 제품에는 시트, 카펫, 팔걸이, 계기판 등을 위한 기계식 및 공기압식 서스펜션 시스템이 포함된다.

아이디어는 좋은 것으로 판명되었다. Zacks의 권고가 발표되었을 때 주당 $5로 거래되던 CVGI 주가는 2018년 1월에 $13.44로 169% 상승했다. 이에 비해 S&P 500은 같은 기간 동안 약 36% 상승했기 때문에 CVGI는 분명히 일반적인 시장을 능가했다. 그러나 그 이익 중 일부는 오래가지 못했다. 2018년 1월부터 미국 주식시장이 하락하기 시작했으며 4월까지 S&P 500은 8.9% 하락했다. CVGI 주식에서 바람이 더 빨리 빠졌다. 1월 최고가인 $13.44 이후 2개월 만에 CVGI 주가는 $7.65로 하락하여 약 3개월 만에 43% 하락했다.

이 장에서 우리는 위험과 수익률 사이의 상반관계를 계속 탐구할 것이며, 주식의 베타(전체 주식시장의 움직임에 대한 민감도)가 주식의 위험과 투자자에게 제공하는 수익률 모두에 큰 영향을 미친다는 것을 확인할 것이다.

(출처: "4 High Beta Stocks for Today's Surging Market," *Zacks Equity Research*, July 14, 2016에서 발췌. https://www.zacks.com/stock/news/223508/4-high-beta-stocks-for-todays-surging-market, 2018년 8월 1일에 접속)

포트폴리오 계획의 원리

LG1 LG2 투자자들은 단일 투자 대신 투자 포트폴리오의 보유로부터 이득을 얻는다. 수익률의 필연적인 희생 없이도, 포트폴리오를 보유하는 투자자는 위험을 낮출 수 있다. 놀랍게도, 포트폴리오의 변동성은 포트폴리오를 구성하는 개별 자산들의 변동성들보다 작을 수 있다. 다시 말해, 포트폴리오와 위험의 문제에서, 전체는 부분들의 합보다 작을 수 있다!

포트폴리오(portfolio)는 하나 또는 더 많은 투자목표를 달성하기 위해 결합된 투자들의 조합이다. 당연하게, 상이한 투자자들은 다른 포트폴리오 목표를 갖고 있다. **성장지향적 포트폴리오**의 주요 목표는 장기적 가격상승이다. **소득지향적 포트폴리오**는 정기적 배당과 이자 지급을 창출하도록 고안되어 있다.

포트폴리오 목표

포트폴리오 목표의 설정은 위험과 수익률 또는 잠재적 가격상승과 소득 사이의 상반관계 같은 분명한 상반관계를 수반한다. 어떻게 이 상반관계를 평가할지는 당신의 세율 구간과 경상소득 수요, 그리고 위험수용 능력에 따라 다르다. 투자자의 궁극적 목표는 주어진 위험에서 최고의 수익률을 제공하는 **효율적 포트폴리오**이다. 효율적 포트폴리오는 항상 쉽게 알 수 있는 것은 아니다. 일반적으로, 당신은 위험과 수익률의 최선의 결합을 찾기 위해 투자 대안들을 탐색해야 한다.

포트폴리오 수익률과 표준편차

포트폴리오 구성의 첫 단계는 투자자가 포트폴리오에 포함할 가능성 있는 증권의 특성 분석이다. 검토되어야 할 가장 중요한 두 개의 특성은 각 자산이 창출할 것으로 기대되는 수익률과 기대수익률을 둘러싼 불확실성이다. 출발점으로서 과거 데이터를 검토하여 과거의 주식수익률을 확인하고 미래가 어떻게 될지에 대한 느낌을 얻기 위해 이러한 수익률이 얼마나 변동했는지 확인한다.

포트폴리오의 수익률 r_p은 수식 (5.1)에서 알 수 있듯이 포트폴리오를 구성하는 자산(즉, 투자)들의 가중평균 수익률로 계산된다. 포트폴리오 수익률은 포트폴리오의 각 자산 r_j의 수익률과 각 자산의 투자비중 w_j에 의존한다.

포트폴리오 수익률 = (자산 1에 투자된 총금액이 포트폴리오에서 차지하는 비중×자산 1의 수익률) + (자산 2에 투자된 총금액이 포트폴리오에서 차지하는 비중×자산 2의 수익률) + ⋯ + (자산 n에 투자된 총금액이 포트폴리오에서 차지하는 비중×자산 n의 수익률) (5.1)

= $\sum_{j=1}^{n}$ (자산 j에 투자된 총금액이 포트폴리오에서 차지하는 비중×자산 j의 수익률)

$$r_p = (w_1 \times r_1) + (w_2 \times r_2) + \cdots + (w_n \times r_n) = \sum_{j=1}^{n} (w_j \times r_j) \quad (5.1a)$$

각 자산에 투자된 비율 w_j는 각 자산이 포트폴리오에서 차지하는 가중치를 나타내기 때문에 포트폴리오 가중치라고 한다. 물론 $\sum_{j=1}^{n} w_j = 1$이며, 이는 포트폴리오 가중치의 합이 100%와 같아야 함을 의미한다. 즉, 포트폴리오의 가치는 부분의 합과 같다.

〈표 5.1〉의 패널 A는 2008년부터 2017년까지 Walmart Stores Inc.(WMT)와 Century Casinos Inc.(CNTY) 두 주식의 연간 수익률을 보여준다. 이 기간 동안 Walmart는 11.7%의 연평균 수익률을 얻었지만 Century는 연평균 33.7%의 놀라운 수익을 올렸다. Century는 향후 10년 동안 이러한 종류의 실적을 반복하지 않을 수 있지만 역사적 수치를 살펴보는 것은 여전히 유익하다.

이제 Walmart와 Century를 모두 포함하는 포트폴리오의 수익률을 계산하려 한다고 가정하자. 이 계산의 첫 단계는 각 주식을 얼마나 보유할지 결정하는 것이다. 다시 말해, 각 주식이 포트폴리오 안에서 어떤 비중을 가져야 하는지 결정해야 한다. 우리는 자금의 80%를 Walmart, 20%를 Century에 투자하기 원한다고 가정하자. 이런 포트폴리오는 어떤 수익률을 거둘 것인가?

이 기간 동안 Century가 Walmart보다 훨씬 더 높은 수익률을 얻었으므로, 우리는 직관적으로 두 주식을 포함하는 포트폴리오는 Walmart보다 높으나 Century보다 낮은 수익률을 얻을 것으로 기대할 수 있다. 더욱이 포트폴리오의 대부분(80%)이 Walmart에 투자되기 때문에, 포트폴리오 수익률은 Century보다 Walmart에 가까울 것으로 추측할 수 있다.

패널 A의 (3)열과 (4)열은 매 연도의 포트폴리오 수익률을 보여준다. 이 포트폴리오의 연평균 수익률은 16.1%였다. 예상처럼, 이 수익률은 Walmart 주식의 수익률보

〈표 5.1〉 WALMART STORES INC.(WMT)과 CENTURY CASINOS INC.(CNTY)의 개별 및 포트폴리오 수익률과 수익률 표준편차

MyLab

A. 개별 및 포트폴리오 수익률

	(1)	(2)	(3)		(4)
	역사적 수익률*		포트폴리오 비중		포트폴리오 수익률
연도(t)	R_{WMT}	R_{CNTY}	W_{WMT} = 0.80	W_{CNTY} = 0.20	r_p
2008	19.9%	15.8%	(0.80 × 19.9%) +	(0.20 × 15.8%) =	19.1%
2009	−2.6%	163.7%	(0.80 × −2.6%) +	(0.20 × 163.7%) =	30.7%
2010	3.2%	−9.3%	(0.80 × 3.2%) +	(0.20 × −9.3%) =	0.7%
2011	13.8%	3.7%	(0.80 × 13.8%) +	(0.20 × 3.7%) =	11.8%
2012	16.9%	12.2%	(0.80 × 16.9%) +	(0.20 × 12.2%) =	16.0%
2013	18.2%	83.4%	(0.80 × 18.2%) +	(0.20 × 83.4%) =	31.2%
2014	11.8%	−3.1%	(0.80 × 11.8%) +	(0.20 × −3.1%) =	8.8%
2015	−26.6%	54.1%	(0.80 ×−26.6%) +	(0.20 × 54.1%) =	−10.5%
2016	16.0%	5.8%	(0.80 × 16.0%) +	(0.20 × 5.8%) =	14.0%
2017	46.5%	10.9%	(0.80 × 46.5%) +	(0.20 × 10.9%) =	39.4%
평균 수익률	11.7%	33.7%			16.1%

B. 개별 및 포트폴리오 표준편차

WMT의 표준편차 계산:

$$s_{WMT} = \sqrt{\frac{\sum_{t=1}^{10}(r_t - \bar{r})^2}{n-1}} = \sqrt{\frac{(19.9\% - 11.7\%)^2 + \cdots + (46.5\% - 11.7\%)^2}{10-1}} = \sqrt{\frac{3114.1\%^2}{10-1}} = 18.6\%$$

CNTY의 표준편차 계산:

$$s_{CNTY} = \sqrt{\frac{\sum_{t=1}^{10}(r_t - \bar{r})^2}{n-1}} = \sqrt{\frac{(15.8\% - 33.7\%)^2 + \cdots + (10.9\% - 33.7\%)^2}{10-1}} = \sqrt{\frac{2{,}5970.4\%^2}{10-1}} = 53.7\%$$

포트폴리오의 표준편차 계산:

$$S_p = \sqrt{\frac{\sum_{t=1}^{10}(r_t - \bar{r})^2}{n-1}} = \sqrt{\frac{(19.1\% - 16.1\%)^2 + \cdots + (39.4\% - 16.1\%)^2}{10-1}} = \sqrt{\frac{2010.9\%^2}{10-1}} = 14.9\%$$

다 약간 높고 Century의 수익률보다 낮다. Walmart와 Century에 모두 투자함으로써, 투자자는 Walmart 주식만 단독으로 보유함으로써 얻는 것보다 높은 수익률을 얻을 수 있었다.

포트폴리오 위험은 어떤가? 우리의 포트폴리오 위험 척도는 표준편차이다. 포트폴리오 수익률의 표준편차는, 제4장에서 사용된 단일 자산의 표준편차 계산과 동일한 수식을 적용함으로써 계산된다. 〈표 5.1〉의 패널 B는 이 공식을 다시 제시하고,

Walmart와 Century 주식수익률의 표준편차를 계산하기 위해 적용한다. 또는 만약 당신이 원하면 Walmart와 Century의 수익률 표준편차를 계산하기 위해 〈표 5.1〉의 수식을 사용하는 대신, 아래와 같이 Excel 스프레드시트를 만들어서 계산할 수 있다. Walmart의 수익률 표준편차는 18.6%이고, Century 주식의 표준편차는 53.7%이다. 여기에서 다시, 우리는 위험과 수익의 상반관계의 증거를 보게 된다. Century 주식은 Walmart 주식보다 훨씬 더 높은 수익률을 얻으나, 한편으로 Century의 수익률은 훨씬 더 많이 등락한다.

MyLab

	A	B	C	D
1	STANDARD DEVIATION OF RETURNS FOR WMT, CNTY, AND PORTFOLIO			
2	Year (t)	r_{WMT}	r_{CNTY}	r_p
3	2008	19.9%	15.8%	19.1%
4	2009	−2.6%	163.7%	30.7%
5	2010	3.2%	−9.3%	0.7%
6	2011	13.8%	3.7%	11.8%
7	2012	16.9%	12.2%	16.0%
8	2013	18.2%	83.4%	31.2%
9	2014	11.8%	−3.1%	8.8%
10	2015	−26.6%	54.1%	−10.5%
11	2016	16.0%	5.8%	14.0%
12	2017	46.5%	10.9%	39.4%
13	표준편차	18.6%	53.7%	14.9%

Entries in Cells B13, C13, and D13 are =STDEV(B3:B12), =STDEV(C3:C12), and =STDEV(D3:D12), respectively.

Century의 수익률은 Walmart의 수익률보다 변동성이 높기 때문에 두 주식을 모두 포함하는 포트폴리오의 표준편차는 Walmart보다 높으나 Century보다 낮을 것으로 예상할 수 있다. 사실 그런 일이 일어난 것은 아니다. 패널 B의 마지막 계산은 포트폴리오 표준편차를 계산하기 위해, 패널 A의 (4)열 Walmart-Century 포트폴리오의 수익률 자료를 표준편차 공식에 삽입한다. 직관적으로, 이 포트폴리오는 많은 Walmart 주식과 약간의 Century 주식을 포함하기 때문에, 당신은 포트폴리오 표준편차는 Walmart 수익률의 표준편차보다 약간 더 높을 것으로 기대할 수도 있다. 실제로 패널 B는 포트폴리오 수익률은 포트폴리오에 포함된 모든 주식보다 덜 변동적이라는 놀라운 결과를 보여준다. 80%의 Walmart 주식과 20%의 Century 주식으로 구성된 포트폴리오는 14.9%의 표준편차를 나타낸다. 이는 투자자에게 대단한 소식이다. Walmart 주식만 보유한 투자자는 단지 11.7%의 평균 수익률을 얻을 것이나, 그는 이 수익률을 얻기 위해 Walmart의 18.6%의 표준편차를 감수해야 한다. 약간의

Walmart 주식을 매도하고 그 수입으로 약간의 Century 주식을 매입함으로써(결과적으로 〈표 5.1〉의 0.80과 0.20의 포트폴리오 비중을 달성하면), 투자자는 수익률을 16.1%로 올리고 동시에 표준편차를 14.9%로 낮출 수 있다. 이는 Walmart 주식만 소유하는 투자자는 주어진 위험 수준에 대해 최고의 수익을 제공하지 못하는 **비효율적 포트폴리오**를 보유함을 의미한다. 다시 말해, Walmart만 보유하는 것은 더 좋은 수익 대 위험 상반관계를 가진 대안적 포트폴리오가 존재하기 때문에 비효율적이다. 그것이 분산투자의 효과이다. 다음으로, 이를 가능하게 만드는 핵심 요인은 Walmart와 Century 수익률의 낮은 상관관계임을 알게 될 것이다.

상관관계와 분산투자

분산투자는 포트폴리오에 많은 수의 상이한 투자들을 포함하는 것을 의미하며 효율적 포트폴리오를 만드는 중요한 부분이다. 분산투자의 직관적 설득력의 기반은 통계적 개념인 **상관관계**이다. 효과적인 포트폴리오 계획을 위해, 상관관계와 분산투자가 포트폴리오의 총위험에 미치는 영향을 이해해야 한다.

상관관계 **상관관계**(correlation)는 두 일련의 수치들 사이의 관계의 통계적 척도이다. 만약 두 계열이 같은 방향으로 변동하면, 그들은 **양의 상관관계**를 갖는다. 예를 들어, 만약 매일 일조시간과 평균 온도를 기록하면, 우리는 두 계열이 양의 상관관계를 보일 것으로 기대할 것이다. 더 많은 일조시간을 가진 날은 더 높은 기온을 갖는 경향이 있다. 만약 계열들이 반대 방향으로 변동하면, 그들은 **음의 상관관계**를 갖는다. 예를 들어, 만약 매일 일조시간과 강우량을 기록하면, 강우량은 평균적으로 일조량이 많은 날에 더 낮기 때문에, 우리는 이 두 계열은 음의 상관관계를 보일 것으로 기대한다. 마지막으로 만약 두 계열이 아무 관계도 갖고 있지 않으면, 그들의 **상관관계는 없다**. 예를 들어, 우리는 아마도 특정일의 일조시간과 해당일의 미국 달러의 다른 세계 통화에 대한 환율 사이에 상관관계가 없을 것으로 기대할 것이다. 일조량과 세계 통화시장 사이에 명백한 연관성은 존재하지 않는다.

양수이든 음수이든 상관관계의 정도는 **상관계수**(correlation coefficient)에 의해 측정되며, 이는 일반적으로 그리스 기호 로우(ρ)로 표현된다. 아래 스프레드시트처럼 Excel을 이용하여 Walmart와 Century 주식수익률들 사이의 상관관계(즉, 상관계수)를 쉽게 계산할 수 있다.

MyLab

	A	B	C
1	CORRELATION COEFFICIENT OF RETURNS FOR WMT AND CNTY		
2	Year (t)	r_{WMT}	r_{CNTY}
3	2008	19.9%	15.8%
4	2009	−2.6%	163.7%
5	2010	3.2%	−9.3%
6	2011	13.8%	3.7%
7	2012	16.9%	12.2%
8	2013	18.2%	83.4%
9	2014	11.8%	−3.1%
10	2015	−26.6%	54.1%
11	2016	16.0%	5.8%
12	2017	45.5%	10.9%
13		상관계수	−0.35

Entry in Cell B13 is
=CORREL(B3:B12,C3:C12).

Excel은 2008~2017년 기간 동안 Walmart와 Century의 상관계수가 −0.35임을 신속하게 계산해 준다. 이 음의 수치는 이 기간 동안 두 주식은 반대 방향으로 변동하는 완만한 추세를 갖고 있었음을 의미한다. 즉, Walmart의 수익률이 평균보다 높은 연도는 Century의 수익률이 평균보다 더 낮은 연도이며 그 반대의 경우도 마찬가지이다. 대다수 주식들이 거대한 거시경제적 영향에 의해 같은 방향으로 영향을 받기 때문에, 두 주식 사이의 음의 상관관계는 다소 드물다. 다시 말해 대다수 주식은 전체 경제와 같은 방향으로 변동하는 경향이 있으며, 이는 대다수 주식들은 서로 적어도 약간의 양의 상관관계를 보일 것임을 의미한다.

Walmart는 주요 할인소매업체이고 Century Casinos는 카지노, 호텔, 레스토랑, 경마 시설까지 운영하고 있기 때문에 이들 사이에 강한 양의 상관관계가 나타나지 않는다는 것은 그리 놀라운 일이 아니다. 두 회사는 완전히 다른 산업에서 경쟁하고, 고객과 공급업체가 다르며, 매우 다른 규제제약 내에서 운영된다. 그럼에도 불구하고 다른 산업의 주식은 일반적으로 적어도 약간의 양의 상관관계를 나타낸다. 상대적으로 큰(즉, −0.35) 음의 상관관계의 크기는 음의 상관관계가 시간이 지남에 따라 지속될 것인지에 대한 질문을 제기한다. 이 상관관계를 추정하기 위해 사용하는 샘플 기간이 너무 짧거나 이 두 주식의 투자실적을 진정으로 대표하지 않아 이러한 주식이 미래에 어떻게 행동할 것인지에 대한 잘못된 결론을 내릴 수 있다. 이 문제를 해결하는 한 가지 방법은 더 긴 기간 동안 상관관계를 측정하여 연간 관측 횟수를 늘리는 것이다. 그럼에도 불구하고 이 두 종목 간의 상관관계는 상당히 낮을 것이라고 말하는 것이 안전해 보인다.

그림 5.1
계열 M, N, 그리고 P의 상관관계

완전 양의 상관관계를 갖는 계열 M과 P는 정확하게 함께 변동한다. 반면에 완전 음의 상관관계를 갖는 계열 M과 N은 정확하게 반대 방향으로 변동한다. 대부분의 경우 두 투자 간의 상관관계는 이 두 극단 사이에 속한다.

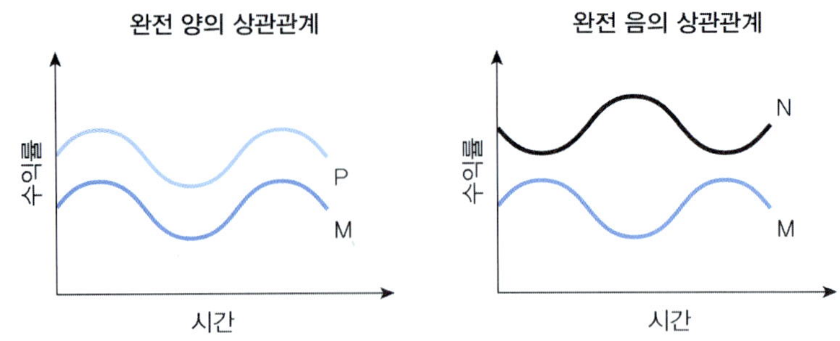

연구하려는 투자 쌍의 경우 상관계수는 **완전 양의 상관관계**를 갖는 계열들의 경우인 +1부터 **완전 음의 상관관계**를 갖는 계열들의 경우인 −1의 범위에 존재한다. 〈그림 5.1〉은 이 두 극단치, (M과 P), (M과 N)을 보여준다. (M과 P)는 완벽하게 동기화된 두 투자에 대한 수익을 나타내므로 완벽하게 양의 상관관계가 있다. 현실 세계에서 이와 같이 완벽하게 상관된 두 개의 투자를 찾는 것은 극히 드물다. 하지만 (M과 P)는 같은 산업에서 운영되는 두 회사 또는 같은 유형의 주식에 투자하는 두 개의 뮤추얼펀드를 대표하는 것으로 생각할 수 있다. 반대로 투자수익 (M과 N)은 정확히 반대 방향으로 움직이고 완벽하게 음의 상관관계를 보이다. 이 두 극단적 경우들은 예시를 위한 것이며, 대다수 자산 수익률들 사이의 상관관계는 어느 정도(높은 수준부터 낮은 수준)의 양의 상관관계를 보인다. 음의 상관관계는 예외적이다.

분산투자 일반적 법칙으로, 두 자산의 상관계수가 낮을수록 포트폴리오에서 이 자산들을 결합함으로써 달성될 수 있는 위험감소 효과는 더 크다. 〈그림 5.2〉는 두 쌍의 증권의 성과를 추적하여 이 원칙을 보여준다. 패널 A에 표시된 첫 번째 쌍은 전기 및 가스 유틸리티를 운영하는 두 회사인 Consolidated Edison과 Duke Energy이다. 핵심 사업이 매우 유사하기 때문에 이러한 주식은 높은 양의 상관관계를 보여야 한다. 실제로 2016년 1월부터 2017년 12월까지 이 두 종목 간의 상관계수는 0.97로 완전 양의 상관관계(1.0)는 아니지만 매우 가깝다. 패널 A는 이러한 주식의 수익률이 거의 완벽하게 동기화됨을 보여준다. 패널은 또한 이러한 주식을 결합하여 (각각의 50% 보유) 주식수익률을 모방한 포트폴리오를 생성함을 보여준다. 이러한 분산투자는 위험 감소를 거의 제공하지 않는다. 포트폴리오의 변동성은 포트폴리오의 주식의 변동성과 거의 같다.

그림 5.2 포트폴리오 변동성에 대한 상관관계의 효과

패널 A는 Duke Energy, Consolidated Edison의 수익률 및 2016년부터 2017년까지 이 두 주식의 동일 가중 포트폴리오를 나타낸다. Duke 및 Consolidated Edison의 움직임은 거의 완벽하게 서로를 반영하므로 포트폴리오의 행태는 개별 주식과 매우 유사하다. Duke와 Consolidated Edison 사이의 높은 상관관계로 인해 다각화는 위험을 줄이는 데 거의 도움이 되지 않는다. 패널 B는 두 개의 상장지수펀드인 Vanguard S&P 500과 Proshares Short S&P 500의 수익률을 나타낸다. 설계상 두 ETF는 거의 완벽한 음의 상관관계를 갖기 때문에 각각에 균등하게 투자된 포트폴리오는 거의 변동성이 없음을 보여준다. 일반적인 원칙은 자산 간의 상관관계가 낮을수록 다각화를 통해 달성되는 위험 감소효과가 커진다는 것이다.

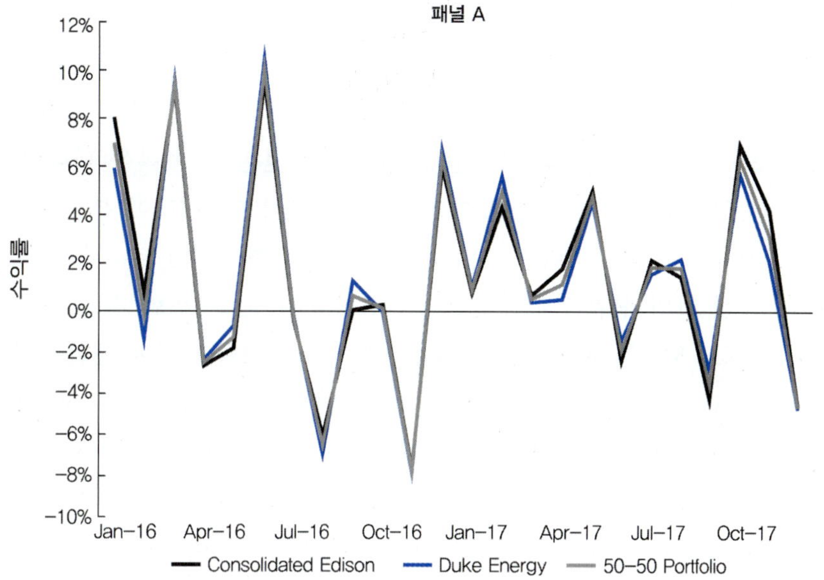

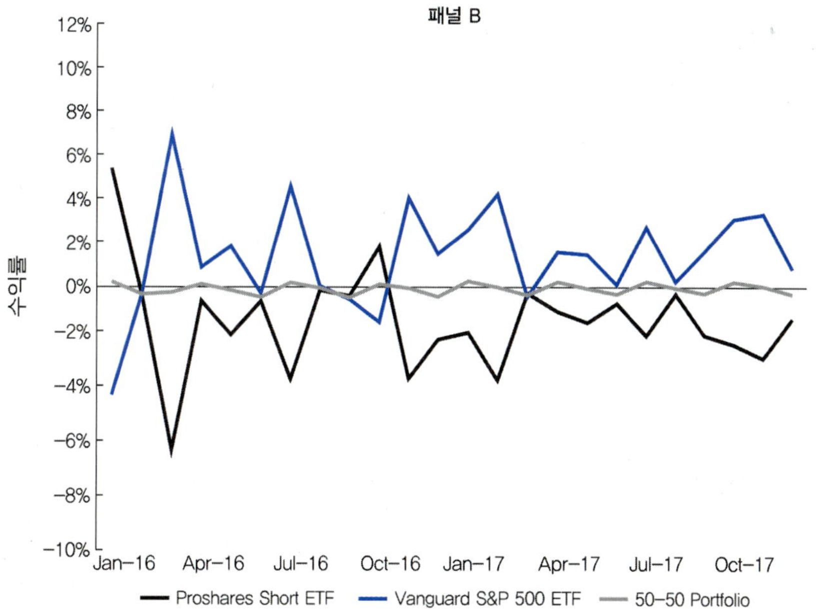

대조적으로, 〈그림 5.2〉의 패널 B는 두 개의 상장지수펀드(ETF)인 Vanguard S&P 500과 Proshares Short S&P 500의 월별 수익률을 보여준다. 제12장에서 ETF를 심도 있게 다룰 예정이므로, 여기서는 ETF를 포트폴리오를 분산투자하는 데 사용할 수 있는 투자옵션으로 인식한다. Vanguard ETF는 S&P 500 지수의 수익률을 모방하도록 설계되었다. Proshares 펀드는 상당히 다르다. 약간의 금융공학을 통해 이 ETF는 S&P 500의 수익과 정반대인 수익을 내도록 설계되었다. 당연히 이 두 ETF는 분명히 음의 상관관계를 보인다. 2016년부터 2017년까지 이들 사이의 상관계수는 −0.98이었으며, 다시 완전 음의 상관관계(−1.0)는 아니지만 매우 가깝다.

패널 B는 이 두 투자의 50/50 혼합을 포함하는 포트폴리오는 위험이 거의 없음을 보여준다. 각 펀드의 수익률을 나타내는 선은 큰 기복을 나타내지만 포트폴리오의 수익률을 추적하는 선은 거의 움직이지 않는다. 이것이 분산투자의 힘이다. 포트폴리오에 두 개의 위험한 자산을 결합하면 위험을 줄일 수 있으며, 포트폴리오에 있는 자산 간의 상관관계가 낮을수록 달성할 수 있는 위험 감소효과가 커진다.[1)]

〈표 5.2〉는 Walmart와 Century 주식의 다양한 조합에 대한 평균 수익률과 수익률의 표준편차를 보여준다. (1)열과 (2)열은 각 주식에 투자된 포트폴리오의 비율을 나타내고 (3)열과 (4)열은 포트폴리오 평균 수익률과 표준편차를 보여준다. 포트폴리오의 평균 수익률은 포트폴리오에 있는 주식의 평균 수익률의 가중평균이다. 포트폴리오의 표준편차를 찾으려면 두 주식으로 구성된 포트폴리오의 표준편차가 각 주식에 투자된 비율(w_1 및 w_2), 각 주식의 표준편차 (s_1 및 s_2) 및 두 주식 간의 상관계수(ρ)에 따라 달라진다는 수식 (5.2)를 사용해야 한다.

$$s_p = \sqrt{w_1^2 s_1^2 + w_2^2 s_2^2 + 2w_1 w_2 s_1 s_2 \rho} \qquad (5.2)$$

〈표 5.2〉의 상부에서 하부로(즉, 전체 포트폴리오를 Walmart에 투자하는 경우로부터 Century에 투자하는 경우로) 옮겨가면, 포트폴리오 수익률은 상승한다. 상부로부터 하부로 이동하면 Century에 투자된 백분율이 상승하고, Century의 평균 수익률

1) 여기서 일반적인 질문은 "수익률이 취소되고 전혀 수익률이 없는 포트폴리오를 남겨두면 왜 음의 상관관계가 있는 자산을 결합하려는 사람이 있는가?"이다. 〈그림 5.2〉의 패널 B에서 포트폴리오 수익률이 본질적으로 0이라는 것은 사실이지만 항상 음의 상관관계가 있는 자산의 경우는 아니다. 음의 상관관계가 있는 자산인 Walmart 및 Century Casinos의 포트폴리오는 상당한 연간 수익률을 제공하면서 두 주식보다 덜 위험할 수 있음을 이미 확인했다. 이 두 주식은 완전히 음의 상관관계가 아니기 때문에 위험이 전혀 없는 포트폴리오로 결합할 수는 없다.

〈표 5.2〉 WALMART(WMT)와 CENTURY CASINOS(CNTY) 포트폴리오의 수익률과 표준편차

MyLab

(1)	(2)	(3)	(4)
포트폴리오 비중		포트폴리오 평균 수익률	포트폴리오 표준편차
W_{WMT}	W_{CNTY}	$\bar{r}_{WMT}$ = 11.7% $\bar{r}_{CTNY}$ = 33.7%	
1.0	0.0	(1.0 × 11.7%) + (0.0 × 33.7%) = 11.7%	18.6%
0.9	0.1	(0.9 × 11.7%) + (0.1 × 33.7%) = 13.9%	15.7%
0.8	0.2	(0.8 × 11.7%) + (0.2 × 33.7%) = 16.1%	14.9%
0.7	0.3	(0.7 × 11.7%) + (0.3 × 33.7%) = 18.3%	16.7%
0.6	0.4	(0.6 × 11.7%) + (0.4 × 33.7%) = 20.5%	20.4%
0.5	0.5	(0.5 × 11.7%) + (0.5 × 33.7%) = 22.7%	25.1%
0.4	0.6	(0.4 × 11.7%) + (0.6 × 33.7%) = 24.9%	30.4%
0.3	0.7	(0.3 × 11.7%) + (0.7 × 33.7%) = 27.1%	36.0%
0.2	0.8	(0.2 × 11.7%) + (0.8 × 33.7%) = 29.3%	41.8%
0.1	0.9	(0.1 × 11.7%) + (0.9 × 33.7%) = 31.5%	47.7%
0.0	1.0	(0.0 × 11.7%) + (1.0 × 33.7%) = 33.7%	53.7%

예: 균등 가중치 포트폴리오의 표준편차 계산

$s_{WMT} = 18.6\%$

$s_{CNTY} = 53.7\%$

$\rho_{WMT,\,CNTY} = -0.35$

$$s_p = \sqrt{w_{WMT}^2 s_{WMT}^2 + w_{CNTY}^2 s_{CNTY}^2 + 2 w_{WMT} w_{CNTY} s_{WMT} s_{CNTY} \rho}$$

$$s_p = \sqrt{0.5^2 \times 18.6\%^2 + 0.5^2 \times 53.7\%^2 + 2(0.5 \times 0.5 \times 18.6\% \times 53.7\% \times -0.35)} = 25.1\%$$

은 Walmart보다 높기 때문에 이는 이치에 맞는다. (3)열의 일반적 결론은, 포트폴리오가 두 주식을 포함하고 하나의 평균 수익률이 다른 것보다 높을 때, 더 높은 수익률을 가진 주식에 더 많이 투자하면 포트폴리오 수익률은 상승한다는 것이다.

(4)열은 Walmart와 Century의 다양한 포트폴리오의 수익률 표준편차를 보여준다. 여기에서 다시, 우리는 놀라운 결과를 본다. Walmart에 전액 투자된 포트폴리오는 18.6%의 표준편차를 갖고 있다. 직관적으로 Century 주식은 Walmart 주식보다 훨씬 더 변동적이기 때문에, Walmart 투자를 다소 줄이고 Century 투자를 늘이는 것은 포트폴리오 표준편차가 증가하는 것으로 예상될 수 있다. 그러나 적어도 어떤 수준까지는, 사실은 그 반대이다. Century에 투자된 백분율이 상승하면, 포트폴리오 표준편차는 처음에는 하락한다. 그러나 궁극적으로 Century에 투자된 금액의 증가는 포트폴리오 표준편차를 증가시킨다. 따라서 (4)열의 일반적 결론은, 포트폴리오가 두 주식을 포함하고 하나가 다른 것보다 높은 표준편차를 갖고 있을 때, 당신이 더 높은 표준편차를 가진 주식에 더 많이 투자하면 포트폴리오 표준편차는 상승 또는 하락

그림 5.3

Walmart와 Century의 포트폴리오

Walmart와 Century의 수익률들은 높은 상관관계를 갖지 않기 때문에, Walmart 주식만 보유한 투자자는, 적어도 약간의 Century 주식을 보유함으로써, 동시에 포트폴리오 수익률을 높이고 표준편차를 낮출 수 있다. 그러나 어떤 수준에서, Century 투자의 확대는 포트폴리오 변동성을 증가시키고 또한 기대수익률도 증가시킨다.

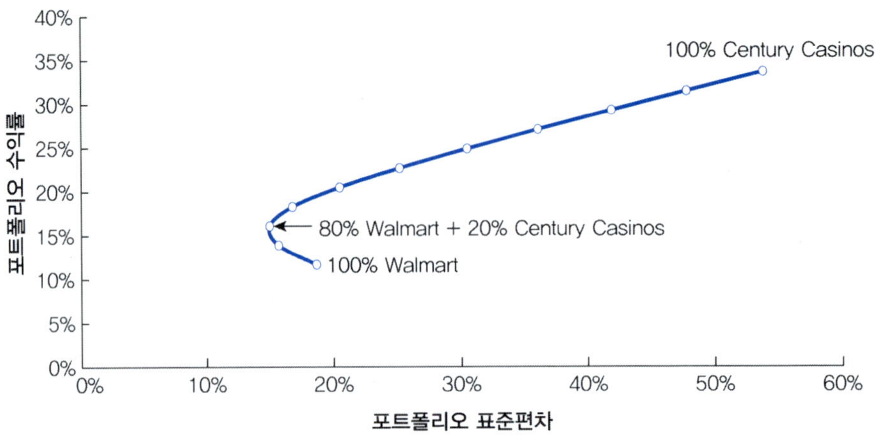

투자자 현실

이상적 (상관) 관계는 아님 S&P 500 지수에서 주식 쌍 간의 평균 상관계수는 1986년부터 2018년까지 0.26이었으며, 이는 투자자들이 다양한 포트폴리오를 보유함으로써 상당한 이익을 얻을 수 있음을 시사한다. 불행히도, 투자자들이 다각화의 혜택을 가장 필요로 할 때 위기의 시기에 상관관계가 급증하는 경향이 있다. 예를 들어, 2009년 불황이 깊어진 동안 S&P 500 주식 간의 평균 상관관계는 60%에 도달했다. 2년 후, 유럽 경제가 시장을 흔들고 있다는 우려로 평균 상관관계가 70%를 넘어섰고, 최근 2018년 초 무역전쟁이 커질 것이라는 두려움으로 평균 상관관계가 40% 이상으로 상승했다. 이 기간 동안 거시경제 뉴스 발표는 특정 회사의 개별 이벤트보다 주식수익률에 더 큰 영향을 미치므로 주식 간의 상관관계가 높아지고 다각화의 이점이 감소한다.

(출처: Tyler Durden, "BofA: Excluding FAANG Stocks, the S&P 500 would Be Negative," 2018년 7월 16일에서 발췌, https://www.zerohedge.com/news/2018-07-16/bofa-except-faang-stocks-sp-would-be-negative, 2018년 8월 7일에 접속)

할 수 있다.

〈그림 5.3〉은 〈표 5.2〉로부터 나타난 두 교훈을 예시한다. 이 곡선은 〈표 5.2〉에 수록된 각 포트폴리오의 평균 수익률(y축)과 표준편차(x축)를 표시한다. 포트폴리오 구성이 100% Walmart로부터 Walmart와 Century의 혼합으로 이동할 때, 평균 수익률은 상승하나 표준편차는 처음에는 하락한다. 따라서 Walmart와 Century의 포트폴리오의 궤적은 뒤로 굽은 곡선이다. 명백하게, 적어도 약간의 Century 주식을 보유함으로써 더 높은 수익률과 더 낮은 표준편차가 달성될 수 있기 때문에, 어떤 투자자도 모든 돈을 Walmart에 투자하지 않아야 한다. 그러나 가능한 최고의 수익률을 얻기 원하는 투자자는 Century에 많이 투자할 것이나, 더 높은 표준편차를 감수해야 한다.

Walmart와 Century 사이의 관계는 하나의 예일 뿐이므로, 투자자들이 시장에서 당면하는 더 일반적인 패턴을 보자. 〈표 5.3〉은 향후 5년(2020~2024년)의 세 가지 자산(X, Y, Z)의 예상 수익률을 보여준다. 〈표 5.3〉은 또한 각 자산이 5년 동안 얻을 것으로 예상되는 평균 수익률과 각 자산 수익률의 표준편차를 보여준다. 자산 X의 평균 기대수익률은 12%이고 표준편차는 3.2%이다. 자산 Y와 Z는 각각 평균 기대수익률이 16%이고 표준편차가 6.3%이다. 따라서 자산 X는 저수익, 저위험 프로파일을 갖는 반면 자산 Y와 Z는 고수익, 고위험 주식으로 볼 수 있다.

〈표 5.3〉 자산 X, Y, Z 및 포트폴리오 XY와 XZ의 기대수익률, 평균 수익률, 그리고 표준편차

MyLab

	자산의 기대수익률			포트폴리오의 기대수익률	
				$E(r_{xy})$	$E(r_{xz})$
연도(t)	$E(r_X)$	$E(r_Y)$	$E(r_Z)$	[2/3 × $E(r_X)$ + 1/3 × $E(r_Y)$]	[2/3 × $E(r_X)$ + 1/3 × $E(r_Z)$]
2020	8.0%	24.0%	8.0%	13.3%	8.0%
2021	10.0%	20.0%	12.0%	13.3%	10.7%
2022	12.0%	16.0%	16.0%	13.3%	13.3%
2023	14.0%	12.0%	20.0%	13.3%	16.0%
2024	16.0%	8.0%	24.0%	13.3%	18.7%
평균 기대수익률	12.0%	16.0%	16.0%	13.3%	13.3%
표준편차	3.2%	6.3%	6.3%	0.0%	4.2%

자산 X와 Y의 수익률은 완전 음의 상관관계를 가지고 있다. 시간이 지남에 따라 정확히 반대 방향으로 움직이다. 자산 X와 Z의 수익은 완전 양의 상관관계를 가지고 있으며 정확히 같은 방향으로 움직이다.

(〈표 5.3〉처럼) 포트폴리오 XY는 자산 X에 2/3, 자산 Y에 1/3을 투자함으로써 만들어진다. 이 포트폴리오의 기대수익률 13.3%는 자산 X와 Y의 기대수익률의 가중평균(2/3×12%+1/3×16%)이다. 포트폴리오의 표준편차를 계산하기 위해, X와 Y의 상관계수 −1.0을 수식 (5.2)에 대입하여 사용하라. 포트폴리오 XY는 매년 13.3%의 예상가능한 수익률을 창출한다. 다시 말해 포트폴리오는 무위험이고, 0의 표준편차를 갖는다.

이제 자산 X에 2/3, 자산 Z에 1/3을 투자하여 구성한 포트폴리오 XZ를 고려한다. 포트폴리오 XY처럼, 포트폴리오 XZ는 13.3%의 기대수익률을 가진다. 그러나 XZ 포트폴리오는 X와 Z의 상관관계가 1.0이기 때문에 무위험수익을 제공하지 않는다. 수익률은 해마다 변동하며 표준편차는 4.2%이다.

요약하면, 두 포트폴리오 XY와 XZ는 동일한 기대수익률을 갖고 있으나 위험에서 다르다. 이 차이의 이유는 상관계수이다. X의 변동은 Y의 변동에 의해 상쇄되므로, 투자자는 포트폴리오에 두 자산을 결합함으로써 위험을 축소하거나 제거할 수 있다. 그러나 자산 X와 Z는 함께 움직이므로, 하나의 변동은 다른 자산의 변동을 상쇄할 수 없다. 따라서 포트폴리오 XZ의 표준편차는 자산 X의 표준편차 미만으로 감소할 수 없다.

〈그림 5.4〉는 포트폴리오의 기대수익률과 표준편차, 그리고 포트폴리오의 자산들의 상관계수를 예시한다. 검은 선은 상관계수가 −1.0인 포트폴리오 XY 같은 경우

그림 5.4

다양한 상관계수를 가진 두 자산의 결합의 위험과 수익률

이 그래프는 어떻게 저위험 자산이 고수익률-고위험 자산과 결합될 수 있는지, 그리고 어떻게 이 포트폴리오의 성과가 두 자산의 상관계수에 의존하는지 예시한다. 일반적으로, 투자자가 저수익률로부터 고수익률 투자로 포트폴리오 비중을 이동하면, 포트폴리오 수익률은 상승한다. 그러나 포트폴리오의 표준편차는 상관계수에 따라 상승 또는 하락할 수 있다. 일반적으로, 상관계수가 낮을수록 분산투자에 의해 달성될 수 있는 위험 절감효과는 확대된다.

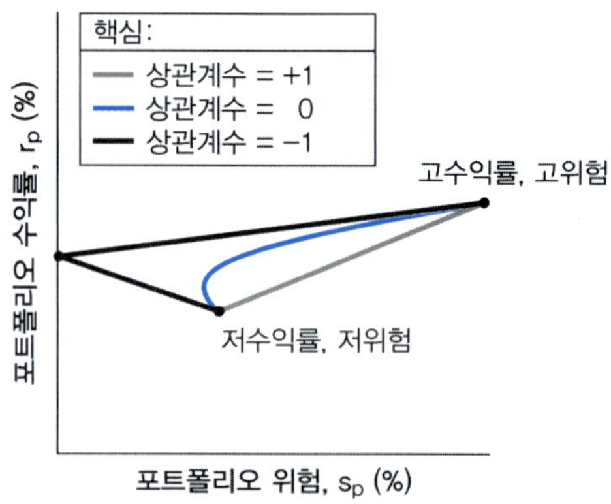

를 예시한다. 이 경우 두 위험자산을 적절한 비율로 결합하면, 포트폴리오 수익률은 완전하게 예측 가능하다(즉, 위험은 없다). 이 상황에서 투자자가 가장 덜 위험한 자산에 분산되지 않은 포트폴리오를 보유하는 것은 매우 어리석다. 단지 하나의 자산 대신 포트폴리오를 보유함으로써, 투자자는 검은 선을 따라 좌상향으로 이동하여 더 작은 위험에서 더 높은 수익률을 얻을 수 있다. 그러나 일정 수준 이상에서는, 더 위험한 자산의 투자를 늘리면 포트폴리오의 수익률과 위험은 상승한다. 따라서 투자자의 포트폴리오는 검은 선의 두 번째 영역을 따라 우상향으로 이동한다.

〈그림 5.4〉의 회색 선은 상관계수가 +1.0인 포트폴리오 XZ 같은 상황을 예시한다. 이 경우 투자자가 저위험 자산의 투자를 줄이고 더 많은 고위험 자산을 보유하면, 포트폴리오의 기대수익률은 상승하나 표준편차도 상승한다. 투자자는 회색 선을 따라 우상향으로 이동한다. 투자자는 두 자산 모두에 투자하는 것을 선택할 수 있으나, 이 결정은 투자자의 위험수용도의 문제이고, 모든 투자자들이 이런 선택을 하지는 않는다. 다시 말해 두 자산의 상관계수가 −1.0일 때, 분산투자는 절대적으로 옳은 선택이다. 그러나 상관계수가 +1.0일 때, 분산투자해야 하는지는 명백하지 않다.

〈그림 5.4〉의 파란 선은 상관계수가 −1.0부터 +1.0 사이인 중간적 경우를 예시한다. 이는 실제 시장에서 대다수의 경우 투자자가 당면하는 상황이다. 자산들이 완전 음의 상관관계를 갖지 않으며 완전 양의 상관관계도 갖지 않는다. 상관계수가 두 극단 사이에 있을 때, 두 자산의 상관계수는 곡선(즉, 파란 선)상에 존재한다. 두 자산이 매우 낮은 상관계수를 갖고 있을 때, Walmart와 Century의 경우처럼 이 곡선은 뒤로 굽을 수 있다. 상관계수가 높으나 여전히 1보다 낮을 때, 곡선은 단순히 우상향하면서 굽는다. 이 경우에도 분산투자의 이득은 상관계수가 1.0일 때보다 좋으며,

이는 파란 곡선 상의 포트폴리오들은 동일한 위험에서 회색 선보다 높은 수익률을 얻음을 의미한다.

국제 분산투자

분산투자는 분명히 포트폴리오를 만들 때 일차적 고려사항이다. 앞에서 본 것처럼 이제 국제 분산투자의 많은 기회가 존재한다. 여기에서는 국제 분산투자의 세 측면, 즉 효과, 수단, 비용을 고려한다.

투자자 현실

문화와 상관관계 금융에서 우리는 일반적으로 서로 다른 주식의 수익률이 어느 정도 상관관계가 있는 경제적 요인에 대해 생각한다. 그러나 최근 연구에 따르면 문화적 영향도 중요하다. 일부 문화권에서는 행동규범이 더 강하고 이러한 규범의 편차에 대한 사회의 관용이 낮은 경향이 있다. 연구자들은 이 국가들에서 주식수익률이 덜 엄격한 사회적 규범을 가진 국가들보다 더 높은 상관관계를 보인다는 것을 발견했다. 이 연구의 저자는 "더 엄격한(tighter)" 문화에서 투자자들이 동일한 주식을 동시에 매매할 가능성이 더 높으며 이는 높은 상관관계가 있는 주식수익률로 이어진다고 주장한다.

(출처: Cheol S. Eun, Lingling Wang, Steven C. Xiao, "Culture and R2," *Journal of Financial Economics*, 2015, Vol.115, pp.283-303에서 발췌)

국제 분산투자의 효과 국제적 투자는 단순한 국내투자보다 더 큰 분산투자효과를 제공한다. 대체로, 국제 분산투자의 이점은 두 가지 원천에서 비롯한다. 첫 번째는 전 세계의 상이한 시장들의 수익률은 정확하게 동조하지 않는다는 것이다. 즉, 시장들 사이의 상관계수는 +1.0보다 작다. 이미 살펴본 것처럼, 투자들의 상관계수가 낮을수록 분산투자의 효과는 더 크다. 불행하게, 세계화가 전 세계의 더 광범위한 시장들(금융시장과 재화 및 서비스 시장)의 통합을 가져오면서, 국가 시장들 사이의 상관계수는 증가했다. 이 추세는 국제 분산투자의 이득을 감소시켰다.

그러나 국제 분산투자 이득의 두 번째 원천은 수년 동안 증가하고 있다. 시간이 지나면서 전 세계의 주식시장 수는 늘어나고 있다. 예를 들어, 20세기 초에 전 세계에서 활발한 주식시장을 가진 국가는 40개 미만이었다. 그러나 세기 말에 이런 주식시장의 수는 두 배 이상으로 증가했다. 포트폴리오에 더 많은 주식이 있으면, 국내 주식에만 투자하는 투자자가 더 많이 분산된 포트폴리오를 만드는 것처럼, 세계의 많은 상이한 주식시장에 분산투자할 수 있는 투자자도 마찬가지이다.

결론적으로 시장들(특히 더 크고 더 발전된 시장)의 상승하는 상관관계가 어느 정도 이득을 제한하더라도, 국제 분산투자가 투자자에게 도움이 된다는 점에는 의문의 여지가 없다. 다음으로, 투자자들이 포트폴리오 분산을 위해 어떻게 국제 시장들을 이용할 수 있는지 논의한다.

국제 분산투자의 수단 투자자는 국제 포트폴리오 분산투자를 위한 다양한 대안들을 보유하고 있다. 투자자는 미국 달러 또는 외국 통화로 표시된 채권과 다른 부채증권들에 직접 또는 국제 뮤추얼펀드를 통해 투자할 수 있다. 그러나 외환투자는 환율위험을 초래한다. 이 위험은 통화 선도, 선물, 옵션 같은 계약에 의해 헤지될 수 있다.

미국 투자자들은 해외로 돈을 보내지 않더라도 국제 분산투자 이득의 적어도 일부를 누릴 수 있다. 투자자는 미국 거래소에 상장된 외국 회사의 주식을 살 수 있기 때문이다. 많은 해외의 기업과 정부 발행기관들이 미국에서 (양키 채권으로 불리는) 채권을 판매한다. 60개 이상 국가의 2,000개 이상 외국 회사들의 주식이 미국 예탁증권(ADR)의 형태로 거래된다. 마지막으로, 국제 뮤추얼펀드는 해외투자 기회를 제공한다.

미국 기반의 다국적 기업의 포트폴리오에 투자함으로써 국제 분산투자의 이득을 달성할 수 있는가? 대답은 "그렇다"이면서 동시에 "아니다"이다. 미국 기반의 다국적 기업의 포트폴리오는 순수한 국내 기업의 포트폴리오보다 분산된다. 다국적 기업은 많은 시장과 통화에서 수입, 비용, 이익을 창출하고, 세계의 일부가 부진할 때 다른 일부는 활발할 수 있기 때문이다. 그러나 미국 기반의 다국적 기업들에 투자하는 투자자들은 국제 분산투자의 이득을 충분히 누리지 못한다. 그 이유는 이러한 회사가 수행하는 비즈니스의 상당 부분이 불균형적으로 여전히 미국에 있기 때문이다. 따라서 국제 분산투자의 이득을 완전히 실현하려면, 미국 외부에 위치하는 기업에 투자해야 한다.

투자자 현실

미국 펀드 수수료 폭락 미국 투자자들은 크고 경쟁적인 뮤추얼펀드 산업의 혜택을 받았다. 이 산업은 투자자들에게 광범위한 분산투자 기회를 제공하고 Vanguard, Fidelity Investments 및 State Street와 같은 투자회사가 투자자를 위해 공격적으로 경쟁함에 따라 시간이 지날수록 미국 뮤추얼펀드가 부과하는 평균 수수료가 급격히 감소했다. 미국 펀드 수수료에 대한 연구에 따르면, 미국 펀드 전체의 평균 비용비율은 2017년에 0.52%에 불과했는데, 이는 2016년에 비해 평균 수수료가 8% 감소했으며 2000년 이후 가장 큰 규모의 감소였다. 투자자들은 2016년 수수료 대비 2017년에 약 40억 달러의 펀드 비용을 절감했다. 펀드 수수료는 매년 지불되기 때문에 시간이 지남에 따라 투자수익에 미치는 영향이 복리로 계산되므로 수수료가 감소하고 다른 모든 비용이 동일하면 투자수익은 높아진다.

(출처: "U.S. Fund Fee Study: Average Fund Fees Paid by Investors Decreased 8% in 2017, the Largest One-Year Decline Ever," Morningstar Manager Research, 2018년 4월 26일에서 발췌)

국제 분산투자의 비용 일반적으로 외화표시 증권에 대한 직접투자는 국내 증권에 투자하는 것보다 비용이 많이 들지만 시간이 지남에 따라 비용이 감소했다. 국제 분산투자의 가장 저렴한 방법은, 분산된 해외투자와 펀드매니저의 전문적 서비스를 제공하는 국제 뮤추얼펀드에 투자하는 것이다. 또한 개별 주식의 해외투자를 위해, ADR를 매입할 수 있다. ADR을 구입하는 것은 개별 주식에 해외투자를 할 수 있는 또 다른 저렴한 방법이다. 뮤추얼펀드 또는 ADR을 이용하면 상대적으로 저렴한 비용으로 국제 분산투자가 가능하다. 이러한 투자는 또한 미국 증권보안법에 따른 편리함, 달러 표시 거래 및 보호를 제공한다.

개념 리뷰

해답은 www.pearson.com/mylab/finance에서 찾을 수 있음.

5.1 효율적 포트폴리오는 무엇이고, 이런 포트폴리오가 투자에서 하는 역할은 무엇인가?

5.2 포트폴리오의 수익과 위험은 어떻게 결정되는가? 포트폴리오의 표준편차 계산과 단일 자산의 표준편차를 비교하라.

5.3 상관관계는 무엇이고, 왜 중요한가? (a) 양의 상관관계, (b) 음의 상관관계, (c) 상관관계가 없는 수익률들의 특성을 기술하라. 완전 양의 상관관계와 완전 음의 상관관계를 구별하라.

5.4 분산투자는 무엇인가? 분산투자된 포트폴리오의 위험은 포트폴리오에 포함된 개별 자산의 위험과 어떻게 비교되는가?

5.5 자산 수익률들의 상관관계가 포트폴리오의 위험과 수익률 행태에 어떻게 영향을 주는지 논의하라. 두 자산의 상관계수가 (a) 완전 양의 상관관계, (b) 상관관계가 없는, (c) 완전 음의 상관관계일 때, 위험과 수익률의 잠재적 범위를 기술하라.

5.6 국제 분산투자는 개인투자자에게 어떤 이득을 제공할 수 있는가? 해외투자에 의한 국제 분산투자의 수단을 국내투자에 비교하고 대비하라.

자본자산가격결정모형

LG3 LG4

직관적으로 우리는 어떤 위험투자도 투자자가 무위험투자로부터 얻는 수익률보다 높은 수익률을 제공할 것으로 기대할 수 있다. 다시 말해, 투자자들이 위험자산에서 기대하는 수익률은 무위험수익률과 위험 프리미엄의 합이다. 그러나 위험 프리미엄의 크기는 무엇에 의해 결정되는가? 앞 절은, 특별히 시간이 소요되거나 비싸지 않은 과정인 포트폴리오 분산을 통해, 투자자는 많은 종류의 위험을 제거할 수 있음을 보여주었다. 그러나 분산투자는 위험을 완전히 제거할 수 없다. 따라서 투자자의 입장에서 가장 우려스러운 위험은 **분산불가능 위험**, 즉 분산투자를 통해 제거될 수 없는 위험이다. 특정 투자가 수반하는 분산불가능 위험이 클수록, 투자자에게 제공해야 하는 위험 프리미엄은 더 높다.

이 논리는 모든 자산의 수익과 위험의 관계에 관한 이론의 기초를 제공한다. 이 이론은 **자본자산가격결정모형**(capital asset pricing model), 또는 CAPM으로 불린다. CAPM은 위험자산의 기대수익률은 무위험수익률과 위험 프리미엄의 합이며, 위험 프리미엄은 자산의 위험 가운데 분산불가능 위험에 의존한다고 말한다. 이 절에서 분산불가능 위험의 개념을 소개하고, 어떻게 CAPM이 이 위험을 정량화하고 투자수익에 연계하는지 설명한다.

위험의 요소

투자의 위험은 분산가능 및 분산불가능 위험의 두 가지 요소로 구성된다. **분산가능 위험**(diversifiable risk)은 때로 **비체계적 위험**, **특정기업위험**, **고유위험**, **특이위험**이라고도 하며, 신제품의 성공 여부, 고위 경영자의 성과, 기업의 고객 및 공급자와의 관계와 같이 단일 기업 혹은 소수의 기업에 영향을 미치는 요인에서 비롯된다. 비체계적 위험은 투자위험 중에서 분산투자를 통해 제거될 수 있는 부분이다. **분산불가능 위험**(undiversifiable risk)은 또한 **체계적 위험** 또는 **시장위험**이라고도 하며, 투자위험의 피할 수 없는 부분이다. 다시 말해, 이는 포트폴리오가 잘 분산되더라도 잔존하는 위험이다. 체계적 위험은 모든 투자에 영향을 주고, 따라서 단일 투자에 고유하지 않은 경제 성장, 인플레이션, 이자율, 그리고 정치적 사건 같은 영향에 연관되어 있다. 분산불가능 위험과 분산가능 위험의 합은 **총위험**으로 불린다.

$$\text{총위험} = \text{분산불가능 위험} + \text{분산가능 위험} \tag{5.3}$$

신중한 투자자는 분산된 포트폴리오를 보유함으로써 분산가능 위험을 줄이거나 거의 제거할 수 있다. 연구에 의하면, 투자자는 최소 2~26개 증권 포트폴리오를 신중하게 선택하여, 대부분의 분산가능 위험을 제거할 수 있으며, 대다수 투자자들은 뮤추얼펀드 및 연기금펀드 같은 투자를 통해 훨씬 더 많은 증권을 보유한다. 분산투자를 통해 비체계적 위험을 제거하는 일은 비교적 용이하기 때문에, 투자자가 이런 종류의 위험을 수용하는 데 대한 보상(즉, 더 높은 수익률)을 기대할 이유는 없다. 분산투자하지 않는 투자자들은 단순히 보상 없이 더 많은 위험을 부담하는 것이다.

그러나 아무리 많은 증권들이 포트폴리오에 포함되어도 일부 체계적 위험은 잔존한다. 분산불가능 위험은 경제의 호황 또는 불황처럼, 대다수 주식에 동시적으로 영향을 주는 경향이 있는 광범위한 효과를 의미함을 기억하라. 어떤 주식은 다른 주식들보다 이러한 영향에 더 민감하다. 예를 들어, 고급 재화를 생산하는 회사는 경제가 호황일 때 좋은 성과를 내는 경향이 있으나, 불황이 되면 고객을 찾기 어렵다. 한편, 어떤 주식은 경기순환의 변동으로부터 상대적으로 분리되어 있다. 식품 및 기타 기본 필수품들을 생산하는 기업들은 경제의 등락에 따라 수입과 이익이 등락하는 경험을 하지 않는다.

이 논의는 체계적 위험은 주식에 따라 다르고, 더 큰 체계적 위험을 가진 주식은 투자자를 유인하기 위해 더 높은 수익률을 제공해야 함을 의미한다. 이 주식들을 인식하기 위해, 우리는 특정 주식에 연계된 분산불가능 위험을 측정할 수 있는 수단을 필요로 한다. CAPM은 주식의 베타(beta)로 불리는 바로 이런 척도를 제공한다.

베타: 분산불가능 위험의 척도

투자의 기대수익률을 추정하려면 먼저 위험을 측정해야 한다. 위험에는 두 가지 구성요소가 있지만, 시장은 이러한 구성요소 중 하나인 체계적 위험을 부담하는 투자자에게만 보상한다. 따라서 우리는 투자의 체계적인 위험에만 초점을 맞춘 위험 척도가 필요하다. CAPM에서는 이러한 위험 척도를 **베타**(beta)라고 한다. 증권의 베타는 증권의 수익률이 시장수익률의 변동에 어떻게 반응하는지를 나타낸다. 증권의 수익률이 시장수익률의 변화에 더 민감할수록 증권의 베타 수준이 높아진다. 개별 주식에 대한 베타는 많은 온라인 정보 출처에 게시된다. 이러한 출처에서 주식의 베타를 추정하는 방법은 다음과 같다.

베타의 도출 먼저 특정 주식 및 전체 시장에 대한 과거 수익률을 수집한다. 전체 시장의 수익률에 대해 이야기할 때, 광범위한 주식 포트폴리오 또는 S&P 500과 같은 주가지수에 대한 수익률과 같은 것을 염두에 둔 것이다. 다음으로, 시장의 수익률은 x축에, 개별 주식의 수익률은 y축에 두고 산점도(좌표)를 그린다. 그래프의 산포점을 통과하는 추세선의 기울기가 주식의 베타 추정치이다.

〈그림 5.5〉는 Bank of America Merrill Lynch(BofA)와 PepsiCo(Pepsi) 두 증권 수익률과 S&P 500 수익률 간의 관계를 보여준다. 이 그림은 2014년부터 2018년까지의 월별 데이터를 사용한다. 각 파란색 점은 특정 월에 BofA 및 S&P 500이 얻은 수익률을 나타내고, 각 검정색 점은 특정 월에 Pepsi 및 S&P 500의 수익률을 나타낸다. 예를 들어, 그래프의 오른쪽 아래 사분면에서 멀리 떨어진 파란색 점은 BofA의 해당 월 수익률이 −6.5%이고 시장수익률이 8.6%임을 나타낸다.

좌표가 표시된 상태에서 Excel을 사용하여 각 주식의 좌표에 가장 잘 맞는 추세선[특성선(characteristic line)이라고도 함]을 그려 넣었다. 〈그림 5.5〉의 파란색 선은 파란색 점(BofA 및 S&P 500 수익률의 좌표)의 중간을 통과하므로 S&P 500 수익률과 BofA 수익률 간의 일반적인 관계를 보여준다. 선의 기울기는 1.2로 평균적으로 BofA 주식의 수익률이 시장수익률의 약 1.2배 이동한다. 마찬가지로 검정색 선은 검정색 점(Pepsi 및 S&P 500 수익률의 좌표)에 가장 잘 맞는 선이며 Pepsi와 S&P

그림 5.5 Bank of America와 Pepsi의 베타 추정

각 파란색 점은 특정 월의 Bank of America 및 S&P 500 수익률을 나타내며, 파란색 선은 Bank of America의 특성선이다. 이 선의 기울기는 Bank of America의 베타(1.2)이며 시장수익률 변화에 대한 해당 주식의 수익률의 반응을 나타낸다. 검정색 점은 Pepsi와 S&P 500의 월별 수익률이며 검정색 선은 Pepsi의 특성선이다. Pepsi의 베타는 0.60이다.

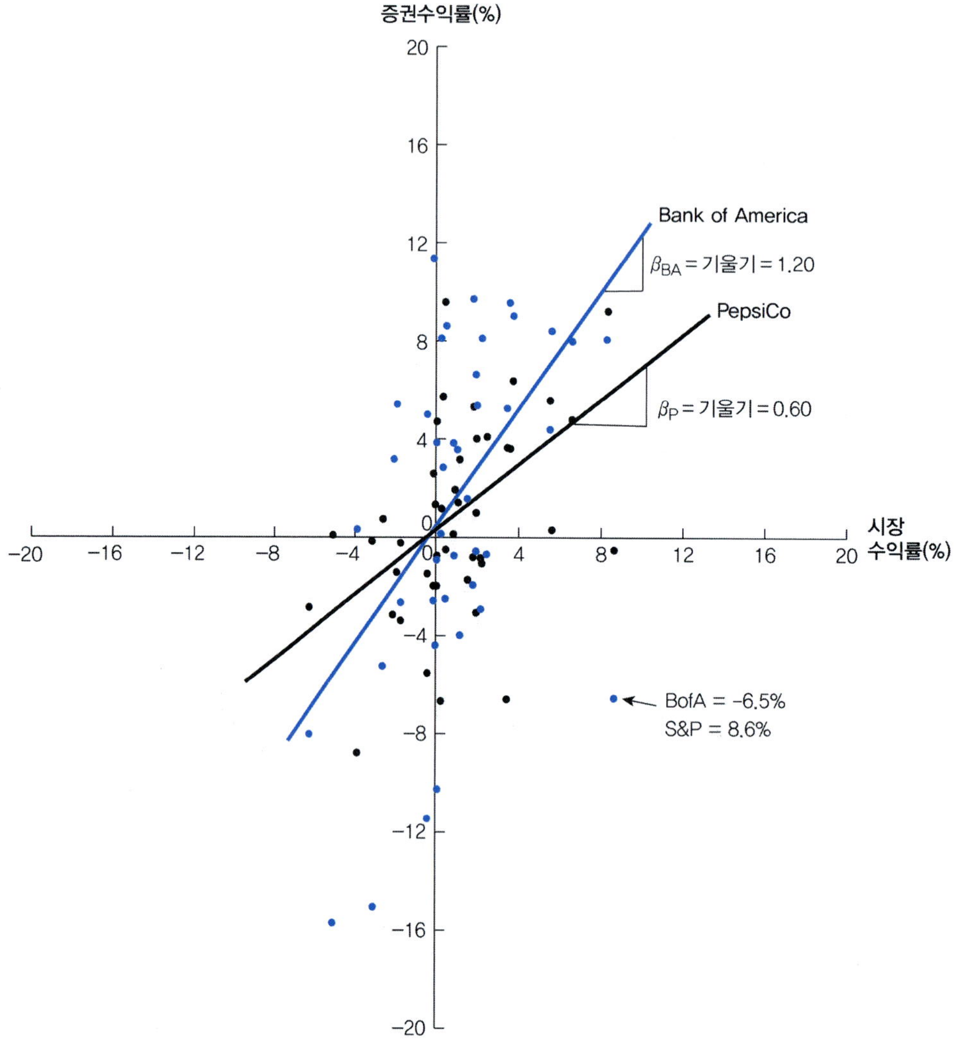

500 수익률 간의 관계를 보여준다. 선의 기울기는 0.6으로 평균적으로 Pepsi의 수익률 움직임이 시장수익률의 약 0.6배에 불과하다는 것을 의미한다. 따라서 BofA 주식은 Pepsi 주식보다 시장위험에 약 2배 더 민감하므로(즉, BofA는 체계적인 위험이 2배 더 많음) BofA가 Pepsi가 받는 위험 프리미엄의 약 2배를 받을 것으로 예상할 수 있다.

〈표 5.4〉 선택된 베타와 관련 해석

베타	논평	해석
+2.0	시장과 같은 방향으로 변동	시장에 대해 두 배로 반응
+1.0		시장과 동일하게 반응
+0.5		시장에 대해 절반으로 반응
0.0		시장의 변동에 무반응
−0.5	시장과 반대 방향으로 변동	시장에 대해 절반으로 반응
−1.0		시장과 동일하게 반응
−2.0		시장에 대해 두 배로 반응

베타의 해석 정의에 따라 전체 시장의 베타는 1.0이다. 이는 또한 "평균적" 주식의 베타는 1.0임을 의미한다. BofA와 같이 베타가 높을수록 주식은 평균 이상의 체계적 위험이 있음을 나타내는 반면, 베타가 낮을수록(예: Pepsi)는 주식이 평균보다 낮은 체계적 위험을 가짐을 나타낸다. 〈표 5.4〉는 일부 선택된 베타 값과 그들의 관련된 해석을 보여준다. 베타는 원론적으로 양수 또는 음수일 수 있으나 거의 모든 베타는 양수이다. 베타 값의 앞에 있는 양수 또는 음수 부호는 주식의 수익률이 시장수익률과 같은 방향(양의 베타) 또는 반대 방향(음의 베타)으로 움직이는지를 나타낸다.

시장에 대해 절반만큼 반응하는(베타=0.5) 주식의 수익률은 평균적으로 시장포트폴리오 수익률의 1% 변화에 대응하여, 1%의 1/2만큼 변화한다. 시장에 대해 두 배로 반응하는(베타=2) 주식은 평균적으로 시장포트폴리오 수익률의 1% 변화에 대응하여, 2%의 수익률 변화를 경험한다. 대부분의 주식 베타는 0.50에서 1.75 사이에 있다. 예시를 위해, 2018년 8월의 Yahoo! Finance에 게재된 일부 잘 알려진 주식의 실제 베타를 다음과 같이 기록하였다.

주식	베타	주식	베타
Amazon	1.72	IBM	1.02
Molson Coors Brewing	0.47	Goldman Sachs	1.30
Wells Fargo	1.28	Microsoft	1.24
Procter & Gamble	0.39	Nike	0.64
Walt Disney	1.22	Century Casinos	0.83
eBay Inc.	1.51	Qualcomm	1.52
ExxonMobil	0.81	Walmart	0.40
The Gap	0.60	Facebook	0.89
Ford Motor	0.87	Xerox	1.06
Intel	0.90	Netflix	1.39

투자자 현실

어떤 베타? 베타를 이용하는 것은 정확한 과학이 아니다. 한 연구원은 최근에 16개의 금융 웹사이트를 검색하여 같은 회사(Walt Disney)의 베타 추정치를 0.72에서 1.39까지 찾을 수 있다는 사실을 발견했다. 베타를 직접 추정하려고 하면 분석에 사용하는 과거 자료의 양과 수익률을 측정하는 빈도에 따라 추정치가 달라진다는 것을 알 수 있다.

(출처: Data from Pablo Fernández. (2009, May). "Betas Used by Professors: A Survey with 2,500 Answers." Working paper, IESE Business School, University of Navarra에서 발췌)

베타의 적용 투자자는 베타를 사용하여 투자의 위험을 평가하고 시장이 수익에 미칠 수 있는 영향을 이해한다. 베타는 증권이 시장의 영향력에 어떻게 반응하는지 보여준다. 예를 들어, 만약 시장수익률이 다음 기간 동안 10% 상승할 것으로 예상되면, 1.5의 베타를 가진 주식은 약 15%(1.5×10%) 상승할 것으로 예상된다. 불행하게도, 베타가 양수인 기업에 대하여 시장수익률 하락은 주식수익률의 하락으로 귀결된다. 앞의 예에서 만약 시장수익률의 10% 하락이 예상되면, 1.5의 베타를 가진 주식의 수익률은 15% 하락한다. 이 주식은 1.0보다 큰 베타를 갖고 있기 때문에 평균 주식보다 위험하고, 전체 시장이 변동할 때, 이 장 도입부분에서 설명한 Commercial Vehicle Group과 같이 극적인 등락을 경험하는 경향이 있다. 1.0 미만의 베타를 갖는 주식은 시장의 수익률 변동에 반응이 덜하고, 따라서 위험이 적다.

베타에 관해 기억해야 할 몇 가지 중요한 사항은 다음과 같다.

- 베타는 증권의 분산불가능(또는 체계적) 위험을 측정한다.
- 전체 시장 및 평균 주식의 베타는 1.0이다.
- 이론적으로 주식은 양 또는 음의 베타를 가질 수 있으나, 대다수 주식은 양의 베타를 갖고 있다.
- 1.0보다 큰 베타를 가진 주식은 시장의 등락에 평균보다 많이 반응하고, 따라서 평균보다 위험하다. 1.0 미만의 베타를 가진 주식은 평균 주식보다 덜 위험하다.

CAPM: 베타를 이용한 수익률 추정

직관적으로, 위험을 회피하는 투자자가 높은 수익률을 요구하기 때문에 더 위험한 투자가 위험이 적은 투자보다 높은 수익률을 제공할 것으로 기대한다. 베타가 위험을 측정하면 베타가 높은 주식이 베타가 낮은 주식보다 평균적으로 더 높은 수익률을 얻을 수 있다. 약 50년 전, 재무학 교수인 William F. Sharpe와 John Lintner는 위험과 수익률의 개념을 공식적으로 연계하기 위해, 베타를 사용하는 모형을 개발했다. **자본자산가격결정모형**(CAPM)으로 불리는 이 모형은 다양한 투자에 대한 위험과 수익률 간의 관계를 정량화하려고 시도한다. CAPM은 주식의 **기대수익률**이 무위험수익률, 시장 전체의 기대수익률, 주식의 베타 이 세 가지 요인에 달려 있다고 예측한다.

금융시장의 실패

눈에 띄는 베타

Ford Motor Company는 그 가치가 항상 경제상황과 함께 등락하는 경기동행적 주식으로 간주되었다. Ford의 베타는 (특히 자동차 제조업체에 큰 영향을 미치고 결국 경쟁사인 General Motors의 파산을 초래한) 금융위기 중에 2.80까지 상승했다. 불황에 의해 큰 타격을 입은 산업에 속하는 다른 회사인 Bank of America는 전체 경제의 변동에 극히 민감함을 의미하는 1.96의 베타를 기록했다. Ford와 Bank of America 모두 지금은 지난 경기침체 때보다 베타 수치가 낮다.

수식 분산불가능 위험의 척도인 베타 b를 이용하여, 자본자산가격결정모형은 다음과 같이 투자의 기대(요구)수익률을 정의한다.

$$\text{투자 } j\text{의 기대수익률} = \text{무위험 수익률} + \left[\text{투자 } j\text{의 베타} \times \left(\text{기대 시장수익률} - \text{무위험 수익률}\right)\right] \quad (5.4)$$

$$r_j = r_f + [b_j \times (r_m - r_f)] \quad (5.4a)$$

여기에서,

r_j=베타에 의해 측정된 위험 하에서 투자 j의 기대수익률

r_f=무위험수익률; 무위험자산에서 얻을 수 있는 수익률

b_j=베타 계수, 또는 투자 j의 분산불가능 위험 지표

r_m=기대 시장수익률; 모든 증권들의 평균 수익률(전형적으로, Standard & Poor's 500 종합주가지수 또는 다른 광범위한 주식시장지수에 포함된 모든 증권들의 평균 수익률에 의해 측정)

CAPM은 두 부분으로 나누어질 수 있다. (1) 무위험수익률 r_f 그리고 (2) 위험 프리미엄 $b_j \times (r_m - r_f)$이다. 위험 프리미엄은 투자자들이 베타에 의해 측정된 분산불가능 위험에 대한 보상으로 무위험수익률을 초과하여 요구하는 수익률이다. 이 수식은 베타가 증가할수록 주식의 위험 프리미엄이 증가하고 따라서 기대수익률이 상승함을 보여준다.[2)]

2) 여기서는 기대수익률과 요구수익률이라는 용어를 같은 의미로 사용한다. 투자자는 투자의 위험에 따라 충분히 보상되는 투자수익을 요구하며, 균형 상태에서 요구하는 수익률과 기대하는 수익률은 동일하다.

사 례

Bank of America의 요구수익률 계산

베타 1.2인 Bank of America 주식에 투자를 고려하고 있다고 가정하자. 투자 결정을 할 때 무위험수익률(r_f)은 2%이고 기대 시장수익률(r_m)은 8%이다. 이러한 자료를 CAPM 수식 (5.4a)에 대입하면 다음과 같이 된다.

$$r_{BA} = 2\% + 1.2(8\% - 2\%) = 9.2\%$$

따라서 베타 1.2를 고려할 때 예상해야 하는 위험에 대한 보상으로 BofA 주식에 대한 9.2%의 수익을 기대해야 한다.

만약 베타가 더 낮아서, 예를 들어 1.00이면, 요구수익률은 더 낮을 것이다. 실제로, 이 경우 주식의 요구수익률은 시장의 기대(또는 요구)수익률과 같다.

$$r_{BA} = 2\% + 1.0(8\% - 2\%) = 8\%$$

만약 베타가 더 높아서, 예를 들어 2.0이면, 요구수익률은 더 높을 것이다:

$$r_{BA} = 2\% + 2.0(8\% - 2\%) = 14\%$$

분명히 CAPM은 위험과 수익의 양의 상반관계를 반영한다. 위험(베타)이 높을수록, 위험 프리미엄은 더 높고 따라서 요구수익률은 상승한다.

증권시장선 〈그림 5.6〉은 CAPM을 그래프로 보여준다. 그림의 선은 **증권시장선**(security market line: SML)이라고 하고, 베타(x축)가 주어진 모든 증권에 대하여 기대수익률(y축)을 보여준다. 각 수준의 다양하지 않은 위험(베타)에 대해 SML은 투자자가 기대해야 하는 수익을 보여준다.

다양한 베타에 대해 기대수익률을 계산함으로써, SML을 그릴 수 있다. 예를 들어, 앞에서 본 것처럼 2%의 무위험수익률과 8%의 시장수익률을 사용하면, 베타가 1.0일 때 요구수익률은 8%이다. 베타를 2.0으로 높이면, 요구수익률은 14%[2%+2.0(8%−2%)]이다. 비슷하게 여러 베타에 대해 다음과 같이 기대수익률을 계산할 수 있다.

위험(베타)	요구수익률
0.0	2%
0.5	5%
1.0	8%
1.5	11%
2.0	14%
2.5	17%

그림 5.6

증권시장선(SML)

증권시장선은 위험과 수익률 사이의 상반관계를 명확하게 보여준다. 베타가 0일 때 요구수익률은 2%의 무위험수익률이다. 베타가 1.0일 때 요구수익률은 시장수익률 8%이다. 이러한 자료를 고려할 때 베타 2.0인 투자의 요구수익률은 14%이고 위험 프리미엄은 12%(14%−2%)이다.

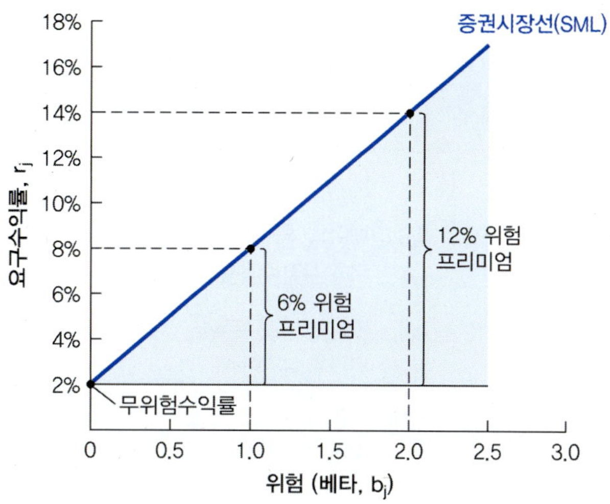

그래프(수평축에 베타, 수직축에 요구수익률)에 이 값들을 표시하면, 〈그림 5.6〉과 같은 직선을 얻는다. SML은 위험(베타)이 클수록 위험 프리미엄과 요구수익률은 더 높다는 것을 보여준다.

맺음말 CAPM을 구현하려면 일반적으로 과거 자료에서 얻은 베타 추정치가 필요하다. 그러나 회사의 위험 특성은 회사가 다른 사업에 진입 또는 진출하거나, 부채를 발행 또는 상환하거나, 주식 위험에 영향을 미치는 기타 조치를 취함에 따라 언제든지 변경될 수 있다. 따라서 과거 자료에서 추정된 베타는 시장과 관련된 주식의 미래 실적을 정확하게 반영할 수도 있고 반영하지 못할 수도 있다. 따라서 모형에서 도출된 기대수익률을 대략적인 근사치로 보아야 한다. 일반적으로 베타를 사용하는 분석가는 역사적으로 결정된 베타를 소유하고 있는 다른 정보를 활용하여 주관적으로 조정한다.

이런 한계에도 불구하고, CAPM은 위험과 수익률을 평가하고 연계하는 유용한 개념적 틀을 제공한다. 단순하고 실용적인 매력 때문에, 베타와 CAPM은 위험을 측정하고 증권시장의 요구수익률에 연계하려 하는 투자자들의 중요한 도구로 남아 있다. CAPM은 또한 기업재무에서 널리 이용된다. 대형 투자사업에 거액을 지출하기 전에, 기업은 주주들이 요구하는 수익률을 알아야 한다. 많은 설문조사에 의하면, 주식의 요구수익률을 결정하기 위해 기업들이 사용하는 주요 도구는 CAPM이다.

개념 리뷰

해답은 www.pearson.com/mylab/finance에서 찾을 수 있음.

5.7 다음 총위험의 각 요소들을 간단히 정의하고 예를 들어라. 어떤 종류의 위험이 중요하며, 그 이유는 무엇인가?
a. 분산가능(또는 특정기업) 위험
b. 분산불가능(또는 체계적) 위험

5.8 베타의 의미를 설명하라. 베타는 어떤 종류의 위험을 측정하는가? 시장수익률은 무엇인가? 시장수익률과 관련하여 베타를 어떻게 해석하는가?

5.9 베타는 전형적으로 어떤 범위의 값을 갖는가? 양 또는 음의 베타 중 무엇이 더 일반적인가? 설명하라.

5.10 자본자산가격결정모형(CAPM)은 무엇인가? 이 모형에서 베타는 어떤 역할을 하는가? 위험 프리미엄은 무엇인가? 증권시장선(SML)은 CAPM에 어떻게 관련되는가?

5.11 CAPM은 예측 모형인가? 투자자는 CAPM을 어떻게 사용할 수 있는가?

전통적 및 현대 포트폴리오 관리

LG5 LG6

개인 및 기관투자자들은 현재 포트폴리오의 계획과 구성을 위해 두 가지 접근법을 사용한다. 전통적 접근법은 공개된 증권시장의 진화 이후 투자자들이 사용해 온 덜 정량적인 접근법을 뜻한다. 현대 포트폴리오 이론(modern portfolio theory: MPT)은 투자결정을 이끄는 정량적 분석에 의존하는 보다 수학적인 접근법이다.

전통적 접근법

전통적 포트폴리오 관리는 매우 다양한 주식 그리고/또는 채권을 결합함으로써 포트폴리오의 균형을 강조한다. 전형적으로 **산업간 분산투자**를 강조한다. 이는 광범위한 산업에 속하는 기업 증권들을 포함하는 포트폴리오를 낳는다. 투자자는 나중에 논의되는 증권분석 기법을 사용하여 전통적 포트폴리오를 구성한다.

〈표 5.5〉는 전통적 접근법을 사용하는 전문가에 의해 관리되는, 전형적 뮤추얼펀드의 일부 산업 집단 및 이들의 투자비율을 제시한다. 이 펀드는 American Fund's Growth Fund of America(AGTHX)이며, 2018년 6월 30일 현재 $193,980.7백만의 순자산가치를 가진 개방형 뮤추얼펀드이다. 그 목표는 우수한 자본증식 기회를 제공

〈표 5.5〉 2018년 6월 30일 현재 특정 산업그룹에 대한 미국 성장펀드(AGTHX)의 투자

Growth Fund of America는 다양한 산업의 주식을 보유하고 있다. 총 포트폴리오 가치는 $193,980.7백만이며, 이 중 80.9%는 미국 주식, 11.6%는 미국 이외의 주식, 7.5%는 현금 및 등가물이다.

분야	비율	분야	비율
정보기술	27.9%	산업(제조)	5.5%
선택 소비재	21.8%	필수 소비재	3.5%
의료서비스	13.5%	원자재	3.0%
금융	8.7%	부동산	1.0%
에너지	7.2%	통신서비스	0.4%

출처: The Growth Fund of America, Class A Shares, 분기별 보고서, 2018년 6월 30일

하는 것으로 보이는 광범위한 회사들에 투자하는 것이다. Growth Fund of America는 광범위한 산업의 300개 이상의 상이한 주식과 수십 개 발행기관의 단기증권들을 보유한다. AGTHX 펀드는 정보기술에 가장 많이 투자하고 있고 포트폴리오의 27.9%를 차지한다. 선택 소비재산업과 의료서비스산업이 펀드 투자의 각각 21.8%와 13.5%를 차지한다.

Growth Fund of America 자산의 92.5%를 차지하는 주식 포지션을 분석하면, 포트폴리오 관리의 전통적 접근법의 작동을 볼 수 있다. 이 펀드는 이용가능한 주식 집단의 넓은 횡단면에 포함되는 수많은 주식을 보유한다. 이 주식들은 크고 작은 기업들을 포함한다. 펀드의 최대 단일 주식 보유는 포트폴리오의 6%를 차지하는 Amazon이다. Google의 모회사인 Alphabet은 두 번째이며 약 5%이다. 세 번째와 네 번째 대규모 보유는 각각 4.4%와 3.7%로 Netflix와 Facebook이다. 이 펀드의 보유 주식 상당수가 대규모의 유명한 기업의 주식이지만, 포트폴리오는 작고 알려지지 않은 기업들의 주식도 포함한다.

최근 몇 년 동안 기관투자자들에게 종종 기인하는 한 가지 경향은 경쟁사가 보유한 것과 유사한 증권에 투자하는 "군집행동(herding)"이다. 이러 기관투자자는 경쟁사의 행동을 효과적으로 모방한다. 예를 들어, Growth Fund of America의 경우 관리자는 성장지향적인 다른 대규모 뮤추얼펀드가 보유한 회사의 주식을 매입한다. 〈그림 5.7〉은 Growth Fund of America와 또 다른 대규모 뮤추얼펀드인 Fidelity Contrafund의 연간 수익률을 보여준다. 두 펀드 모두 $100십억 이상의 투자를 보유하고 있으며 2013년부터 2018년(8월까지) 비슷한 수익률을 나타내는 것이 분명하다. 이 기간 동안 이들 펀드 간의 상관관계는 0.97이므로 서로 거

투자자 현실

당신 이웃의 포트폴리오 보라 한 연구에 따르면 서로 가까운 곳(예: 동일한 우편번호)에 사는 뮤추얼펀드 매니저가 보유한 포트폴리오가 거주지가 더 멀리 떨어져 있는(예: 같은 도시에 있지만 동일한 우편번호가 아님) 매니저가 보유한 포트폴리오보다 더 유사하다.

(출처: Veronica K. Pool, Noah Stoffman, Scott E. Yonker, "The People in Your Neighborhood: Social Interactions and Mutual Fund Portfolios," *Journal of Finance*, Volume 70, Issue 6, pp.2679-2732에서 발췌)

그림 5.7 미국 성장펀드(AGTHX) 및 Fidelity Contrafund 수익률

이 그림은 두 개의 대형 뮤추얼펀드인 Growth Fund of America(AGTHX)와 Fidelity Contrafund의 2013년부터 2018년까지의 연간 수익률을 나타낸다. 펀드의 수익률은 매우 유사한 포트폴리오를 보유하고 있기 때문에 상관관계가 높다.

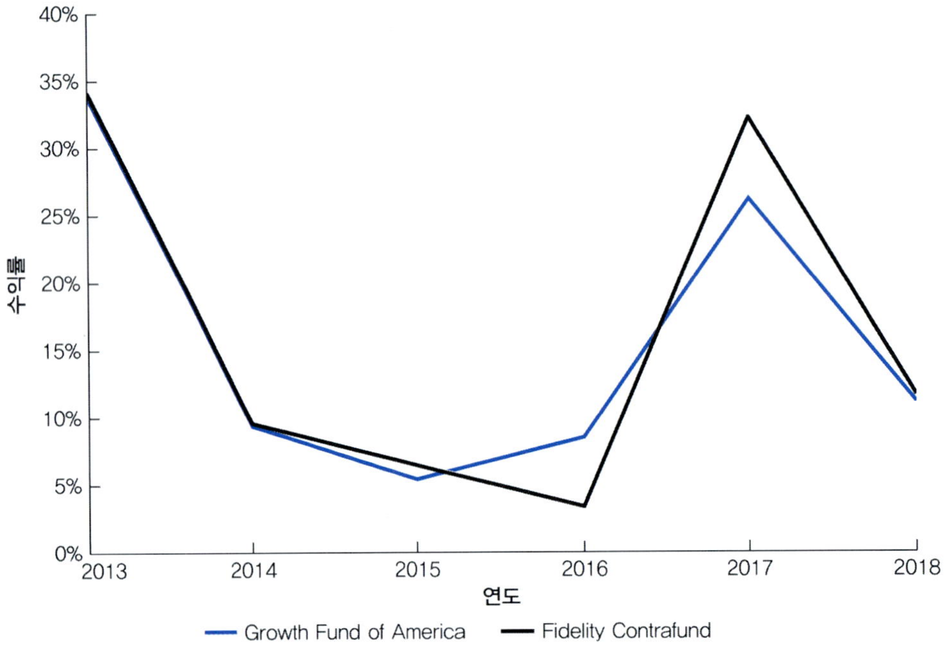

의 완전 상관관계가 있다. Growth Fund of America의 매니저가 특정 주식을 구입한 이유는 확실하지 않지만, 비슷한 목표를 가진 대부분의 펀드가 동일한 잘 알려진 주식을 많이 보유하고 있다는 것은 분명하다.

현대 포트폴리오 이론

1950년대, 미래의 노벨상 수상자인 Harry Markowitz는 현대 포트폴리오 이론의 기초를 형성하는 이론을 개발했다. Markowitz의 선구적 업적 이후 수년 동안, 많은 다른 학자들과 투자 전문가들이 이 이론에 공헌했다. **현대 포트폴리오 이론**(modern portfolio theory: MPT)은 포트폴리오 계획을 개발하기 위해 몇 가지 기본적 통계적 척도를 사용한다. 여기에는 증권과 포트폴리오의 기대수익률과 표준편차, 그리고 수익률 사이의 상관관계가 포함된다. MPT에 의하면 분산투자자는 개별 증권들의 수익률이 서로 음의(또는 낮은 양수의) 상관관계를 갖도록, 포트폴리오에 증권들을 결합

> **투자자 오류**
>
> **적게 분산투자하지 말아라** 많은 연구 결과에 따르면 투자자는 포트폴리오에 주식을 너무 적게 보유하고 있어 분산투자 수준이 낮은 경향이 있다. 투자자는 지역 회사와 같이 자신에게 익숙한 회사에 너무 많이 투자하는 경향이 있다. 낮은 수준의 분산투자는 성과가 좋지 않고, 수익률이 낮으며(한 연구에 따르면 연간 3%까지), 잘 분산된 포트폴리오에 비해 높은 변동성을 보이는 비효율적인 포트폴리오를 초래한다.

함으로써 달성된다. 따라서 통계적 분산투자는 MPT 포트폴리오의 증권을 선택하는 결정적 요인이다. MPT의 두 가지 중요한 내용은 효율적 프런티어와 포트폴리오 베타이다.

효율적 프런티어 투자자는 수천 개의 선택대상에 직면한다. 이러한 투자의 다양한 조합을 선택함으로써 거의 무제한의 다양한 포트폴리오를 형성할 수 있다. 만약 우리가 모든 가능한 포트폴리오를 만들고, 각각의 수익률과 위험을 계산하고, 그리고 각 위험-수익 조합을 그래프에 표시하면, 가능한 포트폴리오들의 **실현가능** 또는 **달성가능**한 집합을 갖게 될 것이다. 이 집합은 〈그림 5.8〉의 음영 영역으로 표시된다. 이는 ABYOZCD로 표시된 호에 의해 둘러싸인 영역이다. 효율적인 포트폴리오는 주어진 위험 수준에 대해 가장 높은 수익을 제공하는 포트폴리오라는 것을 상기하라. 예를 들어, 〈그림 5.8〉의 포트폴리오 T를 포트폴리오 B와 Y에 비교해 보자. 포트폴리오 Y는 포트폴리오 T에 비해 동일한 수준의 위험에서 더 높은 수익률을 갖고

그림 5.8

실현가능 또는 달성가능 집합과 효율적 프런티어

실현가능 또는 달성가능 집합(음영처리 영역)은 모든 가능한 포트폴리오로 달성될 수 있는 위험-수익률 조합을 제시한다; 효율적 프런티어는 모든 효율적 포트폴리오들의 궤적이다. 투자자의 가능한 최고의 무차별곡선이 효율적 프런티어에 접하는 O점은 최적 포트폴리오이다. 이는 투자자가 주어진 가능한 포트폴리오 집합에서 달성할 수 있는 최고 수준의 만족을 나타낸다.

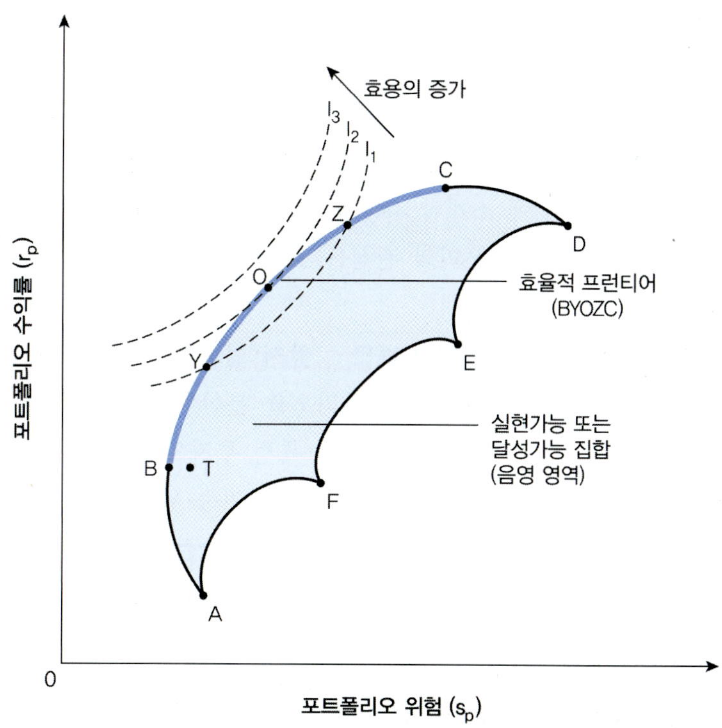

있기 때문에 선호되는 것으로 나타난다. 포트폴리오 B 또한 동일한 수준의 수익률에서 더 낮은 위험을 갖고 있기 때문에, 포트폴리오 T를 "지배"한다. 따라서 포트폴리오 T는 비효율적이다.

BYOZC라고 표시된 실현가능 집합 경계의 위쪽으로 기울어진 부분은 모든 효율적인 포트폴리오, 즉 각 위험 수준에서 가장 높은 수익을 제공하는 포트폴리오를 나타낸다. 이 경계가 **효율적 프런티어**(efficient frontier)이다. 효율적인 경계의 오른쪽 또는 아래에 있는 모든 포트폴리오는 효율적인 경계에 있는 포트폴리오가 지배한다. 효율적 프런티어의 왼쪽에 위치한 모든 포트폴리오는 달성가능 집합의 외부에 있기 때문에 투자불가능하다. 예를 들어, 누구든지 매우 높은 수익과 위험이 전혀 없는 투자를 원하지만 그러한 투자는 존재하지 않는다.

이론적으로 효율적 프런티어를 사용하여 주어진 가능한 포트폴리오 집합에서 투자자가 달성할 수 있는 최고 수준의 만족을 발견할 수 있다. 이를 위해 우리는 그래프에 **투자자 무차별곡선**을 표시한다. 이 곡선은 주어진 효용(만족) 수준에서 투자자가 무차별한 위험-수익률 조합들을 나타낸다. 〈그림 5.8〉의 I_1, I_2, I_3로 명명된 이 곡선들은, I_1으로부터 I_2, 그리고 I_3로 이동하면서, 만족의 상승을 반영한다. **최적 포트폴리오 O**는 무차별곡선 I_2가 효율적 프런티어를 만나는 점이다. 곡선 I_3 상의 위험과 수익의 조합을 제공할 수 있는 현실적 투자는 없기 때문에, 투자자는 I_3에 의해 속하는 더 높은 효용을 달성할 수 없다. 따라서 투자자는 최적의 포트폴리오인 포트폴리오 O를 보유하여 효용을 극대화한다.

만약 우리가 수익률 r_f를 지급하는 무위험투자를 〈그림 5.8〉에 도입하면, 결국 앞에 소개된 자본자산가격결정모형의 수식을 도출할 수 있다. 이론에 더 집중하는 대신, 우리의 관심을 효율적 프런티어와 그 확장의 더 실용적인 측면으로 옮긴다.

포트폴리오 베타 앞서 언급했듯이 투자자는 위험을 줄일 수 있는 다양한 투자를 포함하여 포트폴리오를 분산투자하려고 노력한다. 투자는 두 가지 유형의 위험을 내포하고 있다. (1) 특정 투자의 고유한 분산가능 위험과, (2) 모든 투자에 적어도 어느 정도 포함된 분산불가능 위험이다. 분산가능 위험은 제거하기 쉽기 때문에 시장은 그러한 유형의 위험을 감수하는 것에 대한 보상을 제공하지 않는다(더 높은 수익의 형태로). 그렇다면 위험은 어느 정도까지 분산가능하며 어느 정도까지 체계적인가?

위험 분산 우리가 본 것처럼 분산투자는 어떤 투자의 평균에 못 미치는 수익률을 다른 투자의 평균을 넘는 수익률로 상쇄함으로써 분산가능 위험을 최소화한다. 세심한 투자를 통한 분산가능 위험의 최소화는 포트폴리오에 선택된 투자들은 광범위한 산업으로부터 나오도록 요구한다.

분산투자가 투자자에게 어떻게 도움을 주는지 더 잘 이해하기 위해, 단일 자산(증권)으로부터 시작하여 무작위로 추가적 증권을 선택함으로써 포트폴리오를 확대할 때, 어떤 일이 생기는지 살펴본다. 〈그림 5.9〉와 같이 포트폴리오의 총위험을 측정하기 위해 표준편차(s_p)를 사용하면, 더 많은 증권이 추가될 때 포트폴리오 총위험의 행태를 묘사할 수 있다. 포트폴리오에 증권을 추가하면(*x*축), 분산투자 효과 때문에 포트폴리오 총위험(*y*축)은 감소한다. 대부분의 위험 감소는 포트폴리오에 수십 개의 증권이 포함되면 발생하지만 투자자가 달성할 수 있는 위험 감소의 양에는 제한이 있다. 포트폴리오의 체계적 위험인 이 제한은 주로 포트폴리오의 증권이 서로 상관되는 정도에 따라 달라진다. 개별 주식 수준에서 베타가 한 주식과 다른 모든 주식과(즉, 시장과)의 상관관계를 측정한다. 포트폴리오에도 동일한 아이디어가 적용된다.

포트폴리오 베타의 계산 앞에서 본 것처럼 베타는 증권의 분산불가능, 또는 실질적 위험을 측정하며, 해당 유형의 위험만 증권의 기대수익률을 이해하는 데 관련된다. **포트폴리오 베타**(b_p)는 단순히 포함된 개별 자산들의 베타의 가중평균이다. 여기에

그림 5.9

포트폴리오 위험과 분산투자

포트폴리오 구성을 위해 더 많은 증권이 결합되면, 포트폴리오의 (표준편차 s_p에 의해 측정된) 총위험은 감소한다. 제거된 위험은 분산가능 위험이다; 남은 부분은 분산불가능, 또는 실질적 위험이다.

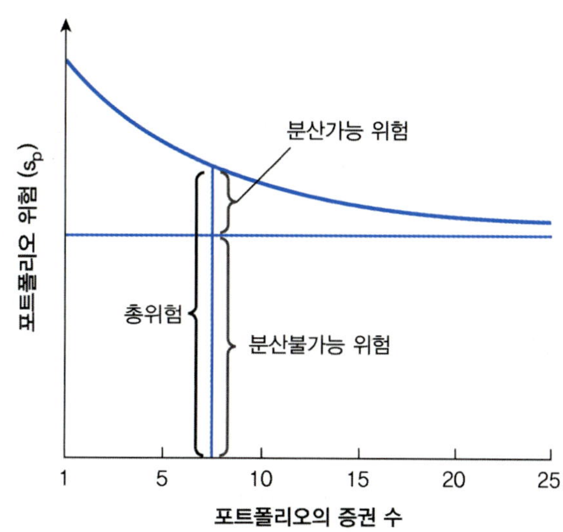

서 가중치는 수식 (5.5)에 표시된 것과 같이 각 증권에 투자된 가치와 포트폴리오 가치의 백분율을 나타낸다.

포트폴리오 베타 = (자산 1에 투자된 총금액이 포트폴리오에서 차지하는 비중 ×자산 1의 베타)
+ (자산 2에 투자된 총금액이 포트폴리오에서 차지하는 비중 ×자산 2의 베타) + ⋯
+ (자산 n에 투자된 총금액이 포트폴리오에서 차지하는 비중 ×자산 n의 베타)
= $\sum_{j=1}^{n}$(자산 j에 투자된 총금액이 포트폴리오에서 차지하는 비중 ×자산 j의 베타) (5.5)

$$b_p = (w_1 \times b_1) + (w_2 \times b_2) + \cdots + (w_n \times b_n) = \sum_{j=1}^{n}(w_j \times b_j) \tag{5.5a}$$

당연히 $\sum_{j=1}^{n} w_j = 1$이며, 이는 포트폴리오 자산의 100%가 이 계산에 포함됨을 의미한다.

포트폴리오 베타는 개별 자산의 베타와 정확하게 같은 방법으로 해석된다. 이는 포트폴리오 수익률의 시장수익률 변화에 대한 반응 정도를 나타낸다. 예를 들어, 시장수익률이 10% 상승할 때, 0.75의 베타의 포트폴리오는 7.5%(0.75×10%)의 수익률 상승을 경험할 것이다. 1.25의 베타를 가진 포트폴리오는 12.5%(1.25×10%)의 수익률 상승을 경험할 것이다. 저-베타 포트폴리오는 고-베타 포트폴리오보다 덜 반응하고, 따라서 덜 위험하다.

이를 증명하기 위해, 두 포트폴리오의 위험을 평가하고자 하는 대규모 투자회사 Austin Fund를 고려해 본다. 한 포트폴리오는 주로 기술주에 투자하고 다른 포트폴리오는 소비재 주식에 투자한다. 두 포트폴리오 모두 5개의 자산을 포함하며 비율과 베타는 〈표 5.6〉에 나와 있다. 다음과 같이 표에서 적절한 자료를 수식 (5.5)에 대입하여 포트폴리오 "기술" 및 "소비재"에 대한 베타, b_{tech} 및 $b_{consumer}$를 계산할 수 있다.

$$\begin{aligned} b_{tech} &= (0.10 \times 1.65) + (0.30 \times 1.00) + (0.20 \times 1.30) + (0.20 \times 1.10) + (0.20 \times 1.25) \\ &= 0.165 + 0.300 + 0.260 + 0.220 + 0.250 = 1.195 \approx \underline{\underline{1.20}} \end{aligned}$$

〈표 5.6〉 기술 및 소비재 포트폴리오의 베타

자산	기술 포트폴리오		소비재 포트폴리오	
	비율	베타	비율	베타
1	0.10	1.65	0.10	0.80
2	0.30	1.00	0.10	1.00
3	0.20	1.30	0.20	0.65
4	0.20	1.10	0.10	0.75
5	0.20	1.25	0.50	1.05
합계	1.00		1.00	

$$b_{consumer} = (0.10\times0.80)+(0.10\times1.00)+(0.20\times0.65)+(0.10\times0.75)+(0.50\times1.05)$$
$$= 0.080+0.100+0.130+0.075+0.525 = \underline{\underline{0.91}}$$

기술 포트폴리오의 베타는 1.20이고, 소비재 포트폴리오의 베타는 0.91이다. 기술 포트폴리오에는 상대적으로 고-베타 자산이 포함되어 있고, 소비재 포트폴리오에는 상대적으로 저-베타 자산이 포함되어 있기 때문에 이러한 값이 합리적이다. 따라서 기술 포트폴리오는 소비재 포트폴리오보다 위험하며 기대수익이 높아야 한다.

포트폴리오 베타의 해석 만약 포트폴리오가 1.0의 베타를 갖고 있으면, 이 포트폴리오는 시장수익률 변화와 같은 수익률 변화를 경험한다. 만약 전체적 주식시장이 10%의 수익률 상승을 경험하면, 베타 1.0의 포트폴리오는 10%의 수익률 상승을 경험하는 경향이 있다. 역으로, 만약 시장수익률이 6% 하락하면, 베타 1.0의 포트폴리오의 수익률도 6% 하락한다.

〈표 5.7〉은 두 가지 상황, 즉 10%의 시장수익률 상승과 10%의 시장수익률 하락에서 세 가지 포트폴리오 베타의 기대수익률을 나열한다. 2.0의 베타를 가진 포트폴리오는 (평균적으로) 시장의 두 배만큼 변동한다. 시장수익률이 10% 상승할 때, 포트폴리오 수익률은 20% 상승한다. 시장수익률이 10% 하락할 때, 포트폴리오 수익률은 20% 하락할 것이다. 이 포트폴리오는 고위험, 고수익 포트폴리오로 간주될 것이다.

중간적인 0.5의 베타의 포트폴리오는 저위험, 저수익 포트폴리오로 간주된다. 이는 저위험 투자 형태를 유지하려는 투자자를 위한 보수적 포트폴리오일 것이다. 베타 0.5의 포트폴리오는 시장의 절반만큼 변동적이다.

−1.0의 베타의 포트폴리오는 시장과는 반대 방향으로 변동한다. 하락시장을 예상하는 투자자는 아마도 음의 베타의 포트폴리오를 소유하기를 원할 것이다. 이런 종

〈표 5.7〉 포트폴리오 베타와 연계된 수익률 변화

포트폴리오 베타	시장수익률의 변화	포트폴리오 기대수익률의 변화
+2.0	+10.0%	+20.0%
	−10.0%	−20.0%
+0.5	+10.0%	+5.0%
	−10.0%	−5.0%
−1.0	+10.0%	−10.0%
	−10.0%	+10.0%

류의 투자는 주식시장이 하락할 때 가치가 상승하는 경향이 있고, 이 역도 성립하기 때문이다. 그러나 음의 베타를 가진 증권을 찾는 것은 어렵다. 대다수 증권들은 주식시장의 변화와 같은 방향의 수익률 변동을 경험하는 경향이 있기 때문에, 양의 베타를 갖는다.

전통적 접근법과 MPT의 조화

포트폴리오 관리에 있어서 두 가지의 상당히 다른 접근법, 즉 전통적 접근법과 MPT를 살펴보았다. 자연스럽게 제기되는 질문은 어느 기법을 사용해야 하는가이다. 정해진 답은 없다. 질문은 각 투자자의 판단에 의해 해결되어야 한다. 그러나 몇 가지 유용한 아이디어를 제공할 수 있다.

평균적 개인투자자는 전체 MPT 포트폴리오 전략을 실행할 수 있는 자원, 컴퓨터, 그리고 수학적 감각을 갖고 있지 않다. 그러나 대다수 개인투자자들은 전통적 그리고 MPT 접근법 모두로부터 아이디어를 얻고 이용할 수 있다. 전통적 접근법은 나중에 설명할 증권선택을 강조한다. 이는 또한 산업부문들에 걸친 포트폴리오 분산을 강조한다. MPT는 포트폴리오 내의 증권들 간의 상관계수를 낮출 것을 강조한다. 우리는 이미 같은 산업의 주식이 다른 산업의 주식보다 더 높은 상관관계를 갖는 경향이 있음을 보여주는 예를 보았으므로, 두 가지 포트폴리오 관리전략 모두 산업부문에 걸친 분산투자를 요구한다.

두 가지 접근법의 특징들을 이용한 다음 포트폴리오 관리정책을 권고한다.

- 얼마나 많은 위험을 수용할지 결정하라.
- 증권의 종류와 산업부문에 걸친 분산투자를 추구하고, 한 증권의 수익률이 다른 증권의 수익률과 어떻게 관련되어 있는지에 유의하라.

- 증권이 시장에 어떻게 반응하는지 고려하고, 수용가능한 수준의 위험에 맞도록 포트폴리오를 유지하기 위해, 포트폴리오 분산투자에서 베타를 이용하라.
- 선택된 포트폴리오가 수용가능한 수준의 위험에서 더 높은 수익률을 제공할 수 있도록 대안적 포트폴리오들을 평가하라.

개념 리뷰

해답은 www.pearson.com/mylab/finance에서 찾을 수 있음.

5.12 전통적 포트폴리오 관리를 기술하라. 전통적 포트폴리오 매니저들이 유명한 회사에 투자하는 것을 선호하는 세 가지 이유를 제시하라.

5.13 현대 포트폴리오 이론(MPT)은 무엇인가? 모든 가능한 포트폴리오의 실현가능 또는 달성가능 집합은 무엇인가? 이는 주어진 투자집단으로부터 어떻게 도출되는가?

5.14 효율적 프런티어는 무엇인가? 이는 모든 가능한 포트폴리오의 달성가능 집합에 어떻게 관련되어 있는가? 최적 포트폴리오를 찾기 위해, 어떻게 투자자의 효용함수와 함께 사용될 수 있는가?

5.15 포트폴리오의 분산가능 위험, 분산불가능 위험, 총위험을 구별하라. 실질적 위험으로 간주되는 것은 무엇인가? 이는 어떻게 측정되는가?

5.16 베타를 정의하라. 포트폴리오에 포함된 각 자산의 베타를 알고 있을 때, 포트폴리오 베타는 어떻게 계산될 수 있는가?

5.17 전통적 및 현대 포트폴리오 접근법을 어떻게 조화시킬 수 있는지 설명하라.

토론문제

LG 1 Q5.1 당신의 포트폴리오 목표를 기술하라. 이제 당신의 목표에 부합하는 것으로 느껴지는 10개 주식의 포트폴리오를 만들어라. (적어도 5년 동안 상장된 기업들을 이용하라.) 지난 5년의 매년 연간 배당과 가격 자료를 수집하라.

a. 각 주식의 매년 역사적 수익률을 계산하라.

b. 항목 (a)의 답을 사용하여, 5년 동안의 매년 포트폴리오의 역사적 수익률을 계산하라.

c. 항목 (b)의 답을 사용하여, 5년 동안의 포트폴리오 평균 수익률을 계산하라.

d. 항목 (b)와 (c)의 답을 사용하여, 5년 동안의 포트폴리오 표준편차를 계산하라.

e. 항목 (c)의 역사적 평균 수익률과 문제 (d)의 표준편차를 사용하여, 당신의 기술된 포트폴리오 목표에 기초하여 포트폴리오의 수익과 위험을 평가하라.

LG 2 Q5.2 다음 지침을 사용하여, 적어도 10년 동안 상장된 3개 기업의 주식, A, B, C를 선택하라. 주식 A는 당신이 매입을 고려하는 것이어야 한다. 주식 B는 같은 사업부문 또는 산업에 속할 수 있으며, 주식 A와 최고의 수익률 상관계수를 갖는다고 느껴지는 주식이어야 한다. 주식 C는 주식 A와 가능한 최저의 수익률 상관계수를 갖는다고 느껴지는 주식이어야 한다.

a. 각 주식의 지난 10년 동안의 매년 연 수익률을 계산하라.

b. 각 주식의 10개의 연 수익률 값들을, x축은 연도 그리고 y축은 백분율로 표시된 연 수익률을 나타내는 동일한 축들에 표시하라.

c. 그래프의 각 주식의 수익률 관찰점들을 연결하라. 그래프의 주식 A와 B의 수익률을 평가하고 기술하라. 이들은 기대된 양의 상관계수를 보이는가? 그렇거나 그렇지 않은 이유는?

d. 그래프의 주식 A와 C의 수익률 사이의 상관관계를 평가하고 기술하라. 이들은 기대된 음의 상관계수를 보이는가? 그러한 이유는? 또는 그렇지 않은 이유는?

e. 항목 (c)와 (d)의 답을 주식 A, B, 그리고 C 사이의 예상된 관계에 비교하고 대비하라. 당신의 답을 논의하라.

LG 2 Q5.3 *Wall Street Journal*, Yahoo! Finance 같은 웹사이트 또는 다른 출처로부터 무위험 수익률의 최근 추정치를 수집하라(10년 만기 장기국채를 이용하라). *Value Line Investment Survey* 또는 Yahoo! Finance를 이용하여, 다음 각 주식의 베타를 수집하라.

- Ford(자동차)

- Apple(컴퓨터)
- Sempra Energy(공공서비스)
- Kroger(식료품)
- Bank of America(금융서비스)

당신이 수집한 정보와 이 장에 주어진 대형주의 시장위험 프리미엄을 사용하여, 자본자산가격결정모형에 기초하여 각 주식의 요구수익률을 계산하라.

LG3 LG4 **Q5.4** *Wall Street Journal*, Yahoo! Finance 같은 웹사이트 또는 다른 출처로부터 무위험 수익률의 최근 추정치를 수집하라(10년 만기 장기국채를 이용하라). *Value Line Investment Survey* 또는 Yahoo! Finance를 이용하여, 245쪽 표에 수록된 각 회사의 베타를 수집하라.

a. 각 회사의 현재 베타를 이 장에 주어진 2018년 8월의 베타에 비교하라.

b. 심지어 안정적 경제환경 속에서도 시간이 지남에 따라 베타가 변하는 이유는 무엇인가?

c. 현재 베타와 6%의 주식의 시장위험 프리미엄을 사용하여, CAPM으로 각 주식의 요구수익률을 계산하라.

d. 항목 (C)의 답을 각 회사의 특정 사업에 비교하고 논의하라.

LG2 LG5 LG6 **Q5.5** 국제적 증권을 포함하는 대형 뮤추얼펀드의 투자설명서와 연차보고서를 수집하라. 투자설명서와 연차보고서를 주의 깊게 읽고, 펀드의 기술된 목표를 고려하여 포트폴리오 구성을 연구하라.

a. 보유 산업 및 회사의 분산투자 금액과 종류를 평가하라. 이 포트폴리오는 잘 분산되었는가?

b. S&P 500 같은 미국 주식 포트폴리오의 투자자에 비교하여, 이 펀드의 투자자가 당면하는 추가적 위험을 논의하라.

LG6 **Q5.6** Yahoo! Finance 또는 다른 출처를 사용하여, 0.50에서 1.50 사이의 베타를 가진 4개의 주식을 선택하라. 각 주식의 현재 시장가격을 기록하라. 당신은 4개의 주식을 결합하여 약 1.10의 베타를 가진 포트폴리오를 만들려고 한다고 가정하라.

a. 시행착오를 통해, 모든 4개 주식을 사용하여 1.10의 목표 베타를 가진 포트폴리오를 구성하라.

b. 만약 당신이 이 포트폴리오에 $100,000를 투자할 수 있다면, 항목 (a)에서 계산된 가중치를 기준으로 각 주식에 얼마를 투자하겠는가?

c. 항목 (b)에서 계산된 금액 하에서, 당신은 4개 주식들 가운데 각각 대략 몇 주씩

살 것인가?

d. 1.10의 포트폴리오 베타를 만드는 다른 가중치 집합을 이용하여, 항목 (a), (b), (c)를 반복하라. 주어진 주식들로부터, 주어진 베타를 갖는 유일한 포트폴리오가 특정되는가?

연습문제

LG1 **P5.1** 당신의 포트폴리오는 상장된 4년 동안 다음 표의 값들을 갖고 있다. 포트폴리오에 대한 새로운 자금의 인출 또는 납입이 없었다. 4년 기간 동안의 평균 수익률을 계산하라.

연도	기초 가치	기말 가치
2016	$60,000	$55,000
2017	55,000	65,000
2018	65,000	68,000
2019	68,000	70,000

LG1 **P5.2** 문제 5.1의 자료를 사용하여 포트폴리오 표준편차를 계산하라.

LG1 LG2 **P5.3** 당신은 자산 1과 2를 포함하는 포트폴리오를 고려하고 있다. 자산 1은 포트폴리오 금액의 55%를 차지하고, 자산 2는 나머지 45%를 차지한다. 각 자산에 대하여 다음 6년(2021~2026년)의 기대수익률은 다음 표에 요약되어 있다.

	기대수익률	
연도	자산 1	자산 2
2021	−8%	32%
2022	13	6
2023	25	−8
2024	2	19
2025	−10	34
2026	32	−17

a. Excel 스프레드시트를 사용하여 6년 동안 매년의 포트폴리오 기대수익률(r_p)을 계산하라.

b. Excel 스프레드시트를 사용하여 6년 동안 평균 포트폴리오 기대수익률($\overline{r_p}$)을 계산하라.

c. Excel 스프레드시트를 사용하여 6년 동안 포트폴리오 기대수익률의 표준편차(s_p)를 계산하라.

d. 당신은 자산 1과 2의 수익률 상관계수를 어떻게 특징짓겠는가?

e. 포트폴리오 구성을 통해 얻어진 분산투자의 이득을 논의하라.

LG1 LG2 **P5.4** 문제 5.3을 참조하라. 자산 1은 포트폴리오의 40%, 자산 2는 60%를 차지한다고 가정하라. 6년 기간 동안 포트폴리오 평균 기대수익률과 포트폴리오 기대수익률의 표준편차(s_p)를 계산하라. 당신의 답을 문제 5.3의 답에 비교하라.

LG1 LG2 **P5.5** 당신은 다음 3개 자산, A, B, C의 2021~2024년 기간의 수익률 자료를 갖고 있다.

	기대수익률		
연도	**자산 A**	**자산 B**	**자산 C**
2021	6%	10%	4%
2022	8%	8%	6%
2023	10%	6%	8%
2024	12%	4%	10%

이 자산들을 이용하여, 당신은 3개의 투자 대안을 선택했다:

대안	투자
1	자산 A의 100%
2	자산 A의 50%와 자산 B의 50%
3	자산 A의 50%와 자산 C의 50%

a. 3개의 대안 각각의 4년 기간의 평균 포트폴리오 수익률을 계산하라.

b. 3개의 대안 각각의 4년 기간의 수익률 표준편차를 계산하라.

c. 항목 (a)와 (b)의 답에 기초하여, 당신은 3개 투자 대안들 가운데 어느 것을 추천하는가? 그 이유는?

LG1 LG2 **P5.6** 당신은 자산 포트폴리오 선택을 위한 조언을 요청받고, 다음 자료를 제공받았다.

	기대수익률		
	자산 A	**자산 B**	**자산 C**
2021	12%	16%	12%
2022	14%	14%	14%
2023	16%	12%	16%

두 개의 구성 자산 각각에 동일한 비율(50%)을 투자하여 자산 A와 B로 구성된 첫 번째와 자산 A와 C로 구성된 두 번째의 포트폴리오를 만들 수 있다고 들었다.

a. 각 자산의 3년 동안의 평균 기대수익률($\bar{r}$)은 얼마인가?
b. 각 자산의 기대수익률의 표준편차(s)는 얼마인가?
c. 각 포트폴리오의 평균 기대수익률($\bar{r}_p$)은 얼마인가?
d. 당신은 항목 (c)에서 다루어진 각 포트폴리오의 2개 자산의 수익률 상관관계를 어떻게 특징짓겠는가?
e. 각 포트폴리오의 기대수익률의 표준편차(s_p)는 얼마인가?
f. 당신은 어느 포트폴리오를 추천하는가? 그 이유는?

LG1 LG2 **P5.7** 앞의 문제 5.6을 참조하여, 만약 같은 가중치의 자산 A, B, C로 구성된 포트폴리오를 만들면 어떻게 되겠는가? 이는 위험을 낮추거나 또는 수익을 높일 것인가?

LG1 LG2 **P5.8** 두 주식, Alpha Software 및 Beta Electronics의 다양한 조합과 관련된 위험 및 수익 행동을 세 가지 가능한 상관관계, 즉 완전 양, 무상관, 완전 음의 상관관계에서 평가하려고 한다. 이 자산들에 대해, 다음의 평균 수익률과 표준편차가 계산되었다.

자산	평균 수익률, $\bar{r}$	위험(자산의 표준편차), s
Alpha	6%	30%
Beta	11%	50%

a. Alpha와 Beta 자산의 수익률이 완전 양의 상관관계에 있는 경우(상관계수=+1) 이러한 주식 포트폴리오의 평균 수익률은 어느 범위에서 변하는가? 즉, 이러한 주식의 다양한 조합이 달성할 수 있는 최고 및 최저 평균 수익률은 얼마인가? Alpha와 Beta 포트폴리오가 달성할 수 있는 최소 및 최대 표준편차는 얼마인가?
b. Alpha와 Beta 자산의 수익률이 상관관계가 없는 경우(상관계수=0) 이러한 주식 포트폴리오의 평균 수익률은 어느 범위에서 변하는가? 수식 (5.2)를 사용하여 Alpha에 75%, Beta에 25%를 투자하는 포트폴리오의 표준편차는 얼마인가? 이것은 Alpha와 Beta의 표준편차와 어떻게 비교되는가?
c. Alpha와 Beta 자산의 수익률이 완전 음의 상관관계에 있는 경우(상관계수=−1) 이러한 주식 포트폴리오의 평균 수익률은 어느 범위에서 변하는가? 포트폴리오 표준편차는 어떤 범위에서 달라지는가? 수식 (5.2)를 사용하여 Alpha에 62.5%, Beta에 37.5%를 투자하는 포트폴리오의 표준편차를 계산하라.

MyLab LG1 **P5.9** 다음 표는 Home Depot(HD)와 Lowe's(LOW)의 주식의 연간 수익률을 포함한다. 수익률은 finance.yahoo.com으로부터 수집된 연말 가격을 사용하여 (배당과 주식분할에 대해 조정되어) 계산된다. Excel을 이용하여, HD와 LOW의 균등 가중치 포트폴리오의 연간 포트폴리오 수익률을 계산하는 스프레드시트를 작성하라. 또한 HD에 50%, LOW에 50%를 투자하는 포트폴리오의 연평균 수익률과 표준편차를 계산하라. 이 기간 동안 HD와 LOW 수익률 간의 상관관계는 얼마인가?

연도	HD 수익률	LOW 수익률
2005	−4.3%	16.1%
2006	1.0%	−6.1%
2007	−31.1%	−26.8%
2008	−11.4%	−3.3%
2009	30.5%	10.6%
2010	25.0%	9.2%
2011	23.5%	3.4%
2012	50.3%	42.9%
2013	35.9%	41.8%
2014	30.2%	41.2%
2015	28.6%	12.1%
2016	4.0%	−0.1%
2017	44.6%	26.9%

LG1 LG2 **P5.10** 문제 5.9의 Home Depot(HD)와 Lowe's(LOW)의 연 수익률 표를 사용하여, HD와 LOW로 이루어진 다음 가중치의 포트폴리오 각각의 수익률을 계산하는 Excel 스프레드시트를 작성하라. 가중치: (1.0, 0.0), (0.9, 0.1), (0.8, 0.2), (0.7, 0.3), (0.6, 0.4), (0.5, 0.5), (0.4, 0.6), (0.3, 0.7), (0.2, 0.8), (0.1, 0.9), (0.0, 1.0). 또한 각 포트폴리오 구성에서 포트폴리오 표준편차를 계산하라.

LG1 LG2 **P5.11** 문제 5.10에서 Home Depot와 Lowe's에 관해서 계산된 포트폴리오 수익률과 표준편차의 조합들을 그래프로 그리는 Excel 스프레드시트를 만들어라.

MyLab LG1 LG2 **P5.12** 다음 표에는 Consolidated Edison(ED) 및 Central Valley Community Bancorp (CVCY)의 두 주식에 대한 2008년부터 2017년까지의 연간 수익률이 나열되어 있다. Excel을 사용하여 두 주식에 대한 평균 수익률, 표준편차, 상관계수를 계산하는 스프레드시트를 작성하라. 두 주식을 따로 비교하는 것만으로도 하나가 다른 주식보다 더 매력적으로 보이는가? 다음으로, ED에 100% 투자하고 CVCY에 0%를 투자하는 포트폴리오부터 시작하여 ED에 투자한 비율을 10%씩 줄이고 CVCY

에 대한 투자를 10%씩 증가시켜서 ED에 0% 및 CVCY에 100%인 포트폴리오에 도달할 때까지의 여러 포트폴리오의 평균 수익률과 표준편차를 계산하라(총 11개의 포트폴리오가 됨). 각 포트폴리오의 표준편차(x축)와 평균 수익률(y축)을 보여주는 그래프를 작성하라. 이 연습은 어떤 교훈을 알려주는가?

연도	Consolidated Edison	Central Valley
2008	−15.7%	−43.4%
2009	23.8%	−9.9%
2010	14.9%	1.4%
2011	30.8%	−3.6%
2012	−6.7%	43.7%
2013	3.8%	47.4%
2014	24.8%	0.3%
2015	1.4%	10.8%
2016	18.9%	69.0%
2017	19.3%	2.2%

LG3 **P5.13** 문제 5.12에서 Consolidated Edison 및 Central Valley Bancorp의 연간 수익률을 참조하라. 다음은 2008년부터 2017년까지 광범위한 시장지수의 연간 수익률이다.

연도	시장
2008	−38.4%
2009	23.4%
2010	12.8%
2011	0%
2012	13.4%
2013	29.6%
2014	11.4%
2015	−0.7%
2016	9.5%
2017	19.4%

a. 시장수익률(x축)−투자수익률(y축)인 그래프에서 자료를 사용하여 동일한 그래프에 ED 및 CVCY에 대한 특성선을 작성하라.
b. 항목 (a)의 특성선을 사용하여 주식에 대한 베타를 추정하라.
c. 항목 (b)에 있는 베타를 사용하여 두 주식의 상대적 위험에 대해 설명하라.

LG3 **P5.14** Pacific Ventures의 베타는 1.2이고 Delta Growers의 베타는 0.8이다. 다음 중 가장 정확한 것은 무엇인가? 설명하라.

a. Pacific Ventures는 Delta Growers보다 총위험이 높다.
b. Pacific Venture는 Delta Growers보다 기대수익률이 더 높다.

LG4 **P5.15** 각 진술이 참인지 거짓인지 표시하고 답변에 대하여 설명하라.
a. Deutsche Bank의 주식은 전체 시장과 완전히 관련이 없다. 이 주식은 기대수익률이 0이다.
b. Volkswagen AG의 베타는 1.5이고 BMW AG의 베타는 1.0이다. Volkswagen AG 주식수익률은 BMW AG 주식수익률의 1.5배이다.
c. Fresenius 주식은 변동성이 매우 크지만 그 움직임은 전체 시장과 음의 상관관계가 있다. 이 주식에 대한 기대수익률은 최소한 무위험수익률과 동일하다.

MyLab LG1 LG3 **P5.16** Jamie Wong은 L과 M이라는 두 개의 주식을 포함하는 투자 포트폴리오를 구성할 계획이다. 주식 L은 포트폴리오 달러 가치의 40%를, 주식 M은 나머지 60%를 차지한다. 이러한 각 주식에 대한 지난 6년(2013~2018년)의 과거 수익률이 다음 표에 나와 있다.

	기대수익률	
연도	주식 L	주식 M
2013	14%	20%
2014	14	18
2015	16	16
2016	17	14
2017	17	12
2018	19	10

a. 6년 동안 매년 포트폴리오 수익률(r_p)을 계산하라.
b. 6년 동안 각 주식 및 포트폴리오에 대한 평균 수익률을 계산하라.
c. 각 자산 및 포트폴리오에 대한 수익률의 표준편차를 계산하라. 포트폴리오 표준편차는 개별 자산의 표준편차와 어떻게 비교되는가?
d. 두 주식 L과 M의 수익률 상관관계를 어떻게 특성화하겠는가?
e. 포트폴리오 구성을 통해 Jamie가 달성한 분산투자의 이점에 대해 논의하라.

LG3 **P5.17** 작년에 Rocket Inc.는 20% 수익을 올렸다. Farmer's Corp.는 10%를 벌었다. 작년 전체 시장수익률은 16%였고 무위험수익률은 2%였다. Rocket 주식의 베타가 2.0이고 Farmer's의 베타가 0.5인 경우 위험을 감안하면 어떤 주식이 더 나은 성과를 냈는가?

MyLab LG3 **P5.18** 다음 표의 각 경우에 대해 자본자산가격결정모형을 사용하여 기대(즉, 요구)수익률을 구하라.

경우	무위험수익률 r_f	시장수익률 r_m	시장베타 B
A	1%	8%	1.3
B	2	6	0.9
C	5	13	−0.2
D	6	12	1
E	4	10	0.6

LG3 **P5.19** 증권의 베타는 1.2이다. 이 증권이 시장보다 다소 위험한가? 설명하라. 다음 각 경우에서 이 증권의 요구수익률에 미치는 영향을 평가하라.

a. 시장수익률은 15% 증가한다.

b. 시장수익률은 8% 감소한다.

c. 시장수익률은 변하지 않는다.

LG3 **P5.20** 증권 A, B, C에 대한 베타가 다음에 표시된 것과 같다고 가정한다.

증권	베타
A	1.6
B	0.6
C	−0.2

a. 시장이 다음 기간 동안 13%의 수익률 증가를 경험하는 경우 각 증권에 대한 수익률 변화를 계산하라.

b. 시장이 다음 기간 동안 10%의 수익률 감소를 경험하는 경우 각 증권의 수익률 변화를 계산하라.

c. 계산 결과를 바탕으로 각 증권의 상대적 위험을 평가하고 논의하라. 경기침체기에 어떤 증권이 가장 성과가 좋겠는가? 설명하라.

LG3 LG6 **P5.21** 문제 5.20을 참조하여 각 투자 A, B, C에 $20,000를 투자한 포트폴리오가 있다고 가정한다. 포트폴리오 베타는 얼마인가?

LG3 LG6 **P5.22** 문제 5.21을 참조하여 포트폴리오 베타를 사용하고 무위험수익률을 5%로 가정하면 내년에 시장이 20%를 벌었다면 포트폴리오의 가치는 얼마가 될 것으로 예상하는가? 20%보나 낮은가?

LG2 **P5.23** 무위험수익률이 3%이고 시장 포트폴리오에 대한 기대수익률이 10%라고 가정한다. 자본자산가격결정모형을 사용하고, 주어진 자료에 기초하여, 다음 증권들 각각의 요구수익률을 계산하라.

증권	베타
A	1.3
B	0.9
C	0.2
D	1.0
E	0.6

LG4 **P5.24** Joseph은 주식과 채권들을 포함하는 자신의 투자 포트폴리오를 검토하고 있다. 그는 2%를 지급하는 미국 단기 국채에 큰 금액을 투자하고 있다. 그는 단기국채로부터 주식으로 일부 자금의 이동을 고려하고 있다. 주식은 1.1의 베타를 갖고 있다. 만약 Joseph이 이 주식으로부터 (기대 시장수익률 14%보다 약간 더 높은) 16%의 수익률을 기대하면, 주식을 사야 하는가 또는 자금을 단기국채에 유지해야 하는가?

LG4 **P5.25** 무위험수익률은 현재 3%, 그리고 시장수익률은 9%이다. 당신이 다음 투자들을 고려하고 있다고 가정하라.

투자	베타
A	1.5
B	1.0
C	0.75
D	0.0
E	2.0

a. 어느 투자가 가장 위험한가? 가장 덜 위험한 투자는?
b. 자본자산가격결정모형을 사용하여, 각 투자의 요구수익률을 계산하라.
c. 항목 (b)의 답에 기초하여, 증권시장선을 그려라.
d. 항목 (c)의 답에 기초하여, 위험과 수익 사이에 어떤 관계가 존재하는가? 설명하라.

LG5 LG6 **P5.26** 포트폴리오 A부터 J는 다음 표에 수익률(r_p) 및 위험(표준편차 s_p로 측정)과 함께 수록되었으며, 실현가능 또는 달성가능 집합의 모든 현재 이용가능한 포트폴리오를 나타낸다.

포트폴리오	수익률, r_p	위험, s_p
A	9%	8%
B	4%	6%
C	14%	10%
D	12%	14%
E	7%	11%
F	10%	6%
G	10%	12%
H	15%	15%
I	12%	7%
J	8%	3%

a. 포트폴리오 위험(s_p)(x축)과 포트폴리오 수익률(r_p)(y축)을 나타내는 그래프에, 이 자료들이 의미하는 실현가능 또는 달성가능 집합을 표시하라.

b. 항목 (a)의 그래프에 효율적 프런티어를 그려라.

c. 어떤 포트폴리오가 효율적 프런티어 상에 위치하는가? 이 포트폴리오들은 왜 실현가능 집합의 다른 포트폴리오들을 지배하는가?

d. 최적 포트폴리오를 찾기 위해 투자자의 효용함수 또는 위험-무차별곡선은 어떻게 효율적 프런티어와 함께 사용되는가?

LG5 LG6 **P5.27** 포트폴리오 구성을 위해, Jack Cashman은 뉴욕 증권거래소에 상장된 모든 증권들로부터 무작위로 증권을 선택했다. 그는 한 증권에서 시작하여, 총 20개 증권이 포트폴리오에 포함될 때까지 하나씩 증권을 추가했다. 각 증권이 추가된 후, Jack은 포트폴리오 표준편차(s_p)를 계산했다. 계산된 값들은 다음과 같다.

증권	포트폴리오 위험, s_p	증권	포트폴리오 위험, s_p
1	14.5%	11	7.00%
2	13.3%	12	6.80%
3	12.2%	13	6.70%
4	11.2%	14	6.65%
5	10.3%	15	6.60%
6	9.5%	16	6.56%
7	8.8%	17	6.52%
8	8.2%	18	6.5%
9	7.7%	19	6.48%
10	7.3%	20	6.47%

a. 포트폴리오의 증권 수(x축)와 포트폴리오 위험, s_p(y축)을 나타내는 그래프에, 앞 표의 자료에 의해 주어진 포트폴리오 위험을 표시하라.

b. 그래프의 포트폴리오 위험을 분산불가능 및 분산가능 위험 요소로 구분하고, 그래프에서 각각을 표시하라.

c. 두 위험 요소 가운데 어느 것이 실질적 위험인지 기술하고, 왜 그런지 설명하라. 이런 위험이 Jack Cashman의 포트폴리오에 얼마나 많이 존재하는가?

LG3 LG4 **P5.28** 무위험수익률이 3%이고 시장 포트폴리오에 대한 기대수익률이 10%라고 가정한다. 특정 주식의 베타는 1.0이다. 내년에 이 주식은 11%의 수익을 올릴 것이라고 믿는다. 주식이 과대평가 혹은 과소평가 되었다고 말할 수 있는가?

LG3 LG6 **P5.29** 주식 A는 0.8의 베타, 주식 B는 1.4의 베타, 그리고 주식 C는 −0.3의 베타를 갖고 있다.

a. 이 주식들에 대해, 가장 위험한 것부터 가장 덜 위험한 것까지 순위를 정하라.

b. 만약 시장 포트폴리오의 수익률이 12% 상승하면, 당신은 각 주식의 수익률에서 어떤 변화를 기대하는가?

c. 만약 시장 포트폴리오의 수익률이 5% 하락하면, 당신은 각 주식의 수익률에서 어떤 변화를 기대하는가?

d. 만약 당신이 주식시장이 현저한 하락을 경험할 것으로 느끼면, 어느 주식을 포트폴리오에 추가할 가능성이 가장 높은가? 그 이유는?

e. 만약 당신이 대규모 주식시장의 상승을 예상하면, 어느 주식을 포트폴리오에 추가할 가능성이 가장 높은가? 그 이유는?

LG6 **P5.30** 각각 4개의 자산을 포함하는 3가지의 포트폴리오가 있다. 다음 표는 각 자산의 베타와 함께 3가지 포트폴리오의 각 자산에 할당된 가중치를 지정한다.

		포트폴리오 가중치		
자산	자산의 베타	포트폴리오 A	포트폴리오 B	포트폴리오 C
A	1.5	30%	5%	35%
B	1.8	40%	15%	5%
C	0.30	20%	30%	40%
D	−0.40	10%	50%	20%
합계		100%	100%	100%

a. 세 가지 포트폴리오의 베타를 계산하라.

b. 베타에 따라 가장 높은 위험에서 가장 낮은 위험까지 포트폴리오의 순위를 정하라.

LG4 **P5.31** 문제 5.30을 참조하여, 만약 무위험수익률이 2%이고 시장수익률이 7%이면, 각 포트폴리오의 요구수익률을 자본자산가격결정모형을 사용하여 계산하라.

LG5 LG6 **P5.32** 문제 5.31을 참조하여, 5개 자산 각각은 아래 표에 제시된 기대수익률을 갖는다고 가정하라. 이 수치들과 문제 5.30의 가중치들에 기초하여, 포트폴리오 A와 B의 기대수익률을 계산하라. 당신은 어느 포트폴리오에 투자하겠는가, 그리고 그 이유는 무엇인가?

자산	수익률
1	8%
2	6%
3	8%
4	7%
5	7%

MyLab LG4 **P5.33** 기업은 A와 B라는 두 자산에 대한 베타를 그래프로 추정하려고 한다. 지난 10년(2009~2018년) 동안 시장 포트폴리오와 두 자산에 대해 다음 표에 표시된 수익률 자료를 수집했다.

	실제 수익률		
연도	시장 포트폴리오	자산 A	자산 B
2009	6%	11%	16%
2010	2	8	11
2011	−13	−4	−10
2012	−4	3	3
2013	−8	0	−3
2014	16	19	30
2015	10	14	22
2016	15	18	29
2017	8	12	19
2018	13	17	26

a. 시장수익률(x축) − 자산수익률(y축)인 그래프에서 주어진 자료를 사용하여 자산 A 및 자산 B에 대한 특성선을 그려라.
b. 항목 (a)의 특성선을 사용하여 자산 A와 B의 베타를 추정하라.
c. 항목 (b)에 있는 베타를 사용하여 자산 A와 B의 상대적 위험에 대해 언급하라.

LG1 LG2 LG5 MyLab

P5.34 Jane은 세 가지 다른 주식에 투자하거나 세 가지 별개의 2개 주식으로 구성된 포트폴리오를 만드는 것을 고려하고 있다. Jane은 자신을 다소 보수적인 투자자라고 생각한다. 그녀는 2012년부터 2018년까지 3개 증권에 대한 역사적 수익률을 얻을 수 있다. 자료는 다음 표에 나와 있다.

연도	주식 A	주식 B	주식 C
2012	10%	10%	12%
2013	13	11	14
2014	15	8	10
2015	14	12	11
2016	16	10	9
2017	14	15	9
2018	12	15	10

가능한 두 개의 주식 포트폴리오에서 포트폴리오의 각 주식 가중치는 50%이다. 세 가지 가능한 포트폴리오 조합은 AB, AC, BC이다.

a. 각 개별 주식에 대한 평균 수익률을 계산하라.

b. 각 개별 주식에 대한 표준편차를 계산하라.

c. 포트폴리오 AB, AC, BC에 대한 평균 수익률을 계산하라.

d. 포트폴리오 AB, AC, BC에 대한 표준편차를 계산하라.

e. Jane이 단일 주식 A 또는 주식 A와 B로 구성된 포트폴리오에 투자하도록 권유하겠는가? 위험-수익의 관점에서 답을 설명하라.

f. Jane이 단일 주식 B 또는 주식 B와 C로 구성된 포트폴리오에 투자하도록 권유하겠는가? 위험-수익의 관점에서 답을 설명하라.

LG4 LG5 LG6 MyLab

P5.35 Katie는 Intel(INTC)과 Procter & Gamble(PG)의 두 증권으로 구성된 포트폴리오를 구성할 계획이며 포트폴리오의 수익이 각 주식에 투자한 금액에 따라 어떻게 달라지는지 궁금해 한다. Katie의 교수는 자본자산가격결정모형을 사용하여 두 회사에 필요한 수익률을 정의할 것을 제안한다. (수식 (5.4) 및 수식 (5.4a) 참조)

$$r_j = r_f + [b_j \times (r_m - r_f)]$$

Katie는 현재 장기 국채수익률 3%를 사용하여 r_f를 측정한다. Katie는 지난 몇 년간 S&P 500 지수의 평균 수익률이 11%라고 결정하므로 이 수치를 사용하여 r_m을 측정한다.

a. 이번 장에서 설명하였고 〈그림 5.5〉에 예시된 방법을 사용하여 INTC 및 PG의 베타 값을 추정하라. (Yahoo! Finance는 월별 주식수익률을 위한 훌륭한

출처이다.)

b. CAPM을 사용하여 INTC 및 PG 모두에 필요한 수익률을 결정하는 스프레드시트를 작성하라.

c. Katie는 포트폴리오가 INTC와 PG을 각각 60% 및 40% 비율로 포함하도록 결정했다. 따라서 포트폴리오의 수익률과 베타 모두에 대해 가중평균을 계산할 수 있다. 이 개념은 〈표 5.2〉의 스프레드시트에 나와 있다(http://www.pearson.com/mylab/finance에서 확인 가능). 계산을 위해 다음 모형을 사용하여 스프레드시트를 작성하라.

$$\text{war} = (w_i \times r_i) + (w_j \times r_j)$$

여기서

war＝포트폴리오에 대한 가중평균 요구수익률

w_i＝포트폴리오의 증권 i의 가중치

r_i＝포트폴리오의 증권 i의 요구수익률

w_j＝포트폴리오의 증권 j의 가중치

r_j＝포트폴리오의 증권 j의 요구수익률

$$\text{wab} = (w_i \times b_i) + (w_j \times b_j)$$

여기서

wab＝포트폴리오에 대한 가중평균 베타

w_i＝포트폴리오에 있는 증권 i의 가중치

b_i＝증권 i에 대한 베타

w_j＝포트폴리오에 있는 증권 j의 가중치

b_j＝증권 j에 대한 베타

사례문제 5.1 | 전통적 그리고 현대 포트폴리오 이론: 무엇이 옳은가?

LG5 LG6 Walt Davies와 Shane O'Brien은 Lee, Inc.의 지역 책임자이다. 몇 년 동안 회사의 판매조직을 옮겨 다니면서, 그들은 가까운 친구가 되었다(지금도 그렇다). 33세인 Walt는 현재 뉴저지주 프린스턴에 살고 있다. 35세인 Shane은 텍사스주 휴스턴에 산다. 최근 전국 영업회의에서 그들은 회사의 여러 가지 일과 가족의 근황도 서로 얘기할 때 투자 문제가 대두되었다. 각자는 언제나 주식시장에 매혹되어 있었고, 이제 어느 정도의 경제적 성공을 이루었으므로 활발한 투자를 시작했다.

투자에 대해 논의할 때, Walt는 수십만 달러를 갖지 않은 개인이 안전하게 투자할 수 있는 유일한 방법은 뮤추얼펀드 주식을 사는 것이라고 생각한다고 말했다. 그는 개인은 안전을 위해 광범위하게 분산된 포트폴리오를 보유해야 하고, 많은 돈과 시간을 가진 사람만이 뮤추얼펀드로부터 얻을 수 있는 분산투자 효과를 독립적으로 달성할 수 있다고 강조했다.

Shane은 완전히 다른 의견을 제시했다. 그는 "분산투자! 누가 그걸 필요로 하지?"라고 말했다. 그는 원하는 위험-수익 특성을 가진 주식을 주의 깊게 살펴보고, 최선의 주식 하나에 모든 돈을 투자하는 것이 옳다고 생각했다. Walt는 그에게 미쳤다고 말했다. 그는 "그건 도박을 하는거야"라고 말했다. Shane은 동의하지 않았다. 그는 주식 브로커가 위험 척도인 베타에 관해 어떻게 알려주었는지 설명했다. Shane은 주식의 베타가 높을수록 더 위험하고, 따라서 더 높은 수익률을 갖는다고 말했다. 잠재적 주식 투자의 베타를 인터넷에서 찾아봄으로써, 투자자는 수용가능한 위험 수준을 가진 주식을 선택할 수 있다고 했다. Shane은 베타가 있으면 분산투자는 불필요하다고 하면서, 투자자는 단순히 베타에 반영된 위험을 기꺼이 받아들일 필요가 있다고 설명했다.

대화는 계속되었으며, Walt는 베타에 관해 전혀 모르지만 하나의 주식만으로 안전하게 투자할 수 있을 것으로 믿지 않는다고 말했다. Shane은 그의 주식 브로커가 베타는 하나의 주식뿐 아니라 주식의 포트폴리오에서도 계산될 수 있다고 설명했다고 계속 주장했다. 그는 "베타 1.2의 주식과 베타 1.2의 포트폴리오는 어떻게 다르지? 그들은 같은 위험을 갖고 있으므로, 비슷한 수익률을 제공해야 한다"라고 말했다.

Walt와 Shane은 계속 투자전략에 관해 다른 의견들을 말했기 때문에, 서로에게 화가 나기 시작했다. 누구도 상대방에게 자신을 납득시킬 수 없었다. 그들의 목소리는 이제 높아져서, 근처에 서 있던 회사의 재무담당 부사장인 Elinor Green의 주의를 끌었다. 그녀는 걸어 와서, 그들의 논쟁을 들었고 자신의 전문적 재무지식을 이용하여 그들의 논쟁을 해결할 수 있다고 말했다. 그녀는 그들의 논쟁의 핵심을 설명하도록 요청했고, 각자는 자신의 견해를 다시 설명했다. 그들의 의견을 들은 후, Elinor는 "두 분의 설명 각각에 대해 좋은 소식과 나쁜 소식이 있습니다. Walt는 포트폴리오 관리에서 전통적 접근법을 지지하는 경향이 있고, Shane의 견해는 현대 포트폴리오 이론을 더 지지하고 있습니다"라고 대답했다. 바로 그때 회사의 사장이 즉시 Elinor와 대화해야 했기 때문에 토론은 중단되었다. Elinor는 헤어져야 한다고 양해를 구하고, 그날 저녁 늦게 대화를 계속하자고 제안했다.

≫질 문

a. Walt의 주장을 분석하고, 투자자가 적절히 분산투자하기 위해 수십만 달러를 가질 필요는 없는 이유를 설명하라.
b. Shane의 주장을 분석하고, 그가 주장한 베타로써 분산투자를 대체한다는 논리의 주요 오류를 설명하라. 위험 척도로서 베타를 사용하는 기반이 되는 핵심 가정을 설명하라.

c. 포트폴리오 관리의 전통적 접근법을 간단히 기술하고, Walt와 Shane에 의해 지지되는 접근법에 비교하라.

d. 현대 포트폴리오 이론을 간단히 기술하고, Walt와 Shane에 의해 지지되는 접근법에 비교하라. 반드시 분산가능 위험, 분산불가능 위험, 그리고 총위험 및 베타의 역할을 언급하라.

e. 전통적 접근법과 현대 포트폴리오 이론이 개인투자자에게 유용할 것 같은 포트폴리오 관리의 접근법이 될 수 있도록 어떻게 혼합될 수 있는지 설명하라. 이 논리가 Walt와 Shane의 상이한 관점들을 조화시킬 수 있는지 논의하라.

사례문제 5.2 | Susan Lussier의 상속 포트폴리오: 그녀의 필요를 충족하는가?

LG3 LG4 LG5 LG6

Susan Lussier는 35세이고, 대규모 석유 및 가스 탐사회사의 세무담당 회계사로 고용되어 있다. 그녀는 회사의 급여와 시추활동 참여로부터 1년에 약 $135,000를 번다. 석유 및 가스 관련 세금 전문가이기 때문에, 그녀는 직업적 안정성을 우려하지 않는다. 그녀는 소득에 만족하고, 자신이 원하는 것을 사고 실행하는 데 충분하다고 생각한다. 그녀의 현재 철학은 매일매일 최대한 누리는 것이고, 은퇴는 너무 먼 미래이기 때문에 당장 관심을 가질 필요는 없다는 생각으로 신경 쓰지 않고 있다.

한 달 전, Susan의 아버지가 선박사고로 사망했다. 그는 2년 전 캘리포니아주 라호야로 은퇴하여, 대부분의 시간을 요트에서 보냈다. 은퇴 전 그는 의류제조업체를 경영했다. 은퇴 후 그는 회사의 주식을 팔고, 수입금을 연 $30,000 이상의 추가적 은퇴소득을 제공하는 증권 포트폴리오에 투자했다. 그는 유언을 통해 모든 재산을 Susan에게 남겼다. 재산은 약간의 가보 이외에도 약 $350,000의 시장가치를 가진 증권 포트폴리오와 약 $10,000의 현금으로 이루어졌다.

Susan 아버지의 포트폴리오는 5개 채권, 2개 주식, 3개 뮤추얼펀드 등 10개의 증권을 포함했다. 다음 표는 이 증권들 및 핵심 특성을 나열한다. 보통주는 지난 5년 동안 지속적인 배당금 지급 패턴을 보인 대규모의 성숙되고 유명한 기업들이 발행한 주식이다. 주식은 매년 2% 내지 3%의 가치상승률을 넘지 않는 완만한 성장 잠재력을 보였다. 포트폴리오의 뮤추얼펀드는 소득지향적 주식과 채권에 분산투자된 소득형 펀드이다. 이들은 배당소득의 안정적 흐름을 제공했으나, 자본이득의 가능성은 거의 제공하지 않았다.

Susan Lussier가 상속받은 증권 포트폴리오

채권

기준가	증권	S&P 신용등급	이자소득	호가	총비용	경상수익률
$40,000	Delta Power and Light, 10.125% 만기 2029년	AA	$4,050	$ 98	$39,200	10.33%
$30,000	Mountain Water, 9.750% 만기 2021년	A	$2,925	$102	$30,600	9.56%
$50,000	California Gas, 9.500% 만기 2016년	AAA	$4,750	$ 97	$48,500	9.79%
$20,000	Trans-Pacific Gas, 10.000% 만기 2027년	AAA	$2,000	$ 99	$19,800	10.10%
$20,000	Public Service, 9.875% 만기 2017년	AA	$1,975	$100	$20,000	9.88%

보통주

주식 수	회사	주당 배당	배당소득	주당 가격	총비용	베타	배당수익률
2,000	International Supply	$2.40	$4,800	$22	$44,900	0.97	10.91%
3,000	Black Motor	$1.50	$4,500	$17	$52,000	0.85	8.82%

뮤추얼펀드

주식 수	펀드	주당 배당소득	배당소득	주당 가격	총비용	베타	배당수익률
2,000	International Capital Income A 펀드	$0.80	$1,600	$10	$20,000	1.02	8.00%
1,000	Grimner Special Income 펀드	$2.00	$2,000	$15	$15,000	1.10	7.50%
4,000	Ellis Diversified Income 펀드	$1.20	$4,800	$12	$48,000	0.90	10.00%

총 연간 소득: $33,400　포트폴리오 가치: $338,000　포트폴리오 경상 수익률: 9.88%

이제 Susan은 소유한 포트폴리오가 자신의 상황에 적합한지 결정하려 한다. 그녀는 포트폴리오에 의해 제공되는 높은 수준의 소득은 약 40%의 세율(연방 및 주)로 과세된다는 것을 알고 있다. Susan은 세후 소득을 주로 높은 자본이득 잠재력을 가진 보통주에 투자할 계획이다. 앞으로 몇 년 동안 그녀가 과세대상 소득 창출을 피해야 할 필요가 있다는 것은 명백하다. (Susan은 이미 소득의 상당한 부분을 세금으로 내고 있다.) 그녀는 포트폴리오를 상속받아서 운이 좋다고 느끼며, 주어진 자신의 재정상태하에서 그녀에게 최대의 혜택을 제공하는지 확인하기 원한다. 그녀에게 남겨진 $10,000의 현금은 특히 포트폴리오 조정에 관련된 중개수수료를 지급하는 데 유용할 것이다.

≫질 문

a. Susan의 재정상황을 간단하게 평가하고, 그녀의 필요에 부합하는 포트폴리오 목표를 개발하라.

b. Susan의 포트폴리오를 평가하라. 분명한 목표를 평가하고, 포트폴리오가 이 목표를 달성하는 데 얼마나 효율적인지 평가하라. 총비용 가치를 이용하여 포트폴리오에 반영된 자산배분 체계를 기술하라. 포트폴리오의 위험, 수익, 세금 효과에 대하여 설명하라.

c. 만약 Susan이 그녀의 필요에 부합하는 증권 포트폴리오에 투자하기로 결정하면(항목 (a)의 답에서 설명됨), 당신이 그녀에게 매입을 추천할 증권들의 성격과 혼합에 대하여 기술하라. 그러한 포트폴리오의 위험, 수익, 세금 효과에 대해 논의하라.

d. 항목 (b)에 대한 답변을 기반하여, Susan에게 상속된 증권 포트폴리오의 성격을 항목 (c)에서 당신이 그녀에게 적합하다고 믿는 증권 포트폴리오와 비교하라.

e. 당신은 Susan에게 상속된 포트폴리오에 관해 어떤 조언을 할 것인가? 그녀의 필요에 맞게 포트폴리오를 조정하는 데 필요한 단계들을 설명하라.

장 도입부 문제

이 문제에서 우리는 이번 장의 도입 부분에 소개된 Commercial Vehicle Group(CVGI)을 검토할 것이다. 다음 표는 2012년 1월부터 2017년 12월까지 CVGI 주식과 S&P 500 주가지수의 월별 수익률을 보여준다.

월/년	S&P 500 수익률	CVGI 수익률
1/2012	4.5%	38.4%
2/2012	4.3%	−3.4%
3/2012	3.3%	1.0%
4/2012	−0.6%	−12.9%
5/2012	−6.0%	−18.0%
6/2012	4.1%	−1.3%
7/2012	1.4%	−10.6%
8/2012	2.2%	9.6%
9/2012	2.6%	1.3%
10/2012	−1.8%	3.3%
11/2012	0.6%	5.5%
12/2012	0.9%	2.5%
1/2013	5.2%	−1.5%
2/2013	1.4%	−2.3%
3/2013	3.8%	−1.3%
4/2013	1.9%	−10.1%
5/2013	2.3%	12.1%
6/2013	−1.3%	−5.1%
7/2013	5.1%	−2.9%
8/2013	−2.9%	−3.2%
9/2013	3.1%	13.4%
10/2013	4.6%	−1.0%
11/2013	3.0%	−3.3%
12/2013	2.5%	−4.5%
1/2014	−3.4%	10.0%
2/2014	4.6%	11.5%
3/2014	0.8%	2.2%
4/2014	0.7%	6.5%
5/2014	2.3%	−2.0%
6/2014	2.1%	5.5%
7/2014	−1.4%	−8.8%
8/2014	4.0%	−12.4%
9/2014	−1.4%	−22.9%
10/2014	2.4%	6.0%
11/2014	2.7%	0.0%
12/2014	−0.2%	1.7%
1/2015	−3.0%	−17.0%
2/2015	5.7%	3.6%
3/2015	−1.6%	12.4%
4/2015	1.0%	−10.6%
5/2015	1.3%	10.1%
6/2015	−1.9%	13.7%
7/2015	2.1%	−18.0%
8/2015	−6.0%	−13.4%
9/2015	−2.5%	−21.3%
10/2015	8.4%	3.2%

월/년	S&P 500 수익률	CVGI 수익률
11/2015	0.3%	−18.3%
12/2015	−1.6%	−18.8%
1/2016	−5.0%	12.3%
2/2016	−0.1%	
3/2016	6.8%	
4/2016	0.4%	
5/2016	1.8%	
6/2016	0.2%	
7/2016	3.7%	
8/2016	0.1%	
9/2016	0.0%	
10/2016	−1.8%	
11/2016	3.7%	

월/년	S&P 500 수익률	CVGI 수익률
12/2016	2.0%	
1/2017	1.9%	
2/2017	4.0%	
3/2017	0.1%	
4/2017	1.0%	
5/2017	1.4%	
6/2017	0.6%	
7/2017	2.0%	
8/2017	0.3%	
9/2017	2.1%	
10/2017	2.3%	
11/2017	3.1%	
12/2017	−1.1%	

≫질 문

a. Excel 스프레드시트를 사용하여 CVGI 주식 및 S&P 500에 대한 월 평균 수익률을 계산하라.

b. Excel 스프레드시트를 사용하여 CVGI 및 S&P 500에 대한 월별 수익률의 표준편차를 계산하라. 답변은 분산가능 위험, 분산불가능 위험, 총위험에 대해 무엇을 알려주는가?

c. Excel 스프레드시트를 사용하여 CVGI의 수익률을 세로축에, S&P 500의 수익률을 그래프의 가로축에 표시하라. CVGI와 S&P 500이 서로 연관되어 있는 것으로 보이는가? 그렇다면 양의 상관관계가 있는가 아니면 음의 상관관계가 있는가?

d. Excel 스프레드시트를 사용하여 항목 (c)에서 생성한 산점도에 가장 잘 맞는 추세선을 추가하라. 이 선의 기울기는 얼마인가? 경사를 어떻게 해석할 수 있는가? S&P 500의 위험과 비교하여 CVGI의 위험에 대해 무엇을 말하는가?

CFA 시험 문제

공인 재무분석사(Chartered Financial Analyst: CFA) 인증은 당신이 자금관리 분야에서 취득할 수 있는 가장 높은 전문자격증으로 세계적으로 인정받고 있다. CFA 인증은, 각각 투자 분야의 전체 범위를 다루는 6시간의 시험으로 이루어진, 일련의 3단계 시험을 성공적으로 통과한 후보자들에게 주어진다. CFA 프로그램은 버지니아주 Charlottesville에 소재한 CFA Institute에 의해 시행된다. (CFA 프로그램에 관한 더 많은 정보를 원하면 www.cfainstitute.org를 방문하라.)

이 교재의 제2부부터 시작하여 각 부의 마지막 부분에, Level I 시험 문제와 유사한 몇 개의 문제 샘플을 제공한다.

투자환경과 개념적 도구

다음은 CFA의 Level I 시험 문제들과 유사한 문제 샘플이다. 이 문제들은 이 책의 제1부와 제2부에서 논의된 많은 주제들을 다루며, 이는 화폐의 시간가치, 위험과 수익의 측정, 증권시장 그리고 포트폴리오 관리를 포함한다. (문제에 답할 때, 각 문제당 1.5분을 배정하라. 목표는 16.5분 안에 11문제 중 8문제를 바르게 답하는 것이다.)

01. 유동성을 가장 잘 설명한 표현은:

a. 미래의 필요를 충족하기 위한 포트폴리오의 실질가치 성장
b. 큰 손실을 수반하지 않는, 자산의 현금 전환
c. 손실위험 최소화와 구매력 유지에 대한 희망

02. 어떤 포트폴리오의 75%는 35%의 기대수익률을 가진 증권 A, 25%는 7%의 기대수익률을 가진 증권 B에 투자되어 있다. 포트폴리오 기대수익률을 계산하라.

03. 주식 A와 B는 각각 8%와 15%의 표준편차를 갖고 있다. 두 주식수익률의 역사적 상관계수는 0.35이다. 주식 A에 60% 그리고 주식 B에 40% 투자한 포트폴리오의 표준편차는 얼마인가?

04. 다음 포트폴리오 가운데 효율적 프런티어를 벗어난 것은 무엇인가?

포트폴리오	기대수익률	위험
A	13%	17%
B	12%	18%
C	18%	30%

05. 포트폴리오 안의 두 증권의 상관계수가 변함에 따라,

a. 기대수익률과 위험 모두 변화

b. 기대수익률과 위험 모두 불변

c. 위험만 변화

06. 포트폴리오 위험은

a. 포트폴리오 안의 각 증권 표준편차의 합과 동일하다.

b. 포트폴리오 안의 각 증권의 상대적 비중에 의존하지 않는다.

c. 포트폴리오 안의 각 증권 위험의 가중평균과 같지 않다.

07. 효율적 포트폴리오의 집합에서, 투자자는

a. 가장 높은 기대수익률을 가진 포트폴리오를 선택할 것이다.

b. 효율적 프런티어 왼쪽 끝의 포트폴리오를 항상 선택할 것이다.

c. 투자자의 가장 높은 무차별곡선 그리고 효율적 프런티어의 접점에 있는 포트폴리오를 선택할 것이다.

08. 포트폴리오 Y와 Z는 모두 잘 분산되어 있다. 무위험수익률은 6%, 시장의 기대수익률은 15%, 그리고 이 포트폴리오들은 다음 특성을 갖고 있다:

포트폴리오	기대수익률	위험
Y	17%	1.20
Z	14%	1.00

다음 중 포트폴리오 Y와 포트폴리오 Z의 가치평가를 가장 잘 나타내는 것은 무엇인가?

	포트폴리오 Y	포트폴리오 Z
a.	과소평가	적정평가
b.	적정평가	과대평가
c.	과소평가	과대평가

09. 40%의 요구증거금을 가진 주식의 경우, 필요 현금액은 매입비용의 몇 퍼센트인가?

a. 0%

b. 40%

c. 50%

10. 다음 중 주식시장지수를 만드는 데 널리 사용되지 않는 가중치체계는 무엇인가?

a. 가격 가중

b. 산업 가중

c. 가치 가중

11. iCorporation은 전체 시장보다 상대적으로 40%만큼 큰 체계적 위험 수준을 갖고 있다. 시장의 기대수익률은 16%, 무위험수익률은 7%이다. CAPM을 이용하면, iCorporation의 요구수익률은 다음 중 무엇에 가장 가까운가?

a. 16.0%

b. 19.6%

c. 22.4%

해답: 1. b; 2. 28%; 3. 약 8.9%; 4. 포트폴리오 B; 5. c; 6. c; 7. c; 8. c; 9. b; 10. b; 11. b

PART 03 보통주에 투자하기

06 보통주

07 보통주 분석

08 주식의 가치평가

09 시장효율성과 행태재무

CHAPTER

06 보통주

학습목표

이 장을 학습하면 다음을 수행할 수 있다.

LG1 주식의 투자 매력과 개인이 주식에 투자하는 것을 좋아하는 이유를 설명한다.

LG2 역사적 관점에서 주식수익률을 기술하고 역사적인 성과기준에 비해 현재의 수익률이 어느 정도인지를 이해한다.

LG3 발행의 특성, 주식 시세표시, 거래비용을 포함하여 보통주의 기본적인 특징을 설명한다.

LG4 다양한 종류의 보통주 가치를 이해할 수 있다.

LG5 보통주 배당금, 배당금의 유형, 배당재투자 플랜을 설명한다.

LG6 해외주식을 포함하여 다양한 유형의 보통주를 기술하고 주식을 투자 수단으로 어떻게 활용할 수 있는지를 정리한다.

지난 15년 동안 미국과 전 세계의 주식시장은 극심한 변동성을 겪고 있다. S&P 500 지수에서 알 수 있듯이 미국 주식은 2000년 3월에 사상 최고치를 기록한 새로운 천년을 맞이했다. 그 후 2년 동안 시장은 급락하면서 1997년 중반 이후로는 볼 수 없었던 수준으로 떨어졌다. 2002년 9월부터 2007년 10월까지 S&P 500은 약 5년 동안 90% 상승하며 다시 회복되었다. 그러나 2007년 10월부터 2009년 3월까지 미국 주식은 시장가치의 절반 이상을 잃었고 전 세계 많은 시장에서 그 결과는 더욱 악화되었다. 어려움을 겪는 국가들이 하나씩 깊은 불황의 늪으로 빠져 들어가면서 이러한 주식가치의 하락은 세계 경제를 반영하였다. 미국 기업들은 배당금 삭감으로 대응했다. Standard & Poor's는 2009년 1분기에 기록적인 수의 기업이 배당금을 삭감했으며, 사상 최저 수준의 기업이 배당금을 늘릴 계획을 발표했다고 보고했다.

다행히 2009년 3월의 바닥에 비해서 미국 주식시장은 2년 뒤인 2011년 4월에 침체 이후 최고가인 거의 두 배로 상승하였다. 주식가격의 상승은 배당금 지급액 증가와 함께 일어났다. S&P 500 종목에 속하는 500개 기업 중에서 154개 기업이 2010년이나 2011년에 배당금을 증가시켰고 같은 기간에 단지 3개 기업만이 배당금을 감소시켰다. 그렇지만 주식시장의 희소식은 그리 오래가지 못했다. 2011년 봄에 유럽의 불확실한 경제위기는 미국 주식시장을 다시 강타했다. S&P 500 지수는 2011년 4월에서 9월 사이에 17% 이상 하락했다. 2011년 9월부터 2015년 5월까지 미국 주식시장이 몇 번 더 험난한 상태에서 상승하면서 시장가치가 88% 상승하여 또 다른 사상 최고치를 기록했기 때문에 롤러코스터와 같은 변동은 아직 끝나지 않았다.

이렇듯 변동성이 심한 시기에 일부 기업은 배당금을 매년 증가시켰다. Standard & Poor's는 지난 25년간 연속적으로 배당금을 증가시켰던 "배당금 귀족" 기업의 포트폴리오 성과를 추적했다. Johnson & Johnson, ExxonMobil, Aflac 같은 회사를 포함해서 배당금 귀족 지수는 전반적인 시장의 등락과 함께 움직였다. 그러나 이러한 기업의 투자자는 최소한 일정하게 증가하는 배당금을 향유하였다.

(출처: Stephen Bernard, "S&P: Record Number of Firms Cut Dividends in 1st Quarter," *Pittsburgh Post Gazette*, April 7, 2009; "S&P 500 Dividend Payers Rose to Dozen Year High," May 1, 2012, http://seekingalpha.com/article/545451-s-p-500--dividend-payers-rise-to-dozen-year-high; Oliver Renick, "S&P 500 Sets New Record High Close," *Bloomberg Business*, May 14, 2015, http://www.bloomberg.com/news/articles/2015-05-14/u-s-stock-index-futures-gain-as-s-p-500-heads-for-weekly-loss Sure Dividend, The 2018 Aristocrats List: 25+Years of Rising Dividends, https://www.suredividend.com/dividend-aristocrats-list/)

주식이 제공하는 것

LG1 LG2 보통주는 사람들로 하여금 회사의 이익에 참여할 수 있도록 한다. 모든 주주가 회사의 일부이고 회사가 창출한 부에 대한 권리를 가지고 있다. 이 권리에는 그러나 한계가 있다. 왜냐하면 보통주주는 말 그대로 회사의 **잔여 소유자**(residual owners)이기 때문이다. 다시 말해 그들의 권리는 채권자와 같은 투자자의 청구 권리에 비해 하위 순위에 서게 된다. 따라서 주주가 부를 얻기 위해서는 회사가 먼저 금전적 의무를 다해야 한다. 그러므로 남아 있는 주인, 즉 보통주의 소유자는 자신의 투자에 대한 보상을 받으리라는 보장이 없다.

보통주의 매력

2002년과 2008년, 미국 주식시장의 급격한 쇠락에도 불구하고, 보통주는 개인이나 기관투자자에게 여전히 인기 있는 투자 대안으로 남았다. 대부분의 투자자에게 보통주의 매력은 시간이 지남에 따라 주식이 상당한 자본이득을 창출할 것이며 가치가 올라갈 것이라는 전망이다. 많은 주식이 배당금을 지급하고 따라서 투자자에게 주기적인 소득을 제공한다. 그러나 대부분의 주식에 있어 어떤 해에 지불된 배당금은 주식가격의 변동에 의한 자연스러운 결과인 자본이득(손실)에 비해 비중이 작다고 할 수 있다.

주식가격 움직임의 전망

보통주의 특징에서 보듯이, 시장이 강세면 당신은 가격 상승에 의해 이익을 기대할 수 있다. 좋은 예는 2017년에 발생한 성과인데, S&P 500 기준으로 시장이 21% 이상 상승했다. 불행하게도 시장이 불안정해지면 투자자에게 돌아오는 값도 불안정해진다. 2008년에 일어났던 일을 보면, 시장이 37% 정도 떨어졌는데 배당금을 제외하면 이는 $100,000의 투자가 $63,000보다 작은 가치로 하락했다는 것이다.

시장이 좋지 않은 해가 있다. 그렇게 보이지 않을지는 몰라도, 나쁜 해는 규칙이 아니라 예외이다. 1926년부터 2017년까지 92년 동안 S&P 500의 총수익(연수익)이 음(−)이었던 경우가 24번에 불과했다. 그 기간의 약 4분의 3은 시장이 1% 미만에서 거의 54% 사이로 상승했다. 사실, 좋은 시장에서도 약간의 위험과 가격 변동이 있지만, 그것은 모든 상승 잠재력에 대한 가격이다. 예를 들어, 1926년부터 2017년까지 S&P 500에 투자한 $1,000가 $7.3백만으로 증가했다!

〈표 6.1〉은 S&P 500 지수를 이용해서 지난 90년 동안 미국 주식시장의 실적을 보여주고 있다. 표는 10년 단위로 얼마나 많은 수익이 배당금으로 인한 것인지 그리고 자본이득이 얼마나 많이 발생했는지를 보여준다. 물론 이러한 수치는 개별 주식의 경우가 아니라 시장 전체의 일반적인 행태를 반영한다. 수치들은 잘 균형 잡힌 보통주 포트폴리오의 수익률 행태로 생각해야 한다.

표는 몇 가지 흥미로운 패턴들을 보여준다. 첫째, 자본이득으로부터 발생한 수익률은 시장이 활성화되었던 1990년대의 평균 16.5%부터 1930년대의 −1.4%까지 다양하게 분포되어 있다. 배당으로 인한 수익률도 변화하는데, 1940년대의 5.8%부터 2000년대의 1.8%까지로 변화 정도가 덜하다. 수익률을 배당과 자본이득으로 나누었을 때, 큰 수익은 자본이득에서 발생한다는 것을 알 수 있다.

〈표 6.1〉 S&P 500의 역사적 수익률: 1930–2017

	배당수익률	자본이득수익률	평균 연간 총수익률
1930대	5.7%	−1.4%	4.3%
1940대	5.8%	3.8%	9.6%
1950대	4.7%	16.2%	20.9%
1960대	3.2%	5.4%	8.6%
1970대	4.2%	3.3%	7.5%
1980대	4.1%	13.8%	17.9%
1990대	2.4%	16.5%	18.9%
2000대	1.8%	−0.7%	1.1%
2010–2017	2.3%	11.9%	14.2%
1930–2017	3.8%	7.6%	11.4%

주: S&P 500 연간 총수익률은 Damodaran 온라인에서 제공되며 S&P 500 연간 배당수익률은 multpl.com에서 제공된다. S&P 500 연간 자본이득수익률은 대략적인 값으로 저자가 연간 총수익률에서 연간 배당수익률을 빼서 계산했다.

출처: http://pages.stern.nyu.edu/~adamodar/New_Home_Page/datafile/histretSP.html 및 http://www.multpl.com의 데이터

금융시장의 실패

어기적거리는 곰(Lumbering Bear)

약세 시장(bear market)은 주식가격이 떨어질 때 발생한다. 그러나 모든 하락시장이 약세 시장으로 끝나는 것은 아니다. 다우존스 산업평균지수와 같은 주요 지수 중에 하나가 5% 이상 하락하면 "일상적 하락"이라고 부른다. 일년 중 몇 차례 발생하기 때문에 일상적 하락이라고 한다. 지수가 10% 이상 하락하게 되면 "조정(correction)"이며, 20% 이상 하락하면 "약세 시장"이라고 한다. 예측을 하는 것은 어렵지만, 약세 시장은 평균 3~4년마다 발생한다. 예를 들어, 1990년대는 완전히 약세 시장이 없었다. 가장 최근의 심각한 약세 시장은 2007년 S&P 500이 1,600의 정점을 찍으면서 시작되었다. 그 이후 20개월 동안 미국 역사상 가장 최악의 약세 시장을 목격했는데 2009년 3월까지 S&P 500은 57%가 하락하였다. 그 이후 거의 10년 동안 약세 시장이 없었지만 2018년 말 주요 지수는 다시 약세 시장에 시달리고 있었다.

둘째, 주식은 보통 장기적으로 양의 총수익률을 얻는다. 1930년대부터 2017년까지 S&P 500 지수의 평균 연간 총수익률은 11.4%였다. 이 수익률로는 6년마다 돈을 두 배로 불릴 수 있다. 인내심이 있다면 당신은 주식에 투자하여 부자가 될 수 있다!

셋째, 주식에 투자하는 데는 명백히 위험이 존재한다. 〈표 6.1〉에 나열된 처음 70년 동안 주식의 평균 연간 수익률이 12.5%였지만 21세기 초에는 두 자릿수 음(−)의 수익률이 몇 년간 목격되었기 때문이다. 2008년에만 S&P 500은 가치의 약 37%를 잃었다. 2000년부터 2009년까지 미국 주식시장의 평균 연간 수익률은 연 1.1%에 불과했다! 다시 말해서 1930년에 $10,000를 주식에 투자했다면 당신의 포트폴리오는 2007년 말까지 $1.6백만으로 증가했지만 1년 후 $1백만으로 줄어들고 다시 2017년 말까지 $3.6백만으로 증가한다는 것이다. 이 수치에 의하면 주식이 장기적으로는 매우 좋은 투자가 될 수 있으나, 자신의 부가 21세기의 초반에 급격하게 줄어드는 것을 목격한 투자자들에게는 위로가 되지 못한다.

여기의 숫자들은 시장의 실적을 의미한다는 것을 기억해야 한다. 개별 주식은 종종 다르게 움직일 수 있다. 그러나 최소한 평균값은 현재 우리의 주식수익률과 기대에 대한 평가를 함에 있어 기준이 될 수 있다. 평균 장기 시장수익률이 약 11%라면, 16~18%의 지속적인 수익을 창출하는 주식은 확실히 특별하다고 여겨져야 한다. 물론 이러한 높은 수익은 가능하지만 이를 달성하는 것은 더 많은 위험을 감수하는 것을 의미한다. 마찬가지로 장기간에 걸쳐 4~6%만 벌어들이는 주식은 기준 이하로 생각될 것이다. 투자자는 위험을 줄이면서도 거의 비슷한 수익률을 얻을 수 있는 채권에 투자할 수도 있다.

부동산 버블의 붕괴와 시장 붕괴

투자에 대한 오래된 조언 중에 "땅을 사라. 왜냐하면 땅은 더 생산되지 않기 때문이다"라는 말이 있다. 주택의 가격이 오랜 기간 상승하는 추세를 보이면서 이 조언은 미국의 주택에 적용되는 듯 했다. Standard & Poor's의 케이스-쉴러 주택가격지수(Case-Shiller Home Price Index)로 봤을 때, 미국의 한 가족 주택의 측정된 평균 가치인 평균 주택가격은 2006년에 최고에 달했다. 그 다음 3년 동안 주택가격은 급격하게 떨어져 2009년 여름까지 31%나 하락했다. 가격이 하락하면서 어떤 주택 보유자들은 집의 실제 가치보다 더 많은 담보대출을 받았다는 것을 깨닫고 담보대출 채무불이행이 늘어나기 시작했다. 불행하게도 담보대출의 가장 큰 투자자는 미국의 상업은행과 투자은행이었다. 주택 보유자들이 그들의 담보대출을 갚지 못하자 금융기관들의 주식가격도 떨어지기 시작했고 미국 전체의 금융 시스템의 건전성에 대한 우려가 제기되었다. 이 공포는 최고의 투자은행 중 하나인 Lehman Brothers가 2008년 9월에 파산하자 실감나는 듯 했다. 이 사건은 주식시장의 끝 모를 하락을 가져왔다.

> **투자자 현실**
>
> **손절하지 않음** 연구 결과에 따르면 주택소유자는 손해를 보면서 집을 판매하는 것을 매우 꺼린다. 주택가격이 하락하는 기간 동안 주택을 매각하는 주택소유자는 손실을 피하기 위해 너무 높은 가격을 책정하는 경향이 있어서, 결과적으로 주택은 매우 오랫동안 팔리지 못한 상태였다.

〈그림 6.1〉은 미국의 주식이 여러 해 동안 주택가격과 함께 올랐으나 주택 분야의 약세가 은행에 영향을 미치자 주식가격이 폭락했음을 보여준다. S&P 500은 불과 16개월 만에 52% 하락했으며 미국 경제는 깊은 불황에 빠졌다. 2009년 봄부터 주식시장과 경제가 반등하기 시작했지만, 주택시장은 3년 동안 계속해서 침체되었다. 주택가격은 2016년 11월까지 경기침체 전 최고치를 넘지 못했다.

주식 소유의 장단점

투자자는 여러 가지 이유로 주식을 소유한다. 일부는 자본이득을 위해 주식을 구입하고 다른 일부는 배당 수익을 추구한다. 또 다른 사람들은 주식시장의 높은 유동성을 높이 평가한다. 그러나 모든 투자가 그렇듯이 증권에도 장점과 단점이 있다.

주식 소유의 장점 주식이 매우 매력적인 것은 그들이 제공하는 커다란 수익의 가능성 때문이다. 앞에서 보았듯이 주식은 장기적으로 봤을 때 상대적으로 높은 수익률을 제공한다. 실제로 장기 회사채와 미국 재무부 발행의 장기 채권에 비해 보통주의 수익률은 선호할 만하다. 예를 들어, 지난 세기에 높은 등급의 회사채수익률

그림 6.1 미국 주식과 주택지수의 모습(2003~2018년)

2003년 초부터 2006년 여름까지 미국 주식은 주택가격과 함께 상승했다. 그러나 미국 주택가격이 하락하면서 여파는 은행으로 넘어가고 주식가격도 폭락하여 이전 6년간 상승분을 모두 없애버렸다. 주식시장이 완전히 반등하는 데 5년 이상이 걸렸고, 주택가격의 완전한 회복은 거의 10년이 걸렸다.
(출처: S&P Dow Jones Indices LLC의 데이터)

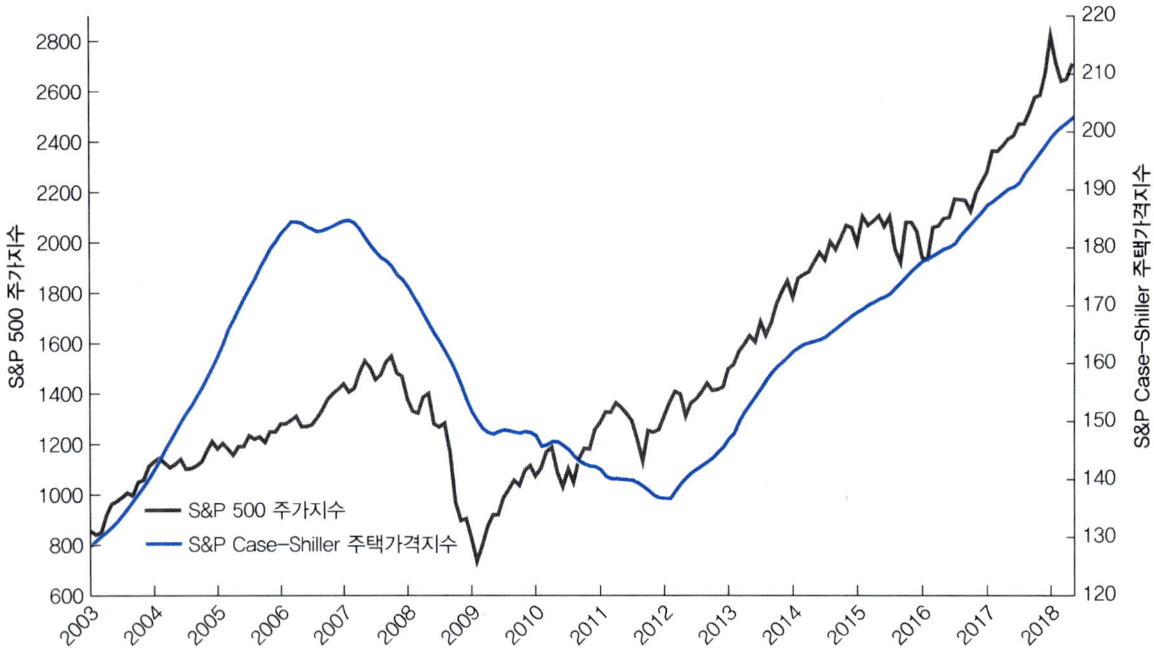

은 보통주의 연간 수익률에 비해 절반 정도밖에 되지 않았다. 장기 채권이 어떤 연도에는 주식보다 좋은 실적을 내기도 하지만 반대의 경우가 더 많이 발생한다. 주식은 일반적으로 채권보다 실적이 좋으며 수익 격차도 크다. 주식은 또한 인플레이션으로부터 보호된다. 왜냐하면 시간이 지남에 따라 주식의 수익률은 인플레이션율을 넘어서기 때문이다. 다시 말해 주식을 구매함으로써 투자자는 구매력을 높일 수 있다.

주식은 다른 이점도 제공한다. 사고팔기가 쉬우며 주식 거래의 비용은 적당하다. 더 나아가 주식가격과 시장에 대한 정보는 뉴스와 금융 매체를 통해 널리 알려진다. 마지막 장점은 보통주의 단위 비용이 일반적으로 매우 낮다는 것이다. 보통 최소 액면가의 가치가 $1,000인 채권 그리고 최소 투자금액이 꽤 큰 뮤추얼펀드와 달리 보통주는 그러한 최소 제한이 없다. 대신 오늘날 대부분의 보통주는 주당 $60 이하의 가격이 책정되어 투자자는 원하는 만큼의 주식을 살 수 있다.

주식 소유의 단점 물론 주식을 소유하는 데에는 단점도 존재한다. 위험이 가장 중요한 단점일 것이다. 주식은 사업위험 및 재무위험, 구매력위험, 시장위험, 사건위험과 같은 다양한 위험에 노출되어 있다. 이것은 모두 주식의 이익, 배당금, 가격 상승 그리고 수익률에 부정적으로 영향을 미칠 수 있다.

주식의 수익률은 변동성이 높고 예측하기가 어렵기 때문에 일반적으로 좋은 성과를 내는 주식을 찾기가 쉽지 않다는 것이다. 회사가 어떤 실적을 낼지에 대해 너무 많은 요소들이 영향을 주기 때문에 주식 선택의 과정은 매우 복잡하다. 뿐만 아니라 오늘날 회사의 주식가격은 회사의 실적에 대한 현재 투자자의 기대를 반영한다. 다시 말해 높은 수익률을 가져다 줄 주식을 선택하기 위해서 (매출과 이익에 있어서) 미래 재무 실적이 높을 회사를 찾아야 할 뿐 아니라 다른 투자자가 그 기회를 찾아서 주식가격을 올리기 전에 먼저 찾아야 한다는 것이다.

일부 투자자에게 또 다른 단점은 주식은 다른 투자에 비해서 경상소득(현재소득)

그림 6.2 주식과 채권의 경상소득

주주에게 지급되는 경상소득(배당금)은 채권자에게 지급되는 이자보다 작다. 배당수익률은 S&P 500 지수에 속한 주식의 평균 배당수익률이고, 채권수익률은 고등급 회사채수익률이다.
(출처: St. Louis Federal Reserve(FRED) 및 http://www.multpl.com/s-p-500-dividend-yield/table의 데이터)

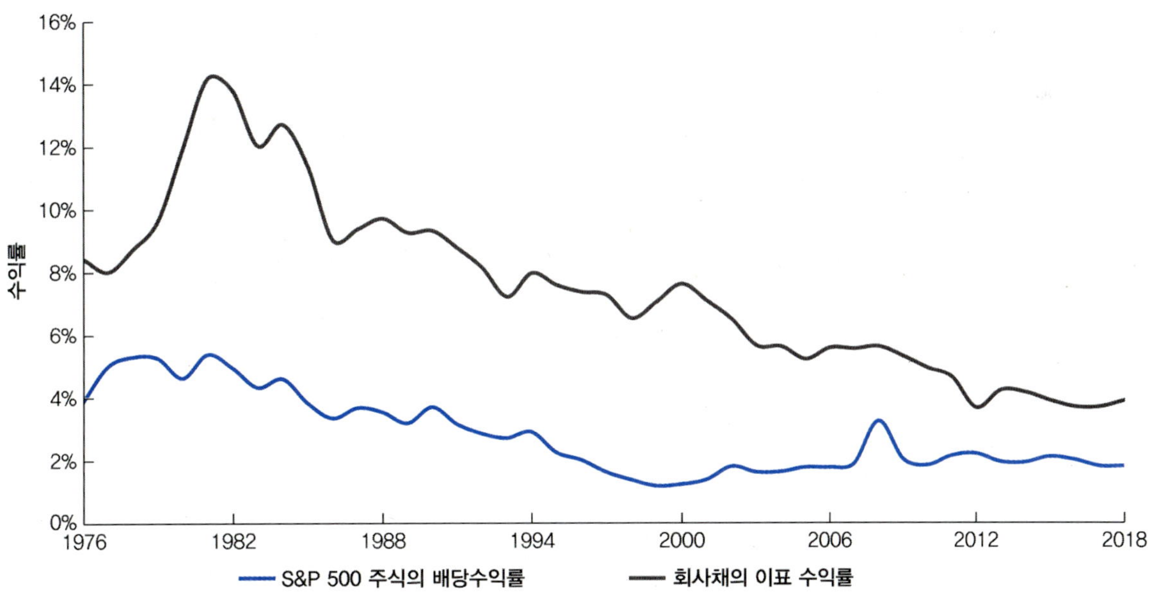

을 적게 배분한다는 것이다. 다른 종류의 투자(예를 들어, 채권)는 더 큰 확실성을 가지고 더 많은 경상소득을 지급한다. 〈그림 6.2〉는 보통주의 배당금수익률과 고등급 이표채권의 이표 수익률을 비교하고 있다. 그래프는 경상소득에 있어서 보통주 투자자들이 치르는 희생의 정도를 보여주고 있다. 지난 몇 년간 그 수익률의 차이가 줄어들기는 했지만 채권과 다른 종류의 고정소득증권에 비하여 보통주는 적은 경상소득을 지불한다.

개념 리뷰

해답은 www.pearson.com/mylab/finance에서 찾을 수 있음.

6.1 보통주는 무엇인가? 보통주식의 보유자는 기업의 잔여 소유자라는 의미는 무엇인가?

6.2 보통주의 2~3가지 주요 투자 특성은 무엇인가?

6.3 주식의 과거 성과를 어떻게 특성화하겠는가?

6.4 배당금과 자본이득이 보통주 투자자에게 수익을 제공하는 역할을 설명하라.

6.5 보통주를 소유하는 장점과 단점은 무엇인가? 주주가 노출되어 있는 주요 위험에는 무엇이 있는가?

보통주의 기본적 특성

LG3 LG4

보통주 각 주식은 회사의 지분(혹은 소유권) 지위를 의미한다. 이 지분의 지위는 보통주가 왜 종종 **자기자본 증권**(equity securities)이나 **자기자본**(equity capital)이라고 불리는지를 설명해 준다. 모든 주식은 보유자에게 이익 및 배당의 동등한 소유권 지위와 참여, 동등한 투표권, 회사 경영에 자기 의사를 표현할 수 있는 동등한 권리를 부여한다. 보통주 주주는 모두 함께 회사를 소유한다. 투자자는 더 많은 주식을 소유할수록 그의 소유권 지위는 커진다. 보통주는 만기일이 없으며 무기한으로 존재한다.

주식회사의 증권으로서의 보통주

모든 주식회사는 보통주를 "발행(issue)"한다. 그러나 대부분은 아니지만 많은 경우, 주식회사의 주식은 회사가 너무 작든지 가족이 소유하고 있기 때문에 거래되지 않는다. 이 책에서 관심을 가지는 주식은 **공개적으로 거래되는 주식**(publicly traded issues)으로 일반 대중이 쉽게 구할 수 있고 공개시장에서 매도 및 매수할 수 있다. 그러한 종류의 주식을 발행하는 기업은 Apple, ExxonMobil과 같은 대기업부터 규모가 훨씬 작은 소규모 지역 기업까지 다양하다. 공개적으로 거래되는 주식의 시장은 거대하다. 세계거래소연맹(World Federation of Stock Exchange)에 따르면 2018년 초반 미국 주식의 가치는 $33.9조가 넘는다.

신주의 발행 회사들은 여러 방법으로 새로운 보통주를 발행할 수 있다. 가장 많이 사용되는 절차는 **공개모집**(public offering)이다. 이 절차를 이용할 때 회사는 일정한 가격으로 일정한 수의 주식을 일반투자자에게 제공한다. 〈그림 6.3〉은 Snap Inc.의 이러한 공모에 대한 공시를 보여준다. 이 공모에서 Snap은 주당 $17에 Class A 보통주 145백만 주를 판매할 계획이며 Snap의 기존 투자자 중 일부는 55백만 주를 추가로 판매할 예정이다. 공모의 총 조달금액은 $3.4십억이 될 것이다. $85백만의 인수수수료를 제하고, Snap의 기존 투자자는 $911.6백만의 조달금을 받게 되며 Snap은 $2.4십억의 순조달금을 받게 된다. 새로 발행된 Class A 주식에는 의결권이 없지만 각 Class B 주식은 의결권 1표가 있으며, 각 Class C 주식은 10표를 보유한다. 다양한 분류 주식 구조를 통해 Snap은 설립자가 회사에 대한 확고한 의결권을 유지하면서 자기자본을 늘릴 수 있다.

회사들은 또한 **구주 배정**(rights offering)을 통해 새로운 주식을 발행할 수 있다. 구주 배정 발행에서 기존의 주주들은 새로운 주식을 살 기회를 먼저 얻게 된다. 구주 배정의 핵심은 주주들이 기존에 회사에서 차지하던 소유권의 비율만큼 새로이 발행된 주식을 살 수 있는 의무가 아닌 권리를 줌으로써 지분율을 유지할 수 있도록 해주는 것이다.

예를 들어, 주주가 현재 회사의 주식 중에 1%를 소유하고 있다면 회사가 10,000주를 추가로 발행했을 때 구주 배정 발행에서 주주에게 새로 발행된 주식의 1%에 해당하는 100주를 살 수 있는 기회를 줄 것이다. 투자자가 권리를 사용하고 싶지 않다면 그는 다른 사람에게 그 권리를 팔 수도 있다. 구주 배정의 실제 결과는 주식 공모의 경우와 같다. 회사의 자본구조에 있어서 자기자본이 증가하고 발행주식 수(outstanding share)도 증가한다.

기업분할 시장에 신주의 발행을 가져오는 가장 창조적인 방법은 **기업분할**(stock spin-off)일 것이다. 기본적으로 기업분할은 회사가 자회사나 부서를 없애고 싶을 때

그림 6.3 새로운 주식 발행의 발표

이 발표는 회사(Snap Inc.)가 주당 $17의 가격으로 145,000,000주를 발행하고 있으며 Snap의 기존 주주의 일부는 55,000,000주를 판매할 것임을 나타낸다.
(출처: Snap Inc., IPO 투자설명서)

Filed Pursuant to Rule 424(b)(4)
Registration No. 333-215866

PROSPECTUS

200,000,000 Shares

Snap Inc.

Class A Common Stock

This is an initial public offering of shares of non-voting Class A common stock of Snap Inc.

Snap Inc. is offering to sell 145,000,000 shares of Class A common stock in this offering. The selling stockholders identified in this prospectus are offering an additional 55,000,000 shares of Class A common stock. We will not receive any of the proceeds from the sale of the shares being sold by the selling stockholders.

We have three classes of common stock: Class A common stock, Class B common stock, and Class C common stock. The rights of the holders of Class A common stock, Class B common stock, and Class C common stock are identical, except with respect to voting, conversion, and transfer rights. Class A common stock is non-voting. Anyone purchasing Class A common stock in this offering will therefore not be entitled to any votes. Each share of Class B common stock is entitled to one vote and is convertible into one share of Class A common stock. Each share of Class C common stock is entitled to ten votes and is convertible into one share of Class B common stock. The Class C common stock, which is held by our founders, each of whom is an executive officer and a director of the company, will represent approximately 88.5% of the voting power of our outstanding capital stock following this offering.

Before this offering, there has been no public market for our Class A common stock. The initial public offering price is $17.00 per share. Our Class A common stock has been approved for listing on the New York Stock Exchange under the symbol "SNAP."

We are an "emerging growth company" under the Jumpstart Our Business Startups Act of 2012, have elected to comply with reduced public company reporting requirements, and may elect to comply with reduced public company reporting requirements in future filings.

See " Risk Factors " beginning on page 15 to read about factors you should consider before buying our Class A common stock.

	Price to Public	*Underwriting Discounts and Commissions (1)*	*Proceeds to Snap Inc.*	*Proceeds to Selling Stockholders*
Per share	*$17.00*	*$0.425*	*$16.575*	*$16.575*
Total	*$3,400,000,000.00*	*$85,000,000.00*	*$2,403,375,000.00*	*$911,625,000.00*

(1) See "Underwriting" for a description of the compensation payable to the underwriters.

At our request, the underwriters have reserved up to 7.0% of the shares of Class A common stock offered by this prospectus for sale, at the initial public offering price, to certain institutions as well as individuals associated with us. See "Underwriting—Directed Share Program."

To the extent that the underwriters sell more than 200,000,000 shares of Class A common stock, the underwriters have the option to purchase up to an additional 30,000,000 shares of Class A common stock from us and certain of the selling stockholders at the initial public offering price less the underwriting discount.

The Securities and Exchange Commission and state securities regulators have not approved or disapproved of these securities or determined if this prospectus is truthful or complete. Any representation to the contrary is a criminal offense.

The underwriters expect to deliver the shares against payment in New York, New York on March 7, 2017.

Morgan Stanley *Goldman, Sachs & Co.* *J. P. Morgan* *Deutsche Bank Securities*

Barclays *Credit Suisse* *Allen & Company LLC*

발생한다. 예를 들어, 물(water) 관리회사인 Pentair는 2018년 전자 자회사인 nVent Electric을 분사하면서 기업분할을 수행했다. 회사는 다른 회사에 자회사를 매각하는 것이 아니다. 오히려 새로운 독자 회사를 만든 다음 해당 회사의 주식을 기존 주주에게 분배한다. 따라서 Pentair 주주는 모든 Pentair 주식 1주당, 새로 설립되어 현재 공개적으로 거래되는 nVent 주식 1주를 받았다.

지난 10~15년 동안 수백 건의 기업분할이 있었다. 가장 주목할 만한 최근 사례로는 Hewlett Packard의 Hewlett Packard Enterprise, Sears Holdings의 Land's End, 21st Century Fox의 News Corporation, Expedia의 TripAdvisor 등이 있다. 일반적으로 회사는 자회사가 더 이상 적합하지 않다고 생각하거나 너무 다각화되어 핵심 제품에 집중하기를 원할 경우 기업분할을 실시한다.

주식분할 회사들은 또한 **주식분할**(stock split)을 통해서 발행주식 수를 늘릴 수 있다. 주식분할을 결정할 때 회사는 기 발행된 1주당 몇 개의 새로운 주식으로 대체할 것이라고 발표를 한다. 예를 들어, 2 대 1 주식분할은 오래된 하나의 주식을 새로운 주식 2주로 교환해 준다. 3 대 2 주식분할에서는 기존의 주식 2주를 새로운 주식 3주로 교환해 준다. 따라서 분할 전에 200주를 보유한 주주들은 2 대 1 주식분할의 경우 400주를 보유하게 되고, 3 대 2 주식분할의 경우에서는 300주를 보유하게 된다.

회사는 시장가격을 낮춰서 주식의 거래를 활성화하고 싶을 때 주식분할을 시행한다. 일반적으로 주식분할의 비율에 따라 주식의 가격은 크게 떨어지기도 한다(주식분할에 다른 중요한 뉴스가 동반되지 않는 경우). 예를 들어, 2 대 1 주식분할에서 과거 1주당 $100에 거래되던 주식이 $50에 거래될 것을 예상할 수 있을 것이다. 자세하게 말하자면 기존의 주당 가격을 새로운 주와 기존의 주와의 비율로 나누는 것이다. 3 대 2 분할의 경우라면 $100의 주식은 $67에 거래되게 될 것이다. 즉, $100÷3/2=$100÷1.5=$67이다.

사례

주식분할의 효과

2018년 3월 19일 월요일, Aflac은 주식을 2 대 1로 분할했다. 지난 금요일에 Aflac 주식은 $90.49에 마감되었다. 이론적으로 월요일에 주가는 절반인 $45.24로 떨어졌을 것이다. 실제로 Aflac 주식은 월요일에 $44.70로 떨어졌다. Aflac 주주는 금요일에 $90.49의 가치가 있는 각 주식이 각각 $44.70 또는 총 $89.40의 주식으로 바뀌었기 때문에 분할이 발생했을 때 손실을 입었다. Aflac 주식가치의 하락은 약 −1.2%였지만, 그 하락의 원인 대부분은 분할 자체 때문이기보다는 월요일 당일에 전체 시장이 −1.4% 하락했기 때문이다.

금고주 발행주식 수를 늘리는 대신에 회사는 가끔 자사주를 다시 사들여서 그 수를 줄이려고 할 때도 있다. 일반적으로 말해서 회사들은 주식의 가치가 시장에서 저평가되었다고 생각하거나 주식 기반 보상계획의 일부로 종업원에게 지급하기 위한 주식이 필요할 때 자사의 주식을 매입할 수 있다. 기업은 또한 배당금 지급의 대안으로 자사주를 매입한다. 배당금을 지불하면 일부 주주가 수입에 대해 세금을 내야 할 수 있지만, 주식을 다시 매입하면 주주에게 다른 세금 결과가 발생할 수 있다.

회사는 보통 다른 개인이나 기관과 같이 공개시장에서 주식을 매수한다. 매입하게 되면 이 주식은 **금고주**(treasury stock)가 된다. 회사는 금고주를 무기한 보관할 수도 있다.

자사주매입 혹은 주식재매입의 단기적 영향은 대체로 긍정적인데, 회사가 자사주매입의 목적을 발표하면 주식의 가격이 일반적으로 올라가기 때문이다. 장기적 영향은 다소 불안정한데, 어떤 연구는 자사주매입이 여러 기간 동안의 평균 이상의 주식수익률을 얻는다고 주장하고, 다른 연구는 이를 반박한다.

차등의결권주 대부분의 경우 회사의 주주는 동등한 소유권의 권리를 누릴 수 있다. 그러나 간헐적으로 회사는 다른 특권과 혜택을 가진 다른 등급의 보통주를 발행하기도 한다. 이런 주식은 **차등의결권주**(classified common stock)라고 알려져 있다. 잘 알려진 첨단 회사인 Google, Facebook 및 최근에는 Snap을 포함한 많은 공개 기업들은 이러한 차등의결권주를 만들었다.

여러 등급의 주식을 발행하는 회사는 보통 다른 투자자 그룹에게 다른 종류의 의결권을 주기 위해 주식을 발행한다. 예를 들어, Facebook이 2012년 IPO를 했을 때 Facebook은 등급 A와 B의 주식을 발행했다. Class A의 주식은 대중도 구매가 가능했으며 주당 1표의 의결권을 행사할 수 있었다. Class B의 주식은 Facebook의 CEO이며 설립자인 Mark Zuckerberg와 기타 Facebook 내부의 사람들이 가지게 되었으며 주당 10표의 의결권을 행사할 수 있다. 이것은 주식의 발행으로 Class A의 주식이 더 많이 발행되더라도 Zuckerberg가 회사에 대한 통제권을 잃지 않게 해주었다. 가끔 회사는 다른 투자자에게 다른 배당금에 대한 권리를 주기 위해 다른 차등의결권주를 발행하기도 한다.

세부적인 특징과 관계없이 유통되는 주식 중 1개 이상의 등급이 존재한다면, 시간을 들여 각 등급의 주식이 가지는 특권, 혜택 그리고 한계를 고려해야 한다.

주식의 매수와 매도

주식을 거래하려면 주가 시세표를 읽는 방법에 대한 기본 지식과 주식 매매와 관련된 거래비용에 대한 이해가 필요하다. 확실히 현재 가격을 추적하는 것은 매매 결정에 필수적인 요소이다. 가격을 통해 투자자는 보유 자산의 시장성과를 모니터링할 수 있다. 마찬가지로 거래비용은 투자수익에 미치는 영향 때문에 중요하다. 실제로 주식을 거래하는 데 드는 비용은 때때로 투자수익의 대부분(또는 전부)을 소비할 수 있다.

시세표 읽기 주식시장의 투자자는 시장가격을 빠르게 대중에게 알려주는 매우 효율적인 정보 시스템에 의존하고 있다. 금융 신문과 온라인에 게재되는 주식가격은 그 정보 시스템의 핵심이다. 주가 시세를 읽고 해석하는 방법을 보기 위해, Yahoo! Finance에 나오는 가격을 고려해 보자. 이 시세(호가) 가격은 각 주식의 최신 가격뿐만 아니라 많은 추가적인 정보도 제공해 준다.

〈그림 6.4〉는 티커(ticker) 기호 NFLX로 거래되는 Netflix 주식에 대한 기본 시세를 보여준다. 이 시세는 2018년 8월 8일 수요일 거래시간 전에 확보한 것이다. 지난 화

그림 6.4 Netflix의 주식 호가

이 표는 Netflix의 2018년 8월 7일의 주식 호가를 보여준다.
(출처: Yahoo! Finance, https://finance.yahoo.com/quote/NFLX?p=NFLX)

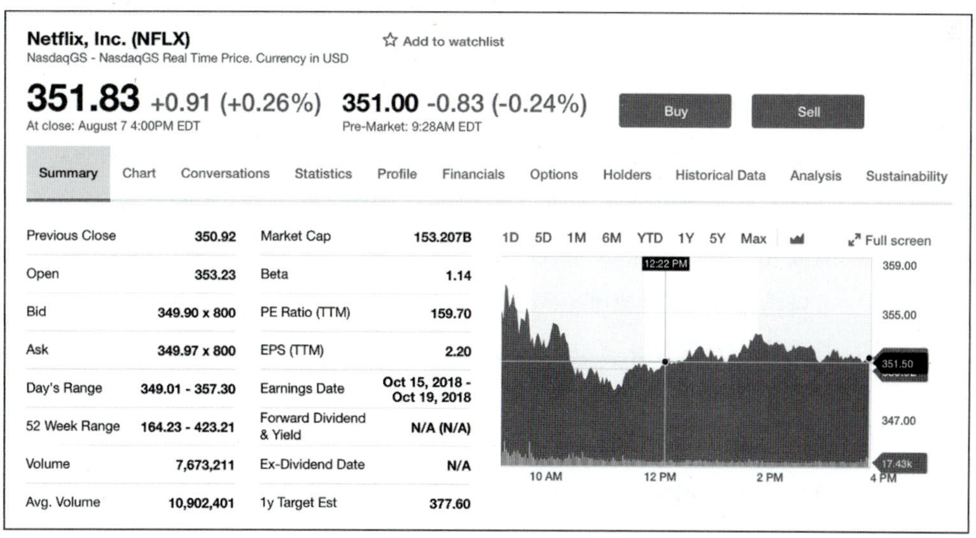

요일 Netflix 주가는 전날 종가인 $350.92에서 $0.91(또는 0.26%) 오른 주당 $351.83로 마감되었다. 주가는 화요일 $353.23에서 시작하여 일중 최고가 $357.30 및 일중 최저 $349.01에 도달했다("일 범위" 참고). 〈그림 6.4〉는 또한 지난 52주 동안 Netflix 주식이 최고 $423.21, 최저 $164.23에 거래되었음을 보여준다("52주 범위" 참고). 8월 7일 주식 거래량은 7.673백만 주로 지난 3개월간 일평균 거래량 10.902백만 주보다 상당히 적었다.

〈그림 6.4〉의 몇 가지 다른 항목이 주목할 만하다. Netflix 주식의 베타는 1.14이며 이는 시장의 평균 주식보다 약간 더 위험하다. Netflix의 총 **시가총액(market capitalization, market cap)**은 $153.2십억이다. 회사의 시가총액은 단순히 주가에 발행주식 수를 곱한 것이다. 가장 최근 보고 기간에 회사는 주당 $2.20를 벌었고 종가가 $351.83인 경우 Netflix 주식의 주가수익률은 160으로 천문학적이었다!

거래비용 투자자들은 보통주를 일반거래나 단주거래로 살 수 있다. **일반거래(round lot)**는 100주 혹은 100주의 배수로 거래하는 것을 말한다. **단주거래(odd lot)**는 100주보다 적은 수의 주식을 거래할 때를 말한다. 예를 들어, 400주의 매도는 일반거래이고, 75주의 매도는 단주거래이다. 250주를 거래할 때는 두 가지 방법을 혼합하여 사용해야 한다.

투자자는 주식을 매도 혹은 매수할 때 거래비용을 지불해야 한다. 적당한 전산 수수료와 매도자가 지불해야 하는 세금 이외에도 주요한 비용은 거래 당시에 매도자와 매수자 모두 내야 하는 중개수수료이다. 중개수수료는 몇 달러에 불과할 수 있지만 할인 중개회사 또는 종합 서비스 중개회사를 사용하는지 여부에 따라 2% 이상이 될 수 있다. 특히 매우 작은 거래의 경우 더 높을 수 있다. 역사적으로 단주거래에는 단주거래딜러라는 전문가가 필요했고 **단주차이(odd-lot differential)**라는 추가 비용이 발생했다. 오늘날 전자거래 시스템은 단주거래를 더 쉽게 처리할 수 있게 해주므로 단주거래는 예전만큼 비싸지는 않다. 당연히 최근 몇 년 동안 단주거래가 더 보편화되었다. 예를 들어, 모든 Google 주식거래의 약 1/3이 단주거래이다.

다른 종류의 거래비용은 **호가 스프레드(bid-ask spread)**로, 매수호가와 매도호가의 가격차이를 말한다. 〈그림 6.4〉에서 Netflix 주식에 대한 마지막 매도호가가 $349.97이고 매수호가가 $349.90이므로 이 두 가격 간의 스프레드는 $0.07임을 보여준다. 매도호가는 주식을 사기 위해 투자자가 지불할 가격이고, 매수호가는 주식을 팔면 받을 금액이라는 것을 기억해야 한다. 따라서 둘의 차이는 투자자가 왕복거래(즉, 주식을 매수하고 다시 매도)에서 발생하는 일종의 거래비용이다. 물론 이 가격과 스프레드는 거래일 동안 변동하지만 현재의 호가 스프레드는 매일 주식을 거래하여 돈을 버는 딜러와 시장조성자에게 지불하는 거래비용에 대한 대략적인 개념을 제공한다. 중개수수료와 마찬가지로 호가 스프레드는 불과 몇 년 전보다 훨씬 작아졌다.

보통주의 가치

보통주의 가치는 여러 방법으로 설명될 수 있다. **액면가, 장부가치, 시장가치,** 그리고 **투자가치**는 모두 금융 매체에서 자주 사용된다. 각각은 주식가치의 다른 척도를 나타낸다.

액면가 주식의 **액면가**(par value)는 주식이 처음 발행될 때 임의로 책정된 가격이다. 주식의 시장가격과 아무런 관계도 없으나 대신에 회사 정관에서 회사가 주식을 팔지 못하는 최소한의 가치를 나타낸다. 액면가는 주식 가치의 하한가를 형성하므로 회사는 액면가를 매우 낮게 측정한다. 예를 들어, Facebook의 2012년 신규 상장 때 주식의 액면가는 $0.000006에 책정되었다. 회계 목적을 제외하면 액면가치는 거의 중요하지 않다. 액면가는 주주의 법적 채무의 범위를 평가하는 데 쓰였던 과거의 회사법에서 비롯되었다. 투자자들에게 액면가는 거의 의미가 없기 때문에 오늘날 많은 주식들은 액면가 없이 발행되고 있다.

장부가치 **장부가치**(book value)는 재무상태표에 나타나는 주주들의 자기자본이다. 그리고 때로는 장부가치는 1주 단위로 표기되기도 한다. 주주의 자기자본은 단순히 회사의 자산과 부채의 차이(우선주를 제외한 값)라는 것임을 기억해야 한다. 장부가치는 회사가 처음 주식을 팔 때 주주들이 회사에 기여한 자산과 회사에 재투자된 이익의 합에 해당한다.

주식의 장부가치는 과거에 일어난 일(예: 주식의 최초 판매 및 이전 기간에 획득하고 재투자한 이익)에 초점을 맞추기 때문에 **과거의 가치 추정치**이다. 주식의 시장가치는 **미래 지향적**이며 회사의 향후 실적에 대한 투자자의 기대를 반영한다.

사 례
주당 장부가치 계산

Southwest Airlines의 2017년 재무상태표는 발행된 우선주가 없는 주주 자기자본 $10.43십억을 보고했다. 회사는 573.02백만 주를 발행했으며 주당 장부가치는 $18.20($10.43십억 ÷ 573.02백만 주)이었다.

시장가치 주식의 **시장가치**(market value)란 간단히 말해 널리 알려진 시장의 가격이다. 시장가치는 지금 주식을 취득하기 위해 전체 투자자들이 지불할 용의가 있는 가격을 반영하며 장부가치와 독립적이다. 사실 주식의 시장가격은 일반적으로 장부가치를 뛰어 넘는데 가끔은 그 정도가 매우 크다.

앞에서 배웠듯이, 시장가격을 발행주식 수에 곱함으로써 회사의 시가총액을 계산할 수 있는데, 주주들이 보유하고 있는 청구권의 시장가치 총액을 말한다. 회사의 시가총액은 재무상태표의 자기자본 수치와 유사한데, 시가총액은 오늘 시장에서 회사의 자기자본이 실제로 얼마인가를 나타내는 반면, 주주의 자기자본 잔액은 주주들의 소유권에 대한 과거 지향적인 평가이다.

주식의 시장가치가 장부가치보다 떨어지면 그것은 회사가 재정적 위기를 겪고 있거나 성장의 전망이 좋지 않기 때문이다. 어떤 투자자는 주식이 미래에 회복되어 그 과정에서 더 많은 수익을 얻을 것을 기대하고 장부가치보다 낮은 가격의 주식을 매수하기도 한다. 그러한 전략이 높은 수익률을 제공할 수 있지만 매우 큰 위험을 동반한다.

사 례

시장가치 대 장부가치

2017년 말 Southwest Airlines 주식의 시장가격은 $65.11였다. 573.02백만 주가 발행된 회사의 시가총액은 $37.3십억($65.11×573.02백만 주)으로 주주의 자기자본 장부가치인 $10.43십억보다 3.5배 더 컸다.

투자가치 **투자가치**(investment value)는 아마 주주에게 있어 제일 중요한 척도일 것이다. 투자가치는 투자자들이 생각하는 주식의 가치로, 주식이 마땅히 거래되어야 한다고 생각하는 값이다. 주식의 투자를 결정하는 것은 수익률에 대한 기대와 주식의 위험 특성에 기반한 복잡한 절차이다. 어떤 주식이라도 수익에는 두 가지 원천이 있는데 배당금과 시장가격의 상승으로 인한 자본이득이다. 투자가치를 결정하는 데 있어 투자자는 두 원천으로부터 얼마만큼의 돈을 벌어들일 수 있을지 결정한다. 그리고 이 예측 값을 기반으로 주식의 수익 잠재력을 예상한다. 동시에 그들은 주식을 보유하고 있음으로써 노출되는 위험을 평가한다. 이런 수익과 위험에 대한 정보는 주식의 투자가치를 정하는 데 도움을 준다. 이 가치는 투자자가 주식에 대해 지불할 용의가 있는 최대 가격을 의미한다.

개념 리뷰

해답은 www.pearson.com/mylab/finance에서 찾을 수 있음.

6.6 주식분할이란 무엇인가? 주식분할이 주식의 시장가치에 어떤 영향을 미치는가? 회사가 주식의 배당금 비율을 바꾼다면 결과(가격의 행태)가 달라진다고 생각하는가? 설명하라.

6.7 기업분할(spin-off)이란 무엇인가? 일반적인 개념으로서 기업분할이 어떻게 작동하는지 설명하라.

6.8 다음 용어들을 정의하고 차이점을 설명하라.

a. 금고주와 차등의결권주
b. 일반거래와 단주거래
c. 액면가치와 시장가치
d. 장부가치와 투자가치

6.9 단주차이(odd-lot differential)는 무엇인가? 단주차이를 어떻게 피할 수 있는가? 다음 중 어떤 거래가 단주차이와 연관되어 있는가?

a. 90주 매수
b. 200주 매도
c. 125주 매도

보통주의 배당금

LG5 2018년 첫 3개월 동안 미국 기업은 기록적인 배당금을 지급했다. S&P 500 주가지수에 포함된 회사만 계산하면 그 분기 배당금은 총 $109.2십억이었다. 그러나 이러한 수치에도 불구하고 배당금은 여전히 많은 관심을 받지 못하고 있다. 많은 투자자, 특히 젊은 투자자는 종종 배당금에 거의 가치를 부여하지 않는다. 대체로 자본이득이 적어도 장기적으로 배당금보다 훨씬 더 큰 수익을 제공하기 때문이다.

그러나 배당금에 대한 태도는 변하고 있다. 2007년부터 2009년까지의 장기 약세 시장은 자본이득이 얼마나 불확실한지 그리고 실제로 모든 잠재적 이익이 상당한 자본손실로 바뀔 수 있는지를 보여주었다. 배당금 지급은 주가만큼 변동하지 않는다. 또한 배당금은 시장이 휘청거릴 때 (또는 곤두박질칠 때) 좋은 쿠션 역할을 한다. 더욱이 현행 세법은 대부분의 배당금을 자본이득과 동일한 수준으로 처리한다. 이제 둘 다 동일한 세율로 과세된다. 특정 수준 이하의 소득을 가진 납세자에게는 배

투자자 현실

고정적 흐름 York Water Company는 2017년 12월 20년 연속으로 배당금을 증가시켰다. 매우 인상적인 기록이지만 York의 배당금 흐름에 있어 가장 중요한 점은 아니다. 이 회사는 인디애나주가 19번째 미국의 주로 받아들여진 1816년부터 한 해도 놓치지 않고 배당금을 지급했다. 어떤 미국의 회사도 2세기 이상 중단 없이 배당금을 지불한 York의 기록에 비교될 수 없다.

당금과 자본이득이 면세된다. 소득이 높은 납세자의 경우 배당금과 자본이득에 대해 15% 또는 20%의 세금이 부과될 수 있으며, 최고 소득자에게는 추가 3.8%의 부가세가 부과될 수 있다.

배당 결정

배당금을 지불함으로써 회사는 주주와 이익을 나눈다. 회사의 이사회는 회사의 재무상태와 향후 투자 자금조달에 대한 필요성을 평가한 다음 배당금 지급 여부와 금액을 결정한다. 이사회는 또한 회사가 배당금 지급을 통해 현금을 투자자에게 분배해 주어야 할지 혹은 유통되고 있는 자사주식을 재매입해야 할지도 고려한다. 이번 절에서 배당금을 결정하는 데 있어 영향을 주는 회사와 시장 요소들에 대해 살펴볼 것이다. 그리고 간략하게 지급 관련 주요 날짜에 대해 조사해 볼 것이다.

기업과 시장 요소 이사회가 배당금 지급의 문제에 대해 고려해 보기 위해 모이면 여러 가지 요소를 따져 본다. 먼저 이사회는 회사의 이익을 본다. 회사가 배당금을 지급하기 위해 이익을 보여줄 필요는 없다고 해도 이익은 배당금을 결정하는데 있어 고려하지 않을 수 없는 요소이다.

보통주에서 연간 이익은 **주당순이익**(earnings per share: EPS)이라는 척도를 통해 보고된다. 기본적으로 주당순이익은 회사 전체의 순이익을 주당 이익으로 보여준다. 주주에게 줄 수 있는 순이익을 편리한 수치로 보여주는 것이다. 주당순이익은 다음의 공식을 통해 구할 수 있다.

$$\text{주당순이익} = \frac{(\text{세후 순이익} - \text{우선주 배당금})}{\text{유통되고 있는 보통주의 수}} \qquad (6.1)$$

예를 들어, 회사의 순이익이 $1.25백만이고 $250,000를 우선주의 주주에게 배당금으로 지불하고 500,000주의 보통주가 발행되었다면, 주당순이익(EPS)은 $2[($1,250,000 −$250,000) ÷ 500,000]이다. 수식 (6.1)에서 보통주의 주주에게 자금이 돌아가기 전에 우선주의 주주에게 먼저 지급되어야 하므로 우선주의 배당금이 순이익으로부터 차감된다.

순이익을 평가할 때 이사회는 또한 회사의 성장 전망을 고려한다. 회사는 재투자의 목적과 미래 성장의 자금으로 이익의 일정 부분을 필요로 한다. 게다가 이사회는 배당금의 지급이 현금 부족의 결과를 낳지 않도록 회사의 현금 보유 상태를 확인할 필요도 있다. 뿐만 아니라 회사는 채무계약에 따라 법적으로 지불할 수 있는 배당금에 제한을 가지고 있을 수 있다.

투자자는 기업의 배당 결정에 영향을 미칠 수 있다. 대부분의 투자자는 이익을 배당금으로 지급하기보다 이익잉여금으로 처리하여 이 자금을 더 빠른 성장과 더 높은 순이익을 위해 재투자하는 것이 바람직하다고 여긴다. 시장의 메시지는 분명하다. 회사가 견실한 수익을 제공하지 않는 프로젝트에 재투자하면 투자자는 회사가 수익을 배당이나 자사주매입을 통해 분배하도록 요구하기 시작한다.

또한 배당 결정은 회사의 주식을 보유한 투자자 유형에 영향을 미칠 수 있다. 예를 들어, 배당금을 지급하는 기업은 소득을 원하는 개인이나 배당금을 지급하는 기업에만 투자할 수 있는 기관투자자를 유치할 수 있다. 배당금을 지급하지 않는 기업은 성장(즉, 자본이득)에 더 관심이 있는 투자자를 유치하는 경향이 있다.

몇 개의 중요한 날짜 이사회에서 배당금을 지급하기로 결정했다고 가정하자. 우선 지급이 결정되면, 배당지급의 날짜와 배당금과 관련된 중요한 날짜들을 정해야 한다. 주주에게 특히 중요한 4가지 날짜는 배당공시일, 배당기준일, 배당지급일, 배당락일이다. **배당공시일**(declaration date)은 이사회가 배당금 지급계획을 발표하는 날짜이다. **배당기준일**(date of record)이란 투자자가 배당금을 받기 위해서 주주로서 등록되어 있어야 하는 날짜이다. 그날의 업무종료 시점에 공식적 주주인 투자자가 공시된 배당금을 받게 될 것이다. 이러한 주주는 종종 **명부상의 주주**(holders of record)라고 불린다. 또한 **배당지급일**(payment date)은 이사회에서 결정되며, 일반적으로 배당기준일의 1주 혹은 2주 후의 날짜이다. 기업이 명부상 주주에게 배당금 수표를 발송하는 날로, **지급가능일**(payable date)이라고도 알려져 있다.

주식이 거래된 후에 장부 기입에 필요한 시간이 있기 때문에 주식은 배당기준일 전에는 배당금 없이 거래된다. 일반적으로 배당기준일로부터 영업일 기준 1~2일 전에 도래하는 **배당락일**(ex-dividend date)은 배당금이 없는 상태(배당락)로 매도가 시작되는 날짜이다. 즉, 투자자가 배당락일을 포함하여 그 이후에 주식을 매입했다면 배당금을 받지 못할 것이고, 대신 매도자가 배당금을 받을 것이다.

이것이 어떻게 작동하는지 알기 위해서 일련의 사건을 생각해 보자. 2018년 6월 27일 수요일에 Campbell Soup의 이사회는 7월 13일 금요일 기준으로 명부상의 주주들에게 주당 $0.35의 분기 배당금을 7월 30일 월요일에 지불하기로 공시한다. 배당락일은 7월 12일 목요일로 정해졌다. 그러므로 7월 11일에 Campbell 주식을 보유했던 투자자는 배당지급일 전에 주식을 매도했을지라도 7월 30일에 배당금을 받는다.

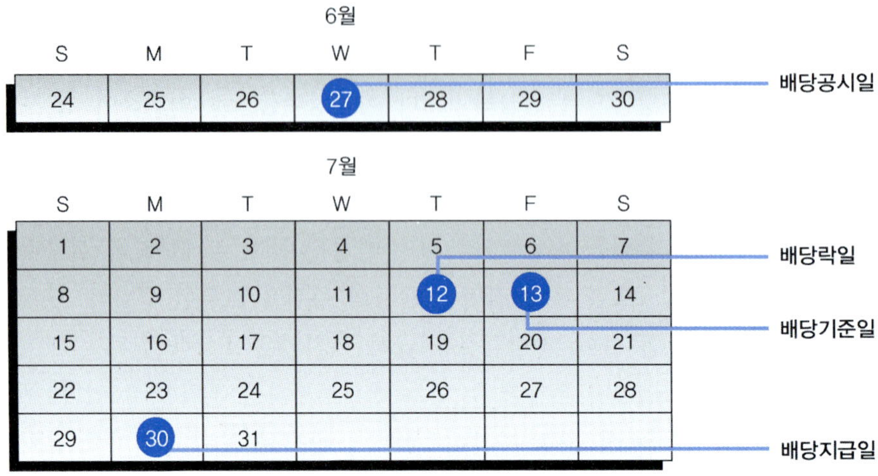

배당의 종류

일반적으로 회사는 현금의 형태로 배당을 지급한다. 가끔 새로운 주식을 추가로 발행하여 배당을 지불한다. 첫 번째 배분의 종류는 **현금배당**(cash dividend), 두 번째 종류는 **주식배당**(stock dividend)이라고 한다. 가끔 회사는 다른 형태로 배당을 지급하기도 하는데 (이 장의 앞에서 논의했던) 기업분할을 통한 주식이나 회사 제품의 샘플을 주기도 한다. 그러나 이런 다른 유형의 배당지급은 현금배당에 비해 상대적으로 드문 경우라고 할 수 있다.

현금배당 배당금을 지급하는 대부분의 기업은 배당금을 현금으로 지급한다. 현금배당의 좋은 점은 회사의 이익이 증가하는 것처럼 시간이 흐를수록 증가한다는 것이다. 배당금을 얼마나 지급했는지를 평가하기 위해 사용하는 관행적인 평가방법은 주식의 **배당수익률**(dividend yield)로 절대적(달러) 기준이 아니라 상대적(백분율) 기준의 측정방법이다. 주식의 배당수익률은 연간 배당금을 시장가격으로 나눈 값이다.

$$\text{배당수익률} = \frac{\text{연간 주당 배당금}}{\text{주식의 현재 시장가격}} \tag{6.2}$$

따라서 주주에게 연간 주당 $2의 배당금을 지급하고 주식이 $40에 거래되는 회사의 경우 배당수익률은 5%이다.

사례
배당수익률 계산

> Campbell Soup 이사회가 2018년 배당 계획을 발표했을 때, 회사는 앞으로 1년간 주당 $1.40(분기당 $0.35)를 지불할 것이라는 것을 의미한다. 당시 Campbell의 주식은 약 $41.50에 팔렸으므로 배당수익률은 3.37%($1.40 ÷ $41.50)이었다.

회사는 보통 이익의 전부를 배당금으로 지급하지는 않는다. 대신 이익의 일부를 배당금으로 분배하고 나머지는 사업에 재투자하기 위해 유보한다. **배당성향**(dividend payout ratio)은 회사의 이익에서 배당금으로 지급되는 비율을 측정하며 다음과 같이 계산된다.

$$\text{배당성향} = \frac{\text{주당 배당금}}{\text{주당순이익}} \quad (6.3)$$

S&P 500 기업의 경우 최근 몇 년간 일반적인 배당성향은 약 50%로 회사가 수익의 절반을 주주에게 배분한다는 의미이다. 나머지 절반은 자사주매입이나 사업에 재투자된다.

사례
배당성향 계산

> 2018년 4월로 끝나는 분기에 Walmart의 주당순이익은 $0.72였다. 분기별 배당금이 $0.52인 경우 Walmart의 배당성향은 72%($0.52 ÷ $0.72)로 Walmart의 경우 비정상적으로 높은 비율이었다.

2003년 미국에서는 연방세가 바뀌어 배당금에 대한 세율이 줄게 되면서 현금배당의 매력은 매우 커지게 되었다. 그 이전에는 현금배당에 일반소득세율이 적용되어 최대 35%까지 세율이 올라갈 수 있었다. 2003년 이후 배당금과 자본이득은 동일한 세율이 적용되었다. 이러한 조치는 높은 세율구간의 투자자에게 배당금을 지급하는 주식을 매력적으로 만들었다. 기업들은 세율 변화에 두 가지 방식으로 대응했다. 첫째, 이미 배당금을 지급하던 기업은 배당금 규모를 늘렸다. 2003년부터 2005년 사이 미국 기업이 지급하는 배당금은 30% 증가했다. 둘째, 한 번도 배당금을 지급하지 않았던 많은 기업이 배당금을 지급하기 시작했다. 세율 절감이 이루어진 해에는 분기당 약 4개의 기업이 배당금 지급을 시작하기로 한 계획을 공시했다. 다음 해에는 배당금 지급을 시작한 기업의 수는 분기당 29개로 늘어났는데 700%나 증가한 셈이다.

주식배당 가끔 기업이 주식배당을 결정할 때가 있다. 주식배당은 기업이 추가적인 주식을 분배함으로써 배당을 지급하는 것을 의미한다. 예를 들어, 이사회가 10%의 주식배당을 공시한다면, 당신은 당신이 소유하고 있는 10주당 1주의 새로운 주식을 받을 것이다.

주식배당은 당신이 주식배당을 받을 때 현금은 받지 않는다는 점에서 주식분할과 비슷하다. 배당으로 인해 발행주식 수가 늘어나고 주식의 가격이 떨어지기 때문에 당신이 가지고 있는 주식의 가치는 변하지 않는다. 주식분할의 경우와 마찬가지로, 시장은 주식배당의 조건에 따라 주가를 하향 조정하는 방식으로 반응하기 때문에 주식배당은 단순히 외형뿐인 변화를 의미한다. 따라서 앞의 예에서, 10%의 주식배당은 주당 주식가격을 약 10% 정도 낮추게 된다. 주식이 현재 $100에 거래되고 회사가 10%의 주식배당을 결정하면 주가는 약 $90.91로 떨어진다. 따라서 배당 전에 $1,000 상당의 주식을 보유한 투자자(각각 $100 상당의 10주)는 배당 후 약 $1,000 상당의 주식(각각 $90.91 상당의 11주)을 소유하게 된다. 투자자는 주식을 팔 때까지 주식배당에 대한 세금을 내지 않는다.

배당재투자 플랜

배당금을 재투자하려는 투자자에게는 **배당재투자 플랜**(dividend reinvestment plan: DRIP)이 매력적일 수 있다. 회사가 지원하는 이 프로그램에서 주주는 자신의 현금배당을 자동적으로 회사의 추가적인 보통주에 재투자할 수 있다(뮤추얼펀드와 Bank of America나 Fidelity 같은 금융회사가 제공하는 비슷한 재투자 프로그램이 있다). 〈표 6.2〉에서 보여주듯이 배당금 재투자는 시간이 흐르면서 투자가치에 매우 큰 영향을 미칠 수 있다.

오늘날 대부분의 대기업을 포함해서 수백 개의 기업이 배당재투자 플랜을 제공한다. 이러한 계획은 투자자에게 자본을 축적하기 위한 편리하고 저렴한 방안을 제공한다. DRIP에서 대부분의 주식은 중개수수료 없이 인수되며 대부분의 계획은 부분참여를 허용한다. 따라서 투자자는 주식 중에서 어느 분량만큼 배당재투자를 하고 어느 만큼을 현금배당으로 받을지 결정할 수 있다. 어떤 계획은 심지어 배당재투자

〈표 6.2〉 현금 혹은 배당의 재투자?

상황: 당신은 주당 $25의 주식 100주를 매수한다(총 투자금액은 $2,500); 주식은 현재 연간 주당 $1의 배당금을 지불한다. 주식의 가격은 연간 8%씩 증가하고 배당금은 연간 5%씩 증가한다.

투자기간(년)	보유주식 수	보유주식의 시장가치	현금배당 총수령액
		배당금을 현금으로 수령	
5	100	$ 3,672	$ 552
10	100	$ 5,397	$1,258
15	100	$ 7,930	$2,158
20	100	$11,652	$3,307
		배당재투자 플랜에 참여 (현금배당의 100%를 재투자)	
5	115.59	$ 4,245	0
10	135.66	$ 7,322	0
15	155.92	$12,364	0
20	176.00	$20,508	0

플랜의 투자자에게 시장가격보다 3%에서 5% 할인된 가격에 주식을 매도하기도 한다. 또한 대다수의 계획은 투자자의 계좌로 소수점 이하의 주식을 신용으로 매입할 수 있게 하거나, 투자자로 하여금 회사의 주식을 배당을 초과하여 추가로 투자하는 것을 허용한다. 예를 들어, 수도 공공서비스 회사인 Aqua America는 주주가 배당금을 사용하여 시가보다 5% 할인된 가격으로 신주를 구입할 수 있도록 한다.

주주는 작성한 승인양식을 회사에 보내기만 하면 배당재투자 플랜에 참여할 수 있다. 일단 등록되면 투자자가 보유한 주식의 수는 각 배당마다 증가하기 시작할 것이다. 그러나 유의해야 할 것이 있는데, 배당이 추가적인 주식의 형태를 취하더라도 당신은 마치 현금배당을 받을 때처럼 세금을 내야 한다. 이러한 배당금을 주식배당과 혼동하면 안 된다. 재투자된 배당금은 현금을 받았을 때처럼 받은 연도에 세금이 부과될 수 있는 소득으로 인정된다. 그러나 특혜세율이 유효한 이상 주식배당에 대한 세금은 2003년 이전의 세금보다는 덜 부담스러울 것이다.

개념 리뷰

해답은 www.pearson.com/mylab/finance에서 찾을 수 있음.

6.10 배당 결정이 어떻게 내려지는지 간략하게 설명하라. 배당금 지급 여부와 배당금액을 결정하는 데 중요한 요소는 무엇인가?

6.11 배당락일이 왜 주주에게 중요한가? 주식이 배당락일에 매각된다면 누가 배당을 받게 되는가? 매도자인가 매수자인가? 설명하라.

6.12 현금배당과 주식배당의 차이점은 무엇인가? 당신에게 무엇이 더 가치 있겠는가? 주식분할에 비해 주식배당은 어떻게 다른가? 200% 주식배당은 2 대 1 주식분할과 동일한가? 설명하라.

6.13 배당재투자 플랜은 무엇이고 투자자에게 어떤 혜택을 제공하는가? 단점은 없는가?

보통주의 종류와 이용

LG6 시장은 매우 보수적인 주식부터 투기적인 주식까지 다양한 범주의 주식들을 담고 있다. 일반적으로 투자자가 추구하는 주식은 투자 목적과 투자 프로그램에 따라 다르다. 우리는 대중적인 보통주를 살펴보고, 투자 프로그램에 따라 다양한 증권이 쓰일 수 있는 여러 가지 방법에 대해서 알아볼 것이다.

주식의 종류

어떤 주식도 서로 비슷하지 않고, 위험과 수익률의 분포는 각 주식을 발행한 기업의 특성에 달려 있다. 몇 가지 특성으로는 회사가 배당금을 지급하는지, 기업의 규모, 얼마나 빠르게 회사가 성장하고 있는지, 그리고 경기순환의 변화에 이익이 얼마나 취약한지 등을 말할 수 있다. 시간이 흐르면서, 투자자들은 어떤 특정 주식을 여러 분류 중 한 가지로 구별할 수 있는 방법을 발전시켰다. 투자자들은 포트폴리오를 구성할 때 위험과 수익률의 적당한 균형을 달성하기 위해 이 분류들을 사용한다.

우량주 우량주는 보통주라는 농작물의 알짜에 해당하는 부분이라고 할 수 있다. 오랜 기간 동안 이익을 기록하고 배당금을 지급해 온 기업이 발행한 주식이다. **우량주(blue-chip stock)**는 흠잡을 데 없는 재무기록을 가진 잘 설립된 대규모 기업에 의해 발행된 주식이다. 이 회사들은 종종 산업의 대표기업이다.

그러나 모든 우량주가 동일하지는 않다. 어떤 우량주는 일관되게 높은 배당수익률을 제공하고 어떤 우량주는 성장지향적이다. 성장 우량주의 좋은 예는 Nike, Home Depot, Walgreen's, Lowe's Companies, United Parcel Service를 들 수 있다.

우량주가 약세시장으로부터 영향을 안 받을 수는 없지만 대부분의 주식보다 위험성이 낮다. 우량주는 성장 잠재력을 가지고 있으며 배당을 지불하는 우량 주식을 찾는 투자자들에게 매력적이다. 우량주는 큰 위험을 무릅쓰지 않고 채권보다 높은 수익을 얻고 싶은 투자자들에게 매력적이다.

소득주 어떤 주식은 단순히 배당금을 지급하기 때문에 매력적이다. 이것이 **소득주**(income stock)의 경우에 해당된다. 이 주식들은 평균보다 높은 배당금을 정기적으로 지급하는 오랜 역사를 가지고 있다. 소득주는 투자한 자본으로부터 발생하는 상대적으로 안전하고 높은 수준의 경상소득을 추구하는 사람들에게 이상적이다. 그러나 더 좋은 것이 있다. 소득주 주주들은 채권이나 우선주 투자와 달리 그들이 받는 배당금이 시간이 지남에 따라 증가하는 것을 기대할 수 있다. 2005년에 $1의 배당을 지급했던 기업의 배당금이 연간 약 4% 정도씩 증가했다면 2020년에는 주당 $1.80 정도를 지불하게 될 것이다. 시간에 따라 증가하는 배당금은 투자자들을 인플레이션의 영향으로부터 보호해 준다.

소득주의 제일 큰 단점은 어떤 기업의 경우에는 성장 잠재력이 제한되어 있기 때문에 이미 높은 배당금을 지급하고 있다는 사실이다. 사실 소득주가 상대적으로 낮은 수익 성장을 보이는 것은 이상하지 않은 현상이다. 이런 기업이 수익이 없다거나 전망이 나쁘다는 뜻은 아니다. 오히려 반대이다. 소득주에 해당하는 기업은 수익이 높고 매우 좋은 전망을 가진 회사들이다. 소득주의 많은 회사들은 미국 산업에서 거대한 회사들이고 그 중 많은 회사들은 우량주로 분류되기도 한다. American Electric Power, PPL, Duke Energy와 같이 많은 공공서비스 제공 기업이 이 분류에 속한다. 또한 이 분류에는 ExxonMobil, Procter & Gamble, Altria Group과 같은 일부 제조 및 금융회사들이 해당된다. 기업의 특성에 맞게 소득주는 영업위험이나 시장위험에 많이 노출되어 있지 않다. 그러나 상당한 정도의 이자율위험에는 노출되어 있다.

성장주 매출과 이익이 매우 빠르게 성장하고 있는 회사들이 발행한 주식을 **성장주**(growth stock)라고 한다. 좋은 성장주는 대부분의 보통주가 연간 6%에서 8% 정도 성장할 때 일관되게 15%에서 18%의 수익성장률을 보인다. 일반적으로 인정받는 성장 기업은 변함없는 수익 성장과 높은 순이익률을 갖추고 있다. Amazon, Gilead Sciences, Centene, Starbucks는 성장주의 좋은 예이다. 이 목록이 암시하듯이 어떤 성장주는 우량주로 평가되고 양질의 성장을 제공하는 반면 다른 주식은 높은 수준의 투기성을 나타낸다.

성장주는 일반적으로 배당을 주지 않거나 조금밖에 주지 않는다. 배당성향은 이익의 10% 내지 15% 범위를 넘는 경우가 드물다. 대신 이들 회사는 이익의 대부분을 추가적인 성장의 재원으로 재투자한다. 따라서 투자자는 성장주에서 배당이 아니라 가격 상승을 통해 수익을 얻는다. 그리고 이것은 장단점을 동시에 가지고 있다. 경제가 튼튼하고 주식시장이 상승세에 있을 때 이런 주식은 인기가 높다. 그러나 시장이 침체되면, 이러한 주식은 종종 크게 침체된다. 성장주는 일반적으로 배당보다는 자본이득을 찾는 그리고 더 높은 위험을 무릅쓸 수 있는 투자자에게 매력적이다.

기술주 지난 30여 년 동안 기술주는 긍정적이고 동시에 부정적인 측면에서 시장에서 주도적인 존재가 되어, 그들만의 분류가 필요하다고 여겨지게 되었다. **기술주**(tech stock)는 기본적으로 시장의 기술 부문을 대표한다. 여기에는 컴퓨터, 반도체, 데이터 저장장치 그리고 소프트웨어를 제작하는 회사가 포함된다. 또한 인터넷 서비스 네트워킹 장비, 그리고 무선통신을 제공하는 기업도 포함된다. 대부분의 기술주는 Nasdaq에서 거래되지만 어떤 주식은 NYSE에 상장되기도 한다.

이러한 주식은 아마도 성장주나 투기주의 분류에 속할 수 있지만 일부는 당당한 우량주이다. 기술주는 높은 수익률의 잠재성을 지니지만 동시에 상당한 위험이 있기 때문에 위험을 감수할 수 있는 투자자에게 적합할 것이다. 기술주에 속한 회사들 중 잘 알려진 이름으로는 Apple, Facebook, Cisco Systems, Google, AMD 등이 있다. 또한 떠오르는 기술주에는 NVIDIA, Marvell Technology, Advantest, Electronic Arts 등이 있다.

투기주 성공에 대한 일관성 있는 기록은 없으나 가격 상승에 대한 상당한 잠재력을 가지고 있는 것이 **투기주**(speculative stock)이다. 아마 투자자의 희망은 어려움을 겪는 회사를 새로운 경영진이 인수하거나 미래가 밝은 신제품의 도입에 의해 생겨날 것이다. 아니면 새로운 정보, 발명 혹은 생산기술이 회사의 성장 전망에 좋은 방향으로 작용할 것이라는 힌트가 투자자의 희망을 부추긴다. 투기주는 주식의 특별한 종류로, 시장이 강세일 때 많은 추종자를 거느린다.

일반적으로 말해서 투기주의 이익은 불확실하고 안정적이지 않다. 이러한 주식은 가격의 변동이 심하며 배당이 전혀 없거나 매우 작다. 좋은 점으로는 Sirius XM Radio, Destination Maternity, Global Power Equipment Group 및 Iridium Communications와 같은 투기주가 매력적인 성장 전망과 시장에서 "대박을 터뜨리는" 기회를 가지고 있다는 것이다. 그러나 투자자는 성공하려면 시장의 다른 이들이 알아채기 전에 큰 돈을 벌게 해줄 승자를 파악해야만 한다. 투기주는 매우 위험하다. 투자자에게 튼튼한 배짱과 상당한 노하우를 요구한다. 투기주는 자본이득을 추구하는 이들에게 유용하며 투자자는 상황적인 필요에 따라 이러한 주식을 공격적으로 거래한다.

경기순환주 **경기순환주**(cyclical stock)는 전반적인 경제상황에 기업의 이익이 매우 밀접히 연관되어 있는 기업에 의해 발행된다. 이러한 주식은 경기순환의 주기에 따라 상승과 하락을 하는 경향이 있다. 집이나 자동차와 같이 돈이 많이 들고 오래가는 물품에 대한 소비 지출이나 자본 장비 지출과 연결된 시장에서 활동하는 기업이 전형적인 경기순환주이다. 예를 들어, Alcoa, Caterpillar, Genuine Parts, Lennar, Brunswick, Timken이 있다.

경기순환주는 일반적으로 경제가 앞을 향해 나아가고 있을 때는 실적이 좋지만, 특히 국가 경제가 회복의 초기 단계에 있을 때 더 좋다. 마찬가지로, 경제가 약화되기 시작하면 실적은 저조하다.

방어주 가끔 전체 경제활동이 줄고 있을 때 가격이 안정적으로 유지되거나 심지어 오르기도 하는 주식을 볼 수 있다. 이런 주식을 **방어주**(defensive stock)라고 한다. 이러한 주식은 경기순환의 약세 변동에 대해 다른 평균 주식보다 덜 취약하다.

방어주는 음료, 음식 그리고 제약과 같이 기초 필수품을 제조하는 산업 및 소비재 제품의 기업뿐만 아니라 전력 및 에너지 관련 주식을 포함한다. 방어주의 좋은 예로 Walmart를 들 수 있다. 불황에 잘 견디는 이 회사는 세계적인 선도 소매업자이다. 다른 예로는 식품 생산업체인 Kraft Heinz Company, 유명한 다목적 윤활제를 만드는 WD-40, 장기적 간병 및 보호기관인 Extendicare가 있다. 방어주는 일반적으로 공격적인 투자자들이 경기가 약세에 머물고 있는 상태이거나 투자 분위기가 나아질 때까지 자금을 일시적으로 "보관(park)"하는 데 사용된다.

시총주(market-cap stocks) 주식의 규모는 시장가치에 혹은 더 일반적으로 말하면 시가총액에 기반한다. 이 가치는 시장가격 곱하기 발행주식 수로 계산된다. 일반적으로 말해서 주식의 시장가치 측정치에 따라 미국의 주식시장을 세 부분으로 나눌 수 있다.

- 소형주 : $2십억 미만

- 중형주 : $2십억부터 $10십억까지
- 대형주 : $10십억 초과

대형주(large-cap stock)는 Walmart, Exxon Mobil, Apple과 같은 거대 회사이다. 대형주의 기업은 그 수는 적지만 미국 내 자기자본 시가총액의 75% 이상을 차지한다. 그러나 큰 것이 항상 좋은 것은 아니다. 이 문장이 주식시장보다 더 명확하게 적용되는 경우는 없을 것이다. 평균적으로 대형주보다 소형주가 더 높은 수익률을 얻는다.

중형주(mid-cap stock)는 투자자에게 매력적인 수익률의 기회를 제공한다. 그들은 소형주 정도의 수익률을 제공하지만 가격의 변동성이 더 적다(소형주는 곧 살펴볼 것이다). 동시에 중형주는 적당한 크기의 회사이고, 대부분이 오랫동안 존재해 왔으며 어느 정도 규모의 인정받는 주식으로서 안전성을 제공한다. 중형주 중에 잘 알려진 기업으로는 Dick's Sporting Goods, Wendy's, Williams-Sonoma가 있다. 이러한 주식은 소형주의 불확실성 없이 대형주의 대체품이 되기도 하지만, 대형주보다는 조금 더 큰 가격 변동성과 위험을 감수할 수 있는 투자자에게 적합하다.

중형주 중에서 특히 흥미를 끄는 한 종류는 아기 우량주(baby blue chip)이다. "베이비 블루스(baby blues)"로도 알려진 이 회사들은 규모를 제외하고는 일반적인 우량주의 특징을 다 갖추고 있다. 다른 대규모 우량주와 같이 아기 우량주는 견고한 재무상태표, 적당한 수준의 부채, 그리고 몇 년간의 안정적인 이익 성장을 보인다. 아기 우량주는 일반적으로 적당한 수준의 배당을 지급하지만 대부분의 중형주와 같이 성장을 강조한다. 따라서 양질의 장기 성장을 추구하는 투자자에게 이상적이다. 잘 알려진 베이비 블루스는 Logitech, American Eagle Outfitters가 있다.

일부 투자자는 소규모 기업을 매력적인 수익률의 기회로 보고 그들을 별도로 분류한다. 많은 경우에 이러한 생각은 사실인 것으로 드러났다. **소형주**(small-cap stock)로 알려진 기업은 일반적으로 연간 $1십억보다 적은 매출액을 창출한다. 그러나 그들의 규모 때문에 성장의 추진력은 이익과 주식가격에 극적인 영향을 미칠 수 있다. Spectrum Pharmaceuticals, TiVo 및 Shoe Carnival은 잘 알려진 소형주이다.

비록 어떤 소형주는 견고한 재무상태를 갖춘 회사들이지만 모든 소형주가 그렇지는 않다. 사실 많은 기업이 너무 작아서 발행된 주식의 수도 적고, 주식은 널리 유통되지 않는다. 또한 작은 회사의 주식은 "오늘은 있었다가 내일은 없어지는" 경향이 있다. 비록 일부 소형주가 높은 수익률의 잠재력이 있다고 해도, 투자자는 소형 주식에 동반하는 높은 위험 노출에 대해 주의해야 한다.

소형주의 특별한 분류로 기업공개(Initial public offering: IPO)가 있다. 대부분의

IPO는 작고, 대중에게 처음으로 공개되는 상대적으로 새로운 기업이다. (최초공모 이전에 이 주식들은 사적으로 소유되거나 공개적으로 거래되지 않았다.) 다른 소형 기업 주식과 마찬가지로, IPO 주식은 투자자들이 얻을 수 있는 상당한 자본이득 때문에 매력적이다. 물론 그 중에서도 조금 더 좋고 매력적인 IPO 주식을 매수하려면 브로커에게 당신은 활발한 거래자이거나 선호하는 고객이어야 할 것이다. 당신이 그렇지 않다면, 당신에게 돌아오는 IPO 주식은 투자자들이 원하지 않는 것일 가능성이 많다. 의심할 여지없이 IPO는 위험이 높은 투자이다.

해외주식에 투자하기

지난 25년간 미국의 금융시장에 일어났던 제일 극적인 변화는 세계화의 추세이다. 사실 세계화란 1990년대의 유행어가 되었고 세계의 주식시장에서만큼 그것이 극명하게 드러나는 곳은 없었다. 예를 들어, 1970년대에 미국 주식시장이 전체 세계 시장의 2/3 정도를 차지했다는 것을 생각해 보라. 핵심을 말하자면, 미국의 주식시장은 나머지 다른 세계의 주식시장들이 합쳐진 것보다 2배 정도 컸던 것이다. 그러나 이것은 더 이상 사실이 아니다. 2018년 세계거래소연맹(World Federation of Exchanges)에 따르면 세계 주식시장가치에서 미국의 점유율이 40% 아래로 하락했다.

오늘날 세계 주식시장은 전 세계 총액의 약 65%를 차지하는 소수의 시장에 의해 지배되고 있다. 미국은 2018년 총 가치가 $34조에 달하는 가장 큰 주식시장을 보유하고 있다. 일본과 중국 시장의 총 주식시장가치는 약 $6조이며 Hong Kong Exchange를 포함하면 중국의 총액은 $11조가 넘는다. London Stock Exchange의 주식가치는 $5조가 조금 넘는다. 다음으로 큰 시장은 벨기에, 프랑스, 네덜란드 및 포르투갈의 거래소를 포함하는 Euronext이다. $3조 이상의 가치가 있는 마지막 시장은 두 개의 주요 거래소가 있는 인도이다. 캐나다, 독일, 스위스, 호주 및 한국에서 $1조가 넘는 다른 주식시장을 찾을 수 있다.

상대적 수익률 미국은 아직 크기로 보자면 세계의 주식시장을 지배하고 있다. 그러나 그것은 중요한 질문을 남겨둔다. 다른 세계의 주요 주식시장에 비해 미국의 주식시장의 성과는 어떠했는가? 2017년, 주식에 대한 수익성이 전반적으로 좋았던 해에, 미국의 시장은 (S&P 500 지수로 측정하면) 22%의 수익을 올렸다. 한 해만을 보는 것은 아마 한 나라의 주식시장 실적을 평가하는 데 최선의 방법은 아닐 것이다. 〈그림 6.5〉는 1900년부터 2017년까지 19개 국가 주식의 연평균 수익률을 보여주고

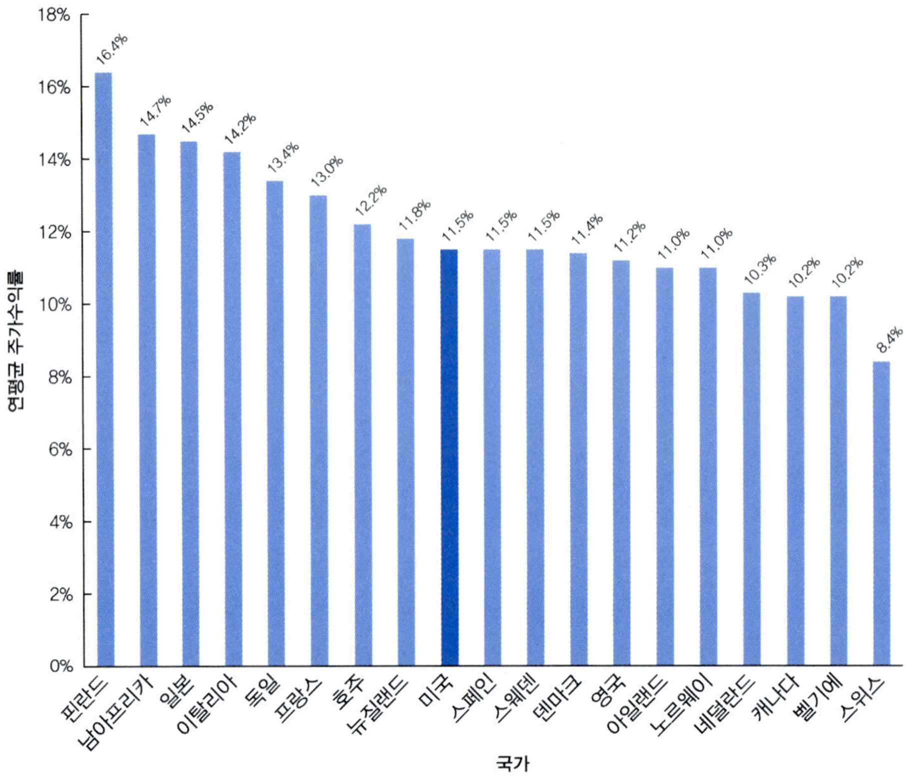

그림 6.5
세계의 연평균 주가수익률 (1990년부터 2017년까지)

(출처: Elroy Dimson, Paul Marsh, and Mike Staunton, *Credit Suisse Global Investment Returns Yearbook 2018*에서 발췌)

있다. 이 기간 동안 미국의 주식시장은 연평균 수익률로 11.5% 얻었는데 〈그림 6.5〉에 있는 나라들 평균 수익률보다 약간 낮다. 다시 말해, 오랜 시간 동안 미국의 주가수익률은 다른 주식시장의 수익률과 비교해 특출나지는 않았다는 것이다. 연도별로 살펴보면 미국 주식이 연중 가장 높은 수익을 올리는 경우는 거의 없다는 것을 알 수 있다. 이것은 국경을 넘을 생각이 있는 투자자에게는 더 매력적인 수익률이 기다리고 있다는 것을 의미한다.

세계로 진출: 직접투자 기본적으로 해외의 주식에 투자하는 방법에는 두 가지가 있다. 직접투자를 할 수도 있고, 미국예탁증서(ADR)를 통할 수도 있다.

해외시장에서 직접 주식을 사는 것은 예전보다 훨씬 쉽다. 대부분의 주요 미국 증권사들은 해외증권 매입에 관심이 있는 투자자를 수용하기 위해 설립되었지만, 투자자는 수익에 극적인 영향을 미칠 수 있는 환율 변동에 대처해야 한다. 전 세계적으로 다양한 규제 및 회계기준이 있으므로 여러 국가의 기업에 대한 재무정보를 비교하는 것은 어렵다. 사실 대부분의 해외시장은 더 큰 시장이라도 미국 거래소만큼 엄격하게 규제되지 않는다. 따라서 해외시장의 투자자는 외국인 투자자에게 불이익을 줄 수 있는 내부자 거래 및 기타 관행을 참아야 할 수도 있다. 직접 해외투자의 수익은 상당할 수 있지만 장애물 또한 상당하다.

미국예탁증서(ADR)를 통한 글로벌 투자 다행히 해외주식에 투자하는 더 쉬운 방법이 있는데 바로 미국예탁증서(American Depositary Receipts: ADRs)를 사는 것이다. ADR은 미국예탁주식(ADS)에 대한 소유권 지분을 나타내는 달러 표시 상품이다. ADS는 미국 은행에 예치된 미국 이외 기업의 특정 주식 수를 나타낸다(주식 수는 분할된 1주에서 20주 이상까지 다양할 수 있음). 최초의 ADR은 미국 투자자가 영국 백화점 주식에 투자할 수 있도록 1927년 미국 은행에서 만들었다. ADR은 해외주식을 소유하고 싶지만 종종 발생하는 번거로움을 원하지 않는 투자자에게 매력적이다. 예를 들어, ADR은 미국 달러로 거래되고 미국 결제 시스템을 통해 청산되기 때문에 ADR 보유자는 외화로 거래할 필요가 없다.

미국예탁증서는 미국 회사의 주식과 같이 미국의 시장에서 매매된다. 그 가격은 미국의 달러로 표시된다. 더 나아가 배당금도 미국의 달러로 지급된다. 오늘날 미국에는 전 세계 100개 이상의 국가에 위치한 회사의 주식을 대표하는 3,700개 이상의 ADR이 있다.

ADR의 구조를 보기 위해서 영국의 석유 및 가스 회사인 BP의 예를 보겠다. BP의 ADR은 NYSE에서 거래되고 있다. 각각의 BP ADR은 BP의 6주에 대한 소유권을 나타낸다. 이러한 주식은 미국 은행(또는 해당 미국 은행의 해외외환결제 제휴은행)에 의해 신탁계좌에 보관되는데, 배당금을 받고 해외 원천징수세를 납부한 후 순수익을 미국 달러로 전환하여 투자자에게 전달된다. 매수할 수 있는 해외의 다른 미국예탁증서의 주식으로는 Sony(일본), Ericsson Telephone(스웨덴), Nokia(핀란드), Nestlé(스위스), BASF(독일), CK Hutchison Holdings Limited(홍콩), Teva Pharmaceuticals(이스라엘)가 있다. 당신은 심지어 러시아의 모스크바에 본사를 둔 Mechel Steel과 같은 회사의 주식도 NYSE에서 ADR로 매수할 수 있다.

국제 수익률의 관점 해외주식의 주식은 미국의 주식과 같은 방식으로 가치평가가 된다. 실제로 미국의 주식가격을 변화시키는 요소들(소득, 배당금 등)이 해외시장의 주식가치에도 영향을 미친다. 그러나 이보다 먼저, 각각의 시장은 각각의 경제 동력(인플레이션, 이자율, 경제활동 정도)에 의해 영향을 받아 시장의 분위기를 조성한다. 어느 시점에 어떤 시장은 다른 시장보다 실적이 좋다. 이는 국내 시장 밖의 투자자들에게 추가적인 분산투자 기회를 제공한다.

미국 주식의 경우와 같이 외국의 주식도 수익의 기본적인 2가지 원천인 배당과 자본이득(혹은 손실)을 제공한다. 그러나 국제 투자에서는 세 번째 요소인 통화 환율이 있는데, 미국 투자자의 수익에 영향을 준다. 특히, 해외 통화에 상대적으로 미국의 달러가 약세 또는 강세를 보일 때는, 해외주식에 투자중인 미국 투자자의 주식 수익률 또한 상승하거나 하락한다. 국제적 맥락에서 해외증권에 투자중인 미국 투자자의 총수익은 아래와 같이 정리될 수 있다.

$$\text{총수익(미국 \$)} = \begin{matrix}\text{경상소득}\\\text{(배당금)}\end{matrix} + \begin{matrix}\text{자본이득}\\\text{(혹은 손실)}\end{matrix} \pm \text{환율의 변동} \tag{6.4}$$

경상소득과 자본이득은 지역의 통화(해외 주식이 기반한, 유로나 일본의 엔 같은)로 거래되므로, 우리는 총수익의 공식을 다음과 같이 요약할 수 있다.

$$\text{총수익(미국 \$)} = \begin{matrix}\text{경상소득과 자본이득으로}\\\text{부터의 수익(현지 통화)}\end{matrix} \pm \begin{matrix}\text{환율의 변동에 따른}\\\text{수익}\end{matrix} \tag{6.5}$$

따라서 총수익의 2가지 기본 요소는 주식으로부터 발생하는 것(배당금 더하기 주식가격의 변동)과 환율의 변동이다.

국제 수익률의 측정 수식 (6.5)에서 나온 두 가지 기본 요소를 알고 환율을 고려해 만들어진 다음의 보유기간수익률(HPR) 수식을 이용해서 우리는 미국의 달러로 총수익률을 계산할 수 있다.

$$\begin{matrix}\text{총수익률}\\\text{(미국 \$)}\end{matrix} = \left[\frac{\begin{matrix}\text{해외통화로 계산한}\\\text{주식의 기말가치}\end{matrix} + \begin{matrix}\text{해외통화로}\\\text{받은 배당}\end{matrix}}{\begin{matrix}\text{해외통화로 계산한}\\\text{주식의 기초가치}\end{matrix}} \times \frac{\begin{matrix}\text{보유기간}\\\text{기말의 환율}\end{matrix}}{\begin{matrix}\text{보유기간}\\\text{기초의 환율}\end{matrix}}\right] - 1 \tag{6.6}$$

수식 (6.6)에서 환율은 미국의 달러로 나타낸 외국 통화의 가치이다. 즉, 한 단위의 외국 통화가 미국 돈으로 얼마만큼의 가치가 있는가 하는 것이다.

이 변형된 보유기간수익률 수식은 1년 또는 그 이하의 기간 동안 투자할 경우 제일 유용하다. 핵심적으로, 수식 (6.6)의 첫 번째 요소는 현지의 통화로 주식의 수익률을 제공하고, 두 번째 요소는 환율 변동의 영향을 고려한다.

이 수식이 어떻게 작동하는지 알기 위해서 Frankfurt Stock Exchange에서 거래되는 독일의 전기 엔지니어링 전자회사인 Siemens AG의 주식을 몇 백주 매수한 미국 투자자의 경우를 고려해 보자. 독일은 유럽공동체(EC)의 일부이기 때문에 통화는 유로이다. 투자자가 주당 €90.48의 가격을 지불했다고 가정한다. 당시에 달러와 유로의 환율(미국$/1유로)은 $0.945인데, 즉 €1는 미국의 95센트의 가치를 가진다는 것이다. 주식은 연간 주당 €5의 배당금을 지급했다. 12개월 이후 주식은 €94.00에 거래되고 있었고 달러/유로의 환율은 $1.083이었다. 명백하게, 이 주식은 가격이 올랐고, 유로도 올랐으며, 즉 투자자는 좋은 실적을 냈다. 이 투자가 어떤 수익률을 창출했는지 알기 위해서 우리는 수식 (6.6)을 이용해야 한다.

$$
\begin{aligned}
\text{총수익률 (미국 \$)} &= \left[\frac{€94.00 + €5.00}{€90.48} \times \frac{1.083}{0.945}\right] - 1 \\
&= [1.0942 \times 1.1460] - 1 \\
&= 1.2540 - 1 \\
&= 0.254 \text{ or } 25.4\%
\end{aligned}
$$

25.4%의 수익률로, 투자자는 명백하게 좋은 실적을 냈다. 그러나 대부분의 수익률은 주식이 아니라 환율의 변동에 의한 것이었다. 배당과 자본이득으로부터 비롯된 수익률을 보여주는 수식의 앞 부분을 보라: 1.0942－1＝9.42%. 따라서 주식 그 자체만으로는 9.50% 이하의 수익률을 만들어 낸 것이다. 약 16%(25.40%－9.42%)의 나머지 수익률은 환율 가치의 변화에서 비롯되었다. 이 경우 미국 달러의 가치가 유로에 비하여 상대적으로 낮아졌기 때문에 수익률이 늘어난 것이다.

외환 환율 방금 보았듯이, 환율은 투자자의 수익률에 극적인 영향을 미칠 수 있다. 환율은 약간의 수익이나 심지어 손실도 매우 매력적인 수익으로 변환시킬 수 있고, 반대의 경우도 가능하다. 소위 환율 영향이 긍정적인지 부정적인지를 결정하는 유일한 요소는 증권의 가격을 표기한 나라의 통화에 대한 상대적인 미국 달러의 움직임이다. 핵심적으로, 달러가 강세일수록 미국 투자자의 수익에는 부정적인 영향이 가게 된다. 그리고 달러가 약세일수록 긍정적으로 작용한다. 따라서 해외증권에 투자하기에 가장 좋은 시기는 달러의 가치가 떨어지고 있을 때이다.

물론 환율의 변동이 심할수록 총수익률에 미치는 영향도 커진다. 미국 투자자에게 가장 좋은 시나리오는 해외주식과 외화가 모두 상승하는 것이다. 그리고 이 규칙은 해외주식에 대한 직접 투자와 ADR 구매 모두에 적용된다. (ADR은 달러로 표시되어 있지만 환율의 지속적인 변화에 따라 가격이 달라진다.)

대안적 투자전략

기본적으로 보통주는 (1) 가치의 "저장창고", (2) 자본 축적의 수단, (3) 소득의 원천으로 사용될 수 있다. 가치의 저장창고는 모든 투자자에게 중요한데, 아무도 돈을 잃는 것을 원치 않기 때문이다. 그러나 어떤 투자자는 다른 투자자보다 더 손실에 민감하다. 그들은 주식을 선택하는 데 있어서 원금의 안전을 최우선의 선택 조건으로 본다. 이러한 투자자는 질을 고려하므로 우량주 혹은 투기적이지 않은 주식에 더 끌린다.

반면에 자본 축적의 수단은 장기적 투자자에게 중요한 목표이다. 이러한 투자자는 그들의 부를 축적하기 위해서 자본이득이나 배당금을 이용한다. 어떤 투자자는 이 목적을 위해 성장주를 이용하고 어떤 투자자는 소득주를 그리고 어떤 이들은 두 가지를 모두 이용한다.

마지막으로, 어떤 투자자는 주식을 소득의 원천으로 사용한다. 그들에게 신뢰할 수 있는 배당금의 흐름은 매우 중요하다. 고수익, 양질의 소득주는 그들이 매우 선호하는 투자대상이다.

개인투자자는 자신의 투자 목적을 달성하기 위해 다양한 투자전략을 사용할 수 있다. 이러한 전략에는 매입보유전략, 경상소득 전략, 양질의 장기 성장, 공격적인 주식관리, 투기와 단기거래가 포함된다. 앞의 3가지 전략은 가치저장을 중요하게 여기는 투자자의 관심을 끈다. 투자자의 기질과 투자 프로그램에 어느 정도의 시간을 할애할 수 있느냐에 따라서 이 중 어떤 전략이라도 자본을 축적하기 위해 사용될 수 있다. 반면에, 경상소득 전략은 주식을 소득의 원천으로 삼는 투자자들에게 이성적인 선택이다.

매입보유전략 매입보유전략(buy-and-hold)은 투자전략 중 가장 기본적이고 확실히 가장 보수적이다. 목적은 돈을 안전한 투자에 두고(원금의 안전성이 핵심적), 시간이 지남에 따라 증가하는 것을 지켜본다. 이 전략에서 투자자들은 매력적인 경상소득과 자본이득을 제공하는 양질의 주식을 선택하고, 10년에서 15년까지 오랜 기간 동안 보유한다. 이 전략은 퇴직기금의 자금을 조달하기 위해, 자녀의 교육비용을 준비하기 위해, 혹은 단순히 장기적으로 자본을 축적하기 위해 이용된다. 일반적으로 투자자는 좋은 주식의 포트폴리오를 선택해서 장기적으로 투자한다.

매입보유전략을 사용하는 투자자는 주기적으로 새로운 자본을 포트폴리오에 추가한다. 대부분은 연간 배당금에서 나온 수입을 포트폴리오에 투자하거나 (종종 배당재투자 플랜을 통해) 추가적인 주식에 재투자한다. 장기적이고 대중적인 소위 가치지향적 투자자와 함께, 이 전략은 장기간에 걸쳐 경쟁력 있는 수익률을 추구하는 질적인 측면에 관심을 갖는 개인들이 활용한다.

경상소득 전략 어떤 투자자들은 높은 경상소득(배당금)을 얻기 위해 보통주를 이용한다. 보통주는 이러한 목적에 적합한데, 높은 배당수익률뿐만 아니라 시간이 지남에 따라 배당금이 증가하는 경향을 보이기 때문이다. 이 전략에서 원금의 안전성과 소득의 안정성이 핵심이다. 자본이득은 이차적인 중요성을 가진다. 양질의 소득주(배당주)는 이 전략을 위한 명백한 선택이다. 어떤 투자자는 투자자본에 대한 높은 수익률과 상대적 안정성 때문에 이 전략을 택한다. 그러나 경상소득 전략은 소득을 보충하고 싶어 하는 이들에 의해 더 자주 사용된다. 사실, 대부분의 경상소득 투자자는 추가된 소득을 소비의 목적으로 쓰는데, 예를 들어 은퇴한 부부가 그들의 연금 혜택을 보충하기 위해 사용한다.

양질의 장기 성장 이 전략은 자본이득을 주요 수익의 원천으로 본다는 점에서 앞의 두 전략보다는 덜 보수적이다. 이 접근법을 취할 경우 어느 정도의 거래가 요구된다. 대부분의 거래는 양질의 성장주(기술주, 베이비 블루스, 중형주를 포함)로 제한된다. 이러한 주식들은 매력적인 성장 전망과 상당한 가격 상승의 기회를 제공한다. 많은 성장주가 배당을 지급하기도 하지만, 이 전략은 큰 수익을 얻기 위한 주요 방안으로 자본이득을 강조한다.

이 접근법은 더 큰 위험을 수반하는데, 자본이득에 많이 의존하기 때문이다. 따라서 상당한 분산투자가 종종 이용된다. 장기적인 자본의 축적이 이 방법을 사용하는 가장 일반적인 이유이다. 그러나 매입보유전략에 비해 투자자는 더 많이 거래하고 더 높은 시장위험을 가정한다는 점에서 공격적으로 더 큰 수익을 추구한다.

이 투자전략의 변형으로 양질의 장기 성장과 높은 경상소득(배당금)을 합치는 것이 있다. 이것은 투자의 총수익 접근법(total-return approach)이다. 비록 장기 성장에 기반을 두기는 하지만 이 접근법은 배당소득 또한 수익의 원천으로 고려한다. 총수익 접근법을 사용하는 투자자는 자신의 포트폴리오에 소득주와 성장주를 동시에 보유함으로써 배당소득과 자본이득 모두에서 매력적인 장기 수익률을 추구한다. 혹은 투자자는 배당과 자본이득을 동시에 모두 제공하는 주식을 보유할 수 있다. 이 방법에서는 반드시 높은 수익률의 주식을 찾기보다는 배당금의 흐름에 높은 성장 잠재력을 제공하는 주식을 찾는다.

총수익을 추구하는 투자자는 질을 매우 중요시한다. 사실, 경상소득 투자자와 양질의 장기 성장 투자자를 구분하는 것은 총수익 투자자가 수익의 원천보다는 수익의 양에 좀 더 신경을 쓴다는 점이다. 이런 이유에서, 증가하는 배당의 흐름에서든 주식가격의 상승으로 인한 것이든 총수익 투자자는 가장 매력적인 수익을 추구한다.

공격적 주식운용 공격적인 주식운용 전략을 사용하는 투자자는 주로 자본이득을 통해 눈에 띄는 수익률을 달성하기 위해서 공격적으로 주식을 사고팔곤 한다. 우량주, 성장주, 유명한 기술주, 중형주, 경기순환주가 주요 투자대상이다. 더 공격적인 투자자는 좀 더 투기적인 기술주, 해외 주식, ADR을 포함하여 심지어 소형주를 고려할 수 있다.

이 접근법은 양질의 장기 성장 전략과 유사하다. 그러나 더 많은 거래가 동반되고, 투자기간이 일반적으로 더 짧다. 예를 들어, 주식이 움직이기를 2~3년 동안 기다리기보다 공격적인 주식 거래자는 같은 정도의 성과를 위해 6개월에서 12개월 동안 투자하려 할 것이다. 거래의 시기선택과 신속한 투자자본의 회전은 모두 이 전략의 핵심이라고 할 수 있다. 이러한 투자자는 시장이 강세이면 주식에 자금을 전부 투자하는 것을 시도한다. 시장이 약세이면 그들은 자금의 매우 많은 부분을 방어주나 심지어 현금 혹은 단기 채권상품에 투자한다.

이 공격적인 전략에는 상당한 위험과 거래비용이 든다. 또한 개인의 시간과 투자기술을 심각하게 요구한다. 그러나 그 보상은 매우 클 수 있다.

투기와 단기거래 투기(speculation)와 단기거래(short-term trading)는 모든 투자전략 중 가장 덜 보수적이라는 특징을 갖는다. 이 전략의 유일한 목적은 자본이득이다. 더 짧은 기간 안에 목적이 달성 가능할수록 좋다. 비록 이 전략을 쓰는 투자자가 그들의 흥미를 투기주나 소형주 그리고 기술주에 국한하기는 하지만, 충분히 매력적인 단기 기회를 가진다면 해외 주식(특히 소위 신흥국 시장에서)이나 다른 유형의 보통주를 이용하는 데 거부감은 없다. 많은 투기자들은 산업이나 회사의 정보가 시장의 심리나 시장의 전반적인 분위기보다 덜 중요하다고 느낀다. 이 전략은 새로운 기회가 생겨남에 따라 끊임없이 포지션을 바꾸는 과정이다.

이 전략은 위험이 너무 크기 때문에 많은 거래가 적은 수익을 내거나 거의 수익을 내지 못하기도 하고 심지어 상당한 손실을 입기도 한다. 물론 희망이 있다면 한 번 성공하면 그 수익이 모든 손실을 상쇄할 만큼 충분할 것이라는 점이다. 이 전략은 명백히 상당한 지식과 시간을 필요로 한다. 아마도 가장 중요한 것은 재무적 손실의 충격을 견딜 심리적 그리고 재정적인 강인함을 필요로 한다는 것이다.

개념 리뷰

해답은 www.pearson.com/mylab/finance에서 찾을 수 있음.

6.14 아래 주어진 투자상품을 정의하고 투자 매력을 간략하게 논의하라.

a. 우량주(blue chips)
b. 소득주(income stocks)
c. 중형주(mid-cap stocks)
d. 미국예탁증서(ADRs)
e. 기업공개(IPOs)
f. 기술주(tech stocks)

6.15 소득주(income stock)의 대부분이 잠재적인 자본이득을 제한하는 이유는 무엇인가? 이는 지속적 수익성의 전망이 제한되었다는 것을 의미하는가? 설명하라.

6.16 투자 가능한 증권이 많이 있는데, 미국의 투자자가 해외주식을 매입하려는 이유는 무엇인가? 미국 투자자가 해외 기업의 주식을 매입할 수 있는 두 가지 방법을 설명하라. 미국 투자자로서 어느 쪽이 더 선호되는가? 설명하라.

6.17 질을 고려하는 투자자에게 가장 적합하다고 생각되는 투자 접근법은 무엇인가? 어느 투자 접근법이 좀 더 수월한가? 설명하라.

토론문제

LG 1 **Q6.1** 〈표 6.1〉의 주식수익률의 기록을 보라.

a. 수십 년 동안의 연평균 수익률을 어떻게 비교하겠는가?

b. 10년 이상의 기간 동안 창출된 연평균 수익률을 고려할 때 일반적으로 주식시장에서 어느 정도의 수익률이 전형적이라고 생각하는가? 미래에 이 정도의 평균 수익률을 기대하는 것이 부당하다고 생각하는가? 설명하라.

LG 2 **Q6.2** 〈그림 6.4〉의 정보가 주어졌을 때 Netflix에 대해 다음 질문에 답하라.

a. 거래 활동이 발생한 날은 언제인가?

b. 시장이 종료되었을 때 주식은 얼마의 가격에 팔렸는가?

c. 회사의 주가수익비율은 얼마인가? 무엇을 암시하는가?

d. 해당 날짜에 주식이 거래된 첫 번째 가격은 얼마인가?

e. 최근 52주의 기간 동안 주식 거래의 최고가와 최저가는 얼마인가?

f. 해당 날짜에 거래된 주식 수는 몇 주인가?

g. 해당 날짜와 바로 전날 사이에 가격 변동이 얼마나 있었는가? 그 바로 전날 얼마의 가격에 주식 거래가 마감되었는가?

LG 4 **Q6.3** 아래에는 세 쌍의 주식이 나열되어 있다. 더 많은 가치가 있다고 생각하는 증권을 선택하라. 3번의 선택을 한 후, *Wall Street Journal*이나 혹은 다른 원천을 통해 증권의 최근 시장가치를 찾아보라.

a. Berkshire Hathaway(주식종목명 BRKA)의 50주 혹은 Coca-Cola(주식종목명 KO)의 150주 (모두 NYSE에 상장되어 있다.)

b. WD-40(주식종목명 WDFC. Nasdaq National Market에서 발행)의 100주 혹은 Nike(주식종목명 NKE. NYSE 주식)의 100주

c. Walmart(주식종목명 WMT)의 150주 혹은 Sprint Corp.(주식종목명 S)의 50주 (모두 NYSE에 상장되어 있다.)

몇 번이나 더 많은 돈을 버는 것을 선택했는가? 이들의 가격이 당신을 놀라게 하였는가? 만약 그랬다면 어느 것인가? 주식의 가격이 가치를 대변하는가? 설명하라.

LG 6 **Q6.4** 어떤 부자 여인이 당신에게 와서 투자에 대한 자문을 구한다고 가정하자. 그녀는 40대 초반이고 주식에 투자할 $250,000가 있다. 그녀는 15년 동안 그녀가 할 수 있는 만큼의 자산을 축적하기를 원하고, 적당한 정도의 위험을 감수할 준비가 되어 있다.

a. 투자자에게 어떤 종류의 주식이 제일 적합하다고 생각하는가? 최소 세 가지 종류의 주식을 생각해내고, 각각에 대해 간략하게 이유를 들어 설명하라.

b. 만약 더 적은 금액을 투자한다면 당신의 추천이 달라지는가? 가령 $50,000라면? 만약 투자자가 더 위험회피적이라면 어떻게 할 것인가? 설명하라.

LG 6 **Q6.5** 해외 주식에 투자하는 미국 투자자들의 세 가지 수익의 원천을 알아보고 간략하게 설명하라. 환율이 얼마나 중요한가? 환율을 고려했을 때 해외증권에 투자하기 위해 제일 좋은 시기는 언제인가?

a. 아래의 표에서 1년의 투자기간을 가정하고 영국의 파운드(B£), 호주의 달러(A$) 그리고 멕시코의 페소(Mp)에 대한 환율을 보여주고 있다.

	외환 환율	
통화	**투자기간 초기**	**투자기간 1년 뒤**
영국 파운드(B£)	1.55 US$ per B£	1.75 US$ per B£
호주 달러(A$)	1.35 A$ per US$	1.25 A$ per US$
멕시코 페소(Mp)	0.10 US$ per Mp	0.08 US$ per Mp

해외(영국, 호주 혹은 멕시코) 주식을 보유하고 있는 미국 투자자의 관점에서 위의 환율 중 어떤 것이 (미국 달러 기준) 수익에 긍정적인 영향을 미치는가? 어떤 것이 부정적인 영향을 미치는가?

b. 미국예탁증서(ADR)는 미국의 달러로 가격이 표시된다. 이것의 수익은 환율에 영향을 받는가? 설명하라.

LG 6 **Q6.6** 다음 종류의 투자 프로그램을 간략하게 정의하고 각 분류에 어울리는 주식의 종류(우량주, 투기주 등)를 적어라.

a. 매입보유전략

b. 경상소득 포트폴리오

c. 장기 총수익

d. 공격적인 주식운용

연습문제

LG 3 **P6.1** Tsuyoshi는 Takeda Pharmaceutical Co. Ltd의 주식 200주를 소유하고 있다. 이 주식은 최근 5 대 1 주식분할을 실시했다. 주식이 분할 직전 주당 ¥4,000에 거래되었다면 분할 후 각 주식이 얼마에 매도될 가능성이 가장 높은가? 나중에 Tsuyoshi는 몇 주식을 소유하게 되는가?

LG3 **P6.2** 투자자는 E£50,000(이집트 파운드)를 가지고 있다. 그는 중개 계좌에 E£37,000를 입금한다. 그는 주당 E£35에 CIB(Commercial International Bank) 주식 1,000주를 매입했다. 일주일 후 투자자는 CIB 주식을 주당 E£37에 매각한다. 그는 중개 계좌 명세서를 받았을 때 그의 계좌에 E£38,000의 잔액이 있음을 알게 된다.

항목	주식수	주당가격(E£)	총 거래금액(E£)	잔액(E£)
1. 입금			37,000	37,000
2. CIB 매수	1,000	35	35,000	37,000
3. CIB 매도	1,000	37	37,000	39,000
4.			00	
5. 잔액				38,000

4번째 항목에는 무엇이 포함될까?

LG4 **P6.3** Coin Flip Co.은 총자산이 $8백만, 장단기부채는 $4.8백만, 그리고 $650,000의 우선주(9%)를 가지고 있다. 회사의 자기자본 장부가치는 얼마인가? 보통주식이 50,000주 발행되었다면 주당 장부가치는 얼마인가?

LG4 **P6.4** Ben's Burgers는 주당 $23에 거래된다. 전체 390백만 주의 발행주식이 있다. 이 기업의 총 시가총액은 얼마인가?

LG3 **P6.5** 다음 시세 정보가 포함된 스프레드시트를 작성하라. 주어진 정보에 따르면 회사의 현재 시가총액은 얼마인가? 회사의 순이익은 얼마인가?

Apple Inc. (AAPL) ☆ Add to watchlist
NasdaqGS - NasdaqGS Real Time Price. Currency in USD

207.25 +0.14 (+0.07%) **206.99** -0.26 (-0.13%) Buy Sell
At close: 4:00PM EDT After hours: 4:56PM EDT

Summary | Chart | Conversations | Statistics | Profile | Financials | Options | Holders | Historical Data | Analysis | Sustainability

Previous Close	207.11	Market Cap	1.001T
Open	206.05	Beta	1.14
Bid	207.02 x 800	PE Ratio (TTM)	18.78
Ask	207.05 x 1000	EPS (TTM)	11.04
Day's Range	204.52 - 207.81	Earnings Date	Oct 31, 2018 - Nov 5, 2018
52 Week Range	149.16 - 209.50	Forward Dividend & Yield	2.92 (1.40%)
Volume	20,036,697	Ex-Dividend Date	2018-08-10
Avg. Volume	23,442,660	1y Target Est	215.46

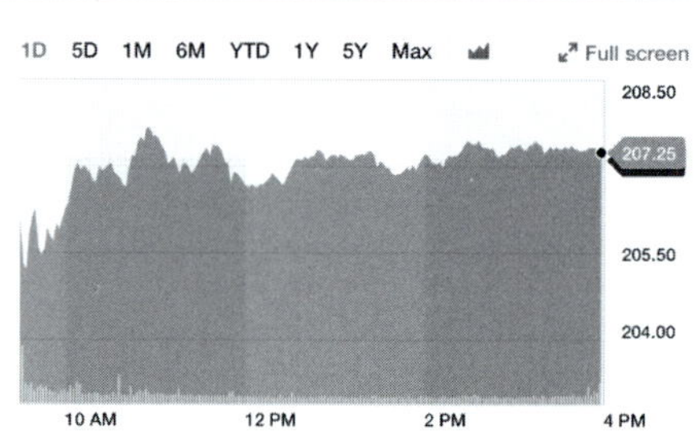

LG5 **P6.6** Longmire Company는 최근 $35.8백만의 세후 순이익을 보고했다. 350만 주 발행 보통주를 보유하고 있으며 연간 $2백만의 우선 배당금을 지급한다.

a. 기업의 주당순이익(EPS)을 계산하라.

b. 주식은 현재 $60에 거래된다고 가정하자. 보통주 주주에게 주당 $2의 배당금을 지불한다면, 배당수익률은 얼마가 될 것인가?

c. 만일 배당금으로 주당 $2가 지급된다면 기업의 배당성향은 얼마인가?

LG5 **P6.7** 2015년 1월 1일 한 투자자가 Al-Masry Steel 주식 200주를 주당 E£25에 매입하였다. 2016년 1월 3일 투자자는 주식을 E£30에 매도하였다. 주식은 주당 E£2의 분기별 배당금을 지급했다. 투자자는 이러한 투자를 통해 얼마(E£)를 벌었는가? 투자자의 세율구간은 25%라고 가정하자. 그녀는 이 모든 거래에서 얼마를 소득세로 지불했는가?

MyLab LG4 LG5 **P6.8** Truly Good Coffee, Inc.에 대한 아래 정보를 가정하자.

총자산	$240백만
총부채	$115백만
우선주	$ 25백만
보통주 주주의 자본	$100백만
세후 순이익	$22.5백만
우선주 발행주식 수	1백만 주
보통주 발행주식 수	10백만 주
우선주 배당금	주당 $2
보통주 배당금	주당 $0.75
우선주 시장가격	주당 $30.75
보통주 시장가격	주당 $25.00

위 정보를 이용하여 다음을 구하라.

a. 기업의 (자기자본) 장부가치

b. 주당 장부가치

c. 주식의 주당순이익(EPS)

d. 배당성향(dividend payout ratio)

e. 보통주 배당수익률

f. 우선주 배당수익률

LG5 **P6.9** Coastal Rail은 현재 주당 $35에 거래된다. 회사는 분기 배당금으로 주당 $0.92를 지불한다. 배당수익률은 얼마인가?

LG5 **P6.10** Mountain Rail의 순이익은 $750백만이다. 발행주식 수는 600백만 주이고 연간 배당금으로 주당 $1.1를 지급한다. 배당성향은 얼마인가?

LG5 **P6.11** Eric Nadal은 Ranger Inc.의 200주를 소유하고 있다. 회사의 이사회는 최근 3월 22일 목요일에 주주명부상의 주주에게 4월 18일 수요일에 현금배당을 주당 $1.90씩 지불할 것이라고 공시했다.

a. Eric이 그의 주식을 3월 21일에 매도한다면 배당을 얼마나 받을 수 있겠는가?

b. Eric이 주식을 팔기보다 보유하기로 결정했다고 가정하자. 그가 회사의 배당재투자 플랜에 속해 있다면, 최근 주식이 주당 $40에 거래되고 있고 계획이 주식가격의 5%의 할인을 제공할 때 그는 어느 만큼의 새 주식을 받겠는가? (Eric의 모든 배당은 계획에 따라 주식으로 전환된다고 가정하라.) Eric이 배당을 현금이 아니라 주식으로 받는 것을 고려할 때 이 배당에 대해 세금을 지불해야 하는가?

LG5 **P6.12** Southern Cities Trucking은 다음과 같은 5년간의 주당순이익의 기록을 보유하고 있다.

연도	EPS
2015	$1.40
2016	$2.10
2017	$1.00
2018	$3.25
2019	$0.80

다음 과정 중 어느 것이 5년간 주주에게 더 높은 배당금을 만들어주겠는가?

a. 배당금을 고정된 비율인 주당순이익(EPS)의 50%로 지불하는 것

b. 주당 고정된 액수인 $1씩 배당을 지불하는 것

LG4 LG5 **P6.13** 당신의 학교나 공공도서관 혹은 인터넷 등의 자료를 이용해서 Saudi Stock Exchange에서 3개의 보통주를 선택한 후 최근의 주당 장부가치, 주당순이익, 배당성향 그리고 배당수익률을 알아보라(계산과정도 기술하라).

MyLab LG4 LG5 **P6.14** 2016년 1월 투자자는 빠르게 성장하고 있는 하이테크 복합기업인 Engulf & Devour의 800주를 구매했다. 2016년부터 2020년까지 주식은 다음과 같은 배당과 주식가격의 실적을 보였다.

연도	연초의 주식가격	연간 지급된 배당금	연말의 주식가격
2016	$42.50*	$0.82	$ 54.00
2017	$54.00	$1.28	$ 74.25
2018	$74.25	$1.64	$ 81.00
2019	$81.00	$1.91	$ 91.25
2020	$91.25	$2.30	$128.75

* 투자자는 2016년에 이 가격으로 주식을 매입했다.

이 정보에 기반해서 2016년부터 2020년까지 연간 보유기간수익률의 값을 찾아라.

LG4 **P6.15** George Robbins는 스스로를 공격적인 투자자로 여긴다. 그는 해외증권에 투자하는 것을 생각하고 있는데, (1) 독일의 대규모 화학 및 보건 회사인 Bayer AG, (2) 스위스의 통신회사인 Swisscom AG를 살펴보고 있다.

Bayer AG는 Frankfurt Exchange에서 거래되고, 최근의 가격은 주당 €53.25이다. 연간 주당 €1.50의 배당금을 지불한다. Robbins는 다음 12개월 동안 주식이 주당 €60.00까지 올라갈 것으로 예상한다. 최근의 환율은 €0.9025/미국$이다. 그러나 €1.015/미국$로 오를 것으로 예상된다. 다음 회사인 Swisscom AG는 Zurich Exchange에서 거래되며 가격은 현재 주당 71.5스위스 프랑(Sf)이다. 주식은 연간 배당금을 주당 1.5Sf 지불한다. 주식가격은 1년 안에 76.0Sf으로 오르리라 예상된다. 현재 환율은 1Sf은 미국에서 $0.75의 가치를 가진다. 그러나 이것 역시 1년간 보유하고 있으면 $0.85로 오르리라고 예상된다.

a. 환율을 무시하면 두 주식 중 어느 것이 더 높은 총수익률을 보장하는가(현지 통화로)? 이 정보에 기반하여 어떤 것이 더 좋은 투자로 보이는가?

b. 미국의 달러로 계산했을 때 두 주식 중 어느 것이 더 높은 총수익률을 보이는가? 환율이 이 수익률에 어떻게 영향을 미치는가? 항목 (a)에서 선택했던 주식을 고수하고 싶은가? 설명하라.

LG6 **P6.16** Bjørn은 2018년 10월 1일 주당 DKK170(덴마크 크로네)에 Danske Bank A/S 300주를 매입했다. 안타깝게도 주요 신문은 바로 다음날 해당 은행이 자금세탁에 대해 조사를 받고 있다는 사실을 폭로했고, 주가는 25% 하락했다. Bjørn의 주식가치를 그가 지불한 금액으로 되돌리려면 현재 필요한 비율 증가율은 얼마인가?

사례문제 6.1 | Sara의 투기

LG1 LG6

Sara Thomas는 아동심리학자로 자신의 고향인 아이다호주 Boise에 상담소를 건립하려고 하였다. 지난 몇 년간 그녀는 상당한 액수를 모을 수 있었다. 그녀는 성공하기 위해 오랫동안 열심히 일했고 다른 것은 꿈도 꾸지 않았다. 그러나 성공이 Sara를 망친 것은 아니다. 아직 독신으로, 그녀는 옛 친구들과의 관계를 유지하고 있다. 그녀의 친한 친구들 중 한 명은 Terry Jenkins로, Sara의 투자자문이고 주식 브로커이다.

얼마 전 Sara는 주식시장에 대한 투자 세미나에 다녀온 이후부터 시장에 대해 공부를 하고 있다. 그녀는 그녀의 모든 돈을 수익이 낮은 저축계좌에 보관하는 것은 좋은 생각이 아니라고 결론을 내렸다. 결과적으로 그녀는 돈의 일부를 주식을 사는 데 사용하고자 결정했다. 어느 날 저녁 Sara는 Terry에게 자신의 결심을 설명하고, 그녀가 흥미롭다고 생각한 몇 개의 주식에 대해 말했다. 그 주식들은 다음과 같다.

- North Atlantic Swim Suit Company(NASS) : 이 주식은 매우 투기적으로, 배당을 지급하지 않는다. NASS의 수익이 불규칙하긴 하지만 Sara는 성장 전망이 매우 밝다고 생각한다. 그녀는 요즈음 매우 많은 사람들이 해변에 간다고 말했다.
- Town and Country Computer(T&C) : 이것은 설립된 지 오래된 컴퓨터 회사로 적당량의 배당(약 1.50%)을 지급하는 양질의 성장주로 여겨진다. 그녀가 읽은 주식 기사에 의하면 Sara는 T&C가 훌륭한 장기 성장과 자본이득의 잠재력을 가지고 있다고 생각한다.
- Southeastern Public Utility Company(SPU) : 이 소득주는 약 5%의 배당금을 지불한다. 견고한 회사이지만 지리적 위치 때문에 성장 전망에는 한계가 있다.
- International Gold Mines, Inc.(IGM) : 이 주식은 과거실적이 좋은데 특히 인플레이션 문제가 있었던 시기에 그러했다. Sara는 이 회사가 인플레이션이 있던 시기에도 실적이 좋았다면, 경제가 강할 때에는 더 좋은 실적을 보일 것이라고 생각한다. 불행하게도 이 주식은 과거에 폭넓은 가격 변동을 보였다. 이 회사는 거의 배당을 지급하지 않는다.

≫질문

a. 당신은 Sara가 상당한 금액을 저축계좌에 보관해 두는 것에 대해서 어떻게 생각하는가? 보통주가 저축계좌보다 더 좋은 투자가 될 것인가? 설명하라.

b. Sara가 설명한 4개의 주식에 대한 당신의 의견은 어떠한가? 당신은 그녀의 투자요구에 이 주식들이 적합하다고 생각하는가? 설명하라.

c. 당신은 Sara에게 어떤 종류의 보통주 투자 프로그램을 추천하겠는가? 그녀를 위해서 그녀는 어떤 투자 목적을 세워야 한다고 생각하는가? 그리고 그녀의 목표를 이루기 위해서 보통주가 어떻게 도움이 될 수 있는가?

사례문제 6.2 | 배당금의 여지가 있는가에 대한 Wally의 의문

LG5 LG6

Wally Wilson은 상업미술가로, 대부분 레이아웃과 일러스트 같은 프리랜서 활동을 통해 생활을 위한 충분한 돈을 번다. 지역 에이전시나 큰 백화점과 같은 기관 손님을 대상으로 일을 한다. Wally는 그동안 주식시장에 투자를 해 왔는데, 장기 성장 혹은 자본 상승을 위해 대부분 양질의 성장주(growth stock)만을 매수하여 왔다. 그는 증권 보유에 할애할 수 있는 시간이 한정되어 있기 때문에, 양질의 주식이 자신에게 가장 적합한 선택이라고 생각한다. 그러나 최근 그는 시장에서 그의 성장주가 다른 많은 좋은 등급의 소득주(income stock)만큼 실적이 좋지 않아서 당황하고 있다. 그래서 그는 브로커인 Al Fried와 이야기를 하기로 했다.

그들의 대화 중 Al과 Wally가 비슷한 생각을 해 왔다는 것이 분명해졌다. Al은 소득주의 배당이 상당히 높으며, 경제 상황 때문에 성장주의 전망이 그리 높지 않다는 것을 지적했다. 그는 Wally에게 돈의 일부를 이용하여 소득주를 매수하여 높은 배당수익을 얻는 것을 고려해 보아야 한다고 제안했다. Al은 "핵심은 수익이 어디서 나오는지가 아니라 얼마만큼 나오는가"라고 말한다. 그들은 다음으로 높은 수익을 내는 전력 및 에너지 주식인 Hydro-Electric Light and Power에 대해 이야기해 보았다. Al은 이 회사에 대한 예측 정보를 Wally에게 보여주고 고려해 보라고 하였다.

연도	기대 주당순이익	기대 배당성향
2020	$3.25	40%
2021	$3.40	40%
2022	$3.90	45%
2023	$4.40	45%
2024	$5.00	45%

주식은 최근에 주당 $60에 거래되고 있다. Al은 5년 안에 주당 $75에서 $80까지 가격이 올라갈 것이라고 생각한다. Wally는 Hydro-Electric 주식을 사기 위해서 그가 보유하고 있는 주식인 CapCo Industries(높게 쳐주는 성장주지만 최근에 기준 이하의 실적으로 인해 Wally가 환멸을 느낀 회사의 주식)를 팔아야 한다는 것을 깨달았다.

≫질문

a. 당신은 Wally의 현재 투자 프로그램을 어떻게 묘사할 것인가? 그것이 그와 그의 투자 목적에 비해 어떻다고 생각하는가?

b. Hydro-Electric 주식에 대해 생각해 보라.

1. 2020년부터 2024년까지 Hydro-Electric이 지급할 수 있을 것으로 예상되는 연간 배당금액을 계산하라.

2. Wally가 $6,000를 Hydro-Electric에 투자한다면 그가 얻을 수 있을 배당과 가격 예측으로부터의 수익을 달러로 계산하라.
3. Wally가 회사의 배당재투자 플랜에 참여한다면 2024년 말에 그는 몇 주를 보유하고 있을 것인가? 2024년 12월 31일에 주식이 주당 $80에 거래된다면 주식의 총 가치는 얼마인가? 주식이 배당재투자 플랜에 의해 2020년에는 $50, 2021년에는 $55, 2022년에는 $60, 2023년에는 $65, 2024년에는 $70에 매수 가능할 것이라고 가정하라. 계산할 때 소수 2자리까지의 단주를 사용하라. 또한 항목 (b)에서 Wally는 100주의 주식을 가지고 시작하며 배당 예측은 모두 실현된다고 가정하라.

c. Wally가 Hydro-Electric의 주식을 매수한다면 그는 다른 투자전략을 이용한 것이라고 말할 수 있겠는가? 전환이 이루어진다면, 당신은 어떻게 새로운 투자 프로그램을 설명할 것인가? 그의 새로운 접근법에 대해 어떻게 생각하는가? Wally는 더 많은 거래를 하게 될 것인가? 만약 그렇다면, 그가 그의 포트폴리오에 할애할 수 있는 제한된 시간을 생각했을 때 조정이 가능할 것인가?

CHAPTER

07 보통주 분석

학습목표

이 장을 학습하면 다음을 수행할 수 있다.

LG 1 증권분석의 목적과 기능을 포함하여 증권분석 절차를 토론한다.

LG 2 경제분석의 목적과 유용성을 이해한다.

LG 3 산업분석을 기술하고 어떻게 사용되는지 확인한다.

LG 4 기본적 분석(fundamental analysis)의 기초적인 유용성을 학습하고 사용되는 이유를 이해한다.

LG 5 다양한 재무비율을 계산하고 기업의 재무적 특성을 측정하기 위해서 어떻게 재무제표 분석이 사용되는지 설명한다.

LG 6 기업 성과를 평가하기 위한 다양한 재무지표를 사용하고 가치평가 과정에서 사용되는 기본적인 변수에서 얻어지는 통찰력을 설명한다.

투자은행 J.P. Morgan의 2017년 6월 애널리스트 보고서는 인기 레스토랑 체인인 Chili's와 Maggiano's Little Italy의 모회사이며 달라스에 본사를 둔 Brinker International을 비관적으로 평가했다. 애널리스트 보고서는 레스토랑 업계가 직면한 문제에 대해 "끝이 보이지 않음"을 언급했다. 부정적인 보고서는 Brinker의 주가를 벼락에 밀쳐버렸다. 보고서가 공개되자 주가는 거의 10% 하락하여 4년 만에 최저가를 기록했다.

J.P. Morgan이 나열한 과제에는 레스토랑 산업의 공급과잉, Panera Bread 및 Boston Market과 같은 다른 패스트-캐주얼(fast-casual) 체인과의 경쟁, 인건비 상승, 온라인 소매 성장으로 인한 소매고객 방문 감소 등이 포함되었고, 이 문제는 Brinker가 운영하는 체인뿐만 아니라 다른 레스토랑 체인에게도 해당되는 일반적인 상황이었다.

불과 몇 달 후 회사의 전망은 밝아지는 듯했다. 글로벌 투자은행 RBC Capital의 2018년 4월 애널리스트 보고서는 Brinker에 대해 낙관적인 이유를 발견했다. 첫째, Chili's의 체인은 소비자의 관심을 끌고 매출을 높일 것으로 보이는 "3개에 $10" 프로모션을 시작했다. 둘째, Chili's는 고객 충성도 프로그램을 다시 시작하여 단골고객에게 방문할 때마다 무료 칩과 살사를 제공했다. 이 프로모션은 고객 방문을 크게 증가시켰다. 그러나 RBC의 긍정적 전망의 가장 중요한 요인은 Brinker의 주가가 회사의 수익에 비해 상대적으로 낮았고 동종 업종의 다른 기업들보다도 낮았다는 것이다. 이는 RBC가 Brinker가 저평가되어 투자자에게 좋은 매수라는 지표로 해석되는 사실이다.

J.P. Morgan과 RBC Capital이 발행하는 보고서는 전문 증권분석가가 매일 작성하는 전형적인 보고서이다. 고객에게 추천사항을 작성할 때, 주식 분석가는 광범위한 거시경제 동향, 산업요인, 개별 기업의 특성을 고려해야 한다. 증권분석에 대하여 설명하는 두 개의 장 중에서 첫 번째인 이 장에서는 투자자가 경제, 산업, 특정 기업의 미래를 평가하는 데 사용하는 몇 가지 기법과 절차를 소개한다.

(출처: Jayson Derrick, "RBC Grows an Appetite for Chili's Parent Company," https://www.benzinga.com/analyst-ratings/analyst-color/18/04/11594433/rbc-grows-an-appetite-for-chilis-parent-company, 2018년 4월 27일에서 발췌; Tomi Kilgore, "Chili's Parent Brinker's Stock Tumbles to 4-Year Low After Analyst Downgrade," https://www.foxbusiness.com/markets/chilis-parent-brinkers-stock-tumbles-to-4-year-low-after-analyst-downgrade, 2017년 6월 15일에서 발췌)

증권분석

LG1 주식투자의 분명한 동기는 투자한 자금이 증식하는 것을 보려는 것이다. 예를 들어, 매우 성공적인 소셜 네트워킹 회사 Facebook의 경우를 생각해 보자. 회사가 2012년 5월에 기업공개(IPO)를 할 때 $10,000 상당의 Facebook 주식을 매입한 투자자는 2018년 8월에 투자가 $48,700까지 증가한 것을 보았을 것이다. 이는 연평균 수익률 28.8%에 달한다. 같은 기간 동안 S&P 500의 13.2%의 연간 수익률과 비교하라. 불행하게도 시장에 굉장한 성공사례가 하나 있다면, 좋지 않은 결과를 가져온 사례는 십여 개가 넘는다.

대개 이러한 투자 실패의 대부분은 적절치 못한 투자시기, 준비되지 않은 계획, 또는 상식을 벗어나는 투자결정에 기인한다. 비록 주식투자에 관한 이 책의 여러 장이 돈벼락 맞는 비법을 제공해줄 수는 없지만, 성공적인 장기적인 투자 프로그램을 만들 수 있는 견실한 원칙들을 제공해줄 수는 있다. 설명된 기법은 이미 수백만 명의 성공적인 투자자들에 의해 사용되어온 입증된 방법이다.

증권분석의 원칙

증권분석(security analysis)은 정보를 수집하고, 정보로부터 논리적 틀을 짜고, 정보를 이용하여 보통주의 내재가치를 결정하는 것으로 이루어진다. 즉, 제안된 거래에 수반된 위험과 그와 양립될 수 있는 수익률로 계산한 **내재가치**(intrinsic value)는 주식의 잠재된 가치의 측정치를 제공한다. 이것은 특정 주식이 저평가되었는지, 적절한지, 과대평가되었는지를 판단하는 기준이 된다. 주식의 가치평가에 대한 모든 개념은 시간이 흐르면 시장가치가 도달하는 내재가치를 모든 주식이 가지고 있다는 생각에 기반을 하고 있다.

투자에서 가치에 대한 문제는 수익에 중점을 둔다. 즉, 수반된 위험에 비례하는 기대수익률을 제공해야 만족스러운 투자라고 할 수 있다. 그 결과 투자는 반드시 수익성이 있어야 될 뿐 아니라, 인식된 위험의 노출을 상쇄하는 높은 수익률을 기대할 수 있을 만큼 충분히 수익성이 있어야 한다.

문제는 주식의 수익률 예측이 어렵다는 것이다. 증권분석의 목적은 유망한 투자 후보를 식별하는 것이다. 증권분석은 어떤 주식이 가치를 가지고 있는지 결정하고 시장의 다른 주식과 비교하여 어떤 주식을 매수해야 하는가에 대한 답변을 준다. 아마 투자자는 거래되고 있는 주식의 시장가격이 내재가치를 초과하지 않는 주식만을 매수할 것이다. 궁극적으로, 내재가치는 여러 가지 요소에 의해 결정된다.

1. 주식의 미래 현금흐름의 추정치(예를 들어, 주식 보유기간 동안 받을 것이라 기대되는 배당금과 보유기간 종료 시점의 예상 매도가격)
2. 이러한 미래 현금흐름을 현재가치로 환산할 때 사용되는 할인율
3. 적절한 할인율을 결정하는 데 도움이 되는 투자위험

하향식 증권분석 접근법 전통적인 증권분석은 보통 하향식 접근법을 사용한다. 경제분석에서 시작해서 산업분석으로 이어져, 특정 회사에 대한 기본적 분석으로 끝난다. **경제분석**(economic analysis)은 전반적인 경제상태와, 이것이 사업에 미치는 잠재적 영향을 평가한다. **산업분석**(industry analysis)은 특정 회사가 속한 산업에 대해 다룬다. 그 산업에 대해 종합적인 관점에서 분석하고, 또 그 산업 내에서 기업들이 어떻게 경쟁하는지를 분석한다.

장 도입부에서 J.P. Morgan의 업계분석에 따르면 온라인 소매의 중요성이 커짐에 따라 소비자는 오프라인 매장에서 구매를 덜하게 되었고 그 결과 레스토랑에서의 식사도 줄어들었다. **기본적 분석**(fundamental analysis)은 특정 기업의 재정상태와 경영실적을 분석하는 것이다. 기본 특성(fundamentals)에는 기업의 투자 결정, 자산의 유동성, 부채의 사용, 순이익률, 수익성장률과 같은 것들을 포함한다. Brinker에 대한 기본적 분석에서 RBC Capital 보고서는 Chili's의 성공적인 마케팅 프로그램과 매출 증대를 강조했다. 분석가나 투자자가 경제분석, 산업분석, 기본적 분석으로부터 얻은 모든 정보들을 종합하고 나면, 분석가는 그 정보를 이용해서 기업의 주식가격의 내재가치를 추정하고, 추정된 내재가치를 실제 시장가치와 비교한다. 분석가들은 내재가치가 시장가치보다 높을 경우 주식을 매수할 것을 권하고, 반대일 경우에는 매도할 것을 권한다. 시장가격과 내재가치가 거의 같으면, 분석가는 "중립" 태도를 유지하거나 "보유"하기를 추천할 수도 있다. RBC Capital 보고서에 따르면 Brinker의 경우 주식의 내재가치는 $49까지 높았지만 시장가격은 $44.50였다. 따라서 RBC는 고객이 주식을 매수하도록 추천했다.

기본적 분석은 주식의 미래 현금흐름을 추정하는 데 기반이 되기 때문에 내재가

치라는 개념과 밀접히 연관되어 있다. 이 분석에 있어서 가장 중요한 과정이 기업의 실제 재무성과에 대해 자세히 분석하는 **기업분석**(company analysis)이다. 이것은 기업이 과거에 어떤 성과를 내어왔는지에 대하여 단순히 흥미로운 정보의 단면을 제공하는 것은 아니다. 그것보다는 투자자에게 기업의 미래 성과와 주식에 대한 예측을 공식화하는 데 도움을 준다. 실수를 하지 말아야 한다. 투자를 할 때 중요한 것은 미래에 대한 것이다. 그러나 기업의 미래 전망에 대해 이해하기 위해서는 기업의 현재 상황과 이익창출 능력을 잘 다룰 수 있어야 한다. 그것이 바로 기업분석의 역할이다. 이것은 과거를 분석함으로써 또한 미래의 도전을 기업이 잘 맞이할 준비가 되었는지를 결정함으로써 투자자에게 미래를 예측하는 데 도움을 준다.

효율적시장에서 누가 증권분석이 필요할까?

전반적으로 증권분석, 특히 기본적 분석의 개념은 적어도 일부 투자자는 내재가치와 시장가치가 다른 주식을 식별할 수 있다는 가정에 바탕을 두고 있다. 기본적 분석은 적어도 가끔은 증권들이 시장에서 가격오류를 가질 수 있다는 일반적인 전제를 둔다. 증권이 때때로 잘못 평가되거나, 혹은 투자자들이 가격오류를 가진 증권을 식별할 수 있다면, 기본적 분석은 의미가 있고, 또 이익을 내는 시도일 수 있다.

많은 사람들에게 이 두 가지 전제는 합당해 보인다. 그러나 이러한 기본적 분석의 가정을 받아들이지 않는 사람들도 있다. 소위 효율적시장 옹호자라고 불리는 사람들은 시장이 새로운 정보를 처리하는 데에 있어서 너무도 효율적이기 때문에 증권이 항상 정확한 가치에 따라, 또는 그것에 근접하여 거래되고, 증권이 가격오류를 가질 때 투자자는 주식이 고평가되었는지 저평가되었는지 알 수 없다고 믿는다. 따라서 꾸준히 시장을 앞지르는 것은 사실상 불가능하다고 본다. 이것의 가장 강한 형태인 **효율적시장 가설**(efficient market hypothesis)은 다음을 주장한다.

1. 증권은 시장에서 가격오류를 가지고 있다고 하더라도, 큰 폭인 경우는 드물다.
2. 아무리 자세히 분석한다고 할지라도, 어떤 증권분석으로도 우연 수준으로 기대되는 빈도보다 더 많은 빈도로 가격오류 증권을 식별할 수는 없다.

효율적시장 가설은 맞는 것인가? 현대 투자론에서 기본적 분석이 설 자리는 있는가? 흥미롭게도, 대부분의 재무 이론가와 실무가들은 두 질문 모두에 “그렇다”고 대답한다.

이 명백하게 역설적인 상황에 대한 해답은 꽤 간단하다. 투자 대안을 선택할 때,

금융시장의 실패

펀드 매니저의 도전과제

Standard & Poor's가 실시한 조사에서 최고 뮤추얼펀드의 실적이 펀드 매니저의 기술 때문인지 우연한 행운 때문인지 물었다. 이 연구는 2,252개의 활발하게 관리되는 주식 뮤추얼펀드로 시작했으며 2013년 9월부터 12개월 수익률을 기준으로 해당 그룹에서 상위 50%를 선택했다. 연구자는 얼마나 많은 상위 실적의 펀드가 2014년부터 2017년까지 매년 평균 수익률을 상회하는 실적을 올리는지 궁금해 했다. 놀랍게도 단 5개의 펀드만이 그 업적을 달성했다는 것이다. 이 연구는 펀드 매니저가 해마다 시장을 뛰어 넘는 성과를 내는 것이 불가능하다는 것을 증명하지는 않지만 그렇게 할 수 있는 펀드는 거의 없는 것 같다.

(출처: "Does Past Performance Matter? The Persistence Scorecard," https://us.spindices.com/documents/spiva/persistence-scorecard-december-2017.pdf)

기본적 분석은 본질적으로 두 가지 중요한 이유 때문에 가치가 있다. 첫째, 수많은 사람과 금융기관에서 엄청난 시간과 돈을 들여 대부분의 투자에 대한 기본 특성을 분석하기 때문에 금융시장은 효율적이다. 다시 말해, 아주 많은 사람이 각 증권이 어느 정도의 내재가치를 가져야 하는지 알아내기 위한 분석을 해왔다는 단순한 이유로 시장은 효율적인 경향이 있고, 증권은 그것의 내재가치에 혹은 내재가치에 근접한 수준으로 거래되는 경향이 있다.

둘째, 금융시장이 일반적으로 꽤 효율적이기는 해도, 결코 완벽하게 효율적이지는 않다. 가격결정의 오류는 불가피하다. 특정 증권의 기본 특성에 대해 가장 철저한 분석을 해온 개인들은 가격오류가 발생했을 경우 이익을 얻을 가능성이 가장 높다. 우리는 효율적시장에 대한 견해와 영향에 대해 이 책의 뒷부분에서 자세히 공부할 것이다. 그러나 여기서는 전통적인 증권분석이 매력적인 주식투자를 식별하는 데 유용하다고 하는 관점을 택할 것이다.

개념 리뷰

해답은 www.pearson.com/mylab/finance에서 찾을 수 있음.

7.1 증권분석의 세 가지 주요 부분을 확인하고, 주식 선택 과정에서 증권분석이 왜 중요한지 설명하라.

7.2 내재가치란 무엇인가? 증권분석 과정에서 얼마나 잘 맞는가?

7.3 만족스러운 투자에 대해 어떻게 설명할 것인가? 증권분석이 투자 후보를 확인하는 데 얼마나 도움이 되는가?

7.4 효율적시장 환경에서도 증권분석의 필요성이 있는가? 설명하라.

경제분석

LG2 주가는 경제상태와 경제적 사건에 지대하게 영향을 받는다. 대체로 주가는 경제가 호황일 때 상승하고, 경제가 쇠퇴할 때 하락하는 경향이 있다. 〈그림 7.1〉은 이러한 경향을 보여준다. 그림의 세로 회색 막대는 경기침체시기를 나타내고 파란색 선은 S&P 500 주가지수 수준을 나타낸다. 일반적으로 지수는 경기침체 초기 단계에 하락하며 경기가 반등하기 전(즉, 경기침체가 끝나기 전)에 언젠가 반등하는 경향이 있다. 완벽한 관계는 아니지만 상당히 강력한 관계이다.

경제가 시장에서 왜 그렇게 중요한지 그 이유는 간단하다. 경제의 전반적인 성과는 거의 모든 기업의 성과와 수익성을 상당히 포함한 것이다. 경제 상황에 따라 기업의 성쇠가 좌우되고, 주가도 변동된다. 물론 그렇다고 해서 모든 주가가 같은 방향으로 혹은 같은 정도로 영향을 받는 것은 아니다. 식품소매업과 같은 몇몇 경제 부문은 경제에 약간의 영향만 받는다. 반면, 건설이나 자동차 산업과 같은 부문은 경제가 어려울 때 종종 큰 타격을 입는다.

경제분석(economic analysis)은 보통 현재의 국제적 그리고 국내적(여기서는 주로 국내 경제에 대해 집중하겠지만) 경제 상황에 대한 전반적인 분석으로 이루어진다. 이러한 분석은 잠재적인 경제 상황에 대해 그리고 이러한 경제 상황이 주가의 변동에 미칠 잠재적 영향에 대해 투자자가 통찰력을 얻도록 도와준다. 이 과정은 경제의 세부 부문에 대한 자세한 분석을 포함할 수도 있으며 혹은 비공식적인 형태로 이루어질 수도 있다. 그러나 증권분석의 관점에서 경제분석의 목적은 역시 같은데, 그것은 확고하게 주식 가치평가의 기반을 세우는 것이다.

경제분석과 경기순환

경제분석은 하향식 접근의 첫 번째 단계이다. 이는 전체 증권분석 과정의 분위기를 설정한다. 그러므로 만일 미래의 경제 전망이 불투명해 보인다면, 아마 대부분의 주식수익률 또한 암울할 것이라 예측할 수 있을 것이다. 만일 경제가 호황으로 예상되면, 주식 실적도 좋을 것이다. 경제의 움직임은 시간의 흐름에 따른 전체 경제활동의 변화를 반영하는 **경기순환**(business cycle)으로 포착될 수 있다.

경기순환 주기를 측정하는 가장 보편적인 수치는 국내총생산(GDP)과 산업생산지수이다. **국내총생산**(gross domestic product: GDP)은 특정 기간 동안 한 국가 내에서

그림 7.1 경제와 주식시장

이 그림은 경기침체(회색 세로 막대로 표시됨) 동안 주식시장이 하락하는 경향이 있음을 보여준다. 그러나 주식시장은 일반적으로 경기침체가 끝나기 전에 반등하기 시작한다.

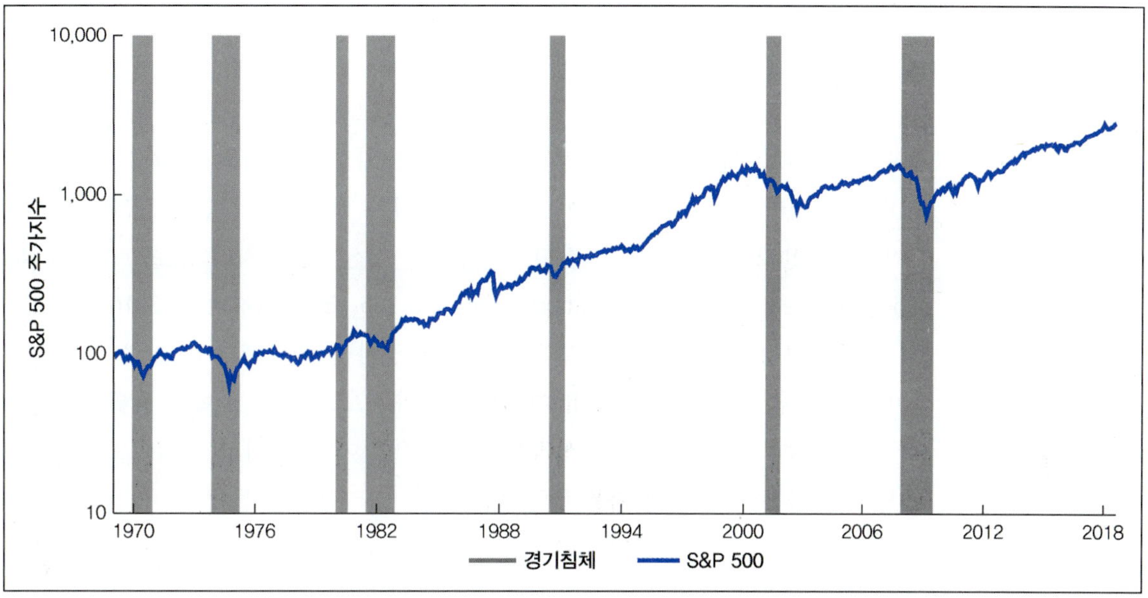

생산된 모든 재화와 서비스의 시장가치이다. 경제학자들이 경제가 불황이라고 말하면 이는 GDP가 최소 2분기 연속 감소했다는 것을 의미한다. 반면에 경제 확장은 일반적으로 GDP가 성장하는 기간을 의미한다. **산업생산지수(industrial production)**는 산업체에서 생산된 총 산출량을 나타내는 지표이다. 보통 GDP와 산업생산지수는 경기순환에 따라 증감한다.

핵심적인 경제 요인

경제 상태는 수백만의 가계들에 의해 독립적으로 이루어지는 소비, 저축, 투자 결정으로부터 정부의 주요 경제정책에 이르기까지 다양한 요인의 영향을 받는다. 분석가들이 폭넓은 경제분석을 할 때 관찰하는 가장 중요한 요인들은 다음을 포함한다:

정부 재정정책	통화정책	기타 요인
• 세금	• 통화공급	• 인플레이션
• 정부 지출	• 이자율	• 소비자 지출
• 국채 관리		• 사업투자
		• 대외무역과 환율

정부의 재정정책은 다양한 경로로 경제성장 속도에 영향을 줄 수 있다. 정부가 지출을 늘리거나 세금을 줄인다면, 이는 정부가 확장 재정정책을 하고 있는 것이다. 이러한 정책의 예로는 국회에서 통과되어 오바마 대통령이 승인한 $858십억의 경제 부양 법안인 2010년의 세금 감면, 실업보험 갱신 및 일자리 창출 법(Tax Relief, Unemployment Insurance Reauthorization, and Job Creation Act of 2010), 도날드 트럼프 대통령이 통과시킨 2017년의 감세 및 일자리 법안(Tax Cuts & Jobs Act of 2017)이 있다. 비슷한 맥락에서, 이자율이 상대적으로 낮고 통화가 원활하게 공급된다면 통화정책이 확장정책의 성격을 띤다고 일컬어진다. 확장경제는 또한 소비자와 기업이 행하는 지출의 증가를 특징으로 한다. 이러한 변수들이 반대 방향으로 움직이게 되면 경제에 긴축(경기 축소)의 영향을 줄 수도 있는데, 그 예로는 세금과 이자율이 증가하거나 소비자와 기업의 지출이 감소할 때이다.

이러한 주요 요인의 영향은 경제시스템을 거쳐 경제의 몇 가지 핵심적인 특징에 영향을 준다. 그 중 가장 중요한 것은 산업생산, 기업의 이익, 소매 판매량, 개인 소득, 실업률, 인플레이션이다. 예를 들어, 산업생산, 기업의 이익, 소매 판매량 및 개인 소득이 증가하고 실업률이 낮아질 때 경제는 강해진다.

따라서 경제분석을 할 때, 경제에 미칠 영향을 고려하여 재정정책과 통화정책, 소비자 및 기업의 지출, 그리고 대외무역을 주시해야 한다. 동시에 경기순환의 현 상태를 판단하기 위해 산업생산지수, 기업의 이익, 소매 판매량, 개인 소득, 실업률 및 인플레이션에 대해 정통하여야 한다.

경제를 파악하는 것을 돕기 위해 〈표 7.1〉은 몇 가지 중요 경제지표에 대해 간략히 제시한다. 이러한 경제 통계 수치는 다양한 정부기관에 의해 취합되고 경제금융 방송을 통해 널리 보도된다. 대부분의 보고서는 월간으로 간행된다. 〈표 7.1〉에 언급된 다양한 경제지표와 보고서를 충분히 숙지하라. 시간이 지나면 일련의 통계들이 각각 경기순환에 따라 어떻게 변동되고, 주식시장이 이러한 일련의 움직임에 어떻게 반응하는지를 배우게 될 것이다.

〈표 7.1〉 경제 추적하기

Washington D.C.에서 거의 매일 나오는 복잡하게 늘어진 수치들을 분석하는 것과 경제에서 일어나고 있는 일들을 파악하는 것을 도와주기 위해, 몇 가지 중요한 경제지표들과 보고서를 제시한다.

- **국내총생산(GDP)** : 이것은 경제활동의 가장 넓은 범위의 지표이다. 미국 상무부(Commerce Department)에 의해 매 3개월마다 발표되는 지표로서 국가에서 생산되는 모든 생산과 서비스의 총 달러가치의 추산이다. 경제의 여러 영역의 움직임은 GDP의 변동과 긴밀히 연결되어 있기 때문에 좋은 분석 도구라고 할 수 있다. 특히, 실질 달러 혹은 고정(constant) 달러의 연간 증감률을 보라. 이 수치는 인플레이션의 영향을 배제하여 실제 생산량을 측정할 수 있다. 그러나 GDP 수치의 빈번한 변동은 간혹 경제의 모습을 바꾼다는 것을 기억하라.
- **산업생산지수** : 매월 연방준비제도이사회에 의해 공표되는 이 지수는 미국 공장, 광산, 그리고 전기와 가스회사의 물질적 산출량의 변화를 보여준다. 이 지표는 경제와 동일한 방향으로 움직이는 경향이 있다. 즉, 이것은 GDP에 관한 보고서 발간 사이의 경기를 파악하는 데 도움이 된다. 지표의 상세한 항목들을 통해 각 산업들이 어떻게 돌아가고 있는지 볼 수 있다.
- **선행지표** : GDP의 변화를 예측하거나 선행하는 수치로 이것은 수십 개 통계치의 움직임을 요약하여 하나의 지표로 만든 것이다. 상무부가 발표하는 이 월간 지표는 노동자의 해고, 제조업자의 새로운 주문, 통화공급량의 변화, 그리고 원자재 가격 같은 것을 포함한다. 이 지표가 수개월 동안 같은 방향으로 움직인다면, 총 산출량이 가까운 장래에도 같은 방향으로 움직일 것이라는 꽤 좋은 신호이다.
- **개인 소득** : 상무부가 발표하는 월간 지표로, 급여와 월급, 이자와 배당금, 임차료, 그리고 사회보장연금, 실업보상금, 연금과 같은 기타 소득의 형태로 들어오는 세전 수입을 보여준다. 이 자료는 개인의 소비력을 측정하는 지표로 GDP의 중요 요소인 소비자들의 구매습관 추세를 설명해 준다. 개인소득이 증가하면, 사람들은 보통 소비를 늘린다. 하지만 허점에 주의하자. 세무공무원이나 다른 공무원들에게 보고되지 않는 현금거래인 소위 지하경제에서 유통되는 수십억 달러가 제외된 것이다.
- **소매 판매량** : 상무부가 공표하는 소매업의 총 매출액 월간 추정치로 자동차에서 식료품까지 모든 것을 포함한다. 소매점의 표본(sample)을 바탕으로, 이 수치는 소비자 태도에 대한 대략적인 실마리를 제공한다. 이것은 미래의 상황에 대해서도 보여준다. 매출의 장기적인 하락은 생산의 중단에 이를 수도 있다.
- **통화공급량** : 매주 미국 연방준비이사회에서 공표하는 통화량에 대한 지표는 통화공급량이라 불린다. 사실, 통화공급량에는 세 가지의 지표가 있다. M1은 기본적으로 통화, 요구불 예금, 당좌예금을 말한다. 가장 흔히 쓰이는 지표인 M2는 M1에서 저축성 예금, 화폐시장 예금계좌, 그리고 수시입출금식 예금, 화폐시장 뮤추얼펀드를 더한 것이다. M3는 M2에 양도성예금증서와 몇몇 기타 덜 중요한 예금/거래를 더한 것이다. 화폐공급의 합리적인 성장은 M2로 측정된 바, 확장경제에 필요하다고 간주된다. 그러나 통화량이 너무 급격히 증가하면, 인플레이션이라 판단된다. 대조적으로 성장률의 급격한 둔화는 불경기로 여겨진다.
- **소비자물가지수** : 매월 노동부(Labor Department)에서 공표하는 이 지표는 고정 시장 바스켓의 재화와 서비스의 물가변동을 보여준다. 가장 널리 공표되는 지표는 모든 도심지역 소비자들을 위한 것이다. 근로계약과 몇몇 정부 프로그램에 쓰이는 두 번째 지표는 도심지 임금근로자들과 사무원들에게 쓰인다. 위의 두 수치 모두 인플레이션 지표로서 주시되지만, 많은 경제학자들은 결점들이 이 두 수치를 부정확하게 만든다고 믿는다.
- **생산자물가지수** : 노동부에서 공표하는 월간 지표로서 면화 같은 원료에서부터 의복과 가구와 같은 완제품들까지, 생산의 여러 단계에 있는 재화의 물가변동을 보여준다. 이 지표의 급상승은 후에 더 높은 소비자물가상승을 의미할 수 있다. 그러나 이 지표는 할인율을 고려하지 않기 때문에 가격상승 추세를 과장할 수 있다. 특히, 완제품의 가격 변화를 봐야 한다. 이것은 원료의 가격만큼 변동이 크지 않아 인플레 압력의 더 좋은 지표라고 볼 수 있다.
- **고용** : 비자발적 실업자 비율은 총체적인 경제의 체질을 보여주는 지표이다. 그러나 노동부가 공표하는 또 다른 월간 지표인 급여 일자리 수가 경기의 변화를 포착하기에 더 좋을 수 있다. 일자리 수의 감소는 기업이 생산을 줄이고 있다는 신호이다.
- **주택 착공** : 주택 착공 추세의 향상 뒤에는 일반적으로 화폐 가용성 및 비용(금리)의 완화가 일어나고 이것은 경기 개선의 지표이다. 상무부에서 공표하는 이 월간 지표는 미래의 건설 추세를 나타내는 선행지표로 전국의 신축허가 건수를 포함한다.

경제전망의 도출

경제를 분석하는 것은 재정정책과 통화정책, 인플레이션 예측, 소비자 및 기업의 지출, 그리고 경기순환 상태에 대해 분석하는 것을 수반한다. 투자자들은 이러한 과정에서 상당 부분 형식에 얽매이지 않는다. 경제적 판단을 할 때, 다수는 대중적인 출판물(예: *Wall street Journal*, *Barron's*, *Fortune*, *Business Week*)과 주요 증권사가 내놓는 정기 보고서를 참조한다. 이러한 자료들은 경제활동에 대한 간결한 요약을 제시하며, 투자자들이 현재의 전반적인 경제 상태에 대해 감각을 갖도록 해준다.

전반적인 경제전망을 도출했다면, 다음 두 가지 방법 중 하나를 통해서 경제전망의 정보를 활용할 수 있다. 첫 번째 방법은 추가적인 분석이 가능한 영역을 결정하기 위해 경제전망에 포함된 정보를 활용하는 것이다. 예를 들어, 당신이 기업의 지출에 대한 전망이 매우 낙관적이라고 강력히 주장하는 정보를 알아냈다고 가정하자. 그러한 분석에 기초하여, 당신은 사무설비 제조사와 같은 자본재 생산업체에 대해 더 살펴보고자 할 것이다. 마찬가지로, 만일 당신이 세계 정치의 급격한 변화에 의해 미국 정부가 국방비를 줄일 것이라는 판단이 든다면 주요 방위산업의 주식을 피하고자 할 것이다.

경제 정보를 활용하는 두 번째 방법은 특정 산업 혹은 기업에 대해 고려하는 것이다. 즉, "예상되는 경제 발전에 의해 특정 산업이나 기업이 어떤 영향을 받을 것인가?"를 생각해 보는 것이다. 예를 들어, 당신이 사무설비 주식에 관심이 생겼다고 하자. 이 산업 범주는 사무기기와 전자시스템으로부터 업무용 사물함과 최신 사무가구에 이르기까지의 모든 제품을 생산하는 회사를 포함한다. 이 산업에는 Pitney Bowes, Diebold, Herman Miller, Steelcase와 같은 회사가 있다. 이 주식들은 변동되는 경제환경에 매우 민감하다. 경제가 쇠퇴되기 시작하면, 회사들은 내구성 있는 설비와 기구의 구매를 미룰 수 있기 때문이다. 따라서 이 산업은 기업 이익과 사업투자에 대한 전망이 특히 중요하다. 이러한 경제요인들이 좋다면, 사무설비 산업 관련 주식에 대한 전망은 긍정적일 것이다.

주가에 대한 잠재적 영향력 평가하기 경제전망이 주가가 향하는 방향을 예측하는데 어떻게 도움이 되는가? 투자자는 먼저 경기순환의 현재 상태를 평가했다고 가정해 보자. 그 통찰력을 가지고, 투자자는 경제의 미래와 전반적인 주식시장 특히 사무설비 산업의 주식에 미칠 잠재적 영향력에 대해 예측할 수 있다. 〈표 7.2〉에서

〈표 7.2〉 경제변수와 주식시장

경제변수	주식시장에의 잠재적인 영향
GDP의 실질적인 성장	긍정적인 영향 – 주식시장에 희소식이다.
산업생산지수	지속적인 증가는 시장에 좋은 소식으로, 경제 강세의 신호다.
인플레이션	주가에 좋지 않다. 인플레이션이 높아지면, 이자율을 높이고 주가수익배수가 낮아지며, 전반적으로 지분증권을 덜 매력적으로 만든다.
기업의 이익	기업의 높은 이익은 시장에 좋다.
실업률	하락 영향 – 실업률 증가는 경기가 침체되기 시작한다는 것을 의미한다.
연방 예산 흑자	예산 흑자는 이자율과 주가에 좋다. 반대로 예산 적자는 불경기에는 긍정적인 신호이지만, 호경기에는 인플레이션을 유도하여 부정적인 영향을 끼칠 수 있다.
달러화 약세	주로 큰 폭의 무역불균형에 기인한 결과로서, 달러 약세는 시장에 부정적인 영향을 끼친다. 이는 국내(미국) 시장을 해외투자자들에게 덜 매력적이게 만든다. 그러나 이는 또한 국내 생산품을 해외시장에서 더 저렴하게 만들어 주기 때문에 국내 경제에 좋은 영향을 줄 수도 있다.
이자율	또 다른 하락 영향 – 이자율의 증가는 주식시장에 부정적인 영향을 끼치는 경향이 있다.
통화공급량	통화공급량의 안정적인 성장은 경제와 시장에 긍정적인 영향을 미칠 수 있다. 그러나 급격한 성장은 인플레이션을 유발할 수 있기 때문에 주식시장에 해롭다.

몇 가지 더 중요한 경제변수들이 주식시장의 변화에 어떻게 영향을 끼치는지 볼 수 있다.

이것이 어떻게 진행되는지 보기 위해, 경제가 1년간 긴 침체를 겪어왔고, 이제 경기순환에서 회복기에 있다고 가정하자. 고용 상황은 개선되기 시작했고, 인플레이션과 이자율은 낮다. GDP와 산업생산 모두는 지난 2분기 동안 급상승했다. 의회는 세금을 감소하는 주요 입법을 마무리 짓고 있다. 더욱이 경기가 이제 회복하기 시작했지만 앞으로 더 좋아질 것으로 예상된다. 경기는 이제 완전히 호황기에 접어들기 시작했고, 회사의 이익과 사업지출이 급상승할 조짐이 보인다. 이와 같은 모든 예측은 매출액의 상당 부분과 그보다 더 많은 비율의 이익이 기업의 이익과 사업지출 수준에 의존하는 사무설비와 사무가구의 생산자에게 좋은 소식임에 틀림없다. 요컨대, 우리의 가상 투자자는 경제 상태가 좋으며 앞으로 더 좋아질 것이며 시장뿐만 아니라 사무설비 관련 주식 또한 결과가 좋을 것으로 보고 있다.

*Barron's*나 *Business Week*와 같은 자료를 기반으로 하여 이러한 결론에 이를 수 있었다는 것을 유념하자. 사실 이 투자자가 유일하게 해야 할 "특별한 일"은 사무설

비 산업에서 특히 중요한 기업의 이익이나 자본지출과 같은 경제 요인에 세심한 주의를 기울이는 것이다. 증권분석의 경제 분야는 가까운 미래에 예상되는 경제환경의 유형을 제시함으로써 추가적인 평가를 위한 발판을 마련한다. 다음 단계에서는 초점을 조금 더 좁혀서, 산업분석 단계를 다루겠다.

선행지표로서의 시장 분석을 더 진행하기 전에, 주식시장과 경제 사이의 일반적인 관계를 분명히 할 필요가 있다. 앞에서 확인했듯이, 투자자들은 시장을 이해하고, 어떤 산업부문이 성장하고 있는지 알아내기 위해 경제전망을 살펴볼 필요가 있다. 하지만 일반적으로 실제 예상된 변화가 경제에서 실현되기 전에 주가가 변동된다는 것을 유념할 필요가 있다. 사실 주식가격의 현재 추세가 경제의 방향을 예측하는 데 종종 도움이 된다.

여기에서 나타나는 표면적 모순은, 이런 관계 때문에 신뢰할 수 있는 경제전망을 도출하는 것과 현재의 전망이 낡은 것이 될 수 있음을 의미하는 기본적인 경제적 변화에 민감하게 반응하는 것이 더욱 중요하다는 것을 인식함으로써 다소 해소될 수 있다. 주식시장의 투자자는 주식의 매수와 매도를 정당화하기 위해서 미래를 분석한다. 만일 미래에 대한 투자자의 전망이 바뀌게 되면, 주식가격도 변하기 쉽다. 따라서 경제 전반의 방향뿐만 아니라 주가의 추세를 함께 관찰하는 것이 좀 더 정확한 투자 예측으로 이어질 수 있다.

개념 리뷰

해답은 www.pearson.com/mylab/finance에서 찾을 수 있음.

7.5 경제분석의 일반적인 개념에 대해 서술하라. 이 유형의 분석이 필요한지, 이 분석이 개인 투자자가 주식에 대한 결정을 내리는 데 정말 도움이 되는지 설명하라.

7.6 경제분석에 있어서 경기순환이 중요한 이유는 무엇인가? 경기순환이 주식시장과 어떠한 관련이 있는 것인가?

7.7 다음의 개념에 대해 각각 간단히 서술하라.

a. 국내총생산 b. 선행지표
c. 통화공급량 d. 생산자 가격

7.8 인플레이션이 보통주에 미치는 영향이 있다면 무엇인가?

산업분석

LG3 투자자가 전체 경제에 대한 전망을 도출한 후 논리적 다음 단계는 에너지, 자동차, 화학, 소비재 또는 기술과 같은 특정 산업에 대한 분석에 집중하는 것이다. 산업 집단의 관점에서 증권을 보는 것은 개인 및 기관투자자 모두에게 일반적인 관행이다. 주가가 산업별 상황에 영향을 받기 때문에 이 접근법은 상당히 타당하다. 실제로 산업 내 수요 수준을 포함한 다양한 산업의 요인들은 개별 기업에게 실질적인 영향을 미친다.

산업분석은 실제로 개별 회사와 증권을 더 철저하게 분석하기 위한 기반이 된다. 확실히, 산업의 전망이 좋으면 그 산업에 속하는 많은 기업들의 전망이 좋다. 게다가 산업분석은 투자자들이 기업의 위험성을 평가하고, 그에 따라 주식의 가치를 정할 때 사용되는 적절한 위험조정이익률을 규정하는 데 도움이 된다. 동일 산업에 속하는 회사의 위험성이 항상 어느 정도의 유사성을 보이기 때문에 이것은 사실이다. 따라서 특정 산업에 내재된 위험에 대해 이해하고 있다면, 개별 기업과 그 증권에 내재된 위험에 대한 가치 있는 통찰력을 얻을 수 있을 것이다.

주요 문제

모든 산업이 동일하게 성과를 보이고 있지 않기 때문에, **산업분석**(industry analysis)에서의 첫 번째 단계는 특정 산업의 경쟁 포지션을 다른 산업과 관련해서 규명하는 것이다. 다음 단계는 산업 내에서 미래를 보장하는 위치를 차지한 기업을 알아내는 것이다. 산업을 분석할 때는 산업의 구성과 기본 특징들, 산업의 성과에 영향을 주는 주요 경제변수와 영업변수, 산업의 전망과 같은 것들을 다룬다. 또한 산업의 상태를 이용하기에 유리해 보이는 특정 기업을 주시해야 한다. 시장에서 경쟁위치를 점한 회사는 덜 안정적인 위치에 있는 회사보다 선호될 것이다. 이러한 지배위치는 가격 주도를 유지하는 능력을 보여주고 기업이 규모의 경제와 저비용 생산을 할 수 있는 상태라는 것을 암시한다. 시장 지배는 또한 회사에게 강력한 연구개발을 가능하게 하기 때문에, 미래에도 선두를 유지할 수 있게 해준다.

일반적으로 다음의 질문에 대한 답을 찾으면서 산업에 대한 가치 있는 통찰력을 얻을 수 있다.

1. 산업의 본질은 무엇인가? 독점적인가, 아니면 많은 경쟁자들이 있는가? 소수가

나머지의 추세를 이끄는가? 그렇다면 그 소수는 누구인가?

2. **산업이 어느 정도로 규제되는가?** 규제되고 있다면, 규제기관이 얼마나 우호적인가?
3. **산업에서 노동의 역할은 무엇인가?** 노동조합은 얼마나 중요한가? 산업 내의 노사관계가 좋은가? 다음 계약 협의는 언제인가?
4. **기술개발이 얼마나 중요한가?** 새로 개발되고 있는 것이 있는가? 잠재적인 비약적 발전이 미치는 영향은 무엇인가?
5. **어떤 경제요인들이 그 산업에서 특히 중요한가?** 그 산업의 재화와 서비스에 대한 수요가 주요 경제변수들과 관련이 있는가? 그렇다면, 이 변수들에 대한 전망은 어떠한가? 산업의 건전성에 있어서 외국 경쟁자가 얼마나 중요한가?
6. **중요한 재무 또는 영업에 관한 고려사항들이 있는가?** 노동과 원재료, 자본의 적절한 공급이 있는가? 자본지출 계획은 무엇이며 산업은 어떤 자본지출을 요구하고 있는가?

산업의 성장주기 위와 같은 질문은 때때로 시간의 흐름에 따른 산업의 생기를 보여주는 산업의 **성장주기**(growth cycle) 관점에서 답할 수 있다. 첫 번째 단계인 **발달초기**(initial development) 단계에서는 대부분의 투자자에게 보통 투자기회가 없다. 산업이 새롭고 검증되지 않았으며 위험도 매우 높기 때문이다. 두 번째 단계는 **급성장**(rapid expansion) 단계로, 그 기간 동안 제품 사용이 확대되고 투자자는 산업의 전망을 보다 확실히 볼 수 있게 된다. 이 단계에서 경제변수와 재무변수들은 산업의 전반적인 성과와 거의 관련이 없다. 투자자는 경제 상황을 거의 신경 쓰지 않고 투자에만 관심이 있을 것이다. 이는 투자자가 상당한 관심을 가지는 단계로, 이러한 기회를 발견하기 위해 많은 노력이 이루어진다.

불행하게도, 대부분의 산업들은 오랫동안 급성장의 기간을 가지지는 않는다. 그 대신, 결국에는 성장주기에서 다음 단계인 **성숙성장기**(mature growth)로 들어가는데, 경제발달에 가장 영향을 받는 단계이다. 이 단계에서 확장은 경제의 성장으로부터 가능하다. 두 번째 단계에서보다 성장속도가 느리다. 세 번째 단계에서 산업의 장기적 특성은 분명해진다. 이 단계의 산업은 식품과 의류와 같은 방어적 산업도 포함하고, 자동차나 중공업 같은 경기순환 산업도 포함한다.

마지막 단계는 **안정기**(stability) 또는 **쇠퇴기**(decline)이다. 쇠퇴기에서 산업의 제품에 대한 수요는 감소하고, 기업은 산업을 떠나기 시작한다. 당신이 배당금 수입만을 추구하는 것이 아니라면 이 단계에서 투자기회는 거의 존재하지 않는다. 성장 중심의 투자자들은 틀림없이 쇠퇴기에 있는 산업에 투자하기를 원하지 않을 것이다. 일부 투자자는 (담배와 같은) 산업이 성숙한 안정기에 지속적으로 머무른다면 투자기회들을 찾을 수 있다. 그러나 정말 좋은 기업이 지속적으로 신제품을 시장에 출시한다고 해도 기껏 성숙성장기에 머무를 것이기 때문에, 이 마지막 단계에 도달한 기업은 거의 없다.

산업전망의 도출

개별 투자자는 스스로 산업분석을 할 수 있다. 아니면 좀 더 흔한 경우로, S&P 산업조사(Industry Survey)와 같은 발간된 산업보고서를 바탕으로 분석을 할 수 있다. 이 조사는 필수 통계자료와 평가를 제공하며, 산업의 모든 중요한 경제적 측면, 시장 측면, 재무적 측면에 대해 다룬다. 다른 널리 쓰이는 산업정보 자료에는 Morningstar, Value Line, Mergent와 같이 재무분석의 잘 알려진 원천에서 나온 산업정보뿐만 아니라 증권회사의 보고서와 대중적인 재무금융 방송 기사를 포함한다. 또한 다양한 산업과 하위 산업에 대한 모든 종류의 유용한 정보를 제공하는 (Yahoo.com, Zacks.com, Businessweek.com, BigCharts.com과 같은) 많은 웹사이트가 있다.

이제 사무설비 주식을 매수하려고 하는 투자자의 예를 다시 보자. 앞에서 했던 논의로부터, 경제분석 단계에서 가까운 미래에 대한 기업의 이익과 사업지출이 확대되고 있는 튼튼한 경제를 제시하고 있다. 이제 투자자는 산업에 집중할 준비가 되어 있다. 예측된 경제성장에 따라 예상되는 산업의 반응을 평가하는 것이 논리적인 분석의 시작점이다. 상품에 대한 수요와 산업의 매출액은 특히 중요하다. 하나의 산업 내에는 크고 작은 많은 경쟁자들이 있어서 노동집약적인 산업일지라도 노동조합은 중요한 요소가 아니다. 따라서 투자자는 이러한 요소들이 산업의 비용 구조에 미치는 잠재적인 영향을 상세하게 살펴보려고 할 것이다. 산업 내에서 연구개발이나 산업 디자인이 어떻게 이루어지는지도 살펴볼 가치가 있다. 우리의 투자자는 또한 새로운 제품과 새로운 아이디어를 출시하는 기업을 알려고 할 것이다. 이러한 기업이 업계 선두주자일 확률이 높기 때문이다.

산업분석을 통해 산업의 본질과 운영상 특징을 이해할 수 있는데, 이는 산업의 성장 전망에 대해 판단할 수 있게 해준다. 투자자가 다양한 유형의 발행된 보고서 또는 온라인 보고서를 사용하여, 사무설비 산업의 핵심요소에 대해 검토했고, 그 산업 중에서도 특히 사무가구부문이 빠르게 호전되고 있는 경제를 활용하는 데 유리한 입장에 있음을 결론 내렸다고 가정해 보자. 수많은 새롭고 흥미로운 제품들이 지난 수년간 출시되어 왔고, 더 많은 제품들이 연구개발 과정에 있다. 현재 장기적으로 생산성에 기여할 신제품에 중점을 두고 있다는 사실이 더 주목할 만하다. 따라서 사무가구와 사무설비에 대한 수요는 증가할 것이고 순이익률은 조금 감소할 수도 있지만, 성장에 대해 긍정적인 전망으로 봤을 때 이익 수준은 엄청나게 상승할 것이다.

산업에 대해 조사하는 과정에서 투자자는 눈에 띄는 여러 기업을 발견했는데, 그 중에서도 하나가 특히 더 매력적으로 보였다. 바로 Universal Office Furnishings이다. 오랫동안 최고의 디자인 회사 중 하나로 여겨진 Universal은 모든 종류의 고급 사무가구와 사무설비(책상, 의자, 식기 진열장, 모듈식 워크스테이션, 문서정리기구 등)를 디자인, 제조, 판매한다. 게다가 회사는 최신형 컴퓨터 가구와 호텔서비스, 의료, 교육 시장의 기관용 가구 특화 제품을 생산하고 유통시킨다. 회사는 50년 전에 설립되었고, (UVRS라는 주식기호로 거래되는) 주식이 1970년대 후반부터 뉴욕 증권거래소(NYSE)에 상장되었다. 시가총액이 약 $2십억에서 $3십억인 Universal은 중형주로 간주된다. 회사는 생산라인을 확대시키며 지난 10년간 급성장을 이루어 왔다. 장래를 내다보았을 때 회사가 이제 강세시장에서 꽤 혜택을 볼 것이라는 점에서 일반적으로 의견이 일치하고 있다. 경제나 산업에 대한 모든 것이 주식을 투자하기에 좋아 보여서, 우리의 투자자는 Universal Office Furnishings을 좀 더 자세히 살펴보기로 결정했다.

이제 주의를 돌려 이 장의 나머지 부분인 기본적 분석에 대해서 설명하겠다.

개념 리뷰

해답은 www.pearson.com/mylab/finance에서 찾을 수 있음.

7.9 산업분석이란 무엇이고, 이 분석이 왜 중요한가?

7.10 산업의 변동이나 운영 특성에 있어서 중요한 산업의 여러 측면에 대해 알아보고 간단히 논의하시오. 특히 경제문제가 산업분석에 어떻게 영향을 끼치는지 서술하라.

7.11 산업 성장주기의 4단계는 무엇인가? 이 중에 어떤 단계에서 투자자가 가장 큰 수익을 볼 수 있는가? 어떤 단계에서 경제 요인의 영향을 가장 많이 받는가?

기본적 분석

LG4 LG5 LG6

기본적 분석(fundamental analysis)은 주식의 내재가치를 결정하기 위해 기업의 재무제표 및 기타 정보를 연구하는 것이다. 재무제표는 이러한 유형의 분석을 위한 원자재를 제공한다. 투자자는 다양한 재무비율을 사용하여 회사의 재무제표 정보를 맥락에 맞게 배열한다. 특히 투자자는 최근 재무제표의 비율을 과거 결과와 비교하여 추세를 파악하고, 한 회사의 비율을 업계의 비율과 비교하여 회사가 다른 회사와 비교하여 어떤 성과를 내는지 확인한다.

개념

기본적 분석은 주식의 가치가 주식을 발행한 회사의 성과에 영향을 받는다는 믿음에 기반을 둔다. 회사의 전망이 매우 좋아 보인다면 주식의 시장가격은 이를 반영하여 값이 오를 것이다. 그러나 주식의 가치는 기대되는 수익률뿐만 아니라 위험 노출 정도에도 영향을 받는다. 기본적 분석은 이러한 (위험과 수익률의) 차원을 포착하여 가치평가 과정으로 통합시킨다. 이는 회사의 재무적 강점을 역사적으로 분석하는 **기업분석**(company analysis) 단계에서 시작한다. 투자자는 얻어진 통찰력을 활용하여 경제분석과 산업분석과 함께 회사의 성장과 수익성에 대해 예측할 수 있다.

기업분석 단계에서 투자자는 회사의 강점과 약점을 알고, 향후 추세와 발전을 파악하고, 영업효율성을 평가하고, 기업의 본질과 영업 특성을 전반적으로 이해하기 위해 재무제표를 분석한다. 아래 내용이 특히 관심을 가질 만한 것이다.

- 기업의 경쟁적 위치
- 기업이 소유한 자산의 유형과 매출성장률
- 순이익률과 기업이익의 원동력
- 기업 자원의 구성과 유동성(회사의 자산 구성)
- 기업의 자본구조(회사의 자본조달 구성)

이 단계는 많은 점에서 가장 힘들고 시간이 걸리는 단계이다. 대부분의 투자자는 이러한 광범위한 연구를 할 시간도 의향도 없기 때문에, 발행된 보고서에 의존하여 기초자료로 사용한다. 운이 좋게도, 개인투자자가 선택할 자료는 다양하게 있다. 이는 주요 증권회사의 보고서와 권유, 인기 있는 재무금융 보도, S&P나 Value Line과 같은 재무금융 구독 서비스를 포함한다. 이러한 것은 모두 가치 있는 정보이며, 다음 단락은 이러한 정보를 대체한다는 것은 아니다. 그럼에도 불구하고, 현명한 투자자가 되기 위해서는 궁극적으로 기업과 주식에 대해 스스로 결론을 내야 하기 때문에 적어도 재무보고서와 재무제표 분석을 기본적으로 이해하고 있어야 한다.

재무제표

> **투자자 현실**
>
> **분석가의 질문은 주식에 도움이 된다**
> 기업이 새로운 재무제표를 발표할 때 일반적으로 주식 분석가와 전화회의를 열어 회사의 최근 실적에 대한 개요를 제공하고 분석가가 재무제표에 대해 질문할 수 있도록 한다. 한 연구에 따르면 분석가가 이러한 전화회의 중에 질문을 전혀 하지 않으면 회사의 주가가 다음날 약 0.75% 하락하는 것으로 나타났다.
> (출처: "In Search of Interaction"에서 발췌, http://papers.ssrn.com/sol3/papers.cfm?abstract_id=2449341)

재무제표는 기업분석에 있어서 필수적 부분이다. 투자자는 재무제표를 통해 기업의 영업성과와 재무상태에 대한 견해를 발전시킬 수 있다. 투자자는 기업분석에서 세 가지의 재무제표를 사용하는데, 재무상태표, 손익계산서, 현금흐름표이다. 앞의 두 재무제표는 여러 재무비율을 계산하는 데 필요한 정보를 포함하고 있기 때문에 기본적인 재무분석을 하는 데 필수적이다. 현금흐름표는 주로 회사의 현금/유동성 상태를 평가하는 데 사용된다.

기업은 분기별(매 3개월의 운영기간별로 묶어 축약된 재무제표) 그리고 매년 말 혹은 회계연도 말에 재무제표를 준비한다. 회계연도는 회사가 운영연도로 정의한 12개월의 기간으로 12월 31일에 종료될 수도 있고 아닐 수도 있다. 연간 재무제표는 독립적인 공인회계사(CPA)가 완벽하게 검증해야 한다. 그 다음에 미국 증권거래위원회(SEC)에 제출해야 하며 시기에 맞춰 연간보고서 형태로 모든 주주에게 배부된다. SEC에 제출된 문서는 SEC의 EDGAR 웹사이트(http://www.sec.gov/edgar.shtml)를 통해 모든 투자자에게 제공된다.

기업의 재무제표는 그 자체로 투자자에게 중요한 정보의 원천이다. 재무비율과 함께 사용하고 기본적 분석과 함께 사용하면 더 강력해진다. 그러나 재무비율을 최대로 활용하기 위해서는 재무제표 자체의 용도와 한계에 대해 잘 이해하고 있어야 한다.

재무상태표 **재무상태표**(balance sheet)는 특정 시기에 회사가 무엇을 소유하고, 무엇을 채무로 가지고 있는지의 상태를 보여준다. 재무상태표는 회사의 자산, 부채와 자기자본을 열거한다. **자산**(asset)은 회사의 자원(회사가 소유한 것들)을 나타낸다. **부채**(liabilities)는 회사에 돈을 대출해준 여러 채권자들에게 빚진 부채를 말한다. 회사의 채권자는 공급회사, 은행, 채권소유자를 포함할 수 있다. **자기자본**(stockholder's equity)은 회사의 자산과 부채의 차이로서, 회사의 주주가 가진 청구권을 나타낸다.

대차의 균형표(balance sheet)라는 용어가 의미하듯, 정의에 따라 자산 총계는 부채와 자기자본 총계와 일치해야 한다.

전형적인 재무상태표는 〈표 7.3〉과 같다. 이는 우리의 투자자가 분석하고 있는 Universal Office Furnishings의 2018년과 2019년의 비교 수치를 보여준다. 〈표 7.3, 7.4, 7.5〉는 Universal Office Furnishings에서 작성한 세 가지 주요 재무제표를 보여 준다. 이러한 재무제표는 회사에 대한 기본적 분석의 기초가 될 것이다.

〈표 7.3〉 기업의 재무상태표

Universal Office Furnishings, Inc. 비교재무상태표 12/31 (단위: $백만)

MyLab

	2019	2018
자산		
유동자산		
현금 및 현금등가물	$ 95.8	$ 80.0
매출채권	$227.2	$192.4
재고자산	$103.7	$107.5
기타 유동자산	$ 73.6	$ 45.2
총 유동자산	$500.3	$425.1
비유동자산		
유형자산(부동산, 공장, 설비), 총액	$771.2	$696.6
감가상각 누계액	−$372.5	−$379.9
유형자산(부동산, 공장, 설비), 순액	$398.7	$316.7
기타 비유동자산	$ 42.2	$ 19.7
총 비유동자산	$440.9	$336.4
자산 총계	$941.2	$761.5
부채와 자기자본		
유동부채		
외상매입금	$114.2	$ 82.4
단기 부채	$174.3	$ 79.3
기타 유동부채	$ 85.5	$ 89.6
총 유동부채	$374.0	$251.3
비유동부채		
장기 부채	$177.8	$190.9
기타 비유동부채	$ 94.9	$110.2
총 비유동부채	$272.7	$301.1
부채 총계	$646.7	$552.4
자기자본		
납입 자본금	$ 92.6	$137.6
이익잉여금	$201.9	$ 71.5
총 자기자본	$294.5	$209.1
부채와 자기자본 총계	$941.2	$761.5

〈표 7.4〉 기업의 손익계산서

Universal Office Furnishings, Inc. 손익계산서(회계연도 12/31에 끝남) (단위: $백만)

MyLab

	2019	2018
매출액	$1,938.0	$1,766.2
매출원가	$1,128.5	$1,034.5
매출 총이익	**$ 809.5**	**$ 731.7**
판매관리비, 기타 운영비	$ 496.7	$ 419.5
감가상각비	$ 77.1	$ 62.1
기타 비용	$ 0.5	$ 12.9
총 영업비용	**$ 574.3**	**$ 494.5**
이자와 법인세 차감전 순이익(EBIT)	**$ 235.2**	**$ 237.2**
이자 비용	$ 13.4	$ 7.3
법인세 차감전 이익	$ 221.8	$ 229.9
법인세	$ 82.1	$ 88.1
세후 순이익	**$ 139.7**	**$ 141.8**
주당 배당금	$ 0.15	$ 0.13
주당순이익(EPS)	$ 2.26	$ 2.17
총 발행주식 수(백만)	61.80	65.30

손익계산서 **손익계산서**(income statement)는 분기나 1년과 같이 특정 기간 동안 회사의 영업성과의 재무 요약을 제공한다. 한 기간 동안의 수익(매출)의 양, 발생한 비용과 지출, 기업의 이익(수입과 비용의 차)을 보여준다. 손익계산서는 일반적으로 수익(즉, 매출)으로부터 시작해서, 여러 유형의 비용이 표시되고, 이익이나 순이익으로 끝난다. 재무상태표는 회사의 한 시점의 재무상태를 보여주는 것이지만, 반면 손익계산서는 한 기간 동안 발생하는 상황을 설명한다.

〈표 7.4〉에서 Universal Office Furnishings의 2018년과 2019년 손익계산서를 볼 수 있다. 이 연간 재무제표들이 12월 31일에 마감되는 12개월간의 운영에 대해 다루고 있다. 손익계산서는 회사가 재무상태표에서 열거된 자산을 얼마나 성공적으로 활용했는지를 보여준다. 즉, 경영진의 회사 운영성과가 일 년간 발생한 이익이나 손실에 반영되어 있다.

투자자 현실

날짜를 세지 않음 일부 기업은 회계 분기를 13주 기간으로 정하여, 회계연도를 52주(364일)로 하고 있다. 이러한 기업은 5년이나 6년마다 1번의 분기에 "윤주(catch-up week)"를 더해야만 한다. 최근의 연구는 전문적인 주식 분석가와 투자자가 추가적인 주를 더하는 14주 분기를 고려하지 못한다는 것을 제시하는데, 그 결과 기업은 기대보다 높은 이익을 보고하고 주식수익률도 이 기간에 더 높은 경향이 나타난다.

(출처: Rick Johnson, Andrew J. Leone, Sundaresh Ramnath, and Ya-wen Yang, "14-Week Quarters", *Journal of Accounting and Economics*, Vol.53, pp.271-289)

현금흐름표 **현금흐름표**(statement of cash flows)는 기업의 현금흐름과 현금 상태의 변화를 일으키는 기타 사건들의 요약을 보여준다. 이 표는 기본적으로 회사가 현금을 어떻게 얻었고, 이 가치 있는 유동자산을 어떻게 썼는지 보여주기 위해 재무상태표와 손익계산서로부터의 항목들을 통합한 것이다.

불행하게도 특정 회계 관례(**발생주의 개념**이 대표적)에 의해 회사의 보고된 이익은 현금흐름과 유사하지 않을 수도 있다. 즉, 이익은 단순히 수익과 수익에 대응하여 청구된 회계비용의 차이인 것과 달리, **현금흐름**(cash flow)은 회사가 실제로 사업의 결과로 얻는 돈의 액수이다. 예를 들어, 회사가 새 공장을 짓는데 현금 $1십억을 지출다면, 현금흐름표는 이 지출로 $1십억이 현금유출되었음을 보여준다. 그러나 손익계산서에는 $1십억 지출과 상응하는 것이 없을 것이다. 회계법칙에서는 회사가 수년에 걸쳐 이익을 주는 자산에 투자할 때, 그 자산의 비용 또한 수년에 걸쳐 표시되도록 명시한다. 회사가 공장을 설립하기 위해 올해 현금 $1십억을 지출하였을지라도, 올해의 손익계산서에서 **감가상각비**로 부분적으로만(아마 $100백만 정도) 차감할 것이다. $1십억 비용 전체가 차감될 때까지, 추가적인 감가상각이 수년에 걸쳐 손익계산서에 나타날 것이다. 즉, 새 공장에 대한 비용은 회사가 공장이 설립된 그 해에 현금을 (모두) 지불했을지라도 수년이 지날 때까지 회사의 손익계산서에 완전히 계상되지 않을 것이다.

현금흐름표는 투자자들이 회사가 특정 연도에 현금을 실제로 얼마나 지출하고 얻었는지 확인할 수 있게 해주기 때문에 이 표가 매우 가치가 있음을 의미한다. 이는 손익계산서상 이익을 보고 있는 회사가 실제로는 기록된 것보다 더 많은 현금을 지출하고 있고, 재무적 곤경으로 이어질 수도 있기 때문에 중요하다. 게다가 회계규칙에 따라 경영자는 특정 수익과 지출 항목을 융통성 있게 자유자재로 기록할 수 있다. 예를 들어, 새 공장을 설립하기 위해 $1십억을 지출한 회사는 여러 방법으로 감가상각비를 추산할 수 있다. 경영자가 어떤 방법에 따르느냐에 따라, 공장의 비용이 수년에 걸쳐 동일하게 분배될 수도 있고, 감가상각비를 처음에는 매우 높다가 시간이 지날수록 점차 감소하게 할 수도 있다. 현금흐름표의 항목 역시 어떤 유형의 회계 선택을 하느냐에 따라 영향을 받겠지만 손익계산서에서와 같은 정도는 아니다. 지금까지의 논의에서, 경영자가 수익과 지출을 기록할 때 허용되는 **법적 재량권**(legal discretion)을 강조하여 설명하였다. (그럼에도 불구하고 '금융시장의 실패' 박스에서 논의하는 바와 같이 회계 부정은 발생할 수 있다. 사례에서 제안하고 있듯이, 회계감사는 기업의 재무제표의 중요한 측면이다.)

〈표 7.5〉는 Universal Office Furnishings의 2018−2019년 현금흐름표를 보여준다. 현금흐름표는 세 부분으로 나누어진다. 가장 중요한 부분은 "**영업활동현금흐름**(Cash from operating activities)"이라고 쓰여 있는 첫 번째 부분이다. 영업활동으로부터의 순현금흐름(표에서 색이 칠해진 부분)을 보여준다. 이는 기업에 의해 발생한 현금이

〈표 7.5〉 현금흐름표

Universal Office Furnishings, Inc. 현금흐름표(회계연도 12/31 마감) (단위: $백만)

	2019	2018
영업활동현금흐름		
당기순이익	$139.7	$141.8
감가상각비	$ 77.1	$ 62.1
기타 현금 지출이 없는 비용	−$ 84.5	$ 16.7
유동자산 증가(감소)	−$ 59.4	$ 14.1
유동부채 증가(감소)	$122.7	−$ 29.1
영업활동순현금흐름	**$195.6**	**$205.6**
투자활동현금흐름		
유형자산(부동산, 공장, 설비) 매입, 순액(net)	−$ 74.6	−$ 90.6
기타 비유동자산의 인수	−$ 22.5	$ 0.0
투자활동순현금흐름	**−$ 97.1**	**−$ 90.6**
재무활동현금흐름		
비유동부채의 순변동	−$ 28.4	−$132.0
자기주식 순매입액	−$ 45.0	−$ 9.8
주식 배당금	−$ 9.3	−$ 8.5
재무활동순현금흐름	**−$ 82.7**	**−$150.3**
현금 순증감액	$ 15.8	−$ 35.3
기초 현금 및 현금등가물	$ 80.0	$115.3
기말 현금 및 현금등가물	$ 95.8	$ 80.0

고 투자와 재무활동을 위해 사용가능한 현금의 금액으로서, 사람들이 전형적으로 '현금흐름'이라고 부르는 것이다.

Universal의 2019년 영업 현금흐름이 전년도보다 약간 떨어진 $195.6백만이다. 이 액수는 회사의 투자활동($97.1백만)과 재무활동($82.7백만)을 할 때 필요한 액수보다 훨씬 더 많다. 따라서 Universal의 실제 현금상태는 현금흐름표 하단의 "현금 순증감액"을 보면, $15.8백만 정도로 증가했다는 것을 알 수 있다. 그 수치는 전년도에 현금이 $35백만 이상 떨어진 것에 비하면 엄청난 호전이다. 높은(가급적이면 증가하는) 현금흐름은 회사가 부채를 지불하고, 성장에 대한 자금을 조달하며, 배당금을 지급하기에 충분하다는 것을 의미한다. 또한 회사의 유동성에 미치는 긍정적인 영향과 영업에 필요한 자금을 즉각적이고 시기적절하게 지급할 능력 때문에 투자자는 시간이 지나면서 회사의 현금유동성이 증가하기를 원할 것이다.

금융시장의 실패

장부 조작: 그들은 무슨 생각이었던 것일까?

불법회계 행위를 포함한 최근 스캔들들은 미국뿐만 아니라, 전 세계적으로 대중적 격분을 초래했다. 2013년 12월 SEC는 Fifth Third Bank of Cincinnati와 전 최고재무책임자인 Daniel Poston을 금융위기 동안 상업용 부동산 대출에 대한 부적절한 회계로 인하여 고발했다. Fifth Third는 이 사건을 해결하기 위해 $6.5백만의 벌금을 내야 했고, Poston은 상장 기업의 회계사로 일하지 않기로 합의했으며, 그의 직업경력은 확실히 끝나버렸다. 2012년 2월에 Kettle Chips, Pop Secret Popcorn, Diamond Foods와 같은 샌프란시스코 기반 생산기업들은 부적절하게 보고된 $80백만을 호두생산자들에게 지불한 것을 발견하고, 자신들의 CEO와 CFO를 해고했다. Diamond의 주가는 회계부정 소식으로 단 하루 만에 거의 40%나 하락했으며, 이로 인해 2014년 SEC로부터 $5백만의 벌금이 부과되었다.

이러한 사건들이 금융 파산으로 이어진 첫 회계부정 사건도 아니었다. 악덕 경영진은 수많은 회계적 속임수를 통해 대중을 속인다. 재무상태표에 영업비용을 자본화하고, 허구의 수익이나 아직 발생하지 않은 수익을 계상하고, 부외채무를 사용하고, 위험도를 축소해서 말하기 위해 부외 파생거래를 하고, 미래 이익성장률을 조정하기 위해 영업권을 여러 기간에 걸쳐 상각하는 대신 특별손실로 상각(write off)하는 것 같은 속임수가 있다.

비판적 사고 문제 〉〉 기업보고를 강화하는 단계 중 하나는 회계감사인으로 하여금 내부감사와 외부감사를 같은 고객에게 제공하지 못하게 함으로써 회사의 내부 및 외부감사를 분리하는 것이다. 이 규정이 이해 상충을 제거할 수 있을 것인가? 논의하라.

재무비율

기업의 재무상태와 영업결과에 대해 재무제표가 무엇을 말하려는지 보려면, **재무비율**(financial ratios)을 보면 된다. 이러한 비율들을 통해 특히 재무상태표와 손익계산서와 관련해 기업의 재무 사건을 다른 시각으로 볼 수 있고, 기업의 재무제표 정보의 내용을 확장시킬 수 있다. 간단히 말하자면, **비율분석**(ratio analysis)은 다양한 재무제표 계정들 사이의 관계를 연구하는 것이다. 각 측정치는 재무상태표나 손익계산서의 각 항목들을 서로 관련시킨다. 이처럼 재무제표 계정의 절대적인 크기를 분석한다기보다는 기업의 유동성, 활동성, 수익성을 나타내는 지표를 분석한다.

비율들이 알려주는 정보 투자자들은 기업의 재무상태와 경영실적을 평가하기 위해, 또 이 결과들을 과거기준이나 산업기준과 비교하기 위해 재무비율을 사용한다. 과거기준으로 보면, 투자자들은 기업의 당해 연도와 차기 연도의 비율을 비교한다. 산업기준으로 보면, 특정 기업의 비율을 동종업계의 다른 기업들의 비율과 비교한다.

우리가 비율을 사용하는 이유는 미래를 다루는 데 사용될 수 있는 과거에 대한 정보를 발전시키기 위함이라는 것을 기억하자. 기업의 과거 실적에 관해 이해해야만 어느 정도의 확신을 가지고 미래를 예측할 수 있다. 예를 들어, 매출액이 지난 몇 년간 급격히 증가해 왔을지라도, 순진하게 과거의 성장률 추세가 미래에도 지속될 것이라고 가정하지 말고 성장의 이유에 대해 신중하게 평가해야만 한다. 이러한 통찰력은 재무비율과 재무제표 분석을 통해 얻어질 수 있다.

재무비율은 5개의 그룹으로 분류할 수 있다. (1) 유동성, (2) 활동성, (3) 레버리지, (4) 수익성, (5) 보통주 혹은 시장가치 지표이다. Universal의 2013년 재무제표 수치를 보면서(〈표 7.3, 7.4〉), 각 범주에서 더 널리 사용되는 몇 가지 측정치에 대해 알아보고 간단히 논의해 보자.

유동성 지표 **유동성 지표**(liquidity measure)는 그날그날의 운영비를 지불하고 만기가 된 단기채무를 충족시키는 기업의 능력과 관련되어 있다. 주요 관심사는 기업이 즉각적으로 또는 적절한 시점에 부채를 지불하고 운용요구를 충족시킬 충분한 현금과 기타 유동자산들을 수중에 가지고 있느냐이다. 기업의 유동성 상태를 평가하는 세 가지 비율은 유동비율, 당좌비율, 운전자본비율이다.

유동비율 유동비율(current ratio)은 기업의 단기자산으로 단기부채를 지불할 능력을 측정하고, 기업의 재무 건전성을 측정하기에 가장 좋은 척도 중 하나이다.

$$\text{유동비율} = \frac{\text{유동자산}}{\text{유동부채} } \qquad (7.1)$$

$$\text{Universal의 경우} = \frac{\$500.3}{\$374.0} = 1.34$$

이 수치는 Universal이 유동부채 $1에 대해 유동자산을 $1.34를 가지고 있음을 나타낸다. 이것은 꽤 좋은 수치로서, 오늘날의 대부분의 기준에 의하면, 기업이 당기의 부채를 지불하는 데 충분한 수준의 유동자산을 보유하고 있음을 보여준다.

당좌비율 재무상태표에 나열된 모든 유동자산 중에서 유동성이 가장 적은 것은 종종 회사의 재고이다. 특히 기업의 매출이 감소할 때 재고를 판매하고 현금으로 전환하는 데 어려움을 겪을 수 있다. 이러한 이유로 많은 투자자들은 기업이 단기적 의무를 충족하기에 충분한 유동성을 가지고 있는지 평가할 때 유동자산 총액에서 재고를 빼고 싶어 한다. 따라서 당좌비율은 유동비율과 비슷하지만 분자에서 재고는 제외된다.

$$당좌비율 = \frac{(유동자산 - 재고)}{유동부채} \quad (7.2)$$

$$Universal의\ 경우 = \frac{(\$500.3 - 103.7)}{\$374.0} = 1.06$$

재고 보유를 제외하더라도 Universal은 충분한 유동성을 가지고 있는 것으로 보인다.

순운전자본 엄밀히 따져서 비율이라고 할 수는 없지만, 순운전자본(net working capital)은 흔히 그와 같이 간주된다. 이것은 유동자산과 유동부채의 차이이다. 2019년에, Universal의 순운전자본은 다음과 같다.

$$순운전자본 = 유동자산 - 유동부채 \quad (7.3)$$

$$Universal의\ 경우 = \$500.3 - \$374.0 = \$126.3(백만)$$

$125,000,000를 초과하는 순운전자본은 (특히 이 규모의 기업으로서) 사실 상당히 크다고 볼 수 있다. 이는 유동자산이 속도가 느리고 구식인 재고자산과 혹은 만기가 지난 매출채권으로 이루어진 것만 아니라면 이 기업의 유동성 포지션이 좋다는 주장을 할 수 있다.

얼마나 많은 유동성이 충분한가? 유동비율 및 당좌비율과 같은 측정에 바람직한 범위는 얼마인가? 대답은 여러 요인에 따라 다르며 산업에 따라 다르다. 기업의 사업 변동성이 클 때 유동성이 더 중요하므로 투자자는 변동이 심한 산업의 기업에 대해 이러한 비율에 대해 더 높은 가치를 보고 싶어 한다. 반면에 유동성이 너무 많을 수 있다. Apple과 같이 막대한 현금 보유고를 보유한 회사를 생각해 보자. 2018년 6월 30일로 끝나는 분기에 Apple의 재무상태표에 따르면 회사가 현금 및 유가증권에 $71십억 이상과 장기 증권에 투자된 현금 $173십억 이상을 보유하고 있다. 이 현금 잔고는 매우 낮은 수익률을 얻었으므로 투자자들은 배당금을 통해 일부 현금을 분배하도록 Apple에 압력을 가했다. 일반적으로 투자자는 기업이 단기 채무를 충당할 수 있는 충분한 유동성을 유지하기를 원하지만, 그렇게 하면 회사가 전체 자산 포트폴리오에서 얻는 수익률이 낮아지므로 기업이 과도한 양의 유동자산을 보유하는 것을 원하지 않다.

활동성 비율 Universal의 유동성을 평가하는 것 외에도 주요 유동자산의 구성을 추가로 조사하고, 기업이 이 자원들을 얼마나 효과적으로 관리하는지 평가해야 한다. **활동성 비율**(activity ratio)(**효율성 비율**이라고도 함)은 기업이 자산을 얼마나 잘 활용하고 있는지 측정하기 위해 기업의 매출액을 다양한 자산 범주들과 비교한다. 가장 널리 쓰이는 활동성 비율 중 세 가지는 매출채권, 재고자산, 총자산을 이용한다. 여기서도, 다른 조건들이 동일하다면, 높거나 증가하는 수치는 회사가 자산을 효율적으로 관리하고 있음을 나타내지만 유동성 비율의 경우처럼 활동성 비율이 너무 높을 수도 있다.

매출채권 회전율 대부분의 재무제표를 분석하면, 재무상태표의 자산항목에서 총자산의 80%에서 90%, 심지어 그 이상을 소수의 계정들이 차지하는 것을 볼 수 있다. Universal Office Furnishings의 경우가 바로 이와 같은데, 〈표 7.3〉에서 볼 수 있는 바와 같이, 2019년에 세 가지 항목(매출채권, 재고자산, 순 유형자산)이 총자산의 거의 80%까지 차지하고 있다. Universal과 같이, 대부분의 기업은 상당한 매출채권 잔액을 보유하고 있고, 이 때문에 기업들은 매출채권을 면밀히 감시하고자 한다. 매출채권은 기업이 고객에게 부여하는 신용을 나타낸다. 다른 조건이 같다면, 기업은 그들의 고객으로부터 가능한 빨리 수금할 것을 원할 것이고, 기업의 고객이 그들의 대금을 빨리 지불할수록 매출채권 잔액은 줄어들 것이다. 반대로, 고객이 대금을 늦게 지불하는 것을 기업이 허락한다면, 매출채권 잔액은 상대적으로 커지겠지만 고객에게 지불할 시간을 더 많이 주면 더 많은 매출이 발생할 수 있다. 따라서 고객으로부터 수금하는 최적의 접근법을 결정하는 것은 더 빠른 수금(돈의 시간가치 활용)과 더 관대한 신용조건을 사용하여 고객을 유치하는 것 사이의 균형을 나타낸다. **매출채권 회전율**(account receivable turnover)은 기업의 매출채권 잔액과 매출액의 관계를 보여준다.

$$\text{매출채권 회전율} = \frac{\text{매출액}}{\text{매출채권}} \qquad (7.4)$$

$$\text{Universal의 경우} = \frac{\$1,938.0}{\$227.2} = 8.53$$

높은 매출채권 회전율을 가진 기업은 고객에게 장기간 외상을 주지 않고도 매출을 낸다. 2019년에 Universal은 매출채권을 1년에 약 8.5회 정도 회전시켰다. 이러한 훌륭한 회전율은 매우 강한 신용 및 수금 정책을 보여준다. 투자자들은 Universal의 신속한 수금정책이 고객의 Universal 제품 구매를 방해하지 않는다고 생각하는 한 일반적으로 이 성과에 만족할 것이다. 8.53 회전율은 매출채권에 투자된 \$1당 매출액 \$8.53를 창출했음을 의미한다.

재고자산 회전율 경영진의 상당한 관심이 요구되는 기업의 또 다른 중요한 자원은 재고자산이다. 재고관리는 기업의 웰빙(well-being)에 있어 중요한데, 보통 **재고자산 회전율**(inventory turnover)로 평가된다.

$$\text{재고자산 회전율} = \frac{\text{매출액}}{\text{재고자산} } \qquad (7.5)$$

$$\text{Universal의 경우} = \frac{\$1{,}938.0}{\$103.7} = 18.69$$

대부분의 기업은 생산제품을 재고로 비축해두기보다는 빨리 판매하려고 한다. 변질성 제품과 가전제품 같은 것은 선반에 오래 놓여 있을수록 가치를 잃는다. 더불어, 기업은 그 제품이 팔릴 때까지 그 제품으로 인해 창출할 수 있는 이익을 얻을 수 없다. 이와 같은 이유로 기업은 재고자산 회전율을 높일 큰 동기를 가진다. Universal의 2019년의 한 해 19번에 달하는 회전율은 재고를 가지고 있는 기간을 한 달 미만, 실제로 약 20일 정도(365/18.69=19.5) 수준으로 유지하고 있었음을 의미한다. 이렇게 높은 회전율은 그 회사가 재고자산 관리를 훌륭히 하고 있음을 나타낸다.

재고 잔고가 낮으면 재고자산 회전율이 높아져 판매 수준은 일정하게 유지된다. 이것은 기업이 단순히 재고를 적게 보유함으로써 회전율을 향상시킬 수 있음을 시사한다. 여기서도 기업이 관리해야 하는 상반관계가 있다. 기업이 재고 수준을 너무 공격적으로 낮추면 고객의 주문을 제 시간에 이행하지 못하거나 원자재 부족으로 생산이 지연될 수 있다. 일반적으로 투자자들은 발생할 가능성이 희박한 재고 수준과 관련된 문제를 초래하지 않는 한 빠른 재고 회전율을 선호한다.

재무상태표의 재고자산 계정이 손익계산서의 매출원가와 더 직접적으로 관련된다는 가정에 따라, 일부 분석가는 수식 (7.5)의 분자에 매출액이 아닌 **매출원가**를 사용하는 것을 선호한다. 매출원가가 매출액보다 작은 액수이기 때문에, 당연히 매출원가로 계산했을 때 더 낮은 재고자산 회전율이 나온다. 2019년에 Universal의 경우, 매출액으로 계산했을 때 18.69인 반면, 매출원가로 계산할 경우 $1,128.5/$103.7= 10.88이다. 분자에 매출액을 사용하든 매출원가를 사용하든, 재고자산 회전율에 대한 해석은 동일하다.

총자산 회전율 총자산 회전율(total asset turnover)은 매출액을 내는 데 얼마나 자산이 효율적으로 활용되었는가를 나타낸다. 다음과 같이 계산된다.

$$\text{총자산 회전율} = \frac{\text{매출액}}{\text{총자산}} \tag{7.6}$$

$$\text{Universal의 경우} = \frac{\$1,938.0}{\$941.2} = 2.06$$

이 경우에 Universal은 자산에 투자된 매 $1당 $2 이상의 수익을 내고 있다는 것이다. 이는 상당히 높은 수치이고, 기업의 수익성과 직접적인 관계가 있기 때문에 중요하다. 원칙은 간단하다. $1,000 투자해서 $100 버는 것이 $2,000 투자해서 $100을 버는 것보다 훨씬 더 낫다. 높은 총자산 회전율은 기업의 자산이 잘 활용되고 있고 그 기업이 높은 수준의 매출액(궁극적으로 이익)을 실현할 수 있을 것이라는 것을 보여준다.

레버리지 비율 **레버리지 비율**(leverage ratios)(지급성 비율이라고도 함)은 회사가 활동자금을 조달하기 위해 사용하는 부채와 자본의 혼합을 보여준다. 회사가 얼마를 빌리고 부채를 갚을 수 있는지 여부는 잠재적 투자자의 주요 관심사이다. 널리 사용되는 세 가지 레버리지 비율이 있다. 첫 번째와 두 번째인 부채비율과 자기자본 승수는 회사가 사용하는 부채금액을 측정한다. 세 번째, 이자보상배율은 회사가 부채를 얼마나 잘 감당할 수 있는지 평가한다.

부채비율 부채비율(debt-equity ratio)은 채권자와 주주가 제공한 자금의 상대적 양을 측정한다. 장기부채를 자기자본으로 나눈 값이다.

$$\text{부채비율} = \frac{\text{장기부채}}{\text{자기자본}} \tag{7.7}$$

$$\text{Universal의 경우} = \frac{\$177.8}{\$294.5} = 0.60$$

높은 차입비율을 가진(많은 부채를 사용하는) 회사일수록 채무불이행 위험이 높아지기 때문에, 이 비율이 주식의 위험 노출을 평가하는 데 특히 도움이 된다. Universal의 2019년도 부채비율은 0.6으로 상당히 낮은 수치로서, 기업의 자본이 대부분 주주로부터 온다는 것을 보여준다. 달리 말하면, 자본구성에서 자기자본 $1마다 60센트의 부채만 있다는 것이다. 지금까지 봤던 비율과는 반대로, 부채비율이 '낮거나 감소'할 때 좋다고 할 수 있는데, 그것은 회사가 더 보수적인 부채 부담을 가지고 있어 위험에 덜 노출되었다는 것을 보여주기 때문이다.

자기자본 승수 자기자본에 대한 총자산의 비율인 **자기자본 승수(equity multiplier)**(재무 레버리지 비율이라고도 함)도 기업의 부채에 중점을 둔다.

$$\text{자기자본 승수} = \frac{\text{총자산}}{\text{자기자본}} \tag{7.8}$$

$$\text{Universal의 경우} = \frac{\$941.2}{\$294.5} = 3.20$$

부채가 수식 (7.8)에 직접 표시되지 않기 때문에 자기자본 승수가 기업의 부채 사용을 측정한다고 말하는 것이 이상하게 보일 수 있지만 총자산은 부채와 자본의 합계라는 점을 명심해야 한다. 채무가 전혀 없는(즉, 부채가 없는) 기업의 경우 자산은 자기자본과 같고 자기자본 승수는 1.0이 된다. 고정 지분을 보유하면 회사가 사용하는 부채가 많을수록 총자산이 높아지고 자기자본 승수가 높아진다. Universal의 경우 자기자본 승수 3.2는 자기자본 $1당 자산이 $3.20임을 의미한다. 총자산은 부채와 자기자본의 합이기 때문에, 자기자본 승수 3.2는 Universal이 자기자본 $1당 부채(장기 부채가 아닌 모든 유형의 부채)가 $2.20라는 의미이다.

이자보상배율 이자보상배율(times interest earned)은 소위 보상비율(coverage ratio)이라 불린다. 회사의 고정 이자에 대한 기업의 지급능력을 측정한다. 다음과 같이 계산된다.

$$\text{이자보상배율} = \frac{\text{이자 및 법인세 차감 전 이익(EBIT)}}{\text{이자지급비용}} \tag{7.9}$$

$$\text{Universal의 경우} = \frac{\$235.2}{\$13.4} = 17.55$$

기업이 이자지급(채권의 경우, 확정된 계약의무)을 적절한 시기에 할 수 있는 능력은 위험 노출을 평가할 때 중요하게 고려되어야 한다. Universal의 경우, 회사가 이자지급비용 $1마다 $17.55의 EBIT를 보유하고 있음을 나타낸다. 이는 평균보다 훨씬 높은 굉장한 수치이다. 대체로 이자보상배율이 8~9배 정도면 부담능력이 매우 강하다고 볼 수 있다. 합리적인 관점에서 보면, 이자보상배율이 2~3 미만으로 떨어질 때까지는 거의 걱정하지 않아도 된다.

최근에 이자보상배율의 분자에 이익에 관한 다른 대안적인 수치를 사용하는 것이 관행이 되었다. 특히, 몇몇 분석가들은 이익을 계산할 때 감가상각비까지 추가해서, **이자, 법인세, 감가상각비 차감 전 영업이익(EBITDA)**을 사용한다. 감가상각비는 비현금 비용이기 때문에(즉, 장부 기입상 항목에 지나지 않기 때문에), 좀 더 실제적인 '현금에 기반한' 수치를 내기 위해, 이익 계산 시 감가상각비를 추가해야 한다고 주장한다. 문제는 EBITDA 수치가 성과를 항상 훨씬 더 유리하게 보여준다는 것이다. (사실 많은 사람들이 이 점이 바로 EBITDA를 사용하는 근본 이유라고 주장한다.) 그래서 EBITDA는 이자보상배율과 같은 수치를 급격히 증가시킨다. Universal의 경우, 감가상각비(2019년, $77.1백만)를 EBIT(2019년, $235.2백만)에 추가하면, 종래의 EBIT로 계산하는 경우에 17.55인 것에 비해, 보상배율이 $312.3/$13.4=23.31이 된다.

수익성 지표 **수익성**(profitability)은 성공의 상대적인 척도이다. 각각의 수익성 비율은 기업의 수익(이익)을 매출액, 자산, 자기자본과 관련시킨 것이다. 세 가지의 널리 사용되는 수익성 비율이 있다. 순이익률, 총자산이익률, 자기자본이익률이다. 확실히 회사의 수익성이 높을수록 좋기 때문에, 다른 조건이 동일하다면, 수익률이 더 높거나 증가하기를 원할 것이다.

순이익률 이것이 바로 영업의 "최종결과(bottom line)"이다. **순이익률**(net profit margin)은 매출액과 기타 수익에서 얻어지는 수익률을 나타낸다.

$$\text{순이익률} = \frac{\text{세후 순이익}}{\text{매출액}} \tag{7.10}$$

$$\text{Universal의 경우} = \frac{\$139.7}{\$1{,}938.0} = 0.072 = 7.2\%$$

순이익률은 수익을 매출액(그리고 기타 수익)의 백분율로 측정한다. Universal은 2019년에 순이익률이 7.2%였다. 즉, Universal이 낸 수익 $1마다 7센트가 조금 넘는 이익을 벌었다는 것이다. 이 수치는 미국 대기업의 평균 정도 되는 수치이지만, 사무설비 산업 내에서는 평균보다 훨씬 높은 수치이다.

총자산이익률 수익성 지표로서 **총자산이익률**(return on assets: ROA)은 영업을 수행하는 데 소요된 자원의 양을 나타낸다. 총자산이익률은 사용가능한 자산으로부터 경영진이 얼마나 효율적으로 이익을 내는지에 대해 보여주는데, 가장 중요한 수익성 지표라고 볼 수 있다. ROA는 다음과 같이 계산된다.

$$\text{총자산이익률(ROA)} = \frac{\text{세후 순이익}}{\text{총자산}} \tag{7.11}$$

$$\text{Universal의 경우} = \frac{\$139.7}{\$941.2} = 0.148 = 14.8\%$$

Universal Office Furnishings의 경우, 2019년에 자산을 투자하여 거의 15%의 이익을 냈다. 이는 굉장히 좋은 수익률로, 평균을 상회한다. 일반적으로 투자자는 기업이 가능한 높은 ROA를 유지하기를 원한다.

자기자본이익률 회사의 전반적인 수익성 지표인 **자기자본이익률**(return on equity: ROE)은 회사의 이익, 성장성, 배당과 직접적으로 연관되어 있기 때문에 투자자들은 이를 유심히 본다. 자기자본이익률 혹은 때때로 **투자수익률**(return on investment: ROI)이라 불리는 이 수치는 이익과 주주의 자기자본을 비교함으로써 회사 주주의 수익성을 측정한다.

$$\text{자기자본이익률(ROE)} = \frac{\text{세후 순이익}}{\text{총자기자본}} \quad (7.12)$$

$$\text{Universal의 경우} = \frac{\$139.7}{\$294.5} = 0.474 = 47.4\%$$

ROE는 주주가 투자한 자기자본 대비 기업의 연간 이익을 보여준다. Universal의 경우, 그 값이 자기자본 $1당 약 47센트에 이른다. 이는 뛰어난 성과를 낸 것으로, 회사가 주주가치를 최대화하기 위해 전력을 다하고 있음을 보여준다.

ROA와 ROE의 분해 ROA와 ROE는 모두 중요한 수익성 지표이다. 하지만 이 두 지표를 최대한으로 활용하기 위해서는 각각의 구성요소로 분해해 보아야 한다. 예를 들어, ROA는 순이익률과 총자산 회전율이라는 두 가지 주요 구성요소로 이루어져 있다. 따라서 수식 (7.11)을 이용하기보다, 전에 계산했던 순이익률과 총자산 회전율[각각 수식 (7.10)과 (7.6)] 수치를 이용해서 ROA를 구할 수 있다. 확장된 형태를 통해 Universal의 2019년 ROA를 구할 수 있다.

$$\text{ROA} = \text{순이익률} \times \text{총자산 회전율} \quad (7.13)$$

$$\text{Universal의 경우} = 7.2\% \times 2.06 = 14.8\%$$

수식 (7.11)과 수식 (7.13)은 동일한 결과 값이 나오는데 왜 ROA의 확장된 형태를 쓰려고 하는 것인가? 주요 이유는 무엇이 회사의 이익을 만들어내는지 요인을 보여주기 때문이다. 투자자는 ROA가 상승(하락)하는 것이 순이익률의 개선(악화) 때문인지 총자산 회전율의 개선(악화) 때문인지 알고 싶을 것이다. 이상적으로, 회사가 이익관리와 자산관리 모두를 잘하고 있기 때문에 ROA가 상승 혹은 높이 유지된다.

ROA에서 ROE로 이동 ROA처럼 자기자본이익률(ROE) 또한 여러 구성요소로 나눠질 수 있다. 실제로 ROE는 ROA의 연장이라고 할 수 있다. 이는 기업의 자본조달 결정을 수익성 평가에 연결하여 준다. 즉, 확장된 ROE 지표는 재무 레버리지(즉, 회사가 사용하는 부채의 양)가 주주의 수익률을 얼마나 증가시키는지 그 정도를 보여준다. 기업의 재무구조에서 부채를 사용하면 ROE가 언제나 ROA보다 크게 됨을 의미한다. 문제는 얼마나 더 큰가이다. 부채를 사용하지 않는 회사의 경우 자기자본 승수는 1.0이지만, 회사가 부채를 사용하면 배율은 1.0보다 크다. 부채를 사용하는 회사의 경우 ROA가 양수이면 ROE가 ROA보다 크다. 회사가 돈을 잃고 ROA가 음수이면 부채는 주주가 견뎌야 하는 손실을 확대한다.

수식 (7.12)의 ROE 축약 형태를 사용하지 않고, ROA와 자기자본 승수를 사용하여 ROE를 계산할 수 있다. 수식 (7.14)에 따라 ROE를 찾으려면 먼저 Universal의 ROA와 자기자본 승수가 각각 14.8%와 3.2임을 기억하라. 이러한 값을 고려할 때 Universal의 2019 ROE는 다음과 같다.

$$\text{ROE} = \text{ROA} \times \text{자기자본 승수} \tag{7.14}$$

$$\text{Universal의 경우} = 14.8\% \times 3.20 = 47.4\%$$

확장된 ROE 수식 대안적으로, 수식 (7.14)를 ROA의 구성요소로 분해하여 더 확장시킬 수 있다. 이 경우 ROE를 다음과 같이 계산할 수 있다.

$$\begin{aligned}\text{ROE} &= \text{ROA} \times \text{자기자본 승수} \\ &= (\text{순이익률} \times \text{총자산 회전율}) \times \text{자기자본 승수}\end{aligned} \tag{7.15}$$

$$\text{Universal의 경우} = 7.2\% \times 2.06 \times 3.20 = 47.4\%$$

ROE의 확장된 형태는 투자자들이 회사의 수익성을 순이익률, 총자산 회전율, 재무레버리지라는 세 가지 구성요소로 평가할 수 있도록 해주기 때문에 특히 도움이 된다. 위와 같이 ROE의 증가가 단순히 (반드시 이롭지만은 않지만) 회사가 부채를 더 사용하기 때문에 그런 것인지, (반드시 장기적으로 긍정적인 영향을 끼치는) 회사가 자산관리나 영업관리를 잘했기에 그런 것인지 판별할 수 있다. 주주에게 ROE는 중요한 성과지표이다. 높은 ROE는 회사가 현재 매우 수익성이 있다는 것을 의미하고, 이익의 일부가 사업에 재투자되면 회사가 급성장할 수 있다는 것을 의미한다.

보통주 비율 마지막으로, 회사에 대한 핵심 정보를 주당 기준(per-share basis)으로 변환시키는 **보통주 비율**(common-stock ratios)[평가비율(valuation ratios)이라고도 함] 지표가 있다. **시장가치 비율**(market ratios)이라고도 불리는데, 투자자에게 총이익, 총배당금, 총자기자본의 얼마가 각 주식에 배분되는지를 정확히 알 수 있도록 해준다. 대표적인 보통주 비율로는 주당순이익, 주가수익비율, 주당 배당금, 배당수익률,

배당성향, 주당 장부가치가 있다. 이 책의 앞 장에서 두 가지 척도, 즉 주당순이익과 배당수익률에 대해 살펴봤고, 이제 나머지 네 가지를 살펴본다.

주가수익률(P/E ratio) 주당순이익의 연장인 이 지표는 회사의 보통주 가격이 시장에서 얼마로 책정되는지 결정하는 데 사용된다. **주가수익률(price-earnings ratio)**은 주당순이익(EPS)을 회사의 주가와 관련시킨다. P/E 비율을 계산하려면, 먼저 주식의 주당순이익을 알아야 한다. 주당순이익 수식 (6.1)을 통해 2019년 Universal의 EPS를 구하면 다음과 같다.

$$\text{주당순이익(EPS)} = \frac{(\text{세후 순이익} - \text{우선주배당금})}{\text{총 발행주식 수}}$$

$$\text{Universal의 경우} = \frac{(\$139.7 - \$0)}{61.8} = \$2.26$$

이 경우 회사의 이익 $139.7백만은 주당순이익 $2.26라고 바꿔 쓸 수 있다. (이 경우 회사가 우선주 발행을 하지 않았기에, 위와 같이 우선주배당금이 $0인 것을 주의하라.) 주당순이익 값과 현재 주가(현재 $41.5로 거래되고 있다고 가정)를 가지고 수식 (7.16)을 이용해 Universal의 P/E 비율을 구하면 아래와 같다.

$$P/E = \frac{\text{보통주의 가격}}{\text{주당순이익}} \tag{7.16}$$

$$\text{Universal의 경우} = \frac{\$41.50}{\$2.26} = 18.36$$

사실 주식은 현재 2019년 이익의 18배 정도로 거래되고 있다.

P/E 비율은 금융 언론에서 널리 인용되고 있고, 많은 주식평가 모델의 필수적인 요소이다. 높은 P/E 비율은 종종 투자자가 회사에 대해 낙관적이라는 신호로 해석된다. 기업이 버는 $1당 높은 가격을 오늘 기꺼이 지불할 의사가 있다면 이는 일반적으로 기업이 성장할 것으로 기대한다는 신호이다. 그러나 P/E 비율은 다른 이유로 높을 수 있다. 회사의 수익이 매우 낮은 짧은 기간이 있다면 비율의 분모가 0에 가깝기 때문에 P/E 비율이 매우 높을 수 있다. 높은 P/E 비율은 또한 주식이 과대평가되고 있음을 나타낼 수 있다.

P/E 비율을 평가하는 한 가지 방법은 회사 이익의 성장률과 비교해 보는 것이다.

> **투자자 현실**
>
> **좋은 소식만은 아니었던 기록적인 P/E 비율** 단일 주식에 대한 P/E 비율을 계산하는 것 외에도 S&P 500과 같은 주식 그룹에 대해 동일한 계산을 수행할 수 있다. 2009년 5월, S&P 500의 P/E 비율은 월별 최고치인 124에 도달했다. 당시 주식 가치는 현재 수익의 124배로 평가되었다. 언뜻 보기에 이는 주식시장이 활기를 띠는 지표처럼 보일 수 있다. 실제로 시장은 주가가 특히 높았기 때문이 아니라 기업들이 깊은 불황의 바닥에서 수익을 보고하면서 수익이 비정상적으로 낮았기 때문에 기록적인 P/E를 기록했다. 이는 P/E 비율의 잠재적인 문제를 보여준다. 투자자가 회사의 재산에 대해 낙관적이거나 회사의 수익이 일시적으로 낮기 때문에 높을 수 있다.
>
> (출처: "S&P 500 PE Ratio by Month"에서 발췌. http://www.multpl.com/table?f=m.© Multpl)

시장은 이런 비교를 위해 PEG **비율**(PEG ratio)이라고 불리는 수치를 개발해 왔다. 기본적으로 최근 P/E를 3~5년간의 수익성장률과 비교하여 분석한다. [수익성장률은 전부 과거(최근 3~5년)의 값일 수도 있고, 부분적으로는 과거의 값이고 부분적으로는 예측된 값일 수도 있다.]

앞서 살펴본 것처럼 Universal Office Furnishings는 2019년 수익의 18.36배 P/E 비율을 가졌다. 지난 5년 동안 기업 수익은 연평균 15%의 성장률을 보였으며 Universal의 PEG 비율은 다음과 같이 수식 (7.17)을 사용하여 계산된다.

$$\text{PEG 비율} = \frac{\text{주식의 P/E 비율}}{\text{3년에서 5년의 수익성장률}} \tag{7.17}$$

$$\text{Universal의 경우} = \frac{18.36}{15.0} = 1.22$$

PEG 비율이 1.0에 가까울 때 확실히 합리적이다. 이는 회사의 P/E가 이익성장률과 어긋나지 않는다는 것을 의미한다. 사실 1 또는 1보다 적은 PEG 비율을 가진 주식을 찾는 것이 이상적이다. 반대로 높은 PEG 비율은 주식의 P/E가 수익성장률을 앞지른 것을 의미하고, 이런 주식이 있다면 주식이 아마도 "완전히 가치가 평가된(fully valued)" 것을 의미한다. 일부 투자자는 사실 PEG가 1.5나 2.0을 넘어 지나치게 높은 주식을 거들떠보지 않는다. 최소한 PEG는 주식의 P/E와 수익성장률 사이의 관계를 예측하는 데 전혀 비합리적이지 않기 때문에 살펴볼 만하다고 할 수 있다.

주당 배당금 원리는 EPS와 동일하다. 회사의 총 보통주 배당금을 주당 개념으로 바꾸는 것이다(보통 주주에게로의 배당금지급액이 손익계산서에 보이지 않는다면, 일반적으로 현금흐름표에서 확인할 수 있다. 〈표 7.5〉를 참고). 주당 배당금은 다음과 같이 계산될 수 있다.

$$\text{주당 배당금} = \frac{\text{보통주의 연간 배당금}}{\text{총 발행주식 수}} \tag{7.18}$$

$$\text{Universal의 경우} = \frac{\$9.3}{61.8} = \$0.15$$

2019년 회계연도에 Universal은 주당 $0.15의 배당금을 지급하였는데, 한 분기에 주당 3.75센트를 지급한 것이다.

앞의 장에서 본 것과 같이, 배당수익률(dividend yield)을 구하기 위해 주당 배당금을 주식의 시가와 관련시킬 수 있다. 즉, 배당수익률은 $0.15/$41.50=0.004 또는 0.4%이다. 확실히 경상소득(배당)을 원하는 시장의 소득 섹터에서 Universal Office Furnishings를 찾기는 힘들 것이다. 연간 배당금이 매우 적고, 배당수익률이 1%의 절반도 되지 않기 때문이다.

배당성향 또 다른 중요한 배당금 지표는 **배당성향**(payout ratio)이다. 이것은 회사가 주주에게 배당금의 형태로 얼마나 이익을 배분하는가를 나타낸다. 경영이 잘 되는 회사들은 일정 배당성향을 유지하려고 한다. 이익이 계속해서 오른다면, 회사의 배당금 또한 오를 것이다. 배당성향은 다음과 같이 계산된다.

$$\text{배당성향} = \frac{\text{주당 배당금}}{\text{주당순이익}} \tag{7.19}$$

$$\text{Universal의 경우} = \frac{\$0.15}{\$2.26} = 0.07$$

2019년 Universal의 경우, 배당금은 수익의 7% 정도 된다. 전통적으로 배당금을 지급하는 대부분의 기업은 이익의 30~50%를 배당금으로 지급한다. 그 기준으로 봤을 때, Universal은 배당수익률과 같이, 배당성향도 꽤 낮다. 그러나 회사의 급성장을 위해 내부적으로 자본을 조달하기 위해 (적어도 부분적으로라도) 대부분의 이익을 유보하고 있다는 것을 의미하기에 반드시 나쁜 것은 아니다. 사실 성장지향적인 기업들이 낮은 배당성향을 가지는 것은 꽤 흔한 일이다. Facebook, Netflix, Amazon과 같이 꽤 알려진 일부 고도성장회사는 이익의 100%를 보유한다.

배당금을 지급하는 회사는 일반적으로 배당금을 삭감하기를 꺼리므로 수익이 감소하더라도 배당금은 일반적으로 즉시 감소하지 않는다. 이는 배당성향이 상승하면, 직관에 반하여, 문제가 있다는 신호일 수 있음을 시사한다. 배당성향의 증가는 회사가 잘하고 있고 배당금을 늘릴 것이라는 신호보다는 회사의 수익이 감소하고 있다는 신호이다. 예를 들어, 지난 경기침체가 끝날 무렵 S&P 500 기업의 평균 배당성향은 경기침체가 시작되었을 때보다 거의 두 배나 높았기 때문에 그 기간 동안 배당성향 증가는 좋은 시기보다 어려운 시기에 대한 신호였다. 70~80%의 높은 배당성향은 종종 회사가 현재 배당금을 유지할 수 없음을 나타낸다. 이는 일반적으로 수익이 급격히 증가하지 않는 한 배당금을 더 합리적인 수준으로 줄여야 함을 의미한다. 그리고 시장이 싫어하는 것이 있다면 배당금을 삭감하는 것인데 보통 주가의 큰 하락과 관련이 있다.

주당 장부가치 마지막 보통주 비율은 **주당 장부가치(book value per share)** 비율로, 자기자본을 다루는 지표이다. 실제로 **장부가치(book value)**는 단순히 자기자본(또는 순자산, net worth)의 다른 말이다. 이는 총자산과 총부채의 차이를 나타낸다. 여기서 자기자본을 우선주를 제외한 보통주주의 자기자본으로 정의하고 있다. 즉, 보통주주의 자기자본=총자기자본－우선주이다. (Universal은 우선주를 발행하지 않아서 총자기자본과 보통주주의 자기자본이 같다.) 주당 장부가치는 다음과 같이 계산된다.

$$\text{주당 장부가치} = \frac{\text{보통주주 자기자본}}{\text{총발행주식 수(보통주)}} \qquad (7.20)$$

$$\text{Universal의 경우} = \frac{\$294.5}{61.8} = \$4.76$$

아마 Universal의 경우도 그렇지만 주식은 장부가치 이상으로 거래될 것이다. 그렇지 않다면, 회사의 전망과 수익성에 심각한 문제가 있다는 것을 나타내는 것일 수도 있다.

회사의 장부가격을 주식의 시장가격과 관련시키는 편리한 방법은 **시장가치 대 장부가치 비율(price-to-book-value ratio)**을 구하는 것이다.

$$\text{시장가치 대 장부가치 비율} = \frac{\text{주식의 시장가격}}{\text{주당 장부가치}} \qquad (7.21)$$

$$\text{Universal의 경우} = \frac{\$41.50}{\$4.76} = 8.72$$

투자자에게 널리 쓰이는 이 비율은 주가가 얼마나 공격적으로 책정되었는지를 보여준다. 대부분의 주식은 시장가치 대 장부가치 비율이 1.0이 넘는데, 이는 단순히 주가가 장부가치보다 높게 거래되고 있다는 것을 나타낸다. 사실, 강세시장에서도 장부가치의 4배나 5배, 또는 그 이상으로 거래되는 주식을 찾아보기는 힘들다. Universal의 8.7이라는 시장가치 대 장부가치 비율은 확실히 높은 값이다. 이는 면밀하게 검토되어야 한다. 이는 주가가 이미 완전히 평가된 것을 의미하고, 어쩌면 너무 비싸게 매겨졌을 수도 있다. 또는 단순히 상대적으로 주당 장부가격이 낮은 것에 불과할지도 모른다.

숫자의 해석

많은 투자자들이 직접 모든 재무비율을 계산하기보다는, 그 정보를 얻기 위해 발행된 보고서를 이용한다. 많은 거대 증권회사와 다양한 투자정보 서비스 기관이 그러한 보고서를 발행한다. 〈그림 7.2〉에 그 예시가 제시되어 있다. 이러한 보고서들은 편리하고 읽기 쉬운 형태로 상당한 양의 필수 정보를 제공한다. 가장 좋은 점은, 그 보고서들이 투자자로 하여금 직접 재무비율을 계산하는 수고로움을 덜어준다는 것이다. (다양한 소프트웨어 공급자들과 온라인 서비스를 통해 유사한 정보를 얻을 수 있다.) 그렇더라도 투자자로서 이렇게 발행된 정보들을 평가할 수 있어야 한다. 그러기 위해서는 재무비율에 대한 기본적인 이해뿐 아니라 기업 실적의 양상을 평가하여 비교할 수 있는 성과 기준 혹은 기준점도 필요하다.

기본적으로, 재무제표 분석에서는 과거기준과 산업기준이라는 두 가지 유형의 성과기준을 사용한다. 과거기준에 따라, 회사에서는 다양한 재무비율과 지표들을 3년에서 5년(혹은 그 이상)의 기간 동안 관리한다. 이와 같은 수치들은 기업 운영 및 재무 상태의 양상을 평가하는 데 사용된다. 즉, 기업이 흥하는가 쇠하는가, 그리고 기업의 강점과 약점이 어디에 놓여 있는지에 대한 평가이다. 반면에, 산업기준은 기업의 재무비율을 비교할 만한 회사 혹은 산업 전체의 평균 결과와 비교하는 것이다. 여기서는 경쟁기업 대비 회사의 상대적 강점을 파악하는 데에 주력한다. Universal Office Furnishings사를 통해, 이 두 가지 성과기준 모두를 이용하여 재무비율을 어떻게 해석하고 평가할 것인지를 살펴볼 것이다.

그림 7.2 금융통계 자료의 발행된 보고서의 예시

이것과 이와 비슷한 보고서들은 투자자들에게 널리 사용하는데, 증권분석 과정에서 중요한 역할을 한다.
(출처: Merget, 2018. 11. 19)

MERGENT ONLINE™ by FTSE Russell

Apple Inc (NMS: AAPL)

Powered by Clearbit

Financial Highlights as of 09/29/2018 in USD

Income Statement	(In Thousands)
Total Revenue	265,595,000
EBITDA	81,360,000
Operating Income	70,898,000
Net Income	59,531,000
Revenue per Share	53.74
EPS from Continuing Operations	11.91
EPS - Net Income - Diluted	11.91
Share Outstanding	4,754,986
Weighted Average Shares Outstanding - Basic	4,955,377
Weighted Average Shares Outstanding - Diluted	5,000,109
Earnings per Share - Basic	12.01
Balance Sheet	**(In Thousands)**
Total Assets	365,725,000
Current Assets	131,339,000
Total Liabilities	258,578,000
Long Term Debt	93,735,000
Stockholders' Equity	107,147,000
Total Assets per Share	76.91
Current Liabilities	116,866,000
Net Assets per Share	22.53
Cash Flow Statement	**(In Thousands)**
Cash from Operations	77,434,000
Cash from Investing	16,066,000
Cash from Financing	(87,876,000)
Capital Expenditures	13,313,000
Cash Flow per Share	15.49
Cash & Cash Equivalents, Beginning of Year	20,289,000
Cash & Cash Equivalents, End of Year	25,913,000
Stock Price and Valuation (Data as of 11/16/2018)	
Market Cap(mil)	918,377
Share Outstanding(000's)	4,745,398
PE Ratio	16.2494
Dividend Per Share(TTM)	2.82
Earning Per Share(TTM)	12.01
Last Closing Price	193.53
Previous Trading Day Range	189.46 - 194.97
52 Week Range	155.15 - 232.07
7 Day Average Closing Price	193.77
30 Day Average Closing Price	209.20
200 Day Average Closing Price	203.00
Beta	1.19
High Price Last 3 Mos.	232.07
Low Price Last 3 Mos.	186.80
Avg Daily Volume Last 3 Mos.	36,310,618.09

Management Effectiveness	
Revenue per Employee	2,017,611
Net Income per Employee	452,231
ROA % (Net)	16.11
ROE % (Net)	49.50
ROI % (Operating)	30.17
Profitability Ratios	
Gross Margin	38.34
Operating Margin	26.69
EBITDA Margin %	30.63
Calculated Tax Rate %	18.34
Profit Margin (TTM)	22.41
Valuation Ratios	
Price/Earnings (TTM)	18.74
Price/Book (TTM)	10.02
Price/Cash Flow(TTM)	14.41
Asset Management	
Total Asset Turnover	0.72
Receivables Turnover	6.29
Inventory Turnover	37.17
Property Plant & Equip Turnover	7.09
Cash & Equivalents Turnover	11.53
Debt Management	
Long Term Debt/Equity	0.87
Long Term Debt as % of Invested Capital	42.29
Total Debt/Equity	1.07
Accounts Payable Turnover	5.08
Liquidity Indicators	
Quick Ratio	0.99
Current Ratio	1.12
Net Current Assets as % of Total Assets	3.96
Free Cash Flow per Share	12.98
Revenue to Assets	0.73

Consensus Estimates	2019Ae	2018Q4e	2019Q1e
Earnings Per Share	13.48	4.69	3.08
Revenue	280,251.00	91,812.00	65,126.00
EBITDA	85,124.50	29,287.59	19,413.12

> **투자자 현실**
>
> **사기 탐지** 연구원들은 재무제표에 게시된 정보가 회계 사기를 저지를 가능성이 가장 높은 회사를 예측하는 데 도움이 될 수 있음을 발견했다. 사기를 저지를 가능성이 가장 높은 기업에는 다음과 같은 특성이 있다.
>
> - 매출채권 회전율 감소
> - 총이익률 하락
> - 매출의 급속한 성장(빠르게 성장하는 기업은 자본을 추가로 조달하기 위하여 사기를 저지를 유혹이 있기 때문)
> - 부채비율 상승
> - 영업현금흐름을 초과하는 순이익
>
> (출처: Messod D. Beneish, "The Detection of Earnings Manipulation," *Financial Analysts Journal*, Vol.55, Issue 5, pp.24-36에서 발췌)

과거기준과 산업기준의 사용 〈표 7.6〉은 앞에서부터 논해왔던 비율들에 대한 과거 자료와 (최근 연도 기준) 산업 평균 수치의 요약을 보여준다(〈표 7.6〉에서 사용된 것과 같은 산업 평균 수치들은 S&P, Moody's, 많은 산업 특화 간행물 등에서 구할 수 있다). 이러한 비율들을 주의 깊게 평가함으로써, Universal의 재무상태, 영업성과, 전반적 재정상태에 대한 몇 가지 기본적인 결론을 도출해낼 수 있어야 한다. 〈표 7.6〉에 포함된 재무비율을 비교하여 이 기업에 대해 다음을 관찰할 수 있다.

1. Universal의 **유동성 상태**는 평균보다 약간 아래이다. 그러나 이 점은 매출채권과 재고 상태에 대해 고려해본다면, 그렇게 큰 문젯거리가 아니다. 즉, 각각의 회전율(항목 2번 참조)을 보면, 이 두 가지의 유동자산이 통제가 매우 잘 되고 있고, 이는 상대적으로 낮은 유동비율을 설명할 수 있다. 다시 말해서, 유동비율이 평균보다 약간 아래인 것은 회사가 유동부채가 많아서가 아니라, 회사가 유동자산을 통제하는 데 탁월하기 때문이다.
2. Universal의 **활동성 지표**는 전부 평균보다 훨씬 높다. 이 기업은 지속적으로 매우 높은 회전율이 지속되었는데, 이는 회사의 유동성과 그 수익성에 상당 부분 기여한다. 해당 기업이 산업 전반보다 자산에서 더 많은 이익을 얻고 있음을 확실히 알 수 있다.
3. 기업의 **레버리지** 역시 잘 통제되는 것으로 보인다. 사무설비산업에 속한 회사들의 평균에 비해 재무구조상 부채를 훨씬 적게 사용하는 편이다. 부채의 신중한 이용에 대한 대가는 평균보다 월등히 높은 채무이행비율로 나타난다.
4. Universal의 **수익성** 역시 마찬가지로 매력적이다. 순이익률, 총자산이익률(ROA) 및 자기자본이익률(ROE)이 산업기준보다 월등히 높다. 해당 기업이 이익관리면에서 탁월하고 매출액, 자산, 자기자본에 대해 좋은 성과를 거두고 있음을 확실히 알 수 있다.

요컨대, 위 분석은 이 회사가 매우 잘 경영되고 있으며 수익성이 매우 높다는 것을 보여준다. 이러한 결과는 지속적으로 산업 평균과 동일하거나 혹은 이보다 더 월등한 보통주 비율로 반영된다. Universal은 배당금 지급이 많지 않지만, 이는 단지 가치 있는 자원들을 통해 성장에 대한 자본조달을 하고, 지속적으로 높은 자기자본이익률로 투자자에게 보상하기 위함이다.

〈표 7.6〉 과거의 비율과 산업 비율 비교

	Universal Office Furnishings, Inc.의 역사상 수치				사무설비산업의 2019년 산업 평균
	2016	2017	2018	2019	
유동성 지표					
유동비율	1.55	1.29	1.69	1.34	1.45
당좌비율	1.21	1.02	1.26	1.06	1.15
활동성 지표					
매출채권 회전율	9.22	8.87	9.18	8.53	5.70
재고자산 회전율	15.25	17.17	16.43	18.69	7.80
총자산 회전율	1.85	1.98	2.32	2.06	0.85
레버리지 지표					
부채비율	0.70	0.79	0.91	0.60	1.58
자기자본 승수	3.32	3.45	3.64	3.20	6.52
이자보상배율	15.37	26.22	32.49	17.55	5.60
수익성 지표					
순이익률	6.60%	7.50%	8.00%	7.20%	4.60%
총자산이익률	9.80%	16.40%	18.60%	14.80%	3.90%
자기자본이익률	25.90%	55.50%	67.80%	47.40%	17.30%
보통주 지표					
주당순이익(EPS)	$1.92	$2.00	$2.17	$2.26	N/A
주가수익비율(P/E)	16.2	13.9	15.8	18.4	16.2
배당수익률	0.30%	0.40%	0.40%	0.40%	1.10%
배당성향	5.20%	5.50%	6.00%	6.60%	24.80%
시장가치 대 장부가치 비율	7.73	10.73	10.71	8.72	3.54

경쟁 분석하기 기업을 과거기준과 산업기준으로 분석함과 더불어, 2개 내지 3개의 주요 경쟁회사들과 비교하여 평가하는 것도 유용하다. 기업이 경쟁사를 어떻게 견제하는지 관찰하는 것과, 진행 중인 개발로부터 이점을 취하기 유리한 위치에 있는지 알아내는 것을 통해 많은 것을 얻을 수 있다. 〈표 7.7〉은 Universal과 3개의 주요 경쟁사에 대해 재무 통계를 비교해 놓았다. 하나는 Universal과 동일 규모의 경쟁사(Cascade Industries), 다른 하나는 훨씬 작은 규모의 회사(Colwyn Furniture), 그리고 마지막 하나는 훨씬 큰 규모의 회사(High Design, Inc.)에 대한 수치이다.

〈표 7.7〉의 자료와 같이, Universal은 이 산업의 다른 주요 생산업체들에 견줄 만하다. 사실상 모든 범주에서 보이듯, Universal의 수치는 3개 경쟁사들과 비슷하거나

〈표 7.7〉 Universal Office Furnishings와 주요 경쟁기업들과의 비교 재무지표 통계
(모든 수치는 2019년 말 1년 또는 5년; $백만)

재무지표	Universal Office Furnishings	Cascade Industries	Colwyn Furniture	High Design, Inc.
총자산	$941.2	$906.7	$342.7	$3,037.6
장기부채	$177.8	$124.2	$73.9	$257.8
자기자본	$294.5	$501.3	$183.9	$1,562.2
총자산 중 자기자본 비율	31.3%	55.3%	53.7%	51.4%
총매출	$1,938.0	$1,789.3	$642.2	$3,316.1
순이익	$139.7	$87.4	$38.5	$184.2
순이익률	7.2%	4.9%	6.0%	5.5%
5년 성장률:				
총자산	14.4%	19.4%	17.3%	17.7%
총매출	15.0%	17.8%	15.9%	15.8%
주당순이익(EPS)	56.7%	38.9%	21.1%	24.7%
배당금	1.5%	11.1%	N/A	12.0%
총자산 회전율	2.06	1.97	1.88	1.09
부채비율	0.60	0.43	1.46	0.17
이자보상비율	17.55	13.38	8.35	14.36
총자산이익률(ROA)	14.8%	9.5%	6.7%	6.7%
자기자본이익률(ROE)	47.4%	18.8%	21.8%	13.0%
주가수익비율(P/E)	18.4	14.4	13.3	12.4
PEG 비율	1.2	2.4	2.0	1.1
배당성향	6.6%	26.2%	N/A	32.4%
배당수익률	0.4%	1.8%	N/A	2.6%
시장가치 대 장부가치 비율	8.7	2.7	2.9	1.6

혹은 우수하다. 물론 가장 큰(혹은 작은) 수치를 보이지는 않지만, 순이익률과 성장률(매출액과 이익)에서 모두 경쟁사들을 압도한다. 또한 이와 마찬가지로 중요한 점은 이 회사가 가장 높은 총자산 회전율, 자기자본이익률, 주가수익비율을 보인다는 것이다. 〈표 7.6〉과 〈표 7.7〉은 Universal Office Furnishings가 경쟁이 치열한 산업에서 독자적인 이름을 구축할 수 있는 견고하고 유망한 회사라는 것을 확실하게 보여준다. 또한 과거에도 경영이 잘 이루어져 왔고 오늘날에도 잘 경영되는 것으로 보인다. 여기서 주요 쟁점은 Universal이 투자자들에게 지속적으로 평균 이상의 수익률을 줄 수 있는지에 대한 것이다.

개념 리뷰

해답은 www.pearson.com/mylab/finance에서 찾을 수 있음.

7.12 기본적 분석이란 무엇인가? 회사의 성과는 주식의 가치와 어떠한 관계가 있는지 설명하라.

7.13 투자자들은 미래의 행태가 정말 중요할 때, 왜 굳이 기업의 역사적 성과를 보려고 하는지 설명하라.

7.14 비율분석이란 무엇인가? 비율분석이 회사의 재무상태와 영업성과를 분석하는 데 어떠한 기여를 하는지 서술하라.

7.15 성과의 과거기준과 산업기준을 대조하라. 기업의 재무상태와 영업성과를 분석하는 데 있어서 각각이 어떤 역할을 하는지 간단히 작성하라.

토론문제

LG2 **Q7.1** 경제분석은 일반적으로 증권분석으로 이어지는 하향식 방식 중에서도 가장 포괄적인 과정으로 간주된다. 이를 고려하여 다음의 것들을 각각 설명하고 경제가 튼튼할 때 어떻게 변동하는지 서술하라.

a. 고용
b. 주택가격
c. 소비자 지출
d. 대외무역
e. 인플레이션(물가상승)

LG1 LG2 **Q7.2** 다음의 것들에 투자하려고 할 때, 투자자로서 어떤 경제정보를 참조할 것인가?

a. 시멘트 공장의 주식
b. 의류 디자이너 브랜드
c. 인터넷 기반 소셜미디어 회사
d. 무선 통신망(셀룰러 네트워크) 제공기관
e. 방위산업에 많이 노출된 항공우주회사

LG5 **Q7.3** 왼쪽의 비율들을 오른쪽에 각각 속한 범주와 연결시켜라.

a. 재고자산 회전율	1. 수익성 비율
b. 부채비율	2. 활동성 비율
c. 유동비율	3. 유동성 비율
d. 순이익률	4. 레버리지 비율
e. 총자산이익률(ROA)	5. 보통주 비율
f. 총자산 회전율	
g. 주가수익비율	
h. 이자보상배율	
i. 시장가치 대 장부가치 비율	
j. 배당성향	

연습문제

MyLab LG5 **P7.1** 다음의 축약된 재무제표를 받았다고 가정해 보자. (단위 $백만)

유동자산	$150
비유동자산	$200
자산 총액	$350
유동부채	$100
장기부채	$ 50
자기자본	$200
부채와 자기자본 총액	$350
발행주식 수	10백만 주
총 매출액	$500
총 영업비용	$435
지급이자	$ 10
법인세	$ 20
순이익	$ 35
주주 배당금	$ 10

이 정보에 근거해서 유동성, 활동성, 레버리지, 수익성, 보통주 비율을 가능한 많이 계산하라. (보통주의 현재 시장가치가 주당 $75라고 가정하자.)

LG5 **P7.2** 회사는 주당 장부가치가 $10인 발행주식 1.5백만 주를 가지고 있다. 또 $12백만의 장부가치의 총자산이 있다. 우선주는 없다. 회사의 부채 총계는 얼마인가?

LG5 **P7.3** 기업은 $750백만의 총자산, $300백만의 총부채가 있고, 우선주는 없다. 발행주식은 300백만 주를 가지고 있다. 주식은 주당 $5.25로 매입되고 있다. 시장가치 대 장부가치 비율은?

LG5 **P7.4** Bayer AG는 2018년 기준으로 순이익이 €2,117백만, 매출액이 €14,647백만, 발행주식 수가 933백만 주이다. 총자산은 €83,502백만이고 총자기자본은 €2,387백만이다. 보통주 배당금으로 주당 €1.5를 지급하고 있고, 주식은 주당 €55로 거래되고 있다. 위의 정보로 다음을 계산해라.

a. Bayer의 주당순이익(EPS)

b. Bayer의 주당 장부가치와 시장가치 대 장부가치 비율

c. 회사의 P/E 비율

d. 회사의 순이익률

e. 주식 배당성향과 배당수익률

f. 주식의 PEG 비율(회사의 이익이 연평균 2.5%로 증가하고 있다고 가정할 때)

LG5 **P7.5** DRACO의 보통주는 과거 이익의 13배인 주가수익비율(P/E ratio)로 거래되고 있다. 주가는 $17이다. 회사의 주당순이익(EPS)은 얼마인가?

LG5 **P7.6** 2018년 BMW AG의 P/E 비율이 6.53이고 분석가들은 2019, 2020, 2021년에 연간 5.2%의 성장률을 예상했다. BMW의 PEG 비율은 얼마인가?

LG5 **P7.7** 2018년 12월 31일로 끝나는 회계연도에 BMW AG는 €99,095백만의 매출에서 €6,117백만의 순이익을 보고했다. 회사는 또한 총자산이 €171,622백만이라고 보고했다.

a. BMW의 총자산 회전율과 순이익률을 계산하라.

b. 총 순자기자본가치가 €60,776백만이고 보통주의 발행주식 수가 664백만 주일 경우, 회사의 ROA, ROE, 주당 장부가치를 구하라.

LG5 **P7.8** 다음은 Atlantia SpA의 재무제표에서 수집한 자료이다.

	2017	2018
영업이익	€300,000	€222,000
지급이자	€ 60,000	€ 65,000
법인세	€ 50,060	€ 44,787
순이익	€189,940	€112,213

2017년과 2018년의 이자보상배율을 구하라. 위와 같이 측정했을 때, 2017년에 지급이자를 지불할 수 있는가?

LG5 LG6 **P7.9** 2018년 Bayer AG는 €2,117백만의 순이익(세금 후)을 창출하고 €14,647백만의 매출을 보고했으며 보통주 933백만 주를 발행했다. 보통주 배당금으로 주당 €1.5를 지불하고 보통주는 주당 €55로 거래한다. 회사의 재무상태표에는 총자산 €83,502백만, 총부채 €52,589백만, 자본총액 €2,387백만이 기록되어 있다. 회사가 우선주 100만 주를 발행하기로 결정했다고 가정한다. 그러면 주당 €50의 연간 현금배당금을 지불하게 된다. 우선주의 총가치는 자기자본을 €10백만 증가시킬 것이다.

a. 위의 정보로, Bayer의 EPS와 P/E 비율을 구하라.

b. EPS가 €2.5로 상승하고, P/E 비율은 유지된다면, 주가는 어떻게 되는가? EPS가 €1.5로 하락하고, P/E 비율은 변동이 없다면, 주가는 어떻게 되는가?

c. EPS가 €2.5로 상승하고, P/E 비율이 이익의 30배로 급증한다면 주가는 어떻게 되는가?

d. EPS도 €1.5로 하락하고, P/E 비율도 10배로 하락한다면 주가는 어떻게 되는가?

e. EPS와 P/E 비율이 주가에 끼치는 영향에 대해 설명하라.

LG5 **P7.10** Al Hammad Company의 총자산은 QR18백만(카타르 리얄), 자산회전율은 1.35배, 순이익률은 매출의 16%이다.

a. Al Hammad의 총자산이익률(ROA)은?

b. 자산의 30%가 자기자본으로 조달된다고 할 때, Al Hammad의 ROE를 구하라.

LG5 **P7.11** 발행주식 수가 6백만 주(주가 $30)이고, 세후 이익은 연매출액 $80백만의 12%이고, 배당성향이 35%인 회사의 EPS, P/E, 배당수익률을 구하라.

LG5 **P7.12** P. Chater Enterprises Inc.는 총자산 회전율이 2.6이고 순이익률이 7%이다. 회사의 총자산이익률은 얼마인가?

LG5 **P7.13** Pisces Pools Inc.는 순이익률이 4%이고, 총자산 회전율이 2.2, 자산 총계가 $350백만, 총자본이 $195백만이다. 회사의 자기자본이익률은 얼마인가?

LG5 **P7.14** El Dorado Corporation은 순이익률이 7%, 총자산회전율이 2.5, 자산 총계가 $12억, 자기자본 총계가 $650백만이다. 회사의 매출액과 순이익은 얼마인가?

LG5 **P7.15** 인터넷을 사용하여 2018년 Peugeot S.A. 주식에 대한 세후 순이익, 총자본, 총자산 및 총부채 정보를 찾아라. 가능한 최신 회계연도의 유동성 및 레버리지 비율을 계산하라. (**참고:** 모든 계산과정을 기록하라.)

LG2 LG5 LG6 **P7.16** 인터넷을 사용하여 다음 6쌍의 주식들을 비교 분석하라. 어떤 주식의 쌍이 근본적으로 강하고, 미래 전망이 좋은가? 적절한 비율을 가능한 많이 계산하라(또는 구하라).

a. BMW vs. Volkswagen

b. Volkswagen vs. Peugeot

c. Renault vs. Daimler

d. Nissan Motor Company vs. Subaru

e. Toyota Motor Corporation vs. Hyundai Motor Company

f. Isuzu vs. Honda Global

MyLab LG5 LG6 **P7.17** 신발 시장에서 경쟁하는 세 회사는 Foot Locker, Finish Line, DSW이다. 다음 표는 2017, 2016, 2015년 회계연도 동안 각 회사의 재고수준 및 판매된 제품비용을 보여준다. 매년 각 회사의 재고자산 회전율을 계산하고 결과를 요약하라. 단위는 $백만이다.

Foot Locker	2017	2016	2015
매출원가	$4,299	$4,130	$4,010
재고자산	1,307	1,285	1,250
Finish Line			
매출원가	$1,158	$1,111	$1,057
재고자산	331	348	343
DSW			
매출원가	$1,729	$1,652	$1,548
재고자산	500	484	451

LG2 LG5 LG6 **P7.18** 다음은 최고급 선외모터산업의 주요 제조사인 Otago Bay Marine Motrs사의 2018년, 2019년 재무제표이다.

Otago Bay Marine Motors 재무상태표 (단위: $천)

	12/31 현재	
	2019	2018
자산		
유동자산		
현금 및 현금등가물	$ 56,203	$ 88,942
매출채권	$ 20,656	$ 12,889
재고자산	$ 29,294	$ 24,845
선급비용	$ 5,761	$ 6,536
총 유동자산	$111,914	$133,212
유형자산(부동산, 공장, 설비), 원가	$137,273	$ 85,024
차감: 감가상각 누계액	−$ 50,574	−$ 44,767
순 비유동자산	$ 86,699	$ 40,257
기타자산	$105,327	$ 51,001
자산 총계	$303,940	$224,470
부채와 자기자본		
유동부채		
지급어음 및 외상매입금	$ 28,860	$ 4,927
미지급배당금	$ 1,026	$ 791
발생부채	$ 20,976	$ 16,780
총 유동부채	$ 50,862	$ 22,498
비유동부채		
장기부채	$ 40,735	$ 20,268

자기자본		
보통주	$ 7,315	$ 7,103
주식발행초과금	$111,108	$ 86,162
이익잉여금	$ 93,920	$ 88,439
총 자기자본	$212,343	$181,704
부채와 자기자본 총계	$303,940	$224,470
평균 발행주식 수	10,848,000	10,848,000

Otago Bay Marine Motors 손익계산서 (단위: $천)

	12/31 마감 1년간	
	2019	2018
매출액	$259,593	$245,424
매출원가	$133,978	$127,123
총 순이익	$125,615	$118,301
영업비용	$ 72,098	$ 70,368
영업이익	$ 53,517	$ 47,933
기타 수입(비용), 순액(net)	$ 4,193	$ 3,989
법인세 차감전 순이익	$ 57,710	$ 51,922
법인세 충당금	$ 22,268	$ 19,890
순이익	$ 35,442	$ 32,032
현금 배당금(주당 $0.35와 $0.27)	$ 3,769	$ 2,947
보통주 평균 주가(4분기)	$ 74.25	$ 80.75

a. 제공된 정보를 바탕으로, 2018년, 2019년의 재무비율들을 계산하라.

	Otago Bay Marine Motors		산업 평균 (2019년)
	2019	2018	
유동비율			2.36
총자산 회전율			1.27
부채비율			10.00
순이익률			9.30
ROA			15.87
ROE			19.21
ERS			1.59
P/E 비율			19.87
배당수익률			.44
배당성향			.26
시장가치 대 장부가치 비율			6.65

b. 계산된 재무비율과 산업 평균을 고려했을 때, Otago Bay Marine Motors의 재무 상태 특징을 설명하라.

LG5 LG6 **P7.19** 다음 표는 자동차 제조 산업의 세 회사인 Toyota, Nissan, Honda의 주요 재무자료이다. 단위는 ¥백만이다.

	Toyota	Nissan	Honda
매출액	¥ 65,000	¥16,000	¥5,875
매출원가	¥ 33,000	¥ 6,050	¥3,233
외상매출금	¥ 4,800	¥ 1,500	¥ 514
재고자산	¥ 4,800	¥ 1,200	¥ 501
총 유동자산	¥ 25,600	¥ 4,000	¥1,549
총 유동부채	¥ 28,900	¥ 3,500	¥2,037
총자산	¥117,000	¥12,000	¥4,568

a. 세 회사 모두에 대해 유동비율, 순운전자본, 재고자산 회전율, 평균 회수기간 및 총자산 회전율을 계산하라.

b. 유동성이 가장 큰 회사는 어디인가?

c. 매출채권 회수 측면에서 세 회사가 비슷한가 아니면 다른가? 왜 그렇게 생각하는가?

d. 재고자산 회전율이 가장 빠른 회사는 어디인가? 총자산 회전율 측면에서 효율성이 가장 떨어지는 회사는 어디인가? 그 질문에 대한 당신의 대답이 조금 놀라운가? 회사가 재고자산 회전율은 최고이지만 총자산 회전율이 최악이라면 그 의미는 무엇이라고 생각하는가?

MyLab LG5 LG6 **P7.20** 다음 표는 병음료시장에서 경쟁하는 3개 회사인 Coca-Cola Company, PepsiCo Inc., Dr. Pepper Snapple Group의 2017년 매출, 매출원가, 주주의 이익, 총자산, 주주의 자기자본 자료이다. 단위는 $천이다.

	Coca-Cola	PepsiCo	Dr. Pepper
매출액	$35,410	$63,525	$ 6,690
매출원가	$13,256	$28,785	$ 2,695
이익	$ 1,248	$ 4,857	$ 1,076
총자산	$87,896	$79,804	$10,022
주주의 자기자본	$17,072	$11,045	$ 2,451

a. 주어진 정보를 사용하여 가능한 한 다양한 방법으로 각 회사의 수익성을 분석하라. 어떤 회사가 가장 수익성이 있는가? 대답하기 어려운 질문인가?

b. 각 회사의 ROE는 ROA보다 크다. 왜 이러한가? 각 회사의 ROE와 ROA의 차이를 보라. 그 차이가 어떤 회사가 활동자금을 조달하기 위해 가장 높은 부채비율을 사용하는지 결정하는 데 도움이 되는가?

MyLab LG5 LG6 **P7.21** 2018년과 2019년으로 끝나는 2년 동안 Dayton Corporation의 재무제표를 분석하라는 요청을 받았다.

	A	B	C
1	Dayton Corporation		
2	Financial Data		
3		2018	2019
4	Net sales	$47,715	$40,363
5	Cost sales	$27,842	$21,485
6	SG & A expenses	$ 8,090	$ 7,708
7	Depreciation expense	$ 628	$ 555
8	Interest expense	$ 754	$ 792
9	Tax expense	$ 3,120	$ 3,002
10	Cash & equivalents	$ 2,144	$ 2,536
11	Receivables	$ 5,215	$ 5,017
12	Inventory	$ 3,579	$ 3,021
13	Other current assets	$ 2,022	$ 2,777
14	Plant & equipment	$18,956	$16,707
15	Accumulated depreciation	$ 5,853	$ 5,225
16	Intangible assets	$ 7,746	$ 7,374
17	Other non-current assets	$10,465	$ 7,700
18	Payables	$ 5,108	$ 4,361
19	Short-term notes payable	$ 4,066	$ 3,319
20	Other current liabilities	$ 2,369	$ 2,029
21	Long-term debt	$ 4,798	$ 3,600
22	Other non-current liabilities	$ 4,837	$ 5,020
23	Common stock	$ 6,776	$ 6,746
24	Retained earnings	$16,050	$14,832
25	Common shares outstanding	$ 2,300	$ 2,300
26	Current market price of stock	$ 45	$ 45

a. http://www.pearson.com/mylab/finance에서 볼 수 있는 〈표 7.3〉 스프레드시트와 유사한 2019년과 2018년의 비교 재무상태표를 작성하라.

b. http://www.pearson.com/mylab/finance에서 볼 수 있는 〈표 7.4〉의 스프레드시트와 유사한 2019년 및 2018년의 비교 손익계산서를 작성하라.

c. http://www.pearson.com/mylab/finance에서 볼 수 있는 〈표 7.6〉의 스프레드시트와 유사하게 2019년과 2018년에 나열된 재무비율을 계산하는 스프레드시트를 작성하라.

비율	2019	2018
유동비율		
당좌비율		
매출채권 회전율		
재고자산 회전율		
총자산 회전율		
부채-자기자본 비율		
이자보상배율		
순이익률		
ROE		
EPS		
P/E 비율		
주당 장부가치		
시장가치 대 장부가치 비율		

사례문제 7.1 | 어떤 재무비율은 실제로 안목을 높이는 데 도움을 준다

LG5 LG6 Jack Arnold는 성공한 목장주이자 사업가이며, Texas주 Lubbock에 거주하고 있다. 그는 상당한 규모의 보통주 포트폴리오를 만들었는데, 이는 투자한 주식들에 대해 완벽하게 평가했기 때문이라고 믿고 있다. 그는 "이런 일에서는 조심에 조심을 더해야 한다. 내가 주식에 투자하려고 할 땐 언제나, 회사에 대해 가능한 많은 것을 알아보려고 작정했다."고 말했다. Jack은 그의 브로커에게 무료로 분석보고서를 쉽게 받을 수 있음에도 불구하고, 스스로 재무비율을 구한다. (실제로, 그의 브로커 Bob Smith는 수년간 이런 서비스를 지원했다.)

최근 Jack은 작은 화학원료 관련 주식을 주시하고 있다. Jack이 아주 잘 알고 있는 South Plains Chemical Company라는 회사는 비료산업계에서도 큰 회사다. 얼마 전 그는 그 회사의 (아래에 요약된) 최근 재무제표를 받았고, 자세히 살펴보기로 결심했다.

South Plains Chemical Company 재무상태표 ($천)

현금	$ 1,250		
매출채권	$ 8,000	유동부채	$10,000
재고자산	$12,000	장기부채	$ 8,000
유동자산	$21,250	주주자본	$12,000
비유동자산	$ 8,750		
자산 총계	$30,000	부채 및 자기자본 총계	$30,000

South Plains Chemical Company 손익계산서 ($천)	
매출액	$50,000
매출원가	$25,000
영업비	$15,000
영업이익	$10,000
이자지급	$ 2,500
법인세	$ 2,500
순이익	$ 5,000
보통주 배당금($천)	$ 1,250
발행주식 수	5백만
최근 보통주 주가	$ 25

≫질 문

a. South Plains Chemical Company의 재무자료를 이용하여 다음의 비율을 계산하라.

	최근 산업 평균		최근 산업 평균
유동성		*수익성*	
a. 순 운전자본	N/A	h. 순이익률	8.5%
b. 유동비율	1.95	i. 총자산이익률(ROA)	22.5%
활동성		j. 자기자본이익률(ROE)	32.2%
c. 매출채권 회전율	5.95	*보통주 비율*	
d. 재고자산 회전율	4.50	k. 주당 이익	$2.00
e. 총자산 회전율	2.65	l. P/E 비율	20.0
레버리지		m. 주당 배당금	$1.00
f. 부채비율	0.45	n. 배당수익률	2.5%
g. 이자보상비율	6.75	o. 배당성향	50.0%
		p. 주당 장부가치	$6.25
		q. 시장가치 대 장부가치 비율	6.4

b. 계산한 재무비율들과 항목 (a)에 주어진 산업수치들을 비교해라. 회사의 강점은 무엇이고, 약점은 무엇인가?

c. South Plains Chemical Company에 대해 전반적으로 평가하라. Jack이 주식에 대해 평가를 계속해야 한다고 생각하는가? 설명하라.

사례문제 7.2 | Anna의 자동차 주식 투자

LG2 LG3 LG5

Anna Wise는 젊은 직장인 여성이다. 그녀는 자신이 직접 소유하고 매우 성공적으로 운영하고 있는 패션모델 에이전시가 위치한 Arizona주 Phoenix에 산다. Anna는 높은 등급의 보통주로 주로 구성된, 그다지 대단하지는 않지만 급성장 중인 투자 포트폴리오를 관리하고 있다. 그녀는 젊고 미혼이며 가정의 의무가 없기에, Anna는 상당한 자본이득의 잠재성이 있는 주식에 대부분 투자해 왔다. 그녀의 브로커는 최근 자동차 회사 주식을 추천하였고 그녀에게 보고서류와 분석 보고서를 보내주었다. 그녀가 거래하는 브로커가 준비한 보고서 중 하나는 경제에 대한 최근 전망, 자동차 산업에 대한 광범위한 연구, 여러 자동차 회사들(그녀의 브로커가 추천해준 곳을 포함)에 대한 동일한 정도로 광범위한 분석을 제공한다. 그녀는 이러한 증권분석의 이점에 대해 강하게 끌려, 투자결정을 하기 전에 주식에 대해 충분한 시간을 들여 분석하는 것이 중요하다고 믿는다.

≫질문

a. Anna는 정기적으로 경제에 대해 정보를 얻고자 한다. 현재 시점에서 많은 경제학자들이 현재 경제가 회복기 3년차에 접어드는 시점이며 산업활동이 건재함에 따라 양호한 상태라는 점에 동의한다. Anna가 자동차 관련 주식을 평가하는 데 도움이 될 경제에 대한 다른 정보에는 어떤 것이 있을 것이라 생각하는가? 목록을 준비하고 구체적으로 파고들라. (당신의 목록에서) 가장 중요한 경제 정보 중 3가지가 무엇이라고 생각하는가? 설명하라.

b. 자동차 산업에 대한 분석과 관련하여, 다음에 나오는 각 요소들의 중요성에 대해 간단히 기술하라.

1. 자동차 수입량
2. 자동차노동조합연맹
3. 이자율
4. 갤런당 유가(휘발유 가격)

c. 다양한 재무비율과 지표들은 여러 자동차 기업 중 한 곳과 그 주식에 대해 제시한다. 그러나 이들은 불완전한 정보이며 따라서 추가적인 정보가 더 계산되어야 한다. 구체적으로 우리는 다음을 안다:

순이익률	15%
자산 총계	$25십억
주당순이익	$3.00
총자산 회전율	1.5
순운전자본	$3.4십억
배당성향	40%
유동부채	$5십억
P/E 비율	12.5

d. 위의 정보로 다음을 계산해라.
   1. 매출액
   2. 세후 순이익
   3. 유동비율
   4. 주식의 시장가격
   5. 배당수익률

장 도입부 문제

이번 장의 시작 부분에서 Brinker International에 대한 몇 가지 분석보고서에 대해 읽었다. 2018년 6월로 끝나는 회계연도에 대한 회사의 손익계산서를 조회하기 위해 Yahoo! Finance 또는 Brinker의 회사 웹사이트를 이용하라. Brinker의 2017년, 2018년 순이익률은 얼마인가? 다른 레스토랑 체인과의 경쟁에 직면하여 순이익률이 개선되었는가? 아니면 악화되었는가?

CHAPTER

08

주식의 가치평가

학습목표

이 장을 학습하면 다음을 수행할 수 있다.

LG1 주식의 가치평가 과정에서 기업의 미래에 대한 예측의 역할을 설명한다.

LG2 매출액과 이익에서 시작하여 기대 배당금과 주당 가격까지 주식의 기대현금흐름을 예측한다.

LG3 내재가치와 요구수익률의 개념을 논의하고 어떻게 사용되는지를 확인한다.

LG4 주식의 기초적인 가치를 무(제로)성장, 일정성장, 변동성장의 배당평가모형을 이용하여 결정한다.

LG5 다양한 현재가치 기반 모형뿐만 아니라 대안적인 방법인 주가-상대가치 방법을 이용하여 주식의 가치를 산출한다.

LG6 전통적인 배당지급 주식에서 좀 더 성장지향적인 주식까지 여러 종류의 주식의 가치를 평가하기 위해 사용되는 기본적인 평가 절차를 확인한다.

주식의 가치를 좌우하는 것은 무엇인가? 기업이 산출한 이익, 신제품의 위상, 전반적인 경제 상황을 포함하여 여러 요인이 작용할 것이다. 그러나 가장 중요한 요인은 기업의 미래에 대한 투자자의 믿음이다.

오픈소스 소프트웨어 유통업체 Red Hat(티커 기호 RHT)보다 이 원칙을 더 잘 보여주는 것은 없다. 이 회사는 2018년 6월 22일 회계연도 1분기 재무결과를 발표했으며 주당순이익은 $0.72이며 총수익은 $813.5백만을 기록했다. 월스트리트 주식 분석가들은 회사가 총수익이 $807.5백만으로 주당 $0.69에 불과할 것으로 예상했으므로 회사의 실적은 예상보다 좋았다. 그럼에도 불구하고 Red Hat의 주가는 이익 보고에 반응하여 14% 이상 하락했고 이날이 13년 만에 최악의 거래일이었다. 왜 투자자들은 기대를 뛰어넘는 회사의 주가를 떨어뜨렸는가? 대답은 과거의 수익이 아닌 회사의 미래와 관련이 있다. Red Hat은 이익 보고서에서 2019년 나머지 수익이 불리한 환율 변동과 예상에 못 미치는 거래 총액으로 인해 타격을 받을 수 있다고 투자자들에게 경고했다. 그 발표를 앞두고 주가는 전체 시장이 약 13% 상승한 것에 비해 68% 상승하여 성공적이었다. 더욱이 Red Hat 실적발표 이후 주가가 하락했음에도 불구하고 투자자들에게 주식을 처분하라고 권고한 분석가는 거의 없었다. 분명히 그들은 실적발표 전에 믿었던 것만큼 밝지는 않지만 회사의 장기적인 미래가 밝다고 믿었다!

투자자는 주식의 진정한 가치를 어떻게 결정하는가? 이번 장에서는 배당금, 잉여현금흐름, 주가수익률(P/E 비율), 기타 가치평가모형을 사용하여 주식의 내재가치를 결정하는 방법을 설명한다.

(출처: Jordan Novet, "Red Hat Slides on Low Guidance"에서 발췌. https://www.cnbc.com/2018/06/21/red-hat-earnings-q1-2019.html, 2018년 7월 11일 접속)

가치평가: 성과에 대한 기준 찾기

LG1 LG2 LG3 주식의 투자 매력을 결정하는 데 사용될 수 있는 주식의 내재가치를 추정하는 것이 **주식 가치평가**(stock valuation)의 기본적인 목적이다. 투자자는 현재의 주식시장 가격이 내재가치에 비해 저평가 혹은 고평가되었는지 여부와 그렇다면 어느 정도 그런지에 대한 답을 얻으려고 한다. 언제나 주식의 가격은 주식을 발행한 기업의 미래 성과에 대한 투자자의 예측에 달려 있다. 기업의 전망이 개선될 것으로 예상되면 주가는 아마도 상승할 것이다. 만일 투자자의 기대감이 약해지면 주가는 하락하게 될 것이다.

기업의 가치평가와 기업의 미래

이제까지 우리는 증권분석의 몇 가지 측면에 대해 검토했다. 즉, 거시경제적 요인, 산업 요인, 기업특유의 요인이 그것이다. 그러나 알다시피 중요한 것은 과거가 아니라 미래다. 과거 성과를 살펴보는 가장 기본적인 이유는 기업의 미래 방향에 대한 통찰력을 얻기 위해서이다. 비록 과거 성과가 미래 수익률에 대한 확신을 줄 수는 없지만, 기업의 장단점에 대한 판단의 근거를 줄 수는 있다. 예를 들어, 과거의 기록은 회사의 제품이 얼마나 시장에서 성공적이었는지, 재무적 건전성이 갖추어졌는지, 경영진이 어려운 상황에서 잘 처신하는지에 대해 말해 줄 수 있다. 간단히 말해서, 과거는 기업이 미래에 발생할 상황에 얼마나 잘 대응할 것인지를 보여준다고 할 수 있다.

주식의 가치는 기업의 미래 성과에 달려 있기 때문에, 당신의 과제는 역사적 자료를 이용하여 핵심적인 재무 변수를 미래에 투영하는 것이다. 이러한 방법을 통해서 주식의 시장가격이 기업의 전망과 얼마나 일치되고 있는지를 판단할 수 있을 것이다.

추정 매출액과 이익 당신의 예측에서 핵심은 물론 기업의 미래 행태이고 이런 점에서 가장 중요하게 고려해야 할 측면은 매출액과 이익의 전망이다. 매출액 예측의 방법 중 하나는 기업이 과거에 했던 것처럼 성과를 지속할 것이라고 가정하고 단순히 과거 추세를 연장하는 것이다. 예를 들어, 장 도입부에서 언급한 Red Hat의 경우, 2018년 6월 재무보고서를 발표할 때까지 2년 동안 회사의 수익은 연간 19.3% 성장했다. 분석가들이 Red Hat이 2018년 1분기에 벌어들일 것으로 예상한 $807.5백만의

〈표 8.1〉 금액 기준과 공통형 손익계산서의 비교: Universal Office Furnishings의 2019년 손익계산서

MyLab

	($백만)	(공통형)*
순매출액	$1,938.0	100.0%
매출원가	$1,128.5	58.2%
매출 총이익	**$ 809.5**	**41.8%**
판매, 관리, 기타 운영비용	$ 496.7	25.6%
감가상각비	$ 77.1	4.0%
기타 비용	$ 0.5	0.0%
총 영업비용	**$ 574.3**	**29.6%**
이자 및 법인세 차감전 이익(EBIT)	**$ 235.2**	**12.1%**
이자비용	$ 13.4	0.7%
세금	$ 82.1	4.2%
세후 순이익	**$ 139.7**	**7.2%**

* 공통형 숫자는 순매출액을 공통분모로 하여 산출하였고 모든 숫자는 순매출액으로 나눈 것이다. 예를 들어, 매출원가 = $1,128.5 ÷ $1,938.0 = 58.2%; EBIT = $235.20 ÷ $1,938.0 = 12.1%

매출은 전년도 매출보다 19.2% 증가한 것이다. 본질적으로 분석가들은 회사의 미래 수익 성장이 당시의 추세대로 계속될 것이라고 예상했다. 물론 더 빠르거나 더 느린 성장률을 암시하는 경제, 산업 또는 회사에 대한 증거가 있다면 투자자는 그에 따라 예측을 조정하기를 원할 것이다. 종종 "순진한" 접근법이 더 복잡한 기법보다 효과적일 때도 있다.

매출 예측이 끝나면 이제 순이익률로 관심을 옮길 수 있다. 기업이 달성한 매출에서 얼마의 이익을 얻는지 알아야 한다. 가장 좋은 방법 중 하나는 **공통형 손익계산서**(common-size income statement)로 알려진 재무제표를 이용하는 것이다. 기본적으로 공통형 재무제표는 일반적인 손익계산서나 재무상태표의 모든 숫자를 퍼센트로 전환한 것이다. 공통형 손익계산서를 만들기 위해서, 모든 계정을 순매출액(net sales)인 공통분모로 나누어야 한다. 예는 Universal Office Furnishings의 2019년 달러 금액 기준과 공통형 손익계산서를 보여주고 있는 〈표 8.1〉에서 볼 수 있다.

사 례

공통형 손익계산서 작성

이러한 재무제표를 어떻게 만드는지를 이해하기 위해서 매출 총이익률(41.8%)로 설명해 보자. 이 경우 매출 총이익 $809.5백만을 순매출액 $1,938.0백만으로 나눈다.

$$\$809.5 \div \$1,938.0 = 0.4177 = 41.8\%$$

순매출액 $1,938.0백만을 이용하여, 동일한 절차를 손익계산서 내에 있는 모든 다른 항목에 적용한다. 공통형 재무제표는 금액 기준처럼 더할 수 있다. 예를 들어, 순매출액 100.0%에서 매출원가 58.2%를 차감하면 매출 총이익률 41.8%를 얻을 수 있다. (공통형 재무상태표에도 적용할 수 있는데, 공통분모로 총자산을 사용한다.)

증권분석가들과 투자자들은 공통형 손익계산서를 이용하여 어떤 해의 영업 결과를 다음 해의 결과와 비교한다. 공통형 포맷은 투자자에게 이익률의 변화를 확인하는 데 도움을 주고 이러한 변화를 야기할 만한 원인을 알린다. 예를 들어, 공통형 손익계산서는 기업의 순이익률이 매출 총이익률의 감소에서 발생한 것인지 혹은 다른 비용의 증가에서 온 것인지 쉽게 확인할 수 있도록 한다. 이러한 정보는 또한 분석가들이 미래 이익을 예측하는 데 도움을 준다. 예를 들어, 분석가들은 가장 최근의 공통형 재무제표(혹은 지난 몇 년간 축적된 재무제표의 평균)와 매출액 추정을 함께 이용하여 내년 혹은 그 이후의 추정 손익계산서를 작성한다. 분석가들은 이러한 예측을 좀 더 가다듬기 위해서 특정 항목을 조정할 수 있다. 예를 들어, 만일 분석가들이 기업이 올해 비교적 많은 재고자산을 쌓아놓고 있다는 것을 알면 내년에 재고 보유를 줄이기 위해 가격을 낮출 가능성이 크고 따라서 이익률을 낮추는 압력이 될 수 있다. 이와 같은 조정은 미래 이익의 예측에 대한 정확성을 (바라건대) 개선시킨다.

추정 매출액과 미래의 예측 순이익률이 만족스럽게 주어지면 우리는 이 두 가지 정보를 결합하여 미래 이익을 얻게 된다.

$$\text{미래 } t\text{년의 세후 이익} = \begin{matrix} t\text{년의} \\ \text{추정 매출액} \end{matrix} \times \begin{matrix} t\text{년의} \\ \text{예측 순이익률} \end{matrix} \tag{8.1}$$

수식에서 t년은 단순히 미래의 실제 연도나 회계연도를 의미한다.

사 례
매출 및 이익 예측

한 해가 막 저물었고, 기업이 $100백만의 매출액을 보고했다고 가정하자. 기업의 과거 성장률과 산업의 추세에 기초하여, 매출액이 연간 8% 상승할 것으로 예측하고 순이익률은 6%가 될 것으로 생각한다. 따라서 내년의 추정 매출액은 $108백만($100백만 × 1.08)이 되고 내년 이익은 $6.5백만이 될 것이다. 동일한 절차를 이용하여 투자자는 1년 이상의 매출액과 이익을 추정할 수 있다.

추정 배당금과 가격 이제 기업의 미래 이익 성과에 대하여 알게 되었다. 다음 단계로 이러한 결과가 기업의 주가에 어떻게 영향을 줄 것인지를 평가하는 것이다. 기업의 이익 추정치가 주어지면, 세 가지 추가적인 정보가 필요하다.

- 미래 배당성향의 추정
- 추정기간 동안의 보통주 발행주식 수
- 미래 주가수익률(P/E 비율)

변경된다는 증거가 없는 한, 처음 두 가지 정보는 최근의 경험을 가지고 쉽게 미래를 추정할 수 있다. 경기침체 기간을 제외하고 배당성향은 일반적으로 안정적이라서 최근 정보는 미래에 관한 꽤 유용한 지표가 된다. 마찬가지로, 발행주식 수 역시 해마다 크게 바뀌는 것이 아니라서, 추정치에 현재의 주식 수를 사용하더라도 크게 잘못된 결과를 내지는 않는다. 발행주식 수가 변하더라도 회사는 일반적으로 신주를 발행하거나 자사주를 매입하겠다는 의사를 발표하므로 투자자는 이 정보를 예측에 통합할 수 있다.

P/E 비율 얻기 기업의 주가에 미치는 영향을 평가하는 과정에서 가장 어려운 부분은 주식의 미래 가격 행태에 대해 많은 정보를 담고 있는 미래의 P/E 비율을 추정하는 것이다. 일반적으로 말해서, P/E 비율(P/E 배수)은 몇 가지 변수의 함수이다.

- 이익의 성장률
- 시장의 일반적인 상황
- 기업 자본구조에서 부채의 양
- 현재와 미래 추정 인플레이션율
- 배당금 수준

일반적으로 높은 P/E 비율은 높은 이익의 성장률, 긍정적인 시장 전망, 낮은 부채수준(낮은 부채는 낮은 재무위험을 의미)과 관련되어 있다. 그러나 인플레이션율과 P/E 배수의 연결은 좀 더 복잡하다. 일반적으로 말해서, 인플레이션율이 증가하면 채권의 이자율도 오른다. 채권수익률이 증가하면 투자자는 채권보다 위험한 주식에 더 높은 수익률을 요구한다. 기업의 이익이 오르고 배당금 지급이 늘어나면 주식의 미래 수익률은 증가할 수 있다. 그러나 만일 이익이 오르지 않는다면 투자자는 오늘날의 주식가격이 내려야만 높은 미래 수익률을 얻을 수 있다. 따라서 인플레이션은 주식가격과 P/E 배수에 종종 하락 압력으로 작동한다. 반면에 인플레이션율(그리고 이자율)이 하락하면 정상적인 경우 경제와 사업 환경에 긍정적인 효과가 있고, 이는 높은 P/E 비율과 높은 주식가격으로 전환된다. 재투자 같은 나머지 요소들이 일정하다면, 높은 배당성향 비율은 높은 P/E 비율로 나타난다. 그러나 사실 높은 P/E 비율을 가진 대부분의 기업은 빠르게 성장하는 기회를 가지고 있고, 대부분의 이익을 재투자하는 경향이 있기 때문에 비교적 낮은 배당성향을 가진다. 이 경우 높은 이익성장률의 전망은 낮은 배당성향을 상쇄하는 것보다 크게 P/E 비율을 상승시킨다.

상대적 주가수익률(P/E) 배수 P/E 비율을 평가하는 유용한 출발점은 **평균 시장배수**(average market multiple)이다. 단순히 이것은 S&P 500과 같이 주어진 시장지수에 속하는 모든 기업의 평균 P/E 비율이다. 평균 시장배수는 시장의 일반적인 상황을 가리킨다. 일반적으로 시장이 주식의 가격을 매기는 데 얼마나 시장이 공격적인지를 알려준다. 다른 것이 일정하다면, 비록 일반적인 원칙에 예외는 있겠지만 높은 P/E 비율은 낙관적인 시장을 의미한다. 〈그림 8.1〉은 1901년 이후 매년 초 S&P 500의 주가수익률 배수를 보여준다. 이 그림은 이전 12개월 동안의 이익을 연초의 가격으로 나누어서 계산한 시장 P/E 비율을 보여준다. 그림은 시장배수가 꽤 폭넓게 움

그림 8.1 S&P 500 주식의 평균 P/E 비율(1900~2019년)

S&P 500에 속한 주식의 평균 주가수익률(P/E 비율)은 상승세를 타기 전까지 1940년부터 1990년 사이에 평균 13 근처에서 등락을 하였다. P/E 비율의 상승은 반드시 강세 시장을 뜻하는 것은 아니다. 2009년의 P/E 비율은 치솟았는데, 그것은 가격이 올랐기 때문이 아니라 경기침체로 인한 매우 낮은 이익 때문이었다.
(출처: http://www.multpl.com)

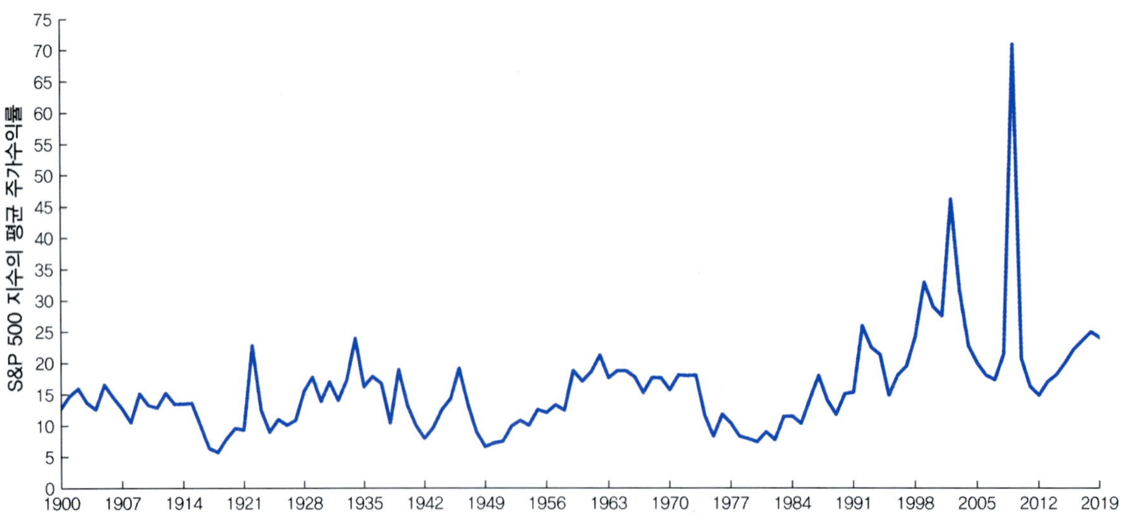

금융시장의 실패

P/E 비율은 오해를 일으킬 수 있다

가장 최근의 S&P 500 P/E 비율의 상승은 경제 호황이나 주식시장의 상승으로 설명할 수 없다. 2008년에 주가가 급격히 떨어졌고 전체 시장은 30% 이상 하락했다. 그러나 2009년이 시작되면서 평균 P/E 비율은 매우 높은 수준을 유지했다. 이유는 2008년의 극심한 경기침체로 기업의 이익이 주식가격 하락보다 더 심하게 하락했기 때문이다. 따라서 시장 P/E 비율에서 분모(작년의 이익)가 분자(가격)보다 더욱 빨리 하락한 것이고 전반적인 P/E 비율은 치솟았다. 사실 2009년 중반에 평균 S&P 500의 P/E 비율은 역사상 최고치인 144에 이르렀다!

직이고 있음을 보여준다. 예를 들어, 2009년에 시장 P/E 비율은 70 이상으로 가장 높은 수치였고 불과 1년 뒤에는 21 이하로 떨어졌다. 극단적으로 높은 2009년의 P/E 비율은 주식가격이 최고치로 상승했던 것이 원인이 아니었음을 알 필요가 있다. 대신에, P/E 비율이 높은 것은 직전 12개월 동안의 이익이 급격한 경기침체로 인해 특히 낮았기 때문이다. 따라서 개별 주식이나 전반적인 시장의 건전성에 대한 신호로 P/E 비율을 해석할 때 주의해야 한다.

〈그림 8.1〉을 보면 시장의 P/E 비율이 최근에 증가하였음을 볼 수 있다. 1940년에서 1990년 사이에 시장 P/E는 평균 13이지만, 그 이후 평균값이 24 이상(2009년의 최고점을 제외하면 평균 22 이상)이 되었다. 최소한 1990년대에 상승 추세는 경제의 호황으로 쉽게 설명이 가능할 것이다. 사업은 호황이었고 신기술이 빠른 속도로 출현했다. 1991년에서 2000년 사이에 침체는 없었다. 만일 투자자들이 이러한 호시절이 계속 지속될 것이라고 믿는다면, 시간이 가면서 더 높은 P/E 비율을 지불할 의향도 가지고 있다는 것을 쉽게 이해할 수 있다.

벤치마크로 시장배수를 이용하여, 시장에 대한 주식의 상대적 P/E 성과를 평가할 수 있다. 즉, 주식의 P/E를 시장배수로 나누어서 **상대적 P/E 배수**(relative P/E multiple)를 계산할 수 있다. 예를 들어, 만일 현재 주식이 35의 P/E 비율을 가지고 있고 S&P 500의 시장배수가 25라면, 주식의 상대적 P/E는 35/25=1.4이다. 상대적 P/E를 보면, 주식이 시장에서 얼마나 강하게 가격이 형성되었으며 주식의 상대적 P/E가 어떨 경우에 정상인지 쉽게 감 잡을 수 있다. 마찬가지로 투자자는 평균 산업배수를 사용하여 산업의 표준인 P/E 배수를 추정한다. 그들은 시장배수와 함께 해당 정보를 사용하여 특정 주식에 대한 적절한 P/E를 추정한다.

다른 것이 일정하다면, 최소한 높은 상대적 P/E는 바람직한 것이다. 비정상적으로 높은 P/E가 문제가 있을 수 있는(즉, 주식이 고평가되었고 하락을 앞두고 있을 수 있는) 것처럼, 비정상적으로 높은 상대적 P/E도 문제가 있을 수 있다. 상대적 P/E 수치가 높을수록 주식이 시장에서 고평가되었다는 의미가 될 수 있다. 그러나 단점을 주의해야 한다. 높은 상대적 P/E 배수는 큰 이득과 큰 손실이 모두 발생 가능한 주식가격의 높은 변동성을 의미하기도 한다.

다음으로, 예상되는 **투자기간**(investment horizon)(당신이 주식을 보유할 것으로 예상하는 기간) 동안의 주식의 미래 P/E를 추정할 수 있다. 예를 들어, 기존의 P/E 배수를 기초로 해서, 시장배수가 상승할 것이라고 믿는다면 (시장이 좀 더 강세가 될 것이기 때문에) 상대적 P/E가 변화하지 않는다고 예상된다고 해도 P/E 배수의 추정치를 높일 수 있다. 물론 주식의 상대적 P/E가 상승한다고 믿는다면, 결과는 더 강한 강세 추정치로 나타날 것이다.

주당순이익(EPS)의 추정 지금까지 우리는 배당성향, 발행주식 수, 주가수익률 배수의 추정치를 구할 수 있었다. 이제 주식의 미래 주당순이익(EPS)을 추정할 준비가 되었다.

$$t\text{년의 추정 EPS} = \frac{\text{미래 }t\text{년의 세후 이익}}{t\text{년의 보통주 발행주식 수}} \quad (8.2)$$

주당 이익은 가치평가 과정에서 매우 중요한 부분이다. EPS를 구하게 되면 이를 이용해서 (1) 배당성향으로 (미래) 주당 배당금을 구하고 (2) 주가수익률 배수로 (미래) 주식가격을 예측할 수 있다.

수식 (8.2)는 기업의 전체 추정 이익을 추정 발행주식 수로 나누어서 기업의 전체 혹은 총합계 이익을 단순히 주당 기준으로 바꾼 것이다. 비록 이 방법이 효과적이지만, 일부 투자자는 약간 다른 관점에서 주당 이익을 분석하고자 할 수 있다. 이를 수행하는 한 가지 방법은 회사의 ROE를 측정하는 것이다. 예를 들어, EPS를 계산하기 위해 수식 (8.2)를 사용하는 대신 투자자는 다음과 같이 수식 (8.3)을 사용할 수 있다.

$$\text{EPS} = \frac{\text{세후 이익}}{\text{자기자본 장부가치}} \times \frac{\text{자기자본 장부가치}}{\text{발행주식 수}} = \text{ROE} \times \text{주당 장부가치} \quad (8.3)$$

이 공식은 수식 (8.2)와 동일한 결과를 만든다. 이런 형태 수식의 주요 장점은 기업이 자기자본의 장부가치에 비해 얼마나 많은 수입을 얻는지 강조한다는 것이다. 앞서 살펴보았듯이, 수익을 장부 자본으로 나눈 것이 회사의 ROE이다. ROE는 기업의 성공(수익성)이 자산, 운영, 자본구조를 관리하는 것이라는 것을 알려주기 때문에 핵심적인 재무 수치이다. 여기서 보듯이, ROE는 기업의 전반적 수익성을 확인하는 데 중요할 뿐만 아니라 주식의 EPS를 확인하는 데에도 중요한 역할을 한다.

수식 (8.3)을 이용하여 추정 EPS를 산출하기 위해서, 우리는 수식의 두 가지 기본적인 요소를 찾고 미래 행태를 얻으려고 할 것이다. 구체적으로, 어떤 종류의 성장이 기업의 주당 장부가치에 예상되며 기업의 ROE는 어떻게 될 것인가? 대부분의 경우에, ROE가 진정한 추진력이기 때문에 이 변수를 잘 추정하는 것이 중요하다. 투자자들은 때때로 ROE를 구성요소인 순이익률, 총자산 회전율, 자기자본 승수[수식 (7.15)를 참고]로 나누어서 추정한다.

추정 ROE와 주당 장부가치를 얻으면, 이 수치들을 수식 (8.3)에 넣어서 추정 EPS를 구할 수 있다. 결론은 어떤 방식이든[수식 (8.2) 혹은 수식 (8.3)의 방법을 이용하든] 만족스러운 추정 EPS를 얻어야 한다. EPS를 추정하게 되면 추정된 배당성향을 이용하여 주당 배당금을 예측하는 것은 쉬운 일이다.

$$\text{t년의 추정 주당 배당금} = \text{t년의 추정 EPS} \times \text{추정 배당성향} \quad (8.4)$$

마지막으로 추정 수익에 추정 P/E 비율을 곱하여 주식의 미래 가치를 추정한다.

$$\text{t년의 추정 주식가격} = \text{t년의 추정 EPS} \times \text{추정 P/E 비율} \quad (8.5)$$

모두 하나로 합치기 미래 배당금과 주식가격의 추정에 관련된 여러 요소들을 살펴보았다. 이제 이 모든 것이 어떻게 합쳐지는지 보기 위해서 앞에서 시작한 예를 계속해 보자. 만일 기업이 2백만 주의 보통주 발행주식 수를 가지고 있을 경우, 수식 (8.1)에서 추정한 이익 $6.5백만을 고려할 때 기업은 내년에 주당순이익으로 $3.25를 창출할 것이다.

$$\text{추정된 내년 EPS} = \$6.5\text{백만} \div 2\text{백만} = \$3.25$$

기업의 ROE와 주당 장부가치를 추정하여 동일한 수치를 얻을 수 있다. 예를 들어, 기업의 ROE를 15%로 예측하고 주당 장부가치가 $21.67라고 가정하자. 수식 (8.3)에 따르면 이러한 상황은 역시 $3.25(즉, 0.15×$21.67)의 추정 EPS를 산출한다. 이러한 EPS의 수치를 이용하여 추정 배당성향 40%와 함께 사용하면, 수식 (8.4)는 내년 주당 배당금을 아래와 같이 계산한다.

$$\text{추정된 내년 주당 배당금} = \$3.25 \times 0.40 = \$1.30$$

기업이 항상 수익에 맞춰 배당금을 조정하는 것은 아니다. 관리자가 시간이 지남에 따라 수입 증가가 지속될 수 있다는 확신이 없다면 기업은 수년 동안 동일한 배당금을 지불할 수 있다. 이와 같은 경우 기업이 배당금을 천천히 조정한 이력이 있다면, 과거 배당금이 추정 수익 및 배당성향보다 미래 배당금에 대한 더 나은 지침이 될 수 있다. 그럼에도 불구하고 주식이 이익의 17.5배로 거래된다고 추정되었다면, 수식 (8.5)는 이 기업의 주식은 내년 말에 주당 $56.88로 거래되어야 할 것으로 계산한다.

$$\text{추정된 내년 말의 주식가격} = \$3.25 \times 17.5 = \$56.88$$

사실 투자자는 예상되는 투자기간 말의 주식가격에 관심이 있다. 따라서 $56.88의 수치는 당신이 1년의 투자기간을 가진다면 적절할 것이다. 그러나 만일 3년의 보유기간을 가진다면 EPS의 추정을 2년 더 늘려야 하고 동일한 계산을 새로운 자료를 가지고 반복해야 할 것이다. 아무튼 결론적으로 추정 주가에 내포되어 있는 것은 주식의 총수익률 중 자본이득 부분이기 때문에 추정 주가가 중요한 것이다.

Universal의 재무성과 예측 개발

Universal Office Furnishings(UVRS)에서 얻은 정보를 이용하여, 우리는 앞서 논의한 추정 절차를 예시할 수 있다. 경제와 사무가구산업의 평가가 긍정적이고 기업의 영업 실적과 재무 상황이 과거보다 또한 산업 평균에 비해 좋다. Universal의 모든 상황이 좋아 보이기 때문에 기업과 주식의 미래 전망에 대해 살펴보기로 결정했다.

Universal 보통주를 고려하는 투자자의 투자기간이 3년이라고 가정한다. 아마도 (경제와 산업 요인에 대한 연구를 통해) 투자자는 2022년 말이나 2023년 초에 이르면 경제와 사무가구시장이 활기를 잃기 시작할 것이라고 믿기 때문에 투자기간

> **투자자 현실**
>
> **목표주가** 목표주가(target price)는 주식이 어느 기간 동안(일반적으로 1년)에 도달할 것이라는 분석가의 예측 가격이다. 연구에 따르면 목표주가에는 낙관적인 편향이 있다. 한 연구에 따르면 목표주가는 평균 주가수익률 15.9%를 예측하지만 평균 실현 주가수익률은 9.7%에 불과해 분석가들이 지속적으로 목표주가를 너무 높게 설정했음을 시사한다. 최근 몇 년 동안 분석가들은 높은 목표주가와 낮은 목표주가와 관련된 최상의 시나리오와 최악의 시나리오를 발표했다. 높은 목표주가와 낮은 목표주가 사이의 범위는 위험의 좋은 지표이며 위험을 동반하는 기업의 특성, 즉 규모(즉, 소규모 회사가 대규모 회사보다 위험하다) 및 손실(즉, 손실을 보는 기업이 수익성 있는 기업보다 위험하다)과도 밀접하게 연관된다. 따라서 분석가의 목표주가가 너무 낙관적이더라도 투자자가 투자위험을 측정하는 데 도움이 된다.
>
> (출처: Peter Joos and Joseph Piotroski, "Can Analysts Assess Fundamental Risk and Valuation Uncertainty? An Empirical Analysis of Scenario-Based Value Estimates," *Journal of Financial Economics*, Vol.121, No.3, 2016에서 발췌)

을 3년으로 선택한다. 또는 아마도 투자자는 3년 후에 오늘 구입한 주식을 팔아서 주요 지출을 충당할 계획이다. 투자자의 3년 기간 뒤에 있는 이유에 관계없이 2020년, 2021년, 2022년 동안 Universal의 실적을 추정하는 데 초점을 맞출 것이다.

〈표 8.2〉는 해당 기업에 대한 대부분 추정의 기본 자료가 되는 (가장 최근의 회계연도를 포함한) 5년 기간의 역사적 재무자료의 일부를 보여준다. 자료를 보면 한두 번의 예외는 있지만, 기업이 비교적 일정하게 성과를 내왔고 매우 매력적인 성장률을 유지했음을 알 수 있다. 우리의 경제 분석가는 경제가 살아날 것이라고 제안하고 있고, 연구 분석은 산업과 기업이 이러한 성장 분위기를 잘 이용할 것임을 지적하고 있다. 따라서 우리는 매출액 성장률이 2019년의 9.7%에서 회복되어 2020년에 20% 이상을 달성할 것이라고 예상하며 이는 회사의 5년 평균보다 높은 수치이다. 비교적 억눌렸던 수요가 표출된 이후에 매출액 성장률은 2021년에 19%, 2022년에 15%로 하락할 것이다.

2020년에서 2022년까지 재무 추정치의 핵심적인 요소들이 〈표 8.3〉에 제공되고 있다. 이와 같은 추정의 배후에 사용된 핵심적인 가정과 이유는 아래와 같다.

- **순이익률** : 산업과 기업에 대한 다양한 보고서는 이익의 안정적인 개선을 제시한다. 따라서 우리는 2020년에 8.0%의 순이익률을 사용하기로 결정한다(2019년의 7.2%에서 다소 상승). 2021년과 2022년에는

〈표 8.2〉 UNIVERSAL OFFICE FURNISHINGS의 일부 역사적 재무자료

MyLab

	2015	2016	2017	2018	2019
총자산(백만)	$554.20	$694.90	$755.60	$761.50	$941.20
총자산 회전율	1.72	1.85	1.98	2.32	2.06
순매출액(백만)	$953.20	$1,283.90	$1,495.90	$1,766.20	$1,938.00
연간 매출액 성장률*	−1.07%	34.69%	16.51%	18.07%	9.73%
순이익률	4.20%	6.60%	7.50%	8.00%	7.20%
배당성향	6.80%	5.20%	5.50%	6.00%	6.60%
주가수익률(P/E 비율)	13.5	16.2	13.9	15.8	18.4
보통주 발행주식 수(백만)	77.7	78.0	72.8	65.3	61.8

* 연간 매출액 성장률을 구하기 위해 당해 연도 매출액을 전년도 매출액으로 나누고 1을 뺀다. 예를 들어, 2019년의 연간 매출액 성장률＝($1,938.00 − $1,766.20) ÷ $1,766.20 − 1 = 9.73%.

일부 비용 개선이 나타날 것이기 때문에 더 나은 순이익률(8.5%)을 예상한다.

- **보통주 발행주식 수** : 기업이 2016년에서 2019년 기간보다는 상당히 낮은 수준이지만 자사주매입 프로그램을 지속할 것으로 믿는다. 현재의 61.8백만 주 수준에서 발행주식 수는 2020년에 61.5백만 주, 2021년에 60.5백만 주, 2022년에 59.0백만 주로 낮아질 것이라 예상한다.
- **배당성향** : 배당성향은 과거 몇 년간 유지했던 것처럼 이익의 6% 수준으로 꾸준히 유지될 것으로 가정한다.
- **P/E 비율** : 매출과 이익의 개선된 성장의 예측에 기반하여 우리는 P/E 배수가 현재 이익의 18.4배 수준에서 대략 2020년에는 이익의 20배 수준으로 올라갈 것이라 예측하고 있다. 비록 보수적인 P/E 증가를 추정하는 것이지만, EPS의 성장과 합쳐지면 Universal 주식가격에 미치는 순 효과는 큰 폭으로 상승할 것이다.

〈표 8.3〉은 배당금과 주가 행태의 추정과 관련된 흐름을 보여준다. 그것은 아래와 같다.

1. 기업 전체의 추정치를 먼저 다룬다. 여기에는 매출액 추정, 순이익률, 순이익, 보통주 발행주식 수가 포함된다. 이 장의 앞에서 기술한 절차에 따라 세후 이익을 얻어야 함을 기억하자.
2. 다음으로 주당순이익을 절차에 따라 추정한다.
3. 물론 추정의 결론은 배당금과 자본이득의 형태로 Universal 주식에서 기대되는 수익이다. 순매출액, 순이익률, 주당순이익 등의 가정을 유지한다. 〈표 8.3〉에서 배당금이 주당 28센트로 올라가는 것을 보는데 이것은 현재(주당 15센트)에 비해서 큰 변화이다. 그렇다고 하더라도 주당 25센트 조금 넘는 배당금은 주식의 수익률에서 그리 큰 금액은 아니다. 사실 우리의 예측은 배당수익률이 2022년에 0.3% 떨어질 것임을 보여준다. 명확하게 이 주식의 수익률은 배당금이 아니라 자본이득에서 온다. 향후 3년 동안 약 두 배가 넘을 것으로 예상되는 연말의 주식가격을 보면 명확해진다. 즉, 우리의 예측이 타당하다면, 주식가격은 약 $41.50에서 2022년 말에 $93.00 이상으로 상승할 것이다.

이제 우리는 투자의 미래 현금흐름이 어떻게 될 것인지에 대해 알았다. 우리는 Universal Office Furnishings 주식의 내재가치를 알기 위해 이런 정보를 사용할 수 있다.

〈표 8.3〉 UNIVERSAL OFFICE FURNISHINGS의 추정된 통계치 요약

MyLab

	최근의 실제수치 (2019 회계연도)	지난 5년간 평균 (2015–2019)	추정된 수치**		
			2020	2021	2022
연간 매출액 성장률	9.7%	15.0%	22.0%	19.0%	15.0%
순매출액(백만)	$1,938.0	N/A*	$2,364.4	$2,813.6	$3,235.6
× 순이익률	7.2%	5.6%	8.0%	8.5%	8.5%
= 세후 순이익(백만)	$ 139.7	N/A	$ 189.1	$ 239.2	$ 275.0
÷ 보통주 발행주식 수(백만)	61.8	71.1	61.5	60.5	59.0
= 주당순이익	$ 2.26	N/A	$ 3.08	$ 3.95	$ 4.66
× 배당성향	6.6%	6.2%	6.0%	6.0%	6.0%
= 주당 배당금	$ 0.15	$ 0.08	$ 0.18	$ 0.24	$ 0.28
주당 이익	$ 2.26	N/A	$ 3.08	$ 3.95	$ 4.66
× P/E 비율	18.4	16.8	20.0	20.0	20.0
= 연말 주식가격	$ 41.58	N/A	$ 61.51	$ 79.00	$ 93.20

* N/A: Not applicable(구할 수 없음)
** 추정된 매출액 수치: 전년도 매출액×(1+매출액 성장률)=추정 매출액
예를 들어, 2020년: $1,938.0×(1+0.22)=$2,364.4

가치평가 과정

가치평가(valuation)는 투자자들이 위험과 수익률의 개념을 이용하여 증권의 가치를 결정하는 과정이다. 이 과정은 주식, 채권, 부동산, 혹은 유전 등 현금흐름이 발생하는 모든 자산에 적용이 가능하다. 자산의 가치를 결정하기 위해서 투자자는 미래의 현금흐름의 양, 이러한 현금흐름의 발생시기 그리고 투자에 요구되는 수익률 등을 포함한 주요 핵심 요소를 결정해야 한다.

보통주의 경우에 가치평가의 핵심은 과연 주식의 주주에게 돌아갈 (배당금과 미래의 가격 행태인) 수익과 잠재적인 위험 하에서 주식이 매수할 만한 가치가 있는가를 결정하는 것이다. 투자자가 다양한 유형의 주식 가치평가모형을 채택하는 이유는 이 모형들이 그동안 추구했던 알아내기 어려운 내재가치를 대표하는 결과물을 만들어내기 때문이다. 즉, 주식의 가치평가모형은 사실상 주식의 "정당한 가격"을 나타내는 주식의 기대수익률이나 내재가치를 계산한다. 이러한 방식으로 투자자는 추정된 주식 행태를 기초로 특정 증권의 투자 장점을 판단하는 데 이용할 수 있는 성과의 기준을 얻는다.

아래 두 가지 조건 중 하나가 주식이 투자할 만한 가치를 갖는 후보가 될 수 있는

지를 고려할 수 있는 조건이 된다. 즉, (1) 예상 수익률이 주식의 위험을 감안할 때 보장되는 수익률과 같거나 초과하거나, (2) 정당한 가격(즉, 내재가치)이 현재의 시장가격보다 같거나 크다. 즉, 증권의 가격이 내재가치보다 낮으면 기대수익률이 위험에 기반한 투자자의 요구수익률보다 높다. 따라서 증권은 투자자에게 최소한 요구수익률을 제공하는 한 최소 기준을 충족하거나 초과한다.

가치평가모형이 투자과정에서 중요한 부분을 차지한다 하더라도, 실제 결과가 추정과 유사할 것이라는 확신은 없다. 주식은 여전히 경제, 산업, 기업, 시장 위험의 영향을 받으며 이 중 하나가 모형의 모든 가정을 무효화할 수 있다. 증권분석과 주식 가치평가모형은 성공을 보장하지 못한다. 단지 당신에게 잠재적인 거래에 관련된 수익률과 위험에 대한 이해도를 높이는 데 도움을 줄 뿐이다.

요구수익률 주식 가치평가 과정의 핵심 요소 중 하나는 **요구수익률**(required rate of return)이다. 일반적으로 말해서 투자자에게 요구되는 수익률의 크기는 수익을 발생시키는 데 필요한 위험의 정도와 관련되어야 한다. 간단히 말해서, 요구수익률은 관련된 위험에 맞는 적절한 보상의 수준을 말한다. 위험의 기준은 주식(혹은 다른 증권)의 기대수익률이 만족스러운지를 결정하는 데 도움을 준다. 투자의 현금흐름이 얼마가 될지 확실히 알지는 못하기 때문에, 이러한 불확실성(위험)을 반영한 수익률을 얻을 것이라고 기대해야만 한다. 따라서 인식된 위험이 클수록, 얻을 것이라고 기대하는 수익률은 커져야 한다. 이것은 기본적으로 자본자산가격결정모형(CAPM)의 배경이 되는 생각이다.

CAPM을 이용하여 주식의 요구수익률을 아래 수식으로 정의해 보자.

$$\text{요구수익률} = \begin{matrix}\text{무위험}\\\text{수익률}\end{matrix} + \left[\begin{matrix}\text{주식의}\\\text{베타}\end{matrix} \times \left(\begin{matrix}\text{시장}\\\text{수익률}\end{matrix} - \begin{matrix}\text{무위험}\\\text{수익률}\end{matrix}\right)\right] \quad (8.6)$$

수식에서 요구되는 두 가지 입력 정보는 쉽게 구할 수 있다. 주식의 베타는 다양한 온라인 사이트나 발간된 자료에서 구할 수 있다. 무위험수익률은 기본적으로 T-bill 수익률이고, 시장수익률의 근사치로는 주식시장의 장기 평균 수익률을 사용한다. 평균 수익률은 물론 향후 몇 년간 시장을 어떻게 예상하는가에 따라 약간 상향 혹은 하향 조정되어야만 한다.

CAPM에서 주식의 위험은 베타로 측정된다. 이런 이유에서 주식의 요구수익률은 베타의 상승(혹은 하락)에 따라 증가(혹은 감소)한다. CAPM이 보여주듯이, 1.30의 베타를 가진다고 가정되는 Universal의 주식을 고려해 보자. 만일 무위험수익률이 3.5%이고 기대 시장수익률이 10%라고 하면, CAPM에 따라 주식의 요구수익률은 아래와 같을 것이다.

$$\text{요구수익률} = 3.5\% + [1.30 \times (10.0\% - 3.5\%)] = 11.95\%$$

이 수익률(여기서 12%로 소수점을 정리한다)은 이제 주식의 투자에서 얻는 장점을 평가하는 주식 가치평가모형에 사용될 수 있다.

개념 리뷰

해답은 www.pearson.com/mylab/finance에서 찾을 수 있음.

8.1 주식 가치평가의 목적은 무엇인가? 주식 가치평가 과정에서 내재가치의 역할은 무엇인가?

8.2 기업의 미래 추정 이익이 주식의 가치평가에 대한 적합성을 결정하는 데 중요한가? 추정 이익 혹은 기타 미래 추청치가 어떻게 주식의 가치평가에 필요한지 논의하라.

8.3 기업의 성장 전망이 주가수익률 배수에 영향을 미칠 수 있는가? 설명하라. 기업이 사용하는 부채의 양은 어떤가? 기업의 P/E 비율에 영향을 주는 기타 다른 변수가 있는가?

8.4 시장배수는 무엇이고, 주식의 P/E 비율의 평가에 어떻게 도움이 될 수 있는가? 주식의 상대적 P/E는 시장배수와 같은가? 설명하라.

8.5 주식 가치평가 과정에서 특정 증권이 투자할 만한 후보가 될 수 있는지 어떻게 알 수 있는가? 요구수익률이 이러한 과정에서 어떤 역할을 하는가? 투자에서 얻을 수 있는 수익률이 당신의 요구수익률과 정확하게 같다면 그 주식에 투자할 것인가? 설명하라.

주식 가치평가모형

LG4 LG5 LG6

투자자들은 몇 가지의 주식 가치평가모형을 사용한다. 그들이 모두 증권의 미래 현금 이득을 목적으로 하더라도, 가치평가 방법론은 상당히 다르다. 일부 모형은 주식이 지불할 배당금에 중점을 두는 반면 다른 모형은 기업이 현금흐름을 지불하든 보유하고 있든 관계없이 회사가 생성하는 현금흐름을 강조한다.

의사결정 과정에서 중요한 역할을 하는 요소인 배당수익률, 비정상적으로 낮은 P/E 배수, 상대적 가격 성과, 심지어 기업의 규모나 시가총액과 같은 변수들을 이용하는 다양한 모형들이 사용되고 있다. 논의의 목적에 맞춰서, 우리는 기본적인 기업의 성과로부터 가치를 산출하는 몇 가지 주식 가치평가모형에 초점을 맞춘다. 우선

배당금을 지불하는 주식을 통해 배당평가모형으로 알려진 절차를 알아본다. 다음으로 기업이 현금흐름을 배당금으로 지급하는지 여부에 관계없이 현금흐름에 초점을 맞춘 평가모형을 살펴본다. 마지막으로, 주식가격이 이익, 현금흐름, 매출액, 혹은 장부가치에 대해 상대적으로 어떻게 움직이는지를 근거로 주식가격을 정하는 절차에 대해 학습할 것이다. 우리가 이 장에서 검토하려고 하는 주식의 가치평가 절차는 대부분의 전문적인 증권분석가들이 사용하는 것과 같으며, 사실 CFA 시험의 Level-I의 "주식 투자" 부분에서 찾을 수 있다. 물론 이러한 가치평가모형을 이해하는 것이 애널리스트의 추천을 잘 평가할 수 있도록 도움이 될 것이다.

배당평가모형

가치평가 과정에서 어떤 투자의 내재가치는 기대되는 현금 이득의 현재가치와 같다. 보통주의 경우에 이 금액은 매년 받는 현금 배당금과 미래의 주식 매도가격이다. 보통주의 현금흐름 이득을 살펴볼 때, 기업이 "계속기업(going concern)"으로 간주된다고 가정하면 무한한 시간 동안 배당금을 받을 것이라고 가정할 수 있다. 이런 관점에서 보면 주식의 가치는 무한한 시간 동안에 걸쳐 제공될 모든 미래 배당금의 현재가치와 같다.

엄격한 이론적 관점에서, 투자자가 주식을 매도하게 되면 이는 실제로 모든 미래 배당금의 권리를 매도하는 것이다. 따라서 주식의 현재가치가 미래 배당금의 함수인 것처럼, 미래 주식가격은 역시 미래 배당금의 함수가 된다. 이러한 관계에서 주식의 미래 가격은 배당금 (그리고 요구수익률) 전망이 변함에 따라 상승 혹은 하락할 것이다. 주식의 가치가 미래 배당금의 함수라는 이러한 접근법은 **배당평가모형**(dividend valuation model: DVM)으로 알려져 있다.

배당평가모형은 세 가지 유형으로 나뉘는데, 각각은 미래 배당금의 성장률에 대해 각기 다른 가정을 하고 있다.

1. 무성장 모형(zero-growth model)은 배당금이 시간이 지나도 성장하지 않을 것이라 가정한다.
2. 일정성장 모형(constant-growth model)은 배당평가모형의 기본 모형으로 배당금이 일정한 비율로 시간에 따라 성장할 것이라고 가정한다.
3. 변동성장 모형(variable-growth model)은 배당금의 성장률이 시간에 따라 변동한다고 가정한다.

금융시장의 실패

주식 분석가가 직면한 윤리적 갈등: 언제나 과대광고를 믿지 마라

매도, 매수, 혹은 유지? 투자자는 전문 증권분석가의 투자 추천을 신뢰하고 이에 따라 행동해야 하는가? 증거는 다소 혼재되어 있다. 1993년부터 2015년까지 모든 분석가 추천의 약 55%가 주식을 매도하거나 보유하기보다는 매수하는 것이었으며, 이는 분석가 의견에 약간의 긍정적인 편향이 있음을 시사한다. 즉, 분석가가 완전히 객관적이라면 투자자가 매수할 것을 추천하는 만큼 자주 주식을 매도(또는 보유)할 것을 추천해야 한다.

왜 분석가가 낙관적인 편견을 보이는 경향이 있는가? 이해상충이 하나의 설명이다. 분석가는 종종 그가 따르는 회사와 비즈니스 관계가 있는 투자은행에서 일한다. 분석가는 현재 또는 미래의 투자은행 고객을 만족시키기 위해 긍정적인 의견을 말해야 한다는 압력을 느낄 수 있다. 또한 분석가의 매수 추천은 투자자의 거래를 유도할 수 있으며 이러한 거래로 분석가의 고용주는 수수료 수입을 얻는다.

2003년 SEC, FINRA, NYSE 및 10개의 미국 최대 투자은행 간의 합의인 Global Analyst Research Settlement는 이러한 이해상충 문제를 억제하기 위해 고안된 새로운 규정을 제정하고 투자은행에게 $1.4십억 이상의 벌금을 부과했다. 그 이후로 분석가들의 추천은 덜 낙관적인 경향을 보였고 투자자들은 분석가 추천의 변화가 중요한 신호라고 생각하는 것 같다. 추천등급의 업그레이드와 다운그레이드는 주가를 움직이다.

비판적 사고 문제〉〉 왜 매도 등급이 주가를 하락시키는 경향이 있는 반면 매수 등급이 주가 상승으로 이어지지 않는다고 생각하는가?

(출처: Jack Hough, "How to Make Money off Analysts' Stock Recommendations," *Smart Money*, 2012년 1월 19일 발췌, http://www.smartmoney.com/invest/stocks/how-to-make-money-off-analysts-stock-recommendations-1326759491635/; Rich Smith, "Analysts Running Scared," *The Motley Fool*, 2006년 4월 5일 발췌, http://www.fool.com)

어떤 유형이든 DVM은 실무에서 규모가 크고 성숙한 기업의 가치평가에 널리 사용된다.

무성장(zero growth) 배당평가모형을 살펴보는 가장 단순한 방법은 주식이 고정된 배당금 흐름을 가진다고 가정하는 것이다. 다시 말해서, 배당금이 매년 같은 수준에 머물고 미래에도 그럴 것이라고 예상된다. 이러한 조건에서 무성장 주식의 가치는 연간 배당금의 현재가치이다. 현재가치를 알기 위해서 연간 배당금을 요구수익률로 나누면 된다.

$$\text{주식의 가치} = \frac{\text{연간 배당금}}{\text{요구수익률}} \tag{8.7}$$

배당금을 지급하는 대부분의 회사는 시간이 지남에 따라 배당금을 점진적으로 증가시키므로 배당금의 제로성장 가정이 합리적으로 적용될 수 있는 보통주를 찾는 것은 드문 일이다. 그러나 다른 투자는 그 가정이 매우 적합하다. 예를 들어, 대부분의 우선주는 변하지 않는 배당금을 지급한다. 다음 예에서 설명하는 것처럼 다른 투자도 마찬가지이다.

사 례

배당금이 일정한 주식의 가치평가

Gabelli Global Utility and Income Trust(GLU)는 공공서비스를 운영하는 운영회사가 아니다. 오히려 다른 공공서비스 회사에 투자하는 회사이므로 투자자가 GLU 주식을 사면 Gabelli가 투자하는 다른 모든 회사의 지분을 사는 것이다. 약 14년 동안 GLU 주식은 투자자들에게 매년 $1.20의 배당금을 지급했다. 투자자가 GLU 주식에 대해 6.5%의 수익을 요구한다고 가정한다. 무(제로)성장 모형에 따르면 주식의 가치는 얼마인가?

$$\text{주식 가치} = \$1.20 \div 0.065 = \$18.46$$

실제로 GLU 주식은 2018년 내내 $18에서 $19 범위에서 변동했기 때문에 제로성장 모형의 가치평가는 주식의 실제 시장가격과 매우 잘 일치한다. 투자자가 GLU 주식에 대해 $18.46 이상을 지불하면 6.5% 미만의 수익을 얻을 수 있음을 인식해야 한다. 그리고 투자자가 GLU 주식을 $18.46 미만으로 살 수 있다면 배당금이 $1.20로 영원히 유지되는 한 6.5% 이상의 수익을 올릴 것이다.

보다시피, 이 모형에서 사용되는 유일한 현금흐름 변수는 고정된 연간 배당금이다. 이 주식에 대한 연간 배당금은 결코 변하지 않는다는 조건에서는 주식의 가격도 변하지 않는다는 의미일까? 결코 아니다! 요구수익률이 변화하면 주식의 가격은 변할 것이다. 따라서 요구수익률이 증가하면 주식의 가격은 하락할 것이다.

일정성장(constant growth) 무성장 모형이 훌륭한 시작이지만, 그것은 배당금의 성장 흐름을 고려하지 못하고 있다. 일반적이고 좀 더 널리 인식된 배당평가모형은 배당금이 정해진 비율로 시간에 따라 성장한다고 가정한다. 이 모형에서 주식의 가치는 여전히 미래 배당금의 함수로 간주되지만, 배당금이 일정한 성장률인 g로 영구히 성장한다고 예측된다. 따라서 주식의 가치는 다음 식에서 구할 수 있다.

$$\text{주식의 가치} = \frac{\text{내년의 배당금}}{(\text{요구수익률} - \text{배당금의 일정한 성장률})} \qquad (8.8)$$

$$V = \frac{D_1}{r - g} \qquad (8.8a)$$

여기서

D_1 = 내년(추정기간의 첫 번째 연도)에 예상되는 연간 배당금

r = 자본화율 또는 할인율(투자의 요구수익률로 정의함)

g = 배당금의 연간 성장률

이 모형이 배당금이 일정한 비율로 영구히 성장한다고 가정하더라도, 투자자들이 영구히 해당 주식을 보유한다고 가정하는 것은 아니다. 사실 **DVM**은 투자자들이 주식을 얼마나 오랜 기간 동안 보유하는지에 대해서는 아무런 가정도 하지 않는다. 그 이유는 한 개인의 투자기간이 주식의 가치를 계산하는 데 아무런 영향을 주지 않기 때문이다. 따라서 일정성장 **DVM**에 있어서 투자자들이 1년, 5년, 혹은 10년의 투자 보유기간을 가지든 주식의 가치와는 무관하다. 주식의 계산된 가치는 어떤 경우라도 동일할 것이다. 계산에 필요한 투입 변수(r, g, 그리고 D_1)가 일정하다면, 주식의 가치는 의도된 투자기간에 상관없이 동일할 것이다.

사 례

General Mills 주식 평가

1990년과 2017년 사이 27년 동안 식품회사 General Mills는 배당금을 연간 약 7.3% 늘렸다. 식품산업은 폭발적인 성장을 기대할 수 있는 산업이 아니다. 식품에 대한 소비지출은 인구 증가 및 인플레이션과 밀접한 관련이 있으므로 이 사업의 수익은 상대적으로 느리게 성장해야 한다. 2017년에 General Mills는 주당 $1.94의 연간 배당금을 지급했기 때문에 2018년 투자자들은 General Mills 배당금이 주당 $2.08로 소폭 증가할 것으로 예상했다(2017년 배당금보다 7.3% 증가). General Mills 주식에 대한 요구수익률이 10%라면 투자자는 2018년 초에 주식에 대해 $77[$2.08÷(0.10−0.073)]를 기꺼이 지불해야 했다. 당시 General Mills 주식은 $59에 판매되었다. 따라서 일정성장 모형은 General Mills가 상당히 저평가되었음을 시사한다. 즉, 내재가치($77)가 주가의 시가보다 약 31% 높았다. 물론 General Mills 주식에 대한 요구수익률이 10% 이상이거나 배당금의 장기 성장률이 7.3% 미만이면 내재가치 추정치가 너무 높을 수 있다. 실제로, 일정성장 모형의 한 가지 단점은 가치의 추정이 요구수익률과 배당성장률에 대한 가정에 매우 민감하다는 것이다. 예를 들어, General Mills 주식에 대한 요구수익률이 10%가 아닌 11%라면 내재가치 추정치는 $77에서 $56로 떨어질 것이다!

분석가는 때때로 주식의 시장가격이 내재가치와 같다는 가정을 기반으로 일정성장 DVM을 사용하여 주식의 요구수익률을 추정한다. 즉, 분석가는 주식의 시장가격과 배당성장률 추정치를 수식 (8.8a)에 연결하고 V를 해결하는 대신 r을 계산한다. General Mills의 경우 주식의 시장가격이 $59이고 내년의 연간 배당금은 $2.08이며 배당성장률이 7.3%일 경우, General Mills 주식에 대한 요구수익률을 다음과 같이 추정할 수 있다.

$$\$59 = \frac{\$2.08}{(r - 0.073)}$$

이 수식을 r에 대하여 풀면 General Mills 주식의 요구수익률은 10.83%이다.

이 모형이 단순한 만큼 주식의 가치평가의 핵심을 간결하게 보여주고 있다. 현금흐름이 증가하거나(D_1 혹은 g를 통해) 혹은 요구수익률(r)이 감소하면 주식 가치는 증가한다. 또한 DVM에서 r은 주주에게 돌아가는 총수익률(total return)을 의미하고, g는 투자에서 기대되는 자본이득을 대표한다. 실제로, 주주의 총수익률은 두 가지 요소, 즉 배당금과 자본이득으로 구성된다는 것을 알고 있다. 따라서 배당금과 자본이득으로부터 발생하는 수익률은 DVM으로 파악이 된다. r에 대해 수식 (8.8a)를 풀면 $r = D_1/V + g$를 알 수 있다. 이 수식의 첫 번째 항인 D_1/V는 주식의 현재 가격을 기준으로 내년에 예상되는 배당금을 나타낸다. 즉, D_1/V는 주식의 기대 배당수익률이다. 두 번째 항인 g는 기대 배당성장률이다. 그러나 배당금이 g로 증가하면 주가도 그 비율로 증가하므로 g는 총수익의 자본이득 구성 요소를 나타낸다. 따라서 주식의 총수익은 배당수익과 자본이득의 합계이다.

투자자 현실

배당금의 꾸준한 흐름 2018년 7월 30일 Campbell Soup Company는 주당 $0.35의 배당금을 지급했으며, 이는 회사가 정확히 8분기 연속으로 동일한 배당금을 지급한 것이다. 오랫동안 동일한 배당금을 받은 후 투자자들은 Campbell이 연간 $1.40(분기당 $0.35)를 영원히 지불할 것이라는 가정에 근거하여 Campbell을 평가했는가? 투자자가 주식에 대해 8% 수익을 요구한다고 가정하면, 일정한 배당금을 지불하는 주식은 주당 $17.50(즉, $1.40/0.08)에 판매된다. 실제로, 주식은 2018년 7월에 $40 범위에서 거래되었다. 따라서 투자자가 8%보다 훨씬 낮은 수익률을 요구했거나 예상되는 배당금이 증가할 것으로 예상했다고 할 수 있다.

일정성장 모형은 모든 주식에 적용되는 것은 아니다. 그 대신에 성숙한 배당지급 기업의 가치평가에 가장 적합하다. 오래된 좋은 기록을 지닌 기업이 “성숙형(mature)” 성장 단계에 이른다. 이러한 기업은 아마도 눈에 띄는 성장률은 아니라도 일정한 수준의 성장률을 꾸준히 보여주는 대규모 (혹은 성숙한 중형) 기업일 것이다. 성장률이 매년 동일하지는 않겠지만, 비교적 좁은 범위 내에서 움직이는 경향을 가질 것이다. 이러한 기업은 이익과 배당금에 있어서 비교적 예측이 가능한 성장률을 가지고 배당정책을 세워왔을 것이다.

일정성장 DVM 적용하기 일정성장 DVM의 사용은 주식의 요구수익률, 현재의 배당 수준, 배당금의 기대성장률과 같은 몇 가지 기본 정보를 요구한다. 배당성장률 g를 구하는 비교적 단순하고 쉬운 방법은 배당금의 역사적 움직임을 살펴보는 것이다. 비교적 일정한 비율로 성장하였다면 미래에도 평균 비율로 성장을 계속할 것이라고 가정할 수 있다. 역사적 배당금은 다양한 온라인을 이용해서 얻을 수 있다.

계산기나 스프레드시트를 이용하여 우리는 배당금의 흐름에 내포된 성장률을 발견하여 산술적으로 현재가치를 구하는 데 사용할 수 있다. 예를 들어, 회사가 오늘 지불하는 배당금과 몇 년 전에 지불한 배당금을 비교한다. 다음으로 계산기를 사용하여 오늘 배당금의 현재가치를 몇 년 전에 지급한 배당금과 동일한 할인율을 찾는다. 이 비율을 찾으면 연평균 배당 증가율을 찾은 것이다. (성장률 계산방법에 대한 자세한 내용은 4장을 참조)

사 례

General Mills 배당금 증가율 추정

2017년 General Mills는 주당 $1.94의 연간 배당금을 지급했다. 회사는 배당금이 주당 약 $0.29였던 1990년 이후 꾸준히 배당금을 늘려 왔다. 다음 표는 다양한 이자율을 이용하여 27년 전으로 할인된 2017년 배당금의 현재가치를 보여준다. 할인율이 7.3%인 경우 2017년 배당금의 현재가치는 1990년에 지급한 배당금과 거의 동일하므로 7.3%는 1990년부터 2017년까지의 평균 배당성장률이다.

할인율	2017년 배당금($1.94)의 현재가치
5%	$0.52
6%	$0.40
7.3%	$0.29 (1990년 배당금과 일치)
8%	$0.24

배당성장률을 결정했으면 내년 배당금 D_1을 $D_0 \times (1+g)$로 찾을 수 있다. 여기서 D_0은 현재 배당금과 같다. 2017년에 General Mills는 $1.94의 배당금을 지급했다. 배당금이 연간 7.3% 증가할 것으로 예상하는 경우 2018년 예상 배당금은 다음과 같다.

$$D_1 = D_0(1+g) = \$1.94(1+0.073) = \$2.08$$

필요한 유일한 다른 정보는 요구수익률 r이다. (항상 성장모형이 수학적 계산이 가능하기 위해 r이 g보다 커야 한다.) 이미 살펴본 것처럼 General Mills 주식에 대한 요구수익률이 10%라고 가정하면 내년 예상 배당금 $2.08 및 예상 배당성장률 7.3%와 함께 사용하여 General Mills 주가는 $77로 추정된다.

시간에 따른 주가 행태 일정성장 모형은 주식의 가격이 시간이 지남에 따라 배당금이 증가하는 속도(g)로 증가하고 성장률과 배당수익률의 합이 요구수익률과 같다는 것을 의미한다. 다음 예제를 통해 이것이 어떻게 작동하는지 살펴본다.

오늘 날짜가 2019년 1월 2일이고 주식이 1월 1일에 연 배당금 주당 $2를 지불했다고 가정한다. 또한 투자자가 이 배당금이 매년 5%씩 증가할 것으로 예상하고 내년 배당금(2020년 1월 1일 지급 예정)이 전년도 배당금보다 5% 더 많은 $2.10가 될 것이라고 생각한다고 가정한다. 마지막으로 투자자가 주식에 대한 9% 수익률을 요구한다고 가정한다. 이러한 가정을 기반으로 2019년 1월 2일의 주가를 다음과 같이 추정할 수 있다.

$$\text{2019년 1월 2일 가격} = \text{2020년 1월 1일 배당금} \div (r - g)$$
$$\text{가격} = \$2.10 \div (0.09 - 0.05) = \$52.50$$

투자자가 이 주식을 1월 2일에 $52.50에 매입하여 1년 동안 보유한다고 가정한다. 투자자는 2020년 1월 1일에 다음 배당금을 받고, 하루 후 2020년 1월 2일에 주식을 판매한다. 이 구매에 대한 기대수익률을 추정하려면 투자자가 2020년 1월 2일에 주식을 판매하여 받게 될 예상 주식가격을 계산해야 한다.

$$\text{2020년 1월 2일 가격} = \text{2021년 1월 1일 배당금} \div (r - g)$$
$$\text{가격} = \$2.10(1+0.05) \div (0.09-0.05)$$
$$\text{가격} = \$2.205 \div (0.09-0.05) = \$55.125$$

이제 2019년 투자자의 기대수익률을 살펴본다. 투자자는 주식을 $52.50에 매입한다. 1년 후 투자자는 $2.10 배당금을 받고 그 주식을 $55.125에 판매한다. 총수익률은 배당금과 자본이득을 원래 구매가격으로 나눈 값과 같다.

$$\text{총수익} = (\text{배당금} + \text{자본이득}) \div \text{구매가격}$$
$$\text{총수익} = (\$2.10 + \$55.125 - \$52.50) \div \$52.50 = 0.09 = 9.0\%$$

투자자는 1년 동안 9%의 수익률을 기대하며, 이는 정확히 주식에 대한 요구수익률이다. 한 해 동안 주가가 $52.50에서 $55.125로 5% 상승했다. 따라서 주가는 배당금 지급과 같은 비율로 상승했다. 또한 투자자가 얻은 배당수익률은 4%($2.10 ÷ $52.50)였다. 따라서 총수익률 9%는 자본이득률 5%와 배당수익률 4%로 구성된다.

이 과정을 반복하면 다음 해의 1월 2일 주가를 추정할 수 있다. 다음 표에서 보듯이 주가는 매년 5%씩 상승하고 배당수익률은 4%이다. 따라서 이 주식의 투자자는 매년 요구수익률 9%를 정확히 얻는다.

연도	1월 1일에 지급된 배당금	1월 2일의 주가*
2019	$2.000	$52.500
2020	$2.100	$55.125
2021	$2.205	$57.881
2022	$2.315	$60.775

*$g=0.05$와 $r=0.09$일 때, 배당평가모형에 의해 결정됨.

변동성장(variable growth) 일정성장 배당평가모형이 무성장 모형보다 개선된 것이기는 하지만, 여전히 몇 가지 문제를 가지고 있다. 가장 명확한 문제는 기대성장률의 변동을 허용하지 않는다는 사실이다. 이 문제를 극복하기 위해서 우리는 시간에 따른 성장률의 변동을 허용하는 DVM 모형을 사용할 수 있다. 기본적으로, 변동성장 배당평가모형은 두 단계로 주식가격을 계산한다. 첫 번째 단계에서 배당은 단일 성장률일 필요가 없이 빠르게 성장한다. 배당성장률은 이 초기 단계에서 상승 혹은 하락할 수 있다. 초기 단계가 지난 후에 (두 번째 단계에서), 기업은 성숙해지고 배당성장은 어떤 장기적이며 지속할 수 있는 비율로 안정화된다. 이 시점에서 주식의 가치를 일정성장 DVM 모형을 이용하여 평가할 수 있다. 변동성장 모형을 이용하여 아래와 같이 주식의 가치를 구할 수 있다.

주식의 가치 = 초기 변동성장 기간 동안 미래 배당금의 현재가치 + 변동성장 기간 말의 주식가격의 현재가치 (8.9)

$$V=\frac{D_1}{(1+r)^1}+\frac{D_2}{(1+r)^2}+\cdots\frac{D_v}{(1+r)^v}+\frac{\dfrac{D_v(1+g)}{(r-g)}}{(1+r)^v} \tag{8.9a}$$

여기서

D_1, D_2 등 = 미래 연간 배당금

v = 초기 변동성장 기간의 연도 수

이 수식의 마지막 요소가 정상적인 일정성장 배당평가모형으로 초기 변동성장 기간 말의 주식가격을 발견하기 위해서 사용되고 v기간 동안 할인된다.

이 유형의 DVM은 처음 3년에서 5년 동안 빠르고 변동성이 큰 성장률을 경험하고 그 이후에는 좀 더 안정적인 성장률로 안정화되는 기업에 적합하다. 사실 이런 모습이 많은 기업의 성장 패턴이며, 따라서 이 모형이 실제에서 훨씬 유용성이 크다. (초기 단계에 r이 g보다 크지 않을 수 있는 일정성장 DVM의 문제점을 극복할 수 있다. 즉, 변동성장의 시기에 성장률 g는 요구수익률 r보다 클 수 있으며, 변동성장 모형을 사용할 수 있을 것이다.)

수식 (8.9)를 이용하여 주식의 가치를 구하는 것은 보기보다는 더 쉽다. 아래 제시된 단계를 따라서 가치를 구해 보자.

1. 초기 변동성장 시기 동안의 연간 배당금을 추정하고 초기 기간이 끝난 후 배당금이 성장하게 될 일정성장률 g를 구한다.
2. 초기 변동성장 시기 동안 예상되는 배당금의 현재가치를 구한다.
3. 일정성장 DVM을 이용하여 초기 성장 기간 말의 주식가격을 구한다.
4. (3단계에서 구한) 주식가격의 현재가치를 구한다. 주식은 초기 기간 말의 (3단계 시점의) 가격이기 때문에 주식가격은 초기 성장기간에 지급된 마지막 배당금과 동일한 기간만큼 할인되어야 한다.
5. (2단계와 4단계에서 구한) 2개의 현재가치를 더하여 주식의 가치를 구한다.

변동성장 DVM 적용하기 변동성장 DVM을 어떻게 이용하는지 보기 위해서 우리의 관심 기업 중 하나인 Sweatmore Industries(SI)에 적용해 보자. 배당금이 처음 3년(2019, 2020, 2021년) 동안 변동비율로 성장할 것이라고 가정하자. 그 이후에 배당금의 연간 성장률은 3%로 안정화되어 예측 가능한 미래 동안은 일정하게 머물 것이라고 예상된다. 가장 최근(2018년)의 연간 주당 배당금 $2.21로 시작해서, 2019년에 20%, 2020년에 16%, 2021년에 13%로 성장하고 그 이후로 매년 3%씩 성장할 것으로 예상한다. 마지막으로 투자자가 11%의 수익률을 요구한다고 가정한다.

이러한 (초기) 성장률을 이용하여 우리는 2019년의 배당금이 $2.65($2.21 × 1.20), 2020년에 $3.08($2.65 × 1.16), 2021년에 $3.48($3.08 × 1.13), 2022년에 $3.58($3.48 × 1.03)가 될 것으로 예상한다. 2022년의 $3.58 배당금을 8%($r-g$)로 나누면 2022년 이후에 지급된 모든 배당금의 2021년 현재가치를 계산한다. 이제 Sweatmore Industries에 가치를 부여하는 데 필요한 모든 정보를 확보했다. 〈표 8.4〉는 Sweatmore 주식의 가치가 주당 $40.19임을 보여준다. 이는 투자자가 11% 수익을 얻기 위해 주식에 대해 지불해야 하는 최대 가격이다.

〈표 8.4〉 Sweatmore 주식의 가치평가를 위해 변동성장 DVM 이용하기

MyLab

단계

1. 추정된 연간 배당금:

가장 최근 배당금	2018	\$2.21
미래 배당금	2019	\$2.65
	2020	\$3.08
	2021	\$3.48

2022년 이후의 추정된 연간 성장률 g: 3%

2. 요구수익률 $r = 11\%$를 이용하여 초기 변동성장 기간 동안 배당금의 현재가치:

연도	배당금	현재가치
2019	\$2.65	\$2.39
2020	\$3.08	\$2.50
2021	\$3.48	\$2.54
	총액	\$7.43 (5단계로)

3. 초기 성장기간 말의 주식의 가치:

$$P_{2021} = \frac{D_{2022}}{r-g} = \frac{D_{2021}\times(1-g)}{r-g} = \frac{\$3.48\times(1.03)}{0.11-0.03} = \frac{\$3.58}{0.08} = \$44.81$$

4. 위에서 계산된 주식을 $r = 11\%$로 현재가치로 할인:

$\$44.81 \div (1.11)^3 = \$32.76$ (5단계로)

5. 초기 배당금 흐름(2단계)의 현재가치를 초기 성장기 말 주식가격의 현재가치(4단계)에 가산:

Sweatmore 주식의 가치 = \$7.43 + \$32.76 = \$40.19

기대성장률 구하기 기계적으로 DVM을 적용하는 것은 매우 간단하다. 미래 배당금, 미래 배당금의 성장률, 요구수익률의 단지 3가지 핵심 정보만 필요하다. 그러나 이 모형은 자체적인 결함이 있다. DVM의 가장 어려운 (그리고 가장 중요한) 것은 미래 기간에 해당하는 적합한 성장률 g를 구하는 것이다. 일정성장이든 변동성장이든 배당평가모형을 사용하면 모형에서 구한 가치에 성장률 g는 커다란 영향을 미친다. 사실 성장률은 DVM 모형의 분자와 분모 모두에게 영향을 미치기 때문에 DVM은 사용된 성장률에 민감하다. 따라서 실무에서 분석가들은 주어진 기업과 주식의 성장률 g를 구하기 위해서 많은 시간을 사용한다.

앞서 살펴본 것처럼 회사의 배당금 증가율을 살펴보면 성장률을 단순하게 추정할 수 있다. 더 나은 접근법은 실제로 성장률을 주도하는 주요 요인을 살펴본다. 다행히도 실제로 널리 사용되는 접근법이 있다. 이 접근법은 미래의 배당금 증가가 기업이 벌어들인 수익률과 경영자가 회사에 재투자하는 자본의 수익률에 달려 있다고 가정한다. 수식 (8.10)은 이 아이디어를 보여준다.

$$g = \text{ROE} \times \text{기업의 유보율}(rr) \quad (8.10)$$

여기서

$$rr = 1 - \text{배당성향} \quad (8.10a)$$

수식 (8.10)에 있는 두 변수(ROE와 rr)는 모두 기업의 성장률과 직접 관련되어 있고 기업의 미래성장에서 중요한 역할을 한다. **유보율(retention rate)**은 이익 중에서 기업이 기업 내로 회수하는 퍼센티지를 의미한다. 따라서 만일 기업이 이익의 35%를 배당금으로 지급하면(즉, 35%의 배당성향을 가진다), 유보율은 65%가 된다. $rr = 1 - 0.35 = 0.65$. 사실 유보율은 기업의 성장을 위해 회사로 다시 유입되는 자본의 양을 말한다. 다른 것이 일정하다면, 자금관리자가 더 많이 기업에 재투자할수록 성장률은 높아진다.

수식 (8.10)의 또 다른 요소는 익히 알고 있는 자본이익률(ROE)이다. 확실히 유보된 자본에서 더 많은 이익을 얻을수록 성장률은 높아진다. ROE는 세 가지 요소, 즉 순이익률, 총자산 회전율, 자기자본 승수[수식 (7.15) 참고]의 곱이다.

사 례

기업의 성장률 추정에 대한 대안적 접근법

기업이 평균적으로 이익의 80%를 유보하고 ROE는 약 18%를 산출하는 상황을 고려하자. (기업의 ROE는 순이익률 7.5%, 총자산 회전율 1.20, 자기자본 승수 2.0에서 나왔음.) 이러한 상황에서, 우리는 기업의 성장률을 약 14.4%로 기대할 수 있다.

$$g = \text{ROE} \times rr = 0.18 \times 0.80 = 14.4\%$$

이 회사는 주식 발행으로 더 많은 자본을 조달하거나 차입을 통해 자기자본 승수를 높이면 더 빠른 성장을 달성할 수도 있다. 기업이 그렇게 하지 않기로 결정하면 수식 (8.10)은 회사가 달성할 수 있는 성장에 대한 좋은 아이디어를 제공한다. 회사의 성장률 추정치를 구체화하려면 공식의 두 가지 주요 구성요소(ROE 및 rr)를 고려하여 주요 변화를 겪을 가능성이 있는지 확인한다. 그렇다면 ROE 또는 rr의 변화가 성장률에 미칠 수 있는 영향은 무엇인가? DVM 자체가 사용된 성장률에 민감하기 때문에 성장률을 일으키는 요소(ROE와 rr)를 연구하는 데 시간을 들여야 한다. 너무 높게 성장률을 가정하면 내재가치도 높아져서 투자자가 매입해서는 안 되는 주식을 매입하도록 유도할 수 있다.

기타 주식의 가치평가 방법

DVM 이외에 시장은 주식의 또 다른 가치평가 방법을 개발해 왔다. 일부는 단순히 DVM의 변형이지만, 다른 대안적인 방법들도 있다. 이러한 방법을 사용하는 동기는 투자자들에게 무배당 주식의 가치평가를 가능하게 하는 기술을 찾기 위해서이다. 또한 다양한 이유 중에 일부 투자자들은 가치평가의 기초로 기업의 이익에 의존하지 않는 방법을 선호하기 때문이다. 이러한 투자자들을 위해 이익이 아니라 현금흐름, 매출액, 혹은 장부가치를 대신에 중요하게 사용한다.

많은 투자자들에게 유명한 가치평가 방법 중 하나는 소위 **주주 잉여현금흐름법**(free cash flow to equity method) 또는 간단히 **주주에게로 흐름법**(the flow to equity method)으로, 기업이 배당금으로 지급하든 안 하든 일반 주주를 위해 생성하는 현금흐름을 추정한다. 또 다른 것으로 주가수익률을 중심으로 주식의 가치평가를 행하는 **주가수익률 접근법**(P/E approach)이 있다. 이러한 절차의 중요한 장점 중 하나는 투입 변수를 배당금에 의존하지 않는다는 것이다. 따라서 투자자는 이 방법들을 이용하여 좀 더 성장중심적이고 배당금을 거의 지급하지 않거나 무배당인 기업의 주식 가치를 평가할 수 있다. (금액 기준의) "정당한 가격"보다는 주식의 (퍼센트 기준의) 기대수익률을 얻는 기법과 더불어 두 가지 접근법을 살펴보자.

주주 잉여현금흐름 앞에서 보았듯이, 주식의 가치는 주주가 받는 미래 현금흐름의 금액과 시기, 그리고 이러한 현금흐름과 관련된 위험에 따라 달라진다. **주주 잉여현금흐름법**은 회사가 주주를 위해 생성하는 현금흐름을 추정하고 회사의 총 지분가치를 결정하기 위해 현금흐름을 현재가치로 할인한다. 이 모형은 기업이 배당금을 지급하거나 주식을 환매하여 잉여현금흐름을 분배하는지 또는 단순히 잉여현금흐름을 유보하는지 여부를 고려하지 않는다. 대신 모형은 단순히 "지분으로 흘러가는" 현금을 설명한다. 즉, 청구서를 지불하거나 새로운 투자에 자금을 조달할 필요가 없는 기업이 창출한 잔여현금흐름이다. 이 모형은 회사가 시간이 지남에 따라 창출할 잉여현금흐름을 추정하는 것으로 시작된다.

주주 잉여현금흐름은 기업이 모든 비용을 지불하고 운전자본과 고정자산에 필요한 투자를 한 후에 남아 있는 현금흐름이다. 여기에는 회사의 세후 이익이 포함되는

데, 감가상각과 같은 비현금비용은 더하고, 운전자본 및 고정자산에 대한 신규 투자는 차감한다. 주주 잉여현금흐름법을 사용하려면 배당평가모형이 장기 배당금 예측을 필요로 하는 것처럼 미래 주주 잉여현금흐름에 대한 예측이 필요하다. 현금흐름 예측을 통해 분석가는 주식으로 이동하는 잉여현금흐름의 현재가치를 발행주식 수로 나누어 주식의 내재가치를 계산한다. 다음 수식을 사용하여 주주 잉여현금흐름 모형을 요약할 수 있다.

$$\text{주식의 가치} = \frac{\text{미래 주주 잉여현금흐름의 현재가치}}{\text{발행주식 수}} \tag{8.11}$$

$$\text{잉여현금흐름} = \text{세후 이익} + \text{감가상각비} - \text{운전자본 투자} - \text{고정자산 투자}$$

$$V = \frac{\dfrac{FCF_1}{(1+r)^1} + \dfrac{FCF_2}{(1+r)^2} + \cdots}{N} \tag{8.11a}$$

여기서

FCF_t = 미래 t년의 잉여현금흐름

N = 보통주 발행주식 수

여기에는 배당성장모형과 유사한 점이 있다. 수식 (8.11a)는 미래 배당금이 아닌 미래의 잉여현금흐름을 할인한다는 점을 제외하면 현재가치 계산이다. 배당성장모형에서와 같이 잉여현금흐름은 시간이 지남에 따라 일정하게 유지되거나 일정한 비율로 증가하거나 시간에 따라 변하는 비율로 증가할 수 있다.

무성장 잉여현금흐름 Victor's Secret Sauce는 가정 요리사를 위한 다양한 병에 담긴 소스를 판매하는 전문소매업체이다. 작년(2018년) 이 회사는 세후 이익으로 $2.2백만을 창출했다. Victor's는 고정자산에 대해 $250,000에 해당하는 감가상각비를 계상하고 $50,000를 신규 운전자본에, $40,000를 신규 고정자산에 투자했다. 따라서 작년에 회사의 잉여현금흐름은 다음과 같다.

$$\text{Victor's Secret Sauce 잉여현금흐름(2018)} = \$2{,}200{,}000 + \$250{,}000 - \$50{,}000 - \$40{,}000 = \$2{,}360{,}000$$

Victor's는 보통주 4백만 주를 발행했으며 회사의 주주는 투자수익률이 9%일 것으로 예상했다. Victor's가 추가 성장 없이 $2.36백만의 잉여현금흐름을 계속해서 창출할 것이라고 가정한다. 즉, Victor의 잉여현금흐름을 영구적으로 취급하므로 회사의 모든 미래 현금흐름의 현재가치는 다음과 같다.

$$\text{미래 현금흐름의 PV} = \$2{,}360{,}000 \div 0.09 = \$26{,}222{,}222$$

회사에 4백만 주의 발행주식이 있는 경우 해당 주식의 내재가치는 다음과 같다.

$$\text{Victor's의 보통주 가치} = \$26{,}222{,}222 \div 4{,}000{,}000\text{주} = \text{주당 } \$6.56$$

여기서 계산은 배당금이 일정하게 유지될 때 배당금 가치평가모형에서 사용한 접근법과 유사하다. 그러나 이 경우 배당금이 아닌 잉여현금흐름을 할인하고 있으며 회사가 실제로 이 현금을 금년에 배당금으로 지급할 것인지 여부에 대해서는 아무런 입장도 취하지 않는다.

일정성장 잉여현금흐름 이제 Victor's의 잉여현금흐름이 일정한 2% 비율로 시간이 지남에 따라 증가한다고 가정한다. 이는 회사가 2019년에 작년보다 2% 많은 현금흐름을 창출할 것임을 의미한다. 현금흐름이 증가함에 따라 Victor's의 주식은 비성장 사례보다 더 가치가 있어야 한다.

$$\text{미래 현금흐름의 PV(2018년)} = \text{현금흐름(2019년)} \div (r-g)$$
$$\text{미래 현금흐름의 PV} = \$2{,}360{,}000(1+0.02) \div (0.09-0.02)$$
$$= \$34{,}388{,}571$$
$$\text{보통주 가치} = 34{,}388{,}571 \div 4{,}000{,}000 = \text{주당 } \$8.60$$

일정성장 배당평가모형과 마찬가지로 Victor's의 미래 현금흐름의 현재가치를 구했다. 내년의 예상 현금흐름을 요구수익률과 현금흐름의 예상 성장률의 차이로 나눴다.

변동성장 잉여현금흐름 마지막으로 Victor's Secret Sauce가 향후 2년 동안 빠른 현금흐름 성장을 경험할 것으로 예상했다고 가정한다. 구체적으로 Victor's의 현금흐름이 내년에 20%, 그 다음 해에는 10%, 이후 모든 해에 대해 매년 2%씩 증가한다고 가정한다. 회사의 주식을 평가하기 위해 배당금이 변동률로 증가한 회사를 평가할 때 사용한 것과 동일한 방법을 따른다.

먼저 2019년과 2020년의 예상 잉여현금흐름을 계산한다. 작년의 현금흐름이 \$2.36백만이라면, 내년 현금흐름은 20% 증가한 \$2,832,000(즉, \$2,360,000×1.20)가

된다. 그 다음 해에 Victor's의 현금흐름은 \$3,115,200(즉, \$2,832,000×1.10)로 10% 증가했다. 9%의 요구수익률을 사용하여 향후 2년 동안 창출된 현금흐름의 현재가치를 계산할 수 있다.

연도	현금흐름	현재가치
2019	\$2,832,000	\$2,832,000 ÷ 1.09 = \$2,598,165
2020	\$3,115,200	\$3,115,200 ÷ 1.09^2 = \$2,622,002

다음으로 Victor's가 2021년 이후에 창출할 모든 현금흐름의 현재가치를 2020년 현재로 계산한다. 2021년에 전년도보다 2% 더 많은 현금흐름을 창출할 것이며, 그 시점부터 현금흐름은 일정한 2% 비율로 증가할 것이다. 2021년 이후에 창출될 모든 현금흐름의 현재가치(2020년 기준)를 다음과 같이 계산할 수 있다.

$$PV_{2020} = FCF_{2021} \div (r-g) = FCF_{2020}(1+g) \div (r-g)$$
$$PV_{2020} = \$3{,}115{,}200(1+0.02) \div (0.09-0.02) = \$45{,}392{,}914$$

Victor's가 2021년 이후에 창출하는 모든 현금흐름의 현재가치는 2020년 현재 거의 \$45.4백만이다. 추가 단계로 이 수치를 2년 더 할인해야 하므로 2018년의 현재가치를 계산하게 된다.

$$PV_{2018} = \$45{,}392{,}914 \div 1.09^2 = \$38{,}206{,}308$$

이제 급속한 성장단계(2019년과 2020년)에서 생산된 것과 일정성장단계(2021년 이후)에서 얻은 것을 포함하여 미래의 모든 현금흐름의 현재가치를 계산할 준비가 되었다. 이 총액을 4,000,000주로 나누면 Victor's의 내재가치가 추정된다.

$$\text{모든 미래 현금흐름의 현재가치} = \$2{,}598{,}165 + \$2{,}622{,}002 + \$38{,}206{,}308$$
$$= \$43{,}426{,}474$$
$$\text{보통주 가치} = \$43{,}426{,}474 \div 4{,}000{,}000 = \text{주당 } \$10.86$$

요약하면 Victor's의 내재가치는 현금흐름이 증가하지 않을 때 \$6.56, 현금흐름이 2%로 증가할 때 \$8.60, 2년 동안 빠르게 성장할 때 \$10.86이다. 이 방법은 배당보다는 현금흐름에 초점을 맞추기 때문에 아직 배당금 지급 이력이 없는 젊은 기업을 평가하는 데 적합하다.

IRR로 기대수익률 구하기 때때로 투자자는 현재 시장가격이 주어졌을 때, 내재가치를 추정하는 것보다 주식의 기대수익률을 추정하는 것이 더 편리하다고 생각한다. 이는 문제가 되지 않으며 그러한 목적을 달성하기 위해 주식 가치평가모형의 현재가치 차원을 희생할 필요도 없다. 시행착오를 통해 투자자는 지분으로의 미래 잉여현금흐름(또는 회사가 배당금을 지급하는 경우 미래 배당금)의 현재가치를 현재 주가와 동일하게 하는 할인율을 찾을 수 있다. 주식의 기대수익률을 추정한 후 투자자는 그 수익률이 위험을 감안할 때 주식 매수를 정당화하기에 충분한지 결정할 수 있다.

주식의 기대수익률을 추정하는 방법을 알아보려면 Victor's Secret Sauce의 변동성장 시나리오를 다시 한번 살펴보자. 2018년 말 현재 Victor's의 미래 잉여현금흐름은 다음과 같다.

2019년	\$2,832,000
2020년	\$3,115,200

2021년의 현금흐름은 2020년보다 2% 더 많고 2021년부터는 현금흐름이 2%로 무기한 증가할 것이다. 이는 2020년 현재 Victor's의 2021년 이후 현금흐름의 현재가치가 다음과 같음을 의미한다.

$$PV_{2020} = \frac{3,115,200(1.02)}{(r-0.02)} = \frac{3,177,504}{(r-0.02)}$$

따라서 Victor's의 지분으로의 현금흐름의 2018년 현재가치는 다음 수식으로 표현된다.

$$PV = \frac{2,832,000}{(1+r)} + \frac{3,115,200}{(1+r)^2} + \frac{3,177,504 \div (r-0.02)}{(1+r)^2}$$

2018년 Victor's의 주가가 \$12라는 것을 알고 있다고 가정해 보자. 4백만 주가 발행된 Victor's의 총 보통주 가치는 \$48백만이다. 그 가치는 Victor's의 주식에 대한 기대수익률에 대해 무엇을 의미하는가? 이전 수식에 \$48백만을 Victor's의 주주 잉여현금흐름의 현재가치로써 대입하고 시행착오 방법을 사용하여 r을 구하면 답을 얻을 수 있다. 방정식을 푸는 r의 값은 대략 8.34%이다. 이는 Victor's의 현금흐름 예측과 회사의 현재 \$12 가격을 고려할 때 기대수익률이 8.34%임을 의미한다. Victor's의 주식이 위험을 기준으로 9%의 수익을 지불해야 한다고 생각하는 투자자는 Victor's의 주식을 현재의 $12 가격에서 매력적인 주식으로 보지 않을 것이다.

주가수익률(P/E) 접근법 지금까지 살펴본 주식 가치평가 과정의 문제점 중 하나는 배당금 또는 잉여현금흐름에 대한 장기적인 예측이 필요하다는 것이다. 대량의 "자료 처리"와 관련되어 있으며 이러한 모형이 산출하는 가치는 당연히 여기에 들어가는 예측만큼만 우수하다. 다행히 좀 더 간단한 접근법이 있다. 주식의 가치평가를 위한 대안은 **주가수익률(P/E) 접근법**이다.

P/E 접근법은 전문적인 증권분석가들이 애용하고 있고 실무에서 널리 사용되고 있다. 사용 방법은 비교적 단순하고 앞서 소개된 표준 P/E 공식에 기반한다. 그때 주식의 P/E 비율은 주식의 시장가격을 EPS(주당이익)로 나눈 것과 같다는 것을 보여주었다. 수식을 이용하여 주식의 시장가격을 구할 수 있다.

$$\text{주식가격} = \text{EPS} \times \text{P/E 비율} \qquad (8.12)$$

수식 (8.12)는 기본적으로 주식 가치평가를 위한 P/E 접근법을 나타낸다. 즉, 주어진 추정 EPS 수치와 주식에 적합하다고 느끼는 P/E 비율로 주식가격을 결정한다. 수식 (8.12)를 이용하여 어떤 주식의 가격을 구할 수 있고 이를 주식의 현재 가격과 비교할 수 있다.

실제로 이 접근법은 시장에서 매일 사용된다. *Wall Street Journal*이나 온라인 정보를 통해 주식의 시세를 살펴보자. 시세표는 주식의 P/E 비율을 포함하고 있고 그것은 $1의 이익에 대해 투자자들이 얼마를 지불할 용의가 있는지를 보여준다. 특히 이 비율은 지난 12개월 동안의 주당 이익(후행 이익으로 알려진)과 최신 주가를 연결한다. 그러나 실제로 투자자들은 과거 이익 때문이 아니라 추정된 미래 이익 때문에 주식을 매수한다. 따라서 수식 (8.12)에서 내년의 추정 EPS를 사용하는 것이 일반적이다. 즉, 1년 뒤의 예상 이익을 사용한다.

P/E 접근법을 실행하는 데 우선 해야 할 것은 내년의 추정 EPS 수치를 얻는 것이다. 이 장의 앞부분에서 우리는 어떻게 해야 하는지를 보았다. [예를 들어, 수식 (8.2)와 (8.3)을 참조] 주어진 추정 EPS를 가지고 다음 단계로는 P/E 비율을 산출하는 변수들을 평가한다. 대부분의 평가는 직관적이다. 예를 들어, 해당 주식 이익의 기대성장률, 기업의 자본구조나 배당금의 잠재적인 변화, 그리고 시장이나 산업의 상대적 P/E 배수와 같이 주식의 배수에 영향을 미칠 수 있는 기타 요인들을 살펴볼 수 있다. 투자자는 이러한 입력을 사용하여 주식의 P/E 비율을 추정한다.

추정 EPS와 함께 P/E 비율을 가지고 [수식 (8.12)를 통해] 주식이 거래되는 가격을 계산할 수 있다. 예를 들어, 시장에서 현재 주식이 $37.80로 거래된다고 하자. 지금부터 1년 뒤 이 주식이 주당 $2.25의 EPS를 가져야 한다고 추정되었다. 만일 주식이 추정이익의 20배의 P/E 비율로 거래되어야 한다고 느낀다면 주식은 주당 $45(즉, $2.25×20)로 평가되어야 한다. 주식의 현재 시장가격과 수식에서 얻은 목표가격을 비교하면 주식이 좋은 투자처인지 결정할 수 있다. 이 경우에 시장가격 $37.80보다 주식의 계산된 가격 $45가 높기 때문에 주식은 저평가되었다.

기타 주가-상대가치 방법

P/E 접근법에서 보았듯이 주가-상대가치 방법은 주식의 가치가 주당이익과 같은 주어진 기업의 성과특성과 직접적으로 관련되어 있다는 가정을 기초로 한다. 이러한 방법들은 판단과 직관에 크게 관련되어 있고 애널리스트의 시장 전문성에 크게 의존한다. P/E 접근법뿐만 아니라 주식의 가치평가를 위해 한두 가지 이유에서 이익 외의 다른 추정치를 사용하기 원하는 투자자들이 이용하는 몇 가지 주가-상대가치 방법이 있다. 그러한 방법들은 아래와 같다.

- 주가-현금흐름(price-to-cash-flow: P/CF) 비율
- 주가-매출액(price-to-sales: P/S) 비율
- 주가-장부가(price-to-book-value: P/BV) 비율

P/E 배수와 같이 이러한 방법들은 주식가격과 현금흐름, 매출액, 혹은 장부가치를 연결함으로써 주식의 가치를 결정한다.

주가-현금흐름(P/CF) 방법 이 측정치는 현금흐름이 순이익보다는 좀 더 정확한 기업의 진정한 가치를 보여준다고 믿는 투자자들에게 익히 알려져 왔다. 주식의 가치평가에 사용할 때, 계산 절차는 P/E 접근법과 거의 동일하다. 즉, 분석가들은 P/CF 비율을 이용하여 주식의 가치를 추정하기 위해 주당 현금흐름을 추정한다.

매우 간단하기는 하지만, 그럼에도 불구하고 이 절차는 하나의 문제점을 가지고 있다. 적절한 현금흐름의 측정치를 어떻게 정의하느냐의 문제이다. 일부 투자자들은 현금흐름표에서 얻어지는 영업활동으로부터의 현금흐름을 사용하고 일부 투자자는 잉여현금흐름(free cash flow)을 사용한다. 전문 분석가들이 사용하는 가장 보편적인 수치는 EBITDA(이자, 세금, 감가상각비를 제외한 이익)이고 여기서도 그것을 사용

할 것이다. EBITDA는 주요 비현금비용(감가상각비 등)이 영업이익(EBIT)에 다시 더해진 "현금이익"을 의미한다. 주가-현금흐름 비율은 다음과 같이 계산한다.

$$\text{P/CF 비율} = \frac{\text{보통주의 시장가격}}{\text{주당 현금흐름}} \tag{8.13}$$

여기서, 주당 현금흐름 = EBITDA ÷ 보통주의 발행주식 수.

P/CF 절차를 현재 주식의 시장가격을 평가하기 위해 사용하기 전에 먼저 1년 뒤의 추정 현금흐름을 얻어야 하고 적절한 P/CF 배수를 정의해야만 한다. 대부분의 기업에서 현금흐름(EBITDA)은 주주에게 돌아가는 순이익보다 큰 편이다. 따라서 현금흐름 배수는 대개 P/E 배수보다 낮을 것이다. 어떤 경우라도 일단 (주관적이든 혹은 과거 시장 정보를 이용하여 구하든) 적절한 P/CF 배수를 결정하면, 이 배수를 지금부터 1년 뒤 추정 주당 현금흐름에 곱하면 거래될 주식의 가격을 얻는다. 즉, 계산된 주식의 가격=주당 현금흐름×P/CF 비율이 된다.

사 례

주가-현금흐름 비율을 사용한 평가

어느 회사가 현재 $325백만의 EBITDA를 창출하고 있고 향후 12개월 뒤에는 12% 상승한 $364백만($325백만×1.12)을 얻을 것으로 예상되고 있다. 회사는 5.6백만 주의 발행주식을 가지고 있다고 가정하자. 주당 기준으로 기업의 추정 현금흐름은 $6.50이다. 만일 이 주식이 추정된 현금흐름의 약 8배의 가격으로 거래되어야 한다고 생각한다면 주당 약 $52의 가치로 평가되어야 할 것이다. 따라서 만일 현재 시장에서 $45.50(혹은 추정된 현금흐름의 7배)에 거래되고 있다면 우리는 주식이 저평가되었고, 따라서 가치 있는 투자 후보로 고려해야 한다고 결론을 내릴 수 있다.

주가-매출액(P/S)과 주가-장부가(P/BV) 비율 하이테크 신생기업과 같은 일부 기업은 이익이 거의 없다. 혹은 이익이 있더라도 매우 변동적이고 따라서 매우 예측 불가능하다. 이러한 경우에 이익에(심지어 현금흐름에) 기반한 가치평가 방법은 큰 도움이 되지 못한다. 따라서 투자자들은 예를 들어, 매출액이나 장부가치에 기반한 다른 방법을 찾는다. 거의 이익을 얻지 못하는 기업이라고 해도 거의 모든 기업은 매출액과 장부가치를 가지고 있다.

P/S 비율과 P/BV 비율을 사용하는 투자자는 P/E와 P/CF 방법을 사용하는 것과

투자자 오류

단명한 성장 소위 가치주는 낮은 P/B 비율을 가진 주식이고 성장주는 상대적으로 높은 P/B 비율을 가진다. 많은 연구에서 가치주가 성장주의 성과를 앞서는 것을 보여준다. 아마도 투자자들이 과거에 빠르게 성장했던 기업의 주식이 지속적으로 그럴 것이라고 과대평가하기 때문일 것이다.

투자자 현실

현명한 투자자들이 Etsy의 IPO 문제 발견하다 2015년 4월 수공예품 온라인 마켓 플레이스인 Etsy, Inc.는 IPO를 통해 대중에게 주식을 발행하여 상장기업이 되었다. 처음에는 주당 $16로 책정된 Etsy의 보통주는 첫 거래일에 두 배가 되었다. 이로 인해 Etsy의 주가-매출액 비율은 두 자릿수로 S&P 500의 P/S보다 몇 배 더 높으며 가장 빠르게 성장하는 일부 기술 주식보다 훨씬 높았다. Etsy의 부풀려진 P/S 비율은 주식이 거래 첫 두 달 동안 가치의 40% 이상을 잃었기 때문에 다가올 문제의 신호였다.

정확하게 같다. 수식 (7.21)에서 P/BV 비율을 아래와 같이 정의하였다.

$$\text{P/BV 비율} = \frac{\text{보통주의 시장가격}}{\text{주당 장부가치}}$$

우리는 P/S 비율을 유사한 방법으로 아래와 같이 정의할 수 있다.

$$\text{P/S 비율} = \frac{\text{보통주의 시장가격}}{\text{주당 매출액}} \tag{8.14}$$

여기서 주당 매출액은 순연간매출액(혹은 수익)을 보통주 발행주식수로 나눈 것과 같다.

저렴한 주식을 추구하는 투자자들은 P/S 비율이 2.0보다 낮은 주식을 찾는다. 이들은 이러한 증권이 잠재적인 미래 가격 상승의 가능성을 가진다고 믿는다. 이러한 투자자들에게 특별히 매력적인 주식은 P/S 배수가 매우 낮아서 1.0보다 작은 것이다. 낮은 배수에 강조점이 있다고 하더라도 높은 P/S 비율이 반드시 나쁜 것은 아니라는 점을 명심하자. 예를 들어, 3.0이나 4.0 이상의 높은 배수가 정당화될 수 있는데, 기업의 순이익률을 살펴보자. 지속적으로 높은 순이익률을 창출하는 기업은 높은 P/S 비율을 가진다. 기억해야만 하는 가치평가 규칙이 있다. 높은 순이익률은 높은 P/S 배수와 직접적인 관련이 있다. 높은 순이익률을 가진 기업은 매출액의 많은 부분이 손익계산서의 맨 아래 줄에 있는 순이익의 형태로 내려오기 때문에 일리가 있는 것이다.

또한 주가-장부가 비율도 P/E 비율보다 낮은 경향이 있다. 2018년에 일반적인 미국 기업의 주가-장부가 비율은 3.0을 약간 넘었지만 그 비율은 기업과 산업에 따라 상당히 다르다. 때로는 업계의 주가-장부가 비율이 매우 높아질 수 있다. 시장이 업계의 전망에 대해 너무 활기차기 때문이 아니라 업계의 장부가치가 비정상적으로 낮기 때문이다(수익이 하락할 때 P/E 비율이 급등할 수 있는 것처럼). 이러한 경고에도 불구하고 많은 투자자들은 주식이 장부가치의 7~8배에 거래될 때 과대평가되고 있다고 생각한다.

개념 리뷰

해답은 www.pearson.com/mylab/finance에서 찾을 수 있음.

8.6 배당평가모형(DVM)을 간략하게 기술하고 이 모형의 3가지 유형을 설명하라. CAPM이 어떻게 DVM과 어울리는지 설명하라.

8.7 주식의 가치평가에서 변동성장 배당평가모형과 주주 잉여현금흐름법의 차이점은 무엇인가? 어느 방법이 배당금이 작거나 없는 성장형 주식의 가치평가에 더 적합한가? 설명하라.

8.8 주식의 기대수익률을 어떻게 발견할 것인가? 그러한 정보가 주식의 선택 과정에 어떻게 사용될 수 있는지 요약하라.

8.9 주식의 가치평가를 위한 P/E 접근법을 간략하게 기술하고 이 방법이 변동성장 DVM과 어떻게 다른지 요약하라. P/CF 접근법을 설명하고 주식의 가치평가 과정에서 어떻게 사용되는지 요약하라. P/CF 접근법과 P/E 접근법을 비교하고 각 방법의 상대적인 장단점을 요약하라.

8.10 주가-매출액(P/S) 비율을 설명하고 주식의 가치평가에 어떻게 사용하는지 설명하라. 단순히 P/E 배수를 사용하지 않는 이유는 무엇인가? P/S 비율은 P/BV 측정치와 어떻게 다른가?

토론문제

LG1 **Q8.1** Yahoo! Finance 또는 다른 온라인에서 관심을 가질 만한 회사를 선택한다(**힌트**: 최소한 7년 이상 공개적으로 거래된 기업을 선택하고 공공서비스제공기업, 은행 및 기타 금융기관은 제외한다). 선택한 온라인에서 회사에 관한 최근의 분석 보고서를 구한다. 이 장에서 배운 가치평가 기법과 함께 역사적 자료와 예측된 자료를 이용하여 당신이 이 주식에 지불할 최대 (정당한) 가격을 계산하라(여기서 시장수익률은 8%, 무위험수익률로는 최근의 3개월 만기 국채 이자율을 이용한다).

a. 최근의 주식시장가격과 비교해서 계산한 정당한 가격은 어떠한가?

b. 이 주식을 가치있는 투자 후보라고 생각하는가? 설명하라.

LG5 LG6 **Q8.2** 이번 장에서 우리는 9가지 주식 가치평가 절차를 검토하였다.

- 제로성장 DVM
- 일정성장 DVM
- 변동성장 DVM
- 주주 잉여현금흐름 접근법
- 기대수익률(IRR) 접근법
- 주가수익률(P/E) 접근법
- 주가-현금흐름(P/CF) 비율
- 주가-매출액(P/S) 비율
- 주가-장부가(P/BV) 비율

a. 이러한 절차들 중에서 어떤 방법(들)이 다음 상황의 가치평가에 적절할 것인가?
   1. 배당금을 (거의) 지급하지 않는 성장 주식
   2. S&P 500
   3. 이익에 대한 기록이 거의 없는 비교적 신생 기업
   4. 대규모, 성숙형, 배당지급 기업
   5. 고정 배당금을 지급하는 우선주
   6. 대규모 감가상각비를 가진 기업

b. 언급된 9개의 절차 중에서 3가지 최선의 방법을 선택한다면? 설명하라.

c. 만일 실무에서 한 개의 방법을 선택한다면 어떤 것이 되어야 하는가? 설명하라. (**주의**: 앞서 언급된 절차 중에서만 선택하라.)

LG1 LG3 Q8.3 주식의 가치평가 절차에서 미래가 기여하는 역할을 설명하라. 역사적 정보만을 기초로 가치평가를 하지 않는 이유는 무엇인가? 주식의 내재가치는 요구수익률과 어떻게 연관되어 있는가? 요구수익률이 증가하면 주식의 가치에 어떤 일이 일어나는지 설명하라.

LG4 Q8.4 투자자가 일정성장 DVM으로 주식의 가치를 평가한다고 가정하자. 아래 기술된 것은 주식의 가치를 계산하는 데 영향을 주는 다양한 상황이다. 이러한 상황들을 각각 살펴보고 이러한 상황이 주식의 가치를 올리는지, 내리는지, 혹은 일정하게 유지하는지 설명하라.

a. 배당성향의 증가
b. 주식의 베타 상승
c. 자기자본 승수의 하락
d. 무위험수익률의 하락
e. 순이익률의 상승
f. 총자산 회전율의 하락
g. 시장수익률의 상승

현재의 배당금(D_0)이 일정하게 유지되고, 기타 다른 모든 변수들이 일정하다고 가정하자.

연습문제

LG1 P8.1 요르단 암만에 있는 한 투자자는 암만 인터콘티넨탈 호텔의 내년 매출이 약 150백만 요르단 디나르가 될 것으로 추정한다. 이 회사는 1,000만 주가 발행되고 순이익률은 약 15%이며 배당률은 40%이다. 모든 수치는 내년에도 유지될 것이라 예상한다. 주어진 정보를 가지고 다음을 계산하라.

a. 내년의 순이익 추정
b. 내년의 주당 배당금
c. 주식의 추정가격(P/E 비율이 이익의 24.5배라고 가정)
d. 추정 보유기간수익률(최근의 주가: 주당 40요르단 디나르)

LG2 P8.2 Taurus Corp은 2016년에 $35백만의 매출액을 기록했고 2017년에는 $51,230,000의 매출액을 기대하고 있다. 회사의 순이익률은 2016년에 4%였고 2017년에는 6%로 증가할 것으로 예상된다. 회사의 2017년 순이익을 추정하라.

LG2 **P8.3** Sirius Lawnmower Co.의 총자기자본은 $450백만이고 발행주식 수는 150백만 주이다. ROE는 18%이다. EPS는 얼마인가?

LG2 **P8.4** Hydra Corporation의 총자기자본은 $300백만이고 발행주식 수는 120백만 주, ROE는 20%이다. EPS가 25%이다. 회사의 주당 배당금을 구하시오(penny서 반올림).

LG2 **P8.5** Peugeot의 ROE는 14.4%이다. 주당이익은 €3.16이고 주당 배당금은 €0.97이다. Peugeot의 성장률을 추정하라.

LG2 **P8.6** 지난해에 Black Hole Company는 이자비용으로 $90백만을 지불하였고 연평균 이자율은 15%이다. 회사의 ROE는 20%이고 배당금은 없다. 이자율이 20% 하락하고 회사는 일정한 자기자본 승수 25%를 유지한다면 내년의 이자비용은 얼마인가?

LG2 **P8.7** Yahoo! Finance 또는 다른 온라인에서 10년 이상 상장된 회사를 선택하고 10년 동안 주당 배당금을 확인하라. 아래 템플릿과 같은 Excel 스프레드시트를 사용하여 회사의 과거 배당성장률을 찾아라.

	A	B
1	배당 흐름에 대한 성장률	
2	연도	배당($)
3	2007	0.26
4	2008	0.34
5	2009	0.34
6	2010	0.5
7	2011	0.55
8	2012	0.55
9	2013	0.55
10	2014	0.73
11	2015	0.64
12	2016	0.72
13	연 성장률	=RATE((A12−A3),0,−B3,B12,0)

셀 B13의 입력은 =RATE((A12−A3),0,−B3,B12,0)
(A12−A3)는 성장하는 연도수를 계산한다.
배당금을 현금유출로 간주하기 때문에
B3 앞에 음수 부호를 표기한다.

LG2 **P8.8** Pierre Francois는 Renault SA의 일부 주식을 주당 €60.85에 매입할 생각이다. 그는 주식가격이 향후 2년 동안 €70.0까지 상승할 것으로 예상하고 있다. 이 기간 동안 그는 또한 주당 €2의 연간 배당금을 받을 것으로 예상한다.

a. 요구수익률이 5%라면 이 주식의 내재가치는 얼마인가?

b. 기대수익률은 얼마인가?

LG4 **P8.9** 분석가들은 Volkswagen AG가 내년에 주당 €4.86의 배당금을 지급할 것이라고 예측했다. 투자자는 회사 주식에 대해 5%의 수익률을 요구하며 배당금은 연간 3% 증가할 것으로 예상한다. 배당평가모형을 사용하여 회사 보통주의 내재가치를 구하라.

MyLab LG4 **P8.10** TXS Manufacturing은 주당 $65의 액면가를 가진 뛰어난 우선주 발행을 가지고 있다. 우선주는 매년 10%의 비율로 배당금을 지급한다.

a. TXS 우선주에 대한 연간 배당금은 얼마인가?

b. 투자자가 이 주식에 대해 8%의 수익을 요구하고 다음 배당금을 지금부터 1년 후에 지급해야 하는 경우 TXS 우선주의 가격은 얼마인가?

c. TXS가 지난 2년 동안 우선주에 대해 배당금을 지급하지 않았지만 투자자들은 1년 후에 다시 배당금을 지급할 것이라고 믿고 있다고 가정한다. TXS 우선주가 배당금을 누적지급하고 투자자가 8%의 수익률을 요구하는 경우, TXS 우선주의 가치는 얼마인가?

LG4 **P8.11** Jack은 주식 구매를 고려 중이다. 주식은 주당 $3.00의 일정한 연간 배당금을 지불하며 현재 $21에 거래되고 있다. 이 주식에 대한 Jack의 요구수익률은 13%이다. 이 주식을 매입해야 하는가?

MyLab LG4 LG5 **P8.12** Kelsey Drums Inc.는 미국 전역의 오케스트라에 고급 타악기를 공급하는 업체이다. 회사의 Class A 보통주는 지난 12년 동안 주당 $2.80의 배당금을 지급했다. 경영진은 가까운 장래에 해당 금액을 계속 지불할 것으로 기대한다. Kim Arnold는 주식에 대한 요구수익률이 7.6%였던 10년 전에 Kelsey Class A 보통주 200주를 매입했다. 그녀는 오늘 자신의 주식을 팔고 싶어 한다. 주식에 대해 현재 요구수익률은 9.25%이다. Kim은 그녀의 주식에 대해 얼마나 많은 자본이득 또는 손실을 갖게 되는가?

LG4 LG5 **P8.13** Wilbur와 Orville는 형제이다. 모두 진지한 투자자이지만 서로 다른 주식 평가 방법을 사용한다. 형인 Wilbur는 배당평가모형을 선호한다. Orville은 주주 잉여현금흐름 접근법을 선호한다.

현재 모두 동일한 주식, Wright First Aerodynamics Inc.(WFA)를 고려하고 있다. 이 회사는 NYSE에 50년간 상장되어 있고 탄탄한 성숙형 기업으로 배당금을 지급한다. 형제들은 WFA에 대한 다음 정보를 모았다.

- 현재 배당금(D_0)=\$2.00/주
- 현재 잉여현금흐름(FCF_0)=\$1백만
- 배당 및 현금흐름의 기대성장률(g)=6.0%
- 요구수익률(r)=11.0%
- 발행주식 수=600,000

Wilbur와 Orville은 각각 이 주식의 가치를 어떻게 평가하는가?

LG5 **P8.14** Ben's Banana Splits의 주식에 대한 다음 정보를 수집했다고 가정한다. 회사의 최근 배당금 주당 \$2.00는 내년에는 \$2.27, 그 다음 해에는 \$2.71, 3년 후에는 \$3.10로 증가할 것으로 예상된다. 그 후 배당금이 일정한 7% 비율로 증가할 것이라고 생각한다.

a. 배당평가모형의 변동성장 가정과 12%의 요구수익률을 사용하여 주식 가치를 계산하라.

b. 3년 동안 주식을 보유하고 \$3.10 배당금을 받은 후 즉시 매각할 계획이라고 가정한다. 당시 주식의 예상 판매가격은 얼마인가? 항목 (a)에서와 같이 12%의 요구수익률을 가정한다.

c. 항목 (a)에서 계산한 가치와 동일한 가격을 지불하고 오늘 주식을 매수한다고 가정한다. 3년 동안 주식을 보유하고 앞서 설명한대로 배당금을 받는다. 세 번째 배당금을 받은 직후, 항목 (b)에서 계산된 가격으로 주식을 판매한다. IRR 접근법을 사용하여 3년 동안 주식에 대한 기대수익률을 계산하라. 계산하기 전에 답이 무엇인지 짐작할 수 있었는가?

d. 주식의 현재 시장가격이 실제로 \$46.77라고 가정한다. 항목 (a)의 분석에 따르면 주식이 과대평가되었거나 저평가되었는가?

e. 친구가 Ben's Banana Splits의 향후 배당금에 대한 당신의 예상에 동의하지만 3년 후 회사가 \$3.10 배당금을 지급한 직후 주식이 시장에서 \$54.68에 판매될 것이라고 믿는다. 그 신념과 항목 (d)의 현재 시장가격과 함께 친구가 향후 3년 동안 이 주식에서 얻을 것으로 기대하는 수익을 계산하라.

MyLab LG4 **P8.15** 일정성장 배당평가모형을 사용하여 다음 표에 표시된 각 기업의 가치를 계산하라.

기업	내년 추정 배당금	배당성장률	요구수익률
A	$1.20	8%	13%
B	$4.00	5%	15%
C	$0.65	10%	14%
D	$6.00	8%	9%
E	$2.25	8%	20%

LG6 **P8.16** 당신은 West Coast Electronics 주식을 매수하는 것을 고려 중이다. 지금까지 당신의 분석으로 다음과 같은 정보를 알게 되었다. 주식은 연간 배당금으로 주당 $5.00를 무기한 지급한다. 주식은 P/E가 이익의 10배로 거래되고 베타는 1.2이다. 추가적으로 CAPM에 무위험수익률로 3%를 시장수익률로 10%를 사용할 것이다. 당신은 주식을 3년 동안 보유할 것이고 그때 EPS는 주당 $7에 이를 것이라 생각한다. 주식이 현재 $62에 거래되고 있다면 IRR 방법으로 이 증권의 기대수익률을 구하라. 이제 배당평가모형(일정한 배당금)으로 이 주식의 가격을 구하라. 이 주식이 당신에게는 좋은 투자로 보이는가? 설명하라.

LG6 **P8.17** Qatar Construction Co.의 주식가격은 현재 QR20(카타르 리얄)이다. 회사는 배당금을 지불하지 않는다. Serag El Din Gassem은 3년 후 주당 가격이 QR30이 될 것으로 예상하고 있다. 8%의 수익률을 원한다면 Qatar Construction 주식을 사야 하는가? 설명하라.

LG5 **P8.18** 2018년 Audi AG는 주주에게 주당 €4.80의 연간 배당금을 지급했다. 한 주요 중개회사는 최근 Audi에 대한 보고서를 통해 회사의 연간 배당금이 향후 7년 동안 매년 5%의 비율로 증가한 다음 안정화되고 그 후 3%로 성장할 것이라고 예측했다.

a. 변동성장 DVM과 요구수익률 8.6%를 사용하여 당신이 이 주식에 지불할 수 있는 최대 가격을 구하라.

b. 이번에는 7년이 지난 후 배당금의 성장이 멈춘다고 가정하고 앞의 항목 (a)를 다시 계산하라(8년 및 그 이후부터 $g=0$). 주어진 모든 다른 정보를 이용하여 내재가치를 구하라.

c. 앞의 2개 답변을 비교하고 의견을 기술하라. 가치평가모형에서 성장은 얼마나 중요한가?

MyLab LG5 **P8.19** Newman Manufacturing은 Grips Tool 주식의 현금 구매를 고려하고 있다. 방금 완료된 연도 동안 Grips는 주당 $4.25를 벌었고 주당 $2.55의 현금 배당금을 지급했다($D_0=\$2.55$). Grips의 수익과 배당금은 향후 3년 동안 연간 25%로 성장할 것이 예상되며 그 이후에는 무한대로 연간 10%씩 성장할 것으로 예상된다. Newman이 Grips와 유사한 위험 특성을 가진 투자에 대해 15%의 요구수익률을 가지고 있는 경우 Newman이 Grips에 대해 지불해야 하는 주당 최대 가격은 얼마인가?

LG5 **P8.20** 지난해에 주당 $1.85의 동일한 연간 배당금을 지급한 3개 회사가 있다고 가정하자. 추가로 각 회사의 미래 배당성장률은 다음과 같이 추정되었다.

Buggies-Are-Us	Steady Freddie, Inc.	Gang Buster Group	
g = 0	g = 5%	연도 1	$2.13
(배당금은	(예측가능한 미래 동안)	2	$2.45
주당 $1.85로 유지)		3	$2.81
		4	$3.24
		5	$3.72
		5년 이후: g=5%	

또한 조금 이상한 상황을 가정하자면, 이 3개 회사는 모두 동일한 요구수익률(r=12%)을 가진다.

a. 적절한 DVM을 이용하여 이들 회사의 가치를 평가하라.
b. 이들 3개 회사의 상대적 가치에 대해 논의하라. 가치평가에서 차이를 일으킨 주요 원인은 무엇인가?

LG5 **P8.21** The Millennium Company는 작년에 $2.5백만의 순이익을 얻었다. 감가상각비 $300,000를 공제하고 운전자본과 고정자산에 각각 $100,000 및 $350,000의 신규 투자를 했다.

a. 작년 Millennium의 잉여현금흐름은 얼마인가?
b. 회사의 잉여현금흐름이 매년 5%씩 영원히 증가할 것으로 예상한다고 가정해 보자. 투자자가 Millennium 주식에 대해 8% 수익을 요구하는 경우 Millennium의 미래 잉여현금흐름의 현재가치는 얼마인가?
c. Millennium은 보통주 3.5백만 주를 발행하였다. 보통주의 주당 가치는 얼마인가?
d. 작년 수익(즉, 후행 수익)을 기준으로 Millenium의 P/E 비율은 얼마인가?
e. 내년 수익을 기준으로 Millenium의 P/E 비율은 얼마인가(수익이 잉여현금흐름과 동일한 비율로 증가한다고 가정)?

LG6 **P8.22** Nextbig Corp.의 현재 매출액은 $870백만이다. 매출은 내년(1년차)에 26% 성장할 것으로 예상된다. 다음 해(2년차) 동안 매출성장률은 13%에 달할 것으로 예상된다. 향후 2년 동안 회사는 순이익률 11%, 배당률 40%를 달성하고 보통주 24백만 주를 유지할 것으로 예상된다. 주식은 항상 수익의 15배의 P/E로 거래되며 투자자는 18%의 요구수익률을 갖는다. 주어진 정보를 이용하여 다음을 계산하라.

a. 주식의 내재가치(합당한 가격)를 계산하라.

b. 주식이 현재 주당 $38에 거래된다면, IRR 방법을 이용하여 주식의 기대수익률을 계산하라.

c. 1년차와 2년차에 대한 주식의 보유기간수익률을 계산하라.

LG3 LG5 **P8.23** GenCap Advisory는 Banca Mediolanum에 대하여 강력하게 매수를 추천했다. 결과적으로 회사의 주식을 분석하고 평가하기로 결정했다. 찾은 내용은 다음과 같다. 올해 Banca Mediolanum은 주주들에게 주당 €4.5의 연간 배당금을 지급했지만, 높은 수익성장률로 인해 향후 5년간 연간 8%씩 배당금이 증가한 후 안정적으로 연간 4%씩 성장할 것으로 예상된다. 지금까지 주식의 베타가 1.23이고 무위험수익률이 2.5%이며 시장의 기대수익률이 10.5%라는 것을 알게 되었다. CAPM을 사용하여 요구수익률을 찾고 주식의 가치를 계산하라.

LG5 **P8.24** Brembo는 자동차 디스크 브레이크 기술분야의 세계적인 리더이자 혁신기업이다. 현재는 배당금을 지급하지 않지만 4년 내에 배당금을 지급할 것으로 예상된다. 즉, Brembo는 3년 동안 배당금을 지급하지 않고 4년차에 첫 배당금(주당 €2)을 지급할 것으로 예상된다. 회사가 배당금을 지급하기 시작하면 계속해서 배당금을 지급할 것으로 예상된다. 회사는 배당성향을 38%로, 자기자본수익률을 19%로 유지할 것으로 기대하고 있다. DVM에 근거해서 요구수익률이 14%라면 이 주식을 오늘 매수하기 위해 당신은 최대한 얼마를 지불하겠는가?

MyLab LG4 LG5 **P8.25** 당신은 Azure Corporation의 보통주 구매에 관심이 있다. 회사는 최근 주당 $3.00의 배당금을 지불했다. 회사는 수익과 배당금이 가까운 장래에 7%의 속도로 증가할 것으로 예상한다. 현재 유사한 위험이 있는 주식은 10%의 수익률을 요구한다.

a. 앞의 자료가 주어졌다면 이 증권의 현재가치를 계산하라. 일정성장 배당평가모형(수식 (8.8))을 사용하여 주식 가치를 구하라.

b. 1년 후 브로커는 Azure의 추가 지분을 당신에게 $73에 판매 제안을 한다. 가장 최근에 지급된 배당금은 $3.21이었으며 수익에 대한 예상 성장률은 7%이다. 적절한 위험 프리미엄이 6.74%라고 결정하고 무위험수익률(RF)이 현재 5.25%인 것을 관측한 경우 회사의 현재 요구수익률은 얼마인가?

c. 수식 (8.8)을 적용하고 새로운 배당금과 항목 (b)의 요구수익률을 사용하여 주식 가치를 계산하라.

d. 항목 (c)의 계산을 감안할 때 브로커로부터 주당 $73에 추가 주식을 매수하겠는

가? 설명하라.

e. 항목 (c)의 계산을 감안할 때 기존 주식을 $73에 판매하겠는가? 설명하라.

MyLab LG4 **P8.26** Rhyhorn Company 보통주의 내재가치를 예측하기 위해 변동성장 모형을 적용하는 스프레드시트를 작성하라. 배당금은 향후 3년(2019, 2020, 2021) 동안 변동비율로 성장할 것이라고 가정한다. 그 후 배당금의 연간 성장률은 7%가 될 것으로 예상되며 예측가능한 미래까지 유지될 것이다. 최근(2018) 연간 배당금인 주당 $2.00부터 시작하여, Rhyhorn의 수익 및 배당금은 2019년에 18%, 2020년에 14%, 2021년에 9%씩 증가한 후 7%로 떨어진다. 회사의 위험 특성을 고려할 때 최소 요구수익률을 12% 이상으로 가정한다.

a. 2019년, 2020년, 2021년 동안 예상되는 연간 배당금을 계산하라.
b. 초기 변동성장 기간 동안 배당금의 현재가치를 계산하라.
c. 초기 성장기(2021년) 말에 Rhyhorn 주식의 가격이 어떻게 될 것이라고 생각하는가?
d. 항목 (c)에서 Rhyhorn 주식의 예상 미래가격을 결정한 후 주식가격을 현재가치로 다시 할인하라.
e. 앞의 계산을 기반으로 Rhyhorn 주식의 총 내재가치를 계산하라.

LG5 **P8.27** 특정 회사에 대해 다음 정보를 얻었다고 가정한다.

총자산	$100,000,000
총자본	$50,000,000
순이익	$6,500,000
EPS	$10.00/주당
배당성향	40%
요구수익률	12%

일정성장 DVM을 사용하여 이 회사의 주식의 가치를 계산하라.

MyLab LG6 **P8.28** Affiliated Computer Corporation의 주식을 구매할 생각이며 P/E 방식을 사용하여 주식을 평가하려고 한다. 내년 수익은 주당 약 $3.25가 될 것으로 예상하였다. 또한 주식은 일반적으로 시장의 1.2배의 상대 P/E로 거래되지만, 상대 P/E는 1.3배로 상승하는 반면 시장 P/E는 수익의 약 17배가 될 것이라고 생각한다. 이 정보를 감안할 때 이 주식에 대해 지불할 의사가 있는 최대 가격은 얼마인가? 오늘 주식을 $64.13에 매입하면 주식가격이 평가한 가치까지 올라갈 경우 수익률은 얼마인가? (주식이 배당금을 지급하지 않는다고 가정한다.)

LG5 **P8.29** Lynx Auto는 지난 12개월 동안 \$3.50의 EPS를 창출했다. 내년에도 회사의 실적은 20% 성장할 것으로 예상되며, 발행주식 수에 큰 변화가 없기 때문에 EPS는 거의 같은 비율로 증가할 것으로 예상된다. 주식이 수익의 약 20배의 P/E로 거래될 것이라고 생각한다. 이 주식에 대한 가치를 설정하기 위해 P/E 접근법을 사용하라.

LG6 **P8.30** Hino는 젊은 자동차 제조업체로 아직 수익을 내지 못하고 있다. Tsuyoshi는 Hino의 주식에 가치를 부여하려고 하지만 배당금을 지불하지 않고 P/E 비율도 계산할 수 없다. 결과적으로 그는 자동차 제조산업의 다른 주식을 살펴보고 이 회사를 평가할 수 있는 방법을 찾기로 결정한다. 그는 다음과 같은 정보를 찾았다(주당 데이터의 단위는 천엔).

	Hino	Honda	Daihatsu	Mazda
매출액	¥14.3	¥286.00	¥858.00	¥1,144.00
이익	−¥14.3	¥ 14.30	¥ 57.20	¥ 114.40
장부가치	−¥2.86	¥ 2.86	¥ 5.72	¥ 11.44
시장가치	?	¥ 29.32	¥ 85.8	¥ 111.54

Hino의 시장가치를 추정하라. 만일 Hino가 다른 기업에 비해 더 빨리 성장한다면 당신의 추정이 어떻게 바뀌는지 논의하라.

LG4 **P8.31** 문제 8.30의 Tsuyoshi는 Hino를 평가하기 위해 다른 접근법을 사용하기로 결정했다. 그는 주가-매출액 비율을 사용하여 주식을 평가할 계획이며 동일한 자동차 제조업체의 P/S 배수를 수집했다.

회사	P/S 배수
Honda	13
Daihatsu	11.2
Mazda	9.5

이 세 제조업체의 평균 P/S 비율을 계산하라. Hino가 내년 매출 ¥14,300백만을 창출하고 발행주식 100백만 주를 보유할 것으로 예상된다면, Tsuyoshi가 이전에 계산한 평균 P/S 비율을 사용하여 Hino의 주식 가치를 계산하라.

MyLab LG5 **P8.32** Nabor Industries는 상장을 고려하고 있지만 회사의 공정한 공모가격을 확신할 수 없다. 기업공개를 지원하기 위해 투자은행가를 고용하기 전에 Nabor의 관리자는 회사의 보통주 가치를 자체적으로 추정하기로 결정했다. 회사의 CFO는 잉여현금흐름 평가모형을 사용하여 평가를 수행하기 위해 자료를 수집했다. 회사의 가중평균자본비용은 11%이며 시장가치 기준으로 $1,500,000의 부채와 $400,000의 우선주가 있다. 2020년부터 2024년까지 향후 5년 동안의 예상 가능한 현금흐름이 제공된다. 2024년부터 무한대까지 이 회사는 잉여현금흐름이 매년 3%씩 증가할 것으로 예상한다.

연도(t)	잉여현금흐름(FCF_t)
2020	$200,000
2021	$250,000
2022	$310,000
2023	$350,000
2024	$390,000

a. 잉여현금흐름 평가모형을 사용하여 Nabor Industries의 전체 회사 가치를 추정하라.
b. 항목 (a)의 결과와 제공된 자료를 사용하여 Nabor Industries의 보통주 가치를 계산하라.
c. 회사가 보통주 200,000주를 발행할 계획이라면 주당 예상 가치는 얼마인가?

사례문제 8.1 | Chris는 새로운 재산을 투자할 방법을 찾고 있다

LG1 LG2 LG4

Chris Norton은 TV 슈퍼스타로 성장하고 있는 젊은 Hollywood 작가이다. 몇 개의 성공적인 TV 스페셜을 쓴 후에, 최근에 TV의 최고 시트콤의 수석 작가로 이름을 올렸다. Chris는 자신의 사업이 변덕스러운 것임을 잘 알기에 아버지와 매니저의 조언에 따라 투자 프로그램을 구축하려 했다. Chris는 $0.5백만을 올해 벌어들일 것이다. 그의 나이, 소득 수준, 그리고 투자금액으로 최대한 큰 수익을 올리고 싶은 욕구 때문에 그는 투기성 고성장 주식에 투자하기로 했다.

Chris는 현재 믿을 만한 Beverly Hills의 브로커와 함께하고 있으며 분산된 투기성 주식의 포트폴리오를 구성하는 과정이다. 브로커는 최근 그에게 새로운 신주에 대한 정보를 보냈다. 그녀는 Chris에게 관심이 있으면 숫자를 확인하고 1,000주를 매수하라고 조언했다. 그 중에서 기업의 3년 동안의 매출액은 다음과 같이 예측되었다.

연도	매출액(백만$)
1	$22.5
2	$35.0
3	$50.0

회사는 발행주식 수 2.5백만 주를 가지고 있다. 현재 주당 $70에 거래되고 있으며 배당금은 없다. 회사의 순이익률은 20%이며, 주식은 이익의 약 40배인 P/E로 거래되고 있다. 이 모든 운영 특성은 미래에도 지속될 것이다.

≫질 문

a. 주식에 대해 살펴보자.
   1. 향후 3년간 회사의 순이익과 EPS를 각각 계산하라.
   2. 지금부터 3년 뒤 주식의 가격을 계산하라.
   3. 모든 예측이 맞고 Chris가 주식을 $70에 매수한다고 가정하면 기대 투자수익률은 얼마인가?
   4. 이 주식의 매수가 직면한 위험은 무엇인가? 구체적으로 설명하라.
   5. 그는 투자할 가치가 있는 주식으로 간주해야 하는가? 설명하라.

b. Chris의 투자 프로그램에 대해 살펴보자.
   1. 그의 투자 프로그램에 대해 어떻게 생각하는가? 강점과 약점은 무엇이라고 생각하는가?
   2. 당신이 해줄 수 있는 조언이 있는가?
   3. Chris가 해외주식을 포트폴리오에 추가해야 한다고 생각하는가? 설명하라.

사례문제 8.2 | 고성장 주식의 분석

LG2 LG6

Marc Dodier는 최근 대학을 졸업하고 캔자스시티의 Lippman, Bricbats, and Shaft 브로커 회사에 증권분석가로 취업했다. Marc는 Wall Street의 가장 성공적이었던 증권발행인 C&I Medical Supplies를 분석했다. 이 회사는 최근에 괄목할 만한 성과를 냈고 심지어 뛰어난 성장 잠재력을 지녔다. 이 회사의 발행주식 수는 5백만 주이고 연간 5센트의 배당금을 지급한다. Marc는 아직 투자할 가치가 있는지 C&I를 좀 더 분석하기로 했다. 회사의 과거 5년 매출액은 아래와 같다.

연도	매출액(백만$)
2015	$10.0
2016	$12.5
2017	$16.2
2018	$22.0
2019	$28.5

Marc는 회사의 과거가 아니라 미래 전망에 대해 우려한다. 그 결과 그는 곰곰이 생각한 후에 미래 성과에 대해 아래와 같은 추정치를 만들 수 있었다.

추정된 순이익률	12%
추정된 연간 주당 배당금	5센트
발행주식 수	변화 없음
P/E 비율(2020년 말)	35
P/E 비율(2021년 말)	50

≫질문

a. 과거 5년간의 연간 매출액 평균 성장률을 계산하라. (2014년의 매출액은 $7.5백만으로 가정한다.)

1. 이 평균 성장률을 이용하여 내년(2020년)과 그 이후(2021년)의 수익(매출액)을 추정하라.
2. 향후 2년(2020년과 2021년)의 회사 순이익과 EPS를 구하라.
3. 마지막으로, 이 2년의 말에 미래 주식가격을 추정하라.

b. 내재적인 요인과 시장요인 때문에 Marc는 원하는 수익률의 가능한 수치로 25%를 생각하고 있다.

1. 25%의 수익률과 문제 a에서 얻은 예상 수치들을 이용하여 주식의 정당한 가격을 계산하라.
2. 만일 C&I가 현재 주당 $32.50에 거래되고 있다면, Marc는 이 주식을 투자할 만한 후보로 고려해야 하는가? 설명하라.

장 도입부 문제

이 장의 도입부분에서 Red Hat의 2018년 수익 발표에 대해 읽었다. Red Hat의 주당순이익은 해당 분기에 $0.72로 보고되었다. 간단한 가정을 하고 올해 수입이 주당 $2.88로 4배나 많았다고 가정해 보자. 발표 당시 미국 주식의 평균 P/E는 24에 가깝다.

a. 시장의 P/E와 Red Hat의 현재 수익을 사용하여 주식의 내재가치를 추정하는 경우 가치는 얼마인가?

b. 실적 발표 후 Red Hat의 실제 가격은 약 $141.14였다. 이것은 항목 (a)에 대한 당신의 답변에 대해 무엇을 말해주는가?

c. Red Hat이 모든 수익을 배당금으로 지급했다고 가정하자. 또한 투자자들이 회사가 계속 그렇게 할 것이라고 예상했고, 회사가 수익을 재투자하지 않았기 때문에 투자자들은 배당금 증가를 기대하지 않았다고 가정한다. Red Hat 주식에 대한 요구수익률이 9%인 경우 주가는 얼마인가?

d. 당시 Red Hat의 시장가격을 고려하여 항목 (c)에 대한 답변에 대해 언급하라.

CHAPTER 09

시장효율성과 행태재무

학습목표

이 장을 학습하면 다음을 수행할 수 있다.

- **LG1** 효율적시장의 특성을 기술하고 시장 이례현상을 설명한다. 그리고 시장이 효율적일 때 투자자가 직면하게 되는 과제를 확인한다.
- **LG2** 주식시장이 효율적임을 나타내는 증거를 요약한다.
- **LG3** 투자결정에서 투자자에게 체계적인 오류를 야기하는 4가지 “의사결정 함정”을 나열한다.
- **LG4** 행태재무가 시장의 이례현상과 투자자의 인지적 오류를 어떻게 연결하는지 설명한다.
- **LG5** 이동평균, 차트분석, 그리고 시장의 기술적 조건에 대한 다양한 지표를 포함하여, 기술적 분석의 일부 방법을 설명한다.
- **LG6** 개별 주식과 전반적인 시장에 적용하는 기술적 거래규칙을 계산하고 이용한다.

2017년 노벨 경제학상은 금융 분야에서 가장 큰 아이디어 중 하나인 효율적시장 가설에 도전하여 명성을 얻은 Richard Thaler에게 수여되었다. 이 가설은 무엇보다도 주가가 거의 무작위로 움직이고 주식시장에서 승자와 패자를 구별하여 평균보다 나은 수익을 얻으려는 시도는 헛수고라고 주장한다. 이 이론에 의하면 합리적인 투자자들 간의 경쟁이 시장 참여자들이 이용할 수 있는 모든 정보를 정확하게 반영하는 주가를 초래한다. 시장가격이 모든 정보를 반영한다면, 어떤 투자자도 지속적으로 과대평가되거나 저평가된 주식을 식별할 수 없으므로 어떤 투자자도 지속적으로 시장 평균을 능가하는 수익을 얻을 수 없다(위험 조정 기준).

Thaler는 적어도 부분적으로는 동의하지 않는다. 그는 투자자, 분석가, 심지어 기업의 관리자를 의미하는 자본시장의 참여자들은 때때로 그들의 결정을 흐리게 하는 인지적 오류의 영향을 받는다고 주장한다. 이러한 오류에는 사람들이 당연한 것보다 더 많은 위험을 감수하도록 유혹하는 과신, 사람들이 가치가 하락한 주식이나 기타 자산의 판매를 꺼리게 만드는 손실 혐오 등이 포함된다. Thaler의 연구는 주식시장을 포함한 모든 종류의 시장에서 비합리적인 행동이 성과에 미치는 영향을 조사하는 행태재무라고 부르는 성장하는 분야의 일부이다.

수년 동안 학계와 투자 전문가들은 이 논쟁의 반대편에 있었다. 학자들은 시장이 매우 효율적이고 아마추어나 전문 투자자 모두 시간이 지남에 따라 평균 이상의 수익을 얻을 가능성이 없다는 광범위한 합의가 있었다. 전문 투자 커뮤니티는 정교한 정보와 거래시스템에 접근할 수 있는 잘 훈련된 투자자가 고객에게 더 나은 수익을 제공할 수 있다고 주장하면서 이러한 견해에 대부분 동의하지 않았다. 아이러니하게도 시장효율성에 도전하는 학자들이 직업의 최고 영예를 받는 시기에, 투자 세계는 오히려 시장이 효율적이라는 관점으로 이동하는 것 같다. 실무자들 사이에 그러한 움직임의 징후로 인덱스펀드 및 ETF와 같은 저비용 투자 옵션이 성장하였다. 즉, “시장을 이기는” 것이 분명한 목표를 가진 투자자문사 덕분에 크게 성장했다.

효율적시장

LG1 LG2

주식시장을 합법적인 도박장과 별로 다르지 않은 것으로 보는 사람들도 있다. 그들은 주식가격은 거의 무작위로 움직이며, 경제나 특정 기업의 재무성과와 주가가 실질적인 연관성이 없다고 주장한다. 이런 관점을 지닌 사람의 눈에 시장의 등락은 사업의 본질적 결과가 아니라 투자자의 탐욕과 공포와 같은 감정에 의해 움직이는 것으로 보인다. 이번 장에서 우리는 주식시장(그리고 기타 금융시장)에서 가격과 실제 사업이 처한 상황의 연관성을 연구하고 어떻게 주식가격이 인간 감정에 영향을 받는지 학습한다.

우선 2000년에서 2018년 사이 Walmart의 분기별 매출액을 보여주는 〈그림 9.1〉을 보자. 잠깐만 살펴보더라도 두 가지 특징을 발견할 수 있다. 우선 Walmart의 매출액이 계속 증가해 왔다는 것이다. 2018년 4월에 회사는 1분기 매출액으로 $123십억을 기록했는데 그것은 2000년 같은 시기 매출액의 2배가 넘는 것이다. 아마 좀 더 놀라운 현상은 매년 1사분기에 Walmart의 매출액이 정점에 달한다는 것이다. 최고 매출액은 〈그림 9.1〉에 검정색 점으로 표시했는데 그것은 1월 31일에 끝나는 Walmart의 1사분기 매출액임을 알 수 있다. 다시 말해서, 2000년 이후 매년 Wal-

그림 9.1

Walmart의 분기별 매출액

2000년부터 2018년까지 Walmart의 분기별 매출액은 $43십억에서 $136십억으로 꾸준하게 성장했다. 장기적인 우상향 추세는 검정색 점으로 표시된 매년 1사분기 매출액의 연간 정점으로 계절적 추세로 표현된다. 1사분기의 매출액 정점은 크리스마스 쇼핑시즌 때문이며 소매기업에서는 일반적인 현상이다.

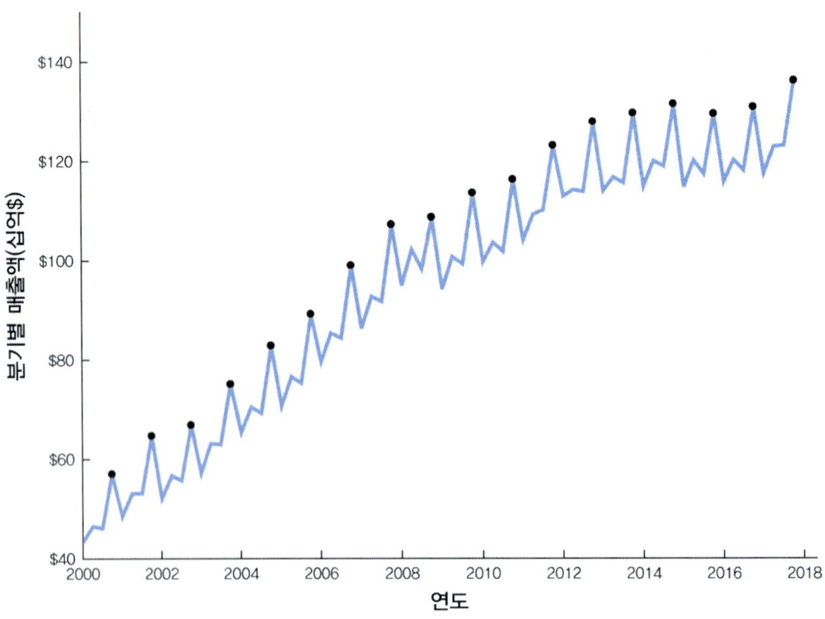

mart는 다른 분기보다 연말연시인 11월, 12월, 1월 동안에 안정적으로 높은 매출액을 보이고 있다. 이러한 패턴을 좀 더 생각해 보면 놀라운 일은 아니다. 거의 모든 미국의 소매기업이 크리스마스 시즌 때문에 연말 3개월 동안에 더 많은 매출을 올리고 있으며 Walmart도 예외는 아니다. 〈그림 9.1〉은 Walmart의 매출액이지만 순이익의 그래프도 유사한 패턴을 나타낸다.

Walmart는 거대한 기업으로, 미국 소매(자동차 제외) 매출액의 약 7%가 Walmart에서 발생한다. 그것은 매장이 넓어서 그렇기도 하겠지만 Walmart가 일상적인 생필품 판매에 집중하고 있기 때문에 Walmart의 재무성과는 예측하기 어렵지 않다. 이것이 〈그림 9.1〉의 또 다른 교훈이다. 오랜 기간 동안에 걸쳐 일어난 Walmart의 매출액 패턴의 지속성은 Walmart의 미래 성과의 예측이 최소한 아주 멀지 않은 미래에는 꽤 정확할 것임을 의미한다. Walmart의 주식가격 역시 예측이 가능한가?

〈그림 9.2〉는 〈그림 9.1〉과 같은 시기인 2000년부터 2018년 중반까지의 Walmart의 분기말 주식가격을 보여준다. Walmart의 주식가격은 2018년에 2000년보다 높은 것을 볼 수 있으나, 회사의 매출액처럼 비교적 부드러운 상승 추세를 보여주는 것은 아니다. 〈그림 9.1〉과 〈그림 9.2〉의 가장 눈에 띄는 차이점은 예측 가능한 매출액의

그림 9.2

Walmart의 주식가격

2000년에서 2018년 사이에 Walmart의 주식가격은 상승했지만, 예측 가능한 우상향을 보여준 것은 아니다. 더구나 Walmart 매출액이 보여주는 계절적 변동은 주식가격에서 나타나지 않는다. 1사분기의 주식가격을 검정색 점으로 표시했는데, 이 점들은 지난 15년 동안 어떠한 패턴도 보여주지 않는다.

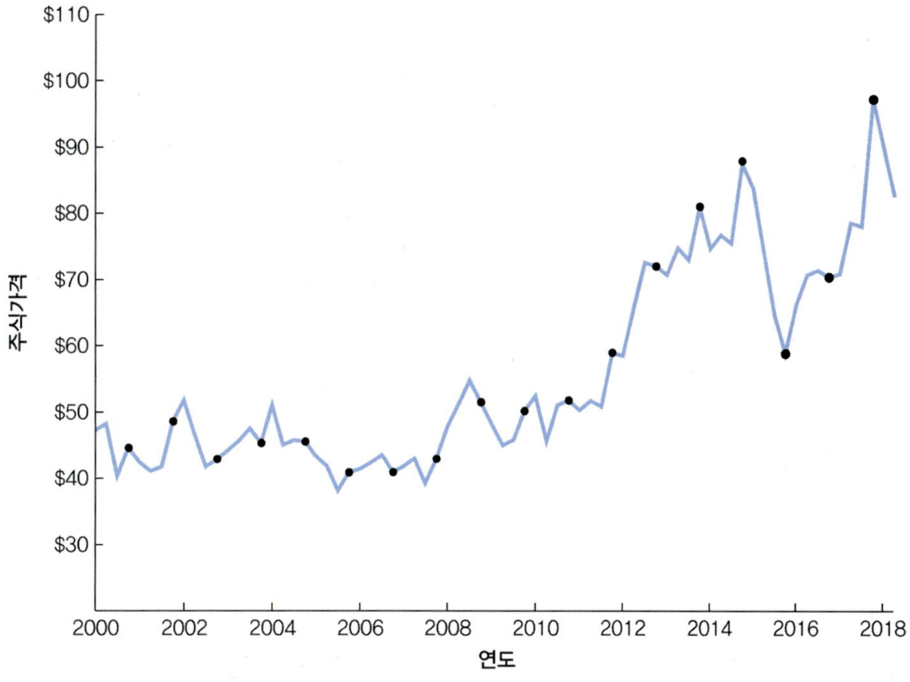

움직임과는 달리 Walmart의 주식가격은 겉보기에는 무작위 움직임을 보인다는 것이다. 확실히 Walmart의 주식가격 정점은 매출액 정점과는 달리 어떤 경향성을 찾기 어렵다(〈그림 9.2〉의 검정색 점은 1사분기를 의미한다). 이것은 Walmart의 재무성과와 주식의 움직임 사이에 연관성이 없다는 것을 의미하는가?

당연히 질문에 대한 우리의 답변은 확고한 '아니오'이다. 이유를 이해하기 위해서는 Walmart의 주식가격이 매출액과 동조하여 매년 연말에 계절적인 정점을 찍으며 움직인다면 어떤 일이 일어날 것인지 생각해 보는 것이 좋다. 오랜 기간 동안 수년에 걸쳐 Walmart가 정기적이고 예측 가능한 4분기의 주가 상승 패턴을 보여주었다고 가정하자. 만일 이러한 패턴이 지속적이고 투자자들이 알고 있다면 그들은 어떻게 할 것인가? 똑똑한 투자자라면 Walmart의 주식을 매년 3분기에 매입하여 4분기의 주가상승을 기대할 것이다. 그러나 만일 투자자들이 Walmart의 주식을 매년 3분기에 사기 위해 모여든다면 4분기가 아니라 3분기에 주가를 밀어 올리는 압력이 작동할 것이다. 다시 말해서, 4분기 주가 정점의 패턴은 3분기 정점의 패턴으로 바뀔 것이다. 이제 곧 투자자들은 새로운 패턴을 보게 되고 매년 2분기로 옮겨갈 것이다. 결과적으로 주식가격의 정점에 앞서서 주식을 사려는 투자자의 행동은 계절적 패턴을 사라지게 만들 것이다. 따라서 여기서의 교훈은 비록 기업의 재무성과가 매우 예측 가능성이 높은 패턴을 보인다고 하더라도 주식가격은 동일한 패턴을 보이지 않을 것이라는 점이다(혹은 아무런 패턴도 보이지 않을 것이다). 만일 주식가격이 예측 가능한 패턴을 보여준다면 투자자의 행동이 이러한 패턴을 사라지게 만들 것이다.

논쟁의 두 번째 관점은 Walmart 주식가격(혹은 다른 주식가격)의 무작위 움직임이 주식시장과 Walmart 재무성과 사이의 무관련성을 의미하지 않는다는 것을 설명한다. 주식의 가격은 주식을 발행한 기업의 미래 성과에 대한 투자자의 예측에 달려 있다고 배웠다. 투자자의 예측이 낙관적이면 가격은 상승하고 반대의 경우에는 하락한다. 2000년에 Walmart의 주식을 매수한 투자자는 아마도 15년 뒤에 회사의 매출액이 성장하고 매년 말에 정점에 이를 것임을 기대했을 것이다. 그러나 2000년에 Walmart는 이미 오랫동안 성장의 기록을 세웠고 매출액의 계절적 패턴도 투자자 사이에 널리 알려져 있었다. 다시 말해서 〈그림 9.1〉에서 보여주는 성과는 투자자에게 놀라운 것이 아니기 때문에 Walmart의 주식을 크게 움직이게 만들지 않는다. 갑자기 그리고 상황에 따라 크게 Walmart의 주식가격을 변동시키는 것은 기업의 미래 재무성과가 투자자의 예측에서 벗어나는 경우이다. 예를 들어, 2008년에 Walmart의 매출액이 평소처럼 1사분기에 높았는데 투자자의 기대보다 더 높았다고 가정하자.

이 경우 투자자는 Walmart의 미래 성과에 대한 예측을 높이게 될 가능성이 크며 그 결과 회사의 주식가격은 상승하게 될 것이다. 만일 Walmart의 재무성과가 투자자의 기대에 못 미쳐 나타나면, 투자자는 기업이 미래에 성취할 성과에 대한 관점을 수정하게 되고 그에 따라 주식가격은 하락하게 될 것이다.

여기서 주요 핵심은 주식가격이 새로운 정보에 반응한다는 것이다. 정의에 의해, 새로운 정보는 사람들이 이미 알고 있는 것이 아니며 기대하고 있는 것이 아니다. Walmart의 매출액이 매년 말에 정점이라는 것은 새로운 정보가 아니고, 따라서 정점이 발생해도 회사 주가를 올리지 못한다. 1사분기 매출액이 (예측보다 높거나 낮은) 놀라운 경우에만 Walmart의 주식가격은 반응을 한다. 새로운 정보는 예측이 불가능하기 때문에 주식가격 역시 대체로 예측 불가능하게 움직인다. 이것이 **무작위 행보 가설**(random walk hypothesis)의 핵심 개념이다. 무작위행보 가설은 주식가격 움직임의 예측은 매우 어렵다고 말한다. 주식가격의 움직임이 무작위라고 해서 주식시장이 도박장이거나 실제 세상과 유리되어 있다고 말하는 것이 아니다. 오히려 반대의 견해가 진실이다. 주식가격이 겉보기에 무작위로 움직이는 것은 주식시장이 정보를 빠르고 효율적으로 처리하고 있음을 보여준다. 사실 경제학자들은 시장이 모든 새로운 정보를 빠르고 완전히 반영하는 것을 **효율적시장**(efficient market)이라고 한다.

효율적시장 가설

주식가격(그리고 기타 금융상품의 가격)이 새로운 정보를 빠르게 반영한다는 생각은 공식적으로 **효율적시장 가설**(efficient market hypothesis: EMH)로 알려져 있다. 이러한 아이디어가 주는 시사점은 투자자가, 심지어 전문적 투자자라도, 저평가된 주식을 찾고 이를 매수하여(혹은 고평가된 주식을 찾고 이를 매도하여) 비정상적으로 높은 수익률을 얻는 것이 매우 어렵다는 것이다. 주식시장에서 거래 기회를 찾는 것은 어렵다. 왜냐하면 만일 시장이 실제로 효율적이라면, 어떤 주식의 매수가 좋은 기회라고 믿을 수 있는 정보를 당신이 처리하는 시간이면 시장은 이미 그 정보를 통합하였고 정보는 주식의 가격에 반영되기 때문이다.

EMH는 투자자에게 지속적인 비정상수익률을 얻을 것을 기대해서는 안 된다고 말한다. 무엇이 비정상수익률을 구성하는가? 앞서 우리는 위험과 수익률 사이에 양(positive)의 관계가 있다는 것을 배웠다. 더 높은 수익률을 얻을 투자는 더 큰 위험을 가질 것이다. 따라서 투자의 기대수익률은 위험과 직접적으로 연관되어 있다.

알파(alpha)로도 알려져 있는 **비정상수익률**(abnormal return)은 투자의 실제 수익률과 기대수익률(즉, 주어진 위험에서 얻을 수 있는 수익률) 사이의 차이이다.

비정상수익률(또는 알파) = 실제 수익률 − 기대수익률 (9.1)

투자자가 어떤 주식의 기대수익률을 추정할 수 있는 한 가지 방법은 자본자산가격결정모형(CAPM)을 이용하는 것이다. CAPM은 어떤 주식의 기대수익률($E(r_j)$)이 무위험수익률(r_f)에 주식의 베타(b_j)와 전반적인 시장의 위험 프리미엄($r_m - r_f$)의 곱을 더한 것과 같다고 말한다.

$$E(r_j) = r_f + b_j(r_m - r_f) \quad (9.2)$$

사 례
비정상수익률 계산

어떤 특정 주식이 1.0의 베타를 가진다고 하자. 이것은 주식이 평균적인 위험을 가지고 전반적인 시장의 수익률과 같은 평균의 수익률을 얻는다는 것을 의미한다. 어느 해에 무위험수익률이 2%이고 전반적인 주식시장의 수익률이 10%라고 가정하자. 위 수식에 의하면 이 주식에서 10%의 수익률을 기대하게 된다.

$$E(r) = 2\% + 1.0(10\% - 2\%) = 10\%$$

이제 그 주식이 12%의 수익률을 얻었다고 가정하자. 이 경우 비정상수익률은 2%가 된다.

비정상수익률 = 실제 수익률 − 기대수익률 = 12% − 10% = 2%

EMH는 이러한 (양의 비정상수익률을 가지는) 주식을 지속적으로 찾는 것은 고도의 훈련을 받은 매우 정교한 투자자라고 하더라도 거의 불가능하다고 말한다.

효율적시장 가설은 시장이 정보를 가격에 포함시키는 범위에 관심을 가지고 있다. 더 많은 정보가 주식가격에 포함될수록 더 빨리 정보는 가격에 반영되고 시장은 더 효율적으로 될 것이다. 시장의 효율성을 특정 짓는 범위로 가격이 반영하는 정보의 유형에 따라 효율성의 수준을 정의한다. 이러한 시장효율성의 수준은 약형, 준강형, 강형으로 알려져 있다.

약형 **약형 EMH**(weak form EMH)는 주식가격이 과거의 가격 움직임 분석으로부터 얻어지는 관련 정보를 완전히 반영한다는 것이다. 만일 투자자가 역사적 주식가격의 기록을 연구하여 어떤 종류의 반복적인 패턴을 알아내면, 그리고 거래를 통해서 패턴을 활용해 이익을 얻으려고 하는 시도는 시간이 지나면서 패턴을 사라지게 만들 것이다. 뚜렷한 계절적 패턴을 보이는 매출액을 가지고 있음에도 불구하고 Walmart의 주식가격이 예측 가능한 패턴을 보여주지 못하는 이유를 우리는 이미 설명했다. 간단히 말해서, 약형 EMH는 주식가격에 관한 과거 자료가 미래 가격 변화를 예측하는 데 소용이 없다는 것이다. 이러한 가설에 따르면, 가격은 무작위행보를 보이는데 이것은 내일의 가격 변화는 오늘, 어제 그리고 과거의 어느 날과도 무관하다는 것을 의미한다.

약형 시장효율성에 대한 초기 연구는 가격이 무작위로 움직인다는 예측을 확인하였다. 미국시장의 상장 주식의 과거 가격을 포함한 데이터를 이용하여 연구자들은 다양한 "거래규칙"(예를 들어, 52주 최저가에 주식을 매입)을 만들고 역사적 정보를 이용하여 규칙을 검증하기 위해서 이러한 규칙을 따를 때 얻을 수 있는 수익률을 관찰하였다. 연구 결과는 거래자가 아니라 이론가의 손을 들어주었다. 즉, 어떠한 거래규칙도 비정상수익률을 얻지 못했고 심각한 거래비용만 발생시켰다. 연구자들은 결국 분산된 포트폴리오를 매입하고 보유하는 것이 더 나은 투자 방안이라고 결론을 내렸다.

> **투자자 오류**
>
> **투자자의 기대 vs. 기대수익률** 투자자들에게 주식시장 수익에 대한 미래 기대치에 대해 질문을 하면 이러한 기대는 최근 시장수익률과 양(+)의 상관관계가 있다. 실제 시장수익률은 이러한 상관관계가 없다는 것을 알고 있기 때문에 투자자의 믿음이 완전히 합리적이지 않다는 것을 시사한다. 실제로 연구에 따르면 투자자의 기대치는 정교한 재무모형의 예측과 음(−)의 상관관계가 있다.
>
> (출처: Robin Greenwood and Andrei Shleifer, "Expectations of Returns and Expected Returns," *The Review of Financial Studies RFS*, 2014, Vol.27, Issue 3, pp.714-746에서 발췌)

준강형 **준강형 EMH**(semi-strong form EMH)는 주식가격이 공개된 출처에서 얻을 수 있는 모든 관련된 정보를 완전히 반영한다고 주장한다. 이것은 투자자가 연차보고서, 공시 자료, 증권분석가 리포트, 소비자 평가 등을 포함하여 공개적으로 얻을 수 있는 정보를 이용하여 비정상적으로 높은 수익률을 얻을 수 없다는 것을 의미한다. 설명을 위해서, 어느 특정 회사가 최근의 재무성과를 온라인에 방금 공시했다고 가정해 보자. 투자자는 연차보고서를 읽고 기업이 직전 분기에 예상치 못한 높은 이익을 얻었다는 것을 알게 되었다. 증권사에 전화를 해서 주식을 매입해야만 할까? 준강형 EMH는 당신이 연차보고서를 다운로드하고, 그것을 읽고, 증권사에 전화를 거는 그 시간에 주식의 시장가격은 회사의 최근 희소식을 반영하면서 이미 상승할 것이라고 말한다.

〈그림 9.3〉은 이러한 형태의 EMH를 검증한 최근의 연구결과를 보여준다. 연구자들은 여러 기업의 이익공시 자료를 모으고 이익공시 전후의 회사의 주가 움직임을

그림 9.3 긍정적인 이익 발표를 전후한 주식가격의 일별 반응

그림은 긍정적인 이익 발표를 보고한 기업들을 보여주고 있는데, 공시일 직전까지 그리고 공시 이후 이틀이 지난 후부터는 비정상수익률이 0에 가깝다. 시장은 1일 혹은 기껏해야 2일 동안 새로운 정보에 대해 완전히 반응한다.
(출처: Andreas Neuhierl, Anna Scherbina, and Bernd Schlusche, "Market Reaction to Corporate Press Releases," *Journal of Financial and Quantitative Analysis*, August 2013, 재정리)

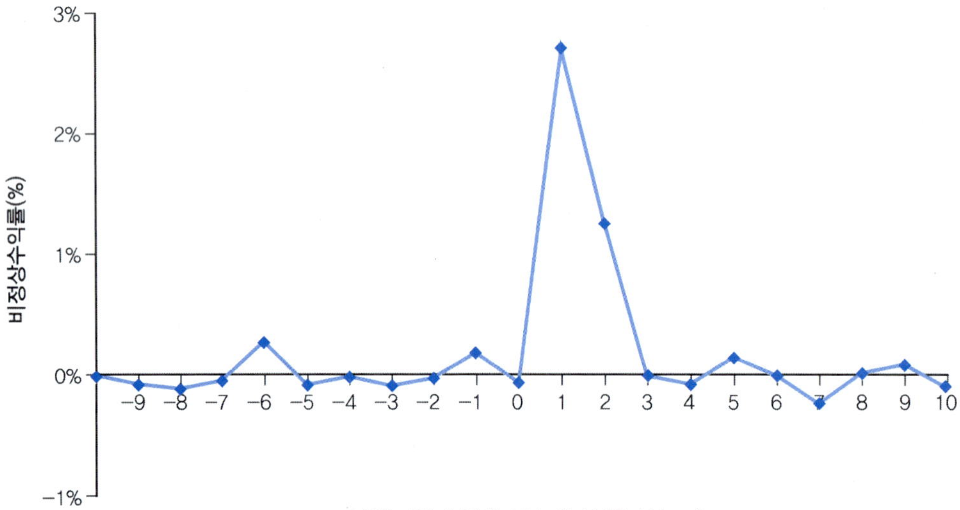

추적하였다. 이러한 공시의 공통적인 요인으로는 증권분석가들이 예상했던 것보다 기업의 이익이 높아서 희소식을 보고하고 있다는 점이다. 연구자들이 궁금했던 질문은 이러한 종류의 희소식을 공시한 기업의 주식을 매수하는 것이 현명한 것인가 여부이다.

〈그림 9.3〉의 가로축은 이익공시일의 상대적인 시간을 측정한다. 이익공시일은 0이고, 공시일 전날은 −1, 공시일 다음날은 +1이다. 많은 기업들이 재무정보를 시장이 문을 닫은 이후에 발표한다는 것을 명심하자. 따라서 새로운 정보를 주식시장이 반영하기 위한 최초의 기회는 공시 다음날인 +1에 일어나기도 한다. 그림의 세로축은 표본에 들어 있는 기업의 평균 비정상수익률을 측정한다. 〈그림 9.3〉에서 보이는 주식가격의 움직임은 준강형 EMH가 예상하는 것과 매우 가깝다. 이익공시일까지 표본 기업의 수익률은 기본적으로 (비정상수익률이 0, 따라서 실제 수익률이 기대수익률과 일치되는) 정상임을 관찰할 수 있다. 그러나 0일에서 +1일 사이에는 표본에 속한 기업이 평균 약 2.5%의 비정상수익률을, 그리고 +1일에서 +2일 사이에는 추가적으로 1%의 비정상수익률을 얻었다. 그러나 +3일에서 +10일 사이에

비정상수익률은 다시 빠르게 0%로 돌아갔다. 다시 말해서 시장은 (하루 혹은 기껏 이틀 동안) 신속하게 이익공시의 희소식을 반영한다.

준강형 효율성에 대한 많은 연구들은 특정 형태의 뉴스 사건의 전후에 어떻게 주식가격이 반응하는지를 분석하였다. 우주비행선 프로그램의 주요 계약자로 참여한 4개 기업에 대한 연구가 있다. 우주비행선 챌린저(Challenger)가 1986년 이륙 직후 폭발하자 4개 기업의 주가가 모두 하락했지만 Morton Thiokol 주가의 하락이 가장 컸다. 이 회사는 비행선을 궤도에 올려놓는 추진 로켓을 만들었는데, 사고가 발생하고 몇 개월 후 사건조사단은 로켓의 부품인 오링(O-ring)에 문제가 있어서 사고가 일어났다고 결론을 내렸다. 다시 말해서 사건 직후 몇 분간 시장의 초기 반응은 차후 조사에서 내리게 된 것과 동일한 결론을 이미 지적하고 있었던 셈이다.

수많은 연구가 뮤추얼펀드 매니저와 같은 전문 투자자의 투자성과를 분석하였다. 일부 사람들은 주식시장이 개인투자자에게 높은 비정상수익률을 얻을 수 없도록 할 만큼 효율적이겠지만, 선도적인 투자 훈련으로 단련되었고 매일 투자만을 생각하면서 시간을 보내는 전문 투자자는 확실히 높은 성과를 얻을 수 있을 것이라고 주장한다. 연구에서 얻어진 결론은 만장일치가 아니다. 대부분의 연구는 전문 투자자라고 해도 지속적으로 비정상수익률을 얻기 위해서는 고통을 겪고 있다는 결론을 내고 있다. 평균적으로 뮤추얼펀드 매니저는 투자자에게 부과하는 수수료를 충분히 만회할 만큼 시장 평균을 초과하는 수익률을 얻지 못한다. 더군다나 뮤추얼펀드 수익률은 지속적이지 못하다. 즉, 어느 해에 평균 이상의 수익률을 얻은 펀드매니저는 다음 해에 평균 이상의 수익률을 창출할 확률이 매우 높지 않다.

압도적인 증거들은 중요한 새로운 정보에 주식가격이 매우 빠르게 반응하고 있으며, 그렇기에 투자자들이 (개인이든 전문 투자자든) "시장을 이기는(beat the market)" 것이 매우 어렵다는 것을 보여준다. 사건이 일어나자마자 거의 순간적으로 뉴스를 듣지 않는다면, 당신이 주식을 거래하기 이전에 주가는 뉴스에 맞춰 조정될 것이다.

> **투자자 현실**
>
> **로봇과 효율적인 시장** 오늘날 전문 투자자들은 가격이 반응하기 전에 정보를 이용하여 거래하기 위해 더 열심히 일해야 한다. 예를 들어, 헤지펀드 Two Sigma Investments, LLC는 컴퓨터 프로그램을 사용하여 Twitter와 같은 소스의 실시간 데이터를 검색하여 주식에 대한 새로운 뉴스를 분별하고 몇 초 내에 거래를 실행한다.

강형 **강형 EMH**(strong form EMH)는 공개된 출처를 통해 알려지지 않더라도 주식시장이 새로운 정보를 빠르게 반영할 수 있다는 주장이다. 이것은 어떠한 정보라도 심지어 모든 투자자에게 알려지지 않은 경우에도 주가가 정보에 따라 빠르게 조정된다고 말한다.

사적인 정보 중에는 기업의 이사나 전문경영진과 같은 내부자에 의해 얻어지는 것이 있다. 이들은 회사가 추진하는 중요한 전략이나 전술적 결정과 같은 가치 있는 정보에 접근할 수 있다. 그들은 또한 다른 주주들은 알 수 없는 기업의 재무상태에 대한 상세한 정보를 가진다. 내부자는 일반적으로 중요 뉴스가 공개되기 전에 회사의 주식을 거래하는 것이 금지된다. 그러나 증권거래위원회(Securities and Exchange Commission: SEC)에 거래를 보고한다면, 기업의 내부자도 합법적으로 자신이 속한 회사의 주식을 거래할 수 있다. 내부자가 SEC에 필요 서류를 제출하면 인터넷을 통해 그들의 거래가 빠르게 공개된다. 기업 내부자에 대한 연구는 내부자의 거래가 특히 시기를 잘 맞춘다는 것을 발견하고 있는데, 이것은 그들이 중요한 가격 상승 이전에 매수하고 가격 하락 이전에 매도하는 경향이 있음을 의미한다. 물론 이것은 강형 EMH가 사실이라면 목격할 수 없는 것이다.

내부자와 일부 시장 참자가들은 때때로 공개되지 않은 내부 정보를 가지고 불법적으로 거래를 한다. 이런 정보를 가지고 그들은 비정상수익률을 얻을 수 있는 불공정한 우위를 점할 수 있다. 명백하게 불공정한 우위를 가지고 거래를 하는 것은 법을 위반하는 것이다. 실증연구들은 이러한 내부 정보를 가진 사람들이 사실 비정상수익률을 얻을 기회를 가지고 있음을 확인해 준다. 그러나 만일 체포된다면 감옥에서 시간을 보내야 하는 엄청나게 높은 대가가 내부 거래에 수반되는 것이다.

차익거래와 효율적시장 차익거래의 개념은 효율적인 시장의 개념과 밀접하게 연결된다. **차익거래**(arbitrage)는 투자자가 동일한 자산을 다른 가격으로 동시에 사고팔아 즉각적이고 위험 없는 수익을 올리는 거래 유형이다. 개념을 더 면밀히 검토하기 전에 차익거래의 개념을 설명하는 간단한 예를 들어 보겠다.

사례
통화 차익거래

뉴욕시의 은행이 유로당 $1의 환율로 달러를 유로로(또는 그 반대로) 환전한다고 가정한다. 그러나 런던에서는 은행이 유로당 $1.25의 환율로 달러와 유로를 환전하고 있다. 이러한 환율을 고려할 때 €1는 뉴욕보다 런던에서 더 가치가 있다. 이것을 말하는 또 다른 방법은 유로가 뉴욕에서는 비교적 저렴하고 런던에서는 비교적 비싸다는 것이다. 이것은 우리가 서로 다른 시장에서 서로 다른 가격으로 거래되는 동일한 자산(유로)을 가지고 있다는 것을 의미하므로 이것이 차익거래 기회를 제공한다고 말할 수 있다. 거래자는 다음과 같이 뉴욕에서 값싼 유로를 사고 런던에서 판매함으로써 이 기회를 활용할 수 있다.

1. 뉴욕 은행에서 $1백만을 사용하여 €1백만을 구입한다. 뉴욕에서 €1는 $1의 가치가 있다. 물론 많은 거래자들이 뉴욕에서 유로화를 구매하기 시작하면 이 시장에서 유로화 가격이 상승하는 경향이 있다.
2. 런던의 한 은행에서 유로당 $1.25의 환율로 €1백만을 $1.25백만에 매도한다. 다시 말하

지만, 많은 투자자가 런던 시장에서 유로화를 판매하기 시작하면 유로화 가격이 거기에서 떨어지기 시작해야 한다.

3. 단순히 뉴욕에서 유로를 구매하고 런던에서 판매하면 거래자는 $250,000의 즉각적인 이익을 얻는다. 그러나 유로화 가격이 뉴욕에서 상승하고 런던에서 하락함에 따라 이러한 거래에서 이익을 얻을 수 있는 기회는 줄어들고 궁극적으로 사라질 것이다.

차익거래의 정의가 이 예에 어떻게 적용되는지 고려해 보라. 첫째, 차익거래는 투자자가 동일한 자산을 동시에 사고팔 때 발생한다. 이 예에서 기본 자산은 통화일 뿐이므로 투자자는 뉴욕에서 유로를 사고 런던에서 판매한다. 기본 자산은 말 그대로 각 시장에서 동일하다. 또한 뉴욕에서의 구매와 런던에서의 판매는 전자거래를 통해 동시에 발생할 수 있다. 정의의 두 번째 부분은 구매와 판매가 서로 다른 가격으로 이루어져야 한다고 말하며, 여기에서 분명히 그렇다. 뉴욕에서는 €1의 가치가 $1이지만 런던에서는 $1.25의 가치가 있다. 마지막으로 차익거래의 정의에 따르면 수익은 즉각적이고 위험이 없어야 한다. 다시 말하지만, 이 예는 거래자가 통화 거래를 실행하자마자 수익을 얻고 본질적으로 통화 거래가 동시에 발생하여 관련된 위험이 없는 것처럼 보이기 때문에 이러한 조건을 충족하는 것으로 보인다.

실제로 우리는 다른 시장에서 통화 가격의 큰 차이를 보지 못한다. 뉴욕과 런던에서 제시된 가격은 거의 동일하다. 그것이 사실이 아니라면, 차익거래자는 가격 차이를 이용하고, 매매 거래를 통해 차익거래 기회가 사라질 때까지 가격을 비슷해지도록 압박할 것이다. 경제학자들은 이것을 "무차익거래" 조건이라고 부르는데, 이는 단순히 금융시장의 가격이 차익거래 기회를 없애기 위해 빠르게 조정된다는 것을 의미한다.

효율적인 시장의 신봉자들은 종종 시장을 효율적으로 만드는 핵심 메커니즘으로 차익거래를 언급한다. 예를 들어, Pepsi 주식의 진정한 내재가치가 주당 $100이지만 어떤 이유로 투자자들이 회사에 대해 비합리적으로 비관적이어서 가격을 $80까지 낮추었다고 가정해 보겠다. 효율적인 시장 옹호자에게 이것은 일종의 차익거래 기회를 나타낸다. 현명한 투자자들은 저평가된 Pepsi 주식을 매수하고, 베팅을 헤지하기 위해 동시에 Coca-Cola와 같은 다른 유사한 회사의 주식을 매도할 것이다. 매수 압력으로 인해 Pepsi 주가는 $100의 내재가치로 되돌아가게 되므로 결국 시장가격과 Pepsi의 내재가치가 동일해진다.

차익거래는 강력한 힘이며 다양한 유형의 증권가격을 설정하는 데 매우 중요한 역할을 하지만 차익거래에는 한계가 있다. Pepsi의 예에서 차익거래 과정은 Pepsi 주식을 매수할 뿐만 아니라 유사한 Coca-Cola를 매도하는 과정을 포함한다. Pepsi와 Coca-Cola는 비슷한 주식이지만 실제로 동일한 투자라고 주장할 수는 없다. 그들은 서로를 위한 불완전한 대체물이기 때문에 Pepsi가 가격이 잘못 책정되더라도 Pepsi를 사고 Coca-Cola를 파는 것은 위험할 수 있다. 또한 이러한 거래를 하는 것은 특히 Coca-Cola를 팔고 싶지만 주식을 소유하지 않은 투자자에게는 많은 비용이 발생한다. 해당 투자자는 공매도(short sale)에 참여해야 한다. 즉, Coca-Cola 주식을 매도하기 전에 다른 사람으로부터 차입해야 한다. 공매도는 종종 높은 거래비용을 수반하며 때로는 필요한 주식을 빌려줄 사람이 없기 때문에 특정 주식을 공매하는 것이 불가능하다.

차익거래와 관련된 또 다른 위험은 애초에 명백한 차익거래 기회를 발생하게 한 것과 관련이 있다. 우리는 일부 투자자가 Pepsi에 대해 지나치게 비관적이라고 가정했고 그들의 비관으로 인해 Pepsi가 저평가되었다. 일부 현명한 투자자가 이러한 상황을 발견할 수 있지만, 다른 거래자들이 계속해서 Pepsi에 대해 비관적이거나 더 비관적이면 어떻게 될까? 이 경우 현명한 거래자(Pepsi를 매수하는)의 행동이 비합리적인 거래자(Pepsi를 계속 매도하는)의 거래를 휩쓸어 Pepsi의 주가를 내재가치로 이동시킬 것이라는 보장은 없다. 대신 Pepsi는 더 저평가되어 차익거래를 수행하는 "현명한" 거래자들에게 손실을 입힐 수 있다.

요약하면, 주식시장이 상대적으로 효율적이라는 상당한 증거가 있으며 그럴 것으로 예상되는 설득력 있는 이유가 있다. 그럼에도 불구하고 몇 가지 상반되는 증거가 존재하며, 우리가 이제 그 증거를 살펴본다.

투자자 오류

시장을 이기기 어렵다 EMH에서 단기에 증권을 팔고 사는 거래는 말이 안 된다고 한다. 그것은 바로 66,000명의 투자자를 대상으로 얼마나 자주 거래하는가에 대한 연구에서 얻은 결론이다. 연간 전체 포트폴리오의 2%만을 거래하는 매입보유 투자자는 가장 빈번하게 거래하는 투자자보다 연간 7%의 수익률을 더 얻었다. 과도 거래자(heavy traders)는 1년에 2번 이상 전체 포트폴리오를 교체하는 것으로 나타났다.

(출처: Brad Barber and Terrance Odean, "Trading Is Hazardous to Your Wealth: The Common Stock Investment Performance of Individual Investors," *Journal of Finance*, December 2002에서 발췌)

시장 이례현상

EMH를 지지하는 수많은 증거가 있음에도 불구하고 연구자들은 이론과 부합되지 않는 것처럼 보이는 패턴들을 발견해 왔다. 종합적으로 이러한 당혹스러운 증거는 **시장 이례현상**(market anomalies)으로 알려져 있는데, 이례적이라는 이름 자체가 EMH를 지지하는 증거보다는 반대되는 증거가 적다는 것을 암시하고 있다. 이러한 이례현상은 모두 공통적으로 어떤 패턴이나 거래 전략, 사후적이라 하더라도, 효율적시장에서 기대되는 것보다 높은 수익률을 얻을 수 있는 전략을 보여주고 있다.

달력효과 널리 인용되고 있는 이례현상 중 하나는 주식수익률이 연간 어느 시점 혹은 주간 어느 시점과 밀접하게 연결되어 있다는 소위 **달력효과**(calendar effect)이다. 그것은 특정 달에 혹은 주간 어느 요일에 다른 시점보다 더 좋은 투자성과를 산출한다는 것이다. 달력 이례현상으로 가장 유명한 것은 1월에 시가총액 기준으로 소규모 기업 주식이 대규모 기업 주식을 투자성과에서 대체로 큰 폭으로 압도하는 경향이 있다는 **1월 효과**(January effect)이다. 이러한 패턴에 대한 가능한 설명 중의 하나는 세금과 관련된 것이다. 어떤 특정 조건에서, 투자자는 연방 소득세를 산출할 때 투자 손실을 감면받을 수 있다. 따라서 투자자에게는 일년 동안 가치가 하락한 주식을 매도하려는 동기가 있으며, 그러한 동기를 가진 투자자는 세금을 정산하는 기준월인 12월이 가까워짐에 따라 손실 주식을 매도하려고 할 것이다. 연중에 주가 하락을 경험한 기업의 시가총액을 생각해 보면 시가총액은 더욱 작아졌을 것이다. 따라서 만일 투자자가 손실을 입은 주식을 12월에 매도하려는 세금 동기를 가지고 있다면, 이러한 주식은 평균보다 소규모인 경향이 있고 주식가격은 12월 세금 목적 매도로 인해 일시적으로 위축되었다가 1월에 반등할 것이다. 이러한 설명은 그럴 듯하게 들리지만, 기껏해야 1월 소규모 주식의 혼란스러운 움직임을 설명할 수 있는 혼재된 증거가 있을 뿐이다. 더욱이 1월에 소형주가 대형주를 능가하는 경향은 최근 몇 년 동안 사라진 것으로 보인다.

소기업 효과 또 다른 이례현상은 **소기업 효과**(small-firm effect) 혹은 **규모 효과**(size effect)로, 소규모 기업은 연간 5~6%의 양(+)의 비정상수익률을 얻는 경향이 있다. 사실 많은 연구에서 대부분의 소기업(혹은 소규모 시가총액 주식)이 가진 높은 베타의 특성을 고려하더라도 대규모 시가총액 주식보다 (1월뿐만 아니라) 소기업이 더 높은 수익률을 얻는다는 결과를 보여주고 있다. 이러한 현상은 미국뿐만 아니라 전 세계의 여러 주식시장에서도 발견되고 있고 1월에만 국한되지 않는다.

이익공시 이후 추세(또는 모멘텀) 또 다른 이례현상은 이익공시에 대한 주식가격의 반응과 관련되어 있다. 〈그림 9.3〉은 이익 발표 전후의 주식수익률을 추적한 연구의 결과를 보여준다. 이 연구에서는 높은 이익을 보고한 주식은 하루 이틀 정도 비정상수익률을 보여주지만 이러한 비정상수익률은 빨리 소멸되었다. 그러나 좀 더 오래된 연구들은 주식의 초기 반응과 같은 방향으로 이익공시 이후에도 주식이 움직이는 지속현상인 "표류(drift)"를 보고하였다. 다시 말해서 기업이 기대보다 나은 이익을 보고하면 주식가격은 즉시 상승하고 양(+)의 비정상수익률을 얻는다. 그러나 놀랍게도 이러한 기업의 주식가격이 이익공시 이후에 몇 주 혹은 몇 달 동안 계속해서 양(+)의 비정상수익률을 얻는 것이다. 마찬가지로 나쁜 이익을 보고한 기업은 초기 공시를 넘어서 몇 개월 지속되는 음(−)의 비정상수익률을 얻는다. 이것은 투자자들이 이익공시의 정보에 대해 과소반응(underreact)하는 것을 보여주는 것과 같다. 기업이 희소식을 보고하면 투자자는 얼마나 좋은 것인지 깨닫지 못하고, 마찬가지로 나쁜 뉴스에 대해서도 얼마나 나쁜 것인지 완전히 평가하지 못한다. 따라서 주식가격이 새로운 수준으로 완전히 적응하는 데 오랜 시간이 걸린다. 이러한 패턴은 최근에 좋은 이익 뉴스를 보고한 주식을 매입하고 최근에 나쁜 이익 결과를 보고한 주식을 공매도하여 투자자에게 비정상수익률을 얻을 수 있는 기회를 만들어 줄 수 있다.

〈그림 9.4〉는 이익공시 이후 잔류현상을 보여준다. 가로축은 이익공시에 대한 상대적인 주간으로 시간을 표시한다. 그리고 세로축은 이익공시 이전 52주에서 공시 이후 52주 사이의 누적 비정상수익률을 측정한다. 이익공시는 0주에 발생했다. 기대보다 나은 이익을 공시한 기업과 기대보다 나쁜 이익을 공시한 두 종류의 기업이 그림에서 표현되고 있다. 그림의 위쪽 선은 "좋은 뉴스" 주식 표본이 얻은 누적 비정상수익률(전체 기간 동안의 비정상수익률)을 보여주고, 아래쪽 선은 "나쁜 뉴스" 주식의 비정상수익률을 추적하고 있다. 기업이 좋은 뉴스를 발표하면 주식가격이 0주에 위쪽 선 점프가 보여주는 것처럼 빠르게 반응하는 것을 주목하자. 마찬가지로 기업이 투자자 기대보다 낮은 이익을 발표하면 0주에 있는 아래쪽 선의 추락이 보여주는 것처럼 거의 즉각적으로 주식가격이 하락한다. 이러한 빠른 초기 반응은 정확하게 효율적시장이 만들어내는 패턴이다.

그러나 투자자는 이익공시가 지닌 뉴스에 대해 과소반응하는 것 같다. 이익공시에 대한 초기 반응 이후에 위쪽 선과 아래쪽 선 모두 추세를 보이는데 위쪽 선은 천천히 상승하고 아래쪽 선은 천천히 하락한다. 이것은 이익공시에 대한 초기 반응이 충분히 크지 않아서 주식가격이 이익공시가 지닌 정보에 대해 천천히 적응하고 있음을 의미한다. 이러한 정보에 대한 지연된 적응 과정은 투자자에게 기회를 제공한다. 예를 들어, 기업이 긍정적인 이익 뉴스를 발표한 이후에(투자자는 공시의 내용이 무엇이 될 것인지에 대해 기대할 필요가 없다), 주식을 매입한 투자자는 상당한 비정상수익률을 얻는다. 〈그림 9.4〉의 위쪽 선을 보면 이익공시 이후 52주에 걸쳐서 약 2%의 표류하는 것을 볼 수 있다. 다시 말해서 〈그림 9.4〉는 이익공시를 유심히 관찰하고 기업이 기대보다 나은 이익을 공시한 직후에 주식을 매입한 투자자는 정상보다 약 2% 높은(즉, 주어진 위험 수준의 주식을 매입하여 얻을 것으로 기대되는

그림 9.4 이익공시 이후 잔류현상

기업이 기대보다 나은 이익을 보고할 때 주식가격은 EMH에서 예측하는 것처럼 즉각 상승하지만, 반면에 EMH와 달리 주식가격은 이후 1년 정도 비정상적으로 상향 표류를 지속한다. 기업이 나쁜 이익을 공시한 경우에 동일한 현상이 역으로 발생한다.

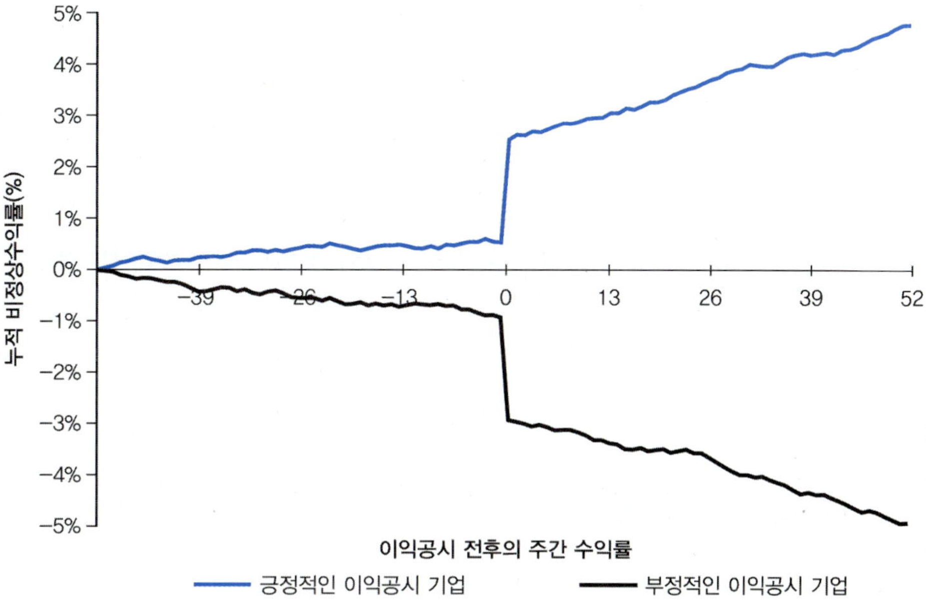

수익률보다 2% 높은) 수익률을 얻게 될 것이다. 투자자는 또한 나쁜 이익 결과를 공시한 기업의 주식을 공매도하여 이익을 취할 수 있다. 이익공시 이후의 주식가격 표류현상은 EMH의 예측과는 일치하는 것이 아니다.

이러한 스토리와 약간 다른 변형은 모멘텀 이례현상으로 알려져 있다. 물리학에서 **모멘텀**(momentum)은 움직이는 물체가 계속 움직이는 경향이나 정지한 물체가 정지를 유지하려는 경향을 말한다. 주식에 적용을 하면 모멘텀은 최근에 상승한 주식이 계속 상승하려는 경향이나 최근에 하락한 주식이 계속 하락하려는 경향을 의미한다. 이익공시 표류현상과 관련성은 쉽게 이해할 수 있다. 기업이 특정 분기에 성과가 좋으면 좋은 뉴스가 공식적인 이익공시 이전에 시장에 누출되는 것은 일반적이다. 따라서 〈그림 9.4〉의 위쪽 선이 이익 뉴스 이전에 상승하는 것처럼 이익공시까지 주식가격은 상승한다. 이전에 논의했듯이, 기업이 매우 높은 분기 성과를 가졌다는 뉴스를 발표하면 가격은 더 상승하고 몇 주 동안 추세가 지속된다. 전체 패턴을 고려해 보면, 기업이 매우 좋은 이익 뉴스를 발표하기 전에 주식가격이 상승하고 이익공시 이후에도 계속 상승하는 것을 볼 수 있다. 따라서 이러한 주식은 긍정적인 모멘텀을 보여준다. 특별히 나쁜 분기를 보낸 기업에게 동일한 현상이 역으로 발생한다. 나쁜 뉴스가 일찍 누출되어 주식은 하락하고(〈그림 9.4〉의 아래쪽 선을 보자), 주식은 공시 이후에도 계속 하락한다.

가치주 효과 가치주 효과(value effect)에 따르면, 시장에서 돈을 벌 수 있는 가장 좋은 방법은 장부가치나 이익과 같은 기본적 가치에 비해 상대적으로 낮은 가격을 가진 주식을 매수하는 것이다. 가치주 전략을 따르는 투자자는 주식의 P/E 비율이나 시장가-장부가 비율을 계산하고 가장 낮은 비율의 주식을 매수한다(그리고 아마도 P/E 비율이나 시장가-장부가 비율이 높은 주식을 공매도한다). 많은 연구들이 평균적으로 가치주 주식이 성장주 주식(높은 P/E 혹은 높은 시장가-장부가 비율)을 성과에서 압도한다는 것을 보여준다. 이 패턴은 미국뿐만 아니라 전 세계 대부분의 시장에서 수십 년간 반복되어 왔다.

가능한 설명들

EMH를 위반하는 이례현상이 새롭게 발견될 때마다 관찰된 패턴에 대한 합리적 설명을 제공하는 많은 연구가 진행되었다. 시장 이례현상에 대한 가장 일반적인 설명은 비정상적으로 높은 수익률을 얻은 주식은 단순히 다른 주식보다 위험하기 때문에 높은 수익률은 시장의 가격오류라기보다는 위험 프리미엄을 반영한다는 것이다. 예를 들어, 대부분의 학자와 전문가들은 소기업이 대기업보다 위험하다는 것에 동의한다. 따라서 소기업이 높은 수익률을 얻는다는 것이 놀라운 일이 아니다. 진짜 질문은 얼마나 소기업이 위험하고 이들 증권의 위험 프리미엄이 얼마나 크냐는 것이다. CAPM에 따르면 소기업 주식이 베타 2.0을 가지고 대기업 주식이 베타 1.0을 가지면 소기업 주식은 대기업 주식보다 대략 (무위험자산 대비) 2배의 위험 프리미엄을 얻어야 한다. 소기업 효과가 이례현상으로 알려진 이유는 소기업 주식이 그들의 베타가 제시하는 것보다 더 높은 수익률을 얻는 것으로 보이기 때문이다. EMH의 신봉자들은 베타는 위험의 불완전한 측정치이기 때문에 만일 더 나은 위험 측정치가 있다면 소기업 주식과 대기업 주식의 수익률 차이는 위험의 차이로 돌릴 수 있을 것이라고 주장한다.

시장 이례현상에 대한 또 다른 설명은 가격이 기본적으로 무작위로 움직이는 효율적시장이라고 하더라도 일부 거래규칙은 우연하게 비정상적으로 높은 수익률을 얻을 수도 있다는 것이다. 예를 들어, 훨씬 흥미로운 시장 이례현상 중 하나는 슈퍼볼(Super Bowl) 이례현상이다. 이것은 만일 어떤 해에 슈퍼볼 경기에서 NFL(National Football League) 소속 팀이 우승을 하면 주식시장은 상승한다는 것이다(American Football League와 합병 이전에 있었던 현상). 그렇지 않으면 주식시장은 하락할 것이다. 이러한 "거래규칙"은 지난 52년간 시장의 움직임을 75% 이상 정확하게 예측하였다. 그러나 투자자들이 이 규칙에 따라 미래 투자를 해야 할 것인가? 대부분의 사람들은 슈퍼볼 우승팀과 주식시장의 관계는 순전히 우연의 문제이며 앞으로 유사한 일이 일어날 것이라고 기대하지 않을 것이다. 일부 EMH 옹호자들은 대부분의 시장 이례현상도 단순한 우연의 산물과 유사하다고 믿는다. 그러나 이러한 설명은 소기업 효과, 모멘텀, 가치주 효과와 같은 이례현상이 전 세계 대부분의 시장에서 발견된다는 증거에 비추어 설득력을 잃고 있다.

이러한 이례현상의 발견은 **행태재무**(behavioral finance)로 알려진 금융시장의 작동을 보는 완전히 새로운 관점을 개발하였다. 금융시장의 투자자, 경영자, 기타 참여자가 합리적이라는 가정에서 출발하는 전통적인 재무이론과 달리, 행태재무는 시장 참여자가 체계적인 실수를 범하고 이러한 실수는 인간 본성에 깊이 자리잡은 인지적 오류와 불가분의 연관을 가진다고 주장한다. 이제 행태재무의 기본적 관심 사항에 대하여 논의하고 이들이 어떻게 시장 이례현상을 설명하는 데 도움을 줄 수 있는지 알아본다.

개념 리뷰

해답은 www.pearson.com/mylab/finance에서 찾을 수 있음.

9.1 무작위행보 가설은 무엇이고, 어떻게 주식에 적용될 수 있는가? 효율적시장은 무엇인가? 가격이 무작위 형태로 움직인다면 어떻게 시장이 효율적이 될 수 있는가?

9.2 효율적시장을 성과에서 압도하는 것이 불가능하지는 않더라도 어려운 이유를 설명하시오.

a. 이것은 높은 수익률을 주식시장에서 얻는 것이 어렵다는 것을 의미하는가?
b. 어떻게 투자자는 효율적시장에서 높은 수익률을 얻을 수 있는가?

9.3 시장 이례현상은 무엇이고 어떻게 발생하는가? 그러한 이례현상들은 EMH를 지지하는가 혹은 부정하는가? 다음에 대해 간단히 기술하시오.

a. 1월 효과
b. 규모 효과
c. 가치주 효과

행태재무: 효율적시장 가설에 대한 도전

LG3 LG4

40년 이상을 효율적시장 가설이 금융시장에 영향력을 행사해 왔다. 자산가격이 모든 입수 가능한 정보를 완전히 반영한다는 생각은 학계의 전반적인 지지를 받았다. 실무에서 시장효율성의 지지자는 인덱스펀드로 알려진 뮤추얼펀드를 개발하는 데 선도적인 역할을 했던 Vanguard의 John Bogle이 있다. 인덱스펀드의 매니저는 시장이 효율적이라고 가정하기 때문에 개별 주식이나 채권을 매입하려 하지 않는다. 개별 증권을 분석하는 데 들어가는 시간과 에너지는 단순히 펀드의 비용을 증가시키고 투자자의 수익률을 낮출 뿐이라고 주장한다.

> **투자자 현실**
>
> **행태펀드도 저조** 한 연구는 행태재무의 결과를 사용하여 주식을 선택한다고 주장하는 22개의 미국 뮤추얼펀드의 성과를 추적했다. 2007년부터 2013년까지 이러한 펀드는 평균보다 약간 더 저조한 성과를 보이며 월 0.20% 미만의 음(−)의 비정상수익률을 기록했다.
>
> (출처: Nikolaos Philippas, "Did Behavioral Funds Exploit Market Inefficiencies During or After the Financial Crisis?" *Multinational Finance Journal*, 2014, Vol.18, Issue 1/2, pp.85-138에서 발췌)

시장효율성의 개념을 지지하는 수많은 증거가 있음에도 불구하고 학계에서 EMH에 의구심을 나타내는 연구가 증가하고 있다. 이러한 연구는 다양한 이례현상을 제시하고 이례현상에 대한 설명으로 인지심리학의 연구를 제시하고 있다. 이 연구가 영향을 미치고 있다는 신호 중 하나는 2002년부터 이 분야의 학자들에게 3개의 노벨 경제학상이 수여되었다는 것이다. 학계의 연구 외에도 일부 전문 자금관리자도 행태재무의 개념을 그들의 포트폴리오 구성 및 관리에 활용하고 있다.

투자자 행동과 증권가격

행태재무 연구자들은 투자자의 의사결정이 어떤 특정 의사결정 상황에서 체계적이고 예측 가능한 실수를 일으키는 여러 심리학적 오류에 영향을 받는다고 믿는다. 또한 이러한 실수는 비정상적으로 높은 위험을 감수하지 않고 비정상적으로 높은 수익률을 얻을 수 있는 기회를 투자자에게 만들어 주는 자산가격의 예측 가능한 패턴을 만들 수 있다. 투자자의 행동에 영향을 끼칠 수 있는 몇 가지 행동요인에 대해 살펴보도록 하자.

과잉확신과 자기귀인 오류 심리학 연구는 평균적으로 사람들이 복잡한 과제를 수행하는 자신의 능력에 과도한 믿음을 가지는 **과잉확신**(overconfidence)의 경향이 있다는 압도적으로 많은 증거를 제공한다. 실험을 해보자. 대규모 그룹의 사람들과 함께 있을 때, 사람들에게 스스로의 운전능력이 평균 이상인지, 평균인지, 평균 이하인지 질문을 해보자. 아마도 대부분의 사람들이 평균 이상이라고 믿고 있으며 어느 누구도 평균 이하라고 말하지 않음을 발견하게 될 것이다. 그러나 평균의 개념에서 어떤 사람은 평균 이상이고 어떤 사람은 평균 이하여야만 한다. 따라서 최소한 그룹에 속한 일부 사람들은 운전능력에서 과잉확신하는 것이다.

과잉확신과 밀접하게 관련된 것으로 자기귀인 오류로 알려진 현상이 있다. **자기귀인 오류**(self-attribution bias)는 대부분 사람들이 좋은 일이 발생하면 그 일을 자신이 취한 행동 결과의 덕분으로 돌리고, 나쁜 일이 발생하면 운이 나쁘거나 자신의 통제를 넘어선 외부 요인의 탓으로 돌리는 것을 의미한다. 과잉확신과의 관련성은 명확하다. 개인은 긍정적인 결과를 얻는 행동을 취하거나 의사결정을 행한다. 자기귀인 오류는 개인으로 하여금 결과를 결정하는 데 기여한 우연의 역할을 무시하고 자신의 행동을 결과의 원인으로 지나치게 강조하도록 만든다. 이것은 개인에게 과잉확신하도록 유발한다.

과잉확신과 자기귀인 오류는 투자의 세계에 어떤 영향을 미치는가? 개인투자자 혹은 어떤 주식이 고평가되고 어떤 주식이 저평가되었는지 주식을 분석하는 전문적인 매니저를 고려해 보자. 어떤 해에 투자자의 포트폴리오가 매우 높은 수익률을 얻었다고 가정하자. 아마도 높은 수익률은 대부분 주식시장의 호황 때문이겠고 더불어 일부는 투자자의 주식 선택능력 때문일 것이다. 그렇다면 높은 수익률은 행운의 결과인가 혹은 훌륭한 분석의 결과인가? 기술과 행운의 역할을 분리하는 것은 쉬운 일이 아니다. 그러나 대부분의 투자자는 아마도 긍정적인 결과를 자신의 투자 솜씨 때문이라고 할 것이다. 만일 투자자가 투자 성공을 자기 자신의 기술 때문이라고 원인을 돌리게 되는 실수를 범하게 되면 어떤 결과가 발생할까? 과거에 시장을 상회한 포트폴리오 투자자는 다음 해에 거래 활동을 늘리게 된다는 연구가 있다. 전반적인 시장을 몇 년간 연평균 2%로 상회한 후에 투자자들은 거래 활동을 70% 이상 증가시킨다. 거래의 증가는 높은 거래비용과 낮은 수익률을 야기한다. 거래 활동을 늘린 후에 같은 그룹의 투자자는 연간 3% 차이로 시장에 끌려다녔다.

이러한 경향은 개인투자자에 국한되는 것이 아니다. 최근의 연구에서, 다른 기업을 인수하는 CEO도 유사한 행동을 하고 있음이 밝혀졌다. CEO가 다른 기업을 인수하고 그 후 인수기업의 성과가 좋으면, CEO는 또 다른 기업을 인수하려고 한다. 또한 CEO는 종업원의 주식을 두 번째 인수 이전에 더 많이 매입하려고 한다. 그러나 실제 이러한 두 번째 인수는 평균적으로 주주의 가치를 훼손한다. 다시 말해서, CEO는 다른 기

투자자 오류

과잉확신과 기업인수 Warren Buffett은 주주에게 보낸 유명한 편지에서 기업인수에 있어서 과잉확신의 역할을 요약하였다. "두꺼비의 몸에 갇힌 멋진 왕자가 아름다운 공주의 키스에 의해서 해방된다는 유년시절의 동화에 많은 경영자들이 과도하게 노출되었다. 따라서 그들은 자신의 경영관리 키스가 표적기업의 수익성에 확실히 마력을 발휘할 것이라 믿고… 우리는 많은 키스를 보았지만 기적은 거의 보지 못했다. 그럼에도 불구하고 많은 경영자 공주들은 그들 회사의 뒷마당이 반응 없는 두꺼비로 무릎 깊이 가득 찬 후에도 자신의 키스가 가져올 미래의 예언에 대해 담담하게 믿고 있다."

(출처: AN OWNER'S MANUAL, A Message from Warren E. Buffett, Chairman and CEO Copyright © 1996 By Warren E. Buffett에서 발췌. http://www.berkshirehathaway.com/owners.html)

업을 인수하고 이익을 내도록 관리하는 자신의 능력을 과잉확신하게 되는 것 같다.

손실회피 아래에 흥미로운 질문이 있다. 우선 당신이 도박에서 $8,500를 벌었다고 가정하자. 승리한 채로 중단할 수 있고 혹은 추가 도박에 참여할 수 있다. 도박을 선택한다면, 추가적인 $1,500를 90%의 확률로 이기거나 혹은 모든 것을 잃을 확률이 10%이다. 중단할 것인가 아니면 추가 도박에 참여할 것인가? 대부분의 사람들은 확실한 $8,500를 가지고 떠난다고 말한다. 비록 추가 도박의 기댓값이 $500라고 하더라도 중단한다. 이때 기댓값은 다음과 같다.

$$\begin{aligned}\text{기댓값} &= (\text{승리의 확률}) \times (\text{승리의 금액}) - (\text{패배의 확률}) \times (\text{패배의 금액}) \\ &= 0.90 \times \$1{,}500 - 0.10 \times \$8{,}500 = \underline{\underline{\$500}}\end{aligned}$$

이 경우에 $8,500를 가진다는 결정은 개인이 위험회피적 선택을 한다는 것을 가리킨다. $8,500를 잃어버릴 위험은 기댓값 $500를 얻는 것만큼 가치는 없다.

그러나 만일 질문을 다르게 틀을 짜게 되면 사람들의 답변은 달라진다. 당신은 도박에서 이미 $8,500를 잃었다고 가정하자. 당신은 손실을 여기서 끊고 떠나거나 혹은 추가 도박에 참여할 수 있다. 만일 도박에 참여하게 되면, 추가적으로 $1,500를 90% 확률로 잃거나 혹은 초기 손실을 완전히 만회할 수 있는 $8,500를 얻을 수 있는 확률이 10%이다. 이러한 선택에 직면할 때, 도박의 기댓값이 −$500임에도 불구하고 대부분의 사람들은 "본전"을 찾기 위해 위험을 선택할 것이라고 말한다.

$$\text{기댓값} = 0.10 \times \$8{,}500 - 0.90 \times \$1{,}500 = \underline{\underline{-\$500}}$$

이 경우에 사람들은 위험선호 행동을 보여주고 있다. 택하지 않아도 되는 음(−)의 기댓값을 가지는 위험을 선택하고 있다.

행태재무에서 이득 앞에서 위험회피 행동을 보이고 손실 앞에서 위험선호 행동을 보이는 경향을 **손실회피**(loss aversion)라고 한다. 손실회피는 쉽게 말해서 손실에서 느끼는 고통이 이득의 기쁨보다 강하다는 것을 의미한다. 투자의 맥락에서 손실회피는 사람들로 하여금 손실을 입은 투자를 적정한 기간보다 오래 보유하도록 한다. 사실 여러 연구에서 투자자가 포트폴리오의 주식을 매도하기 원할 때 가치가 하락한 주식보다는 상승한 주식을 더 많이 매도하는 경향이 있음을 주장하고 있다. 다른 연구에서는 투자자가 판매하는 주식(즉, 상승한 주식)이 보유하기로 선택한 주식(즉, 가치를 잃은 주식)보다 더 나은 성과를 내는 경향을 보고했다.

금융시장의 실패

손실회피와 거래량

사람들이 손실회피적일 때, 가치 하락한 투자자산을 매도하는 것은 손실을 실현하는 것이기 때문에 매도를 꺼린다. 그러나 투자자가 가격이 하락할 때 매도를 꺼린다면 거래 활동도 줄어들 수 있다. 보스턴 지역의 경기 등락 동안 거주 부동산의 거래에 대한 연구에서 발견한 것이다. 연구자들은 시장가격이 오를 때 주택소유자들은 일반적으로 기꺼이 시장가격에 매도할 의사를 보인다는 것을 알아내었다. 그러나 가격이 하락하여 주택의 시장가치가 매입했던 가격보다 하락하는 상황에 놓인 주택소유자들은 실제 시장가치보다 높은 매매가격을 원하는 경향이 있다. 결과적으로 주택은 안 팔린 채 몇 개월이 흐르고 아주 적은 숫자의 거래만 발생한다.

(출처: David Genesove and Christopher Mayer, "Loss Aversion and Seller Behavior: Evidence from the Housing Market," *Quarterly Journal of Economics*, 2001, Vol.116, Issue 4, pp.1233-1260에서 발췌)

대표성 오류

과잉반응(overreaction) 동전을 6명의 사람에게 20번씩 던지게 하고 앞면이 나온 횟수를 세도록 하는 흥미로운 실험이 있다. 또 다른 6명의 그룹에게는 20번 동전 던지기를 한다고 상상하고 앞뒷면이 어떻게 나올 것인지 물었다. 아래 표는 양쪽 그룹이 보고한 결과이다.

그룹	참가자	앞면의 수	그룹	참가자	앞면의 수
A	1	10	B	1	6
	2	10		2	13
	3	8		3	7
	4	10		4	11
	5	10		5	8
	6	10		6	14
	평균	9.7		평균	9.8

각 그룹의 개인의 반응을 보면 어느 쪽이 실제 동전을 던진 그룹이고 어느 쪽이 상상을 한 그룹인지 알겠는가?

그룹 A가 상상으로 동전을 던진 그룹이다. 거의 모든 사람들이 20번의 동전 던지기에서 10번의 앞면이 나온다고 기대하고 있다. 그러나 실제로 동전을 던진 그룹을 보면 앞면의 숫자는 6에서 14까지 범위가 다양하다. 두 집단 사이의 차이를 설명하는 것은 무엇인가?

대표성(representativeness) **오류**는 사람들이 결과의 무작위성(randomness)을 생각하기 어렵기 때문에 발생하는 오류이다. 그룹 A의 참가자들은 동전 던지기에서 앞면이 나올 확률이 50%라고 (옳은) 가정을 한다. 그러나 이것이 20번의 동전 던지기에서 10번의 앞면이 정확하게 나올 것임을 의미하는 것이라고 (잘못된) 가정을 한다. 10번은 예상할 수 있는 앞면이 나올 평균이고 두 그룹이 던지기에서 앞면이 나올 평균이 약 10번이라는 것이다. 그러나 개별 결과는 그 평균 주변에 상당히 다양하게 나타난다. 그룹 B의 동전 던지기가 명백하게 보여주는 결과처럼 20번에서 정확하게 10번이 나오는 것은 오히려 드문 일이다. 여러 가지 다른 결과가 나올 수 있다.

유사한 경우를 고려해 보자. 시장이 효율적이라면 주식을 고르는 것이 동전을 뒤집는 것과 같다. 즉, 주식을 살 때 실적이 평균보다 좋을 확률이 약 50%이고(결과를 동전의 앞면이라고 하자) 평균보다 나쁠 확률이 약 50%이다(뒷면이라고 하자). 그룹 A의 투자자들은 20개의 주식을 사면 10개의 주식이 평균보다 좋고 10개의 주식이 평균보다 나쁘기 때문에 해당 포트폴리오의 결과가 평균이 될 가능성이 매우 높다고 생각하는 것처럼 보인다. 그러나 그룹 B로부터 알 수 있듯이 20개의 주식 포트폴리오 성과가 평균보다 훨씬 좋거나(10개 이상의 앞면) 또는 훨씬 나쁠(10개 이하의 앞면) 가능성이 매우 높다. 즉, 효율적인 시장에서도 일부 포트폴리오는 실적이 매우 좋고 다른 포트폴리오는 저조할 것이다.

이 실험에 참여한 참가자들은 동전을 20번 던지는 과정에서 앞면 연속 5번 또는 뒷면 연속 5번이 나왔는지도 보고하도록 요청받았다. 그 질문에 대한 대답이 다음과 같다.

그룹	참가자	5번 연속 앞면 또는 뒷면	그룹	참가자	5번 연속 앞면 또는 뒷면
A	1	아니오	B	1	예
	2	아니오		2	예
	3	아니오		3	아니오
	4	아니오		4	예
	5	아니오		5	아니오
	6	아니오		6	예

그룹 B의 참가자 중에서 실제로 동전을 20번 던진 사람들은 같은 결과(앞면 5번 또는 뒷면 5번)가 연속으로 5번 나오는 것이 비교적 흔했다. 그러나 그룹 A의 참가자들은 5번의 연속된 동일한 결과를 볼 것이라고 상상하지 못했다. 왜 안되는가? 이 참가자들은 모든 던지기에서 앞면(또는 뒷면)이 나올 확률이 50%라는 것을 알고 있

으므로, 일련의 던지기에서 결과에 일종의 진동이 나타날 것이라고 상상한다. 즉, 그들은 앞면과 뒷면이 번갈아가며 나오는 것이 연속적으로 여러 앞면(또는 뒷면)이 나오는 것보다 더 가능성이 높다고 믿는 것처럼 보인다. 대표성의 오류가 작용하는 경우이다. 그룹 A의 참가자는 50/50 도박에서 앞면과 뒷면이 번갈아 나올 가능성이 훨씬 더 높다고 생각하기 때문에 동전이 여러 번 연속해서 앞면 또는 뒷면이 나올 가능성을 극적으로 과소평가한다.

투자자 오류

수익률을 따라가면 손해 개인투자자는 최근에 좋은 성과를 낸 뮤추얼펀드를 매입하고 나쁜 성과를 낸 펀드를 매도하면서 뮤추얼펀드 수익률을 "추종"하는 경향이 있다. 최근 연구는 이런 행동이 연간 평균 1.5%의 수익률 하락을 가져온다는 것을 보여준다.

이제 이러한 대표성의 특징이 투자자의 행동에 어떻게 영향을 미칠 수 있는지 고려해 보자. 투자할 뮤추얼펀드를 결정하려는 투자자를 생각해 보자. EMH는 뮤추얼펀드가 평균 이상의 수익을 올리는 것이 기술보다는 운의 문제이므로 특정 펀드 매니저는 특정 해에 시장을 이길 확률이 약 50%라고 말한다. 선택할 수 있는 뮤추얼펀드가 수천 개에 달하므로 뮤추얼펀드 실적이 기술만큼이나 운에 의한 것이더라도, 그룹 B의 여러 동전 던지기가 연속으로 5번의 앞면을 던진 것처럼 몇 년 연속으로 "시장을 이기는" 펀드 매니저가 있을 것이다. 그러나 투자자가 그룹 A의 참가자와 같이 무작위성을 잘못 해석하면 시장이 효율적이라면 펀드 매니저가 몇 년 연속으로 좋은 실적을 올릴 가능성이 매우 낮다고 생각할 것이다. 달리 말하면, 이 투자자들은 몇 년 연속으로 좋은 실적을 올린 것을 시장이, 적어도 연속으로 좋은 성과를 거둔 매니저에게는, 효율적이지 않다는 신호로 해석할 것이다. 따라서 투자자가 수년 동안 평균 이상의 수익률을 기록한 매니저를 보면 해당 기록을 기술 때문이라고 잘못 귀속시킬 수 있다. 연구에 의하면 투자자는 일련의 좋은 성과에 과잉반응하고 성공한 펀드에 돈을 쏟아부어 펀드 매니저를 풍요롭게 하지만 자신도 언제나 풍요롭게 되는 것은 아니다. 분명히 많은 투자자들은 일련의 좋은 성과를 보고 추세가 계속될 가능성을 과대평가한다. 투자자들은 과거의 성과가 미래의 성공을 잘 예측할 수 있다는 객관적인 증거가 거의 없음에도 불구하고 펀드의 과거 성과에 과잉반응한다.

이 논리는 앞서 언급한 가치주 현상에 대한 행태론적 설명을 제공할 수 있다. 가치주는 이익이나 장부가치에 비해 가격이 낮은 주식이다. 마찬가지로, 성장주는 수익 또는 장부가에 비해 가격이 높은 주식으로 일반적으로 과거 실적이 매우 우수하다. 가치주 효과에 대한 가장 초기 연구 중에서 매우 간단한 거래규칙의 결과에 관한 연구가 있다. 매년 연구자들은 지난 3년 동안의 누적 실적을 기준으로 모든 주식을 분류했다. 거래규칙은 가장 나쁜 성과를 보인 주식(가치주)을 매입하고 가장 좋은 성과를 보인 주식(성장주)을 공매도하는 것이었다. 연구의 결과는 이러한 전략이 매년 시장보다 8% 높은 성과로 이기는 수익률을 얻은 것이다! 누구나 따를 수 있는 단순한 거래규칙이 왜 그렇게 잘 작동했을까?

연구자들은 이것이 대표성 오류 때문이었다고 주장했다. 3년 동안 연속해서 가치가 하락한 특정 주식을 관찰한 투자자들은 이러한 추세가 영구히 지속될 것이라고 보고 이러한 주식을 실제 가치보다 낮게 평가하게 된다. 유사하게, 몇 년간 연속해서 좋은 성과를 보인 주식을 관찰한 후에 투자자들은 이러한 뛰어난 성과가 계속될 것이라고 순진하게 가정하며 실제 가치보다 높게 주식을 평가하게 된다. 시간이 흐르면서 성과가 나빴던 기업은 반등하여 투자자를 놀라게 하고, 뛰어난 수익률을 얻었던 기업은 성과를 유지하는 데 실패하게 된다. 결과적으로 과거 가격은 스스로 역전되며 가치주 투자자는 이익을 본다.

개인투자자만이 대표성 오류에 영향을 받을 것 같은 시장참가자는 아니다. 인수합병을 계획중인 기업을 고려하자. 표적기업을 매력적으로 만드는 것은 무엇인가? 한 가지 기준으로 최근에 매출액과 이익이 늘어난 기업일 수 있다. 최근 몇 년간 경쟁자보다 더 빨리 성장한 기업을 인수하기 위해 인수기업이 프리미엄을 지불하는 것이 현명한 것인가? 연구 결과는 이를 부정한다. 기업이 과거에 얼마나 빨리 성장했는가와 미래에 어떻게 성장할 것인가 사이에는 거의 아무런 관련성이 없다. 사실 이것은 기본적인 경제이론의 예측이다. 어느 기업이 특정 시장에서 성공을 하면 다

금융시장의 실패

고가 매수 및 저가 매도

연방준비은행과 미시간 대학의 연구에 따르면 개인투자자, 특히 소득과 부가 낮은 투자자는 2008년 급격한 시장 침체 전, 도중 및 후에 투자 결정시기가 특히 좋지 않은 것으로 나타났다. Fed에서 3년마다 실시한 Survey of Consumer Finance 자료에 따르면 2004년부터 2007년까지 주식시장이 상승함에 따라 주식을 소유한 저소득 가구의 비율이 상승했다. 그러나 2007년부터 2010년까지 주가가 급격히 하락하고 주식을 보유한 가구의 비율이 하락한 기간은 소득과 부가 낮은 가구에서 가장 가파르게 하락했다. 주식을 보유한 저소득 가구의 비율은 2010년부터 2013년까지 계속 하락했으며 주식시장은 호황을 누렸다. 반면, 소득과 부가 높은 가구 중 주식을 소유한 비율은 2010년부터 2013년까지 증가했다. 즉, 2008년 주식의 침체가 주식시장에 계속해서 투자하는 것을 방해하지 않았기 때문에 부자들이 부자가 되었다. 덜 부유한 가구들은 시장가치가 높을 때 주식을 사고, 시장이 무너졌을 때 그것을 팔았고, 이후의 주식시장 회복으로부터 이익을 얻지 못했다.

(출처: Josh Zumbrun, "Bad StockMarket Timing Fueled Wealth Disparity"에서 발췌. https://www.wsj.com/articles/bad-stock-market-timing-fueled-wealth-disparity-1414355341, 2015년 6월 26일 접속)

른 기업들이 그 산업에 진입할 것이다. 경쟁은 기업에게 초기에 새로운 진입자를 유인했던 높은 성장을 유지하기 더욱 어렵게 만든다. 그러나 성장을 유지할 전망이 낮더라도 인수합병 이전에 빠른 성장을 경험한 기업을 인수하기 위해 경영자들이 많은 프리미엄을 지불한다는 증거들이 많이 있다.

과소반응(underreaction) 대표성 오류는 어떤 경우에 투자자를 새로운 정보에 대해 과소반응하도록 만들기도 한다. 이 문제를 통계를 통해 살펴보자. 테이블 위에 100개의 자루가 있고 각 자루는 1,000개의 포커 칩이 들어 있다. 자루 중 45개는 70%의 검정 칩과 30%의 빨강 칩이 들어 있다. 다른 55개의 자루에는 70%의 빨강 칩과 30%의 검정 칩이 들었다. 만일 자루를 무작위로 선택한다면 검정 칩이 많은 자루를 선택할 확률은 얼마인가?

대부분의 사람들은 이 질문에 대해 정답을 말한다. 만일 100개 중 45개가 검정 칩을 더 많이 가지고 있다면 무작위로 자루를 선택하여 대부분 검정 칩이 들어 있을 확률은 45%이다. 이제 좀 더 어려운 문제이다. 자루 하나를 무작위로 선택하여 자루 안을 확인하지 않고 12개의 칩을 꺼낸다. 꺼낸 12개의 칩 중에서 8개는 검정이고 4개는 빨강이었다. 당신이 선택한 자루가 검정 칩이 많은 자루일 확률은 얼마인가?

직관적으로 사람들은 자루에서 꺼낸 12개 칩 표본 안에 검정이 다수이기 때문에 단순히 무작위로 자루를 선택했던 첫 번째보다는 검정 칩이 다수인 자루일 확률이 높다고 생각한다. 그렇다면 얼마나 확률이 더 높은가? 정확한 확률은 95%를 넘는다! 다시 말해서 사람들은 두 번째 질문에서 얻은 새로운 정보에 과소반응하는 경향이 있다.

자루에서 포커 칩을 뽑는 것과 기업의 이익공시를 읽는 것 사이에는 유사성이 있다. 이익공시는 시기에 따라 좋은 소식과 나쁜 소식이 혼재되어 나온다. 기업이 특별히 좋은 (혹은 나쁜) 뉴스를 공시하면 대표성 오류는 투자자로 하여금 새로운 정보에 과소반응하게 만든다. 즉, 투자자들은 이번 분기에 아주 좋은 실적 발표가 다음 분기에도 좋은 실적을 발표할 가능성을 높일 수 있다는 점을 인식하지 못할 수도 있다(그리고 이번 분기에 나쁜 뉴스의 경우 그 반대도 마찬가지임). 회사가 다음 분기 실적을 발표하면 투자자들은 뉴스가 얼마나 긍정적인지에 놀라고 회사의 주가가 다시 상승한다. 이는 앞서 논의한 이익 발표 후 표류 (또는 모멘텀) 현상을 설명할 수 있다.

신중한 독자라면 대표성 오류로 과잉반응(가치주의 경우)과 과소반응(모멘텀의 경우)을 동시에 주장하는 것에 반대할 것이다. 각각의 경우에 투자자가 반응하는 정

> **투자자 오류**
>
> **뉴스에 누가 과소반응하는가?**
> 최근의 연구결과에서 개인투자자들이 이익공시와 같은 정보에 과소반응하는 것으로 나타났다. 예를 들어, 기업이 좋은 이익뉴스를 발표한 후에 개인은 가격이 새로운 정보를 충분히 반영할 만큼 오르기 전에 빨리 주식을 매도하는 경향이 있다. 이러한 개인 매도 주식을 누가 매수하는가? 뮤추얼펀드 매니저와 같은 전문 투자자들이다.

보의 본질에 있어서 중요한 차이가 있음을 기억하자. 가치주 현상에서 투자자는 몇 년간의 좋은 혹은 나쁜 성과와 같이 정보의 연속성에서 공통점을 본다. 그리고 산출 결과에 우연히 미친 역할을 간과하게 되고 **일련의 사건에 과잉반응**한다. 이익공시 후 표류의 경우에는 투자자가 아주 좋은 혹은 아주 나쁜 극단적인 새로운 정보의 조각에 반응한다. 이 경우에 대표성 오류가 투자자로 하여금 **새로운 정보에 과소반응**하도록 이끌 수 있다.

좁은 틀짜기 많은 사람들이 더 큰 맥락을 무시하면서 격리된 상황을 분석하는 경향이 있다. 이런 행동을 **좁은 틀짜기**(narrow framing)라고 한다. 일반적인 투자의 예로 투자자가 은퇴자금 투자계획을 하는 자산 배분 결정과 관련이 있다. 아래 표는 2개 기업의 종업원에게 제공된 은퇴자금 투자계획을 요약하고 있다. 기업 A는 종업원에게 주식펀드와 채권펀드라는 2개의 옵션을 제안한다. 기업 B는 주식펀드와 주식 50%와 채권 50%의 혼합펀드를 옵션으로 제안한다.

제안된 펀드	기업 A	기업 B
주식펀드(100% 주식)	예	예
채권펀드(100% 채권)	예	제공 안됨
혼합펀드(50% 주식, 50% 채권)	제공 안됨	예

연구는 많은 투자자들이 50%를 하나의 펀드에 50%를 다른 펀드에 투자하는 간단한 지침을 따르는 2가지 선택을 좁은 틀짜기를 통해서 본다는 것을 보여준다. 분산투자를 해야 한다는 것을 알기 때문에 투자자들은 투자금액을 정확하게 2개의 선택에 균등하게 배분한다. 그러나 투자자들은 개별 펀드의 자산 배분이 전반적인 포트폴리오의 구성에 영향을 준다는 것을 알지 못할 것이다. 각 기업이 제공하는 옵션의 조합으로 이루어진 좁은 틀(2개의 펀드에 균등하게 분배하기)은 엉뚱한 결과를 낳는다. 주식펀드와 채권펀드에 투자한 기업 A의 종업원은 50% 주식과 50% 채권을 포함한 포트폴리오에 이를 것이다. 기업 B의 종업원도 균등하게 2개의 펀드에 배분하는데, 이 경우 2개의 펀드는 주식펀드와 혼합펀드이다. 동일하게 2개의 선택에 돈을 나누어 투자하게 되면 결과는 75% 주식과 25% 채권에 전반적인 포트폴리오를 배분한 결과를 얻게 된다. 기업 B의 종업원이 보유한 은퇴자금 포트폴리오는 기업 A의 종업원이 보유한 것보다 훨씬 위험하게 되는 것은 기업 B의 종업원이 더

큰 위험을 선호해서가 아니다. 대신에 포트폴리오의 위험은 틀짜기 효과에 의해 영향을 받는다.

신념 유지 사람들은 기존의 신념과 갈등을 일으키는 정보는 무시하는데 이런 현상을 **신념 유지**(belief perseverance)라고 한다. 예를 들어, 주식이 좋다고 생각하고 매수했다고 믿고 있다면 나중에 문제가 있다는 어떤 신호도 무시하는 경향이 있다. 많은 경우에 자신의 초기 견해에 반대될 것을 우려해서 심지어 새로운 정보를 수집하려고 하지 않는다. 주기적으로 포트폴리오를 검토할 때 "새로운" 주식처럼 이미 보유한 주식을 검토하는 것이 낫고, 검토하는 시점에서 주식을 매도 혹은 매수하기로 결정할 것인가를 가지고 정보를 판단하여야 한다.

고정관념 **고정관념**(anchoring)은 미지의 수량을 예측하거나 추정하려는 개인이 현재 가지고 있는 정보에, 심지어 때로는 별로 관련이 없더라도, 너무 많은 비중을 두는 현상을 말한다. 예를 들어, 기업의 과거 매출 성장이 미래 성장률에 대한 매우 낮은 예측 변수라는 것은 잘 알려져 있다. 그럼에도 불구하고 개인에게 기업의 매출 성장률을 예측하라는 요청을 받았을 때 기업의 과거 성장률에 대한 정보를 제공하면 그 정보가 예측에 영향을 미치는 것으로 보인다. 특히 개인은 회사의 과거 성장률이 높았다(낮았다)라는 것을 알고 있을 때 더 빠른(느린) 매출 성장을 예측하는 경향이 있다.

자본자산가격결정모형(CAPM)의 핵심 구성요소는 시장의 기대수익률이다. CAPM을 사용하려면 투자자는 시장의 미래 수익에 대한 기대치를 형성해야 한다. 투자자는 미래 수익을 어떻게 추정하는가? 부분적으로는 시장의 최근 과거 수익률을 기반으로 한다. 보다 구체적으로 투자자를 대상으로 한 설문조사에 따르면 전년도 주식시장 수익률이 높았을 때 투자자들은 이전 시장수익률이 낮은 경우에 비해 다음 해에 더 높은 수익률을 기대하는 것으로 나타났다. 사실 과거의 높은 수익률은 일반적으로 높은 미래 수익률에 대한 신뢰할 수 있는 신호가 아니므로 투자자가 최근 과거 수익률을 기준으로 예측을 기반으로 할 때(즉, 작년 시장수익률을 기반으로 할 때) 시장수익률을 과대평가하고 있고, 결국 CAPM을 통해 특정 주식에 대한 수익률을 과대평가하게 만들 것이다.

친근성 오류 이 교재에서 우리는 투자자가 특정한 투자상품을 매수할 것인지 결정하는 데 사용할 수 있는 여러 분석 방법을 논의했다. 많은 경우에 사람들은 단순히 자신에게 친근한 것에 투자하는 것으로 밝혀졌는데, 이러한 행동을 **친근성 오류**(familiarity bias)라고 한다. 연구에 따르면 투자자는 자신의 집에서 가까운 곳에 위치한 기업의 주식에 투자하는 경향이 있다. 심지어 전문적인 투자자들도 이러한 오류에서 자유롭지 못하다. 최근 연구는 뮤추얼펀드 매니저가 자신의 고향 주(state)에 위치한 기업의 주식에 더 많이 투자하는 경향이 있음을 발견하였다.

친근한 것에 투자하는 것이 반드시 나쁜 것은 아니다. 아마도 기업이 친근하면 투자자는 기업의 주식이 좋은 투자처라고 결정하는 데 도움을 주는 것 같다. 그러나 만일 친근성으로 인해 투자자가 정보 우위를 가진다면 투자자들은 친근성에 근거한 투자에서(즉, 자신의 근처에 위치한 기업에 대한 투자에서) 더 높은 수익률을 얻어야만 할 것이다. 심지어 전문적인 투자자들도 이러한 질문에 대한 결과는 명확하지 않다. 어떤 연구에서는 근처 기업에 투자하는 경우 뮤추얼펀드 매니저가 높은 수익률을 얻는다는 것을 발견했지만, 또 다른 연구에서는 친근성에 근거한 투자는 펀드매니저로 하여금 완전히 분산된 포트폴리오를 구성하지 못하도록 영향을 준다는 것을 발견하였다. 그 결과 이러한 펀드는 더 높은 수익률을 얻지 못하고, 오히려 더 높은 위험을 경험한 것으로 나타났다.

친근한 주식에 많이 투자하는 것은 하나의 심각한 잠재적인 단점을 가지고 있다. 산업은 종종 특정 지역에 집중되어 있다. 예를 들어, 실리콘밸리에 첨단기술기업이 집중되어 있다고 생각해 보자. 북부 캘리포니아의 투자자들이 대부분 그 지역의 기업에 투자한다면, 그들은 경제의 다른 부문을 무시하고 기술기업에 큰 비중을 두는 포트폴리오를 형성할 것이다. 투자자는 고용된 회사에 막대한 투자를 할 수도 있다. 즉, 투자수익과 수입이 한 회사에 달려 있다는 의미이다. 따라서 친근성 오류로 인해 투자자가 분산투자되지 못한 포트폴리오를 보유하게 될 수 있다. 분산투자 기회를 충분히 활용하지 않는 투자자는 마땅히 벌 수 있는 더 높은 수익도 없이 필요한 것보다 더 많은 위험을 감수한다.

행태재무의 증권분석을 위한 시사점

재무 의사결정에 영향을 미치는 심리학적 요인에 대한 논의는 행태재무가 투자에서 중요한 역할을 할 수 있다는 것을 제시한다. 자연스럽게, 시장의 효율성에 대한 논쟁은 수년간 분노를 일으켰고 지속될 것이다. 행태재무의 공헌은 체계적인 실수를 일으키는 투자자의 특정 심리학적 요인을 확인하고 이러한 실수가 주식가격의 예측 가능한 패턴에 공헌을 하는지 결정하는 것이다. 만일 그렇다면 일부 투자자의

〈표 9.1〉 투자 성과를 개선하기 위해 행태재무를 이용하기

연구 결과는 투자자의 의사결정에 영향을 미치고 수익률을 망치는 행동요인에 대해 언급하고 있다. 아래 가이드라인을 따라 당신은 실수를 회피할 수 있고 포트폴리오 성과를 개선할 수 있다. 약간의 상식이 금융시장에서는 오래갈 수 있다!

- **손실주식의 매도를 주저하지 마라.** $20에 매입한 주식이 $10로 하락했다면, 오늘 $10의 현금을 가지고 시장에 왔다면 같은 주식을 매입할 것인지 반문해 보자. 그렇다는 답변이면 계속 보유하자. 아니라면 그 주식을 팔고 다른 주식을 사야 한다.
- **성과를 뒤쫓지 마라.** 증거에 의하면 과거의 성과는 기껏해야 미래의 성과에 대한 불확실한 지표일 뿐이다. 예를 들어, 작년 혹은 과거 5년간 성과가 좋았던 뮤추얼펀드가 다음 해에도 좋은 성과를 낼 것 같지는 않다. 성과기준만으로 작년에 가장 인기가 있었던 뮤추얼펀드를 사면 안 된다. 항상 개인적 투자목표와 제약을 염두에 두어야 한다.
- **겸손하고 마음을 열어라.** 엄청나게 많은 연봉을 받는 많은 투자 전문가들도 예측에서 종종 틀린다. 당신의 실수를 인정하고 옳은 행동을 취하는 것을 두려워 마라. 사실 당신의 실수는 매우 좋은 경험이 될 수 있고 모든 투자자는 실수를 한다. 현명한 사람은 실수에서 배운다. 시장에서 이기는 것은 잃지 않는 것이고 손실을 피하는 방법은 실수에서 배우는 것이다.
- **투자성과를 주기적으로 검토하라.** "눈에서 멀어지면 마음에서 멀어진다"는 오래된 격언을 기억하자. 진실을 마주하는 것을 두려워 말고 상황이 변했다면 바꾸어야 한다. 투자 포트폴리오를 포함해서 어떠한 것도 영원히 "자동비행"하지 않는다.
- **너무 자주 거래하지 마라.** 투자수익률은 불확실하다. 그러나 거래비용은 확실하다. 너무 자주 거래하는 투자자가 실패한다는 연구결과는 넘쳐난다.

실수는 다른 사람들의 이익 기회가 될 수 있다.

〈표 9.1〉은 자신의 실수를 어떻게 최소화할 수 있는지 알려주고 있다.

개념 리뷰

해답은 www.pearson.com/mylab/finance에서 찾을 수 있음.

9.4 행태재무가 투자자 수익률에 어떤 관련이 있을 수 있는가? 행태재무의 지지자는 효율적 시장을 믿는가? 설명하라.

9.5 행태재무가 다음 사항에 어떻게 영향을 미치는지 간략하게 설명하라.

a. 투자자의 거래 활동
b. 가치주 주식이 성장주 주식을 성과에서 압도하는 경향
c. 대체로 좋은(나쁜) 이익 뉴스 이후에 주식가격이 상승(하락) 추세를 보이는 경향

기술적 분석

LG5 LG6 이번 장의 첫 번째 절에서 우리는 시장효율성의 개념을 소개하고 주식가격이 (그리고 기타 금융시장의 가격이) 본질적으로 예측 불가능하다고 믿을 만한 충분한 이유가 있다는 것을 알게 되었다. 두 번째 절에서 시장효율성에 도전하는 행태재무를 설명하였고 주식수익률의 예측 가능성을 보여주는 일부 증거를 논의했다. 이번 절에서 우리는 **기술적 분석**(technical analysis)을 소개하는데, 이것은 주식가격과 수익률의 기록을 통해서 패턴을 찾으려는 시도이다. 이러한 패턴이 반복된다면 패턴을 아는 투자자는 패턴의 시작점을 일찍 찾아서 평균 이상의 수익률을 얻을 수 있는 기회를 가지게 될 것이다.

과거의 가격 움직임을 이용하여 미래 수익률을 예측하는 것에 초점을 맞추고 있기 때문에 기술적 분석은 기본적으로 약형 시장효율성에 반하는 것이다. 이러한 이유로 기술적 분석의 실행은 논쟁으로 남아 있다. 일부 투자자들은 기술적 분석을 주식의 매도, 보유, 매수 결정에서 사용할 수 있는 정보의 또 다른 조각이라고 본다. 반면에 어떤 이들에게는 기술적 분석이 투자결정에서 사용하는 유일한 정보이다. 그리고 어떤 사람들은 여전히 기술적 분석을 시간 낭비로 간주한다.

시장의 행태를 분석하는 것은 산업이나 기업 분석이라는 것이 존재하기 이전인 1800년대로 거슬러 올라간다. 개별 기업의 상세한 재무정보는 일반 대중뿐만 아니라 주주에게도 제공되지 않았다. 투자자들이 연구할 수 있는 유일한 정보는 시장 그 자체였다. 일부 투자자들은 상세한 차트를 이용하여 커다란 시장의 운영을 모니터하였다. 이러한 차트들은 주요 거래자들이 특정 주식을 사거나 파는 움직임을 보여주기 위해 고안되었고 수익을 내기 위한 매수-매도 결정에 유용한 정보를 제공하였다. 차트의 중심에는 주식가격의 움직임이 있었다. 이러한 움직임은 어떤 "유형"을 제공하게 되었는데 그것은 특정 주식을 사고파는 정확한 시기를 알려주었다. 동일한 원칙이 오늘날에도 적용되고 있다. 즉, 기술적 분석은 거래량과 주식가격 움직임과 같은 내부 시장 요인들이 종종 시장의 미래 방향을, 명백하게 재무 통계 수치로 알려지기 훨씬 전에, 밝혀준다고 주장한다.

시장을 측정하는 도구

기술적 분석을 이용하여 전반적으로 시장을 평가하는 것이 해볼 만한 노력이라면,

우리는 그것을 위한 어떤 도구 혹은 측정치가 필요하다. 차트는 시장과 개별 주식의 주가 움직임에 대한 시각적인 요약을 제공하기 때문에 많은 투자자들에게 널리 알려져 있다. 차트의 대안 혹은 보조적인 도구로 일부 투자자들은 다양한 시장 통계를 연구하기도 한다. 시장지수의 추세를 살펴보거나 거래량, 공매도, 혹은 소규모 투자자의 거래 행동(예를 들어, 단주거래)과 같은 시장 움직임을 추적한다.

기술적 분석은 시장에서 목격되는 이러한 요인들이 일반적으로 주식의 가격 움직임에 영향을 줄 수 있거나 줄 것이라고 주장한다. 시장의 일반적인 상황(혹은 분위기)을 다룰 수 있고 향후 몇 달간 시장이 어디로 향할 것인지에 대한 통찰력을 얻을 수 있다고 생각한다. 기술적 분석에서는 이를 위해 노력하고 있으며, 우리는 그 중 널리 사용되는 일부 방법을 아래에 요약할 것이다.

신뢰 지수 시장의 분위기를 알아채기 위한 측정치의 하나로 **신뢰 지수**(confidence index)가 있는데, 이것은 주식시장이 아니라 채권시장의 수익률을 다룬다. *Barron's*가 산출하여 제공하는 신뢰 지수는 고등급 회사채의 평균 수익률과 평균 혹은 저등급 회사채의 수익률의 차이(spread)를 반영한 비율이다. 기술적으로 이 지수는 10개의 고등급 회사채의 평균 수익률과 10개의 중등급 채권의 수익률의 비율로 구한다. 아래 수식을 보자.

$$\text{신뢰 지수} = \frac{\text{10개의 고등급 회사채의 평균 수익률}}{\text{10개의 중등급 회사채의 평균 수익률}} \tag{9.3}$$

따라서 이 지수는 고등급 채권과 중등급 채권의 수익률 스프레드를 측정한다. 고등급 채권의 수익률은 항상 중등급 채권의 수익률의 평균보다 낮기 때문에 신뢰 지수는 1을 넘지 않는다. 대신에 1(혹은 100%)에 근접하게 되면 두 그룹 채권의 스프레드가 작아지는 것이고, 이론에 따라서 이것은 좋은 징조가 된다. 투자자의 경제에 대해 신뢰성이 커지면서 투자자는 위험한 채권에도 투자를 할 것이고, 따라서 수익률이 떨어지고 신뢰 지수는 올라가게 된다는 것이다. 신뢰 지수를 따르는 사람들은 지수의 상승이 미래 주식수익률의 긍정적인 신호로 해석한다.

예를 들어, 고등급 채권의 수익률이 4.50%이고 중등급 채권의 수익률이 평균 5.15%라고 가정하자. 이것은 수익률 스프레드 65 "bp(basis point)" 혹은 1%의 65/100(즉, 5.15%−4.50%=0.65%)를 의미하고, 신뢰 지수는 4.50%÷5.15%=87.38%이다. 이제 수익률과 수익률 스프레드가 상승하거나 하락하면 어떻게 되는지 살펴보자.

	수익률(수익률 스프레드)	
	하락	상승
고등급 채권수익률	4.25%	5.25%
중등급 채권수익률	4.50%	6.35%
수익률 스프레드	0.25%	1.10%
신뢰 지수	94.44%	82.68%

낮은 수익률 스프레드는 사실 높은 신뢰 지수를 가져온다. 따라서 투자자는 더 낮은 등급(더 위험한) 채권의 수익률에서 더 낮은 프리미엄을 요구한다는 것을 의미하고 이렇게 하는 것은 경제에 대해 더 큰 신뢰성을 가지고 있음을 보여준다. 이 이론은 "능숙한 투자자(smart money)"의 추세가 주식시장에 나타나기 이전에 채권시장에서 밝혀진다는 것을 암시한다. 즉, 오늘 신뢰 지수의 상승은 미래 주식시장의 상승을 예견한다는 것을 의미한다.

투자자 오류

비행기 추락과 감정 투자자 정서는 정의하기 까다롭고 정량화하기가 훨씬 어렵다. 한 연구는 주요 항공사 재난이 투자자 심리와 주식수익률에 어떤 영향을 미쳤는지 살펴보았다. 이 연구의 저자는 미국 주식시장의 평균 1일 수익률이 약 4bp(0.04%)이지만, 주요 항공사 재난이 발생한 하루 평균 수익률은 -32bp(-0.32%)임을 발견했다. 1일 하락은 항공사 재난당 총 $60십억의 시장가치 손실을 의미했지만, 다음 2주 동안 정서가 정상으로 돌아오자 시장은 대부분의 손실을 회복했다.

(출처: Guy Kaplanski, "Sentiment and Stock Prices: The Case of Aviation Disasters," *Journal of Financial Economics*, 2010, Vol. 95, pp.174-201에서 발췌)

시장 거래량 시장 거래량(market volume)은 확실히 주식에 대한 투자자의 관심의 정도를 반영한다. 시장 거래량을 관찰하는 기술적 분석가들은 상승 시장에서 거래량이 증가하는 것은 주식이 계속 상향 움직임을 보일 것이라는 긍정적인 신호라고 말한다. 반면에 주식이 하락할 때 거래량이 줄어드는 것은 주가 하락이 거의 끝나간다는 것을 의미할 수 있다. 같은 맥락에서 주식이 상승했는데 거래량이 줄어들기 시작하면 상승 시장의 종료를 알리는 것일 수 있다. 수많은 금융 사이트에서 전체 시장의 일간 거래량을 알리고 있기 때문에 쉽게 찾을 수 있는 통계치이다.

시장의 폭(breadth of the market) 거래일마다 일부 주식은 가격이 오르고 어떤 주식은 가격이 내린다. 시장의 용어로 일부 주식은 상승(advance)이고 다른 것은 하락(decline)이다. 시장의 폭은 이러한 상승과 하락을 다룬다. 이 지표가 내포한 원칙은 상승과 하락의 숫자가 투자자의 내재된 감정을 반영한다는 것이다.

시장의 폭을 사용하는 분석가들은 투자 결정에서 숫자를 다음과 같이 해석한다. 어떤 날에 주가가 상승한 주식의 수가 하락한 주식의 수보다 크다면 시장은 강세장이다. 강세의 정도는 상승과 하락의 숫자 사이의 차이에 따른다. 예를 들어, 차이가 줄어들면(하락의 숫자가 상승의 숫자에 근접하면) 시장의 세기는 약화된다. 마찬가

그림 9.5 **기본적인 시장 통계**

여기에 제시된 시장 거래량, 상승, 하락에 대한 정보의 예는 웹에서 쉽게 볼 수 있다.
(출처: 시장 규모 자료, http://finance.yahoo.com/advance, 2018년 8월 12일에 접속)

Market Diaries			Data as of 8/9/2018 04:38:10 PM	
Issues:	NYSE	AMEX	NASDAQ	Bulletin Board
상승 주식	1,469	152	1,550	0
하락 주식	1,449	142	1,405	0
불변 주식	142	19	162	0
전체 주식	3,060	313	3,117	0
Issues at:				
신 고가(52 Week High)	114	8	115	0
신 저가(52 Week Low)	35	9	66	0
Volume:				
상승 거래량	1.28B	39.68M	978.75M	0
하락 거래량	1.70B	71.25M	1.02B	0
불변 거래량	56.22M	3.53M	27.99M	0
전체 거래량	3.04B	114.46M	2.02B	0

지로, 하락의 숫자가 상승의 숫자를 계속 앞지르면 시장은 약세장이다. 시장 분위기가 낙관적일 때, 상승은 하락을 앞선다. 또한 상승과 하락의 데이터는 쉽게 얻을 수 있다. 〈그림 9.5〉는 Yahoo! Finance에서 가져온 시장 거래량, 상승, 하락에 관한 자료를 보여준다.

공매도 잔액 투자자들이 시장하락을 예상하게 되면 때로는 공매도를 통해 주식을 매도한다. 즉, 주식을 빌려서 매도하는 것이다. 어느 시점에 시장에서 공매도를 통해 매도되는 주식의 수를 일컬어 **공매도 잔액**(short interest)이라고 한다. 더 많은 주식이 공매도로 팔리면 공매도 잔액은 더 커진다. 모든 공매도가 궁극적으로 "상환(covered)"되어야 하기 때문에(빌린 주식은 돌려줘야만 한다), 공매도는 사실 미래의 주식 수요를 보증한다. 따라서 공매도 수준이 역사적 기준보다 상대적으로 높아지면 시장은 긍정적으로 평가된다. 공매도 포지션을 커버하기 위해서 미래에 주식을 매수하게 되면 추가적인 수요가 주식가격을 상승시키게 될 것이라는 논리이다. NYSE, AMEX, Nasdaq's National Market의 공매도 잔액은 *Wall Street Journal*과 *Barron's*에 그리고 기타 자료로도 공표된다.

공매도 잔액의 수준을 추적하면 미래의 시장 수요를 알 수 있지만 그것은 또한 현재의 시장 낙관이나 비관의 정도를 알려준다. 공매도는 일반적으로 지식을 가진 투자자에 의해서 일어나며, 공매도 잔액의 눈에 띄는 증가나 감소는 시장이나 기업의 현재 상황에 대한 능숙한 투자자의 감정에 대한 힌트를 준다. 예를 들어, 공매도 잔액의 심각한 증가는 비록 미래의 주식 수요 수준에 있어서는 긍정적인 신호가 되겠지만, 시장의 현재 상태에 대한 비관적인 우려를 알리는 것일 수 있다.

단주거래(odd-lot trading) 월스트리트의 다소 비꼬는 듯한 격언으로 가장 좋은 전략은 소액 투자자가 하는 것과 반대로만 하면 된다는 말이 있다. 이러한 논리의 배경은 대체로 소액 투자자들이 악명 높은 최악의 시기선택 능력을 보여주기 때문이다. 투자자 대중은 일반적으로 강세장이 어느 정도 무르익은 후까지도 시장에 참여하지 않으며, 약세장의 끝에 도달할 때까지도 시장에서 나가지 않는다. 이런 주장의 타당성이 논란의 여지가 있겠지만, 이것은 기술적 지표를 널리 추종하는 배경에 놓여 있는 가정이며 **반전투자 견해 이론**(theory of contrary opinion)의 기본이 된다. 이 이론은 단주거래의 양과 유형을 시장의 현재 상태와 당면한 변화의 지표로 사용한다.

많은 개인투자자들이 100주 이하의 거래에 참여하기 때문에, 그들의 일반적 감정은 단주거래를 보면 어느 정도 알 수 있다. 즉, 단주 투자자가 "균형적으로" 무엇을 하느냐를 보는 것이다. 단주 매수와 단주 매도 물량 사이에 차이가 작거나 없으면 반전투자 견해 이론은 시장이 현재 추세(상승이든 하락이든)를 따라 지속적으로 움직일 것이라고 본다. 단주 매수와 단주 매도 사이의 균형에 극적인 변화가 발행하면 그것은 강세장 혹은 약세장이 곧 끝난다는 신호가 될 수 있다. 예를 들어, 만일 단주 매수가 단주 매도를 초과하기 시작하면 소액 투자자들의 일부가 이성을 잃기 시작하여 투기를 하기 시작했으며 이것은 강세장의 최종 단계가 도래할 것이라는 불길한 신호가 된다.

두 가지 추세는 시장 지표로서 단주거래의 유용성을 감소시켰다. 첫째, 최근 수십 년 동안 거래비용이 급격히 감소했기 때문에 단주거래가 아닌 일반거래의 비용면에서의 이점이 감소했다. 둘째, 더 큰 거래자들이 그들의 활동을 위장하기 위해 주문을 더 작은 부분으로 나누는 것이 더 일반적이 되었다. 이 두 가지 이유로 인해 개인투자자가 단주거래를 하고 있다는 사실이 예전보다 덜 분명하다. 단주거래를 지켜보는 목적이 전문가가 아닌 개인의 거래 행동을 평가하는 것이라면 그 목적은 예전보다 오늘날 달성하기가 더 어렵다.

거래규칙과 측정 도구

주식의 공급과 수요가 주로 (혹은 유일하게) 주식가격을 결정한다고 믿는 **시장의 기술적 분석가**(market technician)는 다양한 수학 공식과 측정 도구(수치)를 이용하여 시장의 기본적인 상황을 평가한다. 이러한 분석가들은 필요한 수치를 산출하기 위해서 때로는 컴퓨터를 사용하고 매일 그림으로 그린다. 그들은 이러한 수치를 시장이나 특정 주식에 언제 들어가고 나와야 하는지를 가리키는 지표로 사용한다. 즉, 그들은 이러한 시장의 수치를 근거로 거래규칙을 개발한다. 하나의 수치가 모든 주식에 적용이 가능하지 않기 때문에, 기술적 분석가는 거의 항상 한두 개가 아닌 몇 가지의 시장 수치를 이용한다. 더구나 일반적으로 그들은 하나의 수치로 다른 수치를 확인하고자 한다. 다시 말해서, 시장 분석가는 3개 내지 4개의 비율을 보고 모든 수치가 같은 방향을 가리키고 있는지 확인하고자 한다.

이러한 시장의 측정 도구와 거래규칙이 수십 개 있다고 하지만, 우리는 기술적 지표로 널리 사용되고 있는 일부만을 논의할 것이다. 그것은 (1) 등락주선(advance-decline lines), (2) 신고가(new highs)-신저가(new lows), (3) 암스 지수(Arms index), (4) 뮤추얼펀드 현금비율(mutual fund cash ratio), (5) 잔량 거래량(on-balance volume: OBV), (6) 상대강도 지수(relative strength index: RSI)이다.

등락주선 거래일마다 NYSE, AMEX, Nasdaq은 얼마나 많은 종목의 주식이 당일 종가가 상승(가격 상승)하였고 얼마나 많은 주식의 종가가 하락(가격 하락)하였는지 발표한다. **등락주선**(advance-decline(A/D) line: ADL)은 등락한 주식의 숫자를 선으로 표현한 것이며 단순히 이 상승종목과 하락종목의 숫자 사이의 차이를 말한다. 계산은 가격이 상승한 종목의 숫자에서 하락한 종목의 숫자를 빼면 되는데 주로 전날을 기준으로 하여 오늘 등락을 정한다. 예를 들어, 만일 1,000주의 종목이 상승하고 450주의 종목이 하락하였으면, 오늘의 순 숫자는 550(즉, 1,000 − 450)이다. 만일 450주가 상승하고 1,000주가 하락했으면 순 숫자는 −550(즉, 450 − 1,000)이다. 매일 순 숫자는 누적된 총 숫자에 더해지며(혹은 빼지며), 이것이 그래프로 그려진다.

만일 그래프가 상승세이면, 상승주가 하락주를 지배하고 있는 것이고, 기술적 분석가들은 시장이 강세라고 결론을 내린다. 하락주가 상승주를 지배하기 시작하면 시장은 약화되기 시작하면서 그래프는 떨어질 것이다. 기술적 분석가들은 등락주선(A/D 라인)을 주식을 매도하거나 매수하기 위한 신호로 사용한다.

신고가-신저가 이 수치는 등락주선과 유사하지만 더 긴 시간 동안의 가격 움직임을 관찰한다. 현재 주가가 지난 1년 동안 가장 높은 수준에 도달하면 주식이 "신고가(new high)"에 도달했다고 정의한다(혹은 "52주 고가(52-week high)"라고 부르기도 함). 반대로 만일 현재 주가가 지난 1년 동안에 가장 낮은 수준이면 주식이 "신저가(new low)"에 도달한 것이다.

신고가-신저가 지표(NH-NL indicator)는 새로운 52주 고가에 도달한 종목의 숫자에서 새로운 저가에 도달한 숫자를 뺀 것이다. 따라서 순 숫자는 등락주선에서처럼 양수(신고가가 지배)이거나 음수(신저가가 신고가를 초과)를 얻을 수 있다. 하루하루의 변동을 완화하기 위해서 순 숫자를 10일간의 이동평균에 더하고(혹은 빼고), 그것을 그래프를 그린다.

예상하겠지만, 시간이 흐르면서 상승하는 그래프는 신고가가 지배하기 때문에 강세장을 가리킨다. 하락하는 그래프는 신저가가 신고가보다 일반적이기 때문에 약세장을 가리킨다. 모멘텀 기반의 전략을 따르는 기술적 분석가들은 신고가가 지배적일 때 매수하고, 신저가가 신고가보다 많을 때 매도할 것이다. 혹은 시장이 강세일 때 자금을 주식으로 전환하는 신호로, 시장이 약세로 보일 때 주식에서 자금을 회수하여 현금이나 채권으로 전환하는 신호로 사용할 수도 있다.

암스 지수(Arms index) 등락주선을 이용하여 만들어진 거래지수(trading index: TRIN)로도 알려진 **암스 지수**는 상승주와 하락주의 숫자뿐만 아니라 상승주와 하락주의 거래량을 고려한다. 공식은 아래와 같다.

$$\text{TRIN} = \frac{\text{상승종목 수}}{\text{하락종목 수}} \div \frac{\text{상승종목 거래량}}{\text{하락종목 거래량}} \qquad (9.4)$$

예를 들어, S&P 500 지수를 분석한다고 가정하자. 어느 특정일에 300개 종목이 상승했고 200개 종목은 하락했다. 그리고 상승주식의 총 거래량은 400백만 주이며, 하락주식의 총 거래량은 800백만 주라고 하자. 그날의 TRIN은 3.0이 된다.

$$\text{TRIN} = (300 \div 200) \div (400\text{백만} \div 800\text{백만}) = 3.0$$

반면에 상승주식의 거래량이 700백만 주이고 하락주식의 거래량이 300백만 주라고 가정하면, TRIN은 0.64가 된다.

TRIN = (300 ÷ 200) ÷ (700백만 ÷ 300백만) = 0.64

TRIN이 높으면 상승종목이 하락종목보다 많다고 해도 하락종목 주식 거래량이 훨씬 크기 때문에 시장에서는 나쁜 것으로 해석된다. 기본적인 개념은 강세장은 상승하는 종목이 하락하는 종목보다 많으며, 두 번째 예에서 보듯이 상승종목의 거래량이 하락종목의 거래량보다 많은 것으로 특징지을 수 있다.

뮤추얼펀드 현금비율 이 지표는 뮤추얼펀드의 현금포지션을 미래 시장 성과의 지표로 본다. **뮤추얼펀드 현금비율**(mutual fund cash ratio: MFCR)은 관리하고 있는 뮤추얼펀드 자산 중에서 현금으로 보유하고 있는 비율을 측정한다. 수식은 다음과 같다.

$$\text{MFCR} = \text{뮤추얼펀드 현금포지션} \div \text{총 운용자산} \tag{9.5}$$

MFCR이 높으면 시장이 강세라는 가정이다. 비율이 매우 높은 수준으로 올라가면(즉, 뮤추얼펀드 현금이 자산의 10% 혹은 12%를 초과하면) 시장은 매우 강세라고 간주된다. 반면에 비율이 매우 낮은 수준(예를 들어, 5% 미만)으로 내려가면 약세장으로 본다. 논리는 다음과 같다. 펀드매니저가 많은 현금을 보유하고 있으면(MFCR이 높으면), 결국은 현금을 투자해야 하며 따라서 주식을 매수할 것이며 가격은 상승하게 될 것이기 때문에 시장에 호재로 작용한다. 만일 펀드매니저가 현금을 적게 보유하고 있으면, 투자자는 두 가지 우려를 하게 된다. 첫째, 이미 모든 현금이 투자되었다면 주식에 대한 수요가 남아 있지 않다. 둘째, 시장이 하락세이면 투자자는 현금을 회수하려고 할 것이다. 펀드매니저는 투자자의 이러한 펀드 환매를 수용하기 위해서 주식을 매도해야만 하고 추가적인 가격 하락의 압력이 될 것이다.

잔량 거래량 기술적 분석가들은 일반적으로 시장활동의 핵심 측정치로서 주식가격을 고려한다. 그러나 그들은 또한 거래량을 두 번째 중요 지표로 간주한다. **잔량 거래량**(on-balance volume: OBV)은 거래량과 가격 변화를 연결해 주는 모멘텀 지표이다. 이 지표 산출을 위해서 가격뿐만 아니라 거래량을 이용하는데 누계(running total)로 거래량을 추적한다. 즉, OBV는 거래량이 증권으로 흘러 들어왔는지 나갔는지를 가리킨다. 증권이 전날 종가보다 높은 가격에 종료되면 모든 일간 거래량이 "상승 거래량(up-volume)"으로 간주되어 누계에 더해진다. 반대로 주식이 낮은 가격으로 종료되면 모든 거래량은 "하락 거래량(down-volume)"으로 간주되어 누계에서 차감된다.

OBV 지표는 가격 추세를 확인하는 데 사용된다. 이 수치에 따르면, 주가가 오르면서 OBV가 늘어나면 앞으로 좀 더 가격이 상승할 것임을 의미하기 때문에, 투자자는 주식가격이 상승할 때 OBV가 늘어나길 원할 것이다. 반면에 가격은 오르는데 OBV가 하락하면, 기술적 분석가들은 이 상황을 발산(divergence)으로 기술하고 약세장의 가능성을 보여주는 신호로 해석한다.

OBV를 분석할 때 실제 가치가 아니라 방향이나 추세가 중요하다. OBV의 계산을 시작하기 위해서 우선 50,000과 같이 임의의 숫자를 가지고 시작할 수 있다. 어제 주당 $50의 종가로 거래가 끝난 주식의 OBV를 50,000의 OBV를 시작으로 계산하려고 한다고 가정하자. 오늘 80,000주의 주식이 거래되었고 종가는 $49라고 하자. 가격이 하락했기 때문에 어제의 잔량(50,000의 출발점)에서 80,000을 차감한다. 이제 OBV는 50,000−80,000=−30,000이다. (OBV는 단순히 거래량의 누계임에 주의하자.) 만일 주식이 다음날 120,000주 거래되었고 종가가 $52였다면 우리는 전날의 OBV에 120,000주를 더해야 한다. 즉, OBV=−30,000+120,000=90,000이다. 이러한 절차는 매일매일 계속된다. 정상적인 절차는 일별 OBV를 그래프로 그리는 것이다. 그래프가 상승하는 한 시장은 강세이다. 그래프가 하향하기 시작하면 시장은 약세이다.

상대강도 지수 가장 널리 사용되는 기술적 지표 중 하나는 시간별로 증권의 상승과 하락 강도를 측정하는 상대강도 지수(relative strength index: RSI)이다. RSI는 증권의 모멘텀을 가리키고 단기 거래 기간에 최고의 결과를 가져다준다. 또한 증권이 가격 고점이나 저점에 도달했음을 신호해 주고 임박한 역전 추세를 보여주기 때문에 이를 통해 시장의 극단을 확인할 수 있다. RSI는 같은 기간 동안 "하락일"의 평균 가격 변화에 대한 "상승일"의 평균 가격 변화의 비율이다. 이 지표의 공식은 아래와 같다.

$$\text{RSI} = 100 - \left[100 \div \left(1 + \frac{\text{상승일 평균 가격 변화}}{\text{하락일 평균 가격 변화}}\right)\right] \quad (9.6)$$

이 공식의 평균 가격 변화는 일반적으로 9일, 14일 또는 25일 동안 계산된다. RSI 계산에서 가격 상승과 가격 하락은 모두 양수 값으로 처리된다. 즉, 주식이 14일 연속으로 $0.05 하락하면 하락일의 평균 가격 변화는 0.05가 되고, 주식이 14일 연속으로 $0.05 상승하면 동일하게 0.05가 된다.

RSI는 0에서 100 사이의 값을 가지지만, 대부분은 30에서 70 사이의 값을 가진다. 일반적으로 70 혹은 80 이상의 값은 과잉매수(overbought) 상황(기본가치로 정당화될 수 있는 수준보다 많이 강하게 매수)이다. RSI 값이 30 이하라면 과잉매도(oversold) 상황(기본가치가 제시하는 것보다 많이 매도)이다. RSI가 이러한 값을 넘어서게 되면, 추세 역전의 가능성을 알리는 것이다. 기간이 긴 RSI보다 9일 RSI는 변동성이 크며, 80−20 범위가 사용된다. 강세 시장에서 70보다는 80이 상한 지표로 좋으며 약세 시장에서 20이 좀 더 정확한 하한 수준이다. 섹터나 산업에 따라 RSI의 기준은 달라질 수 있다.

거래에 RSI를 사용하기 위해서, RSI가 70을 넘으면 매도하고 30 아래로 떨어지면 매수하는 것처럼 투자자들은 매도와 매수 구간을 정한다. 다른 전략으로 주식 차트와 RSI를 비교하는 것이 있다. 대부분의 경우 두 그래프는 같은 방향으로 움직이는데, RSI와 가격의 차트가 서로 벌어지는 것은 추세가 변하는 것을 보여주는 강력한 예측이 될 수 있다.

차트분석

차트분석(charting)은 가장 잘 알려진 기술적 분석 활동일 것이다. 사실 기술적 분석가들은 다양한 유형의 차트를 이용하여 다우존스 산업평균 지수부터 개별 주식의 주가 움직임까지 이동평균과 등락주선 등의 모든 행태를 그린다. 결국 앞에서 보았듯이 모든 유형의 기술적 지표들은 어떤 형태로든 차트로 그릴 수 있다.

차트는 시간의 흐름에 따른 시각적인 행태의 요약을 보여주기 때문에 유명하다. 아마도 더 중요한 것은 (최소한 기술적 분석가의 눈으로 보면) 차트가 시장이나 개별 주식의 추세나 미래 행태를 유발하는 가치 있는 정보를 포함하고 있다는 것이다. 차트분석가(chartist)는 가격 패턴이 시장과 주식의 미래 방향에 대한 신호를 알려주는 차트 유형(formation)으로 나타난다고 믿는다.

차트 유형 차트 그 자체는 시장이나 주식이 어느 위치에 있다는 것 그 이상을 말하지는 않는다. 그러나 차트분석가에게 이러한 가격의 패턴은 미래에 예측할 수 있는 무엇인가를 말해주는 유형을 낳는다. 차트분석가는 역사가 반복된다고 믿기 때문에 다양한 유형에 대한 과거의 주식(혹은 시장) 반응을 연구하고 이러한 관찰에 기초하여 거래규칙을 고안한다. 차트분석가에게 시장을 좇든 개별 주식을 좇든 차이는 없다. 중요한 것은 유형이고 그려진 주식이 아니다. (쉬운 일은 아니지만) 차트를 어떻게 해석하는지를 안다면, 당신은 만들어진 유형을 볼 수 있고 매도와 매수 신호를 인식할 수 있다. 이러한 차트 유형은 때로는 이국적인 이름을 가지고 있는데, 머리어깨형(head and shoulders), 떨어지는 쐐기형(falling wedge), 접시형(scallop and sauce), 상승 삼각형(ascending triangle), 뒤집힌 섬형(island reversal) 등 무궁무진하다.

〈그림 9.6〉은 6개의 차트 유형을 보여준다. "지지선"과 "저항선"의 패턴이 기본적인 유형과 결합할 때 매도와 매수 신호를 보내게 된다. Panel A는 가격이 특정 패턴의 저항선을 돌파할 때 매수 신호의 예를 보여준다. 반면에 Panel B의 끝부분에서 그런 것처럼 가격이 저항선 아래로 돌파하면 매도 신호가 발생한다. 매도 신호는 시장에서(혹은 개별 주식의 가격에서) 중요 하락이 발생하는 것을 의미한다. 매수 신호는 반대의 상황이 발생하려는 것을 가리킨다.

불행히도 차트분석의 가장 큰 문제점 중 하나는 차트의 유형이 〈그림 9.6〉에서 보는 것처럼 깔끔하게 나타나거나 명확하게 보이지 않는다는 것이다. 그렇기보다는 유형을 확인하고 해석하기 위해서는 상당한 상상력이 필요하다.

이동평균 일별 가격 차트의 문제점은 너무나 많은 의미 없는 단기의 주가 변동을 포함하고 있어서 가격의 전반적인 추세를 가리고 있다는 것이다. 결과적으로, 기술적 분석가들은 작은 흔적들을 지우고 기본적인 추세를 밝히기 위해서 이동평균을 사용한다. **이동평균**(moving average: MA)은 시간의 흐름에 따르는 연속적인 가격이나 기타 자료의 평균 가치를 기록하는 수학적 절차이다. 이러한 평균 가치의 흐름을 포괄하기 때문에 이동평균은 연속 자료를 부드럽게 하고 추세를 확인하기 쉽게 만든다. 이동평균은 가장 오래되고 인기 있는 기술적 지표 중 하나이다. 사실 이것은 주가뿐만 아니라 시장지수나 기타 다른 기술적 지표에도 사용이 가능하다.

이동평균은 10일에서 200일 사이의 기간에 걸쳐 계산되는데 이때 10개에서 200개의 자료가 각각의 계산에 사용된다. 기간의 길이는 이동평균의 작동방식과 관련이 있다. 짧은 기간(10일에서 30일)은 좀 더 민감하고 실제 일별 움직임에 밀접하게 움직이는 경향이 있다. 기간이 길어지면(예를 들어, 100일에서 200일) 그래프는 더 부드러워지고 주요 추세를 찾아내는 데 더 유용하다. 몇 가지 유형의 이동평균이 존재하는데 가장 일반적인 (여기서 사용될) 것은 **단순평균**(simple average)이다. 이것은 모든 관찰 자료에 동일한 비중을 주는 것이다. 반면에 가장 최근의 자료에 가장 큰

그림 9.6

일부 유명한 차트 유형

차트분석가들에게 이러한 유형은 미래 사건의 방향에 있어서 의미를 가진다.

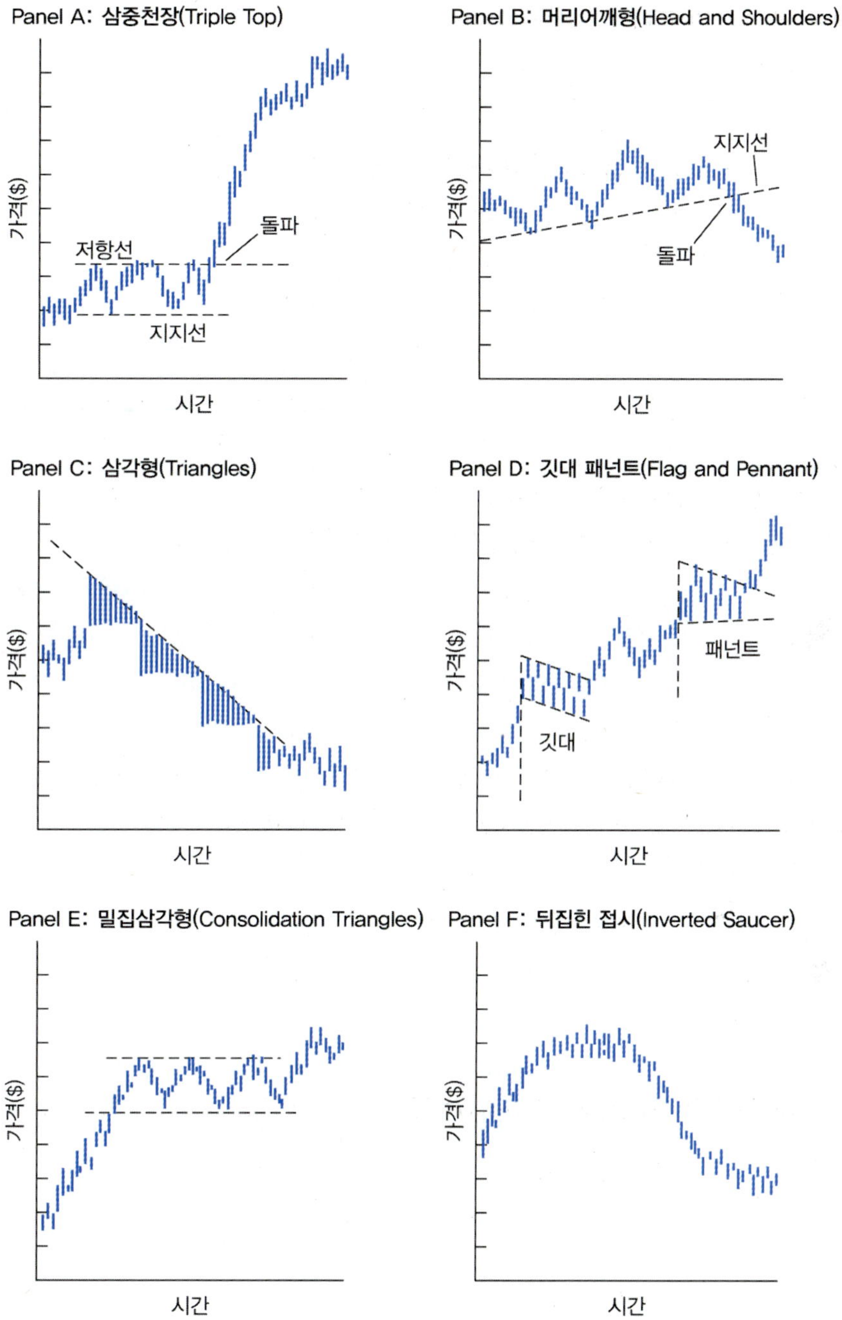

비중을 주거나(즉, 지수평균 혹은 가중평균) 중간 시기에 많은 비중을 두는(즉, 삼각평균) 이동평균 계산 절차도 있다.

논의의 기초로 주식의 종가를 이용하여 우리는 주어진 시간 동안(예: 10일) 종가를 더하고 총 시간의 길이로 나누어 가면서 단순 이동평균을 계산할 수 있다. 따라서 단순 이동평균은 산술평균과 다르지 않다. 이해를 위해 아래 종가의 흐름을 고려해 보자.

일자:	1	2	3	4	5	6	7	8	9	10	11	12	13	…
가격:	$4	$5	$6	$6	$7	$5	$3	$5	$8	$9	$6	$2	$4	…

10일 이동평균을 이용하기 위하여 우리는 종가를 1일부터 10일까지 더하고($4+$5+ … +$8+$9=$58), 총 10일로 나누면 ($58÷10=$5.8)가 된다. 따라서 10일 기간 동안의 평균 종가는 $5.80이다. 다음 날, 이러한 절차는 다시 반복되어 2일부터 11일까지의 자료를 이용하면 $60÷10=$6.00가 된다. 이 절차는 매일 반복되고 시간이 흐르면서 우리는 개별 평균의 시계열을 얻게 되고 이들을 연결하면 이동평균선이 된다. 이 선은 그 자체 혹은 다른 시장 유형과 함께 차트에 그려진다.

〈그림 9.7〉은 2017년 6월부터 2018년 8월까지 Facebook의 일일 종가(즉, 파란색 선)에 대해 표시된 100일 이동평균(즉, 검정색 선)을 보여준다. 실제 종가와 비교해 보면 이동평균은 훨씬 부드러운 선이고 단기 변동이 없다. 이것은 확실히 일반적인 주식가격의 추세를 명확히 보여준다.

기술적 분석가들은 종종 〈그림 9.7〉의 차트를 가지고 주식의 매수와 매도 결정을 내리는 데 이용한다. 예를 들어, 만일 증권의 가격이 이동평균보다 올라가면 그들은 가격이 상승하여 움직이고 있기 때문에 매수하기에 좋은 상황이라고 해석한다(차트의 매수 신호로 본다). 반면에, 매도 신호는 증권의 가격이 이동평균선 아래로 내려갈 때 발생한다(매도 신호로 본다). 주가의 변동성이 반복되는 매수 및 매도 신호로 이어질 때 문제가 발생한다. 예를 들어, Facebook의 경우 검정색과 파란색 선이 12월 4일에 교차하고 12월 5일에 다시 교차하여 연속적으로 반대 신호를 보낸다. 라인은 2월 7일과 3월 19일 사이에 여러 번 교차하여 한 달도 안 되는 시간에 4개의 매도 신호와 3개의 매수를 보낸다. 해당 기간 동안 이동평균 지표를 기반으로 한 거래는 많은 거래비용이 발생하지만 이익은 많지 않다.

그림 9.7 Facebook의 일별 종가와 100일 이동평균선

이동평균선은 종종 실제의 일별(혹은 주별) 주식 종가와 함께 그려진다. 이동평균은 S&P 500과 같은 시장지수, 등락주선과 같은 여러 가지 기술적 지표에도 널리 사용된다.

개념 리뷰

해답은 www.pearson.com/mylab/finance에서 찾을 수 있음.

9.6 기술적 분석의 목적은 무엇인가? 어떻게 사용되고 왜 사용되는지 설명하라. 투자결정에서 시기선택에 어떻게 도움을 줄 수 있는지 확인하라.

9.7 시장은 개별 증권의 가격 움직임에 측정할 수 있는 영향을 줄 수 있는가? 설명하라.

9.8 신뢰 지수를 설명하고 지수가 가지고 있는 독특한 특성을 설명하라.

9.9 아래 용어를 간략하게 설명하고 기술적 분석에서 어떻게 사용되는지 설명하라.

a. 시장의 폭
b. 공매도 잔액
c. 단주거래

9.10 아래 용어를 간략하게 설명하고 기술적 분석가들이 어떻게 계산하고 사용하는지 기술하라.

a. 등락주선(ADL)
b. 암스 지수(Arms index)
c. 잔량 거래량(OBV)
d. 상대강도 지수(RSI)
e. 이동평균(MA)

9.11 주식 차트는 무엇인가? 차트에서 어떤 종류의 정보를 얻을 수 있는가? 차트분석의 목적은 무엇인가?

토론문제

LG1 **Q9.1** 효율적시장에 대한 개념에 대해 많은 말들이 있다. 시장이 효율적이라고 믿는 사람과 믿지 않는 사람이 있다고 말하는 것이 맞다. 이 문제를 풀 수 있는지 토론을 해보자. 효율적시장을 믿는 혹은 믿지 않는 한쪽 편을 택하고 당신의 "정보"를 준비해 보자. 아래 세 가지 측면에 대한 논쟁을 준비하자.

a. 효율적시장은 무엇인가? 그런 시장이 정말로 존재하는가?

b. 주식가격은 항상(혹은 거의 항상) 시장에서 옳게 정해지는가? 그렇다면 저평가 주식을 발견하는 기회는 거의 없다는 것을 의미하는가?

c. 당신은 주식 선택에서 기본적 분석이나 기술적 분석을 사용할 어떤 이유를 말할 수 있는가? 그렇지 않다면, 당신은 어떻게 주식을 선택하는가?

LG1 LG2 **Q9.2** 매년 금융 매체는 최우수 성과를 낸 뮤추얼펀드 매니저를 선정한다. 그리고 매년 시장 평균보다 훨씬 높은 수익률을 달성한 펀드 매니저가 있고, 어떤 경우에는 평균 이상의 위험을 감수하지 않고도 그렇게 한다. 이것은 효율적시장 가설과 일치하는 결과인가?

LG1 LG2 **Q9.3** 소형주의 성과가 대형주의 성과를 능가하는 경우 시장효율성에 위배되는가? 그렇다면 그 이유는 무엇인가? 그렇지 않다면 패턴이 시장효율성을 위반했다고 결론을 내리기 위해 또 어떤 사실이 옳아야 하는가?

LG1 LG2 **Q9.4** 지난 10년을 되돌아보고 매년 배당금이 증가한 회사를 구별한다고 가정한다. 이 주식이 10년 동안 광범위한 시장을 능가했다는 것을 알 수 있다. 이것이 효율적인 시장에 위배되는가? 과거 배당금 증가를 기반으로 주식을 매수하면 평균 이상의 미래 수익률로 이어질 것이라고 생각하는가?

LG1 LG2 **Q9.5** 예상보다 높은 매출 성장을 발표한 많은 회사를 살펴보면 이러한 공시 이전에 이러한 회사의 주식이 빠르게 상승하고 있음을 알 수 있다. 그것은 시장효율성을 침해하는가?

LG3 LG4 **Q9.6** 다음 용어를 각각 간략하게 정의하고 이것이 투자자의 결정에 어떤 영향을 미칠 수 있는지 설명하라.

a. 손실회피(loss aversion)

b. 대표성(representativeness)

c. 좁은 틀짜기(narrow framing)
d. 과잉확신(overconfidence)
e. 자기귀인 오류(biased self-attribution)

LG3 LG4 Q9.7 대표성이 어떻게 주식평가의 편향으로 이어질 수 있는지 설명하라.

LG5 Q9.8 주식평가 프로세스의 일부로 기술 분석이 어떻게 사용되는지 간략하게 설명하라. 투자자가 주식을 매매하는 결정에 어떤 역할을 하는가?

LG6 Q9.9 기술적 분석의 아래 방법을 설명하고 이것이 투자자에게 어떻게 사용될 것인지 설명하라.

a. 신뢰 지수(confidence index)
b. 암스 지수(Arms index)
c. 단주거래(odd-lot trading)
d. 차트분석(charting)
e. 이동평균(moving averages)
f. 잔량 거래량(on-balance volume: OBV)

수학적 수식이나 비율 형태로 되어 있는 접근법은 무엇인가?

LG5 Q9.10 다음을 간략하게 설명하고 시장이 강세일 때를 알려주는 상황에 주목하라.

a. 시장의 폭(breadth of the market)
b. 공매도 잔액(short interest)
c. 상대강도 지수(relative strength index)
d. 반전투자 견해 이론(theory of contrary opinion)
e. 머리어깨형(head and shoulders)

연습문제

LG1 P9.1 Carmignac Patrimoine 뮤추얼펀드는 작년에 6%의 수익을 올렸고 베타는 1.25였다. New Germany 펀드는 8.5%의 수익을 올렸고 베타는 1.5였다. 무위험수익률은 1%였고 시장수익률은 4%였다. 두 펀드가 비정상적인 수익을 얻었는가? 긍정적인가 부정적인가?

LG1 P9.2 다음 사실 중 약형 효율적시장 가설을 위반하는 것은 무엇인가?

a. 주식은 시간이 지남에 따라 채권보다 더 높은 수익을 얻는다.

b. 52주 최고가에 도달할 때마다 주식을 구매하여 평균 이상의 수익을 얻을 수 있다.

c. 식품회사의 주식에 투자하는 것보다 기술 주식에 투자하여 더 높은 수익을 올릴 수 있다.

MyLab LG5 LG6 P9.3 다음 3일에 대한 S&P 500의 암스 지수를 계산하라.

날짜	상승 종목 수	하락 종목 수	상승종목 거래량	하락종목 거래량
1	325	160	810백만 주	420백만 주
2	285	235	450백만 주	735백만 주
3	265	215	890백만 주	620백만 주

3일 중에서 어느 날이 가장 강세장인가? 설명하라.

LG5 LG6 P9.4 아래 자료는 유럽 회사채 시장에 관한 것이다. (주의: 각 "기간"은 6개월을 측정한다.)

	기간 1	기간 2	기간 3	기간 4
10개의 고등급 회사채의 평균 수익률	5.30%	5.70%	5.10%	?
ICE BofAML AAA 유로 대형 금융기업 지수의 수익률	6.50%	?	6.00%	4.90%
수익률 스프레드(베이시스포인트)	?	155	?	25
신뢰 지수	?	?	?	?

a. 4개의 기간 각각에 대한 신뢰 지수를 각각 계산하라.

b. 최근의 신뢰 지수(기간 0)는 86.83%였고, 고등급과 중등급 회사채수익률 스프레드는 85베이시스포인트였다고 가정하자. 당신의 계산에 근거하여, 4개의 기간 동안에 채권수익률 스프레드와 신뢰 지수는 어떻게 되는가?

c. 계산한 신뢰 지수에 근거하여, 당신의 전반적인 시장에 대한 평가는 어떠한가? 어떤 기간 혹은 기간들 중에 신뢰 지수가 강세인가? 언제 약세인가?

LG5 LG6 P9.5 다음 5일간의 잔량 거래량(OBV)을 계산하라. 시작 시점의 OBV가 50,000이고 주식의 종가는 $35이다.

날짜	종가($)	거래량(주)
1	$29	50,000
2	$27	35,000
3	$33	20,000
4	$35	40,000
5	$34	25,000

이 주식이 강세 추세를 따르고 있는가 아니면 약세 추세를 따르고 있는가? 이 주식에 대한 OBV를 나타내는 선을 설명하고 표시하라.

LG5 LG6 **P9.6** 다음의 수치는 EURO STOXX 50 지수에서 2019년에 6개월 동안 매달 신고가와 신저가를 기록하는 주식 수이다.

월	신고가	신저가
1월	59	20
2월	40	12
3월	71	50
4월	65	32
6월	53	98
7월	19	101

기술적 분석가는 이 기간을 강세 혹은 약세 어느 쪽으로 판단하는가? 설명하라.

LG5 LG6 **P9.7** Maurizio는 유명한 이탈리아 시장 분석가인 Michelle Cialtrone이 TV에서 마지막 시장세션의 상승/하락 비율이 1.5라고 말하는 것을 들었다. 그게 무슨 의미인가?

LG5 LG6 **P9.8** Nikkei 225의 마지막 거래일 말에 171개의 주식이 상승했고 49개의 주식이 하락했으며 5개의 주식은 변동이 없었다. 그날의 등락주선(advance-decline line)의 가치는 얼마인가?

LG5 LG6 **P9.9** 다음 표와 같이 14일이 끝날 때 주식 A에 대한 14일 기간의 RSI(상대강도 지수)를 계산하려고 한다.

날짜	종가
1	$37
2	$40
3	$41
4	$43
5	$40
6	$39
7	$42
8	$46
9	$45
10	$47
11	$52
12	$56
13	$53
14	$52

a. 14일이 끝날 때부터 시작하여 주식 A에 대한 14일 기간의 RSI를 계산하라. (힌트: 평균 이익=14일 동안의 이익 합계÷14, 평균 손실=14일 동안의 손실 합계÷14)

b. 항목 (a)의 RSI 계산에 의하면 주식 A는 과매수인가 또는 과매도인가? 이 주식에 대한 당신은 매수(혹은 매도)하겠는가?

LG5 LG6 **P9.10** 다음 자료는 주식거래소 시장에 대한 NH-NL 지표를 나타낸다.

날짜	NH-NL 지표
1	100
2	93
3	85
4	81
5	75
6	40
7	35
8	−20
9	−45
10	−80

당신이 모멘텀 전략을 추구하는 기술적 투자자라면 당신은 오늘 매수(혹은 매도)하겠는가?

LG5 LG6 **P9.11** Francesco는 밀란의 한 투자회사에서 새로운 일을 시작했다. 그의 상사가 표에 나열된 달의 MCR을 계산하도록 요청한다(€ 백만).

월	뮤추얼펀드 현금포지션	뮤추얼펀드 총자산
1월	€3,129	€18,753
2월	€3,156	€18,903
3월	€3,183	€19,054
4월	€3,215	€19,207
5월	€3,248	€19,360

매월의 MCR을 계산하라. 5월 말에 시장이 강세인가 혹은 약세인가?

MyLab LG5 LG6 **P9.12** 당신은 보유 주식의 종가를 조사했다. 주식을 모니터링하기 위해 10일 이동평균을 살펴보고 있다. 11일에서 20일까지의 10일 이동평균을 계산하라. 다음 표를 근거로 할 때, 수행해야 하는 신호가 있는가? 설명하라.

날짜	종가	날짜	종가
1	$25.25	11	$30.00
2	$26.00	12	$30.00
3	$27.00	13	$31.00
4	$28.00	14	$31.50
5	$27.00	15	$31.00
6	$28.00	16	$32.00
7	$27.50	17	$29.00
8	$29.00	18	$29.00
9	$27.00	19	$28.00
10	$28.00	20	$27.00

MyLab LG5 LG6 **P9.13** 지난 14거래일 동안 주식의 종가 및 가격 변동 자료를 정리한 표이다.

날짜	종가	가격변화	가격상승	가격하락
1	$22.50	+$0.14	$0.14	
2	$22.28	−$0.22		$0.22
3	$22.32	+$0.04	$0.04	
4	$23.01	+$0.69	$0.69	
5	$22.82	−$0.19		$0.19
6	$23.41	+$0.59	$0.59	
7	$23.83	+$0.42	$0.42	
8	$23.67	−$0.16		$0.16
9	$24.02	+$0.35	$0.35	
10	$24.14	+$0.12	$0.12	
11	$23.99	−$0.15		$0.15
12	$24.54	+$0.55	$0.55	
13	$25.17	+$0.63	$0.63	
14	$25.01	−$0.16		$0.16

a. 이 14일 기간 동안 상승일의 평균 이익은 얼마인가? (참고: 평균을 계산하려면 모든 이익의 합계를 주식이 상승한 날짜 수가 아니라 14로 나눈다.)

b. 이 14일 기간 동안 하락일의 평균 손실은 얼마인가?

c. RSI는 얼마인가?

d. RSI가 강력한 매수 또는 매도 신호를 보내고 있는가?

MyLab LG5 LG6 **P9.14** 기술적 분석은 거래량과 가격 연구를 기반으로 증권의 수요와 공급을 살펴본다. 차트분석은 증권의 가격 추세를 구별하고 예측하는 데 사용되는 일반적인 방법이다. 잘 알려진 기술지표는 볼린저 밴드(Bollinger Band)이다. 그것은 주식가격 대비 위와 아래에 하나씩 두 개의 밴드를 생성한다. 상단 밴드는 저항수준이며 주식이 상승할 가능성이 없는 수준을 나타낸다. 하단은 지지선을 형성하며 주가가 아래로 떨어질 가능성이 없는 가격을 보여준다.

기술적 분석가에 따르면 상위 밴드에서 상당한 "이탈"을 본다면 주가가 가까운 장래에 하락할 것으로 예상된다. 하위 밴드대역의 "이탈"은 증권가치가 곧 상승할 것이라는 신호이다. 이러한 상황 중 하나가 고유한 투자전략을 지시한다.

Amazon.com(AMZN)에 대한 다음 기술 분석을 복제한다.

- http://www.finance.yahoo.com으로 이동한다.
- Symbol(s): AMZN
- Chart를 클릭한다.
- 5년 차트를 선택한다.
- 지표를 클릭한다.
- 볼린저 밴드를 선택한다.
- 상위 및 하위 볼린저 밴드가 있는 Amazon 주식의 가격 성과 그래프가 나타난다.
- 그래프가 최소한 2018년 첫 6개월을 포함하는지 확인한다.

a. 2018년 4월 2일경 Amazon 주식의 하위 밴드대역(저항 수준)은 어떻게 되었는가?
b. 다음 9일 동안 주가는 어떻게 변했는가?
c. 이것은 기술적 분석가가 예측하는 것과 일치하는가?
d. 기술적 분석가는 4월 2일에 어떤 전략을 수행했겠는가?
e. Amazon의 5년 동안의 일일 가격을 다운로드하라. 100일 이동평균을 계산하고 Amazon의 일일 가격과 함께 동일한 그래프에 좌표를 표시하라. 이동평균은 어떤 신호를 보내는가?

사례문제 9.1 | Brett는 주식의 기술적 지표들을 분석한다

LG 5 Brett Daly는 적극적 주식 거래자로 시장의 기술적 투자자이다. 그는 기술적 분석을 약 10년 전부터 시작했고 분석도구로 인터넷을 사용하고 있으며 여전히 자신의 기법과 차트를 이용하고 있다. Brett는 투자 결정을 위한 정보로 전적으로는 아니지만 일부 기술적 분석에 의존한다. 일부 시장의 기술적 분석가들은 주식의 펀더멘털을 완전히 무시하지만, 그는 그렇지 않은 진지한 주식 투자자로 자신을 정의하고 싶어 한다. 현재 그에게는 과거 3~4개월 동안 추적해온 주식이 있다.

그 주식은 Nautilus Navigation으로 중형규모의 하이테크 주식인데 몇 년간 이익을 창출해 왔다. 문제는 이익이 다소 변덕스럽다는 점인데, 해에 따라 등락이 심하기 때문에 주가도 역시 변동이 심하다. 사실 그 점이 Brett이 이 주식을 좋아하는 이유이다. 투자자로서 높은 가격 변동성은 상대적으로 짧은 기간(3~6개월)에 주식을 사고파는 거래를 할 수 있게 한다.

Brett는 이미 주식이 "괜찮은" 펀더멘털을 가지고 있다고 판단했으므로 기본 건전성에 대해 걱정을 하지 않는다. 따라서 그는 주식의 기술적 분석에만 집중을 할 수 있다. 특히, 그는 증권의 시장가격 움직임을 측정하는 기술적 지표를 원한다. 그는 최근 종가를 구하였고, 아래 표와 같다.

최근의 가격 행태: Nautilus Navigation

$14 (19/8/15)	$18.55	$20	$17.50
$14.25	$17.50	$20.21	$18.55
$14.79	$17.50	$20.25	$19.80
$15.50	$17.25	$20.16	$19.50
$16	$17	$20	$19.25
$16	$16.75	$20.25	$20
$16.50	$16.50	$20.50	$20.90
$17	$16.55	$20.80	$21
$17.25	$16.15	$20	$21.75
$17.20	$16.80	$20	$22.50
$18	$17.15	$20.25	$23.25
$18 (19/9/30)	$17.22	$20	$24
$18.55	$17.31 (19/10/31)	$19.45	$24.25
$18.65	$17.77	$19.20	$24.15
$18.80	$18.23	$18.25 (19/11/30)	$24.75
$19	$19.22	$17.50	$25
$19.10	$20.51	$16.75	$25.50
$18.92	$20.15	$17	$25.55 (19/12/31)

Nautilus 주식은 Nasdaq에서 활발하게 거래되고 있다.

≫질 문

a. 표의 종가를 이용하여 (1) 2019/9/30에서 2019/10/31 사이의 20일 기간, (2) 2019/11/30에서 2019/12/31 사이의 22일 기간 동안 주식의 상대강도 지수를 계산하라. [힌트: RSI의 분모(상승한 날의 평균 가격 변화)와 분자(하락한 날의 평균 가격 변화)를 계산할 때 단순평균을 사용한다.]

1. 계산한 2개의 RSI를 비교하라. 지수가 커지거나 작아지는가? 그리고 그것은 좋은 것인가 혹은 나쁜 것인가?

2. 최근의 RSI 척도는 매수 신호인가 매도 신호인가? 설명하라.

b. 표의 종가를 이용하여 이동평균선을 준비하라. 개별 평균값을 계산하기 위해서 10일 기간을 사용한다.

1. Nautilus의 일별 종가를 2019/8/15부터 2019/12/31 사이에 좌표를 표시하라.
2. 동일한 그래프에, 앞에서 계산한 개별 평균값을 이용한 이동평균선을 표시하라. 매수 신호인지 매도 신호인지 확인하라.
3. 2019/12/31 기준으로 이동평균선은 매수, 유지, 매도 신호 중 어느 것인가? 설명하라. 이 결과를 항목 (a)에서 얻은 RSI의 결과와 어떻게 비교할 수 있는가? 설명하라.

c. 이제까지 만들었던 기술적 분석 수치와 차트를 이용하여 Brett에게 Nautilus Navigation 주식에 대해 어떻게 하라고 조언하겠는가? 설명하라.

사례문제 9.2 | Deb의 시장 지표

LG5 몇 개월 전에 Deb Forrester는 돌아가신 고모로부터 엄청난 유산을 받았다. Deb은 돈으로 무엇을 해야 할지 확신이 없어서, 우선 은행계좌에 저축을 했다. 그러나 그 이후에 그녀는 대학에서 투자론 강의를 들었다. 지금 이 책을 수업 교재로 방금 전에 이번 장까지 배웠다. 수업에서 배운 바에 흥미를 느낀 Deb은 주식에 투자하기로 했다. 그러나 투자를 하기 전에 그녀는 기술적 분석에 대한 새로운 지식을 사용하여 지금이 시장에 들어갈 시기인지 아닌지를 확인하고 싶다.

Deb은 지금이 현금을 주식시장에 투자할 시기인지 아닌지를 결정하기 위해서 아래 측정치를 사용하기로 했다.

- 등락주선
- 신고가-신저가 지표(최근 10일간 이동평균을 0, 과거 10기간이 모두 0으로 가정)
- 암스 지표
- 뮤추얼펀드 현금비율(MFCR)

Deb은 인터넷을 이용하여 이에 필요한 자료를 구할 수 있었다.

≫질문

a. 아래 표에 제시된 자료를 이용하여 기간 1에서 기간 5까지 위에 나열된 4가지 측정치를 계산하라. 가능한 경우 결과를 차트로 작성하라.

b. 각각의 측정치가 시장을 어떻게 보고 있는지 설명하라. 모든 지표를 통합하여 살펴볼 때 시장의 현재 상황을 어떻게 판단할 수 있는가? 이들 측정치를 통해 Deb은 현재 시장에 투자를 해야 하는가 아니면 기다려야 하는가? 설명하라.

c. 여기에 정의되지 않았으나 표에 사용된 기간에 대해 평가하라. 상대적으로 긴 시간 간격이라면 어떻게 해석할 수 있는가? 상대적으로 짧은 시간 간격이라면 어떻게 해석할 수 있는가? 시간 간격의 길이가 측정치에 영향을 미칠 수 있는지 설명하라.

	기간 1	기간 2	기간 3	기간 4	기간 5
다우존스 산업평균지수(DJIA)	8,300	7,250	8,000	9,000	9,400
다우 운송평균지수	2,375	2,000	2,000	2,850	3,250
신고가	$68	$85	$85	$120	$200
신저가	$75	$60	$80	$ 75	$ 20
거래량 증가	600,000,000	836,254,123	275,637,497	875,365,980	1,159,534,297
거래량 감소	600,000,000	263,745,877	824,362,503	424,634,020	313,365,599
뮤추얼펀드 현금(조$)	$0.31	$0.32	$0.47	$0.61	$0.74
총 운용자산(조$)	$6.94	$6.40	$6.78	$6.73	$7.42
상승종목(NYSE)	1,120	1,278	1,270	1,916	1,929
하락종목(NYSE)	2,130	1,972	1,980	1,334	1,321

CFA 시험 문제

보통주에 투자하기

아래 11개의 Level-I CFA 시험문제는 재무비율의 이용, 다양한 주식 가치평가모형, 효율적시장 개념 등을 포함하여 교재 제6, 7, 8, 9장의 내용을 다루고 있다(주의: 질문에 답할 때 "미래 P/E"는 1년 뒤 이익 추정에 근거한 P/E와 같다는 것을 기억하라). 문제당 1.5분의 시간을 사용하고 11개의 문제를 16.5분에 풀며 8개를 맞추는 것을 목표로 한다.

01. 모든 변수가 일정하고 가치결정요소 간의 상호작용을 배제할 때, 다음 중 기업의 P/E 배수를 증가시키는 것은 무엇인가?

a. 위험 프리미엄이 증가
b. 유보율이 증가
c. 주식의 베타가 증가

02. 주가–매출액(P/S) 비율 접근법을 사용하는 이유는?

a. 매출액은 이익보다 변동성이 크다.
b. P/S 비율은 비용구조를 정확하게 평가한다.
c. 매출액은 이익보다 덜 빈번하게 회계조작 수단으로 이용된다.

03. 경기순환적인 기업은 어떤 경향이 있는가?

a. 전반적인 경기를 따라 움직이는 이익을 가진다.
b. 높은 P/E 비율을 가진다.
c. 전반적인 시장보다 덜 변동하는 이익을 가진다.

04. 작년에 주당 $4.00를 벌고 $1.00를 배당금으로 지급한 기업을 고려하자. 회사는 지속적인 배당성향을 유지해 왔는데 증권분석가들은 계속 그런 정책을 유지할 것이라고 예상하고 있다. 내년에 주당 $4.40의 이익을 예상하고 있고 주식은 $30.00에 거래될 것으로 예상된다. 요구수익률은 12%이다. 주식의 현재가치를 예측하면 얼마인가?

a. \$44.00
b. \$22.67
c. \$27.77

05. 주식의 현재 배당금은 \$1.00이고 내년 배당금은 \$1.10로 예상된다. 만일 투자자의 요구수익률이 15%이고 주식이 현재 \$20.00에 거래된다면 내년 주식의 가격은 얼마로 추정되는가?

a. \$21.90
b. \$22.00
c. \$23.00

06. 기업의 총매출액은 \$187,500, 순이익은 \$15,000, 유동부채는 \$50,000, 총자기자본은 \$75,000, 총자산은 \$150,000이다. ROE는 얼마인가?

a. 15%
b. 20%
c. 24%

07. 현재 주식은 주당 \$2.00의 배당금을 지급한다. 기대 배당성장은 향후 3년간 20%이고 그 이후 영구적으로 7%가 될 것으로 추정된다. 주식의 요구수익률은 15%이다. 주식의 현재 내재가치는 얼마인가?

a. \$6.54
b. \$165.63
c. \$36.93

08. 주식의 가치평가에 사용된 요구수익률은 다음 중 어느 것에 가장 영향을 많이 받는가?

a. 기대인플레이션
b. 실제 인플레이션
c. 공매도할 수 있는 능력

09. 확증편향은 투자자들이 어떻게 하려는 경향인가?

a. 이전의 견해나 행동을 확증하는 정보에 초점을 맞춤
b. 미래 성장을 예측하는 데 과잉확신을 함
c. 나쁜 투자성과에 대해 책임감을 느끼고 더 잘못함

10. 다음 중 준강형 효율적시장 가설에 가장 반대되는 증거가 되는 것은 무엇인가?

 a. 거래비용이 높다.

 b. 낮은 P/E 주식이 장기적인 양(+)의 비정상수익률을 가진다.

 c. 대략적으로 전문 매니저가 운용하는 펀드의 절반 정도가 전반적인 시장보다 성과가 좋다.

11. 강형 효율적시장 가설은

 a. 아무도 정보 우위를 가지지 않는다고 가정한다.

 b. 어떤 그룹이 특권적 정보에 접근할 수 있다고 가정한다.

 c. 기술적 분석 방법에 대한 직접적인 도전이다.

해답: 1. b; 2. c; 3. a; 4. c; 5. a;6. b; 7. c; 8. a; 9. a; 10. b;11. a

PART 04

채권에 투자하기

10 채권

11 채권의 가치평가

CHAPTER

10 채 권

학습목표

이 장을 학습하면 다음을 수행할 수 있다.

LG 1 채권의 기본적인 투자 특징과 투자상품으로서의 유용성을 설명한다.

LG 2 채권의 핵심적인 특성을 설명하고, 시장에서 채권 등급의 역할을 확인하고, 콜 조항, 차환 조항, 감채기금 조항 등을 구분한다.

LG 3 시장에서 채권의 가격이 어떻게 형성되는지 설명하고, 채권마다 변동성의 차이가 있는 이유를 설명한다.

LG 4 다양한 종류의 채권을 구분하고, 여러 채권들이 어떤 투자목적을 가지는지 확인한다.

LG 5 채권시장의 국제적 특성과 달러표시 외국채권과 비달러표시 외국채권의 차이를 토론한다.

LG 6 전환사채의 기본적인 특성과 특징을 기술하고 전환사채의 가치를 측정한다.

투자자가 채권을 구매하여 기업이나 정부에 돈을 빌려줄 때 그들은 대출금이 상환될 가능성에 매우 집중한다. 그 가능성을 평가하는 한 가지 방법은 차용인의 신용등급을 조사하는 것이다. 2016년 4월 26일 Standard & Poor의 XOM(ExxonMobil) 신용등급이 최고 AAA(triple-A) 신용등급에서 AA+(double-A+)로 하향 조정되었다. 이러한 움직임은 XOM이 1949년부터 AAA 등급을 유지했을 뿐만 아니라 선망의 대상인 AAA 등급을 보유한 미국 회사는 2개(Johnson & Johnson과 Microsoft)만 남았기 때문에 중요했다. 최근 1980년까지 미국 60개 기업이 AAA 등급을 유지했지만 그 수는 수년 동안 줄어들었다. 2008~2009년 경기침체 이후 AAA 등급을 상실한 General Electric, Pfizer, ADP와 같은 회사에 XOM도 합류했다.

Exxon의 강등은 일반적으로 거시경제 상황을 개선하는 데 반대하는 미국 회사채 발행사들의 추세의 일부였다. 2015년부터 2018년 1분기까지 13분기 연속으로 신용등급 강등은 승급보다 많았으며, 특히 소매 및 소비재 산업에서의 강등이 가장 많았다. 일반적으로 경기침체기에 상승하고 경제가 회복됨에 따라 하락하는 부도율도 2015년부터 2017년까지 상승한 후 2018년에 소폭 하락했다. 채권시장의 이러한 우려스러운 추세와 일치하는 신용 스프레드, 즉 가장 위험한 채권의 수익률과 가장 안전한 채권의 수익률 차이도 2018년 초에 나타났다.

기업이나 국가에서 발행한 채무증권에 투자하기 전에 신용 상태, 이자율, 만기 및 기타 관련 요소를 고려하는 것이 중요하다. 제10장과 제11장에서는 채권시장에서 현명한 선택을 하는 데 필요한 배경 지식을 제공한다.

(출처: "U.S. Corporate Issuers: Rising Corporate Funding Costs and Market Volatility Could Not Deter Upgrades in 2018," *S&P Global Fixed Income Research*, 2018년 4월에서 발췌, "Now There Are Only Two U.S. Companies with the Highest Credit Rating," *Fortune*, 2016년 4월 26일에서 발췌, http://fortune.com/2016/04/26/exxonmobil-sp-downgrade-aaa/)

왜 채권투자인가?

LG1 주식과는 대조적으로 채권은 부채로서, 채권 소유자들이 발행자들에게 실제로 돈을 빌려주는 형식의 공개적으로 거래되는 차용증서이다. 기술적으로 말하자면 **채권**(bond)이란 양도 가능하고 공개적으로 거래되는 장기 채무증권이다. 채권은 미국 정부, 미국 정부기관, 주/지방 정부, 기업 등 차입하고자 하는 다양한 단체에 의해 다양한 액면가로 발행된다. 채권은 **고정소득증권**(fixed-income securities)으로 불리기도 하는데, 이는 발행자의 채무 지급액이 대부분 고정되어 있기 때문이다. 즉, 일반적으로 발행자는 고정된 이자를 주기적으로 지급하고 만기에 고정된 원금을 상환하는 계약을 체결한다.

주식과 같이 채권은 (1) **경상소득**(current income)과 (2) **자본이득**(capital gain) 두 종류의 수익을 제공한다. 경상소득은 채권의 기간 동안 주기적으로 지급되는 이자에서 발생한다. 자본이득 요소는 조금 다르다. 채권 발행 기업은 채권의 만기에 고정된 금액의 상환을 약속하기 때문에 주식과는 달리 채권의 가격은 기업의 이익이 증가함에 따라 함께 증가하지 않는다. 그러나 채권의 가격은 시장의 이자율이 변동하면 이에 따라 오르고 내린다. 항상 기억해야 할 기본적인 관계는 이자율과 채권의 가격이 항상 반대 방향으로 움직인다는 것이다. 이자율이 상승하면 채권의 가격은 하락하고, 이자율이 하락하면 채권의 가격이 오른다. 이러한 관계에 대한 직관적인 설명은 다음과 같다. 만약 당신이 Starbucks가 새로 발행한 5% 이자율의 채권을 구입했고, 이로부터 한 달 후 시장이자율이 올라 새로운 채권이 투자자에게 6%의 이자를 지급한다고 가정해 보자. 만약 당신이 가지고 있는 Starbucks 채권을 팔려고 한다면 당신은 아마 자본손실을 겪을 가능성이 높다. 투자자들은 현행 시장이자율이 6%일 때 5%의 이자를 지급하는 채권을 사고 싶어 하지 않을 것이고 사고 싶어 하는 사람이 적어지면 Starbucks 채권의 가치는 감소할 것이기 때문이다. 만약 운이 좋아 시장이자율이 하락할 경우 반대의 결과를 생각할 수 있다. 만약 현행 채권 이자율이 4%라면 5%의 이자를 지급하는 당신의 Starbucks 채권은 시장에서 프리미엄이 붙을 것이다.

시장에는 보수적인 투자자들이 추구하는 비교적 안전한 채권(예를 들어, Microsoft 채권)부터 큰 위험을 감수할 수 있는 투자자에게 적합한 투기적인 증권(예를 들어, Netflix 채권)까지 다양한 종류의 채권이 있다. 또한 모든 유형의 채권이 제공하는 위험과 수익률은 부분적으로 이자율의 변동성에 영향을 받는다. 이자율의 변화가 채권가격의 변화를 일으키기 때문에 이자율 변동성이 높으면 채권의 수익률을 예측하기 어렵게 한다.

또한 특정 유형 투자자의 필요에 맞게 구성된 독특한 특징을 가진 채권이 있다. 높은 세율 때문에 채권의 수익을 세금으로부터 보호하고 싶어 하는 투자자에게는 면세 채권이 매력적일 것이다. 예를 들어, **지방채(municipal bonds)**가 지급하는 이자는 연방소득세가 과세되지 않고, 국채(Treasury bond)의 이자는 주 소득세(state income tax)가 면제된다. 몇몇 채권의 이자는 **고정소득(fixed income)**이라는 용어에도 불구하고 어떤 공식에 의해 계산되어 기간마다 다르게 지급된다. 그러나 그러한 이자를 결정하는 공식이 계약에 의해 확정되어 있기 때문에 고정소득이라는 용어는 여전히 적절하다고 볼 수 있다. 예를 들어, 미국을 비롯한 많은 국가들의 정부들은 물가 상승에 따라 이자율이 오르는 물가지수연동채권(inflation-indexed bond)을 발행한다. 물가지수가 변동함에 따라 이 채권의 이자 지급액은 달라지지만 투자자는 사전에 물가가 상승할 때 이자 지급액이 어떻게 변할지 정확하게 알고 있다. 이러한 채권은 물가 상승의 위험에서 벗어나고 싶어 하는 투자자들에게 매력적으로 느껴질 것이다.

채권가격, 수익률, 이자율의 간략한 역사

이자율은 채권시장을 움직이는 동력이다. 사실 이자율의 움직임은 채권수익률에 가장 큰 영향을 끼친다. 이자율은 채권의 경상소득을 결정할 뿐만 아니라 투자자에게 자본이득(혹은 손실)을 발생시키기도 한다. 따라서 채권시장의 참여자들이 이자율을 유심히 관찰하는 것은 놀랄만한 일이 아니다. 뉴스 매체에서 특정 날짜의 시장 성과를 언급할 때 보통 그날의 채권가격보다는 채권 이자율이 어떤지를 설명한다.

〈그림 10.1〉은 미국 기업과 정부가 발행한 채권의 1963년부터 2018년까지의 이자율을 나타내고 있다. 이를 보면 이자율은 1960년대와 1970년대를 걸쳐 꾸준히 증가하다가 1982년에 1963년도의 3배의 수준에서 최고점을 기록하고 있다. 이자율은 그 후 꾸준한 하락세를 보이고 2012년 말에는 사상 최저를 기록한다. 이자율의 상승은 채권가격의 하락으로 이어진다는 점을 생각해 볼 때, 60년대와 70년대에 채권을 매수했다가 나중에 금리가 상승한 후 매도한 투자자는 **자본손실**을 경험하였을 것이다. 같은 논리로 이자율이 매우 높았던 80년대와 90년대에 채권을 매입한 투자자들은 시장 금리가 하락한 후 채권을 팔아 **자본이득**을 얻었을 것이다.

〈그림 10.1〉을 보면 회사채와 국채의 이자율이 함께 움직이지만 회사채의 이자율이 더 높은 것을 볼 수 있다. 이러한 회사채의 더 높은 이자율은 기업이 채무에 대해 파산할 수 있는 위험에 대한 보상이다. 회사채와 국채의 이자율의 차이는 **이자율**

그림 10.1 1962년부터 2018년까지의 이자율의 양상

이자율은 1963년도부터 1982년까지 크게 증가하였고 이후 2013년까지 장기적으로 하락하였다. 회사채의 이자율은 발행 회사의 파산위험을 반영해 더 높긴 하지만 국채에 대한 이자율과 매우 흡사하다. 또한 미국 회사채와 미국 국채의 이자율 사이의 격차, 혹은 스프레드가 2008년 금융위기 이후 특히 넓어졌다는 것이 주목할 만하다.

(출처: Board of Governors of the Federal Reserve System (US), Moody's Seasoned Aaa Corporate Bond Yield© [AAA], retrieved from FRED, Federal Reserve Bank of St. Louis, https://research.stlouisfed.org/fred2/series/AAA/, 2018년 6월 30일. Board of Governors of the Federal Reserve System (US), 10-Year Treasury Constant Maturity Rate[DGS10], retrieved from FRED, Federal Reserve Bank of St. Louis, https://research.stlouisfed.org/fred2/series/DGS10/, 2018년 6월 30일)

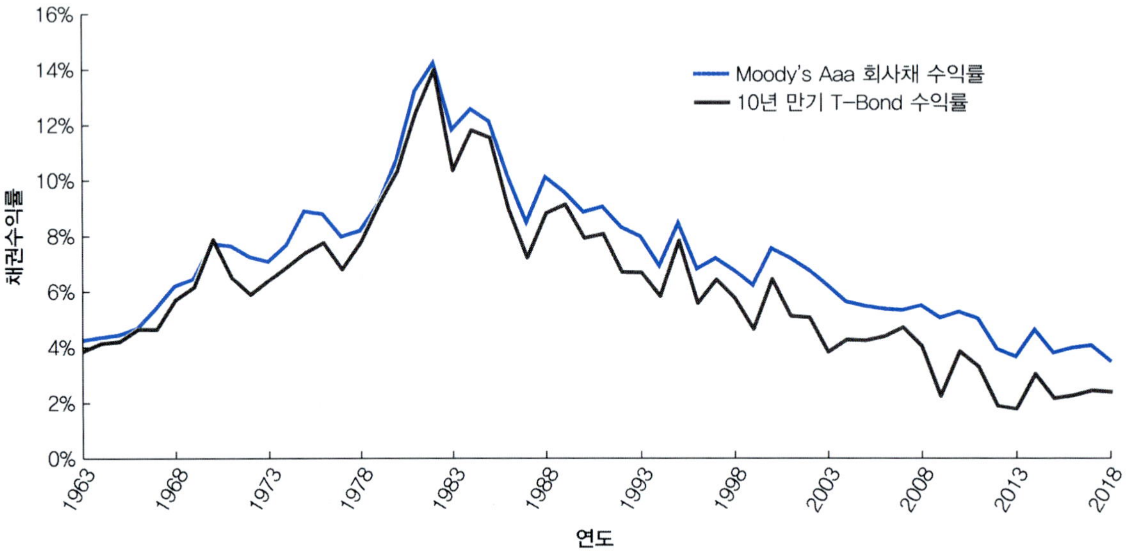

스프레드(yield spread) 혹은 신용 스프레드(credit spread)라고 불린다. 사업조건이 좋지 않고 회사채에 대한 파산의 위험이 증가할 때 2008년도에 그랬듯이 이자율 스프레드는 증가한다. 〈그림 10.1〉에 표시된 56년 동안 AAA 회사채의 연평균 이자율 스프레드는 약 1%였다. 회사채 부도위험이 증가하면 2008년과 마찬가지로 수익률 스프레드가 넓어진다. 1987년부터 2018년까지의 평균 이자율 스프레드는 1.4%였고 2008년부터 2018년까지의 평균은 1.8%였다. 신용 스프레드의 변화는 회사채의 채무불이행 위험과 관련되어 있기 때문에 이러한 채권의 가격은 회사의 재무성과에 완전히 무감각하지 않다. 기업의 실적이 향상되면 투자자들은 부도위험이 하락하고 있다는 것을 인식하고 신용 스프레드가 하락하고 회사의 채권가격이 상승한다. 반대로 기업의 재무실적이 악화되면 부도위험이 증가하고 신용 스프레드가 증가하며 채권가격이 하락한다. 그럼에도 불구하고 채권가격은 주가만큼 기업의 재무 결과에 민감하지 않다.

역사적 수익률 〈표 10.1〉은 채권의 총수익률이 이자율 이동 방향에 따라 어떻게 달라지는지 보여준다. 매년 초와 말에 10년 만기 미국 국채수익률과 해당 채권의 총수익률을 나열한다. 연초 수익률은 10년 만기 국채를 매입하는 투자자가 매년 초에 요구하는 수익률을 나타내며, 마찬가지로 연말 수익률은 연말에 채권 매수자가 요구하는 이자율을 나타낸다. 연중 얼마나 많은 수익률이 변할 수 있는지 주목하라. 예를 들어, 2009년은 2.3%의 수익을 요구하는 10년 만기 채권 투자자로 시작되었지만 그해 말에는 10년 만기 채권에 대한 요구수익률이 3.9%까지 올라갔다. 이 금리 상승이 10년 만기 채권의 총수익률에 미치는 영향에 주목하라. 2009년 1월 채권을 매입한 투자자는 채권의 2.3% 수익률을 기준으로 이자를 지급받았지만 10년 만기 채권수익률이 상승하여 연중 자본손실을 경험했다(금리가 상승하면 채권가격이 하락한다). 2009년 10년 만기 채권의 총수익률은 −10.8%로, 그해 자본손실이 채권 보유자가 받은 이자소득의 2.3%를 훨씬 초과했음을 의미한다.

이자율이 상승하면 채권의 총수익에는 때때로 채권의 이자소득을 초과할 수 있는 자본손실이 포함되어 총수익이 음수(−)가 된다. 미국 재무부 채권의 총수익률은 〈표 10.1〉에 나열된 56년 중 11년 동안 음수였으며 총수익률이 음수인 연도에는 금리가 상승했다. 즉, 연말 수익률이 연초 수익률보다 높았다.

다행히 채권의 가격과 수익률 간의 역관계는 투자자에게도 도움이 될 수 있다. 2014년을 생각해 보자. 그해 초에 채권의 요구수익률은 3.0%였지만 연말에는 2.2%로 떨어졌다. 그해 채권의 총수익률은 10.8%였다. 즉, 채권 보유자들은 이자소득에서 약 3%의 수입을 얻었지만 연중 이자율이 하락하여 7.8%의 자본이득을 얻었다. 〈표 10.1〉에서 볼 수 있듯이 채권수익률이 가장 높은 연도는 거의 항상 연중 채권수익률이 하락한 연도이다.

〈표 10.1〉의 수익률 자료를 이용하여 각기 다른 투자기간에 따른 평균 채권수익률을 살펴볼 수 있는데 이는 다음과 같다.

투자기간	평균 연간 수익률
5년 : 2014–2018	3.1%
10년 : 2009–2018	2.3%
20년 : 1999–2018	4.6%
30년 : 1989–2018	6.6%
40년 : 1979–2018	7.6%
50년 : 1969–2018	7.1%
56년 : 1963–2018	6.5%

〈표 10.1〉 국채(T-bond)의 역사적 이자율과 총수익률

연도	연초 채권 이자율	연말 채권 이자율	연간 총수익률	연도	연초 채권 이자율	연말 채권 이자율	연간 총수익률
1963	3.9%	4.1%	1.5%	1991	8.1%	6.7%	17.8%
1964	4.1%	4.2%	3.6%	1992	6.7%	6.7%	6.8%
1965	4.2%	4.7%	0.8%	1993	6.7%	5.8%	13.2%
1966	4.7%	4.6%	4.7%	1994	5.8%	7.8%	−7.8%
1967	4.6%	5.7%	−3.3%	1995	7.8%	5.6%	24.8%
1968	5.7%	6.2%	2.3%	1996	5.6%	6.4%	−0.6%
1969	6.2%	7.9%	−5.4%	1997	6.4%	5.8%	11.5%
1970	7.9%	6.5%	17.8%	1998	5.8%	4.7%	14.4%
1971	6.5%	5.9%	11.0%	1999	4.7%	6.5%	−8.3%
1972	5.9%	6.4%	2.1%	2000	6.5%	5.1%	16.7%
1973	6.4%	6.9%	3.0%	2001	5.1%	5.1%	5.5%
1974	6.9%	7.4%	3.5%	2002	5.1%	3.8%	15.2%
1975	7.4%	7.8%	5.0%	2003	3.8%	4.3%	0.3%
1976	7.8%	6.8%	14.5%	2004	4.3%	4.2%	4.5%
1977	6.8%	7.8%	0.2%	2005	4.2%	4.4%	3.0%
1978	7.8%	9.2%	−1.0%	2006	4.4%	4.7%	1.9%
1979	9.2%	10.3%	2.0%	2007	4.7%	4.0%	10.1%
1980	10.3%	12.4%	−1.3%	2008	4.0%	2.3%	19.9%
1981	12.4%	14.0%	4.3%	2009	2.3%	3.9%	−10.8%
1982	14.0%	10.4%	35.9%	2010	3.9%	3.3%	8.5%
1983	10.4%	11.8%	2.0%	2011	3.3%	1.9%	16.0%
1984	11.8%	11.6%	13.4%	2012	1.9%	1.8%	2.9%
1985	11.6%	9.0%	27.9%	2013	1.8%	3.0%	−8.9%
1986	9.0%	7.2%	21.3%	2014	3.0%	2.2%	10.8%
1987	7.2%	8.8%	−3.1%	2015	2.2%	2.3%	1.3%
1988	8.8%	9.1%	6.9%	2016	2.3%	2.5%	0.7%
1989	9.1%	7.9%	17.3%	2017	2.5%	2.4%	2.9%
1990	7.9%	8.1%	6.9%	2018	2.4%	3.0%	−0.1%

출처: Board of Governors of the Federal Reserve System (US), 10-Year Treasury Constant Maturity Rate[DGS10], retrieved from FRED, Federal Reserve Bank of St. Louis, https://research.stlouisfed.org/fred2/series/DGS10/, December 31, 2018.

이 수치를 보면 지난 40년간은 채권 투자자에게 전반적으로 좋은 시기였으며, 연평균 총수익률은 7.6%였다. 이는 무엇보다도 당시 미국 경제가 지속적으로 이자율이 하락하는 시기에 있었고, 이로 인해 막대한 자본이득과 평균 이상의 수익률을 얻을 수 있었다는 점에 기인한다. 실제로 지난 40년 중 16년 동안 채권수익률이 두 자릿수의 총수익률을 얻었다. 금리는 영원히 떨어질 수 없으며 최근에는 금리가 약간

인상되어 자본손실과 평균 이하의 수익률로 이어졌다. 2018년으로 끝나는 4년 기간 동안 연평균 채권수익률은 1.2%에 불과했다.

채권과 주식 주식에 비교했을 때 채권은 전반적으로 덜 위험하며 더 높은 소득을 제공한다. 채권은 주식과 같이 다양한 기업과 정부기관에 의해 발행되기 때문에 투자자들은 주식처럼 채권으로도 잘 분산된 포트폴리오를 구성할 수 있다. 반면에 채권을 통해 매우 높은 수익률을 얻을 수 있는 가능성은, 비록 지난 수십 년 동안 채권은 예외적인 상황에 있었음에도 불구하고, 주식에 비해 제한되어 있다.

〈그림 10.2〉는 만약 어떤 투자자가 1990년부터 2017년까지 $10,000를 각각 주식

그림 10.2 1990년부터 2017년까지의 채권과 주식의 비교 성과

이 그래프는 만약 한 투자자가 1990년 1월부터 2017년 12월까지 28년 동안 주식과 채권에 각각 $10,000를 투자했다면 어떻게 되었을지를 보여준다. 주식은 21세기로 진입할 때 주도권을 잡았지만 뒤따른 약세 시장으로 인해 우위를 잃는다. 이러한 패턴은 반복되어 2003년부터 2007년 후반까지 주식이 채권의 성과를 다시 초과하였지만 2008년 후반 급격히 하락한다. 2009년 초부터 2012년 말까지 주가는 불안정하게 반등하는 방향으로 움직였으며 그 이후 2017년까지 주가는 계속 빠르게 상승하였다.

주: 성과 수치와 그래프는 수익률을 바탕으로 하였으며 경상소득(배당과 이자)과 자본이득(손실)의 재투자를 포함한다. 세금은 모든 계산에서 제외되었다.

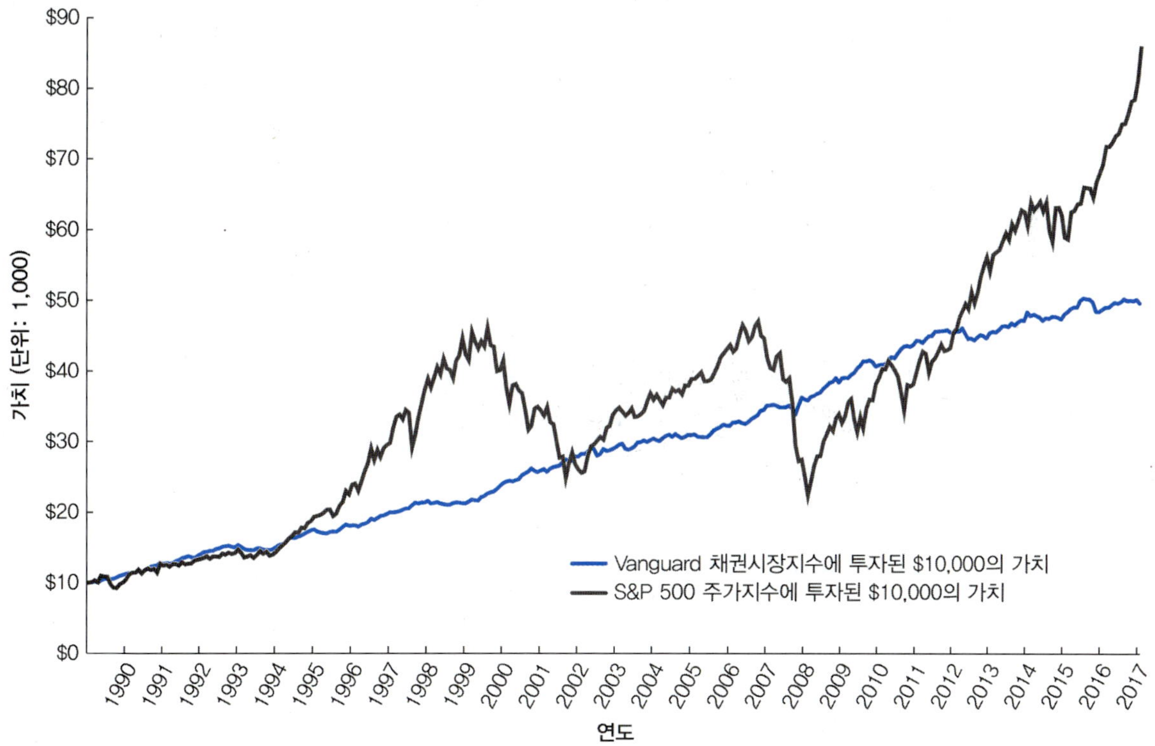

과 채권에 투자하였다면 얻게 되었을 결과(실적)를 보여주는데, 이를 통해 주식과 채권의 성과 차이를 일부 알아볼 수 있다. 비록 1990년대 초에는 채권의 투자가 주식을 살짝 앞지르지만 1990년대 후반에는 주식시장이 붐을 일으키며 주식 투자자의 성과가 훨씬 뛰어난 것을 볼 수 있다. 주식 투자의 성과는 2000년 8월에 최고치를 기록하고 이후 급격히 하락하고 2002년 9월 바닥을 친다. 2002년에 이르러서는 채권 투자가 다시 우위를 되찾지만 오래가지 못한다. 주식 투자는 잃어버린 많은 부분을 빠르게 회복하여 2007년 10월 다시 최고조에 달하지만 바로 미국 주택 버블이 붕괴되며 금융위기가 시작되었다. 2008년 가을 주식시장이 폭락하며 채권시장 투자가 다시 한번 앞섰고 4년 이상 계속되었다. 금융위기가 진정되기 시작하자 주식은 반등했고 2017년 말까지 주식에 대한 $10,000 투자는 거의 $86,000로 성장한 반면 채권에 대한 투자는 $49,500를 약간 넘어섰다.

〈그림 10.2〉는 지난 28년 동안 주식이 채권을 능가했지만 주식수익률이 채권수익률에 비해 훨씬 더 변동성이 크다는 것을 보여준다. 만약 주식이 더 위험하다면 투자자는 평균적으로 채권보다 높은 수익률을 얻을 것이고, 우리는 역사적 증거에서 주식의 수익률이 오랜 기간 동안 채권의 수익률을 초과했다는 것을 보았다. 그러나 채권도 오랫동안 주식을 능가할 수 있다. 예를 들어, 2000년 7월 $10,000로 채권을 매입한 투자자는 2017년 말까지 $22,300 이상을 축적한 반면 2000년 7월 시장 정점에 투자한 주식 $10,000는 2017년까지 $19,700로 성장했을 것이다.

주식과 채권 간의 수익률에서 가장 큰 차이는 일반적으로 주식수익률이 음수(−)인 약세장에서 발생한다. 부분적으로 이것은 투자자들이 채권과 같이 덜 위험한 증권에 투자하기 위해 주식시장에서 자금을 끌어내는 "고품질 선호현상(flight to quality)"을 반영한다. 예를 들어, 〈그림 10.2〉는 주식 투자자가 2008년에 약 40%의 돈을 잃었음을 보여주지만, 〈표 10.1〉은 국채 투자자가 그해 약 20%를 벌었음을 보여준다.

많은 투자자들은 비록 채권이 주식에 비해 평균적으로 낮은 수익률을 내지만 채권이 포트폴리오에 기여하는 안정성에 비하면 이는 비싼 대가가 아니라고 주장한다. 채권을 주식 포트폴리오에 추가하면 포트폴리오의 수익률을 크게 떨어뜨리지 않으면서 일정 수준까지 위험을 낮출 수 있다는 것이 일반적인 원칙이다. 투자자는 이자율이 내려갈 것이라고 예상되는 경우를 제외하면, 높은 수익률을 위해서 채권을 사지는 않는다. 이보다 투자자들은 채권의 경상소득과 포트폴리오에 가져올 안정성(stability) 때문에 채권을 구입한다.

위험 노출

다른 투자와 마찬가지로 채권은 다양한 종류의 위험에 노출되어 있다. 일반적으로 채권에 관련된 위험은 크게 다섯 가지가 있는데, 이자율위험, 구매력위험, 사업/재무적 위험, 유동성위험, 콜위험이 그것이다.

- 이자율위험(interest rate risk): 이자율위험은 채권시장 가격변동성의 가장 큰 이유가 되기 때문에 고정소득 투자자에게 가장 중요한 위험이다. 채권의 경우 이자율위험은 시장위험으로 변환되는데, 즉 이자율의 변화는 미국 국채 시장을 포함한 거의 모든 시장 부문에 영향을 끼친다. 시장이자율이 오를 경우 채권의 가격은 떨어지고 반대의 경우 채권의 가격은 오른다. 이자율의 변동성이 증가하면 채권가격의 변동성 또한 증가한다.
- 구매력위험(purchasing power risk): 물가상승은 화폐의 구매력을 약화시키는데 이는 구매력위험의 원인이 된다. 당연히 투자자들은 이러한 사실을 알고 있기 때문에 채권에 대한 시장이자율은 채권의 수명에 걸쳐 투자자가 예상하는 물가 상승폭을 고려한 만큼이 된다. 물가가 낮고 예상 가능하게 상승하는 경우 채권은 좋은 결과를 내는데, 이는 채권의 수익률이 물가상승률보다 충분히 높아 물가상승으로 인한 구매력 하락 효과를 상쇄하고도 남기 때문이다. 만약 1970년대처럼 예상치 못하게 물가가 상승한다면 채권 이자율은 점차 물가상승률에 미치지 못하고, 채권은 충분한 이자를 지급하지 못하는 결과를 가져온다. 그 결과 투자자들이 받게 되는 화폐의 구매력이 그들의 예상보다 빠르게 하락한다. 이것이 **구매력위험(purchasing power risk)**이 의미하는 바이다. 물론 위험은 양쪽 방향으로 영향을 미칠 수 있다. 만약 물가상승률이 예기치 못하게 하락한다면 채권은 매우 좋은 결과를 내게 된다.
- 사업/재무적 위험(business/financial risk): 사업/재무적 위험은 발행자가 이자나 원금을 갚지 못하는 되는 채무불이행의 위험이다. 이는 **신용위험(credit risk)** 혹은 **부도위험(default risk)**이라고도 불린다. 사업/재무적 위험은 발행자의 재무적 건전성과 수준에 관련되어 있다. 발행자의 재무적 위치가 튼튼할수록 사업/재무적 위험이 작아진다. 그리고 일부 채권의 경우 이러한 부도위험이 무시해도 좋을 정도로 낮다. 비록 최근 미국의 부채가 증가하며 채무불이행에 대한 우려를 일으키고 있긴 하지만 채권자들은 역사적으로 미국 국채를 부도위험이 없는 채권으로 보아왔다. 지방채 등 그 외 종류의 채권의 경우 부도위험은 훨씬

투자자 오류

버핏의 채권 폭탄 심지어 가장 노련한 투자자도 실수를 한다. 워렌 버핏(Warren Buffett)은 Energy Future Holdings Corporation이 발행한 채권에 $2십억을 투자한 것이 자신의 가장 큰 실수였음을 최근에 알게 되었다. 천연가스 가격의 지속적인 하락이 회사의 전망을 손상시켰으며 2012년 버핏의 채권가치는 $9백만 아래로 하락했다.

더 중요하게 고려된다.

- 유동성위험(liquidity risk): 유동성위험이란 투자자가 채권을 팔고 싶어 할 때 합리적인 가격에 채권을 팔지 못할 위험이다. 이러한 유동성위험은 특정 시장 부문에서는 심각한 문제가 될 수 있는데, 채권시장은 규모가 매우 크지만 많은 채권들이 일단 발행된 후에는 활발히 거래되지 않는 경우가 많기 때문이다. 예외적인 경우인 미국 국채를 제외하면 대부분의 회사채나 지방채는 상대적으로 비유동적이다.
- 콜위험(call risk): 콜위험, 혹은 만기전상환 위험(prepayment risk)은 채권이 정해진 만기일 훨씬 이전에 콜이 행사될(상환될) 위험이다. 이자율이 하락하는 경우 발행자들은 종종 발행한 채권의 지급액을 미리 상환한다. (콜 조항에 대해서는 이 장 뒷부분에서 더 살펴볼 수 있다.) 발행자가 채권에 대해 콜을 행사하는 경우, 채권 소유자는 현금을 돌려받게 되는데, 이때 소유자들은 돌려받은 자금을 투자할 다른 방법을 찾아야 한다는 문제가 생긴다. 이자율이 내리고 난 후에는 거의 항상 채권에 콜이 행사되는데, 따라서 채권 소유자들이 이전의 채권과 비슷한 투자처를 찾기는 거의 불가능하다. 즉, 투자자들은 높은 이자율의 채권을 낮은 이자율의 채권으로 대체해야 하는 상황에 처한다.

채권의 수익률은 당연히 위험과 연계되어 있다. 만약 다른 조건이 동일하다면 채권에 내재된 위험이 클수록 예상 수익률도 커진다. 채권 투자의 위험은 채권과 발행하는 주체의 특성에 의해 결정된다. 예를 들어, 장기 채권은 단기 채권보다 이자율위험이 더 크다. 또한 위험에 영향을 미치는 특성은 상쇄효과를 가질 수 있고, 이 경우 각 채권의 위험을 비교하는 것은 매우 어려워진다. 즉, 어떤 채권은 다른 채권보다 이자율위험과 콜위험이 높지만 신용위험과 유동성위험은 낮을 수 있다. 이번 장을 더 공부하면서 채권의 위험 노출에 영향을 주는 다양한 채권의 특성에 대해 검토하게 될 것이다.

개념 리뷰

해답은 www.pearson.com/mylab/finance에서 찾을 수 있음.

10.1 채권은 투자자들에게 어떤 점에서 매력적인가? 채권이 매력적인 투자수단일 수 있는 이유를 말하라.

10.2 과거 50년간의 시장이자율과 채권수익률의 변동을 어떻게 묘사할 수 있을까? 시장이자율의 변동이 채권수익률에 영향을 미치는가? 설명하라.

10.3 채권이 가지고 있는 5가지 종류의 위험이 무엇인지 간단히 설명하라. 일반적으로 채권의 위험에 가장 큰 영향을 미치는 것은 무엇인가? 설명하라.

채권의 기초적 특성

LG2 LG3

채권은 차용인이 이자와 원금을 지불해야 하는 장기 채무 상품이다. 채권 보유자는 소유주가 아니라 대출기관이므로 주주총회에서의 의결권과 같이 보통주에 수반되는 어떠한 권리도 가질 수 없다. 그러나 채권 보유자는 채권의 필수 기능을 정의하는 다수의 잘 확립된 권리를 가지고 있다. 사소해 보이는 기능 중 일부는 채권수익률에 극적인 영향을 미칠 수 있다.

채권 이자와 원금

대부분의 채권은 6개월마다 이자를 지급하는데 몇몇 채권은 달마다 이자를 지급하기도 하고 해마다 이자를 지급하는 채권도 있다. 채권의 **이표이자**(coupon)는 채권 소유자에게 지급하는 연간 이자소득이며, **액면가**(par value) 또는 **원금**(principal)은 차용자가 만기에 상환해야 하는 금액이다. 예를 들어, 액면가 $1,000인 채권이 매년 이자 $60를 지불한다면 $60가 이표이자라고 말한다. **이표이자율**(coupon rate)은 이표이자를 채권의 액면가로 나눈 것으로 연간 이자지급액을 액면가의 백분율로 표현한 것이다. 연간 $60 이표이자를 지급하는 $1,000 액면 채권은 이자율이 6%이다(즉, $60÷$1,000). 채권이 반년 단위로 지불하는 경우, 연간 이자지급액 $60는 6개월마다 $30씩 두 번 할부로 지불한다. 마찬가지로, 채권이 매월 이자를 지불했다면 12개월마다 $5를 지불해야 한다.

채권의 **경상수익률**(current yield)은 채권가격 대비 채권수익 중 이자요소를 나타낸다. 경상수익률은 연간 이표이자를 채권의 시장가격으로 나눈 값과 같다.

사 례
경상수익률 계산

액면가 $1,000, 6%의 채권이 현재 시장에서 $950라고 가정한다. 이 채권의 경상수익률은 다음과 같다.

$$\frac{\$1,000 \times 0.06}{\$950} = 0.0632 = 6.32\%$$

경상수익률 6.32%는 채권의 이표이자율(이표율) 6%보다 높은 것을 볼 수 있다. 채권가격이 액면가보다 낮기 때문이다. 채권의 시장가격은 일반적으로 액면가와 같을 필요는 없으며 동일하지도 않다. 채권가격은 금리가 이동함에 따라 변동하지만 채권의 액면가는 고정되어 있다.

만기일

보통주와 달리 채권은 고정된 **만기일**(maturity date)에 소멸하는 제한된 수명을 가지고 있다. 채권 발행자들은 채권의 수명 동안 매년, 혹은 매 6개월마다 이자를 지급하지만 원금의 상환은 오직 만기에만 이루어진다. 차용인은 채권을 발행할 때 만기일을 설정하지만, **만기까지의 기간**(term to maturity)은 이미 발행되어 오래된 채권의 남아 있는 기간을 말한다. 예를 들어, 한 채권이 25년의 기간으로 새로 발행되었다면 5년 후 이 채권의 만기까지의 기간은 20년이 될 것이다.

채권은 발행자의 만기까지의 상환방식에 따라 두 종류로 나눌 수 있는데, 일괄상환채권과 연속상환채권이 그것이다. **일괄상환채권**(term bond)은 비교적 장기의 만기일이 하나만 있는 채권인데 가장 일반적인 종류의 채권이다. 이와 대조적으로 **연속상환채권**(serial bond)은 하나의 채권에 약 15개에서 20개에 이르는 연속적인 만기일이 있는 채권이다. 예를 들어, 2018년에 발행된 20년 만기의 채권은 모두 2038년에 하나의 만기일을 갖는다. 만약 이 채권이 연속상환채권이었다면 2019년에서부터 2038년에 걸쳐 20개의 만기일을 가질 수 있을 것이다. 이 경우 각각의 만기일에는 발행된 채권의 일정 부분(예를 들어, 특정 수량의 채권)이 만기를 맞을 것이다.

채무증권은 각기 다른 만기에 따라 다른 이름으로 불린다. 채권(bond)은 10년 이상의 만기를 가져야 하는데, 2년에서 10년 사이의 만기로 발행된 채무증권은 중기채로 **노트**(note)라고 불린다. 보통 노트는 5년에서 7년 사이의 만기로 발행되는 반면 채권은 보통 20년에서 30년 이상의 만기를 가진다.

그림 10.3 채권의 가격 움직임

채권은 시장이자율이 채권의 이표이자율(여기서는 10%)과 같다면 액면가에 판매될 것이다. 그러나 시장이자율이 이표이자율과 같지 않더라도 채권이 만기에 다다르면 채권가격은 액면가를 향해 움직인다.

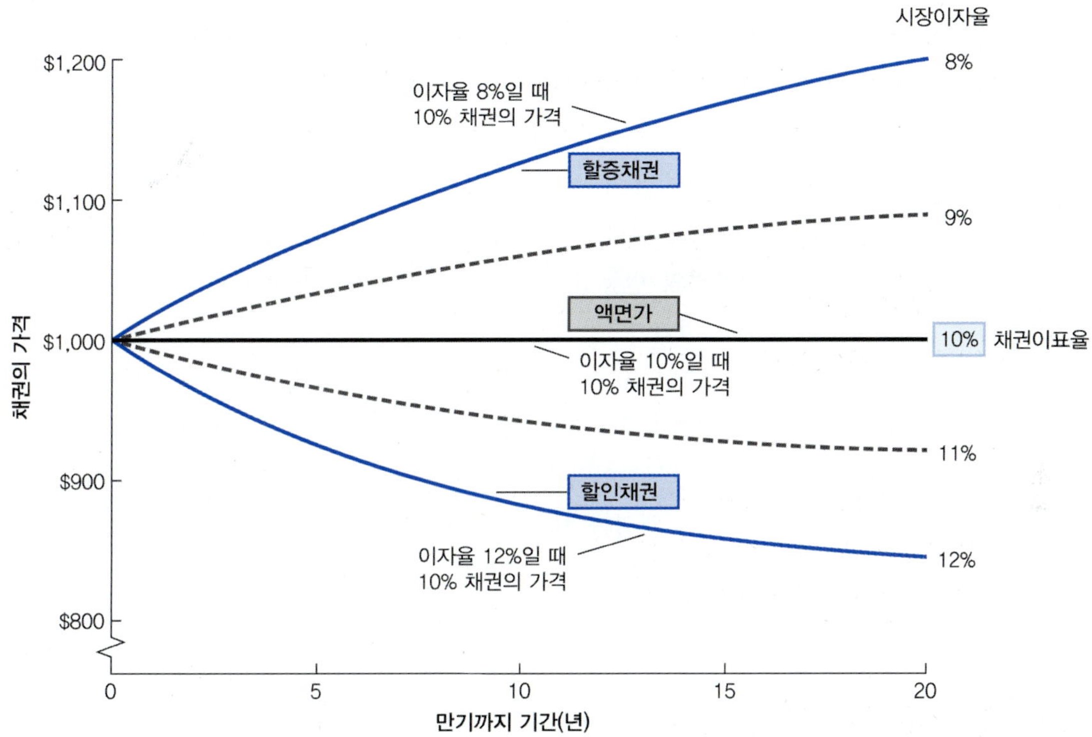

채권가격 변동의 원리

채권의 가격은 이표이자, 만기, 시장이자율 수준에 따라 달라진다. 〈그림 10.3〉은 시장이자율과 채권의 관계를 보여주고 있다. 이 그래프는 기본적으로 시장이자율과 채권가격 사이에 **역의 관계**(inverse relationship)가 있음을 보여준다. 시장이자율이 낮으면 채권가격은 높다.

또한 〈그림 10.3〉은 할증채권과 할인채권의 차이를 보여준다. **할증채권**(premium bond)이란 액면가보다 높은 가격에 판매되는 채권이다. 프리미엄은 시장이자율이 채권의 이표이자율보다 낮은 결과 발생한다. 반대로 **할인채권**(discount bond)은 액면가보다 낮은 가격에 판매되는 채권인데, 할인은 시장이자율이 채권의 이표이자율보다 높은 결과 발생한다. 따라서 〈그림 10.3〉의 10% 채권은 시장이자율이 8% 또는

9%를 요구할 때 할증채권으로 거래되지만 시장이자율이 11% 또는 12%이면 할인채권으로 거래된다.

채권이 처음 발행되면 보통 액면가와 같거나 비슷한 가격으로 판매되는데, 이는 발행자가 일반적으로 발행 시점의 시장이자율에 맞춰 이표이자율을 설정하기 때문이다. 이와 비슷하게 이 채권이 10년, 20년 혹은 30년이 지나 만기에 다다르면 채권의 가격은 다시 한번 액면가와 같게 책정된다. 대부분의 채권 투자자에게 발행에서 만기까지 사이에 발생하는 채권가격의 변화는 매우 중요하다. 따라서 채권가격의 변동 정도는 시장이자율이 변화하는 방향뿐만 아니라 그러한 변화의 크기에도 영향을 받는다. 이자율의 변화가 클수록 채권가격의 변동폭도 커진다.

그러나 채권가격의 변동성은 채권의 이표이자율과 만기의 영향 또한 받는데, 이표이자율이 낮고 만기가 긴 채권은 가격 변동성이 높아 시장이자율의 변화에 더욱 크게 반응한다. 〈그림 10.3〉을 보면 주어진 이자율이 예를 들어 10%에서 8%로 변화하는 경우, 만기까지의 기간이 많이 남아 있을수록 채권의 가격 변화가 더 큰 것을 볼 수 있다. 즉, 만약 이자율의 하락이 예상되는 경우에는 이표이자율이 낮고 만기까지의 기간이 긴 채권을 사야 자본이득을 최대로 얻을 수 있을 것이다. 만약 이자율이 상승한다면 이와 반대로 이표이자율이 높고 만기까지의 기간이 짧은 채권을 사야 하는데, 이는 자본손실을 최소화할 수 있다.

사실, 채권의 만기는 이표이자율보다 채권의 가격 변동성에 더 큰 영향을 미친다. 예를 들어, 만기까지 각각 5년, 25년이 남은 이표이자율 8%의 채권을 가정해 보자. 시장이자율이 오르고 내릴 때 이 채권들의 가격이 어떻게 변하는지 보자.

	시장이자율이 변할 때 이표이자율이 8%인 채권가격의 변화율					
이자율 변화	−3%	−2%	−1%	+1%	+2%	+3%
채권 만기(년)						
5	13.0%	8.4%	4.1%	−3.9%	−7.6%	−11.1%
25	42.3%	25.6%	11.7%	−9.8%	−18.2%	−25.3%

이자율이 하락할 때 두 채권 모두 가격이 오르지만 그 효과는 만기가 25년 남은 채권에서 훨씬 더 크다. 이와 비슷하게 시장이자율이 오를 때 두 채권 모두 가격이 내리지만 만기가 25년 남은 채권의 가격이 만기가 5년 남은 채권의 가격보다 훨씬 크게 하락한다. 이는 모든 고정소득증권(채권)에서 공통적으로 확인할 수 있는 매우 중요한 특성이다. 즉, 만약 투자자가 자본손실의 위험을 줄이거나 혹은 채권의 보유기간 동안 가격의 변동성을 낮추고 싶다면 만기가 짧은 채권을 사야 할 것이다.

채권가격의 표시

유통시장에서 주식과 다르게 대부분의 채권(특히 회사채와 지방채)은 거의 거래되지 않는다. 그 결과 미국 국채를 포함해 일부 예외적인 정부기관 채권을 제외하면 채권의 가격은 금융 매체에 거의 호가되지 않는다. 채권의 가격은 대부분 액면가에 대한 비율로 나타내는데, 예를 들어 가격이 85로 호가된 채권은 액면가의 85%, 액면가가 $1,000인 (대부분의 회사채와 지방채) 채권의 경우에 $850라고 해석할 수 있다. 또한 모든 채권의 가격은 그 이표이자율과 만기에 의해 결정되기 때문에 이 두 정보는 가격을 호가할 때 항상 포함된다.

회사채와 지방채 시장에서 채권의 가격은 소수점 셋째 자리까지의 숫자를 사용하여 나타낸다. 따라서 87.562로 나타낸 액면가 $1,000의 채권가격은 $875.62로 환산될 수 있다. 이와 비슷하게 121.683으로 나타낸 채권가격은 $1,216.83로 변환될 수 있다. 이와는 대조적으로 미국 국채와 정부기관채의 가격을 표기할 때는 1포인트를 32진법으로 표기한다(1포인트는 $10). 예를 들어, T-bond의 가격이 94:16으로 표기되어 있을 때 이 채권의 가격은 액면가의 94와 16/32, 혹은 94.5%인 $945.00라고 해석할 수 있다. 정부 발행 채권의 표기된 가격에서 콜론(:) 오른 편의 숫자는 32진법으로 나타내어져 있다. 141:08로 거래되고 있는 채권을 생각해 보자. 이 채권은 액면가의 141과 8/32, 혹은 141.25%의 가격으로 거래되고 있다. 즉, 달러로 표기된 이 채권의 가격은 $1,412.50가 된다.

콜 조항: 매수자 주의사항

대부분의 채권에는 만기 전에 발행자가 채권을 "콜인(call in)"할 수 있는 **콜 기능**(call feature)이 있다. 차용자는 채권이 처음 발행된 후 이자율이 하락하면 채권을 조기에 콜 할 수 있다. 높은 이자율을 지불해야 하는 오래된 채권을 콜하고 낮은 시장이자율로 새로운 채권을 발행함으로써 기업 및 정부 차입자는 이자비용을 낮출 수 있다. 따라서 콜 기능은 투자자가 아닌 채권 발행자에게 이익이 된다. 높은 이자율을 지불하는 채권을 구입하는 투자자는 이자율이 크게 떨어지면 채권이 취소되는 것을 볼 수 있다. 이는 금리가 떨어지면 투자자가 받게 될 이자소득을 제한하고, 투자자가 가까운 장래에 콜 될 수 있는 채권에 대해 큰 프리미엄을 지불하지 않기 때문에 채권에 대한 잠재적 자본이득을 제한한다.

기본적으로 콜 조항은 세 가지 종류가 있다.

1. **자유로운 콜 조항**(freely callable)이 있는 채권은 발행자가 만기 이전 어느 시점에나 조기에 상환할 수 있다.
2. **콜금지 조항**(noncallable)이 있는 채권의 발행자는 만기 이전에 상환할 수 없다.
3. **지연 콜 조항**(deferred call)이 있는 채권은 발행자가 채권을 발행한 후 일정한 시간이 지나기 전에 콜을 행사할 수 없다. 즉, 이러한 채권은 유예기간 동안에는 콜이 불가능하고 그 이후에는 자유롭게 콜을 행사할 수 있다.

보유하고 있는 채권에 콜이 행사된 투자자들은 그 대신 **콜 프리미엄**(call premium)이라는 약간의 보상금을 더 받는다. 발행자가 콜을 행사하는 경우 그들은 투자자에게 액면가와 함께 콜 프리미엄을 함께 지급한다. 이러한 콜 프리미엄과 액면가의 합이 이 채권의 **콜 가격**(call price)인데, 이는 발행자가 만기보다 일찍 채권을 상환하려 할 때 지급해야 하는 금액이다. 일반적으로 콜 프리미엄은 콜이 가능한 첫날엔 1년치의 이자에 해당하는 금액과 맞먹고 이후 만기에 가까워질수록 계속해서 작아지는 것이 원칙이다. 이러한 법칙을 이용해 보면 5% 채권의 최초 콜 가격은 $1,050가 될 수 있는데, 그 중 $50가 콜 프리미엄에 해당한다.

콜 조항 외에도 어떤 채권은 **차환금지 조항**(refunding protection provision)을 포함하고 있다. 차환금지 조항은 더 낮은 이표이자율의 다른 채권 발행을 통해 조달된 자금으로 기존 채권을 만기 이전에 상환하지 못하게 한다. 예를 들어, 자유롭게 콜을 행사할 수 있지만 5년간 차환이 금지된 채권이 발행되었다고 생각해 보자. 이 경우 브로커들은 아마 콜 조항에 대한 많은 설명 없이 이 채권을 **지연차환채권**(deferred refunding issue)으로 판매할 것이다. 그러나 차이를 아는 것은 중요하다. 차환이 금지된 혹은 지연된 채권은 발행자가 만기 이전에 채무를 상환할 수 있는 자금이 낮은 이표이자율로 새롭게 채권을 발행하여 조달하는 경우가 아닌 다른 출처에서 나오는 한 여전히 콜이 행사될 수 있다.

감채기금

감채기금(sinking fund) 조항은 시간이 흐르면서 채권자가 어떻게 채권을 상환할 것인가에 대하여 규정한다. 이 조항은 물론 일괄상환채권에만 해당되는데, 연속상환채권에는 이미 정해진 상환계획이 존재하기 때문이다. 모든 채권에 감채기금 조항이 있는 것은 아니지만, 이 조항을 가진 채권은 감채기금을 통해 발행 금액을 상환하기 위한 연간 상환계획을 확정한다. 연간 상환계획은 매년 얼마만큼의 원금이 상환되어야 하는지를 보여준다.

감채기금 조항은 보통 채권의 발행일에서 1~5년 후에 시작하여 발행액의 전부 혹은 대부분이 상환될 때까지 매년 계속된다. 미처 상환되지 않은 (발행액의 10~25%에 이르는) 부분은 만기에 “일괄(balloon)” 상환으로 지급한다. 콜 및 차환 조항과는 달리 발행자가 감채기금 콜을 행사할 때에는 콜 프리미엄을 지급할 필요가 없다. 대신에 감채기금 목적으로 일반적으로 액면가에 콜이 행사된다.

감채기금 조항과 콜 및 차환 조항과의 차이점은 또 있다. 콜 및 차환 조항이 발행자에게 만기 이전에 채권을 상환할 권리를 주는 반면 감채기금 조항은 발행자가 채권 기간에 걸쳐 조직적으로 채권을 상환하도록 강제한다. 발행자에게는 선택의 여지가 없는 것이다. 발행자는 감채기금 지급시기에 맞춰 즉각적으로 상환하지 않으면 채무불이행 상태에 빠질 위험에 처하게 된다.

담보 부채와 무담보 부채

한 발행자는 어느 한 시점에 동시에 여러 채권의 발행자일 수 있다. 채권은 이표이자와 만기 외에도 담보의 종류에 의해 구분될 수 있다. 채권은 후순위 채권과 선순위 채권으로 나눠진다. **선순위 채권**(senior bond)은 발행자의 특정한 소유물에 대한 법적 권리로 뒷받침되는 보증된 채무이다. 선순위 채권에는 아래와 같은 채권들이 있다.

- **모기지채권**(mortgage bond)은 부동산으로 보증된다.
- **증권신탁채권**(collateral trust bond)은 발행자가 소유하지만 제3자가 맡고 있는 금융자산으로 보증된다.
- **설비담보증권**(equipment trust certificate)은 철도, 비행기 등 특정 설비에 의해 보증되는데 주로 철도와 항공사에서 많이 쓰인다.
- **1차 및 차환 모기지채권**(first and refunding bond)은 1차 채권과 후순위 담보채권이 결합된 것이다. (예를 들어, 발행자의 일부 재산에 대한 1차 모기지로 일부 보증이 되고 나머지 재산에 대해서 2순위, 혹은 3순위 모기지로 보증받을 수 있다.)

1차 및 차환 모기지채권은 순수한 1차 모기지채권과는 다르고 보증의 정도가 더 낮은 채권이다.

이와는 대조적으로 **후순위 채권**(junior bond)은 이자와 원금을 제때 지급하겠다는 발행자의 약속으로만 뒷받침된다. 담보가 없는 채권에는 여러 종류가 있는데, 가장 인기가 많은 것은 **무담보채권**(debenture)이다. 예를 들어, Hewlett-Packard 같은 대기업은 $500백만 상당의 20년 만기 무담보채권을 발행할 수 있다. 무담보채권이기 때문에 이 채권은 전혀 보증되지 않는데, 즉 발행자의 신용 외에 이 채권을 담보하는 것이 없다는 뜻이다. 최종적인 결정을 내리는 데는 발행자의 신용이 매우 중요하다. 이러한 이유 때문에 높은 평판의 회사들은 무리 없이 상당히 경쟁적인 이율로 몇십억 달러의 무담보채권을 팔곤 한다.

시장에는 **후순위 무담보채권**(subordinated debenture)도 있는데, 이것은 발행자의 이익에 대해 다른 무담보채권에 이어 2차적인 권리가 있다. **이익사채**(income bond)는 여러 채권 중 가장 후순위의 채권인데, 이것은 일정한 수준 이상의 이익이 달성된 후에야 이자를 지급하도록 하는 담보가 없는 부채이다. 이러한 채권의 경우 일정 수준의 이익이 달성되지 않은 이상 주기적으로 제때에 이자를 지급할 법적 의무가 없다. 이는 지방채 시장에서 찾아볼 수 있는 수익채권(revenue bonds)과 비슷한 면이 많다.

채권 등급 평가

많은 투자자에게 채권에 대한 **발행기관 평가**(agency rating)는 채권의 이표이자율, 만기, 콜 조항들만큼이나 채권에 있어 중요한 특성이다. **채권평가기관**(bond rating agencies)은 특정 채권 발행과 관련된 신용위험을 평가하기 위해 채권을 발행하는 회사에 대한 광범위한 재무분석을 수행하는 기관이다. 이들 기관이 발행하는 등급은 채권에 내재된 신용위험을 평가하며, 고정소득 투자자들이 널리 사용한다. **채권 등급**(bond rating)은 본질적으로 평가기관이 새로운 채권 발행에 부여하는 등급이고, 문자등급이 특정 수준의 신용위험에 해당한다. 신용등급은 하나 이상의 평가기관(Moody's, Standard & Poor's, Fitch)이 정기적으로 새로운 채권을 평가하고 등급을 부여하는 지방채 및 회사채 시장의 중요한 부분이다

등급 평가방식 시장에 새롭게 채권이 대규모로 발행될 때면 여러 전문 신용평가기관은 이 발행자가 원금이나 이자 지급에 실패할 가능성을 추정한다. 등급평가기관에서는 발행기관의 재무기록을 분석하고 그 전망을 평가한다. 물론 기업의 재무적 능력과 안정성은 채권의 등급을 매기는 데 매우 중요하다. 채권의 등급을 평가하려면 당연히 재무비율 몇 개를 계산하는 것보다 훨씬 많은 노력이 필요하나, 회사의

〈표 10.2〉 채권 등급 평가

Moody's	S&P	정의
Aaa	AAA	**고등급 투자채권**. 최상등급이며 원금과 이자를 지급할 월등히 강한(extremely strong) 능력을 의미한다. "금테(gilt-edge)" 증권이라고 한다.
Aa	AA	**고등급 투자채권**. 높은 양질이지만 AAA 채권만큼 보호 여력이 강한 것은 아니기 때문에 약간 낮은 등급이다.
A	A	**중등급 투자채권**. 긍정적인 투자 특성을 많이 가지고 있으나 경제적 상황의 변화에 따른 악영향에 다소 민감한 요인이 있다.
Baa	BBB	**중등급 투자채권**. 원금과 이자를 지급할 적절한(adequate) 능력을 가지고 있으나 경제적 상황이 나빠질 때 확실한 보호 요인이 부족할 수 있다.
Ba	BB	**투기적 채권**. 경제 상황의 여러 변화에 따라 원금과 이자에 대한 중간의(moderate) 보호 능력을 가질 뿐이다. (정크본드에 부여되는 등급이다)
B	B	**투기적 채권**. 투자채권으로 가져야 할 바람직한 특성이 일반적으로 부족하다. 원금과 이자의 확실성이 작을 수 있다. 역시 정크본드 등급이다.
Caa	CCC	**채무불이행**. 나쁜 질의 채권으로 채무불이행이 발생할 수 있거나 혹은 채무불이행 위험에 처할 수 있다.
Ca	CC	**채무불이행**. 매우(highly) 투기적 채권. 채무불이행이 종종 일어나거나 시장의 다른 결점을 가질 수 있다.
C		**채무불이행**. 이러한 채권은 매우 열악한(extremely poor) 투자 품질로 간주될 수 있다.
	C	**채무불이행**. 이자를 지급하지 않는 이익사채(income bond)에 주어지는 등급이다.
	D	**채무불이행**. 원금이나 이자를 연체하는 채권으로서 실제 채무불이행 상태이다.

출처: Moody's Investors Service and Standard & Poor's Ratings Services에서 발췌.

운영 결과와 재무적 상태는 채권의 등급과 상당히 강한 연관성이 있다. 일반적으로 높은 등급을 받는 기업의 특성으로는 수익성 높은 기업, 자금을 조달할 때 부채에 덜 의존하는 기업, 유동성이 높은 기업, 현금흐름이 좋은 기업, 때맞춰 적절히 부채를 상환하는 데 문제가 없는 기업 등이 있다.

〈표 10.2〉에는 두 주요 기관에 의해 평가된 채권의 등급이 다양하게 나열되어 있다. 표에 나와 있는 정규 평가등급 외에도 Aa에서 Caa 사이의 주요 등급에는 같은 등급 내에서의 상대적인 차이를 나타내기 위해 Moody's는 (1, 2, 3) 숫자를, S&P는 플러스(+) 혹은 마이너스(−) 기호를 사용한다. 예를 들어, A+(혹은 A1)는 높고 안정적인 A등급을 나타내는 반면, A−(혹은 A3)는 해당 채권이 A등급 범위 내에서

> **투자자 현실**
>
> **유명한 정크** 정크본드는 비교적 높은 채무불이행위험을 가지는 낮은 등급의 고수익채권이다. 정크본드를 발행하는 이름 모를 회사를 많이 볼 수 있을 것 같지만 항상 그런 것은 아니다. 여기 매우 유명한 회사들이 2018년 여름에 Moody's의 등급에서 정크로 분류되어 있다.
>
> - T-mobile (Ba2)
> - MGM Resorts (Ba3)
> - American Airlines (Ba1)
> - Office Depot (B1)
> - Sears (Ca)
> - Guitar Center Inc. (Caa1)
>
> 이러한 추락한 천사는 여전히 부채를 잘 갚고 있다. 낮은 등급을 받은 이유는 영업이익의 질과 일관성이 높은 등급을 유지하는 데 부족하기 때문이다.

아래쪽에 위치하고 있음을 나타낸다.

상위 4개의 등급(Aaa에서 Baa, 혹은 AAA에서 BBB)은 **투자적격증권**을 나타낸다. 투자자들은 주로 이러한 등급의 채권을 원하는데, 이들이 재무적으로 강력하고 잘 운영되고 있는 회사를 의미하기 때문이다. 채권을 발행해 자금을 조달하려 하는 정부기관이나 기업 중 높은 등급을 받은 이들은 낮은 등급의 발행자보다 낮은 이표이자율로 채권을 발행해도 투자자의 선택을 받을 수 있기 때문에 비용을 절약할 수 있다. 투자적격증권 미만의 등급을 받은 채권들은 **고수익채권**(high yield bond), 혹은 **정크본드**(junk bond)라고 불린다. 이러한 채권 발행자는 투자적격증권의 발행자에 비해 전반적인 재무적 능력이 부족하다. 대부분의 경우 Moody's나 S&P는 한 채권에 같은 등급을 매긴다. 그러나 종종 둘 사이에서 다른 등급을 받는 채권이 있을 수 있다. 예를 들어, Moody's에서는 Aa를 받고 S&P에서는 A나 A+를 받을 수 있다. 이러한 **등급 불일치**(split ratings)는 결과적으로는 채권의 품질에 부정적인 영향을 미치는 것으로 보여진다.

또한 채권이 발행될 때 특정한 등급을 받았다고 해서 그 등급이 굳이 채권의 수명 동안 지속되는 것은 아니다. 도입부에서 ExxonMobil의 경우를 보았듯이, 등급은 발행자의 재무적 상황이 바뀌면 함께 바뀔 수 있다. 실제로 등급이 매겨진 모든 채권은 그 등급이 유효한지 주기적으로 검토를 받는다. 많은 채권이 처음 받은 등급을 만기까지 유지하지만 드물지 않게 등급이 차후에 상향/하향 조정되는 경우가 있다. 등급이 조정되는 경우 시장은 이에 반응하여 채권 이자율을 적절히 조정한다. 예를 들어, 등급이 (A에서 AA로) 상향 조정된 경우, 채권에 대한 시장이자율이 하락하여 채권의 향상된 품질을 반영한다. 같은 맥락으로 기업의 재무상황이 악화되어 채권의 등급이 하락할 수도 있다. 특히 투자적격등급에서 정크본드로 등급이 하락한 채권의 경우 '추락한 천사(fallen angel)'로 불리기도 한다. 평가기관에 의해 등급이 매겨지는 대상은 회사라고 생각하기 쉬운데, 사실 등급을 받는 것은 개별 채권이다. 따라서 한 기업의 채권은 서로 다른 등급을 가질 수 있다. 예를 들어, 어떤 기업의 선순위 채권은 다른 채권이나 후순위 채권보다 높은 등급일 수 있다.

채권 등급의 의미 채권의 등급은 시장의 움직임뿐만 아니라 상대적인 시장이자율에도 영향을 미치기 때문에 투자자들은 채권 등급 평가에 큰 관심을 갖는다. 다른 조건이 같다면, 채권의 등급이 높을수록 이자율은 낮다. 예를 들어, A로 평가된 채

금융시장의 실패

평가기관이 큰 것을 놓치다

주택용 부동산 모기지 풀에 대한 지불에 의존하는 본질적으로 수익이 있는 채무상품인 모기지 담보증권은 2007년에 시작된 금융위기와 그 뒤를 이은 대불황에서 중심적인 역할을 했다. Moody's와 Standard & Poor's는 회사채와 마찬가지로 이러한 상품에 대한 등급을 제공했다. 이러한 증권을 평가하는 것은 다양한 이유로 회사채를 평가하는 것보다 훨씬 더 복잡했다. 그 중에서도 평가기관은 모기지가 풀에 있는 개별 주택 소유자의 신용도에 대해 상대적으로 거의 알지 못했다. 평가기관은 많은 모기지 담보증권에 대한 투자적격등급으로 평가했으며 이러한 등급은 대형 금융기관을 포함한 모든 종류의 투자자가 해당 자산에 돈을 쏟아붓게 만들었다. 부동산 가격이 하락하기 시작하면서 "위험한(toxic)" 모기지 담보증권의 가치는 급락했다. 그것은 Lehman Brothers의 도산과 다른 대형 금융기관의 구제금융으로 이어졌다.

권의 이자율이 4.5%라면 이에 비해 AAA등급 채권의 이자율은 4% 정도가 될 것이다. 채권 등급은 또한 채권가격이 이자율 변동 및 회사의 재무성과 변화에 얼마나 민감한지에 영향을 미친다. 정크본드 가격은 투자등급 채권보다 기업의 재무상태가 개선(또는 악화)될 때 더 많이 반응하는 경향이 있다.

채권 등급 평가의 가장 큰 장점은 개인투자자들이 스스로 채권 투자의 질을 평가할 필요가 없도록 한다는 것이다. 대형 기관투자자들의 경우 신용분석가를 고용하여 독자적으로 여러 회사채, 지방채 발행자의 신용도를 평가하곤 한다. 이와는 대조적으로 개인투자자는 독자적인 신용분석을 통해 얻을 수 있는 것이 거의 없다. 신용분석은 많은 시간과 비용이 들고, 평균적 투자자들이 가지지 않은 전문성을 필요로 하기 때문이다. 그러나 두 가지 주의해야 할 점이 있다. 첫째, 채권 등급 평가는 발행자의 채무불이행 위험만을 측정한다. 따라서 만약 이자율이 오르는 경우, 아무리 최고급 채권이라도 가격이 하락할 수 있고 투자자에게 자본손실과 시장위험을 안겨줄 수 있다. 둘째, 등급 평가기관도 실수를 할 수 있다는 점인데 금융위기를 겪는 동안 그들의 실수는 큰 주목을 받았다.

개념 리뷰

해답은 www.pearson.com/mylab/finance에서 찾을 수 있음.

10.4 이표이자율과 콜 조항과 같은 채권의 특성이 채권의 수익률과 가격의 변화에 영향을 줄 수 있는가? 설명해 보자.

10.5 콜 조항과 감채기금 조항의 차이는 무엇인가? 콜 조항의 세 가지 종류를 짧게 설명해 보자. 자유롭게 콜 행사가 가능하지만 차환이 불가능한 채권이 존재할 수 있는가?

10.6 할증채권과 할인채권의 차이는 무엇인가? 채권의 가격변동성을 결정하는 가장 중요한 3가지 특성은 무엇인가?

10.7 채권의 가격은 "액면가의 퍼센트로" 공시된다고 한다. 이 말의 의미는 무엇인가? 채권시장에서 1포인트는 얼마만큼의 가치를 가지는가?

10.8 채권 등급 평가는 무엇이고, 어떻게 투자수익률에 영향을 줄 수 있는가? 채권의 등급 불일치는 무슨 뜻인가?

10.9 개인투자자에게 채권 등급 평가의 장점은 무엇인가? 채권 등급은 채권에 내재된 시장위험의 양을 나타내는가? 설명하시오.

채권이 거래되는 시장

LG4 LG5 지금까지 우리는 채권의 기본적인 특성에 대해 알아보았다. 이제 이러한 증권들이 거래되는 시장으로 관심을 돌려보자. 먼저, 채권시장은 기본적으로 장외시장(over-the-counter)의 특성을 가지고 있는데, 상장된 채권은 발행된 전체 채권의 작은 부분만을 나타낸다. 또한 이 시장은 주식시장에 비해 훨씬 안정적이다. 비록 이자율이 시간에 따라 오르고 내리며 채권가격 또한 오르고 내리지만 매일의 채권가격 변동을 기록해 보면 이는 매우 안정적임을 알 수 있다. 이 밖에도 채권시장은 두 가지 특징이 있는데, 바로 시장의 크기와 그 성장률이다. 채권시장은 1950년의 $250십억에서 시작해 2017년 말에는 미국 내에서 발행되어 있는 채권의 총액이 $41조에 이르렀다. 이는 미국의 주식시장 규모보다 훨씬 더 크다.

2017년 말의 미국의 채권시장은 다음과 같다.

	발행금액($조)
미국 국채	$14.5
정부기관채	$ 1.9
지방채	$ 3.8
회사채	$ 9.0
모기지유동화증권(MBS)	$ 9.3
자산유동화증권(ABS)	$ 1.5
기타	$ 1.0
합계	$41.0

출처: Securities Industry and Financial Markets Association, "U.S. Bond Market Issuance and Outstanding," 2017에서 발췌

주요 시장 부문

오늘날 채권시장에는 거의 모든 종류의 투자자들의 투자목표에 부합할 수 있는 여러 종류의 채권이 있다. 편의를 위해서, 미국 내의 채권시장은 보통 발행자의 종류에 따라 4개의 주요 부문으로 나누어지는데, 이는 국채, 미국 정부기관채, 지방채, 회사채이다. 각 부문은 고유한 특성과 거래 특징을 발달시켰다.

미국 국채 미국 국채(Treasury, 혹은 종종 재정증권)는 채권시장의 지배적인 위치를 차지한다. 그들은 가장 인기 있고 잘 알려진 채권의 종류이다. 미국 재무부에서는 인기 있는 단기 채무증권인 T-bill 외에도 notes와 bonds를 발행한다. 또한 **물가지수연동채권(inflation-indexed securities)**을 발행하기도 한다.

미국 재무부가 발행한 모든 부채는 미국 정부의 "전폭적인 신뢰와 신용(full faith and credit)"으로 뒷받침되기 때문에 가장 높은 품질의 채무이다. 이러한 특성에 유동성까지 갖춘 미국 국채는 따라서 미국 국내외의 개인, 기관투자자에게 인기가 매우 높다. 실제로 미국 국채는 뉴욕에서 런던, 시드니, 도쿄까지 모든 주요 세계 시장에서 거래되고 있다.

Treasury notes는 2, 3, 5, 7, 10년의 만기로 발행되는 반면 Treasury Bond는 30년의 만기를 가진다. 모든 T-note와 T-bond는 연간 2회 이자를 지급한다. 이러한 증권에서의 이자수입은 일반 연방 소득세의 대상이 되지만 주 정부와 지방 세금에서는 면제된다. 오늘날 발행되는 국채는 모두 콜이 금지되어 있는데, 콜이 가능한 채권은 1984년에 마지막으로 발행되었다. 미국 재무부는 주기적인 경매를 통해서 증권을 판매하는데, 그 결과는 금융 미디어를 통해 널리 보고된다(〈그림 10.4〉 참고). 이 경매과정을 통하여 국채의 최소 수익률과 이표이자율을 결정한다.

경매에 참가하는 투자자는 경쟁과 비경쟁 두 종류의 입찰방식을 선택할 수 있다. 경쟁입찰을 선택한 투자자는 그들이 (구입할 용의가 있는 가격인) 수용할 수 있는 수익률을 명확히 표기한다. 경쟁입찰을 제출하는 투자자는 전체 공모의 최대 35%까지 입찰할 수 있으며, 입찰이 다른 입찰과 비교되는 방식에 따라 주어진 경매에서 증권을 할당받을 수 있다. 비경쟁입찰에서 개인투자자는 경매당 최대 $5백만을 구매하고 경매에서 설정된 수익률로 증권을 수락하는 데 동의할 수 있다. 경매를 수행하기 위해 재무부는 먼저 모든 비경쟁입찰을 수락한 다음 수락된 입찰 수량이 전체 제공 금액에 도달할 때까지 수익률 측면에서 오름차순(즉, 가격 측면에서 내림차순)으로 경쟁입찰을 수락한다. 〈그림 10.4〉에 표시된 2018년 5월 10일 국채 30년물 경

그림 10.4

30년 만기 국채의 경매 결과

국채 경매는 금융 미디어에 의해 자세히 보도된다. 보통 발행된 규모를 훨씬 초과하는 규모로 입찰이 제출된다. 이 경우에는 입찰의 42%만이 수락되어 발행했다.
(출처: U.S. Department of the Treasury, Bureau of Public Debt, May 10, 2018에서 발췌)

2018년 5월 10일 경매결과

증권의 종류	30년 만기 채권	
발행일	2018. 5. 15	
만기일	2048. 5. 15	
이자율	3.125%	
고수익[1]	3.130%	
가격	99.903175	
	입찰	**수락**
경쟁	$40,397,723,000	$16,994,954,700
비경쟁	$ 5,087,100	$ 5,087,100
총액	$40,402,810,100	$17,000,041,800

[1] 더 낮은 수익률의 모든 입찰이 모두 승인되었다.

매의 경우 경쟁입찰의 42%만 수락되었음을 알 수 있다. 모든 입찰자는 가장 높은 승인된 입찰과 동일한 수익을 받는다. 이 경우에는 3.130%이다.

물가연동증권 TIPS라고도 알려진 **물가연동증권**(Treasury Inflation-Protected Securities)은 미국 국채의 종류 중 가장 최근에 (1997년 최초) 발행된 종류이다. 이들은 5, 10, 30년의 만기로 발행되고 연 2회 이자를 지급한다. 물가연동국채는 주기적으로 상승한 물가에 맞추어 수익률을 조정함으로써 투자자가 물가상승의 영향을 받지 않도록 해준다. 이러한 조정은 채권의 원금 혹은 액면가를 조정하여 이루어진다. 즉, 물가상승률에 맞춘 속도로 액면가가 시간에 따라 오르는 것이다. 이표이자율은 물가상승에 맞춰 조정된 원금에 대해 지급되기 때문에 이표이자 또한 증가하게 된다.

이러한 종류의 채권은 자동적으로 물가상승에 맞춰 조정되기 때문에 투자자는 채권의 수명 동안 물가상승률을 예상할 필요가 없다. 즉, TIPS는 구매력위험을 제거한 것이다. TIPS는 다른 채권보다 덜 위험하기 때문에 보통 다른 국채에 비해 낮은 이표이자율을 가진다.

금융시장의 실패

이자율 스프레드가 기록에 도달

경제 상황에 대한 흥미로운 지표 중 하나는 저위험 국채와 기업이 발행한 고위험 정크본드 간의 이자율 스프레드이다. 2001~2002년 불황 기간 동안의 이자율 스프레드는 10.2%에 도달했다.

즉, 투자자가 국채에 4%의 이자율을 요구하면 가장 위험한 회사채에 대해 14.2%의 이자율을 요구하게 된다. 2008년에 정크본드(즉, 고수익채권) 신용 스프레드가 다시 확대되어 이전 고점을 훨씬 상회하는 새로운 고점인 21.8%에 도달했다. 이자율 스프레드의 급등은 Lehman Brothers의 실패와 그에 따른 광범위한 금융위기에 대한 투자자들의 우려를 반영했다. 그 이후로 정크본드의 이자율 스프레드는 울퉁불퉁하고 하락세를 보였다. 2018년 여름까지 정크본드 수익률은 국채수익률보다 3.5% 높았으며, 그 결과 10년 이상의 기간 동안 스프레드가 가장 낮았다.

(출처: New York University Salomon Center 및 FRED Economic Data, St. Louis Fed에서 발췌)

사 례

인플레이션이 TIPS 이자에 미치는 영향

당신이 액면가 $1,000, 이표이자율 2%인 30년 만기의 TIPS를 구입했다고 가정해 보자. 당신은 매 반년마다 $10씩, 매년 $20($1,000×0.02) 이자를 예상하고 있다. 그런데 당신이 채권을 구입한 지 1년 후 물가가 상승하여 재화와 서비스에 대한 가격이 3% 증가하였다고 한다. 채권의 액면가는 3% 상승하여 $1,030가 될 것이고 이자지급액은 연간 $20.60($1,030×0.02)가 될 것이다. 즉, 당신의 이자지급액이 3% 증가하여 채권을 보유할 동안의 물가상승을 보상하고 있음을 볼 수 있다.

정부기관채 **정부기관채**(agency bond)는 미국 정부의 다양한 기관과 단체에 의해 발행되는 채무증권인데, 연방주택대부은행(Federal Home Loan Bank), 연방농업신용시스템(Federal Farm Credit System), 중소기업청(Small Business Administration), 학생융자조합(Student Loan Marketing Association), 그리고 연방주택저당협회(Federal National Mortgage Association)와 같은 기관이 있다. 비록 이 증권들은 국채와 매우 비슷하지만 미국 재무부의 부채가 아니며, 따라서 엄밀히 따지자면 국채와 같이 취급되어서는 안 될 것이다. 그럼에도 불구하고, 이것들은 채무불이행 위험이 거의 없는 매우 질이 좋은 증권이다. 채무불이행 위험은 비슷한 수준이지만 이러한 증권은 보통 국채의 시장 시세보다 약간 높은 수익률을 가진다. 따라서 이것들은 실제 위험에는 거의 차이를 두지 않고 수익률을 증가시킬 방법을 제공한다.

금융시장의 실패

암묵적 보증이 영원하지 않을 수 있다

부분적으로 국영 대출기관인 노르웨이의 Eksport-finans ASA는 수출부문에 장기자금을 제공하기 위해 정부의 지원을 받아 40년 전에 설립되었다. 2011년 11월 18일 갑작스런 움직임으로 정부는 단일 산업에 대한 대출 집중을 방지하기 위해 유럽연합 자본요건을 완화하는 대출기관 승인을 거부한 후, 정부는 Eksportfinans ASA와의 관계를 중단하기로 결정했다.

정부가 지원을 철회한 후 Moody's Investors Service는 등급을 7점이나 낮추면서 Eksportfinans를 정크로 강등하였다. 노르웨이 무역부 장관은 강등이 회사의 부채상환능력을 반영하지 않는다고 밝혔지만, 등급인하로 노르웨이 최대 은행 및 기타 국영 대출기관의 부채에 대한 수익률이 급증했다. 투자자들이 긴장하면서 노르웨이가 발행한 국채에 대한 신용부도 스왑도 영향을 받아 증가하였다. 10일 만에 Eksportfinans의 벤치마크 2년 Note 수익률은 6.76%포인트 급등했다.

이러한 사건은 노르웨이와 같은 AAA 등급 국가에서도 위험이 있음을 상기시키는 좋은 기회였다.

정부기관채의 발행기관은 크게 두 종류가 있는데, 정부지원기관(government sponsored)과 연방기관(federal agencies)이다. 6개의 정부지원기관과 20여 개가 넘는 연방기관에서 정부기관채를 발행한다. 〈표 10.3〉은 인기있는 정부기관채의 특징을 보여준다. 발행자의 이름에서 알 수 있듯이, 대부분의 정부기관채는 농업이나 주택공급을 지원하기 위한 것이다. 비록 정부기관채가 미국 정부의 직접적인 부채는 아니지만 일부는 미국 재무부의 전폭적인 신뢰와 신용을 나타내는 미국 정부의 보증을 받고 있다. 정부의 보증을 받지 않은 정부기관채도 미국 정부의 도덕적 책무로 인식되는데, 이는 즉 의회에서 이러한 채권의 채무불이행을 허락할 가능성이 매우 낮다는 것을 의미한다. 정부기관채는 보통 콜을 행사할 수 없거나 오랜 기간 동안 콜 행사가 금지되어 있다.

지방채 **지방채**(municipal bond, munis라고도 함)는 주, 카운티, 시, 혹은 학군(school district) 등 여러 정치적인 지역단위에서 발행한 채권이다. 오늘날 $3.8조 규모의 시장이 존재하고, 개인투자자가 지배적인 역할을 하는 채권시장의 유일한 부문이다. 지방채의 약 40%가 개인투자자에 의해 보유되고 있다. 이 채권은 종종 **연속상환채권**(serial obligation)으로 발행되는데, 즉 채권이 서로 다른 만기일과 이표이자율을 가진 연속적인 작은 채권들로 분리되는 것을 뜻한다.

지방채("munis")는 일반보증채권 혹은 수익채권의 형태로 발행된다. **일반보증채권**(general obligation bond)은 발행자의 전폭적인 신뢰와 신용, 그리고 발행자의 과세

〈표 10.3〉 일부 유명한 정부기관채의 특징

발행기관	최소 액면가	만기	세금 상황*		
			연방세	주세	지방세
Federal Farm Credit System	$ 1,000	13개월 ~ 15년	T	E	E
Federal Home Loan Bank	$10,000	1 ~ 20년	T	E	E
Federal Land Banks	$ 1,000	1 ~ 10년	T	E	E
Farmers Home Administration	$25,000	1 ~ 25년	T	T	T
Federal Housing Administration	$50,000	1 ~ 40년	T	T	T
Federal Home Loan Mortgage Corp.** ("Freddie Mac")	$25,000	18 ~ 30년	T	T	T
Federal National Mortgage Association** ("Fannie Mae")	$25,000	1 ~ 30년	T	T	T
Government National Mortgage Association** (GNMA—"Ginnie Mae")	$25,000	12 ~ 40년	T	T	T
Student Loan Marketing Association ("Sallie Mae")	$10,000	3 ~ 10년	T	E	E
Tennessee Valley Authority(TVA)	$ 1,000	5 ~ 50년	T	E	E
U.S. Postal Service	$10,000	25년	T	E	E
Federal Financing Corp.	$ 1,000	1 ~ 20년	T	E	E

* T = 과세, E = 면세
** MBS(mortgage-backed securities)

능력에 의해 보증되는 채권이다. 이와 반대로 **수익채권**(revenue bond)은 특정한 프로젝트(예를 들어, 유료 도로)에서 발생하는 수익으로만 지급된다. 오늘날 대부분의 지방채는 수익채권으로 발행되는데, 전체 발행량의 75~80%를 차지한다. 지방채는 전통적으로 $5,000의 액면가로 발행된다.

일반보증채권과 수익채권을 구분하는 것은 매우 중요한데, 수익채권의 발행자는 일정 수준 이상의 수익이 발생할 경우에만 원금과 이자를 지급할 의무가 생기기 때문이다. 반면 일반보증채권은 지방정부의 세수 수준에 관계없이 제때에 이자와 원금을 지급하여야 한다. 당연히 수익채권은 일반보증채권보다 더 큰 위험에 노출되어 있고 따라서 더 높은 수익률을 제공한다.

지방채의 특이한 특성으로는 **지방채 보증**(municipal bond guarantee)이 널리 쓰인다는 것이 있다. 이렇게 보증된 채권에서 발행자가 아닌 다른 당사자가 채권 소유자에게 원금과 이자가 적시에 지급될 것을 보증한다. 이러한 제3자는 보험의 형태로 채권에 대한 추가적인 담보를 제공하는데, 이러한 보험은 채권의 발행일자에 주어지며 의무기간 동안에는 취소할 수 없다. 이 추가 담보는 채권의 품질을 향상시킨다. 세 개의 주요 보증회사는 Assured Guaranty Corp., Municipal Bond Investors Assurance Corporation(MBIA), American Municipal Bond Assurance Corporation (AMBAC)이다. 이 보증회사들은 S&P 등급이 BBB 이상인 거의 모든 일반보증채권이나 수익채권에 보증을 제공한다. 지방채 보증의 결과 이러한 채권은 더 높은(보통 AAA 이상) 등급을 받고 유동성이 증가하는데, 그 결과 유통시장에서 훨씬 활발히 거래된다. 보험에 가입된 채권은 수익채권시장에서 특히 많이 찾아볼 수 있는데, 수익채권은 이러한 보험을 통해 훨씬 더 매력적으로 변한다.

절세효과 대부분의 경우 지방채로부터의 수익은 연방 소득세의 대상이 되지 않는데, 이는 지방채를 매우 특별하게 만들어준다. 따라서 지방채는 면세 혹은 비과세 채권이라고도 알려져 있다. 이러한 채권은 보통 발행된 주나 지역의 세금도 면제된다. 예를 들어, California에서 발행된 채권의 이자수익은 채권 소유자가 California에 거주한다면 면세되지만 Arizona에 거주한다면 과세의 대상이 된다. 지방채의 자본이득은 비과세가 아님에 주의하자.

개인투자자는 지방채 투자자 중 큰 비중을 차지하는데, 지방채의 비과세 수익률이 그 주요한 원인이다. 만약 당신이 지방채를 매입하려고 한다면 지방채의 면세 수익률과 비슷한 과세채권의 과세 후 수익률을 비교해 보아야 할 것이다.

사례
Muni Bonds의 절세

당신의 적용 세율이 24%라고 가정해 보자. 당신이 버는 $1에 대하여 $0.24의 세금이 발생한다. 비과세 지방채의 수익률이 6%라고 가정하자. 만약 유사한 위험과 만기를 가진 과세채권이 과세 후 이와 같은 6% 수익률을 제공하려면 수익률이 몇 %이어야 하는가? 세후 채권의 수익률은 채권의 수익률과 1에서 세율을 뺀 값의 곱으로 구할 수 있다.

$$\text{세후 수익률} = \text{과세채권의 수익률} \times (1 - \text{세율})$$

만약 당신의 세율이 24%이고 당신이 세후 6%의 (지방채의 수익률과 같은) 수익률을 얻고 싶다면, 우리는 다음과 같은 계산을 통해서 과세채권의 수익률을 구할 수 있다.

$$0.06 = \text{과세채권의 수익률} \times (1 - 0.24)$$
$$\text{과세채권의 수익률} = 0.06 \div (1 - 0.24)$$
$$= 0.0789 \text{ 또는 } 7.89\%$$

만약 과세채권의 수익률이 7.89%이고 지방채의 세율이 6%라면, 두 채권의 위험이 비슷하다면 주 소득세의 세금혜택은 제외할 때, 두 채권은 동일하다고 볼 수 있다.

〈표 10.4〉 다양한 면세수익률과 과세상당수익률

	면세수익률					
연방세율	5%	6%	7%	8%	9%	10%
10%	5.56%	6.67%	7.78%	8.89%	10.00%	11.11%
12%	5.68%	6.82%	7.95%	9.09%	10.23%	11.36%
22%	6.41%	7.69%	8.97%	10.26%	11.54%	12.82%
24%	6.58%	7.89%	9.21%	10.53%	11.84%	13.16%
32%	7.35%	8.82%	10.29%	11.76%	13.24%	14.71%
35%	7.69%	9.23%	10.77%	12.31%	13.85%	15.38%
37%	7.94%	9.52%	11.11%	12.70%	14.29%	15.87%

〈표 10.4〉에서는 투자자의 **한계세율**(marginal tax rate)에 따라 지방채의 수익률과 동일한 효과를 내려면 과세채권의 수익률이 어때야 하는지를 보여준다. 적용되는 한계세율이 높은 투자자일수록 지방채가 제공하는 세금우대 효과가 더 크다는 것을 직관적으로 알 수 있는데, 이러한 투자자는 과세채권의 수익률이 지방채의 수익률보다 훨씬 크지 않은 이상 과세채권에 투자하려 하지 않을 것이다. 즉, 달리 설명하자면 높은 세율을 적용받는 투자자는 지방채의 수익률이 과세채권에 비해 약간 낮다고 해도 지방채를 매입할 것이다. 예를 들어, 〈표 10.4〉를 보면 10%의 세율을 적용받는 투자자에게는 수익률이 6%인 지방채와 수익률이 이보다 살짝 높은 6.67%인 과세채권이 무차별함을 알 수 있다. 이와 대조적으로 35%의 세율을 적용받는 투자자의 경우, 과세채권의 수익률이 9.23%를 초과하지 않는 이상 수익률 6%의 지방채를 선택할 것이다. 따라서 높은 세율을 적용받는 투자자들이 지방채의 주요 매입자라는 사실은 놀랍지 않을 것이다. 세율이 더 낮은 투자자의 경우 보통 지방채에 그렇게 많이 투자하지 않는데, 이는 그들에게 과세채권의 더 높은 수익률이 비과세채권의 세금우대 효과를 초과하기 때문이다. 지방채의 이러한 유리한 세금에서의 위치는 주정부와 지방정부가 시장에서 보다 낮은 이율로 자금을 조달할 수 있게 해준다.

과세상당수익률 위의 예와 〈표 10.4〉에서 보았듯이 과세채권이 비과세채권과 동일한 수익을 내기 위해서 필요한 수익률을 계산해 볼 수 있다. 지방채의 더 낮은 비과세 수익률에 상당하는 과세채권의 수익률을 **과세상당수익률**(taxable equivalent yields)이라고 부르는데, 과세상당수익률은 투자자들이 지방채의 수익률과 과세채권의 수익률을 쉽게 비교할 수 있게 해준다. 다음 식은 투자자의 적용 세율과 지방채의 수익률을 이용하여 과세상당수익률을 계산하는 것을 보여준다.

$$\text{과세상당수익률} = \frac{\text{지방채수익률}}{(1 - \text{연방세율})} \tag{10.1}$$

예를 들어, 만약 지방채의 수익률이 6.5%라면, 35%의 세율을 적용받는 투자자는 수익률이 10.0%[즉, 6.5% ÷ (1－0.35)＝10.0%]인 과세채권을 찾아야 지방채와 같은 세후 수익률을 얻을 수 있을 것이다.

그러나 수식 (10.1)에서는 연방세금만을 고려하고 있다는 것에 주의하여야 한다. 그 결과 계산된 과세상당수익률은 다음의 특정 상황에만 적용될 수 있다: (1) 주(state) 소득세가 없는 주일 경우, (2) 다른 주에서 발행된 (투자자가 거주하는 주에서는 과세될) 채권을 찾고 있는 투자자의 경우, 혹은 (3) 지방채를 국채 혹은 정부기관채와 비교하려는 경우(이 경우 국채와 지방채 둘 다 주 소득세가 부과되지 않는다). 앞의 상황에서 과세되는 세금은 연방 소득세밖에 없기 때문에 수식 (10.1)의 사용이 적절하다.

만약 채권자가 거주하는 주에서 발행된 채권(in-state bond)과 회사채를 비교한다면 어떨까? 이 경우 동일 주에서 발행한 채권은 연방세와 주 세금이 둘 다 면제되는 반면 회사채는 그렇지 않을 것이다. 결과적으로 수식 (10.1)로는 올바른 과세상당수익률을 계산할 수 없으며, 그 대신 연방 소득세와 주 소득세를 모두 고려하는 수식을 사용하여야 할 것이다.

$$\begin{array}{c}\text{연방세와 주세를}\\ \text{고려한 과세상당수익률}\end{array} = \frac{\text{지방채수익률}}{1 - [\text{연방세율} + \text{주세율}(1 - \text{연방세율})]} \tag{10.2}$$

주 세금을 포함할 경우 수식 (10.2)의 분모가 수식 (10.1)의 분모보다 약간 작아지는데, 이는 결과적으로 주 세금을 추가적으로 고려하는 경우 과세상당수익률을 조금 더 높게 만든다는 것임을 주의하자. 이는 직관적으로 이해할 수 있는데, 만약 지방채가 연방세와 주 세금에 대해 모두 혜택을 제공한다면 과세채권은 경쟁력을 유지하기 위해 더 높은 수익률을 제공해야 할 것이기 때문이다.

사 례

과세상당수익률

당신의 연방세 한계세율이 35%이고 주 소득세율은 3%라고 가정해 보자. 6.305%의 수익률을 제공하는 지방채가 있을 때 수식 (10.2)에 따르면 과세상당수익률은 10%이다.

$$\frac{0.06305}{1 - [0.35 + 0.03(1 - 0.35)]} = 0.10$$

이 식이 맞는지 확인해 보기 위해, 당신이 액면가 $1,000에 이표이자율 10%의 채권을 매입했다고 가정해 보자. 첫해에 당신은 $100의 이자를 지급받고 여기에 연방세와 주 세금이 과세될 것이다. 연방세를 내기 전에 소득에서 주 세금을 먼저 차감하는 것을 잊지 말자. $100의 이자소득 중 연방세와 주 세금으로 얼마를 납부하여야 할 것인가?

소득	$100.00
주세금(3%)	–$ 3.00
과세소득(연방)	$ 97.00
연방세금(35%)	–$ 33.95
순소득	$ 63.05

주 세금으로 $3, 연방세로 $33.95를 지급한 후, $100의 이표이자 중 $63.05가 남을 것이다. 채권을 구입하는 데 $1,000를 지불하였기 때문에, 당신의 수익률은 6.305%가 된다. 즉, 수식 (10.2)를 통하여 도출한 것과 같이 비과세채권의 6.305%의 수익률은 과세채권의 10%의 수익률에 상당하는 것을 볼 수 있다.

만약 이 사례에서 주 세금이 없었다면 과세상당수익률은 9.7%가 되었을 것이다. 이는 큰 차이는 아니지만 캘리포니아의 최고 세율인 13.3%처럼 주 세율이 높을수록 이 차이는 커진다.

회사채 기업은 정부를 제외한 채권의 주요 발행자이다. 회사채(corporate bonds) 시장은 전통적으로 4부문으로 나누어지는데, 가장 다양한 그룹인 **산업**(industrial), 신규 발행에서 가장 물량이 큰 **공공시설서비스**(public utility), **운송**(transportation), 그리고 은행이나 금융회사 같은 **금융서비스**(financial services)가 그것이다. 회사채 채권시장에서 투자자들은 AAA등급의 질 좋은 채권부터 채무불이행 상태이거나 그 위험이 매우 높은 정크본드까지 다양한 위험의 채권을 찾을 수 있다. 채권의 종류 또한 다양한데, 제1모기지채권, 전환사채(이 장의 후반부에서 살펴볼 것이다), 무담보채권, 후순위 무담보채권, 선순위 하위 채권, capital-note(은행이나 기타 금융회사가 발행한 무보증사채), 이익사채 등이 있다. 회사채의 이자는 보통 연간 2회 지급되고 감채

> **투자자 현실**
>
> **매우 긴 궤도** Caterpillar Inc.는 2014년 5월 채권을 매각하여 역사상 낮은 금리를 이용했다. Caterpillar의 채권은 약 4.8%의 수익률을 약속했지만 당시에는 그다지 높은 편은 아니었다. 채권 발행에서 주목할 만한 점은 만기였다. Caterpillar의 채권은 발행된 지 50년 후인 2064년에 만기가 될 예정이다. 그 만기도 회사에서 가장 길지는 않았다. 1997년 Caterpillar는 100년 후인 2097년까지 은퇴할 계획이 없는 채권을 발행했다.
>
> 낮은 이자율은 기업만이 활용하는 것은 아니었다. 정부도 값싼 돈을 좋아한다. 2018년 영국은 2068년과 2071년에 만기인 국채를 발행했다. 오스트리아는 70년 만기 발행물로 만기를 더 밀어냈고, 그 뒤를 이어 2117년 만기가 될 100년물 발행물이 이어졌다.
>
> (출처: Mike Cherney and Vipal Monga, "Caterpillar Sells 50-Year Bonds," 2014년 5월 5일에서 발췌, http://www.wsj.com/articles/SB10001424052702304831304579544304288532382, 2015년 7월 13일 접속; Mark Gilbert and Marcus Ashworth, "Austria's Mind-Blowing Bond," 2017년 9월 14일에서 발췌, https://www.bloomberg.com/news/articles/2017-09-14/austria-s-100-year-bond-might-blow-more-thanyour-mind, 2018년 7월 25일 접속)

기금 조항이 상당히 일반적이다. 회사채는 보통 $1,000의 액면가로 발행되고 하나의 만기일이 확정되어 있다. 만기는 보통 10년 이상으로 발행된다. 대부분의 회사채, 특히 만기가 긴 회사채는 발행 후 5년에서 10년간의 콜 행사 금지기간이 설정되어 있다. 회사채는 비교적 수익률이 높아 개인투자자들이 선호한다.

대부분의 회사채가 위에서 설명한 일반적인 특성을 가지는 반면 **설비담보증권**(equipment trust certificate)은 그렇지 않은데, 이는 철도회사, 항공사 혹은 기타 교통과 관련되어 발행된 증권이다. 설비담보증권은 (여객기, 철도 엔진 등) 설비를 구입하기 위해 발행되는데, 이 설비는 채권의 담보 역할을 한다. 이 채권은 보통 연속상환채권으로 발행되고 상환기간 동안 일정한 연간지급액을 가지는데 설비담보증권은 보통 1년에서 15년에 이르는 만기를 가진다. 이 채권은 대공황 이전부터 거의 완벽한 지급 기록을 가지고 있는데 반해 평균 이상의 수익률을 제공한다.

특수한 채권

위에서 설명한 기본적인 채권 외에도 투자자는 특이한 채권 특성을 가진 특수한 채권을 선택할 수 있다. 이러한 채권은 비정상적인 이표이자율이나 상환에 관련된 특수 조항을 포함한다. 대부분은 기업에 의해 발행되지만 최근 그 외의 발행자에 의한 발행도 증가하고 있다. 특수한 채권 중 가장 활발히 거래되는 4종류는 무이표채(zero-coupon bonds), 모기지유동화증권(mortgage-backed securities), 자산유동화증권(asset-backed securities), 고수익률 정크본드(high yield-junk bonds)이다.

무이표채 이름에서 알 수 있듯이 **무이표채**(zero-coupon bond)는 이표이자가 없다. 대신 이 증권은 액면가에서 할인된 금액으로 판매되고 시간이 지나면서 복리의 수익률로 가격이 오른다. 따라서 만기에 이들의 가치는 초기 투자금을 초과하게 되고 이 차이가 채권의 수익률을 나타내게 된다. 다른 조건이 동일하다면 무이표채가 저렴할수록 투자자가 얻을 수 있는 수익은 크다.

무이표채에는 이표이자가 없기 때문에 연간 2회의 이자지급은 물론 만기까지 어떠한 지급도 하지 않는다. 낯설게 들릴 수 있지만 이러한 특징은 무이표채의 가장 큰 매력이다. 이표이자의 지급이 없기 때문에 연간 2회씩 이자를 재투자할 걱정이 없기 때문이다. 대신 무이표채의 수익률은 이를 만기까지 보유하는 이상 사실상 구매 시점의 수익률로 보장되어 있다. 예를 들어, 2018년 중반, 10년 만기의 무이표 국채는 $747에 판매되었다. 투자자가 약 $747의 가격으로 10년 후 만기일에 $1,000의 가치를 가지는 채권을 매입했다면 2.96%의 복리 수익률을 얻는 것이다.

앞서 언급한 장점에도 불구하고 무이표채에는 몇 가지 심각한 단점이 있다. 그 중 하나는 시장이자율이 오를 때 (재투자할 이자수입이 없기 때문에) 다른 사람과 같이 더 높은 수익률의 혜택을 누릴 수 없다는 것이다. 또한 무이표채는 매우 큰 가격변동성을 지닌다. 만약 시장이자율이 오르면 무이표채의 가격이 폭락할 것이고 따라서 상당한 자본손실을 겪게 될 것이다. 물론 장기 무이표채가 있을 때 이자율이 하락하면 엄청난 자본이득을 얻을 수 있을 것이다. 사실 무이표채는 자본이득 획득 확률이 가장 높은 채권이다. 마지막으로 무이표채의 단점은 미 국세청이 무이표채로 인해 발생한 이자에 세금을 부과한다는 점인데, 채권 소유자들은 실제로 지급된 이자가 없어도 발생된 이자에 대한 세금을 납부하여야 한다.

무이표채는 기업, 지방정부, 연방기관에 의해 발행된다. 사실 미국 재무부에서는 중장기 무이표채를 발행하지 않는데, 대신 정부는 증권딜러들이 일반적인 이표이자가 있는 note와 bond를 **국채스트립**(Treasury strip)이라는 무이표채의 형태로 판매할 수 있도록 한다. 이들은 국채에서 이자 지급액을 분리하여 무이표채로 따로 판매한다. 예를 들어, 10년 만기의 Treasury note는 반년씩 20회의 이자를 지급하고 추가적으로 원금을 1회 지급한다. 이 21회의 현금흐름은 6개월에서 10년의 만기를 가진 21개의 각기 다른 무이표증권으로 판매된다. 이러한 방식으로 판매되기 위한 Treasury note 혹은 미국 국채의 최소 액면가는 $100이고, 이 이상은 $100단위의 금액을 가진다. 만기가 같은 여러 국채스트립은 종종 함께 묶여 판매되는데, 이때는 최소 $10,000의 액면가를 가진다. 국채스트립은 매우 활발한 유통시장이 있는데, 따라서 투자자들은 원할 때 손쉽게 이러한 증권들을 사고팔 수 있다. 스트립은 최고의 품질과 다양한 범위의 만기를 가지며 활발한 유통시장을 제공하며, 이는 이들의 높은 인기를 잘 설명해 준다.

모기지유동화증권 **모기지유동화증권**(mortgage-backed securities: MBS)은 간단히 말해서 거주용 부동산담보대출인 모기지가 담보가 되는 부채 채권이다. 정부주택저당금고(Government National Mortgage Association: GNMA)와 같은 발행자는 주택 모기지를 모아서 풀(pool)을 구성하고 총 모기지 풀의 금액만큼 증권을 발행한다. **패스쓰루증권**(pass through securities), 혹은 **모기지 참가증서**(participation certificates)라고도 불리는 이 증권은 보통 최소 $25,000의 액면가로 판매된다. 이들의 액면가는 30년 이상까지도 갈 수 있지만 대부분의 모기지가 미리 상환되기 때문에 보통 이러한 채권의 만기는 (아마도 8년 정도로) 훨씬 짧다.

이러한 증권에 투자한 투자자들은 모기지 풀에서 분리되지 않은 권리를 가진다. 주택 소유자가 매달 모기지 금액을 납입하면 그 금액은 자동적으로 투자자(채권 소유자)에게 전달되어 그들이 가진 모기지 담보증권에 납부된다. 이런 증권들은 일반적인 이표이자를 가지는데, 이자는 연간 2회가 아니라 매달 지급된다. 사실 투자자들이 받는 모기지 상환액은 모기지 납부액과 같이 원금과 이자의 합으로 구성되어 있다. 상환액에서 원금이 차지하는 부분만큼은 자본의 상환을 나타내기 때문에 이 부분은 과세되지 않는다. 그러나 이자부분은 일반적인 주 소득세와 연방 소득세의 과세 대상이 된다.

모기지유동화증권(MBS)은 크게 3개의 연방기관에 의해 발행된다. 비록 일부 주(state) 발행자나 사적 발행자인 대형 은행과 저축대부조합(S&L)이 있으나, 연방기관이 발행한 채권이 시장에서 지배적인 위치를 차지하며 90~95%의 채권 활동을 차지하고 있다. 모기지유동화증권(MBS)을 발행하는 주요 연방기관들은 다음과 같다.

- 정부주택저당금고(Government National Mortgage Association: GNMA): Ginnie Mae라고도 알려졌으며 가장 오래되고 큰 규모의 MBS 발행자이다.
- 연방주택대부은행(Federal Home Loan Mortgage Corporation: FHLMC): Freddie Mac이라고도 알려졌으며 최초로 전통적 모기지를 풀로 발행하였다.
- 연방주택저당협회(Federal National Mortgage Association: FNMA): Fannie Mae라고도 불리며 이미 발행된 모기지 판매를 선도하고 있다.

모기지유동화증권(MBS)의 특징 중 하나는 이 증권이 스스로 유동화하는(현금화되는) 것이다. 즉, 매달 투자자에게 돌아가는 현금흐름의 일정 부분은 원금의 상환이다. 따라서 원래 투자한 자금의 일정 부분을 항상 수령하게 되고 만기에는 원금 지급액이 크게 남지 않는다. 이러한 효과로 인해 MBS에 투자하는 많은 뮤추얼펀드들이 현금흐름의 원금 부분을 자동으로 재투자한다. 그렇게 하여 뮤추얼펀드는 그들 투자액의 이자만을 받게 되고 자본은 완전히 투자한 상태가 된다.

복수만기 다계층 채권 만기 전 조기상환은 MBS의 또 다른 문제점이다. 사실 **복수만기 다계층 채권**(collateralized mortgage obligation: CMO)을 개발한 이유 중엔 조기상환의 불확실성을 분산하려는 이유도 있었다. 보통, 모기지 풀이 조기상환되면 모든 채권 소유자는 할당된 비율의 상환액을 배분받는데, 이는 결과적으로 채권의 수명을 크게 감소시킨다. 이에 반해 CMO는 단기, 중기, 장기 투자를 원하는 투자자들을 각각 다른 그룹[이는 불어로 '조각'이란 뜻인 **트랑셰**(*tranches*)라고 불린다]으로 분류한다. 이자는 모든 채권 소유자에게 지급되지만 가장 단기 트랑셰의 원금이 모두 상환될 때까지 원금 상환분은 모두 첫 트랑셰의 투자자에게 귀속된다. 그 후엔 그 다음 트랑셰의 투자자가 상환되는 원금을 모두 받게 되고 이러한 과정은 마지막 트랑셰의 원금이 상환될 때까지 계속된다.

CMO는 기본적으로 신탁된 전통적 모기지유동화증권에서 창조된 **파생증권**(derivative securities)이라고 할 수 있다. 이 신탁자산의 참여증서가 CMO의 형태로 투자 대중에게 판매되는 것이다. 이러한 변형의 순 효과는 CMO를 다른 채권과 매우 비슷한 형태와 성질을 지니게 만든다. 그들은 예상 가능한 이자를 지급하고 (비교적) 예상 가능한 만기를 지닌다. 그러나 CMO는 그 기초 자산인 모기지유동화증권과 같이 AAA등급과 암묵적인 미국 정부의 보증을 받지만 복잡성은 비약적인 도약(quantum leap)이라고 할 수 있다. 어떤 유형의 CMO는 국채만큼 단순하고 안전할 수 있다. 일부 종류는 그들의 원재료인 모기지유동화증권보다 훨씬 더 변동의 폭이 크고 위험하다. 이는 CMO를 한데 묶을 때 Wall Street에서 마치 유전자 접합과 비슷한 기술을 사용하였기 때문인데, 투자은행에서는 기초 자산인 MBS에서 이자와 원금 부분을 분리해 각기 다른 트랑셰에 재분배한다. 여기서 문제가 되는 것은 품질이나 채무불이행 위험이 아니라 오히려 조기상환 혹은 콜위험이다. 모든 채권은 모두 언젠가는 상환된다. CMO의 각기 다른 종류의 트랑셰는 각자 다른 수준의 조기상환 위험을 지니고 있다. CMO의 총위험은 물론 기초 자산인 모기지유동화채권의 총위험을 초과할 수는 없기 때문에 조기상환 위험이 거의 없거나 매우 작은 트랑셰가 존재하기 위해서는 다른 트랑셰가 훨씬 큰 위험을 가져야 한다. 이는 결국 일부 CMO는 위험이 낮은 반면 다른 CMO는 그만큼 더 높은 위험을 갖게 되는 효과를 낳는다.

투자자들은 2007년과 2008년에 발생한 금융위기 때 이러한 증권들이 얼마나 복잡하고 위험할 수 있는지 알게 되었다. 주택 모기지에 대한 주택 소유자의 채무불이행이 늘어나며 CMO의 가치는 폭락했다. 유통시장에서의 거래도 거의 사라졌고 따라서 어떤 CMO의 실제 가치가 얼마인지 알기도 힘들어졌다. 이러한 증권에 많이 투자한 투자은행과 상업은행은 그들의 지불능력에 대한 우려가 점점 패닉으로 바뀌며 큰 압박을 받게 되었다. 모두들 어떤 기관이 재무제표에 이러한 "위험한 자산(toxic asset)"을 가졌는지, 또한 이러한 자산에 대한 손실이 얼마나 큰지 알고 싶어 했다.

Lehman Brothers, Bear Stearns, Merrill Lynch, 그외 많은 금융기관이 파산하거나 헐값에 다른 기관에 매수되었고, 연방정부는 완전한 붕괴를 막기 위해 몇 천억 달러를 은행 시스템에 쏟아부었다.

자산유동화증권 MBS와 CMO의 등장은 새로운 시장 기술의 발달을 불렀는데, **금융증권화**(securitization)는 다양한 대출 수단을 MBS 같이 시장에서 거래 가능한 증권으로 변화시키는 것이다. 최근 몇 년간 투자은행은 몇 십억 달러치의 **자산유동화증권**(asset-backed-securities: ABS)이라고 알려진 패스쓰루증권을 판매하였다. 이것들은 3대 주요 담보인 자동차 대출(자동차 구입시 자동차를 담보로 한 부채), 신용카드 청구액, 주택 2차 융자(home equity lines)뿐만 아니라 컴퓨터 리스, 병원비 청구액, 소형사업 부채, 트럭 렌탈, 심지어 로열티 비용까지도 담보로 한다.

1980년 중반에 처음 등장한 이러한 증권들은 투자은행이 몇 가지 종류의 부채관련 자산(대출금이나 미수금)을 함께 묶어서 이러한 미래에 상환될 금액의 일부/전부를 받을 권리를 자산유동화증권을 통해 투자자에게 판매하면서 시작되었다. 예를 들어 보자. General Motors의 금융부서인 GMAC은 정기적으로 담보부 자동차 대출금 증권을 발행한다. 만약 이들이 이러한 대출금의 일부를 장부에서 없애고 싶다면, GMAC은 매달의 현금흐름을 자동차 대출금 풀(pool)에서 분리하여 새로 발행하는 채권의 담보로 하고 이를 투자자에게 판매한다. 비슷한 방식으로 신용카드 미수금을 담보로 한 채권도 정기적으로 발행된다(사실, 신용카드 미수금이 ABS시장에서 가장 큰 부분을 차지하고 있다). 주택 2차 융자금도 마찬가지인데, 이것은 시장에서 두 번째로 큰 ABS 종류이다.

투자자는 여러 가지 이유로 ABS에 끌린다. 그 중 하나는 비교적 높은 수익률이다. 또 다른 이유로는 5년을 거의 넘지 않는 짧은 만기가 있다. 세 번째 이유로는 많은 이러한 증권들이 연간 2회가 아니라 달마다 원금/이자를 지급한다는 것이다. 또한 ABS의 높은 신용도 또한 투자자들에겐 중요한 이유이다. 이는 이러한 계약의 대부분이 매우 관대한 신용보호로 보증되고 있기 때문이다. 예를 들어, 이 증권은 종종 과한 담보를 가진다. 이러한 채권을 담보하는 자산 풀은 채권 자체보다 25%에서 50% 더 클 수 있다. 이유가 어찌됐든 ABS의 대부분은 주요 등급평가기관으로부터 최고의 신용등급(AAA)을 받는다.

정크본드 **정크본드**(junk bond) 혹은 **고수익채권**(high-yield bond)은 투자적격등급 미만의 낮은 등급(보통 Ba나 B)을 받은 매우 투기적인 채권이다. 이러한 채권은 주로 기업에 의해 발행되는데 지방정부에 의해서도 발행된다. 정크본드는 종종 **후순위 무담보채권**(subordinated debentures)의 형태로 발행되는데, 이는 채권이 보증되지 않으며 자산에 대해 낮은 권리를 가진다는 뜻이다. 이러한 채권은 매우 높은 채무불이행 위험 때문에 "정크(junk)"라고 불린다. 이러한 채권을 발행하는 기업은 보통 재무구조에 과도한 양의 부채를 가지고 있으며 그러한 부채에 대한 상환능력에 상당한 우려가 있다.

PIK **채권**(PIK bond)은 아마도 정크본드 중 가장 특이한 종류의 채권일 것이다. PIK은 현물지급(payment in kind)의 약자인데, 이는 발행자가 채권의 이표이자를 현금으로 지급하지 않고 추가적인 채권(현물)의 형식으로 지급할 수 있는 것을 뜻한다. 이러한 "부채 발행을 통한 이자 지급(financial printing press)"은 보통 5, 6년 동안 지속되고 그 후부터는 실제 현금으로 이자를 지급하기 시작한다.

그렇다면 이성적인 투자자가 정크본드에 끌리는 이유는 무엇일까? 대답은 간단하다. 정크본드는 매우 높은 수익률을 제공하기 때문이다. 사실 일반적인 시장에서 정크본드는 투자적격채권의 수익률에 비해 3~6% 더 높은 수익률을 기대할 수 있다. 분명히 그러한 수익은 그에 상응하는 더 높은 위험 때문에 가능하다. 이자율 변동에 따라 가격이 주로 움직이는 투자적격등급 채권과 달리, 정크본드는 발행자의 재무상태 변화에 따라 상승, 하락하는 경향이 있다. 결과적으로 정크본드 수익률은 예측할 수 없다.

채권시장에 대한 글로벌 관점

세계화는 주식시장에서처럼 채권시장에도 큰 영향을 끼쳤다. 외국채권은 그들의 높은 수익률과 매력적인 수익으로 투자자를 사로잡았다. 물론 외국채권에도 위험이 있지만 채무불이행 위험이 굳이 꼭 더 높은 것은 아니다. 대신 외국채권에 관련된 큰 위험은 달러로 환산하는 수익률에 미칠 수 있는 통화가치의 변동이다.

미국에는 세계 시장의 절반에 못 미치지만 세계 최대의 채권시장이 있다. 미국 다음으로 큰 시장은 일본, 중국, 유로화를 사용하는 (주로 독일, 이탈리아, 그리고 프랑스) 유럽국가의 여러 국가가 있다. 이들은 세계 채권시장의 약 90% 이상을 차지한다. 세계적으로는 다양한 종류의 정부 발행 채권(예를 들어, 국채, 정부기관채, 지방채)이 시장을 지배한다.

달러표시 채권과 외화표시 채권 외국채권에 투자하는 데에는 몇 가지 방법이 있다.

미국 투자자의 관점에서 우리는 외국채권을 채권의 통화를 기준으로 크게 두 가지 범주로 나눌 수 있는데, **달러표시 채권**(U.S.-pay bond 또는 dollar-denominated bond)과 **외화표시 채권**(foreign-pay bond 또는 non-dollar-denominated bond)이 그것이다. 달러표시 채권에서 발생하는 구매가격, 만기 가치, 이표이자소득을 포함한 모든 현금흐름은 U.S. 달러로 표시된다. 유로, 영국 파운드, 스위스 프랑과 같은 달러 외 외화표시 채권에서 발생하는 현금흐름은 외국 통화로 표시된다.

달러표시 채권(dollar-denominated bonds) 달러표시 외국채권에는 양키본드와 유로달러본드 2가지가 있다. **양키본드**(Yankee bond)는 외국의 정부나 기업, 혹은 세계은행(World Bank)과 인터아메리칸 은행(InterAmerican Bank) 같은 초국적 기관(supernational agency)에 의해 발행된다. 이 채권들은 미국 내에서 발행된다. 이것은 미국 증권거래위원회(SEC)에 등록되고 모든 거래는 미국 달러로 이루어진다. 놀라운 사실은 아니지만, 양키본드 시장의 지배적 발행자는 캐나다인들이다. 양키본드를 구입하는 것은 다른 미국 채권을 구입하는 것과 거의 차이가 없다. 이 채권은 미국의 거래소와 OTC시장에서 거래된다. 또한 모든 것이 달러로 표시되기 때문에 걱정할 환율위험도 없다. 이 채권은 보통 품질이 매우 높고(발행자의 품질을 생각해 보면 놀랍지 않다) 매우 경쟁력 있는 수익률을 제공한다.

이와 대조적으로 **유로달러 채권**(Eurodollar bond)은 미국 밖에서 발행되고 거래된다. 이 채권은 미국 달러로 표시되지만 미국증권거래위원회에 등록되지 않으며, 따라서 인수업자(underwriter)들이 새로운 채권을 미국 대중에게 판매하는 것이 금지되어 있다. (오직 기발행된 유로달러 채권만이 미국에서 거래될 수 있다.) 오늘날 유로달러시장은 외국에 기반을 둔 투자자들이 지배적인데, 주로 기관투자자들을 대상으로 하고 있다.

외화표시 채권(foreign-pay bonds) 미국 투자자의 관점에서 외화표시 국제 채권은 달러 외의 모든 통화로 표시된 모든 채권을 포함한다. 이들은 SEC에 등록되지 않으며 외국에서 발행되고 거래된다. 예를 들자면 유로로 상환되는 독일 정부 채권, 엔화로 발행된 일본 채권 등이 있다. 보통 투자자들이 외국채권을 생각할 때 떠올리는 것이 이 부문이다.

외화표시 채권은 환율변동의 대상이 되는데, 이는 미국 투자자의 총수익률에 큰 영향을 끼칠 수 있다. 외화표시 채권의 총수익은 세 가지 변수의 함수인데, 이들은 (1) 채권의 이표이자소득, (2) 자본이득(손실)을 결정하는 시장이자율의 변화, (3) 환율의 변동이다. 처음 두 변수는 국내에서 이익을 내는 다른 채권과 같은데, 물론 외국채권에서도 똑같이 중요한 요소이다. 따라서 투자자들이 해외에 투자를 할 때에도 그날의 수익률과 그 전망에 대해 큰 관심을 가질 것이다. 세 번째 변수는 외화표시 채권을 달러표시 채권의 가격변동과 구별 짓는 요소이다.

우리는 다음과 같은 수식을 사용하여 외화표시 채권의 수익을 측정해 볼 수 있다.

$$\underset{(\text{U.S.\$})}{\text{총수익}} = \left[\frac{\text{채권의 말기 외화가치} + \text{외화표시 이자}}{\text{채권의 초기 외화가치}} \times \frac{\text{보유기간 말의 환율}}{\text{보유기간 초의 환율}} \right] - 1.00 \qquad (10.3)$$

예를 들어, 미국 투자자가 7.5%의 매력적인 이표이자율 때문에 스웨덴 정부의 채권을 구매했다고 가정해 보자. 만약 액면가에 채권을 구매한 후 몇 년간 시장이자율이 하락했다면 (이자율의 하락으로 자본이득을 얻었을 것이기 때문에) 구매한 증권은 7.5%를 초과하는 수익을 냈을 것이다. 그러나 만약 스웨덴 크로나(SEK)의 가치가 달러에 비해 하락한 경우, 실제 (U.S.달러로 표시한) 총수익률은 달러/SEK 환율변동 결과에 따라 7.5%보다 훨씬 낮을 수 있다. 위의 수식을 사용하면 정확한 투자결과를 얻을 수 있다. 외국 주식과 같이 외화표시 채권은 채권가격 변동과 환율의 변동 모두를 통해 이익을 얻을 수 있다. 지식이 풍부한 투자자들은 이 채권의 경쟁력 있는 수익률뿐만 아니라 이들이 채권 포트폴리오에 가져올 수 있는 분산효과 때문에 이러한 채권을 선호한다.

개념 리뷰

해답은 www.pearson.com/mylab/finance에서 찾을 수 있음.

10.10 다음 채권종류를 간단히 설명하라: (a) 국채 (b) 정부기관채 (c) 지방채 (d) 회사채. 각각의 주요한 장점과 단점은 무엇인가?

10.11 다음 채권들을 간단히 정의해 보고 채권 투자자들이 그들을 어떻게 활용하는지 설명하라. (a) 무이표채 (b) CMO (c) 정크본드 (d) 양키본드

10.12 다음 채권들의 세금에 관련된 특징들은 무엇인가? (a) 국채 (b) 정부기관채 (c) 지방채

10.13 자산유동화증권(ABS)을 설명하고 이러한 채권에 쓰이는 특이한 형태의 담보들을 나열하라. ABS와 MBS의 차이점은 무엇인가? 또, 금융증권화(securitization)의 기본적 개념은 무엇인가?

10.14 달러표시 채권과 외화표시 채권의 차이는 무엇인가? 달러표시 채권의 중요한 두 종류를 설명하라. 환율변동이 달러표시 채권의 총수익률에 영향을 미칠 수 있는가? 외화표시 증권은 어떠한가? 설명하라.

전환증권

LG6 이 시점에 장점을 거론해야 할 고정소득증권이 있는데, 바로 **전환사채**(convertible bond)이다. 전환사채는 기업에 의해서만 발행되고 기업이 발행하는 대부분의 다른 채권과 매우 다른데, 채권으로 시작해서 보통주로 끝날 수 있기 때문이다. 즉, 이 증권은 처음에는 채권으로(혹은 심지어 우선주로) 발행되었지만 투자자들에게 채권을 발행 기업의 주식으로 전환할 수 있는 선택권을 부여하는 조항이 포함되어 있다. 전환사채는 부채와 자기자본의 성격을 함께 갖고 있기 때문에 **혼성증권**(hybrid securities)이다. 그러나 비록 전환사채가 채권과 주식의 성격과 성과 특성을 갖고 있기는 하지만, 전환사채는 기본적으로 자기자본의 형태로 보아야 한다. 이는 대부분의 투자자가 채권이 제공하는 수익률보다는 이 증권의 주식 측면이 가진 잠재적 가격상승에 기대하고 이러한 채권에 자금을 투자하기 때문이다.

투자수단으로서의 전환증권

전환증권은 **주식첨가제**(equity kicker) 때문에 투자자에게 매우 인기가 있는데, 주식첨가제란 이러한 사채를 기업의 보통주로 전환할 수 있는 권리를 뜻한다. 이 특성 때문에 시장에서 전환사채의 가격은 기초 보통주의 가격과 매우 비슷하게 움직인다. 전환증권은 모든 종류의 기업에 의해 발행될 수 있는데, 가장 일반적인 유형인 전환사채나 **전환우선주**(convertible preferred stock)의 형태로 발행된다. 전환증권은 기업이 비교적 유리한 가격으로 자본을 모을 수 있게 해준다. 설명하자면, 기업이 일반적인 방식으로 주식을 발행할 경우(회사의 주식을 더 판매하는 방식) 그들은 시장의 가격보다 약간 낮은 가격을 정해서 판매한다. 예를 들어, 현재 시장에서 1주에 $27일 때, $26 정도의 가격으로 신주를 판매할 수 있을 것이다. 반면, 만약 기업이 전환사채를 통하여 간접적으로 주식을 발행하는 경우, 기업은 시장가격을 초과하는 가격을 설정할 수 있다. 예를 들어, 같은 주식에 대해 $35를 얻을 수도 있을 것이다. 이 경우 전환사채 투자자는 차후에 주식의 시장가격이 $35를 크게 초과하는 경우에만 전환사채를 주식으로 전환하려 할 것이다. 결과적으로, 기업은 같은 양의 자금을 모으는 데 더 적은 수의 주식을 발행할 수 있다. 전환사채는 결과적으로 발행 기업의 보통주로 전환되기 때문에 **지연된 자본**(deferred equity)의 한 형태로 구분되기도 한다. 물론 채권자가 그렇게 할 것이라는 보장은 없다. 주식의 실적에 따라 다르다.

전환사채와 전환우선주는 모두 기업의 자기자본과 연결된다. 따라서 투자목적이 서로 교환될 수 있다고 간주된다. 일부 특별한 차이(우선주는 반년마다 이자를 지불하는 대신에 분기마다 배당금을 지불한다)를 제외하고, 전환사채와 전환우선주는 거의 동일한 방법으로 평가를 받는다. 그들의 유사성 때문에 아래의 논의는 전환사채를 중심으로 할 것이다. 그러나 관련된 정보와 시사점은 전환우선주에도 동일하게 적용된다.

전환노트와 전환사채 전환사채(convertible bonds)는 보통 후순위 무담보채로 발행되고 약정한 기간 내에 회사채가 일정한 숫자의 발행기업 보통주로 전환될 수 있다는 조항이 포함된다. 전환노트(convertible notes)는 만기가 보통 5~10년으로 전환사채보다 더 짧다는 것을 제외하고 전환사채와 동일하다. 그 외에는 차이가 없는데, 둘 다 보증되지 않은 채권이고 보통은 다른 형태의 채권보다 후순위의 채권이다.

일반적으로 전환 시점에서는 현금을 거의 주고받지 않는다. 투자자들은 전환사채(혹은 노트)를 약정된 수의 보통주와 교환할 뿐이다. 예를 들어, 전환사채가 새로 시장에 발행되었고, 각 $1,000의 노트가 주당 $50로 발행기업의 주식으로 교환될 수 있다는 조항이 포함되어 있다고 가정하라. 즉, 주식의 시장가격이 어떻게 변화하든 상관없이 투자자는 각 노트를 20주($1,000 ÷ $50=20주)의 발행 기업 보통주로 바꿀 수 있는 것이다. 따라서 만약 전환 시점에서 기업의 주식이 시장에서 주당 $65에 거래되고 있다면 투자자는 $1,000의 채권을 $1,300(20×$65=$1,300)어치의 주식으로 전환할 수 있는 것이다. 당연히 전환 혜택에는 대가가 따르는데, 이는 전환증권의 낮은 이표이자(혹은 배당)이다. 즉, 만약 전환사채가 새로 발행되면 그들의 이표이자는 보통 다른 비전환채권의 일부분밖에 되지 않는다. 사실, 전환사채의 전환 조건이 매력적일수록 이표이자는 낮아진다.

회사채를 언제든 전환할 수 있는 권리는 채권소유자에게 있지만 상당히 많은 경우 발행 기업이 채권에 콜을 행사하여 전환을 시작하는 경우가 있는데, 이를 **강제 전환**(forced conversion)이라고 한다. 기업에게 부채를 상환하고 전환을 강제할 수 있는 자율권을 주기 위해 대부분의 전환사채는 자유롭게 콜을 행사할 수 있게 발행되거나 매우 짧은 콜 금지기간이 있다. 전환을 강제하려면 기업은 채권에 콜을 행사해서 상환하고 채권자에게 두 가지 선택권을 준다. 채권자는 채권을 보통주로 전환할 수 있고, 혹은 약정된 콜 가격으로 현금을 받을 수도 있다(전환사채의 경우 콜 프리미엄이 매우 작다). 채권의 전환이 이뤄질 때 주식의 시장가격이 채권의 콜 가격을 초과하는 이상 (거의 대부분의 경우), 경험 있는 투자자들은 절대 두 번째 선택을 원하지 않을 것이다. 대신 그들은 기업이 원하는 대로 채권을 주식으로 전환할 것이다. 그 후 그들은 원한다면 주식을 보유하고 있을 수도 있고 혹은 새 주식을 시장에 매도할 수도 있다(결과적으로 콜 가격을 선택했을 때보다 더 많은 현금을 갖게 된다).

전환특권 전환사채의 핵심 요소는 **전환특권**(conversion privilege)인데, 이는 전환시의 조건과 구체적인 특징을 규정한다. 먼저 전환특권에서는 사채가 정확히 언제 전환될 수 있는지 표기한다. 어떤 채권의 경우 최초 발행 후 6개월에서 2년 정도까지 사채가 전환될 수 없는 초기 대기기간이 있을 수 있다. 그 후엔 **전환기간**(conversion period)이 시작되는데, 사채는 어느 때나 전환될 수 있다. 전환기간은 보통 사채의 남은 수명 동안 연장되는데, 일부의 경우에 몇 년 동안만 유지되는 경우도 있다. 만약 사채가 전환기간이 끝날 때까지 전환되지 않는다면 이는 전환특권이 없는 평범한 채권으로 돌아간다.

투자자의 입장에서 가장 중요한 정보는 전환가격 또는 전환비율이다. 이 두 단어는 함께 쓰일 수 있는데, 이들은 직간접적으로 채권이 전환될 수 있는 주식의 수를 명시한다. **전환비율**(conversion ratio)은 채권이 전환될 수 있는 보통주 주식의 수를 나타낸다. **전환가격**(conversion price)은 주당 얼마에 주식이 채권과 교환될지 확정한다. 이 두 숫자에 대해 생각해 보면 주어진 전환비율이 결국 일정한 전환가격을 의미하고, 반대도 마찬가지라는 것을 알게 될 것이다.

사례
전환비율과 전환가격

액면가 $1,000의 전환사채의 전환비율이 40이어서 채권이 40주의 보통주로 전환될 수 있다고 가정해 보자. 즉, 투자자는 $1,000의 사채를 40주의 주식과 교환하는 것이기 때문에, 40주의 주식을 $1,000에, 즉 1주에 $25($25×40=$1,000)의 가격에 구입하는 것과 같게 된다. 다르게 표현하면, 전환비율 40은 전환가격 $25와 같다. 전환사채와 전환우선주의 기본적인 차이도 전환비율에 관련되어 있다. 전환사채의 전환비율은 보통 15, 20 혹은 30과 같은 큰 단위의 보통주로 이루어져 있는데 비해 전환우선주의 전환비율은 매우 작아 3, 4주를 넘는 경우가 거의 없고 가끔 1주 이하일 때도 있다.

전환비율은 일반적으로 주식의 분할이나 중대한 주식배당이 있을 때 함께 조정된다. 만약 기업이 1주를 2주로 분할한 경우 발행되어 있는 전환사채의 전환비율도 함께 두 배가 된다. 전환비율이 (예를 들어, 33.5주처럼) 분주(fraction)를 포함할 경우, 전환특권은 이런 분주를 어떻게 처리할 것인지도 명시한다. 보통 투자자는 온전한 1주를 구입하기 위해 명시된 전환가격으로 1주의 나머지 부분을 지불할 수도 있고 혹은 전환가격대비 분주의 가격에 해당하는 현금등가물을 수령할 수도 있다.

LYONs Wall Street는 간단한 투자상품을 복잡한 투자수단으로 바꾸는 것으로 유명하다. LYON도 그렇게 탄생하였는데, 몇몇 사람들은 이를 "스테로이드를 맞은 무이표채(zeros on steroids)"라고 부르기도 한다. **LYON**(liquid yield option note)은 무이표채를 기본으로 전환사채의 특성과 풋옵션을 첨가해 만들어졌다. LYON은 채권의 기간 동안 정해진 전환비율로 전환될 수 있는 무이표 전환사채이다. 따라서 이것은 여타 다른 무이표채처럼 시간이 지날수록 가치가 상승하고 (만기에 다다를수록 갈수록 액면가에 가까워지기 때문에) 추가적으로 주식첨가제(equity kicker)를 통하여 채권의 자기자본 특성을 완전히 활용할 수 있다는 장점이 있다. 대부분의 전환사채와 다르게 LYON은 (무이표채이기 때문에) 경상소득(이표이자)을 제공하지 않는다. 그러나 LYON은 풋옵션이 포함되어 있는데, 이를 통해 투자자들은 채권을 발행자에게 (미리 정해진 가격으로) 다시 되팔 수 있다. 즉, 풋옵션은 투자자들이 미리 약정된 금액에 주기적으로 채권의 상환을 요구할 권리를 부여하는 것이다. 따라서 투자자들은 만약 상황이 불리하게 변한다면 미리 정해진 금액으로 이 증권을 되팔 수 있다는 것을 알고 있다.

LYON에는 장점밖에 없는 것처럼 보이지만 이것들도 단점이 있다. LYON이 가격하락에 대한 보호장치가 있고 (풋옵션 특성을 통하여) 주식첨가제의 완전한 활용이 가능한 것은 사실이다. 그러나 모든 무이표채와 같이 LYON은 경상소득을 제공하지 않는다. 또한 투자자들은 풋옵션에도 주의하여야 한다. 풋옵션의 종류에 따라서 대가가 현금으로 지급되지 않고 주식이나 채권으로 지급될 수 있는 경우도 있기 때문이다. 또 주의해야 할 중요한 점은 LYON의 전환비율은 고정되어 있기 때문에 시간이 흐르면 전환가격이 상승한다는 것이다. 이는 무이표채가 만기에 가까워지면서 가격이 상승하기 때문이다. 따라서 채권가격의 상승률보다 주식의 시장가격이 크게 증가하지 않는다면 투자자들은 LYON을 전환하지 못할 것이다.

가치의 원천

전환증권은 발행자의 주식과 연계된 채권이기 때문에 주식 측면과 채권 측면 모두를 고려하여 가치를 평가한다. 따라서 채권을 투자 수단으로 고려할 때에는 채권의 기초 자산인 보통주와 이자율 예측을 세심히 분석하는 것이 중요하다. 먼저 주식 측면을 살펴보자.

> **투자자 현실**
>
> **외가격 전환사채(busted convertibles)** 투자자는 전환사채가 제공하는 상향 가능성을 보고 투자한다. 전환사채는 주가가 오르면 채권보다는 주식과 유사하기 때문에 강세 주식시장에서 매우 인기가 높다. 만약 주가가 폭락하면 어떻게 될까? 전환사채에 내재된 주가가 전환사채의 전환가격 아래로 하락하면 전환특성은 거의 무용지물이 되고 투자자는 외가격 전환사채의 자랑스런 주인이 된다. 이때 전환사채는 주식보다는 채권에 가깝게 움직인다.

전환증권은 주식의 가격이 미리 정해진 전환가격에 가까워지면(혹은 초과하면) 주식과 매우 비슷하게 거래된다. 그런 경우 전환사채의 가격은 해당하는 주식의 가격의 변화와 매우 비슷하게 변동한다. 만약 주가가 오르면 전환사채의 가격도 오르고, 반대의 경우도 마찬가지이다. 실제로 전환사채의 절대적인 가격변화는 보통주의 가격변화를 초과하는데, 이는 전환사채의 전환가격을 결정하는 전환비율 때문이다. 예를 들어, 만약 20의 전환비율을 가지는 전환사채의 경우, 보통주의 가격이 $1 오를(내릴) 때마다 전환사채의 가격 또한 같은 방향, 대략적으로 같은 비율(여기서는 20)로 변화하게 된다. 결국, 전환사채가 주식처럼 거래될 때 그 시장가격은 그 보통주의 가격과 전환비율에서 정의된 주식 수의 곱이 된다.

보통주의 시장가격이 전환가격보다 훨씬 낮은 경우, 전환사채는 기초 자산인 보통주와 연관성을 잃고 채권으로 거래된다. 이때 전환사채는 일반적인 채권수익률과 관련이 있으므로 투자자는 시장이자율에 관심을 기울이게 되고 발행자의 주가에는 민감하게 반응하지 않는다. 그러나 전환사채의 주식첨가제 성격과 비교적 낮은 평가등급 때문에 전환사채는 보통의 경우 이자율위험에 많이 노출되지 않는다. 전환사채는 이자와 원금을 지급하기 때문에 하한가격이 존재하는데, 이는 즉 전환사채의 가격은 기초 자산인 주식가격이 떨어질 수 있는 것만큼 떨어질 수 없다는 것을 뜻한다. 만약 기업에 재무적 문제가 생겨 주식의 가격이 급격히 하락한다고 해도 그 기업에서 발행한 전환사채의 투자자는 이자와 원금을 여전히 상환받을 수 있고, 따라서 전환사채는 가격을 거의 유지할 수 있을 것이다. 즉, 전환사채의 가격이 그 하한가격 이하로 떨어지려 해도 전환사채의 채권 가치가 있기 때문에 그 이하로 크게 떨어지지 않을 것이다.

전환증권의 가치 측정

전환증권의 투자 매력을 평가하려면 이 증권의 주식과 채권 측면을 모두 고려해야 한다. 주식 측면에 대한 기본적 증권분석은 주식첨가제가 전환사채의 가격변동에 미치는 핵심 역할을 고려해 보면 특히 중요하다. 반면 시장이자율과 채권의 등급은 증권의 채권 측면을 평가하는 데 쓰인다. 여기에 고려할 것이 또 있다. 채권과 주식 측면을 분석하는 것 외에도 전환 특징 그 자체를 평가하는 것이 필요하다. 여기에 관련된 두 가지 중요한 부분이 전환가치와 투자가치이다. 이러한 측정치는 전환증권의 가격변동에 중요한 영향을 끼치고 따라서 보유기간수익률에도 큰 영향을 준다.

전환가치 간단히 말해서 **전환가치**(conversion value)는 주식 가치를 기준으로 전환사채의 가격이 책정되고 팔린다면 얼마에 거래될 것인지를 나타낸다. 전환가치를 구하는 것은 아래 수식처럼 쉽다.

$$\text{전환가치} = \text{전환비율} \times \text{주식의 현행 시장가격} \quad (10.4)$$

사 례
전환가치

어떤 전환사채의 전환비율이 20이라고 가정해 보자. 만약 기업의 주식이 주당 $60일 때 채권의 전환가치는 $1,200(20×$60=$1,200)이다.

일부 애널리스트는 종종 **전환패리티**(conversion parity)라고도 알려진 **전환등가**(conversion equivalent)를 구하여 전환사채를 평가한다. 전환등가는 전환사채의 현재 시장가치를 만족하기 위해 보통주가 거래되어야 할 가격을 나타낸다. 전환등가는 다음과 같이 계산된다.

$$\text{전환등가} = \frac{\text{전환사채의 현재 시장가격}}{\text{전환비율}} \quad (10.5)$$

사 례
전환등가 주가

회사채의 현재 시장가격이 $1,400이고 전환비율이 20일 때 보통주의 전환등가는 주당 $70가 될 것이다($1,400/20=$70). 비록 전환사채가 시장이자율이 하락해서 액면가인 $1,000보다 높게 거래될 수는 있지만 현실적으로 시장이자율 하락만으로 채권이 $1,400에 거래되기는 힘들다. 따라서 사례의 전환사채가 $1,400에 거래되려면 보통주의 현재 시장가격은 주당 $70 근처일 것이라고 예상할 수 있다.

전환 프리미엄 전환사채가 정확하게 전환가치만큼의 가격으로 거래되는 일은 매우 드문데, 그들은 보통 내재된 전환가치를 초과하는 가격으로 거래된다. 전환사채의 가격 중 전환가치를 초과하는 부분은 **전환 프리미엄**(conversion premium)으로 불린다. 전환사채의 전환 프리미엄의 절대적 크기는 전환사채의 시장가격과 전환가치의 차이로 구할 수 있다.

$$\text{전환 프리미엄(\$)} = \text{전환사채의 현재 시장가격} - \text{전환가치} \qquad (10.6)$$

여기서 전환가치는 수식 (10.4)로 구할 수 있다. 그리고 상대적으로 프리미엄을 적용하려면 전환 프리미엄을 증권의 전환가치로 나누면 된다.

$$\text{전환 프리미엄(\%)} = \frac{\text{전환 프리미엄(\$)}}{\text{전환가치}} \qquad (10.7)$$

사 례
전환 프리미엄

전환사채가 \$1,400에 거래되고 전환가치는 \$1,200라고 한다. 이 채권의 전환 프리미엄은 \$200이다(\$1,400−\$1,200=\$200). \$200는 채권의 전환가치 대비 16.7%(\$200/\$1,200=0.167)의 전환 프리미엄을 나타낸다고 한다.

전환 프리미엄은 시장에서 흔하게 찾아볼 수 있는데 종종 전환사채 전환가치의 30~40%(혹은 그 이상)에 이르기도 한다. 회사의 주식이 채권의 전환가격보다 훨씬 낮게 거래될 때 채권은 이자와 원금 지급으로 인해 전환가치 이상으로 팔릴 것이다. 즉, 채권으로서의 가치는 전환가치보다 프리미엄을 요구하기에 충분하다. 기초 주식의 시장가격이 전환가격에 가깝거나 높으면 채권이 제공하는 추가 상승 가능성 때문에 프리미엄으로 판매된다. 후자의 경우 채권의 만기일이 다가오고 주가가 전환가격을 훨씬 상회할수록 전환 프리미엄이 축소된다.

회수기간 전환사채를 선택할 때 당신이 생각해 봐야 할 중요한 질문 중 하나는 채권의 프리미엄이 정당한지이다. 전환 프리미엄을 평가하는 방법으로 채권의 **회수기간**(payback period)을 계산할 수 있는데, 회수기간은 전환사채에서 얻을 수 있는 추가적인 이자수입으로 전환 프리미엄을 회수하려면 걸리는 기간을 뜻한다. 전환 프리미엄의 주요한 이유가 이러한 추가적 수입이기 때문에 이를 사용하여 프리미엄을 평가하는 것은 설득력이 있다. 회수기간은 다음과 같이 구할 수 있다.

$$\text{회수기간} = \frac{\text{전환 프리미엄(\$)}}{\text{(전환사채의 연간 이자수입} - \text{주식의 연간 배당수입)}} \qquad (10.8)$$

이 수식에서 연간 배당은 주식의 최근 주당 연간 배당과 채권의 전환비율을 곱하여 구할 수 있다.

사 례

전환사채 회수기간

앞의 사례에서 채권의 전환 프리미엄이 $200이었다. 전환비율이 20인 전환사채의 이표이자율은 8.5%이고 연간이자는 $85, 내재된 주식이 지난해에 주당 50센트의 배당을 지급했다고 하자. 채권의 이자소득이 주식의 배당소득을 연간 $75 초과하므로 회수기간은 다음과 같다.

$$\text{회수기간} = \frac{\$200}{\$85 - (20 \times \$0.50)} = 2.7\text{년}$$

즉, 이 채권의 프리미엄을 2.7년 만에 회수할 수 있다(비교적 짧은 기간이다).

다른 조건이 동일하다면 회수기간은 짧을수록 좋은 것이 일반적인 법칙이다. 많은 전문가들은 회수기간이 5~7년 이하인 전환사채를 찾는 것을 추천한다.

투자가치 전환사채의 하한가는 채권의 특성에 의해 정해지고 투자가치 측정의 초점이다. 또한 시장의 현재와 미래의 예상 시장이자율에 초점을 두는 가치평가 과정 내에 있다. **투자가치**(investment value)는 전환사채와 비교할 만한 전환불가능 채권의 시장수익률에 가격이 결정된다면 거래될 전환불가능 채권의 가격이다.

채권의 가격 결정에 대해서는 나중에 더 자세히 다룰 예정이다. 여기서는 전환사채의 투자가치는 전환사채와 비교할 만한 전환불가능 채권의 수익률을 사용하여 전환사채의 이표이자 흐름과 액면가를 현재가치로 할인한 가격이라고 이해하면 충분하다. 보통의 경우 전환사채의 이표이자율과 만기일은 이미 알려져 있기 때문에 필요한 유일한 정보는 비슷한 등급 채권의 시장수익률이 된다. 예를 들어, 만약 비교할 만한 전환불가능 채권이 9%의 수익률로 거래되고 있을 때. 이 9%의 수익률을 할인율로 사용해 전환사채의 현재가치인 투자가치를 구할 수 있다. 따라서 만약 만기가 20년이고 액면가가 $1,000인 특정한 전환사채의 이표이자가 6%라면, 그 투자가치는 (9%의 할인율을 이용하여) 재무계산기를 사용해 구할 수 있다.

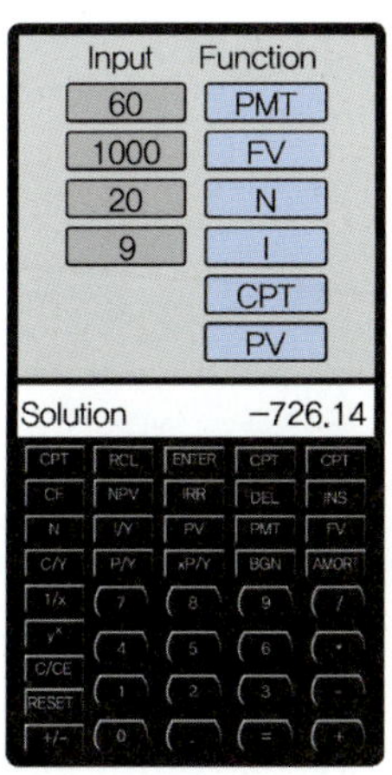

계산기 이용 주어진 정보에 따라 이표이자는 지급액 PMT로 $60가 입력된다. $1,000 액면가가 미래가치 FV로 입력된다. 만기까지의 시간인 20년이 N에 입력된다. 할인율 I에 9%의 수익률을 입력한다. 계산을 위해 CPT를 누른 다음 현재가치

PV를 눌러 전환사채의 가치의 결과 값이 약 $726가 되는 것을 계산할 수 있다. 이 값은 전환사채가 가격 하한선에 도달하고 일반채권상품으로 거래를 시작하기 전에 얼마나 떨어져야 하는지를 나타낸다.

다른 것들이 동일하면 현재 시장가격과 투자가치 사이의 거리가 멀수록 전환사채의 가격이 더 떨어질 수 있으며 결과적으로 하방위험 노출이 커진다.

개념 리뷰

해답은 www.pearson.com/mylab/finance에서 찾을 수 있음.

10.15 전환사채는 무엇인가? 전환사채는 어떻게 전환우선주와 다른가?

10.16 전환증권의 주식첨가제는 무엇인가? 주식첨가제가 전환사채의 가격변동에 어떻게 영향을 미치는지 설명하라.

10.17 전환사채의 투자 매력을 분석할 때 왜 채권 측면과 주식 측면을 모두 고려해야 하는지 설명하라.

10.18 전환등가와 전환가치의 차이는 무엇인가? 전환사채의 회수기간을 설명하라. 전환사채의 투자가치는 무엇이며 이는 무엇을 나타내는가?

토론문제

LG1 **Q10.1** 다음의 토론을 위해 〈표 10.1〉의 채권수익률을 사용한다.

a. 1970년대의 국채수익률과 1980년대의 국채수익률을 비교하라. 이런 차이를 어떻게 설명하겠는가?

b. 1990년대의 채권시장의 성과는 어땠는가? 이때의 성과와 1980년대의 성과를 비교해 설명하라.

c. 미래에 채권의 합리적인 수익률은 얼마나 될 것이라고 생각하는가? 설명하라.

d. 당신이 만약 학교를 졸업하고 미래가 유망하고 연봉이 높은 직장을 들어갔다고 가정해 보자. 당신은 포트폴리오의 얼마의 비율을 채권에 투자할 것인가? 설명하라. 당신의 포트폴리오에서, 특히 장기적으로 볼 때 채권의 역할은 무엇인가?

LG4 LG5 **Q10.2** 다음 종류의 채권들을 정의하고 간단히 설명하라.

a. 물가연동증권(TIPS)

b. 회사채

c. 무이표채

d. 자산유동화증권

e. 유로달러본드

f. PIK 채권

어떤 종류의 투자자들이 각각의 채권을 가장 선호하겠는가?

LG1 LG4 **Q10.3** 신용등급평가기관이 하는 일은 무엇인가? 투자자들이 채권(고정소득자산)의 가치를 결정하기 전에 채권등급을 고려하는 것이 왜 중요한가?

LG4 LG5 **Q10.4** 오른쪽의 투자자들의 필요에 가장 맞는 종류의 증권을 왼쪽에서 선택해 연결해 보자.

a. 5년 만기 국채	1. 높은 이표이자율의 확보
b. 낮은 이표이자율과 긴 만기의 채권	2. 장기에 걸쳐 자산을 축적
c. 양키본드	3. 매월 소득 창출
d. 보험 수익채권	4. 가격변동성의 회피
e. 장기 국채스트립	5. 비과세소득의 창출
f. 콜 금지 채권	6. 해외 채권에 투자
g. CMO	7. 가장 높은 수익률 추구
h. 정크본드	8. 신용카드 매출채권 풀에 투자
i. ABS 매출채권	9. 최대 가격상승 추구

LG6 **Q10.5** 기업이 전환증권을 발행하는 이유는 무엇인가? 이 증권에 무엇이 포함되어 있는가?

LG6 **Q10.6** LYON을 설명하고 전통적인 전환사채와 어떻게 다른지 설명하라. LYON과 전통적 전환사채 사이의 공통점이 있다면 설명하라.

LG6 **Q10.7** 학교 도서관과 인터넷의 자료를 이용하여 다음의 정보를 찾아보라.

a. 임의의 전환사채(중기채권 또는 장기채권) 두 개를 골라 각각의 전환비율, 전환등가, 전환가치, 전환 프리미엄, 회수기간을 구하라.

b. 임의의 전환우선주를 두 개 선택하여 각각의 전환비율, 전환등가, 전환가치, 전환 프리미엄, 회수기간을 구하라.

c. 선택한 전환사채와 전환우선주는 어떻게 비슷한가? 차이점은 있는가? 설명하라.

연습문제

LG2 **P10.1** 이표이자율 7%, 만기 5년의 채권이 발행 후 2년 후 $2,000에 콜 행사가 가능하다고 한다. 이 채권이 현재 시장에서 $1,770에 거래될 때 이 채권의 현재 수익률은 얼마인가?

LG2 **P10.2** 어떤 채권이 경상수익률이 8.10%이고 시장가격이 $925.50라고 한다. 이 채권의 이표이자율은 얼마인가?

LG2 **P10.3** Connor는 경상수익률이 8%이고 이표이자율이 12%인 회사채를 매입하였다. 그는 이 채권을 얼마에 매입하였나?

MyLab LG4 **P10.4** 어떤 투자자는 24%의 과세 구간에 속하며 소득세가 없는 주에 살고 있다. 그는 다음 둘 중 하나의 채권을 매입하려 한다. 하나는 액면가에 판매되는 6%의 회사채이고, 다른 하나는 액면가에 판매되는 5%의 지방채이다. 만약 이 채권들의 다른 조건들이 동일하다면 이 투자자는 어느 채권을 선택해야 하는가? 왜 그런가? 만약 투자자가 높은 소득세를 부과하는 주에 살고 이것이 동일한 주에서 발행한 지방채였다면 다르게 선택할 것인가? 설명하라.

MyLab LG4 **P10.5** 어떤 투자자가 거주하는 주의 세율이 5%라고 한다. 그녀의 연방 소득세율은 28%이다. 그녀는 위험이 비슷한 두 채권 중 하나에 투자하려 한다(두 채권은 모두 액면가에 판매된다). 첫 번째 채권은 과세대상이고 8%의 수익률을 제공한다. 두 번째 채권은 주와 연방 소득세에서 면제되고 5%의 수익률을 가진다. 어떤 채권을 선택해야 하는가?

LG4 **P10.6** Peter Wolfgang은 세금을 낮출 방법을 찾고 있다. 그는 독일의 여러 주에서 발행된 특정 지역 채권이 연방세와 주세 모두에서 면제된다는 사실을 알게 되었다. 바덴뷔르템베르크 주에서 발행된 채권에는 3% 쿠폰이 있는 반면 Volkswagen AG에서 발행한 채권에는 5% 쿠폰이 있으며 연방 및 주(토지) 수준에서 완전히 과세된다. 마지막으로, 연방 세금은 면제되지만 주 수준에서 과세되는 독일 국채는 2%의 수익률을 제공한다. Peter는 연방세율 구간 45%에 속하며 주(토지) 세금은 10%로 균일하게 부과된다. 그는 투자할 €100,000가 있고, 고려하고 있는 모든 채권이 높은 평가를 받기 때문에 세후 수익을 극대화할 수 있는 채권을 선택하려고 한다.

a. 세 가지 채권 중 어느 것에 투자해야 하는가?
b. 세 가지 채권을 과세상당수익률의 순으로 나열해 보라(최고부터 최저의 순서).

LG4 **P10.7** Denise Tay는 채권 투자를 생각하고 있다. 그녀는 두 채권을 고려하고 있는데:

a. 수익률 3%의 국채
b. 수익률 2%의 주거 중인 주에서 발행한 지방채

Denise는 35%의 연방 소득세율과 9%의 주 세율을 적용받는다. 어떤 채권이 Denise에게 더 높은 세후 수익률을 제공할 것인가?

LG2 **P10.8** Tsuyoshi는 만기가 다른 3가지의 일본 국채를 고려하고 있다. 다음 중 액면가 ¥1,000으로 가장 높은 현재 수익률을 제공하는 채권은?

a. 101.5로 호가된 1% 이표이자율의 20년 만기 채권
b. 102.4로 호가된 0.5% 이표이자율의 4년 만기 채권
c. 99.8로 표시된 0% 이표이자율의 30년 만기 채권

LG2 **P10.9** 1년 전 Elena는 5% 이표이자율의 스페인 국채를 €1,020에 샀다. 향후 12개월 동안 금리는 급격히 하락하였다. 결과적으로 그녀는 현재 가격인 €1,100에 채권을 판매하였다.

a. 1년 전과 오늘 이 채권에 존재했던 경상수익률을 계산하라.
b. Elena의 보유기간수익률(유로)을 구해 보라. (HPR 공식은 4장을 참고)

LG3 **P10.10** Caroline은 경상수익률이 5%이고 이표이자율이 8%인 회사채를 구매했다. 그녀가 이 채권을 1년 후 판매할 때 이 채권의 경상수익률은 6%였다. Caroline은 이 투자로 얼마나 벌었는가?

MyLab LG1 **P10.11** 2014년 1월 초, 당신은 $100,000 상당의 고신용등급 회사채를 구입했다. 이 채권들은 이표이자율이 6%이고 만기는 2027년이다. 당신은 채권을 살 때 102.625를 지불하였다. 2014년부터 2018년까지 5년간 채권의 시장가격은 다음과 같았다.

	시세표 (액면가 $1,000의 %)	
연도	연초($)	연말($)
2014	102.625	110.125
2015	110.125	108.750
2016	108.750	106.375
2017	106.375	106.750
2018	106.750	101.250

연간이자는 5년 동안 일정에 따라 지급되었다.

a. 2014년부터 2018년까지의 연간 보유기간수익률을 계산하라. (HPR 공식은 4장을 참고)

b. 〈표 10.1〉의 수익률 정보를 사용하여 이 채권의 투자성과를 평가하라. 이 채권은 시장과 어떻게 경쟁한다고 생각하는가? 설명하라.

LG4 **P10.12** Lachlan은 10년 전에 10년 만기, 액면가 A$10,000의 5% 무이표채를 구입하였다. 이 채권의 만기일은 내일이다. 만약 모든 금액이 예상대로 지급된다면 Lachlan은 이 투자를 통해서 총 얼마를 받는가?

LG4 **P10.13** 문제 10.12의 Lachlan이 만기까지 투자를 보유할 계획이라고 가정한다. 그는 원금으로 첫해에 A$1,000를 받았고, 5년차에 A$1,000를 더 받았다. Lachlan은 어떤 종류의 증권을 구입한 것인가?

LG5 **P10.14** 공격적인 채권투자자 Letticia Garcia는 현재 외국 (외화표시 채권) 정부채권에 투자하는 것을 고려하고 있다. 특히 그녀는 15년 만기, 이표이자율 9.5%의 스위스 정부채권을 고려하고 있다. 이 채권의 액면가는 CHF10,000(스위스 프랑)이고 현재 110에(즉, 액면가의 110%에) 거래되고 있다.

Lettica는 이 채권을 1년간 보유할 계획인데, 그때에는 채권이 117.5에 거래될 것으로 예상하고 있다. 그녀는 스위스 이자율의 급격한 감소를 예상하고 있는데 따라서 채권의 가격이 오를 것으로 예상한다. 현행 환율은 1.58CHF/US$이지만 그녀는 1.25CHF/US$로 떨어질 것으로 예상하고 있다. 해외투자 총수익률 공식(수식(10.3))을 사용하여 다음 정보를 찾아보자.

a. 환율효과를 무시하고 채권의 총수익을 구하라(현지 통화로).

b. 이 채권의 총수익을 미국 달러로 구하라. 환율이 수익에 영향을 주는가? 이 채권이 좋은 투자기회라고 생각하는가? 설명하라.

LG5 **P10.15** Red Electrica España SA(E.REE)는 투자자들에게 유로본드를 발행하여 그들의 은행 융자를 재조정하려고 한다. 당신은 7%의 수익률을 제공할 이 채권을 $8,000만큼 사는 것을 고려하고 있다. 당신은 또한 비슷한 위험을 가지고 수익률이 4%인 미국의 채권 또한 고려중이다. 당신은 다음 몇 년간은 이자율의 변화가 없을 것으로 예상하고 있고 그 후에는 채권을 판매할 것이다.

a. 만약 당신이 채권을 사서 1년간 보유하고 $8,000에(혹은 유로달러 등가에) 판매한다면 각 채권에서 얼마만큼씩 얻을 수 있을 것인가?

b. 달러/유로환율이 1.3에서 1.0으로 변화한다고 가정해 보자. 이러한 환율 변화가 유로본드의 성과에 얼마나 영향을 미치는가? (유로본드를 판매할 때 연간 이자 지급액을 받는다고 가정하자.)

LG6 **P10.16** Volkswagen AG의 전환비율이 15이고 전환 프리미엄이 10%라고 한다. Volkswagen AG 주식의 현재 시장가격이 €163일 때 이 채권의 전환등가는 얼마인가?

LG6 **P10.17** Bjørn은 Danske Bank A/S 주식에 DKK800 투자를 고려하고 있다. 그는 주당 DKK160에 보통주를 구입할 수 있으며 주식은 배당금을 지급하지 않는다. 그는 또한 현재 DKK790에 거래되고 있으며 전환비율이 4인 전환사채(액면가 DKK1,000)를 매입할 수 있다. 이 채권은 이자로 연간 DKK50을 지불한다. Bjørn이 주가가 1년 내에 주당 DKK200까지 상승할 것으로 예상한다면 어떤 상품을 구입해야 하는가?

MyLab LG6 **P10.18** 연간 6%를 지급하는 전환사채(액면가 $1,000, 만기 20년)는 보유자의 선택에 따라 20주의 보통주로 전환할 수 있다. 이 채권은 현재 $800에 거래되고 있고 주식(연간 배당으로 75센트를 지급)의 시장가격은 주당 $35이다.

a. 이 채권의 전환가격은?

b. 전환비율은 얼마인가?

c. 채권의 전환가치는 얼마인가? 전환등가는 얼마인가?

d. 전환 프리미엄은 얼마인가? 달러와 비율로 각각 나타내라.

e. 채권의 회수기간은?

f. 만약 비슷한 등급의 전환할 수 없는 채권이 8%의 수익률로 판매된다면 전환채권의 투자가치는 얼마인가?

P10.19 당신은 €11,000를 투자할 계획이며, 액면가가 €1,000인 France Telecom SA에서 발행한 전환사채를 고려하고 있다. 이 전환사채는 전환율이 20이고 Orange SA 주식으로 전환할 수 있다. 이 전환사채는 2.5%의 이자를 지불하고 €1,100에 판매된다(15% 전환 프리미엄 포함). 향후 12개월 동안 주식가격이 주당 €80로 변동하고 전환 프리미엄 5%가 포함된 가격으로 거래될 경우 이 투자가 제공하는 총수익(이자 및 자본이득)은 얼마인가? 이 투자에 대한 보유기간수익률은 얼마인가? 마지막으로 Orange SA 보통주의 현재 가격을 계산하라.

P10.20 Rajesh는 이표이자율 7%에 만기가 20년인 전환사채에 ₹1,200(인도 루피)를 지불했다. 채권은 주식 24주로 전환할 수 있으며 현재 주당 ₹50,000에 거래되고 있다. 전환권이 없는 유사한 채권이 현재 8% 수익률로 거래될 때, 이 전환사채의 투자가치를 구하라.

P10.21 보통주의 시장가격이 주당 £353(파운드 스털링)일 경우, £755에 시장에서 거래되고 전환율이 2인 전환 우선주의 전환 프리미엄을 계산하라. 또한 우선주가 £755에 거래될 때 전환등가를 구하라.

사례문제 10.1 | Max와 Veronica의 채권투자 프로그램 만들기

LG1 LG4

Max와 Veronica Shuman 부부는 그들의 두 십대 아들들인 Terry와 Thomas와 함께 오리건주 포틀랜드에 살고 있다. Max는 큰 의료기기업체의 영업사원으로 일하고 Veronica는 지역 은행의 인사과 직원이다. 그들은 함께 연간 약 $100,000 정도의 수입을 낸다. Max는 최근 돌아가신 그의 삼촌이 그의 이름으로 세후 $250,000 정도의 유산을 남겨주신 것을 알게 되었다. 말할 것도 없이 가족들은 매우 기뻐하고 있다. Max는 유산의 $50,000 정도를 오랫동안 미뤄왔던 가족의 일(급히 수리가 필요한 주방이나 거실, Porsche Boxster의 계약금, Tom의 부정교합을 위한 교정기 등)을 위해 쓸 계획이다. 또한 Max는 남은 $200,000는 다양한 종류의 고정소득증권에 투자하려고 한다.

Max와 Veronica는 예기치 못한 지출이나 건강문제가 없다. 그들의 유일한 투자목표는 자본가치 상승에 따른 이익을 얻는 것이고 적어도 20년 동안은 자금을 완전히 투자하고 싫어 한다. 그들은 그들의 경상소득을 얻기 위해서가 아니라 혹시 모를 때를 대비하여 그들의 포트폴리오에 어느 정도의 유동성을 유지하려 한다.

≫질 문

a. Shuman 가족에게 추천할 만한 채권투자 프로그램을 설명해 보자. 수익과 위험 요소를 모두 적절히 고려하여 답하라.

b. 그들에게 추천할 채권의 종류들을 나열하고 추천하는 이유를 간단히 설명하라.

c. *Wall Street Journal*이나 *Barron's*의 최근호 또는 온라인을 이용하여 Shuman 가족에게 추천할 $200,000 규모의 채권 포트폴리오를 구성하라. 다음의 기본 규칙에 따라 실제 증권과 마음에 드는 채권(혹은 note)을 자유롭게 사용해서 구성하라.

1. 포트폴리오는 적어도 하나의 국채, 정부기관채, 회사채를 포함하여야 한다. 또한 포트폴리오는 최소 5개, 최대 8개의 채권 혹은 note를 포함해야 한다.
2. 미국 단기 국채의 비율이 5%를 넘지 않도록 한다. (그러나 만약 T-bill을 포함한다면 이는 선택을 7개의 다른 채권/note로 한정시킨다.)
3. 모든 거래비용은 무시하고 $200,000를 모두 투자하라. 시장에서는 액면가 이외의 가격으로 거래될 수 있지만 모든 증권은 $1,000의 액면가를 가졌다고 가정하라.
4. 구입할 채권/notes/bills의 수를 결정할 때에는 가능한 최신 시세 정보를 이용하라.

d. 추천 포트폴리오에 있는 증권들로 표를 만들어 보라. 아래의 표 형식을 사용하여 각 증권의 해당 정보를 채워 넣어라.

e. 추천 포트폴리오의 주요 투자 특성과 달성하고 싶은 투자목표를 한 문단으로 표현해 보라.

증권 발행자 – 이표율 – 만기	최근 호가	매입채권 수	투자금액	연간 이표수입	경상 수익률
예: U.S. Treas – 8.5% – '18	$146^{8}/_{32}$	15	$21,937.50	$1,275	5.81%
1.					
2.					
3.					
4.					
5.					
6.					
7.					
8.					
합계	—	______	$200,000.00	$ ______	______ %

사례문제 10.2 | 채권 등급 맞추기

LG2 채권의 등급을 결정하는 데 가장 중요한 것은 채권을 발행하는 회사의 재무상태와 운영 결과일 것이다. 재무비율이 보통주를 분석할 때 쓰이는 것과 같이 이들은 신용분석이라고 불리는 채권의 분석에도 쓰인다. 신용분석을 할 때는 기업의 기본적인 유동성과 수익성, 기업이 부채를 발행한 정도, 기업이 부채를 상환할 수 있는 능력에 중점을 두게 된다.

재무비율 표

(모든 비율은 실제 기업의 실제 비율이다)

재무비율	회사 1	회사 2	회사 3	회사 4	회사 5	회사 6
1. 유동비율	1.13	1.39	1.78	1.32	1.03	1.41
2. 당좌비율	0.48	0.84	0.93	0.33	0.50	0.75
3. 순이익률	4.6%	12.9%	14.5%	2.8%	5.9%	10.0%
4. 총자본이익률	15.0%	25.9%	29.4%	11.5%	16.8%	28.4%
5. 장기부채-자본비율	63.3%	52.7%	23.9%	97.0%	88.6%	42.1%
6. 자기자본비율	18.6%	18.9%	44.1%	1.5%	5.1%	21.2%
7. 세전이자보상배율	2.3	4.5	8.9	1.7	2.4	6.4
8. 현금흐름-부채비율	34.7%	48.8%	71.2%	20.4%	30.2%	42.7%

주:
1. 유동비율 = 유동자산/유동부채
2. 당좌비율 = (유동자산-재고자산)/유동부채
3. 순이익률 = 순이익/매출
4. 총자본이익률 = 세전이익/(자본 + 장기부채)
5. 장기부채-자본비율 = 장기부채/(장기부채 + 자기자본)
6. 자기자본비율 = 주주의 자기자본/총자산
7. 세전이자보상배율 = 이자 및 세전 이익(EBIT)/이자비용
8. 현금흐름-부채비율 = (순이익 + 감가상각비)/총부채

위의 재무비율은 이러한 분석을 할 때 자주 유용하게 쓰인다. 처음 두 비율은 기업의 유동성을 측정하고, 다음 두 비율은 수익성을, 다음 두 비율은 부채 부담을, 그리고 마지막 두 비율은 부채를 상환할 기업의 능력을 나타낸다. (비율 5의 경우, 비율이 낮을수록 바람직하다. 나머지의 경우 비율이 높을수록 바람직하다.) 위 표는 6개 기업의 이러한 비율을 보여준다.

≫질 문

a. 이 중 3개 회사는 발행한 채권에 투자적격등급을 받았고 다른 3개 회사는 정크본드 등급을 받았다. 표의 정보를 이용해 어떤 3개 회사가 투자적격등급을 받고 어떤 3개 회사가 정크본드 등급을 받았을지 추측해 보고 설명하라.

b. 위의 6개의 기업 중 하나는 AAA등급을 받았고 하나는 B등급을 받았다. 어느 회사일지 추측해 보고 간단히 설명하라.

c. 나머지 4개의 회사 중 하나는 AA등급을 받았고 하나는 A등급, 두 개는 BB등급을 받았다. 각각 어떤 회사인가?

장 도입부 문제

다음의 차트는 1981년부터 2017년까지 매년 Standard & Poor의 평가등급이 상향조정되거나 하향조정된 채권의 수를 나타낸다.

a. 등급이 바뀐 채권들(상향과 하향조정)의 수는 시간에 따라 어떤 추세를 보이는가?

b. 대부분의 해에서 가장 일반적인 등급변화 종류는 무엇인가? 상향조정인가 하향조정인가? 왜 그렇다고 생각하는가?

c. 어느 해에 하향/상향조정이 특히 높게 나타나는가? 왜 그런가?

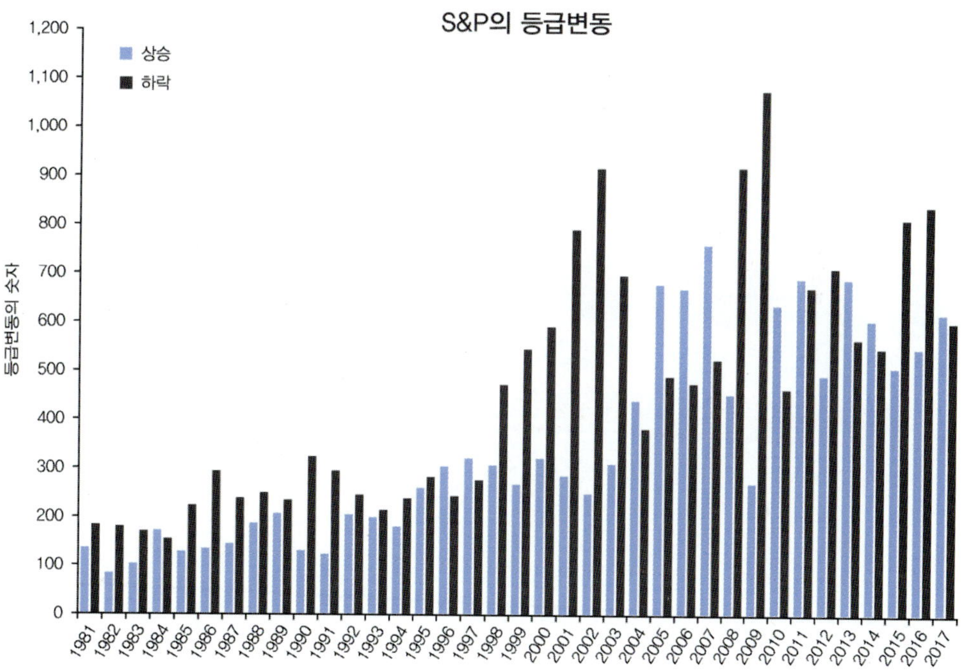

CHAPTER

11 채권의 가치평가

학습목표

이 장을 학습하면 다음을 수행할 수 있다.

LG1 시장이자율의 행태를 설명하고 이자율 변동을 일으키는 요인을 확인한다.

LG2 이자율의 기간구조를 기술하고 어떻게 수익률곡선이 투자자에게 유용한지 확인한다.

LG3 투자자가 시장에서 채권을 어떻게 가치평가하는지 이해한다.

LG4 다양한 수익률의 측정치를 기술하고 투자자가 채권의 가치평가를 위해 이러한 성과기준을 어떻게 활용하는지 설명한다.

LG5 듀레이션의 기본 개념을 이해하고, 측정방법 및 채권 포트폴리오 관리를 위한 활용을 이해한다.

LG6 여러 가지 채권투자전략을 논의하고 투자자가 활용할 수 있는 채권의 다양한 활용 방안에 대해 논의한다.

왕은 누구인가? 클래식 로큰롤에서는 Elvis이다. 팝 음악에서는 Michael Jackson이다. 그러나 채권 세계에서 몇 년 동안 확실한 왕은 Bill Gross였다. 한때 세계 최대 채권펀드일 뿐만 아니라 세계 최대 뮤추얼펀드였던 PIMCO(Pacific Investment Management Company) Total Return Fund의 매니저인 Gross는 독보적인 실적을 세웠다. 처음 25년 동안 PIMCO의 Total Return Fund는 다른 채권펀드를 꺾고 S&P 500(9.1%)을 능가하는 연평균 수익률(9.4%)을 기록하였다. 그렇다, 채권에만 투자한 Gross는 투자자를 위해 25년 동안 주식수익률을 초과한 수익을 얻었다. 금융이론에 깊이 뿌리를 둔 위험과 수익률 사이의 균형이 Bill Gross에게는 적용되지 않는 것처럼 보였다. 그 뛰어난 성과에 매료된 투자자들은 펀드에 돈을 쏟아부었고 곧 Gross는 $2조를 관리하게 되었다. 뮤추얼펀드 평가회사 Morningstar는 그를 10년간의 최고의 채권펀드 매니저라고 불렀다.

그런데 갑자기 마이다스 왕은 황금빛 손길을 잃었다. 2011년 2월 Gross는 재무부가 역사적으로 낮은 이자율과 인플레이션 위험으로 인해 투자자를 강탈했다고 말하면서 자신의 포트폴리오에서 모든 재무부 채권을 제외한다고 발표했다. 그는 국채 이자율이 상승할 것이며 물론 국채가격이 하락할 것이라고 예측했다. 그러나 국채 이자율은 상승하지 않았다. 국채 이자율은 몇 달 동안 3.58%에서 1.53%로 하락하여 채권가격의 큰 상승을 촉발했다. 2011년 첫 10개월 동안 Gross는 584명의 채권 매니저 중 536위를 차지했으며, 이자율이 상승할 것이라는 잘못된 베팅에 대해 투자자들에게 즉시 공개적으로 사과했다. 3년 후 그가 해고될 것이라는 소문이 돌자 Gross는 한밤중에 그의 책상에 사직서를 남겨두고 갑자기 PIMCO를 떠났다.

Gross는 PIMCO를 떠난 다음날 경쟁회사인 Janus Capital에 입사했다고 발표했다. 새 직장을 시작한 지 4개월 만에 Gross는 독일국채[번드(bunds)라고 함]가 이자율이 1% 미만인 것은 "일생 일대의 매도기회(the short of a lifetime)"라고 트윗했다. Gross는 독일 이자율이 상승했을 때 수익을 얻을 수 있도록 그의 펀드를 조정했고, 다음 달에 실현되었다. 그러나 번드 이자율은 빠르게 다시 하락하여 몇 달 동안

0% 이하로 떨어졌고, 지속가능하지 않을 것 같은 Gross가 예측한 수준 이하에서 계속 유지되었다. Janus에서 처음 3년 동안 Gross의 평균 수익률이 2.3%에 불과했으며 동료 그룹에서 중간 순위에 올랐다. 최악인 것은, 2018년 8월 10일 Janus CEO Richard Weil이 Gross에 대한 TV 인터뷰에서 "그는 잘못되었고 아주 잘못되었다"고 말했다는 것이다.

이 장에서는 시장이자율을 위아래로 움직이는 힘과 이러한 움직임이 채권과 채권을 매수하는 투자자에게 어떤 영향을 미치는지에 대해 알아본다.

(출처: "So-Called Bond King Gross Has Been 'Wrong and Wrong Badly', His Boss at Janus Says"에서 발췌; https://www.marketwatch.com/story/so-called-bond-king-bill-gross-has-been-wrong-and-wrong-badly-his-boss-at-janus-says-2018-08-09)

시장이자율의 행태

LG1 LG2 투자자는 위험을 충분히 보상하는 수익률을 얻으려고 한다는 것을 배웠다. 채권자에게 있어서 요구수익률(r_i)은 세 가지 구성요소를 가지고 있다. 그것은 실질이자율(r^*), 추정된 인플레이션 프리미엄(*IP*), 그리고 위험 프리미엄(*RP*)이다. 따라서 채권의 요구수익률은 다음 수식으로 표현할 수 있다.

$$r_i = r^* + IP + RP \tag{11.1}$$

실질이자율과 인플레이션 프리미엄은 외부의 경제적 요인으로 함께 합쳐서 무위험이자율(r_f)과 같다. 요구수익률을 구하기 위해서 우리는 발행 채권의 위험에 영향을 미칠 수 있는 채권의 고유한 특성을 고려해야 할 필요가 있다. 그리고 난 다음에 요구수익률을 구하기 위해서 위험 프리미엄을 무위험이자율에 더한다. 채권의 위험 프리미엄(*RP*)은 채권의 유형, 채권의 만기까지 기간, 수의상환 조항, 채권의 등급 등을 포함한 채권 발행자의 특성을 고려할 것이다.

수식 (11.1)의 세 가지 요소(r^*, *IP*, *RP*)는 함께 채권의 요구수익률을 결정한다. 앞 장에서 채권이 가지고 있는 5가지 유형의 위험에 대해 배웠다. 이러한 위험은 모두 채권의 요구수익률에 내포된다. 즉, 무위험이자율(r_f)이 이자율위험과 구매력위험을 고려하고 있고 채권의 위험 프리미엄은 유동성위험 및 수의상환위험과 함께 발행자의 사업위험과 재무(신용)위험의 특성을 말해준다.

이자율이 채권의 가격과 수익률에 크게 영향을 주기 때문에 투자자들은 이자율을 면밀히 관찰한다. 예를 들어, 좀 더 보수적인 투자자는 투자의 주요 목적 중 하나가 고수익률을 확보하는 것이기 때문에 이자율을 관찰한다. 공격적인 투자자는 그들의 투자 프로그램이 이자율 변동이 동반되는 자본이득 기회를 노리기 때문에 역시 이자율에 관심을 가진다.

시장이자율 주시하기

채권시장은 하나의 시장이 아니다. 오히려 매우 다른 섹터로 구성된다. 마찬가지로 하나의 이자율이 채권시장의 모든 부분에 적용되는 것은 아니다. 대신에 상이한 이자율이 각기 다른 부분에 적용된다. 주어진 다양한 이자율이 시간의 흐름에 따라 같은 방향으로 움직이는 경향이 있다. 그러나 (이자율 사이의 격차인) 수익률 스프레드(yield spread)가 다양한 시장 부분 사이에서 존재하는 것 또한 일반적이다. 채권의 이자율을 생각할 때 명심해야 하는 몇 가지 중요한 요소는 다음과 같다.

- 지방정부채(municipal bond)는 면세 특성으로 인해(한국에서는 해당하지 않음) 일반적으로 낮은 시장이자율을 제공한다. 시장이자율이 회사채 이자율보다 약 20%에서 30% 낮다.
- 지방정부채 중에서 수익채권(revenue bond)은 일반 보증채(general obligation bond)보다 높은 이자율을 지급한다.
- 과세 채권 중에서 국채(Treasury securities)는 (가장 낮은 위험 때문에) 가장 낮은 이자율을 가진다. 다음으로 연방기관채(agency bond), 그리고 가장 높은 이자율을 제공하는 회사채의 순서이다.
- 신용등급을 가지는 채권(예를 들어, 지방정부채나 회사채)은 일반적으로 낮은 신용등급은 높은 이자율이라는 동일한 행태를 보인다.
- 일반적으로 만기가 긴 채권은 짧은 만기 채권보다 높은 수익률을 얻는 경향이 있다. 그러나 이 규칙은 항상 성립하는 것은 아니다. 2006년 2월처럼 장기채권 수익률과 같거나 높은 단기 이자율은 다가오는 불황의 초기 신호가 될 수 있다.
- 자유롭게 콜 될 수 있는 채권(callable bond)은 적어도 발행 시점에는 가장 높은 이자율을 지급한다. 그리고 그 다음으로 높은 이자율을 지급하는 일정기간 동안 콜이 금지된 제한된 수의상환채권(deferred callable bond)과 가장 낮은 이자율을 지급하는 만기상환채권(non-callable bond)이 있다.

미래 이자율에 대한 기대는 채권 투자자가 사용하는 전략을 결정한다. 예를 들어, 이자율이 거의 정점에 이르렀다고 생각하는 투자자는 콜이 오래 지연되는 국채나 회사채 등 특정 형태의 콜보호조항이 있는 채권을 구매하여 높은 이자율에 고정

금융시장의 실패

불황의 신호

T-bill에 대한 단기 이자율이 장기 T-bond의 이자율을 넘어설 때 주의를 해야 한다. 이것은 종종 불황의 전조일 수 있다. 이러한 단기와 장기 이자율의 "역전"은 지난 5번에 걸친 미국 불황기마다 그 직전에 발생해 왔다. 중요성이 의미하는 만큼 이 지표는 거의 오작동의 신호를 낸 경우가 드물다.

(lock in)시키려 할 것이다. 이자율이 정점에 이르렀고 곧 하락할 것이라고 생각하는 공격적인 채권 거래자는 만기가 긴 저이표채권과 같이 최대 가격 상승 잠재력을 가진 채권을 구매할 수 있다.

그러나 어떻게 그러한 예측을 수식화할 수 있을까? 대부분의 투자자는 Moody's 및 Standard & Poor's와 같은 중개 및 투자자 서비스의 보고서와 같이 다양한 정보 출처에 의존한다. *Wall Street Journal*, *Forbes*, *Business Week*, *Fortune*도 정기적으로 현재의 시장이자율 상황과 미래 방향에 대해 알려준다. 이자율의 방향을 예측하는 것은 쉽지 않다. 그러나 이러한 자료와 보고서를 정기적으로 주의 깊게 읽는 시간을 들이면 최소한 전문가들이 가까운 미래에 발행할 것으로 예상하는 것을 이해할 수 있게 된다.

투자자 오류

신용 스프레드에 고정 신용 스프레드는 위험한 채권과 안전한 채권 간의 수익률 차이이다. 이론적으로 신용 스프레드는 채무자의 부채 상환능력을 측정하는 미래지향적 경제 펀더멘털에 의해 결정된다. 최근 연구에 따르면 차용자와 대출기관은 새로운 채권 발행에 대한 스프레드를 설정할 때 과거 거래조건에 과도하게 집중(즉, 고정)하는 것으로 나타났다. 이 연구에 따르면 회사의 가장 최근의 발행 부채가 신규 발행 부채보다 높은 신용 스프레드가 있을 때, 신규 발행의 이자율은 펀더멘털이 정당화할 수 있는 수준보다도 높았다. 즉, 회사와 대출기관 모두 더 오래되고 더 높은 이자율에 고정되어 있는 것이다.

(출처: Casey Dougal, Joseph Engelberg, Christopher A. Parsons, and Edward D. Van Wesep, "Anchoring on Credit Spreads," *Journal of Finance*, June 2015에서 발췌)

무엇이 이자율을 움직이는가?

이자율의 결정요인이 복잡한 경제 이슈라고 하더라도, 우리는 이자율의 움직임에 영향을 주는 데 특히 어떤 힘이 중요하다는 것은 알고 있다. 진지한 채권 투자자들은 이자율의 주요 결정요인에 대해 반드시 잘 알아야 하고 이러한 변수를 최소한 비공식적이라도 관찰하려고 해야 한다.

그 점에 있어서, 인플레이션보다 더 중요한 변수는 없는 것 같다. 인플레이션율의 변화 혹은 좀 더 정확하게 말하면 예상된 인플레이션율의 변화는 시장이자율에 직접적이고 심각한 영향을 준다. 투자자들이 인플레이션이 낮아질 것이라고 예상하면 시장이자율은 또한 일반적으로 하락할 것이다. 이자율이 인플레이션과 연결되어 있는 정도를 이해하기 위해서 〈그림 11.1〉을 보자. 그림은 1963년부터 2018년 사이의 10년 만

그림 11.1 이자율 행태에 대한 인플레이션의 영향(1963~2018)

이자율의 행태는 항상 인플레이션율의 움직임과 밀접하게 연결되어 왔다. 1963년 이래로 미국의 10년 만기 국채와 인플레이션과의 평균 차이는 2.3%포인트이다. 이러한 차이는 시기별로 변동한다. 일부 극단적인 예로 1974년 인플레이션율이 10년 만기 T-bond를 4.1%포인트 초과하였고 1985년에 10년 만기 T-bond 이자율은 인플레이션을 8%포인트 초과하였다.

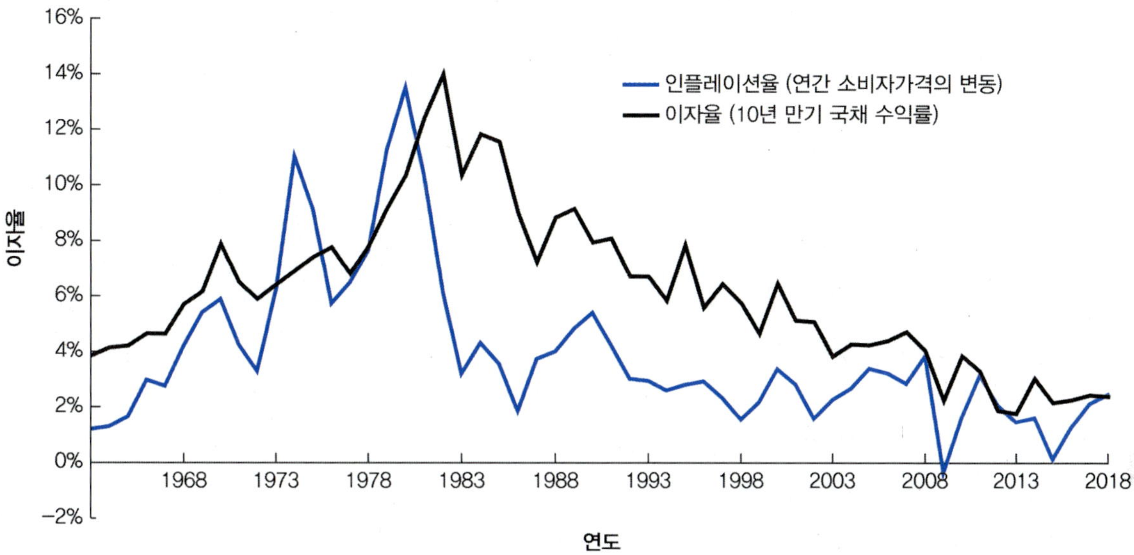

기 T-bond 이자율과 인플레이션율의 행태를 보여준다. 앞에서 지적했듯이 예상된 인플레이션율이 이자율에 좀 더 직접적인 영향을 미친다고는 했지만, 그림의 파란색 선은 시간에 따른 실제 인플레이션율을 추적하고 있다. 그렇더라도 실제 인플레이션과 이자율 사이에는 명확한 관련이 있다. 일반적으로 인플레이션이 상승하면 이자율도 오르는 것을 볼 수 있다. 반면에 인플레이션의 하락은 이자율의 유사한 하락과 연결된다. 대부분의 시간 동안에 우리가 예상했듯이 10년 만기 채권의 이자율이 인플레이션율보다 높았다. 그렇지 않은 시기는 1970년대와 최근에는 2012년 부근인데, 10년 만기 T-bond에 투자한 투자자는 인플레이션을 따라갈 정도로 충분한 이자율을 얻지 못하였다. 평균적으로 10년 만기 T-bond는 인플레이션율을 연간 2.3%포인트 정도 초과하였다.

> **투자자 오류**
>
> **화폐 환상** 높은 이자율을 제공하는 투자가 매력적으로 보이지만 인플레이션 후의 실질이자율이 중요하다는 것을 기억하라. 1970년대 후반에 이자율이 높았는데 그 기간 인플레이션도 높았고, 따라서 많은 채권투자자가 이 기간에 음(−)의 실질이자율을 얻었다.

인플레이션 외에도 이자율 수준에 큰 영향을 미칠 수 있는 5가지의 중요 경제변수는 아래와 같다.

- **통화량의 변화** : 화폐 공급의 증가는 (더 많은 자금이 대출금으로 가능해지면서) 이자율을 하락시키며, 역의 경우도 성립한다. 그러나 이

것은 어느 정도까지만 사실이다. 만일 화폐 공급의 증가가 과도해지면 인플레이션을 유발하고 그것은 당연히 높은 이자율을 의미하게 된다.

- **정부 예산적자의 규모** : 예산적자를 보충하기 위해 정부가 대규모 부채를 지게 되면 이러한 증가된 자금 수요는 이자율 상승 압력으로 작용한다. 이것이 채권 시장 참여자들이 정부의 예산적자가 증가하는 것을 우려하는 이유이다. 다른 것이 일정하다면 예산적자 증가는 시장이자율의 상승 압력을 의미한다.
- **경제활동의 수준** : 경제 확장기에 기업은 더 많은 자본을 필요로 한다. 이러한 필요성은 자금 수요를 증가시키고 이자율은 상승하는 경향이 있다. 불황기에 경제활동은 축소되고 이자율은 일반적으로 하락한다.
- **중앙은행의 정책** : 인플레이션을 통제하려는 중앙은행의 정책은 시장이자율에 중요한 요인이 될 수 있다. 중앙은행이 실제로 (예상) 인플레이션을 늦추려고 하면, 미국에서 1970년대 중후반에 했던 것처럼 일반적으로 이자율을 올린다. 불행히도, 이러한 정책은 경제활동을 위축시키는 부작용을 일으키기도 한다. 마찬가지로, 중앙은행은 경제를 활성화하기 위해서 2008년과 2009년의 불황기에 그랬던 것처럼 이자율을 낮추는 정책을 취한다.
- **주요 해외시장의 이자율 수준** : 오늘날 투자자들은 국경을 넘어 투자기회를 찾는다. 주요 해외시장의 이자율 상승은 미국(국내) 시장의 이자율에 압력이 된다. 만일 미국의 이자율이 해외시장을 따라가지 못하면, 해외투자자는 달러를 팔아치우고 해외 채권의 높은 수익률을 얻으려고 할 것이다.

이자율 기간구조와 수익률곡선

각기 다른 만기를 가지는 채권은 서로 다른 이자율을 가진다. 유사한 위험 증권의 이자율(수익률)과 만기까지의 기간 사이의 관계를 **이자율의 기간구조**(term structure of interest rates)라고 한다. 이 관계는 **수익률곡선**(yield curve)이라는 그림으로 표현될 수 있다. 이 곡선은 주어진 시점에 채권의 만기까지 기간과 만기까지 수익률을 연결해 준다. 수익률곡선은 시장의 힘이 여러 만기별로 채권수익률을 올리고 내리는 것에 따라 끊임없이 변화한다.

수익률곡선의 유형 두 가지 유형의 수익률곡선이 〈그림 11.2〉에 표현되고 있다. 훨씬 일반적인 유형은 곡선 1로 우상향 곡선이다. 이 곡선은 만기가 길어질수록 수익

그림 11.2

두 가지 유형의 수익률곡선

수익률곡선은 유사한 위험을 가지는 일련의 채권들의 만기까지 기간과 만기수익률의 관계를 보여준다. 비록 수익률곡선이 여러 모습과 형태를 가진다고 하더라도 가장 일반적인 것은 우상향 곡선이다. 이것은 투자자 수익률(이자율)이 만기가 길어질수록 증가하는 것을 보여준다.

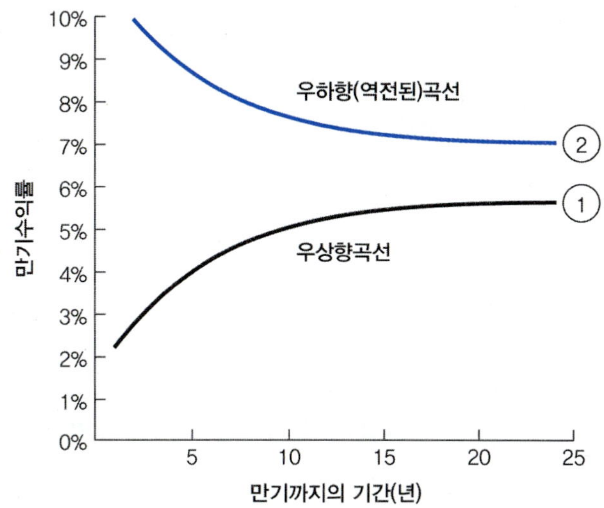

률이 증가하는 경향이 있음을 보여준다. 부분적인 이유는 채권의 만기가 길어질수록 잠재적인 가격의 변동성이 커지기 때문이다. 따라서 투자자들이 만기가 긴 더 위험한 채권을 매입하도록 유도하기 위해서는 더 높은 위험 프리미엄을 필요로 한다. 또한 투자자들이 단기 이자율이 오를 것이라 믿는다면 장기 이자율은 단기 이자율보다 높을 것이다. 그 경우에 투자자를 유인하려면 장기 채권의 이자율은 단기 이자율보다 높아야만 할 것이다. 즉, 만일 투자자가 단기 이자율이 오를 것이라 생각한다면 투자자들은 투자자금을 오늘의 낮은 이자율에 묶어 놓길 원하지 않을 것이다. 대신에 투자자들은 이자율이 오른 이후에 빨리 자금을 재투자할 수 있는 단기 채권에 투자하는 것을 선호할 것이다. 장기 채권으로 투자자를 유인하려면 채권은 단기 채권이 제공하는 것보다 높은 이자율을 제공해야만 한다.

경우에 따라 수익률곡선이 곡선 2에서 보여주는 것처럼 단기 이자율이 장기 이자율보다 높은 뒤집힌 우하향이 된다. 이 곡선은 때때로 중앙은행이 단기 이자율을 올려서 인플레이션을 줄이려는 연방준비은행의 조치로 인해 발생한다. 역전된 수익률곡선은 기업이 (불황을 예측할 때처럼) 장기로 차입하는 것을 꺼릴 때 발생할 수 있다. 장기 차입에 대한 수요가 낮아지면 장기 이자율은 하락한다. 위 두 가지 일반적인 수익률곡선에 추가하여 두 가지 다른 유형의 곡선이 있을 수 있다. 단기와 장기 부채의 이자율이 본질적으로 같은 **수평형(flat)** 수익률곡선과 중기 이자율이 가장 높은 **언덕형(humped)** 수익률곡선이 있다.

수익률곡선 그리기 수익률곡선은 만기를 제외하고 모든 면에서 유사한 채권의 집단에 대한 수익률을 그려서 만든다. 일반적으로 국채(단기, 중기, 장기)가 수익률곡선을 만들기 위해 사용된다. 여기에는 몇 가지 이유가 있다. 이들 수익률은 금융잡지에서 쉽게 얻을 수 있고, 채무불이행 위험이 없으며, 채권의 질과 여러 특성에서 동질적이기 때문이다. 투자자들은 또한 A등급 지방정부채, Aa등급 회사채, 심지어 양도성예금증서(CD)와 같은 다양한 채무증권의 수익률곡선을 구성할 수 있다.

〈그림 11.3〉은 2007년 2월 28일과 2018년 8월 7일의 국채에 대한 수익률곡선을 보여준다. 이러한 곡선을 그리기 위해서 우리는 미국 재무부(Department of Treasury)에서 혹은 다른 출처로부터 얻는 국채 시세가 필요하다. (곡선 1과 2의 실제 수익률 시세는 그래프 아래에 있는 표의 정보에 제공되어 있다.) 필요한 시세는 1개월, 3개월, 6개월, 그리고 1, 2, 3, 5, 7, 10, 20, 30년의 만기를 가지는 단기, 중기, 장기 국채의 수익률에서 선택한다. 그것이 국채 발행 만기의 전 범위를 포함한다. 다음으

그림 11.3

미국 국채의 수익률곡선

미국 재무부에서 얻은 실제 시장 자료(시세)로 구성한 두 개의 수익률곡선을 볼 수 있다. 곡선 1은 보다 일반적인 우상향 곡선(2018년 8월)이고, 곡선 2는 일반적이지 않은 우하향 곡선(2007년 2월)이다. (출처: U.S. Department of the Treasury)

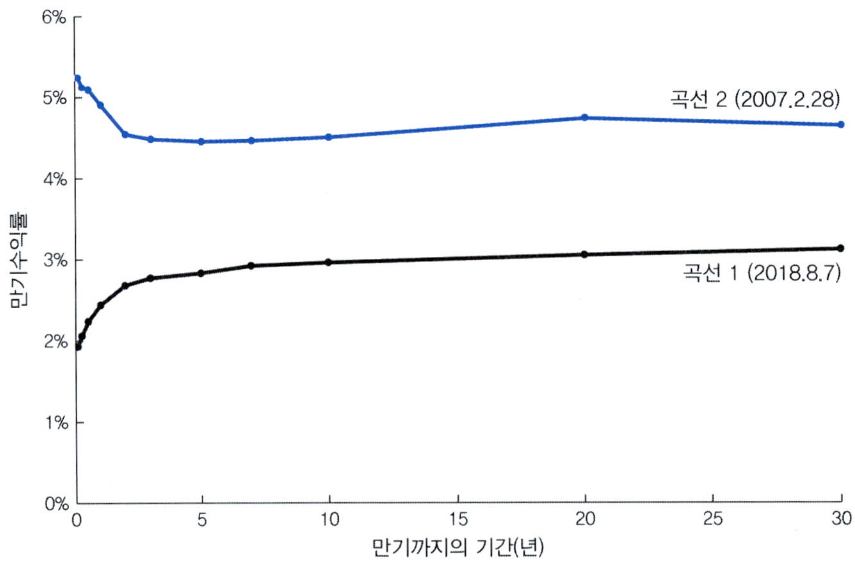

날짜	1개월	3개월	6개월	1년	2년	3년	5년	7년	10년	20년	30년
2002/02/15	1.72	1.74	1.84	2.2	2.97	3.5	4.27	4.66	4.86	5.58	5.37
2006/07/28	4.98	5.07	5.15	5.1	4.98	4.94	4.92	4.94	5.00	5.17	5.07
2007/02/28	5.24	5.16	5.12	4.96	4.65	4.55	4.52	4.53	4.56	4.78	4.68
2017/05/01	0.67	0.83	0.98	1.09	1.28	1.48	1.84	2.13	2.33	2.71	3.00
2018/08/07	1.96	2.06	2.23	2.45	2.68	2.76	2.84	2.92	2.98	3.06	3.12

로, 그래프의 수평축(x)은 만기까지의 기간을 연단위로, 수직축(y)은 만기수익률을 나타낸다. 이제 점들을 연결하면 〈그림 11.3〉에서 볼 수 있는 곡선을 만들 수 있다. 2018년 8월 수익률곡선은 우상향하는 반면, 2007년 2월에는 우하향하는 모양을 보였다. 우하향 수익률곡선은 다가오는 경기침체를 알리는 경우가 많기 때문에 일반적인 것은 아니다. 예를 들어, 〈그림 11.3〉에 표시된 우하향 수익률곡선은 2007년 12월부터 2009년 6월까지 공식적으로 진행된 대불황을 나타낸다. 곡선 1은 보다 일반적인 우상향 수익률곡선이다.

이자율 기간구조의 설명 앞에서 설명했듯이 수익률곡선은 시간에 따라 변화한다. 이를 설명하는 널리 알려진 3가지 이론이 있는데, 기대가설, 유동성선호이론, 그리고 시장분할이론이다. 이 이론들은 수익률곡선의 일반적인 형태에 관한 이유를 보다 완전하게 설명한다.

기대가설 **기대가설**(expectation hypothesis)은 수익률곡선이 미래 이자율 행태에 대한 투자자의 예측을 반영한다고 말한다. 이 이론은 현재의 단기와 장기 이자율의 관계가 이자율이 미래에 어떻게 변할 것인지에 대한 투자자의 예측을 반영한다고 주장한다. 수익률곡선이 우상향이면 장기 이자율이 단기 이자율보다 높다. 기대가설은 이것을 투자자들이 단기 이자율이 미래에 상승할 것을 기대한다는 신호로 해석한다. 이것이 장기 채권이 단기 채권에 비해 프리미엄을 지불하는 이유이다. 사람들은 이자율이 오를 것이라 생각할 때, 만약 장기투자 이자율이 단기투자 이자율보다 높지 않으면 장기투자에 자금을 묶어두려고 하지 않을 것이다.

예를 들어, 1년 만기 T-bill의 현재 이자율이 5%이고 2년 만기 채권의 이자율이 6%라고 가정하자. 기대가설에서는 이러한 이자율 패턴을 통해서 투자자들이 내년에 1년 만기 T-bill 이자율이 7%로 오른다고 믿고 있다는 것을 알 수 있다. 왜 그런가? 오늘의 투자자들이 2년 만기 채권에 2년 동안 6%에 자금을 묶어두는 것과 1년 만기 채권에 5%를 투자하고 그 채권에서 나온 자금을 다음 해에 1년 만기 T-bill에 다시 재투자를 통해 얻은 7%가 두 투자의 차이가 없게 만드는 이자율이다.

투자전략	(1) 이번 해에 얻은 이자율	(2) 다음 해에 얻은 이자율	(3) 2년간의 수익률 [(1) + (2)]
2년 만기 Note 매입	6%	6%	12%
1년 만기 T-bill 매입 후, 다음 해에 다른 T-bill에 재투자	5%	7%	12%

1년 만기 T-bill의 이자율이 5%에서 내년에 7%로 상승하여야만 투자자들은 2개의 투자전략 사이에서 무차별적이 된다. 따라서 기대가설에 따르면 우상향 수익률곡선은 투자자들이 이자율이 상승할 것이라 기대한다는 것을 의미하고, 우하향 수익률곡선은 투자자들이 이자율이 하락할 것을 기대한다는 것을 의미한다.

사 례
금리 예측

수익률곡선이 뒤집혀 있고, 1년 만기 채권이 5%의 수익률 그리고 2년 만기 채권은 4.5%를 지급한다고 가정하자. 기대가설에 따르면 투자자는 지금부터 1년 뒤에 1년 만기 채권에서 얼마를 기대할 것인가? 이자율이 향하는 방향에 대한 투자자의 믿음이 주어진 상태에서, 기대가설은 현재의 단기와 장기 이자율이 투자자가 단기와 장기 채권에 투자하는 것에서 무차별하다고 느끼도록 결정된다고 말한다. 따라서 1년 만기 채권의 내년도 이자율을 결정하기 위해서 2년 만기 채권을 매입하는 것과 1년 만기 채권 2개를 연속으로 매입하는 것과 같도록 2년차 수익률을 구해야만 한다.

$$\text{2년 만기 채권의 수익률} = 4.5\% + 4.5\%$$
$$\text{2개의 1년 만기 채권의 수익률} = 5.0\% + x$$

두 번째 수식의 x는 1년 만기 채권의 내년도 기대수익률을 의미한다. 첫 번째 수식은 투자자들이 2년 만기 채권을 매입하여 2년 동안 9%를 얻는 것을 보여준다. 동일한 수익률이 2개의 연속된 1년 만기 채권에서 얻어지고 2년차의 수익률은 4%가 되어야 한다.

유동성선호이론 일반적으로 수익률곡선은 우상향이다. 기대가설은 이것을 투자자들이 이자율이 **보통은** 상승한다고 기대하고 있다는 신호로 해석한다. 이것은 다소 비논리적으로 보인다. 왜 투자자들은 이자율이 하락한다고 기대하기보다는 상승한다고 기대하는 경우가 더 보편적인가? 다시 말해서, 왜 투자자들은 이자율이 시간에 따라 상승하는 경향이 있다고 기대하는가? 확실히 이러한 관점을 유지할 만한 역사적인 패턴은 없다. 우상향 수익률곡선이 빈번한 것에 대한 하나의 설명은 **유동성선호이론**(liquidity preference theory)이다. 이 이론은 만기가 길어지면 위험이 추가되기 때문에 장기 채권 이자율이 단기 이자율보다 높아야 한다고 말한다. 다시 말해서, 장기와 단기 채권의 위험 차이 때문에 장기 채권에 투자하기 위해 더 높은 이자율로 유인을 하지 않는다면 합리적 투자자는 덜 위험한 단기 채권을 선호할 것이다. 투자자가 단기 이자율 상승을 기대하지 않더라도 장기 채권은 투자자를 유치하기 위해 더 높은 수익률을 제공해야 한다.

실제로 합리적 투자자가 단기 채권을 선호해야만 하는 이유가 있다. 우선 단기 채권은 좀 더 유동적이고(현금으로 쉽게 전환되고) 시장이자율의 변화에 덜 민감하다. 이것은 가격변동성이 작다는 것을 의미한다. 주어진 시장이자율의 변화에 대하여 장기 채권의 가격이 단기 채권의 가격보다 더 많이 움직일 것이다. 또한 투자자들이 장기의 펀드에 프리미엄을 요구하는 경향이 있는 것처럼 채무자 또한 장기 자금을 얻기 위해서는 프리미엄을 지불할 것이다. 따라서 채무자는 자금조달을 확실히 하기 위해서 불확실하고 또한 불리한 이자율로 단기 채권을 연장하는 것을 회피할 것이다. 이러한 선호도는 높은 이자율이 더 긴 만기와 연관되어야 하는 이유와 우상향 기울기의 수익률곡선을 기대하는 것이 완벽하게 합리적인 이유를 설명한다.

시장분할이론 자주 인용되는 또 다른 이론인 **시장분할이론**(market segmentation theory)은 채권시장이 금융기관과 투자자의 만기 선호에 따라 분할되어 있다고 주장한다. 이 이론에 따르면, 각각의 만기별 분할구간 내 자금의 수요와 공급이 이자율을 결정하는 것처럼 수익률곡선이 변한다. 짧은 만기에 자금을 공급하는 금융기관(예: 은행)과 단기자금의 채무자(예: 계절적 자금수요가 있는 기업) 사이의 균형이 단기 시장의 이자율을 결정한다. 마찬가지로, 생명보험이나 부동산처럼 장기 시장의 자금의 공급자와 수요자 사이의 균형이 장기 이자율을 결정한다.

수익률곡선의 모양은 각각의 분할된 시장의 이자율의 일반적인 관계에 의해 결정되어서 우상향 혹은 우하향이 된다. 단기 차입에 대한 수요보다 공급이 많으면 단기 이자율은 상대적으로 낮아진다. 동시에 장기 차입에 대한 수요가 자금의 공급보다 많으면 장기 이자율은 상승하고 수익률곡선은 우상향의 기울기를 가진다. 만일 단기 시장에서 차입 수요가 과도하고, 장기 시장에서 자금의 공급이 과도한 상태로 공급과 수요의 여건이 역전되면 수익률곡선은 우하향 기울기를 가진다.

어느 이론이 옳은가? 3개의 기간구조 이론은 모두 최소한 수익률곡선의 모양을 설명하는 데 어느 정도의 장점을 가지고 있다. 이론들은 수익률곡선의 기울기가 언제든지 (1) 미래 이자율에 대한 예측, (2) 유동성 선호, (3) 단기와 장기의 분할된 시장의 수요와 공급 상황에 의해 영향을 받는다는 것을 말하고 있다. 우상향 기울기의 수익률곡선은 상승 이자율의 예측, 대출자의 단기 대출 선호, 장단기의 분할된 시장에서 수요에 비해 공급이 단기에서 장기에 비해 많은 것의 결과이다. 반대의 상황은 우하향 기울기의 수익률곡선을 만든다.

투자결정에 수익률곡선 이용하기 채권투자자는 종종 수익률곡선을 이용하여 투자결정을 한다. 수익률곡선 변화를 분석하는 것은 투자자에게 미래 이자율 움직임에 대한 정보를 전해준다. 이자율 움직임은 여러 종류의 채권가격과 수익률에 영향을 준다. 예를 들어, 전체 수익률곡선이 위로 움직인다면 인플레이션이 시작되었거나 혹은 가까운 미래에 일어날 것임을 의미한다. 그런 경우에 투자자는 이자율도 상승한다는 것을 기대할 수 있다. 이러한 상황에서 대부분의 채권투자자는 적당한 수익률을 제공하면서 동시에 이자율이 상승할 경우 자본손실의 위험을 최소화할 수 있는 단기나 중기(3년에서 5년) 만기를 가지는 채권에 의지할 것이다. 우하향 수익률곡선은 이자율이 정점에 이르렀고 하락이 임박하였으며 경제가 침체할 것임을 알려준다.

수익률곡선에서 고려해야 할 또 다른 요인은 만기의 차이에 따른 수익률의 차이인 곡선의 '기울기(steepness)'이다. 예를 들어, 가파른 수익률곡선은 장기 이자율이 단기 이자율보다 매우 높은 경우이다. 이 모양은 장기 이자율이 하락하거나 단기 이자율이 상승하기 때문에 종종 장기와 단기 이자율의 차이가 줄어들 것임을 가리키곤 한다. 가파른 수익률곡선은 일반적으로 강세장의 신호로 인식된다. 공격적인 채권투자자에게 가파른 곡선은 장기 채권으로 이동하라는 신호일 수 있다. 반대로, 수평형 수익률곡선은 5년 만기와 30년 만기 채권의 수익률 차이가 매우 작기 때문에 장기에 투자할 유인을 급격하게 줄인다. 이러한 상황에서 투자자들은 동일한 수익률을 위험 없이 얻을 수 있는 5년에서 10년 만기 채권에 투자하는 것이 유리할 것이다.

개념 리뷰

해답은 www.pearson.com/mylab/finance에서 찾을 수 있음.

11.1 모든 채권시장의 분할 영역에 적용할 수 있는 단일한 시장이자율 혹은 시장의 연속된 수익률이 있는가? 그러한 시장 환경이 투자에서 뜻하는 시사점을 설명하시오.

11.2 이자율이 보수적이거나 공격적인 채권 투자자에게 모두 중요한 이유는 무엇인지 설명하시오. 무엇이 이자율을 움직이게 하고 그러한 움직임을 어떻게 관찰할 수 있는가?

11.3 이자율의 기간구조는 무엇이고 그것이 수익률곡선과 어떤 관련이 있는가? 수익률곡선을 그리기 위해 필요한 정보는 무엇인가? 우상향 수익률곡선을 설명하고 이자율의 행태에 대해 어떻게 말할 수 있는지 설명하라. 수평형 수익률곡선에 대해서도 설명하라.

11.4 채권 투자자라면 투자결정에서 이자율 기간구조와 수익률곡선의 정보를 어떻게 이용할 것인가?

채권의 가격결정

LG3 발행자가 누구라도, 어떤 종류의 채권이라도, 혹은 과세대상이든 면세대상이든, 모든 채권은 거의 같은 방법으로 가격이 결정된다. 즉, 모든 (1년 이상의 만기를 가지는 중기채권을 포함하여) 채권은 미래 현금흐름의 현재가치에 따라 가격이 결정된다. 사실, 일단 예측된 시장수익률이 알려지면 모든 가격결정의 과정은 다소 기계적인 작업이 된다.

시장수익률이 대체로 채권가격을 결정한다. 시장에서 투자자는 우선 어떤 수익률이 주어진 위험에 따라 특정 채권에 적합한지를 결정하고 수익률로 채권의 가격(혹은 시장가치)을 구하기 때문이다. 앞에서 보았듯이, 채권에 해당하는 적절한 수익률은 (만기까지 기간과 발행자의 채권 등급과 같은) 채권의 특징과 발행자의 특성뿐만 아니라 시장과 경제의 주요 요인(예: 무위험이자율과 인플레이션)의 함수이다. 이러한 요인들이 결합하여 투자자들이 주어진 고정수익증권에 투자하는 정당성을 얻기 위한 이자율인 요구수익률을 형성한다. 요구수익률은 채권이 거래되는 그리고 채권의 가치평가 과정에서 할인율로 작용되는 수익률로 정의한다.

투자자 현실

가격상승, 가격하락 우리는 모두 시장이자율이 상승(하락)하면 채권가격이 하락(상승)한다는 것을 안다. 그러나 채권가격은 직선이 아니기 때문에 같은 속도로 하락하거나 상승하지 않는다. 대신에 시장수익률과 채권가격의 관계는 볼록한데, 이것은 이자율이 하락할 때 채권가격은 증가하는 비율로 상승할 것이고 이자율이 상승할 때에는 채권가격은 감소하는 비율로 하락할 것을 의미한다. 즉, 채권가격의 상승은 하락보다 빠르다. 이것은 양의 볼록성(positive convexity)이라고 알려져 있고, 모든 수의상환금지채권의 특징이다. 따라서 주어진 이자율 변동에 대해 가격이 하락하여 얻는 손실보다 가격이 상승할 때 더 큰 돈을 벌게 된다!

기본적인 채권가격결정모형

일반적으로 채권을 매입하면 두 가지의 명확하게 구분되는 현금흐름을 받는다. (1) 정기적인 이자수입(즉, 이표이자)과 (2) 채권의 만기일에 원금(혹은 액면가치)이다. 따라서 채권의 가치평가에서 우리는 특정한 기간의 정기적인 이표이자의 연금과 만기의 대규모 단일 현금흐름을 다루어야 한다. 이러한 현금흐름으로 투자의 요구수익률과 함께 현재가치를 구하고, 이것이 채권의 화폐가치 혹은 가격을 구하기 위한 채권 가치평가모형의 기본이 된다. 연간 복리계산을 이용하여, 특정 채권의 가격(BP_i)을 다음 수식을 이용하여 계산할 수 있다.

$$BP_i = \sum_{t=1}^{N} \frac{C}{(1+r_i)^t} + \frac{PV_N}{(1+r_i)^N} \qquad (11.2)$$

채권가격 = 이표이자의 현재가치 + 채권의 액면가치의 현재가치

여기서

BP_i = 특정 채권 i의 현재가격(혹은 가치)

C = 연간 이표이자

PV_N = 만기시점의 채권의 액면가치

N = 만기까지의 기간(년)

r_i = 시장수익률 혹은 채권 i와 유사한 채권의 연간 요구수익률

이 수식을 통해서 우리는 r_i로 정의한 특정한 수익률을 얻기 위해서 채권의 현재가치 혹은 채권을 위해 지불할 용의가 있는 금액을 계산할 수 있다. 다르게 말하면, 채권의 가격을 알고 있다면 이 수식에서 r_i을 구할 수 있는데 이 경우 현재 채권의 시장가격이 내포하고 있는 수익률을 구하는 것이다.

다음 논의에서는, 채권의 평가과정을 두 가지 방법으로 보여줄 것이다. 첫째, 계산의 단순화를 위해서 이자가 1년에 한 번 지급되는 경우를 가정한 연간 복리계산을 사용할 것이다. 둘째, 실제 대부분의 채권이 이자 지급방법으로 사용하는 반년을 가정하여 반기 복리계산 상황의 채권가치 평가를 검토할 것이다.

연간 복리계산

채권의 가치를 평가하기 위해서는 다음 정보가 필요하다. (1) 연간 이표이자, (2) 액면가치(일반적으로는 \$1,000), (3) 만기까지 남아 있는 기간. 이러한 정보가 주어지면 다음과 같이 현재 시장수익률을 시장이자율로 활용하여 채권가격을 계산한다.

채권가격 = 연간 이표이자 연금의 현재가치 + 채권의 액면가치의 현재가치 (11.3)

$$BP_i = \frac{C}{(1+r_i)^1} + \frac{C}{(1+r_i)^2} + \cdots + \frac{C}{(1+r_i)^N} + \frac{\$1,000}{(1+r_i)^N} \quad (11.3a)$$

여기서,

C = 연간 이표이자

N = 만기까지 남은 기간

사 례

연간 이표이자로 채권가격 평가

실제로 채권가격 공식을 적용해 보기 위해 20년 만기, 이표이자율 4.5%로 연간 이자를 지급하고 만기수익률 5%에 거래되고 있는 채권을 생각해 보자. 이는 채권이 매년 4.5%의 이표이자를 지급하고($45), 만기까지 20년이 남아 있으며, 5%의 시장수익률을 낼 수 있도록 가격이 책정되어야 한다는 것을 뜻한다. 우리는 이제 수식 (11.3)을 활용하여 이 채권의 가격을 구할 수 있다.

$$BP_i = \frac{\$45}{(1+0.05)^1} + \frac{\$45}{(1+0.05)^2} + \cdots + \frac{\$45}{(1+0.05)^{20}} + \frac{\$1,000}{(1+0.05)^{20}} = \$937.69$$

이 채권은 이표채이기 때문에 20년 동안 매년 $45의 이표이자 연금과 이에 더해 20년 말에 $1,000의 단일 현금흐름을 지급받는다. 따라서 연금으로 지급받는 금액의 현재가치에 만기 시점에 지급받는 원금의 현재가치를 더해 채권의 가치를 구할 수 있다. 위와 같은 경우, 원금의 5% 수익률을 얻는 것에 만족하는 사람들은 이 채권을 위해 약 $938의 가격을 지불할 용의가 있어야 한다.

이 채권은 $62.31($1,000−$937.69) 할인된 가격에 거래된다. 채권이 시장에서 형성된 시장 요구수익률(5%)보다 낮은 이표이자율(4.5%)을 지급하기 때문에 할인되어 거래된다. 해당 이표이자율로 지급하는 이표이자($45)와 채권이 시장의 요구수익률 5%로 지급하는 이자($50) 간의 차이의 현재가치와 이 채권의 할인 규모 사이에는 직접적인 연관성이 있다. 즉, 이 채권의 이표이자는 시장에서 형성된 금액보다 $5 적기 때문에, 채권의 잔존기간 대비 해당 차액의 현재가치를 구한다면 채권의 할인 규모를 계산할 수 있다.

$$\frac{\$5}{(1+0.05)^1} + \frac{\$5}{(1+0.05)^2} + \cdots + \frac{\$5}{(1+0.05)^{20}} = \$62.31$$

비슷한 맥락에서, 할증되어 거래되는 채권의 경우, 채권의 할증 규모는 해당 이표이자율로 지급하는 금액과 시장에서 형성된 (더 낮은) 이자율로 지급하는 금액 간의 차이의 현재가치와 같다.

초기에 채권은 액면가에 가까운 가격에 발행된다. 이는 채권 발행자가 주로 이표이자율을 시장이자율과 같거나 거의 비슷하게 정하기 때문이다. 만일 시장이자율이 채권의 수명기간 동안에 변동하면 채권의 가격은 채권의 이표이자율과 시장이자율 사이의 차이를 반영하기 위해서 상승 혹은 하락하여 조정된다. 채권이 할증되거나 할인되어 거래되더라도 만기에 도달하면 채권가격은 액면가로 수렴할 것이다. 이는 시간이 지나 채권의 만기가 가까워지면서 앞으로 지급해야 할 남은 이자지급액은 점차 줄어들고 (따라서 할증이나 할인의 효과는 줄어들고), 만기에 지급되어야 할 원금상환액이 채권의 가격에서 차지하는 비중은 점차 늘어나기 때문이다.

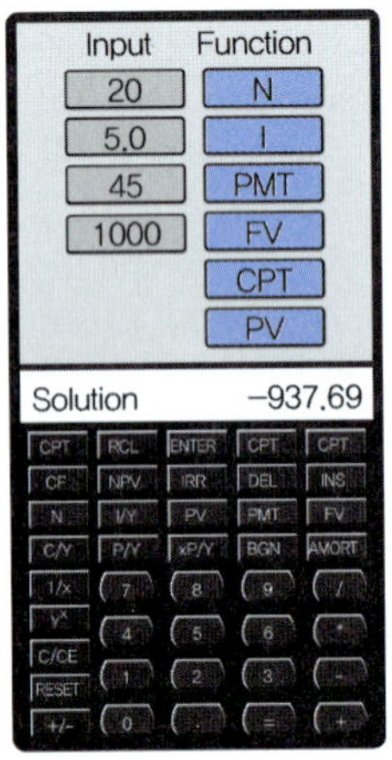

계산기 이용 연간 이자지급 방식으로, 20년 만기, 이표이자율 4.5%, 만기수익률 5%에 거래되고 있는 채권의 가격을 계산하기 위해서는 다음과 같이 키를 누르면 된다:

N = 만기까지 남은 기간

I = 채권의 연간 요구수익률(채권의 가격이 형성되는 수익률)

PMT = 연간 이표이자

FV = 채권의 액면가

PV = 계산된 채권가격

계산기의 결과를 보면 채권의 가격이 음수를 가진다는 것을 확인하자. 이것은 채권의 현금흐름을 매입할 때 채권가격은 투자자에게는 현금유출이라는 것을 가리킨다.

스프레드시트 이용 다음 그림은 Excel을 사용하여 채권을 평가하는 방법을 보여준다. 〈그림 11.4〉는 시장이자율이 변동함에 따라 이 채권의 가격이 어떻게 변하는지 보여준다. 현재 요구수익률이 5%인 채권은 $937.69에 판매된다. 금리가 7%로 상승하면 채권가격은 21.6% 하락한 $735.15로 이동한다. 시장의 요구수익률이 3%로 떨어지면 채권가격은 30.4% 상승한 $1,223.16이다. 나중에 채권가격과 이자율의 관계에 대해 많이 논의할 것이지만 〈그림 11.4〉는 상대적으로 작은 이자율 변동이 이 채권의 가격에 큰 영향을 미칠 수 있음을 보여준다.

	A	B
1	채권가격	
2	액면가	$1,000
3	연간 이표이자율	4.5%
4	연간 이표이자	$45
5	만기까지 남은 기간	20
6	요구수익률	5.0%
7	채권가격	–$937.69

셀 B7의 입력은 =PV(B6,B5,B4,B2,0).
$937.69 앞의 음수(–) 부호는
채권가격을 현금유출로 인식하기 때문이다.

그림 11.4

요구수익률과 채권가격

그림은 20년 만기, 4.5% 이표채의 가격을 다양한 요구수익률에 따라 보여준다. 시장에서 요구되는 수익률이 상승함에 따라 채권가격은 하락하지만 이자율이 하락하면 채권가격이 상승한다.

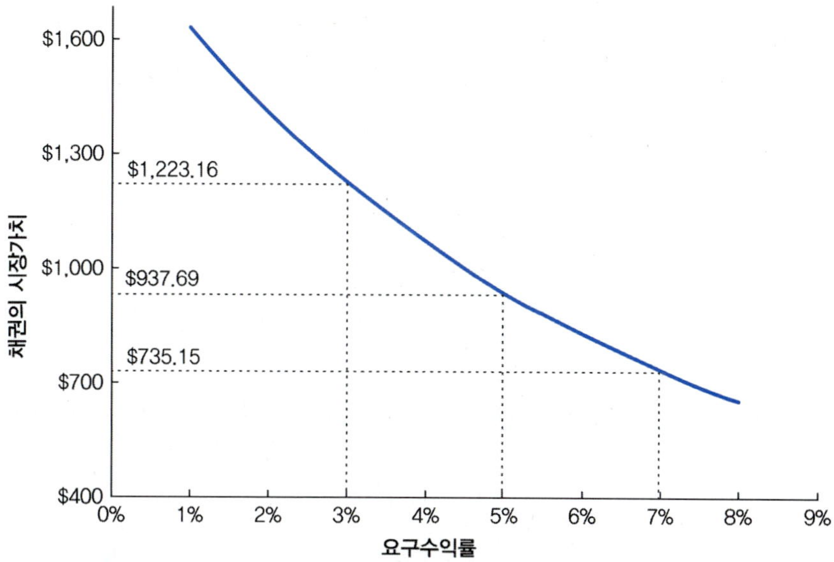

반기 복리계산

1년에 한 번씩 이표이자를 지급하는 방식이 채권의 평가과정을 단순화하기는 하지만, 실제로 대부분의 채권은 6개월마다 이표이자를 지급하기 때문에, 반기별 이자지급 방식을 사용하여 채권가치를 평가해야 한다. 다행히 연간 이자지급 방식에서 반기별 이자지급 방식으로 넘어가는 방법은 간단하다. 필요한 작업은 연간 이자소득과 요구수익률을 반으로 나누고, 만기까지의 잔존 기간을 두 배로 늘린다. 즉, 1년에 1회씩 이표이자를 지급하는 것이 아니라 1년에 2회(1년은 2회의 6개월로 구성) 지급하는 것으로 계산하는 것이다. 이러한 변화를 반영하여, 반기별로 이자가 지급되는 채권의 가격을 구하는 것은 연간 이자가 지급되는 채권의 가격을 구하는 것과 유사하다.

채권가격 (반기 복리계산) = 반기 이표이자 연금의 현재가치 + 액면가의 현재가치 (11.4)

$$BP_i = \frac{C/2}{\left(1+\frac{r_i}{2}\right)^1} + \frac{C/2}{\left(1+\frac{r_i}{2}\right)^2} + \cdots + \frac{C/2}{\left(1+\frac{r_i}{2}\right)^{2N}} + \frac{\$1,000}{\left(1+\frac{r_i}{2}\right)^{2N}} \quad (11.4a)$$

여기서,

$C/2$ = 반기 이표이자 혹은 6개월마다 지급되는 이자지급액

$r_i/2$ = 반기 요구수익률

사 례

반기 이표이자로 채권가격 평가

앞의 채권가격 계산 사례에서 연간 $45의 이표이자를 지급하고, 만기수익률 5%에 거래되고 있는 20년 만기 채권의 가격을 계산했다. 채권이 반기별로 이표이자를 지급한다고 가정해 보자. 반기 이표이자는 $22.50가 될 것이고, 만기 수익률은 2.5%, 만기까지의 잔존 기간은 40으로 조정한다. 수식 (11.4)를 활용하여 계산하면 다음과 같은 가격이 계산된다.

$$BP_i = \frac{\$45/2}{\left(1+\frac{0.05}{2}\right)^1} + \frac{\$45/2}{\left(1+\frac{0.05}{2}\right)^2} + \cdots + \frac{\$45/2}{\left(1+\frac{0.05}{2}\right)^{40}} + \frac{\$1{,}000}{\left(1+\frac{0.05}{2}\right)^{40}}$$

$$= \$937.24$$

이 경우 채권의 가격($937.24)은 연간 이자를 지급받을 때($937.69)보다 살짝 낮다.

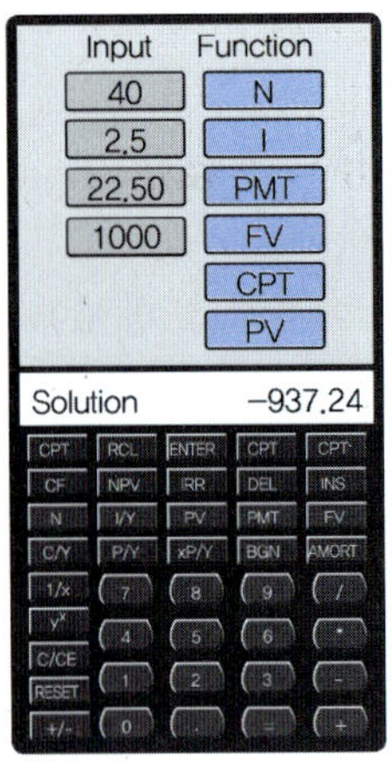

계산기 이용 반기별 이자지급 방식으로, 20년 만기, 이표이자율 4.5%, 만기수익률 5%에 거래되고 있는 채권의 가격을 계산하기 위해서는 다음과 같은 키를 누르면 된다:

N = 반기(6개월) 기준으로 만기까지 남은 기간(20×2=40)

I = 반기 복리로 조정된 채권수익률(5%÷2=2.5%)

PMT = 반기 이표이자($45÷2=$22.50)

FV = 채권의 액면가

PV = 계산된 채권가격

스프레드시트 이용 다음 그림은 Excel을 사용하여 이 채권을 평가하는 방법을 보여준다. 셀 B8에서 필요한 연간 요구수익률을 2로 나누어 반기 요구수익률을 찾고, 만기까지 남은 연수에 2를 곱하여 만기까지 남은 총 6개월 기간 수를 찾는다.

MyLab

	A	B
1	채권가격	
2	액면가	$1,000
3	이표이자율	4.5%
4	이표이자 지급 횟수	2
5	이표이자	$22.50

6	만기까지 남은 기간	20
7	요구수익률	5.0%
8	채권가격	–$937.24

셀 B8의 입력은 =PV(B7/B4,B6*B4,B5,B2,0).
$937.24 앞의 음수(–) 부호는
채권가격을 현금유출로 인식하기 때문이다.

경과이자

대부분의 채권은 6개월마다 이표이자를 지급하지만, 언제든지 시장에서 자유롭게 거래할 수 있다. 매년 1월 15일과 7월 15일에 이표이자를 지급하는 채권을 가지고 있다고 가정해 보자. 만약 두 이표지급일 사이의 어떤 날에 채권을 판다면 무슨 일이 일어날까? 예를 들어, 두 이표지급일의 중간쯤에 있는 10월 15일에 채권을 판다고 가정해 보자. 다행히 이표지급일 사이에도 이자는 누적되기 때문에 다음 이표지급일 이전에 채권을 판다고 해서 원래 얻을 수 있었던 이자를 받지 못하는 것은 아니다. **경과이자**(accrued interest)는 마지막 이표지급일로부터 지금까지 채권 보유자가 얻을 수 있는 이자를 뜻한다. 이표지급일 사이에 채권을 팔았다면 채권 매입자는 기존 채권가격[수식 (11.3)과 (11.4)를 이용하여 계산한 연간 혹은 반기 이표이자 지급 이표채 가격]에 경과이자를 추가하여 채권가격을 지불한다.

사 례

경과이자

액면가 $1,000에 반기별로 $30의 이표이자를 지급하는 이표이자율 6%인 채권을 매입했다고 가정해 보자. 2개월 전에 이표이자를 지급받았고, 이제 보유한 채권을 판매할 준비가 되었다. 브로커에게 연락하여 현재 채권시장가격이 $1,010라는 사실을 알아냈다. 만약 채권을 판다면, 시장가격뿐만 아니라 경과이자까지 받을 수 있을 것이다. 마지막 이표지급일로부터 다음 번 이표지급일까지 3분의 1의 기간이 경과했기 때문에, $10(1/3×$30)의 경과이자를 추가로 받을 수 있다. 따라서 채권을 매도했을 때 받을 수 있는 금액은 $1,020가 된다.

채권시장의 거래자들은 경과이자의 포함 여부에 따라 채권가격을 순가격 혹은 총가격으로 구분한다. **순가격**(clean price)은 수식 (11.3)과 (11.4)에서처럼 채권 현금흐름의 현재가치와 같다. 실제 우리가 자주 접하는 금융 간행물이나 온라인상의 가격은 거의 모두 순가격이다. **총가격**(dirty price)은 순가격에 경과이자를 포함한 가격이다. 위 사례에 의하면, 채권의 순가격은 $1,010이고, 총가격은 $1,020이다.

개념 리뷰

해답은 www.pearson.com/mylab/finance에서 찾을 수 있음.

11.5 시장이자율이 채권가격에 어떻게 영향을 미치는지 설명하라. 시장수익률을 모르는 상태에서 채권가격을 구할 수 있는가? 설명하라.

11.6 채권가격이 일반적으로 반기 복리를 사용하는 이유는 무엇인가? 연간 복리를 사용하면 큰 차이를 보이는가?

이자율과 수익률의 측정

LG 4

채권시장에서 투자자들은 채권가격만큼이나 채권의 수익률을 고려한다. 앞서 본 바와 같이, 수익률은 채권이 거래되는 가격을 결정하는 데 영향을 미치고 채권이 가져오는 수익의 정도를 측정한다. 시장에서 거래되는 채권의 가격을 알 수 있다면, 앞서 제시된 채권의 가치평가 과정을 거꾸로 시행하여 채권의 수익률을 구할 수 있다. 이는 현재 시장가로 채권을 매입할 시 얻을 수 있는 수익의 정도를 가늠할 수 있게 한다. 실제로 채권의 수익률을 평가하는 데 사용되는 세 가지 지표가 있다. 경상수익률, 만기수익률, 콜 수익률(콜옵션이 내재된 채권의 경우)이다. 일정 기간 채권을 보유하는 동안 얻을 것으로 예상되는(혹은 실제로 얻게 될) **기대수익률**(expected return)이라는 개념과 함께 세 가지 지표를 살펴보도록 하겠다.

경상수익률

경상수익률(current yield)은 채권수익률 측정 방법 중 가장 간단한 방법이지만 실제 적용에 있어 가장 많은 제약을 받는다. 이 지표는 채권의 연간 이표이자 총액만을 고려한다. 보다 정확히 말하자면 경상수익률은 현재 채권가격 대비 채권이 지급하는 이표이자(이표) 총액을 뜻한다. 경상수익률은 다음과 같다.

$$\text{경상수익률} = \frac{\text{연간 이표이자 총액}}{\text{채권의 시장가격}} \qquad (11.5)$$

사 례
경상수익률

> 이표이자율 8%, 액면가 $1,000의 채권은 매년 $80의 이표를 지급할 것이다. 하지만 만약 채권가격이 현재 $800라면 채권의 경상수익률은 10%($80/$800=0.10)가 될 것이다.

만기수익률

만기수익률(yield to maturity: YTM)은 가장 중요하고 가장 널리 쓰이는 채권수익률 평가 지표이다. 만기수익률은 채권의 이자수익과 채권의 보유에서 얻게 되는 자본이득이나 자본손실을 모두 평가한다. 채권 만기까지 생겨나는 모든 현금흐름을 고려하는 것이다. **약정수익률**(promised yield)이라고도 불리는 만기수익률은 투자자가 채권을 만기까지 보유하고 모든 이표이자가 제때 지급되었다는 가정 하에 투자자가 얻을 수 있을 것으로 추정되는 연간 평균 수익률을 의미한다.

만기수익률은 단일 채권에 대한 수익률을 측정할 뿐만 아니라 광범위한 종류의 채권에 필요한 수익률을 측정하는 데도 사용된다. 예를 들어, 새로운 채권을 발행하려는 기업은 기업이 발행할 계획인 채권과 유사한 특성(예: 만기, 등급, 콜 특성)을 가진 발행 채권 중 평균 약정수익률을 확인한다. 그 "동료 그룹"의 평균 약정수익률은 회사가 새로운 채권을 액면가로 발행하기를 원할 경우 회사가 제공해야 하는 이자율을 설정하는 데 도움이 될 것이다.

만기수익률을 계산하는 방법은 여러 가지가 있지만 가장 정확한 최선의 방법은 수식 (11.3)과 (11.4)를 이용하여 채권의 YTM을 결정할 수 있다. 즉, 수식 (11.3)과 (11.4)를 사용하여 채권 현금흐름의 현재가치와 시장가격을 일치시키는 할인율을 찾을 수 있다. 이 과정은 익숙하게 들릴 수 있다. 책의 앞부분에서 제시되었던 내부수익률(IRR) 추정방식과 동일하다. 채권의 만기수익률은 채권투자를 통해 얻게 되는 내부수익률과 같다.

연간 복리계산의 이용 이표이자율 7.5%(액면가 $1,000)로 연간 이자를 지급하고 만기까지 15년이 남아 있는 채권이 현재 시장에서 $809.50에 거래되고 있다. 이 채권의 YTM을 구한다고 생각해 보자. 수식 (11.3)을 통해 우리는 다음과 같은 사실을 알 수 있다.

$$BP_i = \$809.50 = \frac{\$75}{(1+r_i)^1} + \frac{\$75}{(1+r_i)^2} + \cdots + \frac{\$75}{(1+r_i)^{15}} + \frac{\$1,000}{(1+r_i)^{15}}$$

채권이 액면가보다 낮은 가격(할인채)에 거래된다는 점에 주목하자. 채권이 할인되어 거래될 경우, 채권의 만기수익률과 이표이자율(표면이자율)의 관계는 어떠한가? 채권은 만기수익률이 이표이자율보다 높을 때 할인채로 거래되기 때문에, 이 채권의 만기수익률은 7.5%보다 높아야 할 것이다. 채권의 현금흐름을 7.5%보다 높은 금리, 예를 들어 8%로 할인하면 가격이 $957.20로 너무 높아진다. 할인율로 9%를 시도하면 $879.09의 가격이 제공되며 여전히 채권의 시장가격보다 훨씬 높다. 마지막으로 할인율로 10%를 사용하면 가격은 $809.85로 이 채권의 실제 시장가치에 매우 가깝다.

계산된 $809.85라는 가격은 채권의 현재 시장가격인 $809.50와 거의 유사하다. 결과적으로 이 채권의 **대략적인** 만기수익률은 10%라 할 수 있다. 다시 한번 정리하자면, 만기수익률이 10%일 때 추정된 채권의 가치는 채권의 현재 시장가격과 일치하거나 거의 유사하다. 이 경우 채권을 $809.50에 매입하여 만기까지 보유한다면 YTM으로 10%의 수익률을 얻을 수 있을 것으로 기대할 수 있다는 것이다. 시행착오법은 많은 시간이 소요되는 과정이지만 계산기나 스프레드시트를 활용하면 정확한 결과를 빠르게 계산할 수 있다.

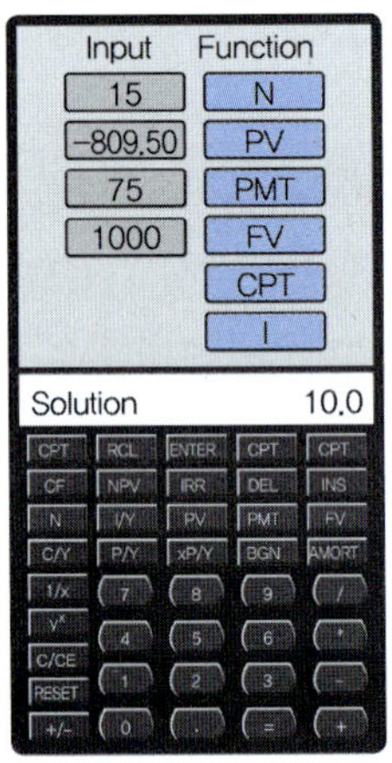

계산기 이용 15년 만기에 이표이자율 7.5%로 연간 이표이자를 지급하고 시장에서 $809.50에 거래되고 있는 채권의 YTM을 계산하기 위해서는 그림에 제시된 키를 누르면 된다. PV 키는 채권의 현재 시장가격을 계산하며 다른 키들은 앞서 제시한 바와 동일하다.

스프레드시트 이용 다음 그림은 Excel을 이용하여 채권의 만기수익률을 찾는 방법을 보여준다.

	A	B
1	채권의 YTM	
2	액면가	$1,000
3	연간 이표이자율	7.5%
4	연간 이표이자	$75
5	만기까지 남은 기간	15
6	채권가격	−$809.50
7	채권의 만기수익률	10.0%
셀 B7의 입력은 =RATE(B5,B4,B6,B2,0). $809.50 앞의 음수(−) 부호는 채권가격을 현금유출로 인식하기 때문이다.		

반기 복리계산의 이용 반기 이표이자를 지급하는 채권의 YTM 역시 간단한 수정 과정을 통해 구할 수 있다. 이표이자율과 만기수익률을 반으로 나누고 만기까지의 기간을 두 배로 늘린다. 15년 만기, 이표이자율 7.5% 채권으로 다시 돌아가서 수식 (11.4)에 만기수익률 10%를 대입했을 때 어떤 결과가 나타나는지 살펴보자.

$$BP_i = \frac{\$75.00/2}{\left(1+\frac{0.10}{2}\right)^1} + \frac{\$75.00/2}{\left(1+\frac{0.10}{2}\right)^2} + \cdots + \frac{\$75.00/2}{\left(1+\frac{0.10}{2}\right)^{30}} + \frac{\$1,000}{\left(1+\frac{0.10}{2}\right)^{30}}$$

$$= \$807.85$$

반기 기준 만기수익률 5%를 대입할 경우, 채권가격은 $809.50의 시장가격보다 약간 작은 $807.85로 계산된다. 가격과 수익률은 역관계를 형성하므로, 높은 가격이 필요하다면 YTM을 낮추어야 한다. 따라서 이 경우 반기 기준 만기수익률은 5%보다 작은 값이라는 것을 알 수 있다. 따라서 이 채권의 반기 수익률은 5% 미만이어야 하지만 그다지 작지는 않을 것이다. 실제로 이 채권의 만기수익률은 4.99%이다. 이 값은 1년이 아닌 6개월 기준이라는 점을 기억해야 한다. 시장에서는 관례적으로 연간 수익률을 반기 수익률의 두 배로 명시한다. 이 관행은 **채권등가수익률**(bond-equivalent yield)이라는 개념을 만들어냈다. 이에 따른 연간기준 만기수익률은 4.99%×2=9.98%이다.

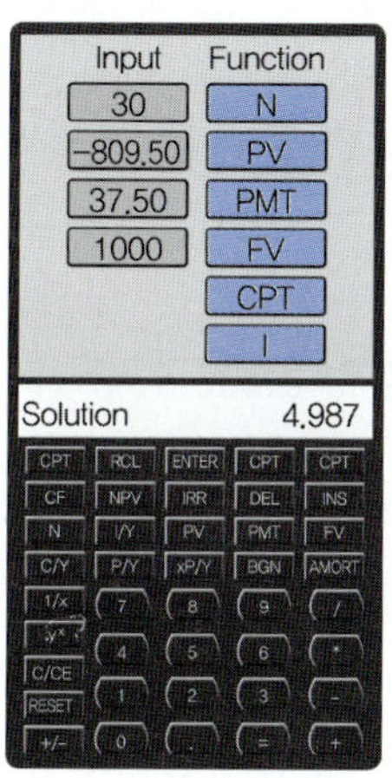

계산기 이용 15년 만기에 이표이자율 7.5%로 반기 이표이자를 지급하고 시장에서 $809.50에 거래되고 있는 채권의 YTM을 계산하기 위해서는 다음과 같은 키를 누르면 된다. 이전과 같이, PV 키는 채권의 현재 시장가격을 계산하며 다른 키들은 앞서 제시한 바와 동일하다. 최종적으로 채권등가수익률을 구하기 위해 I값으로 계산된 수치인 4.987%의 두 배이다. 즉, 4.987%×2=9.97%는 채권등가수익률이다. 여기에 제시된 답변인 9.97%와 이전 단락의 9.98% 수치의 차이는 단순히 계산기의 더 정확한 반올림 때문이다.

스프레드시트 이용 다음 그림은 Excel을 이용하여 반기 채권의 만기수익률과 채권등가수익률을 찾는 방법을 보여준다.

	A	B
1	채권의 YTM	
2	액면가	$1,000
3	이표이자율	7.5%
4	이표이자 횟수	2
5	이표이자	$37.50
6	만기까지 남은 기간	15
7	채권가격	–$809.50
8	채권의 만기수익률	4.99%
9	채권등가수익률	9.97%

셀 B8의 입력은 =RATE(B6*B4,B5,B7,B2,0).
$809.50 앞의 음수(–) 부호는
채권가격을 현금유출로 인식하기 때문이다.

무이표채의 수익률 앞에 제시된 동일한 과정을 이용하여[연간 기준으로 복리계산을 하는 수식 (11.3)과 반기별로 복리계산을 하는 수식 (11.4)], 무이표채의 만기수익률을 구할 수 있다. 유일한 차이는 무이표채의 이표이자는 당연히 0이 될 것이기 때문에 공식에서 무시해도 된다는 점이다. 무이표채의 약정수익률을 구하기 위해 풀어야 하는 수식은 다음과 같다.

$$\text{수익률} = \left(\frac{\$1{,}000}{\text{가격}}\right)^{\frac{1}{N}} - 1$$

사 례

무이표채의 수익률

15년 만기 무이표채가 현재 시장에서 $315에 거래되고 있다고 가정해 보자. 채권을 매입하여 만기까지 보유했을 때 YTM은 얼마인가?

$$\text{수익률} = \left(\frac{\$1{,}000}{\$315}\right)^{1/15} - 1 = 0.08 = 8\%$$

이 무이표채는 연간 8% 수익률로 복리계산된다. 반기 복리계산을 할 경우, 동일한 수식에서 15를 30으로 대체하면 된다. 15년간 30번의 반기가 있기 때문이다. 수익률은 반년 기준 3.926%, 1년 기준 7.85%로 변할 것이다.

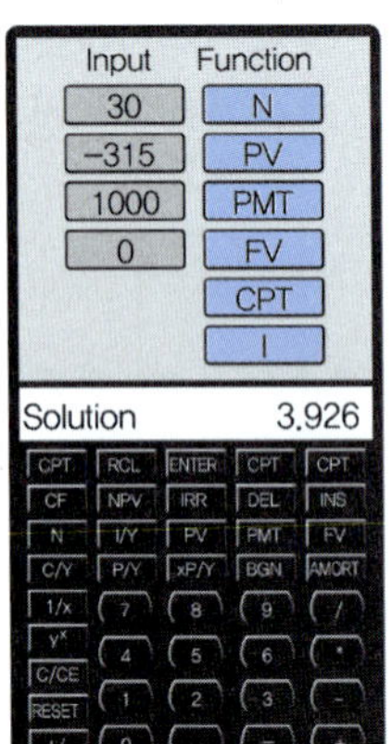

계산기 이용 반기 복리의 경우 현재 $315에 판매되는 15년 무이표채의 만기수익률을 찾으려면 좌측에 표시된 키 입력을 사용한다. PV는 채권가격이며 다른 모든 키 입력은 앞에서 정의한 것과 같다. 채권등가수익률을 찾으려면 계산된 I의 값 3.926%에 2를 곱한다. 즉, 만기수익률은 3.926%×2=7.85%이다.

스프레드시트 이용 다음 그림은 Excel을 이용하여 반기 무이표채의 만기수익률과 채권등가수익률을 찾는 방법을 보여준다.

	A	B
1	채권의 YTM	
2	액면가	$1,000
3	이표이자율	0.0%
4	이표이자 횟수	2
5	이표이자	$0.00
6	만기까지 남은 기간	15
7	채권가격	−$315.00
8	채권의 만기수익률	3.93%
9	채권등가수익률	7.85%

셀 B8의 입력은 =RATE(B6*B4,B5,B7,B2,0).
셀 B7의 $315 앞의 음수(−) 부호는
채권가격을 현금유출로 인식하기 때문이다.

수의상환수익률

채권은 콜옵션이 내재되어 있는 수의상환채권과 콜옵션이 내재되어 있지 않은 수의상환금지채권의 형태로 발행될 수 있다. 수의상환금지채권은 발행자가 만기 이전에 상환하는 것을 허용하지 않는 채권이다. 그러나 이와 반대로 수의상환채권은 발행자가 만기에 도달하기 전 채권을 상환할 수 있는 권리를 부여하기 때문에 해당 채권이 만기가 될 때까지 유지될 수도 있고 미리 상환될 수도 있다. 결과적으로 수의상환채권을 매입한 경우, YTM은 예상한 만큼의 수익률을 정확히 측정하지 못한다. 따라서 YTM 대신 만기 전 상환되는 채권의 영향력을 고려해야 한다. 이를 측정하기 위해 일반적으로 **수의상환수익률**(yield to call: YTC)을 계산한다.

YTC는 주로 지연 콜 조항이 포함된 채권에서 사용된다. 이 같은 증권은 처음 발행되어 일정 기간 동안(5년에서 10년)은 수의상환이 금지되어 있다가 계약된 지연기간이 끝나면 언제든 수의상환이 가능한 형태로 바뀌게 된다. 위 조건하에서 YTC는 지연 콜 조항이 포함된 채권이 지연기간 뒤 바로 상환된다고 가정했을 때, 해당 채권의 기대수익률을 측정한다. YTC는 기본 YTM 수식[수식 (11.3)과 수식 (11.4)]에 두 가지 간단한 수정을 거쳐 구할 수 있다. 먼저 투자기간(N)을 만기까지의 연수가 아닌 첫 콜 가능일까지 연수로 설정한다. 그 다음, 채권의 액면가 $1,000 대신 채권의 수의상환가격(항상 액면가보다 높은 금액으로 채권 약정서에 명시되어 있는 콜 가격)을 이용한다.

예를 들어, 20년 만기, 이표이자율 10.5%로 시장에서 $1,204에 거래되고 있는 채권의 YTC를 구한다고 해보자. 이 채권은 지연 콜 조항을 내재한 채권으로 $1,085의 가격으로 첫 수의상환이 가능해지는 날까지 5년이라는 기간이 남아 있다. 채권의 기본적인 가치평가 공식에 20년 만기 연수 대신 첫 수의상환이 가능해지는 5년을 대입하고, 액면가 $1,000 대신 채권의 수의상환가격 $1,085를 대입한다. 하지만 채권의 이표이자율(10.5%)과 현재 시장가격($1,204)은 그대로 사용한다는 점을 기억하자. 이에 따라 연간 이자지급 기준으로 다음과 같은 연산을 시행할 수 있다.

$$BP_i = \$1,204 = \frac{\$105}{(1+r_i)^1} + \frac{\$105}{(1+r_i)^2} + \frac{\$105}{(1+r_i)^3} + \frac{\$105}{(1+r_i)^4} + \frac{\$105}{(1+r_i)^5} + \frac{\$1,085}{(1+r_i)^5} \quad (11.6)$$

이 수식을 푸는 할인율은 7%이므로 채권의 YTC이다. 반대로 채권의 YTM은 8.37%이다[실제로 수식 (11.3)을 사용하여 확인해 보자]. 채권 투자자들은 지연 콜 조항이 포함된 할증채를 매입할 때, YTM과 YTC를 비교한다. 관행적으로 채권의 수익률 추정 시, 보수적으로 YTM과 YTC 중 더 낮은 지표를 사용한다. 이에 따라 예시로 살펴본 할증채의 가치는 수의상환 조항의 가치에 따라 결정된다. 여기서 시장이자율이 상당히 떨어졌기 때문에 (YTM은 이표이자율보다 2%나 더 낮다) 지연 기간이 끝나자마자 수의상환될 것이라는 가정이 전제된다. 하지만 채권이 할인채로 거래될 경우, 상황은 완전히 달라진다. 이는 할인채의 모든 YTM은 수의상환조건이 내재되어 있든 금지되어 있든 상관없이 항상 YTC보다 작을 것이기 때문이다. 따라서 YTC는 할인채의 가치를 측정하는 데에는 무의미한 지표이며, 할증채의 가치를 평가하는 데에만 이용된다.

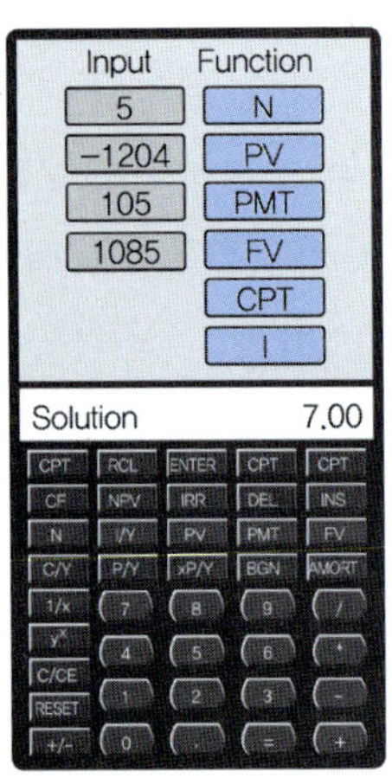

계산기 이용 20년 만기에 이표이자율 10.5%로 연간 이자를 지급하고 시장에서 $1,204에 거래되고 있는 채권이 있다. 5년 뒤부터 $1,085의 가격으로 수의상환될 수 있는 이 채권의 YTC를 계산하기 위해서는 옆에 제시된 키를 누르면 된다. 여기서 N은 첫 수의상환 가능 일시까지의 잔존 연수이며, FV 키는 채권의 콜 가격이다. 다른 키들은 앞서 제시한 바와 동일하다.

스프레드시트 이용 다음 그림은 Excel을 이용하여 YTC를 찾는 방법을 보여준다.

	A	B
1	채권의 YTC	
2	액면가	$1,000
3	연간 이표이자율	10.5%
4	연간 이표이자	$105
5	만기까지 남은 기간	5
6	콜 가격	$1,085.00
7	채권가격	−$1,204.00
8	채권 YTC	7.0%
	셀 B8의 입력은 =RATE(B5,B4,B7,B6,0). 셀 B7의 $1,204.00 앞의 음수(−) 부호는 채권가격을 현금유출로 인식하기 때문이다.	

기대수익률

채권을 단순 매입보유하는 것보다 어떤 투자자들은 증권을 단기적인 투자기간 동안 적극적으로 사고파는 거래를 선호한다. 이 같은 투자자들에게 채권의 만기수익률(YTM)이나 수의상환수익률(YTC)은 채권의 가격을 결정하기 위해 사용되는 지표로써 외에는 큰 의미를 갖지 못한다. 따라서 채권의 투자 매력도를 평가하기 위해 투자자들에게는 대안적인 수익률 지표가 필요하다. 대안적인 지표 중 하나가 바로 **기대수익률**(expected return)이다. 기대수익률은 투자자가 채권의 만기까지의 기간보다 짧은 기간 동안 채권을 보유하면서 얻는 수익률을 의미한다. 기대수익률은 투자자가 짧은 보유기간 동안 채권을 매수·매도하면서 실현할 수 있는 수익을 나타내기 때문에 **실현가능 수익률**(realized return)이라고도 불린다.

기대수익률은 주요 현금흐름 변수가 투자자의 예상에 기초하기 때문에 YTM이나 YTC보다 정확도가 떨어진다. 구체적으로 투자에 들어가면, 채권의 보유기간과 미래 채권의 매도가격은 순수한 예상이기 때문에 불확실하다. 그럼에도 불구하고 채권의 실현가능 수익률을 구하기 위해서는 약정수익률을 구할 때 이용했던 과정과 동일한 과정을 사용하면 된다. 기본적인 채권가격결정 공식에 간단한 수정을 더해 다음과 같이 기대수익률을 구할 수 있다.

채권가격 = 보유기간 동안 연간 이표이자의 현재가치 + 보유기간 말기 미래 채권가격의 현재가치 (11.7)

$$BP_i = \frac{C}{(1+r_i)^1} + \frac{C}{(1+r_i)^2} + \cdots + \frac{C}{(1+r_i)^N} + \frac{FV}{(1+r_i)^N} \quad (11.7a)$$

여기서 N은 만기까지의 기간이 아닌 채권의 보유기간을 의미하며, FV는 기대되는 미래 채권가격을 의미한다.

앞서 제시된 바와 같이, 기대수익률을 구하기 위해서는 채권의 미래가격을 결정해야 한다. 이는 이전에 사용했던 채권가격결정 공식을 이용하여 구할 수 있다. 믿을 만한 미래 채권가격을 결정하는 데 있어 가장 어려운 일은 채권이 매도될 미래 시점의 시장이자율을 예측하는 것이다. 현재 시장이자율과 기대 시장이자율을 분석하여 투자자가 채권을 매도하는 미래 시점의 YTM을 추정하면, 이 수익률을 이용하여 채권의 미래가격을 구할 수 있다.

설명을 위해 15년 만기, 이표이자율 7.5% 채권을 다시 한번 더 살펴보자. 이번에는 현재 할인채로 거래되고 있는 채권의 가격이 향후 몇 년간 이자율이 하락하면서 급격히 상승할 것이라고 가정해 보자. 채권은 현재 시장에서 $809.50(수익률 10%)에 거래되고 있고 3년 동안 시장이자율이 8%로 하락할 것이다. 위 가정과 함께 3년 후에 12번의 이표이자 지급이 남아 있게 되면 우리는 수식 (11.3)을 이용하여 3년 후 채권의 가격이 $960가 될 것이라 계산할 수 있다. 즉, 현재 시장에서 $809.50에 거래되고 있는 채권을 매입하면, 시장이자율이 8%로 하락한 3년 후에 $960의 가격으로 채권을 매도할 수 있다고 예상할 수 있다. 이 채권의 기대수익률은 14.6%로, 다음과 같은 수식에 따라 채권의 현재가치를 $809.50로 만드는 수익률이다.

$$BP_i = \$809.50 = \frac{\$75}{(1+r_i)^1} + \frac{\$75}{(1+r_i)^2} + \frac{\$75}{(1+r_i)^3} + \frac{\$960}{(1+r_i)^3}$$

여기서 $r_i = 0.146 = 14.6\%$.

이 투자에 대한 수익률은 상당히 크지만 이자율이 예상대로 떨어지지 않으면 변동될 수 있는 추정치일 뿐이다. 이 예시는 연간 이자지급 방식을 사용한 결과이지만 반기 이자지급 방식을 사용해도 쉽게 기대수익률을 구할 수 있다. 반기 이자지급 방식을 사용할 경우, 기대수익률은 연간 지급 방식을 사용했을 때 도출된 14.6%보다 작은 14.4%의 기대수익률을 보인다.

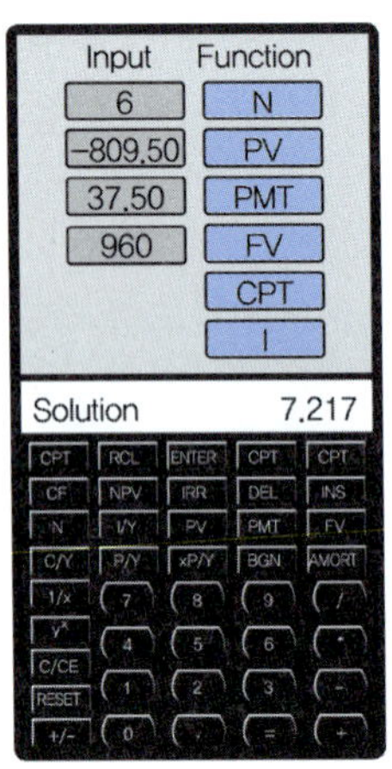

계산기 이용 이표이자율 7.5%로 반기 이표이자를 지급하고 시장에서 $809.50에 거래되고 있지만 3년의 보유기간 뒤, $960로 가격이 상승할 것으로 예상되는 채권의 기대수익률을 계산하기 위해서는 옆에 제시된 방식으로 키를 누르면 된다. 연산에서 PV 키는 채권의 현재 시장가격을 계산하며 FV는 3년 보유기간 말기 시점 채권의 예상 가격이다. 다른 키들은 앞서 제시된 바와 동일하다. 채권등가수익률을 구하기 위해 I의 값 7.217%에 2를 곱한다. 즉, 7.217%×2=14.43%이다.

스프레드시트 이용 다음 그림은 반기 복리로 채권의 기대수익률(14.43%)을 계산하는 방법을 보여준다.

	A	B
1	채권의 YTM	
2	액면가	$1,000
3	이표이자율	7.5%
4	이표이자 횟수	2
5	이표이자	$37.50
6	보유기간 (연)	3
7	채권의 현재 가격	–$809.50
8	채권의 미래 가격	$960.00
9	채권 YTM	7.22%
10	채권등가수익률	14.43%

셀 B9의 입력은 =RATE(B6*B4,B5,B7,B8,0).
셀 B7의 $809.50 앞의 음수(–) 부호는 채권가격을 현금유출로 인식하기 때문이다.

채권의 평가

목적에 따라 투자자들은 해당 채권 투자에서 얻는 수익을 예상하기 위해 만기수익률을 구하거나 기대수익률을 구할 수 있다. 보수적이고 소득지향적인 투자자는 채권의 YTM에 초점을 둔다. 이들의 가장 중요한 투자 목적은 이자율 하락 시 단기적으로 얻을 수 있는 자본이득이 아닌, 보유기간 동안 얻을 수 있는 이자수입이다. 이러한 투자자들은 대체적으로 채권을 한번 매입하면 만기까지 보유하므로 YTM이나 YTC는 수익률 예측의 믿을 만한 지표가 된다. 보다 적극적으로 시장이자율의 변화에 따른 수익을 추구하는 투자자의 경우, 채권의 투자수익률을 판단하기 위해 기대수익률을 이용한다. 이들의 주목적은 비교적 짧은 보유기간 동안 채권을 매입 또는 매도하여 자본이득을 얻는 것이기 때문에 YTM보다 기대수익률이 더 중요한 지표가 된다.

어떤 경우이든 약정수익률과 기대수익률은 고정소득증권의 상대적 매력을 비교하는 데 필요한 수익률을 측정한다. 하지만 서로 다른 채권들의 장점을 정확히 평가하기 위해서는 수익률과 함께 위험의 정도를 고려해야 한다. 증권투자로 창출되는 수익이 투자자가 감수하는 위험을 충분히 보상할 만한 정도여야 한다는 점에서 채권은 주식과 다르지 않다. 따라서 위험이 클수록 채권은 더 큰 수익을 창출해야 한다.

개념 리뷰

해답은 www.pearson.com/mylab/finance에서 찾을 수 있음.

11.7 경상수익률과 만기수익률의 차이는 무엇인가? 약정수익률(promised yield)과 실현가능 수익률(realized return)의 차이는 무엇인가? YTC는 YTM과 어떻게 다른가?

11.8 채권등가수익률(bond equivalent yield)을 간단하게 설명하시오. 약정수익률과 채권등가수익률의 차이는 있는가? 설명하라.

듀레이션과 면역화

LG5 채권 투자자는 여러 유형의 위험에 직면한다. 부도위험이 없는 국채와 같은 채권의 경우에도 이자율이 움직이고 채권가격이 반대 방향으로 움직일 위험이 있다. 또한 이표채를 보유한 투자자의 경우 이표이자를 수령한 후 재투자할 수 있는 비율이 불확실하다. 이자율이 채권의 수명 동안 일정하지 않기 때문이다. 이자율의 변화는 채권 보유자에게 다소 상쇄효과가 있음이 밝혀졌다.

재투자위험과 가격위험이 서로 반대로 움직이는 관계를 살펴보기 위해 시장이자율이 급격히 하락한 상황을 생각해 보자. 이 상황에서 채권가격은 상승할 것이다. 투자자는 자신이 보유한 증권을 매도하여 자본이득을 얻고 싶어 할 수 있다. 만기까지 채권을 보유하면 시장이자율에 상관없이 약정된 액면가를 지급받기 때문에, 시장이자율의 하락으로 인한 이익을 실현할 수 있는 유일한 방법은 만기 전에 채권을 매도하는 것이다. 이러한 관점에서 시장이자율 하락은 좋은 소식이지만 한편으로는 지급된 이표이자를 높은 이자율로 재투자할 수 없다는 점에서 불리하다. 즉, 가격 측면에서는 이득이지만 재투자수익률 측면에서는 손해인 것이다.

투자자들에게는 이러한 위험들이 특정 채권에 있어 얼마나 중요한지 판단할 수 있게 해주는 지표가 필요하다. 그 판단 지표로 사용되는 것이 바로 **듀레이션**(duration)이다. 듀레이션은 변화하는 시장이자율에 대해 채권의 가격이 어떻게 반응하는지를 나타내는 단일 지표이다. 듀레이션이 긴 채권은 듀레이션이 짧은 채권에 비해 이자율 변동에 더 민감하다. 따라서 투자자는 기간과 예상되는 이자율 방향에 따라 어떤 채권을 사고팔지 결정할 수 있다.

듀레이션의 개념

듀레이션이라는 개념은 보험 계리인이었던 Frederick Macaulay가 보험사들의 현금 유입과 유출을 맞출 수 있도록 돕기 위해 1938년에 처음 개발했다. 이를 채권에 적용하면, 듀레이션은 이표이자 지급 액수와 횟수, 만기수익률, 만기까지의 기간이 특정 채권의 시장이자율 변동위험에 미치는 영향을 고려한다. 만기까지의 기간은 시장이자율이 변화할 때 채권가격이 변동하는 정도에 영향을 미치는 중요한 요소이다. 일반적으로 시장이자율이 변동하면 만기 기간이 긴 채권의 변동성이 만기 기간이 짧은 채권보다 크다. 반면, 채권의 가격위험이 만기까지의 기간에 영향을 받는다면 채권의 재투자위험은 채권이 지급하는 이표이자 크기에 직접적인 영향을 받는다. 지급하는 이표이자가 클수록(이표이자율이 높을수록) 더 많은 양을 투자해야 하기 때문에 채권의 재투자위험은 높아지게 된다.

밝혀진 바와 같이 채권의 가격위험과 재투자위험 모두 시장이자율과 관련성을 가지고 있으며, 서로 반대되는 방향으로 영향을 받는다는 것을 알 수 있다. 시장이자율의 변동은 이자율이 상승하든 하락하든 가격위험과 재투자위험을 반대 방향으로 변화하게 만든다. 시장이자율이 상승하는 경우, 채권가격은 하락하겠지만 재투자위험은 감소된다. 시장이자율이 하락하는 경우, 채권가격은 상승하겠지만 재투자위험은 더 커질 것이다. 미래의 어떤 시점에 이 두 위험이 서로를 상쇄하는 시점이 있을 것이다. 그 시점이 바로 듀레이션이다.

일반적으로 채권의 듀레이션은 다음과 같은 특성을 지닌다.

- 지급되는 이표이자가 클수록 듀레이션은 짧다.
- 만기가 긴 채권일수록 듀레이션은 일반적으로 더 길다.
- YTM이 높을수록 듀레이션은 짧다.

이표, 만기, 수익률이라는 세 가지 변수에 따라 채권의 듀레이션이 결정된다. 채권의 듀레이션을 아는 것은 채권에 내재되어 있는 가격 변동성 정도를 측정해 준다는 점에서 유용하다. 이처럼 듀레이션과 가격 변동성은 양의 상관관계를 이루고 있기 때문에 듀레이션이 짧을수록 채권의 가격 변동성은 작다.

듀레이션의 측정

듀레이션은 고정 수입을 창출하는 증권의 평균적인 만기를 측정하는 지표이다. 채권은 단 하나의 만기를 가지고 있기 때문에 **평균 만기**(average maturity)라는 개념이 이상할 수도 있다. 평균 만기는 채권에서 발생하는 현금흐름의 평균적인 시간을 보여준다. 무이표채의 경우, 현금흐름은 만기 시점에 원금을 지급하는 것으로 단 한 번 일어난다. 이때 듀레이션은 채권의 만기와 동일하다. 그러나 이표이자채의 경우, 매기마다 정기적으로 이표이자를 지급하기 때문에 이 지급되는 이표이자들의 평균 기간은 실질적인 만기 시점과 다르다. 예를 들어, 10년 만기에 이표이자율 5%로 연간 이표이자를 지급하는 채권의 경우 첫 번째 해, 두 번째 해에 이어 열 번째 해까지 매년 각각의 현금흐름이 발생한다. 듀레이션은 채권의 보유기간 중 발생하는 각각의 현금흐름에 가중치를 부여하여 채권의 만기를 계산하기 때문에 "평균 만기"는 원래 만기기간인 10년보다 약간 짧다.

다시 한번 정리하자면 듀레이션은 **가중평균된 채권의 만기**(weighted-average life of a bond)이다. 여기서 가중치는 채권의 총가치 중 채권에서 발생하는 각각의 현금흐름이 차지하는 비중을 의미한다. 수학적으로 채권의 듀레이션은 다음과 같은 공식으로 계산한다.

$$\text{듀레이션} = \sum_{t=1}^{N}\left[\frac{PV(C_t)}{BP}\times t\right] \qquad (11.8)$$

여기서,

$PV(C_t)$ = 미래 지급 이표이자 또는 원금의 현재가치

BP = 채권의 현재 시장가격

t = 이표이자 또는 원금이 지급되는 연수

N = 만기까지의 기간

수식 (11.8)에서 도출된 듀레이션은 일반적으로 개념을 창조한 보험 계리인의 이름을 따서 **매콜리 듀레이션**(Macaulay duration)이라 불린다.

일반적으로 듀레이션은 반기 이표이자 지급방식을 기준으로 계산되지만 수식 (11.8)은 앞으로의 설명과 계산을 최대한 단순화하기 위해 연간 이자지급 방식을 적용한다. 그럼에도 불구하고 수식은 실제보다 상당히 만만치 않아 보인다. 아래 제시된 기본적인 단계를 따르면 듀레이션의 계산은 그리 어렵지 않다.

단계 1. 각각의 이표이자 또는 원금의 현재가치[$PV(C_t)$]를 구한다. 현재 시장의 유력한 YTM을 채권의 할인율로 사용한다.

단계 2. 이 현재가치를 채권의 현재 시장가격(BP)으로 나눈다. 이것이 채권의 전

체 가치 중 해당 현금지급이 차지하는 비중인 가중치가 된다. 채권의 가치는 채권이 창출하는 현금흐름의 현재가치의 총합이기 때문에 가중치의 합은 1이 되어야 한다.

단계 3. 이 가중치에 해당 현금을 지급받게 되는 해(t)를 곱한다.

단계 4. 단계 1에서부터 단계 3까지의 과정을 채권의 만기기간까지 반복하여 시행한 뒤, 단계 3에서 산출된 값들을 모두 더한다.

개별 채권의 듀레이션 〈표 11.1〉은 15년 만기, 이표이자율 7.5%, 만기수익률 8%로 시장에서 $957.20에 거래되고 있는 채권의 듀레이션을 구하는 4단계 절차를 설명한다. 투자자가 2018년 8월 10일에 이 채권을 구매하고 2023년 8월 10일에 만기가 된다고 가정한다. 〈표 11.1〉은 기본 입력 자료를 제공한다. 열 (1)은 각 현금흐름이 도달하는 연도 t를 보여준다. 열 (2)는 채권에 의해 만들어진 각 연간 현금흐름(C_t)(쿠폰 및 원금)의 달러 금액을 제공한다. 열 (3)에는 8% 할인율(채권의 일반적인 YTM

〈표 11.1〉 15년 만기, 이표이자율 7.5%, 만기수익률 8% 채권(2018년 8월 10일에 매입)의 듀레이션 계산

MyLab

(1) 연도 t	(2) 연간 현금흐름 C_t	(3) 8%의 이자율로 계산한 연간 현금흐름의 현재가치 (2) ÷ $(1.08)^t$	(4) PV를 채권의 현재 시장가격으로 나눈 값 (3) ÷ $957.20	(5) 시간 가중치를 곱한 현금흐름 (1) × (4)
1	$ 75	$ 69.44	0.0725	0.0725
2	$ 75	$ 64.30	0.0672	0.1344
3	$ 75	$ 59.54	0.0622	0.1866
4	$ 75	$ 55.13	0.0576	0.2304
5	$ 75	$ 51.04	0.0533	0.2666
6	$ 75	$ 47.26	0.0494	0.2963
7	$ 75	$ 43.76	0.0457	0.3200
8	$ 75	$ 40.52	0.0423	0.3387
9	$ 75	$ 37.52	0.0392	0.3528
10	$ 75	$ 34.74	0.0363	0.3629
11	$ 75	$ 32.17	0.0336	0.3696
12	$ 75	$ 29.78	0.0311	0.3734
13	$ 75	$ 27.58	0.0288	0.3745
14	$ 75	$ 25.53	0.0267	0.3735
15	$1,075	$338.88	0.3540	5.3106
		채권가격 = $957.20	1.00	듀레이션 = 9.36년

> **투자자 현실**
>
> **다른 채권, 같은 듀레이션** 책의 표지만 보고 책을 판단할 수 없는 것처럼, 채권도 마찬가지이다. 여기 제시된 세 가지 채권은 표면적으로는 전혀 다른 것으로 보인다.
>
> - 8년 만기, 만기수익률 6%의 무이표채
> - 12년 만기, 이표이자율 8.5%, 만기수익률 8%의 이표이자채
> - 18년 만기, 이표이자율 10.5%, 만기수익률 13%의 이표이자채
>
> 위 세 가지 채권이 각기 다른 이표이자와 만기 조건을 가지고 있지만 공통적으로 8년의 듀레이션을 가지고 있다. 따라서 만약 시장이자율이 50에서 100베이시스포인트만큼 상승하거나 하락하면 각 채권들의 시장가격은 비슷하게 움직일 것이다.

과 동일)로 t년의 각 연간 현금흐름의 현재가치가 나열되어 있다. 예를 들어, 〈표 11.1〉의 (1)행에서 채권이 1년차(2019년 8월 10일)에 $75의 이표이자를 지불하고 이를 현재까지 8%로 할인하면 첫 번째 이표이자의 현재가치는 $69.44이다.

다음으로 열 (4)에서는 열 (3)의 현재가치 값들을 채권의 현재 시장가격으로 나눈다. 만약 채권의 첫 번째 지급 이표이자의 현재가치가 $69.45이고 채권의 현재 총가격이 $957.20라면 첫 번째 현금 지급은 채권의 총가치에서 7.25%의 비중을 차지한다($69.45/$957.20＝0.0725). 따라서 7.25%는 첫 번째 해에 지급된 현금의 가중치이다. 열 (4)에 있는 가중치들을 합하면 1이 됨을 알 수 있다. 열 (4)의 가중치들을 해당 현금이 지급되는 해(t)와 곱하면 열 (5)에 제시된 것처럼 가중평균된 연간 현금흐름을 알 수 있다. 열 (5)의 값을 모두 합하면 채권의 듀레이션이 계산된다. 여기서 이 채권의 듀레이션이 채권의 본래 만기보다 상당히 짧다는 것을 알 수 있다. 또한 YTM이나 만기까지의 기간이 달라지면 채권의 듀레이션 역시 변한다. 예를 들어, 이 15년 만기, 이표이자율 7.5% 채권의 듀레이션은 채권이 만기에 가까워지고 시장이자율(YTM)이 상승할수록 짧아진다.

스프레드시트 이용 다음 그림은 Excel에서 탑재된 듀레이션 함수를 사용하여 채권 듀레이션을 계산하는 방법을 보여준다.

MyLab

	A	B
1	채권의 듀레이션	
2	매입 날짜	8/10/18
3	만기 날짜	8/10/33
4	이표이자	7.5%
5	요구수익률	8.0%
6	듀레이션(년)	9.36
셀 B6의 입력은 =DURATION(B2,B3,B4,B5,1,0)이다.		

채권 포트폴리오의 듀레이션 듀레이션의 개념은 개별 채권에만 적용되는 것이 아니다. 고정소득증권으로 이루어진 전체 포트폴리오에도 적용될 수 있다. 포트폴리오의 듀레이션을 구하는 것은 생각보다 쉽다. 계산에 필요한 것은 각 개별 증권의 듀레이션과 포트폴리오에서 차지하는 개별 증권의 가중치이다. 이 정보가 주어진다면

포트폴리오의 듀레이션은 개별 증권의 가중평균된 듀레이션이라 할 수 있다. 사실 가중평균적 접근은 대략적인 듀레이션 추정을 가능하게 할 뿐이다. 그러나 이는 가장 합리적이고 정확한 추정이며 가장 많이 사용되는 방법이므로 우리도 이 방법을 사용한다. 이 방법을 이용한 듀레이션 계산을 살펴보기 위하여 아래 5개의 채권으로 구성된 포트폴리오를 고려해 보자.

채권	투자금액*	가중치	×	채권 듀레이션	=	포트폴리오 듀레이션
정부국채	$ 270,000	0.15		6.25		0.9375
Aaa 회사채	$ 180,000	0.10		8.90		0.8900
Aa 채권	$ 450,000	0.25		10.61		2.6525
기관채	$ 360,000	0.20		11.03		2.2060
Baa 회사채	$ 540,000	0.30		12.55		3.7650
	$1,800,000	1.00				10.4510

* 투자금액 = 현재 시장가격 × 채권액면가. 즉, 만일 정부국채가 90으로 시세가 표시되고 투자자가 $300,000를 투자했다면, 0.90 × $300,000 = $270,000.

이 경우 $1.80백만 채권 포트폴리오는 대략 10.5년의 평균 듀레이션을 가지고 있다. 포트폴리오의 듀레이션을 바꾸고 싶다면 (1) 포트폴리오 자산구성을 바꾸거나 (더 길거나 더 짧은 듀레이션을 가진 채권으로 바꾸어 포트폴리오의 가중치를 이동시키는 것), (2) 원하는 듀레이션 특성을 가진 채권을 새롭게 포트폴리오에 추가한다. 이 접근법은 일반적으로 **채권 면역화**(bond immunization)라고 알려진 채권 포트폴리오 전략에 자주 사용된다.

채권의 듀레이션과 가격 변동성

채권의 가격 변동성은 만기까지의 기간과 이표이자에 따라 결정된다. 불행히도 시장이자율의 영향력을 반영한 채권 만기와 채권가격 변동성의 관계를 명확하게 정의하기는 어렵다. 그러나 시장이자율이 지나치게 변동하지 않는다는 전제하에 채권 듀레이션과 가격 변동성은 긴밀한 관계를 맺고 있다. 듀레이션은 시장이자율이 50에서 100베이시스포인트 내외로 변동하는 선에서 채권의 가격 변동성을 예측하는 지표로 사용될 수 있다. 이는 시장이자율과 채권가격이 비선형관계이기 때문이다. 예를 들어, 시장이자율이 하락할 경우, 채권가격은 증가하는 비율로 커진다. 시장이자율이 상승할 경우, 채권가격은 하락하는 비율로 작아진다. 듀레이션은 본질적으로 시장이자율이 변동하면 채권가격이 이와 반대되는 방향으로, 선형적으로 움직일 것이라 예상한다. 이는 시장이자율이 하락하면 채권가격이 듀레이션이 측정한 것보다 약간 더 빠른 비율로 상승하고, 시장이자율이 상승하면 채권가격이 듀레이션이 측정한 것보다 약간 더 느린 비율로 하락한다는 것을 의미한다. 결과적으로 듀레이션 측정은 투자자가 채권가격이 시장이자율의 변화에 어떻게 반응하는지 이해하는 데 도움이 된다는 것이다.

시장이자율의 변동과 채권가격의 변동 관계를 정의하는 수학적 연결은 **수정 듀레이션(modified duration)**이라는 개념을 필요로 한다. 수정 듀레이션을 계산하기 위해서는 일반적인 매콜리 듀레이션[수식 (11.8)]을 채권의 만기수익률(YTM)로 나누면 된다.

$$\text{수정 듀레이션} = \frac{\text{듀레이션}}{(1 + \text{만기수익률})} \tag{11.9}$$

따라서 위에 제시된 15년 만기 채권의 수정 듀레이션은 다음과 같다.

$$\text{수정 듀레이션} = \frac{9.36}{(1 + 0.08)} = 8.67$$

여기서 우리는 앞서 계산한 매콜리 듀레이션 9.36년을 사용했고, 수식 (11.8)에서 듀레이션을 계산할 때 사용한 8%의 만기수익률을 사용했다.

시장이자율이 8%에서 8.5%로 50베이시스포인트 상승했을 때, 채권가격이 백분율로 얼마만큼 변동하는지 구하기 위해서는 앞에서 계산된 수정 듀레이션에 −1을 곱하고 이에 시장이자율 변화를 곱한다. −1을 곱하는 이유는 채권가격과 시장이자율이 서로 역관계에 있기 때문이다.

$$\begin{matrix}\text{퍼센트 단위}\\ \text{채권가격의 변동}\end{matrix} = -1 \times \text{수정 듀레이션} \times \text{시장이자율의 변화} \tag{11.10}$$

따라서 채권가격의 변동률은 다음과 같다.

$$\text{퍼센트 단위 채권가격의 변동} = -1 \times 8.67 \times 0.5\% = -4.33\%$$

따라서 시장이자율이 50베이시스포인트 상승하면 15년 만기 채권의 가격은 대략 4.33% 하락할 것으로 예상할 수 있다. 이 같은 지표는 가격 변동성을 추구하거나 기피하는 투자자들에게 도움이 된다.

유효 듀레이션

우리가 지금까지 공부한 듀레이션 지표의 한 가지 문제점은 수의상환채권과 같이 옵션이 내재된 채권의 경우에는 효과적으로 적용되지 않는다는 점이다. 지금까지의 듀레이션 지표는 채권의 미래 현금흐름이 만기까지 예정된 대로 지급되는 상황을 전제로 하고 있지만 수의상환채권이나 전환사채의 경우 이 같은 전제를 따르지 않는다. 따라서 이러한 종류의 채권들의 듀레이션을 구하기 위해 사용되는 대안이 바로 유효 듀레이션이다. **유효 듀레이션**(effective duration: ED)을 계산하기 위한 방법은 수식 (11.11)에 나타나 있다.

$$ED = \frac{BP(r_i \downarrow) - BP(r_i \uparrow)}{2 \times BP \times \Delta r_i} \tag{11.11}$$

여기서,

$BP(r_i \uparrow)$ = 시장이자율 상승 시 형성되는 채권의 새로운 가격

$BP(r_i \downarrow)$ = 시장이자율 하락 시 형성되는 채권의 새로운 가격

BP = 채권의 본래 가격

Δr_i = 시장이자율의 변화

사 례
유효 듀레이션 계산

25년 만기, 이표이자율 6%로 반기별로 이자를 지급하는 채권의 유효 듀레이션을 구해 보자. 채권은 현재 $882.72에 거래되고 있으며 만기수익률은 7%이다. 이제 만기수익률이 0.5% 상승하여 7.5%가 될 것으로 기대된다고 해보자. 변동한 만기수익률에 의하면 채권의 가격은 $831.74가 될 것이다(N=50, I=3.75, PMT=30, PV=1,000). 만약 만기수익률이 0.5% 감소하여 6.5%가 되면 채권가격은 어떻게 변동할까? 이 경우 채권가격은 $938.62(N=50, I=3.25, PMT=30, PV=1,000)로 상승한다. 수식 (11.11)을 적용하여 채권의 유효 듀레이션을 구할 수 있다.

유효 듀레이션 = ($938.62−$831.74) ÷ (2×$882.72×0.005) = 12.11

이자율이 완전히 1%포인트로 상승하거나 하락할 시, 채권의 가격은 대략 12.11% 하락하거나 상승할 것이다. 시장이자율이 1% 내외로 변동할 시 채권가격의 퍼센티지 변화를 구하기 위해 수식 (11.10)의 수정 듀레이션 대신 유효 듀레이션을 대입해도 된다. 수의상환채권의 유효 듀레이션을 구할 때에는 한 가지 사항을 수정해야 한다. 시장이자율이 하락했을 때의 채권가격이 채권의 수의상환 가격(콜 가격)보다 클 경우, $BP(r_i\downarrow)$ 대신 수식에 수의상환 가격을 대입하여 구한다.

채권 듀레이션의 활용

듀레이션 분석은 채권 투자와 관련된 여러 가지 의사결정에 활용할 수 있다. 만약 시장이자율이 곧 상승할 것이라 예상된다면, 투자자는 보유하고 있는 채권 포트폴리오에서 긴 듀레이션 채권을 매도하고 짧은 듀레이션 채권을 매입하여 포트폴리오의 전반적인 듀레이션을 줄일 수 있다. 짧은 듀레이션 채권의 가치가 감소하는 정도는 긴 듀레이션 채권의 가치가 감소하는 정도와 같지 않기 때문에 이 같은 전략은 유용하다고 볼 수 있다. 반면, 시장이자율이 곧 하락할 것이라 예상된다면 반대 전략을 취하는 것이 적절할 것이다.

활동적인 단기 투자자는 일상 업무에서 듀레이션 분석을 자주 사용한다. 장기 투자자는 투자결정을 계획할 때도 이를 사용한다. 실제로 **채권 포트폴리오 면역화**(bond portfolio immunization)로 알려진 전략은 듀레이션의 가장 중요한 용도 중 하나이다.

채권 면역화 어떤 투자자들은 "시장을 이기기 위한" 목적이 아니라 주어진 투자기간 동안 명시된 수준의 부를 축적하기 위해 채권 포트폴리오를 보유한다. 이런 투자자들에게 채권 포트폴리오의 **면역화**(immunization)는 가치 있는 전략이 된다. 면역화 전략은 채권의 보유기간 동안 시장이자율의 변동과 무관하게 명시된 만큼의 수익률을 얻을 수 있도록 한다. 즉, 투자자는 주어진 투자기간 동안 시장이자율의 변동이 미치는 영향력으로부터 채권 포트폴리오를 "면역화"하는 것이다.

채권 포트폴리오의 면역화 전략이 어떻게 그리고 왜 가능한지 이해하기 위해서는 우리가 앞서 이야기했듯, 시장이자율의 변동이 채권의 가치평가에 있어 서로 반대 방향으로 움직이는 2가지 독자적인 요소에 어떻게 영향을 미치는지 상기해 보아야 한다. 첫 번째 영향은 **가격효과**(price effect), 두 번째 영향은 **재투자효과**(reinvestment effect)이다. 시장이자율의 상승은 채권가격의 하락으로 이어지지만 채권의 이표이자 재투자에는 긍정적인 영향을 미친다. 따라서 시장이자율의 변동이 일어나면 채권의

〈표 11.2〉 채권의 면역화

MyLab

연도 t	채권의 현금흐름						재투자된 현금흐름의 최종가치
1	\$ 80	×	$(1.08)^4$	×	$(1.06)^3$	=	\$ 129.63
2	\$ 80	×	$(1.08)^3$	×	$(1.06)^3$	=	\$ 120.03
3	\$ 80	×	$(1.08)^2$	×	$(1.06)^3$	=	\$ 111.14
4	\$ 80	×	(1.08)	×	$(1.06)^3$	=	\$ 102.90
5	\$ 80	×	$(1.06)^3$			=	\$ 95.28
6	\$ 80	×	$(1.06)^2$			=	\$ 89.89
7	\$ 80	×	(1.06)			=	\$ 84.80
8	\$ 80					=	\$ 80.00
8	\$1,036.67					=	\$1,036.67
			총액				\$1,850.33
			8%에 요구되는 투자자의 부(wealth)				\$1,850.93
			차액				\$ 0.60

가격효과와 재투자효과는 투자자 부의 관점에서 서로 역관계를 형성하며 변화한다.

채권 포트폴리오의 듀레이션이 채권의 투자기간과 정확히 일치하면 이 두 가지 효과는 서로가 서로의 영향력을 상쇄하여 투자자의 포지션은 변하지 않게 된다. 듀레이션 측정치 자체에 이 같은 속성이 이미 내재되어 있다는 점을 고려할 때 이러한 결과는 크게 놀랄만한 일이 아니다. 제시된 관계가 단일 채권에 적용된다면 가중평균된 전체 채권 포트폴리오 듀레이션에도 적용 가능하다. 가격효과와 재투자효과가 서로의 영향력을 상쇄하는 이 상태를 채권 포트폴리오가 면역화되었다고 표현한다. 채권 포트폴리오의 듀레이션과 투자자가 희망하는 투자기간이 일치할 경우, 투자자의 부는 시장이자율의 변동으로부터 면역화되는 것이다. 〈표 11.2〉는 10년 만기, 이표이자율 8%에 8년의 듀레이션을 가진 채권의 면역화 전략을 보여준다. 여기서 투자자의 투자기간 역시 8년으로 가정한다.

〈표 11.2〉의 예시는 투자자가 이표이자율 8%의 채권을 액면가에 매입한 것으로 가정한다. 이에 더해 5년 말기에 시장이자율은 8%에서 6%로 하락할 것이라 전제한다. 투자기간은 정확히 8년이 될 것이고 시장이자율 역시 정확히 8%로 유지될 것으로 고정할 경우, 실제 시장이자율의 변동과 무관하게 투자자는 채권이 최종적으로 \$1,850.93의 가치를 가질 것으로 기대한다. 〈표 11.2〉의 결과를 살펴보면 면역화 전략은 투자자의 본래 목표보다 60센트 부족한 \$1,850.33의 채권가격을 얻도록 했다.

예시의 경우, 시장이자율이 6%로 하락한 5년, 6년, 7년째 해의 재투자 기회는 감소하였지만 채권의 가격은 상승하였다. 상승한 채권가격은 재투자 수입의 손실을 상쇄할 수 있을 정도의 자본이득을 창출하였다. 이 놀라운 결과는 채권 면역화 전략의 효과와 듀레이션의 활용도를 보여준다. 표에는 채권 면역화 전략을 보다 단순하게 설명하기 위해 단일 채권을 사용했지만 가중평균 듀레이션이 적용된 채권 포트폴리오에 적용해도 동일한 결과를 얻을 수 있다.

완전히 면역화된 채권 포트폴리오를 유지하기 위해서는 지속적인 조정이 필요하다. 시장이자율이 변동할 때마다 채권 포트폴리오의 듀레이션 역시 변한다. 효과적인 면역화 전략은 포트폴리오의 듀레이션이 남은 투자기간과 일치해야 하기 때문에 시장이자율이 변할 때마다 포트폴리오의 채권 구성은 재조정되어야 한다. 시장이자율이 변동하지 않더라도, 채권의 듀레이션은 채권의 만기보다 더 느리게 감소한다. 단순한 시간의 경과마저도 포트폴리오의 재구성을 요구한다. 이 같은 재조정은 포트폴리오의 듀레이션이 남은 투자기간과 지속적으로 일치하도록 한다. 정리하자면, 포트폴리오 면역화 전략은 굉장히 효과적이지만, 포트폴리오 재조정이 필요하기 때문에 소극적 전략이 아니며 잠재적 문제를 지니고 있는 전략이다.

개념 리뷰

해답은 www.pearson.com/mylab/finance에서 찾을 수 있음.

11.9 투자자들에게 듀레이션이란 어떤 의미이며 만기와 어떤 차이가 있는가? 수정 듀레이션은 무엇이며 어떻게 활용되는가? 유효 듀레이션은 무엇이며 수정 듀레이션과 어떻게 다른가?

11.10 채권 포트폴리오 면역화 과정을 서술하고 투자자가 포트폴리오 면역화 전략을 시행하는 이유를 설명하라. 포트폴리오 면역화 전략을 매입-보유 전략과 비교했을 때 더 소극적인 전략이라고 생각하는가? 설명하라.

채권 투자전략

LG6 일반적으로 채권 투자자는 세 가지 유형 중 하나이다. 첫째, 소득 보존을 목적으로 하는 투자자이다. 이 유형의 투자자들은 보수적이고, 질을 고려하며, 소득지향적이기 때문에 경상소득(current income)을 극대화하는 것이 목적이다. 둘째, 투기자 유형이다. 이들의 투자 목적은 단기적인 기간 안에 자본이득을 극대화하는 것이다.

마지막으로, 장기 투자자들이 있다. 이들의 목적은 비교적 장기적인 기간에 걸쳐 경상소득과 자본이득 모두를 극대화하는 것이다.

어떤 유형의 투자자이든 투자 목적을 달성하기 위해서는 목표에 부합하는 전략을 도입해야 한다. 전문적인 포트폴리오 운용 관리자들은 다양한 테크닉을 활용하여 몇 백만 달러짜리 채권 포트폴리오를 그들이 원하는 방식으로 운용한다. 시장이자율 예측과 수익률 스프레드 분석 등을 통해 소극적인 접근에서부터 준-적극적인 전략, 적극적인 전략까지 다양한 범주의 전략을 펼친다. 대부분의 전략은 비교적 복잡하고 상당한 컴퓨터 연산을 요구한다. 그렇더라도 고정소득증권 투자로 다양한 목적을 달성하기 위한 여러 가지 방법을 이해하기 위해 기본적인 투자전략 몇 가지를 살펴볼 수 있을 것이다.

소극적 전략

우리가 앞서 살펴본 채권 면역화 전략은 본질적으로 소극적(passive)인 방식이라 할 수 있다. 이 전략을 사용하는 투자자들은 시장을 이겨 수익을 얻으려 하지 않고, 그들이 감수할 수 있는 주어진 위험의 양에 대비한 일정한 수익률을 추구한다. 원칙적으로 소극적 투자전략은 시장이자율이나 채권가격의 변동에 대한 투자자의 예상을 필요로 하지 않는다. 또한 이 같은 전략들은 거래비용을 수반하지 않는다. 투자전략 중 가장 소극적인 투자전략은 매입보유 전략이라 할 수 있다. 여기서 투자자가 할 일은 신용도가 떨어지거나, 만기에 다다르거나, 수의상환된 채권들을 바꾸는 것뿐이다. 매입보유 전략을 시행하는 투자자들은 제한적인 평균 이상의 수익을 얻지만 거래비용으로 생겨나는 손실을 최소화한다.

매입보유 전략보다 적극적인 전략 중 한 가지 인기 있는 전략은 **채권 사다리**(bond ladders) 전략이다. 이 전략은 시간차를 두고 만기에 도달하는 여러 개의 채권에 동일한 금액을 투자하는 방법이다. 만기가 10년 이내인 채권에만 투자하려 한다고 가정해 보자. 이같이 만기에 대한 제약이 주어질 때, 대략 비슷한 금액을 3년, 5년, 7년, 그리고 10년 만기의 채권에 각각 투자하여 사다리를 세울 수 있다. 3년 만기 채권이 만기에 다다랐을 때, 얻게 된 자본이득을 비롯한 모든 금액을 새로운 10년 만기 채권에 투자한다. 시간차를 둔 10년 만기 채권들로 채권 사다리를 모두 구성할 때까지 이러한 굴리기 과정을 반복한다. 2~3년마다 10년 만기 채권을 새로 매입하면서 시장이자율의 영향을 덜 받도록 비용 평균화를 할 수 있다. 채권 사다리 전략은 안전하고 간단하며 거의 자동적으로 장기 투자를 할 수 있는 방법이다. 이를 비롯한 소극적 투자전략의 핵심요소는 매력적인 특성과 만기, 수익률을 가진 높은 양질의 증권에 투자하는 것이다.

예상 시장이자율에 따라 거래하기

소극적 투자전략에 비해 보다 적극적인 형태의 채권 투자전략은 **예상 시장이자율**(forecasted interest rate) 접근법이 있다. 이 전략에 따르면 시장이자율이 하락할 시 투자자는 적극적으로 자본이득을 추구하고, 시장이자율이 상승하면 보유한 자본을 보존하는 것을 목표로 한다. 완벽하지 않은 미래 시장이자율의 예측에 근거하기 때문에 위험한 전략이라 할 수 있다. 여기서 핵심은 시장이자율의 변동 예측을 반영한 전략적인 움직임을 통해 채권 포트폴리오의 수익을 극대화하는 것이다. 이 같은 전략은 **시장 타이밍**(market timing)이다. 이 전략의 특이한 점은 대부분의 거래가 투자등급(investment grade)의 채권들로 이루어진다는 것이다. 투자등급의 채권은 시장이자율에 가장 민감하며 이 민감도는 적극적인 투자자들이 이익을 얻을 수 있는 기회가 된다.

이 전략은 이자율 예측과 듀레이션 개념을 통합한다. 예를 들어, 시장이자율이 하락할 것으로 예상될 경우, 적극적인 투자자들은 긴 만기의 채권가격이 짧은 만기의 채권가격보다 더 많이 오르기 때문에 자신이 보유한 채권이나 채권 포트폴리오의 만기를 늘리려고 한다. 이와 동시에 투자자들은 이표이자가 작거나 평균적인 할인율이 내재된 채권을 모색하는데, 이처럼 듀레이션이 긴 채권들은 시장이자율이 하락할 때 가격이 더 많이 오를 것이기 때문이다. 이자율 변동의 대부분은 단기간에 일어나기 때문에 채권 투자자들은 짧은 시간 안에 최대한 많은 이익을 얻고자 한다. 이자율이 상승하기 시작할 때 적극적인 투자자들은 긴 만기의 할인채권을 매도하고 짧은 만기를 가진 고수익 채권을 매입하기 시작한다. 즉, 투자방향을 완전히 전환하는 것이다. 채권가격이 하락하는 시기에는 보유한 자본의 보존이 중요한 관건이 되므로 자본손실이 생겨나지 않도록 하는 데 집중한다. 따라서 적극적인 투자자들은 단기국채나 투자신탁, 2년에서 5년 만기의 단기 채권, 혹은 변동 이자율 채권에 투자한다.

채권 스왑

채권 스왑(bond swap)은 현재 포트폴리오 포지션을 청산하고 이를 대체할 만한 새로운 채권을 매입하는 것이다. 스왑은 경상수익률 또는 만기수익률을 증가시키거나, 이자율 변동의 이득을 취하거나, 포트폴리오의 질을 개선하거나 세금 감면을 목적으로 시행한다. 몇 가지 스왑은 굉장히 복잡하지만 대부분의 스왑은 비교적 간단한 거래이다. 스왑은 "이익선택(profit takeout)", "대체스왑(substitution swap)", "세금스왑(tax swap)"과 같이 다양한 종류가 있지만 이들은 모두 포트폴리오를 개선하기 위해 사용되는 방법이라는 공통점이 있다. 우리는 간단하면서 상당히 매력적인 2종류의 스왑을 살펴보도록 하겠다. 이는 수익률선택 스왑과 세금 스왑이다.

수익률선택 스왑(yield pickup swap)은 낮은 이표이자율을 가진 채권을 높은 이표이자율을 가진 채권으로 바꾸어서 경상수익률과 만기수익률을 제고하려는 방법이다. 예를 들어, 투자자가 20년 만기, A등급, 이표이자율 6.5%, 만기수익률 8% 채권을, 다른 모든 조건은 동일하나 8.5%의 만기수익률을 가진 이표이자율 7% 채권으로 바꾼다고 해보자. 스왑을 시행함으로써 투자자는 연간 이자수입을 $65에서 $70로 늘려 경상수익률을 제고하고 만기수익률 역시 8%에서 8.5%로 상승시킬 수 있다. 이 같은 스왑 기회는 채권들 사이에 수익률 스프레드가 존재하기 때문에 생겨난다. 투자자는 단순히 스왑 후보를 살펴보거나 브로커에게 요청함으로써 스왑을 시행할 수 있다. 여기서 주의해야 할 점은 거래비용이 이익을 넘어가지 않도록 하는 것이다.

또 다른 인기 있는 스왑 전략은 역시 상대적으로 간단하고 위험이 적은 **세금 스왑**(tax swap)이다. 채권 매매의 결과로 생긴 이익에 대해 상당한 양의 세금이 부과되었을 때 투자자는 이 전략을 사용할 수 있다. 전략의 목적은 자본이득에 수반되는 세금을 없애거나 줄이는 데에 있다. 이는 자본손실을 가져올 채권을 매도하고 상쇄될 만한 채권으로 대체함으로써 시행할 수 있다.

예를 들어, 투자자가 올해 $10,000 가치의 회사채를 $15,000에 매도했다고 가정해보자. 여기서 자본이득은 $5,000가 될 것이다. 이 자본이득에 대한 세금의무는 $5,000의 자본손실을 가져올 채권을 매도함으로써 제거할 수 있다. 투자자가 $5,000의 자본손실이 예정된 20년 만기, 이표이자율 4.75%의 지방채를 보유하고 있다고 가정하자. 이에 따라 투자자의 포트폴리오는 필요한 세금절감액을 가지고 있다. 이제 투자자는 거래 가능한 스왑후보를 찾아야 한다. 20년 만기, 이표이자율 5%의 지방채가 현재 보유하고 있는 채권과 거의 동일한 가격에 거래되고 있다는 것을 발견했다. 이표이자율 4.75%의 지방채를 매도함과 동시에 이표이자율 5%의 지방채를 매입함으로써 투자자는 세금면제 수익률을 (4.75%에서 5%로) 상승시킬 뿐만 아니라 자본이득에 대한 세금 역시 제거한다.

세금 스왑에서 주의해야 할 유일한 점은 스왑거래에 동일한 증권을 이용할 수 없다는 것이다. 미국 국세청(IRS)은 이를 "세금세탁 매도(wash sale)"로 간주하여 이에 대한 손실을 인정하지 않는다. 또한 자본손실은 자본이득이 생겨난 동일한 세금부과 해에 발생해야 한다. 전형적으로 연말에는 노련한 투자자들이 자본손실을 실현하기 위해 서두르기 때문에 세금손실 매도와 세금 스왑이 증가한다.

개념 리뷰

해답은 www.pearson.com/mylab/finance에서 찾을 수 있음.

11.11 채권 사다리를 간단히 설명하고 투자자는 이 투자전략을 어떻게 그리고 왜 사용하는지 설명하시오. 세금 스왑은 무엇이고 어떻게 사용되는가?

11.12 공격적인 (자본이득을 추구하는) 채권 투자자가 채택할 것으로 예상할 수 있는 전략은 무엇인가?

11.13 이자율 민감도는 채권 투기자에게 왜 중요한가? 이자율 민감도는 적극적 채권 거래자가 고등급 채권에 투자하려는 경향을 설명할 수 있는가? 설명하시오.

토론문제

LG1 **Q11.1** 다음 이자율 기간구조 이론을 간략히 설명하라.

a. 기대이론

b. 유동성선호이론

c. 시장분할이론

위 이론들에 의하면 하향하는 수익률곡선을 초래하는 조건은 무엇인가? 상향하는 수익률곡선의 경우는 어떠한가? 가장 타당하다고 생각하는 이론은 무엇이며 그 이유는 무엇인가?

LG2 **Q11.2** *Wall Street Journal*, *Barron's* 또는 온라인을 이용하여 다양한 만기(3개월, 6개월, 1년, 5년, 10년)의 국채들의 수익률을 조사하라. 조사한 수익률을 기반으로 수익률곡선을 구성하라(수평축(x축)에 만기까지의 기간, 수직축(y축)에 만기수익률을 설정한다). 수익률곡선의 일반적인 형태에 대해 간략하게 논의하라. 이 수익률곡선에서 미래의 이자율 움직임에 대해 어떤 결론을 내릴 수 있는가?

LG5 **Q11.3** 다음과 같은 사건이 일어날 경우, 채권의 듀레이션 측정에 어떻게 영향을 미칠지 설명하라.

a. 채권의 만기수익률이 8.5%에서 8%로 하락한다.

b. 채권이 만기에 1년 더 가까워진다.

c. 시장이자율이 8%에서 9%로 상승한다.

d. 채권의 수정 듀레이션이 1년에 절반으로 감소한다.

LG6 **Q11.4** 어떤 투자자가 조언을 구하러 왔다고 가정하자. 투자자는 현재 보유하고 있는 $200,000 전부를 채권에 투자하려 한다.

a. 만약 투자자가 고수익을 얻기 위해 위험을 감수할 의향이 있는 적극적인 투자자라면 어떠한 투자전략들을 제안할 것인가? 구체적으로 설명하라.

b. 만약 투자자가 자본손실을 기피하는 보수적인 투자자라면 어떤 투자전략들을 제안할 것인가?

c. 다음과 같은 전략을 시행할 것 같은 투자자 유형은 각각 무엇인가?

1. 채권 포트폴리오 면역화
2. 수익률선택 스왑
3. 사다리 채권투자
4. 시장이자율이 하락할 때 장기 무이표채 매입

LG4 LG5 **Q11.5** 학교 도서관 또는 인터넷을 활용하여, 2개의 국채와 2개의 회사채로 구성된 4개의 채권을 선택하라. 최근의 경상수익률과 약정수익률(만기수익률)을 구하라. (약정수익률은 연복리로 계산하라.) 또한 각 채권의 듀레이션과 수정 듀레이션을 구하라.

a. 선택한 4개의 채권에 동일한 금액을 투자한다고 가정했을 때 이 4개 채권으로 구성된 포트폴리오의 듀레이션을 구하라.

b. 시장이자율이 100베이시스포인트 하락할 때, 보유한 채권 포트폴리오는 어떤 영향을 받는가?

c. $100,000를 투자할 수 있다고 가정할 때, 적어도 3개의 채권을 선택하여 자본이득의 가능성 또는 자본 보존을 강조할 수 있는 채권 포트폴리오를 구성하라. 논리를 간단히 설명하라.

연습문제

MyLab LG2 **P11.1** 이자율 행태를 평가하고자 하는 회사가 5개의 미국 재무부 증권에 대한 수익률 자료를 수집했다. 각각의 만기가 다르며 모두 동일한 시점에 측정되었다. 요약된 자료는 다음과 같다.

미국 재무부 증권	만기	수익률
A	1년	12.6%
B	10년	11.2%
C	6개월	13.0%
D	20년	11.0%
E	5년	11.4%

a. 이 자료와 관련된 수익률곡선을 그려라.

b. 항목 (a)의 수익률곡선을 설명하고 기대이론에 따라 미래 이자율의 방향에 대해 설명하라.

LG3 **P11.2** Daniele은 이탈리아 국채의 가격을 계산하려고 한다. 이표이자율이 1%(반기마다 이자 지급)이고, 액면가 €1,000이며, 만기는 5년이다. 2.5%의 요구수익률을 제공하도록 채권가격이 책정된 경우 채권의 현재 가격은 얼마인가?

LG3 **P11.3** Tsuyoshi는 모두 10년 만기인 일본 국채 2개를 고려하고 있다. 하나는 0.5% 이표이자율과 2% 수익률, 다른 하나는 0.2% 이표이자율과 1.5% 수익률을 가지고 있다. 가격이 더 높은 것은 무엇인가?

LG3 **P11.4** Lachlan은 다음 채권 중 하나를 구매할 것을 고려하고 있다.

a. Woolworths Limited가 발행한 5% 채권으로 만기 10년, 수익률 3% (반기 복리).

b. Wesfarmers가 발행한 5% 채권으로 만기 10년, 수익률 3% (연간 복리).

가격이 낮은 채권은 무엇인가?

LG3 **P11.5** 문제 11.4의 Lachlan이 A$1,000의 액면가로 Wesfarmers 채권을 매수하기로 결정했다고 가정한다. 2.8%의 YTM이 필요하다면 채권의 가치는 얼마인가?

LG3 **P11.6** 3년 뒤 만기 시점의 가치가 $1,000일 것으로 예상되는 액면가 $1,000의 채권이 현재 $950에 거래되고 있다. 채권이 연간 이자를 지급하고 만기수익률이 9%일 때, 채권의 이표이자율은 얼마인가?

LG3 **P11.7** 10년 만기, 이표이자율 8%, 만기수익률 7%의 채권이 있다. 액면가가 $1,000이고 반기별로 이자를 지급할 때, 채권의 가격을 구하여라. 만약 투자자가 예정된 이표이자 지급 시점 3개월 전에 채권을 매입한다면 매도자에게 얼마만큼의 경과이자를 지급해야 하는가?

MyLab LG3 **P11.8** 연간 이자를 지급하는 다음 표에 표시된 각 채권의 가치를 계산하라.

채권	액면가	이표이자율	만기까지 기간(년)	요구수익률
A	$1,000	11%	20	12%
B	$1,000	8%	16	8%
C	$ 100	9%	8	7%
D	$ 500	6%	13	8%
E	$1,000	7%	10	5%

MyLab LG3 **P11.9** 반기마다 이자를 지급하는 다음 표에 표시된 각 채권의 가치를 계산하라.

채권	액면가	이표이자율	만기까지 기간(년)	연 요구수익률
A	$1,000	10%	12	8%
B	$1,000	12%	20	12%
C	$ 500	12%	5	14%
D	$1,000	14%	10	10%
E	$ 100	6%	4	14%

LG4 **P11.10** Ziad는 E£900(이집트 파운드)에 국채를 매입한다. 국채의 액면가는 E£1,000이고 이표이자율은 12%이며 반기마다 이자를 지급하며 만기까지 10년이 남았다. Ziad는 향후 4년 동안 채권을 보유하기로 결정하고 4년 후의 판매가격이 E£1,120가 될 것으로 예상한다. 보유기간 동안 예상되는 연간 수익률(실현)을 계산하라.

LG4 **P11.11** 채권의 가격은 $920이며 쿠폰은 7%이다. 채권의 경상수익률을 계산하라.

LG4 **P11.12** 이탈리아 국채의 액면가는 €1,000, 이표이자율은 3%(반기마다 이자지급), 만기는 5년, 현재 판매가격은 €975이다. 채권의 만기수익률과 채권등가수익률은 얼마인가?

LG4 **P11.13** Bjørn은 DKK1,000(덴마크 크로네) 액면가(반기마다 이자지급), 만기 7년, 현재 판매가격 DKK970, 채권등가수익률 3%의 스웨덴 국채 매입을 고려하고 있다. 경상수익률은 얼마인가?

LG3 **P11.14** Haruto는 0% 수익률로 가격이 책정되고 있는 이표이자율 1%, 10년 만기 일본 국채 매입을 고려하고 있다. Haruto는 중앙은행의 통화정책으로 인해 채권의 수익률은 1년 후에도 0%에서 변하지 않을 것이라고 생각한다. 연간 복리를 사용하여 오늘과 1년 후의 채권가격을 계산하라. 다음으로 Haruto의 예측이 입증되었다고 가정하고 이 투자의 보유기간수익률을 계산하라.

LG4 **P11.15** Rajesh는 Mint 신문을 읽다가 Tata Steel이 발행한 채권에 대한 기사를 발견했다. Tata Steel은 현재 시장에서 5%의 이표이자율과 15년 만기의 채권이 ₹1,075(인도 루피)에 판매되고 있다. 연간 복리를 사용하여 채권에 대한 약정수익률을 계산하라.

MyLab LG4 **P11.16** Lynn Parsons는 두 개의 발행 채권 중 하나에 투자하려고 한다. 채권은 모두 $1,000 액면가와 11% 이표이자율을 가지며 연간 이자를 지급한다. 채권 A는 만기까지 정확히 5년이고 채권 B는 만기까지 15년이다.

a. 요구수익률이 (1) 8%, (2) 11%, (3) 14%인 경우 채권 A의 가치를 계산하라.
b. 요구수익률이 (1) 8%, (2) 11%, (3) 14%인 경우 채권 B의 가치를 계산하라.
c. 항목 (a)와 (b)에서 찾은 결과로 다음 표를 완성하고 만기와 요구수익률 변경 간의 관계에 대해 논의하라.

요구수익률	채권 A의 가치	채권 B의 가치
8%	?	?
11%	?	?
14%	?	?

d. Lynn이 이자율위험을 최소화하려면 어떤 채권을 매입해야 하는가? 왜 그런가?

LG4 **P11.17** 채권은 현재 시장에서 $928.62에 판매되고 있다. 이표이자율은 10%이고 만기는 10년이다. 연간 복리를 사용하여 이 채권의 만기수익률을 계산하라.

MyLab LG3 LG4 **P11.18** CSM Corporation은 만기까지 15년이 남아 있고 이표이자율이 6%인 채권을 발행하고 있다. 채권에 대한 이자는 반기마다 지급된다. CSM 채권의 액면가는 $1,000이며 현재 $874.42에 판매되고 있다.

a. 채권의 만기수익률은 얼마인가?

b. 만기수익률이 항목 (a)보다 2% 높으면 가격은 얼마인가?

c. 만기수익률이 항목 (a)보다 2% 낮다면 가격은 얼마인가?

LG4 **P11.19** 현재 시장에서 $1,100로 가격이 책정된 이표이자율 8%, 10년 만기 채권의 경상수익률을 계산하라. 연간 복리를 사용하여 이 채권의 약정수익률을 계산하라. 반기 복리를 사용하여 이 채권의 약정수익률을 다시 계산하라.

LG4 **P11.20** 25년 후 만기이고, 이표이자율이 8.75%이며 분기별로 이자를 지급하는 액면가 $1,000의 채권을 평가하고 있다. 채권의 현재 시장가격이 $865이면 채권의 연간 만기수익률은 얼마인가?

LG4 **P11.21** Aziz는 브로커이다. 그의 고객 중 한 명이 $1,050의 채권을 제안받았다. 이 채권은 액면가 $1,000이고 콜 가격이 $1,100이며, 이표이자율 10%, 만기 15년인 채권이다. (채권의 첫 번째 콜 날짜는 5년 후이다.) 이자는 반기마다 지불된다.

a. 이 채권의 경상수익률, YTM, YTC를 계산하라. 이 세 가지 수익률 중 가장 높은 것은 무엇인가? 가장 낮은 것은 무엇인가? Aziz는 이 채권의 가치를 평가하기 위해 어떤 수익률을 사용하는가? 설명하라.

b. 채권가격이 $875로 하락했다고 가정한다. 이제 어떤 수익률이 가장 높은가? 어느 수익률이 가장 낮은가? Aziz는 이 채권의 가치를 평가하기 위해 어떤 수익률을 사용하는가? 설명하라.

LG4 **P11.22** 투자자가 2가지 채권을 고려하고 있다고 하자. 채권 A는 25년 만기, 이표이자율 9.5%로 반기 이자를 지급하는 만기수익률 10% 채권이다. 채권 B는 25년 만기, 이표이자율 9%로 연간 이자를 지급하는 만기수익률 8% 채권이다. 두 채권 모두 5년의 지연 콜 조항이 있고 5년 뒤 수의상환(콜) 가격은 $1,075이다.

a. 어떤 채권이 더 높은 경상수익률을 가지는가?

b. 어떤 채권이 더 높은 YTM을 가지는가?

c. 어떤 채권이 더 높은 YTC를 가지는가?

LG4 **P11.23** 20년 만기 무이표채가 현재 시장에서 $509에 거래되고 있다. 액면가는 $1,000이다. 이 채권의 약정수익률은 얼마인가?

LG4 **P11.24** 액면가 $1,000의 무이표채가 8년 만기이고 7%의 약정수익률을 가질 때 채권의 가격은 얼마인가?

LG4 **P11.25** 20년 만기 무이표채가 액면가의 10.25%로 시세가 형성되었다. 이 채권의 액면가가 $1,000일 때, 경상수익률과 약정수익률을 구하여라. 채권의 만기수익률이 10%이고 반기 복리일 때, 투자자가 이 채권을 매입하기 위해 얼마를 투자해야 하는지 구하여라.

MyLab LG4 **P11.26** 다음 표에 표시된 각 채권은 연간 이자를 지급한다.

채권	액면가	이표이자율	만기까지의 연수	현재가치
A	$1,000	9%	8	$ 820
B	$1,000	12%	16	$1,000
C	$ 500	12%	12	$ 560
D	$1,000	15%	10	$1,120
E	$1,000	5%	3	$ 900

a. 각 채권의 만기수익률(YTM)을 계산하라.

b. 이표이자율과 만기수익률, 채권의 액면가와 시장가치 사이에는 어떤 관계가 있는가? 설명하라.

LG4 **P11.27** 이표이자율 10%의 장기 채권에 투자자가 $850를 지불하였다고 하자. 3년 뒤에 투자자는 이 채권을 $975에 매도할 수 있을 것으로 기대한다. 투자자의 기대가 실현되었을 때, 이 투자자가 실현할 수익률은 얼마인가? (연간 복리를 적용하라.) 투자자가 9개월 뒤에 채권을 ($975에) 매도할 수 있다면 보유기간수익률은 얼마인가?

LG4 **P11.28** 연간 복리를 적용하여, 각 채권의 만기수익률을 구하여라.

a. 18년 만기, 이표이자율 9.75%, 현재 시장가격 $962.41인 채권
b. 20년 만기, 이표이자율 14%, 현재 시장가격 $1,612.98인 채권
c. 15년 만기, 이표이자율 6.25%, 현재 시장가격 $592.45인 채권

이제 각각의 채권이 다음과 같이 수의상환이 가능하다고 가정한다. 채권 (a)는 $1,197의 콜 가격으로 5년 내에 수의상환이 가능하다. 채권 (b)는 3년 내에 $1,365로 수의상환이 가능하다. 채권 (c)는 7년 내에 $1,156로 수의상환이 가능하다. 연간 복리를 사용하여 각 채권에 대한 수익률을 계산하라.

LG5 **P11.29** 매콜리 듀레이션 8.3년인 채권의 만기수익률은 6.2%이다. 이 채권의 수정 듀레이션은 얼마인가?

LG5 **P11.30** 어떤 채권의 매콜리 듀레이션은 8.42년이고 만기수익률은 7%이다. 시장이자율이 상승하여 수익률이 7.5%로 상승하면 채권가격의 변화율은 얼마인가? 만약 시장이자율이 6.5%로 하락할 경우, 채권가격의 변화율은 얼마인가? 결과에 대한 의견을 제시하라.

LG5 **P11.31** 어떤 투자자가 25년 만기에 이표이자율 6%로 반기 이자를 지급하며, 만기수익률 7%에 현재 시장에서 $882.72에 거래되고 있는 수의상환금지채권을 찾고자 한다. 수익률이 50베이시스포인트 변화할 때 이 채권의 유효 듀레이션을 구하여라. [힌트: 수식 (11.11)을 이용하라.]

LG5 **P11.32** 15년 만기, 이표이자율 9%, 만기수익률 7%인 회사채의 매콜리 듀레이션과 수정 듀레이션을 구하여라. 채권의 수정 듀레이션에 의하면 시장수익률이 8%로 상승했을 때 채권의 가격은 어떻게 변하겠는가? 연간 복리를 적용하여 1년 뒤, 시장이자율이 8%로 상승했을 경우 채권의 가격을 구하여라. 이 채권가격 변화 수치는 수정 듀레이션에서 측정된 것과 어떻게 다른가? 차이를 설명하라.

LG5 **P11.33** 시장이자율이 향후 6개월 동안 50베이시스포인트 하락할 것으로 예상된다면 다음 중 어떤 채권에 투자할 것인가?

a. 매콜리 듀레이션 8.36년, 현재 시장가격의 수익률 7.25%인 채권
b. 매콜리 듀레이션 9.23년, 현재 시장가격의 수익률 9.86%인 채권
c. 매콜리 듀레이션 8.68년, 현재 시장가격의 수익률 5.94%인 채권

LG5 LG6 **P11.34** Stacy Picone은 시장이자율 변동에 투기하기를 좋아하는 적극적인 채권 투자자이다. 그녀는 현재 9%인 시장이자율이 1년 내에 7%로 하락할 것이라 예상한다. 그 결과 Stacy는 25년 만기 무이표채 또는 20년 만기, 이표이자율 7.5% 채권을 매입하려고 한다. (두 채권의 액면가 모두 $1,000이고 기관 등급이 동일하다.) Stacy가 자본이득을 극대화하고자 할 때, 둘 중 어떤 채권에 투자해야 하는가? 만약 그녀가 총수익(자본이득과 이자소득)을 극대화하고 싶다면 어떻게 해야 하는가? 한 채권이 다른 채권보다 더 많은 자본이득을 창출하는 이유는 무엇인가? 각 채권의 듀레이션에 기초할 때 어떤 채권의 가격이 보다 큰 변동성을 갖는가?

LG5 LG6 **P11.35** Elliot Karlin은 큰 금액의 유산을 상속받은 35세 은행 경영진이다. 그는 몇 년간 은행의 투자 부서에서 근무한 경험을 바탕으로 듀레이션에 관해 잘 알고 있으며 이를 자신의 포트폴리오 운용에 활용하려 한다. 특히 Elliot은 유산 중 $1백만으로 4개의 미국 국채를 매입하려 한다.

a. 13년 만기, 이표이자율 8.5%, 만기수익률 7.47%로 현재 시장가격 $1,083.84인 채권
b. 15년 만기, 이표이자율 7.875%, 만기수익률 7.60%로 현재 시장가격 $1,024.12인 채권
c. 20년 만기, 만기수익률 8.22%로 현재 시장가격 $205.99인 무이표 국채(stripped treasury)
d. 24년 만기, 이표이자율 7.5%, 만기수익률 7.90%로 현재 시장가격 $957.53인 채권

1. 각 채권의 듀레이션과 수정 듀레이션을 구하여라. 연간 이자가 지급된다.
2. Elliot이 각 4개의 국채에 $250,000씩 투자했을 때, 전체 채권 포트폴리오의 듀레이션을 구하여라.
3. Elliot이 채권 (a)와 (c)에 $360,000씩 투자하고, 채권 (b)와 (d)에 $140,000씩 투자했을 때 전체 채권 포트폴리오의 듀레이션을 구하여라.
4. 시장이자율이 상승할 것이라 예상되고 가격 변동성으로부터 생겨나는 위험을 피하기 위해 Elliot은 포트폴리오 (b)와 (c) 중 어떤 것을 선택해야 하는가? 설명하라. 어떤 포트폴리오에서 더 많은 연간 이자수입을 얻을 수 있는가? 당신은 어떤 포트폴리오를 추천할 것이고 그 이유는 무엇인가?

X MyLab LG3 LG4 **P11.36** H&W Corporation에서 발행한 채권의 연간 지급하는 이표이자율은 5.625%이고 만기 액면가는 $1,000이다. 이 채권의 남은 만기는 23년이다. 유사한 위험 등급의 증권에 대한 요구수익률은 6.76%이다.

a. 오늘 이 회사채의 가치는 얼마인가?

b. H&W 채권의 경상수익률은 얼마인가?
c. 항목 (a)의 H&W 채권의 경우 채권이 반년마다 이자를 지불하면 오늘 이 회사채의 가치는 얼마인가?
d. H&W 채권의 가격은 시장 금리 변화에 어떻게 반응하는가? 이를 알아보기 위해, 채권의 만기수익률 변화에 채권가격이 어떻게 반응하는지 확인하라. YTM이 (1) 5.625%, (2) 8.0%, (3) 4.5%일 때 회사채의 가치를 계산하라. 결과를 할증(프리미엄), 액면가, 할인(discount) 채권으로 표시하라. 결과에 대하여 평론하라.
e. Jay & Austin Company는 액면가 $1,000, 반기 지불 이표이자율 6.5%, 남은 만기 22년, 현재 가격 $878.74의 채권을 발행하고 있다. 채권의 YTM은 얼마인가?

사례문제 11.1 | Dave와 Marlene Carter 부부의 채권 투자 결정

LG3 LG4 LG6

Dave와 Marlene Carter는 보스톤 지역에 거주하고 있다. 그곳에서 Dave는 성공한 치과교정의이다. 이들은 상당한 투자 포트폴리오를 구축해놓고 그 중 상당 부분을 항상 고정소득증권에 투자해 왔다. 이들은 상당히 공격적인 투자 태세를 고수하고 매력적인 경상소득과 상당한 자본이득 모두를 적극적으로 추구한다. 2016년 현재, Marlene은 2가지 투자 의사결정을 고민하고 있다. 한 가지는 포트폴리오에 채권을 추가하는 것이고 다른 한 가지는 채권 구성을 변경하는 것이다.

Carter 부부의 첫 번째 방법은 단기적인 거래 기회를 활용하는 것이다. 구체적으로 살펴보자면 Marlene은 25년 만기, 이표이자율 7.5%, 만기수익률 9%에 현재 시장에서 $852에 거래되고 있는 채권을 매입할 수 있다. 그녀는 2년 뒤 이 채권의 약정수익률이 8%로 하락할 것이라 예상하고 있다.

두 번째 방법은 채권스왑이다. Carter 부부는 현재 이표이자율 7%에 시장에서 $785에 거래되고 있는 Beta Corporation의 2029년 만기 채권을 보유하고 있다. 이들은 경상수익률과 만기수익률 모두를 제고하고자 다음 중 3가지 증권을 스왑 후보로 고려하고 있다. (a) Dental Floss, Inc. 이표이자율 7.5%, 2041년 만기, 현재 시장가격 $780, (b) Root Canal Products of America, 이표이자율 6.5%, 2029년 만기, 현재 시장가격 $885, (c) Kansas City Dental Insurance, 이표이자율 8%, 2030년 만기, 현재 시장가격 $950의 세 가지 채권이 스왑 후보이다. 세 가지 스왑 후보 채권 모두 유사한 수준과 특성을 가지고 있다.

≫질문

a. 단기 거래 기회에 관하여,
1. 이 상황과 관계된 기본적인 거래 원칙은 무엇인가?

2. 만약 Marlene의 예상이 맞는다면, 2년 뒤 이 채권의 가격은 얼마인가?
3. 이 채권의 기대수익률은 얼마인가?
4. 이 투자를 시행해야 하는가? 왜?

b. 채권스왑 기회에 관하여,
1. 반기별 이자 지급 방식을 적용하여 Carter 부부가 현재 보유하고 있는 채권과 3가지 스왑 후보들의 경상수익률과 약정수익률을 구하여라.
2. 스왑 후보 중 Carter 부부가 현재 보유하고 있는 Beta Corporation보다 큰 경상소득 또는 높은 경상수익률을 창출하는 증권이 있는가? 있다면 어떤 것들인가?
3. Marlene이 현재 보유하고 있는 채권을 다른 증권과 교환해야 할 만한 이유가 있는가? 있다면 어떤 스왑 후보가 최적의 선택인가? 이유는 무엇인가?

사례문제 11.2 | Grace의 포트폴리오 면역화

LG4 LG5 LG6

Grace Hesketh는 Chicago 다운타운에 위치한, 굉장히 성공적인 드레스 부띠끄의 사장이다. Grace에게 가장 중요한 것은 하이패션이지만 그녀는 투자에도 큰 관심을 가지고 있다. 특히 채권을 비롯한 고정소득증권을 눈여겨보고 있다. Grace는 가장 최신의 투자 테크닉에 능통하고 이 테크닉들을 그녀의 투자에 적용해 보는 것을 두려워하지 않는다.

Grace는 그녀가 보유한 채권 포트폴리오의 많은 부분을 면역화하려는 아이디어를 가지고 있다. 채권 포트폴리오의 일부를 7년 내에 매도하여, 현금 수익으로 그녀의 고향인 Oregon주에 별장을 사들이고자 한다. 이를 위해 그녀는 4종류의 회사채에 투자한 $200,000를 운용하려 한다. (현재 각각의 채권에 $50,000씩 투자한 상태이다.)

1. 12년 만기, 이표이자율 7.5%, 현재 시장가격 $895인 채권
2. 10년 만기 무이표채, 현재 시장가격 $405인 채권
3. 10년 만기, 이표이자율 10%, 현재 시장가격 $1,080인 채권
4. 15년 만기, 이표이자율 9.25%, 현재 시장가격 $980인 채권

(주: 위 채권들은 모두 수의상환이 금지되어 있으며, 투자등급이고, 전환될 수 없는 채권이다.)

≫질문

a. 주어진 정보에 의하면, 포트폴리오를 구성하는 각 채권의 경상수익률과 약정수익률은 얼마인가? (연간 복리 적용)

b. 채권 포트폴리오를 구성하는 각 채권의 매콜리 듀레이션과 수정 듀레이션을 구하여라. 시장이자율이 75베이시스포인트 상승하면 각 채권의 가격은 얼마나 변동하는가? 시장

이자율이 75베이시스포인트 하락할 경우의 채권가격 변동은 어떤가?

c. 4종류의 채권으로 구성된 포트폴리오의 듀레이션을 구하여라. Grace가 목표로 삼은 7년을 기준으로 보았을 때, 이 채권 포트폴리오는 면역화된 포트폴리오인가? 설명하라.

d. 이 포트폴리오의 듀레이션을 늘리거나 줄일 수 있는 방법은 무엇인가? 가장 짧은 듀레이션은 얼마인가? 가장 긴 듀레이션은 얼마인가?

e. 위 채권 중 한 종류 이상의 채권을 활용하여 Grace가 추구하는 듀레이션 특성을 가진 $200,000 채권 포트폴리오를 구성할 수 있는가? 설명하라.

f. 위 채권 중 한 종류 이상의 채권을 활용하여 Grace를 위한 $200,000 채권 포트폴리오를 구성하여라. 채권 포트폴리오가 면역화될 것이라는 측면에서 Grace가 이 포트폴리오를 매입보유 포트폴리오로 간주해도 되겠는가? 설명하라.

CFA 시험 문제

고정수익증권에 투자하기

다음 10개의 Level-I CFA 시험문제는 채권의 가격과 수익률, 이자율과 위험, 채권가격 변동성, 그리고 채권의 상환 조항을 포함하여 교재 제10, 11장의 내용을 다루고 있다. (질문에 답할 때 문제당 1.5분의 시간을 사용하고 10개의 문제를 15분에 풀고 7개를 맞추는 것을 목표로 한다.)

01. 다음 중 감채기금에 대하여 가장 옳은 것을 골라라.

a. 감채기금은 신용위험(부도위험)을 감소시킨다.
b. 감채기금은 발행자가 감채기금 요구사항보다 많이 상환하는 것을 금지한다.
c. 감채기금은 항상 발행된 채권의 잔액이 만기 전에 0이 되도록 한다.

02. 어떤 분석가가 수의상환채권은 타 동일한 조건의 옵션 없는 채권보다 재투자위험이 낮고 가치를 높게 평가받는다고 주장한다. 이 분석가의 의견은

a. 재투자위험과 가치평가 부분 모두에서 옳지 않다.
b. 재투자위험 부분은 옳지 않지만, 가치평가 부분에서는 옳다.
c. 재투자위험 부분은 옳지만, 가치평가 부분에서는 옳지 않다.

03. 채권 포트폴리오 매니저가 채권 발행에 관하여 다음과 같은 정보를 수집했다.

액면가	$10,000,000
현재 시장가치	$ 9,850,000
듀레이션	4.8년

수익률이 75베이시스포인트 감소할 것이라고 예상될 때, 다음 중 어떤 것이 채권의 가격 변동을 가장 적절히 예측하였는가?

a. $9,850,000의 3.6%
b. $10,000,000의 3.6%
c. $9,850,000의 4.8%

04. Treasury STRIPS는 보통 채권으로 지급되는 이자와 원금을 떼어내어 개별 증권으로 매각한 증권이다. 정확히 4년의 만기를 가지고 있는 미국 중기국채(T-note)는 몇 개의 STRIPS로 분할될 수 있는가?

a. 4 Treasury STRIPS

b. 8 Treasury STRIPS

c. 9 Treasury STRIPS

05. Frieda Wannamaker는 현재 28% 소득세 구간에 속하는 투자자이다. 수익률 3.75%인 세금면제채권 매입을 고려 중일 때, 이 채권의 세금 부과 가능한 등가수익률은?

a. 1.46%

b. 5.21%

c. 7.47%

06. 3년 만기, 연간 할인 이자율 6%에 반기 복리로 계산되는 액면가 $1,000 무이표채의 현재 가치는?

a. $837.48

b. $839.62

c. $943.40

07. 14년 만기, 이표이자율 6.375%인 채권의 만기수익률은 4.5%이다. 채권의 YTM이 일정하다고 가정할 때, 만기가 가까워질수록 채권의 가치는

a. 증가할 것이다

b. 하락할 것이다.

c. 그대로 유지될 것이다.

08. 액면가에 매입한 이표이자채를 만기까지 보유하고 있었는데 이 기간 동안 시장이자율은 상승하였다. 이 이표이자채의 본래 실현 수익률은

a. 발행시점에 YTM보다 높았을 것이다.

b. 발행시점에 YTM보다 낮았을 것이다.

c. 채권이 만기 때까지 보유되었기 때문에 발행시점에 YTM과 동일했을 것이다.

09. 한 분석가의 계산에 따르면, 이표이자율 9%인 옵션 없는 채권의 가격은 시장이자율이 100베이시스포인트 증가했을 때 12% 변동할 것이다. 만약 시장이자율이 100베이시스포인트 하락한다면 채권가격은

a. 12% 증가할 것이다.
b. 12%보다 적게 증가할 것이다.
c. 12%보다 많이 증가할 것이다.

10. 액면가 $1,000의 채권의 듀레이션은 6.20이다. 채권의 수익률이 8.80%에서 8.95%로 상승할 것으로 예상될 때, 채권의 새로운 가격을 가장 적절히 추정한 것은?

a. 채권의 현재 가격보다 0.93% 낮다.
b. 채권의 현재 가격보다 1.70% 낮다.
c. 채권의 현재 가격보다 10.57% 낮다.

해답: 1. a; 2. a; 3. a; 4. c; 5. b;6. a; 7. b; 8. a; 9. c; 10. a

PART 05

포트폴리오 관리

12 뮤추얼펀드와 상장지수펀드

13 포트폴리오 관리

CHAPTER

12 뮤추얼펀드와 상장지수펀드

학습목표

이 장을 학습하면 다음을 수행할 수 있다.

LG1 뮤추얼펀드의 기본 특성을 설명하고, 투자수단으로서 갖추어야 할 기능들을 인식한다.

LG2 개방형과 폐쇄형 펀드, 상장지수펀드 그리고 다른 종류의 전문적으로 관리되는 투자회사들을 구별하고, 다양한 종류의 펀드 수수료를 논의한다.

LG3 펀드 종류와 이 펀드들이 추구하는 투자목표의 다양성을 논의한다.

LG4 뮤추얼펀드의 투자자 서비스와 어떻게 이 서비스들이 투자 프로그램에 적용될 수 있는지 논의한다.

LG5 투자자의 뮤추얼펀드 활용과 투자목적을 위해 펀드를 평가하고 선택할 때 고려해야 할 변수들을 논의한다.

LG6 수익의 원천을 인식하고 뮤추얼펀드 투자에서 얻어진 수익률을 계산한다.

1976년, Vanguard Group의 설립자 John Bogle은 Standard & Poor's 500 주가지수에 포함된 주식만 보유하는 뮤추얼펀드를 창시하고 개인투자자에게 공개하는 혁신적인 아이디어를 떠올렸다. 다른 뮤추얼펀드와 달리, 원래 First Index Investment Trust로 불렸던 Vanguard 500 지수펀드의 목표는 주식시장을 능가하는 것이 아닌 S&P 500 지수에 의해 제시되는 수익률과 보조를 맞추어가는 것이다. Vanguard의 지수펀드는 두 가지 방법으로 비용을 낮추었다. 첫째, 펀드는 단순히 S&P 500 주가지수에 포함된 모든 주식을 매입하기 때문에, Vanguard는 어떤 주식을 매수하고 매도해야 할지 분석을 수행하는 직원에게 임금을 지불할 필요가 없었다. 둘째, S&P 500 지수의 구성은 장기적으로 비교적 안정적이기 때문에, 지수의 추적은 Vanguard로 하여금 과도한 거래를 하도록 만들지 않으며 따라서 펀드의 거래비용은 낮다.

오늘날 Vanguard 500 지수펀드는 $418십억을 초과하는 순자산을 보유한, 세계에서 가장 큰 뮤추얼펀드의 하나이다. 이 펀드는 세계에서 아마도 가장 유명한 투자자인 Warren Buffett이 자신이 사망하면 그의 재산의 90%를 S&P 500 지수펀드에 투자해야 한다고 제안했을 때 가장 큰 지지를 얻었다. 투자자들에게 낮은 비용의 펀드를 제공한다는 Vanguard의 철학은 이 회사를 가장 큰 뮤추얼펀드 회사로 만들었으며, 그 인기는 가라앉을 기미를 보이지 않는다. 2017년에 투자자들은 Vanguard에 $368십억을 쏟아부었는데 뮤추얼펀드 회사 중 기록적인 순자금유입이었고 회사에서 관리하는 자산은 $5조 이상으로 증가했다. Vanguard는 제한된 주식 회전율을 강조하면서 운영비용을 낮게 유지했다. 투자자가 Vanguard의 펀드에 납입하는 매 $1,000에 대해, Vanguard는 연간 운영비용으로 단지 $1.10를 청구한다. 이는 업계평균인 투자액 $1,000당 $6.20보다 82% 낮다. Vanguard의 S&P 500 펀드는 지난 42년 동안 연평균 약 11%의 수익률을 올렸으며, 1976년부터 투자해온 약 90%의 다른 주식 뮤추얼펀드 성과를 초과했다.

State Street Global Advisors는 그 아이디어를 채택하고 개선함으로써 1993년 최초의 상장지수펀드

(ETF)를 설립했다. ETF는 대규모 증권 포트폴리오를 신탁하고 그 재산에 대한 청구권을 나타내는 지분을 판매함으로써 설립된다. 최초의 ETF는 Standard & Poor's 주식예탁증서(SPDR)이며, 별명인 "spider"로 더 널리 알려져 있다. Vanguard 지수펀드처럼 spider는 S&P 500 지수의 변동을 추종한다. 그러나 spider는 중요한 장점을 갖고 있다. 대다수 뮤추얼펀드의 주식을 매매하려는 투자자들은 거래를 하기 위해 매일 주식시장이 마감할 때까지 기다려야 하지만, spider(ETF)의 투자자들은 거래일 중 언제든지 주식을 매매할 수 있다.

(출처: "Fast Facts About Vanguard," https://about.vanguard.com/who-we-are/fast-facts/, 2018년 8월 10일 접속; "Vanguard 500 Index Fund Investor Shares," https://investor.vanguard.com/mutual-funds/profile/VFINX?WT.srch=1&cmpgn=PS:RE, 2018년 8월 10일 접속; Donna Fuscaldo, "Vanguard Gets Bulk of Mutual Fund Industry Inflows During Q1," https://www.investopedia.com/news/vanguard-gets-bulk-mutual-fund-industry-inflows-during-q1/, 2018년 8월 10일 접속; "History of Innovation," https://www.ssga.com/global/en/about-us/who-we-are/history-innovation.html, 2018년 8월 10일 접속)

뮤추얼펀드의 개념

LG1 LG2 조직화된 증권거래소가 만들어진 이후, 어느 주식 또는 채권을 선택할지 그리고 언제 사고팔지를 결정하는 것은 투자자들에게 어려운 문제로 남아 있다. 이 점이 뮤추얼펀드의 본질과 성장 과정을 설명해 준다. **뮤추얼펀드(mutual fund)**는 투자자 집단으로부터 자금을 받아 그 펀드를 사용하여 증권 포트폴리오를 매수한다. 투자자가 뮤추얼펀드에 투자하면 펀드의 주식을 받고 증권 포트폴리오의 일부 소유자가 된다. 많은 투자자들이 자신의 포트폴리오를 관리하는 기술이나 시간이 부족하거나, 집중할 수 없는 형편이다. 더욱이 다수의 투자자들은 잘 분산된 포트폴리오를 만들어낼 수 있는 충분한 자금을 갖고 있지 않다. 결국 그들은 전문적 자산관리자를 찾아가서 어느 자산을 사고팔 것인지 결정하는 일을 맡긴다. 투자자들은 전문적 조력을 구할 때 빈번하게 뮤추얼펀드를 찾는다.

포트폴리오 관리는 자산배분과 증권선택 결정을 다룬다. 뮤추얼펀드에 투자함으로써, 투자자들은 전문적 자금관리자들에게 증권선택 결정의 일부 또는 전부를 위임한다. 결과적으로 그들은 중요한 자산배분 결정에 집중하게 된다. — 당연하게, 이것은 포트폴리오의 장기적 성과를 결정하는 본질적 요소이다. 실제로 이런 이유 때문에 많은 투자자들이 뮤추얼펀드를 궁극적 자산배분 수단으로 간주한다. 투자자들은 어느 펀드에 투자할 것인지 결정하면 된다. — 그 다음에는 뮤추얼펀드의 전문적 자산관리자들이 처리한다.

뮤추얼펀드 개관

뮤추얼펀드는 91년 넘게 미국 투자업계의 일부를 담당했다. 최초의 뮤추얼펀드(MFS)는 1924년에 보스턴에서 시작하였으며, 지금도 영업하고 있다. 뮤추얼펀드의 수는 1940년에 68개로 증가했고, 2018년에는 8,000개를 넘었다. 뮤추얼펀드의 수를 살펴보면, 오늘날 뮤추얼펀드의 수는 주요 미국 증권거래소에 상장된 주식 수의 합계보다 많다. 펀드의 숫자가 증가함에 따라, 관리되는 자산의 규모도 1980년의 $135 십억으로부터 2018년 말의 $18.75조로 증가했다. 1980년에 6% 미만이었던 것에 비해, 2017년에는 미국 가계의 44.5%(100백만 명)가 뮤추얼펀드 지분을 소유하고 있다. 뮤추얼펀드 산업은 실제로 크게 성장했으며, 이제는 이 나라에서 은행마저 능가하는 가장 큰 금융중개기관이다.

뮤추얼펀드는 미국 그리고 실제로 세계적으로도 큰 사업이다. 전 세계적으로 114,131개 이상의 뮤추얼펀드가 2017년 현재 영업 중에 있으며, 자산 총계는 $49.3조이다. 미국의 뮤추얼펀드는 이 자산의 약 40%를 보유하고 있다. 〈그림 12.1〉은 뮤추얼펀드의 주요 형태별 관리자산의 비중을 나타낸다. 미국 주식에 투자하는 펀드는 2017년 기준으로 뮤추얼펀드 보유 자산의 43%를 관리했고 외국 주식에 투자하는 펀드는 업계 자산의 16%를 보유했다. 최근 몇 년 동안 국내 및 세계 주식에 투자된 뮤추얼펀드 자산의 비중이 증가하고 있는 반면, 채권 및 화폐시장 상품과

그림 12.1

미국 뮤추얼펀드의 펀드 유형별 관리자산 현황

이 그림은 뮤추얼펀드의 펀드 유형별 관리자산 분포를 보여준다. 국내 또는 해외 주식에 투자한 펀드들은 업계 자산의 59%, 채권과 화폐시장 상품 같은 고정소득자산에 투자한 펀드는 업계 자산의 34%를 관리한다. 불과 3년 전, 주식과 채권 펀드는 업계 자산에서 거의 동일한 비율을 차지했지만 이자율이 역사적으로 낮은 수준에 머물러 있어 투자자들은 채권에서 주식으로 이동했다. (출처: *2018 Investment Company Institute Factbook*의 자료, http://www.icifactbook.org/2018_factbook.pdf)

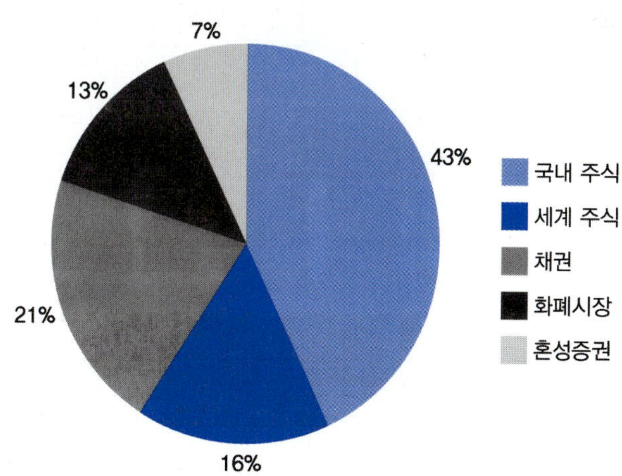

같은 고정소득증권에 투자된 자산의 비중은 감소했다. 고정소득상품에 투자된 자산의 감소는 최근 몇 년 동안 시장에서 널리 퍼진 역사적으로 낮은 이자율을 반영한 것이다.

뮤추얼펀드는 모든 계층과 모든 소득 수준의 투자자에게 매력적이다. 경험이 없거나 경험이 많은 투자자 모두 포트폴리오에 뮤추얼펀드를 보유하고 있다. 이 투자자들은 모두 공통된 견해를 가지고 있다. 각 투자자는 어떤 이유로든 자신의 투자관리 활동 중 적어도 일부를 전문가에게 넘기기로 결정했다.

통합 분산투자 뮤추얼펀드의 개념은 비슷한 투자목표를 가진 많은 사람들로부터 자금을 모아서 분산된 포트폴리오에 투자한다는 단순한 아이디어에 기초한다. 이 아이디어는 **통합 분산투자**(pooled diversification)로 불린다. 투자자가 투자할 수 있는 금액이 비교적 소액인 경우에도, 뮤추얼펀드는 투자자로 하여금 잘 분산된 포트폴리오를 쉽게 보유하도록 만들어준다. 단일 뮤추얼펀드가 수백 종목의 주식이나 채권을 보유하는 것은 드문 일이 아니다. 예를 들어, 2018년 6월 현재 Fidelity Contrafund는 354종목의 증권을 보유하고 있고, Vanguard Global Equity Fund는 1,456종목을 보유하고 있다. 이는 대다수 개별 투자자들이 스스로 투자할 경우 달성할 수 있는 수준보다 훨씬 더 많이 분산된 상태이다. 한편, 펀드의 지분을 소유한 개별 투자자는 결과적으로 펀드의 분산된 증권 포트폴리오의 부분적 소유자이다.

펀드의 규모에 관계없이, 보유 증권의 가격이 상승 또는 하락함에 따라 뮤추얼펀드 지분의 시장가격도 변동한다. 펀드가 배당이나 이자를 수취하면, 마찬가지로 뮤추얼펀드 주주에게 전달되어 지분율에 따라 분배된다. 따라서 만약 누군가 뮤추얼펀드 지분 1,000주를 소유하고 있고 그것이 발행 지분의 1%에 상당하면, 펀드에 의해 지급되는 배당의 1%를 수취할 것이다. 펀드가 증권을 매각하여 이익을 얻으면, 마찬가지로 펀드 주주들에게 자본이득을 비례적으로 전달한다.

적극적 대 소극적 관리 넓은 의미에서 뮤추얼펀드들은 어떤 증권에 투자할지 결정하는 방법에 따라 두 범주 가운데 하나로 분류된다. **적극적으로 관리되는 펀드**(actively managed fund)에서 전문적 포트폴리오 매니저는 어떤 증권이 미래에 평균 이상의 성과를 보일 가능성이 있는지 결정하기 위한 분석을 수행한다. 포트폴리오 매니저는 회사의 재무보고서들을 결합하고, 많은 상이한 증권들의 내재가치를 추정하는 복잡한 평가모형을 개발함으로써 기본적 분석을 수행할 수도 있다. 매니저는 내재가치가 시장가격보다 큰 증권들에 투자할 것이다. 또는 매니저는 증권가격들이 가까운 미래에 변동할 방향을 알아내려고, 추세를 찾기 위한 기술적 분석을 이용할 수도 있다. 어느 경우에도, 매니저의 목표는 우월한 성과를 보일 증권을 알아내고 투자하는 것이다.

매니저가 그 과업을 달성했는지 또는 실패했는지는 포트폴리오의 성과를 **벤치마크**(benchmark)에 비교함으로써 평가된다. 특정 펀드의 비교기준인 벤치마크는 펀드와 비슷한 위험 수준을 갖고 있어야 한다. 예를 들어, 만약 펀드의 목표가 대형 초우량 회사에 투자하는 것이라면, 펀드의 벤치마크는 S&P 500 주가지수일 수 있다. 펀드 매니저의 목표는 수수료 차감 후에 S&P 500 지수보다 높은 수익을 올리는 것이다. 한편 특정 펀드가 소형 주식에 투자하는 데 초점을 맞추고 있다면, S&P 500은 적당한 벤치마크가 아니다. 대신, Russell 2000 지수 같은 지수가 적당한 벤치마크일 것이다.

펀드에 대한 부적절한 벤치마크 설정의 결과를 고려해 보자. 소형주에 투자하는 펀드가 S&P 500을 벤치마크로 설정한다고 가정해 보자. S&P 500의 주식은 소형주보다 위험이 낮기 때문에 시간이 지남에 따라 S&P 500의 수익률은 소형주 포트폴리오의 수익률보다 낮을 것으로 예상된다. 즉, 펀드 매니저가 능숙해서가 아니라 펀드가 더 위험한 자산에 투자하기 때문에 소형주 펀드가 S&P 500을 능가해야 한다. 펀드 매니저가 어떤 벤치마크보다 높은 수익을 올릴 수 있는 능력을 기준으로 판단되는 한, 펀드 성과를 위험이 낮은 벤치마크와 비교하는 적어도 약간의 유인(incentive)은 있을 것이다.

> **투자자 오류**
>
> **벤치마크 상회** 다양한 뮤추얼펀드를 제공하는 투자회사는 종종 자신의 펀드 중 많은 수가 벤치마크를 상회한다고 광고한다. 투자자들은 이런 주장에 대해 주의해야 한다. 뮤추얼펀드 집단은 종종 벤치마크에 뒤처지는 펀드를 제거한다(또는 벤치마크를 상회하는 다른 펀드에 합병한다). 이러한 "생존 편향(survivorship bias)"은 특정 뮤추얼펀드 집단이 벤치마크를 상회하는 비율을 인위적으로 높인다. 수많은 연구에 따르면 생존 편향의 이점이 없으면 대부분의 뮤추얼펀드가 벤치마크를 상회하지는 못한다.

소극적으로 관리되는 펀드(passively managed fund)에서 매니저는 벤치마크를 능가하는 포트폴리오를 선택하려고 시도하지 않는다. 대신, 소극적으로 관리되는 펀드는 특정 벤치마크나 주가지수의 성과를 복제하도록 고안된다. 이 장의 시작 부분에 기술된 Vanguard S&P 500 지수 펀드는 소극적으로 관리되는 펀드의 완벽한 사례이다. 이러한 펀드에서 매니저의 목표는 비용을 최소화하면서 지수의 성과를 가능한 한 근접하게 추종하는 것이다. 실제로, 소극적으로 관리되는 펀드에 의해 부과되는 관리수수료는 평균적으로 적극적으로 관리되는 펀드에 의해 부과되는 수수료의 일부에 불과하다. 소극적으로 관리되는 펀드의 공급자들은, 적극적으로 관리되는 펀드는 단지 높은 수익의 가능성을 제공할 뿐이나 고비용은 확실한 사실이라고 주장하며, 투자자들에게 접근한다.

뮤추얼펀드 지분의 매력과 단점 뮤추얼펀드를 소유하는 많은 이유 중에서 가장 중요한 것의 하나는 포트폴리오 분산을 제공할 수 있다는 것이다. 앞에서 본 것처럼 펀드 주주는 다양한 산업과 회사에 걸쳐 펀드 보유 자산을 분산하여 위험을 낮춤으로써 분산투자의 혜택을 누릴 수 있다. 다량의 증권을 사고팔기 때문에 뮤추얼펀드는 일반적으로 개인투자자가 지불하는 것보다 낮은 거래비용을 지불한다. 뮤추얼펀드의 다른 매력은 직업적이고 전문적인 관리이다. 적극적으로 관리되는 펀드의 경우 투자자는 증권선택 작업을 고도로 훈련된 펀드 매니저에게 위임한다. 그러나 수동적으로 관리되는 펀드의 경우에도 펀드 매니저가 개인투자자보다 더 효율적으로 수행할 수 있는 기록 관리 및 기타 일상적인 작업을 대행한다. 또 다른 이점은 대다수 뮤추얼펀드 투자는 많지 않은 투자자본으로 시작될 수 있다는 것이다. 몇천 달러로 투자자는 수백 가지의 다른 증권이 포함된 포트폴리오에 대한 청구권을 매수할 수 있다. 뮤추얼펀드는 배당금 및 자본이득의 자동 재투자, 세금 기록 보관 및 교환 특권과 같이 투자자에게 매력적인 다양한 서비스를 제공한다. 마지막으로 뮤추얼펀드는 편리함을 제공한다. 그것들은 상대적으로 사고팔기 쉽고 투자자들은 펀드의 가격과 최근 실적에 대한 최신 정보를 쉽게 찾을 수 있다.

> **투자자 현실**
>
> **수동적 펀드(passive funds) 기반 확보**
> 2017년에 소극적으로 관리되는 미국 주식 펀드는 투자자로부터 $220.4백만의 신규자금을 받았으며, 적극적으로 관리되는 주식 펀드는 $207.5백만의 인출이 있었다. 이는 수동적으로 관리되는 주식 펀드의 점유율이 2000년 9.4%에서 2017년 26.6%로 증가한 장기 추세의 일부이다.
>
> (출처: *2018 Investment Company Institute Factbook*; Morningstar: https://newsroom.morningstar.com/newsroom/news-archive/press-release-details/2018/Morningstar-Reports-US-Mutual-Fund-and-ETF-Asset-Flows-for-Full-Year-and-2017/default.aspx)

물론 뮤추얼펀드 소유와 관련된 비용도 존재한다. 뮤추얼펀드는 여러 가지 수수료를 부과하며, 어떤 경우에는 상당히 많을 수 있다. 일부 펀드는 투자자가 펀드 지분을 매입할 때 (중개수수료처럼) 초기에 지불해야 하는 수수료인 "판매수수료"를 징구한다. 펀드는 또한 주식을 사고파는 비용과 펀드를 운용하는 사무비용(예를 들어, 기록업무 및 근로자의 급여)을 충당하는 **관리수수료**(management fees)를 징구한다. 투자자들은 매년 실적에 상관없이 관리수수료를 납부해야 한다. 관리수수료는 펀드에 따라 크게 다르다. 적극적으로 관리되는 펀드는 2017년 기준으로 평균 약 0.78%의 관리수수료를 징구한다. 이는 투자자가 펀드에 $10,000를 투자하면, 매년 투자성과에 무관하게 $78를 납부한다는 것을 의미한다. 소극적으로 관리되는 펀드의 관리수수료는 훨씬 더 낮으며, 평균적으로 약 0.09%이다. 일부 뮤추얼펀드는 매니저가 더 나은 수익을 창출할 것이라고 주장하여 더 높은 수수료를 정당화하지만 투자자는 이러한 주장에 주의해야 한다. 일반적인 뮤추얼펀드가 지속적으로 평균 이상의 수익을 올린다는 증거는 많지 않다. 물론 몇 가지 주목할 만한 예외가 있지만 대부분의 적극적으로 관리되는 펀드는 시장을 따라가는 것 이상의 역할을 하지 않는다. 많은 경우에 펀드는 시장을 따라가지도 못한다. 예를 들어, S&P Indices Versus Active Scorecard에 따르면, 적극적으로 관리되는 대형 주식펀드의 92%는 2017년까지 15년 동안 벤치마크보다 실적이 저조했다. 그리고 적극적으로 관리되는 펀드의 좋지 않은 실적과 높은 수수료는 시간이 지남에 따라 더 많은 투자자가 소극적으로 관리되는 펀드로 이동하게 하였다.

뮤추얼펀드의 성과 적극적으로 관리되는 펀드의 목표는 펀드의 벤치마크를 상회하는 수익을 올리는 것이다. 그런데 실제로 전문적 펀드 매니저들은 얼마나 성공적으로 이 목표를 달성하는가? 〈그림 12.2〉는 이 질문에 대한 몇 가지 증거를 제공한다. 수치는 다양한 범주에 속한 뮤추얼펀드를 대상으로, 2013－2017년까지 5년 동안 벤치마크보다 성과가 낮은 펀드의 비율을 보여준다. 수치는 연도별 성과의 가변성을 완화하고, 투자자들이 적극적으로 관리되는 펀드가 지속적으로 우월한 성과를 낼 수 있는지 알고 싶어 한다는 점을 반영하여, 5년의 투자기간에 초점을 맞추고 있다. 그러나 〈그림 12.2〉의 내용은 포트폴리오 매니저들로서는 달갑지 않을 것이다. 여러 가지 펀드에 걸쳐서, 포트폴리오 매니저의 대다수는 그들의 벤치마크에 뒤지고 있다. 미국 전체의 주식 펀드들을 보면, 거의 87%의 매니저가 벤치마크보다 높은 5년 수익률을 올리는 데 실패했다. 채권 펀드 매니저들의 성과는 더 열등하다. 정크본드 펀드의 94%, 그리고 장기 채권 펀드의 95%가 벤치마크에 하회하고 있다. 메시지는

그림 12.2 벤치마크에 미달한 뮤추얼펀드의 백분율, 2013–2017년

전문적 자금관리자의 서비스에도 불구하고, 시장을 상회하는 것은 어렵다. 2013년부터 2017년까지 5년 동안 시장을 상회하는 데 성공한 펀드는 한 범주뿐이었다.
(출처: SPIVA U.S. Scorecard Year-End 2017, https://us.spindices.com/documents/spiva/spiva-us-year-end-2017.pdf)

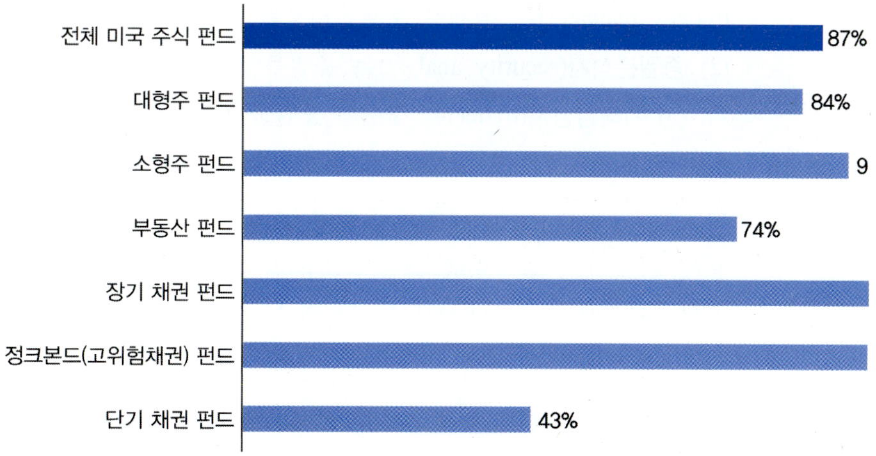

분명하다. 전문적 자산 매니저의 경우에도 지속적으로 시장을 능가하는 것은 어렵다. 일부 펀드가 평균 이상 또는 현저한 수익률을 제공하고 있으나, 대다수 뮤추얼펀드는 단순히 그런 성과수준에 못 미친다. 이것은 뮤추얼펀드의 장기적 수익이 수준 이하라거나, 자금을 저축예금이나 다른 무위험 투자 수단에 예치할 때만큼의 수익을 얻지 못했다는 뜻은 아니다. 사실은 정반대이다. 뮤추얼펀드의 장기적 수익은 상당하다(그리고 아마도 많은 개인투자자들이 스스로 달성할 수 있었던 것보다 훨씬 양호할 것이다). 그러나 그 수익의 상당 부분은 안전한 자산보다는 주식에 투자하여 얻은 위험 프리미엄을 반영한다. 수익의 대부분은 펀드 매니저의 주식선택 능력에 기인하지 않는다.

뮤추얼펀드의 운영방식 뮤추얼펀드를 대규모의 단일 기구로 간주하고 싶은 생각이 들 수 있지만, 이런 견해는 옳지 않다. 펀드의 다양한 기능은 투자, 기록유지, 보관 등 다양한 기능을 두 개 이상의 회사로 나누어져 수행된다. 먼저 펀드 자체는 독립적 회사 또는 신탁으로 조직된다. 펀드는 운용사가 아닌 주주들의 소유이다. 추가하여, 몇 개의 중요한 관계기관들이 있다.

- 일반사무 관리회사(management company)는 펀드의 일상적 운영을 담당한다. 관리회사는 우리가 Fidelity, Vanguard, T. Rowe Price, American Century, Dreyfus 등으로 알고 있는 회사들이다. 이들은 처음 펀드를 결성하는 회사들이다. 일반적으로 관리회사는 투자자문회사 역할도 한다.
- 투자자문회사(investment advisor)는 주식과 채권을 사거나 팔고, 포트폴리오를 감독한다. 통상적으로 이 운영 영역에는 제3자가 참여한다. (1) 자산 매니저(money manager)는 실제로 포트폴리오를 운용하고 매수 및 매도를 결정한다. (2) 증권분석사(security analyst)는 증권을 분석하고 적당한 투자대상을 물색한다. (3) 거래담당자(trader)는 대량의 증권을 가장 유리한 가격으로 매수 및 매도하는 업무를 한다.
- 판매회사(distributor)는 대중에게 직접 또는 승인된 딜러(대형 중개회사 및 상업은행)를 통해 간접적으로 펀드의 지분을 판다. 당신이 사업설명서와 판매설명서를 받고 싶으면 판매회사와 접촉해야 한다.
- 자산보관회사(custodian)는 투자결정에 참여하지 않으면서, 물리적으로 펀드의 증권 및 다른 자산들을 보관한다. 부정행위를 막기 위해 독립적 기관(통상적으로 은행)이 이 업무를 제공한다.

금융시장의 실패

뮤추얼펀드가 잘못된 행동을 했을 때

뮤추얼펀드를 소유한 9천만 미국인들에게 뮤추얼펀드는 돈을 투자하기에 편리하고 상대적으로 안전한 곳이다. 따라서 2003년 9월 뉴욕 검찰총장 Eliot Spitzer가 불법 시간 외 거래, 대규모 기관투자자를 위한 특별 거래, 펀드의 투자정책을 현저하게 위반한 시장 타이밍 및 기타 남용으로 뮤추얼펀드 업계를 뒤흔든 것은 투자자들에게 큰 충격이었다. 여러 대형 중개업체를 포함하여 거의 20개 회사가 스캔들에 빠졌다.

일부 남용은 단기 거래자가 다양한 글로벌 시장의 영업 시간 차이를 악용하려는 관행인 시장 타이밍에서 비롯되었다. 이 사례를 가장 잘 보여주는 예가 있다. 미국 뮤추얼펀드가 일본 주식을 보유하고 있다고 가정해 보겠다. 일본시장은 미국시장보다 약 14시간 전에 마감을 하지만 뮤추얼펀드의 순자산가치는 미국시장이 마감하는 오후 4시에 계산된다. 월요일에 미국시장이 강세를 보인다고 가정해 보자. 투자자들은 이것이 일본에서 화요일 아침에 주식이 상승할 가능성이 매우 높다는 것을 알고 있지만, 뮤추얼펀드에서 주식을 매입함으로써 본질적으로 일본 주식을 "부실한" 가격, 즉 월요일 미국 시장이 반등했다는 좋은 뉴스가 반영되지 않은 가격으로 매수할 수 있다. 대신 펀드의 순자산가치는 14시간 전 일본의 가격을 반영한다. 미국시장이 상승하는 날에 뮤추얼펀드의 주식을 매입하고 미국시장이 하락하는 날에 매각함으로써 거래자들은 정상보다 훨씬 높은 수익을 올릴 수 있다. 대부분의 펀드는 이러한 종류의 활동을 금지하지만 수백만 달러 상당의 펀드 주식을 거래한 대규모 기관투자자에게는 예외가 적용되었다. 규제 당국에 따르면 이 관행은 경마가 끝난 후 우승한 말에 베팅하는 것과 비슷하다.

최근에 조사에서 "펀드 오브 펀드(fund of funds)"로 알려진 뮤추얼펀드와 관련된 남용을 발견했다. 다양한 펀드를 제공하는 일부 대형 투자회사는 투자자에게 투자회사의 다른 펀드의 주식만 보유하는 펀드에 투자할 수 있는 옵션을 제공한다. 그러한 펀드의 관리자는 개별 증권을 선택하지 않고 대신 동일한 펀드 패밀리가 운영하는 서로 다른 뮤추얼펀드에 투자자의 달러를 할당하는 방법을 결정한다. 투자회사의 자금 중 하나가 예상치 못한 대규모 인출사태로 타격을 입었다고 가정한다. 이러한 사건은 펀드가 증권을 할인가격에 매각하여 현금을 모으고 그 결과 펀드의 수익을 낮출 수 있다. 펀드 오브 펀드 매니저는 인출로 타격을 입은 펀드의 주식을 매입하고 주주에게 현금을 분배하라는 압력에 직면하지 않는 다른 펀드의 주식을 판매함으로써 자신의 통제 하에 있는 일부 자금을 재할당한다. 이 관행은 펀드 패밀리 전체에 이익이 되지만 펀드의 주주에게는 이익이 되지 않는다. 그들은 보상 없이 상환요청에 의해 타격을 입은 패밀리의 다른 펀드에 유동성을 효과적으로 제공하고 있다.

비판적 사고 문제〉〉 펀드 매니저가 예상치 못한 투자자 인출로 타격을 받은 다른 펀드의 주식을 매입하면 "펀드 오브 펀드"의 주주들은 어떻게 피해를 입는가?

- 지급대리회사(transfer agent)는 주주로부터 매수 및 상환 요구를 접수하고, 주주 관련 기타 기록을 유지한다.

이런 역할 분담은 뮤추얼펀드 주주를 보호하기 위해 고안되었다. 뮤추얼펀드 투자자는 (만약 펀드의 보유 주식 또는 채권의 가치가 하락하면) 손실을 입을 수 있다. 그러나 이것은 뮤추얼펀드에서 당면하는 유일한 손실위험이다. 이유는 다음과 같다.

위에 언급된 역할 분담에 추가하여, 뮤추얼펀드와 관리회사의 계약조건 가운데 하나는 펀드의 자산(포트폴리오에 포함된 주식, 채권, 현금, 또는 다른 증권들)은 결코 관리회사의 수중에 들어가지 않는다는 것이다. 추가적 안전장치로서, 각 펀드는 주주에 의해 선출되고 관리회사를 감시하는 이사회를 두어야 한다. 그럼에도 불구하고 '금융시장의 실패' 박스에서와 같이, 일부 뮤추얼펀드가 부적절한 거래에 관여하여 투자자에게 손실을 입힌 사례가 있다.

개방형 또는 폐쇄형 펀드 **개방형 펀드**(open-end fund)로 알려진 일부 뮤추얼펀드는 정기적으로 투자자들로부터 신규자금을 모집한다. 펀드는 이 자금을 증권 포트폴리오를 매수하는 데 사용한다. 투자자들이 개방형 펀드에 돈을 보내면, 펀드의 신주를 받는다. 뮤추얼펀드가 발행할 수 있는 주식 수에는 제한이 없다. 투자자들로부터 자금이 유입되는 한, 자산 포트폴리오는 확대된다. 물론, 투자자들은 펀드로부터 자유롭게 돈을 인출할 수 있다. 이런 일이 발생하면, 펀드 매니저는 투자자의 지분을 현금으로 반환한다. 때로는 펀드 주주의 인출요구 때문에 펀드 매니저는 투자자들에게 나누어 줄 돈을 마련하기 위해 증권을 매도해야 하는 경우가 있다(결국 포트폴리오의 크기는 축소된다). 극단적인 경우 투자자 인출액이 예상치 않게 크고 펀드가 보유한 증권이 유동적이지 않은 경우 펀드가 **급매**(fire sale)를 해야 할 수도 있다. 급매는 펀드가 투자자의 인출 요청을 충족시키는 현금을 확보하기 위해 비유동자산을 빨리 매각해야 할 때 발생한다. 급매에서는 펀드가 매도하려는 증권의 가격을 대폭 낮춰야 구매자를 유인할 수 있다. 이러한 경우 구매자는 기본적으로 펀드에 유동성을 제공하고 있으며, 구매자가 펀드에서 구매한 증권에 대해 받는 할인가격은 유동성을 제공함으로써 얻는 보상의 한 형태이다. 증권을 급매가격으로 팔지 않기 위해 그리고 오랫동안 펀드에 돈을 남겨둔 투자자에게 보상하기 위해 일부 펀드는 **상환수수료**(redemption fee)를 부과한다. 상환수수료는 투자자가 펀드의 주식을 매수한 후 얼마되지 않아 매도할 경우 지불하는 수수료이다. 뮤추얼펀드가 부과하는 다른 수수료와 달리 상환수수료는 펀드에 재투자되며 투자회사에 귀속되지 않는다. 모든 개방형 펀드는 투자자가 매도하기로 결정하면 다시 매입한다. 개인 간에는 주식 거래가 없다.

개방형 뮤추얼펀드의 매수 및 매도 거래는 포트폴리오에 포함된 모든 증권의 현재 시장가치에 기초한 가격에 실행된다. 이 거래들은 펀드의 **순자산가치**(net asset value: NAV)로 알려진 가격에서 이루어진다. NAV는 펀드의 보유 증권의 총시장가치를 펀드의 발행주식 수로 나눈 값이다. 개방형 펀드는 일반적으로 매일 종가를 기준으로 NAV를 계산한다. 그리고 이 가격에서 펀드의 인출 및 신규모집이 이루어진다. 당연하게, 펀드의 NAV는 펀드가 보유한 증권들의 가격이 변함에 따라 일중에도 변화한다. 그러나 개방형 펀드와 고객 사이의 거래는 일반적으로 종가 기준 NAV에서 이루어진다.

사 례
순자산가치

만약 어떤 날의 폐장시 XYZ 뮤추얼펀드가 보유한 모든 자산의 시장가치가 $10백만이고, 이 특정일에 XYZ의 발행주식이 500,000주이면, 그 펀드의 주당 순자산가치는 $20 ($10,000,000÷500,000)일 것이다. 펀드에 신규 자금을 투입하려는 투자자는 투자금 $20당 1주를 받는다. 비슷하게, 펀드에 대한 투자를 청산하려는 투자자들은 소유 펀드주식 매 1주당 $20를 받는다.

폐쇄형 투자회사 뮤추얼펀드 구조의 다른 대안은 폐쇄형 펀드이다. **폐쇄형 펀드**(closed-end fund)는 고정된 수의 발행주식으로 운영하며, 정기적으로 신주를 발행하지 않는다. 폐쇄(closed)라는 용어는 펀드가 신규 투자자에게 닫혀 있다는 뜻이다. 펀드가 결성되면, 펀드는 투자자들에게 주식을 발행하여 자금을 조달하고 모집된 자금을 증권에 투자한다. 펀드에 대한 신규 투자는 허용되지 않으며, 마찬가지로 상환도 허용되지 않는다. 그러면 어떻게 투자자들은 폐쇄형 펀드의 주식을 취득하고, 폐쇄형 펀드에 대한 투자를 처분하는가? 폐쇄형 투자회사의 주식은 다른 보통주처럼 유통시장에서 활발하게 거래된다. 개방형 펀드와는 달리, 폐쇄형 펀드 지분의 모든 거래는 투자자와 공개시장 사이에서 이루어지며 투자자와 펀드 사이에서는 일어나지 않는다. 다시 말해 폐쇄형 펀드의 투자자가 지분을 회수하려면, 개방형 펀드의 경우처럼 펀드회사에서 현금으로 환매하지 않는다. 대신에, 투자자는 단순히 공개시장에서 펀드에 투자하기 원하는 다른 투자자에게 주식을 판다. 이 점에서 폐쇄형 펀드의 주식을 매수 및 매도하는 것은 Apple이나 ExxonMobil 같은 회사의 주식을 거래하는 것과 동일하다. 특정 펀드의 지분을 취득하고 싶은 투자자는 이미 소유하고 있는 다른 투자자로부터 매입해야 한다.

폐쇄형 펀드의 투자자는 유통시장에서 주식을 사고팔기 때문에, 폐쇄형과 개방형 펀드 사이에 중요한 차이가 존재한다. 개방형 및 폐쇄형 펀드 모두에서 NAV는 펀드 자산의 시장가치를 펀드의 발행주식 수로 나눈 것이다. 그러나 개방형 펀드의 투자자는 매일 마감시간에 NAV에 의해 지분을 사고팔 수 있지만, 폐쇄형 펀드 투자자는 거래일 중에 펀드의 현재 시장가격에 의해 주식을 거래한다. 중요한 점은 폐쇄형 펀드에서 유통시장의 주식가격은 펀드의 NAV와 같거나 다를 수 있다는 것이다(실제로 다른 경우가 일반적이다). 폐쇄형 펀드의 주가가 NAV보다 낮을 때, 펀드는 할인되어 거래된다고 한다. 그리고 주가가 펀드의 NAV보다 높을 때, 펀드는 할증되어 거래된다. 우리는 나중에 어떻게 폐쇄형 펀드의 할인과 할증이 투자자의 수익에 영향을 주는지 더 논의할 것이다.

폐쇄형 펀드는 투자자로부터의 일상적 유입과 유출을 다룰 필요가 없으므로, 가용자본은 고정되어 있다. 이런 펀드의 매니저는 투자자의 환매 요구를 충족시키기 위한 현금을 보유할 필요가 없다. 단순히 더 많은 투자자들이 펀드에 가입하고 싶어 한다는 이유 때문에 늘 새로운 투자기회를 찾아야 할 필요도 없다.

대다수 폐쇄형 투자회사는 뉴욕 증권거래소에서 거래되고, 일부는 여타 거래소에서 거래된다. 2017년 현재, 미국에서 운영되는 530개 폐쇄형 펀드는 $275십억의 자산을 관리하고, 이 폐쇄형 펀드 자산의 60%는 채권 펀드에 보관되어 있다.

상장지수펀드

상장지수펀드 또는 줄여서 ETF로 불리는 비교적 새로운 형태의 투자회사는 개방형 펀드의 운영 특성 일부와 폐쇄형 펀드의 거래 특성 일부를 결합하고 있다. **상장지수펀드**(exchange-traded fund: ETF)는 일종의 개방형 펀드이며, 증권거래소에서 상장된 증권으로 거래된다. 상장지수펀드는 때로 상장지수 포트폴리오로, 즉 ETP로도 불린다. 이 장의 서두에 기술된 것처럼, 최초의 ETF는 1993년에 탄생했고 S&P 500 주가지수의 움직임을 추종하도록 고안되었다. SEC가 적극적으로 관리되는 상장펀드를 허용한 2008년 이전에는, 거의 모든 ETF는 지수펀드로서 조직되었다. 적극적으로 관리되는 상장펀드는 적극적으로 관리되는 뮤추얼펀드처럼 특정 투자목적을 달성하기 위해 독자적인 투자구성을 만들어낸다.

주식이 발행되고 환매되는 방법의 관점에서, ETF는 뮤추얼펀드와는 기본적으로 반대로 작동한다. 뮤추얼펀드는 투자자들로부터 현금을 수취하고, 증권의 포트폴리오에 자금을 투자한다. ETF는 증권 포트폴리오가 매입되어 신탁될 때 만들어지고, 이후에 신탁재산에 대한 청구권을 나타내는 주식이 발행된다.

더 정확하게 설명하기 위해, Smart Investors라는 회사가 ETF를 설정한다고 가정하자. ETF 운용회사(ETF sponsor)인 Smart Investors는 이 ETF가 S&P 500 주가지수를 추종하도록 만들기로 결정한다. Smart Investors는 지정참가회사(authorized participant: AP)로 알려진 기관과 접촉한다. 이 회사는 일반적으로 일종의 대규모 기관

그림 12.3 ETF의 작동원리

ETF는 지정참가회사가 ETF 운용회사에 증권 포트폴리오를 인도할 때 설정되고, 운용회사는 ETF 주식을 지정참가회사에게 교부한다. 이 주식들은 투자자에게 매각되고, 거래소에서 거래된다.

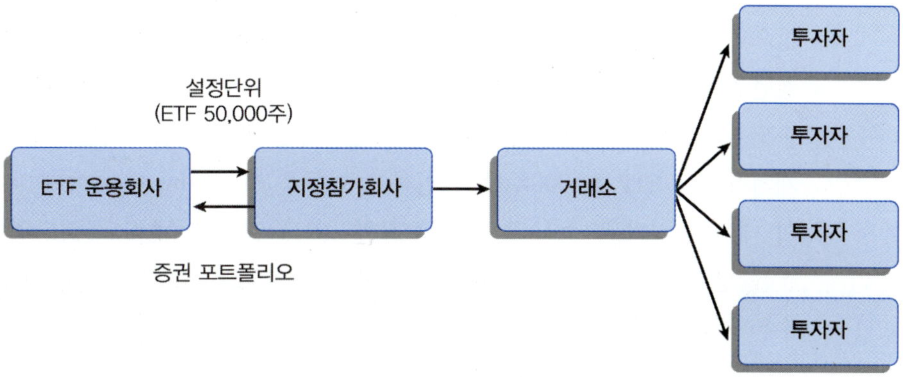

투자자이다. AP의 본질적 특성은 대량의 주식을 비교적 신속하게 취득할 능력이 있다는 것이다. AP는 S&P 500 지수에 포함된 모든 회사를 대표하는 주식 포트폴리오를 취득하여, Smart Investors에 전달한다. Smart Investors는 이 주식들을 신탁한다. 이 대가로 Smart Investors는 AP에게 ETF의 균일하게 분할된 지분을 대량으로 제공한다. 이 대량 지분은 **설정단위**(creation unit)로 불린다. 한 설정단위에 포함된 ETF 주식의 수는 다양하다. 그러나 설정단위당 50,000주가 일반적이다. 따라서 각 ETF 주식은 Smart Investors가 신탁한 주식들의 50,000분의 1에 대한 청구권을 나타낸다. AP는 지급된 주식을 수취하여 투자자들에게 매도한다. 이제 주식은 유통시장에 자유롭게 거래되기 시작한다. 〈그림 12.3〉은 ETF, 지정참가회사, 그리고 투자자들의 관계를 예시한다.

사 례

ETF 생성

어떤 지정참가회사(AP)가 S&P 500 지수의 모든 주식을 포함하는 주식 포트폴리오를 취득했다. 이 주식들의 총 시장가치는 $100백만이다. AP는 이 주식들을 Smart Investors에 전달하고, 이 대가로 Smart Investors는 AP에게 각각 50,000주의 ETF 주식을 포함하는 100 설정단위를 발급했다. 따라서 AP는 총 5,000,000 ETF 주식을 보유한다. AP는 이 주식들을 각각 $20에 투자자들에게 판매하며, 발행된 ETF 주식의 총가치는 신탁된 주식의 가치와 동일하다. 매일 ETF 주식가격은 신탁된 증권가치의 변화에 따라 변동할 것이다.

ETF는 폐쇄형 펀드와 동일한 방법으로 투자자들에게 유동성을 제공한다. 즉, ETF 투자자는 장중에 언제든지 주식을 사고팔 수 있다. 그러나 폐쇄형 펀드와는 달리, ETF는 반드시 고정된 수의 주식을 발행하는 것은 아니다. 우리의 S&P 500 지수를 추종하는 Smart Investors ETF 예로 돌아가자. 만약 이 ETF에 대한 투자자 수요가 많으면, Smart Investors는 지정참가회사와 협조하여 대량의 주식을 더 매입하고 설정단위를 추가하여 새로운 ETF 주식을 발행할 수 있다. 이 과정은 반대로 실행될 수도 있다. 만약 어느 시점에 S&P 500에 대한 관심이 감소하면, 지정참가회사는 공개시장에서 ETF 50,000주를 매입하고 이들을 Smart Investors에게 매도할 수 있다. 이 대가로 신탁된 주식 일부를 수취한다(ETF 50,000주는 1설정단위에 해당한다는 것을 상기하자). 따라서 폐쇄형 펀드의 고정된 주식 수와는 달리, ETF의 발행주식 수는 시간이 지남에 따라 증감한다.

지정참가회사는 ETF 신주를 만들어내거나 발행된 주식을 환매할 수 있기 때문에, ETF 주가는 일반적으로 신탁된 주식들의 NAV와 일치한다. 다시 말해, ETF는 일반적으로 폐쇄형 펀드처럼 할증 또는 할인되어 거래되지 않는다. 예를 들어, 어느 시점에 S&P 500 ETF의 주가가 NAV 미만에서(즉, 신탁된 주식의 가치보다 낮게) 거래되고 있다고 가정하자. 이 경우 지정참가회사는 단순히 공개시장에서 ETF 주식을 매입할 수 있다. 그 주식들을 ETF를 만든 운용회사(즉, Smart Investors)에 반환하고, 신탁된 주식들을 회수한다. 지정참가회사는 매입한 ETF 주식의 가치가 수취한 주식들의 가치보다 낮기 때문에, 이 거래에서 이익을 얻는다. 당연하게, 지정참가회사가 이 거래를 실행하기 위해 ETF 주식을 사들이기 시작하면, ETF 가격에 상승압력을 줄 수 있다. 결국 지정참가회사의 행동은 ETF 가격이 신탁된 주식들의 NAV에 항상 근접하게, 정확하게는 아니더라도, 일치하도록 도와준다.

투자자들은 ETF가 제공하는 이점에 만족하는 것 같다. 〈그림 12.4〉는 1995년 이후 ETF의 폭발적 성장을 보여준다. 1994년에 $1십억 미만에서 시작하여, ETF에 투자된 자산의 합계는 2017년에 $3조를 상회했다. 연간 성장률은 복리로 50%를 넘는다! 다양한 ETF도 급격히 증가했다. 1995년에는 미국 시장에 단 2종목의 ETF가 존재했으나, 2017년까지 이 숫자는 1,832종목으로 수직상승했다. 당연하게, 절대 다수는 지수 ETF이었다. 대단히 많은 지수 ETF가 존재하기 때문에, 투자자들은 주식시장의 상상가능한 어떤 섹터에 대해서도 추종 ETF를 발견할 수 있다는 사실이 놀랍지 않다. 여기에는 기술주, 사회간접자본, 그리고 많은 다른 섹터들이 포함된다. 또한 채권, 상품, 부동산, 그리고 통화와 같은 다른 자산집단에 초점을 맞춘 ETF들도 있다. 압도적으로 일반적인 ETF의 종류는 미국의 대형주에 집중하는 것이다.

그림 12.4 상장지수펀드에 투자된 자산

상장지수펀드에 투자된 자산은 1995년부터 2017년까지 약 $1십억으로부터 $3조 이상으로 증가했다.
(출처: *2018 Investment Company Fact Book*, http://www.icifactbook.org/pdf/2018_fact-book.pdf)

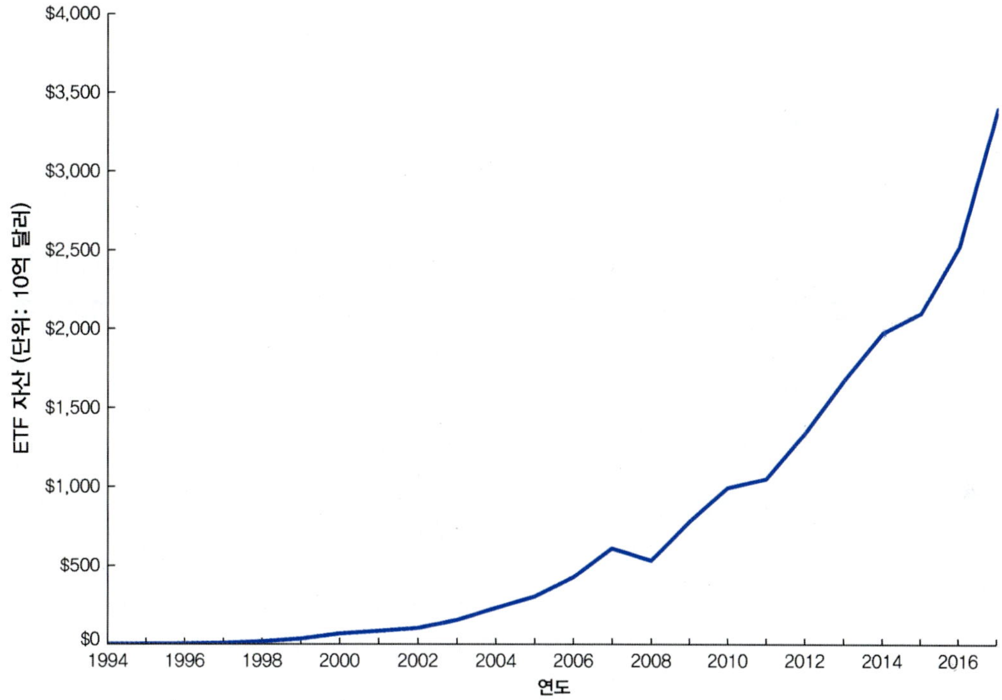

ETF는 폐쇄형 펀드의 많은 장점들을 전통적 (개방형) 펀드의 장점과 결합하고 있다. 폐쇄형 펀드처럼, 당신은 브로커를 통해 주문함으로써 장중에 언제든지 ETF를 사고팔 수 있다(그리고 다른 주식과 같은 일반적 수수료를 지불한다). 대조적으로, 전통적 개방형 펀드는 장중 가격으로 거래할 수 없다 — 이 펀드들의 모든 매수 및 매도 주문은 폐장시간에 종가 기준으로 처리된다. 또한 ETF는 증거금에 기초하여 매입되거나 공매도될 수 있다. 더욱이 지수 ETF는 소극적으로 관리되기 때문에, 통상적 지수펀드의 모든 이점을 제공한다 — 저비용, 포트폴리오의 낮은 회전율, 그리고 낮은 세금. 실제로 ETF는 주주들에게 자본이득을 거의 분배하지 않기 때문에, 펀드의 세금부담은 매우 낮다. 따라서 당신은 수십 년 동안 지수 ETF를 보유하면서 자본이득세를 한 푼도 안 낼 수도 있다(적어도 주식을 팔 때까지).

중요한 고려사항

폐쇄형 투자회사(또는 ETF)는 주식을 사고팔 때, 다른 주식 거래처럼 수수료를 지불할 것이다. 그러나 이는 개방형 뮤추얼펀드에는 해당되지 않는다. 개방형 펀드에 투자하는 비용은 펀드가 투자자들에게 부과하는 수수료에 의해 결정된다.

수수료 및 무-수수료 펀드 개방형 펀드의 수수료는 당신이 펀드 주식을 살 때 지불하는 중개료이다. 일반적으로 **수수료 펀드**(load fund)라는 용어는 주식 매입 시 수수료를 부과하는 뮤추얼펀드를 뜻한다. (이 수수료는 **선취수수료**(front-end load)로도 알려져 있다.) **무-수수료 펀드**(no-load fund)는 판매수수료를 부과하지 않는다. 수수료 부담은 시간이 지나면서 감소하나, 여전히 상당한 금액일 수 있다. 주식 펀드의 투자금액에 대해 투자자가 지급하는 평균 선취수수료는 1980년의 7.9%로부터 2016년의 5.4%로 하락했다. 그러나 많은 펀드는 판매량에 대한 할인을 제공한다. 일부 펀드는 퇴직계좌를 통해 매달 자동으로 이루어진 투자에 대해 판매수수료를 부과하지 않으며 다른 펀드는 대규모 투자에 대해 할인을 제공한다. 평균적으로 투자자가 실제로 지불하는 판매수수료는 1990년 약 3.9%에서 2016년 1.1%로 감소했다. 이러한 유형의 할인을 제공하는 펀드는 **저-수수료 펀드**(low-load fund)로 알려져 있다.

때로 펀드는 **후취수수료**(back-end load)를 부과할 수 있다. 이것은 주식이 환매될 때 펀드가 수수료를 부과한다는 것을 뜻한다. 이 수수료는 환매된 주식 가치의 5%에 달할 수 있다. 그러나 후취수수료는 시간이 지남에 따라 하락하는 경향이 있고, 일반적으로 매입 후 5년 또는 6년 후에는 소멸한다. 후취수수료의 목적은 투자자가 단기간에 펀드를 사고팔지 않도록 함으로써 펀드의 안정성을 높이는 것이다.

수수료와 무-수수료 펀드의 성과 차이는 거의 또는 전혀 없음에도 불구하고, 무-수수료 펀드의 비용절감 효과는 투자자가 우월한 수익률을 달성하는 데 한발 앞서게 해준다. 유감스럽게도, 더 많은 무-수수료 펀드들이 12(b)–1 **펀드**가 됨에 따라, 진정한 무-수수료 펀드는 점점 더 보기 어려워지고 있다. 이 펀드들은 매입 시 직접적으로 수수료를 부과하지 않는다. 대신, 수수료를 충당하기 위해 매년 12(b)-1 수수료로 불리는 금액을 부과한다. (이 수수료는 아래에서 더 상세히 설명된다.) 전체적으로, 현재 판매되는 펀드들의 절반 미만이 순수한 무-수수료 펀드이고; 나머지는 어떤 형태든지 수수료를 부과한다.

감춰진 수수료(hidden load)로 이해될 수 있는 12(b)–1 **수수료**는 펀드(특히 무-수수료 펀드)의 판매 및 마케팅 비용을 충당하도록 고안된다. 연간 수수료는 관리되는

투자자 현실

하락하는 펀드 수수료 및 비용 뮤추얼펀드가 투자자에게 부과하는 수수료와 비용은 1980년 이후 현저히 하락했다. 주식 펀드의 투자자에 의해 지불된 평균 수수료 및 비용은 1980년에 펀드 자산의 2.32%였다. 이 수치는 2017년 말까지 0.59%로 거의 60% 하락했다. 비용이 낮은 지수 펀드의 인기가 높아진 것이 부분적으로 이러한 추세를 설명하지만 적극적으로 관리되는 펀드 중에서도 비용이 감소했다. 채권 펀드도 수수료 및 비용의 비슷한 하락을 경험했다.

투자자 오류

항상 지불한 만큼 얻을 수 있는 것은 아니다. 직관적으로 높은 성과를 내는 뮤추얼펀드는 더 높은 수수료를 부과할 것이라고 예상할 수 있지만 실제로는 그 반대이다. 성과가 낮은 펀드는 더 높은 수수료를 부과한다. 분명히 성과가 저조한 펀드는 펀드 성과에 상대적으로 둔감한 투자자를 대상으로 마케팅을 하고, 펀드는 부주의한 투자자에게 높은 수수료를 부과한다. 이것이 투자자들이 펀드의 실적과 수수료를 면밀히 관찰하는 것이 중요한 이유이다.

(출처: Javier Gil-Bazo and Pablo Ruiz-Verdu, "The Relation Between Price and Performance in the Mutual Fund Industry," *Journal of Finance*, October 2009)

자산의 1%에 달할 수 있다. 강세 또는 약세 시장에 상관없이, 투자자는 우선 수수료를 부담함으로써 통행료를 지불한다. 예를 들어, 1%의 12(b)-1 수수료를 부과하는 펀드에 투자된 $10,000를 생각해 보자. 이는 연간 $100의 수수료를 의미한다. 분명하게 적은 금액은 아니다. 12(b)-1 수수료는 펀드 비용비율(expense ratio)의 일부로 펀드의 기타 운영 수수료에 포함된다.

펀드 수수료의 금액을 규제하기 위해 FINRA(Financial Industry Regulatory Authority)는 뮤추얼펀드 수수료에 대해 일련의 상한을 정했다. 가장 최근의 지침에 따르면, 뮤추얼펀드는 선취수수료 및 후취수수료 그리고 12(b)-1 수수료를 포함하는 판매수수료 명목으로 합계 8.5% 이상을 부과할 수 없다. 따라서 만약 펀드가 5%의 선취수수료와 1%의 12(b)-1 수수료를 부과한다면, 8.5% 상한을 위반하지 않으면서 최대 2.5%의 후취수수료를 부과할 수 있다. 또한 SEC는 12(b)-1 수수료에 연간 1%의 상한을 정했다. 더 중요한 점은, 진정한 무-수수료 펀드는 연간 0.25% 이상의 12(b)-1 수수료를 부과할 수 없도록 규정했다는 것이다. 만약 이를 초과하면, 판매 및 광고 자료에서 무-수수료라는 표현을 사용할 수 없다.

기타 수수료 및 비용 뮤추얼펀드를 소유하는 데 드는 다른 비용은 **운용수수료**(management fee)이다. 이는 펀드의 포트폴리오를 운영하는 전문적 매니저에게 지급되는 보상이다. 펀드가 수수료 또는 무-수수료 펀드이든, 개방형 또는 폐쇄형 펀드 또는 상장지수펀드이든 상관없이, 당신은 이 수수료를 지불해야 한다. 일회성 비용인 판매 및 환매 수수료와는 달리, 투자회사는 펀드 성과에 상관없이 운용 및 12(b)-1 수수료를 매년 부과한다. 또한 펀드를 운영하는 사무비용이 존재한다. 이는 상당히 낮은 수준이며 통상적인 사업비를 반영한다(예를 들어, 펀드가 증권을 사고팔 때 지불하는 수수료). 펀드가 부과하는 다양한 수수료는 일반적으로 평균 관리자산의 0.2% 미만부터 2%까지 범위에 존재한다. 이런 운용수수료에 추가하여, 당신이 자금을 어떤 펀드에서 같은 운용회사의 다른 펀드로 보낼 때, 서비스 제공 비용을 작은 잔고의 계좌로 이연할 수 있도록 하기 위해 어떤 펀드는 교환수수료 또는 유지수수료를 매년 부과한다.

SEC는 뮤추얼펀드가 스스로 모든 수수료와 비용을 표준화되고 이해하기 쉬운 형

〈표 12.1〉 뮤추얼펀드 수수료 표(연방법에 의한 필수사항)

아래 표는 당신이 펀드 주식을 사고, 보유하고, 또는 팔 때 발생하는 수수료와 비용을 기술한다.

주주 수수료(투자자가 직접 지불)	
매입 시 최대 판매수수료(판매가격의 백분율)	3%
재투자된 분배금에 대한 판매수수료	없음
환매 시 이연 판매수수료	없음
교환수수료	없음
연간 계좌유지 수수료($2,500 미만 계좌)	$12.00

연간 펀드 운영비(펀드 자산으로부터 지급)	
운용수수료	0.45%
분배 및 서비스 12(b)–1 수수료	없음
기타 비용	0.20%
총 연간 펀드 운영비	0.65%

사례

이 사례는 투자자로 하여금 상이한 펀드의 투자비용을 비교하는 데 도움을 주려는 것이다. 예는 펀드에 1년, 3년, 5년, 10년 동안 $10,000를 투자하고, 이 기간들의 종료시점에 모든 펀드 주식을 환매하는 것을 가정한다. 또한 투자는 매년 5%의 수익을 내고 펀드 운영비는 동일한 것으로 가정한다. 실제 비용은 더 높거나 낮을 수 있으나, 이 가정들에 기초한 투자자 비용은 다음과 같다:

1년	$ 364
3년	$ 502
5년	$ 651
10년	$ 1,086

태로 완전히 공개하도록 요구한다. 모든 펀드의 프로파일(profile) 또는 사업설명서는 명시적으로 〈표 12.1〉에 예시된 것과 비슷한 상당히 자세한 수수료 일람표를 포함해야 한다. 이 표는 세 부분으로 구성되어 있다. 첫째는 주주의 모든 거래비용을 설명한다. 이는 당신에게 뮤추얼펀드 주식을 사고파는 비용이 얼마일지 알려준다. 다음 부분은 펀드의 연간 운영비용 목록이다. 이 비용들을 평균 순자산의 백분율로 표시하는 과정에서, 펀드는 운용수수료, 12(b)-1 수수료, 그리고 다른 비용들을 구분해야 한다. 셋째 부분은 펀드의 매입, 매도, 그리고 소유를 위한 총비용을 시간경과에 따라 추적한다. 표의 이 부분은 거래 및 운영 비용을 포함하고, 가상적인 1년, 3년, 5년, 10년의 보유기간에 대해 총비용을 보여준다. 일관성과 비교가능성을 유지하기 위해, 예시 표를 만들 때 펀드는 일련의 엄격한 지침을 따라야 한다.

다른 종류의 투자회사

개방형 펀드, 폐쇄형 펀드, 상장지수펀드 외에 다른 종류의 투자회사는 (1) 부동산투자신탁, (2) 헤지펀드, (3) 단위 투자신탁, (4) 연금이다. 단위 투자신탁, 연금, 헤지펀드는 주로 주식과 채권 같은 시장성 증권에 투자한다는 점에서 뮤추얼펀드와 비슷하다. 대조적으로, 부동산투자신탁은 주로 부동산담보대출과 같은 다양한 종류의 부동산 관련 자산에 투자한다. 이 절에서는 부동산투자신탁과 헤지펀드를 살펴본다.

부동산투자신탁 **부동산투자신탁**(real estate investment trusts: REITs)은 부동산담보대출 및 다양한 부동산 자산에 투자하는 일종의 폐쇄형 투자회사이다. 리츠(REITs)는 자산에 대한 주식을 투자대중에게 판 수입금과 함께 차입자금을 이용하여, 부동산 투자의 포트폴리오에 투자한다는 점에서 뮤추얼펀드와 비슷하다. 따라서 투자자는 리츠에 의해 보유된 부동산 포트폴리오의 일부를 소유한다. 리츠의 기본적 매력은 투자자로 하여금, 재산관리의 모든 온갖 골칫거리 없이, 부동산 소유로부터 발생하는 자본이득과 현금소득을 수취할 수 있게 한다는 것이다. 리츠는 또한 대단히 매력적인 배당수익률 때문에, 현금소득을 지향하는 투자자들에게 인기가 높다.

리츠에는 세 가지 기본 형태가 있다. 첫 번째는 **부동산 리츠** 또는 **주식 리츠**이다. 이들은 쇼핑센터, 호텔, 아파트 및 사무실 건물과 같은 물리적 구조에 투자하는 리츠이다. 두 번째 유형은 **모기지 리츠**라고 하며, 모기지에 투자하기 때문에 그렇게 부른다. 세 번째 유형은 부동산과 모기지 모두에 투자할 수 있는 **하이브리드 리츠**이다. 모기지 리츠는 소득 중심적인 경향이 있다. 이것은 높은 경상수익률을 강조한다. (이것은 기본적으로 부채에 투자된 증권으로부터 기대될 수 있다.) 대조적으로 주식 리츠는 매력적인 경상수익률을 광고할 수도 있으나, 대다수는 다양한 금액의 자본이득을 얻을 수 있는 잠재력을 제공한다(보유 재산의 가치가 상승함에 따라). 2017년 말에 181개 종목의 주식 리츠가 있었으며, 이들은 다양한 부동산 자산으로 합계 $1.066조를 보유했다. 주식 리츠가 시장의 대부분을 차지했다. 41개 종목의 모기지 리츠는 자산규모가 $68십억이었으며, 하이브리드 리츠는 시장으로부터 사라져버렸다.

리츠는 리츠 결성 요건을 규정한 1960년의 부동산투자신탁법(Real Estate Investment Trust Act of 1960)과 투자 및 수입 분배에 관한 규정 및 절차를 준수해야 한다. 리츠는 거의 모든 수입을 소유자에게 분배해야 하기 때문에, 투자자금을 마련하기 위해 많은 차입을 한다. 많은 보험회사, 부동산대출 은행, 그리고 상업은행들이 리츠를 결성했으며, 대다수는 주요 증권거래소에서 거래된다. 리츠에서 발생한 소득은 과세되지 않으나, 소유자들에게 분배된 소득은 일반소득으로 간주되어 과세된다. 리츠는 지난 5년 내지 10년 동안 주로 대단히 매력적인 수익에 기인하여 매우 인기가 높았다. 평균 연 수익률들이 아래 목록에서 비교되고 있다. 지난 10년간 리츠는 보통주보다 성과가 조금 낮았다.

기간	리츠(REITs)*	S&P 500	나스닥 종합지수
5년(2012–2017)	9.9%	15.79%	19.4%
10년(2007–2017)	7.73%	8.50%	11.26%

* 출처: 미국 부동산신탁협회(National Association of Real Estate Trusts), *REITWatch*, January 2018, https://www.reit.com/investing/investing-tools/nareit-statistical-publications/reitwatch/reitwatch-2018/RW1801.pdf.

대단히 경쟁력 있는 수익성에 추가하여, 리츠는 바람직한 포트폴리오 분산 특성과 매우 매력적인(즉, 약 4.0%의) 배당수익률을 제공한다. 이 수익률은 일반적으로 보통주의 수익을 훨씬 넘는다.

헤지펀드 먼저 명칭의 유사함에도 불구하고, 헤지펀드는 뮤추얼펀드가 아니라는 것을 이해해야 한다. 그들은 완전히 다른 투자상품이다! **헤지펀드**(hedge fund)는 통상적으로 유한회사 형태의 사적 기구이며, 따라서 별다른 규제를 받지 않는다. 무한책임 사원은 펀드를 운용하고, 펀드의 이익분배에 직접 참가한다 — 관리자산의 1% 내지 2%의 기본 수수료에 추가하여 빈번히 이익의 10% 내지 20%의 "성과 수수료"를 수취한다. 유한책임 사원은 투자자들이고, 주로 연기금, 기금, 민간 은행과 같은 기관투자자 그리고 소득이 많은 개인투자자로 이루어진다. 헤지펀드는 규제를 받지 않기 때문에 "승인된 투자자"에게만 판매된다. 이는 개인투자자의 경우 순자산 $1백만 초과 그리고/또는 (인정되는 원천에서 발생하는) 연소득이 적어도 $200,000를 넘어야 한다는 의미이다. 많은 헤지펀드들은 스스로의 선택으로 더 엄격한 제한을 두고 있어서 매우 많은 순자산을 가진 개인들로 투자자를 제한하고 있다. 또한 어떤 헤지펀드는 참가 투자자의 수를 제한하고 있다(주로 100명을 넘지 않는 수준).

물론, 이런 관행은 뮤추얼펀드가 운영하는 방법과는 크게 대조된다. 헤지펀드는 별다른 규제를 받지 않으나, 뮤추얼펀드는 매우 엄격하게 규제되고 감시받는다. 개인들은 뮤추얼펀드에 투자하기 위해 자격을 갖추거나 승인받을 필요는 없다. 어떤 뮤추얼펀드는 $50,000~$100,000 또는 그 이상의 최소 투자액을 설정하는 경우가

> **투자자 현실**
>
> **헤지펀드의 수치 조작** 최근의 연구는 헤지펀드는 손실 발생 시 수익률을 왜곡하여 보고한다는 것을 발견했다. 그 연구는, 헤지펀드의 자체 보고된 수익률에서, 비정상적으로 낮은 빈도의 소규모 손실과 비정상적으로 높은 빈도의 소규모 이익을 발견했다. 이 패턴은 헤지펀드는 손실 발생 시, 만약 손실이 지나치게 크지 않으면 소규모 이익으로 보고함으로써 결과를 조작함을 시사한다.

있으나, 이는 예외이지 법칙은 아니다. 헤지펀드는 다르다 — 많은 헤지펀드가 수백만 달러에 달하는 최소 투자금을 정해두고 있다. 또한 뮤추얼펀드의 성과는 모두 볼 수 있도록 공개되어 있다. 한편 헤지펀드는, 적어도 일반 대중에게는, 그런 정보를 결코 알려주지 않는다. 뮤추얼펀드는 법에 따라 정기적이고 표준화된 가격결정과 평가정보를 투자자들 및 일반 대중에게 제공해야 한다. 그러나 헤지펀드는 그런 의무로부터 완전히 자유롭다. 헤지펀드의 세계는 매우 비밀스럽고, 가급적 불투명하다.

그러나 헤지펀드와 뮤추얼펀드는 한 가지 점에서 비슷하다. 모두 투자자의 자금을 받아서 집단적으로 투자하는 집합투자기구이다. 다시 말해, 두 펀드는 전문적으로 관리되는 증권 포트폴리오의 지분(또는 참가증서)을 판다. 대다수 헤지펀드는 자본을 유지하면서(즉, 시장의 하락위험에 대비하면서) 변동성과 위험을 낮추고, 그러면서도 다양한 시장환경 하에서 양(positive)의 수익을 얻을 수 있도록 포트폴리오를 구성한다. 이를 위해 그들은 매수 및 매도 포지션, 다양한 (이익을 확보하는) 차익거래 전략, 그리고 옵션, 선물 및 다른 파생증권들을 포함하는 매우 복잡한 시장 포지션을 취한다. 실제로 헤지펀드는 적당한 수준의 위험으로 상당한 이득을 얻을 수 있다고 믿는 경우에는, 거의 모든 시장의 거의 모든 기회에 투자한다.

개념 리뷰

해답은 www.pearson.com/mylab/finance에서 찾을 수 있음.

12.1 뮤추얼펀드는 무엇인가? 뮤추얼펀드의 개념을 분산투자와 전문적 관리의 중요성을 포함하여 논의하라.

12.2 뮤추얼펀드 소유의 장점과 단점은 무엇인가?

12.3 어떻게 뮤추얼펀드가 조직되는지 간단히 기술하라. 전형적인 뮤추얼펀드 조직의 핵심 관계자는 누구인가?

12.4 다음 용어들을 각각 정의하라.
a. 개방형 투자회사 b. 폐쇄형 투자회사 c. 상장지수펀드
d. 부동산투자신탁 e. 헤지펀드

12.5 수수료 펀드와 무-수수료 펀드의 차이는 무엇인가? 각 종류의 장점은 무엇인가? 12(b)-1 펀드는 무엇인가? 이런 펀드가 무-수수료 펀드로 운영될 수 있는가?

12.6 후취수수료, 저 수수료, 그리고 숨겨진 수수료를 설명하라. 펀드가 어떤 종류의 수수료와 비용을 갖고 있는지 어떻게 알 수 있는가?

펀드의 종류 및 서비스

LG3 LG4 일부 뮤추얼펀드는 주식에 그리고 다른 뮤추얼펀드는 채권에 전문화한다. 어떤 것은 투자목표로서 최대 자본이득을 설정하고, 다른 것은 높은 경상소득을 목표로 한다. 어떤 펀드는 투기자에게 매력적이고, 다른 펀드는 현금수입 지향적 투자자에게 매력적이다. 각 펀드는 특정한 투자목표를 갖고 있고, 정해진 투자 정책과 목표를 준수해야 한다. 펀드를 투자 정책 및 목표에 의해 분류하는 것은 뮤추얼펀드 업계의 일반적 관행이다. 동일 범주는 자금관리 방법과 위험-수익 특성의 유사성을 시사한다. 비교적 인기 있는 뮤추얼펀드의 종류는 성장, 공격적 성장, 가치, 주식-소득, 균형, 성장-소득, 채권, 화폐시장, 지수, 섹터, 사회적 책임, 자산배분, 그리고 국제 펀드 등이다.

물론 기술된 투자목표가 아닌 다른 것에 기초하여 펀드의 범주를 정할 수도 있다. 예를 들어, 업계의 연구 및 보고 서비스의 선두주자인 Morningstar는 펀드의 실제 포트폴리오 포지션에 기초한 분류체계를 개발했다. 기본적으로, 그것은 펀드 포트폴리오의 구성을 주의 깊게 평가하고 보유 증권이 집중된 곳을 찾는 것이다. 이 정보를 이용하여, 투자 스타일(성장, 가치, 또는 혼합), 시장 부문(소형, 중형, 대형 주), 또는 다른 요소에 따라 펀드를 분류한다. 이 정보는 뮤추얼펀드 투자자가 스스로의 포트폴리오를 구성 또는 재조정할 때 자산배분을 결정하도록 도와준다. 그러나 우리는 위에서 언급된 투자-목표 분류체계에 따라, 다양한 종류의 뮤추얼펀드의 내용과 운영방법을 살펴보기로 한다.

뮤추얼펀드의 종류

성장 펀드 **성장 펀드**(growth fund)의 목표는 단순하다. 바로 자산가치 상승이다. 이들은 주로 잘 운영되는 평균적 성장잠재력을 상회하는 대형 또는 중형 회사에 투자한다. 그들이 주식을 사는 기업은 이익을 분배하지 않고 재투자하기 때문에, 배당수입은 (있는 경우에도) 거의 제공하지 않는다. 성장 펀드는 평균보다 높은 위험을 가진 주식에 투자한다.

공격적 성장 펀드 공격적 성장 펀드는 시장이 가열될 때 인기가 상승하는 경향이 있는 소위 성과 펀드로 불린다. **공격적 성장 펀드**(aggressive-growth fund)는 매우 투기적이며, 주로 "고공비행"으로 불리는 보통주로 구성된 포트폴리오를 갖고 있다. 이 펀드들은 빈번하게 소형, 미공개 회사의 주식, 그리고 비교적 높은 주가/수익 배수를 가진 주식을 매입한다. 이들은 종종 매우 열악한 재무적 성과로부터 회복 중인 회사들에 투자한다. 그리고 포트폴리오에 레버리지를 이용하는 경우도 있다(즉, 증거금만으로 주식을 매수한다). 공격적 성장 펀드는 뮤추얼펀드 중에서 가장 변동성이 높다. 시장이 호황일 때, 공격적 성장 펀드의 성과는 좋다; 역으로 시장이 불황일 때 이 펀드들은 상당한 손실을 경험하기도 한다.

가치 펀드 **가치 펀드**(value fund)는 시장에 의해 과소평가된 주식으로 투자대상을 제한한다. 즉, 펀드는 내재가치보다 낮은 가격에 거래되는 주식을 찾는다. 성장 펀드와는 현저하게 대조적으로, 가치 펀드는 비교적 낮은 주가/수익 비율, 높은 배당수익률, 그리고 적당한 수준의 재무레버리지를 가진 주식을 모색한다. 가치투자가 성장투자보다 일반적으로 덜 위험한 것으로 간주됨에도 불구하고, 가치 펀드 투자자에 대한 장기적 수익은 성장 펀드 그리고 심지어 공격적 성장 펀드보다 높다.

주식-소득 펀드 **주식-소득 펀드**(equity-income fund)는 높은 배당수익률을 가진 주식을 매입한다. 자본 유지 또한 이 펀드들의 중요한 목표이다. 이들은 주로 양질의 보통주, 전환증권과 우선주, 그리고 가끔 위험 채권이나 일부 높은 등급을 가진 외국채권에 투자한다. 주식 보유와 관련해서는, 주로 블루 칩, 사회간접자본, 그리고 금융업 주식에 의존한다. 일반적으로 배당과 경상소득을 중시하기 때문에, 이 펀드들은 전체 시장보다 낮은 변동성을 가진 양질의 증권을 보유하는 경향이 있다.

균형 펀드 **균형 펀드**(balanced fund)는 현금 수입과 장기적 자본이득의 균형적 수익을 창출하는 목적을 갖고 있다. 주식과 채권을 모두 포함하는 균형적 포트폴리오를 보유하는 경향이 있다. 그들은 주식-소득 펀드와 많이 유사하다. 그러나 균형 펀드는 일반적으로 고정소득증권에 더 많이 투자한다. 채권은 주로 경상소득을 제공하는 데 이용되고, 주식은 장기적 성장 잠재력을 위해 선택된다. 균형 펀드는 보통주에만 투자하는 펀드보다 덜 위험하다.

성장-소득 펀드 **성장-소득 펀드**(growth-and-income fund)도 현금 수입과 장기적 자본이득 모두로 이루어진 균형적 수익을 추구한다. 그러나 이들은 자본의 증식을 더 중시한다. 균형 펀드와는 달리, 성장-소득 펀드는 대부분의 자금을 주식에 투자한다. 실제로 이 펀드들이 자본의 80~90%를 보통주에 투자하는 경우도 드물지 않다. 이들은 대부분의 투자를 양질의 증권으로 제한한다. 따라서 성장지향적 블루칩 주식이 양질의 수익주와 함께 포트폴리오에 존재한다. 이 펀드들의 매력 가운데 하나는 많은 펀드가 장기에 걸쳐 창출된 상당히 높은 수익을 얻었다는 것이다. 이 펀드들은 주식과 자본이득을 중시하기 때문에, 상당한 크기의 위험을 포함한다. 따라서 성장-소득 펀드는 위험과 가격 변동성을 수용할 수 있는 투자자에게 가장 적당하다.

채권 펀드 명칭이 시사하는 것처럼, **채권 펀드**(bond fund)는 다양한 종류와 등급에 걸쳐 채권에만 투자한다 — 국채와 특수채부터 회사채와 지방채 그리고 부동산대출담보부증권 같은 다른 부채 증권. 채권의 이자로부터 발생하는 소득이 주요 투자목표이다.

채권에 직접 투자하지 않고 채권 펀드의 지분을 사는 것은 3가지 중요한 이점을 갖고 있다. 첫째, 채권 펀드는 일반적으로 채권 직접투자보다 더 유동적이다. 둘째, 비싼 자산집단 안에서 높은 수준의 분산효과를 달성하기 위한 비용효율적인 방법을 제공한다. (대다수 채권은 최소 1,000달러 내지 5,000달러의 액면가를 갖고 있다.) 셋째, 채권 펀드는 자동적으로 이자 및 다른 소득을 재투자한다. 따라서 당신은 완전한 복리 수익률을 얻을 수 있다.

채권 펀드는 일반적으로 상당히 보수적 형태의 투자로 간주된다. 그러나 위험이 없는 것은 아니다. 포트폴리오에 포함된 채권의 가격은 이자율 변동에 따라 변화한다. 오늘날의 시장에서 투자자는 높은 신용등급을 가진 국채 펀드부터 위험채권에만 투자하는 매우 투기적인 펀드 또는 심지어 높은 변동성을 가진 파생증권에 이르기까지 모든 증권을 발견할 수 있다. 투자자들이 이용할 수 있는 여러 종류의 국내 채권 펀드 목록과 주요 투자 채권은 다음과 같다.

- 국채 펀드(government bond fund)는 미국 국채와 특수채에 투자한다.
- 안전 회사채 펀드(high-grade corporate bond fund)는 주로 BBB 등급 또는 그 이상의 투자등급 증권에 투자한다.
- 고수익 회사채 펀드(high-yield corporate bond fund)는 수익률을 목적으로 위험채권을 매입하는 위험투자이다.
- 지방채 펀드(municipal bond fund)는 비과세 증권에 투자한다. 이것은 비과세 소

득을 추구하는 투자자에게 적합하다. 상응하는 회사채와 비슷하게, 지방채 펀드는 안전 또는 고수익 펀드로 상품화된다. 특별한 종류의 지방채 펀드는 1개 주의 지방증권에만 투자하는 소위 단일 주 펀드이다. 이는 (해당 주의 거주자에 대해) 연방 및 주의 세금(그리고 지역/시 세금)을 면제받는 이자소득을 만들어낸다.

- **부동산저당대출 유동화 채권 펀드**(mortgage-backed bond fund)는 미국 정부의 다양한 부동산저당대출 유동화 증권(예를 들어, GNMA 증권)에 자금을 투자한다. 이 펀드들은 몇 가지 이유로 투자자의 관심을 끈다. (1) 분산효과를 제공한다. (2) 부동산저당대출 유동화 증권에 투자할 수 있는 수단이다. (3) 투자자로 하여금 월간 현금흐름의 원금 부분을 재투자하도록 함으로써 자본을 유지할 수 있도록 해준다.
- **전환사채 펀드**(convertible bond fund)는 주로 보통주로 전환되거나 교환될 수 있는 증권에 투자한다. 이 펀드들은 투자자에게 채권의 가격 안정성 특성 그리고 주식의 가치상승 잠재력을 제공한다.
- **중기채권 펀드**(intermediate-term bond fund)는 만기 10년 이하 채권에 투자하며, 빈번하게 매력적인 수익률과 함께 낮은 가격 변동성을 제공한다. 상대적 단기채(2년 내지 5년 만기) 펀드도 존재한다; 이 상대적 단기채 펀드는 자금에 대한 더 높은 수익률을 찾는 투자자들에 의해 화폐시장 투자의 대체수단으로 빈번하게 이용된다. 특히, 단기 금리가 하락하는 경우에 그렇다.

명백하게, 당신이 고정소득증권에서 무엇을 추구하든지 관계없이 적당한 채권 펀드를 발견할 수 있을 것이다. *2018 Investment Company Fact Book*에 따르면, 채권 펀드는 미국 뮤추얼펀드 자산의 약 21%를 차지한다.

화폐시장 펀드 **화폐시장 뮤추얼펀드**(money market mutual fund), 또는 간단히 **화폐시장 펀드**(money fund)는 뮤추얼펀드의 개념을 단기 화폐시장 상품의 매수 및 매도에 적용한 것이다 — 은행 예금증서, 단기 국채, 그리고 유사한 상품들. 이 펀드들은 투자자로 하여금 적당한 금액의 자본으로 고수익 화폐시장에 투자할 수 있도록 해준다. 이 시장에서는 많은 상품들이 최소 $100,000 이상의 투자를 요구한다. 2017년 말 기준으로, 화폐시장 펀드는 미국 뮤추얼펀드 자산의 약 13%를 차지하였는데, 이는 2008년 불황 이후 이용가능한 단기 유가증권에 대한 매우 낮은 이자율로 인해 수년 동안 감소한 수치이다.

몇 가지 종류의 화폐시장 뮤추얼펀드가 존재한다.

- **일반적 화폐시장 펀드(general purpose money fund)**는 국채와 은행 CD부터 기업 어음까지, 모든 종류의 화폐시장 투자 수단에 투자할 수 있다. 절대 다수의 화폐시장 펀드는 이런 종류이다.
- **국채 화폐시장 펀드(government securities money fund)**는 단기국채와 다른 정부 및 기관 발행 단기증권으로 투자를 제한함으로써 신용위험을 실질적으로 제거한다.
- **비과세 화폐시장 펀드(tax-exempt money fund)**는 매우 단기(30일 내지 90일)의 비과세 지방채로 투자를 제한한다. 이 소득은 연방세를 면제받기 때문에, 주로 고세율 구간에 있는 투자자들에게 매력적이다.

모든 대형 증권회사는 적어도 4 또는 5개의 자체 펀드를 갖고 있고, 다른 수백 개가 독립적 펀드 판매회사에 의해 판매된다. 보유 증권의 최대 평균 만기가 90일을 초과할 수 없기 때문에, 화폐시장 펀드들은 매우 유동적인 투자수단이다. 그러나 수익은 이자율 변동과 함께 등락한다. 펀드 자산의 95% 이상이 최고등급/우대등급 증권에 투자되어야 하기 때문에 자본손실 가능성은 거의 없다. 실제로, 만약 수표 발행 권리를 제공하면, 화폐시장 펀드는 당좌 또는 저축 예금만큼 유동성을 갖고 있다. 많은 투자자들은 이 펀드들을 자본을 축적하고 일시적으로 유휴자금을 보존하는 편리하고, 안전하며, (적당한) 수익을 제공하는 방법으로 간주한다.

투자자 현실

장기 투자 항해 소극적 투자에 극단적인 접근법을 취하는 펀드에는 Voya Corporate Leaders Trust Fund(LEXCX)가 있다. 1935년에 30개의 주식 포트폴리오로 설립된 이 펀드는 자체 투자설명서에 의해 포트폴리오에 새로운 회사를 추가하는 것이 금지되었다. 수년 동안 합병, 분할 또는 파산으로 인해 주식이 펀드에서 탈락했기 때문에 2010년 말까지 펀드는 21개의 주식만 보유했다. 펀드 포트폴리오의 80%를 차지하는 기업은 10개뿐이다. 보수적인 성격에도 불구하고 2018년 1분기 말 현재 10년 후의 수익률은 Morningstar의 대형 가치 범주의 상위 2%에 속했다. 이 펀드는 지난 5년 동안 8.85%, 지난 10년 동안 7.82%의 수익을 올렸다.

지수 펀드 "만약 상대를 이길 수 없으면 한편이 되라." 이 말은 지수 펀드의 배후 개념을 상당히 잘 묘사한다. 기본적으로 **지수 펀드(index fund)**는 S&P 500 같은 시장지수에 포함된 것들과 동등한 주식(또는 채권)의 포트폴리오를 매입하여 보유한다. 대다수 적극적으로 관리되는 펀드가 추구하는 시장을 이기려는 목적 대신, 지수 펀드는 시장과 동행하려 한다. 이는 저비용 투자관리를 통해 달성된다. 실제로 대다수의 경우, 전체 포트폴리오는 거의 전적으로 펀드의 보유자산을 목표 지수에 일치시키는 컴퓨터에 의해 운용된다.

지수 펀드의 접근방법은 엄격하게 매입-보유이다. 실제로 지수 펀드의

금융시장의 실패

깨진 $1(Breaking the Buck)

전통적으로 투자자들은 일반적으로 저위험 단기 채무증권에 투자하기 때문에 화폐시장 뮤추얼펀드를 가장 안전한 유형의 뮤추얼펀드로 간주했다. 이 펀드는 일반적으로 주가를 $1로 유지하고 단기 유가증권에서 얻은 이자를 투자자에게 분배한다.

최초의 화폐시장 뮤추얼펀드인 리저브 펀드(Reserve Fund)는 1971년에 설립되었다. 불행히도 리먼 브라더스가 2008년 9월 15일 파산신청을 했을 때 리저브 펀드는 리먼에 대한 단기대출 $785백만을 보유하고 있었다. 이러한 보유 자산은 갑자기 가치가 없어졌고, 이로 인해 리저브 펀드의 주가는 $0.97로 떨어짐으로써 "$1가 깨져버렸다." 펀드 투자자들은 펀드의 다른 보유에 대해 걱정하고 환매요청이 쏟아져 들어왔다. 결국 펀드는 받은 모든 환매요청을 충족하지 못해 펀드 운영을 중단하고 자산을 청산했다.

금융위기 당시 이 사건과 다른 사건에 대응하여 SEC는 화폐시장 펀드에 새로운 제한을 가해 과거보다 더 높은 신용등급과 더 큰 유동성을 가진 증권을 보유하도록 강요했다.

포트폴리오가 변하는 유일한 시기는 목표 시장지수가 증권의 "시장 바스켓(market basket)"을 변경할 때이다. 이 매입-보유 접근법의 바람직한 부산물은 펀드의 포트폴리오 회전율이 매우 낮고, 따라서 실현된 자본이득이 거의 없다는 것이다. 결국 약간의 배당소득 외에, 이 펀드들은 과세소득을 매년 거의 만들지 않는다. 이 점은 많은 고소득 투자자들로 하여금 이들을 일종의 세금절감 투자로 간주하게 만든다. 지수 펀드는 수년 동안 인기가 높아졌다. 1999년 이후 주가지수 펀드는 시장점유율(모든 주식 뮤추얼펀드 대비)을 9.4%에서 26.6%로 늘렸다. 가장 큰 지수 펀드는 S&P 500 또는 전체 주식시장에 연결된 펀드이다.

섹터 펀드 **섹터 펀드**(sector fund)는 시장의 특정 섹터(또는 부문)만으로 투자를 제한하는 뮤추얼펀드이다. 예를 들어, 보건 섹터 펀드는 제약회사, 병원경영 기업, 의료 공급자, 그리고 생명과학기술 관련 사업과 같은 산업의 주식들에 집중한다. 비교적 인기 있는 섹터 펀드에는 기술, 금융 서비스, 부동산(REITs), 천연자원, 통신, 그리고 보건 등이 있다. 섹터 펀드의 주요 투자목표는 통상적으로 자본이득이다. 섹터 펀드는 일반적으로 성장 펀드와 비슷하며, 특히 잘 분산되지 않기 때문에 투기적인 것으로 간주된다.

사회적 책임 펀드 어떤 사람에게는 투자는 단순히 재무비율을 다루거나 투자수익을 계산하는 것 이상의 의미를 갖는다. 이런 투자자에게 증권선택 과정은 도덕적, 윤리적, 환경적 문제에 대한 적극적, 명시적인 고려를 포함하는 것이다. 이 펀드의 개념은 투자결정에서 사회적 고려가 재무적 문제만큼 중요한 역할을 해야 한다는 것이다. 많은 펀드가 이런 투자자에게 제공되고 있는 것은 놀라운 일이 아니다. 이들은 **사회적 책임 펀드**(socially responsible fund)로 알려졌다. 그들은 윤리와 도덕을 투자결정에 적극적이고 직접적으로 포함시킨다. 결국 그들의 투자결정은 도덕과 수익 모두에 관련되어 있다.

사회적 책임 펀드는 포트폴리오 포함 대상으로 일부 회사들만 고려한다. 만약 어떤 회사가 펀드의 도덕적, 윤리적, 또는 환경적 기준을 충족하지 못하면, 기본적 수익성이 아무리 좋아도, 펀드 매니저는 주식을 결코 매입하지 않는다. 일반적으로 말하면, 이 펀드들은 담배, 술, 도박, 또는 무기로부터 수입을 얻거나 원자력 발전소를 운영하는 회사에 대한 투자를 자제한다. 또한 이 펀드들은 "책임성 있는" 제품과 서비스를 생산하고, 탄탄한 근로자 관계와 긍정적인 환경 관련 기록을 유지하며, 소재하는 지역사회에 대해 사회적 책임을 수행하는 기업을 선호한다.

자산배분 펀드 연구 결과에 의하면 투자자가 할 수 있는 가장 중요한 결정은 투자 자산을 어디에 배분할지 결정하는 것이다. 자산배분은 당신이 다양한 종류의 증권에 어떻게 투자를 나눌지 결정하는 것을 포함한다. 예를 들어, 자금의 어느 부분을 화폐시장 증권에, 어느 부분을 주식에, 그리고 어느 부분을 채권에 투자할까? 자산배분은 넓은 범주(증권의 종류)를 다루며 개별 증권선택에는 초점을 맞추지 않는다.

많은 개인투자자들이 자산배분 결정을 하는 데 어려운 시간을 보내기 때문에, 뮤추얼펀드 산업은 그 일을 대신할 수 있는 상품을 만들었다. **자산배분 펀드**(asset allocation fund)로 알려진 이 펀드들은 투자자의 자금을 다양한 종류의 자산집단에 분산한다. 대다수 뮤추얼펀드는 한 종류의 투자에 집중하나 — 주식, 채권, 또는 화폐시장 증권 — 자산배분 펀드는 이런 모든 자산에 자금을 투자한다. 많은 펀드는 해외증권도 포함하고, 일부는 심지어 금이나 부동산, 인플레이션 지수 채권 같은 인플레이션 보호 자산에도 투자한다.

이 펀드들은 개별 증권의 선택뿐 아니라 다양한 시장들에 대해 자금을 배분하기 위해 펀드 매니저를 고용하고자 하는 사람들을 위해 고안되었다. 전형적인 자산배분 펀드가 작동하는 방법은 다음과 같다. 자금관리자는 펀드의 목표 배분 구성을 정한다. 이것은 미국 주식에 50%, 채권에 30%, 해외증권에 10%, 화폐시장 증권에 10%와 같이 보일 수 있다. 이제 증권은 이 비율에 의해 펀드로 매입되고, 전체 포트

> **투자자 현실**
>
> **나이와 자산배분** 올바른 자산배분을 결정할 때 고려되어야 할 투자목적, 시장상황 같은 몇 가지 중요한 요인들이 있음에도 불구하고, 오래 전부터의 지침은 나이에 기초하라는 것이다. 이 법칙은 주식에 투자된 포트폴리오 비중은 100으로부터 나이를 뺀 숫자라는 것이다. 예를 들어, 만약 당신이 25세이면, 포트폴리오의 75%는 주식에 투자된다. 당신이 나이가 들면서, 법칙은 포트폴리오를 더 위험한 주식으로부터 덜 위험한 채권 또는 화폐시장 상품으로 이전하는 것이다. 그러나 요즈음 사람들은 더 오래 살기 때문에, 주식에 대한 배분을 결정하기 위해 많은 재무설계사들은 110 또는 120에서 나이를 차감할 것을 권장한다.

폴리오는 목표 구성을 유지한다. 실제로, 펀드의 각 부문은 거의 독립된 부분처럼 관리된다. 따라서 예를 들어, 주식 부분에 속한 증권은 시장환경에 따라 매입, 매도, 그리고 보유된다. 그러나 시간이 지남에 따라 시장상황이 변하면 자산배분 구성도 변화한다. 예를 들어, 만약 미국 주식시장이 하락하기 시작하면, 펀드는 포트폴리오의 (국내)주식 비중을, 예를 들어 35%로 낮추고 동시에 해외증권 비중을 25%로 높일 수 있다. 물론, 자금관리자가 올바른 시점에 올바른 결정을 한다는 보장은 없다.

특별한 유형의 자산배분 펀드 중 하나는 **목표 기간 펀드**(target date fund)로 알려져 있다. 목표 기간 펀드는 특정 목표 날짜에 연결된 자산배분계획을 따른다. 처음에는 펀드의 자산배분이 주식으로 크게 기울어졌지만 시간이 지나 펀드의 목표 시점이 다가옴에 따라 배분이 주식에서 채권으로 옮겨가면서 포트폴리오는 더욱 보수적이 된다. 이 펀드는 은퇴를 위해 돈을 저축하려는 투자자에게 매력적이다. 예를 들어, 25세 근로자는 목표 시점이 2060년인 펀드를 선택하는 반면 45세 근로자는 목표 시점이 2040년인 펀드를 선택할 수 있다. 해당하는 목표 시점을 선택하여 (적어도 대략) 예상되는 은퇴 날짜까지 두 투자자는 은퇴가 가까워짐에 따라 펀드 매니저가 투자의 위험 수준을 점진적으로 낮출 것이라고 확신할 수 있다.

국제 펀드 더 분산된 투자와 높은 수익을 찾는 과정에서, 미국 투자자들은 해외증권에 더 많은 관심을 보이고 있다. 기회를 감지하고, 뮤추얼펀드 산업은 **국제 펀드**(international fund)에 신속히 반응했다 — 이 뮤추얼펀드는 모든 또는 거의 모든 투자를 해외증권에 투입한다. 많은 사람들이 해외증권에 투자하기를 원하지만, 단지 실행방법을 모르는 경우가 있다. 투자자들이 국제 경제 문제와 그것들이 펀드의 수익에 주는 영향에 관한 기본적 이해만 갖고 있으면, 국제 펀드는 적당한 수단이 될 수 있다.

기술적으로, **국제 펀드**라는 용어는 해외증권에만 투자하는 펀드의 종류를 뜻한다. 이런 펀드는 그들의 활동을 특정 지역으로 빈번하게 제한한다(예를 들어, 멕시코, 호주, 유럽, 또는 환태평양 지역). 대조적으로, **세계 펀드**(global fund)는 해외증권과 미국 회사 — 일반적으로 다국적 기업 — 모두에 투자한다. 펀드가 세계이든 또는 국제이든 관계없이(앞으로, 양자에 모두 **국제**라는 용어를 사용할 것이다), 당신이 원하는 펀드는 어떤 것이라도 발견할 수 있을 것이다. 국제 주식 펀드, 국제 채권 펀드, 그리고 심지어 국제 화폐시장 펀드도 존재한다. 공격적 성장 펀드, 균형 펀드, 장기 성장 펀드, 그리고 안전채권 펀드가 있다. 일부 펀드들은 성숙한 대규모 시장(일본, 독일, 호주 등)으로 투자를 제한하고, 다른 펀드들은 신흥시장(태국, 멕시코, 칠레 등)에 집중한다. 세계 주식 뮤추얼펀드에 대한 수요는 2017년에 증가했으며, 투자자가 이 펀드에서 $23십억을 인출한 2016년에 비해 투자자가 순매수 $77십억에 달했다. 2017년 유입의 대부분은 국제 주식 펀드로 이동했다.

투자자 서비스

명백하게, 투자자는 돈을 벌기 위해 펀드 지분을 매입한다. 그러나 뮤추얼펀드에 투자하는 다른 중요한 이유들이 있다. 뮤추얼펀드의 가치있는 서비스도 중요하다. 가장 필요한 뮤추얼펀드 서비스의 일부는 자동적인 투자와 재투자 계획, 정기적인 소득 프로그램, 전환권, 그리고 은퇴계획이다.

자동적 투자계획 돈을 벌려면 돈이 든다. 투자자에게 이 말은 시장에 투자하려면 자본을 축적할 수 있어야 한다는 뜻이다. 뮤추얼펀드는 저축과 자본 축적을 가능한 한 덜 고통스럽게 만드는 프로그램을 제시했다. 그 프로그램은 **자동적 투자계획**(automatic investment plan)이다. 이 서비스는 펀드 주주로 하여금 정해진 금액을 급여나 은행계좌로부터 뮤추얼펀드로 자동적으로 보낼 수 있도록 해준다. 이는 급여공제계획과 매우 흡사하다.

펀드 서비스는 주주로 하여금 고민 없이 정기적으로 투자할 수 있도록 해주기 때문에 매우 인기 있다. 대략 모든 펀드 그룹이 거의 모든 주식과 채권 펀드들에게 일종의 자동적 투자계획을 제공한다. 가입하려면, 당신은 단순히 펀드로 하여금 정해진 금액(통상적으로 기간별 최소 $25 내지 $100)을 정기적으로 은행계좌로부터 옮길 수 있도록 승인하는 양식을 작성하면 된다. 일단 가입되면, 당신은 더 많은 주식을 정기적으로 매입할 수 있다. 물론, 만약 수수료 펀드이면, 당신은 정기적 투자에 대해 일정한 판매수수료를 지불해야 한다. 당신은 전화 한 통으로 언제든지 벌칙적 비용 없이 프로그램을 탈퇴할 수 있다. 편리성이 자동적 투자계획의 주된 이점일 것이나, 탄탄한 투자 논리도 존재한다. 큰 금액의 자본을 형성하는 가장 좋은 방법의 하나는 장기간에 걸쳐 체계적으로 자금을 투자 프로그램에 추가하는 것이다. 정기적으로 투자 포트폴리오를 추가하는 것은 대단히 중요하다. 그 중요성은 복리효과로부터 기인한다.

자동적 재투자계획 자동적 재투자계획은 뮤추얼펀드의 실질적 이점의 다른 하나이며, 거의 모든 개방형 펀드에 의해 제공된다. 자동적 투자계획이 펀드에 주입하는 자금을 다루는 한편, 자동적 재투자계획은 펀드가 주주들에게 지급하는 배당을 다룬다. 뮤추얼펀드의 **자동적 재투자계획**(automatic reinvestment plan)은 배당 그리고/또는 자본이득을 펀드 주식의 추가 매입에 사용함으로써, 당신의 자본을 완전히 활용할 수 있도록 해준다. 대다수 펀드는 재투자된 자금으로 주식을 매입하는 데에는 수수료를 부과하지 않는다. 그러나 당신이 모든 배당 및 자본이득 분배금을 재투자하더라도, 국세청은 그것들을 현금수입으로 간주한다는 사실을 기억해야 한다. 당신이 분배받은 금액은 당해 연도의 투자소득으로서 과세된다.

자동적 재투자계획은 완전한 복리 수익률을 얻을 수 있도록 해준다. 당신은 이익을 재투자함으로써 더 많은 소득을 창출하는 데 이용할 수 있다. 실제로, 장기적으로 축적된 총자본에 대한 이 계획의 효과는 상당한 금액일 수 있다.

그림 12.5 배당재투자의 효과

배당의 재투자는 투자 포지션에 막대한 영향을 줄 수 있다. 이 그래프는 배당의 재투자 또는 그렇지 않은 경우에 대해, S&P 500에 1988년 1월 $10,000를 투자한 결과를 보여준다.

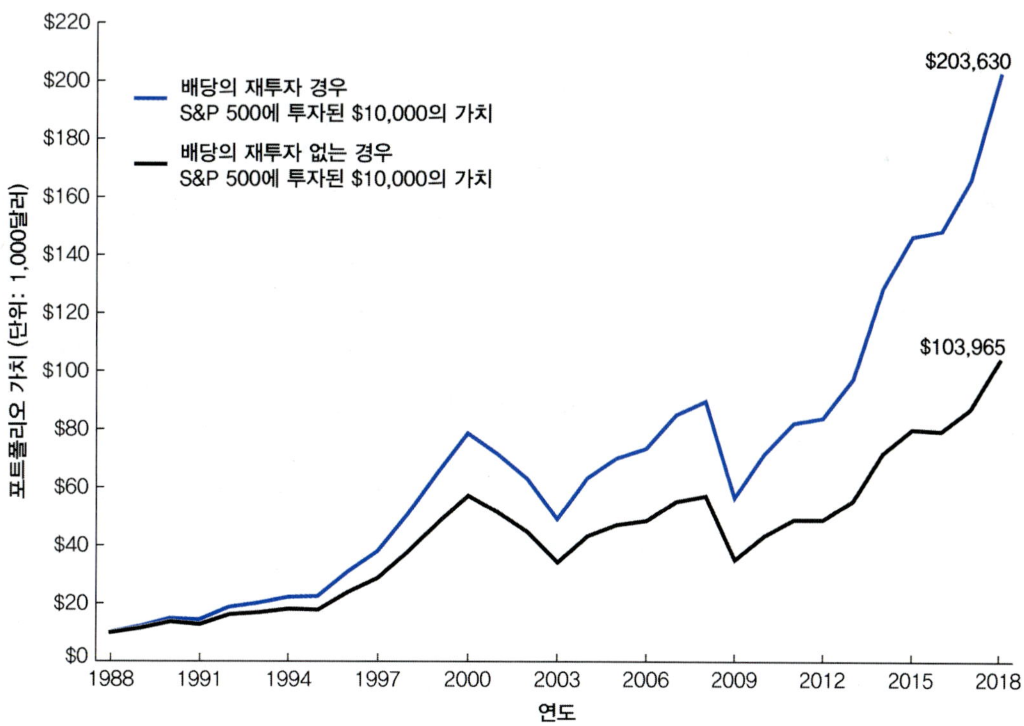

〈그림 12.5〉는 S&P 500 지수를 대상으로 재투자된 배당 및 자본이득 소득의 장기적 효과를 보여준다. 예시에서, 투자자는 1988년 1월에 $10,000로 시작한다고 가정하자. 윗선은 배당이 발생하면 투자자가 재투자하는 경우에 얼마나 돈이 모이는지, 아랫선은 재투자하지 않는 경우를 나타낸다. 시간이 지남에 따라 이 두 접근방법의 차이는 상당히 커진다. 배당이 재투자되면, 투자자는 2018년 5월까지 $203,630 상당의 포트폴리오를 보유하게 된다. 만약 배당을 재투자하지 않으면, 포트폴리오 가치는 단지 $103,965에 이를 것이다.

정기적 소득 자동적 투자 및 재투자 계획은 장기 투자자에게 매우 유리하다. 그러나 안정적 수입 흐름을 추구하는 투자자에게는 어떨까? 이 경우에도 뮤추얼펀드는 수요를 충족하기 위한 서비스를 갖고 있다. 소위 **체계적 인출계획**(systematic withdrawal plan)이 대다수 개방형 펀드에 의해 제공된다. 투자자는 일단 가입하면, 자동적으로 매월 또는 매분기에 미리 정해진 금액을 받는다. 대다수 펀드는 가입자격으로 최소 투자금액 $5,000 이상, 최소 지급액은 기간당 $50 이상(최고액은 제한 없음)을 요구한다. 펀드는 월별 또는 분기별 수입을 먼저 배당하고 그 다음으로 실현된 자본이득으로부터 인출하여 지불한다. 이 원천들이 부족하고 주주가 승인한 경우에는, 펀드는 원금 또는 최초 납입자본으로 필요한 정기적 지급액을 충당한다.

전환권 때로 투자자는 한 펀드로부터 다른 펀드로 옮길 필요를 느낀다. 예를 들어, 당신의 목표 또는 투자환경이 변할 수 있다. **전환 또는 교환권**(conversion or exchange privilege)은 이런 필요를 편리하고 저렴하게 충족하도록 고안되었다. 많은 상이한 펀드들 — **펀드집단**(fund family)으로 알려진 — 을 공급하는 투자운용회사는 주주로 하여금 한 펀드로부터 다른 펀드로 자금을 옮길 수 있는 전환권을 제공한다. 전환은 전화 또는 인터넷으로 이루어진다. 유일한 제약은 전환은 동일 펀드집단 안에서만 가능하다는 것이다. 예를 들어, 당신은 Dreyfus 성장 펀드로부터 Dreyfus 화폐시장 펀드 또는 Dreyfus에 의해 운용되는 다른 펀드로 전환할 수 있다.

전환권은 계속 변화하는 장기적 목적을 충족할 수 있도록 하기 때문에 일반적으로 유익한 것으로 간주된다. 또한 투자환경의 변화에 따라 펀드를 옮겨 다니면서, 뮤추얼펀드 보유를 더 공격적으로 관리할 수 있도록 한다. 그러나 한 가지 단점이 있다. 세금의 관점에서, 한 펀드로부터 다른 펀드로의 주식교환은 매도와 그 뒤를 따르는 새로운 주식의 매수로 간주된다. 결국 교환 시점에 자본이득이 존재하면, 보유주식이 진정한 의미에서 "청산"되지 않았지만 그 이익에 대한 세금을 납부해야 한다.

은퇴 프로그램 정부 입법의 결과로서, 자영업을 하는 개인은 세전 소득의 일부를 자신의 은퇴계획(self-directed retirement plans: SEPs)으로 옮길 수 있다. 또한 미국 근로자는 개인퇴직계좌(IRA)를 만들 수 있다. 실제로, 1997년에 통과된 법에 의해, 자격을 갖춘 투자자는 공제와 비공제(Roth) IRA 중에서 선택할 수 있다. 이런 프로그램에 가입하기에는 너무 많은 소득이 있는 사람들까지도 특수한 비공제 IRA를 만들 수 있다. 오늘날 모든 뮤추얼펀드는 개인들로 하여금 세금이연 은퇴 프로그램을 만들 수 있도록 서비스를 제공한다. IRA 또는 Keogh 계좌를 선택할 수 있다 — 또는 직장을 통해 401(k)와 같은 세금감면 퇴직계획에 가입할 수 있다. 펀드는 프로그램을 만들고 모든 사무적 업무를 처리한다. 따라서 주주는 이용가능한 모든 세금절감 효과를 쉽게 활용할 수 있다.

개념 리뷰

해답은 www.pearson.com/mylab/finance에서 찾을 수 있음.

12.7 다음 뮤추얼펀드의 종류를 각각 설명하라:
a. 공격적 성장 펀드
b. 주식-소득 펀드
c. 성장-소득 펀드
d. 채권 펀드
e. 섹터 펀드
f. 사회적 책임 펀드

12.8 자산배분 펀드는 무엇이며, 다른 종류의 뮤추얼펀드와는 어떻게 다른가?

12.9 만약 성장, 소득, 그리고 자본 보전이 뮤추얼펀드의 주요 목적이면, 굳이 종류별로 펀드를 구분하는 이유는 무엇인가? 이런 분류가 펀드선택 과정에서 도움을 줄 것인가? 설명하라.

12.10 펀드집단(패밀리)은 무엇인가? 펀드집단은 투자자에게 어떤 장점을 제공하는가? 단점이 있는가?

12.11 뮤추얼펀드에 의해 제공되는 투자자 서비스의 일부를 기술하라. 자동적 재투자계획은 무엇이며, 자동적 투자계획과 어떻게 다른가?

뮤추얼펀드 투자

LG5 LG6 투자자들은 수천 개의 뮤추얼펀드를 선택할 수 있다. 이러한 광범위한 메뉴에서 선택하는 것은 위협적일 수 있지만 개인 투자 요구사항을 펀드의 투자목표와 일치시킴으로써 대안 목록을 줄일 수 있다.

뮤추얼펀드의 용도

뮤추얼펀드는 다양한 방법으로 사용된다. 예를 들어, 성과 펀드는 자본가치 확대의 수단으로 이용될 수 있고, 채권 펀드는 현금 수입을 제공한다. 뮤추얼펀드가 제공하는 소득의 종류에 관계없이, 투자자들은 이 증권들을 (1) 재산을 축적하는 수단, (2) 가치 저장, (3) 높은 수익률을 달성하는 투기적 수단으로 사용하는 경향이 있다.

재산의 축적 이는 아마도 뮤추얼펀드를 이용하는 가장 일반적 이유일 것이다. 기본적으로 투자자는 투자자본을 축적하기 위해 장기적으로 뮤추얼펀드를 이용한다. 당신의 목적에 따라 수용할 수 있는 적당한 금액의 위험이 있을 것이나, 일반적으로 자본의 유지와 자본의 안정성이 중요한 요소로 간주될 것이다. 전체적 아이디어는 가능한 한 큰 자본을 만드는 과정에서 뮤추얼펀드와 "동반자 관계"를 형성하는 것이다. 당신은 펀드에 체계적으로 투자하고 재투자함으로써 자본을 제공하고, 펀드는 당신의 자원을 현명하게 사용하기 위해 최선을 기울임으로써 수익을 제공한다.

가치의 저장 투자자들은 또한 뮤추얼펀드를 가치 저장 수단으로 이용한다. 이 아이디어는 투자자본이 상당히 안전하고 비교적 손실 가능성을 가질 수 있고 동시에 비교적 매력적인 수익률을 창출할 수 있는 투자처를 찾는 것이다. 단기 및 중기 채권 펀드는 이런 목적을 위한 논리적인 선택이며, 화폐시장 펀드도 마찬가지이다. 어떤 투자자들에게는 자본의 보전과 장기적 소득이 매우 중요하다. 다른 투자자들은 단지 단기적으로만 가치를 저장하고, 예를 들어 더 매력적인 기회가 생길 때까지 "대기하는" 장소로 화폐시장 펀드를 이용한다.

투기와 단기적 거래 투기가 점점 일반화하고 있으나, 아직 대다수 뮤추얼펀드에 의해 널리 사용되지는 않는다. 물론 그 이유는 대다수 뮤추얼펀드의 성격이 장기적이기 때문이며, 따라서 공격적인 거래 도구로 쓰이려는 것은 아니기 때문이다. 그러나 더 많은 수의 펀드(예를 들어, 섹터 펀드)가 투기자들의 수요에 맞추고 있다. 일부 투자자들은 뮤추얼펀드가 투기와 단기적 거래를 위해 편리하다는 사실을 알게 되었다.

이를 실행하는 방법의 하나는 투자환경의 변화에 맞추어 공격적으로 펀드 지분을 사고파는 것이다. 저비용의 전환권을 제공 그리고/또는 무-수수료 펀드만을 다루는 펀드집단과 거래함으로써, 수수료는 회피(또는 절감)될 수 있다. 다른 투자자들은 장기적 투자로서 뮤추얼펀드를 선택하면서, 그러나 매우 공격적인 거래전략을 따르는 펀드에 투자함으로써 높은 수익률을 추구할 수 있다. 이들은 일반적으로 레버리지 펀드, 옵션 펀드, 신흥시장 펀드, 소형주 공격적 성장 펀드, 그리고 섹터 펀드처럼 적당히 특화되고 비교적 소규모인 펀드들이다. 기본적으로 이런 펀드의 투자자들은 단순히 전문적 자금관리자로 하여금 그들의 계좌를 공격적으로 운영하도록 한다.

선택 과정

뮤추얼펀드에서 모든 투자자들이 먼저 묻는 질문이 있다. 왜 뮤추얼펀드로부터 시작해야 하는가? 왜 직접 주식과 채권을 매입하여 "개별적으로 투자"하면 안 되는가? 초보 투자자나 적은 자본을 가진 투자자에게는, 대답은 간단하다. 뮤추얼펀드에 투자하면, 스스로 달성할 수 있는 어떤 경우보다 많은 분산효과를 얻을 수 있다. 추가하여, 합리적인 비용으로 전문적인 자금관리자의 도움을 받을 수 있다. 더 경험 많은 투자자에게, 그 대답은 아마도 더 심각할 것이다. 명백하게 분산투자와 전문적 자금관리자가 고려되나, 다른 이유도 있다. 뮤추얼펀드가 제공하는 경쟁력 있는 수익과 서비스가 한 요인이다. 많은 경험 있는 투자자들은 뮤추얼펀드를 세심하게 선택하면 스스로 투자하는 것보다 높은 수익을 얻을 수 있다고 믿는다. 이런 투자자들 가운데 일부는 스스로 개별 증권을 사고파는 데 자본의 일부를 사용하고, 그들이 완전히 이해하지 못하거나 잘 알지 못한다고 느끼는 영역에 투자하는 뮤추얼펀드를 사는 데 나머지 자본을 사용한다. 예를 들어, 외국시장에 투자하거나 부동산저당대출 유동화 증권을 매입하기 위해 뮤추얼펀드를 이용한다.

일단 당신이 뮤추얼펀드를 이용하기로 결정하면, 어떤 펀드를 살지 선택해야 한다. 선택과정은 당신이 수용가능한 위험으로부터 가장 큰 수익을 얻을 수 있도록, 뮤추얼펀드에 관해 아는 모든 지식을 활용해야 한다. 이는 당신의 투자 수요를 평가하는 데에서 시작한다. 명백하게 당신은 수천 개 펀드들 중에서, 당신의 전체적 투

> **투자자 오류**
>
> **지수 펀드 수수료** 지수 펀드는 시장지수의 수익을 모방하도록 설계되었기 때문에 일반적으로 고평가 또는 저평가된 주식을 식별하는 데 자원을 투자하지 않는다. 결과적으로 지수 펀드 수수료는 2017년 평균 9베이시스포인트에 불과해 상당히 낮은 경향이 있다. 그러나 일부 투자자는 그보다 10~20배 높은 수수료로 지수 펀드에 계속 투자하고 있다. 예상대로 이러한 펀드의 투자자는 낮은 수수료를 부과하는 지수 펀드의 주식을 구매하는 투자자보다 훨씬 낮은 수익을 얻는 경향이 있다.
>
> (출처: *2018 Investment Company Institute Factbook*, http://www.icifactbook.org/pdf/2018_factbook.pdf; Edwin J. Elton, Martin J. Gruber, Jeffrey A. Busse, "Are Investors Rational? Choices of Index Funds," *Journal of Finance*, 2004, Vol.59, Issue 1, pp.261-288)

자 수요를 충족하는, 1 또는 2(또는 6 또는 8)개의 펀드를 선택하려 할 것이다.

펀드를 이용하는 목적과 동기 출발점은 투자목적이다. 왜 뮤추얼펀드에 투자하려 하는가, 그리고 펀드로부터 원하는 것은 무엇인가? 명백하게, 매력적인 수익률은 바람직하다. 그러나 수용할 수 있는 크기의 위험 노출이라는 과제도 있다. 아마도 당신이 스스로의 위험 성향을 이용가능한 다양한 종류의 뮤추얼펀드와 비교하면, 어떤 종류의 펀드가 다른 펀드보다 당신의 마음에 더 든다는 것을 발견할 것이다. 예를 들어, 공격적 성장 펀드는 일반적으로 높은 위험 노출을 피하고자 하는 개인투자자에게 매력적이지 않다.

다른 중요한 요인은 뮤추얼펀드를 이용하는 의도이다. 당신의 뮤추얼펀드 투자는 재산의 축적, 가치의 저장, 또는 고수익률에 투자하는 수단인가? 이 점은 투자금으로 무엇을 하려는 것인지를 묻는 질문에 더 분명하게 초점을 맞춘다. 마지막으로, 펀드에 의해 제공되는 서비스를 고려해야 한다. 원하는 특정 서비스를 제공하는 자금을 찾는 것은 선택 목록을 좁히는 데 도움이 된다.

펀드가 제공하는 혜택 개인이 일련의 투자 필요를 갖고 있는 것과 마찬가지로, 각 펀드는 자체의 투자목표, 운영방법, 그리고 서비스의 범위를 갖고 있다. 이 요소들은 당신이 투자대안들을 평가하는 데 도움을 준다. 펀드의 프로파일, 또는 사업설명서는 이러한 종류의 정보를 제공한다. 펀드의 배경 정보와 평가 자료를 제공하는 많은 수의 리포트 서비스도 존재한다. 이 영역에서 가장 뛰어난 것은 *Morningstar*와 (주식 리포트와 비슷한 뮤추얼펀드 리포트를 생산하는) *Value Line Mutual Fund Survey* 이다. 인터넷에서도 모든 종류의 성과 통계자료가 이용가능하다. 예를 들어, 펀드의 성과, 증권 보유, 위험 수준, 수수료, 매입 정보에 관한 과거 정보를 얻을 수 있는 Yahoo! Finance 같은 무료 금융 웹사이트의 평점도 있다.

대안들 중에서 선택하기 이 단계에서 펀드 선택은 제외하는 과정이 된다. 당신은 많은 수의 펀드를, 단순히 그것들이 당신의 특별한 필요에 맞지 않기 때문에, 고려 대상으로부터 제외할 수 있다. 어떤 펀드는 너무 위험할 수 있다. 다른 것은 가치저장을 위해 적합하지 않을 수 있다. 따라서 수천 종목의 다른 펀드들을 고려하는 대신, 투자 필요에 맞는 2개 또는 3개 종류의 펀드로 목록을 좁힐 수 있다. 여기에서부터 다른 제약조건들을 감안하면서 목록을 조금씩 줄여나갈 수 있다. 예를 들어, 비용 문제 때문에 무-수수료 또는 저-수수료 펀드 또는 평균 이하의 비용비율을 가진 펀드만을 고려할 수 있다(이 주제는 뒤에 더 상세하게 다룬다).

펀드에서 당신이 고려하고 싶은 다른 특성은 **조세 효율성**(tax efficiency)이다. 일반적으로, 낮은 배당과 낮은 회전율을 가진 펀드는 주주들을 고세율에 노출시키지 않으며, 따라서 높은 조세 효율성 등급을 갖고 있다.

다른 중요한 고려사항은 특정 펀드가 당신의 포트폴리오에 얼마나 적합한지이다. 만약 당신이 어떤 자산배분 전략을 따르려고 하면, 펀드를 포트폴리오에 추가할 것을 고려할 때 그 문제를 감안해야 한다. 다시 말해, 전체 포트폴리오의 틀 안에서 어떤 특정 펀드를 평가해야 한다.

마지막으로 당신이 투자를 고려할 때, 펀드의 과거 성과에 어느 정도 가중치를 부여해야 하는가? 직관적으로 과거 성과가 좋은 펀드가 투자를 잘할 것이라는 생각이 들더라도, 과거의 성과는 미래의 성공을 보장하지 않는다는 것을 기억해야 한다. 실제로, 과거의 성과는 미래의 성과와 전혀 상관관계가 없다는 더 강한 의견을 제시할 수 있다. 따라서 투자결정을 할 때, 펀드의 투자목표와 비용과 같은 다른 요인들에 더 많은 가중치를 둘 것을 권고한다.

무-수수료 또는 저-수수료 펀드만 이용하기 뮤추얼펀드 업계에는 수수료 펀드와 무-수수료 펀드에 관한 오랜 '논쟁'이 있다. 수수료 펀드가 가치 있는가? 만약 그렇지 않으면, 왜 수수료를 지불하는가? 밝혀진 바에 따르면, 실증적 결과는 수수료 펀드가 부가가치를 제공한다는 견해를 지지하지 않는다. 수수료 펀드는 평균적으로 무-수수료 펀드의 수익에 비해 전혀 높지 않다. 실제로 많은 경우, 비정상적으로 높은 수수료와 12(b)-1을 부과하는 펀드는 종종 무-수수료보다 훨씬 낮은 수익을 기록한다. 또한 복리효과 때문에 보유기간이 길수록 성과의 차이는 확대되는 경향이 있다. 높은 수수료 그리고/또는 12(b)-1 수수료는 투자가능한 금액, 즉 당신이 자신을 위해 운영할 수 있는 금액을 감소시키기 때문에, 이런 결과들은 놀라운 일이 아니다. 실제로, 수수료 펀드가 이런 약점을 극복하는 유일한 방법은 매년 우월한 수익을 올리는 것이나, 이는 결코 쉬운 일이 아니다. 비록 소수의 수수료 펀드는 상당한 기간 동안 매우 매력적인 수익을 만들어내지만, 이들은 일반적 현상이 아니고 예외이다.

폐쇄형 펀드에 투자하기

폐쇄형 펀드(closed-end funds: CEF)의 자산은 개방형 펀드에 투자된 $22.5조의 1.2%를 약간 넘는다. 개방형 펀드처럼 CEF는 다양한 종류와 스타일을 갖고 있다. 여기에는 지방채, 과세 채권, 다양한 종류의 지분증권, 국제 증권에 특화한 펀드 그리고 지역 및 단일 국가 펀드가 포함된다. 역사적으로 개방형 펀드와는 달리 채권 펀드가 폐쇄형 펀드의 자산의 많은 부분을 차지했다. 2017년에 $166십억 상당의 채권 CEF 자산이 존재했으며, 이는 CEF 자산의 60%였다. 반면 주식 CEF에는 2017년에 총 $109십억이 투자되었다.

폐쇄형과 개방형 펀드의 중요한 차이점 폐쇄형 펀드는 주식처럼 거래되기 때문에, 당신은 지분을 팔고 사려면 브로커를 통해야 하며 일상적인 중개수수료를 내야 한다. 대조적으로, 개방형 펀드는 펀드 자체의 운용회사와 거래된다. 개방형과 폐쇄형 펀드의 다른 차이는 유동성이다. 개방형 뮤추얼펀드에서는 지분가격에 영향을 미칠 것을 우려하지 않으면서 비교적 큰 금액을 순자산가치(NAV)에서 팔고 살 수 있다. 그러나 CEF에 대한 비교적 큰 금액의 매도 또는 매수 주문은 갑자기 가격을 높이거나 떨어뜨리기 쉽다. 대다수 CEF는 개방형 펀드처럼 배당금 재투자계획을 제공하지만, 많은 경우 대단한 서비스는 아니다. CEF는 뮤추얼펀드 투자자들이 익숙한 모든 서비스를 제공하지는 않는다.

모든 점을 고려하면, 가장 중요한 차이는 아마도 시장에서 이 펀드들의 가격이 결정되는 방법일 것이다. 이 장의 앞 부분에서 논의했던 것처럼, CEF는 시장가치(즉, 주식가격)와 NAV의 두 가지 가치를 갖고 있다. CEF는 전형적으로 할증 또는 할인되어 거래되기 때문에, 이들이 같은 경우는 거의 없다. **할증**(premium)은 펀드 주식이 NAV보다 높게 거래될 때 발생한다. **할인**(discount)은 펀드 주식이 NAV보다 낮게 거래될 때 발생한다. 일반적으로 CEF는 할인되어 거래된다. CEF가 할인되어 거래되는 정확한 이유는 완전히 알려지지 않았다. 그리고 금융 전문가들은 이런 경향을 가끔 폐쇄형 펀드 수수께끼(puzzle)라고 부른다. 수수께끼는 폐쇄형 펀드의 주식가격은 상응하는 NAV보다 낮게 결정되는 것이다. 이는 당신이 CEF 주식을 매입할 때, 마치 펀드에 포함된 기초 주식을 할인받아 사는 것과 같다. 다음은 CEF가 할인거래되는 이유가 될 수 있는 것들이다.

- 투자자들은 펀드의 미래 성과가 저조할 것으로 예상하며, 따라서 처음부터 펀드의 주식에 대해 낮은 금액을 지불한다.

그림 12.6 선택된 CEF의 성과

이 수치는 Morningstar 웹사이트에서 무료로 이용가능한 폐쇄형 펀드 정보를 보여준다.
(출처: http://news.morningstar.com/CELists/CEReturns.html, 2018년 4월 23일 접속)

Closed End Funds: Overview

Fund Name	Premiums/ Discounts	Market Return YTD	NAV Return YTD	3 Year Avg Standard Deviation	Morningstar Star Rating	Avg Daily Volume Shares	Net Assets $mil	Manager Tenure
RENN Glb. Entrepreneurs Fund (RCG)	-14.29	-8.24	9.52	30.94	★	21,057	7	22.0
BlackRock Science and Technology Trust (BST)	3.49	17.46	9.21	12.92	Not Rated	129,634	666	3.5
Mexico Equity & Income (MXE)	-13.40	8.80	8.87	17.47	★★★	9,587	90	17.0
Priority Income RIA ()	---	---	8.32	---	Not Rated	---	44	---
Priority Income R ()	---	---	8.32	---	Not Rated	---	44	---
Priority Income I ()	---	---	8.32	---	Not Rated	---	44	---
BMO LGM Frontier Markets Equity Y (BLGFX)	---	---	7.32	9.71	Not Rated	---	138	4.0
Aberdeen Singapore Fund (SGF)	-5.84	10.47	6.90	15.24	★★★	18,618	108	6.7
Mexico Fund (MXF)	-13.61	6.12	6.78	17.01	★★★	53,210	286	24.3
Eagle Point Credit Co LLC (ECC)	7.99	2.29	6.43	15.33	★★★★★	80,651	359	3.5
Latin American Discovery Fund (LDF)	-13.66	2.91	4.98	23.13	Not Rated	11,243	92	16.8
EV Enhanced Equity Income II (EOS)	0.56	9.36	4.94	10.59	★★★★★	122,373	772	6.7
Columbia Seligman Premium Tech Growth (STK)	2.15	0.21	4.79	14.41	Not Rated	77,067	328	5.0
KKR Income Opportunities (KIO)	-9.54	1.85	4.46	7.40	★★★★★	105,148	356	4.8
Japan Smaller Capitalization (JOF)	-13.32	3.05	4.46	10.71	Not Rated	56,101	398	10.7
Bancroft Fund (BCV)	-14.09	-0.54	4.29	7.37	★★★★	13,590	131	15.7
Western Asset Mortgage Defined Opp (DMO)	19.17	6.58	4.18	4.41	★★★★★	61,664	222	4.5
PIMCO Dynamic Credit and Mortgage Inc (PCI)	-3.81	5.37	4.16	5.80	★★★★	575,813	3,277	5.1
Clough Global Equity (GLQ)	-8.16	4.76	4.12	10.99	★★★	57,816	162	10.0
PIMCO Dynamic Income (PDI)	6.51	6.09	4.10	4.08	★★★★★	208,539	1,498	5.9

- 펀드에 포함된 주식이 비유동적이며 따라서 만약 언젠가 팔리더라도 현재 시장가격보다 낮게 매도될 것이다.
- 펀드에 포함된 주식은 내재적인 미실현 자본이득을 갖고 있고, 투자자들은 궁극적으로 이 이익에 대해 세금을 내야 하기 때문에, 그들은 펀드 주식을 매입하는 데 NAV 전액을 지급하려 하지 않는다.
- 투자자 정서가 펀드 가격을 NAV로부터 이탈시킬 수 있다; 정서가 긍정적일 때 펀드 주식은 할증되어 거래된다. 그러나 투자자들이 상대적으로 비관적일 때 펀드 주식은 할인되어 거래된다.

CEF 관련 정보는 인쇄물이나 온라인 자료원에서 광범위하게 얻을 수 있다. 〈그림 12.6〉은 Morningstar의 웹사이트에서 발견될 수 있는 정보 일부를 예시한다. 각 펀드의 이름과 함께, 현재 NAV에 비해 할인 또는 할증 거래되는지 바로 알 수 있다. Morningstar는 또한 펀드의 NAV에 기초한 수익률과 펀드의 주가 성과에 기초한 일간으로부터 연간 수익률을 제공한다.

CEF의 할증률 또는 할인율은 다음과 같이 계산된다:

$$\text{할증률(또는 할인율)} = (\text{주가} - \text{NAV}) \div \text{NAV} \quad (12.1)$$

사 례
폐쇄형 펀드의 할인

펀드 A는 $10의 NAV를 갖고 있다. 만약 주식가격이 $8이면, 20% 할인판매되는 것이다. 즉, 다음과 같다.

$$\begin{aligned}\text{할증률(또는 할인율)} &= (\$8 - \$10)/\$10 \\ &= -\$2/\$10 = -0.20 = -20\%\end{aligned}$$

이 음수는 펀드가 할인(또는 NAV 미만에서) 거래되고 있음을 의미한다. 한편 만약 이 동일 펀드가 주당 $12에 거래되면, 20% 할증거래되는 것이다. 다시 말해 ($12−$10)/$10 = $2/$10 = 0.20

폐쇄형 펀드 투자의 목표 만약 당신이 투자목표를 알고 있고 시점과 선택이 좋으면, 일부 많이 할인된 CEF는 매력적인 수익을 얻는 좋은 방법을 제공할 수 있다. 예를 들어, 만약 펀드가 20% 할인되어 거래되면, 당신은 $1에 상당하는 자산에 대해 단지 80센트를 지불하는 것이다. 만약 비정상적으로 큰 폭의 할인(예: 10% 이상)으로 펀드를 매입하고 할인 폭이 축소되거나 할증으로 전환할 때 매도하면, 전체적 수익을 높일 수 있다. 이 경우 투자자는 어떤 의미에서 펀드의 기본 자산에 대한 수익과 감소된 할인에 따른 수익이라는 두 가지 수익을 얻는다. 실제로 만약 할인 폭이 축소되지 않더라도, 동등한 개방형 펀드에 투자한 것보다 투자수익률이 높기 때문에 당신의 투자수익률은 개선될 것이다.

사 례
폐쇄형 펀드 수익률

어떤 CEF가 $10의 NAV로부터 20% 할인된 $8에 거래된다고 가정하라. 만약 펀드가 그해에 분배금으로 $1를 지급하면, 수익률은 12.5%($1를 가격 $8로 나눈 값)이다. 그러나 만약 무-수수료 개방형 펀드이면, 더 높은 NAV에서 거래되고 수익률은 단지 10%($1를 가격 $10로 나눈 값)일 것이다.

따라서 CEF에 투자할 때 할증 및 할인 폭에 특별한 관심을 기울여야 한다. 특히 많이 할인되어 거래되는 펀드는 그 자체로 수익률을 개선할 수 있기 때문에 주목해야 한다. 마지막으로, 폐쇄형 펀드에 관해 명심해야 할 사항은 폐쇄형 펀드의 신주 발행(IPO)과 할증판매되는 펀드를 멀리 하라는 것이다. IPO로서 시장에 들어오는 새로운 CEF는 결코 매입하지 말라. 그 이유는? IPO는 거의 언제나 인수기관의 스프레드를 충당하는 데 필요한 만큼 많이 할증되어 시장에 들어온다. 따라서 주가가 한두 달 만에 NAV로 할인 또는 최저 수준으로 하락하면, 당신은 거의 피할 수 없이 돈을 잃을 운명에 처한다.

할증 또는 할인을 제외한 대부분의 경우, CEF는 다른 뮤추얼펀드와 동일한 방법으로 분석되어야 한다. 즉, 펀드의 비용비율, 포트폴리오 회전율, 과거 성과, 현금흐름 등을 확인해야 한다. 추가로, 과거의 할인율을 연구해야 한다.

성과 측정

모든 투자결정에서처럼 수익 성과는 뮤추얼펀드 선택 과정의 일부이다. 펀드에 의해 지급된 배당 수준, 자본이득, 그리고 자본의 성장은 모두 수익의 중요한 측면이다. 이 수익 정보는 당신으로 하여금 펀드의 투자행태를 판단하고 다른 펀드 및 투자와 비교하여 성과를 평가할 수 있도록 해준다. 여기에서 우리는 투자자가 뮤추얼펀드 수익을 평가하기 위해 사용할 수 있는 다양한 척도들을 볼 것이다. 또한 위험은 펀드의 투자행태를 규정하는 데 있어서 중요하기 때문에, 뮤추얼펀드의 위험도 살펴볼 것이다.

수익의 원천 개방형 뮤추얼펀드는 3개의 잠재적 수익 원천을 갖고 있다 ― (1) 배당소득, (2) 자본이득 분배, 그리고 (3) 펀드의 가격(또는 순자산가치) 변화. 펀드의 종류에 따라 어떤 뮤추얼펀드는 한 원천으로부터 다른 원천보다 많은 소득을 얻는다. 예를 들어, 일반적으로 수입지향적 펀드는 자본이득 분배보다 훨씬 더 많은 배당소득을 제공하리라고 예상된다.

개방형 뮤추얼펀드는 투자성과의 개요를 알리는 보고서를 정기적으로 발간한다. 이런 보고서의 하나는 *Summary of Income and Capital Changes*이며, 그 예는 〈표 12.2〉에 있다. 펀드의 프로파일 또는 사업설명서에 있는 이 문서는 펀드의 투자활동에 관해 비용비율 및 포트폴리오 회전율을 포함하는 간단한 요약을 제공한다. 여기에서 우리에게 흥미로운 것은 보고서의 가장 윗부분이다. (이는 “순자산가치, 기초”로부터 시작하여 “순자산가치, 기말”로 끝난다. 항목 1부터 항목 10까지이다.) 이 부분은 펀드 순자산가치의 변동과 함께, 주주들에게 분배된 배당소득과 자본이득의 금액을 나타낸다.

〈표 12.2〉 뮤추얼펀드 소득과 자본 변동 보고(해당 연도 동안 발행되어 있는 주식)

MyLab

	2019	2018	2017
1. **순자산가치, 기초**	$24.47	$27.03	$24.26
2. **투자운용소득**			
3. 순 투자소득	$ 0.60	$ 0.66	$ 0.50
4. 증권의 순이득(실현 및 미실현)	6.37	−1.74	3.79
5. 투자운용 합계	$ 6.97	−$ 1.08	$ 4.29
6. **분배금 차감:**			
7. 순 투자소득의 배당금	−$ 0.55	−$ 0.64	−$ 0.50
8. 실현 이득의 분배	−1.75	−0.84	−1.02
9. 총 분배	−$ 2.30	−$ 1.48	−$ 1.52
10. **순자산가치, 기말**	$29.14	$24.47	$27.03
11. **총수익률**	28.48%	−4.00%	17.68%
12. **비율/보충 자료**			
13. 순자산, 기말($1,000)	$307,951	$153,378	$108,904
14. 평균 순자산 대비 비용의 비율	1.04%	0.85%	0.94%
15. 평균 순자산 대비 순 투자소득의 비율	1.47%	2.56%	2.39%
16. 포트폴리오 회전율*	85%	144%	74%

* 포트폴리오 회전율은 펀드에 의해 매입 그리고 매도된 주식 수의 펀드 포트폴리오에 의해 보유된 총 주식 수의 비율이다. 높은(100% 초과) 회전율은 펀드가 빈번한 거래를 하고 있음을 의미한다.

배당소득(dividend income)은 뮤추얼펀드의 보유 증권에서 얻은 배당과 이자 소득으로부터 발생한다(〈표 12.2〉의 항목 7 참고). 이는 펀드의 모든 운영비용을 충당한 이후에 남은 순 투자소득으로부터 지급된다. 펀드는 배당 또는 이자를 수취하면, 주주들에게 분배금 형태로 전달한다. 펀드는 당기의 모든 현금소득을 모아서 지분비율에 따라 지급한다. 따라서 만약 펀드가 어느 해에 예를 들어 $2백만을 배당과 이자로 수취하고 1백만 주의 주식을 발행하고 있으면, 각 주식은 $2의 연간 배당금을 받는다. 뮤추얼펀드 자체는 비과세되므로, 배당소득에 대한 세금은 개별 투자자들이 내야 한다. IRA 또는 401(k)s처럼 과세 유예되는 계좌에서 보유된 펀드가 아니면, “적격 배당금” 조건에 충족하는지 여부에 따라 달라진다. 즉, 만약 분배금이 펀드의 보통주 보유로부터 얻은 배당에서 지급된 것이면 적격 배당금이며 장기 자본이득과 동일한 비율로 과세된다. 2017년 감세 및 일자리법에 따라 적격 배당에 대한 세율은 투자자의 소득구간에 따라 20% 이하이다. (참고: 2017년 감세 및 일자리법은 장기 자본이득 및 적격 배당금에 대해 0%, 15%, 20% 세율을 유지했지만, 이 세율은 더 이상 경상소득 구간과 연결되지 않는다. 2018년 소득이 $38,600 이하인 개인의 경우

세율은 0%이다. 소득이 $38,600보다 크면 세율은 15%이고, 소득이 $425,800보다 큰 경우 세율은 20%이다. 배당금 수령자는 배당금의 적격 여부에 관계없이 잠재적으로 순 투자소득세의 적용을 받는다. 소득이 $200,000 이상인 개인의 경우 배당소득에 추가 3.8% 세금이 부과되어 배당에 대한 유효 총세율이 증가한다.) 또는 이러한 분배가 보통주로부터의 비적격 배당금, 리츠(REITs)의 배당금, 주요 합자회사의 배당금, 채권에 대한 이자수익에서 파생된 경우, 그러한 배당금은 우대세율을 적용받을 수 없고, 대신 일반소득으로 과세된다.

자본이득 분배(capital income distribution)는 펀드가 실제로 얻은 자본이득으로부터 지급된다는 것을 제외하면, 동일한 원칙을 따른다(항목 8). 이는 다음과 같이 운영된다. 펀드가 어떤 주식을 1년 전에 주당 $50에 매입했고, 당기에 주당 $75에 매도했다고 가정하자. 명백하게, 펀드는 주당 $25의 자본이득을 달성했다. 만약 이 주식 50,000주를 보유했으면, 총 자본이득은 $1,250,000($25×50,000=$1,250,000)일 것이다. 펀드가 1백만 주의 주식을 발행했으면, 각 주식은 자본이득 분배 형태로 $1.25를 받는다. 세금 관점에서, 만약 펀드의 자본이득이 장기적이라면, 투자자의 소득 수준에 따라 0%, 15%, 20%의 우대세율을 적용받을 수 있다. 고소득 투자자의 경우에는 추가로 3.8%의 순 투자소득세를 지불해야 한다. 자본이득이 단기적이라면, 일반소득으로 취급되어 과세된다. 자본이득 분배는 실현된 자본이득에만 적용된다(즉, 실제로 보유 증권이 매도되고 자본이득이 발생하는 경우이다).

미실현 자본이득(unrealized capital gain) 또는 **서류상 이익**(paper profit)은 뮤추얼펀드 수익의 세 번째와 마지막 요소를 구성한다. 펀드의 보유 자산 가격이 등락할 때, 펀드의 순자산가치도 따라 변한다. 어떤 투자자가 주당 $10에 펀드를 매입하였고, 이후에 펀드의 순자산가치가 $12.50로 호가된다고 가정하자. 주당 $2.50의 차이는 미실현 자본이득이다. 이는 만약 펀드가 보유 자산을 판다면, 주주가 수취할 (그리고 청구할 수 있는) 이익을 나타낸다. (실제로 〈표 12.2〉와 같이 순자산가치의 변화 일부는 미분배 소득에 기인할 수 있다.)

폐쇄형 투자회사의 경우, 수익은 개방형 펀드처럼 3개의 원천으로부터 발생하며, 또한 네 번째 원천이 존재한다 — 가격 할인 또는 할증의 변동. 그러나 폐쇄형 펀드의 할인 또는 할증은 이미 펀드의 주가에 내포되어 있기 때문에, 수익의 세 번째 원천인 주가의 변동은 순자산가치의 변화와 함께 가격 할인 또는 할증을 반영한다.

수익률의 측정 성과의 단순하나 효과적인 척도는 위에 언급된 세 가지 주요 원천, 즉 배당수입, 수취된 자본이득 분배, 가격 변동에 기초하여 뮤추얼펀드 수익을 나타내야 한다. 투자기간이 1년 이하일 때, 이런 펀드 수익은 보유기간수익률(HPR) 공식을 이용하여 수익률 수치로 변환될 수 있다. 이 계산은 〈표 12.2〉의 2019년 수치를 이용하여 여기에 예시되어 있다. 2019년에 이 가상적 무-수수료, 폐쇄형 펀드는 배당금으로 주당 55센트를 지급했고, 자본이득 분배금으로 $1.75를 별도로 지급했다. 가격은 연초에 $24.47였고, 연말까지 $29.14로 상승했다. 따라서 이런 투자성과를 정리하면, 다음과 같다.

연초 가격(NAV) (1행)	$24.47
연말 가격(NAV) (10행)	$29.14
순증가	$ 4.67
연 수익률:	
수입 배당금 (7행)	$ 0.55
자본이득 (8행)	$ 1.75
가격(NAV) 순상승	$ 4.67
총수익	$ 6.97
보유기간수익률(HPR)	**28.48%**
(총수익/기초 가격)	

HPR 측정치는 펀드업계에서 연간 수익률을 보고하기 위한 과정에 해당한다. 이 값은 〈표 12.2〉에서 펀드의 "총수익률"을 나타내는 항목 11에 나와 있다. 이것은 뮤추얼펀드 수익의 모든 중요한 요소를 반영할 뿐 아니라, 편리한 수익률 지표를 제공한다. 펀드의 총수익 금액은 $6.97이며, 초기 투자 $24.47에 기초하면 펀드는 약 28.5%의 연간 수익률을 만들어냈음을 알 수 있다.

배당과 자본이득이 재투자된 HPR 많은 뮤추얼펀드의 투자자들은 배당 그리고/또는 자본이득 분배금을 펀드에 재투자한다. 현금 대신 추가 주식으로 당신의 (배당/자본이득)을 지급받을 때, 어떻게 수익률을 측정할 것인가? 약간의 수정으로, 당신은 보유기간수익률을 계속 이용할 수 있다. 유일한 차이는 당신이 재투자를 통해 수취한 주식 수를 기록해야 한다는 것이다.

예시를 위해, 위의 예를 계속 사용하자. 당신이 초기에 뮤추얼펀드 200주를 매입했고, 또한 펀드의 재투자 프로그램을 통해 평균 가격 $26.50에 주식을 취득할 수 있었다고 가정하자. 따라서 배당과 자본이득 분배금 $460[($0.55+$1.75)×200)]로 당신은 펀드 17.36주($460/$26.50)를 추가로 받았다. 이 상황에서 보유기간수익률은 기초의 보유주식 시장가치와 기말 보유가치를 연계한다.

$$\text{보유기간수익률} = \frac{\left(\begin{matrix}\text{기말}\\\text{발행주식 수}\end{matrix} \times \begin{matrix}\text{기말}\\\text{가격}\end{matrix}\right) - \left(\begin{matrix}\text{기초}\\\text{발행주식 수}\end{matrix} \times \begin{matrix}\text{기초}\\\text{가격}\end{matrix}\right)}{(\text{기초 발행주식 수} \times \text{기초 가격})} \qquad (12.2)$$

따라서 투자의 보유기간수익률은 다음과 같다.

$$\text{보유기간수익률} = \frac{(217.36 \times \$29.14) - (200 \times \$24.47)}{(200 \times \$24.47)}$$

$$= \frac{(\$6,333.87) - (\$4,894.00)}{(\$4,894.00)} = \underline{\underline{29.4\%}}$$

이 보유기간수익률은 앞의 것과 마찬가지로 당신이 이 펀드의 성과를 다른 펀드 및 투자기구에 대해 비교하기 위해 사용할 수 있는 수익률 측정치를 제공한다.

장기적 수익률의 측정 1년의 보유기간을 사용하는 대신, 뮤추얼펀드의 장기에 걸친 성과를 평가해야 할 경우가 있다. 이런 경우 보유기간수익률은 화폐의 시간가치를 무시하기 때문에, 성과의 척도로서 부적합하다. 대신 다년간의 투자기간이 주어졌을 때, 펀드의 평균 연간 복리 수익률을 측정하기 위해 우리는 현재가치에 기초한 내부수익률(internal rate of return: IRR) 과정을 이용할 수 있다.

예시를 위해 〈표 12.2〉를 다시 참조하자. 이제는 전체 3개년(2017년부터 2019년)에 대한 연간 수익률을 계산한다고 가정하자. 뮤추얼펀드의 연간 배당 및 자본이득 분배금은 다음과 같다.

항목	2019	2018	2017
지급된 연간 분배금	\$0.55	\$0.64	\$0.50
분배된 연간 자본이득	\$1.75	\$0.84	\$1.02
총 분배금	\$2.30	\$1.48	\$1.52

펀드 가격이 기초(2017년 1월 1일)에 \$24.26였고 2019년 말(3년 후)에 \$29.14에 거래되었다면, 다음의 현금흐름 시간선을 그릴 수 있다:

초기 현금흐름	연차별 현금흐름		
	연도 1	연도 2	연도 3
$24.26	$1.52	$1.48	$2.30 + $29.14
(초기 가격)	(분배금)	(분배금)	(분배금 + 말기 가격)

우리는 연간 배당/자본이득 분배금과 3년째 기말 가격을 펀드의 초기(2017년) 가격($24.26)과 같도록 만드는 할인율을 계산하려 한다.

표준적인 현재가치 계산법에 의해, 〈표 12.2〉의 뮤추얼펀드는 3년 동안 13.1%의 연간 수익률을 제공하는 것을 알 수 있다. 다시 말해, 13.1%에서 1, 2, 3차 연도의 현금흐름의 현재가치가 펀드의 기초 가격($24.26)과 동일하다. 이 정보는 펀드의 성과를 평가하고 다양한 투자의 수익성과를 비교하는 데 도움을 준다.

SEC 규정에 따르면, 만약 뮤추얼펀드가 역사적 수익률을 보고할 때에는, 위의 현재가치에 기초한 계산처럼 완전히 복리화된 총수익률 수치를 사용하는 표준화된 형식으로 해야 한다. 펀드는 이 정보를 보고할 의무는 없다. 그러나 만약 광고 자료에서 성과를 인용한다면, 완전공개 방식으로 표현해야 한다.

이는 배당과 자본이득 분배금뿐 아니라 이전 1년, 3년, 5년, 10년 동안의 펀드 NAV의 모든 등락을 반영해야 한다.

폐쇄형 펀드의 수익률 CEF의 수익률은 전통적으로 NAV에 기초하여 보고되었다. 다시 말해, 수익률 측정치를 계산하는 과정에서 가격 할증과 할인은 무시되었다. 그러나 실제 시장가격을 기준으로 수익성과를 표현함으로써, 보유기간수익률에 시장 할증 또는 할인의 영향을 반영하는 관행이 점점 일반화되고 있다. 예상대로, 할증 또는 할인이 클수록 그리고 이 값들의 시간별 변동이 심할수록 보고된 수익률에 큰 영향을 미친다. CEF의 시장 기준 보유기간수익률과 NAV 기준 보유기간수익률이 상이한 것은 전혀 이상한 일이 아니다. NAV를 이용하면, CEF의 수익률은 개방형 펀드의 수익률과 정확하게 동일한 방법으로 계산된다. 대조적으로, 수익률을 측정하기 위해 실제 시장가격을 이용하면, 보유기간수익률이나 내부수익률의 NAV를 대응하는 펀드의 (할증 또는 할인을 내포한) 시장가격으로 대체하면 된다.

일부 CEF 투자자들은 할증(또는 할인)의 변동이 어떻게 보유 뮤추얼펀드의 수익률에 영향을 주었는지 알기 위해, NAV 기준 및 시장 기준 수익률 측정치를 모두 알려고 한다. 그러나 일반적으로 NAV 기준 수익률 수치가 선호되는 성과척도로 간주된다. 펀드 매니저는 많은 경우에 할증 또는 할인의 변동을 통제할 수 없기 때문에,

NAV 기준 측정치가 펀드 자체의 성과를 더 잘 드러내는 것으로 느낀다.

위험 관리 대다수 뮤추얼펀드는 대단히 분산투자되어 있기 때문에, 투자자들은 개별 증권에 존재하는 비체계적 위험으로부터 대체적으로 안전하다. 그러나 고도로 분산된 경우에도, 대다수 펀드는 상당한 크기의 체계적 위험 또는 시장위험에 여전히 노출되어 있다. 실제로 뮤추얼펀드의 포트폴리오는 매우 잘 분산되어 있기 때문에, 빈번하게 시장 — 또는 펀드가 목표하는 시장 부문 — 과 대단히 비슷하게 움직인다. 소수의 펀드는 금 펀드처럼 방어적(경기역행적) 경향을 갖고 있으나, 시장위험은 여전히 대다수 종류의 개방형 및 폐쇄형 뮤추얼펀드의 중요한 요소이다. 당신은 뮤추얼펀드의 투자 성과에 대해 전체 시장이 미치는 영향을 이해해야 한다. 예를 들어, 만약 시장이 하향 추세이고 당신은 그 추세가 지속되리라고 예상한다면, 새로운 투자자본은 시장추세가 역전될 때까지 화폐시장 펀드 같은 데 투자되는 것이 최선이다.

다른 중요한 위험 요소는 펀드 자체의 관리 관행에 관한 것이다. 만약 포트폴리오가 보수적으로 관리된다면, 자본손실 위험은 공격적으로 관리되는 펀드보다 훨씬 낮을 것이다. 한편 펀드의 투자목적이 투기적일수록 순자산가치의 불안정 위험은 증가한다. 그러나 보수적으로 관리되는 펀드라도 모든 가격 변동성을 제거하지는 않는다. 포트폴리오에 포함된 증권들은 인플레이션, 이자율, 그리고 일반적 시장위험에 여전히 노출되어 있다. 그러나 펀드의 투자목표와 포트폴리오 관리 관행이 보수적일수록 이런 위험들은 일반적으로 낮다.

개념 리뷰

해답은 www.pearson.com/mylab/finance에서 찾을 수 있음.

12.12 시장의 일반적 행태는 뮤추얼펀드의 가격 성과에 영향을 미치는 데 있어서 얼마나 중요한가? 설명하라. 시장의 미래 행태는 선택과정에 영향을 주는가? 설명하라.

12.13 폐쇄형 펀드의 주요/지배적 종류는 무엇인가? CEF는 개방형 펀드와 어떻게 다른가?

12.14 뮤추얼펀드 투자자들의 세 가지 잠재적 수익원을 밝히고, 주주의 총수익률에 대한 각각의 영향을 간단히 논의하라. 어떻게 폐쇄형 펀드의 할인 또는 할증이 투자자 수익으로 처리될 수 있는지 설명하라.

12.15 뮤추얼펀드 주주가 직면하는 다양한 종류의 위험을 논의하라. 뮤추얼펀드의 주요 위험 노출은 무엇인가? 모든 펀드가 동일한 수준의 위험에 노출되는가? 설명하라.

토론문제

LG1 LG2 Q12.1 Blackrock 웹사이트(https://www.blackrock.com/ca/individual/en/library)의 정보를 기반으로 iShares 보수적 단기 전략 고정수입 ETF를 설명하라. 이 사이트에서 아무 ETF를 선택하고 팩트시트(factsheet)를 사용하여 펀드의 보유, 평균 기간 및 재조정 규칙을 설명하라.

LG2 Q12.2 ETF를 설립하는 과정을 기술하라. 이는 개방형 펀드가 설립되는 과정과는 어떻게 다른가?

LG3 Q12.3 아래 나열된 각 쌍의 펀드에서 가장 덜 위험할 것 같은 펀드를 선택하라. 답변을 간략히 설명하라.

a. 성장 펀드 대비 성장-소득 펀드
b. 주식-소득 펀드 대비 우량등급 회사채 펀드
c. 균형 펀드 대비 섹터 펀드
d. 세계 펀드 대비 가치 펀드
e. 중기채권 펀드 대비 고수익 지방채 펀드
f. 목표 날짜가 2020년인 타깃 데이트 펀드와 목표 날짜가 2040년인 타깃 데이트 펀드

LG2 LG3 Q12.4 ETF를 기술하고 이 펀드들이 개방형 펀드와 폐쇄형 펀드의 특성을 어떻게 결합하는지 설명하라. Vanguard 펀드 집단을 고려하라. 이 펀드들 가운데 어느 것이 "spider"(SPDR)를 가장 근접하게 닮았는가? 어떤 측면에서 (당신이 선택한) Vanguard 펀드와 spiders가 같은가? 이들은 어떻게 다른가? 만약 당신이 단지 한 펀드에 투자할 수 있으면, 무엇에 투자할 것인가? 설명하라.

LG2 LG6 Q12.5 만약 수수료 부과가 없으면, 개방형 뮤추얼펀드의 가격은 순자산가치에 의해(또는 매우 근접하게) 결정될 것이다. 한편, 폐쇄형 펀드는 NAV에 따라 거래되는 경우는 거의 없다. 한 종류의 펀드는 일반적으로 NAV에서 거래되나 다른 종류(CEF)는 그렇지 않은 이유를 설명하라. 가격 할증 또는 할인은 무엇이며, 뮤추얼펀드의 어떤 섹터에서 일반적으로 발견되는가? 온라인에서 WSJ.com 또는 다른 출처를 살펴보고, 할인거래되는 5개 펀드와 할증거래되는 5개 펀드를 찾아라. 이들 10개 펀드 그리고 각각의 할인 또는 할증 규모를 모두 수록하라. 당신이 발견할 수 있는 가장 큰 가격할인은 무엇인가? 가장 큰 가격할증은 어떤가? 무엇 때문에 펀드가 할인거

래되는가? 할증거래는?

LG3 LG5 Q12.6 Aishwarya는 방금 ₹10백만(인도 루피)의 전국 복권에 당첨되었다. 이제 그녀는 그것을 쓰는 방법의 "문제"에 직면했다. 마지막으로 그녀는 돈을 개방형 펀드, 폐쇄형 펀드, ETF에 투자하기로 결정했다. https://www.mutualfundindia.com/ 사이트를 사용하여 Aishwarya가 원하는 포트폴리오와 일치하는 3개의 펀드를 찾고 각 펀드의 투자목표를 설명하라.

연습문제

MyLab LG6 P12.1 1년 전 어떤 투자자는 뮤추얼펀드 주식을 주당 $7.50에 100주 매입했다. 지난해 동안 이 펀드는 주당 $0.50의 배당을 지급하고 주당 $0.75의 자본이득을 분배했다.

a. 이 무-수수료 펀드는 지금 $8.20의 순자산가치를 갖고 있다고 가정하고, 투자자의 보유기간수익률을 계산하라.

b. 모든 배당과 자본이득 분배금은 이 펀드의 주식을 주당 $7.75에 추가매입하는데 재투자된다고 가정하고, 보유기간수익률을 계산하라.

LG6 P12.2 6개월 전 Andy는 Exemplar Canadian Focus 펀드에서 주식을 매입했다. 당시 펀드는 $5.24(캐나다 달러)의 NAV와 $6.50의 제안 가격으로 호가되었다. 오늘 그것은 $7.88의 NAV로 시세되고 $8.65에 제공된다. 배당금과 자본이득 분배가 1년 동안 주당 총 $2.10였을 때 이 펀드의 보유기간수익률은 얼마인가? (힌트: 투자자는 펀드를 매도호가에 매입하고, NAV에서 매도한다.)

MyLab LG6 P12.3 All-State Mutual Fund는 다음 5년의 성과기록을 갖고 있다:

	2019	2018	2017	2016	2015
순 투자소득	$ 0.98	$ 0.85	$ 0.84	$ 0.75	$ 0.64
순 투자소득 가운데 배당금	−$ 0.95	−$ 0.85	−$ 0.85	−$ 0.75	−$ 0.60
증권거래의 순 실현 및 미실현 이득(손실)	$ 4.22	$ 5.08	−$ 2.18	$ 2.65	−$ 1.05
실현 이득의 분배	−$ 1.06	−$ 1.00	—	−$ 1.00	—
NAV의 순 증가(감소)	$ 3.19	$ 4.08	−$ 2.19	$ 1.65	−$ 1.01
연초의 NAV	$12.53	$ 8.45	$10.64	$ 8.99	$10.00
연말의 NAV	$15.72	$12.53	$ 8.45	$10.64	$ 8.99

이 무-수수료 펀드의 5년(2015~2019년) 평균 연 복리수익률을 계산하라. 또한 3년(2017~2019년) 평균 연 복리수익률을 계산하라. 만약 투자자가 펀드를 2015년 주당 $10.00에 사고 5년 후(2019년) $15.72에 팔았으면, 5년의 보유기간 동안의 주당 총이익은 얼마인가?

LG2 LG6 **P12.4** William Jones는 T. Rowe Price Australian Equity에 대해 다음과 같은 주당 정보를 발견했다.

	2017	2018	2019
종료 시 주가:			
매도 호가	A$ 46.2	A$ 64.68	A$ 61.78
NAV	A$ 43.2	A$ 60.47	A$ 57.75
배당소득	A$ 2.1	A$ 2.84	A$ 2.61
자본이득 분배금	A$ 1.83	A$ 6.26	A$ 4.32
초기 주가:			
매도 호가	A$ 55	A$ 46.2	A$ 64.68
NAV	A$ 51.42	A$ 43.2	A$ 60.47

이 정보에 기초하여 펀드의 2017년, 2018년, 2019년 보유기간수익률을 계산하라. (세 경우 모두에서 당신은 연초에 펀드를 사서 연말에 판다고 가정하라.) 또한 펀드의 2017~2019년 3년 동안의 연평균 복리수익률을 계산하라. 만약 투자자가 초기에 주식 500주를 사고, 배당과 자본이득 분배금을 평균 주가인 주당 A$52.5로 펀드의 추가 주식에 재투자했다면, 2018년의 보유기간수익률은 얼마인가?

MyLab LG2 LG6 **P12.5** 아래에 수록된 내용은 펀드의 2019년 5월 30일 안내서에서 얻은 Blue Chip Growth Fund의 10년간 주당 실적 기록이다.

	2019	2018	2017	2016	2015	2014	2013	2012	2011	2010
1. **기초 순자산가치**	$58.60	$52.92	$44.10	$59.85	$55.34	$37.69	$35.21	$34.25	$19.68	$29.82
2. **투자운용소득:**										
3. 순 투자소득	$ 1.39	$ 1.35	$ 1.09	$ 0.63	$ 0.42	$ 0.49	$ 0.79	$ 0.37	$ 0.33	$ 0.38
4. 증권의 순 자본이득	$ 8.10	$ 9.39	$ 8.63	−$ 6.64	$11.39	$19.59	$ 5.75	$ 2.73	$15.80	−$ 0.02
5. 투자소득 합계	$ 9.49	$10.74	$ 9.72	−$ 6.01	$11.81	$20.08	$ 6.54	$ 3.10	$16.13	$ 0.36
6. **분배금 차감:**										
7. 순 투자소득의 배당	−$ 0.83	−$ 1.24	−$ 0.90	−$ 0.72	−$ 0.46	−$ 0.65	−$ 0.37	−$ 0.26	−$ 0.33	−$ 0.58
8. 실현된 자본이득의 분배	−$ 2.42	−$ 3.82	—	−$ 9.02	−$ 6.84	−$ 1.78	−$ 3.69	−$ 1.88	−$ 1.23	−$ 9.92
9. 총 분배금	−$ 3.25	−$ 5.06	−$ 0.90	−$ 9.74	−$ 7.30	−$ 2.43	−$ 4.06	−$ 2.14	−$ 1.56	−$10.50
10. **기말 순자산**	$64.84	$58.60	$52.92	$44.10	$59.85	$55.34	$37.69	$35.21	$34.25	$19.68

이 정보를 사용하여 2019년과 2016년의 보유기간수익률을 계산하라. 또한 5년 기간 2015~2019년 및 10년 기간 2010~2019년 동안 펀드의 수익률을 계산하라. 마지막으로, 펀드에 5%(NAV의 5%)의 선취수수료를 부과한다고 가정하고 4개의 수익률을 다시 계산하라. 뮤추얼펀드의 수익률 행태에 대한 수수료의 영향에 대해 설명하라.

LG3 LG6 **P12.6** 웹사이트 http://funds.ft.com/uk/를 사용하여 가치 펀드, 단일 국가 주식 펀드, 신흥 시장 채권 펀드, 단일 통화 채권 펀드 중에서 좋은 투자를 할 것이라 생각되는 4개의 뮤추얼펀드(각 1개씩)를 선택하라. 이 펀드를 선택한 이유를 간단히 설명하라. 지난 1년 동안의 펀드 보유기간수익률과 지난 5년 동안의 수익률을 계산하라. (관련성과 수치를 보이기 위해 〈표 12.2〉와 같은 일정을 사용하라.)

LG6 **P12.7** 1년 전에 T. Rowe Price Australian Equity Closed-End Fund는 A$10.40의 NAV를 갖고 있었고, 18%의 할인된 가격에 판매되었다. 오늘 이 NAV는 A$11.69이고, 4% 만큼 할증거래된다. 한 해 동안 T. Rowe는 A$0.40의 배당과 A$0.95의 자본이득 분배금을 지급했다. 이 정보에 기초하여, 다음 각각을 계산하라:

a. 해당 연도의 T. Rowe의 NAV에 기초한 보유기간수익률
b. 해당 연도의 T. Rowe의 시장가치에 기초한 보유기간수익률.
시장의 할증/할인은 투자자의 수익률을 하락 또는 상승시켰는가? 설명하라.
c. 이제는 펀드가 당해 연도를 18%의 할증에서 시작하여 4%의 할인으로 종료했음을 가정하고, 시장가치에 의한 보유기간수익률 계산을 반복하라. (기초와 기말의 NAV는 각각 A$10.40와 A$11.69라고 가정하라.) 이 수익률 측정치의 변화가 발생하는가? 그 이유는 무엇인가?

LG6 **P12.8** 폐쇄형 펀드인 New Germany Fund(NGF)는 2019년에 다음과 같은 성과를 거두었다.

a. 이 정보에 기초하여, 2019년 NGF의 NAV 기반 HPR은 얼마인가?
b. 펀드의 연초 및 연말 거래의 할증 또는 할인율(%)을 계산하라.
c. 이 펀드의 2019년 시장가치에 기초한 HPR은 얼마인가? 시장의 할증 또는 할인은 NGF의 보유기간수익률을 향상 또는 저하시키는가?

항목	연초	연말
NAV	€7.50	€9.25
펀드 주식의 시장가격	€7.75	€9.00
연중 지급된 배당	—	€1.20
연중 분배된 자본이득	—	€0.90

LG6 **P12.9** 5년 전에 펀드 1,500주를 주당 순자산가치 $18.75로 매입하여 Future Investco Mutual Fund에 투자했다. 소득이 필요하지 않았기 때문에 모든 배당금과 자본이득 분배금을 재투자하기로 했다. 오늘 이 펀드의 1,850주를 주당 $20.56에 매각한다. 5년 동안 이 투자에 대한 복리 수익률은 얼마인가?

LG6 **P12.10** 1년 전 Gary는 NAV £663.81(파운드 스털링)에 200주를 매입하여 Aberdeen Global II Sterling Bond Fund에 투자했다. 그는 모든 이자 및 자본이득 분배를 재투자하기로 결정한다. 오늘 그는 250주를 현재 NAV £750로 매각하려고 한다. 초기 수수료가 4.25%인 경우 이 투자의 수익률은 얼마인가?

LG6 **P12.11** 1년 전 순자산가치 $20.00로 펀드 1,000주를 매입하여 무-수수료 Best Mutual Fund에 투자했다. 펀드는 $1.00의 배당금과 $1.50의 자본이득을 분배했다. 현재 NAV는 $21.00이다. 보유기간수익률은 얼마인가?

LG6 **P12.12** 문제 12.11을 참조하라. Best가 2.5% 선취수수료를 가진 펀드라면 HPR은 얼마인가?

LG6 **P12.13** Peter Wolfgang은 폐쇄형 뮤추얼펀드의 주식 매입을 고려하고 있다. NAV는 €22.50이며 최근 종가는 €20.00이다. 이 펀드는 할증 또는 할인으로 거래되는가? 할증 또는 할인은 얼마나 되는가?

LG6 **P12.14** 당신은 1년 전 Acumen Conservative Portfolio 펀드 500주를 £94.50(파운드 스털링)에 매입한 영국 투자자이다. 한 해 동안 귀하는 주당 £3.00의 배당금을 받았는데, 그 중 1/3은 펀드가 보유한 주식의 배당금에서, 나머지 2/3는 펀드 포트폴리오의 채권에 대한 이자에서 발생했다. 현재 영국에서는 일반 배당수입이 현금 저축이자나 고정이자보다 더 유리하기 때문에 배당의 실효 이율은 10%이다. 20%의 기본 세율로 과세된다고 가정할 때 올해 영국 정부에 세금으로 얼마를 지불해야 하는가?

MyLab **P12.15** MoMoney 뮤추얼펀드와 관련된 다음 3년간의 자료를 분석하기 위해 www.pearson.com/mylab/finance에서 볼 수 있는 〈표 12.2〉의 스프레드시트와 유사한 스프레드시트 모델을 작성하라. 펀드의 순자산가치(b=0.5)의 기타 변동사항과 함께 주주에게 배당된 배당수입 및 자본이득 금액을 보고해야 한다.

a. 투자 운영으로 인한 총 수입은 얼마인가?

b. 투자 운영의 총 분배는 얼마인가?

c. 2019년, 2018년, 2017년 말 기준 MoMoney Fund의 순자산가치를 계산하라.

d. 2019년, 2018년, 2017년 각각의 보유기간수익률을 계산하라.

	A	B	C	D
1		2019	2018	2017
2	순자산가치 (기초)	$35.24	$37.50	$36.25
3	순 투자소득	$ 0.65	$ 0.75	$ 0.60
4	증권의 순 자본이득	$ 5.25	$ 4.75	−$ 3.75
5	순 투자소득의 배당	$ 0.61	$ 0.57	$ 0.52
6	실현된 자본이득의 분배	$ 1.75	$ 2.01	$ 1.55

사례문제 12.1 | Mark Thomas 목사는 뮤추얼펀드를 고려한다

LG3 LG5 Mark Thomas 목사는 샌디에이고 지역의 교회 행정가이다. 그는 기혼이고, 한 명의 어린 자녀가 있으며, 수입이 적다. 종교기관의 은퇴 프로그램은 그다지 풍족하지 않기 때문에, 목사는 스스로 약간의 투자를 해야 한다고 결정했다. 그는 교회의 은퇴 프로그램을 보충하고 동시에 자녀의 (약 12년 정도 후) 대학교육 자금 일부를 마련할 수 있는 계획을 만들려고 한다. 그는 투자기록을 세우려는 것은 아니며, 가족의 장기적 필요자금을 확보하고자 한다.

그는 보통의 소득을 갖고 있기 때문에, Mark Thomas는 세심하게 계획하면 아마도 분기별 $250를 투자할 수 있다고 믿는다(그리고 운이 좋으면, 시간이 지나면서 이 금액을 늘린다). 그는 현재 저축계좌에, 이 프로그램을 시작하는 데 사용할 수 있는, $15,000를 보유하고 있다. 투자목표를 고려하면, 그는 많은 위험을 부담하는 데 관심 없다. 그의 투자지식은 매우 제한되어 있기 때문에, 당신에게 투자 조언을 요청했다.

≫질문

a. Mark의 투자목표에 비추어 볼 때 뮤추얼펀드가 그에게 적합하다고 생각하는가?

b. 그가 뮤추얼펀드 투자 프로그램을 시작하기 위해, 15,000달러의 저축계좌를 사용해야 한다고 생각하는가?

c. Mark를 위해 어떤 종류의 뮤추얼펀드 투자 프로그램을 설정하겠는가? 고려하는 펀드의 종류, 설정할 투자목표, 추구하는 투자서비스(예를 들어, 인출계획)를 답에 포함시켜라. 투자조언에서 세금은 중요한 고려사항인가? 설명하라.

사례문제 12.2 | Giacomo와 Chiara는 마침내 휴가를 떠나다

LG3 LG4

Giacomo Poretti는 밀라노에서 아내 Chiara와 함께 공동 소유한 집에서 살고 있다. 그는 유명한 대학에서 28년 이상 교수로 일했으며 Chiara는 Mondadori에서 출판사로 일하며 이탈리아 역사 부서의 책임자이다. 둘 다 평균 이상의 임금을 받고 있으며 둘 다 정년에 가까워지고 있다. 두 자녀는 토리노로 이주했으며 재정적으로 부모로부터 독립했다.

Giacomo와 Chiara는 모두 저축계좌에 매달 특정 금액을 저축해 왔다. 이러한 저축액은 현재 거의 €80,000에 달한다. 은퇴 시 연금플랜에서 Giacomo는 한 달에 €1,500, Chiara는 €1,300를 받을 것으로 계산했는데 생활비를 충당하기에 충분하다.

Giacomo와 Chiara는 여행을 좋아하고 이국적인 장소로 여행을 가고 싶지만 직장에서 매우 바쁘기 때문에 여행을 할 수 없었다. 저축계좌는 은퇴가 가까워짐에 따라 거의 0%의 이자를 산출하기 때문에 휴가에 지출할 수 있는 지속적인 자금유입을 보장하는 더 수익성 있는 상품에 저축한 금액을 투자하기로 결정했다. 2개월마다 휴가를 계획하고 있으며 각 여행비용은 약 €1,500이다.

금융 컨설턴트와 상담한 후, 그들은 뮤추얼펀드에 투자하기로 결정했다.

≫질 문

a. Giacomo와 Chiara의 재정 상황과 목표를 고려할 때 컨설턴트가 어떤 종류의 뮤추얼펀드에 투자하도록 조언할 것이라고 생각하는가?

b. Giacomo와 Chiara가 6개월 후에 막내아들의 교육비로 €20,000를 지불해야 한다면 항목 (a)의 답변은 어떻게 달라지는가?

c. Giacomo와 Chiara가 40대에 매우 다른 투자자였다면, 즉 둘 다 도박을 좋아하고 위험한 신생기업에 투자하고 2개월마다 휴가를 갈 계획이 없는 위험을 감수하는 투자자였다면, 항목 (a)의 답변은 어떻게 달라지는가?

d. Giacomo와 Chiara가 이자수입과 자본이득으로 연간 6%를 벌어들이는 고수익 채권 뮤추얼펀드에 투자하고, 휴가를 위해 연간 €6,000를 받아야 한다고 가정한다. 지금부터 3년 후의 투자 계정 규모는 얼마인가?

장 도입부 문제

Yahoo! Finance에 가서, Vanguard 500 Index Investor Fund(티커 기호 VFINX)와 Fidelity Magellan Fund(티커 기호 FMAGX)의 자료를 찾아라. 이들은 미국의 최대 뮤추얼펀드에 속한다. 이 펀드들 가운데 하나를 골라 Basic Chart 링크를 클릭하여, 지난 5년의 성과를 살펴보라. 이 그림을 열어 놓고, 다른 펀드의 성과를 그릴 수 있는 박스에 나머지 펀드의 티커 기호를 입력하라. 이 펀드들 가운데 어느 것이 최근에 더 좋은 성과를 냈는가? Holding 링크를 클릭하여, 각 펀드가 가장 많이 보유한 10개 종목을 살펴보라. 두 펀드의 최대보유 10개 종목 가운데 동일한 주식이 있는가?

CHAPTER 13

포트폴리오 관리

학습목표

이 장을 학습하면 다음을 수행할 수 있다.

LG1 투자목적에 부합하는 포트폴리오를 만들기 위해 자산배분 체계를 이용하는 방법을 설명한다.

LG2 투자성과를 측정하고 비교하는 데 필요한 자료와 지수를 논의한다.

LG3 소득, 자본이득, 포트폴리오 총수익률을 측정하는 데 사용되는 기법을 이해한다.

LG4 포트폴리오 수익률을 위험조정 및 시장조정 수익률에 비교하기 위해 샤프, 트레이너, 젠센 척도를 사용하고, 포트폴리오 수정을 논의한다.

LG5 비용평균화, 일정금액 플랜, 일정비율 플랜, 그리고 변동비율 플랜의 역할과 논리를 설명한다.

LG6 투자 타이밍에서 지정가 및 역지정가(손절) 주문, 유동성 보존, 투자 매도시점 선택의 역할을 설명한다.

그는 주식선택 능력 때문에 "오마하의 현인(Oracle of Omaha)"으로 알려졌고, 2018년 *Forbes*는 $84십억으로 추정되는 순자산을 가진 세계 세 번째 부자로 평가하였다. Berkshire Hethaway, Inc.의 회장으로서, 워렌 버핏(Warren Buffett)은 1962년의 주당 $7의 초기 투자가 2018년 주당 $312,000 가치로 증가하는 것을 목격하였다. Omaha에 본사를 둔 회사의 63개 자회사는 페인트(Benjamin Moore), 배터리(Duracell), 보험(GEICO), 의류(Fruit of the Loom), 건축자재(Acme Brick Company and Johns Manville), 에너지(MidAmerican Energy Holdings Company), 식품 및 음식 소매(International Dairy Queen, The Pampered Chef, See's Candies) 등의 다양한 산업을 포함한다. 또한 Berkshire Hethaway는 미국의 저명한 많은 기업들의 주요 지분을 보유하고 있는 공개된 투자회사로서 Apple, Costco, Walmart, American Express, Procter & Gamble 등의 지분을 보유하고 있다.

버핏의 성공 비결은 무엇인가? 그의 장기적 목표기간과 인내심은 전설적이다. 그의 명성은 경영의 질과 우월한 브랜드 명성 같은 무형자산을 갖고 있는 기업을, 그가 일컫는 "내재(intrinsic)" 가치보다 훨씬 낮은 가격에서 매입하는 능력에서 비롯된다. 버핏은 투자대상이 목표가격(추정가치)에 도달할 때까지 기다리며, 그때까지는 매입하지 않는다. "우리는 주가의 월간 변화 대신 회사의 장기적 성장에 의해 성공을 측정한다"고 그는 말한다.

Berkshire Hethaway의 투자자들이 알려고 애쓰는 다른 비밀은 87세인 버핏의 후계자를 알아내는 것이다. 2015년 초에 버핏은 Berkshire Hethaway의 이사회가 그의 후계자를 선택했고, 알려지지 않은 채 회사에서 근무하고 있다고 하였다. Berkshire의 투자자들을 위해, 버핏이 투자를 선택했던 것처럼 현명하게 후계자를 선택할 수 있기 바란다.

포트폴리오 관리의 기초를 소개하는 이 장의 내용처럼, 투자는 분석, 행동, 그리고 더 많은 분석의 과정이다. 당신은 제2의 워렌 버핏은 아닐 수 있으나(또는 그럴 수도 있다!), 이러한 기법을 이해해서 당신의 포트폴리오를 만들고 평가하는 것은 올바른 방향이다.

(출처: "Warren Buffett on His Successor: We Have Our Man," http://fortune.com/2015/02/28/warren-buffett-successor/, accessed July 2015; historical data from http://www.finance.yahoo.com, accessed July 2015에서 발췌)

자산배분체계를 이용한 포트폴리오 구성

LG1 이제 우리는 포트폴리오 구성을 위한 기준을 살펴보는 것으로부터 시작하여, 그것들을 이용하여 다양한 투자 범주에 걸쳐 자산을 배분하는 계획을 개발한다. 이 계획은 포트폴리오에 포함되는 개별적 투자를 선택하는 기본적이고 유용한 틀을 제공한다. 위험과 분산투자의 개념을 이용하여 안정적인 포트폴리오 정책을 수립하려는 노력 속에서, 우리는 전통적 및 현대적 접근방법 모두에 의존할 것이다.

투자자의 특성과 목표

자신의 포트폴리오를 관리하기 위한 계획을 세우려면, 광범위한 문제들을 고려해야 한다. 물론 이 요인들은 포트폴리오에 포함될 가능성이 있는 특정 투자의 위험과 수익 특성을 포함한다. 그러나 개인적 문제들도 포함한다. 예를 들어, 소득 규모와 고용 안정성이 중요하다. 만약 안정적이고 급여가 높은 직업을 갖고 있으면, 투자 포트폴리오에서 더 많은 위험을 부담할 수 있을 것이다. 또한 시간이 지남에 따라 소득이 늘어나면, 더 높은 한계세율을 적용받고 따라서 투자 프로그램의 세금 영역이 더 중요해질 것이다. 결혼 여부도 중요하고, 자녀를 갖는 것은 저축과 투자목표를 변화시킨다. 마지막으로, 투자경험도 투자전략에 영향을 준다. 통상적으로, 투자시장에서는 머리부터 뛰어드는 것보다 점진적으로 진입하면서 "발부터 물에 적시는" 것이 최선이다. 세심하게 만들어진 투자 프로그램은 충동적 행동보다 더 유리한 장기적 결과를 낳을 가능성이 높다.

이제 내 포트폴리오로부터 무엇을 원하는지 스스로에게 물어야 한다. 일반적으로, 높은 경상소득과 현저한 자본이득 중에서 선택해야 한다. 둘 모두 갖기는 어렵다. 높은 가격상승 잠재력을 선택하는 대가는 빈번하게 낮은 잠재적 경상소득을 받아들이는 것이다.

필요에 따라 어떤 길을 선택해야 할지 결정할 수도 있다. 포트폴리오 소득에 의존하는 은퇴한 사람은 아마도 낮은 위험과 경상소득 지향적 접근방법을 선택할 것이다. 젊은 투자자는 더 빠른 속도로 재산을 축적하기 위해 위험투자를 감수할 용의를 더 많이 갖고 있을 것이다. 따라서 포트폴리오는 필요에 따라 만들어져야 한다. 이는 소득, 나이, 가족 구성, 그리고 위험성향에 의존한다.

투자자 오류

결혼은 포트폴리오에 유익하다 최근의 연구는 독신 여성은 독신 남성보다 더 높은 투자수익을 얻음을 발견했다. 이는 부분적으로 독신 남성은 투자능력을 과신하고, 너무 빈번하게 거래하며, 지나친 거래비용을 부담하기 때문이다. 그러나 기혼 남성의 투자성과는 기혼 여성의 성과에 더 가까이 접근한다. 다시 말해, 적어도 남자의 경우, 결혼은 포트폴리오에 유리한 것으로 보인다.

(출처: Brad M. Barber and Terrance Odean, "Boys Will Be Boys: Gender, Overconfidence, and Common Stock Investment," *Quarterly Journal of Economics*, 2001, Vol.16, Issue 1, pp.261-292에서 발췌)

포트폴리오의 목표와 정책

포트폴리오를 만드는 것은 논리적 과정이며, 당신이 자신의 필요와 투자의 옵션을 분석한 후에 가장 잘 수행될 수 있다. 포트폴리오를 계획하고 구성할 때, 다음 목적들을 고려해야 한다.

- 경상소득 창출
- 자본 유지
- 자본 증식
- 세금 절감
- 위험 관리

이 모든 요인들은 당신이 최선의 포트폴리오를 결정하는 데 영향을 주어야 한다. 이들은 다음과 같이 결합될 수 있다. 처음 두 항목인 경상소득과 자본의 유지는 낮은 위험의 보수적 투자전략에 부합한다. 일반적으로, 이런 성향의 포트폴리오는 저베타(저위험) 증권을 포함한다. 셋째 항목인 자본증식 목표는 위험의 증가와 경상소득의 감소를 의미한다. 만약 당신이 자본증식 목표에 높은 가치를 부여하면, 고위험 성장주, 옵션, 선물, 그리고 다른 더 투기적 투자들이 적합할 수 있다. 넷째 항목인 당신의 세율 구간도 투자전략에 영향을 줄 것이다. 만약 당신이 높은 세율 구간에 있으면, 세금을 이연하고 자본이득 형태로 투자수익을 얻으려는 동기가 많을 것이다. 이는 고위험 투자와 장기의 보유기간을 시사한다. 당신이 비교적 낮은 세율 구간에 있으면, 투자소득의 형태에는 덜 관심을 가질 것이다. 따라서 더 많은 경상소득을 제공하는 증권에 투자하려는 의향을 더 많이 가질 것이다. 마지막으로, 가장 중요한 항목은 위험이다. 투자자는 모든 투자결정에서 위험-수익 상반관계를 고려해야 한다.

자산배분체계의 개발

당신이 자신의 필요로부터 특정 포트폴리오 목표들을 도출한 후에는, 이런 목표들을 달성하도록 고안된 포트폴리오를 구성할 수 있다. 그러나 투자를 실행하기 전에 자산배분체계를 만들어내야 한다. **자산배분**(asset allocation)은 포트폴리오를 다양한 자산집단으로, 예를 들어 미국 주식, 미국 채권, 해외증권, 단기 증권, 유형자산(예: 금)과 부동산 같은 상이한 자산으로 나누는 일을 포함한다. 자산배분은 분산투자와는 약간 다르다. 자산배분의 초점은 다양한 자산집단에 걸친 투자이다. 다양한 유형의 자산집단에 자산을 분산하는 것은 포트폴리오를 분산하는 데 도움이 되지만, 그것을 넘어서 상관관계가 높지 않은 개별 증권들을 선택하여 자산집단 내에서도 분산투자를 할 수 있다. 예를 들어, 주식과 채권 사이에 자산을 배분하면 분산투자의 이점을 얻을 수 있지만 주식 포트폴리오 내에서 함께 움직이지 않는 주식을 선택하여 주식 포트폴리오 자체가 잘 분산되도록 할 수 있다. 당신이 소유한 채권에 대해서도 마찬가지이다. 이 프로세스의 두 번째 단계는 **증권선택**(security selection)이라고 한다. 각 자산집단에서 보유할 특정 증권을 선택한다.

자산배분은 포트폴리오 총수익률이 자산집단 안에서 투자대상을 선택하는 것보다는 자산집단들 사이의 투자분할에 의해 더 많은 영향을 받는다는 믿음에 기초한다. 실제로 연구들에 따르면 포트폴리오 총수익률의 90%에 해당하는 부분은 자산배분에 기인한다. 따라서 실제 증권선택은 10% 미만일 수 있다. 더욱이 연구자들은 단일 자산 범주 내에서의 최선의 투자를 선택하는 것보다, 자산배분이 총위험을 낮추는 데 훨씬 더 큰 영향을 미친다는 것을 발견했다.

자산배분의 접근방법 자산배분의 기본적 접근방법은 (1) 고정 가중치, (2) 변동 가중치, 그리고 (3) 전술적 자산배분이다. 첫째와 둘째 방법은 포트폴리오 안에서 유지되는 각 자산범주의 비율에서 다르다. 셋째 방법은 기관 포트폴리오 관리자에 의해 사용되는 더 복잡한 기법이다.

고정 가중치 **고정 가중치 접근법**(fixed-weightings approach)은 포트폴리오의 고정된 비율로 각 자산범주에 투자하는 것이다(대다수 개인투자자들은 3개 내지 5개의 자산집단에 투자한다). 보통주, 채권, 해외증권, 단기 증권의 네 가지 범주를 가정하면 고정배분법은 다음과 같을 것이다.

범주	배분
보통주	30%
채권	50%
해외증권	15%
단기 증권	5%
전체 포트폴리오	100%

일반적으로, 고정 가중치는 시간이 경과하더라도 변하지 않는다. 시장가치가 변동하는 경우, 매년 또는 중요 시장변동 후에 목표 고정비율 배분을 유지하기 위해 포

트폴리오를 조정해야 할 수도 있다. 예를 들어, 주식시장이 호황을 누리면 새로운 투자 없이도 주식 포트폴리오의 비율이 상승할 것이다. 따라서 고정 가중치를 유지하려면 주식을 매도하고 다른 자산집단의 증권을 매입한다.

고정 가중치는 각 자산범주에 대해 동일한 비율의 배분을 의미할 수도 있고 아닐 수도 있다. 예를 들어, 위의 네 가지 범주에 각각 25%를 배분할 수도 있다. 연구에 따르면 많은 투자자가 자신에게 제시된 투자 옵션 전체에 균등한 자금 배분을 선택하는 것으로 나타났다. 이를 '1/N 규칙'이라고 한다. 이 행동은 특히 퇴직계좌에서 흔히 볼 수 있다. 예를 들어, 회사의 은퇴연금 플랜에 따라 직원이 5개의 뮤추얼펀드에 퇴직기여금을 할당할 수 있는 경우, 많은 사람들이 각 펀드에 돈의 1/5(즉, N이 선택가능한 항목 수인 경우 1/N)을 투자하기로 선택한다. 이 간단한 경험 법칙은 아마도 위험과 수익 사이에 합리적인 균형을 가진 포트폴리오를 생성할 수 있지만, 사용 가능한 자산집단 간에 자산을 균등하게 배분하는 것이 최선의 전략이라는 보장은 없다.

투자자 오류

선택의 가중치 은퇴 계정에서 많은 투자자의 자산배분 결정이 이용 가능한 선택 메뉴에 따라 영향을 받는다는 것은 놀라운 일이다. 한 연구에 따르면 회사의 투자 옵션 메뉴에 더 많은 주식 펀드가 포함된 경우, 회사의 직원은 메뉴에 많은 주식 펀드가 필요하지 않더라도 주식에 대한 높은 배분을 달성하기 위해 주식에 훨씬 더 많은 투자를 했다. 예를 들어, 이 연구는 2개의 주식 펀드와 1개의 채권 펀드를 제공하는 회사의 직원이 3개의 주식 펀드와 1개의 채권 펀드를 제공하는 회사의 직원보다 퇴직저축을 위하여 주식에 더 적은 돈을 배분할 것이라고 예측했다.

(출처: Jeffrey R. Brown, Nellie Liang, and Scott Weisbenner, "Individual Account Investment Options and Portfolio Choice: Behavioral Lessons from 401(k) Plans," *Journal of Public Economics*, 2007, Vol.91, Issue 10, pp.1992-2013에서 발췌)

변동 가중치 **변동 가중치 접근법**(flexible-weightings approach)은 시장분석에 기초한 각 자산범주에 대한 주기적 가중치 조정을 포함한다. 변동 가중치 체계를 사용하는 것은 종종 **전략적 자산배분**(strategic asset allocation)으로 불린다. 예를 들어, 고정 가중치 체계에 기초한 초기의 새로운 배분은 다음과 같을 수 있다.

범주	초기 배분	신규 배분
보통주	30%	45%
채권	40%	40%
해외증권	15%	10%
단기 증권	15%	5%
전체 포트폴리오	100%	100%

초기의 배분에서 새로운 배분으로의 변화는 시장조건 또는 예측의 변동에 의해 촉발될 것이다. 예를 들어, 위의 새로운 배분은 국내 경제상황의 개선 예상의 결과일 수 있다. 이런 개선은 해외 및 단기 증권에 비해 높은 국내 주식가격과 수익률을 가져올 것이다. 이제 변화하는 시장 안에서 더 높은 수익률을 얻기 위해 가중치는 변경될 것이다.

전술적 자산배분 세 번째 접근법인 **전술적 자산배분**(tactical asset allocation)은 일종의 시점선택(market timing)이며, 포트폴리오의 자산배분을 변화시키기 위해 주가지수 선물과 채권 선물을 사용한다(나중에 논의함). 주식이 채권보다 덜 매력적인 것으로 기대되는 경우, 이 전략은 주가지수 선물을 매도하고 채권 선물을 매수한다. 반대로 채권이 주식보다 덜 매력적인 것으로 예상되면, 이 전략은 주가지수 선물을 매수하고 채권 선물을 매도한다. 이런 세밀한 기법은 대규모 포트폴리오와 시점선택을 위한 수리적 모형에 의존하기 때문에, 일반적으로 대규모 기관투자자들에게만 적합하다.

자산배분의 대안들 고정 가중치 자산배분 계획을 가정하고 네 가지 자산범주를 이용하면, 세 가지 자산배분을 예시할 수 있다. 〈표 13.1〉은 보수적(저수익/저위험), 중립적(평균적 수익/평균적 위험), 공격적(고수익/고위험) 포트폴리오에 해당하는 네 가지 범주별 배분을 각각 예시한다. 보수적 배분은 예측가능한 수익을 제공하기 위해 주로 채권과 단기 증권에 의존한다. 중립적 배분은 주로 보통주와 채권으로 구성되고, 보수적 배분에 비해 더 많은 해외증권과 더 적은 단기 증권을 포함한다. 중립적 위험-수익의 행태는 안전한 단기 증권으로부터 더 많은 보통주와 해외증권으로의 이동을 반영한다. 마지막으로 공격적 배분에서는 보통주에 더 많은 금액, 채권에 더 적은 금액, 그리고 해외증권에 더 많은 금액이 배분된다. 결국 일반적으로 포트폴리오의 기대수익과 위험을 높인다.

자산배분의 적용 자산배분 계획은 경제적 전망과 투자, 저축, 그리고 소비 패턴, 세금 상황, 수익 예측, 그리고 위험수용도를 고려해야 한다. 이런 계획은 장기적으로 형성되어야 하고, 자본의 유지에 중점을 두어야 한다. 또한 변화하는 투자목표를 반

〈표 13.1〉 자산배분의 대안

범주	배분 대안 보수적 (저수익/저위험)	 중립적 (평균 수익/평균 위험)	 공격적 (고수익/고위험)
보통주	15%	30%	40%
채권	45%	40%	30%
해외증권	5%	15%	25%
단기 증권	35%	15%	5%
전체 포트폴리오	100%	100%	100%

영하기 위해 정기적으로 계획을 수정해야 한다. 일반적으로 적합한 자산배분을 정하기 위해, 각 자산범주의 현재수익, 성장잠재력, 안전성, 유동성, 거래비용(중개수수료), 그리고 잠재적 절세효과를 평가해야 한다.

많은 투자자들은 자산배분 활동의 일부로서, 그리고 각 자산범주 내에서 분산투자하기 위해 뮤추얼펀드를 이용한다. 또는 스스로 포트폴리오를 만드는 것의 대안으로, **자산배분 펀드**(asset allocation fund)의 지분을 매입할 수 있다. 자산배분 펀드는 적당한 자산을 적절한 시기에 투자함으로써 수익의 변동성을 낮추려는 뮤추얼펀드이다. 이런 펀드들은 모든 자산배분체계와 마찬가지로 분산투자를 강조한다. 이들은 예측가능성을 위해 고수익 기회를 포기함으로써, 비교적 일관된 수준의 성과를 낸다. 어떤 자산배분 펀드는 고정 가중치를 사용하고, 다른 펀드들은 사전에 정해진 한도 내에서 변하는 변동 가중치를 갖고 있다. 하나의 기준으로서, $100,000 이상의 투자금과 충분한 시간을 가진 투자자라면 스스로 자산배분을 수행해도 타당하다. $25,000 미만과 제한된 시간을 가진 투자자에게는 자산배분 펀드가 더 매력적일 수 있다.

가장 중요한 점은 자산배분체계가 효과적이기 위해서는 장기적 관점에서 고안되어야 함을 인식하는 것이다. 적어도 7년 이상 유지될 수 있는 자산배분체계를 만들어야 한다. 일단 결정되면 준수되어야 한다. 성공의 열쇠는 자신의 자산배분에 대해 지속적으로 충실하게 행동하는 것이며, 방황의 유혹을 견디는 것을 뜻한다.

개념 리뷰

해답은 www.pearson.com/mylab/finance에서 찾을 수 있음.

13.1 투자자의 개인적 특성이 포트폴리오 정책에 영향을 미치는 데 어떤 역할을 하는가?

13.2 투자자의 포트폴리오 목표는 포트폴리오 구성에서 어떤 역할을 하는가?

13.3 자산배분은 무엇인가? 분산투자와 어떻게 다른가? 자산배분은 투자 포트폴리오 구성에서 어떤 역할을 하는가?

13.4 자산배분의 기초적 접근법을 간단히 기술하라.
(a) 고정 가중치 (b) 변동 가중치 (c) 전술적 자산배분

13.5 자산배분 펀드는 어떤 역할을 하는가? 자산배분체계가 효과적인 이유는 무엇인가?

개별 투자성과의 평가

LG2 가장 중요한 목표가 지금부터 3년 후 생애 첫 주택의 계약금을 지불할 수 있는 충분한 저축을 하는 것이라고 상상해 보자. 주택의 가격은 $200,000이고 15%의 계약금을 지불하고 관련 거래비용을 지불하기에 $33,000이면 충분할 것으로 예상한다. 당신의 계산에 따르면 기존 저축과 함께 향후 3년 동안 매달 $200를 추가로 투자하여 연 10%의 수익률을 올리면 이 목표를 달성할 수 있다. 3년 동안의 소득과 지출에 대한 예측은 매월 $200를 저축할 수 있어야 한다는 것이다. 당신은 투자자문가 Cliff Orbit과 상담하였고 그의 관리하에 10% 수익을 얻을 수 있다고 믿게 되었다.

이 계획은 간단해 보인다. Cliff에게 먼저 기존의 저축을 넘겨주고, 다음 36개월 동안 매월 $200를 보낸다. 투자기간이 종료하면, 당신은 집을 사는 데 필요한 $33,000를 갖게 된다. 불행하게도, 여기에는 많은 불확실성이 존재한다. 만약 당신이 매월 $200를 저축하지 못한다면? Cliff가 연 10%를 벌지 못한다면? 3년 후에 원하는 주택의 가격이 $200,000 이상이 된다면? 분명히, 당신은 단지 목표를 달성할 수 있을 것으로 보이는 계획을 세우는 것보다 많은 일을 해야 한다. 계획된 투자와 포트폴리오의 결과가 실제로 실현된다는 보장은 거의 없다. 따라서 투자목표를 향한 진행상황을 정기적으로 평가하는 것이 중요하다.

실제 결과가 실현되면, 계획된 결과와 비교하고 필요한 수정을 계획 또는 목표에 추가해야 한다. 따라서 투자성과를 측정하는 방법을 아는 것이 필수적이다. 여기에서 우리는 투자성과를 분석하는 데 적합한 척도들에 초점을 맞출 것이다. 자료의 원천으로부터 시작하자.

자료의 획득

투자수익을 분석하는 첫 단계는 개별 투자의 실제 성과를 반영하는 자료를 수집하는 것이다. 제3장에서 언급된 것처럼, 다양한 투자정보 원천이 온라인과 인쇄물 형태로 존재한다. 예를 들어, *Wall Street Journal*, WSJ.Com, 그리고 Yahoo! Finance는 증권의 성과를 평가하는 데 유용한 많은 항목의 정보를 담고 있다. 투자결정을 내리는 데 사용되는 것과 같은 형태의 정보가 투자성과를 분석하는 데 사용된다. 알고 있어야 할 두 개의 핵심영역은 (1) 투자의 수익률 그리고 (2) 경제 및 시장의 활동이다.

수익률의 자료 투자수익률을 분석하는 기본적 자료는 주식과 채권의 일별 호가 같은 현재의 시장 정보이다. 투자자들은 빈번하게 투자비용, 배당, 이자, 그리고 다른 수취 소득의 원천을 포함하는 일지(logs) 또는 스프레드시트를 기록한다. 당신은 정기적으로 가격과 수익을 기록함으로써, 가격변동과 누적수익의 현재 기록을 만들 수 있다. 또한 기업의 주가에 영향을 미치는 이익과 배당을 모니터해야 한다. 투자수익률의 원천, 즉 경상소득과 자본이득은 당연히 결합하여 총수익률을 결정한다.

경제 및 시장 활동 경제와 시장의 변화는 수익률에 영향을 미친다. 기민한 투자자들은 국제적, 국가적 그리고 지역적 경제 및 시장 동향을 주시한다. 당신은 경제와 시장의 변화를 추적함으로써, 수익률에 대한 잠재적 영향을 평가할 수 있어야 한다. 경제 및 시장 조건이 변화하면, 포트폴리오 수정을 준비해야 한다. 기본적으로, 유식한 투자자가 되면, 당신은 이익을 얻을(또는 손실을 피할) 가능성을 높일 수 있다.

투자성과의 지표

투자성과를 측정할 때, 당신의 수익률을 넓은 범위에 기초한 시장 척도에 비교하는 것이 종종 유용하다. 보통주를 분석하는 데 유용한 지표는 다우존스 산업지수(DIJA), S&P 500 종합주가지수(S&P 500), 그리고 나스닥 종합지수를 포함한다. DIJA는 언론미디어에 의해 자주 언급되지만 포함 범위가 좁기 때문에, 주가 변동의 가장 적합한 상대적 척도로는 간주되지 않는다. 당신의 포트폴리오가 넓은 범위의 보통주로 이루어져 있으면, S&P 500 지수가 더 적합한 도구일 수 있다.

또한 많은 지표들이 채권시장의 일반적 움직임을 평가하는 데 이용가능하다. 이 지표들은 채권수익률 또는 채권가격의 행태를 반영한다. 채권수익률 자료는 오늘 채권을 매입하여 만기까지 보유하는 경우의 수익률을 반영한다. 이런 자료의 대중적인 출처는 *Wall Street Journal*, *Barron's*, Standard & Poor's, Mergent, Yahoo! Finance, 그리고 연방준비제도를 포함한다. 다우존스 회사채지수는 48개 제조기업 채권, 36개 금융기관 채권, 12개 기반시설/통신회사 채권의 마감가격에 기초하며, 채권가격 움직임의 대중적인 척도이다. 이는 채권 종가들의 수학적 평균을 반영한다.

채권가격의 지표와 채권수익률의 정보는 특정 채권(제조업, 기반시설, 그리고 지방채)별로 그리고 종합적으로 수집될 수 있다. 또한 총수익 기준으로 작성된 지표들이 주식과 채권 모두에서 이용가능하다. 그들은 배당/이자소득 및 가격변동(자본 이득 또는 손실)을 결합하여 총수익을 반영한다.

투자자들은 뮤추얼펀드의 일반적 동향을 평가하기 위해 빈번하게 Lipper 지수를 사용한다. 이 지표들은 다양한 종류의 주식과 채권 펀드에서 이용가능하다. 그러나 대다수 다른 종류의 펀드의 경우, 널리 알려진 지표나 평균은 이용가능하지 않다. 소수의 다른 지표들은 상장된 옵션 또는 선물들을 다룬다.

투자성과의 측정

투자 포트폴리오를 모니터링하기 위해, 투자자들은 포트폴리오 안의 각 투자성과를 일관적으로 측정할 수 있는 믿을 수 있는 기법을 사용해야 한다. HPR은 가격 변동이나 수입뿐만 아니라 총수익 성과를 반영하기 때문에, 실제 수익 행태를 평가하는 훌륭한 방법이다. 1년 이하의 보유 또는 평가기간에 가장 적합하다. 여기에서 총수익은 투자의 실현 또는 미실현된 주기적 현금소득과 가치 상승(또는 하락)을 포함한다. 1년을 초과하는 기간의 수익률을 계산하려면, 화폐의 시간가치를 인식하는 수익률(내부수익률)을 사용할 수 있다. 다음의 논의는 연간 수익률의 평가에 초점을 맞추기 때문에, 수익률 척도로서 HPR을 사용한다. HPR 공식은 수식 (13.1)에 다시 제시된다.

$$\text{보유기간수익률} = \frac{\text{기간 중 경상소득} + \text{기간 중 자본이득(또는 손실)}}{\text{기초 투자가치}} \tag{13.1}$$

$$\text{HPR} = \frac{C + CG}{V_0} \tag{13.1a}$$

여기에서, 기간 중 자본이득(또는 손실)은 다음과 같이 정의된다.

$$\text{기간 중 자본이득(또는 손실)} = \text{기말 투자가치} - \text{기초 투자가치} \tag{13.2}$$

$$CG = V_n - V_0 \tag{13.2a}$$

주식과 채권 주식과 채권의 투자수익률에는 몇 가지 척도가 존재한다. **배당수익률**은 주식투자로부터 얻은 현재의 연간 배당수익을 측정한다. 이는 주식의 연간 현금 배당을 가격으로 나눔으로써 계산된다. 채권의 **경상수익률**은 채권 가격에 대비한 이자소득에만 초점을 맞춘 유사한 척도이다. 보유기간수익률법은 주어진 기간 동안 투자에서 실제로 얻은 총수익(소득과 가치 변화)을 측정한다. 우리는 아래 예시에서 약 1년의 보유기간에 기초한 HPR을 이용할 것이다.

주식 보통주와 우선주의 HPR은 보유기간 동안의 수취 현금배당과 증권의 가격 변화를 포함한다. 〈표 13.2〉는 보통주의 실제 성과에 적용된 HPR 계산을 예시한다. 당신은 2017년 6월 1일에 U.S. Steel 주식 1,000주를 $20,500에 매입했다고 가정하자. 이 주식을 1년 정도 후, 2018년 6월 4일에 주식을 $37,270에 매도하였다. $16,770의 자본이득 외에, $200의 현금배당도 받았다. 따라서 계산된 HPR은 82.78%이다.

사례
세후 HPR

82.78% HPR은 세전 수익률이다. 대부분의 투자자에게는 세후 수익률이 더 중요하다. 현행 연방법에 따르면, 주식을 1년 이상 보유했기 때문에 자본이득은 장기이득으로 간주된다. 배당금과 자본이득 모두 15%의 우대세율로 과세된다고 가정한다. 소득세는 세후 배당소득을 $170[즉, (1−0.15)×$200]로, 세후 자본이득을 $14,254.50[즉, (1−0.15)×($37,270−$20,500)]로 감소시킨다. 따라서 세후 HPR은 70.36% 또는 ($170+$14,254.50)÷$20,500 = 0.7036이고, 세전 수익률에 비해 12.42% 감소하였다. 세전 HPR과 세후 HPR이 모두 유용한 수익률 기준이라는 점은 분명하다.

〈표 13.2〉 보통주의 세전 HPR 계산

증　　권: U.S. Steel 보통주
매 수 일: 2017년 6월 1일
매수비용: $20,500
매 도 일: 2018년 6월 4일
매도수입: $37,270
수취 배당(2017년 6월−2018년 6월): $200

$$\text{보유기간수익률} = \frac{\$200 + \$37,270 - \$20,500}{\$20,500} = 82.78\%$$

채권 채권투자의 HPR은 주식과 비슷하다. 계산법은 일반채권과 전환증권에 모두 적용된다. 이는 채권 투자자 수익의 2개 요소, 즉 이자소득과 자본이득 또는 손실을 포함한다.

채권의 HPR 계산은 〈표 13.3〉에 예시된다. 당신이 Phoenix Brewing Company 채권을 $10,000에 매입했고, 정확하게 1년 동안 보유했으며, $9,704에 매도했다고 가정하자. 또한 그해에 이자로 $1,000를 받았다. 이 투자의 HPR은 7.04%이다. 채권의 매

투자자 현실

부실 기록? — 당신은 올해 주식을 매도했고 세금 목적으로 자본이득을 계산해야 하나, 문득 기록을 잘 보존하지 않았음을 깨달았다. 어떻게 해야 할까? 최선의 방책은 가능성 있는 비용을 계산할 수 있도록 진실하게 노력하는 것이다. 중개회사에게 기록을 찾아달라고 요청하라 — 6년 동안 거래기록을 유지해야 한다. 만약 주식 증명서를 갖고 있으면, 발행일을 찾고 매수일은 그로부터 약 2주 전으로 가정하라. 만약 대략적 매수일을 알면, 도서관의 신문 또는 finance.yahoo.com 같은 웹사이트에서 옛날 주식가격을 참고할 수 있다. 이제 당신의 탐색을 증명하는 서신을 IRS에 보내라 — 그들이 납득할 가능성이 있다. 마지막으로, 앞으로 더 잘 기록하도록 하라.

도에서 자본손실이 발생했기 때문에, HPR은 채권의 경상수익률 10%(이자 $1,000/매입가격 $10,000)보다 낮다. 통상적인 32% 세율구간과 15% 자본이득세율을 가정하면(이 채권은 12개월 이상 보유되었으므로), 세후 HPR은 4.28%이다: {[(1−0.32)×$1,000]+[(1−0.15)×($9,704−$10,000)]}/$10,000. 이는 세전 HPR보다 약 2.76% 낮다.

〈표 13.3〉 채권의 세전 HPR 계산

증　권: Phoenix Brewing Company 10% 채권
매 수 일: 2017년 6월 1일
매수비용: $10,000
매 도 일: 2018년 6월 4일
매도수입: $9,704
수입 이자(2017년 6월–2018년 6월): $1,000

$$\text{보유기간수익률} = \frac{\$1{,}000 + (\$9{,}704 - \$10{,}000)}{\$10{,}000} = 7.04\%$$

뮤추얼펀드 뮤추얼펀드 투자수익의 기본적 요소는 배당소득(자본이득의 분배를 포함)과 가치변화이다. 뮤추얼펀드의 기본적 HPR 수식은 주식과 동일하다.

〈표 13.4〉는 무-수수료 뮤추얼펀드의 보유기간수익률 계산을 제시한다. 당신이 2018년 7월 주당 순자산가치(NAV) $10.40에 1,000주를 매입했다고 가정하자. 무-수수료 펀드이기 때문에, 수수료는 부과되지 않았다. 따라서 비용은 $10,400였다. 1년의 소유기간 동안 Pebble Falls 뮤추얼펀드는 투자소득 분배금 $270 그리고 자본이득 분배금 $320를 분배했다. 당신은 이 펀드를 주당 NAV $10.79에 환매(매도)했고, $10,790를 받았다. 〈표 13.4〉와 같이 이 투자의 세전 보유기간수익률은 9.42%이다. 통상적인 32% 세율구간과 15%의 배당 및 자본이득 소득세율을 가정하면(이 펀드는 12개월 이상 보유되었으므로), 이 펀드의 세후 HPR은 8.01%이다: {[(1−0.15)×($270+$320)]+[(1−0.15)×($10,790−$10,400)]}/$10,400. 이는 세전 수익률보다 약 1.41% 낮다.

〈표 13.4〉 뮤추얼펀드의 세전 HPR 계산

증　　권: Pebble Falls 뮤추얼펀드
매 수 일: 2018년 7월 1일
매수비용: $10,400
매 도 일: 2019년 7월 3일
매도수입: $10,790
수취 분배금(2018년 7월－2019년 7월)
투자소득 분배금: $270
자본이득 분배금: $320

$$\text{보유기간수익률} = \frac{(\$270 + \$320) + (\$10{,}790 - \$10{,}400)}{\$10{,}400} = 9.42\%$$

옵션과 선물　옵션과 선물의 유일한 수익원은 자본이득이다. 예를 들어, 콜옵션 투자의 보유기간수익률을 계산하려면, HPR의 기본 공식을 사용하라. 다만, 경상소득은 0이다. 만약 당신이 Facebook 100주에 대한 콜옵션을 $325에 매입했고 이 계약을 정확히 12개월 동안 보유한 후 $385에 매도했으면, 세전 보유기간수익률은 18.46%일 것이다. 이는 단순히 매각수입($385)과 비용($325)의 차액을 비용으로 나눈 것이다. 15%의 자본이득세율 적용을 가정하면, 세후 HPR은 15.69%일 것이다. 이는 세후 이득 $51[즉, (1－0.15)×$60]를 초기 비용($325)으로 나눈 것이다. 선물의 HPR은 비슷한 방법으로 계산된다. (동일한 기본적 과정이 공매도된 증권에 적용된다.)

성과의 투자목표에 대한 비교

투자의 HPR(또는 수익률)을 계산한 후, 투자목표와 비교해야 한다. 투자성과를 추적하면 어느 투자를 계속 보유하고 어느 투자를 매각할지 결정하는 데 도움을 줄 것이다. 명백하게, 다음 조건에 해당하는 투자는 매각 후보가 될 수 있다.

(1) 투자는 예상대로 성과를 내지 못했고 성과의 실질적 변화가 기대되지 않는다.
(2) 처음의 투자목적을 달성했다.
(3) 더 좋은 투자기회가 현재 이용가능하다.

위험과 수익률의 균형　우리는 빈번하게 투자 위험과 수익률 사이의 상반관계를 논의했다. 더 많은 수익률을 얻으려면, 더 많은 위험을 수용해야 한다. 투자를 분석할 때, 핵심 질문은 투자위험의 크기에 적합한 수익률을 얻고 있는가를 묻는 것이다.

대부분의 투자는 본질적으로 미국 국채 또는 부보된(insured) 화폐시장 예금계좌보다 위험하다. 이는 합리적 투자자는 이 더 위험한 자산에 기대수익률이 저위험 투자의 수익률을 훨씬 초과할 때에만 투자해야 함을 의미한다. 따라서 투자수익률의 비교 준거인 벤치마크의 하나는 저위험 투자의 수익률이다. 만약 위험투자가 저위험 투자의 성과를 초과하면, 이는 추가 위험을 수용하는 대가로 추가 수익률을 얻고 있는 것이다. 만약 저위험 투자의 성과를 초과하지 않으면, 당신은 투자전략을 세심하게 재검토해야 한다.

문제 투자의 분리 정기적으로 포트폴리오 안의 각 투자를 분석하는 것이 최선이다. 각 투자에 관해 두 가지 질문을 고려해야 한다. 첫째, 합리적으로 기대될 수 있는 수준의 성과를 냈는가? 둘째, 당신이 현재 소유하고 있지 않으면, 오늘 매입할 용의가 있는가? 만약 두 질문의 답이 모두 부정이면, 그 투자는 매각되어야 할 것이다. 한 질문의 답이 부정적이면, 그 투자는 “문제 목록”에 포함되어야 한다. **문제 투자(problem investment)**는 기대에 부응하지 못한 것이다. 손실 상태이거나 기대보다 낮은 수익률을 제공하는 투자이다. 많은 투자자들은 문제가 사라지거나 투자가 회복되기를 바라며, 문제 투자에 관해 잊으려고 한다. 이는 실수이다. 문제 투자는 무시가 아닌 즉각적 주의를 요구한다. 문제 투자를 고민할 때, 핵심 질문은 손실을 받아들이고 손을 떼야 하는가, 또는 기다리며 투자가 회복되기를 기다려야 하는가이다.

개념 리뷰

해답은 www.pearson.com/mylab/finance에서 찾을 수 있음.

13.6 왜 지속적으로 포트폴리오를 관리하고 통제하는 것이 중요한가?

13.7 현재 시장정보는 투자수익률을 분석하는 데 어떤 역할을 하는가? 경제와 시장 활동의 변화는 어떻게 투자수익률에 영향을 주는가? 설명하라.

13.8 당신의 투자수익률을 일반적 시장수익률에 비교하는 데 어떤 지표를 사용할 수 있을까? 이 지표들을 각각 간단히 설명하라.

13.9 채권시장 행태의 지표는 무엇이고, 주식시장 지표와는 어떻게 다른가? 채권수익률 자료의 세 가지 출처를 열거하라.

13.10 투자수익률의 척도로서 보유기간수익률(HPR)과 수익률(yield)을 간단히 논의하라. 이들은 같은 것인가? 설명하라.

13.11 뮤추얼펀드 분배금의 종류를 구분하라. 이 분배금들은 뮤추얼펀드 투자자의 유일한 수익원인가? 설명하라.

13.12 보유투자가 매도대상이 될 수 있는 세 가지 조건은 무엇인가? 합리적 투자자가 위험투자를 인수하도록 하려면, 위험투자의 기대수익률은 저위험 투자의 수익률에 비해 어때야 하는가? 설명하라.

13.13 문제 투자는 무엇인가? 포트폴리오 안의 각 투자를 분석할 때, 고려되어야 할 점은 무엇인가?

포트폴리오의 성과 평가

LG3 LG4 포트폴리오는 소극적 또는 적극적으로 구성되고 관리될 수 있다. **소극적 포트폴리오**는 주어진 투자기간 동안 잘 분산된 포트폴리오를 매입하고 보유하는 데에서 비롯한다. **적극적 포트폴리오**는 제5장에 제시된 전통적 그리고 현대적 접근법을 사용하여 만들어지며, 설정된 목표를 달성하기 위해 관리되고 통제된다. 소극적 포트폴리오는 때로 비슷한 위험을 갖는 적극적 포트폴리오의 성과를 초과할 수 있다. 그러나 **적극적 포트폴리오 관리**(active portfolio management)는 우월한 수익률을 낼 수 있음을 시사하는 증거가 존재한다. 이 책에 제시된 많은 아이디어는 적극적 포트폴리오 관리가 우월한 수익률을 낼 가능성을 개선한다는 믿음과 일관성을 갖는다.

포트폴리오를 구성한 후, 적극적 포트폴리오 관리의 첫 단계는 몇 분기 또는 1년 후 즈음에 성과를 평가하는 것이다. 그 평가 정보에 기초하여, 당신은 포트폴리오를 수정할 수 있다. 그리고 계속해서 필요에 따라 주기적으로 포트폴리오를 평가하고 수정할 수 있다. 포트폴리오의 수익률 계산은 어려울 수 있다. 포트폴리오 성과를 평가하는 과정은 이 장의 앞에 제시된 많은 개념에 기초한다. 여기에서 가상적 증권 포트폴리오를 이용하여 1년의 보유기간 동안 어떻게 포트폴리오 성과를 평가할지 보여준다. 우리는 포트폴리오 수익률을 위험조정(risk-adjusted), 시장조정(market-adjusted) 수익률에 비교하는 데 사용될 수 있는 세 가지 척도를 살펴볼 것이다.

포트폴리오 수익률의 측정

〈표 13.5〉는 Bob Hathaway의 2020년 1월 1일 현재의 투자 포트폴리오를 제시한다. 그는 50세의 독신이며, 자녀들은 결혼했다. 소득은 연간 $120,000이다. 그의 일차적 투자목표는 적당한 배당수익률을 포함하는 장기적 성장이다. 그는 두 가지 기준인 질(quality)과 성장 잠재력에 의해 주식을 선택한다. 2020년 1월 1일, 그의 포트폴리오는 모두 양질의 주식 10개 종목으로 구성되어 있다. Hathaway는 선택과정에서 운이 좋았다. 포트폴리오의 미실현 가격상승이 약 $74,000이다. 2020년 중에 포트폴리오를 변경하기로 결정했다. 5월 7일, Dallas National Corporation의 주식 1,000주를 $32,040에 매도했다. Dallas National의 매각수입을 사용하여, 5월 10일에 Florida Southcoast Bank 1,000주를 추가로 매수했다. Florida Southcoast Bank의 전망을 좋게 보았기 때문이다. Florida Southcoast는 전국에서 가장 빨리 성장하는 지역에 기반을 두고 있다.

투자금액의 측정 모든 투자자는 〈표 13.5〉처럼 정기적으로 보유자산 목록을 만들도록 권고받는다. 표는 각 종목의 주식 수, 매수일, 비용, 그리고 현재 가치를 보여준다. 이 자료는 계속적으로 전략적 결정을 하는 데 도움을 준다. 예를 들어, 비용 자료는 투자금액을 결정하는 데 사용된다. Hathaway의 포트폴리오는 증거금 계정에 부채를 사용하지 않는다. 만약 부채가 존재하면, 모든 수익 계산은 투자자의 계정

〈표 13.5〉 BOB HATHAWAY의 포트폴리오(2020년 1월 1일)

MyLab

주식 수	회사	매수일	총비용 (수수료 포함)	주당 비용	주당 현재 가격	현재 가치
1,000	Bancorp West, Inc.	1/16/15	$ 21,610	$21.61	$30	$ 30,000
1,000	Dallas National Corporation	5/01/16	$ 27,312	$27.31	$29	$ 29,000
1,000	Dator Companies, Inc.	4/13/17	$ 13,704	$13.70	$27	$ 27,000
500	Excelsior Industries	8/16/14	$ 40,571	$81.14	$54	$ 27,000
1,000	Florida Southcoast Banks	12/16/16	$ 17,460	$17.46	$30	$ 30,000
1,000	Maryland-Pacific	9/27/15	$ 22,540	$22.54	$26	$ 26,000
1,000	Moronson	2/27/19	$ 19,100	$19.10	$47	$ 47,000
500	Northwest Mining and Mfg.	4/17/15	$ 25,504	$51.00	$62	$ 31,000
1,000	Rawland Petroleum	3/12/18	$ 24,903	$24.90	$30	$ 30,000
1,000	Vornox	4/16/15	$ 37,120	$37.12	$47	$ 47,000
	합계		$249,824			$324,000

투자자 현실

배당금 계산! 역사적으로 배당금은 투자자 수익률에 상당한 기여 및 투자자로 하여금 인플레이션에 대항하는 데 도움을 주었다. S&P 500 주가지수 투자를 고려해 보자. 2018년 8월로 끝나는 20년 동안 S&P 500 지수의 연평균 수익률은 10.52%였다. 배당금을 무시하면 연평균 수익률은 8.26%에 불과했기 때문에 배당금은 지수의 연간 총수익률의 거의 1/4을 차지했다. 고배당 주식은 시장을 능가하지 못할 수 있으나, 여러 해에 걸쳐 주가에 상관없이 지속적으로 투자자에게 보상을 제공한다. 경상소득을 추구하는 투자자는 배당을 수익률을 "보장"하는 요소로 간주한다.

(출처: S&P 500 Return Calculator, http://dqydj.net/sp-500-return-calculator/, 2018년 8월 11일 접속)

내 자기자본에 기초하게 될 것이다. 투자자의 증거금 계정의 자기자본은 계정 내 모든 자산의 총가치에서 증거금 채무를 차감한 것과 같다.

Hathaway의 투자자본에 대한 수익률을 측정하기 위해, 1년의 보유기간수익률을 계산해야 한다. 2020년 1월 1일 현재, 투자자본은 $324,000이다. 그는 2020년에 자본을 전혀 추가하지 않았다. 그러나 한 종목 Dallas National을 매도했고, 그 수입금으로 다른 종목인 Florida Southcoast Banks를 매입했다.

소득의 측정 보통주 포트폴리오에는 두 가지 수익원이 존재한다. 즉, 소득과 자본이득이다. 경상소득은 배당 형태로 실현되며, 또는 채권의 경우 이자 형태로 수취된다. 투자자들은 연방 및 주 소득세 신고서에 과세대상 배당과 이자를 보고해야 한다. 회사들은 주주와 채권자들에게 이익보고서를 제공해야 한다(배당은 양식 1099-DIV, 이자는 양식 1099-INT). 많은 투자자들은 배당과 이자 소득을 추적하기 위해 수취 기록을 유지한다.

〈표 13.6〉은 Hathaway의 2020년 배당을 기록한다. 그는 Dallas National 주식을 매도하기 전에 주당 $0.45의 분기 배당을 2회 수취했다. 또한 추가로 매입한 Florida Southcoast Banks 주식에서 주당 $0.32의 분기 배당을 2회 받았다. 2020년의 총 배당소득은 $10,935이다.

〈표 13.6〉 HATHAWAY 포트폴리오의 배당소득(2020년)

MyLab

주식 수	회사	연간 주당 배당금	수취 배당금
1,000	Bancorp West, Inc.	$1.20	$ 1,200
1,000	Dallas National Corporation*	$1.80	$ 900
1,000	Dator Companies, Inc.	$1.12	$ 1,120
500	Excelsior Industries	$2.00	$ 1,000
2,000	Florida Southcoast Banks**	$1.28	$ 1,920
1,000	Maryland–Pacific	$1.10	$ 1,100
1,000	Moronson	—	—
500	Northwest Mining and Mfg.	$2.05	$ 1,025
1,000	Rawland Petroleum	$1.20	$ 1,200
1,000	Vornox	$1.47	$ 1,470
	합계		$10,935

* 2020년 5월 7일 매도
** 2020년 5월 10일 1,000주 추가 인수

〈표 13.7〉 HATHAWAY 포트폴리오 가치의 미실현 이득(2020년 1월 1일–2020년 12월 31일)

주식 수	회사	시장가치 (2020.1.1)	시장가격 (2020.12.31)	시장가치 (2020.12.31)	미실현 이득(손실)	변화율
1,000	Bancorp West, Inc.	$ 30,000	$27	$ 27,000	–$ 3,000	–10.0%
1,000	Dator Companies, Inc.	$ 27,000	$36	$ 36,000	$ 9,000	33.3%
500	Excelsior Industries	$ 27,000	$66	$ 33,000	$ 6,000	22.2%
2,000	Florida Southcoast Banks*	$ 62,040	$35	$ 70,000	$ 7,960	12.8%
1,000	Maryland–Pacific	$ 26,000	$26	$ 26,000	—	—
1,000	Moronson	$ 47,000	$55	$ 55,000	$ 8,000	17.0%
500	Northwest Mining and Mfg.	$ 31,000	$60	$ 30,000	–$ 1,000	–3.2%
1,000	Rawland Petroleum	$ 30,000	$36	$ 36,000	$ 6,000	20.0%
1,000	Vornox	$ 47,000	$43	$ 43,000	–$ 4,000	–8.5%
	합계	$327,040**		$356,000	$28,960	8.9%

* 2020년 5월 10일, $32,040의 비용으로 1,000주 추가 인수. 수록된 가치는 비용과 기존 소유 주식의 2020년 1월 1일 현재 시장가치의 합임.

** 이 합계는 2020년 1월 1일의 포트폴리오의 시장가치 $324,000(〈표 13.5〉)와 2020년 5월 7일 Dallas National Corporation 주식의 매도 시 실현 이득 $3,040를 포함함. 이 합계에 실현 이득을 포함하는 것은 포트폴리오의 2020년 미실현 이득을 계산하는 데 필요함.

자본이득의 측정 〈표 13.7〉은 Hathaway 포트폴리오의 각 종목 가치의 미실현 이득을 보여준다. 추가로 매입한 Florida Southcoast Banks 주식을 제외한 각 종목의 2020년 1월 1일과 2020년 12월 31일 현재 가치가 수록되어 있다. Florida Southcoast Banks의 수록 금액은 1,000주를 2020년 5월 10일에 $32,040의 비용으로 매입했다는 사실을 반영한다. Hathaway의 현재 보유 자산은 연초 가치 $327,040(추가된 Florida Southcoast Banks 주식 매입일 기준 금액 포함) 그리고 연말 기준으로 $356,000이다.

2020년에 포트폴리오 가치는 미실현 자본이득 형태로 8.9% 또는 $28,960만큼 상승했다. 또한 Hathaway는 2020년에 Dallas National 주식을 매도하여 자본이득을 실현했다. 2020년 1월 1일부터 2020년 5월 7일 매도까지, Dallas National 주식 보유고의 가치는 $29,000에서 $32,040로 상승했다. 이는 2020년의 유일한 매도였으며, 따라서 실현된 총이득은 $3,040였다. 2020년에 포트폴리오는 실현 이득 $3,040, 미실현 이득 $28,960를 기록했다. 총가치상승은 두 금액의 합계인 $32,000이다. 다시 말해, Hathaway는 그해에 자기자본을 추가하거나 회수하지 않았다. 따라서 총자본이득은 단순히 연말 시장가치($356,000, 〈표 13.7〉)와 연초 시장가치($324,000, 〈표 13.5〉)의 차액이다. 이것은 $32,000이고, 이 금액 가운데 단지 $3,040만 세금의 관점에서 실현 소득으로 간주된다.

포트폴리오의 보유기간수익률 측정 Hathaway 포트폴리오의 2020년 총수익률을 측정하기 위해 보유기간수익률을 사용한다. 기본적인 1년 HPR의 공식은 다음과 같다.

$$\text{포트폴리오의 보유기간 수익률} = \frac{\text{수입 배당금과 이자} + \text{실현 이득} + \text{미실현 이득}}{\text{초기 자본 투자} + \left(\text{신규 펀드} \times \frac{\text{포트폴리오 운용 개월 수}}{12}\right) - \left(\text{회수 펀드} \times \frac{\text{포트폴리오 회수 개월 수}}{12}\right)} \quad (13.3)$$

$$\text{HPR}_p = \frac{C + RG + UG}{E_0 + \left(NF \times \frac{ip}{12}\right) - \left(WF \times \frac{wp}{12}\right)} \quad (13.3a)$$

이 공식은 포트폴리오의 실현 이득(소득과 자본이득)과 연간 미실현 이득을 모두 포함한다. 포트폴리오에 추가 및 제외된 종목은 포트폴리오에 포함된 개월 수에 의해 시간가중된다.

〈표 13.7〉은 포트폴리오의 가치변화를 상세히 수록한다. 2020년 12월 31일 현재 포트폴리오의 모든 종목을 수록하고, 이 해의 미실현 이득을 계산한다. 연초와 연말 가치가 비교를 위해 포함된다. 분석의 핵심은 〈표 13.8〉에 제시된 해당 연도의 HPR 계산이다. 포트폴리오 수익의 모든 요소들이 포함된다. 배당의 합은 $10,935이다(〈표 13.6〉). 실현 이득 $3,040는 Dallas National 주식 보유고의 2020년 1월 1일부터 매도 시까지 가치상승을 나타낸다. 2020년 포트폴리오의 미실현 이득은 $28,960였

〈표 13.8〉 HATHAWAY 포트폴리오의 보유기간수익률 계산(2020년 1월 1일 – 2020년 12월 31일, 보유기간)

MyLab

자료	가치(달러)
포트폴리오 가치(2020.1.1)	$324,000
포트폴리오 가치(2020.12.31)	$356,000
실현 이득(2020.1.1 – 2020.5.7, Dallas National Corporation 매도일)	$3,040
미실현 이득(2020.1.1 – 2020.12.31)	$28,960
수입 배당금	$10,935
신규 투자 또는 회수 펀드	없음

포트폴리오 HPR 계산

$$\text{HPR}_p = \frac{\$10{,}935 + \$3{,}040 + \$28{,}960}{\$324{,}000 + \$0 + \$0} = 13.25\%$$

다(〈표 13.7〉). 자금 추가는 없었고, 자금 인출도 없었다. HPR의 수식 (13.3)을 사용하여, 포트폴리오는 2020년 13.25%의 총수익률을 얻었음을 알 수 있다.

수익률의 전체 시장 척도에 대한 비교

Bob Hathaway는 포트폴리오의 HPR 수치를 주가지수 같은 시장 척도에 비교할 수 있다. 이 비교는 포트폴리오가 전체 주식시장에 비해 어떤 성과를 냈는지 보여줄 것이다. S&P 500 종합주가지수와 나스닥 종합지수는 전체 주식시장을 대표하는 지수로서 받아들여질 수 있다. 2020년에 S&P 500 지수의 수익률은 10.75%였다고 가정하자(배당과 자본이득 포함). Hathaway 포트폴리오의 수익률은 13.25%였으며, 이는 광범위하게 측정된 지수에 비해 매우 양호하다. Hathaway 포트폴리오는 광범위한 주식시장의 수익률 지표보다 약 23%[즉, (13.25% − 10.75%) ÷ 10.75%] 높은 성과를 냈다.

이 비교는 일반적 시장변동 요인을 제거하나 위험을 고려하지 않는다. 명백하게, 이 13.25% 같은 1차적 수익률 지표는 추가적 분석을 필요로 한다. 포트폴리오 성과를 평가하기 위해 많은 위험조정, 시장조정 수익률 척도가 사용될 수 있다. 여기에서 우리는 가장 대중적인 샤프 척도(Sharpe's measure), 트레이너 척도(Treynor's measure), 젠센 척도(Jensen's measure)를 논의하고, Hathaway 포트폴리오에 적용해 본다.

샤프 척도 William F. Sharpe에 의해 개발된, 포트폴리오 성과의 **샤프 척도**(Sharpe's measure)는 포트폴리오의 위험 프리미엄을 포트폴리오 수익률의 표준편차에 비교한다. 포트폴리오 위험 프리미엄은 포트폴리오 총수익률에서 무위험수익률을 차감한 것이다. 샤프 척도는 다음 공식에 의해 표현될 수 있다:

$$\text{샤프 척도} = \frac{\text{포트폴리오 총수익률} - \text{무위험수익률}}{\text{포트폴리오 수익률의 표준편차}} \qquad (13.4)$$

$$\text{SM} = \frac{r_p - r_f}{s_p} \qquad (13.4a)$$

이 척도는 투자자로 하여금, 포트폴리오 수익률의 표준편차로 측정된 총위험 1단위당 위험 프리미엄을 평가할 수 있도록 한다.

무위험수익률 r_f는 7.50%, Hathaway 포트폴리오 수익률의 표준편차 s_p는 16%라고 가정하자. 포트폴리오 총수익률 r_p는 〈표 13.8〉에서 계산된 Hathaway 포트폴리오의 HPR이며, 13.25%이다. 수식 (13.4)에 이 값들을 대입하면, 샤프 척도 SM_p는 다음과 같다.

$$SM_p = \frac{13.25\% - 7.50\%}{16\%} = \frac{5.75\%}{16\%} = 0.36$$

샤프 척도는 다른 포트폴리오 또는 전체 시장에 대해 비교될 때 의미를 갖는다. 일반적으로 샤프 척도의 값이 높을수록 더 좋다 — 위험 단위당 위험 프리미엄이 더 높다. 만약 시장수익률 r_m이 현재 10.75%이고 시장 포트폴리오 수익률의 표준편차 s_{pm}이 11.25%라고 가정하면, 시장의 샤프 척도 SM_m은 다음과 같다.

$$SM_m = \frac{10.75\% - 7.50\%}{11.25\%} = \frac{3.25\%}{11.25\%} = 0.29$$

Hathaway 포트폴리오의 샤프 척도 0.36은 시장 포트폴리오의 척도 0.29보다 크기 때문에, Hathaway 포트폴리오는 우월한 성과를 나타낸다. 즉, 포트폴리오의 위험 단위당 위험 프리미엄은 시장보다 높다. 만약 Hathaway 포트폴리오의 샤프 척도가 시장보다 낮으면(0.29 미만), 포트폴리오의 성과는 시장 성과보다 열등한 것으로 간주될 것이다.

트레이너 척도 Jack L. Treynor는 샤프 척도와 비슷한 포트폴리오 성과 척도를 개발했다. **트레이너 척도**(Treynor measure)는 포트폴리오 위험을 측정하기 위해, 포트폴리오 베타를 사용한다. 따라서 트레이너는 포트폴리오가 모든 분산가능 위험을 제거하도록 만들어졌다고 가정하며, 분산불가능 위험에만 집중한다. (대조적으로, 샤프는 총위험에 집중한다.) 트레이너 척도는 수식 (13.5)와 같이 계산된다.

$$\text{트레이너 척도} = \frac{\text{포트폴리오 총수익률} - \text{무위험수익률}}{\text{포트폴리오 베타}} \quad (13.5)$$

$$TM = \frac{r_p - r_f}{b_p} \quad (13.5a)$$

이 척도는 포트폴리오 베타에 의해 측정된 분산불가능 위험 1단위당 위험 프리미엄을 나타낸다.

앞에 제시된 Hathaway 포트폴리오의 자료를 사용하고 Hathaway 포트폴리오의 베타 b_p가 1.20이라고 가정하면, 수식 (13.5)에 대입하여 Hathaway 포트폴리오의 트레이너 척도 TM_p를 계산할 수 있다.

$$TM_p = \frac{13.25\% - 7.50\%}{1.20} = \frac{5.75\%}{1.20} = 4.79\%$$

트레이너 척도는 샤프 척도처럼 다른 포트폴리오나 시장에 비교될 때 유용하다. 일반적으로 트레이너 척도의 값이 높으면 더 좋다 — 분산불가능 위험의 단위당 위험 프리미엄이 더 크다. 다시 시장수익률 r_m이 10.75%라고 가정하고, 시장 포트폴리오의 베타 b_m은 정의에 의해 1.00임을 인식하면, 수식 (13.5)를 이용하여 시장의 트레이너 척도 TM_m을 계산할 수 있다.

$$TM_m = \frac{10.75\% - 7.50\%}{1.00} = \frac{3.25\%}{1.00} = 3.25\%$$

Hathaway 포트폴리오의 트레이너 척도 4.79%가 시장 포트폴리오의 척도 3.25%보다 크다는 사실은 Hathaway 포트폴리오가 우월한 성과를 보인다는 것을 의미한다. 즉, 포트폴리오의 분산불가능 위험의 단위당 위험 프리미엄은 시장보다 높다. 만약 Hathaway 포트폴리오의 트레이너 척도가 시장보다 낮으면(3.25% 미만), 포트폴리오의 성과는 시장 성과보다 열등한 것으로 간주될 것이다.

젠센 척도(젠센 알파) Michael C. Jensen은 샤프와 트레이너 척도로부터 상당히 달라 보이나 트레이너 척도와 이론적 일관성을 가진 포트폴리오 성과 척도를 개발했다. **젠센 척도**(Jensen's measure)는 **젠센 알파**(Jensen's alpha)로도 불리며, 제5장에서 살펴본 **자본자산가격결정모형**(CAPM)에 기초한다. 이는 포트폴리오의 초과수익률을 계산한다. **초과수익률**은 포트폴리오의 실제 수익률이, 베타와 CAPM을 이용하여 결정된, 요구수익률로부터 벗어난 값이다. 초과수익률의 값은 양수, 0, 또는 음수일 수 있다. 트레이너 척도처럼 젠센 척도는 베타와 CAPM을 사용함으로써, 분산불가능 또는 실질적 위험에 집중한다. 이 척도는 포트폴리오는 적절히 분산되었다고 가정한다. 젠센 척도는 수식 (13.6)과 같이 계산된다.

젠센 척도 = (포트폴리오 총수익률 − 무위험수익률) − [포트폴리오 베타 × (시장수익률 − 무위험수익률)] (13.6)

$$JM = (r_p - r_f) - [b_p \times (r_m - r_f)] \quad (13.6a)$$

젠센 척도는 포트폴리오의 실제 수익률과 요구수익률의 차이를 나타낸다. 양의 수치가 선호된다. 이는 포트폴리오가 위험조정, 시장조정 요구수익률을 초과하는 수익률을 얻었음을 의미한다. 0의 값은 포트폴리오가 정확하게 요구수익률을 얻었음을 나타낸다. 음수는 포트폴리오가 요구수익률을 얻지 못했음을 나타낸다.

사 례
Jensen 척도 계산

앞서 제시한 Hathaway의 포트폴리오 데이터를 사용하여, 수식 (13.6)에 대입하면 Hathaway의 포트폴리오에 대한 젠센 척도 JM_p를 계산할 수 있다.

$$JM_p = (13.25\% - 7.50\%) - [1.20 \times (10.75\% - 7.50\%)]$$
$$= 5.75\% - (1.20 \times 3.25\%) = 5.75\% - 3.90\% = 1.85\%$$

젠센 척도의 1.85%는 Hathaway 포트폴리오가, 베타에 의해 측정된 분산불가능 위험 하에서, 요구수익률을 1.85% 포인트만큼 초과하는 수익률을 얻었음을 나타낸다. 분명히, Hathaway 포트폴리오는 위험조정 기준으로 시장의 성과를 능가했다.

샤프와 트레이너 척도와는 달리, 젠센 척도는 CAPM을 이용함에도 불구하고 자동적으로 시장수익률에 대해 조정된다. 따라서 별도로 시장과 비교할 필요가 없다. 일반적으로 젠센 척도가 더 높을수록 포트폴리오 성과는 더 높다. 양의 젠센 척도를 가진 포트폴리오만 위험조정 기준으로 시장의 성과를 능가한다. 젠센 척도(알파)는 계산이 단순하고, 분산불가능 위험에만 의존하며, 위험 및 시장 조정을 모두 포함하기 때문에, 포트폴리오 성과를 평가하는 데 있어서 샤프와 트레이너 척도보다 선호되는 경향이 있다.

포트폴리오 수정

우리가 논의한 Hathaway 포트폴리오에서, 한 거래가 2020년에 발생했다. 이 거래의 이유는 Hathaway가 Florida Southcoast Banks의 주식이 Dallas National의 주식보다 더 많은 수익 잠재력이 있다고 믿었기 때문이다. 당신은 하나의 기본적 문제를

> **투자자 현실**
>
> **포트폴리오 수정 시점?** 시간이 지나면, 당신은 포트폴리오가 당신의 목표와 요구사항에 적합한 위험-수익률 특성을 반영하는지 확인해야 한다. 이 작업을 수행해야 하는 4가지 이유는 다음과 같다.
>
> - 결혼, 자녀 출생, 실직, 질병, 배우자 상실, 자녀의 대학 졸업 등 생애의 주요 사건은 투자목표를 변경한다.
> - 어떤 자산집단 비중이 현저하게 증가 또는 감소한다.
> - 2년 이내에 특정 목표를 달성할 것으로 예상된다.
> - 어떤 자산집단의 비율이 최초 배분에서 10% 이상 차이가 난다.

염두에 두고, 정기적으로 포트폴리오를 분석해야 한다 — 이 포트폴리오가 나의 필요를 지속적으로 충족하는가? 다시 말해, 포트폴리오가 위험-수익률 목표에 가장 적합한 증권들을 포함하는가? 포트폴리오의 증권들을 체계적으로 연구하는 투자자들은 가끔 어떤 증권을 매도하고 대신 새로운 증권을 매입할 필요를 갖는다. 이 과정은 통상적으로 **포트폴리오 수정**(portfolio revision)으로 불린다. 경제가 진화하면, 어떤 산업과 주식의 매력은 감소하거나 증가하여 투자자들이 포트폴리오를 조정하도록 유도한다.

투자세계의 동태적 특성을 고려하면, 포트폴리오의 정기적 재배분과 재조정은 필수적이다. 빈번하게, 포트폴리오는 변화가 요구된다. 예를 들어, 투자자가 은퇴에 가까워지면, 포트폴리오의 초점은 일반적으로 성장/자본증식을 강조하는 전략으로부터 자본유지를 추구하는 전략으로 이동한다. 포트폴리오의 초점 변화는 통상적으로 급격한 변동보다 진화적 과정으로 발생한다. 포트폴리오의 개별 증권들은 종종 위험-수익률 구조를 변화시킨다. 이런 일이 발생하면, 목표에 적합하지 않은 증권들을 제외시키는 것이 좋다. 또한 분산투자의 필요성은 항상 존재한다. 증권의 가치가 상승 또는 하락할 때, 그들의 분산투자 효과는 감소할 수 있다. 따라서 분산투자를 유지하기 위해 포트폴리오 수정이 필요할 수 있다.

개념 리뷰

해답은 www.pearson.com/mylab/finance에서 찾을 수 있음.

13.14 적극적 포트폴리오 관리는 무엇인가? 이는 우월한 수익을 내는가? 설명하라.

13.15 포트폴리오 수익률을 측정하는 단계들을 기술하라. 이 과정에서 포트폴리오 HPR의 역할을 설명하고, 실현과 미실현 이득을 구별해야 하는 이유를 설명하라.

13.16 포트폴리오 수익률을 광범위한 시장지표의 수익률에 비교하는 것은 왜 일반적으로 적당하지 않은가? 설명하라.

13.17 다음의 포트폴리오 성과 평가를 위한 수익률 척도 각각을 간단히 기술하고, 그들이 쓰이는 이유를 설명하라.

a. 샤프 척도 b. 트레이너 척도 c. 젠센 척도(젠센 알파)

13.18 포트폴리오 성과 평가에서 젠센 척도(알파)가 일반적으로 샤프와 트레이너 척도보다 선호되는 이유는 무엇인가? 설명하라.

13.19 포트폴리오 관리 과정에서 포트폴리오 수정의 역할을 설명하라.

거래 시점의 선택

LG5 LG6

시점선택의 핵심은 "낮은 가격에 사고 높은 가격에 팔기"이다. 이는 모든 투자자의 꿈이다. 이 목표를 달성하기 위해 시도되고 사실로 판명된 방법은 존재하지 않으나, 매입 및 매도 시점을 선택하는 데 사용될 수 있는 몇 가지 방법들이 존재한다. 첫 번째로 다음에서 살펴볼 포뮬러 플랜이 있다. 투자자는 또한 지정가와 역지정가 주문을 시점선택의 보조수단으로 이용할 수 있고, 유동성을 보전하는 과정을 따를 수 있으며, 투자를 매도할 때 시점선택의 다른 측면들을 고려할 수 있다.

포뮬러 플랜

포뮬러 플랜(formula plans)은 주기적 가격변동을 활용하려는 포트폴리오의 기계적 관리 방법이다. 포뮬러 플랜은 일반적으로 높은 수익을 제공하기 위한 것이 아니다. 오히려, 높은 수준의 위험을 부담하지 않으려는 투자자들에 의해 채택되는 보수적 전략이다. 우리는 널리 쓰이는 4가지 포뮬러 플랜을 논의한다. 즉, 비용평균화, 일정금액 플랜, 일정비율 플랜, 변동비율 플랜이다.

비용평균화 **비용평균화**(dollar-cost averaging)는 일정 금액을 정해진 시간 간격에 의해 증권에 투자하는 포뮬러 플랜이다. 이 소극적 매입-보유 전략에서 주기적 투자 금액은 일정하다. 계획을 실행하려면, 정기적으로 투자해야 한다. 비용평균화 프로그램의 목표는 자금이 배분된 증권의 가치상승이다. 투자 증권의 가격은 시간이 지남에 따라 변동할 것이다. 만약 가격이 하락하면, 당신은 한 기간에 더 많은 주식을 매입하게 될 것이다. 역으로 가격이 상승하면, 한 기간에 더 적은 주식을 매입하게 될 것이다.

사 례
비용평균화

〈표 13.9〉의 비용평균화 사례를 보자. 표는 성장지향적이고 수수료가 없는 것으로 가정된 Wolverine 뮤추얼펀드에 월 $500씩 투자하는 것을 보여준다. 첫해에 뮤추얼펀드 지분에 $6,000를 투자했다고 가정하자. (수수료가 없는 펀드이므로, 지분은 순자산가치로 매입된다.) 당신은 최저 $24.16부터 최고 $30.19 범위의 NAV로 매입했다. 연말에 당신의 펀드지분 가치는 $6,900를 약간 넘는다. 비용평균화는 소극적 전략이다. 다른 포뮬러 플랜은 상대적으로 적극적이다.

〈표 13.9〉 비용평균화(매월 $500, WOLVERINE 뮤추얼펀드 주식)

MyLab

거래 월	월말 순자산가치(NAV)	매수 주식 수
1월	$26.00	19.23
2월	$27.46	18.21
3월	$27.02	18.50
4월	$24.19	20.67
5월	$26.99	18.53
6월	$25.63	19.51
7월	$24.70	20.24
8월	$24.16	20.70
9월	$25.27	19.79
10월	$26.15	19.12
11월	$29.60	16.89
12월	$30.19	16.56
연간 요약:	총투자:	$6,000.00
	매수 총 주식 수:	227.95
	평균 주당 비용:	$26.32
	연말 포트폴리오 가치:	$6,881.81

일정금액 플랜 **일정금액 플랜**(constant-dollar plan)은 투기적 그리고 보수적의 두 부분으로 나누어진 포트폴리오로 구성된다. 투기적 부분은 높은 자본이득 가능성을 가진 증권들로 이루어진다. 보수적 부분은 채권이나 화폐시장계좌 같은 저위험 투자들로 이루어진다. 투기적 부분의 목표금액은 일정하다. 투기적 부분으로부터 자금이 인출되거나 추가되기 시작하는 개시점(투기적 부분의 확대 또는 축소)이 정해진다. 일정금액 플랜은 기본적으로 포트폴리오의 투기적 부분으로부터 이익을 걷어가는 것이다. 투기적 부분의 가치가 일정 비율 또는 금액만큼 상승하면, 이 금액을 포트폴리오의 보수적 부분으로 옮긴다. 만약 포트폴리오의 투기적 부분이 특정한 비율 또는 금액만큼 하락하면, 보수적 부분으로부터 투기적 부분으로 자금을 옮긴다.

〈표 13.10〉과 같이 일정금액 플랜을 만들었다고 가정하자. 최초의 $20,000 상당의 포트폴리오는 고 베타, 무-수수료 뮤추얼펀드에 투자된 $10,000와 화폐시장계좌에 예치된 $10,000로 이루어져 있다. 투기적 부분이 초기 가치 $10,000를 $2,000만큼 상회 또는 하회할 때마다 포트폴리오를 재조정하기로 결정했다. 포트폴리오의 투기적 부분이 $12,000이거나 상회하면, 그 가치가 $10,000가 되도록 펀드의 지분을 팔고 수입을 보수적 부분에 추가한다. 투기적 부분의 가치가 $8,000 또는 그 이하로 하락하면, 보수적 부분으로부터 자금을 조달하여 투기적 부분의 가치를 $10,000로

〈표 13.10〉 일정금액 플랜

MyLab

뮤추얼펀드 NAV	투기적 부분의 가치	보수적 부분의 가치	총 포트폴리오 가치	거래	투기적 부분의 주식 수
$10.00	$10,000.00	$10,000.00	$20,000.00		1,000.00
$11.00	$11,000.00	$10,000.00	$21,000.00		1,000.00
$12.00	$12,000.00	$10,000.00	$22,000.00		1,000.00
→ $12.00	$10,000.00	$12,000.00	$22,000.00	166.67주 매도	833.33
$11.00	$ 9,166.63	$12,000.00	$21,166.63		833.33
$ 9.50	$ 7,916.64	$12,000.00	$19,916.64		833.33
→ $ 9.50	$10,000.00	$ 9,916.64	$19,916.64	219.30주 매수	1,052.63
$10.00	$10,526.30	$ 9,916.64	$20,442.94		1,052.63

올리기 위한 지분을 매입한다.

두 번의 포트폴리오 재조정 행위가 〈표 13.10〉에 예시된 시간 순으로 취해진다. 최초에 $10,000가 포트폴리오의 각 부분에 배분되었다. 뮤추얼펀드의 순자산가치가 $12로 상승했을 때, 투기적 부분의 가치는 $12,000였다. 그 시점에 $2,000 상당의 166.67주를 매도하고 그 수입을 화폐시장계좌에 추가했다. 나중에 뮤추얼펀드의 NAV가 주당 $9.50로 하락했고, 투기적 부분의 가치를 $8,000 미만으로 감소시켰다. 이 변화는 투기적 부분의 가치를 $10,000로 높이는 데 충분한 지분을 매입하도록 촉발했다. 장기적으로 만약 일정금액 플랜의 투기적 투자의 가치가 상승하면, 포트폴리오의 보수적 요소의 금액은 이전된 이익만큼 상승할 것이다.

일정비율 플랜 **일정비율 플랜**(constant-ratio plan)은 포트폴리오의 보수적 부분 대비 투기적 부분 비율에 고정적 목표비율(fixed ratio)을 설정한다는 것을 제외하면, 일정금액 플랜과 비슷하다. 두 부분의 실제 비율이 목표비율로부터 미리 정해진 크기만큼 달라지면, 재조정이 실행된다. 그 시점에 실제 비율을 목표비율로 되돌리기 위한 거래가 실행된다. 일정비율 플랜을 사용하려면, 포트폴리오를 투기적 및 보수적 투자로 적절히 분할해야 한다. 또한 재조정 거래가 실행되는 임계점(trigger point)도 정해야 한다.

이 플랜의 작동방법을 보기 위해, 〈표 13.11〉에 예시된 고정비율 플랜을 생각해 보자. 포트폴리오의 초기 가치는 $20,000이다. 당신은 50%를 투기적인 고 베타 뮤추얼펀드에 배분하고, 50%를 화폐시장계좌에 배분하기로 결정했다. 투기적 부분의

〈표 13.11〉 일정비율 플랜

MyLab

뮤추얼펀드 NAV	투기적 부분의 가치	보수적 부분의 가치	총 포트폴리오 가치	투기적 부분의 보수적 부분에 대한 비율	거래	투기적 부분의 주식 수
$10.00	$10,000.00	$10,000.00	$20,000.00	1.000		1,000.00
$11.00	$11,000.00	$10,000.00	$21,000.00	1.100		1,000.00
$12.00	$12,000.00	$10,000.00	$22,000.00	1.200		1,000.00
→ $12.00	$11,000.00	$11,000.00	$22,000.00	1.000	83.33주 매도	916.67
$11.00	$10,083.00	$11,000.00	$21,083.00	0.917		916.67
$10.00	$ 9,166.70	$11,000.00	$20,166.70	0.833		916.67
$ 9.00	$ 8,250.00	$11,000.00	$19,250.00	0.750		916.67
→ $ 9.00	$ 9,625.00	$ 9,625.00	$19,250.00	1.000	152.78주 매수	1,069.44
$10.00	$10,694.40	$ 9,625.00	$20,319.40	1.110		1,069.44

보수적 부분에 대한 비율이 1.20 이상이거나 0.80 이하가 되면 포트폴리오를 재조정할 것이다. 순자산 가치의 순차적 변화가 〈표 13.11〉에 예시되어 있다. 초기에 포트폴리오의 각 부분에 $10,000씩 배분된다. 펀드의 NAV가 $12가 되면, 비율 1.20의 임계점이 작동하여 83.33주를 매각한다. 그러면 포트폴리오는 목표인 50 : 50 비율로 되돌아간다. 이후에 만약 펀드의 NAV가 $9로 하락하면, 투기적 부분의 가치는 $8,250로 감소한다. 투기적 부분의 보수적 부분에 대한 비율은 이제 0.75이며, 임계점 0.80보다 낮다. 당신은 152.78주를 매입하여 목표비율인 50 : 50 수준으로 되돌아간다.

일정비율 플랜은 장기적으로 투기적 증권의 가치가 상승할 것이라는 예측에 기초한다. 이런 일이 발생하면, 당신은 포트폴리오의 비율을 재조정하기 위해 주식을 매도하고 보수적 부분의 가치는 증가할 것이다. 이런 투자철학은 일정금액 플랜과 비슷하며, 다른 점은 임계점으로 금액이 아닌 비율(ratio)을 사용한다.

변동비율 플랜 **변동비율 플랜**(variable-ratio plan)은 이 4개의 상당히 소극적인 포뮬러 플랜 가운데 가장 공격적인 방법이다. 이것은 주식시장의 변동을 투자자에게 유리하게 이용하기 위해 투자시점을 선택한다. 즉, "싸게 사고 비싸게 팔려고" 한다. 전체 포트폴리오 가치 대비 투기적 부분의 비율은 투기적 증권들의 가치 변동에 의해 결정된다. 그 비율이 일정 수준 이상 상승하면, 포트폴리오의 투기적 부분이 차지하는 금액이 축소된다. 반대로 만약 투기적 부분의 가치가 하락하여 전체 포트폴

〈표 13.12〉 변동비율 플랜

MyLab

뮤추얼펀드 NAV	투기적 부분의 가치	보수적 부분의 가치	총 포트폴리오 가치	투기적 부분의 포트폴리오 총가치에 대한 비율	거래	투기적 부분의 주식 수
$10.00	$10,000.00	$10,000.00	$20,000.00	0.50		1,000.00
$15.00	$15,000.00	$10,000.00	$25,000.00	0.60		1,000.00
→ $15.00	$11,250.00	$13,750.00	$25,000.00	0.45	250주 매도	750.00
$10.00	$ 7,500.00	$13,750.00	$21,250.00	0.35		750.00
→ $10.00	$11,687.50	$ 9,562.50	$21,250.00	0.55	418.75주 매수	1,168.75
$12.00	$14,025.00	$ 9,562.50	$23,587.50	0.59		1,168.75

리오 가치에 비해 현저히 낮으면, 포트폴리오의 투기적 부분이 차지하는 금액이 확대된다.

변동비율 플랜을 실행할 때, 몇 가지 결정을 해야 한다. 첫째, 포트폴리오의 투기적 부분과 보수적 부분 사이의 초기 배분을 결정해야 한다. 다음으로, 매수 또는 매도 활동의 임계점을 선택해야 한다. 이 점들은 투기적 부분의 가치와 전체 포트폴리오 가치의 비율의 함수이다. 마지막으로, 각 임계점에서 이 비율을 조정해야 한다.

〈표 13.12〉의 변동비율 플랜을 사용한다고 가정하자. 처음에, 포트폴리오를 투기적 부분과 보수적 부분 사이에 균등하게 분할한다. 투기적 부분은 고 베타(약 2.0) 뮤추얼펀드로 이루어져 있다. 보수적 부분은 화폐시장계좌이다. 투기적 부분의 비중이 전체 포트폴리오의 60%에 도달하면, 그 비율을 45%로 낮추는 것으로 결정한다. 만약 포트폴리오의 투기적 부분의 비중이 전체 포트폴리오의 40%로 하락하면, 그 비율을 55%로 높일 것이다. 이 전략의 논리는 뮤추얼펀드 전략의 주기적 변동 시점을 이용하려는 시도이다. 펀드의 가치가 상승하면, 이익을 얻고 무위험 화폐시장계좌에 투자된 비중을 늘린다. 펀드 가치가 현저히 하락하면, 투기적 부분이 차지하는 자본의 비중을 늘린다.

거래의 순서는 〈표 13.12〉에 기술되어 있다. 펀드의 순자산가치가 $15로 상승하면, 비율 60%의 임계점에 도달한다. 당신은 펀드 250주를 매도하고, 그 수입을 화폐시장계좌에 투자한다. 이제 투기적 부분은 포트폴리오 가치의 45%에 해당한다. 이후에, 만약 펀드의 NAV가 $10로 하락하면, 포트폴리오의 투기적 부분은 35%로 감소한다. 이는 포트폴리오 재조정을 촉발한다. 당신은 418.75주를 매입하여, 투기적 부분을 55%로 변화시킨다. 펀드의 NAV가 $12로 변동하면, 전체 포트폴리오의 가치는 $23,500를 넘는다. 비교를 위해, 만약 $20,000의 초기 투자가 균등하게 배분되었고 뮤추얼펀드와 화폐시장계좌 사이에 재조정을 하지 않았다고 가정하면, 이 시점의 전체 포트폴리오 가치는 단지 $22,000(즉, 투기적 부분에 $12×1,000=$12,000 그리고 화폐시장계좌에 $10,000)일 것이다.

지정가 및 역지정가(손절) 주문의 이용

이 책의 앞부분에서 시장가 주문, 지정가 주문, 역지정가(손절) 주문을 논의했다. 여기에서는 포트폴리오 재조정을 위해 지정가 및 역지정가 주문을 사용하는 방법을 살펴본다. 이런 형태의 증권 주문은 적절히 사용되면, 거래비용을 낮춤으로써 수익률을 높일 수 있다.

지정가 주문 투자자가 지정가 주문(limit order)을 이용할 수 있는 방법은 다양하다. 예를 들어, 만약 당신이 포트폴리오에 주식을 추가하기로 결정했다면, 지정가 주문은 원하는 매수가격 또는 그 이하에서만 매수하도록 해준다. 지정가이며 **취소 시까지 유효한**(good-'til-canceled: GTC) 매수 주문은 브로커에게 전체 주문량이 체결될 때까지 주식을 매수할 것을 지시한다. 시장가 대신 지정가 주문을 사용하는 것의 주요 위험은 주문이 실행되지 않을 수 있다는 것이다. 예를 들어, 만약 State Oil of California 주식을 주당 $27에 100주를 매수하는 GTC 주문을 제출하였으나 이 주식이 주당 $27 또는 그 이하에서 거래되는 일이 없다면, 그 주문은 결코 실행되지 않을 것이다. 따라서 당신은 즉시 실행(시장가 주문)의 필요성을 지정가 주문에 따르는 더 유리한 가격의 가능성과 비교해야 한다.

당연히, 지정자 주문이 더 낮은 가격에 사거나 더 높은 가격에 팔 수 있도록 해준다면, 수익을 높일 수 있다. 일상적 거래일 중에, 주식가격은 정상 거래 범위를 오르내린다. 예를 들어, Jama Motor의 보통주가 $36.00, $35.88, $35.75, $35.94, $35.50, $35.63, $35.82, $36.00, $36.13, $36.00의 순서대로 10회 거래되었다고 가정하자. 시장가 매도 주문은 35.50(최저가)과 36.13(최고가) 사이에서 실행되었을 것이다. 36.00에 매도하는 지정가 주문은 36.00에 시행되었을 수 있다. 따라서 지정가 주문을 사용함으로써 주당 $0.50의 이득이 발생했을 수도 있다.

역지정가(손절) 주문 역지정가 주문(stop-loss order)은 투자손실에 대한 노출을 제한한다. 예를 들어, Easy Work 500주를 $26에 매입한다고 가정하자. 당신은 주가가

$32.00에 도달하거나 $23.00로 하락하면 매도하려는 구체적 계획을 세워 놓았다고 하자. 이 목표를 실천하기 위해, $32.00의 지정가격을 가진 GTC 매도주문 그리고 별도의 $23.00로 설정된 GTC 역지정가 매도주문을 제출할 것이다. 만약 증권이 $23.00 또는 그 이하로 거래되면, 역지정가 주문은 시장가 주문이 되고 브로커는 주식을 가장 유리한 가격에 매도할 것이다. 또는 만약 증권이 $32.00 또는 그 이상에서 거래되면, 브로커는 주식을 매도할 것이다. 앞의 시나리오에서, 당신은 손실을 제한하려고 한다. 뒤의 시나리오에서는, 이익을 보전하려고 하는 것이다.

역지정가 주문을 사용하는 데 있어서 주요 위험은 **이중손실**(whipsawing)이다 — 주가가 일시적으로 하락한 후 다시 상승하는 현상. 만약 Easy Work가 $23.00로 하락하고, $22.57가 되고, 다시 $26.00로 상승하면, 당신은 이미 $23.00와 $22.57 사이의 가격에 매도한 상태일 것이다. 이런 이유 때문에, 역지정가 주문을 포함하는 지정가 주문은 제출 전에 세심한 분석을 요구한다. 시장가, 지정가, 그리고 역지정가 주문을 선택할 때, 당신은 주가의 변동과 함께 매수 또는 매도의 필요성을 감안해야 한다.

유동성 보존

위험한 주식이나 옵션 또는 선물에 대한 투자는 화폐시장 예금계좌나 채권에서 얻을 수 있는 수준을 초과하는 수익을 제공한다. 그러나 주식과 옵션 그리고 선물은 위험투자이다. 효율적인 포트폴리오를 위한 충고 하나는, 큰 손실을 피하려면 포트폴리오의 일부를 위험이 낮고 유동성은 높은 투자에 할애하라는 것이다. 저위험 자산은 투자 실패의 가능성에 대한 완충자본 역할을 한다. 저위험 자산에 자금을 유지하는 두 번째 이유는 미래의 투자기회 가능성이다. 기회가 생기면, 여유 현금이 있는 투자자는 상황을 활용할 수 있다. 유동성 높은 투자에 자금을 비축하고 있으면, 현재 포트폴리오를 건드릴 필요가 없다.

유동성을 보존하는 주요 매개체는 금융기관에 개설된 화폐시장 예금계좌 또는 화폐시장 뮤추얼펀드이다. 저축기관의 화폐시장계좌는 비교적 용이한 현금인출 서비스와 화폐시장 뮤추얼펀드에 필적하는(약간 낮은) 수익을 제공한다. 금융기관 상품은 뮤추얼펀드나 주식중개기관의 상품에 대해 점점 더 경쟁력을 갖추어 가고 있다.

투자자 오류

테이블에 돈을 남겨두기 부를 쌓는 쉬운 방법 중 하나는 401(k) 계정과 같은 은퇴연금 플랜에 고용주가 기여금을 매칭시키는 프로그램을 활용하는 것이다. 고용주가 당신의 기여도와 일치한다면 거의 100%의 투자수익률을 즉시 얻는 것과 같다. 젊은 근로자가 이러한 자금을 조기에 인출하면 세금이 부과되는 것은 사실이지만, 한 연구에 따르면 언제든지 돈을 인출할 수 있는 나이가 많은 투자자조차도 고용주 매칭 프로그램을 활용하지 못하는 경우가 많다. 그들은 연금 플랜에 돈을 기여했다면 고용주의 매칭을 받고 즉시 그 자금을 인출할 수 있었기 때문에 그냥 돈을 테이블에 남겨두고 있었다.

(출처: James J. Choi, David Laibson, and Brigitte C. Madrian, "$100 Bills on the Sidewalk: Suboptimal Investment in 401(k) Plans," *Review of Economics and Statistics*, 2011, Vol.93, Issue 3, pp.748-763)

투자의 매도시점 선택

주식의 매도시점을 아는 것은 어느 주식을 살지 선택하는 것만큼 중요하다. 당신은 정기적으로 포트폴리오를 검토하고 매도 및 신규매수 가능성을 고려해야 한다. 여기에서는 매도 결정에 관련된 두 가지 문제, 즉 세금부담 및 투자목표 달성에 대해 논의한다.

세금 부담 세금은 거의 모든 재무적 결정에 영향을 준다. 모든 투자자는 어느 정도 기초적 사항을 이해할 수 있고 이해해야 한다. 자본손실의 처리방법이 중요하다: 자본이득을 차감한 후 최대 $3,000의 손실은 특정 연도의 다른 소득에서 공제될 수 있다. 당신이 투자손실을 입은 포지션이 있고 이를 처분하겠다는 결정을 했다면, 그 손실이 적용될 수 있는 자본이득이 있는 때가 가장 좋은 시점선택이다. 당연하게, 행동을 취하기 전에 투자의 세금부담을 주의 깊게 고려해야 한다.

투자목표의 달성 모든 투자자는 투자를 가장 낮은 가격에 매수하고 최고 가격에 매도하려 한다. 보다 현실적인 수준에서, 투자가 더 이상 필요하지 않을 때 당신은 그것을 팔아야 한다. 특히 투자가 원하는 수준보다 더 위험해지거나 수익 목표를 달성했으면 처분되어야 한다. 위에 언급된 세금부담이 적당한 매도 시점을 결정하는 데 도움을 준다. 그러나 세금은 매도 결정의 가장 중요한 요소는 아니다. 위험과 수익률의 양면적 개념이 주된 관심사이어야 한다.

정기적으로 투자의 수익성과와 상대적 위험을 살펴보는 시간을 가져야 한다. 더 이상 포트폴리오에 적합하지 않은 투자는 매도해야 하고, 더 적합한 투자는 매수해야 한다. 마지막으로, 작은 이익 때문에 너무 오래 보유하지 말아야 한다. 매우 빈번하게, 최고가격을 기다리며 보유하는 투자자들이 가격 폭락을 경험한다. 투자의 매도시점이 성숙되었으면, 팔고 이익을 확보해라. 그리고 적합한 자산에 재투자하여 훌륭한 성과를 이어가라.

개념 리뷰

해답은 www.pearson.com/mylab/finance에서 찾을 수 있음.

13.20 포뮬러 플랜이 증권거래의 타이밍에서 할 수 있는 역할을 설명하라. 이 플랜들의 기초 논리를 기술하라.

13.21 다음 플랜을 각각 간단히 기술하고 그들을 구별하라.

a. 비용평균화
b. 일정금액 플랜
c. 일정비율 플랜
d. 변동비율 플랜

13.22 지정가 주문이 증권의 매매에 이용될 수 있는 이유를 간단히 기술하라. 역지정가 주문은 어떻게 손실을 줄일 수 있는가? 이익을 보호하려면?

13.23 투자자가 저위험, 고 유동성 투자에 자금을 유지하기를 원하는 두 가지 이유를 제시하라.

13.24 투자자가 투자의 매도 결정을 하기 전에 고려해야 할 두 가지 항목을 기술하라.

토론문제

LG1 Q13.1 당신의 개인적 특성을 나열하고 이를 고려하여 투자목표를 기술하라. 이러한 목표를 포트폴리오 목표 및 정책 개발의 기초로 사용하라. 명시된 목표를 달성하기 위한 포트폴리오를 만들 계획이라고 가정한다. 포트폴리오는 보통주, 채권, 외국 증권 및 단기 증권과 같은 자산 유형에 돈을 배분하여 구성된다.

a. 명시된 포트폴리오 목표와 정책을 고려하여 이 4가지 자산 유형에 대한 자산배분을 결정하고 정당화하라.

b. 각 자산 유형에 대해 선택할 투자 유형을 설명하라.

c. 항목 (a)에 지정된 자산배분을 수행한 후 포트폴리오 목표가 훨씬 더 공격적인 자세로 변경되도록 하는 상당한 상속을 받는다고 가정한다. 자산배분에서 변경할 사항을 설명하라.

d. 자산배분계획을 개발할 때 고려할 수 있는 다른 자산 유형을 설명하라.

LG2 LG3 Q13.2 주식이 주요 거래소에 상장되어 있고 활발하게 거래되는 지역(또는 인근)의 안정적인 회사를 선택하라. 이전 6년의 매년 연말 종가와 이전 5년의 매년 배당액을 찾아라. 또한 이전 6년의 매년 연말 다우존스 산업평균의 값을 수집하라.

a. 수식 (13.1)을 사용하여, 이전 5년의 매년 주식의 세전 보유기간수익률을 계산하라.

b. 이전 5년 동안 발생했던 국제적, 국가적, 그리고 지역적 경제 및 시장 변화를 연구하라.

c. 해당 5년의 매년 주식수익률을 DJIA에 비교하라.

d. 항목 (b)에서 언급된 경제 및 시장 변화 그리고 항목 (c)에서 언급된 DJIA의 행태를 고려하여, 지난 5년의 주식수익률을 논의하라. 이 요인들을 고려하면 주식은 어떤 성과를 냈는가?

LG2 LG3 Q13.3 Theodhora는 알바니아에 거주하며 주요 은행에서 자료 설계자로 일하고 있다. 그녀는 매달 L140,000(알바니아 레크) 이상의 급여를 받고, 이 나라의 세 개의 과세구간 중에서 23% 과세구간에 속한다. (다른 과세구간은 L30,000까지의 소득에 대해서는 0%, L30,000~L140,000 사이 소득에 대해서는 13%이다.) 2년 전 그녀는 6.4% 이표이자율로 5년 국채에 L500,000를 투자했다. 그녀는 2년 전에 액면가의 100%로 채권을 샀다. 1년 전에는 101%로 재평가되었고 지금은 시장에서 103%로 재평가되었다.

a. 매년 채권 투자의 세전 및 세후 HPR을 계산하라. (Theodhora가 매년 초와 말에

채권을 사고팔았다고 가정한다.)

b. 2년 동안의 평균 세후 HPR을 계산하라.

c. 내년에 정부가 자본이득과 이자소득을 경상소득으로 간주하는 대신에 처리하는 방식을 바꿀 것이며 Theodhora는 그녀의 급여 외에 다른 소득원이 없다고 가정하자. 채권이 시장가치의 104%에 팔렸다면 내년에 그녀의 과세소득에 어떤 영향을 미치는가?

LG2 LG3 **Q13.4** 당신의 투자 포트폴리오에 포함될 6개의 활발하게 거래되는 주식을 선택하라. 이 포트폴리오는 3년 전 6개 주식 각각을 200주씩 매입함으로써 만들어졌다고 가정하라. 각 주식의 인수가격, 연간 지급 배당, 그리고 3년의 연말 가격을 찾아라. 3년 동안 매년 각 주식의 총비용, 주당 비용, 현재 주당 가격, 그리고 총 현재가치를 기록하라.

a. 3년 동안 매년 포트폴리오에 투자된 금액을 계산하라.

b. 3년 동안 매년 포트폴리오의 연간 소득을 측정하라.

c. 3년 동안 매년 포트폴리오의 미실현 자본이득을 계산하라.

d. 3년마다 항목 (a), (b), (c)의 값을 사용하여 포트폴리오의 HPR을 계산하라.

e. 항목 (d)의 결과를 사용하여 3년 동안 포트폴리오의 평균 HPR을 계산하라. 당신의 답변에 대해 토론하라.

LG4 **Q13.5** 활발하게 거래되는 5개의 주식을 찾고, 가장 최근 연도의 연초 및 연말 가격을 기록하라. 또한 그해의 각 주식의 지급 배당액과 각 주식의 연말 베타를 계산하라. 5개 주식이 한 해 동안 연초에 만들어진 균등금액(각 주식당 20%) 포트폴리오에 보유되었다고 가정한다. 또한 해당 연도의 무위험수익률 r_f와 시장수익률 r_m을 계산하라. 5개 주식의 포트폴리오의 표준편차는 14.25%, 시장 포트폴리오의 표준편차는 10.80%라고 가정한다.

a. 다음 공식을 사용하여, 고려되는 연도의 포트폴리오 수익률 r_p를 계산하라.

$$\begin{array}{c}\text{포트폴리오}\\\text{수익률}\end{array} = \left(\begin{array}{c}\text{포트폴리오}\\\text{총금액 가운데}\\\text{자산 1에}\\\text{투자된 비중}\end{array} \times \begin{array}{c}\text{자산 1의}\\\text{수익률}\end{array}\right) + \left(\begin{array}{c}\text{포트폴리오}\\\text{총금액 가운데}\\\text{자산 2에}\\\text{투자된 비중}\end{array} \times \begin{array}{c}\text{자산 2의}\\\text{수익률}\end{array}\right) + \cdots +$$

$$\left(\begin{array}{c}\text{포트폴리오}\\\text{총금액 가운데}\\\text{자산 } n\text{에}\\\text{투자된 비중}\end{array} \times \begin{array}{c}\text{자산 } n\text{의}\\\text{수익률}\end{array}\right) = \sum_{j=1}^{n} \left(\begin{array}{c}\text{포트폴리오}\\\text{총금액 가운데}\\\text{자산 } j\text{에}\\\text{투자된 비중}\end{array} \times \begin{array}{c}\text{자산 } j\text{의}\\\text{수익률}\end{array}\right)$$

b. 포트폴리오 및 시장의 샤프 척도를 계산하라. 이 값들을 비교하고 논의하라. 이 척도에 기초하면, 포트폴리오의 성과는 열등 또는 우월한가? 설명하라.

c. 포트폴리오 및 시장의 트레이너 척도를 계산하라. 이 값들을 비교하고 논의하라. 이 척도에 기초하면, 포트폴리오의 성과는 열등 또는 우월한가? 설명하라.

d. 포트폴리오의 젠센 척도(젠센 알파)를 계산하라. 이 값을 논의하라. 이 척도에 기초하면, 포트폴리오의 성과는 열등 또는 우월한가? 설명하라.

e. 항목 (b), (c), (d)의 측정값을 사용하여, 당신의 분석을 비교하고, 대비하며, 논의하라. 이 포트폴리오를 평가하라.

LG5 **Q13.6** 고성장 뮤추얼펀드와 화폐시장 뮤추얼펀드를 선택하라. 직전 연도 동안의 그들의 주별 종가에 기초한 순자산가치를 계산하고 기록하라. 당신이 $10,400를 투자하려 한다고 가정하라.

a. 당신은 고성장 및 화폐시장 뮤추얼펀드의 주식을 사기 위해, 매주 말에 각 주식을 $100[총 투자액 $10,400{52주(week)×$200/주(week)}]만큼 매입함으로써, 비용평균화 접근법을 사용한다고 가정하라. 연말까지 각 펀드에서 몇 주를 사게 되겠는가? 각 펀드의 총 주식 수, 주당 평균비용, 그리고 연말 포트폴리오 가치는 얼마인가? 연말 펀드 가치를 합계하고, 첫 주말에 각 펀드에 $5,200씩 투자하는 경우 보유할 총액에 비교하라.

b. 당신이 고성장 펀드(투기적 부분)에 50% 그리고 화폐시장 뮤추얼펀드(보수적 부분)에 50%를 투자하는 일정금액 플랜을 사용한다고 가정하라. 만약 포트폴리오가 투기적 부분이 $5,200의 최초금액보다 $500 많거나 $500 적을 때마다 재조정되면, 연말에 총 포트폴리오 가치와 투기적 부분의 주식 수는 얼마인가?

c. 항목 (b)와 같이, 당신은 초기에 투기적 부분에 50% 그리고 보수적 부분에 50%를 투자한다고 가정하라. 그러나 이 경우 당신은 일정비율 플랜을 사용하며, 50 : 50 혼합에 대한 재조정은 투기적 부분의 보수적 부분에 대한 비율이 1.25 이상이거나 0.75 이하일 때마다 실행된다. 연말에 포트폴리오 총가치와 투기적 부분의 주식 수는 얼마이겠는가?

d. 항목 (a), (b), (c)의 각 플랜 하에서, 전체 포트폴리오의 연말 가치를 비교하고 대비하라. 이들을 고려하면, 어떤 플랜이 가장 우수하겠는가? 설명하라.

연습문제

LG1 P13.1 Deepak과 Aishwarya는 금융업계에서 일하며 평균 이상의 급여를 받는 젊은 부부이다. 그들은 투자목표와 현재 자산배분을 검토하고 있다. 다음 중 자산배분 가능성이 가장 높은 것은 무엇인가?

	자산배분 1	자산배분 2
주식 포트폴리오의 베타	1.6	1.0
포트폴리오에서 주식의 가중치	80%	10%
포트폴리오에서 채권의 가중치	20%	90%

LG1 P13.2 Akasuki는 일본의 투자회사에서 근무하며 다른 두 가족 고객인 Nakamura 가족과 Saito 가족을 위해 두 개의 포트폴리오를 관리하고 있다. 두 포트폴리오 모두 작년에 동일한 보유기간수익률을 기록했다. Nakamuras의 포트폴리오 수익의 대부분은 배당금에서 나왔고 Saitos의 포트폴리오 수익은 대부분 자본이득에서 나왔다. 이들 중 일하는 부부일 것 같은 가족은 누구이고, 은퇴한 부부일 것 같은 가족은 누구인가? 왜 그런가?

LG1 P13.3 Paolo는 유벤투스 FC의 주식 100주를 매입했다. 2019년 11월 총 비용은 €1,762이다. 그는 15개월 동안 주식을 보유한 후 €2,500의 순이익을 기록했다. 그가 주식을 보유한 기간 동안 회사는 현금 배당금으로 주당 €3를 지불했다. 주식 매각 시 자본이득은 얼마인가? Paolo의 세전 HPR을 계산하라.

LG3 P13.4 Martin Schmidt는 브로커를 통해 독일 주식 100주를 매입했다. 그는 3월에 주당 €35에 주식을 매수했고 3개월 후 주당 €45에 매각했다. 브로커는 거래에 대해 €5의 수수료를 부과했다. 이 거래에 대한 Martin의 연간 HPR을 계산하라.

LG3 P13.5 William Jones는 Woolworths Limited의 채권에 A$250,000를 투자했다. 그는 15개월 동안 보관했고 그 후 A$270,500에 판매했다. 보유기간 동안 그는 A$20,000의 이자를 받았다. William의 투자에 대한 세전 및 세후 HPR을 계산하라. 그가 39.6%의 보통 세율에 속하고 경상소득 세율로 양도소득과 이자에 대한 세금을 낸다고 가정하자.

LG3 P13.6 Pierre는 1년 전에 주당 €12.2의 NAV에 2,000주 Carmignac Patrimoine Fund를 매입했다. 한 해 동안 펀드는 주당 €0.32의 투자수익 배당금을 분배했다. 연말에 펀

드는 주당 €15.6로 평가되었다. 실현 여부에 관계없이 투자 펀드의 모든 투자소득이 25%로 과세되는 경우 이 거래에 대한 Pierre의 세전 및 세후 HPR을 계산하라.

LG3 **P13.7** 영국 거주자인 Ollie Lloyd는 BT 주식의 가격 변동에 투기적으로 투자하기 위해 5개의 옵션계약을 매입했다. 각 계약은 주식 1,000주의 가치가 있고 비용은 £0.35(파운드 스털링)이므로 총 £1,750을 지불했다. 5개월 후 그는 5건의 계약을 총 £2,250에 매각했다. 그가 기본 세율 20%에 속하고 영국에서 자본이득이 이 비율로 과세된다고 가정할 때, 이 거래에 대한 그의 세전 및 세후 HPR은 얼마인가?

LG3 **P13.8** Mom과 Pop은 여러 해 전에 매입한 장기채권의 포트폴리오를 갖고 있다. 이 채권은 연간 12%의 이자를 지급하고, 액면가는 $100,000이다. 만약 부모님이 25% 세율 구간에 있으면, 그들의 이 투자에서의 연간 세후 HPR은 얼마인가? (이 채권은 기준가에서 거래된다고 가정하라.)

LG3 **P13.9** 2020년 1월 1일, Simon Love의 15개 보통주로 이루어지고 완전히 자기자본으로 조달된, 포트폴리오는 $264,000의 시장가치를 갖고 있다. 2020년 5월 말, Simon은 연초에 $26,300의 가치를 가졌던 한 주식을 $31,500에 매도했다. 그해에 그는 포트폴리오의 어떤 펀드에도 재투자하지 않았다. 2020년 12월 31일, Simon의 포트폴리오는 $250,000의 시장가치를 갖고 있었다. 2020년 12월 31일에 종료한 연도 동안 Simon의 포트폴리오의 HPR을 계산하라. (연초 가치 기준으로, 인출된 펀드 금액을 측정하라.)

LG3 **P13.10** 축하합니다! 당신의 포트폴리오는 지난해에 9%의 시장수익률보다 2%만큼 높은 11%의 수익을 올렸다. 당신의 포트폴리오 수익률은 18%의 표준편차를 갖고 있고, 무위험수익률은 6%이다. 당신 포트폴리오의 샤프 척도를 계산하라. 만약 시장의 샤프 척도가 0.3이면, 위험/수익의 관점에서 당신의 성과는 시장보다 양호한가? 또는 열등한가?

LG4 **P13.11** Niki Malone의 포트폴리오는 지난해 11.8%의 수익률을 올렸다. 이 포트폴리오의 수익률 표준편차는 14.1%였다. 무위험수익률은 현재 6.2%이다. 이 해에 시장 포트폴리오의 수익률은 9.0%, 그리고 표준편차는 9.4%였다.

a. Niki Malone의 포트폴리오의 직전 연도 샤프 척도를 계산하라.
b. 항목 (a)에서 계산된 Niki의 포트폴리오의 성과를 0.43의 샤프 척도를 가진 Hector Smith의 포트폴리오 성과와 비교하라. 어느 포트폴리오가 더 좋은 성과를 냈는가? 그 이유는?

c. 시장 포트폴리오의 직전 연도 샤프 척도를 계산하라.

d. 항목 (a)와 (c)의 답변을 사용하여, Niki의 포트폴리오의 직전 연도 성과를 시장 포트폴리오의 성과와 비교하라.

LG4 **P13.12** 당신의 포트폴리오는 1.3의 베타를 갖고 있으며, 지난해 12%의 수익률을 올렸다. 시장수익률은 10%이고, 무위험수익률은 6%이다. 당신 포트폴리오와 시장의 트레이너 척도를 각각 계산하라. 당신은 부담한 위험에 비해 높은 성과를 올렸는가?

X MyLab LG4 **P13.13** 직전 연도 동안 0.90의 베타를 가진 Anna Schltz의 포트폴리오는 8.6%의 수익률을 올렸다. 무위험수익률은 현재 7.3%이고, 직전 연도의 시장 포트폴리오의 수익률은 9.2%였다.

a. Anna의 포트폴리오의 직전 연도 트레이너 척도를 계산하라.

b. 항목 (a)에서 계산된 Anna의 포트폴리오의 성과를 Stacey Quant의 1.25%의 트레이너 척도를 가진 포트폴리오의 성과와 비교하라. 어느 포트폴리오가 더 좋은 성과를 냈는가? 그 이유는?

c. 시장 포트폴리오의 직전 연도 트레이너 척도를 계산하라.

d. 항목 (a)와 (c)의 당신의 답변을 사용하여, Anna의 포트폴리오의 직전 연도 성과를 시장 포트폴리오의 성과와 비교하라.

LG4 **P13.14** 작년에 Paolo는 해당 기간 동안 3%의 수익률과 −1.2의 베타를 기록한 다양한 이탈리아 주식 포트폴리오를 보유했다. FTSE MIB(시장수익률의 좋은 대용치)는 같은 해에 1.5%의 손실을 기록했다. 젠센 척도를 사용하고, 이탈리아 3개월 정부 채권의 수익률이 0.2%(무위험수익률에 대한 좋은 대용치)임을 고려하여 Paolo가 포트폴리오에서 요구수익률보다 더 높은 수익률을 올렸는지 설명하라.

LG4 **P13.15** Chee Chew의 포트폴리오는 직전 연도에 1.3의 베타를 유지했고, 12.9%의 수익률을 올렸다. 무위험수익률은 현재 4.2%이다. 직전 연도의 시장 포트폴리오의 수익률은 11.0%였다.

a. Chee의 포트폴리오의 직전 연도 젠센 척도(젠센 알파)를 계산하라.

b. 항목 (a)에서 계산된 Chee의 포트폴리오의 성과를 Carri Uhl의 −0.24의 젠센 척도를 가진 포트폴리오 성과와 비교하라. 어느 포트폴리오가 더 좋은 성과를 냈는가? 그 이유는?

c. 항목 (a)의 당신의 답변을 사용하여, Chee의 포트폴리오의 직전 연도 성과를 논의하라.

LG4 **P13.16** 무위험수익률은 현재 8.1%이다. 아래 표의 Fio 가족 포트폴리오와 시장 포트폴리오의 직전 연도 자료를 사용하여, 다음 문제들에 답하라.

자료 항목	Fio의 포트폴리오	시장 포트폴리오
수익률	12.8%	11.2%
수익률 표준편차	13.5%	9.6%
베타	1.10	1.00

a. 포트폴리오와 시장의 샤프 척도를 계산하라. 두 척도를 비교하고, Fio 포트폴리오의 직전 연도 성과를 평가하라.

b. 포트폴리오와 시장의 트레이너 척도를 계산하라. 두 척도를 비교하고, Fio 포트폴리오의 직전 연도 성과를 평가하라.

c. 젠센 척도(젠센 알파)를 계산하라. 이 척도를 사용하여 Fio 포트폴리오의 직전 연도 성과를 평가하라.

d. 항목 (a), (b), (c)의 당신의 답변에 기초하여, Fio 포트폴리오의 직전 연도 성과를 평가하라.

MyLab LG5 **P13.17** 지난 2년 동안 Jonas Cone은 비용평균화 공식을 사용하여 매월 $300 상당의 FCI 보통주를 매입했다. 2년 동안 매월 지불된 주당 가격은 다음 표에 주어져 있다. Jonas는 이 거래에서 중개수수료를 지불하지 않았다고 가정하라.

	FCI 주당 가격($)	
월	연도 1	연도 2
1월	$11.63	$11.38
2월	$11.50	$11.75
3월	$11.50	$12.00
4월	$11.00	$12.00
5월	$11.75	$12.13
6월	$12.00	$12.50
7월	$12.38	$12.75
8월	$12.50	$13.00
9월	$12.25	$13.25
10월	$12.50	$13.00
11월	$11.85	$13.38
12월	$11.50	$13.50

a. 2년의 기간 동안 Jonas의 총 투자는 얼마인가?

b. 2년의 기간 동안 Jonas는 총 몇 주를 매입했는가?

c. 항목 (a)와 (b)의 당신의 답을 사용하여 Jonas의 FCI 주당 평균 비용을 계산하라.

d. 2차 연도 말에 Jonas가 보유한 FCI 주식의 가치는 얼마인가?

LG5 **P13.18** 다음 표의 자료를 사용하고, 당신은 $1,500의 재조정 개시금액을 가진 일정금액 플랜을 사용하고 있다고 가정하라. 주식가격은 당신의 투기적 포트폴리오를 나타내고, MM 뮤추얼펀드는 당신의 보수적 포트폴리오를 나타낸다. 기간 2에서 당신은 어떤 조치를 취해야 하겠는가? 구체적으로 기술하라.

			MM 뮤추얼펀드	
기간	주가	주식 수	펀드 NAV	주식 수
1	$20.00	1,000	$20.00	1,000
2	$25.00		$21.00	

LG5 **P13.19** Antonio Cassini는 자신의 포트폴리오를 재조정하기 위해 일정비율 플랜을 사용하고 있다. 그는 €50의 공격적인 성장 주식 300주를 보유하고 있으며 나머지 포트폴리오는 총액 €5,000의 액면가(100%)로 책정된 이탈리아 국채에 투자했다. 그가 재조정 개시조건을 투기적 부분과 보수적 부분의 비율, 2.5로 설정했고 한 달 후 이탈리아 국채의 가격이 110%까지 올라갔다는 점을 고려할 때 Antonio가 포트폴리오를 재조정하기 위해 취해야 할 조치를 설명하라.

LG5 **P13.20** 다음 표의 자료를 사용하고, 당신은 변동비율 플랜을 사용하고 있다고 가정하라. 당신은 투기적 포트폴리오가 총액의 60%에 도달하면, 이 비율을 45%로 낮추기로 결정했다. 기간 2에서 당신은 어떤 조치를 취해야 하겠는가? 구체적으로 기술하라.

			MM 뮤추얼펀드	
기간	주가	주식 수	펀드 NAV	주식 수
1	$20.00	1,000	$20.00	1,000
2	$30.00	1,000	$19.00	1,000

LG5 **P13.21** 대다수 사람들은 거래 시점을 지속적으로 예측하는 것은 불가능하다고 믿고 있으나, 투자자가 증권의 매입과 매도 시점을 선택할 수 있게 하는 몇 가지의 플랜이 존재한다. 이들은 포뮬러 플랜 — 주기적 가격 변동을 이용하려는 포트폴리오 관리를 위한 기계적 방법 — 이라고 한다. 목표는 투자자가 당면하는 위험 수준을 완화하는 것이다. 이런 플랜의 하나는 비용평균화이다. 여기에서 일정한 시차를 두고 한 증권에 고정된 금액이 투자된다. 하나의 목표는 시간경과와 함께 증권의

가치를 높이는 것이다. 만약 가격이 하락하면, 더 많은 주식을 매입한다. 시장가격이 상승할 때 기간당 더 적은 주식을 매입한다. 핵심은 투자자가 과대평가된 증권을 사지 않을 가능성을 높이는 것이다. 2019년 3월부터 2020년 2월까지 12개월 동안 매월 $1,000 상당의 Neo 보통주를 매입하기 위해, Paddock 여사는 비용평균화 포뮬러를 이용했다. 12개월 동안 지불한 월별 주당 가격은 다음 표에 주어져 있다. Paddock 여사는 이 거래들에서 중개수수료를 내지 않았다고 가정한다.

http://www.pearson.com/mylab/finance에서 볼 수 있는 〈표 13.9〉의 스프레드시트와 유사한 스프레드시트 모형을 만들어 달러 비용평균화를 통해 Neo 보통주에 대한 다음 투자 상황을 분석하라.

연도	월	주당 지불 가격
2019년	3월	$14.30
	4월	$16.18
	5월	$18.37
	6월	$16.25
	7월	$14.33
	8월	$15.14
	9월	$15.93
	10월	$19.36
	11월	$23.25
	12월	$18.86
2020년	1월	$22.08
	2월	$23.23

a. 2019년 3월부터 2020년 2월까지 기간 동안 투자 총액은 얼마인가?
b. 12개월 동안 매입된 Neo 주식의 총 수는 얼마인가?
c. 평균 주당 비용은 얼마인가?
d. 연말(2020년 2월)의 포트폴리오 가치는 얼마인가?
e. 2020년 2월 말의 이익 또는 손실은 얼마인가?
f. 12개월 기간 이후 포트폴리오 수익률은 얼마인가?

사례문제 13.1 | Stalchecks의 포트폴리오 성과 평가

LG3 LG4 Mary와 Nick Stalcheck는 4개의 투자자산을 포함하는 투자 포트폴리오를 갖고 있다. 이는 경상소득과 자본이득의 균형을 제공하기 위해 개발되었다. 뮤추얼펀드 주식을 매입하거나 주어진 투자 유형 안에서 분산투자하는 대신, 그들은 다양한 자산 유형에 걸쳐 분산투자하는 아이디어를 갖고 그들의 포트폴리오를 개발했다. 이 포트폴리오는 현재 보통주, 회사 채권, 뮤추얼펀드 주식, 옵션을 포함한다. 그들은 지난 3년 동안 이 투자자산 각각을 매입했고, 앞으로 다른 투자자산들을 매입할 계획이다.

현재 Stalcheck 부부는 그들 투자의 수익률을 측정하고, 시장에 비해 얼마나 높은 성과를 냈는지 평가하는 데 관심을 갖고 있다. 그들은 지난 연도에 얻은 수익률이 S&P 종합주가지수로 구성된 포트폴리오에 투자했으면 얻었을 수익률보다 높기를 희망한다. 그들의 연구는 지난해의 무위험수익률은 7.2%이었고, S&P 500 포트폴리오의 (세전) 수익률은 10.1%이었음을 보여주었다. 친구의 도움으로 그들은 포트폴리오의 베타를 추정할 수 있었으며, 이는 1.20이었다. 그들은 수익에 대한 절세방법이 적절하다고 느꼈기 때문에, 분석에서 세금을 무시하기로 했다. 그들은 지난해 포트폴리오 거래를 전혀 안 했기 때문에 단지 미실현 자본이득만 고려하면 된다. 필요한 계산을 위해 그들은 포트폴리오의 각 자산에 관해 다음 정보를 수집했다.

- **보통주.** 그들은 KJ Enterprises의 보통주 400주를 소유한다. KJ는 다양한 금속 파이프에 다각화된 제조업체이고, 지속적인 배당 흐름으로 유명하다. 지난 몇 년 동안 이 회사는 새로운 시장에 진입하였고, 따라서 적당한 자본이득의 잠재성을 제공하고 있다. 주가는 작년 초의 $17.25로부터 연말에 $18.75로 상승했다. 이 해에 $0.20, $0.20, $0.25, $0.25의 분기별 현금배당이 지급되었다.
- **회사 채권.** Stalcheck 부부는 8개의 Cal Industries 채권을 보유한다. 이 채권들은 1,000의 기준가와 9.250%의 이표이자율을 갖고 있고, 2027년에 만기도래한다. 이들은 Moody's에 의해 A등급으로 평가된다. 이 채권들은 연초에 97.000에 호가되었고, 그해를 96.375%에서 마쳤다.
- **뮤추얼펀드.** Stalcheck 부부는, 균형잡힌 무수수료 뮤추얼펀드인, Holt Fund 500주를 보유한다. 이 펀드의 그해의 배당 분배는 $0.60의 투자소득과 $0.50의 자본이득으로 구성되었다. 이 펀드의 연초 NAV는 $19.45, 그리고 그해를 $20.02에서 종료했다.
- **옵션.** Stalcheck 부부는 그들이 관심을 두고 있는 회사 주식의 옵션 100계약을 보유한다. 이 계약들의 총 가치는 연초에 $26,000였다. 연말에 옵션계약의 총 가치는 $29,000였다.

≫질 문

a. 4가지 투자 각각의 세전 기준 보유기간수익률을 계산하라.

b. Stalcheck 부부의 경상소득은 현재 결합(연방 및 주) 기준 38%의 세율로 과세되며, 12개월 이상 보유 자산의 배당금과 자본이득에 대해 15%의 자본이득세를 낼 것이라고 가정하고, 4가지 투자 각각의 세후 HPR을 계산하라.

c. Stalcheck 부부 투자의 모든 자본이득은 미실현되었음을 인식하고, 4가지 투자 포트폴리오의 지난해 세전 포트폴리오 HPR을 계산하라. 이 수익률을 경상소득과 자본이득

요소에 대해 평가하라.

d. 항목 (c)에서 계산된 HPR을 사용하여, 젠센 척도(젠센 알파)를 계산하라. 이 척도를 이용하여, Stalcheck 부부의 포트폴리오 성과를 위험조정, 시장조정 기준으로 분석하라. 당신의 답을 논평하라. 4자산 포트폴리오를 평가하기 위해 젠센 척도를 사용하는 것이 합리적인가? 왜 그런가 또는 왜 아닌가?

e. 항목 (a), (c), (d)의 당신의 분석에 기초하여, 당신은 Stalcheck 부부에게 포트폴리오 수정에 관해 어떤 조언을 할 수 있겠는가? 당신의 조언을 설명하라.

사례문제 13.2 | 포뮬러 플랜의 평가: Charles Spurge의 접근법

LG 5

Ansco Petroleum Company의 수학자인 Charles Spurge는 포트폴리오 거래의 시점선택을 위한 합리적 기초를 개발하려 한다. 그는 현재 매우 보수적인 저 베타 보통주인 ConCam United와 매우 투기적인 고 베타 주식인 Fleck Enterprises에 균등하게 배분된, 약 100,000의 시장가치를 가진 증권 포트폴리오를 보유하고 있다. 투자 문헌에서 읽은 바에 기초하여, Charles는 포트폴리오를 8 내지 15개 증권에 분산투자해야 한다고는 믿지 않는다. 그의 개인적인 수학적 분석에 기초한 생각은, 매우 보수적인 증권과 매우 투기적인 증권으로 구성된 2-증권 포트폴리오를 보유함으로써 동일한 결과를 달성할 수 있다는 것이다. 그의 이런 생각은 바뀌지 않을 것이다. 그는 자신의 이론이 맞지 않음을 알게 될 때까지, 계속 2-증권 포트폴리오를 보유할 계획이다. 지난 몇 년 동안 그는 이런 포트폴리오에서 기대되는 위험조정, 시장조정 수익률을 초과하는 수익률을 얻었다.

Charles의 현재 관심은 포트폴리오 거래의 시점선택을 위한 자신의 포뮬러 플랜을 개발하는 데 집중하고 있다. 그의 분석의 현재 단계는 4가지의 일반적 포뮬러 플랜 각각의 바람직한 특성을 구분하기 위한 평가에 집중한다. 그가 고려하는 플랜은 (1) 비용평균화, (2) 일정금액 플랜, (3) 일정비율 플랜, (4) 변동비율 플랜이다. Charles의 플랜 분석은 두 가지 종류의 자료를 포함할 것이다. 비용평균화는 정기적 투자를 동일하게 유지하는 소극적인 매입-보유 전략이다. 다른 플랜들은 포트폴리오 안에서 주기적 매입과 매도를 수반한다는 점에서 더 적극적이다. 따라서 플랜의 평가를 위해 상이한 자료들이 필요하다.

비용평균화 플랜을 평가하기 위해, Charles는 매 45일 기간의 말에 $500를 투자하는 것으로 가정하기로 결정했다. 대규모 거래를 통해 가능한 어느 정도의 수수료 절감을 위해, 그는 45일 기간을 선택했다. 45일당 $500의 연간 합계는 $4,000이며, 이는 Charles가 지난해 투자한 금액과 같다. (주: 계산의 편리성을 위해 그해 동안 미투자된 $4,000 부분에서 얻은 수익은 무시된다.) 이 플랜을 평가하면서, 그는 절반($250)은 보수적 주식(ConCam United) 그리고 다른 절반은 투기적 주식(Fleck Enterprises)에 투자되는 것으로 가정할 것이다. 8번의 45일 기간 말에 매입될 때 각 주식의 가격은 다음 표에 주어져 있다.

	주가	
기간	ConCam	Fleck
1	$22.13	$22.13
2	$21.88	$24.50
3	$21.88	$25.38
4	$22.00	$28.50
5	$22.25	$21.88
6	$22.13	$19.25
7	$22.00	$21.50
8	$22.25	$23.63

다른 세 플랜들을 평가하기 위해, Charles는 두 주식에 균등하게 나누어진 $4,000의 포트폴리오에서 시작하기로 결정했다. 그는 1년 동안 비용평균화에 의해 두 주식에 투자된 금액 합계에 해당하는 $4,000를 이용하기로 선택했다. 그는 포트폴리오를 평가하고 필요시 포트폴리오 안에서 자금을 이전하기 위해, 앞에서 주어진 8개 시점을 이용하기로 계획했다. 이 자료들에 의해 평가되는 각 플랜에 관해, 그는 다음의 포트폴리오 재조정 개시조건을 정했다.

- **일정금액 플랜.** 포트폴리오의 투기적 부분이 $2,000의 초기 가치보다 13%만큼 크거나 작을 때마다, 투기적 부분을 초기의 $2,000 가치로 되돌리기 위해 포트폴리오는 재조정된다.
- **일정비율 플랜.** 포트폴리오의 투기적 부분의 가치의 보수적 부분의 가치에 대한 비율이 (1) 1.15 이상이거나 또는 (2) 0.84 이하일 때마다, 이 비율을 1.0의 초기 값으로 되돌리기 위해 포트폴리오는 각각 매도 또는 매입을 통해 재조정된다.
- **변동비율 플랜.** 포트폴리오의 투기적 부분의 가치가 포트폴리오 전체 가치의 54% 이상으로 상승할 때마다 이 비중은 46%로 낮춰진다. 포트폴리오의 투기적 부분의 가치가 포트폴리오 전체 가치의 38% 이하로 하락할 때마다 이 비중은 50%로 높여진다.

≫질 문

a. 비용평균화 플랜 하에서, (1) 보수적 주식, (2) 투기적 주식, 그리고 (3) 전체 포트폴리오에 투자된 금액 및 투자액의 백분율로서 매입 주식의 총수, 주당 평균비용, 그리고 연말 포트폴리오 가치를 계산하라.

b. 일정금액 플랜을 사용하여, (1) 보수적 부분, (2) 투기적 부분, 그리고 (3) 전체 포트폴리오에 초기에 투자된 금액 및 투자액의 백분율로서 연말 포트폴리오 가치를 표시하라.

c. 일정비율 플랜에 대해 항목 (b)를 반복하라. 반드시 모든 문항에 답하라.

d. 변동비율 플랜에 대해 항목 (b)를 반복하라. 반드시 모든 문항에 답하라.

e. 항목 (a)부터 (d)까지 당신의 결과를 비교하고 대비하라. 표 형식으로 요약해도 좋다. 어느 플랜이 지난해 Charles의 포트폴리오 활동의 시점선택에서 가장 유리한 것으로 나타나는가? 설명하라.

CFA 시험 문제

포트폴리오 관리

다음은 이 책의 제11, 12, 13장에서 다루어진 뮤추얼펀드의 구조, 포트폴리오 분산투자, 포트폴리오 수익률, 개인 포트폴리오 관리를 포함한 많은 주제들을 다루는 CFA Level-1 시험문제 8개의 표본이다. (문제에 답할 때, 문제당 1.5분을 사용하라; 목표는 12분 동안 8문제 가운데 6문제에 바르게 답하는 것이다.)

01. 어떤 분석가는 지난 8년 동안 헤지펀드의 성과를 주요 주가지수에 대해 비교한다. 그녀는 (자료로부터 만들어진) 헤지펀드 지수는 주가지수보다 더 높은 평균 수익률, 더 낮은 표준편차, 더 높은 샤프 척도(샤프비율이라고도 함)를 갖고 있다는 점에 주목했다. 헤지펀드 자료에 속한 모든 성공적인 펀드는 8년 동안 신규자금을 계속 받아들였다. 헤지펀드 지수의 평균 수익률과 샤프비율은 각각 과대평가 또는 과소평가될 가능성이 있는가?

	헤지펀드 지수의 평균 수익률	헤지펀드 지수의 샤프비율
a.	과대평가	과대평가
b.	과대평가	과소평가
c.	과소평가	과대평가

02. 현물상환(in-kind redemption)은 다음 어떤 펀드의 투자자에게 이용가능한 과정인가?

a. 전통적 뮤추얼펀드이지만 상장지수펀드는 아님
b. 상장지수펀드이지만 전통적 뮤추얼펀드는 아님
c. 전통적 뮤추얼펀드와 상장지수펀드 모두 해당

03. 다음 펀드에서 하루에 단 한 번 종가에 의해 거래가 이루어지는가?

	상장지수펀드	전통적 뮤추얼펀드
a.	아니다	아니다
b.	아니다	그렇다
c.	그렇다	아니다

04. 다음 펀드가 순자산가치로부터 현저히 할인되어 거래될 가능성이 있는가?

	상장지수펀드	폐쇄형 펀드
a.	아니다	아니다
b.	아니다	그렇다
c.	그렇다	아니다

05. 일반적으로 주식시장에서 거래되는 주식 발행을 수반하는 부동산 투자 종류는?

a. 부동산투자신탁이지만 혼합 펀드는 아님

b. 혼합 펀드이지만 부동산투자신탁은 아님

c. 부동산투자신탁과 혼합 펀드 모두

06. 어떤 분석가는 다음 정보를 수집했다.

포트폴리오	평균 수익률	수익률 표준편차
1	9.8%	19.9%
2	10.5%	20.3%
3	13.3%	33.9%

만약 무위험수익률이 3.0퍼센트이면, 샤프비율에 기초하여 <u>가장 최선의</u> 위험조정 성과를 가진 포트폴리오는 무엇인가?

a. 포트폴리오 1

b. 포트폴리오 2

c. 포트폴리오 3

07. 어떤 분석가는 지난 10년의 포트폴리오 성과에 관한 다음 정보를 수집했다:

평균 연 수익률	11.8%
연 수익률의 표준편차	15.7%
포트폴리오 베타	1.2

만약 같은 기간의 평균 무위험수익률이 5.0%이면, 포트폴리오의 샤프비율에 가장 가까운 값은?

	샤프비율
a.	0.23
b.	0.36
c.	0.43

08. Western Investments는 4가지 채권으로 구성된 고정소득 포트폴리오를 보유하며, 이 4가지 채권의 시장가치와 듀레이션은 다음 표에 주어져 있다.

	채권 A	채권 B	채권 C	채권 D
시장가치	$200,000	$300,000	$250,000	$550,000
듀레이션	4	6	7	8

포트폴리오의 듀레이션에 가장 가까운 값은?

a. 6.06

b. 6.25

c. 6.73

해답: 1. a; 2. b; 3. b; 4. b; 5. a; 6. b; 7. c; 8. c

PART 06

파생증권

14 옵션: 풋옵션과 콜옵션

15 선물시장과 선물계약

CHAPTER

14 옵션: 풋옵션과 콜옵션

학습목표

이 장을 학습하면 다음을 수행할 수 있다.

LG 1 일반적인 옵션 특히 풋옵션과 콜옵션의 기본적인 특성을 토의하고 이러한 투자상품이 어떻게 운영되는지 이해한다.

LG 2 옵션시장을 설명하고 행사가격과 만기일을 포함한 옵션의 핵심적인 조항을 이해한다.

LG 3 풋옵션과 콜옵션의 가치평가 방식과 시장에서 옵션가격에 영향을 주는 요인을 설명한다.

LG 4 풋옵션과 콜옵션 매수와 관련된 잠재적인 이익을 설명하고 풋 또는 콜 투자전략에 대하여 이해한다.

LG 5 풋옵션과 콜옵션 발행과 관련된 잠재적인 이익을 설명하고 옵션 발행이 투자수익률을 향상시키는 전략으로 사용될 수 있는 방법에 대해 토론한다.

LG 6 시장지수 옵션, 외환 풋옵션과 콜옵션, LEAPS에 대해 설명하고 이러한 증권이 어떻게 투자자에게 유용하게 활용될 수 있는지 토론한다.

2018년 8월까지 12개월 동안 Amazon 주식은 같은 기간 S&P의 15% 상승에 비하여 94%의 상승률을 보여 주목을 끌었다. 이 회사는 최근 Whole Foods를 인수하여 식료품 업계에 진출하면서 소매산업의 거의 모든 부문을 지배하고자 하는 듯했다. 전문 분석가들의 94%가 Amazon을 매수 추천하였고 우량주식이라고 생각했다.

그러나 모든 징후가 긍정적인 것은 아니었다. Amazon 주식이 사상 최고치를 기록하는 동시에 풋옵션에 대한 미결제약정(open interest)도 마찬가지였다. 풋옵션은 소유자가 정해진 시간 동안 고정가격으로 기초 자산(이 경우는 Amazon 주식)을 판매할 수 있는 파생증권이다. 풋옵션 투자자들은 기초 주식이 하락하기를 희망한다. 만약 그렇다면, 그들은 공개시장에서 주식을 매수한 다음 풋옵션계약에 지정된 더 높은 고정가격으로 매도할 수 있는 권리를 행사한다. 미결제약정이란 미결제 계약 수를 의미하며, 각 계약은 투자자가 100주를 매도할 수 있도록 한다. 8월에 Amazon의 풋옵션 미결제약정은 517,457계약에 이르렀고, 이는 Amazon 주식이 하락하면 51백만 주 이상이 매각될 수 있음을 의미한다.

(출처: Bernie Schaeffer, "Amazon Put Option Open Interest Hits a Decade-Plus High," https://www.schaeffersresearch.com/content/bgs/2018/08/14/amazon-put-open-interest-hits-a-decade-plus-high, 2018년 8월 14일에 접속)

풋옵션과 콜옵션

LG1 LG2 투자자가 주식(보통주 혹은 우선주)을 매입하면, 그들은 배당금을 받거나 혹은 보통주라면 주주총회에서 투표권을 행사하는 것처럼 소유권에 따르는 모든 권리와 특권을 보유하게 된다. 채권이나 전환사채를 매입하는 투자자는 또한 일정한 이자지급액을 받는 것처럼 소유권에 따르는 특정한 혜택을 가지게 된다. 주식, 채권, 전환사채는 모두 **금융자산**(financial assets)의 예가 된다. 투자자는 이러한 자산의 발행기관에게 모두 금전적 청구를 할 수 있다. 반면에, 옵션을 매입한 투자자는 추후에 별개의 관련된 증권을 사거나 팔 수 있는 권리만을 보유한다. **옵션**(option)은 보유자에게 정해진 기간 동안에 걸쳐 정해진 가격에 기초 자산(예를 들어, 보통주)의 특정한 양을 사거나 팔 수 있는 권리를 준다.

옵션은 계약상품이라서 거래 양방이 서로에게 가치가 있는 무엇인가를 교환하는 계약을 체결하는 수단이다. 옵션의 매수자는 계약시점에 정해진 가격에 주어진 기간 이내에 기초 자산을 사거나 팔 수 있는 권리를 가진다. 옵션의 매도자는 옵션 구매자가 매도자에게 일정한 금액을 지불하게 되면 그 대가로 계약조건에 따라 기초자산을 사거나 팔 준비를 해야만 한다. 이번 장에서는 두 가지 기본적인 유형의 옵션인 **풋옵션**(puts)과 **콜옵션**(calls)을 살펴볼 것이다.

추가적으로, **신주인수권**(rights)과 **워런트**(warrants)라는 두 가지 다른 형태의 옵션이 있다. 신주인수권은 기업이 보통주 유상증자를 통해 자금을 조달할 때 발생한다. 기업은 기존 주주에게 권리를 부여하고, 주주들은 기업이 가까운 장래에 발행할 신주를 보통주식의 시장가치보다 약간 낮은 가격으로 구매할 수 있다. 신주를 매입할 수 있는 권리를 사용함으로써 기존 주주는 기업이 신주를 발행할 때 소유지분이 희석되는 것을 피할 수 있다. 신주 매입을 원하지 않는 경우 기존 주주는 공개시장에서 일반적으로 30~60일 이내에 만료되는 권리를 판매할 수 있다.

반면에, 워런트는 비교적 장기간(때로는 5~10년 이상의 장기) 동안에 특정 기업의 주식을 살 수 있는 권리를 부여하는 장기 옵션이다. 일반적으로 워런트는 채권 발행에 "감미료(sweeteners)"가 되어 채권을 투자자에게 좀 더 매력적으로 만들어 준다. 즉, 일부 채권에는 워런트가 첨부되어 있어 채권 보유자가 기본 주식의 실적이 좋을 경우 더 높은 수익을 얻을 수 있는 기회를 제공한다. 채권의 구매자는 하나 이상의 워런트를 받게 되며 추가 상승 잠재력을 "**주식 첨가제**(equity kicker)"라고 한다.

풋옵션과 콜옵션의 기본 특성

주식 옵션은 시카고옵션거래소(Chicago Board Options Exchange: CBOE)에서 1970년대 초반에 처음으로 거래되기 시작했다. 옵션에 대한 관심은 곧 다른 금융자산으로 파급되었다. 오늘날의 투자자는 보통주, 주가지수, 상장지수펀드(ETF), 통화상품, 채권상품, 원자재 상품, 금융선물에 대한 풋옵션과 콜옵션을 거래할 수 있다. 주식 옵션에 적용되는 많은 원칙이 다른 종류의 금융자산에 대한 옵션에도 적용되지만, 우리는 주로 보통주 옵션에 초점을 맞출 것이다.

앞으로 살펴보겠지만 기초 금융자산(underlying financial asset)이 다르더라도, 모든 옵션의 기본 특성은 거의 유사하다. 아마도 기억해야 할 가장 중요한 특징은 옵션이 큰 자본투자 없이도 투자자에게 기초 자산의 가격변동으로부터 이익을 얻을 수 있도록 한다는 점일 것이다.

옵션계약 풋옵션과 콜옵션은 보유자에게 **행사가격**(strike price 또는 exercise price)으로 알려진 특정 가격에 특정 증권의 정해진 양을 사거나 팔 수 있도록 한다. **콜옵션**(call)은 보유자가 정해진 기간 동안에 명시된(행사) 고정가격으로 증권을 살 수 있다. 반면에, **풋옵션**(put)은 보유자가 정해진 기간 동안에 정해진 가격(행사가격, exercise or strike price)에 기초 증권을 팔 수 있다. 대부분의 경우 콜옵션계약과 풋옵션계약을 통해 투자자는 기초 주식 100주를 사고팔 수 있다. 어느 옵션에도 의결권이 없고 이자수입이나 배당수입도 없다. 대신에 풋옵션과 콜옵션은 옵션 보유자가 기초 자산의 가격 변동으로부터 이익을 얻을 수 있는 정도까지 가치를 가진다.

풋옵션과 콜옵션은 다른 실물자산이나 다른 금융자산의 가격 움직임에서 가치가 파생되기 때문에 **파생증권**(derivative securities)이라고 알려져 있다. 신주인수권, 워런트, 선물계약(나중에 살펴볼 주제) 역시 파생증권이다. 이러한 파생시장의 일부 영역은 대형 기관투자자만을 위한 것이지만, 개인투자자에게도 기회는 열려 있다. 이러한 파생증권의 대부분은 기관투자자뿐만 아니라 개인투자자도 접근이 가능하고 특히 거래소에 상장된 상품은 매우 활발하게 거래되고 있다.

투자자가 옵션을 사기 위해 지불하는 시장가격을 **옵션 프리미엄**(option premium)이라고 한다. 옵션의 프리미엄은 행사가격, 만기일과 같은 옵션의 특성과 기초 자산의 가격에 따라 결정된다.

풋옵션과 콜옵션의 핵심이 되는 특징은 옵션이 제공하는 매력적인 **지렛대**(leverage) 기회이다. 이러한 기회는 옵션이 기초 금융자산의 시장가격에 비해 상대적으로 낮은 가격을 가지기 때문에 존재한다. 옵션 구매자는 상대적으로 적은 양의 자본을 투자할 수 있지만 해당 자본에 대한 잠재적 수익은 매우 클 수 있다.

좀 더 설명하면, 향후 2개월 동안 언제든지 100주의 주식을 주당 행사가격 $45에 살 수 있는 권리를 가지는 콜옵션을 생각해 보자. 만일 현재 주식이 $45에 거래되고 있으면 콜옵션은 단지 몇 달러에 불과할 수 있다. 예를 들어, 옵션당 $3 또는 옵션계약이 100주를 커버하기 때문에 총 $300라고 가정한다. 이제, 2개월 후에 기초 주식의 주가가 $10 상승해서 $55가 되었다고 가정하자. 이 시점에서 투자자는 옵션을 행사해서 주당 $45에 100주의 주식을 매수할 수 있다. $4,500로 주식을 매수한 후에 즉시 시장에서 $5,500에 매도하여 $1,000를 얻을 수 있다. 따라서 단기간에 $300의 초기 투자액은 $1,000로 증가하여 233%의 이익을 얻는다. 이 기간 주식의 증가율은 단지 22.2%(=$10 ÷ $45)에 불과하므로 옵션의 수익률이 주식의 이익률보다 훨씬 크다. 이것이 옵션이 제공하는 지렛대 효과의 장점이다.

매도자와 매수자 풋옵션과 콜옵션은 독특한 형태의 증권이다. 왜냐하면 풋옵션과 콜옵션은 기초 자산인 주식을 발행하는 기업이 아닌 투자자에 의해 발행되기 때문이다. 예를 들어, Abby가 Ryan에게 Columbia Sportswear 100주의 보통주 주식을 매수할 권리를 팔려 한다고 가정하자(즉, Abby는 Ryan에게 콜옵션을 매도하려고 한다). 이는 "콜옵션 발행"을 통해 할 수 있는 일이다. 옵션을 발행하는 사람(또는 기관)은 **옵션매도자**(option seller) 또는 **옵션발행자**(option writer)라고 한다. 옵션발행자로서 Abby는 Ryan이 콜옵션에 대해 지불한 가격 또는 옵션 프리미엄을 받는다. 그러나 Abby에게는 의무가 있다. Ryan이 나중에 Columbia 주식을 매수할 권리를 행사하기로 결정하면 Abby는 그 주식을 그에게 팔아야 한다. Abby가 아직 Columbia 주식을 소유하지 않은 경우 공개시장에서 매입해야 한다. 그녀의 의무는 구속력이 있기 때문에 그녀에게 돈을 잃은 것으로 판명되면 거래에서 벗어날 수 없다. 반대로 Ryan은 의무가 없다. 그는 선택권이 있어서 원하는 경우 Columbia 주식을 매수할 수 있지만 그렇게 해야 할 의무는 없다. 풋옵션도 거의 같은 방식으로 이루어진다. Abby가 Ryan에게 풋옵션을 매도하면 Ryan은 Columbia 주식을 Abby에게 매도할 권리가 있지만 그렇게 해야 할 의무는 없다. 반면에 Abby는 Ryan이 주식을 팔기로 결정하면 주식을 사겠다는 약속을 지켜야 한다. Abby와 Ryan 간의 이러한 거래에서 어떤 일이 발생하더라도 Columbia Sportswear는 영향을 받지 않는다는

투자자 현실

미국형인가 유럽형인가? 풋옵션과 콜옵션은 미국형이나 유럽형으로 발행될 수 있다. 사실, 이것은 옵션의 발행장소나 거래장소와는 아무런 관련이 없으며 행사가 가능한 시기와 관련이 있다. 미국형 옵션은 옵션이 거래되는 모든 영업일에 행사될 수 있다. 유럽형 옵션은 만기일에만 행사가 될 수 있다. 행사할 수 있는 권리는 유럽형보다 미국형이 더 유연하기 때문에 미국형이 좀 더 선호되며 시장에서 가치가 있다. 그러나 항상 그런 것은 아니다. 만기일 이전에 옵션을 행사할 수 있는 권리는 그렇게 하는 것이 최적이라는 것을 의미하지 않는다. 많은 경우에 투자자는 옵션을 행사하는 것보다 공개시장에서 팔 때 더 이익이다. 이러한 경우에 미국형 옵션의 가격과 유럽형 옵션의 가격은 거의 같다.

점에 유의해야 한다. 돈을 받지도 않고 보통주를 발행하거나 소각하지도 않는다.

투자자는 증권 브로커 및 딜러의 도움을 받아 콜옵션과 풋옵션을 거래한다. 옵션은 보통주처럼 쉽게 사고팔 수 있다. 간단한 전화 통화 또는 몇 번의 마우스 클릭만으로 충분하다. 투자자들은 주가 변동에 투기하기(speculate) 위해 옵션을 거래하지만 때로는 위험을 감수하기보다는 위험을 헤지(hedge)하기 위해 옵션을 거래한다.

풋옵션과 콜옵션의 원리 매수자의 관점에서 풋옵션과 콜옵션의 원리, 그리고 각 옵션의 가치가 어떻게 책정되는지 알아보자. 우선 옵션의 이익 창출 잠재능력을 보는 것이 중요하다. 예를 들어, $45의 행사가격을 갖고 있고 $3에 팔리는 콜옵션을 살펴보자. 콜옵션의 매수자인 당신은 기초 증권(이 경우에는 보통주)의 가격이 오르기를 바랄 것이다. 주식의 가격이 만기일 전까지 $75까지 오른다면 이 거래로부터 얻을 수 있는 잠재 이익은 얼마나 되는가?

해답은 100개의 주식으로부터 각각 얻는 $30($75－$45)에서 원래 옵션가격인 $300를 뺀 것이다. 다시 말해, 당신은 $300를 투자함으로써 $3,000의 총이익을 얻게 되는 것이다. 이는 당신이 옵션발행자로부터 100개의 주식을 각각 $45씩에 매수할 권리를 가지고 있고, 이를 또한 각각 $75에 시장에 매도할 수 있기 때문이다.

보통주에 직접 투자함으로써 같은 총이익($3,000)을 얻을 수 있었을까? 100주의 주식을 매수했다면 가능했을 것이다. 옵션을 매수하는 데 필요한 자본은 $300에 반해 $45의 주식 100주를 매수하는 것은 $4,500의 초기 투자금액을 필요로 한다. 이로 인해, 주식을 매수함으로써 얻는 수익률은 옵션 매수를 통해 얻는 수익률에 비해 현저히 낮기 때문에 옵션이 투자자에게 레버리지(leverage)를 제공한다고 말하는 이유이다. 콜옵션 매수는 마진(차입거래)으로 주식을 매수하는 것과 매우 유사하다. 마진으로 주식을 매수하면 투자자가 얻을 수 있는 잠재적 수익이 증가하지만 투자위험도 증가한다는 사실을 앞서 배웠다.

콜옵션 매수의 단점을 알아보기 위해 앞의 예에서 주가가 $75로 상승하지 않고 대신 $40.50로 하락했다고 가정하자. 이는 초기 $45 주가에서 10% 하락한 것으로 가능성이 낮은 결과는 아니다. 주식 가치가 $40.50이면 콜옵션이 행사되지 않는다. 더 저렴한 가격으로 시장에서 주식을 구매할 수 있을 때 주식을 사기 위해 행사가격 $45를 지불하는 투자자는 없다. 따라서 주가가 $40.50일 때 옵션계약이 만료되면 해당 옵션은 가치가 없으며 옵션 매수자의 초기 투자액 $300는 가치가 없다. 이것을 설명하는 또 다른 방법은 주가가 단지 10% 하락 했음에도 불구하고 옵션 매수자가 －100%의 수익률을 얻는다는 것이다. 다시 말하지만 이것이 레버리지의 효과이다.

풋옵션 또한 투자자에게 레버리지를 제공한다. 동일한 주식(현재 가격이 $45)에 대해 투자자가 풋옵션을 매수하기 위해 $250를 지불할 수 있다고 가정하면, 투자자는 행사가 $45에 100주를 매도할 수 있다. 풋옵션 매수자는 주가가 하락하기를 원한다. 투자자의 희망이 실현되고 주가가 주당 $25로 떨어졌다고 가정하자. 투자자는 시장에서 주당 $25에 100주를 매수한 다음 해당 주식을 주당 $45에 매도하여 즉시 풋옵션을 행사한다. (참고: 풋옵션을 매도한 사람은 이 주식을 각각 $45에 매수할 의무가 있다.) 투자자는 주당 $20 또는 초기 투자 $250에서 총 $2,000의 총 이익을 얻다. 이는 700%의 수익률을 나타낸다! 물론 풋옵션도 콜옵션과 마찬가지로 위험하다. 주가가 $25로 떨어지지 않고 $50로 상승했다면 풋옵션 매수자의 $250 투자는 완전히 손실될 것이다.

경우에 따라 옵션을 구매하는 투자자는 수익을 실현하기 위해 기초 자산을 거래할 필요가 없다. 대신 그들은 옵션을 "현금결제"할 수 있다. 즉, 옵션의 수익을 현금으로 받는다. 이러한 정리방식은 기초 자산이 단일 회사의 주식이 아닌 주가지수인 경우와 같이 기초 자산을 거래하기 어려울 때 일반적이다. 간단하게 하기 위해 기본적인 주식 옵션에 대한 현금결제 과정으로 설명한다. 예를 들어, 행사가격이 $45인 콜옵션을 다시 한번 생각해 보자. 기초 주가가 $75로 상승한다고 가정해 보겠다. 따라서 최소한 서류상 콜옵션 매수자는 주당 $30의 총 수익을 올렸다. $45 행사가격을 지불하고 콜옵션 발행자로부터 주식을 전달받아 공개시장에서 주식을 $75에 재판매하는 대신, 콜옵션 매수자는 발행자로부터 주당 $30(또는 총 $3,000)의 현금을 지급받을 수 있다. 옵션을 현금으로 결제하면 옵션 매수자와 매도자가 기초 주식을 교환할 필요가 없고 옵션 매수자가 수익을 창출하기 위해 공개시장에서 주식을 판매할 필요가 없다.

투자자는 주식 및 채권과 같은 다른 증권을 거래할 수 있는 것처럼 유통시장에서 옵션을 거래할 수 있다. 콜옵션과 풋옵션 가격은 모두 기초 주식의 시장가격에 직접적으로 달려 있다. 예를 들어, 콜옵션의 프리미엄은 기초 주식의 가격이 상승함에 따라 증가한다. 마찬가지로 풋옵션의 가격은 기초 보통주가가 하락함에 따라 상승한다. 따라서 투자자는 자본이득을 실현하기 위해 보통주 주식을 판매할 수 있는 것처럼 단순히 유통시장에서 옵션을 판매함으로써 옵션에 대한 이익을 실현할 수 있다.

옵션의 장단점 풋옵션과 콜옵션에 투자하는 데 있어 가장 큰 장점은 옵션으로부터 얻는 **지렛대(leverage) 효과**이다. 지렛대로부터 이익을 얻을 수 있는 기회는 투자자가 주가가 움직일 것이라고 생각하는 방향에 관계없이 존재한다. 기초 주가가 올라갈 것이라고 믿는 투자자는 콜옵션을 매수할 수 있고, 주가가 하락할 것이라고 생각하는 투자자는 풋옵션을 매수할 수 있다.

풋옵션과 콜옵션의 큰 단점은 옵션 보유자가 이자나 배당금 수입 혹은 기타 소유권 혜택을 누리지 못한다는 것이다. 더군다나, 풋옵션과 콜옵션은 제한된 수명이 있기 때문에 옵션에 이득이 되는 방향으로 기초 자산이 움직일 수 있는 시간이 제한되어 있다. 마지막으로, 많은 금액을 투자하지 않고 풋옵션과 콜옵션을 매수할 수 있지만, 옵션에 투자한 금액의 100%를 잃게 될 확률은 주식에 비해 현저히 높다. 만일 기초 주식이 나쁜 방향으로 조금만 움직인다면, 풋옵션이나 콜옵션의 가치가 완전히 없어질 수 있기 때문이다.

옵션시장

옵션에 대한 개념은 고대 그리스의 아리스토텔레스의 저술에도 있었지만, 미국에서의 옵션거래는 1700년대 후반부터 이루어졌다. 1970년대 초반까지 옵션시장은 규모가 작고, 체계적이지 않았고, 소수의 전문가와 거래인들로 제한되어 있었다. 이는 1973년 4월 26일 시카고옵션거래소(Chicago Board Options Exchange: CBOE)가 설립되면서 바뀌었다.

재래식 옵션 CBOE가 설립되기 전, 풋옵션과 콜옵션은 몇몇 전문 딜러를 통해 장외시장에서 거래되었다. 풋옵션과 콜옵션을 매수하고자 하는 투자자는 브로커에게 연락을 취하고, 브로커는 딜러에게 연락하는 방식이었다. 딜러들은 옵션을 발행하고자 하는 투자자를 찾았다. 매수자가 옵션을 사용하고자 하면, 이는 반드시 발행인과 함께 해야 했기 때문에 옵션을 되파는 것은 대부분 금지되어 있었다. 풋옵션과 콜옵션은 NYSE와 Amex 거래 주식뿐만 아니라 지역거래소와 장외증권에 대한 것이었고, 기한은 짧게는 30일에서 길게는 1년이었다. 장외 옵션은 현재 **재래식 옵션**(conventional option)으로 알려져 있는데, 이것은 현재 거의 기관투자자에게 제한되어 있다. 따라서 이 장은 개인투자자들이 직접 옵션거래를 하는 CBOE와 같은 상장시장에 중점을 둘 것이다.

상장 옵션 CBOE의 설립은 **상장 옵션**(listed option)의 탄생을 불러일으켰다. 상장옵션이란 조직화된 거래소에서 거래되는 풋옵션과 콜옵션이다. CBOE는 처음에 16개 기업에 대한 콜옵션 거래만 다루었다. 다소 작은 규모에서 시작된 CBOE는 짧은

> **투자자 현실**
>
> **당신의 옵션을 이해하라** 옵션거래는 투자자 사이에 갈수록 유행하고 있다. 2017년에 옵션계약의 총 거래량은 4.2십억 계약, 또는 일평균 약 16.6백만 계약을 기록했다.
>
> (출처: The Option Clearing Corporation, 2017 연차보고서)

시간 내에 상장 옵션을 거래하는 크고 활동적인 시장으로 성장하였다. 오늘날 미국의 상장 옵션은 풋옵션이나 콜옵션 거래에서 모두 이루어지고 있으며, 주로 시카고옵션거래소(CBOE), Nasdaq OMX PHLX(PHLX), BATS 옵션거래소(BATS)와 같이 가장 활발한 거래소 몇 곳에서 이루어진다. 이 세 거래소는 2017년 모든 옵션거래의 절반 이상을 차지했다. 풋옵션과 콜옵션은 현재 수천 개의 서로 다른 주식에서 거래되며, 이러한 옵션 중 다수는 여러 거래소에 상장되어 있다. 주식과 더불어 옵션거래소는 주가지수, 상장지수펀드(ETF), 채권, 외환, 심지어 상품과 금융선물과 관련하여 상장 옵션거래를 제공한다.

상장 옵션은 풋옵션과 콜옵션을 위한 편리한 시장을 제공할 뿐만 아니라 만기일과 행사가격을 표준화하기도 한다. 상장 옵션의 거래소는 옵션 매수인과 매도인 사이에 직접적인 접촉이 유지되어야 할 필요성을 없애고 풋옵션과 콜옵션을 거래하는데 필요한 비용을 줄이는 **청산소(clearinghouse)**를 만들었다. 또한 활성화된 유통시장을 발전시켰으며 가격정보를 널리 공유했다. 이 덕분에 상장 옵션은 상장 주식만큼 거래하는 것이 쉬워졌다.

주식 옵션

CBOE와 기타 옵션거래소의 탄생은 풋옵션과 콜옵션의 거래량에 상당한 영향을 끼쳤다. 오늘날 42억 개의 상장 옵션계약이 매년 거래되고 있는데, 이 중 88%가 주식 옵션이다.

상장 옵션의 거래소는 투자에 있어 새로운 차원을 불러왔다고 할 수 있다. 하지만 옵션 증권과 관련된 심각한 (그리고 큰돈을 잃게 할 수 있는) 실수를 피하기 위해서 상장된 옵션의 기본적인 특징을 제대로 이해해야 한다. 다음 절에서는 주식 옵션의 투자 특성과 거래전략에 대해 상세히 알아볼 것이다. 그 후 주가지수 (그리고 ETF) 옵션을 알아보고 이자율 옵션과 통화 옵션, 그리고 장기적 옵션을 포함한 기타 여러 종류의 풋옵션과 콜옵션을 탐구할 것이다.

주식 옵션의 조항 낮은 단위비용 때문에 **주식 옵션**(또는 equity option)은 개인투자자들 사이에 선호도가 높다. 두 가지 조항이 특히 주식옵션의 가치를 평가함에 있어서 중요한데, 이는 (1) 주식을 매도 또는 매수할 수 있는 **행사가격**(strike price)으로 알려진 주식가격, 그리고 (2) 만기까지 남아 있는 시간의 길이인 만기까지의 기한이다.

행사가격 **행사가격**(strike price)은 옵션 보유자가 기초 주식을 매수(콜옵션의 경우) 또는 매도(풋옵션의 경우)할 권리가 있는 고정된 계약가격이다. 재래식(OTC) 옵션에 있어서는 행사가격에는 제한이 없다. 반면에 상장된 옵션의 행사가격은 표준화되어 있다.

- 주가가 주당 $25 미만인 주식은 $2.50 단위로 설정된 행사가격을 갖는다. ($7.50, $10.00, $12.50, $15 등)
- 일반적으로 $25에서 $200 사이의 주가를 가진 주식은 행사가격이 $5 단위로 증가하는데, 일부 $25에서 $50 사이의 주식은 $2.50 단위로 증가할 수도 있다.
- 주당 $200를 초과하는 주식은 행사가격이 $10씩 오른다.
- 대부분의 주식 옵션과 달리, ETF에 대한 옵션은 모두 행사가격이 $1 단위로 설정된다. (이 옵션에 대한 내용은 이 장의 뒷부분에서 더 자세히 다룰 것이다.)

모든 경우에 행사가격은 항상 **주식분할**(stock splits)에 맞춰서 조정된다. 행사가격은 현금 배당금에 맞춰 조정되진 않지만, 기업이 상당한 주식배당(예를 들어, 현금이 아닌 추가 주식으로 배당금을 지불)을 했을 때는 조정이 된다.

만기일 **만기일**(expiration date) 또한 중요한 조항이다. 만기일은 옵션의 수명을 나타내는데, 이는 채권 만기일이 채권의 수명을 나타내는 것과 같다. 만기일은 옵션 소유자와 발행자 간의 계약의 기간을 나타낸다. 예를 들어, Ford의 주식에 대하여 6개월 만기, 행사가격 $70인 콜옵션을 소유하고 있다면, Ford의 주식 100주를 $70에 살 수 있는 권리를 6개월 이내에 언제든지 행사할 수 있는 것이다.

기술적으로 일부 옵션은 만기일까지 언제든지 행사할 수 있는 반면 다른 옵션은 만기일에만 행사할 수 있다. **미국형 옵션**(American options)은 투자자가 만기일까지 언제든지 기초 자산을 매수 또는 매도할 수 있는 권리를 행사할 수 있는 반면, **유럽형 옵션**(European options)은 투자자가 만기일에만 행사할 수 있다. 미국의 모든 상장 옵션은 미국형 옵션이므로 별도로 명시하지 않는 한 이에 초점을 맞출 것이다.

상장 옵션 시장의 만기일은 표준화되어 있다. 옵션거래소는 모든 상장 옵션에 대하여 세 가지 만기 사이클을 만들었다.

- 1월, 4월, 7월, 10월
- 2월, 5월, 8월, 11월

- 3월, 6월, 9월, 12월

각각의 옵션은 셋 중 하나의 사이클에 들어간다. 거래소는 여전히 이 세 만기 사이클을 사용하지만, 투자자들은 옵션의 정규 만기 사이클에서 가장 가까운 두 달(해당 월과 다음 월), 그리고 옵션의 정규 만기 사이클의 그 다음으로 가장 가까운 두 달에 거래를 할 수 있다. 이는 **투–플러스–투 스케줄(two-plus-two schedule)**이라 불리는데, 이렇게 불리는 이유는 당연할 것이다.

예를 들어, **해당 월(front month라고도 불린다)**이 1월이면, **1월 사이클(January cycle)**에 거래 가능한 옵션은 1월, 2월, 4월, 그리고 7월이 있을 것이다. 이는 현재의 두 달(1월과 2월), 그리고 다음의 두 달(4월과 7월)을 나타낸다. 마찬가지로, **2월 사이클(February cycle)**에 거래 가능한 옵션은 1월, 2월, 5월, 8월이고, **3월 사이클(March cycle)**은 1월, 2월, 3월, 6월이다. 만기일은 해당 월을 기반으로 되어 있고, 시간이 지나면서 이런 방법으로 새로운 만기의 옵션이 발행된다. 다음 표는 투-플러스-투 시스템 하에 해당 월 2월과 6월에 거래 가능한 계약들을 나타낸다.

해당 월	사이클	거래 가능한 계약의 만기월
2월	1월 사이클	2월, 3월, 4월, 7월
2월	2월 사이클	2월, 3월, 5월, 8월
2월	3월 사이클	2월, 3월, 6월, 9월
6월	1월 사이클	6월, 7월, 10월, 1월
6월	2월 사이클	6월, 7월, 8월, 11월
6월	3월 사이클	6월, 7월, 9월, 12월

주어진 만기월의 만기일은 항상 같다: 각 만기월의 세 번째 금요일 다음날인 토요일이다. 따라서 **상장된 옵션은 실질적으로 항상 만기월의 셋째 금요일에 만료된다고** 볼 수 있다.

풋옵션 및 콜옵션 거래 옵션 거래인들이 옵션을 매수, 매도, 또는 발행할 때는 수수료비용(commission cost)과 거래비용(transaction cost)이 발생한다. 풋옵션과 콜옵션 발행은 정상적인 거래비용이 발생하는데, 이 비용은 옵션을 팔기 위해 브로커나 딜러에 드는 비용을 나타낸다.

상장된 옵션은 고유의 거래시장과 시세표시 시스템이 있다. 상장된 주식 옵션의 가격(즉, 프리미엄)을 찾는 것은 옵션 시세표(quotation)를 온라인에서 찾을 수 있기 때문에 비교적 쉽다. 〈그림 14.1〉은 Nasdaq Facebook 주식을 기초 자산으로 하는 옵

그림 14.1 Facebook 주식 옵션의 시세표

특정 만기일을 가지는 콜옵션과 풋옵션의 시세표는 행사가격을 사이에 두고 양쪽으로 내려가면서 표기된다. 당일 옵션의 마지막 거래 가격, 매도-매수 가격, 총 계약건수, 전날의 최종 거래가격과의 변동을 함께 보여준다.
(출처: http://www.nasdaq.com 데이터, 2018년 7월 23일 접속)

Option Chain | Most Actives | Greeks

FB Options: Composite | Calls & Puts | Near the Money | Type: Monthly | Go

Jul 18 | Aug 18 | **Sep 18** | Oct 18 | Nov 18 | Dec 18 | Jan 19 | Mar 19 | Jun 19 | Dec 19 | Jan 20 | Jun 20 | Near Term | All

Option Chain for Facebook, Inc. (FB)

Calls	Last	Chg	Bid	Ask	Vol	Open Int	Root	Strike	Puts	Last	Chg	Bid	Ask	Vol	Open Int
Sep 21, 2018	24.23	0.94	24.10	24.35	274	10228	FB	190	Sep 21, 2018	2.45	-0.22	2.42	2.47	123	8655
Sep 21, 2018	20.20	0.88	20.10	20.30	144	10147	FB	195	Sep 21, 2018	3.45	-0.29	3.35	3.45	322	5875
Sep 21, 2018	16.60	0.80	16.40	16.55	422	14941	FB	200	Sep 21, 2018	4.72	-0.28	4.65	4.75	147	5007
Sep 21, 2018	13.20	0.80	13.10	13.20	356	7327	FB	205	Sep 21, 2018	6.40	-0.48	6.30	6.40	112	5255
Sep 21, 2018	10.21	0.41	10.15	10.30	901	8006	FB	210	Sep 21, 2018	8.50	-0.48	8.40	8.50	751	2451
Sep 21, 2018	7.80	0.55	7.70	7.85	712	21102	FB	215	Sep 21, 2018	11.05	-0.65	10.95	11.05	1758	808
Sep 21, 2018	5.80	0.50	5.70	5.80	448	7933	FB	220	Sep 21, 2018	14.20	0.29	13.90	14.05	9	930
Sep 21, 2018	4.08	0.23	4.10	4.20	260	8739	FB	225	Sep 21, 2018	18.15		17.35	17.50	1	722
Sep 21, 2018	2.99	0.19	2.92	2.98	641	4362	FB	230	Sep 21, 2018	21.30	-1.55	21.20	21.35	3	65

션군(option chain)의 시세표를 Nasdaq.com에서 인용한 것이다. **옵션군**(option chain)은 특정 기초 자산에 있어 주어진 만기일을 가진 모든 옵션(풋옵션, 콜옵션)을 나열한 것이다. 〈그림 14.1〉의 시세표는 Facebook 옵션군의 극히 일부를 보여주는데, 이는 만기일이 2018년 9월 21일인 왼쪽의 9개의 콜옵션계약과 오른쪽의 9개의 풋옵션 계약, 그리고 각 옵션의 행사가격과 프리미엄을 보여준다. Facebook의 거래중인 모든 옵션계약의 시세표를 만들면 수백 개의 콜옵션과 풋옵션이 포함된 옵션군을 만들게 된다.

〈그림 14.1〉의 각 행은 특정 옵션계약에 대한 중요한 세부 정보를 제공한다. 그림의 왼쪽 상단에는 "콜(calls)"이라는 열 항목이 있으며 처음 여러 열에서 다양한 Facebook 콜옵션에 대한 정보를 확인할 수 있다. 마찬가지로, 열 항목이 "풋(puts)"인 오른쪽이 Facebook 주식의 풋옵션에 대한 정보를 제공한다. 모든 옵션은 2018년

9월 21일에 만료된다. "Last"열은 각 옵션에 대한 가장 최근의 시장가격(또는 프리미엄)을 제공하고 "Chg"열은 전일 종가를 기준으로 각 옵션의 가격 변동을 보여준다. 다른 열에는 옵션 매수(Bid) 및 매도(Ask) 가격, 당일 거래량(Vol), 미결제 옵션 계약 수의 척도인 미결제약정(Open Int)이 표시된다. "루트(Root)"라는 열에는 이러한 모든 옵션의 기초 자산인 Facebook의 티커 기호(주식 심볼)가 표시된다.

아마도 〈그림 14.1〉에서 가장 두드러진 정보는 각 옵션의 시장가격일 것이다. 예를 들어, 2018년 7월 23일 행사가격이 $210인 9월 Facebook 콜옵션은 $10.21(주식 옵션이 100주 단위로 거래되기 때문에 $1,021의 가격으로 해석됨)에 호가되었으며 동일한 행사가격인 9월 풋옵션은 $8.50에 거래되었다.

개념 리뷰

해답은 www.pearson.com/mylab/finance에서 찾을 수 있음.

14.1 풋옵션과 콜옵션을 설명하라. 옵션은 회사의 다른 증권처럼 발행되는가?

14.2 상장된 옵션은 무엇이고 재래식 옵션과 어떻게 다른가?

14.3 투자에서 풋옵션과 콜옵션의 가장 매력적인 점은 무엇인가? 위험은 무엇인가?

14.4 주식 옵션은 무엇인가? 주식 옵션과 다른 파생상품과의 차이는 무엇인가? 파생상품을 설명하고 몇 가지 예를 들어보라.

14.5 행사가격은 무엇인가? 주식의 시장가격과 어떻게 다른가?

14.6 풋옵션과 콜옵션이 만기일을 가지는 이유는 무엇인가? 만기일이 지난 옵션을 거래하는 시장이 있는가?

옵션의 가격결정과 거래

LG3 LG4 LG5

옵션의 가치는 기초 자산의 가격에 크게 좌우되지만 몇 가지 다른 요인도 옵션가격에 영향을 미친다. 좋은 옵션 거래자가 되려면 이러한 요소와 옵션가치에 미치는 영향을 이해해야 한다. 이제 옵션가격결정 원칙을 살펴보겠다. 풋옵션과 콜옵션을 통해 수익이 어떻게 발생하는지에 대한 간단한 검토부터 시작한다. 그런 다음 투자자가 이러한 옵션을 사용할 수 있는 몇 가지 방법을 살펴본다.

풋옵션과 콜옵션의 이익 잠재력

풋옵션이나 콜옵션의 가격이 만기일까지 남은 시간, 주식의 변동성, 이자율과 같은 요인들에 영향을 받지만, 가장 중요한 변수는 기초 주식의 가격이다. 기초 주식의 가격이 오르면 콜옵션의 가격도 오른다. 결과적으로 콜옵션은 투자자에게 고정가격에 주식을 매수할 수 있는 권리를 주고, 이 권리는 주식가격이 매우 높을 때 가치가 커진다. 기초 주식의 가격이 하락하면 풋옵션의 가격은 오른다. 다시 말해서, 고정가격에 주식을 팔 수 있는 권리를 가지는 것은 주식의 시장가격이 옵션의 행사가격 아래로 크게 떨어질 때 커진다.

〈그림 14.2〉는 어떻게 기초 주식의 가격에 따라 옵션의 이익(profit)이 결정되는지를 보여준다. 이익은 투자자가 만기 직전에 옵션을 행사하면서 받게 되는 이득을 의미한다. 그것은 주식가격과 행사가격의 차이(그 차이가 양수인 경우)에서 옵션의 초기 비용을 차감한 것이다. 왼쪽의 그림은 콜옵션이고, 오른쪽 그림은 풋옵션을 나타낸다. 콜옵션 그림은 투자자가 콜옵션 계약에 $500를 (콜옵션당 $5로 100개의 콜옵션 계약) 지불했고 콜옵션은 $50의 행사가격을 가진다고 가정한다. 그래프는 주가가 오름에 따라 옵션의 이익이 오르는 것을 보여준다. 주가가 행사가격($50)을 넘기 전까지는 콜옵션은 아무런 현금흐름을 제공하지 않는다는 것을 볼 수 있다. 다시 말해서 기초 주식의 가격이 $50보다 낮으면 콜옵션은 투자자가 옵션을 매수하기 위해 소비한 $500를 순손실로 만든다. 주식의 시장가격이 $50보다 낮으면 이성적 투자자라면 주식을 매수하기 위해 $50를 지불하는 콜옵션을 행사하지 않을 것이다. 시장에서 주식을 직접 매수하는 것이 더 저렴하기 때문에 콜옵션은 이 경우 가치 없이 만료된다.

주식가격이 $50 이상으로 움직일 때에만 콜옵션은 수익성을 향해서 움직이기 시작한다. 콜옵션을 사는 데 $500의 비용이 들기 때문에, 투자자가 $500의 프리미엄을 되찾고 손익분기점에 도달하려면 주식은 $55까지 (행사가격보다 $5 이상) 움직여야 한다. 그러나 비록 주식가격이 $50에서 $55 사이일 때도 옵션을 행사하는 것이 좋은데, 그것은 옵션 소유자의 순손실을 줄이기 때문이다. 예를 들어, 주식가격이 $52일 때, 옵션을 행사하는 것은 $200의 현금유입을 일으키는데, 그것은 $500 옵션 프리미엄을 일부 상쇄한다. 주가가 손익분기점($55)을 초과하여 $1씩 오를 때마다 콜옵션의 이익은 $100씩 올라간다. 콜옵션 소유에서 얻을 수 있는 잠재적 이익은 한계가 없다. 기초 주식의 가격에 상한선이 없기 때문이다.

풋옵션의 가치도 기초 주식의 가격에 따라 결정되는데, 풋옵션의 가치는 주가가

그림 14.2 풋옵션과 콜옵션의 가치평가 특성

옵션의 수익은 기초 보통주 주식(또는 다른 기초 금융자산)의 가격에 따라 결정된다. 옵션의 비용은 옵션이 손익분기점을 통과할 때 회복된다. 콜옵션의 잠재적 이익은 한계가 없고 풋옵션의 잠재적 이익은 기초 주식가격이 $0 밑으로 내려갈 수 없기 때문에 제한이 있다.

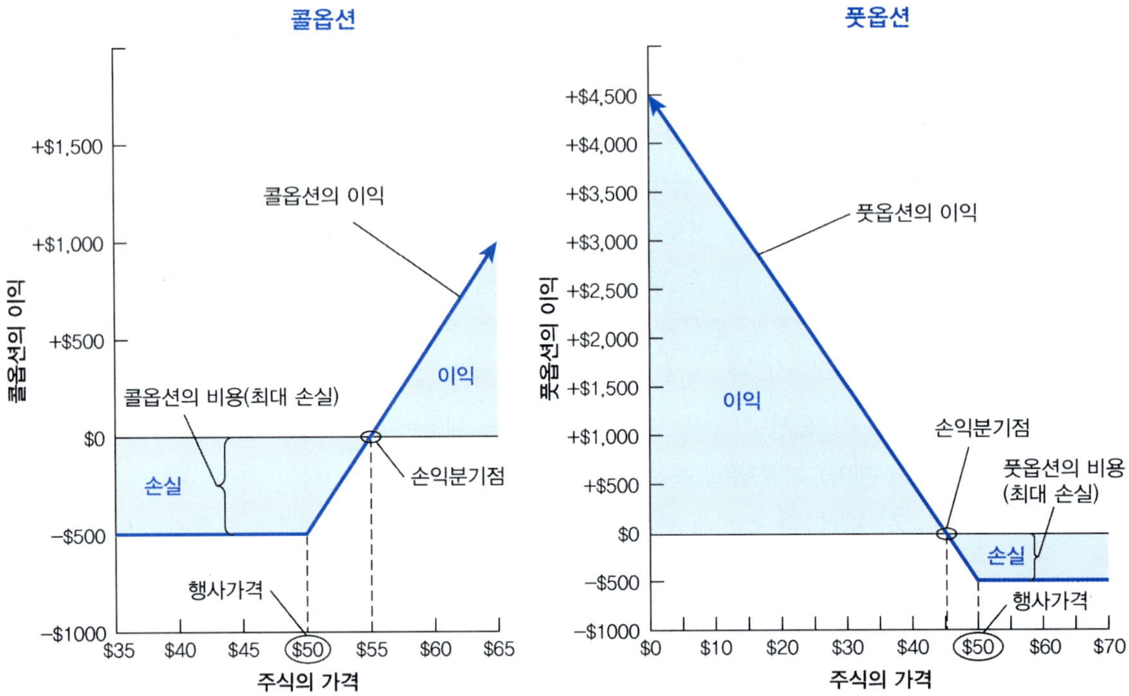

떨어질 때 올라가고 주가가 오를 때 떨어진다. 〈그림 14.2〉의 풋 그래프는 투자자가 $500에 풋옵션을 매수하여 기초 주식을 주당 $50에 팔 수 있는 권리를 얻었다고 가정한다. 주식의 시장가격이 행사가격($50) 아래로 떨어지지 않는 한 풋옵션의 이익은 −$500라는 것을 보여준다. 주가가 $50 아래로 더 떨어질수록 풋옵션의 이익은 더 증가한다. 풋옵션의 비용이 $500이기 때문에, 주가가 $45가 되기 전에는 손익분기점에 도달하지 않는다. 주가가 손익분기점보다 더 낮으면 풋옵션은 이익이 발생하는데 주가가 하락할수록 이익은 더 커진다. 그러나 풋옵션과 콜옵션의 중요한 차이점에 주목해야 한다. 주가가 0 아래로 떨어질 수 없기 때문에 풋옵션의 최대 이익은 $4,500이다. 앞서 언급했듯이 주가에 상한선이 없기 때문에 콜옵션의 잠재적 이익은 무제한이다.

내재가치

앞서 보았듯이 풋옵션이나 콜옵션의 수익은 행사가격, 기초 주식의 시장가격에 따라 달라진다. 옵션의 행사가격과 기초 주식의 시장가격 간의 관계가 옵션의 내재가치를 결정한다. **내재가치**(intrinsic value)는 투자자가 콜옵션 행사를 선택함으로써 받게 되는 총 금액을 나타낸다. 예를 들어, 콜옵션의 행사가격이 $50이고 기초 주가가 $60라고 가정한다. 이 옵션을 행사함으로써 투자자는 $10(또는 주식 100주에 대한 콜계약의 경우 $1,000)를 받게 되며, 이것이 옵션의 내재가치이다. 주가가 $45에 불과하면 투자자는 옵션을 행사하지 않을 것이며(공개시장에서 주식이 더 저렴하기 때문에) 콜의 내재가치는 0이 될 것이다. 따라서 콜옵션의 내재가치는 다음과 같다.

$$\text{콜옵션의 내재가치} = (\text{주가} - \text{행사가격}) \times 100 \quad \text{또는 0, 둘 중 더 큰 값} \tag{14.1}$$

달리 말하면, 콜옵션의 내재가치는 주식의 시장가격과 옵션의 행사가격 차이의 100배에 불과하다. 주가가 행사가격보다 낮을 때, 내재가치는 0이다. 수식 (14.1)을 보면 알 수 있듯이, 콜옵션은 기초 금융자산의 시장가격이 콜옵션의 행사가격을 초과할 때 내재가치가 있다. 콜옵션의 행사가격이 $50이고, 기초 주식의 가격이 $60이면, 옵션의 내재가치는 $1,000가 된다.

반면에 풋옵션은 동일한 방식으로 내재가치를 파악할 수 없는데, 이는 풋옵션과 콜옵션은 소유자에게 다른 권리를 주기 때문이다. 풋옵션의 내재가치를 찾기 위해서는 수식을 약간 변형해야 한다.

$$\text{풋옵션의 내재가치} = (\text{행사가격} - \text{주가}) \times 100 \quad \text{또는 0, 둘 중 더 큰 값} \tag{14.2}$$

이 경우 풋옵션은 기초 주식(또는 금융자산)의 시장가치가 풋옵션의 행사가격보다 낮을 때 가치를 갖는다.

내가격/외가격 콜옵션이 기초 주식의 시장가격보다 낮은 행사가격을 갖고 있는 경우, 콜옵션은 양(+)의 내재가치를 갖게 되고 **내가격**(in-the-money) 옵션이라 불리게 된다. 〈그림 14.1〉을 다시 살펴보면 그림에 나열된 처음 5개 콜옵션이 파란바탕색(*역자 주: 원 데이터에는 노란색임, 이하 동일)으로 강조 표시되어 있다. 이러한 콜옵션의 행사가격은 $190, $195, $200, $205, $210이며, 이 옵션 호가가 검색된 날 Facebook 주식은 $210 바로 위에서 거래되었기 때문에 파란바탕색으로 강조 표시된다. 이는 〈그림 14.1〉에서 강조 표시된 콜옵션이 내가격임을 의미한다(즉, 행사가격이 Facebook의 주가보다 낮음).

콜옵션의 행사가격이 주가보다 높으면, 콜옵션은 내재가치가 없게 되고, **외가격**(out-of-the-money) 옵션이라 불린다. 하지만 외가격 콜옵션은 만기일이 될 때까지 완전히 쓸모없는 것은 아닌데, 이는 주가가 행사가격 아래로 떨어질 가능성이 있기 때문이다. 다시 말해서, 콜옵션이 외가격 옵션일 때는 내재가치는 0이지만 시장가치는 0보다 크다. 이 경우 그 옵션은 내재가치는 없지만 시간가치는 있다고 할 수 있다. 옵션의 **시간가치**(time value)는 시장가격과 내재가치의 차이이다. 〈그림 14.1〉에서 행사가격이 $215인 Facebook 콜옵션의 가격이 $7.80이다. 옵션이 만료되기까지 한 달 이상 남았기 때문에 내재가치가 0이더라도 여전히 충분한 시간가치를 가지고 있다. 옵션의 행사가격과 주식의 시장가격이 같을 경우, 그 콜옵션은 **등가격**(at-the-money)이라고 한다.

풋옵션의 경우는 이와 반대이다. 풋옵션은 행사가격이 주가보다 높을 때 내가격이 된다. 행사가격이 주가보다 낮을 때 외가격, 그리고 행사가격과 주가가 일치할 때 등가격이 된다. 콜옵션과 마찬가지로, 외가격 풋옵션은 만기일까지 시간이 남아있는 한 양(+)의 시장가치를 갖는다.

〈그림 14.1〉을 보면 시세표에서 행사가격과 시가가 같은 "등가격(at-the-money)" 옵션을 찾을 수는 있겠지만, 사실 보여지는 모든 옵션들은 내가격 또는 외가격 옵션이다. 풋옵션은 보유자에게 행사가격으로 주식을 매도할 수 있는 권리를 부여하므로 행사가격이 주식의 현재 시장가격보다 높을 때 가장 가치가 있다. 〈그림 14.1〉에서 내가격 풋옵션(파란바탕색으로 강조 표시됨)의 행사가격은 $215, $220, $225, $230이다. 이러한 4가지 풋옵션 모두 행사가격이 주식의 당시 시장가격보다 높으므로 옵션의 내재가치는 양수이다. 풋옵션은 주식의 시장가격이 행사가격을 초과할 때 외가격이 된다. 〈그림 14.1〉의 행사가격이 $190, $195, $200, $205, $210인 풋옵션의 경우이다. 콜옵션과 마찬가지로 외가격 풋옵션은 만기가 임박하지 않은 경우에도 여전히 양의 시장가치를 갖다. 예를 들어, 〈그림 14.1〉에서 행사가격이 $210인 풋옵션은 $8.50에 판매된다. 이 풋옵션의 내재가치는 0이지만 시간가치는 $8.50이다. 등가격 콜옵션과 마찬가지로 풋옵션은 행사가격이 주가와 같을 때 등가격이 된다.

기업이 종업원에게 스톡옵션을 부여할 때 일반적으로 등가격 옵션을 부여한다. 즉, 옵션의 행사가격이 옵션 부여일의 기초 주식가격과 동일하게 설정된다. 그러나 다음 '금융시장의 실패' 사례에서 설명하듯이, 많은 회사가 옵션 부여 날짜를 선택할 때 약간의 사후적 관점(hindsight)을 이용하고 이를 공개하지 않았기 때문에 어려움을 겪었다. 이 관행은 **옵션 백데이팅**(options backdating)으로 알려지게 되었다.

시간가치와 옵션의 가격 풋옵션과 콜옵션의 내재가치는 수식 (14.1)과 (14.2)를 보면 알 수 있듯이, 시간가치가 없을 때 옵션이 어떤 가치를 가져야 하는지를 나타낸다. 다른 말로 하면, 이 수식들은 풋옵션과 콜옵션이 만기일이 되었을 때 얼마만큼의 가치를 가질지를 나타낸다. 사실 옵션이 내재가치에 거래되는 경우는 극히 드물다. 옵션은 내재가치보다 높은 가격에 거래되며, 만기일까지 시간이 많이 남은 옵

금융시장의 실패

윤리적 경과 또는 비정상적으로 좋은 타이밍?

경영자 스톡옵션을 연구한 재무학 교수는 이러한 옵션을 보상으로 부여한 기업은 주식가격의 급상승 직전에 행사가격을 정하는 매우 좋은 타이밍 능력을 보여주고 있음을 발견하였다. 아마도 기업은 뉴스를 공시하게 되면 주식가격이 오를 것이라는 것을 알고 스톡옵션을 부여할 때까지 희소식을 유보했을 수 있다. 몇 년 뒤에 Erik Lie와 Randall Heron은 경영자의 뛰어난 타이밍 능력의 퍼즐을 풀었다. 일부 기업은 확실히 옵션 부여일을 소급하여 적용하였는데, 이는 주식가격이 최저가에 있을 때인 몇 주 전의 어느 날에 행사가격을 정했다는 사후적 관점(hindsight)을 이용하는 것이다.

소급적용(Backdating)은 다음과 같다. 기업이 6월 1일에 경영자 스톡옵션을 4월 15일에 부여하였으며, 옵션의 행사가격은 6월 1일의 시장가격으로 사용하였다고 공시한다. 사실, 기업은 실제로 4월 15일에 옵션을 부여하지 않았으며 몇 주 뒤에 그날을 선택한 것이다. 이런 행위는 사후고찰의 이득을 주는데, 기업이 1~2개월 이전에 4월 15일이 주식의 최저가라는 것을 알고 있다는 것을 의미한다. 기업이 6월 1일에 옵션을 부여했다고 공시하게 되면 주가는 소급되어 정해진 날보다 훨씬 높기 때문에 옵션은 이미 내가격에 있게 된다. 소급적용한 옵션에서 기업은 이익과 세금에 영향을 미치는 스톡옵션의 진정한 가치를 공시하는 데 실패하게 된다.

그 연구와 언론 보도로 인해 최소 257개 기업의 옵션 소급적용에 대한 내부적인 감사를 시작하거나 증권거래위원회(SEC)의 조사대상이 되었다. 옵션 소급적용 스캔들은 중대한 결과를 나았다. 일부 경영진은 벌금을 물거나 구속되었다. Broadcom과 같은 기업의 주주의 소송에 대해 $118백만의 합의를 보았다. 조사대상이 되었던 대부분 기업의 주가는 10% 이상 하락하였다.

옵션의 소급적용에 관여한 고위 경영진의 기회는 사베인스-옥슬리(Sarbanes-Oxley) 법에 의해 사라졌다. 이 법안은 기업이 고위 경영진에게 옵션을 부여한 뒤 2일 이내에 공시하도록 요구하고 있다. 2002년 사베인스-옥슬리 법의 통과는 증권사기에 관한 5년의 공소시효와 합쳐져서 이제는 더 이상 이러한 범죄에 대한 기소가 일어날 것 같지 않다는 것을 의미한다.

(출처: Kenneth Carow, Randall Heron, Erik Lie, and Robert Neal, "Option Grant Backdating Investigations and Capital Market Discipline," *Journal of Corporate Finance*, Volume 15, Issue 5, December 2009, pp.562-572에서 발췌)

션이 특히 그렇다. 풋옵션과 콜옵션은 거의 항상 시간가치를 가지고 있다. 대부분의 경우, 옵션의 만기일까지 시간이 많이 남아 있을수록 그 옵션의 시간가치가 더 높다.

풋-콜 패리티 옵션을 처음 접하는 사람들은 풋옵션과 콜옵션이 서로 다르기 때문에 가격이 특정 조건에서 연결되어 있다는 사실을 알고 놀라는 경우가 많다. 풋옵션과 콜옵션이 동일한 기초 자산, 동일한 행사가격, 동일한 만기일을 갖는 한, 풋옵션과 콜옵션의 가격은 동일하지 않지만 실제로 차익거래 기회를 생성하지 않고는 서로 독립적으로 움직일 수 없다. 다음의 예를 통하여 그 이유를 설명한다.

Nick이 General Motors(GM) 보통주 1주와 행사가격이 $50(X＝$50로 표시됨)인 풋옵션 1개를 포함하는 포트폴리오를 구성한다고 가정한다. GM 풋옵션은 1년 후에 만료된다. Nick의 아내 Nora는 다른 포트폴리오를 구성한다. 그녀는 행사가격이 $50이고 만기일이 1년인 GM 콜옵션을 매입하지만, Nora는 또한 액면가 $50(옵션의 행사가와 일치함), 1년 만기인 무위험 무이표채를 매입했다. Nora의 콜옵션과 달리 채권은 확실하게 1년 후에 $50를 지불하는 절대적으로 안전한 투자이다. Nick과 Nora가 매입한 풋옵션과 콜옵션이 유럽형 옵션이라고 가정해 보자. 즉, 1년 후에 만기일에만 행사할 수 있다.

Nick과 Nora가 GM 보통주 옵션에 투자했기 때문에 포트폴리오의 가치는 GM의 주식 실적에 따라 달라진다. 〈표 14.1〉은 GM 주가의 가능한 범위에 따라서 옵션이 만료되는 내년에 각 포트폴리오의 가치를 보여준다. 먼저 Nick의 포트폴리오를 살펴본다. GM 주식이 내년에 $35에 거래되어 전혀 실적이 좋지 않다고 가정해 보자. 이 경우 Nick은 풋옵션을 소유하므로 다행이다. GM 주식이 $35에 거래되는 경우 풋옵션은 $15만큼 내가격이며, 곧 만료될 예정이므로 시장가치도 $15가 될 것이다. Nick이 소유하고 있는 주식의 지분($35 가치)을 합하면 총 포트폴리오 가치는 $50이다. Nick의 포트폴리오 가치는 GM의 주가가 $50 이하인 경우 $50로 고정되어 있다. Nick은 풋옵션을 행사하여 GM 지분을 $50에 매도할 수 있으므로 타당하다. GM 주가가 주당 $50 이상으로 연말을 마감하면 풋옵션이 만료되어 가치가 없지만 Nick의 GM 주가는 그의 포트폴리오의 가치를 상승시킨다. 요약하면 지금부터 1년 후 Nick의 포트폴리오는 최소 $50의 가치가 있으며 GM의 주가가 $50 이상으로 끝나는 경우 더 가치가 있을 수 있다.

이제 Nora의 포트폴리오로 돌아가 GM의 실적이 좋지 않아 연말의 주가가 $35로 종료될 때 포트폴리오에 어떤 일이 발생하는지 알아보자. 이 경우 Nora의 콜옵션은

〈표 14.1〉 풋–콜 패리티

MyLab

	1년 후 General Motors 주식가격						
	$35	$40	$45	$50	$55	$60	$65
Nick의 포트폴리오							
풋 (행사가격 X=50)	$15	$10	$ 5	$ 0	$ 0	$ 0	$ 0
주식	$35	$40	$45	$50	$55	$60	$65
총가치	**$50**	**$50**	**$50**	**$50**	**$55**	**$60**	**$65**
Nora의 포트폴리오							
콜 (행사가격 X=50)	$ 0	$ 0	$ 0	$ 0	$ 5	$10	$15
채권 액면가 = 50	$50	$50	$50	$50	$50	$50	$50
총가치	**$50**	**$50**	**$50**	**$50**	**$55**	**$60**	**$65**

외가격으로 만료되어 가치가 없다. 그러나 Nora는 무위험 채권에서 $50를 받으므로 총 포트폴리오 가치는 $50이다. GM의 가격이 $50 이하인 경우에도 마찬가지이다. GM의 가격이 이 범위에 있으면 콜옵션은 가치가 없고 Nora는 채권으로부터 $50만 받을 수 있다. GM 주식가격이 $55로 상승하면 어떻게 되는가? 이 시나리오에서 Nora의 콜옵션은 $5이고 총 포트폴리오는 $55이다. GM 주식가격이 더 높아진다면 콜옵션의 가치가 기초 주식에 비례하여 증가하기 때문에 Nora의 포트폴리오는 더 가치가 있을 것이다. Nora의 입장을 요약하면 포트폴리오는 최소 $50의 가치가 있을 것이며 GM의 주가가 $50 이상으로 연말에 종료되면 더 가치가 있을 것이다.

지금까지는 Nick과 Nora가 만든 포트폴리오는 GM 주식가격에 어떤 일이 일어나더라도 동일한 미래가치를 가지고 있다는 것이 분명하다. 두 투자자 모두의 포트폴리오가 최소 $50의 가치가 있을 것이라고 보장했으며 GM 주식이 $50 이상으로 연말을 맞이하면 더 높은 수익을 얻을 수도 있다. 기술적인 측면에서 Nick과 Nora는 **포트폴리오를 복제**한다고 말할 수 있다. 즉, 포트폴리오에 다른 증권이 포함되어 있어도 포트폴리오가 동일한 보상을 제공한다(즉, Nora의 포트폴리오는 Nick의 포트폴리오를 복제하고 그 반대의 경우도 마찬가지이다). 이것은 풋-콜 패리티라는 옵션 가격결정의 중요한 개념으로 이어진다. **풋–콜 패리티**(put-call parity)는 풋옵션과 기초 주식이 포함된 포트폴리오의 미래 수익이 콜옵션과 무위험채권이 포함된 포트폴리오의 미래 수익과 동일하다는 것이다. 다시 말하지만 풋옵션과 콜옵션은 동일한 기초 자산, 동일한 행사가격, 동일한 만기일을 가져야 한다. 그러므로 Nick과 Nora의 포트폴리오와 마찬가지로 이러한 조건이 충족되면 풋-콜 패리티가 성립된다.

풋-콜 패리티는 풋옵션과 콜옵션의 시장가격에 대해 알려주기 때문에 중요하다.

구체적으로 말하면, 풋옵션과 주식의 미래 수익이 콜옵션과 무위험채권의 미래 수익과 같으면 두 포트폴리오의 가격은 항상 동일해야 한다. 이러한 관계가 성립하지 않는다면 차익거래의 기회가 있을 것이다. 차익거래는 동일한 자산을 서로 다른 가격으로 사고팔아 즉각적이고 위험 없는 수익을 얻는 것을 의미한다. 풋옵션과 주식이 포함된 포트폴리오의 가치가 콜옵션과 무위험채권이 포함된 포트폴리오의 가치를 초과하면 거래자는 첫 번째 포트폴리오를 매도하고 두 번째 포트폴리오를 매수하여 수익을 올릴 수 있다. 이러한 거래는 콜옵션과 채권의 가격에 상승 압력을 가하고 두 포트폴리오의 가치가 다시 같을 때까지 주식과 풋옵션의 가격에 하향 압력을 가할 것이다. 풋-콜 패리티는 풋옵션과 주식을 포함하는 포트폴리오의 수익이 콜옵션과 무위험채권을 포함하는 포트폴리오의 수익과 동일하기 때문에 해당 포트폴리오의 가격이 동일해야 한다는 것을 의미한다. 이를 수학적으로 다음과 같이 표현할 수 있다.

$$\text{풋옵션가격} + \text{주식가격} = \text{콜옵션가격} + \text{무위험채권가격} \quad (14.3)$$

사 례

풋-콜 패리티로 옵션 평가

특정 주식이 $71.75에 팔린다고 가정한다. 행사가격이 $70이고 만기일이 지금으로부터 3개월 후인 경우 이 주식에 대한 풋옵션의 가치를 알고 싶다. 동일한 기초 주식에 대한 콜옵션의 행사가격은 $70이며 3개월 후에 만료된다. 이 콜옵션은 현재 $6.74에 판매되고 있다. 또한 시장에서 3개월 만기, 액면가 $70인 무위험 무이표채권이 있다(채권의 액면가는 옵션의 행사가와 동일함). 현재 무위험이자율은 연간 2% 또는 분기(3개월) 동안 약 0.5%이다. 즉, 채권의 시장가격은 3개월 동안 할인된 $70의 현재가치 또는 $69.65($70/1.005)이다. 풋-콜 패리티 수식 (14.3)을 사용하여 풋옵션의 시장가격을 찾을 수 있다.

$$\text{풋옵션가격} + \text{주식가격} = \text{콜옵션가격} + \text{무위험채권가격}$$
$$\text{풋옵션가격} + \$71.75 = \$6.74 + 69.65$$
$$\text{풋옵션가격} = \$6.74 + \$69.65 - \$71.75 = \$4.64$$

이제 옵션의 가치를 찾는 한 가지 방법을 알게 되었다. 기초 주식의 가격, 무위험이자율, 콜옵션가격을 안다면 풋-콜 패리티를 사용하여 풋옵션의 가치를 찾을 수 있다. 또는 풋옵션의 가치를 안다면 콜옵션의 가치를 찾는 데 사용할 수 있다. 하지만 두 옵션의 가치를 모른다면 어떻게 되는가? 이 질문에 대하여 탐구하기 위해 옵션 가격에 영향을 미치는 근본적인 요인에 대해 살펴본다.

옵션가격에 영향을 주는 요인

옵션가격은 두 가지의 구성요소로 나눌 수 있다. 첫 번째 요소는 옵션의 내재가치로, 이것은 기초 금융자산의 현재 시장가격으로 인해 결정된다. 수식 (14.1)과 (14.2)에서 볼 수 있듯이, 기초 자산의 시장가격과 행사가격 사이의 차이가 클수록 콜옵션이나 풋옵션의 내재가치가 더 커진다. (1) 행사가격이 낮거나 (2) 주가가 높을 때 콜옵션의 가치가 더 크다고 말함으로써 이러한 관계를 요약할 수 있다. 반대로, (2) 행사가격이 높거나 (3) 주가가 낮을 때 풋옵션의 가치는 더 커진다.

시간가치와 만기 옵션가격의 두 번째 구성요소는 전통적으로 **시간가치(time value)**라 불리는 가치이다. 시간가치는 옵션의 가격이 내재가치를 초과하는 만큼의 가치이다. 〈표 14.2〉는 활발하게 거래되는 콜옵션의 시세가격을 보여준다. 6가지 콜옵션에 대한 시장가격, 내재가치, 시간가치를 나열하여 이 개념을 설명한다. 세 가지 옵션은 한 달 후에 만료되고, 다른 세 가지 옵션은 3개월 후에 만료된다. 또한 행사가격이 $65인 콜옵션이 2개, 행사가격이 $70인 콜옵션이 2개, 행사가격이 $75인 콜옵션이 2개 있다. 기초 주식의 현재 가격은 $71.75이므로 행사가격이 $65 또는 $70인 콜옵션은 내가격이지만 행사가격이 $75인 옵션은 그렇지 않다.

행사가격이 $65인 콜옵션이 한 달 안에 만료되는 것을 먼저 살펴보자. 〈표 14.2〉에는 시장가격이 $7.69로 나와 있다. 이 옵션은 내가격이며, 옵션 보유자가 실제로 $71.75의 가치가 있는 주식을 $65에 구매할 수 있기 때문에 $6.75의 내재가치를 가지고 있다. 옵션의 시장가격은 내재가치보다 $0.94 높으므로 $0.94가 옵션의 시간가치이다. 이 옵션을 소유하고 포지션을 청산하려는 투자자는 옵션을 조기에 행사하고 (미국형 옵션인 경우) $6.75를 받는 것보다 $7.69에 옵션을 매도하는 것이 더 낫다. 콜옵션의 시간가치 때문에 만기 전에 행사하는 것은 일반적으로 최적이 아니다. 〈표 14.2〉의 오른쪽으로 이동하면 행사가격이 $65이고 3개월

투자자 오류

너무 이른 행사 연구자들은 할인 브로커의 고객이 옵션을 매도하기보다 일찍 행사하는 실수를 자주 범하고, 특히 주가가 52주 최고치를 기록할 때 이러한 실수를 저지르기 쉽다는 사실을 발견했다. 대조적으로, 전문 옵션 거래자들은 그러한 실수를 거의 하지 않는다.

(출처: Allen M. Poteshman and Vitaly Serbin, "Clearly Irrational Financial Market Behavior: Evidence from the Early Exercise of Exchange Traded Stock Options," *Journal of Finance*, February 2003, Volume 58, Issue 37, pp.37-70)

〈표 14.2〉 콜옵션의 옵션가격 구성요소

MyLab

		1개월 후 만료되는 옵션			3개월 후 만료되는 옵션		
주식가격	행사가격	시장가격	내재가치	시간가치	시장가격	내재가치	시간가치
$71.75	$65.00	$7.69	$6.75	$0.94	$9.68	$6.75	$2.93
$71.75	$70.00	$4.28	$1.75	$2.53	$6.74	$1.75	$4.99
$71.75	$75.00	$2.04	$0.00	$2.04	$4.50	$0.00	$4.50

후에 만료되는 콜옵션의 경우 $9.68라는 더 높은 시장가치를 가진다. 이 옵션의 내재가치도 $6.75이지만 주가가 유리한 방향으로 움직일 시간이 더 많기 때문에 시간가치가 더 높다.

이제 행사가격이 $75인 옵션을 살펴보자. 이러한 옵션은 외가격이므로 내재가치는 0이다. 그러나 둘 다 시간가치가 있다. 한 달 안에 만료되는 옵션의 가치는 $2.04이고, 3개월 후에 만료되는 옵션은 $4.50에 판매된다. 투자자는 외가격 옵션에 대해서도 기꺼이 지불할 의사가 있다. 만료되기 전에 남아 있는 시간 동안 기초 주식의 주가가 상승할 가능성이 있고 옵션을 행사하여 수익을 올릴 수 있기 때문이다. 분명히 3개월 후에 만료되는 옵션이 다음 달에 만료되는 옵션보다 더 가치가 있다.

〈표 14.2〉에는 두 가지 중요한 교훈이 있다. 첫 번째는 콜 옵션의 시장가격이 일반적으로 내재가치를 초과한다는 것이다. 이 일반 규칙의 중요한 예외는 옵션가격이 만기 직전에 내재가치와 동일한 경우이다. 또한 과내가격(deep in the money) 유럽형 풋옵션은 때때로 내재가치 이하로 매도한다. 두 번째 중요한 교훈은 옵션이 만료되기 전에 남은 시간이 더 많으면 옵션가격이 일반적으로 더 높아진다는 것이다.

변동성과 옵션가격 많은 금융자산의 경우 변동성이 높을수록 위험이 높아지고 위험이 높을수록 투자자는 더 높은 수익을 요구한다. 자산의 가치는 현금흐름의 현재가치와 연결되어 있기 때문에 투자자가 이러한 현금흐름을 더 높은 비율로 할인하면 자산의 가치는 낮아진다. 예를 들어, 채권을 생각해 보자. 채권의 현금흐름은 계약상 고정되어 있으므로 투자자가 채권의 위험이 증가했다고 인식하면 해당 현금흐름을 더 높은 금리로 할인하여 채권가격을 낮추게 된다. 따라서 종종 자산의 변동성이 높으면 그 가치는 낮아지고 나머지는 모두 일정하게 유지된다고 말할 수 있다.

옵션에서는 그렇지 않다. 그 이유는 옵션이 비대칭적 보상을 받기 때문이다. 만기일이 가까운 콜옵션을 고려해 보면, 기초 주가가 콜옵션의 행사가격 이상으로 상승하면 옵션의 수익도 상승한다. 주가의 상승 국면에서는 콜옵션의 보수는 주식과 함께 움직이다. 그러나 주가가 콜옵션 행사가격 아래로 떨어지면 해당 옵션은 외가격이고 행사할 가치가 없다. 주가가 콜옵션 행사가격보다 $1 낮거나 $10 낮거나 $100 낮더라도 언제나 그렇다. 주가의 하락 국면에서는 주가가 아무리 낮아도 콜옵션의 보수가 0으로 고정되어 있으므로 콜옵션의 상승과 하락 사이에 비대칭성이 있다.

이러한 비대칭성은 기초 주가가 더 변동성이 큰 경우 옵션을 더 가치 있게 만든다. 이를 명확하게 보기 위해 현재 주당 $50에 판매되고 있는 두 주식 A와 B를 생각해 보자. 이 두 주식에 대한 콜옵션의 잠재적 투자가치를 평가한다고 가정해 보

자. 이러한 콜옵션이 등가격이고 행사가격이 $50이며 1년 후에 만료된다고 가정한다. A가 특히 변동성이 큰 주식이 아니므로 지금부터 1년 후 A 주식의 가치가 $40에서 $60 사이일 것이라고 가정한다. 다음 표는 내년 A 주식의 가격에 따라 콜옵션에 대한 수익이 어떻게 달라지는지를 보여준다.

주식 A의 가격	$40	$44	$48	$52	$56	$60
콜옵션의 수익	$ 0	$ 0	$ 0	$ 2	$ 6	$10

이제 주식 B는 주식 A보다 변동성이 높으므로 1년 후에는 가격이 $32에서 $68 사이가 될 것이라고 믿는다. 다음 표는 주식 B의 가격에 따라 콜옵션에 대한 수익이 어떻게 달라지는지를 보여준다.

주식 B의 가격	$32	$36	$40	$44	$48	$52	$56	$60	$64	$68
콜옵션의 수익	$ 0	$ 0	$ 0	$ 0	$ 0	$ 2	$ 6	$10	$14	$18

이 옵션의 수익은 연말의 주가가 $50 미만으로 종료될 때 주식 A의 콜옵션과 동일하지만 주식 B의 콜옵션은 더 많은 상승 여력을 제공한다. 이것은 주식 B에 대한 콜옵션의 시장가격이 주식 A에 대한 콜옵션의 가격보다 높아야 함을 의미한다. 좀 더 일반적으로 말하면 **옵션(콜 또는 풋)의 가치는 기초 주식의 변동성이 클수록 더 커진다.**

이자율과 옵션가격 앞서 옵션을 평가하는 한 가지 방법은 풋-콜 패리티를 사용하는 것이며, 그 평가절차의 일부는 무위험채권 가격결정을 포함한다고 설명했다. 일반적으로 옵션가격은 다른 금융자산의 가격과 마찬가지로 이자율에 따라 달라진다. 일반적인 관계는 무위험이자율이 상승하면 콜옵션의 가치가 상승하고, 이자율이 상승하면 풋옵션의 가치가 하락한다는 것이다. 직관적으로 콜옵션은 보유자에게 미래에 무언가를 살 권리를 부여한다. 따라서 어떤 의미에서 콜옵션이 제공하는 것의 일부는 주식에 대한 지불을 연기할 권리이다. 지불을 연기할 권리가 가장 가치 있는 때는 언제인가? 이자율이 높을 때이다. 높은 이자율로 투자자는 가능한 오랫동안 투자하는 것을 선호하므로 어떤 것에 대한 지불을 연기할 권리는 특히 가치가 있다.

풋옵션은 반대 방식으로 작용한다. 풋옵션은 보유자에게 무언가를 매도할 수 있는 권리, 즉 미래의 주식과 교환하여 현금을 받을 수 있는 권리를 부여한다. 따라서

금융시장의 실패

변동성 지수

기초 자산의 변동성이 옵션의 가치평가에 중요한 역할을 하기 때문에 옵션 거래자들은 개별 주식과 시장 전반의 변동성을 밀접하게 관찰한다. 사실, VIX(volatility index)라고 부르는 변동성 지수가 있어서 전반적인 시장의 변동성을 예측해 준다. 1990년에서 2007년 사이에 VIX로 측정한 미국 주식시장의 평균 변동성은 연간 20%에 가까웠다. 그러나 2008년 가을에 리만 브라더스(Lehman Brothers)의 파산 이후에 VIX 지수는 장기 평균의 약 4배인 90% 가까이 치솟았다! 대불황 기간 동안(2007년 12월부터 2009년 6월까지) VIX 지수는 몇 차례 역사적 평균치보다 훨씬 높이 상승했지만 최근 몇 년간 주로 평균 이하에 머물렀다.

풋옵션이 제공하는 것의 일부는 지연된 수금이다. 돈을 받기 위해 기다려야 하는 것은 결코 좋은 일이 아니지만 이자율이 높으면 더 나빠진다. 따라서 무위험이자율이 상승하면 풋옵션의 가치가 하락한다.

지금까지 배운 내용을 요약하면 옵션가격에 영향을 미치는 5가지 주요 요인이 있다. (1) 기초 주식의 가격, (2) 옵션의 행사가격, (3) 만기까지 남은 시간, (4) 기초 주식의 변동성, (5) 무위험이자율이다. 배당금을 지급하는 주식의 경우 배당수익률이 옵션가격에 영향을 미칠 수 있으며 배당금이 높을수록 콜옵션의 가치가 낮아지고 풋옵션의 가치가 높아진다.

옵션가격결정모형 옵션가치를 책정하기 위하여 Myron Scholes와 Fisher Black과 같은 사람들에 의해 만들어진 옵션가격결정모형들이 있다. 많은 옵션 거래자들은 이 공식들을 사용하여 가격이 과대 또는 과소 책정된 옵션들을 식별하고 거래한다. 당연히 이 모형들은 앞서 다루었던 5가지 변수들을 기반으로 하고 있다. 블랙-숄즈 옵션가격결정모형은 유럽형 콜옵션 모형을 기반으로 되어 있고 다음의 공식으로 나타낼 수 있다.

$$\text{콜옵션가격} = SN(d_1) - PV(X)N(d_2) \tag{14.4}$$

수식 (14.4)에서 S는 기초 주식의 시장가격을 나타내고 $PV(X)$는 옵션 행사가격의 현재 가치를 나타내고 $N(d_1)$과 $N(d_2)$는 0에서 1 사이의 확률이다. 간략히 말하면 이 확률은 콜옵션이 내가격에서 만료될 확률과 관련이 있다. 즉, 이러한 확률이 1.0

에 가까워질수록 옵션이 행사될 가능성이 점점 더 높아져서 점점 더 가치가 있다. 확률 $N(d_1)$과 $N(d_2)$는 다음 수식에서 나오는 d_1과 d_2의 값에 따라 달라진다.

$$d_1 = \frac{\text{In}\left(\frac{S}{X}\right) + \left(r + \frac{\sigma^2}{2}\right)T}{\sigma\sqrt{T}} \quad (14.4a)$$

$$d_2 = d_1 - \sigma\sqrt{T} \quad (14.4b)$$

이 두 수식에서 S와 X는 주가와 행사가격을 나타낸다. T는 옵션이 만료되기까지 남은 시간(년 단위로 표시)을 나타내고, σ는 연간 주식수익률의 표준편차를 나타내며(따라서 σ^2는 주식수익률의 분산), r은 연간 무위험이자율을 나타낸다. d_1과 d_2 값이 계산되면 표준정규분포 함수를 사용하여 확률로 변환해야 한다. 정규분포는 익숙한 종모양의 곡선(bell curve)이고, 표준정규분포는 평균이 0이고 표준편차가 1인 종모양 곡선이다. 수식 (14.4)에서 필요한 확률은 이 분포에서 d_1(그리고 d_2)보다 작거나 같은 값을 추출할 가능성을 나타낸다. 〈그림 14.3〉은 우리가 찾는 확률을 그래프로 보여준다. 수식 (14.4a)를 사용하고 d_1이 0.9라고 가정한다. 수식 (14.4)에 대

그림 14.3

표준정규분포

표준정규분포는 0의 평균과 1의 표준편차를 갖고 있다. d_1의 왼쪽에 음영처리된 영역은 이 분포로부터 무작위로 추출된 값이 d_1과 같거나 작을 확률을 나타낸다.

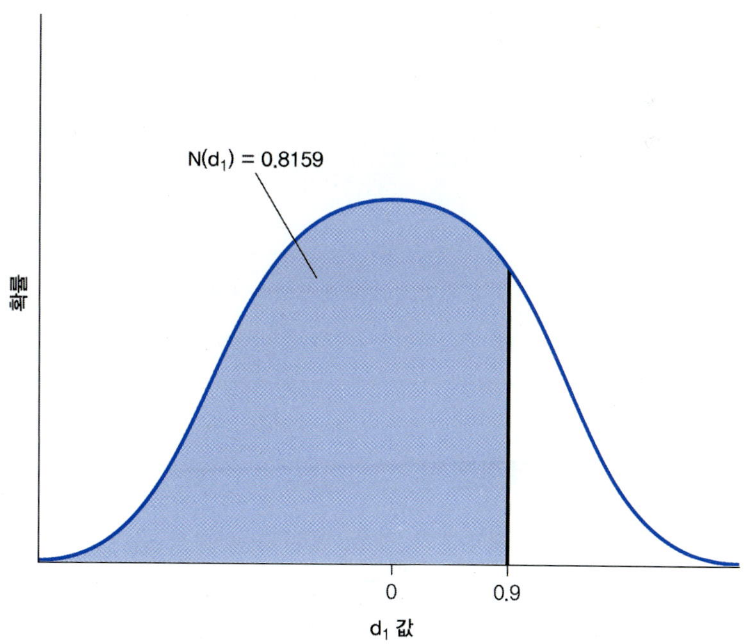

해 $N(d_1)$을 얻으려면 〈그림 14.3〉에서 0.9 값의 왼쪽에 있는 곡선 아래 면적을 알아야 한다.

다행히 Excel은 이러한 표준정규 확률을 쉽게 계산할 수 있는 유용한 함수를 제공한다. 이 함수는 '=normsdist(0.9)'로 표시되며 Excel에서는 적절한 확률이 0.8159임을 계산해 준다.

이제 블랙-숄즈 모형을 사용하여 옵션의 가격을 결정할 준비가 되어 있을 것이다.

사 례

블랙-숄즈 모형을 이용한 옵션가치 평가

만기일까지 3개월(1년의 1/4) 남은 콜옵션의 가격을 결정하고 싶다고 하자. 이 옵션의 행사가격은 $45이고, 기초 주식의 시장가격은 $44이다. 이 주식수익률의 표준편차는 매년 50%이고, 무위험이자율은 2%이다.

이 옵션의 가격을 결정하기 위해 d_1과 d_2를 먼저 구해야 한다.

$$d_1 = \frac{\ln\left(\left(\frac{44}{45}\right) + \left(0.02 + \frac{0.50^2}{2}\right)0.25\right)}{0.50\sqrt{0.25}} = \frac{-0.0225 + (0.145)0.25}{0.25} = 0.0551$$

$$d_2 = 0.0551 - 0.50\sqrt{0.25} = -0.1949$$

다음은 Excel을 사용하여 d_1과 d_2에 해당하는 정규분포확률을 찾으면 된다.

$$N(d_1) = \text{normsdist}\ (0.0551) = 0.5220$$
$$N(d_2) = \text{normsdist}\ (-0.1949) = 0.4227$$

마지막으로 $N(d_1)$과 $N(d_2)$의 값을 수식 (14.4)에 대입하여 콜옵션가격을 찾으면 다음과 같다.

$$\text{콜옵션가격} = \$44(0.5220) - [\$45 \div (1.02)^{0.25}](0.4227)$$
$$= \$22.97 - \$18.93 = \$4.04$$

이 마지막 수식에서 우리는 1년의 1/4분기 동안 $45를 2%로 할인하여 행사가격의 현재가치를 계산하라. 따라서 블랙-숄즈 옵션가격모형에 따르면 콜옵션의 가격은 $4.04이어야 한다.

거래전략

대부분의 경우, 투자자는 주식 옵션을 세 가지 거래전략에 사용할 수 있는데, 그 전략에는 (1) 투기를 위한 풋옵션과 콜옵션의 매수, (2) 풋옵션과 콜옵션을 이용한 헤징(hedging), (3) 옵션 발행과 스프레딩(spreading)이 있다.

투기 목적의 매수 투기를 위한 매수는 풋옵션과 콜옵션 사용법 중 가장 단순하고 이해하기 쉬운 방법이다. 기본적으로 주식을 매수하는 것과 같고("싸게 사고, 비싸게 팔기"), 사실상 주식투자를 대신할 수 있는 행위이다. 예를 들어, 특정 주식의 시장가격이 오를 것 같다는 느낌이 들 때 그 주식에 대한 콜옵션을 매수하여 가격인상의 효과를 맛볼 수 있다. 반대로 주가가 떨어질 것 같을 때 풋옵션을 매수하여 주가가 하락하는 현상이 이득이 되도록 할 수 있다. 투자자는 옵션이 제공하는 레버리지로 인해 주식 대신 옵션을 구매할 수 있다. 백분율 기준으로 볼 때 투자자가 옵션에 대해 실현할 수 있는 이익(및 손실)은 일반적으로 주식보다 훨씬 높다.

> **투자자 오류**
>
> **수익률을 쫓는 옵션 매수자** 최근의 연구는 투자자가 근래에 높은 수익률을 얻은 주식의 콜옵션을 더 많이 매수했다는 것을 발견했다. 이러한 "수익률 추종" 행동은 높은 과거수익률을 가진 뮤추얼펀드에 돈이 몰리는 것과 닮았다. 옵션이든 펀드이든 수익률을 추종하는 것이 투자자에게 이익이 된다는 증거는 어디에도 없다.

때때로 투자자들은 옵션이 주식보다 덜 위험하다고 주장할 것이다. 투자자가 잃을 수 있는 가장 큰 것은 옵션 프리미엄이며, 콜옵션의 경우 항상 기초 주가보다 낮다. 주식이 아닌 옵션을 구매함으로써 투자자는 손실에 한도를 설정하고 기초 주식과 거의 같은 잠재적인 이익을 얻을 수 있다. 한 옵션의 잠재적인 달러 손실이 한 주식의 잠재적 손실보다 적다는 것은 사실이지만 옵션이 주식보다 덜 위험하다고 생각하면 안 된다. 옵션을 매수하고 −100%의 수익을 올릴 가능성 (즉, 전체 투자 손실)은 상당히 높은 반면, 주식을 매수하고 그 가치가 모두 사라지는 경우는 매우 드문 일이다.

콜옵션을 이용한 투기 옵션을 통한 투기의 핵심을 이해하기 위해, 예를 들어 6개월 동안 가격이 오를 것 같은 주식을 소유하고 있다고 하자. 주식에 직접적으로 투자하는 대신 주식에 대한 콜옵션을 매수한다면 어떻게 될까? 이를 알아보기 위해 수학적인 결과를 보자. 주가는 현재 $49이고, 6개월 후에 $65로 오를 것 같다고 하자. 투자 방식에 따른 기대수익률을 알아내야 한다. 대부분의 옵션은 수명이 짧고 6개월의 기간만을 생각하고 있기 때문에 수익률 계산에는 보유기간수익률(HPR)만 사용해도 될 것이다. 따라서 주가변화에 대한 기대가 맞는다면, 주당 주가가 $16 오를 것이고, 보유기간수익률은 33%일 것이다: ($65−$49) ÷ $49 = 0.33.

콜옵션의 경우는 어떨 것인가? 예시를 위해 각각 $40와 $50의 행사가격을 가진 두 개의 6개월 콜옵션이 있다고 하자. 〈표 14.3〉은 이 두 콜옵션의 변화를 기초 주식의 변화와 비교한다. 확실히 보유기간수익률의 관점에서 보면 어느 콜옵션을 매수하더라도 주식을 직접 매수하는 것보다 더 좋은 투자 선택임을 알 수 있다. 이익의 금액을 보면 주식투자가 더 크지만, 주식투자에 필요한 투자금액($4,900) 역시 옵션 매수에 비해 매우 높다는 것을 보면 보유기간수익률이 가장 낮은 것을 알 수 있다.

〈표 14.3〉 콜옵션을 이용한 투기(스프레드시트로 엑셀을 이용)

MyLab

	100주의 기초 주식	6개월 만기 콜옵션	
		$40 행사가격	$50 행사가격
오늘			
주식의 현재가치(주당 $49)	$4,900		
콜옵션의 시장가격*		$1,100	$ 530
6개월 후			
주식의 기대가치(주당 $65)	$6,500		
콜옵션의 기대가격*		$2,500	$1,500
이익	$1,600	$1,400	$ 970
보유기간수익률**	**33%**	**127%**	**183%**

* 콜옵션의 가격은 수식 (14.1)에 따라 산출되었다. 가격은 구매가격에 투자 프리미엄을 포함하고 있지만 매도가격은 포함되지 않았다.
** 보유기간수익률(HPR) = (주식이나 옵션의 기말가격 - 주식이나 옵션의 기초 가격) ÷ 주식이나 옵션의 기초 가격

하나의 콜옵션($40의 행사가격을 가진 옵션)은 내가격 옵션이고 다른 하나는 외가격 옵션임을 알 수 있다. 두 콜옵션으로부터 나오는 수익률이 다른 것은 전형적인 것이다. 투자자들은 일반적으로 저가의 외가격 옵션을 통해 더 큰 수익률을 낼 가능성이 있지만, 이러한 옵션은 쓸모없이 만료될 확률도 크다. 외가격 옵션의 큰 문제점은 이런 옵션의 가격은 주가가 변하지 않을 시에는 사라질 매몰비용인 투자 프리미엄으로만 이루어져 있다는 것이다.

풋옵션을 이용한 투기 풋옵션을 통해 투기하는 방법을 알아보기 위해, 다음의 상황을 보도록 하자. 주가가 $51인 주식이 있는데, 6개월 동안 주당 $35로 떨어질 것을 기대한다고 하자. 이 경우에는 미리 주식을 공매도하여 주당 $16의 이익을 볼 수 있다.

아니면 행사가격이 $50인 외가격 풋옵션을 $500에 매수할 수도 있다. 주가가 떨어지면 풋옵션을 통해 이익을 얻을 수 있다. 풋옵션의 이익과 수익률 그리고 주식을 미리 공매도하여 얻는 이익이 아래 표에 나타나 있다. 콜옵션의 경우와 마찬가지로 보유기간수익률로 보면 주식옵션이 훨씬 좋은 투자수단임을 알 수 있다.

물론 이러한 예에서 주가가 잘못된 방향으로 이동하면 HPR은 −100%가 된다. 옵션거래는 매우 위험한 투자전략이지만 투기적 경향이 있는 투자자에게 적합할 수 있다.

주식가격이 $51에서 6개월 뒤 $35로 하락	풋옵션($50 행사가격) 매수	주식 100주 공매도
매수가격 (오늘)*	−$ 500	
매도가격 (6개월 후)	$1,500	
공매도 (오늘)		$5,100
공매도 커버 (6개월 후)	———	−$3,500
이익	$1,000	$1,600
보유기간수익률	200%	63%**

* 풋옵션의 가격은 블랙-숄즈 옵션가격결정모형으로 콜옵션의 가격을 평가하고 다시 풋-콜 패리티를 활용하여 풋옵션의 가치를 평가하는 방법으로 계산하였다. 2%의 무위험이자율과 40%의 표준편차를 가정하였다.

** 50%의 필수 증거금 예치($2,550) 이후 공매도가 이루어졌다고 가정하였다.

헤지: 위험의 조정 **헤지**(hedge)는 위험을 줄이기 위한 하나의 투자 포지션에서의 두 개 이상 증권의 조합이다. 예를 들어, 주식을 소유하고 있는데 이 투자의 하방 위험을 줄이고 싶다고 하자. 이는 헤지를 통해 할 수 있는 일이다. 핵심적으로 헤지는 위험에의 노출을 줄이기 위해 사용하는 것이다. 구체적으로 손해를 볼 확률을 줄이는 것뿐만 아니라 최악의 상황에 도달했을 때 잃는 금액도 줄이는 것이다. 단순한 헤지는 주식을 매수하면서 동시에 그 주식에 대한 풋옵션을 매수하는 것일 수 있다. 아니면 특정 주식을 미리 공매도하면서 콜옵션을 매수하는 방법도 있다. 헤지의 종류는 다양한데, 일부는 단순한 헤지도 있는 반면 꽤 복잡한 헤지도 있다. 투자자들은 하나의 기본적인 이유에서 헤지를 사용하는데, 그것은 지나친 손실에 투자자를 노출시키지 않으면서 이익을 얻거나 보호하기 위한 것이다.

이전의 주식투자로부터 이익을 얻었다면 옵션 헤지는 그 이익을 보호하고 싶을 때 적절할 수 있다. 또한 주식투자를 하고자 한다면 잠재적인 자본손실을 제한하여 돈을 보호하고 싶을 때에도 사용할 수 있다. 가격이 오른 주식을 소유하고 있으면 풋옵션의 매수는 필요한 하방 손실 위험으로부터 투자자를 지킬 수 있고, 콜옵션의 구매는 주식을 미리 공매도한 사람을 보호할 수 있다. 따라서 옵션 헤지는 항상 두 가지 거래 행위와 연관되어 있는데, 이는 (1) 최초의 주식 포지션(매수 또는 매도(long or short))과 (2) 동시에 또는 이후에 옵션을 구입하는 것이다.

방어적 풋(protective put): 자본손실의 제한 자본손실에 대한 노출을 제한하기 위해 사용하는 단순한 옵션 헤지를 살펴보자. 예를 들어, 100주의 주식을 매수하려 한다고 가정하자. 주식의 미래에 대해 불안감을 느낀 당신은 자본손실을 막기 위해 옵션

〈표 14.4〉 풋옵션 헤지를 이용한 자본손실 제한

		주식	풋옵션*
오늘			
주식의 매수가격		$25	
풋옵션의 매수가격			$1.50
일정 시간 후			
A. 주식가격 상승:		**$50**	
풋옵션의 가치			$ 0
이익:			
100주의 주식 ($50 − $25)	$2,500		
차감: 풋옵션의 비용	−$ 150		
이익:	**$2,350**		
B. 주식가격 하락:		**$10**	
풋옵션의 가치			$ 15
이익:			
100주의 주식 ($10 − $25)	−$1,500		
풋옵션의 가치(이익)	$1,500		
차감: 풋옵션의 비용	−$ 150		
손실:	**−$ 150**		

* 풋옵션은 동시에 매수하며 행사가격은 $25이다.

헤지를 사용할 수 있다. 이에 따라 (1) 주식 100주를 주당 $25에 매수하고 동시에 (2) 매수한 100개의 주식에 대한 행사가격 $25인 풋옵션을 $150에 매수하는 것이다. 이러한 헤지는 **방어적 풋**(protective put)이라고 한다. 이 풋옵션은 저가의 옵션으로 주가와 같거나 가까운 행사가격을 가진 옵션인 경우가 좋다. 이제 풋옵션의 유효한 기간 동안 주가가 어떻게 변화하든 손해는 $150 이하로 제한된다. 그러나 이익에 대한 제한은 없다. 주가가 변하지 않으면 풋옵션 비용만큼만 잃는 것이다. 주가가 떨어진다면, 주가가 떨어진 만큼의 금액을 풋옵션을 이용하여 만회할 수 있다. 결국 최대한 잃을 수 있는 금액은 풋옵션 비용($150)인 것이다. 하지만, 주식이 희망한 대로 오른다면 풋옵션은 쓸모없어지고 주식에 대한 자본이득을 얻을 수 있게 된다. (물론 풋옵션 비용은 차감)

〈표 14.4〉는 이 옵션 헤지의 핵심을 보여준다. 풋옵션을 위해 사용한 $150는 매몰비용이다. 이는 주가가 어떻게 되든 잃을 수밖에 없는 금액이다. 실질적으로 이는 헤지가 제공하는 보험효과를 위해 들어가는 비용인 것이다. 또한 이 헤지는 풋옵션의 수명 동안만 효과가 있다. 풋옵션이 만료되면 다른 풋옵션으로 교체하거나 헤지

〈표 14.5〉 풋옵션 헤지를 이용한 이익 보호

MyLab

		주식	주식 3개월 만기 $75 행사가격 풋옵션
주식의 매수가격		$ 35	
오늘			
주식의 시장가격		$ 75	
풋옵션의 시장가격			$2.50
3개월 후			
A. 주식가격 하락		**$ 50**	
풋옵션의 가치			$ 25
이익:			
100주의 주식 ($50 − $35)	$1,500		
풋옵션의 가치(이익)	$2,500		
차감: 풋옵션의 비용	−$ 250		
이익:	**$3,750**		
B. 주식가격 상승		**$100**	
풋옵션의 가치			$ 0
이익:			
100주의 주식 ($100 − $35)	$6,500		
차감: 풋옵션의 비용	−$ 250		
이익:	**$6,250**		

를 사용하는 것을 포기하는 수밖에 없다.

방어적 풋: 이익의 보호 옵션 헤지의 또 다른 기본적 사용법은 주식을 통해 이익을 얻은 후에 옵션을 매수하는 것이다. 이것은 투자의 불확실성이나 세금 목적(이익을 다음 과세연도로 이연) 등의 이유로 할 수 있다. 예를 들어, 주당 $35의 주식을 100주 매수했는데 주가가 $75로 오른다면, 주당 $40의 보호해야 할 이익이 생기는 것이다. 이 이익을 풋옵션을 매수함으로써 옵션 헤지로 보호할 수 있다. $75의 행사가격을 가진 3개월 풋옵션을 $250에 매수했다고 하자. 이제 풋옵션의 수명 동안 주가가 어떻게 변화하든 최소 $3,750의 이익을 볼 수 있다. (현재 주식을 통해 얻을 수 있는 이익 $4,000에서 풋옵션 비용 $250를 차감)

이는 〈표 14.5〉를 보면 알 수 있다. 주가가 $50로 떨어지고 최악의 상황에 처한다 해도 최소한 $3,750의 이익은 보장되어 있다. 또한 이익에는 여전히 제한이 없다. 주가가 $100로 오르면 $6,250의 이익을 얻을 수 있다.

하지만 조심해야 할 것은 이러한 보험의 비용은 보험이 가장 필요할 때 가격이 높아질 수 있다는 것이다. 즉, 주가가 떨어지고 있을 때를 말한다. 주가가 하락하는 상황에서, 풋옵션의 가격이 내재가치를 초과하는 20% 내지 30% 또는 그 이상의 가격 프리미엄에서 거래되는 일이 흔히 있다. 이는 곧 보호하고자 하는 주식의 가격이 20%에서 30%씩 떨어져야 보호 효과를 얻기 시작한다는 것이다. 확실히 이러한 높은 옵션가격 프리미엄이 있을 때에는 위에서 설명한 헤징 전략이 꺼려질 수도 있다. 풋옵션이 도움이 될 수는 있지만, 주가에 큰 변동이 있을 경우에 한해서이고, 또한 상당히 짧은 기간 동안에 발생하는 주가 변동에만 적용된다.

마지막으로, 이제까지 앞에서 다룬 내용은 풋옵션 헤지에 한해서지만, 콜옵션 헤지도 단기간 동안 손해를 제한하거나 이익을 보호하기 위해 사용될 수 있다. 예를 들어, 주식을 미리 공매도할 때 위에 설명된 것과 동일한 기본 원리로, 콜옵션을 매수하여 주가 상승으로부터 스스로를 보호할 수 있다.

수익률 올리기: 옵션의 발행과 스프레딩 상장 옵션의 등장은 수많은 새로운 옵션거래전략의 탄생을 불러왔다. 하지만 이러한 기법들의 유용성에도 불구하고, 모든 전문가들이 동의하는 한 가지 사실이 있다. 이런 특수한 거래전략은 전략의 원리를 완벽히 이해하는 경험 있는 투자자들만 사용해야 한다는 것이다. 우리의 목적은 이런 특수한 전략을 완벽하게 사용하는 방법을 터득하는 것이 아니라 일반적인 표현을 통해 어떠한 전략이 있고 어떤 방식으로 사용되는지를 설명하는 것이다. 이제 두 가지 특수 옵션전략을 알아볼 것인데, 이는 (1) 옵션 발행, 그리고 (2) 옵션 스프레딩(spreading)이다.

옵션 발행 일반적으로 투자자들은 주가가 자신들이 원하는 방향으로 바뀔 것이라고 예상하기 때문에 옵션을 발행한다. 즉, 콜옵션 매수자가 기대하는 만큼 주가가 오르지 않을 것이고, 풋옵션 매수자가 바라는 만큼 주가가 떨어지지 않는다고 예상하는 것이다. 발행자는 옵션의 조건을 준수하는 약속의 대가로 옵션 프리미엄(일반적이지 않은 거래비용)을 받게 되는 것이다.

네이키드 옵션 투자자는 두 가지 방법으로 옵션을 발행할 수 있다. 한 가지는 **네이키드 옵션**(naked option)을 발행하는 것인데, 이는 발행자가 자신이 소유하고 있지 않은 주식에 대한 옵션을 발행하는 것이다. 단순히 풋옵션이나 콜옵션을 발행하고 옵션 프리미엄을 받은 후, 주가가 원하지 않는 방향으로 변하지 않기를 바랄 뿐이다. 성공적이라면 굉장히 이익이 될 수 있는데, 이는 거의 선행투자를 필요로 하지 않기 때문이다. 하지만 기억해야 할 것은 발행자에게 돌아오는 이익은 옵션 프리미엄의 양으로 제한되어 있다는 것이다. 반면에 손해에 대한 노출은 아무런 제한이 없다. 주가가 옵션의 수명 동안 얼마나 오르거나 떨어질지 모르기 때문에, 네이키드 풋옵션이나 콜옵션의 발행자에게 큰 타격을 입힐 수 있다는 것이 단점이다.

커버드 옵션 **커버드 옵션**(covered option)을 발행하는 것은 네이키드 옵션에 비해 위험 노출도가 훨씬 낮다. 이러한 옵션은 투자자(발행자)가 이미 소유하고 있거나 반대 포지션을 가진 주식에 관한 것이기 때문이다. 예를 들어, 소유하고 있는 주식에 반하는 콜옵션을 발행하거나 공매도한 주식에 반하는 풋옵션을 발행할 수 있다. 따라서 매수(long)나 매도(short) 포지션을 이용하여 옵션의 조건을 성립할 수 있게 되는 것이다. 이러한 전략은 매력적인 수익률을 발생시키는 보수적인 방법이다. 약간 외가격인 옵션을 발행하고, 옵션 프리미엄을 얻은 후 기초 주식의 가격이 오르거나 떨어져서 옵션의 행사가격까지 도달하는 것을 기다리면 되는 것이다. 물론 행사가격을 넘어가면 안 된다. 사실 다른 일반적인 수익 요인(배당금과 자본이득)에 옵션 프리미엄을 더하는 것이다. 다른 점이 있는데, 옵션 프리미엄은 수익을 올리면서 위험을 줄이기도 한다. 주가가 투자자가 원하지 않는 방향으로 변할 때 손실을 줄일 수 있다.

물론 커버드 옵션도 단점이 있긴 하다. 커버드 옵션 투자자가 얻을 수 있는 이익이 제한되어 있다는 것이다. 주가가 옵션의 행사가격을 넘어가는 순간 옵션에는 가치가 붙는다. 이렇게 되면 옵션으로 인해 손해를 보게 되는 것이다. 이 시점부터 주식을 통해 얻는 이익과 동일한 금액의 손해를 옵션을 통해서 보는 것이다. 이는 커버드 옵션을 발행하는 데 있어 주된 위험이다. 기초 주식의 가격이 계속해서 상승하더라도 추가적인 이득을 볼 수 없게 되는 것이다.

커버드 콜(covered call) 발행의 이모저모를 알아보기 위해 예를 들어보자. 당신은 PFP Inc. 주식 100주를 소유하고 있는데, 이는 활발하게 거래되는 높은 수익률의 보통주라고 하자. 주식의 거래가격은 $73.50이고 주당 $1의 분기 배당금이 있다. 당신은 PFP에 대한 3개월 콜옵션을 발행하기로 하고, 콜옵션 매수자에게 주당 $80의 가격으로 100개의 주식을 당신으로부터 매수할 권리를 주고자 한다. 이러한 옵션은 시장에서 $2.50에 거래되고 있고, 당신은 콜옵션 100계약을 발행하는 대가로 $250를 받는다. 당신은 주식을 계속해서 소유하고자 하며 주가가 콜옵션 만기일까지 $80 이하의 가격을 유지하기를 바란다. 주가가 $80를 넘지 못하면 콜옵션은 쓸모없게 되어 만료될 것이다. 결과적으로, 당신은 주식의 배당금과 자본이득뿐만 아니라, 콜옵션을 발행하여 받은 $250까지 갖게 되는 것이다. 따라서 주식으로부터 얻은 수익

〈표 14.6〉 커버드 콜(covered call) 발행

		주식	3개월 만기 $80 행사가격 풋옵션
현재 주식의 시장가격		$73.50	
현재 콜옵션의 시장가격			$2.50
3개월 후			
A. 주식가격 변동 없음:		**$73.50**	
콜옵션의 가치			**$0**
이익:			
분기배당금 수령액	$ 100		
콜옵션 매각대금	$ 250		
총이익:	**$ 350**		
B. 주식가격 상승:		**$80**	**최대이익이 발생하는 가격**
콜옵션의 가치			**$0**
이익:			
분기배당금 수령액	$ 100		
콜옵션 매각대금	$ 250		
주식의 자본이득 ($80 − $73.50)	$ 650		
총이익:	**$1,000**		
C. 주식가격 상승:		**$90**	
콜옵션의 가치			**$10.00**
이익:			
분기배당금 수령액	$ 100		
콜옵션 매각대금	$ 250		
주식의 자본이득 ($90 − $73.50)	$1,650		
차감: 콜옵션의 손실	−$1,000		
순이익:	**$1,000**		
D. 주식가격 하락:		**$71**	**손익분기점 가격**
콜옵션의 가치			**$0**
이익:			
분기배당금 수령액	$ 100		
콜옵션 매각대금	$ 250		
주식의 자본손실 ($71 − $73.50)	−$ 250		
순이익:	**$ 100**		

률에 $250를 더한 셈이 되는 것이다.

〈표 14.6〉은 이 커버드 콜 포지션에 대한 이익과 손해의 특징들을 요약한 것이다. 거래로부터 얻는 최대이익은 주가가 콜옵션의 행사가격과 일치할 때 발생한다는 것을 알아두기 바란다. 주가가 계속 올라가면, 그로 인해 발생하는 이익을 얻지 못하게 된다. 그렇더라도 $80 이상의 주가로 인해 얻는 $1,000의 이익은 13.6%(= $1,000÷$7,350)의 (3개월) 보유기간수익률로 전환된다. 이는 연간 55%의 수익률을

의미한다. 이러한 이익 잠재력을 보면 어째서 커버드 콜 발행이 선호되는지 쉽게 알 수 있을 것이다. 또한 표의 D 상황에서 나타나듯이, 커버드 콜 발행은 손해에 대한 작은 쿠션을 더한다. 주가가 $2.50(콜옵션을 발행/매도했을 때 받은 금액) 이상 떨어져야 금전적인 손해가 난다.

커버드 콜과 방어적 풋 이외에도 투자목적을 달성하기 위하여 옵션을 다른 증권과 조합하는 방법은 다양하다. 소위 말하는 합성증권(synthetic securities)의 탄생보다 별난 조합은 없을 것이다. 예를 들어, 말하자면 특정 기업의 전환사채를 매수하고자 하는데 그 기업이 발행한 전환사채가 없다고 하자. 이런 경우에는 일반채권을 상장된 콜옵션과 조합하여 맞춤형 전환사채를 만들 수 있다.

옵션 스프레딩 **옵션 스프레딩**(option spreading)은 단순하게 말해서 한 번의 거래에 2개 이상의 옵션을 합치는 것을 말한다. 옵션 스프레드는 예를 들어 같은 기초 주식에 대한 옵션을 매수하고 동시에 발행하여 만들 수 있다. 두 옵션은 일치하는 옵션이 아니고 행사가격이나 만기일이 다른 것이다. 스프레드는 상장 옵션의 사용법 중 많이 쓰이는 방법이고, 상장 옵션거래소에서 발생하는 거래의 큰 부분을 차지한다. 이러한 스프레드는 다양한 특이한 이름들을 가지는데, 이에는 **황소 스프레드**(bull spread), **곰 스프레드**(bear spread), **화폐 스프레드**(money spread), **수직형 스프레드**(vertical spread), **나비형 스프레드**(butterfly spread) 등이 있다. 각각의 스프레드는 서로 다른 특징이 있고 각 스프레드마다 다른 투자목표를 이루기 위해 만들어진 것이다.

예를 들어, **수직형 스프레드**를 보도록 하자. 수직형 스프레드는 어떤 행사가격을 가진 콜옵션을 매수하고 그 콜옵션과 같은 만기일을 가진 동일한 기초 주식에 대한 더 높은 행사가격의 콜옵션을 발행하여 만들어진다. 예를 들어, 행사가 $190에 Facebook의 9월 콜옵션을 매수하고 행사가격 $195에 Facebook의 8월 콜옵션을 동시에 매도(발행)할 수 있다. 〈그림 14.1〉을 다시 참조하면 첫 번째 옵션의 비용은 $24.23이고 매도하는 옵션의 비용은 $20.20이다. 따라서 이 포지션의 순비용은 $4.03이다. 이상하게 들릴지 모르지만 이러한 포지션은 기초 주식의 가격이 몇 포인트만 상승하면 막대한 수익을 창출할 것이다. 예를 들어, 이러한 옵션이 만료될 때, Facebook 주식의 가격이 $214라고 가정한다. 매수한 콜옵션에서 $24를 벌지만, 발행한 옵션의 구매자에게 $19를 지불해야 하므로 만기 시 순현금 수익은 $5가 된다. $4.03에 대한 $5의 투자수익률은 거의 24%로 나타난다! 다른 스프레드는 하락 시장에서 이익을 얻는 데 사용된다. 또 다른 사람들은 기초 주식의 가격이 상승하거나 하락할 때 이익을 얻으려고 한다.

목적이 무엇이 되었든, 대부분의 스프레드는 관찰된 옵션가격의 차이를 바탕으로 이익을 얻기 위해 만들어진 것이다. 스프레드 전략으로 인해 얻는 것도 크지만, 위험도 높다. 사실 어떤 스프레드는 겉보기에 위험이 거의 없어 보이지만 시장과 옵션 프리미엄 사이의 차이가 투자자가 원치 않는 방향으로 변할 때 엄청난 피해를 불러올 수 있다.

옵션 스트래들 스프레드의 개념을 약간 변형하면 **옵션 스트래들(option straddle)**이 만들어진다. 옵션 스트래들은 같은 기초 주식에 대하여 풋옵션과 콜옵션을 동시에 매수(또는 매도)하는 것을 말한다. 스프레드와는 달리 스트래들은 보통 같은 행사가격과 만기일을 가진 옵션들을 함께 거래하는 것이다. 이의 목적은 기초 주식가격의 크고 작은 변화로부터 이익을 얻고자 하는 것이다.

예를 들어, 매수 스트래들(long straddle)에서는 같은 수의 풋옵션과 콜옵션을 매수한다. 기초 주식의 가격에 위나 아래로의 큰 변화가 있으면 매수 스트래들로부터 이익을 얻을 수 있다. 주가가 급격히 오르면 콜옵션으로부터 이익을 얻을 수 있지만 풋옵션에 들인 비용을 잃게 된다. 반면에 주가가 폭락하면 풋옵션으로부터 이익을 얻고 콜옵션은 소용없게 되는 것이다. 어느 쪽이든 한쪽으로부터 얻는 이익이 다른 쪽으로부터 보는 손해보다 크다면 결과적으로 이익이 되는 것이다.

예를 들어, 〈그림 14.1〉을 다시 참조하자. 행사가 $215이고 만기일이 9월인 Facebook 콜옵션과 풋옵션을 매수한다고 가정해 보자. 콜옵션가격은 $7.80이고 풋옵션가격은 $11.05이므로 이 포지션의 총비용은 $18.85이다. 이 거래에서 돈을 벌기 위해 Facebook 주식은 행사가격 $215보다 $18.85 이상 떨어지거나 $18.85 이상 상승해야 한다. Facebook 주식이 그 범위 내에 있으면 손실을 보게 된다.

이와 비슷하게 매도 스트래들(short straddle)에서는 같은 수의 풋옵션과 콜옵션을 발행/매도한다. 이러한 상황에서는 기초 주식의 가격에 변화가 없을 때 이익을 보는 것이다. 결과적으로 옵션을 발행했을 때 받았던 거의 모든 옵션 프리미엄을 그대로 가질 수 있게 된다.

명확한 구조적 차이를 제외하고 스트래들 전략의 기본 원리는 스프레드와 거의 같다. 목표는 옵션을 조합하여 특정 주가변동으로부터 이익을 얻기 위한 것이다. 하지만 명심해야 할 것은 주가가 원하는 대로 변동하지 않는다면 손해를 볼 수밖에 없다는 것이다. 스프레드와 스트래들은 위험이 매우 크기 때문에 경험 있는 투자자만 시도하는 것이 바람직하다.

개념 리뷰

해답은 www.pearson.com/mylab/finance에서 찾을 수 있음.

14.7. (a) 콜옵션과 (b) 풋옵션에서 어떻게 돈을 벌 수 있는지 간략하게 설명하라. 이익을 얻기 위해서는 옵션을 행사해야만 하는가?

14.8 콜옵션이나 풋옵션의 내재가치를 어떻게 찾을 수 있는가? 외가격 옵션도 내재가치를 가지는가?

14.9 상장된 옵션의 가격 변화에 영향을 미칠 수 있는 5가지 변수를 설명하고, 각 변수가 가격에 어떠한 영향을 미치는지 간략하게 설명하라. 내가격 옵션에서 내재가치와 시간가치가 얼마나 중요한가? 외가격 옵션에서는 어떠한가?

14.10 투자자들이 주식옵션을 활용할 수 있는 세 가지 방법에 대해 설명하라.

14.11 콜옵션 발행을 하는 가장 큰 이유는 무엇인가? 왜 투자자들은 커버드 콜(covered call)을 발행하기를 원하는가? 커버드 콜의 발행을 통해 기초 주식의 위험을 어떻게 줄일 수 있는지 설명하라.

주가지수와 기타 종류의 옵션

LG6 S&P 500과 같은 주요 주식시장지수를 합리적인 가격에 사고팔 수 있다고 생각해 보자. 이런 것이 가능하다면 무엇을 할 수 있는지 생각해 보자. 시장이 성장하고 있다고 판단되면 S&P 500 지수의 가격 변화를 추적하는 증권에 투자하여 시장이 성장할 때 이득을 볼 수 있을 것이다. 시장의 성과를 포착하는 특정 주식을 선택해서 투자할 필요가 더 이상 없는 것이다. 오히려 시장 전체를 놓고 투자할 수 있는 것이다. 물론 S&P 500과 연동된 뮤추얼펀드나 ETF를 매수하여 투자할 수도 있지만, 주요 주식시장에서 발행된 풋옵션과 콜옵션 같은 주가지수 옵션으로도 정확하게 이러한 목표를 달성할 수 있다. 지수 옵션은 대략 1983년부터 시작되었으며 개인과 기관투자자들 사이에서 엄청난 인기를 끌었다. 이제 선호도가 높고 때로 큰 이익을 발생시키는 투자방식을 알아보도록 하자.

주가지수 옵션의 계약조항

기본적으로 **주가지수 옵션**(stock-index option)은 특정 주식시장지수에 대하여 발행된 풋옵션이나 콜옵션이다. 이 경우에 기초 증권은 이 특정 시장지수이다. 따라서 시장지수가 한쪽으로 치우칠 때 지수 옵션의 가치도 따라서 움직이게 된다. 이 옵션을 뒷받침할 주식이나 다른 금융자산이 없기 때문에, 결제는 현금으로 정해진다. 구체적으로 지수 옵션의 현금가치는 옵션이 기반으로 하는 공시된 시장지수의 100배이다. 예를 들어, S&P 500이 2,100에 있으면 S&P 500 지수 옵션의 가치는 $100×2,100=$210,000가 된다. 기초지수가 시장에서 오르거나 내려가면 옵션의 현금가치도 따라서 움직인다. 또한 개별 주식에 대한 대부분의 옵션은 미국형 옵션이며 언제든지 행사할 수 있는 반면, 주가지수 옵션은 미국형 또는 유럽형 옵션일 수 있으므로 만기일에만 행사할 수도 있다.

오늘날 풋옵션과 콜옵션은 100개 이상의 주가지수에 대해 이용 가능하다. 이는 미국의 주요 주식시장지수나 평균 지수(Dow Jones Industrial Average, S&P 500, Russell 2000, Nasdaq 100) 등의 옵션, 해외 시장(중국, 멕시코, 일본, 홍콩, 유럽 지역 등)의 옵션, 시장의 다양한 부문(제약, 석유 서비스, 반도체, 은행, 유틸리티 지수)의 옵션을 포함한다. 2017년에 거래된 옵션계약의 약 12%는 지수 옵션이었고, 대부분은 주요 주가지수 중 5개에 집중했다.

- S&P 500 Index(SPX)
- Russell 2000 Index(RUT)
- Nasdaq 100 Index(NDX)
- S&P 100 Index(OEX)
- Dow Jones Industrial Average(DJX)

S&P 500 지수는 대형 주식의 시장 움직임을 보여준다. Russell 2000 지수는 미국 내의 소형주식의 변화를 측정한다. Nasdaq 100 지수는 Nasdaq에 상장된 100개의 가장 큰 비금융기업 주가의 움직임을 추적하는데, 이는 대부분 대규모 첨단기술기업(Facebook, Apple, Amazon, Alphabet과 같은 기업)이다. S&P 100 지수는 S&P 500에서 뽑힌 100개 주식으로 이뤄진 대형주 지수인데 활발하게 거래되는 주식 옵션을 가진다. 또 하나의 주요 지수는 DJIA 지수인데, 이는 가장 활발하게 거래된 지수 옵션 중 하나로 시장의 우량주 분야(blue-chip segment)를 측정한다. S&P 500의 옵션은 가장 선호되는 상품이다. 사실 다른 지수 옵션 거래를 모두 합해도 SPX 옵션 거래량에는 미치지 못한다. 옵션 거래소에 관해 살펴보면, 현재 지수 옵션을 거래하는 옵션 거래소 중 CBOE가 2017년에 거래의 98.7% 이상을 차지하여 시장을 지배하고 있다.

지수 옵션에는 풋옵션과 콜옵션이 모두 있다. 이 옵션들은 다른 어떤 풋옵션과 콜옵션과 마찬가지로 가치가 책정되며 옵션의 특징을 가지고 있다. 풋옵션은 시장이

그림 14.4 지수 옵션의 시세표

지수 옵션의 시세표시 시스템은 주식 옵션에서 사용되는 것과 동일하다. 행사가격과 만기일을 옵션가격 및 거래량과 함께 볼 수 있다. 가장 큰 차이점은 옵션의 행사가격과 기초 자산의 종가가 지수 수준으로 나타난다는 것이다. 이 시세표가 작성된 날의 S&P 500 지수의 종가수준은 2,806.98이었다.
(출처: http://www.nasdaq.com, 2018. 2018년 7월 23일에 접속)

Option Chain | Most Actives | Greeks

SPX Options: Composite | Calls & Puts | Near the Money | Type: Monthly | Go

Jul 18 | Aug 18 | **Sep 18** | Oct 18 | Nov 18 | Dec 18 | Jan 19 | Mar 19 | Jun 19 | Sep 19 | Dec 19 | Jun 20 | Dec 20 | Near Term | All

Option Chain for S&P 500 (SPX)

Calls	Last	Chg	Bid	Ask	Vol	Open Int	Root	Strike	Puts	Last	Chg	Bid	Ask	Vol	Open Int
Sep 21, 2018	60.00	-5.31	65.90	67.30	16	15070	SPX	2780	Sep 21, 2018	35.98	-3.92	34.50	35.30	57	13056
Sep 21, 2018	64.80	3.40	66.40	67.50	55	154	SPXW	2780	Sep 21, 2018	36.80	-2.30	34.80	35.60	8	304
Sep 21, 2018	60.60		62.50	63.40	0	18003	SPX	2785	Sep 21, 2018	37.30	-3.30	35.90	36.70	25	17583
Sep 21, 2018	59.80		62.70	63.90	0	242	SPXW	2785	Sep 21, 2018	37.60	-2.00	36.20	36.90	12	361
Sep 21, 2018	59.55	4.59	58.80	59.90	515	19248	SPX	2790	Sep 21, 2018	37.40	-4.74	37.20	38.10	473	20057
Sep 21, 2018	57.31	1.91	59.20	60.30	4	339	SPXW	2790	Sep 21, 2018	39.55	-0.85	37.60	38.30	11	123
Sep 21, 2018	50.20	-3.35	55.30	56.40	107	17495	SPX	2795	Sep 21, 2018	41.25	0.05	38.70	39.60	114	17607
Sep 21, 2018	50.50	-5.20	55.70	56.80	4	179	SPXW	2795	Sep 21, 2018	41.10	-4.40	39.00	39.80	11	223
Sep 21, 2018	52.30	3.80	51.90	52.90	4541	74061	SPX	2800	Sep 21, 2018	42.20	-3.30	40.20	41.10	4735	55005
Sep 21, 2018	50.49	0.99	52.30	53.40	84	5326	SPXW	2800	Sep 21, 2018	43.12	-0.58	40.60	41.40	94	260
Sep 21, 2018	47.00	1.50	48.70	49.50	2318	15681	SPX	2805	Sep 21, 2018	44.00	-3.50	41.90	42.70	2304	15240
Sep 21, 2018	47.10	0.20	49.00	49.80	11	214	SPXW	2805	Sep 21, 2018	44.40	-3.00	42.20	43.10	1	8
Sep 21, 2018	46.00	4.00	45.50	46.30	4237	11600	SPX	2810	Sep 21, 2018	44.00	-3.50	43.60	44.60	3812	11376
Sep 21, 2018	44.10	1.30	45.70	46.60	27	172	SPXW	2810	Sep 21, 2018	49.40		44.00	44.80	0	88
Sep 21, 2018	41.00	0.70	42.20	43.10	17	11637	SPX	2815	Sep 21, 2018	47.10	-1.95	45.50	46.40	6	7813
Sep 21, 2018	40.99	0.09	42.60	43.40	1	249	SPXW	2815	Sep 21, 2018	48.60	-3.60	45.80	46.70	16	31
Sep 21, 2018	37.75	1.05	39.30	40.00	94	2384	SPX	2820	Sep 21, 2018	49.75	-0.95	47.30	48.40	76	771
Sep 21, 2018	38.55	0.45	39.60	40.40	26	2727	SPXW	2820	Sep 21, 2018	48.75	-3.45	47.70	48.60	1	134

떨어질 때 소유자에게 이익을 준다. (기초 시장지수가 떨어지면 풋옵션의 가치가 올라간다.) 콜옵션을 통해 보유자는 상승하는 시장에서 이익을 얻을 수 있다. 또한 〈그림 14.4〉에서 볼 수 있듯이 지수 옵션은 주식 옵션과 마찬가지로 시세표시 시스

템을 가지고 있는데, 한 가지 차이점은 행사가격이 지수 수준이라는 것이다.

주가지수 옵션의 가치평가 주식 옵션과 마찬가지로, 지수 옵션의 시장가격은 (기초 지수를 바탕으로 한) 옵션의 행사가격과 가장 최근에 발표된 주식시장지수의 차이의 함수이다. 예를 들어, CBOE에서 거래되는 S&P 500 지수를 보자.

사 례
주가지수 옵션

최근에 S&P 500 지수가 2,808에 마감되었고 9월 콜옵션의 행사가격이 2,805라고 가정해 보자. 주가지수 콜옵션은 기초 지수가 지수 행사가격을 초과하는 한 양의 내재가치를 갖게 된다(풋옵션의 경우 정반대). 이 콜옵션의 내재가치는 2,808−2,805=3이다.

콜옵션이 실제로 콜옵션의 내재가치보다 44포인트 높은 47에서 거래된다고 가정해 보자. 이 차이가 옵션의 시간가치이다.

예를 들어, S&P 500 지수가 9월 말(콜옵션 만기일)까지 2,950으로 상승한다면 이 옵션은 2,950−2,805=145에 호가된다. 지수 옵션(주식 옵션과 같은)은 $100의 배수로 평가되기 때문에 이 계약은 $14,500의 가치가 있다. 따라서 $47에 거래될 때 이 옵션을 매입했다면 $47×$100=$4,700의 비용이 들었고 한 달도 안 되어 $14,500−$4,700=$9,800의 수익이 발생했을 것이다. 이는 무려 108%의 보유기간수익률로 해석할 수 있다.

전체가치와 부분가치 대부분의 광범위한 지수 옵션은 옵션의 거래와 가치평가를 위해서 기초 지수의 전체 시장가치를 사용한다. 하지만 두 가지 Dow Jones 척도의 경우에는 그렇지 않다. Dow Jones 산업평균지수(DJIA)에 대한 옵션은 실제 산업평균지수의 1%를 기반으로 되어 있고, Dow 운송업 평균지수 옵션은 실제 평균 지수의 10%를 기반으로 되어 있다. 예를 들어, DJIA가 11,260에 있으면, 지수 옵션은 그의 1%인 112.60의 가치를 갖게 된다. 따라서 이 옵션의 현금가치는 DJIA에 $100를 곱한 것이 아닌 $100에 DJIA의 1%를 곱한 값이 되어 Dow Jones 산업평균지수 자체의 값과 동일하게 된다. 즉, $100×112.60=$11,260이다.

다행히 옵션의 행사가격도 DJIA의 1%를 기반으로 되어 있어 옵션가치 책정에는 영향이 없다. 중요한 것은 옵션의 행사가격과 DIJA의 1%의 차이이다. 예를 들어, DJIA가 11,260에 마감한다고 가정하면 DJIA 옵션지수가 112.60에 마감할 것이다. 이 지수의 콜옵션은 행사가격이 110일 수 있으며, 이는 콜옵션이 2.60의 내재가치로 약간 내가격임을 의미한다. 옵션이 즉시 만료되도록 설정되지 않은 경우 시장가격은 더 높을 것이며, 시장가격과 2.60의 차이는 옵션의 시간가치이다.

다른 종류의 옵션은 기초 지수의 10%에 거래되는 “미니(mini)” 지수 옵션이다. 예를 들어, Mini-NDX 지수(MNX)는 Nasdaq 100 가치의 10%로 설정되어 있다. "미니"는 또한 Nasdaq composite, S&P 500, Russell 2000, FTSE 250(영국의 중형주 지수) 등에 대한 것도 있다.

투자의 활용

지수 옵션은 주식 옵션과 마찬가지로 스프레드, 스트래들, 그리고 커버드 콜에 사용될 수 있지만, 특히 투기나 헤지에 많이 사용된다. 투기적 투자로써 쓰일 때 지수 옵션은 투자자에게 비교적 적은 자본으로 시장 전체를 두고 투자를 할 수 있도록 한다. 여타 풋옵션이나 콜옵션과 마찬가지로 지수 옵션은 매력적인 레버리지 기회를 제공하는 동시에 기본 지수의 가치가 조금만 변동해도 지수 옵션의 가치가 사라질 수 있다.

헤지 수단으로서의 지수 옵션 지수 옵션은 헤지 수단으로서도 효과적이다. 사실 헤지는 지수 옵션의 주요 사용법 중 하나로 이 증권의 거래 중에서 큰 부분을 차지한다. 지수 옵션이 헤지에 어떻게 쓰일 수 있나 알기 위해, 다양한 주식으로 구성된 포트폴리오를 보유하고 있고 시장이 하락하고 있다고 가정하자. 자본을 보호하기 위한 한 가지 방법은 가지고 있는 모든 주식을 파는 것이다. 하지만 이는 비용이 많이 들 수 있고, 침체 이후에 다시 시장으로 들어가고자 하면 더욱 그렇다. 또한 이는 불필요한 세금을 많이 발생시키기도 한다. 다행히도 "두 마리 토끼를 다 잡을" 방법은 있는데, 이는 보유한 주식 포트폴리오를 주가지수 풋옵션으로 헤지하는 것이다. 이 방법으로 시장이 하락하면 풋옵션을 통해 이득을 볼 것이고, 이를 이용하여 저가에 주식을 매수할 수 있다. 반면에 시장이 계속해서 상승하면 풋옵션의 거래가격만 잃게 되는 것이다. 그 금액은 보유한 주식의 가격이 오른 것으로 만회할 수도 있다. 주가지수 옵션으로 헤지를 하는 주요 원칙은 주식 옵션으로 헤지하는 것과 동일하다. 유일한 차이점이라면 주가지수 옵션으로는 하나하나의 주식이 아닌 주식 포트폴리오 전체를 보호하려 한다는 것이다.

주식 옵션으로 헤지하는 것과 같이 지수 옵션으로 포트폴리오를 보호하는 비용은 시장이 하락하고 있고 포트폴리오에 대한 이런 유형의 보험이 필요할수록 더욱 커질 수 있다(가격 프리미엄이 20%에서 30% 붙을 수 있다). 따라서 높은 비용은 이러한 전략의 효과에 영향을 미칠 수 있다.

또한 얻을 수 있는 이익이나 보호의 정도는 주식 포트폴리오의 움직임과 활용하는 주가지수 옵션의 움직임이 얼마나 밀접한가에 따라 달라진다. 둘이 같은 방향으로 움직일 것이라는 보장은 없다. 따라서 포트폴리오에 포함된 주식의 특성을 잘 반영하는 지수 옵션을 선택해야 한다. 예를 들어, 소형주 주식을 많이 가지고 있다면, 헤지 수단으로서 Russell 2000 지수 옵션과 같은 것을 선택하는 것이 좋을 것이다. 우량주를 갖고 있다면 DIJA 지수 옵션이 좋다. 포트폴리오를 $1까지 모두 보호할 수는 없겠지만 최대한 밀접하게 가까운 옵션을 선택하는 것이 중요하다.

주의할 점 투기와 헤지의 효과를 보면, 투자자가 왜 지수 옵션을 찾는지 궁금해할 필요가 없어진다. 하지만 한 가지 주의할 점을 말하자면 지수 옵션 거래가 단순하고 높은 수익률을 주는 것 같아 보이지만, 이러한 투자는 높은 위험이 있고 큰 가격 변동성이 있을 수 있다는 것이다. 전문가가 아니라면 손을 대지 않는 것이 현명하다. 물론 이러한 옵션을 통해 잃는 금액은 한정되어 있다. 문제는 그 금액을 잃기가 매우 쉽다는 것이다. 이러한 증권은 매수하고 만기까지 잊고 살아갈 수 있는 것들이 아니다. 오늘날 대규모의 시장 변동성을 고려하면 이 증권을 매일 모니터링 해야 할 것이다.

다른 종류의 옵션

주식과 주가지수에 대한 옵션은 상장 옵션의 거의 모든 시장 활동을 의미한다. 하지만 다양한 다른 증권에 대한 풋옵션과 콜옵션을 얻을 수도 있다. ETF에 대한 옵션부터 시작하여 이런 다양한 옵션을 알아보자.

상장지수펀드(ETF)에 대한 옵션 다양한 시장지수와 더불어 풋옵션과 콜옵션은 수백 개의 상장지수펀드(ETF)에 대한 것도 있다. 이미 설명되었듯이 ETF는 넓은 범위의 시장지수의 성과를 추적하기 위해 만들어진 뮤추얼펀드와 유사하다. 다시 말해서 ETF는 지수 펀드의 일종이다. 상장거래소에서 보통주 주식처럼 거래되고, DJIA, S&P 500, Nasdaq 100 같은 광범위한 시장지수부터 에너지, 금융, 의료, 반도체 같은 시장의 일정 섹터(sector)에 이르기까지 모든 것을 포괄한다.

지수 옵션과 ETF 옵션이 다루는 시장과 시장 섹터는 중복되는 것이 많다. 비슷한 시장 적용범위와 더불어 시장에서 비슷한 성과를 보이고, 가치평가도 비슷하게 되며, 보통 같은 이유로(특히 투기와 헤지로) 사용된다. 결국 ETF 옵션은 기초 지수 펀드(예를 들어, S&P 500을 추적하는 펀드)에 대해 발행된 것이고, 지수 옵션은 같은 기초 시장지수(S&P 500)에 대해 발행된 것이기 때문에, 둘은 거의 같으며(시장의 성과를 직간접적으로 추적함) 거의 같은 방향으로 움직이는 것은 당연하다. 실질적인 차이는 다음과 같다. ETF 옵션은 주식 옵션처럼 운용되기 때문에 1계약의 옵션이 기초 ETF의 100주에 적용된다. 반면에 지수 옵션의 경우에는 기초 주가지수의 $100에 해당한다. 결국 둘은 기초 지수(또는 ETF)의 100배에 거래된다. 따라서 ETF 옵션의 운용은 주식 옵션에 더 가깝겠지만, 실제 지수 옵션과 더 비슷한 역할을 한다. 이에 따라 시장은 ETF 옵션을 지수 옵션의 대체재로 보는 경우가 많다. 이 옵션 계약은 투자자의 눈에 띄었고, 특히 주요 시장지수를 추적하는 투자자의 마음을 사로잡았다.

이자율 옵션 고정수익증권(채권)에 대한 풋옵션과 콜옵션은 **이자율 옵션**(interest rate option)이라 불린다. 현재 이자율 옵션은 미국 국채에 대해서만 발행된다. 4가지 만기가 사용되는데, 이에는 30년 T-bond, 10년 및 5년 T-note, 그리고 단기(13주) T-bill이 있다. 이 옵션은 가격 기반이 아닌 수익률 기반이다. 이는 이 옵션이 국채의 가격변동이 아닌 수익률에 맞춘다는 것이다. 다른 종류의 옵션(주식과 지수 옵션)은 기초 자산의 가격이나 가치의 움직임에 반응하도록 만들어져 있다. 그와 다르게 이자율 옵션은 기초 국채의 수익률에 반응하도록 되어 있다(즉, 행사가격은 이자율이다). 따라서 수익률이 오르면 콜옵션의 가치가 올라가고, 풋옵션의 가치는 내려간다. 결과적으로 채권 가격과 수익률은 서로 반대 방향으로 움직이기 때문에, 이자율 콜옵션의 가치는 기초 채권의 가격이나 가치가 떨어질 때 오른다(풋옵션의 경우는 이와 반대).

통화 옵션 **통화 옵션**(currency option)은 투자자로 하여금 환율에 대한 투기를 하고 외환이나 해외증권의 소유를 헤지할 수 있도록 해준다. 통화 옵션은 미국과 무역이 활발한 대부분 나라의 화폐에 대한 것들이 있다. 이 옵션들은 필라델피아 거래소에서 거래되고 다음 화폐에 대한 것을 포함하고 있다:

- 영국 파운드
- 캐나다 달러
- 스위스 프랑
- 일본 엔
- 호주 달러
- 유로

외환에 대한 풋옵션과 콜옵션은 소유자들로 하여금 특정 화폐를 대량으로 매수 또는 매도할 권리를 준다. 하지만 주식과 주가지수 옵션의 표준화된 계약과는 달리

〈표 14.7〉 필라델피아 거래소의 통화 옵션계약

기초 외환*	계약 규모	기초 외환*	계약 규모
영국 파운드	10,000파운드	캐나다 달러	10,000달러
스위스 프랑	10,000프랑	일본 엔	1,000,000엔
유로	10,000유로	호주 달러	10,000달러

* 영국 파운드, 스위스 프랑, 유로, 캐나다 달러, 호주 달러는 센트로 표기된다. 일본 엔은 센트의 1/100 단위로 표기된다.

기초 외환에 따라 거래 단위가 달라진다. 〈표 14.7〉에는 이런 점이 자세히 나와 있다. 통화 옵션은 거래되는 외환의 양에 따라 외환의 단위당 몇 센트 또는 센트의 일부에 거래된다. 즉, 영국 파운드의 풋옵션이나 콜옵션이 6.40(이는 "6.4센트"라 읽음)에 표기되었다고 하면, 이의 가치는 $640로 평가되었을 것이다. 왜냐하면 이 옵션은 10,000파운드의 거래를 다루는 것이기 때문이다(즉, 10,000×0.064=$640).

통화 옵션의 가치는 미국 달러와 외환 사이의 환율과 연관이 있다. 예를 들어, 캐나다 달러의 가치가 미국 달러에 비해 올라가면 환율이 오르고 캐나다 달러의 콜옵션의 가격이 오르고 풋옵션의 가격은 떨어질 것이다(참고: 시장에 외환 사이의 옵션도 존재하지만 이러한 옵션이나 거래기술은 여기에서 다루지 않을 것이다. 여기서는 미국 달러와 연결된 외환의 옵션이나 선물에 중점을 둠).

통화 옵션의 행사가격은 환율을 나타낸다. 즉, 150의 행사가격은 (영국 파운드와 같은) 외환 단위당 미국 돈 150센트 또는 $1.50의 가치를 가진다고 할 수 있다. 이 외환에 대한 150짜리 콜옵션을 소유하고 있을 때 외환의 가격이 올라 환율이 155와 같은 값으로 오른다면 이익이 되는 것이다. 반대로 150짜리 풋옵션을 가지고 있을 경우 환율이 145 같이 낮은 값으로 떨어지면 이익이 된다. 통화 옵션 프로그램에서 이익을 보기 위해서는 미래의 환율변화를 파악하는 것이 매우 중요하다.

LEAPS 보통의 풋옵션과 콜옵션 같이 생겼고, 보통의 풋옵션과 콜옵션처럼 움직이지만, 보통의 풋옵션이나 콜옵션이 아닌 옵션이 있다. 이는 **LEAPS**라는 것으로, 만기가 매우 긴 풋옵션과 콜옵션이다. 기본적으로 LEAPS는 장기 옵션이다. 일반적인 옵션은 8개월 이하의 만기를 가진 반면에 LEAPS의 만기는 길게는 3년까지 간다. LEAPS는 Long-term Equity AnticiPation Securities의 약자이고 모든 주요 옵션 거래소에 상장되어 있다. 수백 개의 주식, 주가지수, ETF에 대한 LEAPS가 있다.

만기의 차이를 제외하면 LEAPS는 다른 어떠한 주식이나 지수 옵션과 같다. 예를 들어, 하나의 (주식) LEAPS 계약은 소유자에게 만기일 또는 만기일 이전에 100주의 주식을 정해진 값에 매수하거나 매도할 권리를 준다. LEAPS는 투자자에게 주가나 주가지수의 변동이 원하는 방향으로 갈 때까지 기다릴 더 많은 시간을 주고, 헤지 사용자에게는 더 긴 기간의 보험이 되어준다. 하지만 이러한 시간에는 대가가 있는데, LEAPS는 보통 옵션보다 가격이 더 높다는 것이다. LEAPS는 만기가 상당히 길기 때문에 높은 시간가치를 가지고 있다. 이 장에서 앞서 다루었듯이 다른 모든 것들이 동일하다고 가정했을 때, 옵션은 만기일까지 남은 시간이 길면 길수록 가격이 더 높다.

개념 리뷰

해답은 www.pearson.com/mylab/finance에서 찾을 수 있음.

14.12 주가지수 옵션과 주식 옵션의 차이와 유사점을 간략하게 설명하라. 통화 옵션과 주식 옵션도 비교하라.

14.13 주가지수 옵션을 활용하는 두 가지 방법에 대해 설명하라. 통화 옵션에 대해서도 설명하라.

14.14 투자자는 왜 지수 옵션을 이용하여 주식 포트폴리오를 헤지하려고 하는가? 동일한 목적이 ETF에 대한 옵션을 이용해서도 가능한가? 만일 투자자들이 시장이 전반적으로 하락한다고 생각하면서도 단순히 주식을 매도하지 않는 이유는 무엇인가?

14.15 LEAPS는 무엇인가? 투자자가 정규 상장 옵션 대신에 LEAPS 옵션을 활용하려고 한다면 그 이유는 무엇인가?

토론문제

LG2 Q14.1 〈그림 14.1〉의 Facebook 주식 옵션 시세표를 이용하여, 다음 풋 및 콜에 대한 옵션 프리미엄, 시간가치, 주가지수 손익분기점을 구하여라.

a. 행사가 $82.50의 8월 풋옵션

b. 행사가 $85의 8월 콜옵션

LG3 Q14.2 〈표 14.2〉에서 한 달 안에 만기가 되는 옵션 중에서 시간가치가 가장 높은 옵션은 행사가격이 $70인 옵션이다. 마찬가지로, 3개월 만에 만료되는 옵션 중 행사가격이 $70인 옵션은 행사가격이 $65 및 $75인 옵션보다 시간가치가 더 크다. 왜 그렇다고 생각하는가?

LG5 Q14.3 HSBC 주식은 현재 £475.8(파운드 스털링)에 거래되고 있다. George는 £490의 행사가격으로 콜옵션 1계약을 발행하고 현재 시장가격으로 주식 100주를 매수하여 주식에 대한 covered call을 발행하기로 결정하였다. 그가 받는 옵션 프리미엄은 £250이다. 옵션이 만료될 때까지 주식이 배당금을 지급하지 않는다고 가정한다.

a. 주가가 변동하지 않는다면 총이익은 얼마인가?

b. 주가가 £500로 상승한다면 총이익은 얼마인가?

c. 주가가 £450로 하락한다면 총이익은 얼마인가?

LG6 Q14.4 Kostas는 그리스 금융회사의 일부 주식을 소유하고 있다. 그는 그리스 경제가 깊은 불황을 겪고 있기 때문에 입장을 헤지하고 싶어한다.

a. 아테네 증권거래소(ATHEX)의 광범위한 시장지수에서 풋옵션을 매수하는 것이 그의 포지션을 헤지하기 위한 좋은 전략인가?

b. 불황이 계속되고 시장이 더 하락한다면 어떻게 되는가?

c. 경제가 반등했지만 금융부문이 위기에서 회복되지 않으면 어떻게 되는가?

LG3 LG4 Q14.5 학교 도서관(혹은 인터넷) 자료를 이용하여 다음을 완료하라. (주의: 모든 계산과정을 제시하라.)

a. 만기까지 2~3개월 남은 내가격 콜옵션을 찾는다. (최소한 $2 혹은 $3의 내가격을 갖는 주식옵션을 선택한다.) 이 옵션의 내재가치는 얼마이고 시간가치는 얼마인가? 현재 (옵션이 대상으로 하는) 기초 주식 시장가격을 이용하여 주식이 10% 가격 상승을 할 경우 옵션의 수익금과 수익률은 각각 얼마인가? 만일 주식가격이 10% 하락하게 되면 얼마인가?

b. 항목 (a)를 반복하되 이번에는 내가격 풋옵션을 대상으로 한다. (만기까지 2~3개월 남아 있고 $2 혹은 $3의 내가격을 가지는 주식옵션을 선택한다.) 항목 (a)와 동일한 모든 질문에 답하라.

c. 항목 (a)를 반복하되 이번에는 외가격 콜옵션을 대상으로 한다. (만기까지 2~3개월 남아 있고 $2 혹은 $3의 외가격을 가지는 주식옵션을 선택한다.) 항목 (a)와 동일한 모든 질문에 답하라.

d. 내가격 콜옵션과 외가격 콜옵션의 (항목 (a)와 (c)에서 얻은) 가치평가 및 성과 특성을 비교하라. 각각의 장점과 단점에 대해 주의한다.

연습문제

LG3 **P14.1** Deutsche Bank 주식은 주당 €7.5에 팔리고 있다. 행사가격이 €5인 콜옵션은 €4.0이다. 옵션의 내재가치는 얼마인가? 시간가치는 얼마인가?

LG3 **P14.2** Enel SpA는 주당 €5.53에 거래되고 있다. 행사가격이 €6.00인 콜옵션의 가격은 €0.50이다. 옵션의 내재가치는 얼마인가? 시간가치는 얼마인가?

LG3 **P14.3** Iberdrola SA는 주당 €8.0에 거래되고 있다. 행사가격이 €10.0인 풋옵션의 가격은 €3.1이다. 옵션의 내재가치는 얼마인가? 시간가치는 얼마인가?

LG3 **P14.4** Barclays plc는 £16(파운드 스털링)에 거래되고 있다. 행사가격이 £155인 풋옵션의 가격은 £5.5이다. 풋옵션의 내재가치는 얼마인가? 시간가치는 얼마인가?

LG5 **P14.5** 행사가격이 €60인 Bayer AG 보통주 100주에 대한 4개월 콜옵션계약을 €600에 구매할 수 있다. 옵션 만기일까지 Bayer AG 주식의 시장가격이 주당 €75까지 상승한다고 가정할 때 콜 보유자의 이익은 얼마인가? 보유기간수익률은 얼마인가?

LG4 **P14.6** 행사가격이 €16인 은행의 콜옵션은 1년 후에 만료되며 현재 가격은 €2.5이다. 기초 주식의 시장가격은 €16.5이고 무위험수익률은 0.1%이다. (무위험채권의 가격이 옵션의 행사가격과 일치한다고 가정한다.) 풋-콜 패리티를 사용하여 행사가격이 €16이고 만기가 1년이며 동일한 기초 주식을 가진 풋옵션의 가격을 계산하라.

LG4 **P14.7** 〈그림 14.1〉의 Facebook 옵션 시세표에서 행사가격이 $80인 콜 및 풋 옵션을 이용한다. 풋-콜 패리티를 사용하여 이러한 옵션가격이 호가되었을 때 Facebook 주식의 시장가격이 어땠는지 추론할 수 있는가? 단순하게 하기 위해 옵션이 한 달 안에 만료되고 당시 무위험수익률이 0%라고 가정한다. (힌트: 풋-콜 패리티를 사용하려면 옵션의 행사가격과 같은 액면가를 가진 무위험 무이표채권의 시장가격을 찾아야 한다.)

LG4 **P14.8** 문제 14.7의 분석을 반복하되, 이번에는 행사가격이 $87.50인 〈그림 14.1〉의 Facebook 콜 및 풋 옵션을 이용한다. 풋-콜 패리티를 사용하여 해당 콜 가격이 제시된 시점의 Facebook 주식가격을 찾을 경우 문제 14.7에서 찾은 것과 동일한 답변을 얻을 것으로 예상하는가? 실제로 같은 답을 얻었는가?

MyLab LG4 **P14.9** 다음 표에 표시된 100주 옵션 각각에 대해 만기 시 기초 주식의 주가 및 기타 정보를 사용하여 투자자의 손익을 계산하라(단, 중개수수료는 무시한다).

옵션	옵션 유형	옵션가격	주당 행사가격	만기시 기초 주식의 주가(주당)
A	콜	$200	$50	$55
B	콜	$350	$42	$45
C	풋	$500	$60	$50
D	풋	$300	$35	$40
E	콜	$450	$28	$26

LG4 LG6 **P14.10** 당신은 유가가 예상보다 많이 오를 것이라고 생각하고, 가격이 상승하면 석유 관련 제품을 많이 사용하는 기업의 수익이 낮아질 것이라고 생각한다. 또한 유가가 상승하면 소비자 수요가 감소하기 때문에 이러한 산업부문에 미치는 영향이 더 커질 것이라고 믿는다. 제조회사의 바스켓(basket)인 상장거래펀드 QLT를 찾았다. 계좌에 충분한 증거금(margin)이 없기 때문에 ETF를 공매도하기를 원하지는 않는다. QLT는 현재 $33에 거래되고 있다. 행사가격이 $34이고 가격이 $2.20인 풋옵션(100주)을 매수하기로 결정했다. 당신의 예상이 옳다는 것이 밝혀졌다. 만기 시 QLT는 $30에 거래된다. 당신의 이익을 계산하라.

QLT: 재료 — $33.00

콜			풋		
행사가격	만기	가격	행사가격	만기	가격
$30	11월	$1.25	$30	11월	$2.55
$34	11월	$1.25	$34	11월	$2.20

LG4 LG6 **P14.11** 문제 14.10을 참고하라. 만기 시점에 QLT가 $30에 거래된다면 풋옵션 매도자의 손실은 얼마인가? 만기 시점에 QLT가 $35에 거래된다면 매도자의 이익은 얼마인가?

LG6 **P14.12** Pierre는 자주 주식시장에 투자하고 주식지수 옵션을 사용한다. 그는 유럽의 열악한 경제 자료와 비즈니스 정서를 반영하여 시장이 대대적인 후퇴를 겪을 것이라고 확신하고 EURO STOXX 50 지수에 대한 풋옵션을 매수하기로 결정했다. 풋옵션은 행사가격이 3,600포인트이며 금융지에 €30로 호가된다. 50개 종목의 EURO STOXX 50 지수는 현재 3,491이지만, Pierre는 옵션 만기일까지 3,200포인트로 떨어질 것으로 예상하고 있다. 그가 옳다면 얼마나 많은 이익을 얻을 것이며 그의 보유기간은 얼마인가? EURO STOXX 50이 200포인트 상승하고 만기일까지 3,691포인트에 도달하면 얼마나 잃게 되는가?

MyLab LG3 LG4 **P14.13** Max Houck는 Boulder Gas and Light의 600주를 보유하고 있다. 그는 몇 년 전에 $52.75에 주식을 매수했고 현재 주가는 $78이다. Max는 시장이 약세로 바뀐다고 우려하고 있다. 주식을 매도하고 싶지는 않지만 그동안의 이익을 보호하기를 원하고 있다. Boulder G&L에 대한 6계약의 풋옵션으로 포지션을 헤지하고자 한다. 3개월 만기 행사가격 $78의 풋옵션이 현재 $3.25로 거래되고 있다.

a. 만일 Boulder 주식이 만기일에 $62로 하락한다면 Max는 풋옵션을 통해 얼마의 이익 혹은 손실을 얻게 되는가?
b. 만일 주식이 계속 상승해서 만기일에 주당 $85에 도달하면 그는 어떻게 행동할 것인가?
c. 풋옵션을 헤지수단으로 사용하는 주요 이점은 무엇인가?
d. 행사가격 $88이며 가격이 $10.25인 내가격 풋옵션을 사용하면 Max에게 더 유리한가? 만일 행사가격 $73이며 가격이 $1.00인 외가격 풋옵션의 경우는 어떠한가? 설명하라.

MyLab LG4 LG6 **P14.14** Nick Fitzgerald는 우량 대형 주식으로 구성된 잘 분산된 포트폴리오를 보유하고 있다. Fitzgerald의 포트폴리오 현재 가치는 $825,000이지만, 그는 향후 3개월에서 6개월 사이에 시장이 (20% 가량) 폭락할 것을 우려하고 있다. 그는 주가가 바닥을 치고 난 후에는 성과가 나아지고 장기적으로 잠재력이 있다고 생각하기 때문에 주식을 매도하고 싶지는 않다. 따라서 그는 포트폴리오를 헤지하기 위해 지수옵션을 고려하고 있다. S&P 500이 현재 2,854라고 가정하자. 이 지수에 대한 많은 풋옵션 중에서 그의 눈길을 끄는 것은 다음 2가지이다. (1) 6개월 만기 행사가격 2,800에 거래가격은 $77, (2) 6개월 만기 행사가격 2,725에 시세가격은 $56.

a. Nick은 $825,000의 주식 포트폴리오를 보호하기 위해 S&P 500 풋옵션을 얼마

나 사야 하는가? 필요한 행사가격 2,800의 풋옵션은 총비용이 얼마인가? 행사가격 2,725의 풋옵션의 비용은 얼마인가?

b. 이제 풋옵션과 포트폴리오의 성과 모두를 고려해 보자. 만일 시장(S&P 500으로 측정)과 Nick의 포트폴리오 모두 향후 6개월 동안 모두 15% 하락한다면 Nick은 이러한 풋옵션 헤지에서 얼마의 순이익(혹은 순손실)을 얻을 것인가? 만일 시장과 포트폴리오가 단 5%만 하락한다면 어떻게 되는가? 10% 상승한다면 어떻게 되는가?

c. Nick은 풋옵션 헤지를 해야만 하는가? 그렇다면 어떤 풋옵션을 사용해야 하는가? 설명하라.

d. DJIA가 현재 25,509이고 이 다우지수에 대한 255 행사가격을 가진 6개월 만기 풋옵션이 현재 $8.08로 거래된다고 가정하자. Nick은 자신의 포트폴리오를 보호하기 위해 얼마나 많은 풋옵션을 구매해야 할까? 총비용은 얼마인가? Nick에게는 S&P 2,800 풋옵션과 이 다우지수 옵션 중에서 어느 쪽이 유리한가? 간략히 설명하라.

LG3 LG5 **P14.15** Fabrizio는 방금 Intesa Sanpaolo Bank의 1,000주를 €2.51에 매입했다. 그는 이익을 늘리기 위해 주식에 대한 커버드 콜(Covered Call)을 발행하려고 한다. 그는 시장가격 €0.5, 행사가격 €3, 6개월 만기인 주식 콜옵션 10개를 판매한다. 주식은 배당금을 지불하지 않는다.

a. 주가가 주당 €4로 상승하면 Fabrizio의 이익은 어떻게 되는가?

b. 커버드 콜이 주식가격 하락에 대한 보호를 제공하는가? 설명하라.

LG6 **P14.16** Wolfgang은 크게 저평가되었다고 믿어지는 제약회사 주식을 보유하고 있다. Wolfgang은 주식이 장기간에 걸쳐 가치가 상승할 것이라고 기대한다. 그러나 그는 제약산업 내의 대기업 매출액이 하락함에 따라 투자자들의 흥미가 전체 제약산업에서 떠나고 있음을 우려하고 있다. 이 주식에 대해 거래되고 있는 옵션은 없지만 Wolfgang은 제약산업에 대한 그의 걱정에 대비하는 헤지를 하고 싶다. 그는 PHARMA라는 제약산업 ETF에 관심을 두고 있다. Wolfgang은 PHARMA를 이용하여 우려하고 있는 위험에 대해 헤지할 수 있는가? 옵션을 사용하는가?

LG5 LG6 **P14.17** EURO STOXX 50이 3,500이라고 가정한다. Alfonso는 100 콜을 매수하고 지수에 동일한 수의 풋을 매수하여 롱스트래들(long straddle)을 설정하려고 한다. 둘 다 3개월 후에 만료되고 행사가격 35이다. 풋옵션가격은 €1.65이고 콜옵션은 €2.65에 매도된다.

a. Alfonso가 스트래들을 설정하는 비용은 얼마이며, 옵션 만기일까지 시장이 750

포인트 하락하면 Alfonso가 벌어들일 수 있는 이익(또는 손실)은 얼마인가? 만료일까지 750포인트 상승하면 어떻게 되는가? 3,500으로 유지되면 어떻게 되는가?

b. Alfonso가 숏스트래들(short straddle)을 설정했다고 가정하고 항목 (a)를 반복하라.

c. Alfonso와 같은 투자자의 옵션 스트래들에 대한 위험과 보상은 무엇이라고 생각하는가?

LG3 **P14.18** HSBC 주식은 주당 £475.8(파운드 스털링)에 거래된다. 주식에 대한 콜옵션의 행사가격은 £490이고 만기일은 6개월이다. 주식수익률의 변동성은 작년에 26%였고 무위험수익률은 1.5%이다. Black and Scholes 공식을 사용하여 옵션가치를 계산하라.

LG3 **P14.19** 주식수익률의 변동성이 40%라고 가정하고 문제 14.18의 분석을 반복하라. 직관적으로 이로 인해 콜가격이 상승하거나 하락할 것으로 예상하는가? 콜가격은 얼마나 변하는가?

MyLab LG4 **P14.20** John은 지난 18개월 동안 주식시장을 매우 밀접하게 추적해 왔으며 미래 주가가 훨씬 더 높아질 것이라는 강한 믿음을 가지고 있다. 그가 따를 수 있는 두 가지 대안이 있다. 첫 번째는 장기 전략을 사용하는 것이다. 오늘 주식을 구매하고 언젠가는 더 높은 가격에 판매한다. 다른 대안은 3개월 콜옵션을 매수하는 것이다. 이러한 대안을 분석하는 데 필요한 관련 정보는 다음과 같다.

현재 주가 = $49
매수 희망 주식 수 = 100주
3개월 콜옵션의 행사가격은 $51이고 콜 프리미엄은 $2

a. 시나리오 1에서, 지금부터 3개월 후의 주가가 $58인 경우:
   1. 매수 포지션의 손익은 얼마인가?
   2. 콜옵션의 손익분기점은 얼마인가?
   3. 옵션은 내가격인가 외가격인가?
   4. 옵션의 손익은 얼마인가?

b. 시나리오 2에서, 3개월 후의 주가가 $42인 경우:
   1. 매수 포지션의 손익은 얼마인가?
   2. 콜옵션의 손익분기점은 얼마인가?
   3. 옵션은 내가격인가 외가격인가?

4. 옵션의 손익은 얼마인가?

설명된 옵션 투자로 인한 손익을 계산하기 위해 다음에 제시된 것과 같은 스프레드시트 모형을 작성하라.

	A	B	C	D	E	F	G	H	I	J
1										
2						Long		100		3-Month Call Option
3						Position		Shares of		on the Stock
4						No		Underlying		Strike Price
5						Option		Common Stock		$$$
6										
7	Today									
8										
9	Market value of stock			$$		$$		$$		
10	Call strike price			$$						
11	Call option premium			$$						
12										
13										
14	Scenario One : 3 months later									
15	Expected market value of stock			$$		$$		$$		
16	Stock value @ strike price			$$						$$
17	Call premium			$$						$$
18	Breakeven point			$$						$$
19										
20	Profit (Loss)					$$		$$		

사례문제 14.1 | Francisco 부부의 투자 옵션

LG3 LG4

Hector Fransisco는 Atlanta의 성공한 사업가이다. 그와 아내 Judy가 몇 년 전 설립한 상자 제조 회사는 번성하고 있다. 본인이 설립한 기업이기 때문에 Hector는 자신의 은퇴 펀드를 직접 만들고 있다. 지금까지 그는 투자 계정에 상당한 금액을 모았고 대부분 공격적인 투자를 취하고 있다. 이런 투자 성향은 그가 언급하듯 "이 사업에서 언제 바닥으로 떨어질지 모른다"는 이유 때문이다. Hector는 신중한 분석을 행한 후에 Rembrandt Paper Products(RPP) 주식이 오를 것이라고 느껴서 RPP 주식을 매입하였다. 특히 그는 향후 6개월 내에 RPP가 현재 주가 수준인 $57.50에서 주당 $80에 도달할 것이라고 믿는다. 주식은 연간 $2.40의 주당 배당금을 지급한다. Hector는 6개월 투자기간 동안 2번의 분기 배당금을 받을 것이라 계산하고 있다.

RPP의 분석에서 Hector는 이 주식에 해당하는 6개월의 콜옵션($50와 $60의 행사가격)이 CBOE에 상장되어 있다는 것을 알게 되었다. CBOE에서 $50 행사가격의 콜옵션과 $60 행사가격 콜옵션은 각각 $8와 $5로 가격이 호가되고 있다.

≫질문

a. 만일 6개월 이하로 RPP에 투자하려고 하면 Hector는 얼마나 많은 투자 대안이 있는가? 만일 투자기간이 2년이라면?

b. 6개월 투자기간과 이 기간 동안에 주식이 $80로 상승한다는 가정을 이용하자.

   1. 보유기간 말에 어느 옵션도 투자 프리미엄을 가지지 않는다고 가정하고, 2개 콜옵션의 가치를 구하여라.

   2. Hector Francisco에게 주어진 3개의 투자 대안 각각의 보유기간수익률을 구하여라.

c. 만일 Hector가 단순히 이익을 극대화하려고 한다면 어떤 조언을 하겠는가? 만일 수익률과 함께 고려했던 다른 요인(예, 위험 노출)이 변한다면 당신의 답변은 바뀌겠는가? 설명하라.

사례문제 14.2 | Ibrahim의 딜레마

LG3 LG4

Ibrahim은 아부다비 증권거래소에서 한 종목의 주식을 주당 AED12(아랍 에미리트 디르함)에 200주를 매입했다. 시간이 지남에 따라 주식가격은 주당 AED18로 상승했다. 중동의 정치적 위험이 증가하고 있기 때문에 시장이 매우 불안정한 날들이 있었다. Ibrahim은 주식에 대해 많은 기본적 및 기술적 분석을 수행했기 때문에 여전히 주식의 가치가 저평가되었다고 생각한다. 그는 아부다비 증권거래소가 거래소에서 거래되는 주식에 대한 옵션을 제공하고 있다는 소식을 듣고 자신의 이익을 보호하면서 동시에 주식의 가치 상승 잠재력을 잃지 않는 다양한 방법에 대해 브로커와 상의했다.

상의 후 Ibrahim은 주식의 풋옵션을 매수하기로 결정한다. 그의 브로커는 옵션당 AED1.5의 가격이고 행사가격이 AED18인 3개월 풋옵션을 매수할 수 있다고 조언했다.

≫질문

a. Ibrahim의 현재 투자 상황에서 헤지 수단으로 풋옵션을 사용하는 이점은 무엇인가? 주요 위험요인은 무엇인가?

b. 만일 제시된 옵션가격에 풋옵션 2계약을 매수하면 Ibrahim의 최소 이익은 얼마인가? 헤지 대신에 주당 AED18의 가격에 주식을 즉시 매도한다면 그의 이익은 어떻게 되는가?

c. Ibrahim이 자신의 포지션을 헤지하기 위해서 풋옵션 2계약을 사용한다고 가정하고, 옵션 만기일에 주식이 AED25로 변한다면 그의 이익은 얼마가 되는가? 주식이 주당 AED11로 하락한다면?

d. Ibrahim은 헤지를 위해 풋옵션을 사용해야 하는가? 어떤 조건에서 헤지로 풋옵션을 사용해서는 안 되는가?

장 도입부 문제

이 장의 도입부분에서 Amazon 풋옵션에 대한 미결제약정(open interest)에 대해 읽었다. 2018년 1월에 Amazon 주식에 대한 풋옵션과 콜옵션이 다음과 같은 조건으로 제공되었다고 가정한다.

옵션	행사가격/프리미엄		만기
풋	$1,200	$195	2018년 8월
콜	$1,200	$215	2018년 8월

가격은 옵션당 비용을 반영한다. 예를 들어, 100주를 매도할 수 있는 권리를 부여하는 풋옵션계약의 비용은 $19,500($195×100주)이다. 1월에 Amazon이 주당 $1,189에 거래되었을 때 투자자들이 아래의 각 포지션에 진입했고, Amazon의 가치가 $1,911이던 8월에 마감했다고 가정한다. 각 포지션에 대한 손익금을 계산하라.

a. 콜 계약 매수
b. 콜 계약 매도
c. 풋 계약 매수
d. 풋 계약 매도

CHAPTER

15

선물시장과 선물계약

학습목표

이 장을 학습하면 다음을 수행할 수 있다.

LG1 선물계약의 특성을 설명하고 어떻게 선물시장이 운영되는지 이해한다.

LG2 헤지 거래자와 투기자의 선물시장에서의 역할과 어떻게 이익과 손실이 발생하는지 설명한다.

LG3 선물시장의 상품인 상품선물을 설명하고 이러한 투자의 특성을 이해한다.

LG4 상품을 이용한 거래전략을 설명하고 투자수익률의 측정 방법을 이해한다.

LG5 실물상품선물과 금융선물의 차이를 설명하고 오늘날 시장에서 금융선물의 역할 증가에 대해 논의한다.

LG6 금융선물에 사용되는 거래기법을 논의하고 어떻게 이런 증권이 다른 투자와 관련되어 있는지 확인한다.

2017년 가장 많이 언급된 투자인 비트코인은 CBOE(Chicago Board Options Exchange)와 CME(Chicago Mercantile Exchange)가 암호화폐 파생상품을 거래하고자 하는 투자자를 위해 12월에 비트코인 선물계약을 제공하기 시작하면서 확실한 정당성을 얻었다. 그해에 올린 엄청난 수익 때문에 비트코인에 대한 투자자의 관심은 높았다. 비트코인의 가치는 1월 기준 $1,000에서 비트코인 선물이 CME에서 거래되기 시작한 같은 날인 12월 17일까지 1,852% 상승한 $19,511로 치솟았다.

비트코인의 상승은 일부 투자자들이 암호화폐를 뒷받침하는 기술인 블록체인이 세계 통화 시스템에 혁명을 일으킬 것이라는 견해에서 비롯되었다. 그 비전을 공유한 투자자들은 비트코인을 대량으로 구입하여 가격을 높이고 비트코인으로 쉽게 돈을 벌고 싶어 하는 더욱 낙관적인 투자자를 끌어들였다. 비트코인이 우스운 돈이라고 생각하거나 적어도 $19,511의 가격표가 정당화되지 않았다고 생각하는 보다 회의적인 투자자는 선물계약이 거래되기 전까지는 상승 추세에 대해 거의 베팅(투자)할 수 없었다.

12월 17일의 정점 이후로 비트코인 가격은 다음 한 해 동안에만 80%가 떨어지면서 긴 하락을 시작했다. 선물계약이 가능해진 당일에 비트코인이 정점에 도달한 것은 우연이 아니다. 선물계약은 비트코인 회의론자들에게 재무적으로, 즉 비트코인 선물을 판매하는 방식으로 의견을 표현할 수 있는 방법을 제공했다. 선물계약을 매도하는 것은 비트코인이든 석유이든 또는 기타 여러 상품이든 기초 자산을 선물계약 당사자가 미래의 날짜에 미리 합의한 가격으로 교환하여 인도하겠다는 약속이다. 가격이 $19,000가 넘었을 때 비트코인 선물을 판매한 투자자는 나중에 공개시장에서 비트코인을 수천 달러 싸게 구매하여 선물계약 매수자에게 해당 코인을 전달함으로써 큰 수익을 낼 수 있다.

선물시장을 통해 투자자는 투기거래를 하거나 위험을 헤지할 수 있다. 또한 일부 자산의 가치에 대해 낙관적이고 비관적인 견해를 가진 투자자에게 그러한 견해를 거래할 기회를 제공함으로써 시장을 보다 효율적으로 만드는 데 도움이 된다. 이번 장에서는 선물계약 및 선물시장의 세계를 소개한다.

(출처: "How Futures Trading Changed Bitcoin Prices," *Federal Reserve Bank of San Francisco Economic Letter*, May 7, 2018에서 발췌)

선물시장

LG1 선물시장은 사람들이 귀금속(금, 은, 구리), 농산물(곡물, 가축, 커피), 금융자산(주식, 채권, 비트코인) 등을 거래할 수 있는 이국적인 투자 측면이다. 선물계약은 증거금에 따라 거래되므로 위험은 엄청나지만 운이 좋으면 그 수익도 놀랍다. 미국의 선물거래는 지난 수십 년 동안 급증했다. 선물거래가 성장한 주된 이유는 현재 이용 가능한 선물계약의 수와 다양성 때문이며, 점점 더 많은 투자자들이 높은 수익을 올리기 위해 선물거래로 전환하고 있다. 그러나 선물계약의 모든 거래자가 투기자는 아니다. 선물은 큰 수익을 기대하면서 큰 위험을 감수하고자 하는 당사자들과 마찬가지로 위험을 헤지하거나 감소시키려는 당사자에게도 중요하다.

시장구조

밀 1부셸이 팔리는 거래는 현물시장(cash market)에서 일어난다. 그 밀은 매도자에게 지급되는 현금에 대한 대가로 주인이 바뀐다. 실용적인 목적에서 거래는 그때 그 장소에서 완료된다. 거의 대부분의 전통적인 증권은 이런 유형의 시장에서 거래된다. 그러나 밀 1부셸은 **선물시장**(futures market)에서도 팔릴 수 있다. 선물시장은 선물계약을 거래하기 위해 조직된 시장이다. 이 시장에서 매도자는 상호 동의한 미래의 특정 날짜가 될 때까지 밀을 인도하지 않을 것이다. 결과적으로 거래가 한동안 완료되지 않는다. 반면에 매수자는 매우 유동적인 선물계약을 보유하거나(그리고 밀 1부셸을 인도받기 위해 제시하거나) 선물시장에서 선물계약을 거래할 수 있다. 매수자가 계약을 가지고 무엇을 하든, 매도자는 미래의 정해진 날에 정해진 밀의 양을 인도해야만 하는 법적인 의무를 가지게 된다. 매수자/보유자는 밀을 인도받고 매도자에게 선물계약 가격을 지불해야 하는 유사한 의무가 있다.

선물계약 **선물계약**(futures contract)은 동의한 가격에 정해진 날짜에 특정한 상품의 정해진 물량을 인도하기로 한 매매계약이다. 상품의 물량과 품질뿐만 아니라 인도절차와 인도월도 포함한다. 선물계약의 **인도월**(delivery month)은 풋옵션과 콜옵션의 만기일과 매우 유사하다. 매도자가 기초 자산을 인도해야 하는 시기를 지정하고 있기 때문에 계약의 수명을 정의한다. 예를 들어, CME Group의 시카고상품거래소(Chicago Board of Trade: CBOT)는 대두 선물계약을 USDA No. 2 황색 대두 5,000

〈표 15.1〉 선물계약의 범위

	단일 계약의 크기*	단일 계약의 시장가치($)**
옥수수	5,000 부셸(bu)	$ 18,950
밀	5,000 부셸(bu)	$ 23,163
생우(live cattle)	40,000 파운드(lb)	$ 47,600
비육우(feeder cattle)	50,000 파운드(lb)	$ 69,500
돈육(lean hogs)	40,000 파운드(lb)	$ 28,000
커피	37,500 파운드(lb)	$ 43,875
설탕	112,000 파운드(lb)	$ 12,320
금	100 트로이 온스(troy oz)	$133,760
구리	25,000 파운드(lb)	$ 78,000
원유	1,000 베럴(bbls)	$ 73,180
유로	125,000 유로(euro)	$152,563
일본 엔	12.5 백만 엔(yen)	$114,964
미국 10년채(T-note)	$100,000	$119,095
S&P 500 주가지수	$250×S&P 500 선물가격	$639,500

* 단일 계약의 크기는 CME Group의 선물상품에 해당함.
** 계약의 가치는 2018년 4월 23일의 가치를 나타냄.

부셸로 하도록 정하고 있다. 그리고 대두의 인도월은 1월, 3월, 5월, 7월, 8월, 9월, 11월이다.

또한 선물계약의 거래시간은 계약 유형과 거래 시스템이 공개 호가인지 또는 전자거래인지에 따라 다르다. **공개호가 경매**(open-outcry auction)는 거래자들이 원하는 거래를 표시하기 위해 서로 소리를 지르면서 거래하는 다소 혼란스러운 접근방식이다. 주중 대부분에 거의 24시간으로 운영되는 전자거래의 거래시간보다 공개호가 거래시간은 제한적이다.

〈표 15.1〉은 14가지 상품선물과 금융선물을 보여준다. 단일 계약의 시장가치는 〈표 15.1〉에 기록된 바와 같이 계약의 규모와 기초 상품의 최근 시세를 곱하여 산출한다. 예를 들어, 단일 계약으로 37,500파운드의 커피가 있는데, 커피가 파운드당 $1.17에 거래된다면 선물계약의 시장가치는 37,500×$1.17=$43,875이다. 표에서 보듯이, 선물계약은 대량의 기초 자산을 대상으로 한다. 그러나 단일 계약의 가치가 일반적으로 상당히 크지만 시장에서의 모든 거래는 증거금 기준(margin basis)으로 이루어지기 때문에 이러한 상품에 필요한 실제 투자자본은 상대적으로 작다.

옵션과 선물계약 여러 측면에서 선물계약은 콜옵션과 밀접하게 관련되어 있다. 예를 들어, 둘 다 동의한 가격에 상품을 미래에 인도하는 파생증권이다. 그러나 선물계약과 옵션 사이에는 중대한 차이점이 있다. 우선 선물계약은 계약의 만기 이전에 취소되거나 청산되지 않는 한, 주어진 상품을 정해진 물량만큼 사거나 팔아야 하는 의무를 부과한다. 반면에 옵션은 보유자에게 정해진 기간 동안 정해진 가격으로 실물자산이나 금융자산의 정해진 물량을 매수 또는 매도할 수 있는 권리를 제공하지만 그렇게 할 의무는 없다.

또한 콜옵션이나 풋옵션은 투자자들이 기초 자산을 매수하거나 매도할 수 있는 행사가격을 정하고 채권의 이자율과 마찬가지로 해당 계약기간 동안 고정되어 있는 반면에 선물가격은 주가처럼 거래를 통해 설정되며 시간이 지남에 따라 변경된다. 월요일 아침에 밀 선물계약을 매수한다고 가정해 보자. 이 계약은 몇 주 또는 몇 달 후에 밀에 대해 지불할 가격을 설정하지만, 월요일 오후에 동일한 만기일로 다른 밀 선물계약을 매수했다면 선물가격이 다를 수 있다. 수요와 공급의 힘으로 선물가격은 시시각각 변하는 반면 옵션의 행사가격은 고정된 상태로 유지된다.

옵션과 선물의 다른 두 가지 차이점은 중요한다. 옵션 매수자의 경우 손실 위험은 옵션 프리미엄으로 제한된다. 선물계약에는 유사한 손실 한도가 없다. 또한 옵션 매수자가 옵션을 획득하기 위해 매도자에게 무언가(프리미엄)를 지불해야 하는 반면, 선물계약 매수자와 매도자는 현금을 선불로 교환하지 않는다(선물거래소에서 초기 증거금을 예치해야 함).

주요 거래소 미국의 선물계약은 약 170년 전에 농작물을 기르고, 소유하고, 거래하는 개인들이 예기치 않은 가격의 하락이나 상승으로부터 자신을 보호하기 위한 방법을 찾으면서 농산물에서 출발하였다. 추후에 선물계약은 농업과 관련이 없는 가격 변동을 이용한 투기를 통해 돈을 벌고자 하는 개인들에 의해 거래되기 시작하였다.

미국 최초의 조직화된 상품거래소는 시카고상품거래소(CBOT)로 1848년에 개장했다. 시간이 흐르면서 더 많은 시장이 열렸다. 현재 미국에는 지정계약시장(designated contract market: DCM)의 자격을 갖춘 12개의 거래소가 상장 선물계약을 운영하고 있다. 지정계약시장은 미국 상품선물거래위원회(Commodity Futures Trading Commission: CFTC)의 규정에 따라 운영되는 거래소이다. DCM은 기초상품, 지수, 혹은 금융상품에 대한 선물(혹은 옵션) 계약을 상장한다. 선물거래의 대부분은 일부 거래소에서만 일어난다. 시카고상업거래소(Chicago Mercantile Exchange: CME)는 CBOT와 뉴욕상업거래소(New York Mercantile Exchange: NYMEX) 다음 가는 규모이다. NYMEX는 예전에 상품거래소(Commodity Exchange: COMEX)를 합병하였다. 이들

4대 거래소가 미국 선물거래소에서 발생하는 거래의 약 95%를 차지한다.

대부분의 거래소는 여러 종류의 상품과 금융자산을 거래하며, 대부분의 상품과 금융선물은 하나 이상의 거래소에서 거래된다. 미국 선물거래소의 연간 거래량은 30억 계약을 넘으며 거래금액의 총 가치가 $1조를 넘어섰다. 전 세계적으로 선물거래는 현재 연간 148억 계약 이상이며 다른 지역보다 아시아에서 거래되는 계약이 더 많다. 2008년부터 2017년까지 전 세계 선물 거래량은 78%, 즉 연간 약 6.6%씩 증가했다. 2017년 미국 시장에서 가장 많이 거래된 선물계약은 유로달러 선물, 10년물 국채 선물, E-Mini S&P 500 선물 등이다.

선물시장에서의 거래

기본적으로 선물시장은 헤지 거래자와 투기자를 포함한다. 이들이 없다면 시장은 존재하지 못하고 효율적으로 운용되지도 않을 것이다. **헤지 거래자**(hedgers)는 상품을 생산하거나 생산과정에서 상품을 원료로 사용하는 사업자들이다. 예를 들어, 목장주는 가축을 실제로 팔기 몇 개월 전에 가축의 가격을 고정하기 위해 선물계약을 체결하려 할 것이다. 그런 방식으로 목장주 수익은 예측 가능하게 되고 가축 가격의 변동에 영향을 받지 않게 된다. 사실, 헤지 거래자는 선물시장의 기반을 제공하고 선물시장의 존재이유가 된다. 금융선물의 경우에 헤지 거래자는 이자율이나 환율과 같은 금융 변수의 변동에 영향을 받는 사업자들이다. 따라서 헤지 거래자는 금융기관이나 기업의 재무관리자들도 포함한다.

반면에 **투기자**(speculators)는 예상되는 가격 변동에서 단순히 이익을 얻으려고 선물계약을 거래한다. 그들은 본래 상품선물이나 금융선물에는 관심이 없고 가격 변화나 선물에서 얻을 잠재적인 자본이득에 관심이 있다. 그러나 시장에서 이들의 존재는 선물시장에 유동성을 제공하기 때문에 다른 거래자에게 이로움을 제공한다.

거래구조 선물계약이 일단 만들어지면 시장에서 즉시 거래될 수 있다. 보통주식처럼 선물계약은 지역 브로커 사무실이나 인터넷 사이트에서 매수하고 매도한다. 상품 거래계좌를 만드는 것을 제외하고 선물거래와 주식이나 채권 거래 사이에 차이는 없다. 유사한 주문이 사용되고 증거금 거래는 표준 관행이다. 투자자는 현재 거래소 중 하나에서 거래되고 있다면 인도월에 관계없이 모든 계약을 언제나 매매할 수 있다.

계약을 매수하는 것은 **매수포지션을 취한다**(taking a long position)고 한다. 계약을 매도하는 것은 **매도포지션을 취한다**(taking a short position)고 한다. 이것은 주식의 매수와 매도를 취하는 것과 의미까지 정확하게 같다. 매수한 투기자는 가격이 오르기를 원하고 매도한 매도자는 하락하기를 원한다. 투자자는 상쇄되는 거래를 실행함으로써 매수와 매도 포지션을 청산할 수 있다. 예를 들어, 공매도자는 자신의 포지션을 같은 양의 계약을 매수하여 청산할 수 있을 것이다. 일반적으로 모든 선물계약의 약 1%만이 실물 인도로 포지션을 청산한다. 나머지는 인도월 이전에 상쇄된다. 모든 거래는 정상적인 거래비용을 유발하는데 그것은 개별 계약이 거래되기 위한 **쌍방향 거래수수료**(round-trip commission)를 포함한다. 쌍방향 거래수수료는 계약을 매수하고 매도하기 위한 거래의 양면에 발생하는 수수료 비용을 포함한다. 비록 수수료의 규모가 거래되는 계약의 유형에 따라 다르더라도, 전자거래는 $10 미만의 쌍방향 거래수수료를 가지는데 이것은 장내 거래에서 브로커를 이용한 거래에 비해 확실히 저렴한 것이다.

증거금 거래 증거금으로 선물을 매수하는 것은 총가격의 일부만을 현금으로 지급하는 것을 의미한다. 증거금은 사실 거래에 들어가는 자기자본의 금액이다. 모든 선물거래는 증거금 기준으로 거래된다. 일반적으로 계약가치의 2%에서 10%의 범위의 증거금이 요구된다. 이것은 주식이나 기타 다른 증권에서 요구되는 증거금에 비해 매우 낮은 것이다. 더구나 계약 잔액을 유지하기 위해 투자자에게 요구되는 차입도 없다. 선물에 요구되는 증거금인 **예치증거금**(margin deposit)은 불리한 가격 움직임의 결과로 인해 발생할 선물계약의 시장가치의 손실을 보전하기 위한 담보를 말한다. 이것은 단순히 계약의 완료를 보장하기 위해 존재한다.

필요 증거금 예치의 규모는 계약의 유형과 기초 상품이나 금융자산 가격의 변동성에 따라 다르다. 어떤 경우에는 상품이 거래되는 거래소에 따라 다르기도 하다. 〈표 15.2〉는 〈표 15.1〉에 제시되었던 것과 동일한 14개의 상품과 금융상품에 대한 증거금 요건을 보여준다. 선물계약의 규모와 가치에 비해 필요 증거금은 매우 낮다. 〈표 15.2〉에 제시된 **개시증거금**(initial margin)은 최초에 거래를 시작할 때 투자자가 브로커에게 예치해야만 하는 자본이다. 그것은 주어진 투자를 실행하는 데 필요한 금액을 말한다(〈표 15.2〉에 제시된 증거금은 투기거래를 위한 것이다. 일반적으로 헤지 거래자에 필요한 개시증거금 예치액은 조금 낮다).

계약의 시장가치는 기초 상품이나 금융상품의 가격이 오르거나 내림에 따라 오르거나 내릴 것이다. 그리고 그런 변동은 예치한 증거금에도 변화를 유발한다. 적절한 증거금은 항상 유지되어야 하고 투자자는 두 번째 유형의 증거금 요건인 **유지증거**

〈표 15.2〉 상품선물과 금융선물의 증거금 요건

계약	개시증거금	유지증거금	거래소
옥수수	$ 880	$ 800	CBOT
밀	$ 1,705	$ 1,550	CBOT
생우(live cattle)	$ 1,650	$ 1,500	CME
비육우(feeder cattle)	$ 3,080	$ 2,800	CME
돈육(lean hogs)	$ 1,485	$ 1,350	CME
커피	$ 2,310	$ 2,100	ICE
설탕	$ 1,047	$ 952	ICE
금	$ 3,410	$ 3,100	COMEX
구리	$ 3,410	$ 3,100	COMEX
원유	$ 3,410	$ 3,100	NYMEX
유로	$ 2,530	$ 2,300	CME
일본 엔	$ 2,200	$ 2,000	CME
미국 10년채(T-note)	$ 1,155	$ 1,050	CBOT
S&P 500 주가지수	$33,000	$30,000	CME

참고: 2015년에 CME Group은 모든 제품에 대한 투기 및 비회원의 개시증거금 요건이 특정 제품에 대한 유지증거금 요건의 110%로 설정되도록 지정했다. 모든 제품에 대한 헤지 및 회원 개시증거금 요건은 유지증거금 요건의 100%로 설정된다. 증거금은 고객이 충족해야 하는 전형적인 지속적 요건을 의미한다. 시장의 변동성에 따라 거래소의 최소 증거금 요건이 자주 변경된다. 따라서 이 표의 요건은 예고 없이 변경될 수 있다.

금(maintenance margin)을 충족해야 한다. 이 예치금은 개시증거금보다 약간 작지만 투자자가 항상 계좌에 유지해야만 하는 증거금의 최소 금액을 말한다. 예를 들어, 만일 상품의 개시증거금이 계약당 $1,100라면 유지증거금은 $1,000가 될 수 있다. 계약의 시장가치가 (계약의 개시증거금과 유지증거금의 차액인) $100 이상 하락하지 않는다면, 투자자는 문제가 없다. 그러나 만일 계약의 가치가 $100 이상 하락하면, 투자자는 **증거금납입요청**(margin call)을 받을 것이다. 투자자는 즉각 개시증거금 수준으로 현금의 포지션을 회복하도록 예치를 해야만 한다.

투자자의 증거금 포지션은 매일 **일일정산**(mark-to-the-market)이라 알려진 절차를 통해 확인된다. 즉, 계약가치의 이득과 손실이 매 거래일이 끝나면서 결정된다. 동시에 브로커는 그에 맞추어 계정을 조정한다. 하락시장에서 투자자는 증거금납입요청을 받을 것이고 추가 증거금을 지급해야 한다. 이에 대응하지 못하면, 브로커는 포지션을 청산할 수밖에 없는데 그것은 선물계약을 매도하는 것이다.

개념 리뷰

해답은 www.pearson.com/mylab/finance에서 찾을 수 있음.

15.1 선물계약은 무엇인가? 투자 도구로 어떻게 이용되는지 설명하라.

15.2 현물시장과 선물시장의 차이점을 설명하라.

15.3 상품 투기자 수익의 주요 원천은 무엇인가? 배당금이나 이자와 같은 경상소득(current income)은 왜 중요한가?

15.4 헤지 거래자와 투기자 모두에게 선물시장의 효율적 운용이 중요한 이유는 무엇인가?

15.5 선물시장에서 증거금 거래(margin trading)는 어떻게 이루어지는가?

a. 개시증거금과 유지증거금의 차이는 무엇인가?
b. 투자자는 추가적인 증거금을 지불하도록 요청받기도 하는가? 그렇다면 언제인가?

상 품

LG2 LG3 LG4

곡물, 금속, 목재, 육류와 같은 실물 상품은 선물시장의 중요한 부분을 구성한다. 이들은 수십 년간 활발하게 거래되어 왔다. 다음 내용은 상품 거래에 초점을 두고 있다. 우선 이러한 계약의 기본적인 특성과 투자의 장점에 대해 살펴보도록 한다.

기본적 특성

상품은 공급자의 차별화가 없이 수요가 있는 상품이다. 다시 말해, 상품은 공급자가 누구든 질적으로 동일하며 대체가 가능한 재화이다. 예를 들어, 우즈베키스탄 광산에서 나온 금 1트로이 온스(약 31.1그램)는 인도네시아에서 나온 금 1트로이 온스와 같다. 기초 상품이 계약 표준에 맞으면 선물로 거래될 수 있다. 〈표 15.3〉은 상품 계약시장을 6개의 분류로 나눈 것이다. 이러한 분류는 거래 구조나 절차에 영향을 주지 않는다. 이것은 단순히 상품을 기초 자산의 몇 가지 유사한 특성에 따라 관행적인 분류에 따라 그룹을 나눈 것에 불과하다.

〈표 15.3〉은 상품시장의 다양성과 여러 가지 종류의 계약을 보여준다. 가능한 계약의 유형이 매년 변경되기는 하지만, 표는 투자자에게 선택할 수 있는 수십여 가지 상품을 제시한다. 많은 계약(대두, 밀, 설탕 등)은 여러 종류 혹은 등급으로 가능하다. 〈표 15.3〉에는 포함되지 않은 상품(예를 들어, 버터, 치즈, 유장, 순살 소고기 등)

〈표 15.3〉 상품의 주요 분류

농산물		금속	
옥수수	대두유	은	팔라듐
귀리	밀	구리	백금
대두	캐놀라	금	철광석
대두박	쌀		
축산물		**음식**	
생우	돈육	코코아	설탕
비육우		커피	면화
		우유	오렌지 주스
에너지		**기타**	
석탄	천연가스	날씨	화물
원유	에탄올	이자율	환경
난방유	전기	부동산	목재

은 십여 가지가 있는데 널리 거래되지는 않는다.

상품계약 모든 상품(활발하게 거래되든 아니든)은 거래되는 상품의 양과 질에 대해 상세히 설명하는 어떤 명세서를 가진다. 〈그림 15.1〉은 CBOT에서 거래되는 옥수수 선물에 대한 계약명세서이다. 옥수수 선물계약이 5,000부셸의 #2 황색 옥수수를 미래 가격에 인도하는 것을 나타내고 있다. 이 경우에 계약은 인도가능한 등급으로 #1이나 #3 황색 옥수수도 허용하고 있지만 각각 프리미엄이나 할인이 필요하다. 선물계약은 또한 가격 단위, 만기월, 거래시간, 일일 가격제한, 청산절차 등을 정하고 있다. 계약명세서의 중간에는 거래소 규칙이 있는데, 상장거래소와 계약을 거래할 때 적용되는 거래 규칙과 규정을 알려준다.

상품에 적용되는 시세표 시스템은 계약의 규모와 가격 단위에 따라 다르다. 〈그림 15.2〉와 같은 표준 시세표는 각각의 인도월에 대하여 매일 종가, 시가, 고가, 저가를 보고한다. 상품에 대한 당일 종가는 **정산가격**(settlement price)이라고 한다. 일일 정산가격은 계약의 시장가치를 결정하고 투자자의 당일 이익과 손실뿐만 아니라 증거금 요건을 결정하는 데 사용되기 때문에 매우 중요하다. 이전 정산가격(prior settle price)은 전날 종료시의 최종 정산가격이다. 〈그림 15.2〉의 시세표는 또한 장 종료 후에 남아 있는 계약의 총수인 미결제약정(open interest)의 물량과 거래된 계약의 총수인 **거래량**(volume)을 보고한다. 〈그림 15.2〉에 따르면 2018년 12월 옥수수의 정산가격은 379'6이다(따옴표 다음은 8분의 1을 의미한다). 옥수수 선물은 부

그림 15.1

옥수수 선물에 대한 계약명세서

상장된 선물계약을 위한 계약명세서는 대체로 거래소 웹사이트에서 확인할 수 있다. 거래자가 선물계약을 매수 혹은 매도하면, 계약명세서에서 정해 놓은 조건을 지키기로 동의하는 것이다. 이 경우는 옥수수 선물계약으로, 5,000부셸의 #2 황색 옥수수를 계약의 만기월인 인도월의 마지막 거래일 이후 두 번째 영업일 종료시점까지 인도를 요구하는 것을 볼 수 있다.
(출처: CME Group, 2018)

Corn Futures Contract Specs

View another product..

Quotes | Settlements | Volume | Time & Sales | Contract Specs | Margins | Calendar

Futures | Options

Contract Unit	5,000 bushels (~ 127 Metric Tons)
Price Quotation	Cents per bushel
Trading Hours	Sunday – Friday, 7:00 p.m. – 7:45 a.m. CT and Monday – Friday, 8:30 a.m. – 1:20 p.m. CT
Minimum Price Fluctuation	1/4 of one cent per bushel ($12.50 per contract)
Product Code	CME Globex: ZC CME ClearPort: C Clearing: C TAS: ZCT
Listed Contracts	March (H), May (K), July (N), September (U) & December (Z)
Settlement Method	Deliverable
Termination Of Trading	The business day prior to the 15th calendar day of the contract month.
Trade At Marker Or Trade At Settlement Rules	Trading at settlement is available for first 3 listed futures contracts, nearby new-crop December contract (if not part of the first 3 outrights), first to second month calendar spread, second to third month calendar spread, and nearest Jul-Dec spread when available (when July is listed); and are subject to the existing TAS rules. The Last Trade Date for CBOT Grain and Oilseed TAS products will be the First Position Day (FPD) of the front-month contract (FPD is the second to last business day in the month prior to the nearby contract month). Trading in all CBOT Grain TAS products will be 19:00-07:45 and 08:30-13:15 Chicago time. All resting TAS orders at 07:45 will remain in the book for the 08:30 opening, unless cancelled. TAS products will trade a total of four ticks above and below the settlement price in ticks of the corresponding futures contract (0.0025), off of a "Base Price" of 0 to create a differential (plus or minus 4 ticks) versus settlement in the underlying product on a 1 to 1 basis. A trade done at the Base Price of 0 will correspond to a "traditional" TAS trade which will clear exactly at the final settlement price of the day.
Settlement Procedures	Corn Settlement Procedures
Position Limits	CBOT Position Limits
Exchange Rulebook	CBOT 10
Price Limit Or Circuit	Price Limits
Vendor Codes	Quote Vendor Symbols Listing
Last Delivery Date	Second business day following the last trading day of the delivery month.
Grade And Quality	#2 Yellow at contract Price, #1 Yellow at a 1.5 cent/bushel premium #3 Yellow at a 1.5 cent/bushel discount

그림 15.2 옥수수 선물계약에 대한 시세표

온라인 시세표는 쉽게 구할 수 있으며 실시간으로(혹은 일부는 약간 지연됨) 다양한 상품에 대한 핵심 정보를 빠르게 알려준다. 옥수수 선물계약에 대한 아래 시세표는 매일 종가, 시가, 고가, 저가를 제시한다. 또한 전날의 종가에서 당일 종가까지의 가격 변화와 전날의 정산가격(혹은 이전 정산가격)을 당일 거래량, 상하한가(Hi/Lo limit)와 함께 보고한다.
(출처: CME Group, 2018에서 발췌)

Corn Futures Quotes
Globex

View Another Product

Quotes | Settlements | Volume | Time & Sales | Contract Specs | Margins | Calendar

Globex Futures | Globex Options | Open Outcry Options — Auto Refresh Is ON

Month	Options	Charts	Last	Change	Prior Settle	Open	High	Low	Volume	Hi / Low Limit	Updated
SEP 2018	OPT		365'2	+3'6	361'4	365'0	367'0	360'4	26,570	386'4 / 336'4	09:39:56 CT 16 Aug 2018
DEC 2018	OPT		379'6	+3'6	376'0	379'4	381'4	375'0	47,625	401'0 / 351'0	09:40:02 CT 16 Aug 2018
MAR 2019	OPT		391'2	+3'4	387'6	391'0	393'2	386'4	5,972	412'6 / 362'6	09:40:02 CT 16 Aug 2018

셸당 센트로 표시되기 때문에 따옴표 다음에 나오는 6은 6/8센트를 의미한다. 〈그림 15.1〉에 따르면 옥수수 선물계약의 최소 가격 변동은 1센트의 1/4이므로 6/8은 1센트의 3/4 또는 0.75센트이다. 따라서 호가 379'6은 부셸당 가격이 379.75센트 또는 $3.7975임을 의미한다. 각 계약은 옥수수 5,000부셸을 나타내고 각 부셸의 가치는 $3.7975이므로 계약의 시장가치는 5,000×$3.7975=$18,987.50이다.

가격 움직임 상품가격은 경제적, 정치적, 국제적 압력의 특성뿐만 아니라 날씨에도 반응을 한다. 상품가격의 변동에 대한 이유를 설명하는 것은 이 책의 범위를 벗어난다. 그러나 투기자가 원하는 다른 투자처럼 상승과 하락이 있다. 우리는 (5,000부셸이나 40,000파운드처럼) 대규모 단위로 거래를 하기 때문에 작은 가격 변화도 계약의 시장가치에 큰 영향을 줄 수 있고 투자자의 수익과 손실에도 막대한 영향을 준다. 예를 들어, 만일 옥수수 가격이 1부셸당 $0.20 상승하거나 하락하면, 단일 계약의 가치는 $1,000 변할 것이다. 옥수수 계약은 개시증거금으로 $880를 예치해야 가능하기 때문에 이런 유형의 가격 움직임은 투자자 수익에 쉽게 큰 영향을 준다.

상품가격은 실제로 크게 움직이는가? 스스로 판단해 보자. 〈그림 15.2〉의 열

> **투자자 현실**
>
> **기후 선물은 뜨겁거나 차갑다!** 기후에 관해 우려하고 있으면 기후 선물계약을 매수하고 걱정을 해소하라. 기후 파생상품으로 알려진 이러한 금융상품은 예기치 않은 기후상황과 관련된 위험을 관리하고자 하는 정부, 기업, 개인이 사용할 수 있다. 기후 선물은 기초 기후지수에 따라 가치가 결정되는데 기후지수는 기온, 강우, 서리, 눈, 허리케인과 같은 기후변수를 근거로 산출된다.
>
> 예를 들어, 에너지 회사는 따뜻한 겨울이나 차가운 여름과 같이 예기치 않은 기온 때문에 발생하는 수요변화를 헤지하는 데 사용할 수 있다. 농부는 기후 선물을 가뭄이나 냉해에 의해 야기된 흉년에 대비하기 위해 헤지할 수 있다. 놀이공원은 여름 시즌의 비 오는 주말을 보호하기 위해, 스키 리조트는 충분치 못한 눈으로 인한 잃어버린 수익을 보호하기 위해 사용할 수 있다. 기후 선물의 적용범위는 상당히 넓다.
>
> CME(Chicago Mercantile Exchange)는 1999년에 처음으로 거래소에서 거래되는 기후 선물계약을 도입하였다. CME는 현재 난방도일(HDD) 또는 냉방도일(CDD) 계약인 온도 기반 기후 선물을 제공한다. HDD 또는 CDD 계약 보유자는 누적 온도가 지정된 수준보다 낮거나 높을 경우 수익을 받는다.
>
> (출처: CME Group, Weather Products, www.cmegroup.com에서 발췌)

(column)별 가격 변화는 전날의 종가에서 오늘 종가의 가격 변화를 보여주는 좋은 예이다. 예를 들어, 2019년 3월 옥수수는 부셸당 $0.035(즉, 3'4는 3과 4/8센트를 의미) 또는 계약당 $175(즉, 5,000부셸×$0.035＝$175) 상승했다. 거래일 동안 고가와 저가를 비교하면 가격 변동이 더욱 커진다. 이 경우 2019년 3월 옥수수는 계약당 $0.0675 또는 $337.50의 차이인 393'2에서 386'4로 이동했다. 이러한 일중 가격 변동은 단일 계약으로 이루어진다. 이러한 작은 변동의 영향은 계약 수에 따라 특히 소규모 초기 투자에 비해 상당한 이익 또는 손실을 빠르게 얻을 수 있다.

가격의 변동성은 투자자를 상품 투자로 끌어들이는 역할을 한다. 거래소는 변동성을 가진 상품계약의 특성을 인식하고 일일 최대 가격 변화라는 가격제한을 부과하여 가격 변동에 제한을 두려고 한다(유사한 제한이 일부 금융선물에도 적용된다). **일일 가격제한**(daily price limit)은 기초상품가격의 일간 변화(전일에서 당일 사이의 가격 변화)를 제한한다. 예를 들어, 옥수수 선물계약의 가격제한은 부셸당 $0.25이다. 즉, 전일 종가에서 가격이 $0.25 이상 상승하거나 하락하면 거래가 중단된다. **최대 일일 가격범위**(maximum daily price range)(〈그림 15.2〉의 Hi/Lo 가격의 차이)는 일중 가격 변동(즉, 하루 동안 가격이 얼마나 변할 수 있는지)을 제한하며 일반적으로 일일 가격제한의 두 배와 같다. 옥수수의 일일 가격제한은 부셸당 $0.25이므로 최대 일일 가격범위는 부셸당 $0.50이다. 계약이 만기일에 가까워짐에 따라 선물가격의 변동성이 극도로 높아질 수 있기 때문에, 인도월의 첫날 전 두 번째 영업일 또는 그 이후의 당월 계약에는 가격제한이 없다. 가격제한은 여전히 빠른 수익을 올릴 수 있는 충분한 여지를 남긴다. 하나의 옥수수 선물계약에 대한 일일 가격제한이 하루에 $1,250의 가격 변동으로 해석된다.

투자자본의 수익률 선물계약은 수익에 한 가지 원천만을 가진다. 긍정적인 방향으로 가격이 움직일 때 그 결과로 얻는 자본이득이다. 어떤 종류의 경상소득(current income)도 없다. 선물계약의 변동성 높은 가격 움직임은 왜 높은 수익이 가능한지를 설명하는 하나의 이유가 된다. 다른 이유로는 레버리지 효과가 있다. 모든 선물거래는 증거금으로 이루어지기 때문에 대규모 투자 포지션을 유지하고 선물계약에 수반되는 가격 변동에 참여하는 데 작은 금액만 있으면 가능하다. 물론 레버리지의 사용은 또한 며칠 만에 투자금액이 사라지는 투자위험을 의미한다.

상품계약의 투자수익률은 **투자자본의 수익률**(return on invested capital)을 계산하여 측정할 수 있다. 이것은 표준적인 보유기간수익률 공식의 변형으로 계약 자체의 가치보다는 실제로 상품계약에 투자된 현금에 대한 수익률이다. 상품 포지션에 대한 투자자본의 수익률은 아래 간단한 수식으로 결정할 수 있다.

$$\text{투자자본의 수익률} = \frac{(\text{상품계약의 매도가격} - \text{상품계약의 매수가격})}{\text{증거금 예치금액}} \quad (15.1)$$

사 례

투자자본의 수익률

수식 (15.1)을 매수와 매도 거래에 모두 사용할 수 있다. 어떻게 활용하는지를 보기 위해, 2021년 3월 옥수수 선물 2계약을 447'0(부셸당 $4.47)에 매수했다고 가정하자. 필요 개시증거금으로 $1,760(계약당 $880)를 예치했다. 따라서 투자금액은 단지 $1,760에 불과하지만 매수 시점에 $44,700(10,000부셸×$4.47=$44,700)에 해당하는 10,000부셸의 옥수수를 관리한다. 이제, 2021년 3월 옥수수가 종가 458로 마감했다고 가정하자. 당신의 포지션에 대한 일일 정산가치는 10,000부셸×$4.58=$45,800이다. 이제 이익을 취하기 위해 매도하기로 했다. 당신의 투자자본의 수익률은 다음과 같다.

$$\text{투자자본의 수익률} = \frac{\$45,800 - \$44,700}{\$1,760}$$

$$= \frac{\$1,100}{\$1,760} = 0.625 = 62.5\%$$

확실히 62.5%의 높은 수익률은 상품가격의 상승뿐만 아니라 매우 낮은 증거금 또는 매우 높은 재무 레버리지에 기인한다. 이 거래의 개시증거금은 기초 계약가치의 4%에 불과하다.

투자자 오류

개인투자자들이 손실을 입었던 주식을 매도하는 것을 꺼리는 것은 잘 알려져 있다. 놀랍게도, 실험은 전문 선물거래자들이 손실이 발생한 포지션에 오래 매달리는 경향이 훨씬 더 강하다는 것을 발견했다.

(출처: Michael S. Haigh and John A. List, "Do Professional Traders Exhibit Myopic Loss Aversion? An Experimental Analysis," *Journal of Finance*, 2005, Vol.60, Issue 1)

상품거래

상품에 대한 투자는 세 가지 유형 중의 하나로 이루어진다. 첫 번째는 투기(speculating)인데 이것은 상품을 이용하여 자본이득을 얻으려는 것이다. 간단히 말해서, 투기자들은 대다수 상품의 특성인 큰 폭의 가격변동을 자본화하려고 한다. '금융시장의 실패' 박스에서 설명하고 있듯이, 이것이 기본적으로 Enron이 상황이 어려워지기 시작하기 전에 했던

금융시장의 실패

Enron의 암거래

기업의 금융 문제가 알려지기 이전에, 천연가스 수송과 송유관을 운영하는 에너지사업 회사인 Enron은 사업의 개척자이며 거래 위험에도 불구하고 시장에 새로운 길을 여는 회사로 유명하였다. 1980년대에 천연가스의 가격의 규제가 완화되었고 그것은 천연가스의 가격이 오르거나 내릴 수 있다는 것과 생산자와 소비자가 위험에 노출되었다는 것을 의미했다. Enron은 천연가스 선물을 거래하여 상품 사업의 새로운 기회를 추구하기로 결정했다. 뉴욕상품거래소에서 거래되는 천연가스 선물은 가스가격의 지역 차이를 고려하지 않았다. Enron은 미국 전역에 어느 때든 천연가스를 인도하기로 약속함으로써 이 공백을 채웠다.

천연가스와 다른 에너지 계약을 거래하는 것과 더불어, Enron은 1990년대 후반에 기초 상품이 없는 날씨 파생상품을 거래하기 시작했다. 이러한 것들은 날씨에 판돈을 거는 것이다. 날씨 파생상품 거래는 미국에서만 $3.5십억의 가치가 있는 것으로 추정되었다. 파생상품에 있어서 준독점적 위치 덕분에 Enron의 거래는 초기에는 매우 이익이 높았다. 어느 때는 회사는 원유와 천연가스에서 날씨 파생, 브로드밴드 서비스, 탄소 배출권까지 16개 상품 분류에 1,800개의 계약을 체결했다. 전통적인 상품과 선물 거래소 및 브로커와는 달리, Enron의 온라인 상품과 파생상품 사업은 연방정부의 규제대상이 아니었다.

그러나 Enron이 시작했던 에너지사업이 성숙하면서 결국은 독점적 위치를 잃기 시작했다. 다른 기업들이 온라인 파생상품 거래사업에 뛰어들면서 더 낮은 수수료로 Enron의 먹거리였던 가격의 지역 차이를 뜯어가기 시작했다. Enron의 거래 사업의 수익성은 악화되기 시작했다. 새로운 시장과 상품을 차지하기 위해서 물, 해외 전력, 텔레커뮤니케이션, 브로드밴드 서비스 등과 같은 영역으로 사업을 확장했다. 가스 공급자라는 핵심사업에서 멀리 가면 갈수록 Enron의 손실은 더욱 커졌다.

이제 회사는 더 위험하고 기괴한 금융계약에 진입하면서 손실을 숨기려고 노력했다. 금융기관은 Enron이 실질적으로는 껍데기에 불과하다는 것을 깨닫기 시작하면서 신용을 거둬들였다. 이때쯤, 창업자이며 CEO인 Ken Lay의 장밋빛 공언에도 불구하고 Enron은 2001년 12월 2일에 파산으로 죽음의 소용돌이로 들어가고 있었다.

Lay는 11건의 증권사기와 관련 혐의로 기소되었고 그 중 하나를 제외한 모든 건에 대해 유죄판결을 받았다. 각각의 범죄는 5년에서 10년형이 선고될 수 있기에 Lay는 20년에서 30년을 교도소에 수감될 수 있다고 전문가는 말하였다. 그러나 선고를 받기 3개월 반 전인 2006년 7월 5일에 콜로라도주 Snowmass에서 휴가 중이던 Ken Lay는 사망했다. 2006년 10월에 그의 죽음으로 인해 연방법원 판사는 Lay의 판결을 무효화했다.

비판적 사고 문제 〉〉 Enron의 실패를 방지할 수 있었는가? 만일 그렇다면 감사, 규제자, 입법자는 어떤 조치를 취해야 했는가?

것이다.

변동성이 높은 가격이 투기자에게 매력적인 반면에 대부분의 다른 투자자에게는 두려움이 된다. 결과적으로 주의를 기울이는 투자자들은 상품 투자의 두 번째 유형인 **스프레딩(spreading)**을 하려고 한다. 선물 투자자는 어떠한 손실노출도 없이 변동하는 상품가격의 이점을 얻기 위해서 이 거래기법을 이용한다.

마지막으로, 상품선물은 헤지(hedging)를 위해 사용될 수 있다. 상품시장의 헤지는 상품이나 상품의 포지션을 보호하기 위해 거의 유일하게 생산자나 가공업자만이 사용하는 기술적인 전략에 가깝다. 예를 들어, 상품의 생산자나 농부는 자신의 상품에 대해 가능한 높은 가격을 받기 위해서 상품 헤지를 사용할 것이다. 상품을 사용하는 가공업자나 제조업자는 되도록이면 낮은 가격에 상품을 얻기 위한 반대의 이유로 헤지를 사용할 것이다. 사실 성공적인 헤지는 생산자에는 추가적인 수입, 가공업자에게는 낮은 비용을 가져다주는 것을 의미한다.

이제 상품이 투자로써 어떻게 사용되는지 좀 더 이해하기 위해서 개인투자자들이 가장 많이 사용하는 투기거래와 스프레딩이라는 두 가지 거래전략에 대해 간략하게 살펴보자.

투기거래 투기자는 매수나 매도를 통해 상품가격의 변동을 자본화하고자 한다. 가격이 상승할 것으로 예상될 때 투기자가 매수하는 이유를 보기 위해서 2021년 6월 금 계약을 1287.4에 필요 개시증거금 $3,410로 매수했다고 가정하자. 금 1계약은 100트로이 온스에 해당하고 시장가치는 $128,740(100트로이 온스×$1,287.40=$128,740)이다. 만일 금 가격이 상승하면 돈을 벌게 된다. 2021년 6월 계약을 매수하고 1개월 뒤에 가격이 1313.1이 되었다고 하자. 이제 당신은 계약을 청산하고 이익으로 온스당 $25.70($1,313.10−1,287.40)를 얻는다. 이것은 $3,410의 투자로 금 계약 매수 포지션에서 총이익 $2,570를 의미한다. 즉, 투자자본의 수익률로 75.4%이다. 1개월 투기로 나쁘지 않다.

물론 상승 대신에 금 가격이 온스당 $25.70로 하락할 수도 있다. 100온스 계약에서 매수 포지션의 손실은 $2,570이다. 따라서 원래 투자금액에서 꽤 많은 금액의 손실을 보게 된다: $3,410−$2,570에서 $840만 남는다.

그러나 가격의 하락은 공매도자들이 찾는 것이다. 그 이유는 다음과 같다. 2021년 6월 금 계약을 1287.4에 "공매도"하고 추후에 1261.7에 매수하여 갚을 수 있다. 확실히 매도가격과 매수가격의 차이는 동일한 $25.70이다. 그러나 이 경우에는 매도가격이 매수가격을 초과하기 때문에 이익이다.

스프레딩 선물계약의 가격 움직임을 이용하여 투기를 시도하는 대신에 당신은 좀 더 보수적인 스프레딩(spreading) 전술을 따를 수 있을 것이다. 풋옵션이나 콜옵션과 더 유사한 스프레딩의 아이디어는 2개 이상의 계약을 합쳐서 잠재적인 약간의 이익을 추구하면서 손실 노출을 제한하는 포지션을 구성하는 것이다. 상품시장에서 스

금융시장의 실패

급락하는 유가는 Cal Dive를 파산시켰다

선물계약은 기업이 비즈니스의 핵심인 상품의 가격 변동성을 관리할 수 있는 방법을 제공하지만 기업을 이러한 위험으로부터 보호하는 것이 항상 가능한 것은 아니다. 예를 들어, 유가의 변동은 수년 동안 많은 백만장자를 만들었지만 재무적 파탄도 가져왔다.

다음의 그래프는 2007년부터 2018년까지 원유가격의 변동성을 보여준다. 2007년과 2008년에 원유 선물가격은 배럴당 $100 이상으로 사상 최고치를 기록했으며, 이로 인해 석유 선물거래가 폭발적으로 증가했다. 원유 선물 거래량은 폭발적이었는데, 2008년 평균 일일 거래량이 전세계 원유 생산량의 약 15배였다. 그러나 세계경제가 기울고 침체에 빠지자 원유와 기타 상품 수요는 급락하였다. 유가 선물가격은 6개월 만에 거의 70% 하락했지만 이후 1년 반 동안 158% 반등했다. 2011년부터 2014년 초까지 유가 선물가격은 상대적으로 안정되어 배럴당 $95에서 $10 이상 이동하는 경우는 드물다. 그러나 2014년 6월의 정점에서 유가는 다시 폭락했다. 이번에 가격은 거의 2년 동안 하락했고 100개 이상의 석유 관련 사업체를 파산시켰다. 그중 Cal Dive International은 2015년 3월 파산을 신청했다. 석유 선물은 대부분 2017년과 2018년에 상승했지만 이전 최고점을 회복하지는 못했다.

원유 선물가격 (월별)
2007년 6월~2018년 6월

프레딩을 하는 가장 중요한 이유 중의 하나는 옵션과는 달리 선물계약에서 발생할 수 있는 손실에 대한 제한이 없기 때문이다.

하나의 계약을 매수하면서 동시에 다른 계약을 매도하여 스프레드를 구성한다. 한쪽 방향의 거래가 손실을 일으키더라도 다른 방향의 거래에서 손실을 상쇄하는 것 이상의 이익을 얻어서 결국 순 결과가 약간의 이익이 되기를 바란다. 만일 예상과 다르게 되면, 손실을 없앨 수는 없지만 제한할 수 있을 것이다.

스프레드를 설명하는 단순한 예를 보자. 계약 A를 533.50에 매수하고 동시에 계약 B를 575.50에 공매도하였다고 가정하자. 얼마 후에 당신은 계약 A를 542에 매도하고 동시에 매도 포지션을 579에 계약을 매수하여 포지션을 청산한다. 매수 포지션(계약 A)에서 8.50포인트(542−533.50) 이익을 얻더라도, 매도 포지션(계약 B)에서 3.50포인트(575.50−579)의 손실을 입는다. 그러나 순효과는 5포인트의 이익이다. 만일 당신이 파운드당 센트로 거래하였다면, 5포인트는 5,000파운드 계약에서 $250의 이익을 의미할 것이다.

모든 종류의 상품 스프레드는 거의 모든 투자상황에 적용할 수 있다. 그러나 대부분의 경우에 고도의 복잡하고 매우 전문적인 기술이 요구된다.

개념 리뷰

해답은 www.pearson.com/mylab/finance에서 찾을 수 있음.

15.6 상품계약의 5가지 주요 부분을 나열하고 설명하라. 어떤 요인들이 계약의 가격 움직임에 직접적으로 관련되어 있는가?

15.7 다음 용어를 간략하게 정의하라.

a. 정산가격(settlement price)
b. 일일 가격제한(daily price limit)
c. 미결제약정(open interest)
d. 최대 일일 가격범위(maximum daily price range)
e. 인도월(delivery month)

15.8 상품계약의 수익률을 계산하는 데 사용되는 측정치는 무엇인가?

15.9 상품에 투자하는 몇 가지 방법에 대해 알아보고 각각의 투자목표를 설명하라.

금융선물

LG5 LG6

선물시장의 또 다른 측면은 **금융선물**(financial futures)인데, 이것은 금융상품이 거래되는 선물계약에 대한 시장이다. 금융선물은 상품선물 개념의 확대이다. 금융선물은 상품선물과 동일한 이유에서 만들어졌고, 동일한 시장에서 거래되며, 가격은 상품가격처럼 움직이고, 유사한 투자 장점을 가진다. 그러나 금융선물은 기초 자산 때문에 구별된다. 이제 금융선물을 좀 더 자세히 살펴보고 어떻게 활용할 수 있는지 보자.

금융선물시장

비교적 신생 시장이지만 금융선물은 선물계약의 지배적인 유형이다. 금융선물의 거래 수준은 전통적인 상품선물의 거래량을 훨씬 뛰어넘는다. 금융선물에 대한 대부분의 관심은 헤지 거래자와 기관투자자들 때문이다. 그들은 포트폴리오 관리 수단으로 금융선물을 이용한다. 그러나 개인투자자도 금융선물을 이용하여 이자율 변동에 대해 투기를 하거나 주식시장에 투기를 할 수 있다. 금융선물은 고도로 전문화된 외환시장에서도 투기 수단을 제공한다.

금융선물시장은 1970년대에 경험했던 미국의 경제혼란에 대응하기 위해 설립되었다. 세계 시장에서의 달러의 불안정성은 다국적기업에게 심각한 문제를 일으켰다. 이자율은 너무 변동성이 심하여 기업의 재무관리자, 금융기관, 자산 매니저에게 심각한 어려움을 야기했다. 이러한 모든 관련자들에게 달러 가치와 이자율의 폭넓은 변동에서 자신을 보호하기 위한 방안이 필요했다. 따라서 금융선물에 대한 시장이 탄생했다. 헤지는 시장에 대한 경제적 정당성을 제공하였지만 투기자들이 빠르게 뛰어들었다.

대부분의 금융선물거래는 CBOT와 CME에서 일어나고 NYMEX에서는 훨씬 덜 활발하다. 금융선물은 또한 해외 거래소에서 거래되며, 가장 널리 알려진 곳은 런던 국제금융선물거래소(London International Financial Futures Exchange)이다. 금융선물의 기본 유형은 통화 선물, 채권 선물(이자율 선물), 주가지수 선물이다.

통화, 이자율, 주가지수 금융선물시장은 1972년 5월에 약간의 외환계약을 상장하면서 이목을 끌지 못하고 시작했다. **통화 선물**(currency futures)은 국제무역에서 주요 헤지 수단으로 급속히 늘어났다. 이 시장에서는 영국 파운드, 스위스 프랑, 캐나다 달러, 일본 엔, 유로와 같은 주요 외환시장의 통화를 거래한다. 이들 국가는 국제 무역에서 큰 역할을 하는 지역이고 미국과 경제적으로 관계를 맺고 있다.

채권에 대한 최초의 선물계약 혹은 **이자율 선물**(interest-rate futures)은 1975년 10월에 시작하였다. 오늘날의 거래는 미국 국채, 연방기금(Fed Funds), 이자율 스왑, 유로시장 예금(예: 유로달러, 유로엔), 외국 국채 등 다양한 이자율 기반 증권에서 일어난다. 이자율 선물은 즉각적인 성공을 가져왔고 인기는 계속 성장하고 있다.

1982년 2월에 새로운 유형의 거래 수단이 소개되었는데 그것은 주가

> **투자자 현실**
>
> **단일주식선물** 몇 년 전 단일주식선물(single stock futures: SSFs)이 One-Chicago라는 거래소에서 거래되기 시작했다. SSF는 투자자에게 주어진 보통주 100주를 대상으로 발행된 선물계약을 매수 혹은 매도할 수 있도록 한다. 오늘날 SSF는 1,800개 이상의 잘 알려진 주식과 ETF를 대상으로 한다. 낮은 증거금 요구(SSF는 20%이지만 일반 주식거래의 경우 50%)로 인하여 SSF는 매우 매력적인 잠재 수익률과 높은 위험을 가진 높은 레버리지 투자이다. 위험 수준에 근거해서 투자자들은 이 선물형식의 주식으로 투기와 헤지투자 전략을 구사할 수 있다.
>
> (출처: OneChicago, LLC, Press Release 7/1/2015, http://www.onechicago.com/?p=10392, 2015년 7월 11일에 접속)

지수 선물계약이다. **주가지수 선물**(stock-index futures)은 주식시장 성과의 전반적인 측정치에 연계된 계약이다. 오늘날 거래는 Dow Jones Industrial Average, S&P 500, Nasdaq 100, Russell 2000 등 대부분의 주요 미국 주가지수에서 이루어진다.

미국의 주가지수뿐만 아니라 투자자는 런던, 도쿄, 파리, 시드니, 베를린, 취리히, 토론토 주식거래소에 기반한 주가지수 선물계약을 거래할 수 있다. 주가지수 선물은 제14장에서 논의한 주가지수 옵션과 유사한데, 이것을 통해 투자자는 전체 주식시장의 일반적인 움직임에 참여할 수 있다.

주가지수 선물과 기타 다른 선물계약은 **파생증권**(derivative security)의 유형이다. 옵션처럼 이들 상품의 가치는 이들이 기반하는 기초 자산의 가격 움직임에서 파생된다. 주가지수 선물의 경우에 전체 주식시장 혹은 시장의 여러 영역의 일반적인 성과를 반영한다. 따라서 S&P 500으로 측정되는 대형 주식시장이 상승하면 S&P 500 선물계약의 가치도 증가해야 한다. 이에 따라 투자자는 시장을 매수 혹은 매도하는 방법으로 혹은 적당한 대용치로 주가지수 선물을 사용하여 전반적인 시장의 움직임에 참여할 수 있다.

계약조항 원칙적으로 금융선물계약은 상품계약과 같다. 선물계약은 다양한 인도월을 가진 여러 기초 금융상품에 대해 발행된다. 금융선물계약의 수명은 주가지수와 외환의 경우 12개월 혹은 그보다 짧고, 이자율 선물의 경우 2년에서 3년 이상이다. 시세표시에 관해, 〈그림 15.3〉은 외환, 이자율, 주가지수 선물계약을 보여준다. 우선 캐나다 달러 선물의 시세를 보면 상품선물 시세와 매우 유사한 정보를 볼 수 있다. 특히, 통화 선물 시세는 종가, 전날 정산가, 시가, 고가, 저가와 계약 거래량을 보고한다. 통화 선물계약의 소유자는 특정한 외국화폐에 대한 (이 경우 $100,000 캐나다 달러의) 청구권을 가진다. 기초 통화의 양은 62,500 영국 파운드 또는 12.5백만 일본 엔과 같이 통화 선물계약에 따라 다르다.

마찬가지로, 이자율 선물의 보유자는 기초 채권의 특정한 양에 대해 청구권을 가진다. 〈그림 15.3〉의 이자율 선물계약은 미국 국채 $100,000에 대한 청구권을 나타낸다. 이 책의 앞부분에서 채권 호가는 액면가의 백분율로 표시된다고 설명하였는데, 이자율 선물 호가도 마찬가지이다. 〈그림 15.3〉은 2018년 9월 계약가격이 144’18임을 나타내며, 이자율 선물계약의 경우 따옴표 다음의 값은 백분율 포인트의 1/32를 나타낸다. 따라서 144’18은 144.5625%(즉, 144+18/32)이고, 이것은 계약금액이 $100,000×144.5625%=$144,562.50임을 의미한다.

주가지수 선물은 이러한 계약의 매도자가 만기일에 기초 주식의 인도 의무를 가

그림 15.3 금융선물계약의 시세표

금융선물계약의 시세표는 매일 종가, 전날 정산가, 시가, 고가, 저가와 전날의 종가에서 당일 종가까지의 가격 변화와 당일 거래량을 보고한다. 상단의 패널은 CME에서 거래되는 유로 선물계약을, 중간 패널은 CBOT에서 거래되는 미국 국채선물을, 하단의 패널은 E-mini Dow($5) 지수선물을 보여준다.
(출처: CME Group, 2018)

Canadian Dollar Futures Quotes
Globex

View Another Product

Quotes | Settlements | Volume | Time & Sales | Contract Specs | Margins | Calendar

Globex Futures | Globex Options | Open Outcry Options — Auto Refresh Is ON

Market data is delayed by at least 10 minutes.

Month	Options	Charts	Last	Change	Prior Settle	Open	High	Low	Volume	Hi / Low Limit	Updated
SEP 2018	OPT		0.76005	-0.00145	0.7615	0.7612	0.76295	0.75945	62,560	0.8015 / 0.7215	14:26:07 CT 16 Aug 2018
OCT 2018	OPT		-	-	0.76195	-	-	-	430	0.80195 / 0.72195	14:00:26 CT 16 Aug 2018

Legend: OPT Options, Price Chart — About This Report

U.S. Treasury Bond Futures Quotes
Globex

View Another Product

Quotes | Settlements | Volume | Time & Sales | Contract Specs | Margins | Calendar

Globex Futures | Globex Options | Open Outcry Options — Auto Refresh Is OFF

Month	Options	Charts	Last	Change	Prior Settle	Open	High	Low	Volume	Updated
SEP 2018	OPT		144'18	-0'06	144'24	144'18	144'23	144'05	197,978	14:19:40 CT 16 Aug 2018
DEC 2018	OPT		143'25	-0'07	144'00	143'25	143'31	143'14	3,048	14:08:40 CT 16 Aug 2018

Legend: OPT Options, Price Chart — About This Report

E-mini Dow ($5) Futures Quotes
Globex

View Another Product

Quotes | Settlements | Volume | Time & Sales | Contract Specs | Margins | Calendar

Globex Futures | Globex Options — Auto Refresh Is OFF

Month	Options	Charts	Last	Change	Prior Settle	Open	High	Low	Volume	Hi / Low Limit	Updated
SEP 2018	OPT		25581	+394	25187	25209	25608	25147	149,926	26410 / 23391	14:19:52 CT 16 Aug 2018
DEC 2018	OPT		25590	+397	25193	25218	25604	25165	315	26416 / 23397	14:15:51 CT 16 Aug 2018

Legend: OPT Options, Price Chart — About This Report

지지 않기 때문에 약간 다르다. 대신에 궁극적인 인도는 현금으로 이루어진다. (다행히 S&P 500 지수에 속하는 500 종목을 인도하지 않아도 된다.) 기본적으로 기초 현금의 크기는 기초 주가지수의 가치에 배수를 곱하여 정해진다. 대표적인 예를 보면 아래와 같다.

지수	배수
E–mini Dow ($5)	$5 × index
E–mini S&P 500	$50 × index
E–mini S&P MidCap 400	$100 × index
E–mini NASDAQ 100	$20 × index
S&P 500	$250 × index

사례

E-mini NASDAQ 100 주가지수 선물

2019년 12월 E-mini NASDAQ 100 주가지수 선물계약이 7,457을 나타낸다고 가정하자. 단일 선물계약의 기초가 되는 현금 금액은 $20 × 7,457 = $149,140이다. E-mini NASDAQ 100 선물계약의 기초가 되는 현금의 양은 상당히 많다. 그러나 단일 계약의 개시증거금은 훨씬 더 관리하기 쉬운 $5,800이다.

가격과 이익 당연히 금융선물계약의 유형에 따라 가격은 다소 다르게 표기된다.

- 통화 선물(currency futures). 모든 통화 선물은 기초 외환의 단위당 미국 달러와 센트로 표기된다(예를 들어, 캐나다 달러당 미국 달러 혹은 일본 엔당 미국 센트). 예를 들어, 2019년 9월 정산가격 0.012774를 가진 일본 엔 계약의 가치는 $159,675(12,500,000엔×$0.012774)이다.

- 이자율 선물(interest–rate futures). T-bill이나 단기 증권을 제외하고, 이자율 선물계약은 기초 채권(T-note나 T-bond)의 액면가에 대한 비율로 표기된다. 이러한 상품들은 1%의 1/32로 시세가 표기되기 때문에 2018년 12월 미국 국채의 정산가격이 143'25로 표기되면(〈그림 15.3〉 참조) 143-25/32로 해석되며, 액면가의 143.78125%로 환산된다. 이 비율을 기초 증권의 $100,000 액면가에 적용하면 이 계약의 가치가 $143,781.25($100,000×1.4378125)임을 볼 수 있다. 다양한 이자율 선물계약에 대한 가격 표시 관행은 계약명세서나 시세표에서 찾을 수 있다.

- 주가지수 선물(stock–index futures). 주가지수 선물은 실제 기초 지수와 같은 방식으로 표현된다. 앞에서 보았듯이, 주가지수 선물은 지수에 따라 지수에 $5

에서 $250를 곱한 액면가치를 가진다. 따라서 〈그림 15.3〉의 정산가격에 따라 2018년 12월 E-mini Dow($5) 계약은 $127,950의 가치를 가질 것이다(25,590× $5). 이 계약의 가치는 지수의 정산가격에 $5를 곱한 것과 같기 때문이다.

사례

S&P 500 주가지수 선물

2019년 9월 S&P 500 주가지수 계약의 정산가격이 2842.30이라고 가정한다. 계약의 시장가치는 다음과 같이 계산할 수 있다.

$$\$250 \times 2842.30 = \$710,575$$

이 포지션에 대한 개시증거금 요건은 $33,000이며, 이는 총계약금액의 5% 미만이다.

이자율 선물계약의 가치는 선물이 기반하는 채권처럼 이자율에 반응한다. 즉, 이자율이 상승하면 이자율 선물계약의 가치는 하락하고 반대의 경우에도 성립한다. 통화와 주가지수뿐만 아니라 이자율에 사용되는 시세표 시스템은 **계약의 시장가치**(market value of the contract)를 반영하기 위해 설정된다. 따라서 금융선물계약의 가격이나 시세가 상승하면(예를 들어, 이자율이 하락하거나 주가지수가 상승), 매수 포지션의 투자자는 돈을 번다. 반대로, 가격이 하락하면 매도자가 돈을 번다.

가격 움직임은 투기자의 유일한 수익률의 원천이다. 금융선물계약은 기초 자산의 배당이나 이자 수입에 청구권을 갖지 않는다. 그렇다고 해도 큰 규모의 계약이기 때문에 금융선물에서 큰 이익(혹은 손실)이 가능하다. 예를 들어, 미국 달러에 대해 $0.02만큼 스위스 프랑의 가격이 상승하면 투자자는 $2,500(125,000스위스 프랑× $0.02)를 얻는다. 마찬가지로, Nasdaq 100지수가 6포인트 하락하면 E-mini Nasdaq 100 선물 투자자에게 $20×6 또는 $120의 손실이 발생한다. 금융선물시장에서 거래하기 위해 필요한 상대적으로 작은 개시증거금 예치를 생각해 보면 그러한 가격 움직임은 매우 높은 수익률 혹은 모든 것을 잃을 수 있는 매우 높은 위험이 될 수 있다.

거래기법

투자자는 상품선물처럼 금융선물을 헤지거래, 투기거래, 스프레딩에 사용할 수 있다. 국제무역에 활발한 다국적기업은 통화 선물이나 유로시장 선물을 이용하여 헤지할 것이다. 다양한 금융기관과 기업의 재무관리자들이 이자율 선물을 헤지 목적으로 종종 이용한다. 두 경우 모두 목적은 같다. 최선의 금융거래나 이자율을 확정하려는 것이다. 또한 개인투자자와 포트폴리오 매니저는 주가지수 선물을 이용하여 자신의 보유 증권을 일시적인 시장 하락에서 보호하려고 한다. 금융선물은 또한 스프레딩에 사용될 수 있다. 이 전술은 2계약 이상의 매수와 매도를 동시에 체결하여 바람직한 투자 포지션을 구축하려는 투자자에게 인기가 있다. 마지막으로, 금융선물은 투기거래에 널리 사용된다.

투자자는 앞서 언급한 모든 거래전략을 사용할 수 있지만, 주로 투기자와 헤지거래자의 금융선물 사용에 초점을 맞출 것이다. 먼저 통화 및 이자율 선물에 대한 투기를 살펴본다. 그런 다음 투자자가 선물을 사용하여 주식, 채권, 해외증권에 대한 투자를 헤지할 수 있는 방법을 살펴본다.

금융선물의 투기거래 투기자들은 계약의 규모 때문에 금융선물에 특히 관심이 있다. 예를 들어, 2018년 중반에 유로통화계약은 $142,850 또는 125,000유로×$1.14285 이상의 가치를 가졌고, 10년 만기 미국 국채 이자율 계약은 120'07 또는 $100,000×1.2021875=$120,218.75이고, 다우존스 부동산 선물계약은 $100×319.9 또는 $31,990에 호가되었다. 이런 규모의 계약에서는 기초 자산의 아주 작은 움직임이라도 커다란 가격 변화를 일으키고 따라서 큰 수익을 가져올 수 있다.

통화 선물과 이자율 선물은 단지 투기 목적에서 사용될 수 있다. 예를 들어, 만일 당신이 유로에 비해 달러가 하락할 것으로 예상한다면 유로통화 선물을 매수할 수 있다. 왜냐하면 유로의 가치상승과 함께 계약의 가치가 상승할 것이기 때문이다. 만일 당신이 이자율의 상승을 예상한다면 가치가 상승할 것이기 때문에 "선물 매도(go short)"로 이자율 선물을 매도할 수 있다. 금융선물에 증거금이 사용되기 때문에, 상품의 수익률 계산처럼 투자자본의 수익률로 계약의 수익성을 측정할 수 있다(수식 (15.1) 참조).

외환계약의 매수 포지션 달러에 비해 스위스 프랑(CHF)이 가치 상승할 것이라고 믿는다고 하자. 당신은 2020년 12월 CHF 3계약을 프랑당 $1.00보다 조금 낮은 0.9728에 매수하기로 했다. 단일 계약은 $121,600(125,000CHF×0.9728)의 가치를 가질 것이고, 3계약의 총 기초 가치는 $364,800가 될 것이다. 주어진 계약당 개시 증거금이 $5,400라고 하면 당신은 이런 포지션을 얻기 위해서 $16,200를 예치하면 된다.

이제 스위스 프랑의 가치가 상승해서 0.9728에서 0.9965로 변동했다고 하면 3계약의 가치는 $373,687.50로 오를 것이다. 불과 몇 개월만에 당신은 $8,887.50의 이익을 얻게 될 것이다. 수식 (15.1)로 투자자본의 수익률을 계산하면 이익은 54.9%의 수익률로 해석된다. 물론 반대 방향으로 조금만 움직여도 이런 투자는 사라져버릴 것이다.

이자율계약의 매도 포지션 당신은 장기 이자율의 상승을 예상하고 있다. 이자율의 상승은 이자율 선물 가치의 하락으로 해석된다. 당신은 2020년 6월 T-bond 계약을 147'00에 매도(공매도)하려고 한다. 이것은 계약이 액면가의 147%라는 것을 의미한다. 따라서 2계약은 $294,000($100,000×1.47×2)의 가치를 가진다. 당신은 이 투자를 위해서 $7,560(계약당 $3,780의 개시증거금 예치금액)가 필요하다.

이자율이 실제로 상승하였다고 가정하자. 결과적으로 국채 계약의 가격은 138'16(또는 138.50)로 하락했다. 당신은 (매도 포지션을 상쇄하기 위해서) 2020년 6월 T-bond 계약을 매수하고 그 결과로 $17,000의 수익을 얻었다. 당신은 원래 2계약을 $294,000에 매도했고 추후에 $277,000($100,000×1.385×2)에 다시 매수했다. 어떠한 투자이든, 증권의 매수에 지불한 것과 매도한 것의 차이가 이익이다. 이 경우에 투자자본의 수익률은 225%이다. 역시 이러한 수익률에는 막대한 손실의 위험이 작지 않다.

주가지수 선물의 거래 대부분의 투자자는 주가지수 선물을 투기나 헤지를 위해 사용한다. 투기이든 헤지이든 성공의 요점은 미래 주식시장의 방향을 예측하는 것인데, 쉬운 일은 아니다. 예를 들어, 시장이 상승할 것이라 느낀다면 매수(주가지수 선물의 매수) 포지션을 원할 것이다. 반면에 만일 당신의 분석이 주식 하락을 예상한다면 매도(주가지수 선물의 공매도) 포지션을 취할 수 있다.

예를 들어, 당신은 시장이 저평가되었고 곧 상승할 것이라고 믿는다고 가정하자. 당신은 시장과 함께 상승할 몇 종목의 주식을 찾으려고 노력할 수 있다(이 방법에는 증권선택의 위험이 있다). 혹은 당신은 S&P 500 주가지수 선물계약을 현재 가격 2,838.60에 매수할 수 있다. 이러한 투기거래를 실행하기 위해서, 당신은 개시증거금 $33,000가 필요하다. 이제 시장이 상승해서 S&P 500 지수가 올라서 선물계약의 만기에 2,900.8이 된다면 당신은 (2,900.8−2,838.6)×$250=$15,550의 이익을 얻게 된다. 증거금 투자액 $33,000를 고려하면, 당신의 투자자본의 수익률은 47%가 될 것이다.

투자자 현실

세 마녀의 날 3월, 6월, 9월, 12월의 세 번째 금요일을 주의하라. 그날은 "세 마녀의 날(triple witching day)"이다. 주식 옵션, 주가지수 옵션, 주가지수 선물이 모두 거의 동시에 만기인 날이다. 이러한 날에는 투자자와 거래자들이 많은 물량의 주식과 지수 포지션을 매수하거나 매도하여 자신의 의무를 실행하기 때문에 주식시장의 변동성이 평소보다 커진다. 결과적으로 주식가격은 심각하게 요동을 치고 헐값이나 횡재를 만들어낸다. 세 마녀의 날 영향을 줄이기 위해서 거래소는 옵션들의 만기일이 같은 날 몇 시간 이내에 발생하지 않도록 흩트려 놓는다. 예를 들어, S&P 500 지수 옵션과 선물은 영업일의 시작과 동시에 만기이지만 개별 주식 옵션과 S&P 100 지수 옵션은 장 종료 시점이 만기이다.

주가지수 선물을 이용한 헤지 주가지수 선물은 헤지에도 사용될 수 있다. 주가지수 선물은 투자자에게 하락하는 시장에서 보유 주식을 보호할 수 있는 매우 효과적인 방법을 제공한다. 이 전술이 완벽하지는 않더라도 투자자의 주식 보유에 혼란을 주지 않으면서 시장가치 하락으로부터 보호받을 수 있도록 해준다.

소위 매도 헤지가 어떻게 작동하는지 보자. 당신은 12개 종목의 주식 총 2,000주를 보유하고 있고 이 포트폴리오의 시장가치가 약 $245,000라고 가정하자. 만일 시장이 폭락하기 직전이라고 생각한다면 모든 주식을 매도하거나 개별 주식에 대한 풋옵션을 매수할 수 있다. 또한 주가지수 선물을 공매도하여 주식 포트폴리오를 보호할 수도 있다.

예를 들어, E-mini Dow($5) 주가지수 선물계약 2계약을 25,550에 공매도한다고 가정해 보자. 이 계약은 2×$5×25,550=$255,500로 평가되므로 포트폴리오의 현재 가치와 거의 일치한다. 그러나 이러한 주가지수 선물계약에는 계약당 $5,930의 개시 증거금 또는 총 예치금 2×$5,930=$11,860가 필요하다. 이제 DJIA가 3.9% 하락하여 선물계약의 가치가 24,550까지 떨어지면 이 공매도에서 $15,000의 수익을 얻게 된다. 즉, 선물계약 가치가 1,000포인트(25,550−24,550) 하락했기 때문에 총이익은 3×$5×1,000=$15,000이다. 증거금 비용과 세금을 무시하면 이 이익을 포트폴리오에 추가할 수 있다(새로운 더 낮은 가격으로 추가 주식을 매입). 최종 결과는 시장 하락 이전에 존재했던 것과 유사한 새로운 포트폴리오 포지션이 될 것이다.

"이전"과 "이후" 포트폴리오 포지션이 얼마나 일치하는가는 포트폴리오의 가치가 얼마나 하락했는가에 달려 있다. 만일 평균 주당 $7의 가격하락이 일어났다면, 포지션은 거의 일치할 것이다. 그러나 항상 그런 것은 아니다. 일부 주식의 가격은 다른 주식에 비해 더 많이 변동할 것이고 이러한 매도 헤지가 제공하는 보호는 주식 포트폴리오가 시장의 움직임에 얼마나 민감한가에 영향을 받는다. 따라서 포트폴리오에 포함된 주식의 유형이 주가지수 매도 헤지를 구성하는 데 중요한 고려요인이 된다.

이런 유형의 헤지 성공의 핵심은 헤지 수단(선물계약)의 성격이 보호대상 포트폴리오(혹은 증권 포지션)와 얼마나 밀접하게 일치하는가에 달려 있다. 만일 포트폴리오가 대부분 (혹은 전적으로) 대형주로 구성되어 있다면 S&P 500 주가지수 선물과 같은 헤지 수단을 사용한다. 만일 포트폴리오가 대부분 우량주라면 DJIA 계약을 사용한다. 만일 포트폴리오가 대부분 기술주라면 Nasdaq 100 지수 계약을 고려한다. 다시 말해서, 헤지 수단을 선택하는 요점은 보호하려는 증권의 유형을 밀접하게 반영하는 지수를 고르는 것이다. 이런 약점을 명심한다면, 주가지수 선물을 이용한 헤지는 비용은 낮으면서 하락하는 주식시장의 손실을 보호하는 효과적인 방안이 될 수 있다.

기타 증권의 헤지 주가지수 선물을 주식 포트폴리오의 헤지에 사용할 수 있는 것처럼, 이자율 선물을 채권 포트폴리오를 헤지하는 데 사용할 수 있다. 혹은 외환위험에 대응하여 보호하기 위한 방법으로 통화 선물을 외국 증권에 사용할 수 있다. 이자율 헤지에 대해 살펴보자. 만일 당신이 상당량의 채권을 보유하고 있다면 채권가격의 폭락을 야기시킬 이자율의 큰 변동을 보고 싶지 않을 것이다. 만일 약 $300,000의 가치를 가지는 평균 18년의 만기를 가지는 국채와 기관채권을 보유하고 있다고 가정하자. 시장이자율이 상승할 것으로 믿는다면 당신은 채권 포트폴리오를 미국 국채 선물계약 3계약을 공매도함으로써 헤지할 수 있다(각각의 T-bond 선물계약은 $100,000의 가치를 가지고, 따라서 $300,000 포트폴리오를 헤지하기 위해서는 3계약이 필요함). 만일 이자율이 상승하면 당신은 손실로부터 포트폴리오를 보호할 수 있을 것이다. 앞에서 언급했듯이, 정확한 보호 물량은 T-bond 선물계약이 당신의 채권 포트폴리오의 가격 움직임과 얼마나 일치하는지에 달려 있을 것이다.

물론 단점도 있다. 만일 시장이자율이 상승하지 않고 하락한다면 당신은 매도 헤지 포지션을 유지하는 경우에 잠재적 이익을 놓치게 될 것이다. 포트폴리오에서 만들어지는 이익이 선물계약의 손실로 상쇄되기 때문이다. 실제로 어떤 유형의 포트폴리오(주식, 채권, 혹은 다른 증권)라도 매도 헤지로 상쇄된다면 이런 일은 발생할 수 있다. 매도 헤지를 만들 때 반드시 포지션을 고정해야 하기 때문이다. 시장이 하락할 때 아무것도 잃지 않지만 시장이 상승할 때도 역시 아무것도 얻지 못한다. 어떤 경우라도 하나의 포지션에서 얻게 되는 이익은 다른 포지션의 손실로 상쇄된다.

외환노출의 헤지 이제 선물계약을 이용하여 어떻게 외환위험을 헤지하는지 살펴보자. 영국정부의 1년 만기 채권을 $165,000에 매입했다고 가정하자(미국 국채에 비해 영국 국채에서 상대적으로 높은 수익률이 가능하기 때문에 매입했음). 이 채권은 파운드화로 되어 있기 때문에 만일 환율이 불리하게 작용하면 손실을 얻을 수 있다(즉, 파운드에 비해 달러 가치가 오를 경우).

당신이 원하는 것이 영국 국채의 높은 수익률이라면 외환 헤지를 통해서 외환위험의 대부분을 없앨 수 있다. 현재 환율로 미국 1달러로 영국 파운드 0.76을 "매입"할 수 있다고 하자. 이것은 파운드가 $1.32(즉, $1.00/0.76£=$1.32/£)의 가치를 가진다는 의미이다. 따라서 만일 영국 파운드화에 대한 외환계약이 파운드당 약 $1.32에 거래된다면, 당신은 $165,000의 투자를 보호하기 위해 파운드화 선물 2계약을 매도해야만 할 것이다. 각 선물계약은 £62,500를 보호한다. 만일 $1.32/£에 시세표가 제시되고 있다면 각 선물계약은 $82,500(즉, £62,500×$1.32/£=$82,500)의 가치를 가진다.

1년 뒤에 달러의 가치가 파운드에 비해 상대적으로 상승하여 미국 1달러로 영국 파운드 0.82를 "매입"할 수 있다고 하자. 그런 상황에서 영국 파운드의 선물은 약 $1.22/£(즉, $1.00/0.82£=$1.22/£)의 시세로 표시될 것이다. 이 가격에 각 선물계약의 가치는 £62,500×$1.22/£=$76,250이다. 각각의 계약은 사실 1년 전 가치에 비해 $6,250의 가치가 하락한 것이다. 그러나 선물계약으로 헤지를 할 때 계약은 공매도되었기 때문에 계약당 $6,250의 이익을 얻을 것이고 2계약의 총이익은 $12,500가 될 것이다. 불행히도 이것은 순이익이 아니다. 영국 국채 투자에서 발생한 손실을 이익에서 상쇄해야 한다. 간단히 말해서, 영국 국채를 매입하기 위해 해외에 $165,000를 보낼 때 이 금액은 £125,400의 가치를 가졌다. 그러나 1년 뒤에 화폐를 매입할 때는 £125,400로는 단지 미화 $152,988만 매입할 수 있다. 따라서 원래 투자금액에서 $12,012의 손실을 입게 된다. 만일 외환 헤지가 없었다면 $12,012를 손실할 뿐만 아니라 상쇄한 $12,500의 이익도 얻지 못했을 것이다. 헤지는 손실(그리고 약간 그 이상)을 만회할 수 있으며, 헤지의 순효과는 외환으로부터 발생하는 잠재적 손실에 대한 우려 없이 영국 국채의 수익률을 누릴 수 있다는 것이다.

금융선물과 개인투자자

상품처럼, 금융선물은 아래 세 가지 요인이 적용된다면 당신의 포트폴리오에서 중요한 역할을 할 수 있다. (1) 당신은 이러한 투자를 완전하게 이해한다. (2) 당신은 이러한 투자의 거대한 위험 노출을 확실히 인식한다. (3) 당신은 일부 손실을 (금전적으로 감정적으로) 감당할 수 있는 충분한 준비가 되어 있다.

금융선물은 매우 변동이 심한 증권으로 거대한 이익과 손실의 잠재력을 가지고 있다. 예를 들어, 2018년 1월 26일에 2018년 9월 S&P 500 선물계약이 2,874.50에 거래되었고 며칠 후 2월 8일에 2,593.50에 거래되었다. 단일 계약에 대해 이 범위의 281포인트는 $250×281=$70,250의 잠재적 이익 또는 손실로 전환되었으며, 이 모든 것을 위한 개시증거금은 $33,000에 불과하다. 가격 변동성의 잠재적이고 파괴적인 영향을 줄이는 수단으로서 분산투자는 분명히 필수적이다. 금융선물은 특이한 투자이지만 적절하게 사용하면 높은 수익률을 얻을 수 있다.

선물 옵션

상장주식 옵션과 금융선물 스프레드로 시작된 변화는 시간이 흐르면서 이자율 옵션과 주가지수 선물로 발전하였다. 결과적으로 이런 변화는 궁극적인 레버리지 상품을 창출했는데, 그것은 선물계약에 대한 옵션이다. **선물 옵션**(futures option)은 활발히 거래되고 있는 선물계약에 대한 상장 풋옵션과 콜옵션을 말한다. 간단히 말해서, 이것은 소유자에게 정해진 시간에 정해진 행사가격으로 표준 선물계약을 매수(콜옵션) 또는 매도(풋옵션)할 수 있는 권리를 부여한다.

이러한 옵션은 상품선물과 금융선물 모두에서 가능하다. 〈그림 15.2〉 상단 시세표의 옥수수 선물계약 인도월별 선물계약 아래에 옵션 시세표가 있는데 이것은 선물계약에 대한 선물 옵션이 존재하는 것을 보여준다. 사실, CME 시세표는 선물 옵션 시세표를 볼 수 있도록 되어 있다. 〈그림 15.4〉는 〈그림 15.2〉에 호가된 옥수수 선물계약의 옵션 시세표를 보여준다. 대부분의 경우에 풋옵션과 콜옵션은 기초 선물계약에 대해 일정한 양을 다룬다. 예를 들어, 설탕 112,000파운드, 금 100트로이온스, 62,500 영국 파운드화, $100,000의 T-bond 등이다. 따라서 선물 옵션은 상품선물이나 금융선물에서 발견되는 것과 동일한 규모의 가격 변동성을 가진다.

선물 옵션은 상장 옵션처럼 동일한 표준 행사가격, 만기일, 시세표기 시스템을 가진다. 옵션의 행사가격, 기초 선물계약의 시장가치에 따라 이러한 옵션은 내가격 혹은 외가격이 될 수 있다. 선물 옵션은 다른 풋옵션이나 콜옵션과 같은 방법으로 평가된다. 즉, 옵션의 행사가격과 기초선물계약의 시장가격과의 차이에 의해 평가된다. 다른 상장 옵션처럼 투기나 헤지, 옵션 발행, 스프레딩을 위해 사용될 수 있다. 선물 옵션과 선물계약의 가장 큰 차이점은 옵션은 손실 노출을 옵션가격으로 제한한다는 점이다. 풋옵션이나 콜옵션에 지불하는 가격이 최대한의 손실이다. 선물계약의 경우에는 발생하는 손실에 제한이 없다.

선물 옵션이 어떻게 작동하는지 살펴보기 위해 금 계약을 거래한다고 가정하자. 금 가격은 현재 온스당 $1,160.80에서 상승할 것이라고 믿는다. 필요한 개시증거금 $3,410를 예치하고 금을 온스당 $1,163.90에 매수할 수 있는 2020년 8월 선물계약을 체결한다. 또한 대안으로 당신은 행사가격이 $1,160인 선물 콜옵션을 현재 $9.80의 프리미엄에 매수할 수 있다. 기초 선물계약은 100온스의 금에 적용되기 때문에 이 옵션의 총비용은 100×$9.80=$980이다. 이 콜옵션은 금의 시장가격이 행사가격을

그림 15.4 옥수수 선물 옵션계약의 시세표

옥수수 선물계약에 대한 콜옵션과 풋옵션의 시세표는 일일 종가, 시가, 고가, 저가와 이전 정산가격 및 행사가격을 보여준다. 또한 시세표는 전일의 종가에서 오늘의 종가 사이의 가격 변화, 거래량, 상하한 가격을 표시한다.
(출처: CME Group, 2018)

Corn Options Quotes

Open Outcry

View Another Product

Quotes | Settlements | Volume | Time & Sales | Contract Specs | Margins | Calendar

Globex Futures | Globex Options | Open Outcry Options

Auto Refresh Is ON

Market data is delayed by at least 10 minutes.

All market data contained within the CME Group website should be considered as a reference only and should not be used as validation against, nor as a complement to, real-time market data feeds. Settlement prices on instruments without open interest or volume are provided for web users only and are not published on Market Data Platform (MDP). These prices are not based on market activity.

Underlying Future	Charts	Last	Change	Prior Settle	High	Low	Volume	Hi / Low Limit	Updated
Sep 2019		402'0	-1'2	403'2	404'6	401'6	2,660	428'2 / 378'2	10:04:01 CT 17 Aug 2018

Type: American Options

Expiration: Jul 2019

Strike Range: At The Money

Calls								Puts						
Updated	Hi / Low Limit	High	Low	Prior Settle	Change	Last	Strike Price	Last	Change	Prior Settle	Low	High	Hi / Low Limit	Updated
16:36:30 CT 16 Aug 2018	No Limit / No Limit	39'0	39'0	49'5	+3'3	39'0	3600.0	6'4	0'0	6'0	6'4	6'4	No Limit / No Limit	16:36:30 CT 16 Aug 2018
16:36:30 CT 16 Aug 2018	No Limit / No Limit	45'0	45'0	42'4	+3'5	45'0	3700.0	19'2	+0'5	8'6	19'2	19'2	No Limit / No Limit	16:36:30 CT 16 Aug 2018
16:36:30 CT 16 Aug 2018	No Limit / No Limit	39'0	38'2	36'2	+2'3	38'2	3800.0	13'4	-1'4	12'3	13'4	13'4	No Limit / No Limit	16:36:30 CT 16 Aug 2018
16:36:30 CT 16 Aug 2018	No Limit / No Limit	28'4	28'4	31'0	+2'2	28'4	3900.0	19'6	-2'4	17'0	19'6	19'6	No Limit / No Limit	16:36:30 CT 16 Aug 2018
08:38:32 CT 17 Aug 2018	No Limit / No Limit	27'2	27'2 a	26'6	+0'4	27'2	4000.0	25'2	-0'6	22'4	25'2	25'2 b	No Limit / No Limit	16:36:30 CT 16 Aug 2018
09:08:59 CT 17 Aug 2018	No Limit / No Limit	23'2	23'2	22'5	+0'5	23'2	4100.0	-	-	28'2	-	-	No Limit / No Limit	16:36:30 CT 16 Aug 2018
16:36:30 CT 16 Aug 2018	No Limit / No Limit	24'0	24'0	18'7	+2'4	24'0	4200.0	49'4	-1'6	34'3	49'4	49'4	No Limit / No Limit	16:36:30 CT 16 Aug 2018
08:52:29 CT 17 Aug 2018	No Limit / No Limit	16'2	16'2	15'6	+0'4	16'2	4300.0	-	-	41'1	-	-	No Limit / No Limit	16:36:30 CT 16 Aug 2018
09:22:27 CT 17 Aug 2018	No Limit / No Limit	16'2	13'7 a	13'3	0'0	16'2	4400.0	-	-	48'5	-	-	No Limit / No Limit	16:36:30 CT 16 Aug 2018
16:36:30 CT 16 Aug 2018	No Limit / No Limit	13'2	13'2	11'4	-0'2	13'2	4500.0	65'4	+2'6	56'5	64'4	65'4	No Limit / No Limit	16:36:30 CT 16 Aug 2018

About This Report

초과하기 때문에 내가격 옵션이다. 다음 표는 금 선물계약 가치가 만기일에 온스당 $1,182.54로 상승하는 경우와 금 선물계약 가치가 온스당 $1,139.75로 하락하는 경우에 두 가지 투자 결과를 요약하고 있다.

	선물계약		선물 옵션	
가격변화	이익(혹은 손실)	투자자본 수익률	이익(혹은 손실)	투자자본 수익률
선물계약 가치가 온스당 $1,182.54로 상승	$1,864	54.7%	$1,274	130%
선물계약 가치가 온스당 $1,139.75로 하락	−$2,415	−70.8%	−$ 980	−100%

분명히, 선물 옵션은 우수한 수익률 향상뿐 아니라 손실에 대한 노출(달러로 측정)도 감소시킨다. 선물 옵션은 흥미로운 투자기회를 제공한다. 그러나 항상 그렇듯이, 이 상품은 노련한 상품 및 금융선물 투자자들만 사용해야 할 것이다.

개념 리뷰

해답은 www.pearson.com/mylab/finance에서 찾을 수 있음.

15.10 실물상품선물과 금융선물의 차이점은 무엇인가? 유사점은 무엇인가?

15.11 통화 선물을 설명하고 이자율 선물과 비교하라. 주가지수 선물은 무엇이며 투자자에게 어떻게 사용되는가?

15.12 주가지수 선물이 투기와 헤지에 사용될 수 있음을 논의하라. 주가지수 선물이 특정 주식보다 투기에 유리한 점은 무엇인가?

15.13 선물 옵션은 무엇인가? 투기자에게 어떻게 이용될 수 있는지 설명하라. 선물계약 자체보다는 이자율 선물계약에 대하여 옵션을 이용하려는 이유는 무엇인가?

토론문제

LG1 Q15.1 미국의 3대 상품거래소(CME, CBOT, NYMEX)를 이번 장에서 확인하였다. 미국의 다른 거래소와 해외 상품거래소도 관찰되고 있다. *Wall Street Journal Online* (http://www.wsj.com)을 방문하여 시장데이터(Markets Data) 아래에 상품과 선물(Commodities & Futures) 부분을 찾아 최근의 선물 시세를 확인하라. 이 장에서 설명했듯이, 선물 시세는 계약이 거래되는 거래소명을 포함한다.

a. 시세표를 이용하여 얼마나 많은 미국 상품거래소를 확인할 수 있는가? 나열하라.
b. WSJ에 해외 거래소의 시세도 게재되는가? 그렇다면 나열하라.
c. 항목 (a)와 (b)에서 찾은 각 미국 및 해외 거래소에서 거래되는 계약의 예를 1~2개 제시하라. 예를 들어, CBOT에는 귀리(oats)와 미국 국채(T-bond)가 거래됨.

LG3 LG5 Q15.2 〈그림 15.2〉와 〈그림 15.3〉의 정산가격 혹은 종가를 이용하여 다음 상품선물과 금융선물 계약의 가치를 계산하라.

a. 2018년 12월 옥수수
b. 2019년 3월 옥수수
c. 2018년 9월 캐나다 달러
d. 2018년 12월 미국 국채
e. 2018년 9월 E-mini Dow($5) 지수

LG4 LG6 Q15.3 다음의 정보에 근거하여 호주 선물시장에 상장된 각 선물거래에서 발행할 손익을 계산하라. (**힌트**: 계약 사양에 대한 정보는 http://www.asx.com.au 사이트를 사용할 수 있음.)

a. 동호주 밀(Eastern Australian Wheat) 선물 5계약을 A$266(호주 달러)에 매수하고 한 달 후 A$271.5에 매도한다.
b. ASX SPI 200 지수 선물 10계약을 4,827에 매수하고 2개월 후 4,756에 매도한다.
c. 동호주 사료 보리 2계약을 A$231에 공매도하고, 가격은 A$210로 떨어진다.
d. 10년물 국채 선물 2계약을 A$97.62에 매수하고 A$99에 매도한다.
e. S&P/ASX 200 VIX 선물을 A$24.45에 공매도하고, 한 달 후 가격은 A$28로 상승한다.
f. AUD 선물 5계약을 0.71(계약당 호주 달러 A$100,000, 가격은 US$/A$로 표시)에 매수하고 몇 달 후 0.73에 매도한다.

연습문제

LG3 LG4 **P15.1** Akasuki는 일본의 투자회사에서 근무한다. 그녀의 고객은 Nikkei 225 VI 선물 12월물(각 포인트는 ¥250,000)을 25포인트에 매수하고 나중에 30포인트에 매도해달라고 요청했다. 초기 증거금이 ¥1,000,000인 경우 고객의 이익과 투자자본수익률은 얼마인가?

MyLab LG3 LG4 **P15.2** Mark는 어렸을 때부터 가족의 사업체에서 일하고 있다. 이 회사는 동호주 카놀라를 재배하고 판매하는 일과 관련이 있다. 그가 방금 사업의 사장으로 임명되었기 때문에 그는 나쁜 해가 닥칠 경우를 대비하여 자신의 이익을 보호하기 위해 선물시장을 조사해야 한다고 결정했다. 호주 증권거래소(ASX)에서 동호주 카놀라 선물은 557.50(톤당 AUD로 표시)에 호가되며 계약 규모는 20톤이다. 계약의 시장가치는 얼마인가?

LG3 LG4 **P15.3** 현재 및 예상 기상조건을 기반으로 Paolo는 듀럼 밀 선물이 상승할 것이라고 믿고 인도일이 12월인 2계약(계약당 50톤)을 €235에 매입했다. 이탈리아 증권거래소는 그에게 10%를 증거금으로 요구했다. 이 거래를 하려면 얼마나 많은 지분/자본이 필요한가?

LG3 LG4 **P15.4** Mark는 A$557.50에 2계약을 매수한다. 계약 인도일에 가격은 A$560.50로 인상되었다. Mark는 얼마를 벌었는가? 초기 증거금이 12.50%라는 점에서 그의 투자자본수익률은 얼마인가?

LG4 **P15.5** Francesca Cipriani는 자신을 현명한 투자자라고 생각한다. 그녀는 현재 €50.5에 거래되고 있는 3월물 이탈리아 전기선물의 매도 포지션을 고려하고 있다. 그녀의 분석에 따르면 3월 선물은 몇 달 안에 €45에 거래될 것이다. 그녀의 기대가 맞았다고 가정할 때 계약당 €1,000의 초기 증거금을 예치하여 3월물 전기계약 5건(각 계약당 744MWh)을 매도하면 자본수익률은 얼마인가?

LG5 LG6 **P15.6** 최근에 돌아가신 Pierre의 삼촌은 €500,000를 유산으로 남기셨고 3개월 후에 받을 수 있다. 그는 안전하고 이자가 붙는 상품에 돈을 투자하기를 원하며 프랑스 재무부 채권이 최선의 선택이라고 믿었다. 그는 이자율이 앞으로 몇 달 동안 떨어질 것이라고 믿고 있기 때문에 그는 2년 만기 프랑스 재무부 채권에 대해 오늘보다 3개월 후에 더 많이 지불해야 할 것이라고 믿었다. 그는 선물을 조사하고 3개월 만에 인도할 수 있는 2년 만기 프랑스 국채에 대해 111.08 호가를 찾았다(계약은 €100,000단위로 거래되며 초기 증거금 €680 필요). 가격 측면에서 호가는 무엇을 의미하며 구매해야 하는 계약은 몇 개인가? 계약을 구입하려면 얼마의 돈이 필요하고 계약을 정산하려면 얼마가 필요한가?

LG5 LG6 **P15.7** Gary는 호주 경제가 불황을 겪고 이자율이 하락할 것이라고 생각하고 선물시장에서 투기를 결정했다. 그는 10년 만기 국채 선물(기본 액면가는 A$100,000)을 97.65에 매수했고 초기 증거금은 A$1,200이다. 한 달 후 이자율은 하락했고 선물가격은 현재 A$102.30이다. Gary의 투자자본수익률을 계산하라.

LG5 LG6 **P15.8** Francesco는 밀라노에 있는 이탈리아 증권거래소에서 오랫동안 투자해 왔다. 그는 공격적인 투자자이며 기회가 있을 때마다 공매도하기를 좋아한다. 최근에 그는 주식시장 전체를 다룰 수 있다는 생각에 매료되었다. 그는 유럽의 경제 펀더멘털이 악화되고 있기 때문에 FTSE MiB 지수 선물을 공매도해야 한다고 생각한다. 그가 5계약을 21,140에 공매도하고 각 계약에 대해 €6,000의 증거금을 예치해야 한다고 가정한다. FTSE MiB 계약이 만료될 때까지 18,000에서 거래되도록 시장이 실제로 하락하면(각 포인트는 €5와 같음) 투자된 자본에 대한 수익률은 얼마인가?

LG6 **P15.9** Jean Paul은 €500,000 상당의 프랑스 재무부 채권을 보유하고 있다. 이 채권은 현재 액면가의 105%로 호가되고 있다. 그는 이자율이 향후 6개월 동안 인상될 것을 우려하고 있으며 이 채권 포트폴리오를 보호하기 위한 조치를 취하고자 한다. 그의 친구 Jean-Luc는 T-bond 선물계약을 사용하여 헤지를 설정하라고 조언한다. 이 계약이 111.06에서 거래되고 있다고 가정한다.

a. Jean Paul이 헤지를 설정하는 방법을 간략하게 설명하라. 매수 또는 매도 포지션 중 어떤 것을 선택해야 하는가? 몇 개의 계약이 필요한가?

b. 이제 6개월이 지났고 이자율이 실제로 올랐다. Jean Paul의 채권은 현재 93.50에 호가되고 있으며 헤지에 사용된 T-bond 선물계약은 현재 98.00에 거래되고 있다. 채권 포트폴리오의 가치와 선물 헤지에서 발생한 이익(또는 손실)이 어떻게 되었는지 설명하라.

c. 이것은 성공적인 헤지였는가? 설명하라.

LG6 **P15.10** 유명한 프랑스 사업가인 Jean Paul의 아버지가 €4백만을 남겼다. Jean Paul은 그 돈을 프랑스에서 가장 큰 대기업 주식 20개에 투자하면서 프랑스 주식시장에 투자하였다. 오늘 이 포트폴리오는 €4.5백만의 가치가 있다. Jean Paul은 자신의 포트폴리오를 그대로 유지하고 싶지만 시장 침체를 우려하고 있다. 따라서 그는 현재 CAC 40 지수에 대하여 5,539에 거래되고 있는 6개월 선물로 자신의 포지션을 헤지하기로 결정했다.

a. 왜 CAC 40에서 선물로 자신의 포지션을 헤지하기로 선택했는가?
b. Jean Paul이 포트폴리오에서 €4.5백만 전체를 사용하기를 원한다는 점을 감안하여 헤지가 어떻게 설정되는지 설명하라.
c. 각 계약에 €4,300의 증거금 예치금이 필요한 경우 헤지를 설정하는 데 얼마가 필요한가?
d. 향후 6개월 동안 프랑스 주식이 하락하고 Jean Paul의 포트폴리오 가치가 €4백만으로 하락한다고 가정한다. CAC 40 지수 선물이 5,000에 거래되는 경우, 이 선물 헤지로부터의 손익은 얼마인가? 포트폴리오 손실을 상쇄하기에 충분한가?
e. 이제 증거금 예치금을 되찾을 것인가? 아니면 "매몰비용"으로 영원히 사라졌는가?

LG5 LG6 P15.11 영국 파운드의 선물계약 시세는 €1.18/£이다. 영국 파운드의 계약규모는 £62,500이다. 이 계약의 가치는 유로화로 얼마인가?

LG5 P15.12 Wolfgang은 유로의 선물계약을 매입했다. 계약은 €125,000이고 시세는 CHf1.2/€이다. 인도일에 거래 시세는 CHf1.1/€이다. Wolfgang이 유로를 인도받았다면 스위스 프랑으로 다시 전환한 후 스위스 프랑은 얼마인가? 그의 손익은 얼마인가?

LG4 P15.13 Alessandro는 유럽 경제가 디플레이션 시기로 접어들고 있으며 ECB는 유로지역의 성장을 지원하기 위해 다른 부양전략을 사용하고 있다고 이탈리아 신문에서 읽었다. 동시에 미국은 경제 및 고용 지표가 강력해 보이는 등 지속적인 성장선상에 있다. 그는 유로가 미국 달러에 대해 하락할 것이라는 데 돈을 걸기를 원한다. Alessandro는 선물시장에서 어떤 입장을 취해야 하는가? €/US$ 선물가격이 1.125 US$/€에서 변경되어 0.99 US$/€에 마감된 경우 이 포지션에서의 손익은 얼마이가? (계약규모가 €125,000라고 가정한다.)

LG6 P15.14 Jacques는 유럽 주식의 지속적인 가격 상승으로부터 이익을 얻고자 한다. 작년에 매우 변동성이 있었기 때문에 그는 ETF(iSHARES EURO STOXX 50)에 대한 콜옵션을 매수하기로 결정했다. 행사가격이 €25.00인 콜옵션을 €3에 매수하고 각 옵션이 100개 이상의 기초 주식을 보유하고 있다면, ETF가 한 해 동안 €23.49에 거래된 경우 그의 손익은 얼마인가?

LG5 LG6 **P15.15** 선물계약의 고유한 특징 중 하나는 가격변동이 상향 편중될 때 발생할 수 있는 자본이득이라는 단 하나의 수익원만 있다는 것이다. 이 금융자산과 관련된 현재 현금흐름은 없다는 것을 기억하라. 이러한 상품은 가격 변동과 구매 시 레버리지로 인한 변동성으로 유명하다. 선물거래가 증거금으로 이루어지므로, 큰 투자 포지션을 관리하기 위해 상대적으로 적은 양의 자본이 필요하다.

Sakura가 채권선물, 특히 JGB 10년물 국채 선물에 관심이 있다고 가정한다. JGB 선물계약 조건은 "¥100백만 표준 6%, 10년 만기 JGB"이다. 그녀가 101.5의 정산가격으로 3월 채권 5계약을 구입했다고 가정한다. 최초 거래 시 브로커에게 예치해야 하는 투자자 자본은 계약가치의 5%이다. 선물계약 투자에 관한 다음 질문을 모형화하고 답하기 위해 스프레드시트를 작성하라.

a. 5계약에 대한 Sakura의 초기 증거금 총액은 얼마인가?
b. Sakura가 통제하는 총 채권 수는 얼마인가?
c. 3월 채권이 104에 정산되었고 Sakura는 매도하여 이익을 실현하기로 결정했다고 가정한다. 채권선물계약의 판매가는 얼마인가?
d. 이 거래에서 얻은 투자자본에 대한 수익률을 계산하라. (수익은 계약 자체의 가치가 아니라 계약에 실제로 투자된 자금의 양을 기준으로 한다는 것을 기억하라.)
e. 3월 채권이 실제로 100.2로 정산되었다면 매도하기로 결정한 Sakura의 손익은 얼마인가?

사례문제 15.1 | T.J.의 신속한 투자: 이자율 선물

LG5 LG6 T. J. Patrick은 상품 투기를 즐기는 오리건주 포틀랜드(Portland, Oregon)의 젊고 성공적인 산업디자이너이다. T. J.는 굴지의 음식 가공업자를 위해 곡물을 매수하는 아버지의 조언을 받아서 십대 때부터 취미 삼아 상품에 투자했다. T. J.는 상품 투기에 상당한 위험이 있음을 인식하고 있지만 아직 젊기 때문에 일정한 모험을 할 수 있다고 생각한다. 산업디자인 회사의 주요 인물인 T. J.는 연간 $150,000를 연봉으로 받는다. 그는 잘 준비된 투자 프로그램을 따라서 자신의 포트폴리오에 연간 $15,000에서 $20,000를 추가하고 있다.

최근에 T. J.는 금융선물, 정확히는 이자율 선물을 시작하였다. 그는 이자율에 대한 전문가는 아니지만 이 투자가 제공하는 가격 행태를 좋아한다. 이 모든 일은 몇 개월 전에 시작되었는데, T. J.는 금융선물 전문가인 브로커 Vinnie Banano를 만났을 때이다. T. J.는 Vinnie가 하는 말(이자율 선물로 잘못될 리는 없다는 이야기)을 좋아하게 되었고

Vinnie의 회사인 Banano's of Portland에 거래 계좌를 만들었다.

어느 날 Vinnie는 T. J.에게 전화를 해서 5년 만기 국채(T-note) 선물에 들어가는 것을 제안했다. 그는 중앙은행이 이자율을 공격적으로 올릴 것이고 단기와 중기 이자율 기간 구조의 수익률이 크게 상승할 것이라고 말하였다. 이에 따라, Vinnie는 T. J.에게 5년 만기 국채 계약을 공매도하도록 제안하였다. 구체적으로 Vinnie는 T-note의 이자율이 1포인트(약 5.5%에서 6.5%로) 상승할 것이고 T. J.는 4계약을 공매도해야 한다고 생각한다. 계약당 개시증거금으로 $1,350가 필요하기 때문에 이것은 $5,400의 투자가 될 것이다.

≫질문

a. T-note 선물이 ($100,000/계약; 1%의 32) 현재 103-16으로 시세가 형성되어 있다고 가정하자.
   1. T-note 선물계약의 현재 가치는 얼마인가?
   2. 만일 Vinnie가 옳고 이자율이 만기일에 1퍼센트 포인트 증가하여 6.5%가 된다면 이 선물계약은 얼마로 시세가 되겠는가? (힌트: 기초 자산과 동일하게 가격이 형성될 것이다. 이 경우 5년 만기 6% 이표이자율의 반기 이자지급 미국 국채이다.)

b. T. J.가 만일 4계약을 103-16에 공매도하고 5년 만기 T-note 계약이 98-00에 시세가 형성될 때 공매도를 정산하게 되면 이익은 얼마인가? 또한 이 거래에서 얻는 투자자본의 수익률을 계산하라.

c. 이자율이 하락한다면 어떻게 되는가? 예를 들어, 만일 T-note 선물의 이자율이 1%의 3/4만큼 하락하면 이때 계약은 105-8에 거래된다면 T. J.는 어떻게 될까?

d. 제안된 공매도 거래의 위험은 무엇인가? 금융선물에 대한 T. J.의 새로운 관심을 어떻게 평가할 수 있는가? 기존의 상품 투자 프로그램과 비교할 때 어떻게 생각하는가?

사례문제 15.2 | Pernelli 부부의 주가지수 선물을 이용한 헤지 시도

LG5 LG6

Jim Pernelli와 아내 Polly는 조지아주 어거스타(Augusta, Georgia)에 살고 있다. 대다수 젊은 부부들처럼 Pernelli 부부는 맞벌이로, Jim과 Polly는 모두 대학을 졸업하고 고소득 직업을 가지고 있다. Jim은 몇 년간 주식시장 투자자로 현재 $375,000의 포트폴리오를 운영하고 있다. Pernelli의 포트폴리오는 주로 고품질 중형의 성장주에 투자하고 있지만 잘 분산되어 있다. Pernelli는 모든 배당금을 재투자하고 정기적으로 투자자본을 포트폴리오에 더하고 있다. 지금까지 그는 공매도는 하지 않고 약간의 증거금 거래는 하고 있다.

그들의 포트폴리오는 지난 18개월 동안에 상당히 가치가 상승해 왔고 Jim은 그가 얻은 이익을 적극적으로 보호하고 싶어 한다. 이것이 문제이다. Jim은 그동안 시장이 상승해 왔고 이제는 하강 국면으로 돌입할 것으로 느끼고 있다. 그는 시장과 경제 뉴스를 매우 조심스럽게 연구한 후 장기적으로 불황이 올 것으로 믿게 되었다. 그러나 그는 그렇지 않더라고 자신의 포트폴리오에 속한 주식이 시장 상황에 나쁜 영향을 받을 것이며 심지어 어떤 종목의 가격은 다른 종목보다 더 많이 하락할 것이라고 상당히 확신하고 있다.

Jim은 언제부터인가 주가지수 선물을 살펴보기 시작했고 이러한 증권의 장단점을 꽤 알고 있다고 믿는다. 심사숙고 끝에 Jim과 Polly는 주가지수 선물을 특히 S&P 중형주(MidCap) 400 선물계약을 주식 포트폴리오를 보호(헤지)하기 위해 사용하기로 결정했다.

≫질 문

a. Pernelli가 주식의 포트폴리오를 헤지하기 위해 주가지수 선물을 사용하려는 이유와 그리고 그런 헤지를 어떻게 구축하는지 설명하시오. 상세하게 설명하시오.
   1. Jim과 Polly가 포트폴리오의 자본가치를 보호하기 위한 대안으로 무엇이 있을까?
   2. 주가지수 선물을 헤지에 사용하는 이점과 위험은 무엇인가?

b. S&P MidCap 400 선물계약의 가격이 $500이고 769.40으로 호가되고 있다. 헤지를 설정하기 위해서 Pernelli는 몇 개의 계약을 매수(혹은 매도)해야만 하는가?
   1. Pernelli의 포트폴리오가 시장이 침체됨에 따라 12% 하락했다고 하자. 주가지수 선물계약이 손실을 만회하기 위해서는 어느 가격까지 움직여야 하는가?
   2. 단일 S&P 400 선물계약을 매수 혹은 매도하기 위해서 $16,875의 증거금 예치금이 필요하다면, 만일 선물계약의 가격이 항목 (b1)에서 계산한 만큼 변화하였다면 투자자본의 수익률은 얼마가 될 것인가?

c. Pernelli의 포트폴리오 가치가 $52,000만큼 하락하고 S&P 400 선물계약의 가격은 769.40에서 691.40으로 움직였다고 가정하자. (Jim과 Polly가 헤지를 위해 선물계약 1계약을 공매도했다고 하자.)
   1. 헤지거래에서 얻은 이익을 (하락한) 주식 포트폴리오의 새로운 가치에 더하시오. 시장이 침체하기 직전의 포트폴리오 가치였던 $375,000와 비교하면 이 금액은 어떠한가?
   2. 주가지수 선물 헤지가 Pernelli 포트폴리오의 완벽한 보호가 되지 못한 이유는 무엇인가? 이러한 유형의 헤지를 통해 (금액 대비) 완벽한 보호를 얻는 것이 가능한가? 설명하시오.

d. Pernelli는 선물계약 대신에 선물 옵션을 이용하여 헤지를 구성할 수도 있다. 다행히도 그런 옵션이 S&P MidCap 400 지수에 대해 존재한다. 이러한 선물 옵션은 기초 자산인 선물계약처럼 S&P MidCap 400 지수에 $500를 곱해서 가치가 매겨진다. 이제 S&P

MidCap 400 선물계약에 대한 풋옵션을 고려하자. 이 풋옵션의 행사가격은 769이고 현재 호가는 5.80이며 비교할 만한 콜옵션은 2.35로 호가된다. 만일 이러한 선물 옵션이 헤지 수단으로 사용된다면, 항목 (c)에서와 동일한 포트폴리오와 선물가격을 이용하여 포트폴리오가 얼마나 잘 보호되는지 알아보자. (**힌트**: 헤지로부터 발생한 순이익은 주식 포트폴리오 가치에 더해 준다.) 주식 포트폴리오를 헤지하기 위하여 주가지수 선물계약 대신에 선물 옵션을 사용하는 장점과 단점은 무엇인가?

CFA 시험 문제

파생증권

아래 12개의 Level-I CFA 시험문제는 옵션과 선물의 기본 특성, 가격결정 특성, 수익률 움직임, 그리고 다양한 옵션 전략 등을 포함하여 교재 제14장과 제15장의 내용을 다루고 있다. (질문에 답할 때 문제당 1.5분의 시간을 사용하고 18분에 12개의 문제를 풀고 8개를 맞추는 것을 목표로 한다.)

01. 다음 중 투자자가 선물계약을 종료하는 데 가장 사용하지 않을 방법은 무엇인가?

a. 현금을 실물 자산과 교환

b. 계약이 가치 없이 만기가 되도록 허용

c. 동일한 계약으로 상쇄되는 거래를 실행

02. 행사가격 $20이며 프리미엄이 $4인 풋옵션을 고려하자. 만일 주식가격이 현재 $18이면 풋옵션의 매수자에게 손익분기점 가격은 얼마인가?

a. $16 b. $22 c. $24

03. 행사가격 $20이며 프리미엄이 $4인 풋옵션을 고려하자. 만일 주식가격이 현재 $18이면 풋옵션의 순수 발행자에게 최대 손실은 얼마인가?

a. $16 b. $20 c. 무제한

04. 선물의 청산소(clearinghouse)에 대한 아래 문장에 대해 고려하라.

문장 1: 선물계약의 청산소는 인도 이전에 계약의 상쇄를 허용한다.

문장 2: 선물계약의 청산소는 계약의 매수와 매도 상대방 모두에게서 개시증거금을 회수한다.

위 문장에 대해 가장 옳은 것 혹은 옳지 않은 것은?

a. 모든 문장이 옳다.

b. 문장 1은 옳지 않고 문장 2는 옳다.
c. 문장 1은 옳고 문장 2는 옳지 않다.

05. 인도(delivery)로 정산이 완료된 선물계약에 관한 아래 문장에 대해 고려하시오.

문장 1: 매수자가 인도 절차를 시작한다.
문장 2: 많은 계약에서 인도는 인도월의 아무 영업일에나 일어날 수 있다.

위 문장에 대해 가장 옳은 것 혹은 옳지 않은 것은?

a. 모든 문장이 옳다.
b. 문장 1은 옳지 않고 문장 2는 옳다.
c. 문장 1은 옳고 문장 2는 옳지 않다.

06. 심외가격이나 심내가격이 아니라면, 다른 것은 동일한 콜옵션의 경우에 만기가 길수록 아래 조건의 경우 가격은 낮다.

a. 유럽형 콜옵션이 아닌 미국형 콜옵션
b. 유럽형 콜옵션과 미국형 콜옵션 모두
c. 유럽형 콜옵션도 미국형 콜옵션도 아님

07. 행사가격이 50이고 만기가 90일인 미국형 콜옵션과 동일한 기초 자산을 가진 행사가격이 60이고 만기가 120일인 콜옵션을 비교하자. 기초 자산은 55에 거래되고 있다. 아래 문장을 고려하시오.

문장 1: 행사가격 50은 내가격이고 행사가격 60은 외가격이다.
문장 2: 행사가격 60인 콜옵션의 프리미엄에서 차지하는 시간가치는 행사가격 50인 콜옵션의 프리미엄에서 차지하는 시간가치보다 크다. 많은 계약에서 인도는 인도월의 아무 영업일에나 일어날 수 있다.

위 문장에 대해 가장 옳은 것 혹은 옳지 않은 것은?

a. 모든 문장이 옳다.
b. 문장 1은 옳지 않고 문장 2는 옳다.
c. 문장 1은 옳고 문장 2는 옳지 않다.

08. 행사가격 $40인 콜옵션이 현재 $35에 거래되고 있다. 콜옵션은 1년 뒤에 만기가 되고 무위험수익률은 10%이다. 이 콜옵션 가치의 하한은 얼마인가?

a. 0

b. 미국형이라면 $5

c. 유럽형이라면 $1.36

09. 행사가격 $100로 투자자가 발행한 콜옵션이 $3에 거래되고 있다. 이 투자자는 주식에 $85를 지불했다. 만일 만기일에 주식의 가격이 $110로 오른다면 투자자의 이익으로 가장 가까운 것은?

a. $3　　b. $12　　c. $18

10. 투자자는 현재 내가격 $5인 옵션에 $10를 지불하였다. 만일 기초 자산이 $90라면 다음 중 옵션에 관해 가장 잘 설명한 것은?

a. 행사가격이 $80인 콜옵션

b. 행사가격이 $95인 풋옵션

c. 행사가격이 $95인 콜옵션

11. 최근 Dragon Vacation, Inc.의 주당 가격은 $50이다. 정확하게 6개월 만기가 남은 행사가격 $45, $50, $55인 콜옵션이 있다. 콜옵션의 가격은 각각 $8.75, $6.00, 그리고 $4.00이다. 콜옵션계약은 100주 주식에 대한 것이고 투자자는 전략 실행으로 시장가격에 Dragon 주식 100주를 매수한다고 가정하자. 투자자는 주식의 가격이 상승하든 하락하든 콜옵션 행사에 대응하기 위해 주식을 매도하지 않으며, 옵션이 만료되는 6개월 뒤에 전략을 종료할 것이라고 가정하자. 만일 6개월 뒤 Dragon 주식의 종가가 $60이면 행사가격 $50의 콜옵션을 이용한 커버드 콜(covered call)의 이익은 얼마에 가까운가?

a. $400　　b. $600　　c. $1,600

12. Win Big, Inc. 주식의 주가는 주당 €50이다. Verna Hillsborough는 €50에 100주를 매수한다. 주가 하락에 대비하기 위해 Hillsborough는 Win Big 주식 100주를 보호하기 위해서 행사가격 €40에 풋옵션 1계약을 매수한다. 풋옵션 프리미엄이 주당 €1이다. 만일 Wind Big이 풋옵션 만기일에 주당 €45의 종가를 가지고 Hillsborough는 주식을 €45에 매도한다면, Hillsborough의 이익은 얼마에 가까운가?

a. −€1,100　　b. −€600　　c. €900

해답: 1. b;2. a; 3. a; 4. a;5. b; 6. c; 7. a; 8. a; 9. c; 10. b; 11. b; 12. b

용어 해설

ㄱ

가치 펀드(value fund) 시장에서 과소평가된 것으로 간주되는 주식에 투자하는 뮤추얼펀드. 가치주는 빈번하게 낮은 P/E 배수, 높은 배당수익률, 그리고 유망한 전망을 갖고 있음. (제12장)

가치평가(valuation) 투자가가 투자가치를 결정하는 과정. (제8장)

간접투자(indirect investment) 증권 또는 재산의 집합에 대한 투자. (제1장)

감정(appraisal (in real estate)) 부동산 전문가가 만든 부동산의 시장가치 추정치. (제18장)

감채기금(sinking fund) 채권의 존속기간에 걸쳐 매년 상환되는 원금액을 규정한 충당금. (제10장)

강세 시장(bull markets) 일반적으로 가격 상승, 투자자의 낙관적 견해, 경제 회복, 그리고 정부의 부양책이 수반되는 시장. (제2장)

강제전환(forced conversion) 전환채권의 발행기업에 의한 수의상환. (제10장)

강형 EMH(strong form EMH) 주주로 하여금 지속적으로 비정상적 이익을 얻도록 하는 사적 및 공개 정보는 없다는 EMH의 한 형태. (제9장)

개방형 펀드(open-end fund) 투자자에게 펀드에 자금을 보낼 때마다 새 주식을 발행하는 뮤추얼펀드. 발행될 수 있는 신규 주식 수에 제한이 없고, 따라서 사람들이 펀드에 투자할 수 있는 금액의 한계가 없음. (제12장)

개시증거금(initial margin) 증거금 투자자가 매입 시 제공해야 하는 최소 자본금액. (제2장, 제15장)

개인투자자(individual investors) 스스로 펀드를 소유하는 투자자. (제1장)

거래량(volume) 특정 기간 동안 거래된 증권의 수. (제15장)

결합 분산투자(pooled diversification) 개인투자자들의 집단적 이익을 위해 증권 포트폴리오를 매입하는 과정. (제12장)

경과이자(accrued interest) 채권의 최근 이자지급 이후 발생한 (그러나 아직 미지급된) 이자. (제11장)

경기방어주(defensive stocks) 경제가 침체하기 시작할 때, 자신의 수익률을 유지 또는 상회하는 경향이 있는 주식. (제6장)

경기순환(business cycle) 시간경과에 따른 전체적 경제활동 수준의 변화를 반영하는, 경제의 현재 상태를 나타내는 지표. (제7장)

경기순환주(cyclical stocks) 수익 및 전체적 시장성과가 경제의 일반적 상태에 밀접하게 연관된 주식. (제6장)

경상수익률(current yield) 채권의 현재 시장가격 대비 연간 이자소득의 척도. (제10장)

경제분석(economic analysis) 보통주 평가에 이용되는 일반적 경제상황 연구. (제7장)

고빈도거래(high-frequency trading, HFT) 컴퓨터 및 전자 주문체결에 의존하는 초고속 알고리즘 거래. (제2장)

고수익채권(high-yield bonds) 투자등급 이하의 채권으로 정크본드라고도 함. (제10장)

고정가중치 접근법(fixed-weightings approach) 포트폴리오의 각 자산범주에 대해 고정된 비중이 배분되는 자산배분 플랜. (제13장)

고정관념(anchoring) 개인이 가지고 있는 정보가 특별히 관련이 없는 경우에도 너무 많은 비중을 두는 현상. (제9장)

고정소득증권(fixed-income securities) 고정된 정기적 현금지급을 제공하는 투자. (제1장)

고정수수료(fixed commissions) 전형적으로 개인투자자의 소규모 거래에 적용되는 고정 중개수수료. (제3장)

공개적으로 거래되는 주식(publicly traded issues) 일반대중에게 쉽게 가용하고 공개시장에서 매매되는 주식. (제6장)

공개호가 경매(open-outcry auction) 선물거래에서 거래가 일련의 음성, 몸동작 그리고 수신호를 통해 이루어지는 경매. (제15장)

공격적 성장 펀드(aggressive-growth fund) 가장 높은 자본이득을 달성하려 하는 매우 투기적인 뮤추얼펀드. (제12장)

공매도 잔액(short interest) 어떤 시점에 시장에서 공매도된 주식의 숫자. 미래 시장수요를 나타내는 기술적 지표로 간주됨. (제9장)

공매도(short-selling) 차입된 증권의 매도, 공매도자에 의한 궁극적 재매입, 그리고 대여자의 수익. (제2장)

공모(public offering) 기업 증권의 대중 투자자에 대한 판매. (제2장)

공정공시규제(Regulation FD) 고위 경영자가 언론보도 또는 SEC 제출을 통해 중요한 정보를 투자전문가와 대중에게 동시에 공시하도록 요구하는 규제. (제3장)

공통형 손익계산서(common-size income statement) 일반적 손익계산서의 모든 항목을 공통분모(순매출액)를 이용하여 금액으로부터 백분율로 전환한 재무보고서. (제8장)

과당매매(churning) 중개인이 고객계좌의 과도한 거래를 초래함으로써 수수료를 증가시키는, 불법적이고 비윤리적인 행위. (제3장)

과세상당수익률(taxable equivalent yield) 전액 과세되는 채권이 더 낮은 수익률과 함께 면세되는 지방채권과 동일한 세후수익률을 제공하는 데 필요한 수익률. (제10장)

과잉확신(overconfidence) 자신의 특정 과업 수행능력을 과대하는 경향. (제9장)

관리수수료(management fee) 전문적 뮤추얼펀드 서비스 제공에 대해 연간으로 부과되는 수수료. 포트폴리오 성과에 무관하게 지급됨. (제12장)

구매력위험(purchasing power risk) 물가 수준의 예상되지 않은 변화(인플레이션 또는 디플레이션)가 투자수익에 불리한 영향을 줄 가능성. (제4장)

구주 배정(rights offering) 기존 주주들에게 비례적으로 신규 주식을 제공. (제2장)

국내 투자(domestic investments) 미국에 기반을 둔 회사와 정부의 부채, 주식, 그리고 파생증권. (제1장)

국제 펀드(international fund) 투자의 전체 또는 대부분을 해외증권에 투자하는 뮤추얼펀드. (제12장)

국채스트립(Treasury strips) 미국 재무부 증권으로부터 만들어진 무이표채권. (제10장)

균형 펀드(balanced fund) 경상소득과 장기 자본가치 상승 사이에서 균형된 수익을 창출하려는 목적의 뮤추얼펀드. (제12장)

금고주(treasury stock) 발행된 후 발행기업에 의해 다시 매입된 주식. (제6장)

금융 포털(financial portals) 실시간 호가, 주식 및 뮤추얼펀드 검색, 포트폴리오 추적 도구, 뉴스, 연구, 그리고 거래 기능 및 개인재무 기능 같은 광범위한 투자 기능을 결합한 웹의 초대형 사이트. (제3장)

금융기관(financial institutions) 정부, 기업, 그리고 개인들의 저축을 대출 또는 투자로 변환하는 조직. (제1장)

금융선물(financial futures) 기초 "상품"이 부채증권, 외국통화, 보통주 같은 금융자산인 선물계약. (제15장)

금융시장(financial markets) 자금의 공급자와 수요자가 금융자산을 거래하는 시장. (제1장)

금융증권화(securitization) 부동산저당대출 같은 대출수단을 시장성 증권으로 변형하는 과정. (제10장)

급매(fire sale) 뮤추얼펀드가 투자자의 인출 요청이 있어서 비유동적인 증권을 신속히 매각하여 현금을 조달하기 위해 진행하는 판매행위. (제12장)

기관투자자(institutional investors) 다른 사람들의 자금을 관리하면서 보수를 받는 투자전문가. (제1장)

기대인플레이션 프리미엄(expected inflation premium) 미래의 기대되는 평균 인플레이션율. (제4장)

기대가설(expectations hypothesis) 수익률곡선의 형태는 투자자의 미래 이자율에 대한 기대를 반영한다는 이론. (제11장)

기대수익률(expected return) 투자가 미래에 얻을 것으로, 투자자가 생각하는 수익률. (제4장, 제11장)

기본적 분석(fundamental analysis) 기업의 재무상황과 영업실적에 관한 깊이 있는 연구. (제7장)

기술적 분석(technical analysis) 시장에서 작용하는 다양한 움직임 그리고 이들의 주가에 대한 영향의 연구. (제9장)

기술적 정보(descriptive information) 경제, 시장, 산업, 회사, 또는 특정 투자의 과거 행태의 실제 자료. (제3장)

기술주(tech stocks) 시장의 기술주 섹터를 대표하는 주식. (제6장)

기업공개(initial public offering, IPO) 회사 주식의 최초의 공개적 매각. (제2장)

기업별 위험 또는 고유위험 또는 특이위험(firm-specific risk, or unique risk or idiosyncratic risk) 다각화된 포트폴리오의 일부로 투자할 때 사라지는 투자위험의 일부; 광범위한 시장에 영향을 미치는 위험이라기보다는 특정 투자에 고유한 위험. (제5장)

기업분할(stock spin-off) 기업의 자회사 가운데 하나를 독립기업으로 전환하고, 새 기업의 주식

을 기존 주주에게 분배하는 행위. (제6장)

기준(basis) 세금 목적상 기준은 일반적으로 구매와 관련된 수수료 및 기타 비용을 포함하여 자산을 구매하는 데 사용되는 금액. (제17장)

ㄴ

나스닥 주식시장지수(Nasdaq Stock Market indexes) 나스닥 주식시장에서 거래되는 증권의 현재 가격행태를 특정일의 기준 수치 100에 대비하여 측정하는 지수. (제3장)

내가격(in-the-money) 기초자산의 시장가격보다 낮은 행사가격을 가진 콜옵션. 기초자산의 시장가격보다 높은 행사가격을 가진 풋옵션. (제14장)

내부수익률(internal rate of return) 투자비용을 투자자에게 제공하는 혜택의 현재가치와 동일하게 만드는 할인율. (제4장)

내재가치(intrinsic value) 기본적 분석에 의해 추정된, 주식의 기초 또는 내재적 가치. (제7장)

네이키드 옵션(naked options) 발행자가 소유하지 않은 증권에 대해 발행된 옵션. (제14장)

ㄷ

다우존스 산업평균(Dow Jones Industrial average, DJIA) 전체 시장가치와 광범위한 공개된 소유권 그리고 전체적 시장 활동을 나타내는 것으로 간주되는, 30개 종목의 선택된 우량주식으로 이루어진 주식시장 평균. (제1장)

다우존스 회사채지수(Dow Jones Corporate Bond Index) 32개의 제조업, 32개의 금융업, 그리고 32개의 공공서비스/통신의 총 96개 채권 종가의 수학적 평균. (제3장)

단기 투자(short-term investments) 전형적으로 1년 이내에 만기도래하는 투자. (제1장)

단리(simple interest) 단지 초기 예금액에 대해 예치기간 동안 지급되는 이자. (제1장)

단주거래(odd lot) 100주 미만의 주식 거래. (제3장)

대표성(representativeness) **오류** 사람들이 결과의 무작위성을 생각하기 어렵기 때문에 발생하는 인지적 편의. (제9장)

대형주(large-cap stocks) 시가총액이 매우 높은 주식. (제6장)

듀레이션(duration) 채권의 가격 및 재투자 리스크를 모두 반영하며 다양한 금리환경에 대한 민감도를 표시하는 채권가격 변동성의 척도. (제11장)

등가격(at the money) 콜옵션이나 풋옵션은 옵션의 행사가격과 기초주식의 시장가격이 같을 때 등가격 상태에 있다. (제14장)

등급 불일치(split ratings) 둘 이상의 신용평가기관에 의해 상이한 신용등급이 부여된 채권. (제10장)

디플레이션(deflation) 물가가 전반적으로 하락하는 기간. (제4장)

ㄹ

랩계좌(wrap account) 대규모 포트폴리오를 가진 고객이, 자금관리자의 서비스 비용과 모든 거래의 수수료로서, 고정된 연간 수수료를 지불하는 중개계좌. (관리계좌로도 불림.) (제3장)

레버리지(지렛대, leverage) 축소된 자본투자 하에서 주어진 자본상태를 달성할 수 있는, 따라서 이익을 확대할 수 있는 능력. (제14장)

레버리지율(leverage ratios) 영업을 지원하는 데 사용된 부채금액과 기업의 부채상환능력을 측정하는 재무비율. (제7장)

ㅁ

만기수익률(yield-to-maturity, YTM) 채권의 기간 동안 이자소득과 가격상승을 포함한 완전 복리 계산된 투자수익률. (제11장)

만기일(expiration date) 옵션 유효기간의 만료되는 날짜. (제14장)

만기일(maturity date) 채권의 계약이 만료되고 원금이 상환되어야 하는 날짜. (제10장)

만족스러운 투자(satisfactory investment) 편익의 현재가치가 비용의 현재가치(적절한 비율로 할인)와 같거나 초과하는 투자. (제4장)

매도 호가(ask price) 증권의 매도를 위해 제시된 최저 가격. (제2장)

매수 호가(bid price) 증권의 매입을 위해 제시된 최고 가격. (제5장)

매수/매도 스프레드(bid/ask spread) 매수 호가와 매도 호가의 차이로, 투자자가 시장조성자나 증권 딜러를 통해 거래할 때 지불할 수 있는 일종의 거래비용. (제2장)

면역화(immunization) 가격변동 및 재투자의 영향을 상쇄하기 위해 듀레이션을 이용하는 채권 포트폴리오 전략. 채권 포트폴리오는 자신의 평균 듀레이션이 투자의 목표기간과 일치할 때 면역화됨. (제11장)

명목수익률(nominal rate of return) 경상금액으로 표시된 투자에서 얻어진 실제 수익률. (제4장)

모기지유동화채권(mortgage-backed bond) 주택부동산저당대출의 집합에 의해 담보된 부채증권. 주로 연방기관에 의해 발행됨. (제10장)

모기지채권(mortgage bonds) 부동산에 의해 담보된 선순위 채권. (제10장)

목표가격(target price) 주식이 통상적으로 1년인 특정 기간 안에 도달할 것으로 애널리스트에 의해 기대되는 가격. (제8장)

목표 기간 펀드(target date fund) 특정 목표일에 연결된 자산배분계획을 따르는 뮤추얼펀드로, 일반적으로 목표일이 다가옴에 따라 주식에 대한 자산배분을 줄이고 채권에 대한 배분을 늘림. (제12장)

무담보채권(debenture) 무담보 (후순위) 채권. (제10장)

무-상관관계(uncorrelated) 관계 또는 상호작용을 갖지 않고, 따라서 0에 가까운 상관계수를 갖는 두 계열을 기술함. (제5장)

무수수료 펀드(no-load fund) 주식 매입 시 수수료가 부과되지 않는 뮤추얼펀드. (제3장)

무위험수익률(risk-free rate) 무위험투자에서 얻을 수 있는 수익률. 실질수익률과 기대 인플레이션 프리미엄의 합계. (제4장)

무이표채(zero-coupon bonds) 이표는 없고 기준가로부터 크게 할인되어 거래되는 채권. (제10장)

무작위행보 가설(random walk hypothesis) 주가변동은 예측불가능하고 따라서 어떻게 가격이 변화할지 알 수 없다는 이론. (제9장)

물가연동국채(Treasury inflation-indexed obligations, TIPS) 투자자 수익률을 연간 인플레이션에 대해 조정함으로써 인플레이션에 대한 보호를 제공하는 재무부 증권의 한 종류. (제10장)

뮤추얼펀드(mutual fund) 주식의 매각으로부터 자금조달하고, 분산된 증권 포트폴리오에 투자하며 전문적으로 관리하는 회사. (제1장, 제12장)

미결제약정(open interest) 현재 거래 중인 상품 또는 금융선물 계약의 수

미국 예탁주식(American depositary shares, ADSs) 외국 회사의, 해당국 소재 은행 금고에 보관된 주식의 미국 달러 표시 예치증서. 이들은 미국 주식예탁증서를 위한 담보로 이용됨. (제2장)

미국 주식예탁증서(American depositary receipts, ADRs) 미국 투자자로 하여금 비미국 회사의 주식을 보유하고 미국의 주식거래소에서 거래할 수 있도록 하기 위해 만들어진 증권. 이들은 미국 예탁주식에 의해 담보됨. (제2장)

미래가치(future value) 현재 예금이 복리이자를 지급하는 계좌에 예치될 때, 시간이 지난 후 증식하는 금액. (제4장)

미실현 자본이득, 서류상 이익(unrealized capital gains, paper profits) "서류상"에만 존재하는 자본이득. 즉, 펀드의 보유증권이 팔릴 때까지 미실현. (제12장)

ㅂ

바론스(*Barron's*) 주간 경제지. 금융뉴스의 대중적 출처. (제3장)

반전투자 견해 이론(theory of contrary opinion) 시장의 현재 상태와 향후 변화의 지표로서 단주거래 금액과 유형을 이용하는 기술적 지표. (제9장)

배당(dividends) 기업이 주주들에게 제공하는 정기적 지급. (제1장)

배당가치평가모형(dividend valuation model, DVM) 예상되는 미래 배당흐름에 기초하여 주식을 평가하는 방법. 세 가지의 형태는 무성장, 일정성장, 변동성장임. (제8장)

배당공시일(declaration date) 기업의 이사회가 기업의 배당금의 금액과 시기를 발표한 날짜. (제6장)

배당기준일(date of record) 투자자가 배당을 수취할 권리를 갖으려면 주주로서 등록되어 있어야 하는 날짜. (제6장)

배당락일(ex-dividend date) 배당기준일까지 3영업일을 남겨둔 날짜로 배당 수취가 불가능한 날. 이는 투자자가 공표된 배당의 수취권을 가진 공식적 주주인지의 기준이 됨. (제6장)

배당성향(dividend payout ratio) 주당이익(EPS) 가운데 기업이 배당으로 지급하는 비율. (제6장)

배당소득(dividend income) 뮤추얼펀드의 보유 증권으로부터 얻어진 배당과 이자로부터 나온 소득. (제12장)

배당수익률(dividend yield) 배당을 주식가격에 연계하는 척도로서, 보통주 배당을 절대적(금액) 기준 대신 상대적 척도(백분율)로 나타냄. (제6장)

배당재투자 플랜(dividend reinvestment plan, DRIP) 주주의 현금배당을 자동적으로 해당 기업의 보통주를 추가 매입하는 데 재투자하는 플랜. (제6장)

배당지급일(payment date) 회사가 배당수표를 주주에게 우송하는 실제 날짜. (제6장)

백오피스 연구보고서(back-office research reports) 투자전망에 관한 중개회사의 분석과 권고.

현재 및 잠재 고객의 요구에 의해 무료로 제공되거나 또는 일부 웹사이트에서 판매. (제3장)

베타(beta) 증권가격이 시장요인에 대해 어떻게 반응하는지 보여주는 분산불가능 또는 시장 리스크의 척도. (제5장)

변동가중치 접근법(flexible-weightings approach) 각 자산범주에 대한 가중치가, 시장분석에 기초하여, 정기적으로 조정되는 자산배분 플랜. (제13장)

변동비율 플랜(variable-ratio plan) 투자거래의 시점 선택을 위한, 투기적 부분의 전체 포트폴리오 가치에 대한 비중이 투기적 증권의 가치 변동에 의존하는 포뮬러 플랜. 비율이 미리 정해진 수치만큼 상승 또는 하락할 때, 포트폴리오의 투기적 부분에 투자된 금액은 각각 감소 또는 증가됨. (제13장)

보유기간(holding period) 투자수단의 수익률을 측정하려 하는 기간. (제4장)

보유기간수익률(holding period return, HPR) 특정 보유기간 (일반적으로 1년 이하) 동안 투자의 보유로부터 얻은 총수익률. (제4장)

보유 매입(long purchase) 투자자가 증권의 가격상승과 향후 이익을 얻기 위해 매도할 것을 바라면서 증권을 매입하는 거래. (제2장)

보통주(common stock) 회사의 소유권을 나타내는 자기자본 투자. 각 주식은 기업의 부분적 소유권을 나타냄. (제1장)

보통주(시장가치) 비율(common-stock (market) ratios) 기업에 관한 정보를 주당 기준으로 전환한 재무비율. (제7장)

복리(compound interest) 초기 예금뿐 아니라 어떤 기간으로부터 다음 기간으로 축적된 이자에 대해서도 이자가 지급됨. (제3장)

복수상장(또는 동시상장)(dual listing) 어떤 기업의 주식이 하나 이상의 거래소에 상장됨. (제2장)

복수만기 다계층 채권(collateralized mortgage obligations, CMO) 부동산저당대출담보부증권으로, 소유자들은 원하는 투자기간에 기초한 등급으로 구분됨. 원금은 만기 순서에 따라 단기 등급을 우선하여 투자자들에게 지급됨. (제10장)

부동산(real estate) 주거용 가옥, 나대지, 그리고 소득재산 같은 물건. (제1장)

부동산투자신탁(real estate investment trust, REIT) 투자자에게 주식을 팔고, 다양한 종류의 부동산과 부동산담보대출에 수입금을 투자하는 일종의 폐쇄형 투자회사. 이들은 세 종류가 있음. 주식 REIT, 부동산대출 REIT, 그리고 혼성 REIT. (제12장)

부채(debt) 이자소득과 정해진 미래 시점의 대출 상환 약속의 대가로 차입된 자금. (제1장)

분산가능(비체계적) 위험(diversifiable (unsystematic) risk) 통제 불가능 또는 확률적 사건으로부터 발생하는 기업 특유의 투자리스크의 일부. 분산투자에 의해 제거될 수 있음. (제5장)

분산불가능(체계적) 위험(undiversifiable (systematic) risk) 심지어 잘 분산된 포트폴리오에도 남아 있는 위험. 모든 (거의 모든) 증권에 영향을 주는 경향을 가진 위험. (제5장)

분산투자(diversification) 수익률을 높이거나 위험을 낮추기 위해 포트폴리오에 많은 수의 다양한 투자수단을 포함시키는 행위. (제1장, 제2장)

분석적 정보(analytical information) 사용 가능한 현재 데이터를 기반으로 한 잠재적 투자에 대한 예측 및 권고. (제3장)

비용(지급)비율(expense ratio) 뮤추얼펀드가 펀드 운영비용을 충당하기 위해 투자자에게 부과하는 펀드 자산의 백분율로 표시되는 비용. (제12장)

비용평균화(dollar-cost averaging) 일정한 금액이 정해진 시간 간격으로 투자되는, 투자거래의 시점 선택을 위한 포뮬러 플랜. (제13장)

비율분석(ratio analysis) 재무제표 항목들 사이의 관계 연구. (제7장)

비정상수익률(abnormal return) 투자자의 실제수익률과 기대수익률의 차이. (제9장)

ㅅ

사건위험(event risk) 투자의 기초 가치에 대해 현저하고 통상 즉각적인 영향을 주는, 기대되지 않은 사건으로부터 발생하는 리스크. (제4장)

사모(private placement) SEC 등록 없이 신규 증권의 개인투자자에 대한 직접 판매. (제2장)

사업위험(business risk) 투자의 수익 및 투자자에게 빚진 수익을 지급할 수 있는 능력에 관한 불확실성의 정도. (제4장)

사회적 책임 펀드(socially responsible fund) 투자결정에 윤리와 도덕성을 적극적이고 직접적으로 반영하는 뮤추얼펀드. (제12장)

산업분석(industry analysis) 특정 산업의 경쟁상태를 다른 것들에 연계하여 살펴보고 산업 내에서 특별히 유망한 회사를 찾아내려는 산업 그룹에 관한 연구. (제7장)

상관계수(correlation coefficient) 두 계열 사이의 상관관계 정도의 척도. (제5장)

상관관계(correlations) 어떤 종류의 자료를 나타내는 일련의 수치들 사이의 관계의 통계적 척도. (제5장)

상대적 P/E 배수(relative P/E multiple) 주식의 P/E 비율이 평균 시장배수에 비해 어떤 행태를 보이는지의 척도. (제8장)

상장 옵션(listed options) CBOE 같은 조직화된 증권시장에 상장되고 거래되는 풋옵션 및 콜옵션. (제14장)

상장지수펀드(exchange-traded fund, ETF) 주식거래소에 상장된 증권을 거래하는 개방형 펀드. (제1장)

상환수수료(redemption fee) 투자자가 펀드의 주식을 매수한 후 얼마 되지 않아 매도할 경우 지불하는 수수료. (제12장)

샤프 척도(Sharpe's measure) 포트폴리오 수익률의 표준편차에 의해 측정된 총위험의 단위당 리스크 프리미엄을 측정하는, 포트폴리오 성과의 척도. (제13장)

서류상 수익(paper return) 주어진 기간 동안 달성되었으나 투자자에 의해 실현되지 않은 수익. (제4장)

선물(futures) 계약의 매도자는 특정 시점에 계약매매 시 합의된 가격에 의해 특정 자산을 인도하고, 매수자는 인도자산을 수용하도록 만드는 법적으로 강제되는 채무. (제1장)

선물계약(futures contracts) 투자자로 하여금 정해진 가격으로 미래 특정일에 기초자산을 사거나 팔도록 하는 계약. (제15장)

선물시장(futures market) 선물계약의 거래를 위해 조직화된 시장. (제15장)

선물 옵션(futures options) 보유자로 하여금 특정 행사가격으로 특정 기간 중에 단일 표준 선물계약을 사거나 팔 수 있는 권리를 부여하는 옵션. (제15장)

선순위 채권(senior bonds) 발행자의 특정 재산에 대한 법적 청구권에 의해 담보되는 부채증권. (제10장)

선행매매(front running) 발생할 거래에 대한 정보와 증권가격에 미칠 수 있는 영향을 기반으로 하는 고빈도거래전략. (제2장)

설비담보증권(equipment trust certificates) 특정 장비에 의해 담보된 선순위 채권. 항공사 같은 운송회사에서 널리 사용됨. (제10장)

성장률(rate of growth) 소득 흐름의 가치의 복리계산된 연간 변화율. (제5장)

성장-소득 펀드(growth-and-income fund) 장기적 성장과 현재 소득을 모두 추구하면서, 주된 목표를 자본이득에 두는 뮤추얼펀드. (제12장)

성장주(growth stocks) 영업과 이익에서 높은 성장률을 보이는 주식. (제6장)

성장주기(growth cycle) 산업(또는 기업) 내에서 시간경과와 함께 발생하는 사업 활력을 반영함. (제7장)

성장지향적 펀드(growth-oriented fund) 주된 목표를 장기적 자산 가치상승으로 둔 포트폴리오. (제5장)

성장 펀드(growth fund) 주된 목표를 자산 가치상승으로 설정한 뮤추얼펀드. (제12장)

세금계획(tax planning) 개인의 장기적 세금 수준을 지연하거나 최소화하는 전략의 개발. (제1장)

세금 스왑(tax swap) 자본손실을 입은 채권으로 비슷한 증권을 대체하는 행위. 투자자 포트폴리오의 다른 부분에 얻어진 이득을 상쇄하기 위해 이용됨. (제11장)

세금우대 투자(tax-advantaged investments) 투자자가 납부해야 하는 세금액을 낮춤으로써, 더 높은 세후 수익률을 내기 위해 고안된 투자 수단과 전략. (제1장)

세금위험(tax risk) 의회가 세법의 불리한 변화를 초래하여, 어떤 투자의 세후 수익률과 시장가치를 낮출 가능성. (제4장)

세후 현금흐름(after-tax cash flows, ATCFs) 부동산 등 투자에서 비용, 부채 상환, 세금을 차감한 후 얻은 현금흐름. (제18장)

섹터 펀드(sector fund) 시장의 특정 영역으로 투자를 제한하는 뮤추얼펀드. (제12장)

소극적 관리 펀드(passively managed fund) 특정 벤치마크 또는 지수의 성과를 모방하도록 설계된 펀드. (제12장)

소득(income) 일반적으로 투자의 소유의 결과로 정기적으로 취득하는 현금 또는 현금성 수입. (제4장)

소득주(income stocks) 평균 이상의 배당을 장기적으로 유지한 기록을 가진 주식. (제6장)

소득지향적 포트폴리오(income-oriented portfolio) 정기적 배당과 이자 지급을 제공하도록 고안된 포트폴리오. (제5장)

소수(십진수)화(decimalization) 2001년에 완전히 시행된 관행으로 분수가 아닌 소수로 증권 가격을 인용하고 거래함. (제2장)

소형주(small-cap stocks) 일반적으로 $10억 미만의 시가총액을 갖고 있고 평균 이상의 수익률

을 제공할 수 있는 주식. (제6장)

손실회피(loss aversion) 투자자의 손실을 피하려는 욕구가 매우 강해서, 위험회피적 투자자가 손실회피 시도로서 위험선호적 행태를 보이는 상황. (제9장)

손익계산서(income statement) 일반적으로 1년인 특정 기간 동안의 기업의 영업실적을 요약하는 재무적 요약 서류. (제7장)

수수료 펀드(load fund) 주식이 매입될 때 수수료를 부과하는 뮤추얼펀드. 초기 수수료 펀드로도 알려짐. (제12장)

수의상환수익률(yield-to-call, YTC) 채권이 특정 중도상환일까지만 존재할 경우의 수익률. (제11장)

수익(return) 투자로부터 발생하는 이익 (제4장)

수익(률)(returns) 경상소득 그리고/또는 가치상승의 형태로 수취된 투자의 보상. (제1장)

수익률곡선(yield curve) 특정 시점에서 채권의 잔존만기와 수익률의 관계를 나타내는 그래프. (제11장)

수익률 선택 스왑(yield pickup swap) 경상수익률과 만기수익률을 높이기 위해 저금리 채권으로 비슷한 고금리 채권을 대체하는 행위. (제11장)

수익률 스프레드(yield spreads) 시장의 다양한 섹터들 사이에 존재하는 이지율 차이. (제11장)

수익성(profitability) 기업의 이윤을 매출, 자산 또는 자기자본에 연계시킴으로써 수익률을 측정하는 재무비율. (제7장)

수익채권(revenue bonds) 발행기관이 충분한 수입을 얻었을 때에만 원금과 이자가 지급되는 지방채권. (제10장)

수탁계좌(custodial account) 미성년자의 중개 계좌. 모든 거래의 일부로서 부모 또는 보호자를 필요로 함. (제3장)

순가격(clean price) 채권의 발생이자를 무시한 가격. 순가격은 채권의 다음 번 이자지급액을 포함하지 않은 미래 현금흐름의 현재가치. (제11장)

순손실(net losses) 자본손실이 자본이득을 초과하는 금액. 최대 3,000달러의 순손실까지 연간 경상손실에 적용가능함. (제1장)

순자산가치(net asset value, NAV) 어떤 뮤추얼펀드의 주식의 기초 가치. (제12장)

스탠더드 앤 푸어스(Standard & Poor's Corporation, S&P) 회사 보고서와 주식 보고서를 포함한 많은 수의 금융보고서와 서비스 제공 기업. (제1장)

스탠더드 앤 푸어스 500 주가지수(Standard & Poor's 500 stock indexes) 일단의 대형주 주식의 현재 가격을 기준지수 수치(특정 지수에 따라 설정됨)에 대비하여 측정하는 지수. (제3장)

스트리트 네임(street name) 중개회사의 명의로 발행되나, 실제로 소유하는 고객을 위해 수탁된 증권증서. (제3장)

시간가치(time value) 옵션가격이 옵션의 기본적 가치를 초과하는 금액. (제14장)

시장가 주문(market order) 주문이 제출될 때 가용한 가장 유리한 가격에서 주식을 매수 또는 매도하는 주문. (제3장)

시장가치(market value) 증권의 실세 시장가격. (제6장)

시장교차거래(crossing markets) 희망 가격에서 동일한 매도와 매수 주문을 체결함으로써, 매수

와 매도 주문을 실행하는 주식의 시간외 거래. (제2장)

시장분할이론(market segmentation theory) 부채시장은 만기별로 분할되어 있어서 각 부분의 수요와 공급이 실세금리를 결정하고, 수익률곡선의 기울기는 각 부분의 실세금리들 사이의 관계에 의존한다는 이론. (제11장)

시장위험(market risk) 해당 투자에 대해 독립적인 시장요인에 기인한 투자수익률의 하락 위험. (제4장, 제5장)

시장의 기술적 분석가(market technicians) 주가를 결정하는 것은 주로 공급과 수요라고 믿는 애널리스트. (제9장)

시장 이례현상(market anomalies) 효율적시장에서 기대되는 행태로부터의 괴리 또는 불규칙성. (제9장)

시장조성자(market makers) 게시된 가격에 어떤 수량의 증권을 매입하거나 매도하는 제안을 함으로써 "시장을 조성"하는 증권 딜러. (제2장)

신념 유지(belief perseverance) 개인의 기존 믿음에 배치되는 증거를 무시하거나 평가절하하는 경향. (제9장)

신뢰지수(confidence index) 우량등급 회사채들의 평균 수익률의 평균 또는 중간적 등급 회사채의 평균 수익률에 대한 비율. 시장의 추세는 일반적으로 채권시장에서 주식시장보다 먼저 나타나는 이론에 기초한 기술적 지표. (제9장)

실물재산(property) 실물자산 또는 유형 개인자산에 대한 투자. (제1장)

실질수익률(real rate of return) 명목수익률로부터 인플레이션율을 차감. 투자가 제공하는 구매력 증가의 척도. (제4장)

실현가능 수익률(realized yield) 기대수익률. (제11장)

실현된 수익률(realized return) 주어진 기간 동안 투자자에 의해 수취된 경상소득. (제4장)

ㅇ

알파(alpha) 실제 수익과 기대수익의 차이와 동일한 투자의 비정상수익. (제9장)

액면가(face value) 채권 발행자가 채권이 만기가 될 때 투자자에게 지불해야 하는 가치. (제10장)

액면가(par value) 주식의 기술된 또는 액면금액. (제6장)

약세 시장(bear markets) 일반적으로 가격 하락, 투자자의 비관적 견해, 경제적 침체, 그리고 정부의 위축이 수반되는 시장. (제2장)

약정수익률(promised yield) 만기수익률. (제11장)

약형 EMH(weak form EMH) 과거 주가자료는 미래 가격을 예측하는 데 도움을 주지 않는다는 EMH의 한 형태. (제9장)

양방향 거래수수료(round-trip commission) 투자자가 증권을 매수하고 매도할 때 지불하는 수수료 합계. (제15장)

양식 10-K(Form 10-K) 증권거래소에 상장되거나 또는 OTC 시장에서 거래되는 증권을 발행한 모든 기업이 SEC에 매년 제출해야 하는 서류. (제3장)

양의 상관관계(positively correlated) 같은 방향으로 변동하는 두 계열을 기술함. (제5장)

양키본드(Yankee bonds) 외국 정부 또는 회사에 의해 발행되고 미국 증권시장에서 거래되는 미국 달러 표시 부채증권. (제2장)

역지정가 주문(stop-loss (stop) order) 주식의 시장가격이 특정 수준에 도달하거나 밑으로 하락할 때 매도하려는 주문. 주식의 시장가격이 특정 수준에 도달하거나 초과할 때 매입을 위해 사용될 수도 있음. (제3장)

연금(annuity) 동일한 시간 간격을 두고 발생하는 일련의 같은 금액의 현금흐름. (제4장)

연금 수령자(annuitant) 연금으로 지급되는 현금흐름을 받는 투자자. (제17장)

연속복리(continuous compounding) 이자가 가능한 가장 작은 기간에 대해 복리계산되는 이자계산 방법. (제4장)

연속상환채권(serial bond) 일련의 상이한 만기를 가진 채권. (제10장)

옵션(option) 특정 가격으로 특정 기간 동안에 특정 수량의 기초 금융자산을 사거나 팔 수 있는 권리를 보유자에게 부여하는 증권. (제14장)

옵션군(option chain) 특정 증권에 대해 거래되는 모든 옵션의 목록. 옵션군은 특정 주식에 연계된 모든 옵션의 현재 시장가격과 거래량을 제공한다. (제14장)

옵션 발행자(option writer or seller) 풋옵션과 콜옵션을 발행/생성하는 개인 또는 기관. (제14장)

옵션 스트래들(option straddle) 동일한 기초 보통주(또는 금융자산)에 대한 풋과 콜 옵션의 동시 매수 (또는 매도). (제14장)

옵션 스프레딩(option spreading) 상이한 행사가격 그리고/또는 만기를 가진 둘 이상의 옵션을 결합하여 하나의 거래로 구성함. (제14장)

옵션 프리미엄(option premium) 투자자가 상장된 풋 또는 콜 옵션을 살 때 지불하는 호가된 가격. (제14장)

완전 양의 상관관계(perfectly positively correlated) +1의 상관계수를 가진 두 개의 음의 상관된 계열들을 기술함. (제5장)

완전 음의 상관관계(perfectly negatively correlated) −1의 상관계수를 가진 두 개의 음의 상관된 계열들을 기술함. (제5장)

외가격(out-of-the-money) 행사가격이 주식의 시장가격을 초과하기 때문에 실질적 가치를 갖지 않은 콜옵션. 주식의 시장가격이 행사가격을 초과하는 풋옵션. (제14장)

요구수익률(required return) 투자자가 위험을 완전히 보상받기 위해 투자에서 얻어야 하는 수익률. (제4장)

우대금리(prime rate) 최우량 기업 차입자에게 부과되는 최저 이자율. (제2장)

우량주(blue-chip stocks) 재무적으로 건실하고 장기에 걸쳐 안정적 수익과 배당 기록을 가진 우량 주식. (제6장)

우선주(preferred stock) 회사의 지분증권. 기술된 배당률, 동일 기업의 보통주에 비해 우선권을 가진 배당 지급. (제1장)

원금(principal) 채권에서 만기에 상환되어야 하는 자본금액. (제10장)

위험(risk) 투자가 창출하는 수익률의 불확실성을 반영. (제4장)

위험-수익률 상반관계(risk-return tradeoff) 더 많은 위험을 가진 투자가 더 높은 수익률을 제공

해야 하는, 위험과 수익률의 관계. (제4장)

위험중립(risk-indifferent) 더 큰 위험의 대가로 수익률 변화를 요구하지 않는 투자자를 기술. (제4장)

위험추구(risk-seeking) 더 많은 위험의 대가로 더 낮은 수익률을 수용하는 투자자를 기술. (제4장)

위험 프리미엄(risk premium) 주어진 투자수단인 증권과 발행자 특성을 반영한 수익률 프리미엄. (제4장)

위험회피(risk-averse) 더 큰 위험에 대한 대가로 더 높은 수익률을 요구하는 투자자를 기술. (제4장)

유동성(liquidity) 투자가 신속하고 별다른 가치손실 없이 현금으로 전환될 수 있는 능력. (제1장)

유동성 비율(liquidity ratios) 기업의 일일 운영비용을 충족하고 기한에 따라 단기채무를 충족하는 능력과 관련된 재무비율. (제7장)

유동성선호이론(liquidity preference theory) 투자자는 단기증권의 우월한 유동성을 선호하고 따라서 장기증권에 대해서는 프리미엄을 요구하는 경향을 갖고 있다는 이론. (제11장)

유동성위험(liquidity risk) 투자를 신속하고 합리적인 가격으로 유동화할 수 없는 위험. (제4장)

유로달러 본드(Eurodollar bonds) 달러로 표시된 외국 채권으로, SEC에 등록되지 않았으므로 신규발행 증권의 판매는 제약됨. (제10장)

유지증거금(maintenance margin) 투자자가 항상 증거금 계좌에 유지해야 하는 증거금(자본)의 절대적 최소 금액. (제2장, 제15장)

유형자산(tangibles) 보거나 만질 수 있는, 부동산을 제외한 투자자산. (제1장)

유효이자율(true rate of return) 실제로 얻어진 수익률. (제4장)

윤리(ethics) 행위 또는 도덕적 판단의 기준. (제2장)

음의 상관관계(negatively correlated) 반대 방향으로 변동하는 두 계열을 기술함. (제5장)

이동평균(moving average, MA) 가격 또는 다른 자료의 시간경과에 따른 시계열 평균을 계산하고 기록하는 수학적 과정. 자료의 시계열 형태를 부드럽게 만드는 평균값 흐름을 산출함. (제9장)

이익사채(income bonds) 특정 금액의 이익이 발생한 후에만 이자가 지급되도록 한 무담보채권. (제10장)

이자(interest) 대여자의 자금을 사용한 대가로 차입자에 의해 지급되는 "지대". (제4장)

이자율 기간구조(term structure of interest rates) 채권의 이자율 또는 수익률과 만기 사이의 관계. (제11장)

이자율 선물(interest rate futures) 부채증권에 대한 선물계약. (제15장)

이자율 옵션(interest rate options) 고정소득(부채)증권에 대해 발행된 풋 및 콜 옵션. (제14장)

이자율위험(interest rate risk) 이자율의 변화가 증권가치에 불리한 영향을 줄 가능성. (제4장)

이중손실(whipsawing) 주식가격이 일시적으로 하락한 후 재상승하는 상황. (제13장)

이표이자(coupon) 채권의 연간 이자소득 금액을 정의하는 조항. (제10장)

인도월(delivery month) 상품이 인도되어야 하는 시점. 선물계약의 기간을 결정함. (제15장)

인수(underwriting) 발행회사로부터 합의된 가격에 매입된 증권의 재판매 리스크를 부담하는 투

자은행의 역할. (제2장)

인수단(underwriting syndicate) 신규 증권의 인수에 관련된 재무리스크를 공유하기 위해 주간사 투자은행에 의해 구성된 투자은행의 집단. (제2장)

인플레이션(inflation) 전체적인 물가상승 기간. (제4장)

일괄상환채권(term bond) 상당히 긴 단일한 만기를 가진 채권. (제10장)

일반거래(round lot) 100주 단위의 주식거래. (제3장)

일반보증채권(general obligation bonds) 발행기관의 완전한 신뢰, 신용 그리고 징세권에 의해 담보된 지방채권. (제10장)

일반 할인 중개회사(basic discount broker) 전형적으로, 투자자들이 인터넷 또는 전화로 상업적 온라인 서비스를 통해 전산적으로 거래를 실행할 수 있는 대폭 할인 중개사. (온라인 중개회사 또는 전자중개회사로도 불림) (제3장)

일일정산(mark-to-the market) 각 거래세션 종료시점에 필요한 경우 브로커가 계좌에 추가 또는 차감할 때 결정되는 투자자의 증거금 상태에 대한 일별 확인. (제15장)

일일가격제한(daily price limit) 기초상품가격의 일간 변동에 대한 제한. (제15장)

일정금액 플랜(constant-dollar plan) 투자자가 포트폴리오의 투기적 부분의 목표금액을 정하고, 이 목표금액을 유지하는 데 필요한 보수적 부분으로의 유입 또는 보수적 부분으로부터의 자금유출의 개시점을 설정하는, 투자거래의 시점 선택을 위한 포뮬러 플랜. (제13장)

일정비율 플랜(constant-ratio plan) 포트폴리오의 투기적 부분의 보수적 부분에 대한 목표 비율이 설정된, 투자거래의 시점 선택을 위한 포뮬러 플랜. 실제 비율이 목표 비율로부터 미리 정해진 크기만큼 벗어날 때, 목표 비율을 달성하기 위해 포트폴리오 재조정을 위한 거래 실행. (제13장)

일중거래자(day trader) 신속한 이익을 얻을 목적으로 하루 중에 빠르게 주식을 매수 및 매도하는 투자자. (제3장)

잉여현금흐름(free cash flow) 회사가 모든 비용을 지불하고 운전자본과 고정자산에 필요한 투자를 한 후 남은 현금흐름. (제8장)

ㅈ

자기귀인 오류(self-attribution bias) 유리한 투자결과를 만들어내는 데 있어서, 자신의 지식과 기술의 역할을 과대평가하고 우연의 영향을 과소평가하는 경향. (제9장)

자기자본(equity capital) 보통주 형태로 기업 소유권의 증표. (제6장)

자기자본(equity) 사업 또는 재산에 대한 현재 소유권. (제1장)

자녀세액공제(child tax credit) 한 가구의 부양자녀 수를 기준으로 소득이 일정 수준 이하인 납세자에게 적용되는 세액공제. (제17장)

자동적 재투자 플랜(automatic reinvestment plan) 주주로 하여금 자동적으로 배당 및 자본이득 소득을 재투자함으로써, 추가 주식을 매입할 수 있도록 하는 뮤추얼펀드 서비스. (제12장)

자동적 투자 플랜(automatic investment plan) 주주로 하여금 자동적으로 자산의 급여 또는 은행계좌로부터 펀드로 일정한 금액의 자금을 보낼 수 있도록 하는 뮤추얼펀드 서비스. (제12장)

자본손실(capital loss) 자본자산의 매도 수입이 초기 매입가격보다 낮은 차액. (제1장)

자본시장(capital market) 주식과 채권 같은 장기(만기 1년 이상) 증권이 매매되는 시장. (제2장)

자본이득(capital gains) 자산의 매도가격이 초기의 매입가격을 초과하는 금액. (제1장)

자본이득 분배(capital gains distribution) 뮤추얼펀드가 증권의 매도로부터 얻은 이익에서 비롯하는, 주주에게 지급되는 분배금. (제12장)

자본자산(capital asset) 개인 소득세를 목적으로 정의한 자산으로 개인적 이유나 즐거움 또는 사업 목적을 위해 사용하는 모든 개인 소유의 자산. (제17장)

자본자산가격결정모형(capital asset pricing model, CAPM) 위험과 수익의 개념을 공식적으로 연계하는 모형. 이는 베타, 무위험수익률, 시장수익률을 이용하여 투자자로 하여금 투자의 요구수익률을 정의하도록 도와줌. (제5장)

자산배분(asset allocation) 불리한 변동으로부터 보호하면서 유리한 변동을 이용함으로써 자본을 보전하기 위해, 한 포트폴리오를 다양한 자산집단으로 구분하는 체계. (제13장)

자산배분 펀드(asset allocation fund) 투자자의 자금을 주식, 채권, 화폐시장 증권, 그리고 기타 자산집단들에 대해 분산하는 뮤추얼펀드. (제12장)

자산유동화증권(asset backed securities, ABSs) 은행 대출, 리스 그리고 다른 자산들의 집합에 기초한 부동산저당대출담보부증권과 비슷한 증권들. (제10장)

자율규제기관(self-regulatory organization, SRO) 자체 규제 또는 산업 또는 기타 그룹의 규제를 담당하는 비정부조직. (제2장)

잔여 소유자(residual owners) 다른 채무들이 모두 변제된 이후, 기업의 배당과 이익의 비례적 몫을 가질 수 있는 기업 소유자/주주. (제6장)

장기 국채(Treasury bonds) 30년 만기로 발행되는 미국 재무부 증권. (제10장)

장기 투자(long-term investments) 만기 1년 이상 또는 만기 없는 투자. (제1장)

장부가치(book value) 기업의 주주지분 금액. 기업의 자산에서 부채와 우선주를 차감한 금액과 동일. (제6장)

장외(OTC)시장(over-the-counter(OTC) market) 소형, 비상장 증권의 거래를 포함하는 2차시장의 일부. (제2장)

재래식 옵션(conventional options) 장외거래되는 풋과 콜 옵션. (제14장)

재무 레버리지(financial leverage) 투자수익을 확대하기 위한, 부채 자금조달의 이용. (제2장)

재무상태표(balance sheet) 특정 시점에서 기업의 자산, 부채 그리고 주주지분을 요약하는 재무적 요약 서류. (제7장)

재무위험(financial risk) 기업의 부채와 자기자본의 혼합으로 비롯된 지급 불확실성의 정도. 부채 조달의 비중일 클수록 이 리스크는 증가함. (제4장)

저수수료 펀드(low-load fund) 주식이 매입될 때 적은 수수료를 부과하는 뮤추얼펀드. (제12장)

적극적 관리 펀드(actively managed fund) 비정상적으로 높은 수익률을 얻을 수 있는 주식 또는 여타 증권을 선택함으로써 "시장을 능가하려고" 시도하는 펀드. (제12장)

적극적 포트폴리오 관리(active portfolio management) 전통적 및 현대적 접근법을 이용하여 포트폴리오를 만들고, 목표 달성을 위해 관리하고 통제. 우월한 수익률을 낼 수 있는 가치 있

는 활동. (제13장)

적립기간(accumulation period) 투자자가 보험회사에 연금을 매입하기 위해 대금을 지급한 시점과 투자자가 연금을 지급받는 시점 사이의 기간. (제17장)

전산 소통 네트워크(electronic communications networks, ECNs) 고객이 전자적으로 제출한 매수와 매도 주문을 자동적으로 체결하는 전자적 거래 네트워크. (제2장)

전술적 자산배분(tactical asset allocation) 주가지수 선물과 채권 선물을 사용하여, 미래 시장행태의 예측에 기초하여, 포트폴리오의 자산배분을 변화시키는 자산배분 플랜. (제3장)

전통적 포트폴리오 관리(traditional portfolio management) 광범위한 산업에 속한 넓은 범위의 주식 그리고/또는 채권을 결합함으로써, 포트폴리오의 "균형"을 강조하는 포트폴리오 관리의 접근법. (제5장)

전환가격(conversion price) 전환증권과 교환되어 투자자에게 인도될 보통주의 약속된 주당 가격. (제10장)

전환가치(conversion value) 전환채권이 전환되는 경우의 주식으로서의 가치에 기초하여 평가된 전환증권 가격. (제10장)

전환(교환)권리(conversion (exchange) privilege) 동일 펀드집단 안에서 주주들로 하여금 어떤 펀드로부터 다른 펀드로 자금을 옮길 수 있도록 허용하는 뮤추얼펀드의 특약. (제12장)

전환기간(conversion period) 전환증권이 전환될 수 있는 기간. (제10장)

전환등가(전환 패리티)(conversion equivalent(conversion parity)) 전환채권의 가치가 현재 시장가격과 같도록 만드는 보통주 매매가격. (제10장)

전환비율(conversion ratio) 전환채권이 전환될 수 있는 보통주의 숫자. (제10장)

전환증권(convertible security) 투자자로 하여금 특정된 수의 보통주로 전환할 수 있도록 허용하는 특약을 가진 고정소득증권. (제1장)

전환채권(convertible bonds) 보유자로 하여금 미리 정해진 수의 발행기업 주식으로 전환할 수 있도록 허용하는 채권. (제10장)

전환특권(conversion privilege) 전환증권의 전환약정의 조건 및 특징. (제10장)

정부기관채(agency bonds) 미국 정부의 여러 대행 기관 및 조직에 의해 발행된 부채증권. (제10장)

정산가격(settlement price) 상품과 금융선물의 종가(당일의 최종가격). (제15장)

정상연금(ordinary annuity) 각 기간의 말에 현금흐름이 발생하는 연금. (제4장)

정크본드(junk bonds) 낮은 신용등급과 높은 수익률을 가진 고위험 증권. (제10장)

제한 계좌(restricted account) 초기 자본요건보다 작은 자본을 가진 증거금 계좌. 투자자는 추가적 증권매입을 할 수 없고, 증권이 매각될 때 증거금을 초기 수준으로 회복해야 함. (제2장)

젠센 척도, 젠센 알파(Jensen's measure, Jensen's alpha) 포트폴리오 베타와 CAPM을 사용하여, 양수, 0, 또는 음수일 수 있는, 초과수익률을 계산하는 포트폴리오 성과의 척도. (제13장)

조정(mediation) 고객과 중개인이 사안을 해결하기 위한 협상을 도와주는 조정자에게 의뢰하기로 동의한 비공식적, 자발적 분쟁 해소과정. (제3장)

조정금리(변동금리) 우선주(adjustable-rate (floating-rate) preferreds) 국채와 같은 시장금리와 관련된 배당금을 지급하는 우선주. (제16장)

좁은 틀짜기(narrow framing) 투자문제를 모든 시각에서 살피지 않고, 별도 또는 특히 좁은 시각으로 분석하는 행위. (제9장)

종합서비스 중개회사(full-service broker) 고객의 거래를 실행하는 데 추가하여, 종합적 범위의 중개 서비스를 제공하는 중개회사. (제3장)

주가이익률 접근법(price/earnings(P/E) approach) 주식에 가장 적합한 P/E 비율을 찾으려고 시도하는 주식평가 접근법. 이 비율은 추정된 EPS와 함께 합리적인 주가 결정에 이용됨. (제8장)

주가지수 선물(stock index futures) 주식시장 성과의 광범위한 척도(예를 들어, S&P 500 주가지수)에 대해 발행된 선물계약으로, 투자자로 하여금 주식시장 전체적 변동에 참여할 수 있도록 함. (제15장)

주가지수 옵션(stock index option) S&P 500 같은 특정 주가지수에 대해 발행된 풋 또는 콜 옵션. (제14장)

주당 순이익(earnings per share, EPS) 보통주의 연간 주당 이익금액. (제6장)

주식 가치평가(stock valuation) 주식의 기초 가치를 예상 리스크와 수익실적에 기초하여 평가하는 과정. (제8장)

주식배당(stock dividend) 추가적 주식 형태로 이루어지는 배당 지급. (제6장)

주식분할(stock split) 회사가 기존 주식 각각을 특정 숫자의 신주로 교환해 줌으로써 발행주식 수를 늘리는 행위. (제6장)

주식-소득 펀드(equity-income fund) 현재 소득과 자본 보전을 강조하고, 주로 고수익 보통주에 투자하는 뮤추얼펀드. (제12장)

주식중개인(stockbrokers) 투자자의 주식 및 다른 투자의 매입 그리고 거래 실행을 도와주는 전문가. (제3장)

주식 첨가제(equity kicker) 전환증권 소유자로 하여금 향후에 발행기업의 보통주를 청구할 수 있도록 하는 전환약정의 다른 명칭. (제10장)

주주 (연차) 보고서(stockholders' (annual) report) 공개적으로 소유된 회사에 의해 연별로 발간되는 보고서. 가장 최근 영업연도의 재무제표를 포함하는 넓은 범위의 정보를 포함. (제3장)

주주 잉여현금흐름법(free cash flow to equity method) 회사가 시간에 따라 생산할 잉여현금흐름을 추정하고 회사의 총자기자본 가치를 추정하기 위해 현재까지 할인하여 주식을 평가하는 접근법. (제8장)

준강형 EMH(semi-strong form, EMH) 공개된 정보를 사용함으로써 비정상적으로 큰 이익을 지속적으로 얻을 수 없다는 EMH의 한 형태. (제9장)

중기 국채(Treasury notes) 2년 내지 10년의 만기로 발행되는 미국 재무부 부채증권. (제10장)

중기 채권(note) 2년 내지 10년의 만기를 갖고 발행된 부채증권. (제10장)

중재(arbitration) 고객과 중개인이 판정단을 대상으로 자신들의 주장을 제시하고, 결정을 받는 공식적 분쟁해결 과정. (제3장)

중형주(mid-cap stocks) 일반적으로 시가총액 $10억 이상 $40억 내지 $50억 미만의 중형주. (제6장)

증거금 거래(margin trading) 증권 매수를 위해 차입된 자금의 사용. 투자자가 제공해야 하는 자

본금액을 낮춤으로써 수익률을 높임. (제3장)

증거금 계좌(margin account) 증거금 거래가 승인된 중개 계좌. (제3장)

증거금 납입 요구(margin call) 증거금이 유지증거금 수준 미만인 계좌의 자본을 유지증거금 수준으로 높이거나 또는 이 기준에 도달하도록 증거금에 기초하여 보유되는 증권의 매도 필요를 알리는 통보. (제2장)

증거금 대출(margin loan) 차입된 자금이 기술된 이자율로 증거금 거래에 이용되는 수단. (제2장)

증거금 예치금(margin deposit) 선물계약의 불리한 가격변동으로부터 비롯된 시장가치 손실을 충당하기 위해 브로커에 예치된 금액. (제15장)

증거금 요건(margin requirement) 증거금 투자자 자신의 자금인 자본의 최소 금액. 연방준비제도에 의해 정해짐. (제3장)

증권(securities) 기업, 정부, 또는 다른 조직에 의해 발행된, 발행자의 자원에 대한 재무적 청구권을 표시하는 투자. (제3장)

증권거래위원회(Securities and Exchange Commission, SEC) 증권의 발행과 시장을 규제하는 연방정부기관. (제2장)

증권분석(security analysis) 정보를 수집하고 조직화하여 보통주의 내재가치를 평가하는 데 사용하는 과정. (제7장)

증권선택(security selection) 어떤 자산집단 안에서, 보유되는 특정 증권을 선택하는 데 사용되는 과정. (제13장)

증권시장(securities markets) 증권의 공급자와 투자자로 하여금 금융거래를 할 수 있도록 만드는 시장. (제1장)

증권시장선(security market line, SML) 자본자산가격결정모형의 그래프에 의한 표현. 베타에 의해 측정되고 각 수준의 분산불가능 위험에 대응하는, 투자자의 요구수익률을 반영함. (제5장)

증권신탁채권(collateral trust bonds) 발행자가 소유하고 제3자에게 위탁된 증권에 의해 담보된 선순위 채권. (제10장)

증권투자자보호공사(Securities Investor Protection Corporation, SIPC) 연방정부에 의해 승인된, 각 중개고객의 계좌를 500,000달러 한도에서 보호하고 고객당 현금청구는 100,000달러로 제한하는 비영리 회원제 회사. (제3장)

지방채(municipal bonds) 주, 군(counties), 시 그리고 기타 정치적 세분 단위에 의해 발행된 부채증권. 이런 채권의 대다수는 면세임(이자소득에 대한 연방소득세 면제). (제10장)

지방채 보증(municipal bond guarantees) 발행기관 이외의 주체에 의해 제공되는, 즉각적인 적시의 원금과 이자 상환을 담보하는 보증. (제10장)

지수(indexes) 대표적 주식 집단의 현재 가격행태를 앞선 시점에 고정된 기본 수치에 대비하여 측정함으로써 전체적 주가행태를 측정하는 데 사용되는 수치. (제3장)

지수 펀드(index fund) 특정 시장지수와 동등한 주식(또는 채권)의 포트폴리오를 매입하고 보유하는 뮤추얼펀드. (제12장)

지연된 자본(deferred equity) 향후에 보통주로 상환 또는 전환될 어떤 형태의 증권. (제10장)

지연시간(latency) 거래가 수락, 실행 및 보고되는 데 걸리는 시간. (제2장)

지정가 주문(limit order) 특정 가격 이하에서 매입하거나 또는 특정 가격 이상에서 매도하는 주문. (제3장)

지정 시장조성자(designated market maker, DMM) 하나 이상의 주식의 거래에 전문화하고, 경매 과정을 관리하는 NYSE 회원. (제2장)

직접상장(direct listing) 회사가 신주를 발행하거나 추가 자본을 조달하지 않고 기존 주식의 일부를 증권거래소로 직접 이전하여 거래를 시작하는 IPO 유형. (제2장)

직접투자(direct investment) 투자자가 증권 또는 재산에 대한 권리를 직접 취득하는 투자. (제1장)

ㅊ

차등의결권주(classified common stock) 회사에 의해 발행된 상이한 등급들의 보통주로서 각각은 소유자에게 상이한 권리와 혜택을 제공. (제6장)

차변 잔액(debit balance) 증거금 대출에 의해 차입된 금액. (제2장)

차익거래(arbitrage) 투자자가 동일한 자산을 다른 가격으로 동시에 사고팔아 즉각적이고 위험 없는 수익을 올리는 거래. (제9장)

차트분석(charting) 가격행태 및 다른 시장정보를 도표화하고, 이 도표들의 형태 패턴을 이용하여 투자결정을 하는 활동. (제9장)

차환 조항(refunding protection provisions) 채권을 더 낮은 이자율의 채권 수입으로 조기상환할 수 없다는 조건. (제10장)

채권(bonds) 회사 및 정부에 의해 발행되고, 정해진 이자와 만기에 액면금액을 지급하는 장기부채 증권 (IOU). (제1장, 제10장)

채권등가수익률(bond equivalent yield) 채권의 반기 수익률의 두 배로 계산된 연간 수익률. (제11장)

채권 등급 평가(bond ratings) 채권의 투자품질을 나타내고 신용평가기관에 의해 부여되는 문자 표시 등급. (제10장)

채권 사다리(bond ladders) 일련의 상이한 만기를 가진 채권들에 동일한 금액을 투자하는 투자 전략. (제11장)

채권수익률(bond yield) 투자자가 채권을 매입하여 만기까지 보유하는 경우 얻게 되는 수익률. 연 수익률로서 제시됨. (제3장)

채권 스왑(bond swap) 투자자가 동시에 한 채권을 매도하고 다른 채권을 매입하는 투자전략. (제11장)

채권 펀드(bond fund) 다양한 종류와 등급의 채권에 투자하고, 이자소득을 1차적 목표로 하는 뮤추얼펀드. (제12장)

채권평가기관(bond rating agencies) 특정 채권발행과 관련된 신용 리스크를 평가하기 위해 채권을 발행하는 기업에 대한 광범위한 재무분석을 수행하는 기관. (제10장)

체계적 인출 플랜(systematic withdrawal plan) 주주로 하여금 자동적으로 미리 정해진 금액을 매월 또는 분기마다 수취할 수 있도록 하는 뮤추얼펀드 서비스. (제12장)

초과 증거금(excess margin) 증거금 계좌의 요구되는 수준을 초과하는 금액. (제2장)

총가격(dirty price) 채권의 총가격은 순가격과 발생이자의 합계. (제11장)

총수익률(total return) 특정 기간 동안 투자로부터 얻어진 경상소득과 자본이득(손실)의 합계. (제4장)

총위험(total risk) 투자의 분산불가능 위험과 분산가능 위험의 합. (제5장)

총조달금액(총수익금액)(gross proceeds) 새 유가증권의 판매로 발생한 총수익금. IPO에서 총수익은 모집(공모)에서 판매된 주식 수에 모집(공모)가격을 곱하여 산출한 금액. (제2장)

최대 일일 가격범위(maximum daily price range) 상품가격의 일중 변동가능 금액. 일반적으로 일중 가격제한폭의 두 배. (제15장)

최저한도세(alternative minimum tax, AMT) 모든 개인이 최소한 일부 세금을 납부하도록 고안된 세법의 구성 요소. (제17장)

친근성 오류(familiarity bias) 투자자가 단지 자신에게 익숙하다는 이유만으로 특정 증권에 투자하는 경향. (제9장)

ㅋ

커버드 옵션(covered options) 옵션 발행자의 소유 주식에 기초하여 발행된 옵션. (제14장)

콜 가격(call price) 발행자가 만기 전에 채권을 상환하기 위해 지급해야 하는 금액. 기준가와 콜 프리미엄의 합과 동일. (제10장)

콜옵션(call) 보유자에게 특정 기간 중 정해진 가격으로 증권을 매입할 수 있는 권리를 부여하는 양도성 상품. (제14장)

콜 조항(call feature) 채권의 발행자가 만기 전에 채권을 상환할 수 있는지 여부 및 조건을 규정하는 계약조건. (제10장)

콜 프리미엄(call premium) 채권이 만기 전에 상환될 때, 기준가에 추가되어 투자자에게 지급되는 금액. (제10장)

ㅌ

통화 선물(currency futures) 외국 통화에 대한 선물계약이며 마치 상품처럼 거래됨. (제15장)

통화 옵션(currency options) 외국통화에 대해 발행된 풋 및 콜 옵션. (제14장)

통화 환위험(currency exchange risk) 두 국가의 통화 사이의 환율 변동에 의해 초래되는 리스크. (제2장)

통화 환율(currency exchange rate) 두 통화 사이의 특정 일자의 관계. (제2장)

투기자(speculators) 순전히 자신의 예상 가격변동을 활용하기 위해 특정 자산을 거래하는 투자자. (제15장)

투기주(speculative stocks) 일반적으로 신임 경영진 또는 유망한 신제품 출시 등 특수한 사건에 기인하는 상당한 가격상승 잠재력을 가진 주식. (제6장)

투자(investment) 양의 소득 그리고/또는 가치를 보전 또는 증대할 것이라는 기대 하에서 자금이 투입될 수 있는 자산. (제1장)

투자가치(investment value) 투자자가 증권을 거래해야 한다고 생각하는 금액 또는 가치가 있다

고 생각하는 금액. (제6장)

투자가치(investment value) 전환증권이 전환 가능하지 않고 비슷한 비전환증권의 실세 시장수익률과 동일 또는 비슷한 수준에서 평가된다면, 거래될 것으로 추정되는 가격. (제10장)

투자계획서(prospectus) 증권과 발행기관의 핵심 측면을 기술하는 증권등록서류의 일부. (제5장)

투자등급 채권(investment-grade bonds) 채권평가기관에서 발행한 최고 등급 3~4개 등급의 채권. (제10장)

투자목표(investment goals) 투자자가 달성하려고 하는 재무적 목표. (제1장)

투자 소식지(investment letters) 증권투자 전문가들의 분석, 결론, 그리고 권고를 제공하는 구독 가능한 소식지. (제3장)

투자은행(investment bank) 회사의 신규증권 발행을 돕고 주요 금융거래에 관해 조언하는 데 전문화된 금융중개기관. (제2장)

투자자문사(investment advisors) 투자 조언을 제공하는 개인 또는 기업. 전형적으로 수수료를 징수함. (제3장)

투자자본의 수익률(return on invested capital) 증권의 계약금액이 아닌 실제로 투자된 금액에 기초한 투자수익률. (제15장)

투자클럽(investment club) 일단의 투자자들이 특정 조직구조, 운영과정, 그리고 목적을 공유하는 법적 합명회사. 전형적으로 온건한 위험투자로부터 유리한 장기적 수익을 얻으려 함. (제3장)

트레이너 척도(Treynor's measure) 포트폴리오 베타에 의해 측정되는 분산불가능 위험의 단위당 리스크 프리미엄을 측정하는 포트폴리오 성과의 척도. (제13장)

ㅍ

파생증권(derivative securities) 기초 증권 또는 자산과 비슷한 특성을 보이도록 구조화되고, 그 가치가 기초 증권 또는 자산으로부터 도출되는 증권. (제1장, 제14장)

판매단(selling group) 투자은행 업무에 참여한 딜러와 중개회사의 집단. 각 구성원은 신규 증권 발행의 일정 부분의 판매를 책임짐. (제2장)

펀드집단(fund families) 단일 투자관리회사에 의해 제공되는 상이한 종류의 뮤추얼펀드. (제12장)

평균(averages) 대표적 주식집단의 특정 시점의 산술평균 가격 행태를 반영함으로써, 주가의 일반적 행태를 측정하는 데 사용되는 수치. (제3장)

평균 세율(average tax rate) 개인, 법인 또는 기타 과세 대상의 경우 납세를 과세소득으로 나눈 값. (제17장)

폐쇄형 펀드(closed-end fund) 고정된 발행주식 수를 가진 뮤추얼펀드. 이 펀드는 투자자의 신규 자금 유입에 대해 폐쇄되어 있기 때문에, 투자자는 공개시장에서 펀드 주식을 매입해야 함. (제12장)

포뮬러 플랜(formula plans) 주기적 가격변동으로부터 비롯하는 가격변화를 이용하려고 시도하는, 포트폴리오 관리의 기계적 방법. (제13장)

포트폴리오(portfolio) 전형적으로 하나 이상의 투자목표를 달성하기 위해 만들어진, 증권 또는

다른 투자들의 집합. (제1장)

포트폴리오 베타, b_p(portfolio beta, b_p) 포트폴리오의 베타. 포함된 개별 자산들의 가중평균 베타에 의해 계산됨. (제5장)

포트폴리오 수정(portfolio revision) 포트폴리오의 어떤 증권을 팔고 이를 대체하는 새 증권을 사는 과정. (제13장)

표준편차, s(standard deviations, s) 자산의 평균 또는 기대수익률을 중심으로 수익률의 산포도(변동성)를 측정하는 척도. (제4장)

풋옵션(put) 보유자로 하여금 기초 증권을 특정 가격으로 정해진 기간에 팔 수 있도록 하는 양도 가능한 증권. (제14장)

풋-콜 패리티(put-call parity) 동일한 기초 주식에 발행되고 동일한 행사가격과 만기일을 갖는 유럽형 풋옵션 및 콜옵션의 시장가치를 연결하는 관계. (제14장)

프리미엄 할인 중개회사(premium discount broker) 고객을 위한 거래에 낮은 수수료를 부과하나, 제한된 연구정보와 투자조언을 제공하는 중개회사. (제3장)

피라미드 구조(pyramiding) 증거금 계좌의 서류상 이익을 사용하여, 추가적 증권 인수자금의 일부 또는 전부를 조달하는 기법. (제2장)

핑(pinging) 대규모 주문을 일련의 경쟁적 소규모 매매 주문으로 나누어 제출한 소규모 증분적 거래를 감지하도록 설계된 고빈도거래자의 행동. (제2장)

ㅎ

할인기준(discount basis) 증권을 상환가치보다 낮은 가격에 매입함으로써 이자를 얻는 방식. 이 차이는 발생 이자임. (제1장)

할인율(discount rate) 비슷한 투자로부터 현재 얻을 수 있는 연 수익률. 현재가치 계산에 이용. 기회비용으로도 불림. (제4장)

할인채권(discount bond) 기준가보다 낮은 시장가격을 가진 채권. 시장이자율이 이표율보다 클 때 발생. (제10장)

할증채권(premium bond) 기준가를 초과하는 시장가치를 가진 채권. 이자율이 이표율 아래로 하락할 때 발생. (제10장)

해외투자(foreign investments) 외국에 기반을 둔 기업의 부채, 주식, 그리고 파생증권. (제1장)

행사가격(strike price) 콜옵션으로 증권을 사거나 풋옵션으로 증권을 팔 수 있는 정해진 가격. (제14장)

행태재무(behavioral finance) 감정 및 다른 주관적 요인들이 투자결정에서 차지하는 역할을 고찰하는 일단의 연구들. (제9장)

헤지(hedge) 리스크를 낮추거나 제거하기 위해 둘 이상의 증권을 결합하여 하나의 포지션을 구성함. (제14장)

헤지거래자(hedgers) 기초 상품 또는 금융증권에서의 자신의 이익을 보호하기 위해 선물계약을 이용하는 생산자 또는 거래자. (제15장)

헤지펀드(hedge fund) 부유한 투자자들로부터 자산을 결합하는, 가볍게 규제되는 투자 펀드. (제1장)

현금계좌(cash account) 고객이 단지 현금거래만 할 수 있는 증권회사 계좌 (제3장)

현금배당(cash dividend) 현금 형태로 지급되는 배당. (제6장)

현금흐름표(statement of cash flows) 기업의 현금흐름과 현금보유액 변화를 초래한 다른 사건들의 재무적 요약서류. (제7장)

현대 포트폴리오 이론(modern portfolio theory, MPT) 포트폴리오 계획을 개발하기 위해 몇 가지 기초적 통계적 척도를 사용하는 포트폴리오 관리의 접근법. (제5장)

현물시장(cash market) 거래가 이루어질 때 현금가격 지급과 함께 제품 및 또는 상품이 인도되는 시장. (제15장)

현재가치(present value) 어떤 미래시점에 받을 금액의 현재가치. 미래가치의 역수. (제4장)

협상 수수료(negotiated commissions) 고객과 중개인의 협상의 결과로서 합의된 중개수수료. 전형적으로 대규모 기관 거래 및 대규모 계좌를 유지하는 개인투자자에게 가용함. (제3장)

호가(quotations) 다양한 종류의 증권의, 현재의 가격 자료 및 최근의 가격행태의 통계를 포함한 가격정보. (제3장)

혼합흐름(mixed stream) 연금과 달리, 특정한 패턴을 보이지 않는 수익의 흐름. (제4장)

화폐시장(money market) 단기 부채증권(만기 1년 이하)이 매매되는 시장. (제2장)

화폐시장 뮤추얼펀드, 화폐 펀드(money market mutual funds, money funds) 단기 투자수단에만 전적으로 투자하는 뮤추얼펀드. (제1장, 제12장)

화폐의 시간가치(time value of money) 이자를 얻을 기회가 존재하면, 화폐의 가치는 자금이 수취되는 시점에 의해 영향 받는다는 사실. (제4장)

활동성 비율(activity ratios) 기업의 자산관리 수준을 측정하는 데 사용되는 재무비율. (제7장)

회수기간(payback period) 전환증권 매입자가 전환증권으로부터 얻은 추가적 경상소득으로 전환 프리미엄을 회수할 때까지 소요되는 기간. (제10장)

효율적시장(efficient market) 증권들이 모든 가용한 정보를 신속하고 정확하게 반영하는 시장. (제9장)

효율적시장 가설(efficient markets hypothesis, EMH) 새로운 정보에 신속하게 반응하는 많은 지식을 가진 투자자들의 존재가 증권가격을 신속하고 정확하게 반응하도록 만든다는 효율적 시장의 행태에 관한 기초 이론. (제9장)

효율적 포트폴리오(efficient portfolio) 주어진 위험 수준에서 가장 높은 수익률을 제공하는 포트폴리오. (제5장)

효율적 프런티어(efficient frontier) 달성가능한(실현가능한) 모든 효율적 포트폴리오의 집합의 가장 왼쪽의 경계로 (표준편차로 측정된) 위험과 수익률 사이의 최선의 달성가능한 상반관계를 제공. (제5장)

후순위 무담보채권(subordinated debentures) 다른 채권에 비해 후순위의 청구권을 가진 무담보채권. (제10장)

후순위 채권(junior bonds) 발행자의 약속에 의해서만 이자와 원금의 적시상환이 담보되는 부채증권. (제10장)

후취수수료(back-end load) 뮤추얼펀드 주식을 매도할 때 부과되는 판매수수료. (제12장)

* * *

1차 및 차환 모기지채권(first and refunding bonds) 1차 및 2차 부동산저당대출에 의해 부분적으로 담보된 증권. (제10장)

1차 시장, 발행시장(primary market) 신규 발행 증권이 발행자에 의해 투자자에게 팔리는 시장. (제2장)

2차 분배(secondary distributions) 이전에 발행되고 대규모 투자자에 의해 보유되던 대규모 지분의 공개매각. (제4장)

2차 시장, 유통시장(secondary market) 증권이 발행된 이후 거래되는 시장. 유통시장. (제2장)

12(b)-1 **수수료**(12(b)-1 fee) 관리 및 다른 운용비용을 충당하기 위해 많은 뮤추얼펀드에 의해 매년 부과되는 수수료. (제12장)

IPO **저가발행**(IPO underpricing) IPO 주식이 거래되는 첫날 2차 시장(유통시장) 종가와 IPO 공모가격 간의 백분율 차이. (제2장)

Keogh **플랜**(Keogh plans) 자영업자와 직원을 위한 자기주도형 세금유예 저축계획. (제17장)

LYON(liquid yield option note, LYON) 전환 특성과 풋옵션을 모두 포함하는 무이표채권. (제10장)

Mergent Mergent's Manuals를 포함하는 다양한 금융자료의 출판사. (제3장)

NYSE **종합지수**(NYSE composite index) NYSE에 상장된 주식들의 현재 가격행태를, 2002년 12월 30일 기준 수치 500에 대비하여 측정하는 지수. (제3장)

PEG **비율**(PEG ratio) 주식의 가격/이익 배수를 회사의 이익증가율에 연계하는 재무비율. (제7장)

PIK **채권**(PIK bond) 발행자에게 현금 대신 신규 채권으로 연간 이자를 지급할 수 있는 권리를 부여하는 일종의 정크본드. (제10장)

Value Line Investment Survey 개인투자자에 의해 사용되는 가장 대중적인 구독 서비스의 하나. 구독자는 주별로 3개의 기본 보고서를 받음. (제3장)

Value Line **종합지수**(Value Line composite index) 약 1,700개 주식의 주가 변화 백분율을 반영하는, 1961년 6월 30일의 기준 수치 100에 대비한 주가지수. (제3장)

Wall Street Journal 일간 신문. 금융뉴스의 가장 대중적인 출처. (제3장)

저자 소개

Scott B. Smart는 인디애나 대학교(Indiana University) 켈리 경영대학(Kelley School of Business)의 재무전공 교수이자 Whirlpool Finance Faculty Fellow이다. Smart 교수는 베일러 대학교(Baylor University)에서 학사학위를 취득하고 스탠포드 대학교(Stanford University)에서 석사 및 박사학위를 받았다. Smart 교수의 연구는 주로 응용 기업재무(applied corporate finance) 주제에 중점을 두고 있으며 *Journal of Finance*, *Journal of Financial Economics*, *Journal of Corporate Finance*, *Financial Management* 등과 같은 저널에 게재되었고, *The Wall Street Journal*, *The Economist* 및 *Business Week*를 포함한 비즈니스 간행물에서도 인용되었다. 12회 이상의 우수 교수상을 받은 Smart 교수는 *Business Week*에서 최고의 경영대학(Business School) 교수로 여러 차례 선정되었다. 오타고 대학교(University of Otago)와 스탠포드 대학교(Stanford University)의 객원 교수직(visiting scholar)을 역임했으며 1990년대 후반 "닷컴(Dot-com)"붐이 불었을 때는 Intel Corporation의 객원 연구자로서 Intel Corporation의 인수합병 활동을 자문하기도 하였다. Smart 교수는 현재 Indiana University Credit Union 및 Habitat for Humanity의 이사회에서 봉사하고 있다. 한가한 시간에는 하이킹과 제물낚시(fly fishing)와 같은 야외활동을 즐긴다.

Chad J. Zutter는 피츠버그 대학교(University of Pittsburgh) 카츠 경영대학원(Katz Graduate School of Business)의 재무전공 교수이자 James Allen Faculty Fellow이다. Zutter 교수는 텍사스 대학교 알링턴 캠퍼스(University of Texas at Arlington)에서 학사학위를 받았고 인디애나 대학교(Indiana University)에서 박사학위를 취득하였다. Zutter 교수의 연구는 실용적이고 응용적인 면에 중점을 두고 있으며 여러 저명한 매체 중에서도 *The Economist* 및 *CFO Magazine*에서 특집 기사로 다루는 주제이다. Zutter 교수의 연구는 미국 대법원에서의 공판에서 인용되기도 하고 Google이나 Intel과 같은 회사에 대한 기업자문에서도 인용되었다. Zutter 교수는 *Journal of Financial Economics*에 게재된 최우수 논문 중에서도 가장 권위가 있는 Jensen Prize를 수상했으며, 현재 부편집장을 역임하고 있는 *Journal of Corporate Finance*에서 최우수 논문상을 받았다. 인디애나 대학교의 켈리 경영대학과 피츠버그 대학교의 카츠 경영대학원에서 우수 강의상을 수상했다. Zutter 교수는 또한 Lutheran SeniorLife 이사회에서 일하고 있으며, 학계에서 일하기 전에는 미 해군에서 잠수함에 탑승하는 해군이었다. Zutter 교수와 그의 아내는 4명의 자녀를 두고 있으며 펜실베이니아주 피츠버그에 살고 있다. 한가한 시간에는 승마와 스키를 즐긴다.

역자 소개

변진호 교수는 현재 이화여자대학교 경영대학 재무전공 교수이다. 연세대학교에서 경영학 학사 및 석사, 위스콘신 대학교(University of Wisconsin-Madison)에서 재무금융 석사학위를 받고, 뉴욕주립 대학교(SUNY-Buffalo)에서 재무금융 박사학위를 취득한 후에 자본시장연구원에서 연구위원으로 재직하였다. 주요 연구 분야는 기업재무, 투자론 및 행태재무학이며 *Journal of Finance*, *Journal of International Financial Markets, Institutions & Money*를 비롯한 국내외 학회지에 다수의 논문을 게재하였다. 저서로는 『20대를 위한 스마트 금융가이드』, 『투자론』, 『Analysis of the Korean Stock Market: Behavioral Finance Approaches』, 역서로는 『기업재무관리』, 『기업재무』, 『기본 재무관리』가 있다. ≪재무관리연구≫와 ≪증권학회지≫의 편집위원장을 역임했으며, 한국증권학회, 한국재무학회, 한국재무관리학회, 파생상품학회 이사 및 금융위원회 회계제도심의위원회 위원, 국민연금 투자정책전문위원, 한국거래소 코넥스시장 상장심사위원장으로 활동하고 있다.

위정범 교수는 현재 경희대학교 경영대학의 재무금융학 교수이다. 한국경제연구원의 금융조세연구실장을 역임했다. 그는 서울대학교 경제학과를 졸업하고, 미국 아이오와 대학교(University of Iowa)에서 M.A., 오리건 대학교(University of Oregon)에서 Ph.D. 학위를 취득했다. 위정범 교수는 재무금융 분야의 수십 편의 논문과 서적을 출간했다. 여기에는 사회 초년생에게 평생 금융지식을 알려주는 『20대를 위한 스마트 금융가이드』, 금융투자 이론을 다루는 『투자론』 등의 저서, 리스크관리 핸드북 겸 교재인 역서 『재무금융 리스크 관리』, 그리고 "Cost of Financial Distress on Financing Strategy of Callable Bonds", "Bank Subordinated Notes and Debentures under Deposit Insurance System", "Pyramidal Structures and Competitive Strategies of Business Groups", "Does National Culture Influence the Firm's Choice of Debt Maturity?" 등의 논문이 포함된다. 한편 한국경영학회, 한국금융학회, 한국재무학회, 한국재무관리학회, 한국증권학회, 한국파생상품학회 등의 임원과 편집위원을 역임했다. 또한 국유재산관리기금, 방사성폐기물관리기금, 중소벤처기업진흥공단, 한국공항공사 등의 자산운용에 대한 자문활동을 수행하고 있다.

이관영 교수는 현재 중앙대학교 경영경제대학 경영학부 재무전공 교수이다. 중앙대학교에서 경영학 학사 및 석사, 뉴욕주립 대학교(SUNY-Buffalo)에서 경영학석사(MBA) 및 재무금융 박사학위를 취득하였고 Salomon Smith Barney와 미국 오토바인 대학(Otterbein University) 등에서 재직하였다. 주요 연구 분야는 기업재무 중에서 부실채권, 신규공모(IPO), 인수합병(M&A), 기업지배구조, 시장미시구조(Market Microstructure) 등이며 *Journal of Business, Finance, and Accounting*, *Global Economic Review*를 비롯한 국내외 학술지에 다수의 연구논문을 게재하였다. 역서로는 『기업재무관리』가 있다. ≪증권학회지≫, ≪재무관리연구≫ 등의 편집위원으로 활동하였으며, 증권학회 부회장, ≪재무관리연구≫의 편집위원장, ≪경영학연구≫의 재무분야 편집위원장, 파생상품학회 및 재무학회 이사, 지역난방공사 및 한강수계 관리기금의 리스크관리 위원, 예탁결제원의 글로벌사업 자문위원 등으로 활동하고 있다.

핵심투자론

2021년 2월 20일 인쇄
2021년 2월 28일 발행

저 자 Scott B. Smart / Chad J. Zutter
역 자 변진호 · 위정범 · 이관영
발행인 김광범
발행처 도서출판 시대가치
주 소 서울특별시 마포구 토정로 222, 422-1호(한국출판콘텐츠센터)
전 화 02)3152-2620
팩 스 02)6442-2621
등 록 2017년 3월 23일 제2018-000088호
이메일 timepub2017@gmail.com

정 가 38,000원 ISBN 979-11-89607-40-1 93320